王利明学术文集

王利明学术文集

民法典实施编

王利明 著

图书在版编目(CIP)数据

王利明学术文集. 民法典实施编 / 王利明著. —北京：北京大学出版社，2023.12

ISBN 978-7-301-34654-9

Ⅰ. ①王… Ⅱ. ①王… Ⅲ. ①民法—法典—中国—文集 Ⅳ. ①D923.04-53

中国国家版本馆CIP数据核字(2023)第225565号

书　　　名	王利明学术文集·民法典实施编 WANG LIMING XUESHU WENJI·MINFADIAN SHISHI BIAN
著作责任者	王利明　著
责 任 编 辑	张　越　王建君
标 准 书 号	ISBN 978-7-301-34654-9
出 版 发 行	北京大学出版社
地　　　址	北京市海淀区成府路205号　100871
网　　　址	http://www.pup.cn　http://www.yandayuanzhao.com
电 子 邮 箱	编辑部 yandayuanzhao@pup.cn　总编室 zpup@pup.cn
新 浪 微 博	@北京大学出版社　@北大出版社燕大元照法律图书
电　　　话	邮购部 010-62752015　发行部 010-62750672　编辑部 010-62117788
印 刷 者	北京中科印刷有限公司
经 销 者	新华书店
	650毫米×980毫米　16开本　50印张　826千字 2023年12月第1版　2023年12月第1次印刷
定　　　价	188.00元（精装）

未经许可，不得以任何方式复制或抄袭本书之部分或全部内容。
版权所有，侵权必究
举报电话: 010-62752024　电子邮箱: fd@pup.cn
图书如有印装质量问题，请与出版部联系，电话: 010-62756370

编写说明

改革开放四十余年来,笔者结合我国不同时期民事立法、司法实践和社会经济发展的需要,撰写了近300篇学术论文。此次应北京大学出版社之邀,笔者按照民法体系对已发表和未发表的论文进行了筛选和整理,分为民法总则编、物权编、合同编、人格权编、侵权责任编、民法典实施编六卷本出版。

本套文集也是对笔者近四十年学术研究的一个初步梳理和总结。本书主要收录《民法典》相关主题的论文,大多是笔者自21世纪以来公开发表的,按照《民法典》的体例加以编排,并结合立法和司法实践的发展,对部分已经发表的论文作出了一些必要的修改和补充。由于时间仓促,笔者能力有限,文中难免出现错误,敬请广大读者批评指正。

尽快构建中国民法学自主知识体系
（代序言）

随着《民法典》的颁布，民法典时代已经来临。《民法典》颁布后，习近平总书记明确提出："要坚持以中国特色社会主义法治理论为指导，立足我国国情和实际，加强对民事法律制度的理论研究，尽快构建体现我国社会主义性质，具有鲜明中国特色、实践特色、时代特色的民法理论体系和话语体系，为有效实施民法典、发展我国民事法律制度提供理论支撑。"[①]这就为民法典时代的民法研究指明了方向。进入民法典时代，我们要以《民法典》颁布为契机，并以《民法典》为依据，构建中国民法学自主知识体系，这是当前每位民法学者所应当负有的使命。

古老的中华法系源远流长，长久地傲然屹立于世界法制之林，为人类法制文明作出了重要贡献。作为一个拥有14亿人口的大国，我们应该有自信构建我们自己的民法学自主知识体系，并把它发扬光大。人生在天地间，贵在自立，国家民族贵在自强。特别是在当代，中国已经是世界第二大经济体，是崛起中的大国，改革开放以来社会主义市场经济的伟大实践和法治建设的巨大成就，都为民法学体系奠定了坚实的基础。这是产生伟大法典的时代，也是产生民法思想的时代。在这个时代，我们会面临许多新情况、新问题，这些问题的解决无先例可遵循，需要我们去面对、去回答，去发出自己的声音，去讲好自己的故事。我们要走出一条行之有效的法治之路，只能从我国的实际情况出发，植根于中华大地建设和推行法治。在这个过程中，既不可照搬他国经验，不可奉某一外国法律制度为圭臬，更不可"削中国实践之足，适外国理论之履"。中国民法学应当有自己的自主知识体系，它应当在世界民法学之林中具有重要地位。作为民法

---

① 习近平：《充分认识颁布实施民法典重大意义，依法更好保障人民合法权益》，载习近平：《论坚持全面依法治国》，中央文献出版社2020年版，第283页。

学工作者,我们所做的一切,都应朝着这个目标而努力。

当然,在《民法典》颁布以后,我们最需要关切的问题在于,我们应当如何创建自己的民法学理论体系?

我认为,中国民法学体系首先应当是对中国实践具有解释力的思想和知识体系,也就是说,它应当立足于中国实践、内生于中国传统文化、回应中国社会现实需求、展示民族时代风貌、具有浓厚的中国特色。它应以社会主义法治理论体系为基础,最充分地反映广大人民群众的利益和意愿,反映公平正义的法治理念,以全面保护公民权利、推进社会主义法治为重要目的。"道无定体,学贵实用",要构建中国民法理论体系和话语体系,必须坚持以下研究立场:

一是体现继承性、民族性。中国特色的民法学应当从中国实际出发,在结构和内容上应充分回应中国市场经济建设过程中出现的各种现实问题,其研究对象是作为市场经济基本规则和市民生活"百科全书"的民商事法律。也就是说,中国民法学理论体系应当植根于中国大地,以中国问题为中心,解决中国的现实问题。在公有制基础上实行市场经济,是人类历史上从未有过的伟大实践,物权法理论既要维护公有制,又要依据市场经济的基本规律探索土地等资源进入市场、实行资源优化配置的规律。我国《民法典》吸收了中华民族五千年优秀的法律文化传统,继承重家庭、讲仁爱、守诚信、尚公平、促和谐的传统法律精神,展现出鲜明的民族特色和深厚的文化底蕴,因而,民法学也应当反映我国优秀的传统文化、善良风俗,从传统道德中汲取营养。我国《民法典》从中国实际出发,作出了许多具有中国元素的制度创新。例如,合同编发挥债法总则的功能,物权编关于物权变动模式的规定,侵权责任编规定多元化的救济措施,婚姻家庭编注重弘扬良好家风,建立和睦、和谐的家庭关系等,都体现了我国《民法典》的中国特色。因此,中国民法学也应当在总结我国《民法典》编纂经验的基础上,努力构建具有中国特色的理论体系和话语体系。

在构建这样一个体系的过程中,既需要坚持主体性意识,也需要积极借鉴人类文明的有益成果,贡献中国方案和中国智慧,构建以研究我国现实问题为重心的民法学理论体系并不意味着对异域法律文化的排斥。相反,在全球化背景下,中国民法学体系应当是一个包容世界民法文化精髓的体系,反映人类社会发展进程中面临的共同问题和应对智慧。对人类法律文明的优秀成果,应秉持鲁迅先生所说的,"我们要运用脑髓,放出眼光,自己来拿"①。民法学的研究应当有广阔的视野和开阔的胸襟,广泛借鉴两大法系的先进经验,高度重视国际上民商法学的发展趋势。当然,外国的制度、理论,都只能是我们借鉴的素材,只能服务于我国民事立法和司法的需要。民法学研究应当从中国实际出发,绝不能完全从希腊、罗马出发,照搬照抄他国经验。

二是体现原创性、时代性。一方面,中国特色的民法学应当不断地与时俱进,随着我国市场经济的发展而不断发展,并与改革开放相伴而行,不断反映和确认改革开放的成果,为国家的法治改革建言献策。民法学研究应当强调原创性,不能进行低水平的重复。另一方面,民法学也应当反映时代精神、体现时代特征。具体来说,应当不断反映互联网时代、高科技时代、大数据时代民法的特点;要反映经济全球化对交易规则趋同性要求的发展趋势;要反映在生态环境不断恶化的背景下对生态环境保护的时代要求;要反映在风险社会如何通过多种救济措施保护受害人,同时预防损害发生的要求;要反映新时代人民群众对人身权、财产权、人格权保护的更高要求。我国《民法典》积极反映了上述需求,从而彰显了鲜明的时代特色,而《民法典》所体现的时代性也必然要求民法学的发展要坚持时代性。例如,新一轮科技革命和产业变革正在改变人类的生产方式、生活方式、交往方式,互联网、大数据、云计算、人工智能、基因检测与基因编辑等,提出大量的时代性命题,民法的概念、规则、制度、体系都需要对这些问题的回答提供理论基础。民法学需要加强对新时代经济社会发展中新型法律问题的研究,只有积极回应互联网、高科技等带来的时代问题,才能真正实现民法学研究的现代化。

三是体现系统性、专业性。民法学之所以是一门科学,是因为民法学本身具有科学的理论体系和科学的研究方法。一方面,经过两千多年的发展,民法学在自身独特的研究对象基础上,已经形成了一些具有共识性的概念、规则和制度,形成了富有逻辑、体系严谨的理论体系。另一方面,

---

① 鲁迅:《且介亭杂文》,印刷工业出版社2001年版,第32页。

我国《民法典》的体系化也将极大地促进民法学的科学性。《民法典》的体系化表现在两个方面:第一,制度体系(也称为外在规则体系)的构建。《民法典》七编制紧扣民事权益的确认和保障这一立法目的,形成了严谨的、具有内在逻辑联系的体系。第二,价值体系(也称为内在体系)。《民法典》不仅坚持私法自治的价值,而且适应时代精神发展需要,确立了人文关怀的价值,充分保护弱势群体的权益,维护个人的人格尊严,甚至通过相应的条款,确认在人格尊严和私法自治发生冲突的情形下,优先保护人格尊严,这也丰富了民法学的内在价值体系。《民法典》还通过大量的引致条款,沟通了《民法典》与单行法、《民法典》各编相互之间内在的逻辑联系,形成了一个以《民法典》为中心并包含各个单行法的完整的民商事法律体系。这些都为民法学的科学性奠定了良好的基础。进入21世纪以后,民法学必须与时俱进,在内容和方法上不断创新,以解决现实问题为依归,永葆民法学研究的时代性和专业性。

  四是体现实践性。美国法学家德沃金曾言:"法律是一种不断完善的实践。"①法学家富勒也认为,法律制度是一项"实践的艺术"②。民法更是如此。我国民法学不仅要反映中国的现实,而且要解决现实问题。民法学研究应当来源并服务于中国改革开放的伟大实践,对社会生活中产生的现实问题提出创造性的解决方案,以此为民主法治建设作出贡献。民法学要成为一门治国安邦、经世济民、服务社会的学问,就必须以中国的现实问题为依归,提出科学合理的解决方案,每个民族的法学理论都脱胎于本民族的独特法律传统和法律实践,都是对本民族的独特法律记忆和法律经验的理性提取。改革开放以来,中国民法学者在立足基本国情的基础上,以更开阔的视野借鉴大陆法系、英美法系的先进经验,并在许多领域进行了融通性、创新性发展。无论是人格权法、侵权责任法的独立成编,还是《民法典》各编许多重要制度和规则设计,都是在借鉴两大法系经验的基础上作出的重要创新,也是中国民法学对世界民法学作出的重要贡献。《民法典》颁布后,我们应当挖掘更多的本土资源,从中国的实际出

---

① Ronald Dworkin, Law's Empire, Harvard University Press, 1986, p. 44.
② Lon L. Fuller, The Morality of Law, Yale University Press, 1969, p. 91.

发，研究具有价值的中国案例，丰富我国民法学的实践内涵。同时，民法学研究也应当密切结合中国的发展实践，始终注重问题导向，解决法治建设中的重大问题。尤其是要适应中国社会发展的变化，配合国家的战略需求，不断提供理论支持。《民法典》本身就是凝聚万众智慧的法典，在《民法典》颁布后，要继续立足于实践、服务于实践，不断促进民法学的繁荣与发展。

大变革、大发展呼唤新作为。我们已经进入一个民法典的时代，可以说民法的春天已经来临。广大民法学者要更加团结包容、携手努力，为繁荣和振兴中国的民法事业，推动全面依法治国作出我们应有的贡献。应当看到，目前我国民法学界已经取得了长足的进步，但中国特色的民法理论体系和话语体系尚未建立，国际影响力不足，一些重大疑难问题的研究不够、原创性的研究不足和低水平的重复等现象也仍然存在。在《民法典》颁布和实施后，我们不能仍然"照着讲"，而应当"接着讲"，也就是要加快民法理论体系和话语体系的构建，不断创新、发展、繁荣中国民法学，形成中国民法的自主知识体系，为全面推进依法治国提供强有力的理论支撑。

王利明
2023年10月

目 录

民法总则

论《民法典》实施中的思维转化 …………………………… 003
体系创新:中国民法典的特色与贡献 ……………………… 024
《民法典》的中国特色、实践特色、时代特色 ……………… 043
论《民法典》的民本性 ……………………………………… 065
《民法典》中参照适用条款的适用 ………………………… 079
论民事权益位阶 ……………………………………………… 099
论数据权益:以"权利束"为视角 …………………………… 127
迈进数字时代的民法 ………………………………………… 148
论禁止滥用权利 ……………………………………………… 175
构建《民法典》时代的民法学体系 ………………………… 202

物 权 法

论债权形式主义下的区分原则 ……………………………… 229
《民法典》抵押物转让规则新解 …………………………… 251
担保制度的现代化:对《民法典》第388条第1款的评析 …… 264
登记的担保权顺位规则研究 ………………………………… 279
论正常经营买受人规则 ……………………………………… 296
价金超级优先权探疑 ………………………………………… 318

债和合同

具有国际化视野的《民法典》合同编立法 ………………… 343

论"存疑推定为保证" ……………………………………………… 379
我国《民法典》保证合同新规则释评及适用要旨 …………… 396
论第三人代为履行 ………………………………………………… 417
罹于时效的主动债权可否抵销？ ………………………………… 438
合同编司法解释的亮点与创新 …………………………………… 458
论债务加入人的追偿权 …………………………………………… 485

人格权法

人格尊严：民法典人格权编的首要价值 ………………………… 511
《民法典》人格权编的重大亮点与创新 ………………………… 529
论一般人格权 ……………………………………………………… 556
论个人信息删除权 ………………………………………………… 579
民法典人格权编中动态系统论的采纳与运用 …………………… 602
和而不同：隐私权与个人信息的规则界分和适用 ……………… 620
论侵害人格权禁令的适用 ………………………………………… 637
《民法典》人格权编对性骚扰的规制条款的解读 ……………… 651
论《个人信息保护法》与《民法典》的适用关系 ……………… 664

婚姻家庭

体系化视野下《民法典》婚姻家庭编的适用 …………………… 685

侵权责任

论比较过失 ………………………………………………………… 709
《民法典》中环境污染和生态破坏责任的亮点 ………………… 733
我国《民法典》侵权责任编损害赔偿制度的亮点 ……………… 748

关键词索引 ………………………………………………………… 767
法律文件全简称对照表 …………………………………………… 777
后　记 ……………………………………………………………… 781

民法总则

论《民法典》实施中的思维转化

——从单行法思维到法典化思维*

《民法典》的颁布是习近平法治思想的生动实践,是党的十八大以来全面依法治国的重要成果。《民法典》完善了我国民商事法律体系,形成了以《民法典》为中心的、具有内在价值一致性的、完整的制度规则体系;与此同时,由法到典客观上也需要转变法律思维方式。所谓法律思维(legal mind)是"依循法律逻辑,以价值取向的思考、合理的论证,解释适用法律"的思维方式。① 法律思维可能是单行法思维,也可能是法典化思维。但是,与单行法思维相比,法典化思维更有助于准确理解和运用法律规则解决纠纷,也是贯彻好、实施好、落实好《民法典》的关键。于是,在全面贯彻实施《民法典》的过程中,必须要讨论以下问题:由法到典所形成的法典化思维究竟为何,这种思维在贯彻实施《民法典》中发挥何种功能,以及如何准确运用这种思维。针对这些问题,笔者拟从以下几个方面展开探讨:

一、从多中心思维到基础性法律思维

法律依据其性质与地位可以分为根本性法律、基础性法律和一般性法律。在汉语中,"典"具有典则、典籍、典范的含义,都表达基础性的意义。在中国古代,所谓"典",通常有"经典""典范""典籍"等含义,因此,凡是入典之律,位阶较高。习近平总书记指出,"民法典在中国特色社会主义法律体系中具有重要地位,是一部固根本、稳预期、利长远的基础性法律"②。这就精辟地揭示了《民法典》在中国特色社会主义法律体系中的基础性地位,也需要我们尽快形成以《民法典》作为民商事法律部门中基础性法律的法典化思维。

---

* 原载《中国社会科学》2022 年第 3 期。
① 参见王泽鉴:《民法思维:请求权基础理论体系》,北京大学出版社 2009 年版,第 1 页。
② 习近平:《充分认识颁布实施民法典重大意义,依法更好保障人民合法权益》,载习近平:《论坚持全面依法治国》,中央文献出版社 2020 年版,第 278 页。

其实，从法典化的历史也可以看出，随着中世纪后期罗马法的复兴，自16世纪开始，欧洲开始推进法典化运动，其目的在于结束法律渊源多元和混乱的局面，从普鲁士、法国和奥地利等国家的法典化经验来看，其目的都在于使法典成为法律渊源的中心。19世纪的法典化运动将法典中心主义推向了极致，法典曾经被奉为法律的唯一渊源，即尽可能通过民法典形成法律渊源的排他性（exclusiveness）。正如有学者所指出的，减少其他法律渊源的数量，是历史上绝大多数法典的目标。例如，"在19世纪，民法典在法国一直被视为核心，是法律的真正心脏"①。但自20世纪以来，法典中心主义现象已经出现了相当程度的缓和，许多国家都在法典之外制定了大量的单行法，判例法也发挥了越来越重要的作用，由此形成了意大利学者伊尔蒂（Irti）所说的"微系统"，导致了"去法典化（de-codification）"现象的产生。② 当然，彻底去法典化只是某些学者极端的观点，民法典作为民法主要渊源的地位虽然受到了单行法的影响，但其基础性地位并没有被弱化，即使伊尔蒂也不得不承认，民法典依然是这些特别规范的制度前提。③

在我国，自新中国成立以来，曾经四次起草民法典，以建构民法典的基础性法律地位，但都没有成功。自改革开放以来，为适应我国社会主义市场经济的发展和改革开放的需要，先后颁布了一大批单行法律，其中大量的都是民商事法律或者包含民商事法律规范的法律，这种单行法的立法模式也使许多法律人形成了单行法的思维定式。此种思维方式不是把法律看作有机的、逻辑的整体，而是将各个单行法看作自给自足的规则体系，由此也形成了这种多元的、分散的、碎片化的思维方式。

在《民法典》颁布后，由法到典的重大变化在于确立了民法典的基础性法律地位，这实际上也确立了民法典在整个民商事法律体系中的中心地位，彰显了民法典作为私法的基本法的地位。由法到典带来的观念上的改变之一，就是从多中心思维向基础性法律思维的转化。

首先，树立以《民法典》作为所有民商事法律的基础性法律的理念。在比较法上，民法因其悠久的历史和丰富的理论一直被认为是发展各法

---

① Jacques Vanderlinden, Le concept de code en Europe occidentale du XIIIe au XIXe siècle, Essai de définition n°72, 1967, p. 191.
② 参见〔意〕桑德罗·斯奇巴尼：《法典化及其立法手段》，丁玫译，载《中外法学》2002年第1期。
③ 参见〔意〕纳塔利诺·伊尔蒂：《〈解法典的时代〉：二十年后》，徐铁英译，载《苏州大学学报》2018年第2期。

律部门的基础。① 因此,在整个民商事法律体系之中,《民法典》不仅是我国民事法律的集大成者,更是所有私法的基本法。在我国,民商事法律体系由《民法典》与大量的法典之外的民商事单行法组成,《民法典》与这些单行法之间是主干和分支的关系,《民法典》作为主干,为各单行法提供基础,而其他单行法作为分支,其生长不能脱离主干。诚如苏永钦教授所说,单行法与民法典的关系,犹如行星围绕恒星运转一般。② 民法典作为基本法律,是私法的核心,"不了解民法的基本原则和一般规则,也就无法理解私法的特别领域"③。正是因为我国《民法典》是整个民商事法律的基础,因此,《民法典》既是民法的主要法源,又是弥补单行法规定不足、填补单行法规则漏洞的来源,还是使单行法制度规则体系融贯的基础。

其次,发挥《民法典》在民商事法律中的主导作用。在单行法时代,各个单行法的制度和规则自成体系,由于缺乏基础性法律的统率,不可能真正形成民商法体系。我国虽然一直秉持民商合一④的理念,但庞大的商事法律如公司、保险、破产、票据、海商等法律,其实一直是游离在民法部门之外,在具体适用中,与民法是相互脱离的,因此,民商合一体系并没有真正成为一种立法实践,而更多的是一种价值理念。随着《民法典》的颁布,一部基础性法律由此诞生,并可引领各个单行法,据此才真正形成了以《民法典》为统帅的民商合一的法律体系。在《民法典》颁行后,充分发挥《民法典》统率各民商事法律的作用,其实就是要以《民法典》整合各个单行法,使整个民商事法律真正成为一个体系完整的统一整体。

再次,树立以《民法典》为中心的民事实体法律适用理念。⑤ 如前所述,在单行法时代,面对纷繁复杂的单行法,法官时常陷入找法和用法的困境之中,尤其是当多个单行法规范都可以适用于某一法律关系时。例如,一个简单的网购商品质量纠纷,从网上已公布的案例所援引的裁判规则来看,就包括《消费者权益保护法》《产品质量法》《合同法》《侵权责任法》以及相关的司法解释等,这种状况实际上成为法官适用法律的一大难

---

① 参见〔法〕勒内·达维:《英国法与法国法:一种实质性比较》,潘华仿等译,清华大学出版社2002年版,第45页。
② 参见苏永钦:《现代民法典的体系定位与建构规则》,载《交大法学》2010年第1期。
③ 〔德〕卡尔·拉伦茨:《德国民法通论》(上册),谢怀栻等译,法律出版社2003年版,第10页。
④ 参见王晨:《关于〈中华人民共和国民法典(草案)〉的说明》,载《中华人民共和国民法典》,中国法制出版社2020年版,第275页。
⑤ 参见2021年最高人民法院《全国法院贯彻实施民法典工作会议纪要》第20条。

题,也极大地妨碍了司法裁判的统一性。在《民法典》颁布之后,作为基础性法律的《民法典》将成为处理民事纠纷的主要法律依据。从比较法上来看,有的国家的民法典专门对此进行了规定。① 大陆法系国家主张的法典中心主义,其实也旨在确认民法典在民事实体法中的中心地位。因而,我国《民法典》颁布实施后,法律人要树立以《民法典》为中心的实体法适用的理念,此种理念至少包含了如下含义:一是《民法典》是民法的主要渊源,即《民法典》在解决民商事纠纷中处于法源的核心地位。二是《民法典》是裁判民事纠纷的主要依据。在不具备特别法优先于一般法等正当理由的情形下,裁判者首先应当从《民法典》各编中找法用法,而不应当在庞杂的单行法中寻找裁判依据。三是《民法典》不仅具有资讯集中的功能,而且具有一种导航功能,即引导法律人正确找法用法。法典化的功能之一是可以快速实现体系定位,其中涉及纵向的体系定位与横向的体系关联。正如有学者所指出的,这种体系定位大量减少了找法过程中搜寻、比较、权衡、记录成本,其效益十分可观。②

最后,《民法典》所确立的私权保护和市场交易规则是社会主义市场经济的基本规则。改革开放以来,《民法通则》《合同法》和《物权法》等民事单行法律的颁布和实施,为社会主义市场经济的建设和完善作出了巨大贡献。党的十八大以来,以习近平同志为核心的党中央把全面依法治国摆在突出位置,推动党和国家事业发生了世所罕见的经济快速发展和社会长期稳定的奇迹,中国特色社会主义已经进入新时代,中国特色社会主义市场经济体制引领中国经济发展进入新常态。中国特色社会主义市场经济体制的优越之处在于,强调市场和政府的双重作用。在这个意义上,相比于原来的民事单行法,《民法典》更有利于增强民事主体的活力,促进市场的繁荣和发展,这是因为:"倘若各种规则系统形成一个从一般规则到具体规则的层级结构,就能在引导人的行为上更好地发挥作用。"③这样的层级结构相比于单行法具有以下优势:一是使市场主体更易于理解这些具体规则,可以通过缔结合同实现私权的组合或者交易。二是当具体规则出现矛盾时,也可以根据一般规则化解矛盾。三是系统

---

① 例如,《瑞士民法典》第1条明确规定,"(1)凡依本法文字或释义有相应规定的任何法律问题,一律适用本法;(2)无法从本文得出相应规定时,法官应依据习惯法裁判;如无习惯法时,依据自己如作为立法者应提出的规则裁判"。
② 参见苏永钦:《现代民法典的体系定位与建构规则》,载《交大法学》2010年第1期。
③ 〔澳〕柯武刚、〔德〕史漫飞、〔美〕贝彼得:《制度经济学:财产、竞争、政策(第2版)》(修订版),柏克、韩朝华译,商务印书馆2018年版,第174页。

化的规则层级往往支持规则系统的演化,这是因为高级规则保障规则系统的内在一致性,允许次级规则根据社会发展的变化而进行调整,据此仍然保持规则系统的一致性。① 就我国《民法典》而言,《民法典》确立了民事主体的财产权利受到法律平等保护的基本理念,同时在总则编和合同编中对民事法律行为和合同规则作出了明确规定,这些规则共同确立了私权保护和市场交易的基本规则。《民法典》奠定了完整的私权体系,也为国家治理确立了基本规则。在行政执法和司法中,要摒弃"重刑轻民"的观念,多用善用民事方式遏制违法行为,平等保护各类民事主体的合法权益,让企业家专心创业、放心投资、安心经营。②

二、从碎片化思维到体系性思维

法典化就是体系化,生活关系总是体现了一定的客观关联,法学的任务就是使这些的关联变得清晰。③ 为此,法学通过对这些生活关系进行抽象和概括,并最终形成法体系。"如同自然科学一样,法学也具有高度的系统性。从法律的一般材料中经过科学研究所得出的原则,用复杂的组合形成一个体系,以后一旦发现新的原则就归并到这个体系中去。"④体系化思维其实就是一种系统思维,或者说是系统论在法学上的运用。在康德看来,法恰恰是"某人的意思与他人的意思根据自由的普遍法则得以结合的诸条件之整体"⑤。因此,法的有机体属性为法学作为一门科学奠定了基础,在法律的适用中也必须从系统论出发,充分发挥体系的功能,才能实现法学的价值。

然而,在单行法时代,单行法的分散立法模式和自给自足的特点,易于使法律人形成一种碎片化思维,这种碎片化思维体现为:一方面,面对某一法律纠纷,法律人的思维往往局限于某一单行法。例如,合同纠纷就

---

① 参见〔澳〕柯武刚、〔德〕史漫飞、〔美〕贝彼得:《制度经济学:财产、竞争、政策(第2版)》(修订版),柏克、韩朝华译,商务印书馆2018年版,第180—182页。
② 参见2021年最高人民法院《全国法院贯彻实施民法典工作会议纪要》第19条。
③ 参见〔德〕卡尔·拉伦茨:《论作为科学的法学的不可或缺性》,赵阳译,商务印书馆2021年版,第34页。
④ 〔美〕约翰·亨利·梅利曼编著:《大陆法系》,顾培东、禄正平译,法律出版社2004年版,第66页。
⑤ 〔德〕康德:《法的形而上学原理——权利的科学》,沈叔平译,商务印书馆1991年版,第40页。

仅仅局限于合同法,就合同谈合同,侵权纠纷仅仅局限于侵权法,就侵权谈侵权,而往往忽略了一个简单的合同纠纷可能涉及物权、侵权以及其他法律领域。这种思维方法显然具有片面性。另一方面,从价值层面看,不同的单行法的立法目的和价值是相对独立的,缺乏贯穿整个民法的统一价值基础,因此,在解释单行法的规则时,只能从其特定的立法目的和价值出发。此外,单行法的制定往往是为了解决特定时期的具体问题,具有明显的时间特征和阶段特征,这也决定了单行法具有明显的"各自为政"的局限性,难以避免各个单行法之间的冲突和矛盾。且制定单行法时,立法者往往要考量不同时期的价值取向,容易导致单行法之间的价值冲突,这在民事立法不健全的背景下显得尤为突出。

《民法典》的颁布促进了民商事法律的体系化,有助于实现民事立法规则体系(也称为外在体系)和内在价值体系的一致性、逻辑上的自足性以及内容上的全面性,形成在特定价值指导下的统一法律术语、法律规则和法律制度,保持法律各部分内容的相互协调、相互配合,形成严谨的体系结构。[1] 就规则体系而言,《民法典》的颁布使得整个民商事法律形成一个有机的制度体系,这也为体系性思维提供了基本前提。诚如德国学者旺克所指出的,"适用某一法律规范,实际上就是适用整个法秩序"[2]。如果要理解制度的内涵,就必须在体系之中进行,从制度与制度之间的关系的角度予以把握。从碎片化思维转向体系化思维包含了如下几层含义:

(一) 体系观法

梅利曼指出,"民法典'科学化'的程度,决定着在实体法、一般法理以及关于民法总则或一般原理课程中所使用的概念和原则统一的程度"[3]。这实际上概括了体系观法的基本内容,在法律适用中,应当从体系层面观察各个制度之间是否统一,如果概念、制度、规则存在不一致的现象,应当依据《民法典》的立法目的及其所作出的相关规则对其进行解释,努力消除此种矛盾和冲突现象。具体而言:

---

[1] 参见〔德〕卡尔·拉伦茨:《德国民法通论》(上册),谢怀栻等译,法律出版社2003年版,第39—41页。

[2] 〔德〕罗尔夫·旺克:《法律解释》(第6版),蒋毅、季红明译,北京大学出版社2020年版,第110页。

[3] 〔美〕约翰·亨利·梅利曼编著:《大陆法系》,顾培东、禄正平译,法律出版社2004年版,第73页。

第一,概念的一致性,即法典所使用的法律概念是一以贯之的。尽管某一概念在不同的上下文语境中的表述可能存在差别,或者具有不同的内涵,但是,基本上其内容具有相对稳定性和确定的内核,同一概念在不同的语境下不存在相互冲突的现象。这就是所谓的"相同概念同一解释"规则。当然,在某些情形下,某些概念可能要作不同的解释,但是解释者应当对此提供充分的论证理由。例如,《民法典》多处使用了"利害关系人"的表述,但在不同的法律关系中,利害关系人的范围存在一定的差别(如监护中的利害关系人与宣告死亡中的利害关系人的范围不同),因此,如有正当理由,就不能对其作同一解释,而应当区别对待。法律概念使用的差异性,正是由法到典所要解决的重要问题。

第二,规范的一致性,即各个民事法律规范相互之间能够形成密切协调与相互衔接的关系,构成内部自洽的规范群和制度群。一方面,民法的规范群要逻辑自洽,相互衔接,功能互补、相互协调。例如,《民法典》所确认的各个请求权如物上请求权、债权请求权、人格权请求权、继承权请求权等形成了周密、严谨的制度安排,对民事权利的保护发挥了协调一致的作用。另一方面,按照德国学者施瓦布的看法,建立"一个协调的、按抽象程度逐级划分的概念系统"构成了法典化的基本前提。① 例如,以租赁合同为例,就合同关系、债、总则这些规范之间,其等级体系表现为:租赁合同—合同—法律行为的上下位阶体系。这种规范的位阶结构也充分显示了民法典的形式合理性,保障了民事规范在适用上的整体效果。这种规范层级正是民法典所要追求的规范一致性的重要内容。

第三,制度的一致性,即民法的各项基本制度在调整社会关系的过程中形成了内在的一致性。在我国《民法典》的七编制体系中,形成了逻辑严谨的总分结构,这种结构不仅是一种简单的、形式上的安排,更是一种完美的法律规则设计的安排,总则编通过采用提取公因式的方式,确认共同适用的规则,发挥兜底作用,而且为解释分则、解决分则的矛盾提供规则基础和价值基础。总则关于立法目的和基本原则的规定,实际上也宣示了《民法典》的基本价值,成为基础中的基础,具有"压舱石"的作用。《民法典》各分编就是总则编所构建的一般规则的具体展开,也是总则中一般规定的特殊规定,各编之间、各项制度之间形成了内在的密切的逻辑关联,而这种体系化的总分结构也是准确找法、用法的基础。

---

① 参见〔德〕迪特尔·施瓦布:《民法导论》,郑冲译,法律出版社2006年版,第19页。

(二) 体系找法

法典化思维要求从整个法律体系着手，寻找可供适用的裁判依据。在法律适用中，全方位地检索《民法典》的相关规则，来处理具体的案例。《民法典》的内容本身是一个具有内在逻辑一致性的体系。而每一个案例都可能涉及多个法律规范的适用，因而需要从体系的角度思考，确定妥当的法律依据。这就是说，在寻找大前提的过程中，首先要建立完整的、体系的观念，才能够准确把握法律，寻找到最恰当的大前提，体系找法包括两个方面：

第一个方面是典内找法。这就是要从《民法典》中，按照体系的观念，寻找妥当的法律适用的规则。

一是善于识别完全法条和不完全法条。完全法条包含构成要件和法律效果，可以独立作为请求权基础。而不完全法条只是为了说明、限制或引用另一法条，如果不与其他法条结合，通常不会发挥规范效果。[1] 所以，不完全法条必须与其他法条结合，才能成为请求权基础，并作为裁判规则适用。需要指出的是，在《民法典》颁布之后，法条直接的结合并不仅仅局限于同一章内法条的结合，而可能是同一编内法条的结合，还可能会存在不同编之间法条的结合，法律人找法就要有开阔的体系视野。例如，《民法典》第238条规定了侵害物权的民事责任，但是该条在性质上并不属于完全法条。该条表述为"依法"请求损害赔偿和"依法"请求承担其他民事责任。此处的"依法"就需要结合其他规则进行判断。对于后者，可以结合物权编的第235条、第236条的规定确定构成要件和法律效果，但是对于前者就需要适用侵权责任编的相关规则确定构成要件与法律效果。

二是把握积极要件和消极要件。在找法的过程中需要把握法律规范的积极要件和消极要件。例如，关于法定抵销规则的适用，《民法典》第568条规定的"当事人互负债务，该债务的标的物种类、品质相同的"，这些都属于积极要件；该条规定的"根据债务性质、按照当事人约定或者依照法律规定不得抵销"则属于消极要件。只有在积极要件被充分满足，而消极要件没有被满足的情况下，法条才能被援引。这就必然要求在援引该法条时，不能仅考虑积极要件，还要考虑消极要件。消极要件常常表现为特别规范，其要优先于一般规则适用。通常情况下，抗辩事由常常成为

---

[1] 参见黄茂荣：《法学方法与现代民法》（第5版），法律出版社2007年版，第162页。

一种消极要件,在满足积极要件的情况下,还要进一步考察是否具有否定积极要件的抗辩事由的存在。

三是构成要件和法律效果规定的结合运用。在《民法典》颁布之后,某一事实是否符合特定的构成要件,以及是否因此产生特定的法律效果,可能需要结合多个条款进行判断。例如,在侵害人格物造成精神损害的情况下,是否构成人格物可能需要结合《民法典》第990条第2款关于新型人格利益的保护标准的规定来确定,但精神损害赔偿的构成和法律效果,则需要结合侵权责任编第1183条第2款的规定予以确定。同样,原告基于被告构成侵权的事实,请求被告承担精神损害赔偿责任,这既要适用《民法典》侵权责任编有关归责原则的规定(如《民法典》第1165条、第1166条),也应当考虑该法第1183条关于精神损害赔偿的规定。

第二个方面是典外找法。体系化的思考不应当囿于某一法律部门,而应当是在多个法律部门内查找裁判依据。许多民事案件不仅涉及实体法,而且涉及程序法。民事案件不仅涉及侵权责任,也会涉及行政责任和刑事责任。从体系的角度搜寻法律规范,寻找最具有密切联系的大前提。例如,根据《民法典》第1034条第3款的规定,个人信息中的私密信息,优先适用隐私权的规定,隐私权没有规定的,适用有关个人信息保护的规定。这就涉及《个人信息保护法》对个人信息的保护规则。《民法典》中也通过大量的参照适用和引致条款联结了《民法典》和单行法之间的关系。

(二)体系释法

体系解释假定法律存在外在体系,立法者构建了合理的外在体系。所以,体系解释以"法律不会自相矛盾"的推定为基础。正是因为法律存在外在体系,法律本身的章节安排、各个法律条文的排列等都是合乎理性的。因此,体系解释要借助法律规则的逻辑结构,即立法者在构建规则体系时所运用的逻辑。[1] 反之,一旦法律体系内出现了"体系违反",即出现了"规范矛盾"或"价值判断矛盾",那么便可以借助体系解释来排除这些矛盾。[2] 因此,体系化与法律解释具有良好的互动关系,一方面,体系化为法律解释提供了依据;另一方面,法律解释也不断丰富和完善法律体系。

《民法典》构建了完整的制度和规则体系,为体系解释奠定了基础。

---

[1] Vgl. F. Bydlinski, Juristische Methodenlehre und Rechtsbegriff, Springer, 1982, S. 443.

[2] Vgl. Claus-Wilhelm Canaris, Systemdenken und Systembegriff in der Jurisprudenz, Duncker & Humblot, 1983, S. 95 ff.

一是在解释法律规则时,不能仅仅咬文嚼字,机械地解释文义,而应当将法律置于体系的框架之中理解,也就是说,要从该规则上下文之间的联系,甚至各编的联系中确定其准确含义。二是在适用和解释具体民法规定时,不能仅仅局限于单个法条或者民法规范,要考虑其体系性关联,形成规范群的思维,即找法不能仅仅将视野局限于某个法条,而要观察、寻找与案件相关联的规范群,这就可以避免解释的机械性、减少体系性的冲突,最终形成融贯的民法典价值体系和规范体系。通过体系释法,将被解释的法律规范嵌入整体的法体系中进行解释,不仅有助于准确阐释概念和规则的法律意旨,而且有利于发现法律规则适用的缺漏甚至漏洞,并弥补法律规定的不足和漏洞。例如,《民法典》关于人格权主体的规定有的使用自然人的表述,有的使用民事主体的表述,通过体系解释可以发现,凡是使用自然人表述的,该权利则适用于自然人,使用民事主体表述的则该主体不仅限于自然人,也包括法人与非法人组织。三是从《民法典》的整体体系中把握规则的内涵及其适用范围,最大限度地发挥法律规则的规范效用。例如,凡是《民法典》合同编的条文中采取"债权""债务"或者"债权人""债务人"的表述的,表明该规则不仅可以适用于合同之债,还可以适用于非合同之债;而凡是表述为"合同"或"合同权利""合同义务"的,表明该规则原则上应当仅适用于合同之债。通过这种简洁的表述方式,不仅可以将《民法典》各编分散的法律规则之间隐含的内在价值关联和内在的制度脉络揭示出来,由此从隐而不彰到有机互动,而且也可以扩张法律规则的规范功能,还使得《民法典》合同编有效发挥了债法总则的功能。当然,必须借助体系解释的方法,才能发现并且实现这些功能。

(四) 体系补法

"法学最重要的任务之一就是要凸显出由这些规范而产生的意义关联。"①在单行法时代,往往只能针对某一具体行为进行规范,这样难免挂一漏万。一旦出现法律漏洞,由于单行法没有对整个私法体系进行规范,因此难以根据单行法的规定进行"补法"。相比之下,《民法典》是对整个私法体系的完整规范,在《民法典》的外在体系之下,还蕴含着关于法律价值和法律原则的内在体系,借助体系解释,首先可以查漏。由于民法

---

① 〔德〕卡尔·拉伦茨:《法学方法论》(全本·第 6 版),黄家镇译,商务印书馆 2020 年版,第 336 页。

典具有强大的规范储存功能,因而从表面上看,可能欠缺某些规则,但通过直接适用和参照适用等规则发现规则,或通过体系解释,从对《民法典》其他编相关规则的解释中发现规则。例如,《民法典》第406条修改原《物权法》第191条,删除了有关涤除权的规定,但实际上涤除权的规则包含在《民法典》第524条第1款所确立的第三人代为履行制度之中。其次可以补缺。倘若现实社会的发展变化导致法律规范存在漏洞,对于这些现行法没有明确规定的情形,法律适用者可以根据《民法典》所蕴含的内在体系进行类推适用。体系解释使不同语境下的概念、术语保持统一的含义,也使得下位规范与上位规范保持一致,并使特别规定与一般规定之间形成完整的整体,消除规则之间的冲突矛盾,有效填补法律漏洞。例如,《民法典》第992条明确规定:"人格权不得放弃、转让或者继承。"而《民法典》第1013条规定:"法人、非法人组织享有名称权,有权依法决定、使用、变更、转让或者许可他人使用自己的名称。"此处,第1013条规定法人可以转让其名称权,而第992条并未规定人格权不得转让的例外,因此二者之间就发生了一定的冲突。通过体系解释可以认为第1013条构成法人名称权的特别规范,优先于人格权的一般规范而适用,从而可消弭二者之间的冲突。

三、从分散思维到统一思维

单行法思维是一种割裂、分散的思维。这在很大程度上是由单行法的立法模式所造成的。一方面,单行法立法时常采取立法主体多元化的方式,部门立法替代统一立法,法律渊源众多,规范适用紊乱。同时,由于单行法常常追求自成体系,可能造成法律之间发生冲突和矛盾。例如,许多单行法在民事责任规定上极不统一,有的仅规定行政责任和刑事责任,而没有规定民事责任,而有的在民事责任规定中仅规定了损害赔偿,而没有规定其他民事责任形式,这也导致实践中难以妥当运用民事责任形式。另一方面,单行法是在不同时期制定的,其所秉持的立法精神和理念是多元的,很难形成统一的民法基本价值,且各个单行法各自形成了一种微循环系统,互相并立、相互隔离,必然导致法律思维的分散。

由法到典,要求我们形成一种统一思维,也就是说,要把民商法部门视为一个在《民法典》统率下由众多的单行民商事法律所组成的统一的、具有内在逻辑联系的整体。如果说体系思维注重从典内观法,那么统一思维则要将视野扩展到典外,坏顾法典与单行法的内在关联。要想处理好《民法典》与单行法的关系,就需要转化法律思维,即应当由分散思维转变为统一思维。统一的含义是各个单行法要统一到《民法典》所确立的制度规则和价值理念上来,消除单行法之间相互隔离、相互冲突的现象,诚如卡纳里斯所说,"各种体系的共通之处仅在于,它们都追求'统一'(Einheit)"①。由此,统一思维要求将民事法律制度和规则统一到民法典基础性的法律制度上来。具体而言,统一思维主要表现在如下几个方面:

(一)以统一思维处理好民法典与单行法之间的关系

法典作为形式理性的最高体现,是成文法最完备的形式。但民法典归根结底只是成文法的一种,而成文法又只是法律渊源体系的一部分。这就是说,民法典本身不应排斥其他的法律渊源。法典与单行法总是相伴而生,任何国家在编纂法典后,都会为解决新问题而颁布单行法,因此法典并不具有终止单行法的功能。②同时,民法典作为基础性法律,规定的是民商事法律关系的基本规范,确定的是民商事法律关系的基本规则,因而聚焦于调整特别法律关系的民商事特别法同样不能被民法典所取代,这就需要妥当处理民法典与单行法之间的关系。

一般认为,民法典与单行法是一般法与特别法的关系,但如此理解过于简单,我国《民法典》第11条规定:"其他法律对民事关系有特别规定的,依照其规定。"从字面含义上看,似乎凡是特别法有规定的都要适用特别法。笔者认为,此类理解并不妥当,一方面,《民法典》的许多规定已经修改了单行法的规则,则应当按照"新法优先于旧法"的原则,适用《民法典》第11条的规定而不是单行法的规定。例如,《民法典》第1053条第1款规定:"一方患有重大疾病的,应当在结婚登记前如实告知另一方;不如实告知的,另一方可以向人民法院请求撤销婚姻。"该条规定已经修改了《母婴保健法》关于强制性婚检的相关规定,因此,从解释上而言只能适用《民法典》的规定,而不应适用单行法的规定。另一方面,《民法典》第11条在很大程度上发挥着引致性规范的功能,其在承认民商事单行法效力的基础上,把《民法典》与单行法有机联系起来,使二者共同构成调整民事关系的法律整体。

---

① Claus-Wilhelm Canaris, Systemdenken und Systembegriff in der Jurisprudenz, Duncker & Humblot, 1983, S. 13.

② 参见〔日〕穗积陈重:《法典论》,李求轶译,商务印书馆2014年版,第21页。

以统一思维处理好民法典与单行法之间的关系,具体表现为:第一,如果单行法规则是民法典规则的具体化和特定化,且不与民法典冲突,则应当优先适用该单行法规则。如果不顾前述的各种限制条件,径直适用该法律适用规则,单行法都可以代替民法典,民法典的基础地位就不复存在。第二,在民商事单行法之间存在矛盾的情况下,需要以民法典为基本的判断标准、基本的价值依据来处理此种规范矛盾与冲突,使得法律之间形成和谐的关系,避免出现法律适用的障碍。由于立法时间、调整范围、立法目的和立法技术的不同,不同法律之间可能对同一民商事调整对象存在相互冲突的调整方式,这就有必要通过在整个私法体系中居于核心地位的民法典来协调各个单行法之间的关系,从而实现法律的统一适用。第三,如果单行法存在法律漏洞,明确民法典的规范具有"补充法"的地位①,可以起到填补漏洞的作用。例如,在股权转让合同中,如果被转让的股权已经被质押,此时应如何处理,原《公司法》对此并未规定,此时,可以参照适用《民法典》买卖合同中关于权利瑕疵的规则予以补充。第四,民法典对于单行法具有兜底适用的功能。确有必要依据特别法优先于普通法的规则从单行法中找法,而又难以从单行法中寻找法律依据时,要回到民法典中找法。

在我国《民法典》实施后,制定与《民法典》相配套的单行法,必须着眼于民商事法律的体系化,着眼于《民法典》在该体系中的基础性地位以及《民法典》是否已修改了单行法规则等,以合理确定《民法典》和单行法特别规定的适用关系。一方面,在没有充分且正当的理由的情况下,单行法不能突破《民法典》的规定。《民法典》的基础性地位意味着其是调整所有民商事法律关系的基本法,立法者应当从《民法典》的原则出发,来确定是否需要进行特别立法。② 另一方面,《民法典》对单行法的修正、制定也具有一定的约束作用。《民法典》作为基础性规范,在某些规则的设计上较为原则与抽象,尚没有提供非常具体明确的规范,这是考虑到社会生活发展变迁以及待调整对象的复杂性。例如,《民法典》第127条规定:"法律对数据、网络虚拟财产的保护有规定的,依照其规定。"这就为立法机关提出了制定单行法的立法任务,同时在单行法中应当将数据和网络虚拟财产等作为一项财产权益加以保护,这就为单行法形成了一个约束性的框架。换

---

① 参见唐晓晴编著:《民法一般论题与〈澳门民法典〉总则》(上册),社会科学文献出版社2014年版,第35—36页。
② 参见苏永钦:《寻找新民法》(增订版),北京大学出版社2012年版,第39页。

言之,民商事单行法的修正、制定不能违反或者突破《民法典》的价值体系和规则体系,要时刻关照到《民法典》的基础性、典范性作用。总之,我国《民法典》作为调整民商事法律关系的基本法,其基础性主要就是体现在为单行法奠定价值基础、补充规范漏洞和提供立法指导等方面。

(二) 以统一思维善用民法典的参照适用条款和引致条款

在运用统一思维处理民法典与单行法关系时,必须要善用民法典所规定的引致条款和参照适用条款,架起一座有效沟通民法典和单行法的桥梁,有效增强民法典和单行法之间的逻辑性和体系性。

一是参照适用条款。我国《民法典》的参照适用条款(据统计共28条)极大地增强了民法的体系性,不仅简化了法律条文的规定,而且极大地丰富了法律适用的规则,填补了法律适用的空白。参照适用条款协调了《民法典》各编内部的关系,增进了《民法典》各编的体系性。参照适用条款也沟通了各编之间的关系,形成了强大的规范储备功能①,增进了《民法典》整体的体系性。在《民法典》颁布以后,参照适用条款已经开始发挥其应有的功能。② 尤其应当看到,我国《民法典》不仅规定了典内参照适用规则,也规定了典外参照适用规则。例如,《民法典》第71条规定:"法人的清算程序和清算组职权,依照有关法律的规定;没有规定的,参照适用公司法律的有关规定。"这就沟通了《民法典》和单行法的有机联系,因而需要以统一思维把握此类规范的准确适用。

二是引致条款。《民法典》第334条、第336条、第337条等关于土地承包经营权的规定,规定了"依照法律规定""依照农村土地承包的法律规定办理""法律另有规定的,依照其规定"的表述,表明这些条款都是引致到单行法的条款,联结《土地管理法》《城市房地产管理法》等法律。这种统一思维模式在单行法时代是不可能存在的,因为立法者不可能在某一个单行法中采用引致条款或参照适用条款去联结另一个单行法。在《民法典》各编规范形成高度体系化的背景下,裁判者需要依据参照适用规范的指引,寻找其他各编中可能适用的规范。而在参照适用规范为概括式的规范时,裁判者还必须辨明哪些规范可以适用,哪些规范不能适用。这就要求裁判者必须具有法典化思维,整体上把握各编之间的内在关联和待决案件法律关系的性质,从而进行法律适用。

---

① Vgl. Hans Schneider, Gesetzgebung, C.F. Müller Verlag, 2002. S. 234-251.
② 截至2021年10月19日,在北大法宝"司法案例"数据库中,检索"适用《民法典》"的民事案件共计707028件,适用参照条款的案例共计1573件。

（三）以统一思维消除民法典与单行法的矛盾

卢曼认为,法律的功能就在于确定规则、稳定预期、将行为模式制度化。而要实现法律的此种功能,就必须确保法律的统一,因为不具备统一性的法律规则将导致人们无法形成对法律的一致性印象,并最终影响整个社会系统的稳定性。① 为避免这一现象,我们就要从分散思维转向统一思维,消除民法典与单行法之间的矛盾。具体而言,法官在解释法律时首先应当推定法律体系是统一的,即使法律规定可能存在冲突,也应通过统一思维来消除矛盾。例如,关于提前收回土地所有权的规定,根据我国《民法典》第358条的规定,政府基于公共利益的需要而提前收回民事主体所享有的建设用地使用权,应当依据征收的规定进行补偿并退还相应的出让金。但对此问题,《土地管理法》第58条第2款、《城市房地产管理法》第20条、《城镇国有土地使用权出让和转让暂行条例（2020修订）》第42条等规定并不一致,需要按照《民法典》的规定进行统一解释。

统一思维要求在解释法律时应当作整体的、统一的解释,解释单行法时要以民法典为价值基础。法谚有云:"法律解释的最佳方法,在于使法律与法律调和。"法律即使制定得再完备,也难免出现法律规则之间冲突和不和谐的现象,统一思维实际上可以起到一种"润滑剂"的作用,避免法律规则适用的僵化以及相互之间的冲突。某一法条,若孤立来看可能与其他法条的表述并不一致,但若从宏观角度来看,这些法条往往构成整体的有机组成部分,解释者在解释的过程中应从整体性和统一性出发,防止出现同法不同解的局面,避免因解释不统一而产生矛盾。如果单行法的规定与民法典之间发生冲突和矛盾,此时要以民法典为价值基础,从而形成整体民法价值的统一性,民法典所秉持的价值理念,应当为所有民商事法律规范所共同遵循。民法典规定了平等、自愿、公平、诚信、公序良俗和绿色原则等,形成了以平等为前提,以自愿为核心,以其他原则为扩充和限制的基本价值体系。该原则体系构成了所有民事法律都必须遵循的价值体系,在民事法律的制定中具有价值引领作用,在相关规则的具体适用中具有解释准则的作用,在漏洞填补时具有价值基础作用。

还应当看到,统一思维也有助于处理民法典与司法解释之间的关系。此类关系不同于民法典与单行法之间的关系。后者是一般法与特别法之间

---

① 参见顾祝轩:《民法系统论思维:从法律体系转向法律系统》,法律出版社2012年版,第30—31页。

的关系,而前者是上位法和下位法之间的关系。司法解释作为下位法,不能任意突破民法典的规定而创设新的规范。我国《民法典》颁行后,其体系建构工作已经完成,规范体系也已经形成,司法解释更应当回归其本位,严格遵循《立法法》第119条第1款的要求,这也意味着:第一,司法解释不应以体系建构为其重心,也不应随意创设新规范,而应针对法律条文在具体适用中遇到的疑难问题作出规定,统一《民法典》实施后的法律适用标准。第二,司法解释的规定应当符合《民法典》的目的、原则和原意,不能与《民法典》相冲突,尤其是要注重把握外在和内在体系,以统一思维解释《民法典》。第三,司法解释要注意到《民法典》与单行法之间的关系,以法典化思维所要求的基础性、体系性、统一性和融贯性,对《民法典》与单行法之间规范的具体适用关系在司法解释中作出规定。

四、从并立思维到融贯思维

单行法思维不仅仅是一种碎片化的思维,而且是一种并立的、割裂的思维。这尤其表现在价值方面,各个单行法因自成体系,因而形成了自身所追求的价值体系,且因为单行法在不同时期制定,受不同时期立法目的的影响,因而形成了价值分离现象。在《民法典》实施后,需要转换思维方式,即从并立思维向融贯思维转化。

融贯思维主要是一种价值的一致性思维,如前述,民法典体系包括形式体系(外在体系)和价值体系(内在体系)两方面[1],如果说外在体系是指民法典的各编以及各编的制度、规则体系,那么价值体系则是指贯穿于民法典的基本价值,包括民法的价值、原则等内容,即支配整个民法的基本原则以及这些原则之间的实质联系[2]。内在体系与外在体系共同构成了民法典体系的双重辩证关系,二者结合起来,才能满足一部现代科学立法的民法典的要求。[3]

从广义上说,融贯思维也是体系性思维的组成部分,由此形成了规则融贯与价值融贯的区分,但在民法典中,两者相互衔接,互为表里。一方面,规则融贯建立在价值融贯的基础上,只有私法体系的价值理念具有融

---

[1] Vgl. F. Bydlinski, System und Prinzipien des Privatrechts, Springer Verlag, 1996, S. 48 ff.
[2] 参见〔德〕卡尔·拉伦茨:《德国民法通论》(上册),谢怀栻等译,法律出版社2003年版,沃尔夫序第1页。
[3] 参见王泽鉴:《民法总则》,中国政法大学出版社2001年版,第22页。

贯性,具体规则才能彼此协调,实现规则融贯。另一方面,私法体系的价值理念往往蕴含于具体规则之中,只有具体规则彼此融贯,才能从这些规则中解释出价值理念的融贯性。① 相反,如果我们将法律体系分为外在体系和内在体系,融贯思维则主要指的是价值的融贯。如果说规则融贯是体系思维的外在体现,那么价值融贯则是体系思维的价值内核。正是因为价值体系的存在,庞大的民法典规则才能始终具有"神不散"的灵魂,并形成了有机的整体,因此也凸显了融贯思维的重要性。

融贯思维首先要求将整个民法看作基于一定的价值而形成的整体,也要求将民法典的价值贯穿于整个民商法部门之中。虽然基于调整对象的区别,民商法内部可以继续细化为不同的法律领域,但是这种人为的法律领域的划分绝不应以牺牲立法目的的一致性为代价②,恰恰相反,民商法各领域均应贯彻民法典所统一的价值取向。在民法典确立的各项价值中,首要的价值是保障私权,而我国《民法典》七编制始终以民事权利为"中心轴",贯穿《民法典》始终,整个《民法典》就是由物权、合同债权、人格权、婚姻家庭中的权利(亲属权)、继承权以及对权利进行保护的法律即侵权责任编所构成。在七编制下,首先确认了各项基本的民事权利,最后规定了保护权利的侵权责任编,因此,我国《民法典》的整体框架思路是从"确权"到"救济",始终以权利为中心来构建民法体系。这表明我国《民法典》本质上是一部权利法,《民法典》分编通过全面保障民事权利,全面体现和贯彻了法治的价值。这一价值不仅是观察《民法典》,而且也是观察整个民法的出发点。一方面,在观察《民法典》各编制度时,必须要以保障私权的理念把握《民法典》各编及各项制度之间的逻辑联系。在《民法典》贯彻实施中,判断《民法典》是否真正得到有效贯彻实施,很大程度上要看是否真正落实了私权保护的理念。以司法解释的制定为例,判断相关司法解释是否符合《民法典》的精髓和意旨,就看其是否真正落实了保障民事权利的理念。例如,最高人民法院《关于适用〈中华人民共和国民法典〉时间效力的若干规定》中,就以是否有利于保护民事主体的合法权益作为确定《民法典》能否适用于施行前所发生的案件的重要标准。③ 另

---

① 参见雷磊:《融贯性与法律体系的建构——兼论当代中国法律体系的融贯化》,载《法学家》2012年第2期。

② 参见[德]奥托·基尔克:《私法的社会任务:基尔克法学文选》,刘志阳、张小丹译,中国法制出版社2017年版,第26页。

③ 参见2020年最高人民法院《关于适用〈中华人民共和国民法典〉时间效力的若干规定》第2条、第3条。

一方面,保障私权也应当是整个民法部门应当秉持的价值理念。如果说公法要以规范公权为己任,而作为私法的民法,必然要以保障私权为其目标。

融贯思维要求以人为本,以关爱人、保护人、爱护人为整个民法的基本理念。传统民法以"财产法"为核心,为了鼓励民事主体创造财富,促进社会经济的发展,现代民法以意思自治为核心,构建了完整的价值体系,这无疑在当今也是整个民法的基本价值。但是,传统民法在价值层面又存在"重物轻人"的体系缺陷,人只是被视为"权利义务的归属点",而现代民法逐渐转向以人为核心,民法可以被更准确地理解为"活着的人"的法、"想更好地活着的人"的法。① 我国《民法典》秉持以人民为中心的理念,在价值理念上不仅确立了保护弱势群体、维护个人人格尊严等人文关怀的理念,而且当人文关怀理念与私法自治价值发生冲突时,优先保护生命健康,优先维护人身自由、人格尊严。生命健康是最高的法益,毕竟财产是个人的,但人是属于社会的,而人身安全、人的尊严等涉及社会利益。② 因此,《民法典》用多个条款,宣示了生命、身体、健康的优先地位。只有秉持人文关怀理念,才能全面理解《民法典》的精髓,把握好、贯彻好、实施好《民法典》。

以融贯思维作为《民法典》实施的重要指引,具体表现为:

(一) 以融贯思维准确解释民法典

在解释和适用民法典时,也应当以民法典的融贯性作为重要的出发点。当法律适用者发现根据民法典的规则解决纠纷存在争议时,其所提出的最佳建构性解释的方案应当是在最大程度上契合民法典的内在体系和外在体系,从而实现民法典的融贯性。③ 就价值融贯而言,需要处理好不同价值之间的关系。也就是说,任何一个单独的价值都不是孤立的,必须与其他价值相互联结和配合,各种价值之间应当相辅相成、互相配合,形成一种"价值之网",从而实现法秩序内部的价值融贯。④ 民法典的基础性表现之一就是民法典所确立的价值的基础性,但并非意味着民法

---

① 参见〔日〕大村敦志:《从三个纬度看日本民法研究:30 年、60 年、120 年》,渠涛等译,中国法制出版社 2015 年版,第 36 页。
② 参见欧洲侵权法小组:《欧洲侵权法原则:文本与评注》,于敏、谢鸿飞译,法律出版社 2009 年版,第 63 页。
③ 参见〔美〕罗纳德·德沃金:《法律帝国》,许杨勇译,上海三联书店 2016 年版,第 178 页。
④ See Ronald Dworkin, Justice in Robes, Harvard University Press, 2006, p. 169.

典所确立价值的单一性,为此要处理以下几个方面的关系:

一是要衔接好人格尊严与私法自治价值之间的关系,这两项价值都是民法典的基本价值。人格尊严保护为私法自治划定边界,以避免由此可能产生的不利后果。穆勒在《论自由》中将个人利益应受的限制概括为个人的行为应当以他人的利益为边界①,他认为,"挥舞拳头的自由止于他人鼻尖"②。在人格尊严和私法自治发生冲突的情形下,因为人格尊严更直接体现了对人的关爱,体现了对人的主体性的尊重,对个人人格全面发展的保护,因此,其应当处于一种更优越的位置。我国《民法典》大量条款都体现了这样一种价值取向,因此,在解释、适用《民法典》时应当秉持此种价值取向。例如,《民法典》第1019条第2款规定,肖像权与著作权发生冲突时优先保护肖像权,正是体现了这一优先规则。

二是将社会主义核心价值观作为阐释《民法典》的价值指引。我国《民法典》第1条开宗明义地指明,弘扬社会主义核心价值观是我国《民法典》的立法目的之一。《民法典》确认了诚实信用原则、公序良俗原则等基本原则,倡导全社会诚实守信、崇法尚德、互助互爱、和谐和睦,强化规则意识,弘扬中华民族传统美德,并贯彻自由、平等、公正、法治等价值理念。社会主义核心价值观不仅是制定《民法典》的价值基础,也是准确理解与适用《民法典》的准则。

三是价值融贯需要处理好权益位阶关系。我国《民法典》专设"民事权利"一章,集中地确认和宣示自然人、法人所享有的各项民事权利,充分彰显了民法保障私权的功能,尤其是构建了较为完整的民事权利体系。但各项权益之间可能发生一定的冲突,这就需要依据《民法典》及其价值体系,明确权益位阶,妥善处理相关的权利冲突。例如,在生命、身体、健康方面,《民法典》人格权编用多个条款,宣示了生命、身体、健康的优先地位,甚至是第一顺位的地位,这也反映了生命权、身体权、健康权在整个人格权体系中的重要地位。我国《民法典》总则编在列举民事权利时,首先列举的就是人格权,在人格权中首先列举的是生命权、身体权、健康权。这就意味着当生命权、身体权、健康权与其他权利发生冲突时,其他的权利都要退居其次。例如,在抗疫过程中采取扫健康码、人脸识别等措施,一定程度上确实可能侵犯了个人的隐私,但这是为了维护公共卫生安

---

① 参见〔英〕约翰·穆勒:《论自由》,孟凡礼译,上海三联书店2019年版,第85页。
② 转引自〔美〕理查德·A.波斯纳:《超越法律》,苏力译,中国政法大学出版社2001年版,第34页。

全以及优先保护生命权、身体权、健康权所不得已采取的必要、合理的限制,所以这些措施是完全符合我国《民法典》人格权编基本理念的。

(二) 以融贯思维查漏补缺、填补漏洞

卡尔·拉伦茨指出:"体系不是静态的,而是动态的,因此表现出历史性的结构。"① 如果仅仅只是注重规则的融贯性,忽略价值的融贯,必然会出现大量的法律漏洞,因为缺乏价值体系,就犹如断了线的风筝,最多只不过是规范的聚合,属于缺乏灵魂的规范体系。以融贯思维填补漏洞,具体而言,一是要以融贯思维观察、适用民法典,识别和发现漏洞。当找法遇到困难时,可秉持融贯思维,探究立法价值和目的,采用目的解释等方法发现和识别法律漏洞。二是在确定法律漏洞之后,善用融贯思维填补漏洞。从方法论上看,缺乏价值体系,会使漏洞填补面临极大的障碍。例如,目的性限缩、目的性扩张等漏洞填补方法,都需要探求立法者所追求的目的,寻求规则背后的价值。仅仅依靠规范体系,可能会得出多元化的结论,而价值体系则可以发挥选择的作用。例如,我国《民法典》第185条没有规定英雄烈士等的隐私、个人信息遭受侵害时,此类人格利益能否受到该条的保护。笔者认为,这虽然构成法律漏洞,但从立法者强化对英雄烈士等人格利益的保护、维护社会主义核心价值观等目的来看,应当将该条扩张适用于英雄烈士等的隐私。

(三) 以融贯思维指导配套法律的制定,发展和完善民法

尽管我国《民法典》对私法体系作出了基础的、体系的和统一的规定,但是,由于现代社会的发展与变化十分迅猛,我国将来还要针对特殊的专门领域制定单行法。就此而言,融贯思维不仅作用于《民法典》的解释与适用,还进一步作用于单行法的制定。详言之,《民法典》确立了私法体系的基础性法律框架,后续的配套民事立法应当在这一框架内进一步填充细化。后续的立法不能轻易地违背《民法典》所预先设定的价值理念体系,在这个意义上,立法过程如同德沃金所说的"法律的连环"。就像数位作家分别续写连环小说一样,要在理解前一作者所预定的小说人物、情节和思想的基础上,进一步续写下一章的内容。② 例如,我国《民法典》第

---

① 〔德〕卡尔·拉伦茨:《法学方法论》(全本·第6版),黄家镇译,商务印书馆2020年版,第610页。
② 参见〔美〕罗纳德·德沃金:《法律帝国》,许杨勇译,上海三联书店2016年版,第180页。

1034条至第1039条对自然人的个人信息的法律保护作出基础性和原则性规定,《个人信息保护法》的立法过程就要受到《民法典》的约束,不得背离这些基础性和原则性规定所确立的价值理念。

"法与时转则治。"在《民法典》颁布之后,虽然民法规则已经基本完备,但也不可避免地存在滞后性,针对此种滞后性,仅仅通过频繁地制定法律,不仅成本巨大,也会影响法律的稳定性,因此也应当秉持融贯思维,依据民法的基本价值进行民法的"立改废释"工作,发展和完善民法,这也有利于避免新的制度、规则与民法的内在价值和制度发生冲突和矛盾。

结　语

法律的生命力在于实施,在《民法典》颁行后,如何全面贯彻实施《民法典》,是我们当前法治建设中亟需解决的重大问题。按照习近平总书记的要求,实施好《民法典》,需要加强《民法典》重大意义的宣传教育,加强民事立法相关工作,加强《民法典》执法司法活动,加强《民法典》普法工作,加强我国民事法律制度理论研究。① 完成这些工作,需要准确阐释《民法典》的具体制度和规则,更需要转化法律思维,即以法典化思维贯彻实施《民法典》。实施《民法典》仅仅只是理解其字面含义是不够的,还应当树立法典化思维,准确理解《民法典》各项制度规则的价值取向,对《民法典》进行体系观察、体系思考,协调好《民法典》内部以及《民法典》与单行法之间的关系,并将《民法典》的价值体系融贯于各个民事法律制度和规则之中,充分体现《民法典》的基础性、体系性、统一性和融贯性。从单行法向法典化思维的转化,也为条件成熟的领域适时推进法典的编纂提供了有益参考。这就是说,任何成功的法典,同时也是体系完整、规则统一、价值融贯、逻辑严谨的规范体系,只有秉持这样一种思维,才能有效推进未来法典化立法的进程。

---

① 参见习近平:《充分认识颁布实施民法典重大意义,依法更好保障人民合法权益》,载习近平:《论坚持全面依法治国》,中央文献出版社2020年版,第279—283页。

体系创新：中国民法典的特色与贡献*

民法典体系就是由具有内在逻辑联系的制度和规范所构成的，由具有内在一致性的价值所组合的体系结构。"民法典的制定乃基于法典化的理念，即将涉及民众生活的私法关系，在一定原则之下作通盘完整的规范。"①自18世纪法典化运动以来，法典化就是体系化，民法典就是以体系性以及由之所决定的逻辑性为重要特征的②，体系是民法典的生命，缺乏体系性与逻辑性的"民法典"只能称为"民事法律的汇编"，而不能称为民法典。大陆法系也称为民法法系，也表明民法典是大陆法系的重要标志。我国民法典作为法律体系中的基础性法律、私法的基本法，在充分借鉴比较法的经验的基础上，立足于中国国情和时代的发展，作出了重要的创新。可以说体系创新是中国民法典的重要特色，也是对世界民法典编纂的重要贡献。

一、我国《民法典》七编制的体系创新

民法典体系包括形式体系（外在体系）和价值体系（内在体系）两方面③，形式体系是指民法典的各编以及各编的制度、规则体系，价值体系是指贯穿于民法典的基本价值，包括民法的价值、原则等内容。大陆法系国家的民法典历来以私法自治为价值体系展开④，私法自治是指民事主体依法享有在法定范围内广泛的行为自由，并可以根据自己的意志产生、变

---

* 原载《比较法研究》2020年第4期。
① 王泽鉴:《民法总则》，中国政法大学出版社2001年版，第22页。
② See Julio César Rivera ed., The Scope and Structure of Civil Codes, Springer, 2013.
③ Vgl. Franz Bydlinski, System und Prinzipien des Privatrechts, Springer Verlag, 1996, S. 48 ff.
④ 意思自治与私法自治基本上是同义语。但两者有一定的区别，意思自治与私法自治的关系表现在：前者是后者的重要组成部分，但不完全等同。因为私法自治是私法领域中的最基本原则，而私法既包括民法、商法等实体法，也包括民事诉讼法、仲裁法等程序法。而意思自治是民事实体法中的基本原则，所以意思自治应当包括在私法自治的内容之中。

更、消灭民事法律关系。凡是公法不加以禁止的范围,私法主体都可以实行意思自治,这就是所谓"法不禁止即自由"的法治理念。近几十年来,随着社会的发展和高科技的进步,民法的人文价值得到进一步发展,进入21世纪以来,尊重与保护人权已经成为整个国际社会的普遍共识。尤其是随着社会的发展,人格权和侵权行为已经成为民法新的增长点,这正凸显了人文关怀的价值。我国《民法典》不仅确立了私法自治的理念,而且以人文关怀作为立法的价值,维护个人尊严,保护社会弱者利益,实现社会实质正义,从而彰显了人文主义的精神。因此,从内在体系而言,也适应了21世纪时代精神的发展。

就形式体系(外在体系)而言,从世界范围来看,大陆法系国家有两种具有代表性的民法典体系:

一是罗马式民法典体系,它是由罗马法学家盖尤斯(Gaius)在《法学阶梯》(Institutiones)一书中提出的,查士丁尼编制法律时采用了这种形式,将民法分为人法、物法和诉讼法。这种三编的编纂体系被《法国民法典》全盘接受,但《法国民法典》剔除了其中的诉讼法内容,把物法分为财产及对所有权的各种限制和取得财产的各种方法,将民法典分为人法、财产法、财产权取得法三编。瑞士、比利时、意大利等欧洲大陆国家民法采纳此种模式。①《法国民法典》以罗马法为蓝本,巧妙地运用法律形式把刚刚形成的资本主义社会的经济规则直接译成法的语言,从而"成为世界各地编纂一切新法典时当作基础来使用的法典"②。但近几十年来,法国率先突破了自己的三编制体系,适应金融担保的需要,单设了担保一编。

二是德国式民法典体系,它是罗马法大全中的《学说汇纂》所采用的体例,该体系是潘德克顿(Pandekten)学派在注释罗马法特别是在对《学说汇纂》的解释的基础上形成的。该体系把民法典分为五编:总则、债法、物权、亲属、继承。③ 其采取"提取公因式"的方式规定了总则,规定民法共同的制度和规则,区分了物权和债权,把继承单列一编,从而形成了较为完整、明晰的体系。《德国民法典》是潘德克顿学派成果的结晶,体现了法典逻辑性和科学性的要求,正是在这个意义上,该法典常常被称为"科学法"。从逻辑体系而言,《德国民法典》构建了完整的

---

① 参见郑玉波:《民法总则》,中国政法大学出版社2003年版,第40页。
② 中共中央马克思恩格斯列宁斯大林著作编译局编译:《马克思恩格斯文集》(第10卷),人民出版社2009年版,第598页。
③ Vgl. Savigny, System des heutigen römischen Rechts, Bd. 1, S. 401 ff.

近代民法体系①,因而被认为代表了19世纪法典化的最高成就。大陆法系许多国家与地区都接受了德国式民法典体系,如日本、泰国、韩国、葡萄牙、希腊、俄罗斯等国家以及我国台湾地区、澳门特区。不过,日本在继受德国式民法典体系时,采纳了萨克逊式体例,将物权置于债权之前。②

1912年的《瑞士民法典》也独具特色。该民法典开篇设法例,首创"民商合一"的立法体例,《瑞士民法典》将人法和亲属法置于物权法之前,并在第一编人法中,规定了人格权保护的内容。③ 瑞士民法不设置总则,单独颁布债法典,构建完整的债法体系,且通过第7条的规定将《债务法》的规则适用于其他民事法律关系。④ 应当看到,近几十年制定的民法典,如《荷兰民法典》《魁北克民法典》等,都采取了与德、法民法典有所不同的体例安排。总的来说,民法典体系虽然反映了民法的发展规律,但也要根据本国的法律传统、现实需求而发展变化,因而不存在一成不变的体系。比如,《荷兰民法典》就根据其海运发展的现实需要而单设运输一编。而《魁北克民法典》出于保障债权的需要而单独设立了"优先权和抵押权"一编。

虽然罗马式和德国式的民法典体系对大陆法系各国民法典的影响很大,但由于五编制的最突出特征在于通过提取公因式的方法抽象出了总则,以简化法律规则,减少重复的规定或定义⑤,且区分了物权和债权,增进了法典体系的科学性,因此,大陆法系许多国家与地区都接受了德国式民法典体系。在我国,自清末变法以来,对德国民法的继受成为我国民事立法与理论研究的主流,国民党政府制定的民法典,不仅从体系上照搬《德国民法典》的五编制,而且其大部分内容也基本来自《德国民法典》。从制定的时间来看,1929年5月30日颁布民法典总则;1929年11月22日颁布民法债编;1929年11月30日,颁布了物权编;1930年12月26日颁布亲属编和继承编,编纂成《中华民国民法典》。该法典在我国台湾地区继续有效。正如梅仲协先生所指出的:"现行民法采

---

① 参见〔德〕K.茨威格特、〔德〕H.克茨:《比较法总论》,潘汉典等译,法律出版社2003年版,第220页。
② 参见郑玉波:《民法总则》,中国政法大学出版社2003年版,第40页。
③ 参见谢怀栻:《大陆法国家民法典研究》,中国法制出版社2004年版,第66、74页。
④ 《瑞士民法典》第7条规定:"《债务法》关于契约的成立、履行和终止的一般规定,亦可适用于其他民事法律关系。"
⑤ 参见〔德〕哈里·韦斯特曼:《德国民法基本概念(第16版)》(增订版),张定军等译,中国人民大学出版社2013年版,第10页。

德国立法例者十之六七,瑞士立法例十之三四,而法日苏联之成规,亦尝撷一二。"①可以说,自清末变法以来,在相当长的时间内,对德国民法的继受始终为我国民事立法与理论研究的主流。

新中国成立以后,立法机关废除了国民政府时期的"六法全书",但是,旧中国所形成的法律传统并未完全消失,德国法的影响在我国其实是一直存在的。应当承认,德国民法确实具有很强的体系性与逻辑性,这种模式有助于我们整合现行分散凌乱的民事立法,德国民法的一些先进经验值得我们借鉴。例如,1986年《民法通则》所规定的一些基本制度仍然具有明显的德国法痕迹,该法中法律行为、代理、时效等制度都大量借鉴了德国法。然而,民法典的体系是一个开放和发展的体系,绝不是一个封闭的体系。从古至今,人类的理性并没有始终如一地处于一个恒定或静止的状态,而实际上是经历了一个不断发展、蜕变与升华的过程。② 古人语:"明者因时而变,知者随世而制。"一百多年前德国注释法学派所形成的《德国民法典》体系是符合当时德国社会经济需要的,但它并不完全符合当前我国社会经济的需要。例如,《德国民法典》缺乏对人格权的系统规定,一直深受诟病。在《德国民法典》颁布后不久,德国学者索姆巴特(Werner Sombart)就提出《德国民法典》存在"重财轻人"的偏向。③ 也有一些德国学者对此提出批评说,《德国民法典》的体系"是按照从事商业贸易的资产阶级的需求来设计构思的,它所体现的资产阶层所特有的'重财轻人'正出于此。这种重财轻人的特点使关于人的法律地位和法律关系的法大大退缩于财产法之后"④。一百多年来,人类社会发生了巨大的变化,科技日新月异,适应互联网、高科技、大数据的发展,强化对名誉、肖像、隐私、个人信息等人格权益的保护已经成为民事立法的重大课题。高科技爆炸(如红外线扫描、远距离拍照、卫星定位、无人机拍摄、生物辨识技术、人工智能、语音识别等),给人类带来了巨大福祉,但普遍具有一个副作用,即对个人的隐私和个人信息的保护带来了巨大威胁,因此,现代法律遇到的最严峻的挑战就是,如何尊重和保护个人隐私和信息。⑤ 而

---

① 梅仲协:《民法要义》,中国政法大学出版社1998年版,序言。
② 参见孟广林:《欧洲文艺复兴史·哲学卷》,人民出版社2008年版,第12页。
③ 参见〔德〕迪特尔·施瓦布:《民法导论》,郑冲译,法律出版社2006年版,第42页。
④ 〔德〕迪特尔·梅迪库斯:《德国民法总论》,邵建东译,法律出版社2000年版,第24页。
⑤ See Michael Froomkin, The Death of Privacy?, Stanford Law Review, Vol. 52:5, p. 1461 (2000).

《德国民法典》因其所处的时代的限制,缺乏对人格权的保护,这显然存在体系缺陷。如果仅以《德国民法典》没有规定独立的人格权制度为由,而置现实需要于不顾,将人格权制度在民法典中用民事主体制度或侵权法的几个条款轻描淡写地一笔略过,这无异于"削中国实践之足,适西方理论之履",甚至是放弃了时代赋予当代中国民法学者的伟大机遇与神圣职责!

我国从民法典编纂开始,就确立了从中国实际出发构建符合中国国情的体系科学合理的民法典的目标,即"编纂一部适应中国特色社会主义发展要求,符合我国国情,体例科学、结构严谨、规范合理、内容协调一致的法典"①。这就意味着民法典在体系上不能囿于德国模式和罗马法模式,而必须有所创新。最后编纂完成的我国民法典在体系上也确实作出了重大创新,换言之,我国民法典固然借鉴了其他民法典的成功经验和做法,但更注重回应社会现实需求和体现时代发展特色,作出了不少创新和贡献,其中最令人瞩目的是体系创新。

我国《民法典》一共分为七编,包括总则、物权、合同、人格权、婚姻家庭、继承、侵权责任编,共计1260条,从内容体系上看,具有如下几个显著特点:

一是以民事权利为红线构建民法典体系。民法总则采用了提取公因式的方式,对民事权利的主体、客体,民事权利的行使、保护等基本规则予以提炼。而分则则是分别针对物权、合同债权、婚姻家庭中的权利、继承权以及各项权利的保护而展开。民事权利成为一条红线,贯穿《民法典》的始终,增加了《民法典》的科学性和内在逻辑性,更全面展现了民法典的权利法特质。民法典规定和保护民事主体的基本民事权利,是权利法,这一点是各个民法典的共同特质。与五编制相比,七编制的权利体系更完整,既全面囊括了物权、债权、婚姻家庭中的权利(亲属权)和继承权,还对人格权进行了体系化的规范。

二是从确权到权利救济的结构。无救济则无权利,权利的确认离不开权利的保护。《民法典》先列举权利,将物权、合同、人格权、婚姻家庭、继承五编并列,用以完整保护民事主体的各项权利;将侵权责任编置于最后,通过侵权责任编规定对权利遭受侵害的救济,这符合从确权到救济的一般规律,进一步凸显了民法不仅仅是权利法也是私权保障法的性质,是

---

① 沈春耀:《关于提请审议民法典各分编草案议案的说明》,载 http://www.npc.gov.cn/npc/cwhhy/13jcwh/2018-08/27/content_2059319.htm,访问日期:2020年6月5日。

对受害人遭受的损害提供充分救济的法。与五编制相比，七编制的权利体系更完整，既全面囊括了物权、债权、婚姻家庭中的权利(亲属权)和继承权，还特别在最后规定了保护权利的侵权责任编，充分体现了侵权法的权利救济功能，我国《民法典》的整体框架思路因此是"确权—救济"，这是民法典体系以权利为中心的具体体现。这一模式适应了风险社会强化对受害人进行救济的需要。由于现代社会步入"风险社会"，风险无处不在①，民法典不仅要注重防范风险，而且要制裁侵害民事权益的行为，对无辜的受害人所遭受的损害提供充分的救济。

三是在《民法典》各编内都按照总分结构建构，分为一般规则和具体规定两部分。总分结构体现在各编，各编内部的总分结构安排，使各分编自成体系，逻辑性更为严密，形成了从一般到具体的规则体系，同时，有利于实现立法的简约。通过"提取公因式"的方式将共性的规则抽象出来，避免法律规则的重复，在实现立法简约的同时，也增强了《民法典》各编的体系性。

与五编制的《德国民法典》相比较，我国《民法典》的编纂体例有三大创新，即人格权独立成编、侵权责任独立成编以及合同编通则发挥债法总则的功能，这种创新更突出表现了民法典的权利法特质。一方面，我国《民法典》采纳七编制的模式更突出了对人的保护，贯彻了以人为本的价值理念。五编制明显存在"重物轻人"的倾向，事实上以财产权为中心。七编制通过人格权编和侵权责任编的独立设置，突出了人的主体地位，凸显了民法典的人文关怀，真正体现了"一切权利均因人而设立"②(hominum causa omne ius constitutum est)，从而有效防止人的客体化，使"大写的人"在立法中得以体现，真正实现了"民法中的人的再发现"③。另一方面，这一体系更具有时代性，回应了时代之问。"法律追随并适应社会变迁，但法律亦形成并引导社会变迁，而在社会中扮演重要的角色。"④在现代社会，互联网、人工智能等高科技迅速发展，人格权编和侵权责任编由此应运而生，成为民法典时代品格的集中展现，也适应了现代社会互联网

---

① 参见〔德〕乌尔里希·贝克:《风险社会》，何博闻译，译林出版社2004年版，第3页。
② 〔意〕彼德罗·彭梵得:《罗马法教科书》，黄风译，中国政法大学出版社1992年版，第29页。
③ 〔日〕星野英一:《现代民法基本问题》，段匡、杨永庄译，上海三联书店2012年版，第437页。
④ Lawrence M. Friedman & Grant M. Hayden, American Law: An Introduction, 3rd ed., Oxford University Press, 2017, p. 263.

高科技时代的立法要求。

总之,我国《民法典》的体系反映了现代社会发展的需要,彰显了中国特色、实践特色和时代特色,充分彰显了对人的保护,实现了以人为本的价值理念。

二、民法典分编体系的创新

(一)人格权制度的独立成编

人格权制度的勃兴是现代民法最为重要的发展趋势,从世界范围来看,各国都普遍强化了对人格权的保护,但迄今为止,大陆法系各民法典还没有独立成编的人格权规范体系,在民法典之外也没有独立的人格权法。[①] 我国《民法典》适应现代社会互联网、高科技、大数据的发展,单独设立人格权编(第四编),共51条,围绕人格尊严的保护而展开。人格尊严是人格权法的基本价值,是指作为一个"人"所应有的最起码的社会地位,及应受到社会和他人的尊重。[②]《民法典》第990条第2款采用概括性条款来规定人格尊严,是对人格权保护的根本目的和基本价值的宣示。该条也形成人格权益保护的兜底条款,即凡是司法实践中出现的各项新型人格利益,即使在人格权编的具体人格权中没有作出规定,也可以适用一般人格权的条款,这就使人格权益的保护保持了开放性。[③] 人格尊严是每一项具体的人格权的基本价值。在具体人格权构建中,要本着保护人格尊严的价值理念,以丰富其类型和内容。例如,《民法典》第1002条在规定生命权的同时,规定生命权的内涵不仅包括生命安全,同时也包括生

---

① 有学者认为,《乌克兰民法典》率先将人格权独立成编,但这种看法显然是值得商榷的。其实,《乌克兰民法典》根本不存在所谓独立成编的人格权法,也不存在人格权的概念,该法典规定的是包括公权和私权在内的、各类人身非财产权(Personal Non-Property Rights),可以说是把《乌克兰宪法》所规定的公民基本权利除财产权之外全部置于人身非财产权编之中,从该法典第二编所规定的自然人的人身非财产权来看,除规定生命健康、获得医疗服务、自由、人身豁免、器官捐赠、姓名、肖像、信息等权利,还包括享有家庭生活的权利、受监护后辅助的权利、环境安全权、保有个性的权利以及自由创作、自由选择住所和职业、迁徙自由、结社自由、和平集会等权利。详细内容请参见 O. Kokhanovska & R. Stefanchuk, Personal Non-Property Rights in the Civil Law of Ukraine, Law of Ukraine, Vol. 5:6, p. 44(2012)。

② 参见梁慧星:《民法总论》,法律出版社2001年版,第119页。

③ 参见唐德华主编、最高人民法院民事审判第一庭编著:《最高人民法院〈关于确定民事侵权精神损害赔偿责任若干问题的解释〉的理解与适用》,人民法院出版社2001年版,第30页。

命尊严。"生命尊严"这一概念可扩展适用至胚胎、胎儿、遗体的保护。就形式体系(外在体系)而言,人格权编具有如下特点:

第一,我国人格权法是按照总分结构构建的人格权法体系。总则是采取提取公因式的方式,将人格权中的共通性的规则提炼出来,统一规定,实现立法的简约。人格权编第一章关于人格权的一般规定确立了人格权一般性、共通性的法律规则,其中规定了人格权法的调整范围(第989条)、一般人格权和人格权的类型(第990条)、民事主体的人格权受法律保护的基本原则(第991条)、人格利益的许可使用规则(第993条)、关于死者人格利益保护的规定(第994条)、人格权请求权的规定(第995条)、责任竞合情形下的违约精神损害赔偿责任规则(第996条)、侵害人格权的禁令制度(第997条)、人格利益合理使用规则的规定(第999条)、人格权保护的动态利益衡量在人格权保护中的运用(第998条)等。第二章至第六章规定了各项具体人格权的权利内容、权利行使方式以及与其他权利的协调规则等,具体包括:生命权、身体权和健康权(第二章),姓名权和名称权(第三章),肖像权(第四章),名誉权和荣誉权(第五章),隐私权和个人信息保护(第六章),这个体系就是一般规则和特殊规则相结合的体系。通过总分结构的设计安排,《民法典》人格权编构建了人格权制度的完整体系。

第二,我国人格权体系是基于一般人格权和具体人格权的分类而构建的。在总则中规定了一般人格权,在分则中围绕具体人格权而展开。一般人格权(das allgemeine Persönlichkeitsrecht),是相对于具体人格权而言的,即以人格尊严、人格平等、人身自由为内容的、具有高度概括性和权利集合性特点的权利。《民法典》总则编对一般人格权的保护作出了规定,《民法典》第109条规定:"自然人的人身自由、人格尊严受法律保护。"人格权编进一步规定:"除前款规定的人格权外,自然人享有基于人身自由、人格尊严产生的其他人格权益。"(《民法典》第990条第2款)该条款进一步明确了一般人格权对人格利益的保护,这实际上是将一般人格权作为人格利益保护的兜底条款,从而保持了人格权益保护范围的开放性。除一般人格权外,《民法典》第990条第1款还对各项具体人格权作出了规定:"人格权是民事主体享有的生命权、身体权、健康权、姓名权、名称权、肖像权、名誉权、荣誉权、隐私权等权利。"该条款通过类型化的方式对具体人格权作出了规定。《民法典》同时规定一般人格权与具体人格权,构建了人格权编自身完整的体系。从这一意义上讲,人格权法是权利法,围绕权利展开,凸显了权利法的特点,而不同于侵权法救济法的特点。

第三,人格权的体系结构围绕人格权的享有、行使和保护展开,实际上是从人格权法的基本功能而展开的,这三方面的功能基本体现在人格权编的内容、体系中。《民法典》第989条规定:"本编调整因人格权的享有和保护产生的民事关系。"具体而言,一是人格权的享有制度,它是指民事主体因为法律的确认而享有各项人格权。人格权法主要是权利法。这就是说,人格权编侧重于对人格权进行正面确权,人格权法以确认人格权的类型、人格利益的保护范围、各种人格权的内容和权能、人格权的行使与效力以及人格权与其他权利之间的冲突等为其主要内容。二是人格权的行使制度,它是指人格权编还调整人格权因行使和限制而产生的关系。例如,《民法典》第993条确认了人格利益的许可使用制度,第999条规定了基于实施新闻报道、舆论监督等需要而合理利用人格利益的规则。三是人格权的保护制度,人格权保护所产生的民事关系主要是指人格权遭受侵害而产生的权利义务关系。《民法典》人格权编为人格权提供了丰富的保护手段。此外,《民法典》规定了人格权请求权以及禁令制度(《民法典》第997条)等,为人格权的救济提供了周全的方案,强化了对侵害人格权行为的事先预防。

我国《民法典》将人格权独立成编,无疑是民法典体系的重要创新,是对世界民事立法作出的时代贡献。一方面,落实了我国宪法保障人格尊严的原则,强化了对人格尊严的维护。进入新时代以后,我们不仅仅要使人民群众生活得富足,也要使每个人活得有尊严。人们对美好幸福生活的向往不仅包括吃得饱、穿得暖,也包括老有所养、住有所居、病有所医,还应当使每一个人活得有体面、有尊严。因此,《民法典》中人格权独立成编,实质上就是为了全面保护人格权,使得人民生活得更有尊严。由于各项人格权都体现了人格尊严的价值,因此,在人格权编详细规定对于名誉、肖像、隐私权以及个人信息等的保护,有力回应了现代科技发展所提出的新挑战。人格权编规定对声音的保护、禁止肖像权的深度伪造、对基因编辑、人体胚胎试验等研究规定底线规则,等等,都是对于新时期的新问题的回应。另一方面,人格权独立成编凸显了民法作为"人法"的本质,有助于改变传统民法"重物轻人"的体系缺陷。从古典的民法典体系来看,不论是"法学阶梯"模式还是"学说汇纂"模式,都是以财产关系为中心,其所规定的人的制度都是从"主体"的角度而言的,着眼点在于解决主体参与法律关系的资格与能力,并没有肯定人格权的独立地位,在价值上对人的地位重视不够。① 传统大陆法系国家民法典虽然以保障人身权和财产权为己任，却仅在分则中规定了财产权（物权、债权）和身份权（有关亲属、继承的规定），对人身权中最重要的权利即人格权，却没有在分则中作出规定，这表明，传统民法确实存在"重物轻人"的体系缺陷。② 人格权在我国《民法典》中独立成编，强化对人格权的保护，恰好弥补了传统民法典的体系缺陷。

当然，从体例结构上看，《民法典》关于人格权编的规定仍有值得完善之处，这主要表现在，人格权在《民法典》中不应规定在第四编，而应当置于分编的第一编。其理由主要在于：一是与《民法典》第2条的规定相一致。《民法典》第2条在确定民法的调整对象时，明确规定调整平等主体的自然人、法人和非法人组织之间的人身关系和财产关系，并且将人身关系置于财产关系之前，可见，与我国1986年颁布的《民法通则》第2条相比较，该条更凸显了对人身关系的重视。我国2017年颁布的《民法总则》在"民事权利"一章中，也是先规定人格权，然后才规定财产权。二是能够更好地体现以人民为中心、以人为本这一思想，将人格权编置于《民法典》分编之首，然后再具体规定物权、合同债权等权利，充分体现了现代民法的人本主义精神，体现了对个人的终极关怀。三是符合民法人文关怀的价值。在民法上，生命、身体、健康等权利是法律所要保护的最重要的权利，应当具有优先于财产利益和私法自治的价值，将其作为重要价值加以保护，也体现了民法人文关怀的价值。

（二）合同编发挥债法总则的功能

传统民法理论认为，"无论制定什么样的民法典，债法总则都是必要的"③。从历史上看，罗马法学家依据对生活的观察，将债的发生原因提炼为契约、不法行为以及法律规定的其他原因。④ 传统大陆法系国家的法律发展受到罗马法中"对人权"与"对物权"区分的巨大影响，虽然封建法与教会法的渗入曾经一度动摇了二者的区分，但罗马法业已形成的债的概念仍然深刻影响了众多民法典的编纂。以《德国民法典》和《瑞士债法

---

① 参见陈华彬：《中国制定民法典的若干问题》，载《法律科学（西北政法学院学报）》2003年第5期。
② 参见孙鹏：《民法法典化探究》，载《现代法学》2001年第2期。
③ 〔日〕藤康宏：《设立债权总则的必要性与侵权法的发展》，丁相顺译，载张新宝主编：《侵权法评论》（2004年第1辑·总第3辑），人民法院出版社2004年版，第178页。
④ 参见费安玲：《民法典的理性与债法总则》，载《经贸法律评论》2018年第1期。

典》为代表的大陆法系法典,均设置了债法总则的规范。在《德国民法典》的编纂中,对于是否设置债法总则,曾经出现不同的观点,但是最终颁布的法典接受了设置总则的观点。① 而《法国民法典》在债法改革中,也将有关债的一般规则抽象出来,设置了债之通则单元。② 所以,无论是采取三编制还是五编制的立法模式,大陆法系各国大多沿袭了这一区分,建立了物债二分的结构。③ 在这种立法模式下,虽然各国民法典对于债法总则采取了不同的立法模式,但大多保留了债法总则的规范。

与此不同,我国《民法典》的分则体系设计并未采纳德国、法国和瑞士的立法模式,没有设置债法总则,而是从中国的实际情况出发,保持了合同法总则体系的完整性和内容的丰富性,并使合同法总则发挥债法总则的功能,这在大陆法系民法典体系中是一种重要的创新。具体表现为:

第一,单方法律行为之债被规定于合同订立部分。单方法律行为与合同具有完全不同的性质,因而合同法的规则,尤其是双务合同中的抗辩权等制度在单方法律行为中均无法适用。④ 但是,单方法律行为之债与合同一样,都是债的发生原因,其履行与违反的后果均可以适用合同法的规则。因此,《民法典》合同编将单方法律行为之债置于合同的订立部分加以规定,《民法典》第499条规定:"悬赏人以公开方式声明对完成特定行为的人支付报酬的,完成该行为的人可以请求其支付。"将单方法律行为之债规定在合同订立部分,使得单方法律行为没有因为债法总则的缺失而被遗漏。

第二,合同履行一章(第四章)规定了债的分类。债法分类规则是传统债法中的必要内容,我国《民法典》在合同履行部分对其作出了规定,一是金钱之债(第514条),二是选择之债(第515—516条),三是按份债权与按份债务(第517条),四是连带债权与连带债务(第518—521条)。对于多数人之债,虽然广泛适用于合同编、侵权责任编、继承编⑤,但由于合同编承担了统摄债务履行的功能,因而也被置于合同履行的部分。合

---

① 参见谢鸿飞:《19世纪德国债法总则的缘起:理论内核与体系建构》,载《经贸法律评论》2018年第1期。
② 参见李世刚:《中国债编体系构建中若干基础关系的协调——从法国重构债法体系的经验观察》,载《法学研究》2016年第5期。
③ 参见唐晓晴:《拉丁法系视野下的物权概念及物权与对人权(债权)的区分》,载易继明主编:《私法》(第8辑第2卷总第16卷),华中科技大学出版社2010年版,第93—94页。
④ 参见王文军:《继续性合同之同时履行抗辩权探微》,载《南京大学学报(哲学·人文科学·社会科学)》2019年第1期。
⑤ 参见[德]迪尔克·罗歇尔德斯:《德国债法总论》(第7版),沈小军、张金海译,中国人民大学出版社2014年版,第415页。

同履行一章中还规定了债务人向第三人履行(第522条),第三人代为履行(第524条)。这些规定都应当是债法总则的内容。另外,在第七章"合同的权利义务终止"中,还规定了清偿抵充(第560—561条)。

第三,合同编中严格区分了债权债务与合同的权利义务的概念。例如,在第六章"合同的变更和转让"中,规定了债权转让与债务移转,但合同的概括转让,则采取"合同的权利义务一并转让"的表述(第556条),表明债权转让与债务移转可以适用于合同外的债权债务转让,但合同的概括转让仅仅适用于合同关系。再如,在第七章"合同的权利义务终止"中,对于履行、抵销、提存、免除、混同所导致的合同权利义务终止,采取了债权债务终止的表述,表明其不仅仅适用于合同关系,还可以适用于合同外的债权债务关系的终止。但关于合同解除,则采取"该合同的权利义务关系终止"的表述(第557条第2款),表明仅仅适用于合同关系。此种表述上的区分,在维持合同法体系完整性的基础上,也能够使合同编更好地发挥其债法总则的功能。

第四,合同编关于典型合同的规则也发挥了债法总则的功能。一方面,我国《民法典》在第二分编中规定了保证合同,保证合同不仅适用于合同债权的担保,而且适用于各种债的担保。传统观点一般将保证作为债的担保方式,我国过去也将保证与担保物权一同在《担保法》中进行规定,但是随着担保物权被《物权法》吸收,保证如何在民法典中觅得体系位置就值得关注。我国《民法典》将保证作为有名合同在合同编的第二分编"典型合同"中进行规定,有效地将保证纳入民法典体系,且单独设章也可以对保证制度进行有效调整。另一方面,合同编有效统摄了民事合同与商事合同,将一些典型的商事合同如行纪、融资租赁、保理、建筑工程合同、仓储合同等纳入合同编。因此,可以说《民法典》合同编融入了商法的要素,对于民事合同与商事合同进行了统一的规定。

第五,合同编单独设立"准合同"分编(第三分编),对不当得利(第28章)、无因管理制度(第29章)进行规定。我国《民法典》合同编设置了独立的准合同一章,其中规定了无因管理、不当得利制度,此种做法符合各种法定之债的特点。准合同制度肇始于罗马法,这一概念最初被称为"类合同"(quasi ex contractu),意思是"与合同很类似",后来逐步演化为"准合同"(quasi-contract)。通过引入准合同的概念,对不当得利、无因管理作出规定,也有利于维持合同编体系的完整性。通过准合同制度,对无因管理、不当得利等债的关系进行集中规定,有助于合同编乃至《民法典》规则的体系化。还应当看到,我国《民法典》合同编设立准合同分编,不再在债法中割裂各种债的发生原因,而使得不当得利与无因管理制度与合同制度有效联系,并充分考虑法律适用中的不同之处进行规定,从而实现了对法定之债与意定之债的整合。

合同编发挥债法总则功能,有利于法律适用的便利。"一部好的法典其规定应该适度抽象到足以调整诸多现实问题,又不能因此而偏离其所调整的现实生活而成为纯粹的理论宣言。"①债法总则的大部分规则都是调整交易关系的,这与民法总则法律行为制度、合同编总则的功能会发生重叠现象。一方面,规定债法总则确实会导致叠床架屋现象,给法官找法造成困难。如果坚持这种双重的抽象,那么在合同纠纷中,法官不得不从总则编、债法总则、合同规则三个层面寻找法律依据,这将给法律适用带来不小的难度。另一方面,可能造成规则重复。而以合同编发挥债法总则的功能可以有效简化法律规则。以合同编规则统摄具有共性的债的规范主要是通过准用条款实现的。准用条款扩张了合同编规则的适用范围,使其适用于合同之债。这些准用条款打通了合同规范与非合同之债规范的壁垒,在最大程度上减少了法律适用的繁琐程度,同时也避免了法律规则的过度抽象。由于债法总则主要也是调整交易的规则,该规则可能与民法总则中的法律行为制度,以及合同法的内容重复。因此不规定债法总则,以合同编发挥债法总则的功能,也有利于实现法律规则的简约。

合同编发挥债法总则功能有利于保护合同法总则的完整性。合同法总则围绕交易过程形成了自身的完整体系。订立合同首先需要当事人进行磋商,然后进入合同的签订阶段,在合同订立之后,需要判断合同的效力,对于依法成立并生效的合同而言,双方当事人均负有履行合同的义务,在合同履行中还可能产生同时履行抗辩权、不安抗辩权等情况,在不履行或履行不符合约定时,则可能发生违约甚至导致合同的解除或终止。这种"单向度"使得合同法的规则具有十分明显的"同质性"(homogeneity)的特点。传统大陆法系的民法典中,因为设置了债法总则,所以不得不将合同法总则中的诸多规范置于债法总则之中进行规定。这种模式导致合同法总则的规范不连续,也无法形成自身的体系,法官在法律适用中不得不往返于合同规范、债法总则规范之间来找法。而如果以合同规范吸收债法总则规范,则可以在确保合同法总则完整性的基础

---

① 〔法〕让·路易·伯格:《法典编纂的主要方法和特征》,郭琛译,载许章润主编:《清华法学》(第8辑),清华大学出版社2006年版,第19页。

上,解决债法共同适用的一些问题,这种模式也更便于适用法律的主体更好地理解合同法总则。尤其是在我国,原《合同法》已经施行了二十余年,人们对于原《合同法》的体例安排已经较为熟悉,形成了惯性。在这种情况下,设置债法总则,打破原有的合同法体系将会给司法实践增添高昂的运行成本。①

《民法典》合同编发挥了债法总则的功能,对《民法典》的体例进行了重大创新。这种体系安排有一定的优点,但是,也存在如下不足:一是这将导致合同之债与侵权之债发生一定的脱节,使得两种债之间的共性规则被忽视,对法律体系的完整性产生一定的冲击。二是对于合同编总则中的规则而言,如何判断其仅仅适用于合同,还是同样可以适用于合同外的债权债务关系,常常具有一定的难度。虽然我国《民法典》在规定中存在一定的标志(如果条文中使用的是"债""债权"或者"债务",这意味着该条文能够适用于所有的债。但如果条文中适用的是"合同""合同的权利"或者"合同的义务",这意味着该条文仅能够适用于合同之债)。但在实践中,法官找法、准确适用法律仍然有一定的难度。三是准合同的规定容量有限,不能包括不当得利和无因管理之外的法定之债。例如,补偿之债未能够作为独立的债的发生原因在准合同中规定②,悬赏广告作为一种单方行为规定在合同订立一章中(第499条),也与体例不合。即使是不当得利之债,也主要适用于给付不当得利,而对于非给付不当得利的规则也难以涵盖。这同样也会在某种程度上给法律适用带来一定的困扰,未来需要通过法律解释等工作,不断弥补上述缺陷。

(三) 侵权责任的独立成编

在比较法上,传统的大陆法系国家民法典都将侵权责任法作为债法的一部分加以规定。王泽鉴教授在评价债法体系时认为:"在大陆法系,尤其是在注重体系化及抽象化之德国法,历经长期的发展,终于获致此项私法上之基本概念,实为法学之高度成就。"③但是,21世纪是风险社会,随着新技术、新科技的不断发展和运用,人们也不断承受着由此所开启的新风险。如果仍将侵权法置于债法之中,一方面将导致侵权法难以建立自身的逻辑体系,另一方面则可能导致规定过于简单,如《法国民法

---

① 参见刘承韪:《民法典合同编的立法取向与体系开放性》,载《环球法律评论》2020年第2期。
② 参见王轶:《作为债之独立类型的法定补偿义务》,载《法学研究》2014年第2期。
③ 王泽鉴:《民法学说与判例研究》(第4册),中国政法大学出版社1998年版,第87页。

典》只有区区九条规定侵权责任,《德国民法典》也只有二十余条,这显然无法为风险社会所需要的各种损害的救济和预防提供足够的规范。事实上,从比较法经验来看,侵权责任法已经成为民法中最具有活力的增长点,其似有突破传统债法而独立成编的不可挡之势。许多学者认为,侵权责任法独立成编适应了社会的发展和法律文明的发展趋势。① 但遗憾的是,除美国法学会制订了统一的《侵权法重述》之外②,在大陆法国家,侵权法独立成编的主张尚处于学理上的倡议阶段。

我国立法机关经过反复研究和论证,最终采用了侵权责任法独立成编的观点,并从 21 世纪初开始着手起草独立的侵权责任法,并于 2009 年颁行了《侵权责任法》。可以说,我国单独制定《侵权责任法》,这本身就是一个重大创新。我国原《侵权责任法》按照总分结构,通过 92 个条文构建了完整的侵权责任法体系,与传统民法中的侵权责任规则相比,内容大为充实,体系更为完整。可以说,这是在成文法体系下构建了一个新型的现代侵权法体系。我国《民法典》第七编延续了这一立法经验,在总结原《侵权责任法》立法经验的基础上,基本吸纳原《侵权责任法》的内容,并作了必要的修改补充和完善,在此基础上,单独设置了侵权责任编。从《民法典》侵权责任编的规定来看,其仍然是按照"总则+分则"的模式构建其自身的体系。

1. 侵权责任编总则

侵权责任编总则是普遍适用于各种侵权责任的共通性规则。虽然我国《民法典》侵权责任编没有明确以"总则"称谓的部分,其第一章是"一般规定",而在第二章采纳了"损害赔偿"的表述,但从其内容来看,主要包括侵权责任法的规则范围、过错责任的一般条款、共同侵权、因果关系的特殊规则、侵权责任形式、侵权损害赔偿、免责事由。这些内容基本上是侵权责任的共性规则。还要看到,侵权责任编采用一般条款与类型化相结合的方式。如前所述,我国《民法典》第 1165 条第 1 款创设了过错

---

① See Gerhard Wagner, Comparative Tort Law, in Reinhard Zimmermann & Mathias Reimann eds., The Oxford Handbook of Comparative Law, Oxford University Press, 2007, p. 1005.

② 欧盟自成立以来,正在逐渐倡导制定统一的欧洲民法典,并且侵权法的统一已经纳入议事日程,相关的草案也已制订出来并在不断地完善修改。如冯·巴尔教授主持的欧洲私法模范法中的《合同外责任》,库奇奥教授主持起草的《欧洲侵权法原则》,以及法国司法部 2005 年委托巴黎第二大学 Pierre Catala 教授主持起草的《债法和时效制度改革草案》中的"侵权法"部分,都反映了此种趋势。不少学者预言,如果统一的欧洲合同法能够出台,那么,未来的欧洲侵权法的统一也即将成为现实。

责任的一般条款,该条款规定:"行为人因过错侵害他人民事权益造成损害的,应当承担侵权责任。"它普遍适用于各类一般侵权形态。我国《民法典》侵权责任编还规定了过错推定和严格责任原则(第1165条第2款、第1166条)。其中,一般条款的适用范围极其广泛,从毁损财物到侵害人身,从侵害权利到侵害利益,每天重复发生的成千上万的侵权纠纷都可以适用这个一般条款。对于成千上万的类型侵权而言,法官在寻求裁判依据时,凡是找不到法律的特别规定的,都可以适用过错责任的一般条款。但是,一般条款绝不能代替具体列举,因为一般侵权责任之外的特殊侵权责任,既然在归责原则上适用特殊的归责原则,就必然具有其自身特殊的构成要件和抗辩事由,因此,在举证的方式上,也与过错责任存在较大差异。我国《民法典》侵权责任编规定了大量的特殊侵权,从而为法官提供了准确的裁判依据。

2. 侵权责任编分则

我国《民法典》侵权责任编的分则体系主要是按照两条主线构建起来的:

第一条主线是归责原则的特殊性。从内容上来看,侵权责任编的分则体系主要是按照特殊的归责原则构建起来的。我国《民法典》侵权责任编明确规定过错推定责任和严格责任仅适用于"法律规定"的情形,因此,侵权责任编分则体系就适用过错推定责任和严格责任的情形作出了规定,因此,分则体系构建的第一条主线就是归责原则的特殊性,即凡是适用特殊归责原则的侵权行为都在侵权责任编的分则部分加以规定。

第一,适用过错推定责任的侵权行为。从《民法典》侵权责任编的规定来看,过错推定责任主要包括如下情形:一是机动车交通事故责任(第1208条)。二是医疗损害责任(第1218条)。三是动物园的动物致人损害的责任(第1248条)。四是建筑物、构筑物或者其他设施及其搁置物、悬挂物发生脱落、坠落造成他人损害的责任(第1253条)。五是堆放物倒塌、滚落或者滑落造成他人损害的责任(第1255条)。六是在公共道路上堆放、倾倒、遗撒妨碍通行的物品造成他人损害的责任(第1256条)。七是因林木折断、倾倒或者果实坠落等造成他人损害的责任(第1257条)。八是在公共场所或者道路上挖掘、修缮安装地下设施等造成他人损害的责任(第1258条第1款)。九是窨井等地下设施造成他人损害的责任(第1258条第2款)。对此,《民法典》第1258条第2款规定:"窨井等地下设施造成他人损害,管理人不能证明尽到管理职责的,应当承担侵权责任。"

第二,适用严格责任展开的侵权行为。具体而言,一是监护人责任(第1188条第1款);二是用人单位对工作人员行为致他人损害所承担的责任(第1191条第1款);三是个人劳务关系中接受劳务一方的责任(第1192条);四是产品责任(第1202条);五是医疗产品责任(第1223条);六是污染环境和破坏生态责任(第1229条);七是高度危险责任(第1236条);八是饲养动物致人损害责任(第1245条、第1246条)。

第二条主线是责任主体的特殊性。鉴于侵权责任形态的多样性、责任主体关系的复杂性,因此,除从归责原则这一主线展开侵权责任法分则的体系之外,我国《民法典》侵权责任编在分则的第三章"责任主体的特殊规定"中,从另一条线索辅助分则体系的构建,即围绕"特殊责任主体"对一些侵权行为作出了规定,从而对行为主体与责任主体相分离的情形下不同主体间的责任关系作出了规定。在我国《民法典》侵权责任编第三章中,责任主体的特殊性表现在"无民事行为能力人""限制民事行为能力人""用人单位的工作人员""个人劳务关系中的劳务提供者""承揽人""网络服务提供者"等。在这些侵权类型中,侵权行为实施主体和侵权责任承担主体的分离,也就是说,当某一行为人实施侵权行为之后,非致害行为实施者需要对他人的行为承担责任,就产生了所谓的替代责任或转承责任(vicarious liability)。① 所谓转承责任,就是因当事人之间的特殊关系,而由某人代替他人来承担侵权责任的一种责任形态。我国《民法典》侵权责任编第三章所规定的侵权形态,大多数是替代责任。某人之所以要对他人的行为承担责任,主要是因为行为人和责任人之间存在用工关系、监护关系以及服务、监督和管理关系。行为人之所以有机会实施侵权行为,就在于监管义务人未能履行其监护、监督、管理之责,给其监管对象留下了实施侵害他人行为的空间。例如,因监护人未能有效履行监护职责而导致被监护人(无民事行为能力人或者限制民事行为能力人)造成他人损害、因用人单位未能有效监管工作人员的工作活动而造成他人损害,由此导致替代责任的产生。虽然侵权责任编第三章所包括的各类侵权行为适用的归责原则不尽一致,有的是无过错责任(如监护人责任、用人单位责任),有的是过错责任(如违反安全保障义务的责任、校园事故责任等),但是,该章规定的各种侵权行为都有一个共同点,即责任主体较为

---

① See Gerhard Wagner, Vicarious Liability, in Hartkamp et al. eds., Towards a European Civil Code, 4th ed., Wolters Kluwer, 2011.

特殊,因此可以形成一个独特的体系。

我国《民法典》拆分传统大陆法系的债编,将侵权责任编与合同编分立,构建了独立的侵权责任体系,这是我国《民法典》的重要创新,也是符合法律发展规律的全新尝试,其意义主要在于:一是构建了完整的侵权责任编的体系,适应了风险社会的需要。侵权责任独立成编,构建了归责原则体系,详细规定了各类特殊侵权行为及其责任,丰富了民事权利的保护规则,完善权利救济体系,有利于回应风险社会治理的需要。二是通过侵权责任独立成编突出对人的保护,更全面展现了民法典的权利法特质。民法典规定和保护了民事主体的基本民事权利,是权利法,这一点是各个民法典的共同特质。我国《民法典》的整体框架思路因此是"确权—救济",这是以权利为中心来构建民法体系的,与五编制的《德国民法典》通过法律行为构建民法体系的做法显然不同,更突出表现了民法典的权利法特质。传统民法将侵权责任置于债法中,导致侵权法的规则十分简略,并没有提供足够的规则保障民事主体的权益,为受害人提供足够的救济。显然,侵权责任独立成编,充分彰显了我国《民法典》保障私权的价值,表明我国《民法典》是全面保障私权的基本法。三是完善了民法典的体系,形成了我国《民法典》以权利为主线、以救济为结尾的特点。我国《民法典》以权利为主线,在《民法典》各分编规定了物权、合同债权、人格权、婚姻家庭中的权利、继承权之后,《民法典》将侵权责任编置于各编的最后,形成了以权利的救济与保护结尾的体系。在确权的基础上,同时提供了完整的权利的救济措施和权益侵害预防手段,这在逻辑上使得《民法典》的体系更为周延,从而形成了一部逻辑自洽、体系完整的民法典。一方面,我国《民法典》侵权责任编置于各编的最后,是对我国既有立法经验的总结。自原《民法通则》以来,我国立法就采取了将民事责任置于末尾的立法模式,原《民法总则》也保持了这一传统。另一方面,将侵权责任编置于最后,体现了从权利到救济的过渡。因为侵权责任编以人格权、物权、身份权等权利为保护对象,在确权的基础上,同时提供了完整的权利的救济措施和权益侵害预防手段,各项绝对权的保护都适用侵权责任编的规定。这一模式充分体现了从权利到救济的逻辑顺序,从而与传统大陆法系债法将侵权作为债的发生原因、围绕债权构建体系的模式相区别,实现了侵权责任编以权利救济为中心的功能。

我国《民法典》依据从权利到救济的思路,将侵权责任编置于《民法典》的最后,这种做法有一定的合理性。但是问题在于,由于我国合同编采取独特的合同中心主义,在一定程度上发挥债法的功能,因此,合同编中的一些规则将可以适用于侵权责任编,因此《民法典》第468条规定:"非因合同产生的债权债务关系,适用有关该债权债务关系的法律规定;没有规定的,适用本编通则的有关规定,但是根据其性质不能适用的除外。"从而为侵权损害赔偿之债适用债的一般规则提供了法律依据。另外,侵权损害赔偿之债也可能在特殊情形下适用有关债的一般规则,例如,侵权损害赔偿之债也可能有抵销、清偿抵充、保全甚至特定情形下的转让等问题,然而,合同编位于第三编,与位于最后的侵权责任编相隔较远,导致侵权责任规则与合同法规则隔离较远,增加了法官找法的困难。例如,连带之债与按份之债的规则能否被准确适用到侵权责任之中就存在困难。比较理想的方案是将合同编与侵权编在体例上置于较近的位置,如将合同编作为侵权编的前一编。

结　语

"法与时转则治。"① "法律追随并适应社会变迁,但法律亦形成并引导社会变迁,而在社会中扮演重要的角色。"② 自法典化运动以来,大陆法系国家民法典的体系也是不断发展和完善的。③ 我国《民法典》的颁布绝不意味着民法体系的探讨经由立法的确认已经宣告终结。任何民法典体系都只是相对的、发展的。民法典的体系应当伴随着社会生活的发展不断完善,尤其是要通过解释的方法,不断推动法律体系的完善。④ 在人类社会已经进入21世纪的今天,在民法典体系的构建方面,我们应当顺应社会发展的变化、满足时代的需求,而不应墨守成规或者削足适履。民法是社会经济生活在法律上的反映,民法典更是一国生活方式的总结和体现。我国《民法典》从中国的实际情况、从时代的发展需要出发,在借鉴两大法系立法经验的基础上构建中国特色的民法典体系,也为世界民法典体系的构建提供了中国方案,作出了我们应有的贡献。这种体系创新将使我国《民法典》能够屹立于世界民法典之林,有望于垂范久远!

---

① 《韩非子·心度》。
② Lawrence M. Friedman & Grant M. Hayden, American Law: An Introduction, 3rd. ed., Oxford University Press, 2017.
③ See Julio César Rivera ed., The Scope and Structure of Civil Codes, Springer, 2013, pp. 37-38.
④ 参见〔奥〕凯尔森:《纯粹法理论》,张书友译,中国法制出版社2008年版,第100页。

《民法典》的中国特色、实践特色、时代特色[*]

前　言

《民法典》是新中国第一部以"典"命名的法律,习近平总书记指出,"民法典在中国特色社会主义法律体系中具有重要地位,是一部固根本、稳预期、利长远的基础性法律"。这就对《民法典》在中国特色社会主义法律体系中的地位作出了准确的定位。《民法典》一共分为七编,共计1260条,习近平总书记将《民法典》的特色概括为中国特色、实践特色和时代特色。所谓中国特色,就是强调《民法典》立足中国实际,立足我国的基本国情,维护国家基本经济制度,弘扬社会主义核心价值观,保障人民的基本权利。所谓实践特色,就是《民法典》从中国的实践出发,解决当代中国的实践问题,尤其是我国社会转型过程中所出现的各种问题。先秦思想家慎子云:"法者,非从天下,非从地出,发乎人间,合乎人心而已。"[①]所谓时代特色,就是民法典要回应新时代提出的新问题,回应互联网、高科技时代的现实需要,特别是进入新时代以来,民法典要回应人民群众美好幸福生活的需要。

从总体上看,《民法典》的中国特色和实践特色回答的是中国之问,而《民法典》的时代特色回答的则是时代之问。《民法典》作为上层建筑,既由经济基础所决定,又必将反作用于经济基础。一方面,《民法典》只有保持时代性,才能解决特定时期的社会问题,回应社会的关切,从而堪称良法,充分发挥法典在社会生活中的作用。另一方面,立足中国实践,彰显中国特色,就是要解决中国之问。没有对中国现实问题的关注,时代精神的彰显便失去意义,成为无源之水、无本之木。《民法典》编纂正处于我国社会转型和改革不断深化的时期,更必须立足于现实国情,回应时代要

---

[*] 原载《法治现代化研究》2020年第4期。
[①] 《慎子·佚文》。

求。尤其是回应新时代人民群众最迫切需要解决的现实问题,使人民群众的获得感、安全感、幸福感得到提升,真正实现了"民有所需,法有所应"。中国特色、实践特色和时代特色贯穿《民法典》的始终,成为《民法典》的重大亮点,从总体上看,可以从以下六个方面探寻《民法典》上述三个特色的具体体现。

一、《民法典》适应了维护基本经济制度、弘扬社会主义核心价值观的需要

我国《民法典》是中国特色社会主义的民法典,首先必须要以宪法为依据,维护社会主义基本经济制度,体现社会主义的本质特征和基本要求。我国实行以公有制为主体、多种所有制共同发展的基本经济制度,同时实行社会主义市场经济体制。如何实现公有制与市场经济的有机结合,是人类历史上前所未有的新问题。我国《民法典》设置了一系列与之相适应的具体规则,确保基本经济制度的落实与巩固,并促进公有制与市场经济的融合发展。例如,我国《民法典》物权编第 206 条开宗明义地对基本经济制度作出描述后,在所有权编中确认了国家、集体对土地的所有权,同时在用益物权编规定了建设用地使用权等用益物权,土地所有权不能移转,但建设用地使用权等用益物权可以移转、抵押、租赁等。《民法典》确认建设用地使用权等制度,通过市场手段,使土地等资源进入市场,使资源利用效率最大化。用益物权制度成为在公有制中引入市场机制的法律解决方案,通过当事人的自由协商和有偿使用机制,实现资源的最有效配置。

《民法典》有效协调了改革与立法的关系,巩固了改革的成果。改革开放是中国走向伟大复兴的关键,是决定当代中国命运的关键。在改革进入"深水区"和攻坚阶段后,利益格局面临深刻调整,要确保各项改革工作健康有序开展,各项全面深化改革措施顺利展开,改革必须依法进行才能在法治轨道上稳步推进。改革越是不断深化就越需要法律确认改革成果,引领改革发展,在法律与改革之间形成良好的互动关系。从我国《民法典》的规定来看,其许多规则都注重协调与改革之间的关系,尤其体现在,为适应产权制度改革的需要,《民法典》确立了财产权平等保护的规则(第 113 条),这就确立了产权制度改革的基本规则;为适应土地制度改革,《民法典》在建设用地使用权、土地承包经营权、土地经营权等方面也确立了一些反映改革需要的规则,尤其是《民法典》物权编在总结农村土

地经营权改革经验的基础上,新增土地经营权制度(第340—342条),确认了农村土地"三权分置"的改革结果。

《民法典》弘扬了社会主义核心价值观。《民法典》第1条将弘扬社会主义核心价值观作为民法典编纂的宗旨之一。社会主义核心价值观在民法典中得到了充分体现:一是重视家庭的和睦,弘扬家庭美德,重视家庭文明建设。中华民族的传统美德就是敬老爱幼,重视家庭和睦和社会和谐。在我国民法中,夫妻关系不是合同关系,也不是合伙关系,而是特定的具有身份性质的伦理情感关系。《民法典》第1043条规定:"家庭应当树立优良家风,弘扬家庭美德,重视家庭文明建设。夫妻应当互相忠实,互相尊重,互相关爱;家庭成员应当敬老爱幼,互相帮助,维护平等、和睦、文明的婚姻家庭关系。"这就弘扬了中华民族的传统美德。二是在继承中,就法定继承而言,西方是以血缘关系为基础来确定继承人和遗产分配的。我们的法定继承中还提倡家庭成员之间、亲属之间相互扶养、相互帮助,所以,丧偶儿媳对公婆、丧偶女婿对岳父母尽了主要赡养义务的,作为第一顺序继承人(第1129条)。同时,继承人以外的对被继承人扶养较多的人,可以分给适当的遗产(第1131条)。可见,我国《民法典》在法定继承中确定继承人的范围和分配遗产时,并不是完全以血缘关系为基础,而是提倡家庭成员的相互扶养、帮助、和睦、和谐,这也体现了中华民族的传统美德。三是倡导互助互爱,守望相助。儒家"仁者爱人"的观念已经成为我国传统文化的重要精神内核。为发扬互爱互助的传统美德,促进守望相助的社会风尚形成,《民法典》制定了一系列相关制度。总则编中的紧急救助的免责、人格权中的法定紧急救助义务、侵权编中自愿救助义务、婚姻法中的友爱互助义务,都是社会主义核心价值观的直接体现。四是强化诚实守信。中华民族的传统道德就是遵守诺言、诚实守信,儒家学说提倡"人而无信,不知其可也"。儒家诚信法律文化甚至将其上升到一般的做人准则。"诚者自然,信是用力,诚是理,信是心,诚是天道,信是人道,诚是以命言,信是以性言,诚是以道言,信是以德言。"[1]这些都构成了契约严守精神的文化基础。《民法典》第7条规定:"民事主体从事民事活动,应当遵循诚信原则,秉持诚实,恪守承诺。"《民法典》不仅以诚实信用为基本原则,而且将其贯彻在每一编中,努力构建以诚信为基础的市场经济秩序。可见,《民法典》吸收了五千年中华法律文化的精华。

---

[1] 《性理大全》。

《民法典》体现了以人为本的精神。孟德斯鸠在《论法的精神》中指出,"在民法的慈母般的眼里,每个个人就是整个国家"①。这深刻地表达了民法所应当秉持的人本主义精神。这种以人为本的精神既贯穿《民法典》编纂的始终,更通过制度的设计得到实现:一是《民法典》强化了对人格尊严的保护。人格尊严是指人作为法律主体应当得到承认和尊重。传统大陆法系国家民法典以调整财产权为重心,普遍存在"重物轻人"的倾向,以财产法为中心,或者说出现了"泛财产化"倾向。而我国《民法典》人格权和侵权责任独立成编,以维护人格尊严为核心,强化对人格权的保护,恰好弥补了传统民法典的体系缺陷。独立的人格权编和侵权责任编,突出了人的主体地位,强化了对受害人的救济。《民法典》对于人格权设计了完整的保护制度。《民法典》第 990 条对自然人一般人格权予以承认。一般人格权以人身自由、人格尊严为内容。在人格权编规定一般人格权,就是要维护人格尊严,实现人的发展。《民法典》对一般人格权作出规定,不仅可以实现对各项人格利益的兜底保护,而且可以对各种新型人格利益提供保护。就各项具体人格权而言,《民法典》人格权编的许多规则也体现了强化人格尊严保护的需要。例如,《民法典》第 1002 条在规定生命权的同时,规定了生命权的内涵不仅包括生命安全,也包括生命尊严。生命尊严作为人格尊严的重要组成部分,在生命权的规定中得到了承认。"生命尊严"这一概念可扩展适用至胚胎、胎儿、遗体的保护,对于这些特殊的存在,也必须考虑保护尊严的问题。又如,《民法典》第 1011 条保障人身自由,禁止非法搜身,主要也是为了强化对个人人格尊严的保护。二是《民法典》确立了未成年人利益最大化的原则。我国作为联合国《儿童权利公约》的缔约国,有义务将儿童利益最大化原则予以落实。例如,传统上,监护人主要对被监护人进行管理、监督,这也是监护职责的主要内容,但我国《民法典》第 34 条第 1 款规定:"监护人的职责是代理被监护人实施民事法律行为,保护被监护人的人身权利、财产权利以及其他合法权益等。"这就明确了监护人的职责首先是保护被监护人的人身权利、财产权利以及其他合法权益等。又如,《民法典》第 1098 条在收养人的条件中增加规定了"无不利于被收养人健康成长的违法犯罪记录"这一要求,目的也在于强化对未成年人的保护。三是强化对弱势群体的保护与关爱。为实现实质正义和实质平等的要求,《民法典》强化了对弱势群体

---

① 〔法〕孟德斯鸠:《论法的精神》(下册),张雁深译,商务印书馆 1963 年版,第 190 页。

的保护与关爱。例如,《民法典》人格权编就未成年人个人信息设置了特殊的保护规则,以弥补未成年人判断能力的不足。再如,《民法典》合同编中有关强制缔约、格式条款的规则,均是在考虑相关主体缔约能力不足的基础上,通过强制性规定实现合同的实质正义。需要注意的是,《民法典》追求实质正义和实质平等,并不意味着《民法典》放弃了形式正义和形式平等。《民法典》对于实质正义和实质平等的追求是建立在形式正义和形式平等发生了严重扭曲的基础之上的,在这种情况下,《民法典》必须采用实质正义和实质平等的方法来加以修正和弥补,以确保弱势群体得到充足的保护。而对于弱势群体之外的主体,仍要以形式平等保护为原则。

二、《民法典》适应了人民群众对美好幸福生活的追求,强化了对人格权和财产权的保护

"人民的福祉是最高的法律。"《民法典》的要义是为民立法,以民为本。马斯洛曾经提出著名的"需求层次理论",即当人们的基本物质需要尚未满足时,对隐私等精神性人格权的诉求会相对较少,而当人的生存需要基本满足之后,对文化和精神的需要将越来越强烈。① 在进入新时代以后,人民群众的物质生活水平已经得到极大提高,而精神生活需求不断增长。人民群众对过上更有尊严、更体面生活的向往越来越迫切,就对进一步保护财产安全、人身安全等这种安全感的需求比以往任何时候都要强烈。所以,编纂民法典,就要顺应人民群众对合法权益得到保护的新要求,形成更加完备的民事权利体系,完善权利保护和救济规则,确立较为有效的权利保护机制,使人民群众享有更多、更直接、更实在的获得感、幸福感和安全感。

在体例安排上,我国《民法典》的编纂体例有三大创新,即人格权独立成编、侵权责任独立成编以及合同编通则发挥债法总则的功能。七编制以民事权利为中心和主线构建了严谨、科学的《民法典》体系。这一体例安排为《民法典》把握时代脉搏,回应社会需求提供了制度框架。民法总则采用了提取公因式的方式,对民事权利的主体、客体,民事权利的行使、保护等基本规则进行保护。而分则则是分别针对物权、合同债权、婚姻家庭中的权利、继承权以及侵权责任对各项权利的保护而展开。民事权利成为一条红线,贯穿《民法典》的始终,增加了《民法典》的科学性和内在

---

① 参见〔美〕马斯洛:《马斯洛人本哲学》,成明编译,九州出版社2003年版,第52—61页。

逻辑性,更全面展现了《民法典》的权利法特质。《民法典》规定和保护了民事主体的基本民事权利,表明它是权利法,是民事权利的宣言书。这些也都是符合我国国情和法治现状的制度安排,彰显了《民法典》的中国特色、实践特色和时代特色。

(一) 强化人格权保护

1. 人格权编构建了完整的人格权体系

从篇章安排上看,人格权编确立了十项具体人格权,并通过确认一般人格权保持了体系上的开放性。但我国《民法典》中承认的人格权类型其实不仅限于这几种,一些人格权实际上是包含在人格权的权能之中的。例如,《民法典》第1011条关于行动自由权的规定,是包括在第二章生命权、身体权和健康权之中的,实际上,该项权利虽然与这三项权利存在联系,但也有区别,完全可以单独成为一项人格权。再如,《民法典》第1029条和第1030条在名誉权部分规定了信用的保护规则。这事实上是将信用作为经济名誉加以保护,但严格地说,信用权与名誉权存在差别,信用权可以单独作为一项权利存在。总之,我国《民法典》对人格权所列举的种类之丰富、内容之全面,在古今中外的立法中都是前所未有的。

2.《民法典》人格权编强化了对生命、健康、身体的优先保护

《民法典》在体系设计中凸显了生命、身体、健康权在人格权体系中的优越地位。人格权编在列举民事主体所享有的各项具体人格权时,首先列举了生命权、身体权、健康权等物质性人格权。这就表明,生命权、身体权、健康权在各类具体人格权中占据基础性的地位。同时,人格权编分则在具体规定各项具体人格权时,也先对生命权、身体权、健康权作出规定,这也进一步彰显了这些物质性人格权在各项人格权益中的基础性地位。物质性人格权相对于精神性人格权而言处于优越地位,这就意味着在二者发生冲突时,要优先保护物质性人格权。在新冠病毒防治过程中,习近平总书记讲,在抗疫过程中,"人民至上、生命至上,保护人民生命安全和身体健康可以不惜一切代价"①,这就生动体现了生命权优先的价值理念,同时也展现了我们党以人民为中心的理念,不是把生命作为工具,而是作为目的,不能为了发展经济而牺牲生命。我们采取健康扫码、人脸识别等措施,虽然在

---

① 2020年5月22日习近平在参加十三届全国人大三次会议内蒙古代表团审议时发表的讲话。

一定程度上侵犯了个人的隐私,但这是维护生命健康权所必须采取的合理措施,也符合隐私权限制的比例原则。从人权理论上讲,第一代人权位于首位的就是生命权,直到现在,人权理论也不否认,生命权是所有人权的基础和前提。① 所以,生命权优先是尊重人权的重要体现。

3. 人格权编确立了规制和防止性骚扰规则

性骚扰(sexual harassment),是指以身体、语言、动作、文字或图像等方式,违背他人意愿而对其实施的、具有性取向的、有辱其尊严的行为。② 对性骚扰行为,必须予以禁止,从立法上制止性骚扰行为。但规制和防止性骚扰,必须掌握一定的标准,注意保护受害人并维护社会一般人的行为自由。例如,把轻微的调侃言论等均视为性骚扰行为,则可能会不当妨害个人的行为自由。因此,立法上必须明确性骚扰的成立要件。一是必须实施了以言语、文字、图像、肢体行为等与性有关的骚扰行为,如向他人发送具有性内容或性暗示的文字、语音或视频资料。二是必须指向特定人。此处所说的"对他人实施",本意是针对他人实施,否则无法判断受害人。三是违背了受害人的意愿。所谓"违背了受害人的意愿",是指性骚扰行为不符合受害人的利益,受害人主观上并不接受,甚至明确拒绝。在认定中,受害人迫于压力而"自愿"的行为应当被认定为违背其意愿的行为。《民法典》还特别强调了单位采取措施预防的义务。《民法典》第1010条第2款规定,"机关、企业、学校等单位应当采取合理的预防、受理投诉、调查处置等措施,防止和制止利用职权、从属关系等实施性骚扰"。其中明确规定,机关、企业、学校等单位负有预防性骚扰的义务。明确要求机关、企业、学校等单位应当采取合理的预防等措施,这有利于保护被用工者以及学生的合法权益,有助于预防性骚扰的发生,实现对性骚扰的社会多层次综合治理。

4. 规定禁令、删除和更正等制度,强化对损害的预防

在现代社会,网络侵权十分严重,网络诽谤、网络暴力、人肉搜索等问题层出不穷,面对这些问题,《民法典》作出了一系列的制度回应。其中最为重要的是规定了禁令和删除、更正制度。所谓侵害人格权的禁令,是指当侵害

---

① 参见林来梵、张卓明:《论权利冲突中的权利位阶——规范法学视角下的透析》,载《浙江大学学报(人文社会科学版)》2003年第6期。
② 参见〔德〕克里斯蒂安·冯·巴尔、〔英〕埃里克·克莱夫主编:《欧洲私法的原则、定义与示范规则:欧洲示范民法典草案(全译本):第1卷、第2卷、第3卷》,付俊伟等译,法律出版社2014年版,第320页。

他人权益的行为已经发生或即将发生,如果不及时制止,将导致损害后果迅速扩大或难以弥补,在此情形下,受害人有权依法请求法院颁发禁止令,责令行为人停止相关侵权行为。①《民法典》第 997 条规定了侵害人格权的禁令制度。从比较法上来看,禁令的主要功能在于及时制止不法行为,防止损害的发生或者持续扩大,对权利人提供及时的救济。②《民法典》第 997 条对侵害人格权的禁令制度作出了规定,禁令的功能在于临时制止行为人的侵害行为,即人格权在遭受侵害或者有受侵害之虞时,通过颁发禁令的方式及时制止行为人的侵害行为③,其不必然伴随着通过诉讼程序请求人民法院判决,使得权利人通过除请求人民法院判决之外的其他程序较为方便地获得及时的救济,因此能够更为及时有效地保护受害人的人格权益,强化了对侵害人格权行为的事先预防功能,为人格权请求权的行使提供了切实的程序法上的保障。在互联网时代,网络侵权层出不穷,网络暴力不断产生,这些不仅对自然人造成重大损害,甚至会给企业带来灭顶之灾。例如,一些竞争对手恶意污蔑其他企业的声誉和其产品的质量,一条谣言可能使其产品滞销,甚至蒙受巨大损失。如果按照诉讼程序,权利救济将会旷日持久,等到最后官司终结,企业可能已经宣告破产了。如何及时制止、遏制这种行为?禁令制度就是最好的办法,这就是说,原告可以依据禁令规则向法院申请颁发禁令,对该信息采取紧急措施,如采取删除、屏蔽、断开链接等方式,然后再进行正常的诉讼。因此,禁令制度也是实现依法治网的重要举措和有力手段。

删除、更正措施是人格权保护中的独特方式。在构成要件上,受害人在行使该项权利时,并不需要证明行为人具有过错,甚至不需要证明行为构成侵权;在行使方式上,权利人请求更正和删除不需要通过诉讼的方式行使。这种要件和程序上的便利有利于及时制止不法行为的发生,强化对受害人的保护,预防损害后果的进一步扩大。

(二) 强化财产权保护

第一,《民法典》确立了平等保护原则。"有恒产者有恒心。"④产权制度作为市场经济的基石,只有产权得到充分的保护,才能激发人民群众的

---

① 参见江伟主编:《民事诉讼法》(第 4 版),中国人民大学出版社 2008 年版,第 244 页。
② See David Price & Korieh Duodu, Defamation: Law, Procedure and Practice, Sweet & Maxwell, 2004, p. 231.
③ 参见江伟主编:《民事诉讼法》(第 4 版),中国人民大学出版社 2008 年版,第 244 页。
④ 《孟子·滕文公上》。

创造动力,为经济社会的发展提供源源不断的动力。《民法典》落实"两个毫不动摇"的原则,建立健全了以平等保护为核心的产权保护原则,为多种所有制经济共同发展提供了法律保障。

第二,《民法典》完善了对业主权利的保护。城市居民的房屋所有权是业主及其整个家庭最重要的财产,也是个人居住的根本保障。只有安居,才能乐业,城市居民房屋所有权大多以建筑物区分所有权的形式体现,因此《民法典》将建筑物区分所有权单设一章进行规定,这在比较法上是比较罕见的,国外对建筑物区分所有权基本采用单行立法模式,我国《民法典》在物权编单设一章规定,充分体现了立法对于业主权利保护的重视。因为对绝大多数城市居民而言,其对自己所有的住房所享有的建筑物区分所有权就是其基本财产,也是其居住权的保障,保护建筑物区分所有权,也就是保护老百姓的民生。在具体制度上,《民法典》针对原《物权法》颁布后业主投票难、成立业主委员会难以及维修资金使用难等问题,对原《物权法》的规则进行了富有针对性的修改,并且明确了物业服务企业在使用业主共有财产时获得的收益属于业主共有。

《民法典》不仅在物权编完善了对业主权利的保护,而且在合同编又专门增加了物业服务合同这一有名合同类型,这在比较法上也是前所未有的。该章进一步强化了对业主权利的保护。例如,《民法典》合同编还规定了物业服务企业的维护基本秩序的义务,依据《民法典》第942条的规定,物业服务人应当"维护物业服务区域内的基本秩序,采取合理措施保护业主的人身、财产安全"。所谓采取合理措施,是指物业服务人应当根据其能力、资历、收费标准等具体情形判断其采取具体措施的合理性,如对小区内发生的殴打业主事件,应当予以制止;对公开抢劫,应当予以阻拦;发生刑事案件后,应当及时报警,只有这样才能充分保障业主的权利。当然,这并不意味着物业服务人要替代公安机关的治安功能。再如,《民法典》第944条新增第3款规定:"物业服务人不得采取停止供电、供水、供热、供燃气等方式催交物业费。"从法理上讲,物业服务费是基于业主和物业服务企业之间的法律关系而产生的,而有关的水、电、热、燃气等供应问题,是业主和供电人等其他主体之间的合同关系,二者属于不同的法律关系。在业主未交纳物业服务费用的情形下,物业服务人应当通过物业服务合同主张权利,而不得通过停止供电、供水、供热、供燃气等方式催交物业费,否则就侵害了业主依据其他合同所享有的权利。

第三,《民法典》增设居住权、完善租赁制度以实现"住有所居"。党的十九大报告指出,"加快建立多主体供给、多渠道保障、租购并举的住房制度,让全体人民住有所居"。"住有所居"是重要的民生事项,保障广大人民群众的居住权益,有利于充分保障民生,实现广大人民群众对美好幸福生活的期待。但实现"住有所居",并不当然意味着人人都要拥有住房所有权,通过多层次的权利共同实现"住有所居"是较为可行的方案。居住权制度的确立为实现全体人民"住有所居"提供了重要的法律支撑,有助于缓解住房紧张的局面,维护社会稳定。所谓居住权,是指以居住为目的,对他人的住房及其附属设施所享有的占有、使用的权利。居住权主要是为了赡养、抚养、扶养等生活需要而设立,解决特定的家庭成员和家庭服务人员之间的居住困难问题。在夫妻离婚后,如果一方无房可住,且经济困难,另一方则有帮扶的义务,为其设定居住权。家庭成员和亲属间由于分家析产、共同生活等原因,甚至在长期为家庭提供服务或在一起生活的非家庭成员之间,也可以依法设定居住权。在老龄社会,居住权也为"以房养老"提供了制度支撑。[1] 依据这一制度,老年人可以与相关金融机构达成设定居住权及以房养老的协议,由老年人将其房屋所有权在协议生效后移转给金融机构,金融机构在该房屋上为老年人设定永久居住权,由金融机构根据房屋的价值向老年人进行定期的金钱给付,从而确保其生活质量不下降。由于老年人向金融机构转让房屋所有权的目的在于养老,故在老年人有生之年,金融机构虽可取得房屋所有权,但其还不能完全占有该房屋,而只有在老人身故后,金融机构才能享有完整的所有权。而老年人则在获得一笔充足的养老金的同时,又能够通过登记,享有具有物权效力的、长期稳定的居住权,并可排斥他人的干涉。[2]

除增设居住权制度外,《民法典》合同编还进一步完善了租赁合同制度,充分保护房屋的承租人的权益,为债权性的居住提供了法律保障。《民法典》合同编为满足人民群众居住的需求,注重维持租赁合同的稳定性,而租赁合同的稳定性直接关系到人民群众居住的需求。租赁关系不稳定,将对人们的正常生活产生重大影响。《民法典》合同编为房屋的承租人提供了全面保护,不仅继续规定了"买卖不破租赁"规则,完善了承租人优先购买权制度,还新增第734条,规定租赁期间届满后,房屋承租人享有以同等条

---

[1] 参见肖俊:《"居住"如何成为一种物权——从罗马法传统到当代中国居住权立法》,载《法律科学(西北政法大学学报)》2019年第3期。
[2] 参见肖俊:《空虚所有权交易与大陆法系的以房养老模式》,载《上海财经大学学报》2017年第1期。

件优先承租的权利,从而保障了租赁关系的稳定性,有利于推进"租购并举"的政策,对于规范租赁市场秩序、保障承租人的居住利益具有重要意义。

三、《民法典》回应了科技爆炸和科技进步带来的时代问题

人类社会已经进入互联网高科技时代,美国学者福禄姆金(Froomkin)曾经总结了许多高科技的发明,如红外线扫描、远距离拍照、卫星定位、无人机拍摄、生物辨识技术、语音识别等,他认为,高科技爆炸给人类带来了巨大福祉,但却有一个共同的副作用,即给个人的隐私保护带来了巨大威胁,这些威胁已经使得个人无处藏身。① 大数据记载了我们过去发生的一切,也记载着我们正在发生的一切,同时能够预测我们未来将发生的一切,无论我们走到哪里,只要携带手机,相关软件借助一定的技术,就可以时刻知道我们的准确定位,人类好像进入了一个"裸奔"的时代。许多学者认为,现代法律遇到的最严峻的挑战就是,如何尊重和保护个人隐私和信息。这些崭新的问题都是时代之问,都是我国《民法典》所必须回应的问题。《民法典》主要通过以下制度对上述问题进行了规定:

(一) 强化对隐私的保护

我国《民法典》第一次明确了隐私的内涵,提出了私生活安宁权的概念。如前所述,现代高科技社会提出的最严峻的挑战就是隐私的保护问题,我国《民法典》为适应这一需要,第一次明确了隐私的概念,即隐私由私人生活安宁、私密空间、私密活动以及私密信息组成。与此同时,精神安宁作为人所具有的最重要的"福利性利益",是"美好人生的基本条件"。② 康德也主张,法律需要防止干扰别人的安宁与幸福,保护社会的和平与安宁。③ 因此,我国《民法典》第一次将私生活安宁作为隐私的重要内容加以保护,意义重大。为有效遏制针孔拍摄、远距离拍摄、非法跟踪等利用高科技手段侵害个人隐私权的行为,《民法典》第1033条对各种

---

① See Froomkin, The Death of Privacy?, Stanford Law Review, Vol. 52:5, pp. 1461-1543 (2000).

② See James Spigelman, The Forgotten Freedom: Freedom From Fear, International & Comparative Law Quarterly, Vol. 59:3, pp. 543-570(2010),转引自方乐坤:《安宁利益的类型和权利化》,载《法学评论》2018年第6期。

③ 参见陈乐民:《敬畏思想家》,生活·读书·新知三联书店2014年版,第96页。

侵害私生活安宁等隐私的行为进行了明确禁止，如明令禁止垃圾短信、垃圾邮件侵扰他人私生活安宁，明令禁止偷拍偷窥等行为，明令禁止非法侵入他人住宅的行为。在《民法典》中，这些规则的确立为保障人民群众私生活安宁、不受他人打扰的美好幸福生活提供了有力的制度保障。

（二）加强对个人信息的保护

信息化社会中的垃圾短信、人肉搜索、信息泄露、信息倒卖等问题，已经成为一种社会公害，也是人民群众普遍关注的重大社会问题。针对这些现象，《民法典》详细规定了个人信息的保护规则。在对个人信息保护范围的界定中，一方面，《民法典》扩张了个人信息的内涵，即不仅包括身份识别，而且包括行动识别，如行踪信息，且采取具体列举和兜底规定相结合的方式，保持了个人信息范围的开放性。另一方面，《民法典》扩大了个人信息的范围，在原有法律规定的基础上增加了生物识别信息、健康信息、行踪信息等。在个人信息保护的义务人方面，《民法典》进一步强化了国家机关以及承担行政职能的法定机关及其工作人员对已知悉的个人信息的保密义务（第1039条）。除此之外，《民法典》还借鉴欧盟《一般数据保护条例》（General Data Protection Regulation，以下简称GDPR）的相关规定，将原《民法总则》所列举的七种行为统一用"处理"这一表述来概括，更加科学、准确。需要指出的是，关于个人信息保护的问题，《民法典》没有直接使用个人信息权的概念。主要是因为在我国大数据产业的发展过程中，既要鼓励数据的开发、利用和共享，以促进数据产业的发展，也要保护个人信息，但又不宜对个人信息的保护程度过高，影响数据的开发、利用和共享。虽然《民法典》在关于个人信息的概念上，只是采用了个人信息而没有使用个人信息权的表述，但不能因此忽视个人信息保护的重要性，需要协调好依法保护个人信息与发展数据产业的关系。

（三）承认数据、网络虚拟财产能够作为财产保护

伴随着网络技术的发展，数据、网络虚拟财产日益成为新兴的民事权利的客体，但是对于其性质认定及法律保护规则仍旧缺乏。针对这一现象，《民法典》总则编第127条规定："法律对数据、网络虚拟财产的保护有规定的，依照其规定。"该条以指示适用规范的方式对数据、网络虚拟财产的保护作出了规定。

就数据权利而言，在以互联网广泛应用和大数据不断挖掘为背景的信息社会中，数据日益成为民事主体重要的财富，数据信息被喻为大数据时代的"新石油"，是经济增长和价值创造的重要源泉。一方面，数据的开

发和利用已成为科技创新的重要内容;另一方面,其也成为民事主体的重要财产。数据究竟包括哪些权利,这是一个值得探讨的问题。笔者认为,首先,如果数据具有独创性,则其可以受到著作权法的保护;其次,即使不构成知识产权客体的数据,也要受到法律保护。数据之上可能成立署名权、数据携带权(或提取权),即权利人有权禁止或许可他人将数据转移到另一个载体存放,而权利人的数据利用权可以排除禁止他人发行、传播数据库中的数据。

就网络虚拟财产而言,网络虚拟财产是伴随着互联网发展而产生的新的财产,如比特币、网游中的装备、电子邮箱等,它们与一般的财产在本质上有很大的共性,都具有一定的经济价值,甚至可以在一定范围内流通。① 在司法实践中,已经出现了电子游戏装备、QQ号码归属等纠纷。《民法典》总则编承认了网络虚拟财产具有财产性质,因此,对于网络虚拟财产应当比照财产权的规则进行保护,而不能适用人格权保护方法,侵害网络虚拟财产也不能适用精神损害赔偿。但是对于网络虚拟财产的性质究竟是物权还是债权,目前仍未达成共识。② 笔者认为,网络虚拟财产以当事人之间存在网络服务协议为前提的,应当属于债权,可适用债权的相关规定对此类财产予以保护。③

(四) 禁止利用信息技术手段深度伪造他人肖像

利用信息技术手段深度伪造他人肖像,是指通过一定信息技术手段,将某人的肖像换成他人的肖像,并在此基础上形成高度逼真且难以甄别的图像、声音、视频。深度伪造以换脸技术为典型。④ "AI换脸"技术发展以后,可以随意替换视频角色面部,出现"只需一张照片,出演天下好戏"的状况,给受害人造成严重损害。这一问题已经在比较法上引起了普遍的关注,例如,2019年6月12日,美国国会提出《深度伪造责任法案》(DEEP FAKES Accountability Act),禁止深度伪造。我国实践中也已经出现了使用更换他人肖像从事营利活动的案例,例如,在葛优与无锡施尔美医疗美容医院有限公司肖像权纠纷案中,行为人利用图像处理软件对权

---

① 参见杨立新:《民法总则规定网络虚拟财产的含义及重要价值》,载《东方法学》2017年第3期。
② 参见林旭霞:《虚拟财产权性质论》,载《中国法学》2009年第1期。
③ 参见杨立新:《民法总则规定网络虚拟财产的含义及重要价值》,载《东方法学》2017年第3期。
④ 参见曹建峰:《深度伪造技术的法律挑战及应对》,载《信息安全与通信保密》2019年第10期。

利人的多张照片进行加工修改,并附上文字用于广告宣传。① 在实践中,甚至有不良网站将他人的肖像与某黄色影片中的角色肖像互换,严重侵害了他人的肖像权。目前,由于"溯源防伪"和"反向破解"等技术手段尚不成熟,单纯依靠技术手段尚不足以应对深度伪造的行为。② 因此,针对这一问题,《民法典》人格权编第 1019 条规定,"任何组织或者个人不得以丑化、污损,或者利用信息技术手段伪造等方式侵害他人的肖像权"。这就通过立法的方式对深度伪造行为予以禁止,防止自然人的肖像权遭受信息技术手段的侵害。

(五) 承认了声音作为一种新型的人格利益

人的声音是由人的声带震动发出的,每个人的声音都具有独特性,因而可以成为标识个人身份的重要依据。尽管在现实生活中,人们往往难以识别个人的声音,但借助计算机、人工智能算法等技术,语音识别等技术越来越成熟,个人的声音不仅可以被准确地识别,而且可以被非法利用,如非法篡改、伪造、采集模仿等,可见声音作为一种新型人格利益越来越展现其重要性。比较法上,对声音的保护已经有先例。③ 针对这一情况,《民法典》第 1023 条第 2 款规定:"对自然人声音的保护,参照适用肖像权保护的有关规定。"这一规定明确承认了声音作为一种新型人格利益,并为其提供了保护方案。

(六) 确立从事人体基因、人体胚胎科研活动的底线规则

21 世纪是生物技术时代,生物技术运用得好,将会造福人类;而生物技术一旦被滥用,就会严重损害人类福祉。近年来,一些医疗机构和科研机构从事有关人体基因和人体胚胎的研究活动,因缺乏必要的规范,所以出现了"基因编辑婴儿"等行为④,此类行为如果不加以规范,不仅对受试者及其家庭造成重大损害,危害人的尊严,也可能对整个社会的公序良俗造成重大损害,甚至可能污染人类基因库,损害代际利益。人体基因、人

---

① 参见北京市海淀区人民法院(2018)京 0108 民初 5972 号民事判决书。
② 参见王禄生:《论"深度伪造"智能技术的一体化规制》,载《东方法学》2019 年第 6 期。
③ 例如,《秘鲁共和国新民法典》第 15 条第 1 款规定:"未取得本人明确授权的,不得利用其肖像和声音,或在本人已死亡时,只能按顺位经其配偶、卑血亲、尊血亲或兄弟姐妹同意,方可利用之。"
④ 参见王攀、肖思思等:《聚焦"基因编辑婴儿"案件》,载 https://china.huanqiu.com/article/9CaKrnKoCUI,访问日期:2019 年 12 月 31 日。

体胚胎的科研活动对于生物学和医学研究具有重要意义,但是这些研究与人格尊严联系紧密,因而需要在规范的指导下展开。《民法典》第1009条设定了关于人体基因、人体胚胎相关科研的"一个应当、三个不得"的底线规则,该条规定:"从事与人体基因、人体胚胎等有关的医学和科研活动,应当遵守法律、行政法规和国家有关规定,不得危害人体健康,不得违背伦理道德,不得损害公共利益。"设定底线规则的意义主要体现在以下几个方面:第一,有效规范涉及人体基因、人体胚胎等的医学和科研活动,保障其规范运行。《民法典》第1009条的意义在于将上述研究活动合法化的同时,划定了法律的红线和底线。第二,有利于维护人格尊严和生命尊严,此类行为如果不加限制,除损害生命健康等物质性人格权外,还严重威胁人的尊严。第三,有利于维护代际利益。代际是指生物学意义上的代与代之间的关系,代际利益是指在不同代际中的人类均应当享有各自的利益。不同世代之间的利益必须平衡保护,规则设计应考虑未来世代的合理利益。例如,人体基因编辑技术可能带来的先天畸形婴儿的产生,甚至是对整个人类基因库的污染等问题①,所造成的损害都是深远、长久而不可逆的,后一代人也会因此受到不当的损害。第四,为特别法立法提供上位法依据。《民法典》作为民事基本法具有较高的效力层级,该条规范为后续特别法以及行政法规等规范性文件的立法提供了指引。

(七) 规定了人格利益的许可使用规则

《民法典》第993条确立了人格利益的许可使用规则。人格权具有专属性,但是这并不意味着人格利益不可由他人进行利用。人格利益的许可使用也称为人格利益的经济利用,是指人格权的某些权能可以依法转让或者授权他人使用,在其遭受侵害以后可以通过财产损害赔偿的方式获得救济。人格利益许可使用规则的重要意义在于:一方面,有利于回应社会发展需求。传统社会中,社会形态比较简单,普遍更侧重对人格权的静态保护。随着社会的发展,肖像、声音、个人信息等的利用层面凸显出来,各种利用现象层出,尤其是个人信息的利用十分普遍,我国《民法典》关于人格权许可使用的规定顺应了人格权行使的发展趋势,有效地协调了个人信息保护与利用的关系,有利于促进我国数据产业的发展和国家整体战略的推进。另一方面,有利于保护个人人格尊严。利用和保护并

---

① 参见王冕、张洪江:《人类胚胎基因编辑技术的伦理考量》,载《医学与哲学》2019年第4期。

非截然对立的两个层面,人格尊严也包括通过自己的意志对人格利益进行自主利用,并排除他人未经许可的利用,这也是对人格尊严的动态保护。《民法典》基于人格尊严保护的要求,规定了不得许可使用的情形,这为人格权的许可使用设置了界限,更有利于推进对人格尊严的保护,避免因非法利用而损害人格尊严。对于人格利益和财产利益可能导致的冲突,人格权编通过许可使用合同的解释以及许可使用合同的解除等规则(第1021—1022条),进一步强化对于人格利益的保护,同时注重与财产利益的平衡,能够更好地实现保护人格尊严的宪法要求。

除上述总结的《民法典》人格权编对于科技发展的回应外,《民法典》其他编的许多规则事实上都是为了适应互联网、大数据时代个人信息权利保护的需要。例如,为应对电子商务发展的需要,合同编对通过数据电文等方式订立合同的规则作出了细化规定。再如,为了规制互联网时代的网络侵权行为,侵权责任编进行了专门规定(第1194—1197条)。可以说,《民法典》对科技发展所带来的社会生活变化给予了全面充分的回应。

四、《民法典》顺应了经济全球化的发展趋势, 有效回应了市场经济的发展需要

经济贸易的一体化使资源实现了全球范围内的配置。哈佛大学法学院邓肯·肯尼迪教授曾经指出,每一次经济和政治上的全球化运动都伴随着法律的全球化变革。① 经济全球化要求减少因交易规则的不统一而形成的交易障碍,降低交易费用,故而,随着经济全球化的发展,法律的国际化和全球化成为一种势不可挡的发展潮流和趋势。《民法典》充分顺应了经济全球化的发展趋势,充分借鉴了两大法系交易规则的最新发展和新的立法经验,把握了比较法的发展趋势。合同编进一步完善了合同交易规则,物权编则进一步完善了担保规则,并使其不断与国际通行规则接轨。

社会主义市场经济的发展需要进一步强化私法自治,充分鼓励交易,维护交易安全。合同编从合同的订立到履行都强调了增进合同自由和私法自治这一宗旨,将有力调动市场主体从事交易的积极性。在尊重

---

① 参见〔美〕邓肯·肯尼迪:《法律与法律思想的三次全球化:1850—2000》,高鸿钧译,载《清华法治论衡》2009年第2期。

合同自由的基础上,进一步维护交易安全和交易秩序,形成了两者之间的协调,在两者发生冲突时,优先保护交易安全。《民法典》对经济全球化的回应和对自由交易的鼓励主要表现在以下几个方面:

(一) 合同编增设电子商务相关规则

为顺应电子商务的发展,合同编中增加了有关电子商务的规则。例如,合同编在合同订立部分增加了通过互联网方式订约的特别规则,《民法典》第491条第2款就对合同的成立时间进行了特别的规定:"当事人一方通过互联网等信息网络发布的商品或者服务信息符合要约条件的,对方选择该商品或者服务并提交订单成功时合同成立,但是当事人另有约定的除外。"《民法典》第512条则对通过信息网络订立的电子合同的交付时间作出了特别规定。这些规则以民事基本法的形式对电子商务交易进行规范,与《电子商务法》等特别法共同构成了调整电子商务行为的法律制度。

(二) 合同编修改了有关交易安全与交易秩序的相关规则

合同编修改了有关交易安全与交易秩序的相关规则,注重协调合同严守与合同正义的关系。我国《民法典》贯彻诚信原则,坚持合同严守原则,但在特殊情形下,如果合同的基础条件发生变化,使得合同继续履行对一方当事人明显不公平,则这些变化大多不属于不可抗力,属于情势变更的情形,而我国合同法一直缺乏这方面的规定。因此,《民法典》第533条确认了情势变更制度,规定在合同成立以后,其基础条件发生变化,且当事人无法预见,又不属于商业风险时,若继续履行合同对当事人一方明显不公平,则当事人应当继续协商;如果无法协商,则当事人可以请求人民法院或者仲裁机构变更或者解除合同,该规定为解决因疫情等原因导致的合同纠纷提供了重要的法律依据。另外,《民法典》坚持合同严守原则,在通常情况下,禁止违约方单方享有解除权,但在特殊情形下,合同出现了履行不能,继续履行也会对当事人明显不公(如当事人在订立长期租赁合同以后,一方因为工作调动至外地,无法继续租赁房屋),此类情形又不属于不可抗力和情势变更情形。因此,《民法典》第580条第2款采用打破合同僵局的规则,允许违约方请求法院或者仲裁机构终止合同关系。

(三) 为进一步改善营商环境,完成了担保规则的现代化

为进一步改善营商环境,《民法典》完成了担保规则的现代化,建立了更为完整、统一的担保权利体系。一是物权编统一了动产和权利担保的登记制度。原《物权法》对于动产和权力担保的登记机构进行了分散的规定，物权编对于动产担保的设立要件进行了统一，删除了原《物权法》中不同动产抵押不同登记机关的规定，促进了动产抵押登记的一体化。立法者在《关于〈中华人民共和国民法典（草案）〉的说明》中指出，《民法典》"删除有关担保物权具体登记机构的规定，为建立统一的动产抵押和权利质押登记制度留下空间"①。二是物权编简化了对担保合同条款的要求。《民法典》第400条第2款关于设定抵押权合同条款的规定与原《物权法》相比要求更加简单。抵押合同是抵押登记审查和公示的重要内容，由于原《物权法》对抵押财产登记信息要求过于详细、复杂，与世界银行制定的《营商环境报告》的评分标准不符，物权编专门对此予以修改，简化了抵押合同中抵押财产状况的信息要求，只需要对"抵押财产的名称、数量等情况"予以说明即可，这实质上简化了抵押登记的内容，使得抵押登记更为便捷和高效。三是关于流押流质的规定得到了进一步的完善。《民法典》第401条和第428条并没有禁止设立流押流质条款（如以房抵债协议），也没有宣告其当然无效。在当事人订立流押流质条款以后，在债务人不能到期清偿债务时，必须进入清算程序。清算程序可以分为两类：第一类是变价清偿，也称为处分清偿，即通过拍卖、变卖等方式，债权人对变价财产价值优先受偿；第二类是归属清偿，即抵押权人获得了所有权，但仍然实现价值清算，多退少补。四是确立了担保物权受偿顺序的顺位规则。②《民法典》第414条规定："同一财产向两个以上债权人抵押的，拍卖、变卖抵押财产所得的价款依照下列规定清偿：（一）抵押权已登记的，按照登记的时间先后确定清偿顺序；（二）抵押权已经登记的先于未登记的受偿；（三）抵押权未登记的，按照债权比例清偿。其他可以登记的担保物权，清偿顺序参照适用前款规定。"这就对担保物权的受偿顺序作出了明确规定。五是担保合同范围的变化。《民法典》第388条第1款第2句规定："担保合同包括抵押合同、质押合同和其他具有担保功能的合同。"这一规定具有开创性质的变化。这一规定将担保合同的范围不仅仅局限于设立担保物权的合同，而且涵盖了保证合同。依据这一条款，所有具有担保功能的合同，只要经过登记，都可适用受偿顺序的规则，也可以

---

① 王晨：《关于〈中华人民共和国民法典（草案）〉的说明》，载《中华人民共和国民法典》，中国法制出版社2020年版，第285页。

② 参见高圣平：《论流质契约的相对禁止》，载《政法论丛》2018年第1期。

适用担保物权实现的程序。显然,这一规定对于承认非典型担保具有重要意义,如动产让与担保以及其他具有担保功能的合同都适用该条的规定。这些合同经过登记也可能产生对抗第三人的效力。六是扩大了担保财产的范围。如《民法典》第395条明确了海域使用权可以抵押,第440条将现有的以及将有的应收账款明确纳入了可以出质的财产范围。七是抵押物的转让。对于抵押物的转让,《民法典》第406条改变了原《物权法》的规则。原《物权法》规定抵押人未经允许不得转让抵押物。但是抵押权只是担保物权,支配担保物的交换价值,所有人仍然享有所有权,所以所有权人仍然有权转让。依据《民法典》第406条的规定,抵押财产转让后,抵押权因追及效力而不受影响。这一规则有利于促进抵押物的流转,以便物尽其用。

(四)《民法典》合同编禁止高利放贷,维护金融安全、金融秩序

近几年来,金融领域出现了大量的非法放贷、套路贷、校园贷等问题,因互联网金融引发的社会纠纷层出不穷,严重扰乱社会秩序和金融秩序,也在一定程度上损害了实体经济,且因为一些网贷平台资金断裂,导致不少投资者血本无归,引发了一些严重的社会问题。因此,《民法典》第680条明确禁止高利放贷行为,明确规定借款行为不得违反国家有关规定,这有利于维护金融安全、金融秩序。当然,该规则施行后,还需要法律、司法解释进一步明确高利放贷的标准。

五、《民法典》回应了资源环境恶化带来的环境保护和生态维护的时代问题

21世纪是一个人类社会面临严重生态危机的时代,人类生存与发展的环境不断受到严峻挑战。良好的生态环境是美好幸福生活的重要组成部分,是最普惠的民生福祉。但我们现在面临严重的生态危机,工业发展导致环境被严重破坏,全球变暖、酸雨、水资源危机、海洋污染等已经对人类的生存与发展构成了直接的威胁,引起了全世界的广泛关注。我国是世界上最大的发展中国家,为了发展经济,我们必须利用各种资源,但同时又面临资源严重紧缺、生态严重恶化的危机[①],大气污染、黑臭水体、垃

[①] 2006年6月5日,国务院新闻办公室发表了《中国的环境保护(1996—2005)》白皮书。该白皮书指出,由于中国人均资源相对不足,地区差异较大,生态环境脆弱,生态环境恶化的趋势仍未得到有效遏制。

圾围城等成为民生之患①,这就要求我们必须更重视资源的有效利用,并防止生态环境进一步恶化。《民法典》直面这一问题,在全世界范围内首次把绿色原则规定为民法基本原则②,并创设多层次的规则共同确保绿色原则的实现。

《民法典》增加了生态破坏责任。我国原《侵权责任法》在环境污染责任一章中,主要从保护私益出发设计环境污染责任规则,但是显然不能适应全面保护环境、生态的需要,且环境污染与生态破坏也常常体现出紧密的联系,环境的污染可能导致生态的破坏,生态的破坏也可能加剧环境的污染。所以《民法典》侵权责任编增设了生态破坏责任规则,因为生态破坏虽然也可能导致私益损害,如因土壤污染,导致土地承包经营权人损失,但其大多导致的是公益的损害,因为从环境保护法的角度,实际是生态环境服务功能的丧失③,所以,我国《民法典》增加了生态环境破坏责任,其救济对象不限于私益,也包括公益。所以,侵权责任编除规定生态损害责任外,同时规定了公益诉讼规则。

《民法典》规定了破坏生态环境的修复责任。《民法典》第1234条规定了侵权人自己修复和委托他人修复两类情形,但是鉴于在实践中,生态破坏的修复是技术性非常强的工作,需要专门的技术人员来承担修复工作,否则,既难以及时修复,甚至可能导致新的生态损害或者造成二次污染。因此,委托他人修复是一种比较可行的办法,但需要注意的是,行为人承担的委托他人修复的费用应当是合理的费用,其确定必须存有依据,以免不当增加侵权的修复费用负担。

《民法典》增加了故意违规污染环境、破坏生态的惩罚性赔偿。由于长期存在"违法成本低、执法成本高"的情况,实践中出现了"企业赚钱污染环境、政府出资治理环境"的极不公平的现象。《民法典》第1232条规定了环境污染和生态破坏的惩罚性赔偿问题。依据该条的规定,故意违反法律规定,造成环境污染和生态破坏的严重后果的,应当承担惩罚性损害赔偿的责任。

除此之外,物权编、合同编还在多处强调物的利用和处分要节约资

---

① 参见钟寰平:《调查研究,谋事之基成事之道》,载《中国环境报》2019年7月31日,第1版。

② 《民法典》第9条规定:"民事主体从事民事活动,应当有利于节约资源、保护生态环境。"

③ 参见巩固:《环境民事公益诉讼性质定位省思》,载《法学研究》2019年第3期。

源、保护环境,禁止滥用权利污染环境。现代物权法除具有界定财产归属、明晰产权的功能外,其重心已表现为最大限度地发挥资源的效用,以获得最佳的经济社会效益。① 《民法典》物权编也十分重视物尽其用。例如,物权编第346条规定:"设立建设用地使用权,应当符合节约资源、保护生态环境的要求,应当遵守法律、行政法规关于土地用途的规定,不得损害已经设立的用益物权。"而在合同编,也同样确立了合同当事人在履行合同中应当遵循绿色原则,《民法典》合同编第509条第3款规定:"当事人在履行合同过程中,应当避免浪费资源、污染环境和破坏生态。"

六、《民法典》回应了风险社会的时代需要,强化了损害预防和救济功能

现代社会已成为风险社会,无形的、不可预测的风险无处不在,随时可能造成严重灾害。② 因而需要借助《民法典》遏制不法或疏忽的行为,防止各种事故的发生。《民法典》强化权益侵害的预防和救济,以回应风险社会的时代需要。传统大陆法系民法典将侵权责任法置于债编之中,这也导致侵权法的规则非常抽象,与现代社会多种风险不断增加以及因"风险社会"不断形成而导致的侵权责任的复杂性不相适应。我国《民法典》单设侵权责任编,细化了侵权责任规则,并对风险社会中各类常见的严格责任制度作出了规定。在机动车交通事故责任中(侵权责任编第五章),结合强制保险责任(第1213条)、道路交通事故社会救助基金(第1216条)对受害人提供全面救济。同时,在为受害人提供救济的同时,《民法典》也采取禁令、确认法定救助义务等各种措施有效预防损害的发生。传统侵权法主要是在受害人遭受损害后提供救济,而现代侵权法越来越强调对损害的预防。

近年来,有关高楼抛物致人损害的事件时有发生,各地法院受理了一些有关高楼抛掷物致人损害的案件,如重庆的高楼抛出烟灰缸致人损害案、济南发生高楼抛出菜板伤人案等。高楼抛物行为不仅会造成受害人人身及财产的严重损害,成为人们"头顶上安全"的重大威胁,而且危害

---

① 参见马俊驹、尹梅:《论物权法的发展与我国物权法体系的完善》,载《武汉大学学报(哲学社会科学版)》1996年第5期。
② 参见〔日〕北川善太郎:《关于最近之未来的法律模型》,李薇译,载梁慧星主编:《民商法论丛》(第6卷),法律出版社1997年版,第306页。

到了公共安全,也被称为"悬在城市上空的痛"①。原《侵权责任法》第87条曾经对此作出规定,但在实践中暴露了一些规则缺陷。我国《民法典》第1254条在总结侵权责任法规定经验的基础上,对高楼抛掷物或坠物致人损害的责任作出了进一步修改和完善:一是明确规定禁止从建筑物中抛掷物品,任何人违反这种义务就要承担责任;二是在发生高楼抛掷物或坠物致人损害以后,公安等机关应当依法及时调查,查清责任人;三是明确了物业服务企业等建筑物管理人违反安全保障义务的责任;四是确定了可能加害的建筑物使用人的补偿责任。这些规定强化了对受害人的保护,有助于预防和减少此类行为的发生,也有利于统一裁判规则,妥当处理此类纠纷。

结　语

"天下之事,不难于立法,而难于法之必行。"《民法典》的生命力更在于实施:一是要准确理解、把握民法典,"必须让民法典走到群众身边、走进群众心里",使《民法典》真正贯彻实施。二是要规范公正文明执法,提高司法公信力,维护《民法典》的权威。把遵循《民法典》作为依法行政、公正司法的重要内容,行政机关应把《民法典》作为行政决策、行政管理、行政监督的重要标尺,不得违背法律法规随意作出减损公民、法人和其他组织合法权益或增加其义务的决定。各级司法机关要秉持公正司法的理念,遵守《民法典》,提高民事案件审判水平和效率。三是要制定配套的法律、法规。例如,《民法典》第359条关于住宅建设用地使用权自动续期规则规定,"续期费用的缴纳或者减免,依照法律、行政法规的规定办理"。但是,目前并没有相关规定,这就必须要尽快颁布相关的法律、行政法规。四是清理现有的法律、法规、司法解释等规范性文件。《民法典》颁布后,原《合同法》《物权法》等相关的法律均被废止,与这些法律相关的配套法律及相关司法解释等都需要清理与完善,任务十分艰巨。总之,只有学习好、实践好这部法典,才能不断推进全面依法治国,坚持和完善中国特色社会主义制度,推进国家治理体系和治理能力现代化,实现人民群众对良法善治的美好期待。

---

① 参见《"头顶上的安全"是城市文明的底线》,载 https://baijiahao.baidu.com/s？id=1650359431039638127,访问日期:2019年11月16日。

论《民法典》的民本性*

作为我国民事法律的集大成者,《民法典》是新中国成立以来第一部以"法典"命名的法律,也是第一部直接以"民"命名的法典。以"法典"命名,表明凡是纳入《民法典》的规则,都具有基础性、典范性的特点,这些规则在组合和搭配上具有逻辑性、体系性。① 法典以"民"命名,说明《民法典》以民为本,把人民的愿望置于首位,充分反映了人民的利益诉求,最大化地谋求人民的利益,这是我国《民法典》的立法宗旨和目的所在,也是《民法典》的特色所在。理解《民法典》的民本性,对于正确理解和适用《民法典》不无意义。

一、《民法典》编纂的出发点是坚持民本

"人民的福祉是最高的法律。"以民为本的民本主义体现了人民的主体性,它是指导《民法典》编纂的理念,贯穿《民法典》编纂的始终。虽然早在远古时代,我国就已经出现了民本思想的萌芽,《尚书·五子之歌》云:"民惟邦本,本固邦宁。"这就是对此的最经典表达,但真正将民本思想发扬光大的,是以孔孟为代表的儒家学说,民本主义成为儒学的核心理念。例如,《尚书·泰誓上》曰:"民之所欲,天必从之。"《礼记·大学》曰:"民之所好好之,民之所恶恶之,此之谓民之父母。"《孟子·尽心下》有云:"民为贵,社稷次之,君为轻。"这些思想实际上都强调以民为本,赋予人民的意愿和利益最根本的正当性,这一点也得到中国后世思想家们的一致认同,民本主义因此成为中国优秀传统文化。

西方的一些法学家也力主民法典应当体现民本理念,比如,《法国民法典》起草人波塔利斯提出"法为人而立,非人为法而生"(les lois sont

---

* 原载《中国人民大学学报》2020 年第 4 期。
① 在汉语中,所谓"典",通常有"经典""典范""典籍"等含义。例如,《说文解字》记载:"典,五帝之书也。"《玉篇》云:"典,经籍也。"《尚书·五子之歌》云:"有典有则,贻厥子孙。"《孔传》云:"典,谓经籍。"

faites pour les Hommes et non les Hommes pour les lois),这个著名论断被奉为民法的经典内涵,用来诠释民法的本质。又如,日本学者田中耕太郎指出:"私法的基本概念是人(Person)。"①这种精神用孟德斯鸠的话来说,就是"在民法的慈母般的眼里,每个个人就是整个国家"②。但是,传统的民法典确实存在"重物轻人"的体系缺陷。而我国《民法典》则真正彰显以人民为中心、以人为本的理念,尤其是自党的十九大以来,中国特色社会主义进入了新时代,党的十九大提出的"人民中心论"思想集中体现了新时代对民本主义的传承和发展,它是我国民事立法的重要指导思想,是《民法典》编纂的出发点。

(一)《民法典》以实现和提高人民福祉为根本目的

马克思主义认为人的地位是最高的,倡导人的解放,实现人的全面发展。我国《民法典》将人民群众的需求作为立法的重心,将实现和提高最广大人民群众的根本福祉作为目的,具体表现为:

第一,《民法典》是人民人身和财产安全的重要保障。"人民的安全,乃是至高无上的法律。"③在新时代,人民的物质生活条件得到极大改善,总体上实现了小康,安全感愈发成为人民的迫切需求。一方面,《民法典》不仅广泛确认了各类主体的财产权,以满足人们的物质生活需要,还广泛确认了人身权,以满足人们的精神生活追求;《民法典》不仅紧扣财产权的突出问题,完善了财产权制度,如明确了住宅建设用地使用权自动续期规则、增设居住权等,从而建立了财产权保护的长效机制,为人们确立财产权的稳定预期提供了根本保障,还在人格权编强化了对个人的生命、身体、健康等各项人身权益的保护,有力维护了个人的人身安全。另一方面,《民法典》通过完善征收征用、禁止非法限制个人行为自由等制度,防止公权力对私权的不当侵害,使每个人生活在安全的环境中,享受安宁的生活,免于一切非法的强制和恐惧。故而,《民法典》是人民美好幸福生活的根本保障。

第二,《民法典》是个人人格尊严的重要保障。进入新时代后,广大人民群众不仅对物质文化生活提出了更高的要求,对精神生活的要求也必然日益增长,尤其是对民主、法治、公平、正义、安全、环境等方面的要求更

---

① 转引自〔日〕星野英一:《私法中的人》,王闯译,中国法制出版社2004年版,第20页。
② 〔法〕孟德斯鸠:《论法的精神》(下册),张雁深译,商务印书馆1963年版,第190页。
③ 〔美〕E.博登海默:《法理学:法律哲学与法律方法》,邓正来译,中国政法大学出版社1999年版,第293页。

加强烈。① 美国社会心理学家马斯洛曾经提出著名的"需求层次理论",即当人们的基本物质需要还尚未满足时,对隐私等精神性人格权的诉求会相对较少,而当人的生存需要基本满足之后,对文化和精神的需要将越来越强烈。② 马斯洛把这种心理需要归纳为自尊需要。③ 正因如此,"保护人格权、维护人格尊严,是我国法治建设的重要任务"④,这也是《民法典》将人格权独立成编的重要原因。

从《民法典》人格权编的规定来看,不论是一般人格权还是具体人格权,均体现了强化人格尊严保护的理念。《民法典》第990条规定了一般人格权,它以人身自由、人格尊严为内容。《民法典》人格权编的具体人格权规定也体现了强化人格尊严保护的需要。例如,《民法典》第1002条强调生命权的内涵不仅包括生命安全,同时也包括作为人格尊严的重要组成部分的生命尊严。⑤ 再如,行动自由体现了人格尊严,《民法典》第1011条禁止非法搜身,主要是为了强化对个人人格尊严的保护。此外,《民法典》第1009条对于人体基因、人体胚胎医学科学研究的严格限制,也是为了维护人格尊严。

第三,《民法典》是个人发展的重要保障。在进入新时代后,人民的温饱和小康问题得到解决,个人全面发展成为现实的迫切需要。《民法典》通过维护个人平等的主体地位,贯彻私法自治,赋予个人在法定范围内所享有的意思自由,这有利于激发个人活力和创造力,充分发挥个人在国家和社会治理中的作用,为每个人提供了"发展其人格的可能性"⑥。《民法典》充分尊重私人自治的空间,使人们对自己的行为结果具

---

① 参见张文显:《法治与国家治理现代化》,载《中国法学》2014年第4期。
② 参见〔美〕马斯洛:《马斯洛人本哲学》,成明编译,九州出版社2003年版,第52—61页。
③ 参见〔美〕马斯洛:《马斯洛人本哲学》,成明编译,九州出版社2003年版,第51—52页。
④ 《沈春耀作关于民法典各分编(草案)修改情况和民法典(草案)编纂情况的汇报》,载 http://www.npc.gov.cn/npc/c2/c30834/201912/t20191223_303684.html,访问日期:2019年12月23日。
⑤ 生命尊严这一概念可扩展适用至胚胎、胎儿、遗体,对于这些特殊存在物,必须以具有尊严的方式去处理,一些国家的法律已经对此作出了规定。例如,《法国民法典》第16条规定:"法律确保人的优先性,禁止对尊严的一切侵害;自其生命伊始即确保对人的尊重。"《法国民法典》第16-1-1条规定:"对人体的尊重不因死亡而终止。死者的遗骨,包括火化后的骨灰,应以具有尊敬、尊严和体面的方式来处理。"
⑥ 〔德〕迪特尔·梅迪库斯:《德国民法总论》,邵建东译,法律出版社2013年版,第14页。

有可预测性,这就有利于充分调动个人从事民事活动、创造社会财富的潜能,为个人的全面发展提供了有利的制度保障和社会空间,也有利于推进国家治理体系和治理能力的现代化,充分激发市场活力、促进社会经济的发展。

(二)《民法典》以全面调整民事关系为根本使命

《民法典》作为市民生活的百科全书,将人民生产生活所形成的法律关系作为调整对象,完整覆盖了社会生活的各个方面。《民法典》直接关系到人民群众的切身利益和社会的生产生活秩序,与每个人的生活息息相关,实现对人"从摇篮到坟墓"各个阶段的保护,每个人都将在民法慈母般爱抚的眼光下走完自己的人生旅程。诚如王泽鉴先生所言,《民法典》的制定基于法典化的理念,即将涉及民众生活的私法关系,在一定原则之下作通盘完整的规范。① 具体而言:

第一,自人的生命伊始,《民法典》即开始进行保护,赋予其独特的法律地位。根据《民法典》的规定,胚胎不是人,因为尚未形成具有独立生命力的个体,但胚胎也不是物,不得进行买卖交易。在司法经验的基础上,《民法典》侵权责任编中还新增了"人格物"的保护规则,规定了侵害人格物的精神损害赔偿,其中就包括对人体生殖细胞的法律保护规则。另外,胚胎发育成为胎儿之后,《民法典》也为其设置了特别的保护措施,在特定情况下允许在继承、接受赠与等领域取得利益。同时,《民法典》第1002条关于生命尊严的保护已扩张到对人体胚胎的保护。

第二,依据我国《民法典》的规定,自然人的民事权利能力始于出生,这也意味着,自然人出生后即具有民事权利能力,具有民事主体资格。《民法典》确认个人的民事主体地位,对于充分保护个人的各项民事权利、确保其正常参与各种社会交往具有重要意义。

第三,对未成年人、精神障碍者等弱势群体,《民法典》通过监护等制度充分保护其合法利益。另外,《民法典》继承编特别保护生活有困难的继承人,允许其适当多分遗产。《民法典》也对妇女群体进行特殊保护,禁止家庭暴力,禁止性骚扰。《民法典》还对老年人群体进行特殊保护,规定了成年监护、居住权、生命尊严等制度,其中,生命尊严能充分体现临终关怀,据此未来可建立生前预嘱等制度,从而确保人在生命的所有阶段都能充分享有尊严。

---

① 参见王泽鉴:《民法总则》,中国政法大学出版社2001年版,第22页。

第四,对遗体和死者人格利益进行保护。《民法典》禁止对遗体的交易,并对死者的姓名、肖像、名誉、隐私等人格利益进行特殊保护,而且《民法典》特别保护英雄烈士的名誉、隐私等人格利益,防止损害公共利益。

(三)《民法典》以积极解决人民群众最迫切需要解决的现实问题为根本关切

《民法典》积极回应了人民群众的迫切需求,为人民群众最盼望、最迫切需要解决的问题提供了有力方案,提升了人民群众的获得感、安全感、幸福感,真正实现了"民有所需,法有所应"。具体而言:

第一,《民法典》物权编延续了原《物权法》中住宅建设用地使用权自动续期规则,规定住宅建设用地使用权在到期后自动续期,这就妥当协调了住宅建设用地使用权的有期限性和房屋所有权无期限性之间的矛盾,有利于保障人民群众的合理信赖和期待。同时,《民法典》物权编还在自动续期规则中就续期收费问题作出了规定,积极回应了人民群众的关切。

第二,《民法典》合同编完善了租赁合同的规则,注重维持租赁合同的稳定性。租赁合同的稳定性直接关系到人民群众居住的需求,租赁关系不稳定,将对人们的正常生活产生重大影响。《民法典》合同编为房屋的承租人提供了全面保护,不仅继续规定了"买卖不破租赁"规则,完善了承租人优先购买权制度,还新增规定租赁期间届满后,房屋承租人享有以同等条件优先承租的权利,这就极大地保障了租赁关系的稳定性,有利于推进"租购并举"的政策,对于规范租赁市场秩序、保障承租人的居住利益具有重要意义。

第三,《民法典》强化了对网络侵权行为的规制。在现代社会,网络侵权问题十分严重,网络诽谤、网络暴力、人肉搜索等问题层出不穷,《民法典》积极应对这一现实问题,人格权编的禁令制度和侵权责任编的网络侵权规则对于有效规范网络侵害人格权的行为、实现对侵害人格权损害后果的预防等具有重要意义。

第四,《民法典》人格权编强化了对个人信息的保护。在互联网和大数据时代,个人信息泄露已经成为一种公害,如何有效保护个人信息,已经成为各国普遍面临的重要课题。《民法典》人格权编专门规定了个人信息保护规则,扩张了个人信息的保护范围,并对合法收集、处理个人信息的规则作出了规定,这对于强化个人信息保护、防范个人信息泄露具有重要意义。

第五，《民法典》注重实现代际正义。罗尔斯把代际正义概括为"不计时间地同意一种在一个社会的全部历史过程中公正地对待所有世代的方式"①。在代际正义的观点看来，每一代人都是受后代人委托的受托人，代为行使后代人所能获得的各项权利。②《民法典》第1009条规定："从事与人体基因、人体胚胎等有关的医学和科研活动，应当遵守法律、行政法规和国家有关规定，不得危害人体健康，不得违背伦理道德，不得损害公共利益。"该条设定了关于人体基因、人体胚胎相关科研的底线规则，它是在充分考虑代际正义的基础之上作出的规定，也以实现代际正义为重要目标，能有效防止人体基因编辑技术可能带来的先天畸形婴儿的产生、人类基因库的污染等现象，有效保护后代人的正当权益。

（四）《民法典》以维护家庭和谐有序为根本准则

中国古代强调"家国同构"，儒学倡导"家齐而后国治"，作为社会的细胞，家庭被视为社会治理的基本单元，家庭治理被视为国家治理的基础。与此认识一致，黑格尔也将国、家作为社会治理的两个基本单元。可以说，家庭是国家和社会的基本单元，家庭和谐是社会和谐的基础，家庭治理是国家治理的基石，家庭治理水平的提升是国家治理现代化的重要体现。基于此，维护家庭和谐有序就是民法典的根本准则，中外概不例外。比如，《法国民法典》的起草人波塔利斯就指出："我们的目标在于将品性与法律相关联，传播家庭的精神——无论人们怎么说，它是如此有利于国家的精神……社会的持久和良好秩序极大地取决于家庭的稳定，它是一切社会的肇端、国家的胚胎和基础。"③《民法典》在维护家庭生活的和谐有序方面的确发挥着重要作用，其规定夫妻平等及家庭和睦团结，并充分照顾了妇女、儿童、老人等弱势家庭成员的利益，这不仅合理设定了家庭内部的权利和义务关系，既强调家庭生活中的权利，也强调家庭的责任④，有利于维护家庭成员之间的和睦团结、实现家庭生活的和谐稳定，构建了社会治理的坚实基础。

---

① 〔美〕约翰·罗尔斯：《正义论》，何包钢等译，中国社会出版社1999年版，第308页。
② 参见〔美〕爱蒂丝·布朗·魏伊丝：《公平地对待未来人类：国际法、共同遗产与世代间的公平》，汪劲等译，法律出版社2000年版，第2—3页。
③ Portalis, Discours Préliminaire sur le Projet de Code Civil, Centre de Philosophie Politique et Juridique, 1989, p. 25.
④ 参见夏吟兰：《民法分则婚姻家庭编立法研究》，载《中国法学》2017年第3期。

二、《民法典》的核心功能是保障民权

权利(拉丁语为Jus、法语为Droit、德语为Recht、英语为Right)是指权利人对义务人提出的与自己的利益和意愿有关的、必须作为或不作为的要求。① 中国古代虽有民本思想,但始终不存在西方法制中的"权利"概念,直到19世纪中叶才产生权利概念。② 也就是说,我国古代虽有民本思想,但缺乏民权思想,随着时代发展,我国开始把民本与民权紧密结合起来,不仅注重作为整体的人民的利益,还注重作为个体的人的利益。

民权包括两种:一是依据宪法和法律享有的治理国家、管理社会的权利,二是个人所享有的私权,本文所说的民权指的是私权。法治的基本精神在于"规范公权,保障私权",只有私权发达,人人能够自由行使权利,并尊重他人的权利,社会才能和谐有序;只有私权发达,才能为公权设置尺度,为有效规范公权奠定基础。必须看到,我国是一个有两千多年封建历史、封建主义思想意识和传统根深蒂固的国家,正如邓小平同志所指出的,"旧中国留给我们的,封建专制传统比较多,民主法制传统很少"③,人们的权利意识和平等观念还不是很普遍,等级观念、特权观念、长官意识、官本位思想等还颇为盛行,这些都与市场经济的发展和完善严重不符。所以,要真正地建立法治国家,必须要反对任何形式的封建特权,提倡人格独立、人格平等,充分保障民事主体的各项私权。从这一意义上说,弘扬私权既是培育中国法治的基础,也是中国法治文化的重要内容。

《民法典》是全面保障私权的基本法,其立法宗旨就是"保护民事主体的合法权益",故其是权利法,是权利保护法,是私权保障的宣言书,其核心功能是确认和保障民权。私权的保障彰显了人民的根本利益,是确保人民群众享受美好生活的前提和基础,更是促进人民群众追求美好生活的动力。正因此,《民法典》通过保障民权,旨在实现人民的福祉,确保人民的美好幸福生活,为法治社会奠定基础。

(一) 以私权为中心构建《民法典》的体系

保障民事权利是《民法典》体系结构安排中的红线和中心轴。可以

---

① 参见夏勇:《中国民权哲学》,生活·读书·新知三联书店2004年版,第4页。
② 参见夏勇:《中国民权哲学》,生活·读书·新知三联书店2004年版,第133页。
③ 邓小平:《邓小平文选》(第2卷),人民出版社1994年版,第332页。

说，《民法典》以民事权利的确认为经，以民事权利的保护为纬，编制了细密的民事权利保护屏障。民事权利的保护既是《民法典》的出发点，也是其落脚点。我国《民法典》的总则编是按照"提取公因式"的方法，将民事权利及其保护的共性规则确立下来。其中，有关自然人、法人和非法人组织的规定，构成了民事权利主体的法律规范；有关民事权利的规定，构成了民事权利的具体内容、体系以及行使方式的法律规范；有关民事法律行为和代理的规定，确认了民事权利行使所形成的法律关系；有关民事责任的规定，是因侵害民事权利所应承担的民法后果；有关诉讼时效和期限的规定，是民事权利行使的时间限制。《民法典》分则各编是由物权、合同、人格权、婚姻家庭、继承以及对权利进行保护的侵权责任编所构成。这表明《民法典》既确认了个人享有的各项具体民事权利，确定了这些权利的具体内容和边界，使个人能够积极行使和主张权利，同时，在权利遭受侵害后，《民法典》又建立了救济体系，充分保障民事主体的合法权益。尤其是人格权在《民法典》中独立成编，也使其成为与物权编、合同编等并列的民法的有机组成部分，落实了民法调整平等主体之间的人身关系和财产关系的任务，改变了传统民法存在的"重物轻人"的体系缺陷，这既是《民法典》回应时代需求的集中体现，也为世界各国有效应对人格权保护问题提供了中国经验和中国方案。

（二）《民法典》构建了完整且开放的民事权利体系

我国《民法典》以民事权利为核心，构建了由人格权、物权、债权、身份权以及其他民事权益所组成的完整的民事权利体系，在各种权利之下，《民法典》还进一步确立了其内涵和组成。不仅如此，《民法典》还保护各种新型的利益，《民法典》第126条规定保护"其他民事权利和利益"而非"权利"的表述，目的就在于扩张保护范围，通过开放性来与时俱进，适应社会生活发展的需要。为适应互联网、高科技发展的需要，《民法典》人格权编在我国立法上第一次引入了私生活安宁这一权利，并通过反面列举的方式，对侵害私生活安宁的各种典型方式作出了规定。《民法典》禁止行为人实施发送垃圾短信、垃圾邮件等侵扰他人私人生活安宁的行为，禁止非法进入、窥视、拍摄他人的住宅、宾馆房间等行为，这有利于保障社会生活的安定有序。随着大数据的发展，数据和网络虚拟财产已经成为一项重要的财产，《民法典》对此也作出了规定。随着计算机、人工智能算法的语音识别技术的发展，个人的声音已能得到很好的识别，声音与个人身份的关联性越来越紧密，个人的声音利益值得保护，已经有比较法上的先例。① 我国《民法典》第1023条第2款也规定:"对自然人声音的保护,参照适用肖像权保护的有关规定。"这就把声音作为一种新型的人格利益,从而适应未来人格利益发展的需要。

(三)《民法典》提供了较为完整的私权保障机制

"权利的存在和得到保护的程度,只有诉诸民法和刑法的一般规则才能得到保障。"②21世纪是一个走向权利的世纪,充分保障个人的权利是国际社会普遍的共识。我国《民法典》全面保障民事主体的人身权和财产权,提供了一整套较为完善的民事权利保障机制。一方面,在体系安排上,《民法典》各分编先列举物权、债权、人格权、婚姻家庭中的权利以及继承权,最后以侵权责任编结束和兜底,其体系构建整体上坚持了从权利到救济的思路。另一方面,《民法典》提供了较为完整的救济措施和损害预防手段,总则编第179条规定了11种责任承担方式,用各种责任形式保护民事权利。在侵权责任编中,《民法典》第1167条确认了预防性的责任承担方式,除此之外,又在侵权责任编第二章"损害赔偿"中全面规定了损害赔偿责任,其中包括侵害财产权、侵害人身权的损害赔偿责任,损害赔偿又具体包括财产损害赔偿、精神损害赔偿以及惩罚性赔偿。除侵权责任外,《民法典》还在物权、人格权等编中规定了独特的物权请求权、人格权请求权,这就形成了绝对权请求权与侵权责任编的损害赔偿请求权的有效衔接。此外,在现代社会,互联网对损害后果具有一种无限放大效应,相关的侵权信息一旦在网上发布,即可在瞬间实现全球范围内传播,损害将覆水难收,受害人的权利很难恢复原状,因而,在保护权利、救济受害人的同时,《民法典》还在人格权编规定了更正权、删除权以及禁令等制度,对人格权提供有效的救济,并有效预防损害的发生,这就形成了权利保护与损害预防功能的有效衔接。

三、《民法典》的重要任务是维护民生

《民法典》以民为本,必然关注人民群众的衣食住行等民生,注重维护

---

① 例如,《秘鲁共和国新民法典》第15条第1款规定:"未取得本人明确授权的,不得利用其肖像和声音,或在本人已死亡时,只能按顺位经其配偶、卑血亲、尊血亲或兄弟姐妹同意,方可利用之。"

② 〔英〕彼得·斯坦、〔英〕约翰·香德:《西方社会的法律价值》,王献平译,中国人民公安大学出版社1990年版,第41页。

人民群众的生存和生活状态。

（一）维护人身安全

人身安全是最基本的民生，一个人身安全没有保障的社会无异于野蛮丛林。现代社会是风险社会，风险无处不在，意外事故频发，在这样的背景下，人身损害的防范和救济日益成为社会关注的焦点，故而，《民法典》为此提供了基本规则，充分保护人民群众的生命、健康安全。

不仅如此，《民法典》还针对涉及人身安全的重点问题提供了对应规则。比如，"民以食为天，食以安为先"，食品安全问题关系人民群众的人身安全，为了保障"舌尖上的安全"，《民法典》侵权责任编第1207条增加规定了明知产品有缺陷应当采取而没有及时采取停止销售、警示、召回等措施的惩罚性赔偿，它将有效保护人民群众的生命、健康安全。又如，现代城市高楼林立、人口众多，高楼抛物行为时常发生，不仅严重危及行人的人身安全，还危害到了公共安全，成为人们"头顶上安全"的重大威胁，是"悬在城市上空的痛"。要预防和遏制此类行为，当然需要包括《民法典》在内的多个法律部门共同调整，充分发挥民事、行政、刑事等多种法律责任的作用。但在民事责任中，需要重点强化侵权责任的作用。我国《民法典》侵权责任编第1254条针对高楼抛物致人损害的行为，强化了公安等机关在查找行为人方面的职责；在确定高楼抛物责任时，区分高楼抛物和高楼坠物的责任；由于高楼抛物致人损害的发生有可能是物业服务企业等建筑物管理人违反安全保障义务而造成的，因此又强化了物业服务企业等建筑物管理人违反安全保障义务的责任。这些规定进一步完善了原《侵权责任法》第87条的规定，明晰了各类主体的责任，必将有效地保障人民群众"头顶上的安全"。

（二）维护财产安全

现代社会，保障民生的核心是保障财产权，财产权就是最大的民生，财产安全的问题解决不好，保障民生也不可能实现。《民法典》通过多种措施来保护财产权，它规定了财产权的平等保护原则，赋予公有财产权和私有财产权平等受保护的地位；它全面扩张了财产权的保护范围，不仅包括传统的物权和债权，还包括数据等新型财产权及权利之外的财产利益；它对财产权利的保护方式具有独特性，除物权请求权等方式外，还采取了独立成编的侵权保护方式，形成了全面的财产权利保护体系；为了防止公权力对私人财产的侵害，它在《物权法》征收不动产制度的基础上，规定了应当依法及时足额支付土地补偿费等费用。

改革开放以来,我国推行公有住房改革,逐步实现了住宅的商品化。商品化的房屋大多采用建筑物区分所有的形式,与此相应,我国《民法典》直接规定了建筑物区分所有权,这在比较法上较为罕见,因为在其他法域,考虑到建筑物区分所有权的特殊性,其规则一般被置于特别法中。《民法典》规定建筑物区分所有权,赋予其稳定的法律地位,更有利于保护业主的合法权益和保障人民群众安居乐业。诸如此类的措施还有很多,它们对于维护人民群众的财产安全已经发挥了重要作用,也必将发挥更大的作用。

(三) 保障安居乐业

"安得广厦千万间,大庇天下寒士俱欢颜。"党的十九大报告指出,"加快建立多主体供给、多渠道保障、租购并举的住房制度,让全体人民住有所居。"实现"住有所居",这里所说的"有"不能完全理解成"所有",因为我国的国情和社会现状决定了实现每个人都享有房屋所有权并不现实,"住有所居"是指能有房屋用于居住并且能长期所用。《民法典》充分保障广大人民群众的居住权益,实际上是为实现全体人民"住有所居"提供了重要的法律支撑,它有助于缓解住房紧张的局面,维护社会稳定。"住有所居"是重要的民生事项,安居才能乐业,因此,保障广大人民群众的居住权益,有利于充分保障民生,实现广大人民群众对美好幸福生活的期待。

《民法典》物权编专门设立居住权制度,为物权性的居住提供法律保障。所谓居住权,是指以居住为目的,对他人的住房及其附属设施所享有的占有、使用的权利。居住权主要是为了赡养、抚养、扶养等生活需要而设立,解决特定的家庭成员和家庭服务人员之间的居住困难问题。在夫妻离婚后,如果一方无房可住,且经济困难,另一方则有帮扶的义务,为其设定居住权。家庭成员和亲属间因为分家析产、共同生活等原因,甚至在长期为家庭提供服务或在一起生活的非家庭成员之间,也可以依法设定居住权。在老龄社会,居住权也为"以房养老"提供了制度支撑。依据这一制度,老年人可以与相关金融机构达成设定居住权并以房养老的协议,由老年人将其房屋所有权在协议生效后移转给金融机构,金融机构在该房屋上为老年人设定永久居住权,由金融机构根据房屋的价值向老年人进行定期的金钱给付,从而确保其生活质量不下降。由于老年人向金融机构转让房屋所有权的目的在于养老,故在老年人有生之年,金融机构虽可取得房屋所有权,但其还不能实际占有该房屋,而只有在老人身故后,金融机构才能享有完整的所有权。而老年人则在获得一笔充足的养老金的同时,又能够通过登记享有具有物权效力的、长期稳定的居住权,并可排斥他人的干涉。

《民法典》合同编进一步完善了租赁合同制度,充分保护房屋承租人的权益,为承租人的居住利益提供了法律保障。《民法典》合同编分则完善了包括房屋租赁合同在内的租赁合同规则,这对于规范房屋租赁市场秩序,保障承租人的居住利益有着重要意义。《民法典》合同编第二十四章积极回应现实需要,总结既有的立法、司法实践经验,将物业服务合同作为独立的有名合同加以规定,详细规定了物业服务合同的内容,专门规定了前期物业服务合同,强化了物业服务人的义务,明确规定了业主所享有的解聘权、续聘权等,为预防和妥善解决实践中大量出现的各类物业服务合同纠纷提供了明确的法律指引,将有力地保障广大业主的安居乐业。

(四) 维护生活安宁

私人生活安宁是个人最重要的"福利性利益",是"美好人生的基本条件"①,是个人美好幸福生活的重要内容,也是重要的民生事项。维护私人生活安宁,就是维护个人自由和精神生活的自治,为个人个性的充分发展提供空间,使个人能支配私生活领域的各项事务,孟德斯鸠认为这是个人自由的重要内容。为了获得这种自由,政府有义务确保个人享有此种安宁。②康德也认为,人是目的而非手段,但人具有"非社会性"的"动物本能",这种本能必定驱使人们滥用自由,不断地干扰别人的安宁与幸福,因此,需要通过法律构建秩序,保护社会的和平与安宁。③原《民法通则》和《民法总则》等法律虽然规定了人格权,但不足以全面应对现实中的偷拍、偷录、垃圾短信、垃圾邮件、人肉搜索、非法泄露和倒卖个人信息等侵扰个人生活安宁的不法行为,为了解决这些问题,《民法典》专门规定了人格权编,加强对人格权的保护,以一般人格权的方式明确人格尊严受到法律保护,对个人信息、私人生活安宁提供强有力的保护手段,并

---

① James Spigelman, The Forgotten Freedom: Freedom From Fear, International & Comparative Law Quarterly, Vol. 59:3, pp. 543-570(2010),转引自方乐坤:《安宁利益的类型和权利化》,载《法学评论》2018 年第 6 期。

② See James Spigelman, The Forgotten Freedom: Freedom From Fear, International & Comparative Law Quarterly, Vol. 59:3, pp. 543-570(2010),转引自方乐坤:《安宁利益的类型和权利化》,载《法学评论》2018 年第 6 期。

③ 参见陈乐民:《敬畏思想家》,生活·读书·新知三联书店 2014 年版,第 96 页。

明文禁止非法进入、窥视、拍摄他人的住宅、宾馆房间等私密空间,非法拍摄、录制、公开、窥视、窃听他人的私密活动,非法拍摄、窥视他人身体的私密部位,明文规定预防和禁止性骚扰,等等,这些都有力地维护了人们的精神利益,有力地保障社会生活的安定有序,有力地维护个人的生活安宁。

(五) 维护生态环境

良好的生态环境是美好幸福生活的重要组成,是最普惠的民生福祉。但我们现在面临严重的生态危机,工业发展导致环境被严重破坏,全球变暖、酸雨、水资源危机、海洋污染等已经对人类的生存与发展构成了直接威胁,引起了全世界的广泛关注。我国是世界上最大的发展中国家,为了发展经济,我们必须利用各种资源,但同时又面临资源严重紧缺、生态严重恶化的危机[1],大气污染、黑臭水体、垃圾围城等成为民生之患[2],这就要求我们必须更重视资源的有效利用,防止生态环境进一步恶化。《民法典》直面这一问题,在全世界范围内首次把绿色原则规定为民法基本原则,并在侵权责任编专章规定了环境污染和生态破坏责任,明确了生态修复的法律责任,故意违反国家法律规定污染环境、破坏生态造成严重后果的,被侵权人有权请求相应的惩罚性赔偿。这些规则将为维护生态环境、为人民群众创造良好生产生活环境提供制度保障。

结　语

为人民谋幸福,为民族谋复兴,是我们党执政的初心,也是我们进入新时代的奋斗目标。只有坚持人民主体地位,才能更好推进全面依法治国,真正实现人民群众对良法善治的期盼。

尊重人民主体地位的法才是良法。由于《民法典》以民为本、为民立法,它通篇闪耀着大写的"人"的光芒,它尊重人民的意愿,反映人民的需求,谋求人民的福祉,符合人民的利益。《民法典》坚持民本,保障民权,维护民生,为实现人民美好幸福生活提供了重要的法律保障,因此堪称一部

---

[1] 2006年6月5日,国务院新闻办公室发表了《中国的环境保护(1996—2005)》白皮书。该白皮书指出,由于中国人均资源相对不足,地区差异较大,生态环境脆弱,生态环境恶化的趋势仍未得到有效遏制。

[2] 参见钟寰平:《调查研究,谋事之基成事之道》,载《中国环境报》2019年7月31日,第1版。

良法。但"徒善不足以为政,徒法不足以自行",《民法典》的出台使我们更进一步形成了法律制度的优势。此种制度优势如何转化为治理效能,还需要正确理解《民法典》,严格适用《民法典》,从而在民事法律领域迈向善治、实现善治,真正实现人民群众对良法善治的期盼。

《民法典》中参照适用条款的适用*

一、问题的提出

参照适用又称为准用,它是指法律明确规定特定法律规范可以参照适用于本不属于该条规范调整范围的其他情形。在性质上参照适用属于法定类推,是就准用者与被准用者的构成要件,从规范功能及体系关联上进行比较观察,以认定在何种程度应对被准用者赋予相当的法律效果。① 长期以来,由于我国实行单行法立法模式,各单行法之间相互独立、彼此隔离,从而导致参照适用条款的功能严重受限,难以发挥。《民法典》的颁布和民法体系化的形成,为发挥参照适用条款的功能提供了基础和便利。据统计,《民法典》中共有 28 个条文使用了"参照适用"的表述,这也可以说是民法典立法技术上的一个重大举措。

参照适用作为一种立法技术,其具有独特的功能:一是条文节约功能。法贵简洁。拉伦茨指出:"指示参照是立法技术上避免繁琐重复的手段。同样,立法时通过拟制技术也可以达到与指示参照同样的效果。"② 运用参照适用这一立法技术,可以避免对类似事项作出重复规定,从而可以极大地节约法律条文。二是规范储存的功能。由单行法进入法典化,借助参照适用条款,形成强大的规范储存的功能。例如,《民法典》第 468 条规定非因合同产生的债权债务关系可以参照适用合同编通则的有关规定;实际上极大地增加了有关债权债务的规范。三是增强体系功能。借助《民法典》与单行法之间、《民法典》各编之间、《民法典》各编内的各项制度之间法律规定的相互参照,进一步增强民法的体系性,也

---

* 原载《政法论坛》2022 年第 1 期。
① 参见王泽鉴:《民法学说与判例研究》(第 7 册),北京大学出版社 2009 年版,第 208 页以下。
② 〔德〕卡尔·拉伦茨:《法学方法论》(全本·第 6 版),黄家镇译,商务印书馆 2020 年版,第 333 页。

会充分发挥法典的体系化功能。四是查漏补缺的功能。"法典不可能没有缝隙。"①借助参照适用条款,可以针对大量的法律没有规定的空白领域,进行参照适用,弥补法律漏洞。而通过适用参照适用条款,也可以有效发现法律规定的不足,并通过法律解释等方法弥补法律规定的缺陷。由于参照适用条款具有上述功能,其不仅丰富了《民法典》的规则,也为《民法典》规则的解释适用提供了重要的依据,甚至为今后法典化形式的立法提供了有益的参考。当然,只有准确适用参照适用规范,才能实现此类条款的上述功能。

由于参照适用条款在《民法典》中的重要性,可以说,对参照适用条款的准确理解与适用是理解好、实施好、贯彻好《民法典》的重要环节。但问题在于,如何界定参照适用的内涵?如何把握其与直接适用、类推、拟制等的关系?参照适用条款的适用应当遵循哪些条件和程序?这些问题都是《民法典》实施过程中迫切需要回答的重大问题。我国司法实践对于参照适用条款也认识不一,有的观点将参照适用等同于适用②,有的则将参照适用等同于类推适用③,有的将参照适用作为引致条款④,等等。从司法实践来看,自《民法典》颁布以后,法官已开始大量援用参照适用条款。⑤ 这些现象表明,实践中对于参照适用条款究竟应当如何定性以及如何才能正确适用等问题,尚未达成共识,为此,本文拟针对这些问题谈一点看法。

二、适用要求之一:区分参照适用与适用

(一) 参照适用和适用的相似性

参照适用又称为准用,而适用也称为直接适用。《民法典》在不同的条文中,分别使用了"参照适用"和"适用"的表述。甚至在《民法典》的有

---

① Hans Hattenhauer, Allgemeines Landrecht für die Preußischen Staaten von 1794, 2. erw. Aufl., Neuwied 1994, S. 1, 21.
② 参见鼎和财产保险股份有限公司河南分公司与杜超保险人代位求偿权纠纷案,河南省郑州市中级人民法院(2021)豫 01 民终 4425 号民事判决书。
③ 参见陕西迪普物业有限公司确认合同效力纠纷案,最高人民法院(2018)最高法民申 4613 号民事裁定书。
④ 参见潘伟润等与柯桥街道梅墅村村民委员会纠纷案,浙江省绍兴市柯桥区人民法院(2016)浙 0603 民初 5071 号民事判决书。
⑤ 截至 2021 年 10 月 9 日,在北大法宝"司法案例"数据库中,检索"适用《民法典》"的民事案件共计 707028 件,"适用参照适用条款"的案例共计 1573 件。

关条款中,同时规定了"参照适用"和"适用"。例如,关于非典型合同的法律适用问题,《民法典》第467条第1款规定:"本法或者其他法律没有明文规定的合同,适用本编通则的规定,并可以参照适用本编或者其他法律最相类似合同的规定。"《民法典》在规定参照适用和适用条款时,已经对二者进行了明确的界分,但在规定适用条款时,有时具体指明需要适用的规范①,有时只是概括地指出需要适用的规范群,而并不具体列举适用的规范②。这就与参照适用条款具有相似性。

就相似性而言,一方面,二者具有相似的功能。参照适用和适用都是立法技术的体现,二者都旨在节省法律条款,避免规则的重复。③ 如果拟处理的案型与被适用法条的法律事实特征同一或者可被评价为同一,在法条表述上通常使用"适用""依据"等指示词,这就是直接适用。如果拟处理的案型与被适用法条的法律事实特征仅具有相似性,在法条表述上常使用"参照适用""准用"等指示词。④ 从形式上看,这两类条款似乎扩张了相关条款的适用范围,有观点据此将其认定为扩张解释,但事实上,二者不同于扩张解释。参照适用确实扩张了被参照适用的规则的适用范围,将其扩张到了并不相同的法律关系中。例如,依据《民法典》第1001条的规范,将人格权编的规则参照适用于婚姻家庭关系之中。这表面上看起来似乎是规范的扩张解释,但就本质而言,其与扩张解释是明显不同的。因为参照适用条款并不需要借助法律解释方法而适用,只需根据立法者的规则进行适用即可,而扩张解释是一种法律解释的手段,反映了裁判者的能动性。事实上,扩张解释的产生,是因为法条的文义窄于立法者的真实意思,因此需要解释者进行扩张。而在准用、参照适用的情况下,法条已经明确地表述了立法者的意思,没有扩张的必要。另一方面,二者拥有共同的合理性基础。无论是参照适用还是适用,遵循的都是平等(Equity is equality)原则,在司法中也包括区别原则或差别原则(difference principle)。⑤ 这就是

---

① 例如,《民法典》第1065条第1款规定:"男女双方可以约定婚姻关系存续期间所得的财产以及婚前财产归各自所有、共同所有或者部分各自所有、部分共同所有。约定应当采用书面形式。没有约定或者约定不明确的,适用本法第一千零六十二条、第一千零六十三条的规定。"
② 例如,《民法典》第1030条规定:"民事主体与征信机构等信用信息处理者之间的关系,适用本编有关个人信息保护的规定和其他法律、行政法规的有关规定。"
③ 参见黄茂荣:《法学方法与现代民法》(第5版),法律出版社2007年版,第174页。
④ 参见易军:《买卖合同之规定准用于其他有偿合同》,载《法学研究》2016年第1期。
⑤ 参见王洪:《制定法推理与判例法推理》(修订版),中国政法大学出版社2016年版,第359页。

说,类似事物进行类似处理,不同事物进行不同处理,才符合正义原则。参照适用和直接适用条款实际上都是从"平等原则"出发,法律明文授权将法定案型之规定适用于另一相同或类似的案型,以实现类似案件类似处理。

(二) 参照适用和适用的区别

然而,虽然参照适用和适用都是重要的立法技术,但二者仍然存在本质区别。就参照适用而言,该规范调整的法律事实与被适用的规范调整的法律事实只是类似,而就适用而言,该规范调整的法律事实与被适用的规范调整的法律事实同一或从属。这就表明,从立法目的考量,在《民法典》中,虽然二者极其相似,但二者又是两类不同的规范。具体而言,参照适用与适用的区别在于:

第一,是否规定了直接适用的规范不同。参照适用是一种法定的"类推",也有学者将其称为"授权式类推适用"①。在参照适用的情形下,法官需要在被参照适用的规范中继续寻找裁判依据。因此,参照适用条款的适用存在继续找法的问题。从我国《民法典》的规定来看,针对大多数参照适用条款,具体如何选择法律的适用,法律规定并不具体、明确,如《民法典》第 960 条、第 966 条均规定,"参照适用委托合同的相关规定",只是明确了参照适用的方向,但是究竟委托合同章中的哪些规则可得参照适用则是不明确的,还需要法官寻找具体的裁判规则。而适用并非如此,针对此类条款的适用,法律通常规定了直接适用的法律规范,不需要法官继续寻找可供适用的具体的裁判规范。例如,《民法典》第 21 条规定:"不能辨认自己行为的成年人为无民事行为能力人,由其法定代理人代理实施民事法律行为。八周岁以上的未成年人不能辨认自己行为的,适用前款规定。"从该条第 2 款规定来看,对于八周岁以上的未成年人不能辨认自己行为的,可以直接适用本条第 1 款的规定,并不需要找法。从司法三段论角度看,凡是规定直接适用某个条款时,该条款已经成为了大前提,当然,如果适用条款本身是概括式的,则法官在适用相关的规则时还需要进一步地找法。

第二,是否需要辨别相似性不同。在适用的情形下,需要适用的规范所调整的法律关系与待适用的案件事实法律关系是同一的或具有从属性的。在适用的情形下,法律通常采取的是直接适用某具体规范的方式,这

---

① 张弓长:《民法典中的"参照适用"》,载《清华法学》2020 年第 4 期。

表明法律已经将已有的具体规范直接适用到法律未作规定的待决案件中,适用就表明无需裁判者再论证适用对象和被适用对象之间的相同性和不同性,立法者已经针对两者之间的相似性作出了法律上的评价,对其作同一化处理,此时便可以直接适用相关的法律规范,该规范的适用无需裁判者对此进行论证。例如,《民法典》第 808 条规定:"本章没有规定的,适用承揽合同的有关规定。"这表明,立法者已经认定,建设工程合同与承揽合同属于特别与一般的关系。也就是说,只要出现了法律规定的情形,就要直接适用某种规范。而在参照适用中,立法者并未对适用对象和被适用对象的关系作同一化处理,参照适用的规范所调整的法律关系与待适用案件事实法律关系具有相似性但并非完全相同。因此,在参照适用的情形下,裁判者还需要对构成要件相似性进行判断,仍然有权判断法律关系是否具有相似性,哪些规范可以参照适用,哪些规范不可以参照适用。

第三,是否可以排除某些规范的适用不同。郑玉波先生指出:"在准用需要变通适用、进行裁量,就性质上可用之部分则用,不可用之部分则不用;而适用则径行适用,不必有所变通。"①在"适用"的情形下,应当直接适用,除非某一特殊的法律关系有特别规范,否则被适用的规范均应当适用于该法律关系之中,因此并没有可选择性。但是在"参照适用"的情形下,法官应当进行选择,确定哪些规范可以参照适用,哪些规范不能参照适用。尤其是对于概括式的参照适用规范而言,适用者必须在适用中进行筛选,辨别哪些规范是可以参照适用的,哪些规范是不可以参照适用的。

第四,对裁判者自由裁量权的限制不同。适用条款对于裁判者而言是一种硬约束,立法者完全代替了法官的自由裁量,直接帮助裁判者作出了规范选择和价值判断。而参照适用条款是一种"软约束",它授予法官一定的自由裁量权,可以在一定范围内进行规范选择和价值判断。由此也决定了裁判者的论证义务不同。在直接适用中,裁判者不需要论证待决案件是否符合需要直接适用的规范。而在参照适用中,裁判者要论证是否具有相似性等问题,因此其论证义务相较而言更高。②

无论是在立法还是司法实践中,严格区分适用和参照适用都是十分

---

① 郑玉波:《法谚》,三民书局 1984 年版,第 185 页。
② 参见王雷:《论身份关系协议对民法典合同编的参照适用》,载《法学家》2020 年第 1 期。

必要的。我国相关的司法解释和规范性文件有时也混淆上述两种不同的概念。例如,《农业保险条例》第16条规定:"本条例对农业保险合同未作规定的,参照适用《中华人民共和国保险法》中保险合同的有关规定。"由于农业保险是保险法律关系的一种特殊情形,所以此处的"参照适用"事实上应当为"适用"。再如,最高人民法院《关于适用〈中华人民共和国民法典〉有关担保制度的解释》(以下简称《有关担保的司法解释》)第20条的"适用"实际上属于表述错误,该条规定:"人民法院在审理第三人提供的物的担保纠纷案件时,可以适用民法典第六百九十五条第一款、第六百九十六条第一款、第六百九十七条第二款、第六百九十九条、第七百条、第七百零一条、第七百零二条等关于保证合同的规定。"其实,《有关担保的司法解释》第20条所规定的人的担保与物的担保明显属于两种不同的关系,由于我国《民法典》第388条采用了功能化的担保合同概念①,因此可以在物的担保中,将提供担保的第三人的权利参照适用保证人的权利,但其应当属于参照适用,而非适用。这就是通过参照适用的方式,将有关人的担保的规则适用于物的担保的规则之中。由于"参照适用"和"适用"存在明显区别,在"适用"的情况下,适用和被适用的两种法律关系是相同的或者是从属的。

三、适用要求之二:界分参照适用与类推

所谓类推适用,是指在对特定的案件缺乏法律规定时,裁判者比照援引与该案件类似的法律规定,将法律的明文规定适用于法律没有规定,但与明文规定类似的情形。② 简单地说,类推适用是指"对于法律无直接规定之事项,而择其关于类似事项之规定,以为适用"③。由于刑法严格贯彻罪刑法定原则,因而严格限制类推适用方法的运用,而民法则广泛运用了类推适用的技术,并使其成为一种重要的漏洞填补方法。王泽鉴先生曾谓,"法律的健全与进步,可以类推适用作为测试的指标,并因类推适用而渐趋成熟"④。这也说明了类推适用在民法中的重要性。

---

① 《民法典》第388条第1款规定,"担保合同包括抵押合同、质押合同和其他具有担保功能的合同"。
② 参见黄茂荣:《法学方法与现代民法》(第5版),法律出版社2007年版,第492页。
③ 郑玉波:《民法总则》,三民书局1984年版,第21页。
④ 王泽鉴:《民法学说与判例研究》(第8册),北京大学出版社2009年版,第51页。

类推与参照适用具有极大的相似性,参照适用也称为"法定的类推"①,这表明参照适用与类推具有一定的相似性。一方面,两者采纳的都是类比推理的法律论证方法。类比推理(Analogieschluss)实际上是对同等对待原则的适用,即将当前法律未调整或规制的案件事实,与法律上已作出规定的情形相比较,如果两者的区别并未显著到足以对其区别对待的程度,那么应当认定这两种情形之间的共同(一般性)要素即足以构成对它们赋予相同法律后果的正当根据。②简言之,两种情况"类似"与否,"取决于它们在对法律评价具有决定性意义方面是否一致"。③类比推理是不同于演绎推理和归纳推理的另一种逻辑方式。在逻辑学上,它是指根据两个或两类对象之间存在某些属性的相同或相似,而推出它们的另一属性也相同或类似的推理。④"类比推理思维进程的方向,亦即它由前提得出结论的思维过程,是一种'由此及彼'的推导活动。所以说,类比推理是由'特殊'推向'特殊'的推理。"⑤另一方面,在具体的适用中,两者都要求法官基于"等者等之,不等者不等之"的平等原则,进行一种相似性判断,以既有规范来处理待决案型。⑥法律科学中的"类似性"判断的重心在于结论的妥当性,而非其客观上的真与假的判断问题,进行的是实质价值判断。⑦

尽管参照适用与类推存在上述相似性,但二者属于不同的法律方法,存在本质区别,需要进行明确的区分,具体而言:

第一,性质不同。参照适用主要是立法技术问题,在参照适用的情形下,并不需要法官采用一定的法律技术解释法律,并填补法律漏洞。⑧我国《民法典》在表述参照适用时,有的采用了"可以参照适用",有的采用了"参照适用"。这似乎存在必须参照和可以参照的区分。但事实上,对于裁判者而言,两者的含义无太大区别。一方面,从裁判者职权角度而言,"可以参照适用"表明其有权参照适用;另一方面,从裁判者裁量权角

---

① 史尚宽:《民法总论》,中国政法大学出版社2000年版,第51页。
② 参见〔德〕齐佩利乌斯:《法学方法论》,金振豹译,法律出版社2009年版,第98—99页。
③ 参见〔德〕卡尔·拉伦茨:《德国民法通论》(上册),谢怀栻等译,法律出版社2003年版,第106页。
④ 参见刘江编著:《逻辑学:推理和论证》,华南理工大学出版社2004年版,第189页。
⑤ 雍琦:《法律逻辑学》,法律出版社2004年版,第170页。
⑥ 参见易军:《买卖合同之规定准用于其他有偿合同》,载《法学研究》2016年第1期。
⑦ 参见刘风景:《准用性法条设置的理据与方法》,载《法商研究》2015年第5期。
⑧ 参见刘德福:《法律准用问题分析》,载《江西公安专科学校学报》2007年第6期。

度而言,在有参照适用条款时,应当认为存在法律规范,而不构成法律漏洞,因此一般情形下仍然要适用参照条款所指向的规范。因而并非"要不要"参照,而应考虑"如何"参照的问题。即便最终不参照适用,也需要对此负担论证说理的义务。而类推适用属于广义的法律解释方法。在进行类推适用时,裁判者需要通过解释的方法确定漏洞的存在,进而通过类推适用的方式填补漏洞。因此类推适用是典型的漏洞填补手段,是在通过解释的方式续造法律。

第二,是否法定化不同。参照适用和类推适用的本质区别在于是否法定化,即是否存在法定授权。参照适用作为法定的类推适用,是立法者已经对拟调整的对象作出了明确的指示,要求参照适用特定的规范。换言之,在参照适用的情形下,法律没有规定的事实包含了需要法律适用者作出决断的利益关系(Interessenlage),这一利益关系与法律已经规定的一项利益关系非常相似,以至于立法如果预料到这种情形,也会就上述法律没有规定的事实作相应规定。① 而类推适用则恰恰发生于欠缺明文规定的情形,即在遇有法律漏洞的情况下,解释者依其能动性而采取的法律解释技术,此时是否进行类推适用,类推适用的对象以及产生的法律效果等,都具有较大的不确定性。在类推适用的场合,行为模式、被准用的法条以及法律后果的规定均不明确,裁判者的裁量空间较大、论证负担显然更重。②

第三,是否存在法律漏洞不同。如前所述,参照适用是指立法者从节省篇幅、防止就类似事项作出重复规定出发所采用的一种立法技术。在参照适用的情况下,法律已经明确规定了特定条款适用于特定情形,而没有对被准用的情形作详细的规范,因此,对参照适用的对象而言,立法者正是考虑到可能存在的规则漏洞,所以才通过这样的立法技术预先作出了填补规则漏洞的决断,这与填补法律漏洞的情形不同。在参照适用中,由于立法者已经作出了明确的适用指引,因而裁判者并不需要确定漏洞是否存在,同时也不必寻找作为大前提的规范。裁判者的任务主要是确定特定的法律关系与被参照适用的规范是否具有相似性。例如,《民法典》第 467 条第 1 款规定:"本法或者其他法律没有明文规定的合同,适用本编通则的规定,并可以参照适用本编或者其他法律最相类似合同的规定。"因此,在不能适用合同编通则的规定时,依照该条规定可以适用合同

---

① Vgl. Rüthers/Fischer/Birk, Rechtstheorie, 10. Aufl., C. H. Beck, 2018, Rn. 889.
② 参见刘风景:《准用性法条设置的理据与方法》,载《法商研究》2015 年第 5 期。

编分则的规定,但在确定参照适用合同编分则规定时,需要由裁判者判断争议的合同案件与合同编分则规定的哪一类典型合同最相类似,从而才能适用该类合同的相关规则。因此,在参照适用的情况下,并非立法者未能预见待调整的社会关系,并不存在法律漏洞。

而类推以存在法律漏洞为前提,即立法者对应予规整的对象没有提供相应的法律规则。① 类推作为一种法律漏洞填补方法,要求裁判者在缺乏相关裁判规范时,寻求类似法律关系中的规范进行漏洞填补。② 但在实践中,对此容易混淆。例如,在湖北联亮纺织有限公司与仙桃市天韵物流有限公司运输合同纠纷案中,当事人就运输合同发生争议,法院认为,"《合同法》第一百二十四条规定:'本法分则或者其他法律没有明文规定的合同,适用本法总则的规定,并可以参照本法分则或者其他法律最相类似的规定。'依照上述规定,虽然仙桃天韵公司在与湖北联亮公司订立《货物承运合同》后并没有实际运输其中一段路程,这种方式不是典型的单式联运合同方式,但与单式联运合同最为类似,可以类推适用单式联运合同的法律规则",依据原《合同法》第313条的规定,应当由仙桃天韵公司与上海永奔公司对湖北联亮公司的损失承担连带责任。③ 该案的裁判理由值得商榷。从原《合同法》第124条的规定来看,该案应当属于参照适用即准用,因为原《合同法》第124条已就此种情形规定了准用规则,此时不存在法律漏洞,依据原《合同法》第124条的规定,该案应当属于准用原《合同法》第313条的规定,而法院认为其属于类推适用,有失妥当。

第四,立法者是否已经替裁判者作出判断不同。在参照适用中,立法者已经代替裁判者作出了一定的判断,因而以立法的形式直接规定了具有相似性的法律关系可以适用同样的规则。因此,立法者已经为裁判者确定了找法的范围。在参照适用的情况下,裁判者不需要对法律关系是否类似,或是否存在法律漏洞进行判断。立法者已经在立法中作出了明确的判断。"而准用则并非对于所准用之规定完全适用,仍应依事项之性质而为变通之适用者是也。"④因此,裁判者的自由裁量权较小,裁判者只不过要对参照适用的法律关系与被参照适用的法律关系的相似性等进行

---

① 参见王雷:《论身份关系协议对民法典合同编的参照适用》,载《法学家》2020年第1期。
② Vgl. Rüthers/Fischer/Birk, Rechtstheorie, 10. Aufl., C.H.Beck, 2018, Rn. 888.
③ 参见湖北省汉江中级人民法院(2014)鄂汉江中民二终字第00108号民事判决书。
④ 郑玉波:《法学绪论》,三民书局2008年版,第77—78页。

考量。但在类推的情形下,已经存在法律漏洞,但立法者并没有替裁判者作出判断。"如果制定法以特定方式调整案件事实 A,但对于相关价值评价应属同类的 B 案则缺乏规定,这种调整规则的缺失会被视为制定法漏洞。"①出现这种现象之后,如果完全由法官自己进行判断,将本来适用于 A 的规则适用于 B,这就属于类推。类推适用则是完全由裁判者主导的找法活动,立法者在这一过程中并未出现。考夫曼指出,"类推介于'同一'与'差异'之间"②。也就是说,类推适用作为一种漏洞填补的方式,是需要法律适用者论证事物之间的相似性,即类推根据的存在,法律适用者承担的是积极的论证负担,裁判者需要对是否存在漏洞以及法律关系的相似性作出识别和判断,因此裁判者的自由裁量权较大,其享有判断待决案件的事实与特定法条中的构成要件之间是否具有类似性的权力。但是在参照适用的情形下,法律直接规定了 A 与 B 的类似,则 B 可以参照适用 A 的规范。因而以立法的形式直接规定了具有相似性的法律关系可以适用同样的规则,从而可以避免裁判者过多的自由裁量权。

从某种意义上说,参照适用与类推适用之间实际上是一种此消彼长的关系,参照适用规范越多,类推适用的余地就越小,就越意味着立法者已经代替裁判者进行了法律适用的判断。由于《民法典》大量采用了参照适用条款,所以就已经使得类推适用的余地越来越小,在此种情形下,法官必须依据法律的相关规定适用参照适用条款,而因为漏洞已经不存在,因而不能通过类推适用填补漏洞。

四、适用要求之三:区分概括参照与具体参照适用条款

按照被参照适用的是单个规范还是规范群,参照适用可以被区分为概括式的参照适用和具体参照适用。所谓具体参照条款,是指就个别法律规定而为参照适用,也就是说,被参照适用的是个别规定。例如,《民法典》第 174 条第 1 款对被代理人死亡后委托代理人实施代理行为有效的情形作出了规定,该条第 2 款规定:"作为被代理人的法人、非法人组织终止的,参照适用前款规定。"该规定即属于具体列举式的参照适用,参照适用的对象仅限于第 1 款规定。

---

① 〔德〕卡尔·拉伦茨:《法学方法论》(全本·第 6 版),黄家镇译,商务印书馆 2020 年版,第 470 页。
② 〔德〕考夫曼:《法律哲学》,刘幸义等译,法律出版社 2004 年版,第 118 页。

具体参照适用条款类似于拟制规范,但两者也存在区别。所谓拟制,是指对不同构成要件的事实明知其存在区别,而仍然规定具有相同的法律效果。例如,《民法典》第18条第2款规定:"十六周岁以上的未成年人,以自己的劳动收入为主要生活来源的,视为完全民事行为能力人。"此处所说的"视为"属于拟制,即"即是"。参照适用规范和拟制规范的区别主要在于:第一,拟制规范是对某一规范的构成要件进行拟制[1],而参照适用规范则不限于对构成要件的参照。虽然二者最终的目的都是法律效果的相同处理,但是实现这一效果的手段并不相同。第二,拟制规范需要借助事实的拟制以获得一定的法律效果,而参照适用规范则直接导致法律效果的发生。拟制表面上是将一定的事实相等同,但立法者的目的并不在此,立法者真正追求的是将两种不同的构成要件实现相同的法律效果。拟制规范并不意味着立法者认为拟制与被拟制的对象在事实上是一致的,而是立法者希望这两种不同事实可以获得相同的法律效果,也正是因为这一原因,拉伦茨称拟制为"隐藏的指示参照"[2]。第三,拟制规范中作出的拟制是不可以推翻且必须适用的,即使当事人举证证明拟制与被拟制的对象存在区别,也不能推翻此种拟制,因为立法者设置此类规范的目的正在于忽略此种区别。而对于参照适用而言,裁判者则需要辨别可得适用的规范与不能适用的规范。

所谓概括参照条款,是指法律并不直接具体列举被参照适用的具体条款,而只是确定参照适用的大体范围,应当依据案件的具体情形确定被参照适用的条款。《民法典》大量采用了概括参照条款,这可以说是我国《民法典》的重要特色。在《民法典》中,概括参照条款可以具体分为三大类:第一大类是各编之间的参照适用。例如,《民法典》第464条第2款将婚姻、收养、监护等有关身份关系的协议,可以参照适用合同编的规定;《民法典》第1001条规定对自然人因婚姻家庭关系等产生的身份权利保护可以参照适用人格权保护的规定。《民法典》第690条规定,最高额保证可参照适用最高额抵押的有关规定。第二大类是各编内部的参照适用。例如,有偿合同参照适用买卖合同的规定(第646条),供用水、供用气、供用热力合同参照适用供用电合同的有关规定(第656条),行纪合同

---

[1] 参见〔德〕罗尔夫·旺克:《法律解释》(第6版),蒋毅、季红明译,北京大学出版社2020年版,第37页。
[2] 〔德〕卡尔·拉伦茨:《法学方法论》(全本·第6版),黄家镇译,商务印书馆2020年版,第334页。

参照适用委托合同的规定(第960条),中介合同参照适用委托合同的有关规定(第966条)。第三大类是《民法典》与单行法之间的参照适用。《民法典》第467条第1款规定:"本法或者其他法律没有明文规定的合同,适用本编通则的规定,并可以参照适用本编或者其他法律最相类似合同的规定。"再如,《民法典》第71条规定:"法人的清算程序和清算组职权,依照有关法律的规定;没有规定的,参照适用公司法律的有关规定。"上述三类概括参照适用规则不仅提供了大量的储备条款,同时在各编之间形成紧密联结的体系,并沟通了《民法典》与单行法之间的密切适用的关系。通过此种立法技术,构建并强化了民法规范之间的体系性关联,充分发挥了《民法典》的体系效应。

严格来说,虽然上述两种参照适用条款都属于法律明确规定的参照适用条款,但在具体适用中,仍应当对二者进行必要的区分:

第一,是否需要寻找具体适用的规则不同。在参照规范的适用中,首先要依据参照适用的规范,进而再去寻找被参照适用的规范。在这一过程中,要区分两种不同类型的参照适用规范,二者分别遵循不同的法律适用步骤。对于概括式的参照适用而言,被参照适用的并非具体规范,而是一个规范群。裁判者必须进行审查,以确定哪些规范可以参照适用,哪些规则不可以参照适用,而并非该规范群中的所有规范都必然能够被参照适用。在概括式的参照适用中,如果不加区分地一概适用被参照规范,就会产生新的问题。例如,依据《民法典》第646条的规定,所有有偿合同在缺乏法律规定时,可以参照适用买卖合同的规定,但是如果在运输合同中,适用买卖合同关于孳息收取的规则,显然就不符合立法目的,甚至可能因为与《民法典》第321条关于孳息归属的规则出现矛盾而形成"隐藏的漏洞"。为避免出现此种情况,就要求裁判者在概括式的参照适用中,必须准确判断哪些规则可以参照适用,哪些规则不能参照适用。而对于具体列举式的参照适用而言,法律直接规定了需要被参照适用的规范,裁判者无需另行找法论证。

第二,法官找法过程中的自由裁量权不同。从被参照适用的法条的具体程度来看,如果为条、款、项等,则属于具体参照适用;如果是节、章乃至一个法律文本,则为概括参照适用,由此法官的自由裁量权的空间随之变动。① 对于具体参照适用条款而言,法官需要直接参照适用具体的条

---

① 参见刘风景:《准用性法条设置的理据与方法》,载《法商研究》2015年第5期。

款,并无较大的自由裁量权。而对概括参照适用条款而言,法官在找法时的自由裁量权相对较大。当然,法官在运用概括参照适用条款时,也受到相应的限制,具体而言,此种限制包括如下几种:一是限制参照适用的规范类型。例如,《民法典》第1001条规定:"对自然人因婚姻家庭关系等产生的身份权利的保护,适用本法第一编、第五编和其他法律的相关规定;没有规定的,可以根据其性质参照适用本编人格权保护的有关规定。"依据该条规定,参照适用人格权的相关规定仅适用于身份权利保护的情形,即对身份权仅能参照适用人格权保护的规则,而人格权编关于人格权的合理限制、人格利益的许可使用等规则,无法参照适用于身份权。二是对参照适用的规范范围进行限制。例如,依据《民法典》第646条规定,有偿合同参照适用买卖合同的规则,该条对有偿合同可以参照适用的规则的范围进行了限定,即只能参照适用买卖合同的规则,而不能参照适用其他合同的规则。三是明确规定根据其性质参照适用。例如,《民法典》第464条第2款规定:"婚姻、收养、监护等有关身份关系的协议,适用有关该身份关系的法律规定;没有规定的,可以根据其性质参照适用本编规定。"在该规定中,实际上明确了运用参照适用的方法,即必须要根据法律关系的性质来确定,这与域外的民法典相比较,是独具特色的。国外一些国家的民法典虽然也规定了类似的参照适用条款,但并没有规定依据其性质参照适用。所谓依据其性质,就是不仅要考虑被参照适用的法律规范的性质,也要考虑争议案件的法律关系的性质,并对二者进行比较,并在此基础上进行参照适用,这就为裁判者准确适用参照适用条款提供了明确的法律指引。总而言之,在概括参照适用中,法官的裁量余地更大,论证负担更重;而在具体参照适用中,法官的裁量余地更小,论证负担更轻。可以说,概括式的参照适用所提出的解释论任务更重,对裁判者参照适用价值判断结论的妥当性提出了更高要求。

第三,是否要确立完全法条不同。德国学者雷讷指出,在参照适用的情形下,"只有同时满足参引规范和被参引规范的构成要件时,才会发生参引规范中规定的并在被参引规范中被进一步细化的法律后果"[1]。换言之,要将制定法为某构成要件所作的规定,适用到与该构成要件相类似的另一构成要件中。[2] 但要区分具体参照适用和概括参照适用条款。在

---

[1] 〔德〕德特勒夫·雷讷:《法学方法论的基础知识》,黄卉编译,载《中国应用法学》2021年第3期。

[2] 参见〔德〕考夫曼:《法律哲学》,刘幸义等译,法律出版社2004年版,第115页以下。

具体参照适用的情形下,法律已经指明了参照适用的具体规范,这些具体的规范通常是完全法条,因此,在参照适用的过程中,通常并不需要确立完全法条。例如,依据《民法典》第174条第2款的规定,作为被代理人的法人、非法人组织终止时,代理行为的法律效果应当参照第174条第1款被代理人死亡时的规则。根据这一规定,如果代理行为满足第174条第1款所列四项中的一项,代理行为就可以有效。在这一具体参照适用中,构成要件和法律效果都已经明确,无需再寻找完全法条。而在概括参照适用的情形下,规范可能不具备完整的构成要件和法律效果,此时就应当寻找完全法条,共同构成司法三段论中的大前提。完全法条可以是一个条款,也可以是多个条款,可以在某一编寻找,也可以跨编寻找。例如,《民法典》第1001条规定身份权的保护可以参照人格权编的规定,但是由于人格权编的许多规则并非完全法条,可能在适用时还需要与侵权责任编等规则结合,共同构成完全法条,才能确定法律效果。

五、适用要求之四:明确参照适用条款的适用程序

每一种方法都具有自身所特有的目的和程序。就参照适用条款的适用而言,虽然法律明确指明了被参照适用的具体规范或者规范的范围,但这并不意味着简单地运用参照适用条款就能找到可供适用的规范。尤其是《民法典》参照适用条款大量采用的是概括参照条款,此类条款在具体适用中赋予法官较大的自由裁量权,在法律规定的参照适用的范围内,法官享有具体确定被参照和参照适用的法律关系的相似性,并在此基础上确定被参照适用的条款的权力。正是因为这类条款赋予法官较大的自由裁量权,准确适用此类条款需要一定的程序保障,以引导法官作出正确的选择。如果缺乏此种程序保障,则可能难以实现相关的立法目的,也无法保障《民法典》规则的准确解释与适用。例如,《民法典》对概括参照条款经常表述为"可以根据其性质参照适用本编规定",这实际上只是为裁判者提供了具体适用规范的指引,但并没有指明究竟应当如何参照适用。

笔者认为,参照适用条款尤其是概括参照适用条款的适用程序应当从如下几个方面来考虑:

(一)考察立法目的和规范意旨

所谓立法目的和规范意旨考量,是指既有法律规则的立法目的可以适用于待决案件的调整。拉伦茨认为,通过指示参照得以确定的构成要

件,与法律后果被指示参照的法规范之构成要件,这两者的某些要素——例如,互易契约及买卖契约的若干要素——相互间存在如下关系:按照其功能以及其在构成要件意义脉络中的地位,它们应被同等看待,即应被赋予相同的法律后果。① 因此,参照适用只有还原到立法目的中,才能被看出是否有必要。为了追求参照适用所要达到的目的,在具体适用参照适用条款时,裁判者不仅要比较两个事实之间是否具有类似性,而且首先要考量立法者的立法目的,判断将特定法条参照适用是否与其立法目的相吻合。② 法律之所以设立参照适用条款,都是基于一定的立法目的考虑。如果法规范的保护目的存在争议或者不够清晰,那么参照适用就必须非常谨慎。③ 例如,《民法典》第1001条之所以允许将人格权保护的相关规定适用于对自然人因婚姻家庭关系等产生的身份权利的保护,其立法目的在于强化对身份权的保护,尤其是注重对未成年人、老年人、妇女等弱势群体的保护。在选择哪些情形能够参照适用人格权的规则时,需要对身份权保护的立法目的进行考量。再如,男女双方签订一份离婚协议,其中既涉及财产分割内容,也涉及子女抚养、探望等内容。在离婚后,一方违约,另一方请求确认解除离婚协议,并要求对方承担违约责任。在该协议中,有关财产分割的内容,可以适用合同编中的解除、违约责任的规定,并不存在异议。但问题在于,协议中涉及子女抚养、探望等权利的保护,是应当参照适用人格权保护的规则,还是严格按照合同编的规则确定? 笔者认为,出于立法目的考量,从未成年子女利益最大化的角度出发,应当强化对未成年子女身份权的保护。即便存在合同约定,但如果该约定不利于未成年人保护,此时便应当参照适用人格权保护的规则,而不应当援引合同编的相关规则。

在参照适用中,虽然立法者明确了应当适用某些法律规定,但是究竟适用哪些规定,适用到什么程度,则是不明确的。在《民法典》中,有关参照适用条款的表述,有的采用"可以参照",有的直接表述为"参照",因此有学者认为,凡是用了"可以参照"表述的,意味着立法者的目的和意图是交由法官判断,而如果直接使用"参照"的,则意味着参照是一种义务,裁判者必须参照适用相关的规则。笔者认为,参照既然是一种法定的准

---

① 参见〔德〕卡尔·拉伦茨:《法学方法论》(全本·第6版),黄家镇译,商务印书馆2020年版,第332—333页。
② Vgl. Paul Delnoy, Eléments de méthodologie juridique, Larcier, 2006, S. 410.
③ Vgl. Möllers, Juristische Methodenlehre 2. Aufl., C.H.Beck, 2019, §6 Ⅲ Rn. 107.

用,就表明立法者已经对相关条款的参照适用作出了判断;表述为可以参照适用,表明立法者认为,相关法律关系之间的相似性还需要进一步考察和论证,而不意味着不需要参照适用,而在没有此种表述时,相对而言,表明相关法律关系的相似性较大,法官不需要进行过多的论证。因此,凡是在参照适用条款的情形下,裁判者的裁量权不是体现在"要不要"参照这一问题上,而在集中于"如何"参照的问题。① 这意味着参照适用是裁判者的强制性义务,但对于如何参照则享有自由裁量权,即便某些包含在被参照规范范围内的规则最终没有被参照适用,裁判者也需要对此负担论证说理的义务。

(二) 考量相似性

在逻辑学上,类比推理原理的可靠程度是建立在两个事物相同属性之间相关程度的基础之上的。这种相关程度愈高,类比推理的可靠性就愈大。② 参照适用作为一种法定的类推,意味着虽然法律已经将参照的范围予以划定,但是毕竟待解决的案件能否都适用被参照的规范,还需要将类似性予以说明。只有参照与被参照的情形包含共同的、相似性的要素,才能将法律规定情形的法律效果适用于法律未规定的情形③,从而完成参照适用过程。在概括性参照适用中,被参照的法律规范是多数的,但并非所有这些规范都与案件的待决事实之间存在涵摄的可能。有一些规范依据其性质根本无法适用于被参照的对象。例如,虽然《民法典》第1023条规定了声音利益的保护可以参照适用肖像权保护的规则,但是对于第1019条所规定的禁止"污损肖像",在声音保护中并没有适用的余地,因而不得适用。因此,这就需要裁判者探寻待决案件的事实与可能参照适用的规范之间是否具有相似性,此时立法者的相似性判断并不清晰,有待于裁判者进一步作出细化。

认定"相似性"的学界通说是构成要件类似说。具体方法是假设有法定案型 A,其内涵特征可析述为 M1,M2,M3,M4,M5 几点,系争案件 B 之内涵特征有 M2,M3,M4,M6,M7 几点,相互比较可知,A、B 两案之相同特征为 M2,M3,M4 三点,若此三点在法律评价上对 A、B 两案具有重大意义,则可认定两案具有"类似性"。④ 此种观点仍然较为抽象,严格地

---

① 参见易军:《买卖合同之规定准用于其他有偿合同》,载《法学研究》2016年第1期。
② 参见李廉等主编:《逻辑科学纲要》,湖南人民出版社1986年版,第235页。
③ Vgl. Zippelius, Juristische Methodenlehre, 12. Aufl., C.H.Beck, 2021, §11 II, S. 56 f.
④ 参见黄建辉:《法律漏洞·类推适用》,台湾蔚理法律出版社1988年版,第110页。

说,在参照适用条款的适用中,相关的法律关系并不是等同的,因此很难存在上述相同的法律要素,而只能进行相似性的判断。笔者认为,相似性应当从如下几个方面考虑:

第一步是法律关系性质的相似性判断。《民法典》之所以设置参照适用条款,强调依据其性质参照适用,其实首先强调的还是法律关系性质的相似性。仔细分析合同编中的参照适用条款,可以看出,为什么有偿合同可以参照适用买卖合同的有关规定,这是因为有偿合同与买卖合同一样,是一种等价交换的交易关系,都属于有偿的交易关系,在这方面,法律关系具有相似性。同样,行纪和中介合同之所以可以参照适用委托合同的规则,也是因为其都是一种提供劳务为他人处理事务的关系,而且大多以有偿的劳务关系为内容,正是基于此种法律关系的相似性,才可以进行参照适用。

第二步是对拟参照适用的法律规定的构成要件与参照适用条款的相似性进行判断。如前所述,参照适用以类似案件类似处理为目的,即是否存在相同的法律理由(ratio legis),经由利益衡量存在同一的利益状态。① 因此,在判断相似性时必须要对构成要件的相似性进行检验。例如,在某个股权转让合同纠纷中,双方当事人订立了合同,买受人有确切证据证明,第三人对该股权享有权利。虽然《民法典》第646条规定,"没有规定的,参照适用买卖合同的有关规定",但并非可以适用买卖合同的所有规定。尤其是此时能否参照适用《民法典》第614条关于买受人中止支付价款的规则,仍需要进行相似性判断。在股权转让的情形下,合同为有偿合同,且以价金作为永久性获得某一权利的代价,因而与买卖合同极为相似。如果第三人对该股权享有权利,则可能使买受人订立合同的目的难以实现。因此,股权转让合同中第三人享有股权与买卖合同中第三人享有所有权两个事实具有高度相似性,因而可以参照适用《民法典》第614条的规则,买受人可以暂时中止合同履行。

第三步是规则的选择。在具体参照适用条款的适用中,由于立法者已经对此作出了指示,因此不存在规则的选择问题。但在概括参照适用的情形下,法官的重要任务就是筛选可以适用的规范,即可以选择哪些或应当排除哪些规范的适用,这种选择与排除既是裁判者的职权,也是其作出公正裁判所必须承担的任务。例如,《民法典》第521条第3款规定:

---

① 参见王泽鉴:《民法学说与判例研究》(重排合订本),北京大学出版社2015年版,第84页。

"连带债权参照适用本章连带债务的有关规定。"依据这一规定,在连带债权法律关系中可以参照适用连带债务的规则。但是,在连带债权法律关系中有些规则不能参照适用。例如《民法典》第 520 条第 1 款关于连带债务人的履行或者提存的效力规定,在连带债权关系中就无法参照适用,因为连带债权中,债权人并不负有履行的义务,也不可能发生部分连带债权人履行或提存的问题。

第四步是差异性的考量。差异性的考量是从反面进行验证,从而排除法律规则的适用。此种差异性的考量主要是通过反类比的方式进行,即在比较事物间的相同属性时,进一步找出它们的不同属性,然后分析这些不同属性与推理出的属性之间是否存在不相容性,从而进一步验证类比结论的可靠性。如果存在不相容性,即使两个或两类事物之间存在许多的相同属性,类比得出的结论也是不可靠的。[1] 通过反类比来进一步发现两者之间的差异,从而确定其类似性的程度。在进行差异性考量时,需要对两者之间的差异性进行评价,即该差异性是否足以影响到或者推翻前述类似性的初步判断结论,如果差异性的分量大于相似性,那么则不应当参照适用该规定。例如,前述离婚协议中,协议中有关子女抚养、探望等权利的保护能否参照适用合同编的规则?笔者认为,合同编的规则主要是关于财产交易的规则,而子女抚养、探望等权利的保护与财产交易存在本质区别,因此无法参照适用合同编的规则。如果在进行差异性考量后,发现二者大同小异,这些差异如具有法律评价上的重要性,则需要对拟适用的法律规则进行必要的限制或者修正,再参照适用。[2] 在进行差异性考量后,对二者的不同之处进行识别和评价,只有当相同性在法律评价上占有更大的分量或者价值时,才可以依据"相同情况相同处理"的法理,参照适用相关规范。如果不同性在法律评价上更为突出或者更有分量,对于该情形则不能通过参照适用去适用相关联的规定,这是"不同情况不同处理"的内在要求,例如,《民法典》第 960 条规定,行纪合同没有规定的,适用委托合同的相关规定,行纪合同作为一种商事合同,其与以民事、无偿为典型的委托合同存在的差异性大于相似性,因而其不宜参照适用委托合同任意解除权的规定。

在进行差异性考量时,由于比较的事物之间不可能完全相同,因此需

---

[1] 参见刘江编著:《逻辑学:推理和论证》,华南理工大学出版社 2004 年版,第 192 页。
[2] 参见黄茂荣:《法学方法与现代民法》(第 5 版),法律出版社 2007 年版,第 192—193 页。

要选择特定的比较点,而无须对相关的事项进行全面的比较。比较点的分析主要应当从适用情形的类似和立法目的考量两方面进行。通过比较点的分析,如果认定其适用情形类似且符合规范目的,就可以确定二者之间具有类似性,从而完成找法的过程。例如,待决关系为 B,如果其具有重要意义的法律评价点与法律规范 A 的适用条件类似,且参照适用 A 规范符合立法目的,即可认定二者之间具有相似性与关联性,并可参照适用 A 规范调整 B 关系,从而完成找法的过程。在确定可参照适用的法律规范的过程中,关键在于确定比较点,在确定比较点时,既需要考虑待决关系自身具有重要意义的法律评价点,也需要考虑其与相关法律规范之间的关联性,此种关联性应当从规范适用条件与规范目的两个方面予以判断。

(三) 体系上的检验

在完成相似性的考量之后,能否进行参照适用,还需要进行体系上的检验,即考察参照适用所产生的法律效果,将其置于整个法体系中进行检验,确保参照适用的价值判断结论不能与其他规定相冲突①,不能违背基本的价值目标,不能违反更高层级的规范。"法学应不断地从法的整体、法的内在意义脉络出发发展更新,以此使得法的整体作为一种意义脉络清晰呈现,澄明可解。"②从这一意义上说,法官在援引"参照适用"条款时,并不仅仅只是进行一种纯粹的技术性的操作,其还需要对参照适用的结论进行整体考量,从而实现参照适用结论与法律秩序的全部评价机制相协调。例如,《民法典》第 464 条第 2 款规定了身份关系协议可参照适用合同编的规定,但不得违背婚姻家庭编特有的价值秩序,如婚姻家庭的团结、对身份的伦理考量、未成年子女的利益最大化等,如果缺乏此种体系上的检验,则可能使交易规则不当地介入身份关系中,破坏身份关系的伦理性,影响身份关系的稳定。③

需要指出的是,参照适用条款的适用也不得与法律的规定相冲突。例如,关于祖父母、外祖父母是否为探望权的主体,《民法典》第 1086 条第 1 款规定:"离婚后,不直接抚养子女的父或者母,有探望子女的权利,另

---

① 参见黄茂荣:《法学方法与现代民法》(第 5 版),法律出版社 2007 年版,第 494 页。
② 〔德〕卡尔·拉伦茨:《法学方法论》(全本·第 6 版),黄家镇译,商务印书馆 2020 年版,第 218 页。
③ 参见冉克平:《"身份关系协议"准用〈民法典〉合同编的体系化释论》,载《法制与社会发展》2021 年第 4 期。

一方有协助的义务。"该条将探望权的主体限于父或者母,其他主体并不属于探望权的主体。依据《民法典》第1001条规定,因婚姻家庭关系等产生的身份权利的保护,可以参照适用人格权编人格权保护的规则,在适用该参照适用规则时,就不能与《民法典》第1086条的规定相冲突,即不能据此认定祖父母、外祖父母也享有探望权。

结　论

德国学者施耐德(Schneider)指出:"一切法律领域都存在法律参照。"①长期以来,由于我国实行单行法的立法模式,所以参照适用规范这一重要的立法技术并没有得到很好的运用,在司法实践中并未引起高度重视,造成大量的法律漏洞。为填补这些漏洞,保障裁判统一,防止同案不同判,大量的司法解释得以出现。但是在《民法典》采用参照适用的立法技术、大量规定参照适用条款后,《民法典》的体系性和逻辑性得到增强,实现了《民法典》的规范储备功能,解决了规范不足的问题,极大地避免了法律漏洞的产生。借助参照适用等立法技术,《民法典》规范基本齐备,也在一定程度上减少了司法解释创设新规则的必要性。在《民法典》颁布实施后,准确适用参照适用条款,必将进一步发挥《民法典》的体系效应,保障法官依法公正裁判,准确指引法官找法、释法。当然,立法者使用参照适用条款调整社会关系,反映了立法者以自己的有限理性来调整复杂多变的社会关系时所作出的谦卑、审慎和保持立法节约的态度②,但如果社会条件发生重大变迁,立法者也必须与时俱进,突破参照适用条款的局限性,及时进行法律的立改废释工作③。

---

① Hans Schneider, Gesetzgebung, C.F. Müller Verlag, 2002, S. 251.
② 参见刘风景:《准用性法条设置的理据与方法》,载《法商研究》2015年第5期。
③ 参见刘风景:《准用性法条设置的理据与方法》,载《法商研究》2015年第5期。

论民事权益位阶

——以《民法典》为中心*

一、问题的提出

作为全面保障民事权益的基本法和宣言书,《民法典》以"保护民事主体的合法权益"为根本宗旨。《民法典》总则编第五章专门规定"民事权利",全面确认和宣示了民事主体的各项民事权益,在此基础上,《民法典》分则六编围绕民事权益的确认和保护这一中心全面展开,构建了较为完整的民事权益体系,充分彰显了民法保障私权的功能。这一体系不仅在组合和搭配上具有逻辑性、系统性,而且保持了民事权益保护体系的开放性,使各种民事权益获得了实定法的广泛承认,这应是《民法典》的最大亮点。

《民法典》虽然构建了较为完善的民事权益体系,但并没有全面确立清晰的权益位阶,这种状况并不利于保障民事权益的正当行使。因为各项民事权益在行使过程中常常会发生冲突,需要在具体场合下对民事权益的优先保护顺位予以安排。以不同物权的关系为例,可以轻易列举出所有权之间的相互冲突(如相邻关系中的容忍义务等),所有权与用益物权的冲突(如在他人所有权之上为第三人设定用益物权),用益物权之间的冲突(如先设定的用益物权与后设定的用益物权的冲突),准用益物权相互之间的冲突(如海域使用权与捕捞权、养殖权之间的冲突),担保物权之间的冲突(如已登记的和未登记的抵押权之间的冲突、抵押权和留置权之间的冲突),凡此种种,不胜枚举。这些冲突都涉及民事权益位阶的确定问题。

所谓"位阶",主要是指因位序而形成的价值层级,权益位阶则是指各种权利依据一定的次序而形成的价值阶梯。① 位阶的确定,有利于解决民

---

* 原载《中国法学》2022年第1期。

① 参见张平华:《权利位阶论——关于权利冲突化解机制的初步探讨》,载《法律科学(西北政法学院学报)》2007年第6期。

事权益冲突。应当看到,为解决权益冲突问题,《民法典》已设定了相关的优先规则。例如,《民法典》第414条通过规定登记优先规则解决担保权竞存情形下的权益冲突问题。但民事权益冲突的现象较为广泛,通过有限的法定优先规则难以解决所有的民事权益冲突问题,因而有必要探寻一套有效的确定权益位阶秩序的规则,以应对可能发生的冲突局面。换言之,化解权益冲突的路径是多样的,而实现这一目标的最为直接的方法就是明确民事权益的位阶。通过在一个法体系内部明确权益位阶,也有利于维持法体系内部的和谐一致。

明确民事权益的位阶,需要对相互冲突的民事权益进行价值排序。"权益位阶不仅存在于法律体系本身,也存在于具体的个案当中。"[1]从宏观层面看,定分止争,确立次序,是法律的核心功能[2];从微观层面看,在具体个案中,要想更好地协调和解决民事权益冲突,同样需要借助民事权益的位阶。而要完成这一任务,不仅依赖于对《民法典》中相关具体规则的解释,而且取决于对《民法典》所蕴含的价值位阶的探究。因此,本文拟以《民法典》的制度和价值体系为基础,以民事权益体系为线索,对民事权益的位阶问题展开讨论,希望为民事权益冲突的解决提供法理上的初步方案,并为法律价值排序作出民法学的有益探索。

二、民事权益位阶的功能

关于私法中是否存在权益冲突问题,学界确实曾经存在争议。有一种观点认为,只有在公法领域才存在权益位阶现象。例如庞德认为,实定法可以分为等同法与排序法,前者体现交换正义,以私法为典型;而后者以分配正义为追求,以公法为典型,通过价值权衡,优先对部分权益进行保障。从这个意义上看,似乎权益位阶主要体现在公法之中而非体现在作为等同法的私法之中。[3] 按照庞德的观点,私法作为等同法,并不存在对部分权益优先保护的问题,因而也就不存在权益位阶。然而,庞德也承认,私法以实现交换正义为目的,在实现交换正义的过程中难免出现权

---

[1] 李友根:《权利冲突的解决模式初论》,载浙江大学公法与比较法研究所编:《公法研究》(第2辑),商务印书馆2004年版,第287—319页。

[2] See Harold J. Berman & Samir N. Saliba, The Nature and Functions of Law, 7th ed., Foundation Press, 2009, pp. 29-35.

[3] 参见〔美〕罗斯科·庞德:《法理学》,邓正来译,中国政法大学出版社2004年版,第267—268页。

益冲突,此时,即便私法作为等同法,也必须在冲突的权利之间作出选择。因此,在私法之中,权益位阶同样应当是客观存在的。正如伯尔曼等所言,法律的主要功能之一就是调和种种相互冲突的利益诉求,无论是个人的利益还是社会的利益,这就必须通过确定评价各种利益的重要性和调整种种利益冲突标准的一般性规则方能实现。①

事实上,私法中的权益冲突由来已久。早在罗马法中,权益冲突的问题便已经为法学家所认识——罗马法所有权制度最重要的特征就是在实定法层面上同时存在不同的所有权类型,从而存在市民法上所有权与裁判官法上所有权的并存与冲突现象。② 近代以来,权利观念日益发展,在这一背景之下,权益冲突问题不断涌现,也更为尖锐,并已经成为各个法律部门普遍存在的现象。在普遍存在的权益冲突中,不同权利的价值分量并非等同,因而权益位阶是客观存在的。由于民事权益行使冲突的客观存在,必然要求明确民事权益位阶。博登海默就认为,权利之间存在位阶上的差异,在他看来,不同的权利之间存在一定的优位顺序,如生命的利益就是其他利益获得保护的前提,所以生命利益就应当优先于财产利益获得保护,与之相似,健康利益也应当优先于享乐或娱乐的利益。③

在社会生活中,民事权利类型复杂,利益保护范围广泛,主张相关权益的当事人数量越多,发生权益冲突的可能性越高。从表面上看,权益位阶似乎使权利形成了高低位阶的排列,这是否会影响权利的平等保护,甚至与权利的平等保护相冲突? 有学者认为,平等原则作为法律的基础性原则,要求不能为各种不同的权利预设位阶上的区分,因此,权利冲突不能依靠权利位阶加以解决,而应当使各种权利平等受到保护。④ 但事实上,平等原则并非要求形式上的绝对平等,其也追求权利保护中的实质平等,而权益位阶则正是实质平等的重要体现。因此,认定权利处于不同的位阶并不违反平等原则,反而是平等原则的重要体现。我国《民法典》对平等保护原则的集中规定是第113条,该条规定:"民事主体的财产权利受法律平等保护。"从内容可见,该条宣示了对不同主体的财产权实行平

---

① See Harold J. Berman & Samir N. Saliba, The Nature and Functions of Law, 7th ed., Foundation Press, 2009, pp. 29-35.
② 参见费安玲主编:《罗马私法学》(第2版),法律出版社2020年版,第139—141页。
③ 参见〔美〕E. 博登海默:《法理学:法律哲学与法律方法》,邓正来译,中国政法大学出版社1999年版,第400页。
④ 参见刘作翔:《权利冲突的几个理论问题》,载《中国法学》2002年第2期;刘作翔:《"权利位阶":一个未能证实的虚幻命题》,载《人民法院报》2014年5月16日,第7版。

等保护的基本原则,因而也体现了实质平等。在民法上,平等保护主要体现为主体意义上的平等以及"相同权利,相同对待"意义上的平等,而不是对不同权利进行相同对待,换言之,民事权利的客体不同,其保护程度也会相应存在差异。因此,探究民事权益位阶就是要在平等原则的指导下,对某些权益予以优先保护,对另一些权益则予以适当的克减或进行合理限制,从而明确民事权益保护的次序。民事权益位阶的具体功能体现在以下几个方面:

(一) 解决权益冲突

既然私法中的权益位阶是客观存在的,就需要寻找解决权益冲突的方式。德国基本法学者施耐德认为,在众多基本权利之中,如果发生权益冲突,可以依据权益位阶秩序等级表,得出何种权利优先的结论。① 韩国也有学者认为,在各项基本权利中,生命权、精神性人格权优先,生存权优先,自由权优先。② 这些学者虽然是在解释宪法规定的基本权利位序,但对于解决民事权益冲突同样具有启发意义。

以权益位阶解决权益冲突,实际上是将民事权益排列成不同的位序,并据此确定权益保护的先后顺序。有观点认为,即便存在权利冲突,但也不能交由权益位阶来解决,而应当由法院通过运用法律解释的方法为权利的行使提供正当性与合理性。③ 此种看法不无道理。事实上,若立法者已经针对权利冲突作出位序安排,则裁判者应当尊重立法者的安排;但在立法规定并不清晰时,简单地通过文义解释可能难以找到解决权利冲突的方法,此时裁判者就应当通过多种解释方法,对法律体系进行考察,确定其内在的权益位阶。具体而言:一方面,权益位阶的确定可能需要借助法律解释方法予以探究,即通过法律解释的方法,确定法律规则中所涉及的民事权益的位阶。在裁判活动中,裁判者需要通过使用法律解释方法,探求立法者在文本中所表现的价值位阶和权益位阶。另一方面,法律解释方法的运用也需要以权益位阶作为价值指引,这也有利于实现法律解释中的价值统一,避免对法律规则进行机械解释。在能够

---

① Vgl. Harald Schneider, Die Güterabwägung des Bundesverfassungsge-richts bei Grundrechtskonflikten, 1961, S. 224—227.
② 参见〔韩〕权宁星:《基本权利的竞合与冲突》,韩大元译,载《外国法译评》1996年第4期。
③ 参见〔英〕A. J. M. 米尔恩:《人的权利与人的多样性——人权哲学》,夏勇、张志铭译,中国大百科全书出版社1995年版,第148页。

明确立法者在文本中所体现的权益位阶时,依据该权益位阶解决权益冲突,更能够实现法律适用的可预期性,也有利于减少同法不同解、同案不同判的现象。正是基于这一原因,拉伦茨认为,在出现冲突矛盾时,应对此种冲突的重要方式之一就是在实体法中明确赋予某一规范优先适用的地位。① 换言之,就是要确定某一种权益优先于另一种权益受到保护。笔者赞成这一观点。确定权益位阶对权利正当行使和保护的意义在于:

一是规范权益的行使。法律通过对民事权益的规定,赋予权利人以一定的排他领域,允许权利人在该领域自由地利用财产、发展人格,其他人不得擅自侵入这一排他领域。相应的,权利人行使权利也不得擅自干涉他人的权利领域。② 但是,由于现代社会的紧密联系,人们在行使权利时往往不得不影响到他人的权利领域,这就需要法律明确地对权利人如何行使权利作出规定③,这些规定在一定程度上扩张了权利人的行为边界,使之可以延伸到其他人的权利领域。例如,《民法典》第 290 条第 1款、第 291 条和第 292 条规定了相邻他方在某些必要情况下可以使用权利人的不动产,后者对此负有容忍义务;又如《民法典》第 1020 条也规定了其他人为公共利益合理使用肖像时,肖像权人对此负有容忍义务。这些规定实质上具有权益冲突规范的属性,为权益冲突的解决提供了具体规则。权益位阶在明确各项民事权益的位序的同时,也明确了哪些民事权益应当优先实现,哪些应当劣后实现④,这也进一步明确了低位阶权益的妥协容忍和获利限制。

二是防止权利的滥用。权利本质上为行为人提供了一定的行为自由,但是任何自由都是有限度的。法律应当对权利行使规定一定的限制,以防止滥用权利。权利从不是绝对的,他人的权利构成某人行使权利的边界,而这实际上就是在权利冲突中探寻平衡的过程。功利主义哲学家穆勒曾形象地指出,"挥舞拳头的自由止于他人的鼻尖",或者说,一个

---

① 参见〔德〕卡尔·拉伦茨:《法学方法论》(全本·第 6 版),黄家镇译,商务印书馆 2020 年版,第 421 页。
② Vgl. Peukert, Güterzuordnung als Rechtsprinzip, S. 56 ff.
③ 有的学者将这些规则称为"治理机制"(governance strategy)。See Henry E. Smith, Exclusion versus Governance: Two Strategies for Delineating Property Rights The Evolution of Property Rights, The Journal of Legal Studies, Vol. 31, S. 453, S. 470(2002).
④ See Giorgio Resta, The New Frontiers of Personality Rights and the Problem of Commodification: European and Comparative Perspectives, Tulane European & Civil Law Forum, Vol. 26, pp. 33-65(2011).

人的权利主张以不损害其他社会同伴的权利为边界。① 经济学家科斯(Coase)认为,由于"权利的相互性"或"问题的相互性"(the reciprocal nature of the problem)存在,某人权利的行使就必然意味着他人权利的减损;凡是行使权利,都可能产生权利的冲突。② 但是逾越权利行使的边界导致他人遭受损害,违背了权利存在的正当目的,构成滥用权利,此种滥用权利的行为可能构成对社会生活的正常秩序的危害。③ 法国学者约瑟朗德(Josserand)指出:"主观权利是'功能性权利'(functional-rights),这些权利存在于将要实现其作用的范围内。超出这一范围,权利所有人便超过或滥用了这些权利。"④ 而通过明确权益位阶,确定各项民事权益在民事权利体系中的位序,既明确了民事权利的行使规则,也可以在一定程度上防止权利滥用。

三是协调价值冲突。权益冲突的本质是价值冲突问题,而不是简单的概念、逻辑等技术性问题。⑤ 既然是价值冲突,就需要通过权益位阶明确民事权益所体现的价值位序,探索法律上的"优先价值"(superior value)或者明确权益的价值分量,为协调各项权益冲突提供明确依据。例如,随着网络科技、数据科技和生物科技的广泛应用,隐私权和个人信息权益之间可能发生冲突,因而《民法典》第1034条第3款专门规定了隐私权优先于个人信息获得保护;又如在疫情防控期间,为了维护人们的生命权、健康权,需要通过人脸识别技术收集个人信息,甚至是敏感个人信息,这就涉及生命权和健康权与个人信息和隐私保护之间的冲突。我国《民法典》通过相关条款确立了生命权与健康权的优先保护规则,从而为对个人信息和隐私权的必要限制提供合理依据。

当然,民事权益的位阶次序并没有一种整体的、事前的(ex ante)确定

---

① See John Stuart Mill, On Liberty, Cited in Joseph Elford, Trafficking in Stolen Information: A "Hierarchy of Rights" Approach to the Private Facts Tort, The Yale Law Journal, Vol. 105, pp. 727-728(1995).

② 参见〔美〕R. 科斯:《社会成本问题》,载〔美〕R. 科斯等:《财产权利与制度变迁——产权学派与新制度学派译文集》,刘守英等译,上海人民出版社1994年版,第3页以下。

③ Vgl. Bork, Allgemeiner Teil des Bürgerlichen Gesetzbuchs, 2016, Rn. 343 ff.; Köhler, BGB Allgemeiner Teil 45. Aufl., 2021, §17, Rn. 36 ff.; Stadler, Allgemeiner Teil des BGB, 20. Aufl., 2020, §7, Rn. 2.

④ André Tunc et al. eds., International Encyclopedia of Comparative Law, Vol. 11, Torts, J. C. B. Mohr(Paul Siebeck), 1983, p. 114.

⑤ See Duncan Kennedy, Form and Substance in Private Law Adjudication, Harvard Law Review, Vol. 88, p. 1685(1976).

性,不可能形成像"元素周期表"那样的图谱;因为确立权益位阶本身往往涉及复杂的社会关系与价值判断,故难以通过简单的排序一劳永逸地解决所有类型的权益冲突。[1] 但这并不意味着探索民事权益之位阶这一工作本身是无意义的,它至少可以成为民事裁判中的价值指引图,一旦确定了某种权益位阶,原则上,高位阶的权益便应优先于低位阶的权益而受到保护。

(二) 实现立法者的价值判断

按照拉伦茨的观点,立法者在通过法律规范调整社会生活时,常常基于特定的价值判断,以公平、正义等目的和价值为指引。"这种价值判断表现在:法律通过命令或禁止特定行为方式,对违反者威慑以'制裁',以及应许或者拒绝给予权利、分配风险,从而给予特定利益以广泛的保护,而对其他利益则不予保护或保护程度较低。"[2] 法学本身就是一种价值导向的思维方式[3],这意味着,权益位阶本身就是立法者基于价值导向所作出的安排,法官通过解释明确此种权益位阶,从而探寻立法者的目的,实现立法者的价值判断。不过,由于实践场景的复杂性,难以在立法上通过"规则"(rule)一一罗列不同的场景,提前确定不同的权益位序,因此立法者明确规定的位序规则必然存在遗漏。在此情形下,就有必要探寻立法者通过立法表达的价值取向,并建构一套大致可供参考的权益位阶,在为法官裁判提供指引的同时限制法官的自由裁量权。简言之,当法无具体规定时,法官要以权益位阶体系为参考,以价值位阶为基本遵循,尽可能地按照立法者的价值取向就冲突权益作出抉择。

立法者的价值取向是探寻民事权益位阶的重要路径。通过对我国《民法典》的文本进行分析,可以发现立法者通过立法体现出的价值取向,具体而言:一是人文关怀优先于私法自治。传统民法主要以私法自治为核心价值,注重形式上的平等,德国学者梅施麦克甚至将私法自治称为私法体系的"恒星",永放光芒。[4] 而现代民法则在兼顾形式平等的基础

---

[1] 参见林来梵、张卓明:《论权利冲突中的权利位阶——规范法学视角下的透析》,载《浙江大学学报(人文社会科学版)》2003年第6期。
[2] 〔德〕卡尔·拉伦茨:《法学方法论》(全本·第6版),黄家镇译,商务印书馆2020年版,第276页。
[3] 参见〔德〕卡尔·拉伦茨:《法学方法论》(全本·第6版),黄家镇译,商务印书馆2020年版,第278页。
[4] 参见李非:《富与德:亚当·斯密的无形之手:市场社会的架构》,天津人民出版社2001年版,第165页。

上,注重实质的平等,这是因为近代以来,社会结构的平等性和互换性逐步丧失,所以立法在给予私法自治必要限制的同时,强化了对人格尊严的维护,换言之,这两者在总体上呈现出此消彼长的关系。这一转化过程和发展趋势体现了对人文关怀的强化,人文关怀要求应当尊重人、爱护人、关爱人,强化对人格尊严的维护和对弱势群体的保护。人文关怀价值构成对私法自治的限制,在这两种价值发生冲突时,应优先实现人文关怀的理念。① 例如,在人格权的合理使用中,禁止对物质性人格权进行合理使用,就体现出通过合理使用实现私法自治劣后于人文关怀所要求的对物质性人格权进行优先保护的理念。这也体现了康德所说的"人是目的不是工具"的理念。② 二是生命、身体、健康优先于其他人身和财产权益。《民法典》总则编在列举各项人格权益时,将生命权、身体权、健康权置于其他人格权益之前,也置于财产权益之前,体现了对生命权、身体权、健康权的优先保护。三是人格尊严和人身自由优先于财产权益。《民法典》第2条在规定我国民法的调整对象时,修改了1986年颁布的《民法通则》第2条关于民法调整对象的表述,将人身关系置于财产关系之前,这在很大程度上是因为,与财产关系相比较,人身关系更直接、更充分地彰显了人格尊严和人身自由的价值,所以该条更凸显了对人身关系的重视,体现了对人格尊严和人身自由价值的优先保护。四是生存利益要高于一般的财产利益和商业利益。例如,在《民法典》相邻关系等制度中,无论是要求在袋地的情形下土地权利人应为相邻人提供通行方便,还是要求相邻一方应为相邻他方提供通风采光的义务,都表明了对生存利益的优先保护。五是与秩序密切关联的利益,要优先于一般的财产利益。例如,一般而言,交易安全要优先于一般单个的财产者的利益。六是权利优先于利益。例如,《民法典》第1034条第3款规定,"个人信息中的私密信息,适用有关隐私权的规定"。立法者的上述价值取向为我们探究权益位阶提供了指引。

借助权益位阶探求立法者价值取向,有助于实现立法者的意旨,也可以为《民法典》的准确适用提供指引。法官在具体个案中依法解决各种权益冲突时,毫无疑问应当首先探寻法律已经确立的价值位序。例如,依据《民法典》第1019条第2款的规定,立法者已对肖像权和著作权发生冲突

---

① Vgl. Paulus/Zenker, Grenzen der Privatautonomie, JuS 2001, 1, 4 f.
② 参见〔德〕伊曼努尔·康德:《道德形而上学原理》,苗力田译,上海人民出版社2012年版,第40页。

时的位阶安排作出了选择,即若肖像权与著作权发生冲突,应优先保护肖像权。在该规则之下,裁判者不再需要依据其他参考性的权益位阶体系来进行裁判。但是,在其他不同的场景中,由于法律没有确立明确的权益位序,则法官确有必要通过法律解释方法把握法律是否已确立一定的价值指向,并以制定法作为法定权利的行使或者克减的基本依据。① 在权益位阶思维模式下,法官的自由裁量绝不是法官的任意裁量或恣意裁量,而是应当以现行法及其背后的价值为指引,遵循包括权益位阶在内的价值位阶准则。法官需要搜寻各种权益背后的价值位阶,并探求应当倾斜保护何种权益,从而更好实现各种权益之间的协调保护效果,将民法保护民事权益的功能具体化、最大化。

(三) 辅助裁判者进行利益衡量

所谓利益衡量,也称为利益考量、利益平衡,是指当各方利益发生冲突时,解释者对社会公共利益、当事人的利益等各种利益进行考量,以寻求各方利益的妥当平衡,并最终实现社会公平正义。② 在日趋复杂的现代社会,利益衡量愈发成为裁判者解决纠纷的重要方法。利益衡量强调了法官在司法裁判中的主观能动性,正视法官思考问题和分析问题的真实图景,为具体个案的纠纷解决提供妥当方案。③ 裁判者在进行利益衡量的过程中,必须遵循一定的规范。在利益法学派看来,裁判者的重要职责就是将法律与生活中的利益相联系,考察法律所保护的利益究竟是什么,进而才能探寻立法目的。④ 民法上的权益位阶体系在很大程度上是立法者基于其价值考量形成的一种宏观体系,而勾勒出这一套宏观体系的整体框架之后,反过来又能加深我们对立法背后之价值的把握。当裁判者的眼波往返流转于价值判断与权益位阶体系之间,就会更加准确地理解立法者的立法目的和意旨。

在利益衡量的过程中,裁判者应当首先探寻利益的层次结构⑤,这一层次结构应当从现行法的规定中探寻。例如,我国最高人民法院早在2012年就在《关于在审判执行工作中切实规范自由裁量权行使保障法律

---

① 参见〔英〕A. J. M. 米尔恩:《人的权利与人的多样性——人权哲学》,夏勇、张志铭译,中国大百科全书出版社 1995 年版,第 148 页。
② 参见段匡:《日本的民法解释学》,复旦大学出版社 2005 年版,第 261—263 页。
③ 参见梁上上:《利益衡量论》(第 3 版),北京大学出版社 2021 年版,第 69 页。
④ 参见吴从周:《民事法学与法学方法:概念法学、利益法学与价值法学:探索一部民法方法论的演变史》,中国法制出版社 2011 年版,第 234 页。
⑤ 参见梁上上:《利益衡量论》(第 3 版),北京大学出版社 2021 年版,第 116 页。

统一适用的指导意见》第 7 条规定,人民法院在审判中应"综合考量案件所涉各种利益关系,对相互冲突的权利或利益进行权衡与取舍,正确处理好公共利益与个人利益、人身利益与财产利益、生存利益与商业利益的关系,保护合法利益,抑制非法利益,努力实现利益最大化、损害最小化"。又如,2018 年《全国法院破产审判工作会议纪要》第 28 条中规定,"对于法律没有明确规定清偿顺序的债权,人民法院可以按照人身损害赔偿债权优先于财产性债权、私法债权优先于公法债权、补偿性债权优先于惩罚性债权的原则合理确定清偿顺序。因债务人侵权行为造成的人身损害赔偿,可以参照企业破产法第一百一十三条第一款第一项规定的顺序清偿,但其中涉及的惩罚性赔偿除外"。这些都在一定程度上揭示了不同利益之间的顺位关系,有助于裁判尺度的统一。另外,从比较法上来看,也有一些国家和地区的民法典对利益衡量的方法、需要考虑的因素以及由此形成的权益位阶作出了明确规定,此种做法也值得借鉴。[①]

不过,在利益衡量过程中,参考权益位阶作出判断只是一种方法和途径,并不能完全代替比例原则等方法的适用。例如,在发生权益冲突时,鲍尔教授所提炼的价值观点具有一定的启发意义,即由于"干涉人具有优势之对立利益",因此受干涉人必须容忍来自干涉人的行为或状态。[②] 例如,在紧急避险中,避险人所要实现的利益应当优于受害人可能遭受的不利影响,否则就构成避险不当,这实际上就是通过比例原则来解决权益冲突问题,也不失为一种解决冲突的办法。

三、民事权益位阶的构成

随着权益的多元化发展,各种权利和利益的界限可能发生重叠,其包含的价值也可能存在一定的冲突。[③] 特别是由于现代社会发展与经济进步,新型权益不断涌现,法律也相应地突破传统的严格规则主义,通过民

---

① 例如,我国澳门特别行政区《民法典》第 327 条也规定:"一、在相同或同类权利上出现冲突时,各权利人应尽量妥协,使有关权利能在不对任一当事人造成较大损害之情况下同样产生效力。二、权利不相同或其所属类别不相同时,以在具体情况下应被视为较高之权利为优先。"

② 参见〔德〕鲍尔、〔德〕施蒂尔纳:《德国物权法》(上册),张双根译,法律出版社 2004 年版,第 526 页以下。

③ 参见程燎原、王人博:《赢得神圣——权利及其救济通论》,山东人民出版社 1998 年版,第 228 页。

事权益的开放性规定,使权益的类型日益多样化、范围日益广泛化。例如《民法典》第 990 条第 2 款关于一般人格权的规定,其实就允许法官在具体个案中认定和保护基于人身自由、人格尊严所产生的新型人格权益。但是,开放性的权益保护条款,又会使许多新型权益不断产生,从而进一步加剧了权益冲突的问题。可以说,利益与法律的嬗变,使权利的内容和类型渐渐超越了传统的楚河汉界、黑白分明的模式。在此背景下,权益冲突的问题愈加凸显。① 面对这一问题,应通过确立民事权益的位阶,也即判断一种法益较他种法益的"位阶价值"(Stellenwert)来加以解决。② 有学者曾质疑排列并呈现此种权利位阶的可能性,因为"法律价值的位阶秩序具有一定的流动性",因此权利位阶具有"非整体的确定性",无法依据具体的权利种类对其进行固定的位阶排序,而只能在个案中加以确定。③ 按照此种观点,民事权益的位阶具有不确定性,因此,在司法实践中,应当对权益位阶的适用进行限制,即权益位阶的运用既需要考虑特定法律规则的立法目的,也需要兼顾法律规则中关于权益位阶的规定,避免权益位阶运用的泛化。④ 这一观点虽不无道理,但如果因此就放弃对权益位阶规律的探寻,显然是因噎废食。

如前所述,在实定法中预先精确地为各种场景下的各种民事权益进行排序并非易事,社会生活纷繁复杂且变动不居,民事权益位阶在不同场景的应用形态各异,很难通过简单规则提前加以规定。尽管如此,法律在规定民事权益的保护规则时,本身就包含了一定的价值判断,而在这些价值判断中,实际上蕴含着权益价值的确定问题。因此,问题的关键并不在于是否存在权益位阶,而在于如何透过文本探求立法者的价值取向和立法意旨,寻求立法者所作出的价值选择以及在该价值选择之上所形成的权益位阶。确定这样一种位阶,既有利于解决权益冲突,也有利于在最大限度内实现法律所要保障的利益和价值。当然,由于权益冲突的情形较为复杂,高位阶的权益并不必然具有绝对的优先性,即便某些权益与其他权益相比具有更高的位阶,但这也并不意味着其在任何情况下都具有优

---

① 参见马特:《隐私权制度中的权利冲突》,载《法学论坛》2006 年第 1 期。
② 参见〔德〕卡尔·拉伦茨:《法学方法论》(全本·第 6 版),黄家镇译,商务印书馆 2020 年版,第 166 页。
③ 参见林来梵、张卓明:《论权利冲突中的权利位阶——规范法学视角下的透析》,载《浙江大学学报(人文社会科学版)》2003 年第 6 期。
④ 参见扈艳:《权利位阶在中国司法中的运用与克制》,载《石河子大学学报(哲学社会科学版)》2016 年第 4 期。

先性。从这一意义上说,高位阶的权益只是具有相对的优先性,即在特定场景和条件下具有优先性,而并非不受任何限制。①

笔者认为,我国《民法典》构建了完整的民事权益体系。与《德国民法典》以法律行为为中心构建私法体系有所不同②,我国《民法典》是以确认和保障民事权利为中心进行构建的,即由物权、合同债权、人格权、婚姻家庭中的权利(亲属权)、继承权以及对权利进行保护的法律(即侵权责任编)所构成,这表明我国《民法典》是一部权利法。在七编制下,《民法典》在总则编中确认民事权利主体、体系、行使、保护的一般规则;在物权编至继承编通过全面确认和保护各项基本的民事权利,全面体现和贯彻了保障私权的价值;并在最后规定了保护权利的侵权责任编。因此,我国《民法典》的整体框架思路是从"确权"到"救济",始终以权利为中心来构建民法体系。这意味着,在我国《民法典》所规定的民事权利体系中蕴含着民事权益的位阶,因此通过考量《民法典》的价值取向,借助法律解释方法,可以对民事权益的位阶进行如下价值排序:

(一) 物质性人格权

物质性人格权包括生命权、身体权、健康权,是最重要、最基本的人权,构成了人们实际享有和行使其他权益的前提,它们不仅关系到个体利益,也关系到社会利益,在民事权益体系中处于最高的位阶。在美国艾奥瓦州的一个判例中,一个流浪汉进到一间小木屋寻找食物,被房屋主人的弹簧枪击中腿部而受伤,小偷起诉房屋主。本案大法官莫尔在判决中宣称,"人类生命和肢体的价值不仅属于他个人,而且属于整个社会。因此其价值高于土地占有者的利益"③,该案判词为美国《侵权行为法重述》第85节所采纳。"给人类生命以及其他不可剥夺的法益提供保护,在任何地方都被视为法秩序的优先任务。"④生命健康的安全利益是公共利益,按照霍布斯的看法,保护自然人的生命权是建立国家的最重要目标之一。⑤ 故而,对于生命健康权,各国除通过民事立法保护外,还普遍在宪法中将它们确定为公民最基本、最重要的权利,并通过刑法、行政法等切实

---

① 参见梁迎修:《权利冲突的司法化解》,载《法学研究》2014年第2期。
② 参见〔德〕迪特尔·施瓦布:《民法导论》,郑冲译,法律出版社2006年版,第143页。
③ Katko v. Briney, 183 N.W.2d 657 (Iowa 1971).
④ 〔德〕卡尔·拉伦茨:《法学方法论》(全本·第6版),黄家镇译,商务印书馆2020年版,第237页。
⑤ 参见〔英〕霍布斯:《利维坦》,黎思复、黎廷弼译,商务印书馆1985年版,序言。

保护公民的生命健康权不受侵害。

中国传统文化一直有尊重生命健康的理念和传统。《尚书·大禹谟》云:"与其杀不辜,宁失不经,好生之德,洽于民心。"药王孙思邈也说:"天地之间,唯人为贵,人之所贵,莫过于生。"在社会发展中,现代化的过程是人全面发展和完善的过程,这一过程始终伴随着权利的扩张和对权利的充分保护。同样,法律现代化的重要标志,也在于对权利的充分确认和保障,尤其是对生命健康权的优先保护。生命健康权是最高的人权。与此相应,《民法典》赋予物质性人格权以崇高的地位,在其与其他权益相互冲突时,优先保护物质性人格权。

《民法典》总则编在列举民事权利时,首先列举的就是人格权,在人格权中又把生命权、身体权、健康权放在优先位置,同时,《民法典》人格权编用多个条款宣示了生命、身体、健康的优先地位。生命健康优先于其他权益,因而被置于民事权益体系的最前部分加以规定。这反映了生命权、身体权、健康权在整个民事权益体系中的重要地位,体现了立法者把生命健康作为最重要的法益予以保护的以人为本的理念,体现了对人最大的关怀,确立了物质性人格权应优先于其他民事权益的理念。这就意味着,在生命权、身体权、健康权与其他权益发生冲突时,其他权益都要退居其次。例如,在抗击新冠肺炎疫情过程中采取扫健康码、人脸识别等措施,一定程度上确实可能限制了个人的隐私权,但这是为优先保护生命权、身体权、健康权而不得已采取的必要、合理的限制,所以这些措施是完全符合我国《民法典》人格权编的基本理念的。再如,《民法典》人格权编在规定人格利益合理使用规则时,将生命权、身体权、健康权排除在外,因为合理使用也是对人格权的限制,而生命权、身体权、健康权不能被随意限制。此外,《民法典》还专门规定了对物质性人格权的社会救助义务,第1005条规定:"自然人的生命权、身体权、健康权受到侵害或者处于其他危难情形的,负有法定救助义务的组织或者个人应当及时施救。"该条明确将其保护范围限于生命权、身体权、健康权,体现了对物质性人格权的优先保护。

在《民法典》中,除人格权编外,其他各编的相关规则设计也体现了优先保护物质性人格权的理念。例如,《民法典》物权编第294条规定:"不动产权利人不得违反国家规定弃置固体废物,排放大气污染物、水污染物、土壤污染物、噪声、光辐射、电磁辐射等有害物质。"该条对不可量物侵害的规则作出了规定,禁止不可量物对他人生命健康造成损害,其目的也在于强化对个人生命权、身体权、健康权的保护。再如,合同编也同样注重对物质性人格权的保护,并明确了在私法自治与个人生命健康的保护发生冲突时,应当优先保护生命健康。例如,《民法典》第506条规定合同中"造成对方人身损害的"免责条款无效。之所以作出此种规定,主要是因为,个人的生命健康权是最重要的人权,保护人身安全是法律最重要的任务。如果允许当事人通过免责条款免除造成对方人身伤害的责任,不仅将使侵权责任法关于不得侵害人身权利的强制性义务形同虚设,使法律对人身权利的保护难以实现,而且将会严重危及法律秩序和社会公共道德。

(二) 精神性人格权

精神性人格权,是指除物质性人格权之外的其他人格权,包括姓名权和名称权、肖像权、名誉权和荣誉权、隐私权等。将精神性人格权置于第二序位的理由主要有如下几点:

第一,《民法典》总则编第五章在列举民事权利时,最先规定了人格权,之后才规定了身份权、财产权,这表明了立法者对不同权利类型的价值排序,该规定对于明确民事权益的位阶具有指导意义,体现了精神性人格权优先于身份权、财产权的价值取向。必须强调的是,尽管从《民法典》的体例安排来看,物权编、合同编在人格权编之前规定,但这只是一种形式上的编排,并不能据此推断立法者对民事权益位阶的安排。

第二,《民法典》第109条规定:"自然人的人身自由、人格尊严受法律保护。"该条是《民法典》总则编第五章的第一个条文,它充分彰显了立法者优先保护人格尊严的价值取向,对于确定民事权益的位阶具有重要的指导意义。可以说,那些关涉维护人格尊严的价值追求,是指引权利秩序建构的基石。① 人格尊严是指人作为法律主体应当得到承认和尊重,亦即每个人作为"人"所应有的社会地位,以及应受到的他人和社会的最基本尊重,这是人作为社会关系主体的基本前提。换言之,人在社会中生存,不仅要维持生命,而且要有尊严地生活。人格尊严受到哲学、法学、社会学等学科的广泛关注,它是指人基于自己所处的社会环境、工作环境、地位、声望、家庭关系等各种客观要素,而对自己人格价值和社会价值的认识和尊重,是人的社会地位的组成部分。② 在民法中,人格尊严是人格

---

① See Joseph W. Singer, Something Important in Humanity, Harvard Civil Rights-Civil Liberties Law Review, Vol. 37, p. 103(2002).

② See David A. Hyman, Does Technology Spell Trouble with a Capital "T"?: Human Dignity and Public Policy, Harvard Journal of Law and Public Policy, Vol. 27, p. 3(2003).

权的基石,现代人格权法的构建就是以人格尊严的保护为中心而展开的。拉伦茨教授认为:"毫无疑问,人们可以说:与其他法益,尤其是物质性的利益相比,人的生命和人性尊严处于更高的位阶。"①因而,权益位阶的划分应当回归到人的本质,回归到权利的来源,也就是人的尊严。② 人格尊严的至高无上性,必然要求我国《民法典》充分彰显人格尊严的基本理念和精神,人格权独立成编的宗旨就在于维护人格尊严。与身份权、财产权相比较,精神性人格权更集中地体现了个人的人格尊严,对精神性人格权提供更优先的保护,能彰显对个人人格尊严的保护。

第三,人格尊严的保护是处理人格权与其他民事权益冲突的重要依据。按照人本主义的要求,法律应当充分彰显对人的关怀,在人格权与其他民事权益发生冲突时,应确立人格权价值的高阶性和保护的优先性,这也是落实《宪法》第 38 条的要求。故而,在《民法典》中,与人格尊严的关联越强,其受到的保护就越优先,相比于身份权、财产权,精神性人格权与人格尊严的关联更为紧密,应优先保护,如法律对于肖像权的保护就优先于对著作权的保护。

(三) 身份权

此处所说的身份权,主要是指基于婚姻家庭的特定身份产生的非财产权利,它是人身权的重要组成部分,集中体现在《民法典》婚姻家庭编的规定之中。人格权较之身份权,更直接地彰显了人格尊严,与人的主体性的联系更为直接,大多是一种与生俱来的权利,具有强烈的人身专属性,而不像身份权可以通过行为取得。因此,《民法典》将人格权在身份权之前作出了列举,表明身份权在权益位阶上应当排在人格权之后。而且,从《民法典》的相关规定来看,与身份权保护的规则相比,人格权保护的规则更具有基础性,因而,在权益位阶上,人格权应当排在身份权之前。但是,在身份权与财产权发生冲突的情形下,从《民法典》的基本价值和规范解释来看,身份权应优先于财产权,原因主要在于:

第一,《民法典》第 2 条关于民法调整对象的表述将人身关系置于财产关系之前,而人身关系表现为人格权和身份权,这为身份权与财产权发生冲突的情形下,身份权应优先于财产权保护提供了法律依据。

---

① 〔德〕卡尔·拉伦茨:《法学方法论》(全本·第 6 版),黄家镇译,商务印书馆 2020 年版,第 517 页。
② 参见解晋伟:《以"权利位阶"为基础解决权利冲突优先保障问题试探》,载《上海政法学院学报(法治论丛)》2020 年第 5 期。

第二,《民法典》第 112 条关于身份权保护的规定被置于财产权之前。此外,《民法典》第 1001 条规定:"对自然人因婚姻家庭关系等产生的身份权利的保护,适用本法第一编、第五编和其他法律的相关规定;没有规定的,可以根据其性质参照适用本编人格权保护的有关规定。"依据该条规定,身份权的保护可以参照适用人格权保护的规定,这也表明,在立法理念上,身份权的保护与人格权类似,在权益位阶上应当优先于财产权。

第三,在《民法典》中,身份权的保障,如未成年子女的身份权以及配偶的身份权,都与人格平等息息相关,甚至关涉人的生存利益。可以说,身份权使个人的主体地位和社会地位更为圆满,并因此取得更为实质性的人格尊严,因此其应当具有优先于财产权得到保障的位阶。另外,身份权往往意味着相对人的义务,如子女的身份权蕴含着父母的抚养义务,身份权优先于财产权意味着对身份权利人给予更强的保护,可最大化地保障未成年子女等的利益及家庭的和谐。

(四)人格利益

人格利益是没有被《民法典》人格权编确认为权利,但又应当受到保护的、具有人格属性的利益,包括声音、个人信息、死者人格利益等。随着经济的发展和科技的进步,新型的人格利益大量产生。

人格权和人格利益共同构成人格权益,我国《民法典》对它们进行区分保护,对人格权的保护高于对人格利益的保护。这主要表现在:一是《民法典》相关条款区分了人格权与人格利益,并相应地设置了不同的保护规则。例如,《民法典》采取了"隐私权"和"个人信息保护"的表达方式,这说明隐私权是一项独立的人格权,而个人信息只是一项人格利益。《民法典》第 1034 条第 3 款规定:"个人信息中的私密信息,适用有关隐私权的规定;没有规定的,适用有关个人信息保护的规定。"由此可见,与作为人格利益的个人信息相比,隐私权作为一种人格权,受到法律保护的程度更高。二是在人格权请求权的适用方面,人格权的保护应当优先于人格利益。《民法典》第 995 条规定:"人格权受到侵害的,受害人有权依照本法和其他法律的规定请求行为人承担民事责任。受害人的停止侵害、排除妨碍、消除危险、消除影响、恢复名誉、赔礼道歉请求权,不适用诉讼时效的规定。"从该条规定来看,其将人格权请求权的保护范围限于人格权,而没有包括人格利益。对人格权请求权是否可以扩张适用于个人信息等人格利益的保护,存在一定的争议,而《个人信息保护法》回避了这一问题,没有对此作出规定,而交由司法实践予以解决。但这也表明,立法者区分了人格权与人格利益的保护,对人格权的保护要优先于人格利益。三是在侵害人格权禁令制度的适用方面,人格权优先于人格利益。《民法典》第997条规定:"民事主体有证据证明行为人正在实施或者即将实施侵害其人格权的违法行为,不及时制止将使其合法权益受到难以弥补的损害的,有权依法向人民法院申请采取责令行为人停止有关行为的措施。"从该条规定来看,其与人格权请求权规定类似,也将保护对象限于人格权而没有包含人格利益,这也在一定程度上体现出人格权的保护要优先于人格利益。因而,在人格权和人格利益重合时,应优先适用有关人格权保护的规则,以实现对权利人更高程度的保护。①

人格利益的位阶虽然低于人格权,但《民法典》总则编将人格利益置于财产权之前,这表明在立法者看来,人格利益在权益位阶上一般应当高于财产权。这主要是因为人格利益彰显了个人人身自由和人格尊严的价值,也是宪法所确立的维护人身自由和人格尊严的基本原则的具体体现,人格利益优先于财产权更能彰显立法对人的保护。尤其应当看到,《民法典》第109条将人身自由、人格尊严放在民事权利之首加以保护,《民法典》第990条第2款又明确规定自然人享有基于人身自由和人格尊严产生的其他人格权益,这就表明其他人格利益也彰显了人身自由和人格尊严。换言之,人格利益和人格权都是人身自由和人格尊严的表现,在这一点上两者并无本质差异。基于此,人格权优先于财产权,人格利益也应当优先于财产权。例如,依据《个人信息保护法》第15条规定,"基于个人同意处理个人信息的,个人有权撤回其同意"。这实际上是赋予个人任意解除个人信息许可使用合同的权利,表明个人信息的保护要优先于合同债权的保护,这也体现了人格利益优先于财产权的理念。再如,《个人信息保护法》在第二章第二节中专门规定了敏感个人信息的处理规则,对敏感个人信息予以特殊保护,这主要是考虑到敏感个人信息与个人人格尊严有更密切的关联,其一旦被泄露或被非法使用,极易导致对人格尊严的侵害,因而对之应当比涉及财产的一般个人信息予以更优的保护。② 当然,这里所说的人格利益是基于人身自由和人格尊严所产生的,在不同的时代和地域,人身自由和人格尊严的含义不同,由此导致了人格利益的范围有所不同。

---

① 参见王利明:《和而不同:隐私权与个人信息的规则界分和适用》,载《法学评论》2021年第2期。
② 参见程啸:《个人信息保护法理解与适用》,中国法制出版社2021年版,第259页。

需要指出的是,法律对死者人格利益的保护,也体现了对人格利益的优先保护。例如,就死者个人信息保护而言,《个人信息保护法》第 49 条规定,"自然人死亡的,其近亲属为了自身的合法、正当利益,可以对死者的相关个人信息行使本章规定的查阅、复制、更正、删除等权利"。该条之所以对死者个人信息进行保护,并不是为了保护死者的财产利益,而是为了保护其人格利益,该条中没有出现"利用"一词,表明保护死者人格利益从根本上是为了维护死者的人格尊严,这也可以看作人格利益优先于财产利益的一个佐证。

(五) 财产权利

财产权是指以财产利益为直接内容的权利,包括物权和债权,其主体限于现实地享有或可以取得财产的人,而不像人格权那样可以为一切人普遍地享有。① 财产权不具有专属性,可以转让、抛弃,也可以继承。财产权是市场经济运行的基石,财产权保护是推动市场发育和经济增长的基本条件。"有恒产者有恒心。"保护财产权,实质上就是保护劳动、保护发明创造、保护和发展生产力,对营商环境的改善和经济的稳定增长具有基础性的意义,对激励投资兴业、创造财富起着重要作用。

需要指出的是,此处所说的财产权主要是指单个的权利人对其财产所享有的权利,而不涉及整个财产秩序与安全。我们之所以把财产权置于人格权益之后考量,主要考虑的是当单个权利人的财产权与人格权益发生冲突时如何保护的问题,并不涉及人格权益与整个财产秩序之间的冲突问题。从《民法典》的相关规定来看,财产权在位序上是置于人格权益之后的。具体而言:

第一,如前所述,从《民法典》关于权益的位序排列来看,人格权益是置于财产权之前规定的,因此可以认为财产权与人格权益发生冲突时,通常应当确立人格权益价值的高阶性和保护的优先性。按照黑格尔的观点,"财产是自由最初的定在"②,由此可见,财产与人格尊严有重要的关系,对财产权的保护也体现了对个人人格尊严的保护,但这并不意味着财产是人格尊严的必备条件或者要素,不能认为无财产则无人格。因为尽管财产权有助于实现个人人格,但此种作用是间接的。人格权益最直接地彰显了人格尊严与人身自由的价值,保障了人的尊严与人身的不受侵

---

① 参见谢怀栻:《谢怀栻法学文选》,中国法制出版社 2002 年版,第 354 页。
② 〔德〕黑格尔:《法哲学原理》,范扬、张企泰译,商务印书馆 1961 年版,第 61 页。

犯,也保障了个人身体与精神活动的权利,而人的尊严与人身自由是实现包括财产权在内的其他民事权益的前提与基础。因此,优先保护人格权益有助于保护个人的基本人权,有利于促进个人人格的全面发展和精神利益的充分满足。例如,在杨季康(笔名杨绛)诉中贸圣佳国际拍卖有限公司、李国强诉前禁令案中,行为人的拍卖行为虽然尚未实施,但一旦实施,将侵害权利人的隐私权益,在此情形下,权利人可以申请法院颁发禁令,责令行为人停止相关行为,以防止侵害隐私权行为的发生。① 在该案中,拍卖公司对拍卖物享有财产权,但是此种财产权利的行使将会构成对原告隐私权的侵害,因此法院禁止被告拍卖,这说明了隐私权优于财产权获得保护。

第二,《民法典》的相关规定也体现了人格权优先于财产权的理念。一方面,从保护的方式来看,我国《民法典》人格权编专门设置了一些强化人格权保护的方法,其并不适用于财产权。例如,《民法典》第997条关于行为人正在实施或者即将实施侵害他人人格权的违法行为时的禁令规则,其保护范围仅限于人格权。② 其实,在财产权的侵害中,权利人也面临行为人正在实施或者即将实施侵害行为的情形,但法律并不允许权利人请求颁发禁令,这也体现了对人格权的特殊保护。我国《反家庭暴力法》第23条设置了人身安全保护令,其适用范围同样仅限于人格权遭受侵害的情形。另一方面,在人格权与财产权发生冲突时,人格权的保护也优先于财产权。例如,《民法典》第1021条规定:"当事人对肖像许可使用合同中关于肖像使用条款的理解有争议的,应当作出有利于肖像权人的解释。"该条对"有利于肖像权人的解释"规则的确认,充分体现了人格权优先于财产权保护的立场。再如,就人格权(如肖像权)与著作权发生冲突的情形,《民法典》第1019条第2款规定:"未经肖像权人同意,肖像作品权利人不得以发表、复制、发行、出租、展览等方式使用或者公开肖像权人的肖像。"这确认了涉肖像作品中的人格权优先保护规则。原因在于,著作权主要体现的是权利人的财产利益,而肖像权主要彰显的是人格尊严,当两种权利发生冲突时,按照人格尊严优先于财产利益的原则,应当优先保护人格权。

第三,由于私法自治更多体现在财产权上,如果人格尊严与私法自治

---

① 参见《钱钟书书信案引出新民诉法首例诉前禁令》,载 https://nlaw.org/a/fazhidongtai/rediananjian/2014/0226/87348.html,访问日期:2014年2月26日。
② 参见黄薇主编:《中华人民共和国民法典解读》,中国法制出版社2020年版,第41页。

发生冲突,则人格尊严的保护优先于财产权。例如,《民法典》第 1007 条规定,"禁止以任何形式买卖人体细胞、人体组织、人体器官、遗体"。如果对当事人订立有关买卖人体器官等的合同不设置任何限制,那么就意味着要尊重当事人之间关于器官买卖等的协议,但这将严重损伤人格尊严。这就出现了人格尊严与私法自治的冲突,在此情形下,判定当事人订立的这些合同无效,就彰显了人格尊严优先于私法自治的理念。再如,依据《民法典》第 731 条规定,在租赁物的瑕疵危及承租人的安全或者健康时,承租人享有随时解除合同的权利。

第四,《民法典》物权编的相关规则,特别是相邻关系规则体现了人格权益的保护应优先于财产权。例如,在出现袋地的情形下,一方的通行受到障碍,直接妨害其人格利益,因而依据《民法典》第 291 条规定,即使允许一方通行会损害另一方的财产权益,另一方也应当为一方通行提供必要的便利,此时赋予一方以通行权,即体现了人格权益的保护优先于财产权的理念。

(六) 财产利益

《民法典》第 126 条规定:"民事主体享有法律规定的其他民事权利和利益。"依据该条规定,不论是权利还是利益,都受到法律保护。这不仅与保护民事权益的基本原则相对应,而且为将来对新型民事权益的保护预留了空间,保持了私权保护的开放性。例如,随着大数据的发展,对作为新型财产利益的数据进行保护显得日益重要,《民法典》第 126 条规定保护民事主体的合法"权利和利益"而非"权利"的表述,目的就在于扩张权益保护范围,以适应社会生活发展的需要。正如德沃金所说的,"个人权利是王牌"(individual rights are trumps),其正当性存在于自身,是用以对抗外力干涉的基础,但对利益并非不予保护。①

在民事权益位阶中,财产利益要置于位阶的最后。一方面,根据权利不得减损理论,利益和权利不能等同对待。原因在于,如果把利益与权利等同,会降低权利的价值。法律已经列举了最为基本也最为重要的财产权利,法律所没有明确列举的新型财产利益,如果确实重要,就应当上升到权利的层次,如果尚未上升到权利,就表明其在社会中的地位还有待进一步发展和确定,对是否应当将其作为权利加以保护暂未达成普遍性的共识。另一方面,利益的边界常常是不清晰的,因此,在判断利益的内涵

---

① See Ronald Dworkin, Taking Rights Seriously, Harvard University Press, 1977, p. xi.

和外延时,就要更多地考量其他因素,这就导致其保护程度也不确定。此外,由于利益的不确定性,社会公开性不足,第三人无从认知并且采取足够的注意措施,因此如果过度保护利益,也可能会影响人们的行为自由。所以,一般而言,法律对权利的保护程度略强,而对利益的保护程度稍弱,给予保护的条件也更为严格。换言之,法律需要在权益保护和行为自由之间取得平衡,这就产生了对利益保护更为严格的限制条件。

从责任成立层面看,财产权利的保护程度也优先于财产利益。如上所言,权利由立法直接规定,不仅具有明确的公示性,而且具有社会典型性,特别是相对于利益而言内容更明确,为人们提供了更强的可预测性,是人们安排行为的重要标准。因此,判断权利是否受到侵害时,应采用一般的侵权责任构成要件(严格责任的情形除外)。但是,利益不是由法律事先明确规定的,也无法明确规定,其往往都是由法官在新型纠纷发生后,根据个案总结提炼出来的,可以说是发展中的、未完成形态的权利,因而行为人在实施某种行为时,是否侵害了某种利益,难以根据既有法律规则作出明确预判,需要法官根据其发生语境,对构成要件进行更为严格的具体判断。从比较法上来看,德国法就严格区分了权利的保护和利益的保护。对于权利的保护,通常按照《德国民法典》第823条第1款的规定处理,但是利益的保护是有限制的,只有在违反保护他人之法律以及以故意违背公序良俗的方法侵害他人利益时,才成立损害赔偿责任[1],以防止因利益保护过于宽泛而影响他人的行为自由。[2] 换言之,从维护行为自由的角度来看,也需要对财产利益的保护适当加以限制,确立不同于权利侵害的侵权责任构成要件。

当然,财产利益受到保护的条件更为严格,是与财产利益自身的特点相适应的,这不是贬低利益的价值,更不意味着违反平等原则。尤其需要指出的是,新型财产利益可能在今后越来越重要,在具有足够的社会共识时,法律应当及时地将这些利益上升为权利。例如,《民法典》第127条规定了对数据的保护,但并未明确确定其为民事权利,一旦条件成熟,就可以将其上升为民事权利。

总之,《民法典》确认的民事权益是一个完整的体系,面对各种权利和利益冲突的争议,在法律规定的权益位阶并不十分清晰的情形下,裁判者需要通过法律解释和利益衡量等方法,探寻立法者的意旨,确定立法者是

---

[1] 参见《德国民法典》第823条第2款和第826条。
[2] Vgl. MüKoBGB/Wagner, §823, Rn. 302 f.

否已经对权益位阶作出了预设性的规定。上述权益位阶只能适用于通常情形,在具体适用时,应结合个案场景妥当地进行具体考量。场景发生变化,也可能导致一种高位阶的价值要让位于某个低位阶的价值。① 在一些特殊情形下,基于特殊的法政策的考量,还应当对其作出相应改变。例如,最高人民法院颁布的《关于审理使用人脸识别技术处理个人信息相关民事案件适用法律若干问题的规定》第 5 条规定,"为应对突发公共卫生事件,或者紧急情况下为保护自然人的生命健康和财产安全所必需而处理人脸信息的",信息处理者主张其不承担民事责任的,人民法院依法予以支持。这就意味着,在特殊情况下,即使为了保护自然人的财产安全,也可能对作为个人敏感信息和核心隐私的人脸信息作出必要的限制。因此,在特殊情形下,出于对重大财产安全和财产秩序的保护,财产权利也可被置于与生命健康同等重要的位序进行保护。因此,前述的民事权益位阶是一种初步的、推定性的(prima facie)准则,可以为法官在裁判中进行利益衡量提供必要的参考,但并不是不可推翻的,若根据案件的具体情况对权益位阶进行调整的必要性充分时,裁判者也可以不按照此种位阶进行裁判。不过,在不采纳前述权益位阶时,裁判者要找到更为合理的规范依据,也要作出更为充分的论证。

四、民事权益位阶的适用效果

民事权益位阶在司法适用中并不是机械的排序取舍,而应结合个案场景进行具体的价值判断和利益衡量。正如伽达默尔在哲学解释学中提出,理解文本就需要解释者在具体场景中,将文本纳入自己的视域,进行"视域融合",从而形成文本与具体场景的联系。② 对此应当区分两种不同的情形:一是对法律已有明确规定的权益位阶的情形而言,裁判者应当受到法律的拘束,通过"司法裁判的三段论"即可解决问题,即将作为大前提的法律规则运用到作为小前提的案件事实之中;二是在法律没有对权益位阶进行具体规定的情况下,裁判者应当探求蕴含于《民法典》民事权益体系中的价值取向,确定民事权益的位阶,为具体个案的公正裁判提供

---

① 参见〔德〕卡尔·拉伦茨:《法学方法论》(全本·第 6 版),黄家镇译,商务印书馆 2020 年版,第 170 页。

② 参见〔德〕汉斯-格奥尔格·伽达默尔:《诠释学Ⅰ、Ⅱ:真理与方法》(修订译本),洪汉鼎译,商务印书馆 2007 年版,第 131 页。

依据。在具体的个案场景之中,裁判者实现价值位阶排序的效果可能并不完全相同,但是总体而言,主要包括如下几个方面的效果:

(一) 高位阶权益受倾斜保护

民事权益位阶的确定,首先是回答在发生冲突的情况下,哪些权益要优先保护,哪些权益应当让位。[①] 这就意味着,民事权益位阶适用的最直接效果就在于高位阶的权益应当优先于低位阶的权益,受到法律更强有力的保护。高位阶权益受倾斜保护,在司法实践中可能体现为以下两种情形:

一方面,高位阶权益在保护方式上具有特殊性。我国《民法典》虽然对民事权益进行平等保护,但从《民法典》的规定来看,不同位阶的民事权益受到的保护程度并不相同,对高位阶的民事权益通常会设置一些特殊的保护方式。例如,关于人格权的保护,《民法典》人格权编专门规定了针对侵害人格权的禁令制度,其仅适用于人格权的保护,而不适用于财产权遭受侵害的情形,即体现了对处于高位阶的人格权的特殊保护。

另一方面,高位阶权益受到倾斜保护。也就是说,在权利行使阶段,如果不同位阶的民事权益发生冲突,则通常优先保障高位阶的民事权益的实现,低位阶的民事权益往往会因此受到一定的限制,甚至被排除。例如,在企业破产程序中,依据《企业破产法》第113条第1款的规定,职工劳动债权可以优先于税收债权获得清偿。因此,在职工劳动债权获得清偿后,如果不再有破产财产,则税收债权就可能无法实现。法律作出此种规定,是为了保护职工的生存利益,因而其优先于税收债权和其他一般债权。需要注意的是,此处的职工债权在计算时,高管的工资只能按照企业职工的平均工资计算,才可获得优先于其他一般债权受偿的地位。[②] 可见,即便是劳动债权,如果不是为了保护职工的生存利益,其也难以受到优先保护。

当然,我们所说的高位阶权益优先保护,总是与某些具体的案件和场景联系在一起的,其通常只适用于特定的场合,而不能普遍适用于所有场合。换言之,即使是高位阶的权益,也并不具有绝对的优先性。实际上,即使与其他权益冲突,特定权益也都有其法律上的依据,均是法律所

---

① 参见〔美〕罗斯科·庞德:《法理学》(第3卷),廖德宇译,法律出版社2007年版,第247页。
② 参见许德风:《破产法论:解释与功能比较的视角》,北京大学出版社2015年版,第184页。

要保障的利益和价值,也都应在法律的限度内最大限度地予以实现。在这个意义上,任何权益的优先都有其相对性,而非不受任何限制。① 毕竟权利的冲突在形态上可能千差万别,裁判者不应忽视个案的特殊情况,以避免绝对遵从权益位阶所带来的僵化。②

(二) 低位阶权益受限

如前所述,基于权益位阶的考量,高位阶权益可能会获得倾斜保护,而此种倾斜保护往往对应着低位阶权益的妥协容忍。一般来说,人格利益在位阶上要优于财产利益,生存利益要优于商业利益,而生命健康等物质性人格利益要优于精神性人格利益,因此,在发生冲突时,位阶低的利益在保护上要受到更大的限制。③ 此种限制主要表现在两个方面:

一是低位阶权益人负有不作为的容忍义务。在民事权益发生冲突时,为了保障高位阶权益的实现,低位阶权益人可能依法负有不作为义务,这主要体现为受到优先保护的权利人在从事某种行为时,容忍义务人不得加以禁止。④ 例如,《民法典》第 291 条规定:"不动产权利人对相邻权利人因通行等必须利用其土地的,应当提供必要的便利。"这意味着,在相邻关系的一方存在通行困难时,因需要保护的生存利益优于财产利益,另一方不仅负有容忍的义务,还可能负有为另一方提供通行便利的义务,毕竟通行是维持人们正常生产生活的必要条件,如果通行权都无法得到保障,那么人的生存利益就会受到威胁,甚至引发严重的社会矛盾。此时,对高位阶的权益的保护就成为对低位阶权益限制的正当理由。此种不作为也可能体现为不得行使本应享有的权利。例如,在《统一有关海上救助的若干法律规则的公约》中,针对船舶发生的海难救助,公约明确拒绝了救助人对人命救助的报酬请求权,而只能从其他财产受救助的款项中分得份额。⑤ 我国《海商法》第 185 条也借鉴了公约的做法,采取了类似的规定。依据这一规定,救助人不可能享有单独的针对人命救助的报酬请求权。这一规则事实上就是基于生存权益相较于商业利益处于更高位阶,因而救助人的报酬请求权无法行使。

---

① 参见梁迎修:《权利冲突的司法化解》,载《法学研究》2014 年第 2 期。
② 参见马特:《权利冲突解决机制的整体构建》,载《国家行政学院学报》2013 年第 2 期。
③ 参见欧洲侵权法小组:《欧洲侵权法原则:文本与评注》,于敏、谢鸿飞译,法律出版社 2009 年版,第 63 页。
④ 参见史尚宽:《民法总论》,中国政法大学出版社 2000 年版,第 34 页。
⑤ 参见〔日〕中村真澄、〔日〕箱井崇史:《日本海商法》,张秀娟等译,法律出版社 2015 年版,第 338 页。

二是低位阶权益人负有积极的作为义务。例如,《民法典》第 1005 条规定:"自然人的生命权、身体权、健康权受到侵害或者处于其他危难情形的,负有法定救助义务的组织或者个人应当及时施救。"该条对相关主体的法定救助义务作出了规定,这也体现了个人生命权、身体权、健康权优先于负有法定救助义务的主体的财产权而受到保护的理念。这种低位阶权益人的积极作为义务在合同关系中也有所体现。例如,合同当事人本应享有缔约自由的权利,但是在特定的场合,例如供用电合同中,出于对生存利益的优先保护,供电人负有强制缔约义务,在满足强制缔约的场合,其必须与相对人订立合同。在本例中,供电人缔约自由受到了限制,但法律并不是要求其不作为,而是要求其发出要约或承诺。由此亦可见,人文关怀的理念已经深入交易关系领域,构成对当事人合同自由的限制,这也是合同法重要的发展趋势。

需要指出的是,对低位阶权益的限制必须有一定的限度。例如《民法典》第 999 条规定了对人格要素的合理使用规则,要求对民事主体的人格要素的使用必须合理,"使用不合理侵害民事主体人格权的,应当依法承担民事责任"。通常判断合理性,就采用比例原则。

(三) 民事责任的限制和排除

探寻民事权益位阶对于民事责任的认定可提供重要的参考,因为民事责任的分配不仅是平等保护权利的要求,也包含了基于民事权益位阶的考量,是倾斜保护高位阶权益的重要手段。责任的分配"已经被作为决定权利(determining rights)的工具"[1]。因此,民事权益位阶的考量在确定民事责任的分配领域具有重要的意义。通常来说,在民事权益的行使过程中,如果两种民事权益发生冲突,其中一种权益影响或妨碍了另一种权益,若前者处于优先保护的位阶,那么其权利人的民事责任将被限制或排除。有关民事责任的规定以保护民事权益为目的,在其他权益存在优先保护的必要时,部分有关民事责任的规范就可以不再适用。这主要体现在以下几个方面:

第一,侵权责任的排除。权利或利益所处的位阶不同,判断是否对其构成侵害所需满足的要件也并不相同。库奇奥(Koziol)教授主持起草的《欧洲侵权法原则》第 2:102 条确立了利益保护所应考虑的多重因素,主要包括:利益的性质、利益的价值、利益的定义是否精确与明显、行为人与

---

[1] Rechard A. Epstein, Cases and Materials on Torts, Little, Brown and Company, 1984, p. 1.

受害人的接近程度、责任性质、行为人的利益(尤其是该行为人行动与行使权利的自由)以及公共利益。① 受保护利益的范围取决于该利益的性质:利益价值越高,定义越精确、越显而易见,其受保护程度就越高;反之,其受保护程度就相对较低。德国法在追究侵害民事权益的加害人责任时,通常还要求满足一定的主观要件,如只有在故意或重大过失的情形下,才能追究加害人的责任;或者用是否违反善良风俗等标准限制对加害人的追责。② 可见,法律对权利和利益的保护程度并不相同,行为人的同一行为在侵害权利时可能需要承担侵权责任,而在侵害处于低位阶的利益时,可能并不需要承担侵权责任。此外,在某些情形下,为实现更高位阶的权益保护的目的时,对低位阶权益的减损或限制可免于承担侵权责任。

第二,对排除妨碍、消除危险请求权的限制。容忍义务限制了排除妨碍请求权,在容忍义务的合理限度内,不动产权利人不得行使排除妨碍请求权。③ 一般而言,当生存利益与财产利益发生冲突时,应当优先保护生存利益,此时,财产利益的保护就应受到必要的限制。因此,当某人的生存利益受到不当限制、要求对方提供必要的便利时,对方不得主张排除妨碍、消除危险的请求权。例如,根据《民法典》第 182 条的规定,紧急避险人为了保护自己的生命权、健康权,不得已侵害他人的财产权益时,该财产权益的所有人应当对此加以容忍。又如前文所提及的,《民法典》第 291 条规定了相邻关系中的通行规则,当土地因正常利用但缺少与公共道路的连接时,权利人对相邻权利人因通行等原因而利用其土地的行为,应当提供必要的便利,相邻人为了基本通行需求通过其土地时,土地权利人不能行使排除妨碍、消除危险的物上请求权。

(四) 对合同债权的限制

在合同关系涉及人格权益的情形下,为了保护人格权益,需要对合同债权进行必要的限制。我国《民法典》中多个条款确认了在涉及人格权益保护的情形下,人格权益优先于合同债权受到保护,因而应允许人格权的权利人为了实现人格权益而解除合同。一方面,基于对生命、身体健康的特别保护,权利人可以随时解除合同。《民法典》第 731 条针对租赁物威

---

① See European Group on Tort Law, Principles of European Tort Law: Text and Commentary, Springer, 2005, p. 191.
② Vgl. MüKoBGB/Wagner, §826, Rn. 2 f.
③ Vgl. MüKoBGB/Baldus, §1004 Rn. 193.

胁承租人生命安全或者健康的情形规定:"租赁物危及承租人的安全或者健康的,即使承租人订立合同时明知该租赁物质量不合格,承租人仍然可以随时解除合同。"该条确定了在租赁物的瑕疵危及承租人的安全或者健康时,承租人享有的随时解除合同权。所谓"危及",是指存在现实的、紧迫的危险和威胁他人安全或者健康的风险。此时,甚至不能因出租人事先已经告知而否认承租人的解除权。又如人体器官捐献行为,自愿捐献并不代表必须捐献,依法理,在器官与人体分离之前,捐赠者有任意反悔的权利,并且不负违约责任。这就体现出生命身体等物质性人格权的价值是高于意思自治价值的,甚至高于诚实信用原则这个"帝王条款"。另一方面,基于对人格尊严的维护,权利人可以依法解除合同。例如,依据《民法典》第1022条的规定,基于对人格尊严的优先保护,即使肖像权许可使用合同履行期限尚未届满,肖像权人也可以在有正当理由的情况下解除合同,不再受合同的拘束。这就使得肖像权人可以及时摆脱许可使用合同,体现了对于人格尊严的保护优先于对商业利益的保护之理念。再如《个人信息保护法》第15条第1款规定,基于个人同意处理个人信息的,个人有权撤回其同意,此处的"撤回"实际上就是解除合同。

(五) 对低位阶权益的适当补偿

高位阶权益虽然往往会获得优先保护,但是这种保护并不是绝对的,也不是没有任何条件的。实际上,即使低位阶权益有时不得不让步和妥协,高位阶权益人也需要就此提供一定的补偿。例如,相邻关系中涉及通行困难的情形下,相邻人可就对方提供的必要便利而给予其适当补偿。再如,依据《民法典》第182条第2款的规定:"危险由自然原因引起的,紧急避险人不承担民事责任,可以给予适当补偿。"因为,避险人是为了自己的利益而避险,且毕竟给他人造成了损害,因而可以对他人进行适当补偿。适当补偿在性质上属于公平责任,法院在衡量补偿数额时所应考虑的因素主要包括避险人和受害人的经济状况、受害人所蒙受的损失等。在某些情况下,紧急避险人实施避险行为可能会使受害人受益,此时,受害人也应当承担相应的损失,以符合损益相抵的公平原则。

对低位阶权益的适当补偿与权益位阶的目的并不相悖,其功能均在于更好地实现权益位阶中各种权益之间的平衡。例如,《民法典》第1022条第2款虽然规定了肖像权人在肖像许可使用合同中的解除权,但这并不意味着对被许可人的权利完全不予保护,依据该款第2句的规定,肖像权人解除合同并不影响被许可方主张损害赔偿的权利。因此,对被许可人的补偿也在一定程度上平衡了权利人肖像权与被许可人经济利益之间的关系。换言之,法律赋予肖像权人解除权,体现了人格权优先于财产权的理念,但通过损害赔偿的方式,也对被许可人的经济利益提供保护,从这一意义上说,对低位阶权益人的适当补偿不仅不会与权益位阶方法发生冲突,反而更有利于平衡不同权益人之间的利益关系,从而实现立法者的立法目的和价值取向。

结　语

庞德认为,法律试图满足、调解、协调、调整重叠和经常冲突的请求和主张①,各种利益之间总是存在重叠或冲突,因此,在制定、解释和适用法律时就会产生一些根本性的问题,即"对这些利益如何估量,对它们如何评价? 用什么原则来决定它们相互之间的分量? 在发生冲突的情况下,哪些利益应让位?"②各种利益的冲突是客观存在的,法律要尽可能多地满足一些利益,同时使牺牲和摩擦降低到最低限度。③ 而在权益发生冲突时,需要依据各项权益的位阶确定各项权益的保护顺序,因此,权益位阶的问题就变得十分突出。

《民法典》以民事权益为中心构建了完整的民事权益体系,为民事权益位阶的确定提供了基础,而《民法典》的相关规则中所包含的价值,又为权益位阶的确定提供了重要的法律依据。可以说,《民法典》所构建的民事权益体系,为化解实践中纷繁复杂的权益冲突,提供了基本的法律依据。贯彻好、实施好《民法典》,很大程度上就是将《民法典》所确认的各项民事权益保护落到实处。为此,需要根据我国《民法典》所承载的价值选择,明确民事权益位阶及其法律效果,妥善解决民事权益之间的冲突,确保法律适用的统一,实现社会公平正义。

---

①　See Roscoe Pound, A Survey of Public Interests, Harvard Law Review, Vol. 58, p. 39 (1945).

②　〔美〕罗斯科·庞德:《法理学》(第3卷),廖德宇译,法律出版社2007年版,第247页。

③　参见〔美〕E. 博登海默:《法理学:法律哲学与法律方法》,邓正来译,中国政法大学出版社1999年版,第415—416页。

论数据权益:以"权利束"为视角*

我们已经进入一个互联网、大数据时代,伴随着数字技术在政治、经济和文化领域的广泛运用和不断发展,作为数字技术核心载体的数据在社会生活中的重要地位已经得到了广泛重视,在以互联网广泛应用和大数据不断挖掘为背景的信息社会,数据日益成为重要的财富,是经济增长和价值创造的重要源泉,甚至有学者称其为"新石油"①(new oil)。然而,数据究竟是一种什么样的权利,是数字时代的法律必须要回答的首要问题。近年来,学界围绕能否以传统物权法或财产法的理念来解释数据的权利属性展开了大量讨论,但关于数据的内容、归属等,仍然存在重大争议。对这些问题的判断将直接影响信息、数据的流通、再利用,甚至会影响互联网、高科技的发展。有鉴于此,本文拟从数据权益的性质出发,对数据权益与个人信息权益之间的关系、数据权益与数据产品权益的界分等问题进行探讨。

一、"权利束":作为数据权益的一种分析框架

自罗马法以来,传统大陆法国家民法的财产权具有如下特点:一是物债二分。借助罗马法中的"对物权"(iura in rem)和"对人权"(iura in personam)的概念,大陆法国家民法形成了物权和债权的区分与对立,进而又分为物权法和债权法。② 二是物必有体,即主要是以有体物(动产、不动产)为保护客体。三是物权排他,即物权都具有排他性。大陆法系国家民法以所有权为中心,并在所有权的基础上产生出他物权,不论是所有权还是他物权,都具有对抗一般人、排除他人干涉的排他性特点。③ 受此种观

---

* 原载《政治与法律》2022 年第 7 期。
① Samuel Flender, Data is Not the New Oil, Towards New Data Sci(Feb. 10, 2015), https://towardsdatascience.com/data-is-not-thenew-oil-bdb31f61bc2d.
② 参见常鹏翱:《体系化视角中的物权法定》,载《法学研究》2006 年第 5 期;张鹏:《物债二分体系下的物权法定》,载《中国法学》2013 年第 6 期。
③ 参见刘保玉编著:《物权法》,上海人民出版社 2003 年版,第 8—9 页。

念的影响,我国《民法典》第 114 条第 2 款在规定物权的概念时,仍然采用了有体性、支配性、排他性的表述。应当看到,此种理论体系本质上是观察物质世界财产权的一种研究方法,但对于网络虚拟世界的数据权益,上述理论则缺乏有效的解释力。在进入数字时代后,传统民法中的财产发生了重大的变化,民法上的财产已经逐渐由有形变为无形,解释对象发生变化后,解释的视角和方法也应当发生相应的变化。

从词源上讲,人们一般将数据定义为数字或信息,数据是信息的载体。① 但这一定义方式显然并不足以揭示数据的全部内涵。与技术层面不同,从法律层面看,数据不是一个简单的信息问题,而是一个权利问题。毫无疑问,关于数据被赋权的必要性,在理论上是存在共识的。从权利层面观察数据,首先需要确定其作为一项权利,在民事权利体系中处于什么地位。② 关于数据的权利属性,我国《民法典》第 127 条规定:"法律对数据、网络虚拟财产的保护有规定的,依照其规定。"该条对数据的保护规则作出了规定,该条将数据规定在财产权之后,但该条在性质上是否为财产权,并不明确。因为严格地说,该条只是一个引致条款,即将数据的法律性质与保护方式链接到其他法律规范,并宣示了对数据权益应予以保护,但并没有对数据的权利属性作出明确规定。虽然我国已经颁布了《数据安全法》《个人信息保护法》等法律,但这些单行法对数据权益的法律性质并没有作出明确界定。

关于数据权益的性质,学者存在不同的观点,具有代表性的观点包括人格权说、财产权说、特许权说等。③ 这些观点都不无道理,都从特定的角度相对准确地分析、总结了数据权益的某种属性。正如卡拉布雷西曾评论的那样,"提出某种分析框架或者模型这种方法……只是提供了大教堂的一个图景罢了(But this approach also affords only one view of the Cathedral)"④。这些观点围绕数据权益的性质,从某一个角度提出了各自的一套分析框架,就其所涉及的社会生活的局部而言,不可谓不正确。但准确解释数据权益,需要突破原有的以物理世界为观察对象的研究范式,寻求可适用于研究虚拟世界的新的范式和方法,以新的视角来观察、解释数

---

① See Katharina Pistor, Rule by Data: The End of Markets?, Law & Contemporary Problems, Vol. 83, p. 104(2020).
② 参见申卫星:《论数据用益权》,载《中国社会科学》2020 年第 11 期。
③ 参见钱子瑜:《论数据财产权的构建》,载《法学家》2021 年第 6 期。
④ Guido Calabresi & A. Douglas Melamed, Property Rules, Liability Rules, and Inalienability: One View of the Cathedral, Harvard Law Review, Vol. 85, pp. 1089-1128(1972).

据权益。

面对数据权益的解释困境,建立在物债二分基础上的传统研究范式受到了一定冲击,一方面,物债二分和物权理论立足于物质世界,以有体性的财产权益为观察对象,而在数字时代,数据权益是以信息为载体生成的各项权益,其客体具有无形性的特点,它是在虚拟世界中产生的各种权益,因此,传统的物权—债权分析方式对数据权益的利用和保护难以作出周全解释。另一方面,所有权权能分离以及所产生的各类物权的排他性理论难以有效解释数据权益,因为对数据权益而言,各项权益交织在一起,形成了一种"你中有我,我中有你"的格局,无论是大陆法系的物债二分理论,还是英美法上的"对物权/对人权"理论,都难以解释数据权益现象。① 此外,各个数据权益主体利用数据权利的绝对排他性也受到了消解,各个权利人对数据的利用权往往呈现出叠合与并行的共赢局面。在此背景下,"权利束"(bundle of rights)理论为我们全面观察数据权益提供了崭新的视角,该理论充分认识到一宗财产或者一宗有价值的经济资源上的权利主张的多样性和可分割性,并认为同一客体上可以同时并存多元主体的多种权益主张。只要这些权益主张之间的边界是清楚的,那么,各权利人就可以和谐共处,并行不悖地行使自己的权利。②

"权利束"理论来源于霍菲尔德(Wesley Hohfeld)对权利的分析。早在20世纪20年代,美国著名法学家霍菲尔德就提出了"权利束"的初步构想,他认为,财产权的本质并不是人对物的关系,而是人与人之间的法律关系,而且是由一系列复杂权利,即请求权(claim)、特权(privilege)、权力(power)和豁免(immunity)构成的关系集合。③ 根据霍菲尔德的观点,任何物权都应被视为无数的个人之间的个人权利。因此,我对一辆汽车的所有权不应该被视为个人之间的法律关系,也不应被视为我和汽车这一事物之间的法律关系,而应被视为我对所有其他人的一系列权利。任何标准的财产权都被恰当地视为所有者针对许多其他人所拥有的一揽

---

① 参见熊丙万:《实用主义能走多远?——美国财产法学引领的私法新思维》,载《清华法学》2018年第1期;包晓丽、熊丙万:《通讯录数据中的社会关系资本——数据要素产权配置的研究范式》,载《中国法律评论》2020年第2期。

② See Thomas W. Merrill & Henry E. Smith, What Happened to Property in Law and Economics, The Yale Law Journal, Vol. 111, p. 357(2001).

③ 参见〔美〕霍菲尔德:《基本法律概念》,张书友编译,中国法制出版社2009年版,第144页。

子权利。此外,财产权的各项权益内容本身也是可以分割的。① 这些观点后来又发展成了"权利束"的思想,即一宗财产上发生的多重权利关系集合在一起,构成一个权利关系的束体,就像一束束花朵一样。② "权利束"的观点深刻地影响了美国财产法,也为后来法与经济学的财产权理论的发展奠定了基础。法经济学派认为,在一个科斯所想象的零交易成本的世界中③,人们可以彼此之间就所有这些构件一一达成协议,进行多样复杂的权属分割和让渡。这样一来,任何一种固定的权利类型安排都将是多余的。④ 因为人们永远可以就特定资源的利用达成最有效率的分割和利用协议。可见"权利束"理论成为法律经济学派重要的分析工具。⑤

美国学者贝克尔认为,对财产的"权利束"分析可以作为一种"主导范式",在这种范式的支持下,法学家可以关注财产法中的特殊问题,包括各种无形财产和各类新财产。⑥ 这就给我们一种启示,即针对物质世界的财产关系进行分析和解释的物债二分和物权理论,很难解释虚拟世界的数据权益问题,因此,讨论数据权益,需要突破传统的大陆法系财产权研究范式,寻求一种新的研究范式。虽然数据权利不完全是财产权,但可以以"权利束"作为观察视角,分析其权利内容和权利属性,具体而言:

第一,"权利束"理论有助于解释不具有物理排他性的各种权益的集合。传统财产法理论以所有权为出发点和中心,强调一物不容二主,以及财产权利在利用层面的排他性功能。但随着数字时代的各种新型财产的出现,权利人对数据这类客体的物理排他性越来越弱,很难用以物理排他性为基点的所有权理论来解释。相反,"权利束"学说可以化解这一解释困难。因为在"权利束"这样一个更具有包容性的权利分析框架中,只要

---

① See Wesley N. Hohfeld, Some Fundamental Legal Conceptions as Applied in Judicial Reasoning, The Yale Law Journal, Vol. 26, p. 96(1917).

② See J. E. Penner, The "Bundle of Rights" Picture of Property, UCLA Law Review, Vol. 43, pp. 711-820(1995).

③ 参见〔美〕罗纳德·H. 科斯:《企业、市场与法律》,盛洪、陈郁译校,格致出版社、上海三联书店、上海人民出版社2014年版,第78页以下。

④ See Henry E. Smith, Exclusion Versus Governance: Two Strategies for Delineating Property Rights, Journal of Legal Studies, Vol. 31, pp. 453-488(2002).

⑤ See Lee Anne Fennell, Lumpy Property, University of Pennsylvania Law Review, Vol. 160, pp. 1955-1994(2012); Thomas W. Merrill, Property as Modularity, Harvard Law Review, Vol. 125, pp. 151-163(2012).

⑥ See Lawrence C. Becker, Too Much Property, Philosophy and Public Affairs, Vol. 21, pp. 196-206(1992).

同一客体上的各权利人之间权益主张的边界能够基本清晰,相互间就可以同时并行不悖地利用该宗客体。这样一来,就没有必要确定完全控制客体并享有所有权益的原初所有人。实际上,在现代社会,很多客体从产生之时就凝聚了多元主体的贡献,各个主体相互之间都有正当性的权益主张需要给予承认和保护,很难认定某一主体对该客体享有绝对排他的控制权或者完整所有权。①

第二,"权利束"理论有助于解释多元权益主张之间的复杂交织现象。在传统的物权理论看来,一宗有形财产之上的确可以产生各种他物权。尤其是随着社会商业模式的创新发展,财产利用方式的多样化,所有权权能分离的复杂性越来越高,传统的"占有、使用、收益、处分"权能四分法在解释复杂的权能分离现象时显得力不从心、捉襟见肘。② 到了数字时代,围绕数据承载的信息之上的各种权益,更难以通过传统的权能四分法作出周延的解释。数据本身具有无形性,其价值不同于数据载体的价值,而是体现于数据所包含的信息内容。③ 用传统的物权观念就难以解释数据上多元主体的权利交织现象。但从"权利束"的视角,我们在对一宗客体上的诸多权益主张进行解释时,不用拘泥于四项权能的有限划分,而可以根据法律规定或者当事人约定的权利分配方案更弹性地认识和描述各种不同的权益主张,从而更好地承载一宗数据之上的复杂权益网络。

第三,"权利束"理论有助于更好地解释和更充分地促进数据上的权能分离和流通利用。传统的物权理论强调物理上的排他性利用,即便是从所有权中分离出来的用益权,也可以排除所有权人的利用。此种理论特别强调物理占有意义上的排他性利用,但也因此限制了物理财产分离程度和样态的多样性和复杂性。但到数字时代以后,数据作为无形财产,不仅不用受物理排他性的拘束,而且还可以鼓励复制性流通和非排他性利用。④ 从数据要素市场的培育和促进的角度来看,更应该从这个视角来看待数据上的权益分离现象和发展方向。这不仅有助于我们认识到数据上权益分离的多样可能性,而且有助于鼓励数据处理者更积极地构想和发挥数据要素的利用潜能。

---

① 参见包晓丽、熊丙万:《通讯录数据中的社会关系资本——数据要素产权配置的研究范式》,载《中国法律评论》2020年第2期。
② 参见常鹏翱:《体系化视角中的物权法定》,载《法学研究》2006年第5期。
③ 参见郑佳宁:《数据信息财产法律属性探究》,载《东方法学》2021年第5期。
④ 参见许可:《数据权利:范式统合与规范分殊》,载《政法论坛》2021年第4期。

上述三个方面只是概要说明"权利束"理论对于解释数据权益具有一定的合理性,而随着大数据、互联网的发展,"权利束"理论可能在解释不断发展的数据权益方面彰显更加旺盛的生命力。

二、数据权益构成复杂的"权利束"

(一) 数据权益是信息之上产生的多项集合的权益

传统的所有权及其排他性的理论以有体物为观察对象,通过该理论分析有体物的权利结构,可以确定明确的权益结构,即一般情况下,所有权权能的分离可以形成他物权,从而在一物之上形成平行的双层权利结构,例如,基于占有、使用、收益与处分权能的分离,所有权、用益物权和担保物权被作为对物的不同管领和支配方式而加以区分。在特殊情形下,他物权之上还可以进一步分离出其他权利,从而形成三层权利结构。例如,土地承包经营权人再次将土地经营权进行分离,形成所有权、土地承包经营权与经营权三层结构。但即便是在这种三层结构的情况下,权利的结构仍然也是较为清晰的。此种权利分层方式具有如下特点:一是可以对权利彼此间的边界作出相对明晰的界定。不论是上述双层权利结构还是三层权利结构,各项权利的内涵、外延以及权利边界都可以是清晰的。物权的这种权利结构无非是基于所有权部分权能的不断剥离而形成,每一项权利对应不同的权能,即便可能层级较多,但各个权利之间的界分仍然可以是明晰的。二是各项权利之间不存在相互包容、交融的现象,这也奠定了物权排他性的基础。三是各项财产权利与人格权益实现相分离。即便是在部分人格要素的商业化利用中,其利用形态也与所有权派生出的用益物权的结构存在性质上的根本差异。①

但以此种理论难以解释数据权益,因为数据权益与上述物权的权利结构存在明显的不同。传统物权依据权能分离的方式构建权利结构的方法在解释数据权益时明显捉襟见肘,数据权益体系的构建明显呈现更为复杂的特点,这主要体现在以下几个方面:

第一,从权利产生的视角看,与物权相比,数据权益的产生更为复杂。数据权益的来源多种多样,有的可能是已经公开的信息,有的可能来自处

---

① 参见温世扬:《析"人格权商品化"与"人格商品化权"》,载《法学论坛》2013年第5期。

理人收集的信息,甚至可能需要经由算法的知识产权人的加工等方可形成。数据权益的形成过程中可能混合了个人信息权益、著作权、商标权、专利权、名称权等不同的权利类型。

一方面,数据可能来源于数据处理者的劳动或资金、技术等投入①,因而可能具有财产权的属性。数据处理者为处理数据投入了大量劳动和资金,由此形成的数据产品,有可能因具有独创性而应受到知识产权保护。即便没有独创性,数据处理者付出的劳动和投入的资金,也应当受到财产法的保护,如此才有利于数据的有效利用和优化配置,促进技术的进步和发展。② 例如,有的作者编写了法律汇编,法律和司法解释本身不受知识产权保护,这些汇编虽然不具有独创性,但是汇编者在汇编过程中进行了大量的校对工作,投入了大量劳动,如果他人擅自将这些汇编作品进行复制和发行,也侵害了汇编作者的利益。此时,数据财产权利的意义就得到了凸显,该法律汇编可以作为一种数据产品加以保护。虽然数据主要是通过流通、交换进而创造出更大的利用价值和预测价值,因而不同于有体物通过支配来分享其权能的法律关系构造③,但这并不影响数据产品的财产权属性。

另一方面,数据也可能来自信息主体及其社会活动,信息主体的个人信息被编译成数据后,并不因此切断其与信息主体之间的联系,因而数据权利也可能与人格权联系紧密。也正因如此,欧盟保护个人信息的重要规范——GDPR 将个人信息包括在个人数据(personal data)中,将敏感个人信息包括在敏感个人数据(personal sensitive data)中,这也反映出数据权利与个人信息权利之间的密切关联性。

第二,数据权益的主体更为复杂。由于数据来源和处理的方式不同,数据权益的主体也更为广泛。数据之上之所以存在复杂的权益网络,很重要的原因在于,数据的价值来源于数据的流通与利用,在数据的多次流通与利用中,可能形成各种利益互动关系,而且通过数据流动、共享,不论是针对个人信息、企业数据还是针对公共数据,都可能逐步形成多元主体间的复杂权益网络。④ 数据权益可能涉及的主体包括个人信息

---

① 参见程啸:《论大数据时代的个人数据权利》,载《中国社会科学》2018 年第 3 期。
② 参见申卫星:《论数据用益权》,载《中国社会科学》2020 年第 11 期。
③ 参见胡凌:《数据要素财产权的形成:从法律结构到市场结构》,载《东方法学》2022 年第 2 期。
④ 参见戴昕:《数据界权的关系进路》,载《中外法学》2021 年第 6 期。

主体、信息处理者、算法的知识产权人,甚至在政府等提供信息的场合还可能包含公权力主体。企业自身在其产品上公开发布的信息和行为动态所产生的数据,也属于企业数据。因此,单纯以权能分离的方式划分数据权益的权利结构可能无法适应这一局面。还应当看到,数据的外延较为广泛,其包括政府数据、企业数据、个人数据,有的是公开的数据,有的则是非公开的数据。同一数据产品上的各类数据不一定都属于数据处理者。例如,就企业数据而言,企业除对自己活动产生的数据享有权利外,对其他数据未必享有独占的权利,即便就已公开的信息而言,其也只是有权依法利用,不能当然认定该信息归属于企业。

第三,利用方式更为多元。对于传统物权的利用,多是不同主体分别就客体的不同权能加以利用。例如,用益物权人对标的物进行占有、使用,对物的利用是排他的,因为对某一有体物的占有、使用往往天然地排除他人同时进行占有、使用。也正是基于这一原因,权能分离后的相互排斥使得物权的权利结构较为单一。但是,在数据权益中,权益之间不具有明显的排他性,共同利用成为常态,单独利用反而是个例。数据是非竞争性(unrival)和非排他性的财产。① 原始数据通常并不具有竞争性,而处理后的数据和允许数据控制者从中提取预测价值的算法,才具有竞争性。② 平台上对外公开的一些数据,任何人都可以随意浏览。③ 有学者将数据权益划分为不同的权利或权力,包括数据主权、个人信息权、数据财产权、知情权和数据自由权等。④ 此种说法虽然有值得商榷之处,但也表明了数据权益内在结构的复杂性。

可见,与有体物之上形成的各个物权的平行结构不同,在数据之上的权益往往呈现网状结构一般的"权利束",这就好比在数据之上长出了一束束的花朵,而这些花朵就是"权利束"。以数据为载体的数据权益,交叉地分散于网状结构之上,并与其他权利相互联结,形成了独特而复杂的权利结构特征。数据实际上是信息之上形成的各项权益的集合。可以说,两权分离后形成的权利状态就像是树的主干上长出的分枝,主干即为所有权,分枝为他物权,如果在他物权之上再次产生他物权,就好比在分

---

① 参见包晓丽:《数据共享的风险与应对——以网络借贷平台为例》,载《上海政法学院学报(法治论丛)》2021年第5期。

② See Katharina Pistor, Rule by Data: The End of Markets?, Law & Contemporary Problems, Vol. 83, p. 105(2020).

③ 参见钱子瑜:《论数据财产权的构建》,载《法学家》2021年第6期。

④ 参见齐爱民:《数据法原理》,高等教育出版社2022年版,代前言。

枝之上再次长出分枝。而数据权益则像是长在同一花枝之上的一束束花朵,各束花朵并行,没有像传统物权那样形成主干与分枝的关系。总而言之,数据权益这种网状的权利束结构,使得数据权益相较于有体物之上基于所有权权能分离而构建的权利结构而言更为复杂,只能用"权利束"理论来予以解释。数据是在信息之上形成的各种权益的集合,正是由于数据权益之上所形成的各种权益十分复杂,因此《民法典》第127条规定并没有对数据性质作出规定。

以"大众点评"这类产品所包括的数据而言,在数据之上就可以看到各种权利的分配呈现多样性的特征。具体表现为:第一,"大众点评"作为一个整体的产品,是一项无形财产,可以归属于数据的处理者或者"大众点评"平台;第二,"大众点评"中消费者的账户信息、消费记录、地理位置等个人信息虽然也属于数据的一部分,但是这些可以识别特定自然人的个人信息就应当归属于消费者;第三,"大众点评"的算法可能是一个商业秘密,应当归属于算法的设计者或平台;第四,"大众点评"涉及的各个餐饮店的介绍、其发布的各类信息,以及优惠券等,应当归属于经营者;第五,"大众点评"许可经营者进入"大众点评"的权利,归属于经营者;第六,"大众点评"这款应用软件的各种元素,比如设计、符号等可能涉及独创性的作品,属于著作权保护的范围;第七,"大众点评"的名称及其商标本身也受到名称权、商标法的保护;第八,"大众点评"的数据架构。数据产品的架构也是一种财产权益,包括数据资产目录、数据标准、数据模式和数据分布等,由数字平台通过技术和私人规范进行塑造和控制,允许生产要素通过账户在其中流动并产生价值。架构财产权的出现意味着从控制单一的生产工具和生产资料扩展至控制要素活动的"系统"。① 当然,"大众点评"还不仅仅局限于上述权益。由此可见,"大众点评"形成了一个完整的"权利束",很难说该数据产品是归属于谁。这些信息的性质并不完全相同,难以作出统一的数据权益性质和归属的认定。

综上所述,简单地将数据看作某一类单一的权利,显得有失偏颇。有些学者认为数据权益是财产权②,就数据产品而言,这种观点不无道理,但此种观点忽略了数据作为个人信息载体的属性,个人信息是一项人格权

---

① 参见胡凌:《数字经济中的两种财产权——从要素到架构》,载《中外法学》2021年第6期。
② 参见钱子瑜:《论数据财产权的构建》,载《法学家》2021年第6期。

益,不是单纯的财产性权利。因此,在这个层面上,数据又具有人格权益的属性。此外,数据中还存在其他权益。如果我们用"权利束"的理念来观察数据权益,可以认为数据权益是多项权益的集合。这就意味着,对数据权益的赋权可能来自法律的多个领域。在侵害了数据的财产权益时,就触发了侵害财产的损害赔偿责任;在侵害了数据的人格权益时,就涉及侵害人格权的责任;如果以侵害知识产品的方式窃取具有独创性的数据,就会受到知识产权法等法律的规制。如前所述,《民法典》第127条虽然将数据规定在财产权保护之后,但其并没有明确将数据界定为财产,此种规定具有合理性。

(二) 数据产品整体上是一种无形财产

讨论数据权益,还需要区分数据与数据产品。在某些情形下,数据可能特指数据产品,其可以表现为某个数据库,或者数据分析产品,甚至是某个平台等。所谓数据产品,是指数据处理者通过合法手段收集各种数据后依法进行处理所形成的产品。诚然,数据与数据产品是很难分割的,数据产品是数据的产物,是数据的集合体。但是通常所说的数据是一种用数字化、电子化方式来承载一定信息的符号。① 而数据产品不一定由基本符号作为单元而构成,而是一种相对完整的作品。例如,以"大众点评"为例,其虽然包含多种数据,但其在整体上可以被看作一种数据产品。许多数据是由商业公司收集、加工整理并发布,进而开发成有价商品进行销售,可以通过整合、计算、优化相关数据来提高商业决策的效率与收益保障。② 其目的是为其他有需求的商业公司提供潜在客户的获取渠道,帮助其他企业开发有效客户,为中小企业提供数据服务,这些数据产品应当归属于那些对于数据处理付出一定的财力、物力、劳动,使其具有一定商业价值的数据处理者。区分数据与数据产品的关键在于:

首先,数据权益包含复杂的权益结构,但数据产品在整体上属于无形财产。如果数据或者数据产品具有独创性,则其可以受到《著作权法》的保护。即使数据或者数据产品不构成知识产权客体,二者之上也可能成立署名权、数据携带权(或提取权)、数据完整权、数据删除权、数据更正权等,也要受到法律保护。例如,某个数据库将法律方面的各类书籍汇编成

---

① See Katharina Pistor, Rule by Data: The End of Markets?, Law & Contemporary Problems, Vol. 83, p. 104(2020).
② 参见王天夫:《数字时代的社会变迁与社会研究》,载《中国社会科学》2021年第12期。

集,形成了电子图书库,即便被侵害的电子图书的内容都是已经公开的法律信息,但如果具有独创性,就应当受到知识产权法的保护。如果某人将这种电子图书完全转载或传播,就有可能造成对他人知识产权的侵害。即使不具有独创性,产品研发者投入大量成本尤其是智力投入(例如,在校对、编排等方面付出了劳动),其对于数据的权益也要受到保护。他人不得实施"不劳而获"搭便车的行为,将其完全复制、利用。

其次,数据通常都涉及个人信息,而数据产品并不一定涉及个人信息。数据通常包含个人信息,而数据产品则并不当然包含个人信息。一方面,某些数据产品可能已经对所涉及的个人信息进行了匿名化处理,此时,该数据产品即属于单纯的财产,其所包含的权益结构也较为单一,不涉及人格权等权利。另一方面,如果数据产品仅涉及非个人信息的信息,如气象等数据,此时,该数据产品也不涉及个人信息。

最后,就对数据产品中单个数据的侵害而言,要区分是对数据中个人信息主体权益的侵害,还是对数据产品权利人的权益的侵害。如果数据产品归属于企业,任何人不得非法利用企业的数据产品,否则将构成对企业财产权的侵害。但《个人信息保护法》保护的不是产品,而是一种具有人格利益的个人信息,数据产品无法纳入《个人信息保护法》的保护范畴。某个信息即便已成为公开的数据,只要其能够直接或间接地识别特定主体,则任何人非法处理该数据都可能构成对他人个人信息的侵害。因此,在侵害数据产品的情形下,如果同时构成对数据产品中个人信息的侵害,个人也可以依法请求行为人承担民事责任。

由于理论上一直没有对数据产品的性质达成共识,因此,在行为人侵害他人数据产品的情形下,司法实践中通常将其作为不正当竞争纠纷予以解决。例如,在"淘宝(中国)软件有限公司诉安徽美景信息科技有限公司不正当竞争纠纷案"[1]中,法院认为,被告美景公司未经许可利用淘宝的"生意参谋"数据产品,产品研发者投入大量成本尤其是智力投入,能为淘宝公司带来可观的商业利益与市场竞争优势,这一数据产品已经成为淘宝公司一项重要财产性权益。美景公司未付出劳动创造,将涉案数

---

[1] 参见浙江省杭州铁路运输法院(2017)浙 8601 民初 4034 号判决书。该案中,杭州铁路运输法院于 2018 年 12 月 18 日作出二审判决,确认淘宝(中国)软件有限公司对大数据产品"生意参谋"数据享有竞争性财产权益,安徽美景信息科技有限公司需停止涉案不正当竞争行为,并赔偿淘宝公司经济损失及为制止不正当竞争行为所支付的合理费用共计 200 万元。

据产品直接作为获取商业利益的工具,此种据他人劳动成果为己用从而牟利的行为,明显有悖公认的商业道德,属于不劳而获"搭便车"的不正当竞争行为,如果不加禁止将挫伤大数据产品开发者的创造积极性,阻碍大数据产业发展,进而会影响到广大消费者福祉的改善。在该案中,法院将侵害他人数据产品的行为界定为不正当竞争行为,但事实上,如果承认数据产品具有无形财产权地位,则行为人侵害他人的数据产品将构成侵权,此时就没有必要必须依据不正当竞争的规定解决相关纠纷。

需要指出的是,即使企业开发的数据产品应当归属于企业,但对数据产品的利用也应当尊重个人在个人信息处理活动中的权利。有观点认为,"大公司有技术手段来管理他们所积累的数据的访问,而且他们还从数据所有权的模糊性中获益。因为他们已经开始'围住'从数十亿人中提取的数据。实际上,大公司将其捕获的数据视为无主之物,即野生动物:不属于任何人,谁先抓到它们,谁就可以拥有"①。此种观点将个人信息认定为类似于无主财产,平台在收集相关的个人信息后,相关的数据权利即归属于平台。但事实上并非如此,个人信息作为数据的重要来源之一,并非"无主物"。因为人们在浏览网页、网上购物时,在不经意间同意了大公司收集个人信息的隐私政策,为大公司提供了海量的数据。对于个人每天产生的大量个人信息,平台不能随意收集。有学者认为,在网络环境下,对数据的确权要采取两权分离的模式,用户享有所有权,平台拥有用益权。② 其实,用户在网络购物时留下一些记录,不能当然地都归平台所有。依据《民法典》和《个人信息保护法》的规定,个人应当对其个人信息享有权利,个人信息应当归属于信息主体。例如,"大众点评"App中包含的消费者的点餐记录等个人信息,仍然应当属于信息主体,不能认为都归属于平台,这就需要区分数据产品与个人信息。

三、数据权益与个人信息具有不可分割性

依据传统的物债二分理论区分物权和债权,这些财产权与人格权是

---

① Richard A. Epstein, Property Rights and Governance Strategies: How Best to Deal with Land, Water, Intellectual Property, and Spectrum, Colorado Technology Law Journal, Vol. 14, p. 181(2016).
② 参见申卫星:《让数据共享在信息社会中发挥积极作用》,载《社会科学报》2021年11月18日,第1版。

分离的。特别是以所有权为基石的权能分离理论,认为每个客体之上必须先确定一个所有权和所有权人,然后在所有权基础上分离出各种他物权。而他物权与所有权之间以及各个他物权之间的权利是彼此分离、相互排他的。此种观察视角难以解释数据权益现象。有一种观点认为,发展数据要素市场不仅需要明确数据权属,而且要以所有权为原型确认数据财产权。① 数据权益和个人信息之间是一种用益权和所有权之间的关系。如果将个人信息权益作为"母权",就可以将数据权利作为"子权",通过设定数据原发者拥有数据所有权与数据处理者拥有数据用益权的二元权利结构,以实现数据权益分配的均衡。② 这种分析路径实际上仍然是用传统的物权理论来观察分析数据财产权益现象,其合理性在于揭示了数据权益产生的部分原因和基础在于个人信息,但是这种完全以有形财产的权利结构来观察数据财产的权益的现象,显然无法准确解释数据权益与个人信息之间的相互交织关系。

诚然,确有一些数据的权益与个人信息是分离的,可以被某个单一的数据处理者完整控制和享有,就像传统物理世界中一个人对某个客体的完全所有一样。例如,将个人信息进行匿名化处理且完全排除了技术复原可能性,或者处理特定地域的气象数据。不过,在当前的数据要素市场,这类数据样态及其处理过程并非常态,而是例外。在绝大多数情形下,数据权益和个人信息权益是难以分离的。也正是因为数据往往是个人信息的集合,GDPR 即通过数据保护形式保护个人信息,这就体现了数据与个人信息的紧密联系。

显然,对于数据权益与个人信息的不可分割现象,难以通过以所有权为基础的权利分离理论来解释。一方面,所有权和用益权分离之后,常常形成两个不同的权利,且相互之间是独立的,相互之间的交融性较弱。但在数据客体上,即便个人信息主体的个人信息权益与数据处理者的财产性权益可以分离为两种独立的权益,但是,这两种权益却难以截然分开。数据权益中常常包含个人信息权益,因此,"最基本且看来最正当合理的排他主张来自个人,其诉求主要是避免因数据处理遭受隐私损害"③。另一方面,所有权与用益权分离之后,两种权利之间具有物理上的排他性。

---

① See Andreas Boerding et al., Data Ownership-A Property Rights Approach from a European Perspective, Journal of Civil Law Studies, Vol. 11, pp. 323-370(2018).
② 参见申卫星:《论数据用益权》,载《中国社会科学》2020 年第 11 期。
③ 戴昕:《数据界权的关系进路》,载《中外法学》2021 年第 6 期。

在物理控制层面,同一客体上难容二主。就利用形态而言,同样按照排他性理论,用益权人对物的利用必然排斥所有人的利用。在数据客体上却不存在这样的排他性问题。相反,各种权益主张之间可以一种非竞争和非物理排他的方式共存。

鉴于前述特殊现象,"权利束"可以成为一种替代性权利理论,能够有效地描述和解释数据上的此种多元权利交融并存现象。"权利束"学说从一开始就把一宗客体上的权利结构视为一个"束体"(a bundle),承认"束体"内部的权利可分性和结构多样性。在一个客体上的权利束,不仅从一开始就可能发生了权利分割,即该束体内容从一开始就是由多个不同的权利块构成的(multiple sticks within the bundle),就像一束花中又结出了多枚花果一样。虽然在权利人享有的利益层面是可以分开的,但各项权益之间不具有排他性。当然,从"权利束"视角来看,一个权利束体内部可以发生多样性权利分割,分化出各种不同的权利块,但并不是说这些权利块是杂乱无章的。相反,这些权利"束体"又常常以成型的模块(modules)的形式出现,如此方能使一个客体上的各位权利人和潜在的交易当事人能够比较好地认识和理解相互之间可能享有的权益或者承受的权益负担,更有助于一宗财产上的权利分割、流通和利用。①

数据权益与个人信息交织在一起,形成一种你中有我、我中有你的交融状态。数据处理者要行使权利,必然要受个人信息主体的个人信息权益制约。反之亦然,个人信息权益的行使也会对数据处理者的数据权益产生重大影响,具体表现为以下几方面:

一是数据权益的享有和行使应以尊重信息主体享有的各项信息权益为前提,并且必须在法律规定和合同约定的权限范围内行使数据权益。例如,数据处理者虽然在处理数据之前已经获得了信息主体的授权,并且依据合法授权而处理信息主体的个人信息,并形成了数据。但这并不意味着其有权将该数据作任意使用或者与他人共享。依据《民法典》第1038条第1款规定,"未经自然人同意,不得向他人非法提供其个人信息"。因为共享是对他人信息的再次利用,对被共享者而言,也是一种信息收集行为。数据处理者行使权利不得超出信息主体的授权使用范围。

二是信息主体行使撤回同意权。即便数据处理者已经依据信息主体的授权通过处理他人的个人信息形成了数据,但信息主体仍然享有撤回

---

① See Thomas W. Merrill, Property as Modularity, Harvard Law Review, Vol. 125, pp. 151-163(2012).

同意权等个人信息权益。《个人信息保护法》第 15 条第 1 款规定："基于个人同意处理个人信息的,个人有权撤回其同意。个人信息处理者应当提供便捷的撤回同意的方式。"依据该条规定,个人撤回同意没有期限限制,而且信息主体撤回同意并不需要说明理由。此外,信息主体撤回同意后,原则上没有溯及力,也就是说,撤回同意后,不影响撤回前因个人同意已进行的个人信息处理活动的效力。① 据此,此种权利在性质上可被视为任意解除权。一旦信息主体行使撤回同意权,数据处理者不得拒绝或者阻止。这种权利的行使必然会对数据处理者的权益产生重大影响。

三是信息主体行使信息携带权。《个人信息保护法》第 45 条第 3 款规定:"个人请求将个人信息转移至其指定的个人信息处理者,符合国家网信部门规定条件的,个人信息处理者应当提供转移的途径。"根据这一规定,信息主体享有信息携带权。在实践中,信息携带主要是指用户将在某个平台的数据移转至另一个平台,如将在某个通信公司的通话信息移转至另一家公司,又如将用户在某一电商平台上的消费信息转移至另一电商平台。从竞争政策的角度,信息携带权不仅有助于维护信息主体对其个人信息的自主决定权,而且可以促进竞争并且鼓励创新。② 如果不允许数据携带,则用户在移转到另一个平台时,需要重新积累数据,这不仅成本较高,而且用户前期积累的数据也无法利用,这显然不利于用户对数据的有效利用。③ 当然,依据《个人信息保护法》第 45 条第 3 款的规定,信息携带权的行使必须符合法律规定的条件。

四是信息主体行使信息删除权,即在符合法律规定或者当事人约定的情形下,信息主体可以请求信息处理者及时删除相关个人信息的权利,该权利旨在保障信息主体对其个人信息的自主决定权。在信息控制者删除信息后,应当使被删除的信息处于不被检索、不被访问和浏览的状态;如果仍然可以被检索、访问,则并没有完成删除行为。一旦信息主体行使信息删除权,同样将对数据处理者的数据权益产生重大影响。例如《征信业管理条例》规定,征信机构对个人不良信息的保存期限为 5 年。这意味着期限未满 5 年时,信息主体就不得随意请求删除。一旦 5 年届

---

① 参见张新宝主编:《〈中华人民共和国个人信息保护法〉释义》,人民出版社 2021 年版,第 128 页。

② See Barbara Engels, Data Portability Among Online Platforms, Internet Policy Review, Vol. 5, p. 5(2016).

③ See Peter Swire & Yianni Lagos, Why the Right to Data Portability Likely Reduces Consumer Welfare: Antitrust and Privacy Critique, Maryland Law Review, Vol. 72, p. 335(2013).

满之后,则信息主体就有权请求征信机构删除相关信息。

鉴于前述复杂的权益交织关系,我们可以打一个形象的比喻来概括数据权益与个人信息之间的关系:它们二者之间就好像一种放飞的风筝与风筝线之间的关系,数据处理者对其数据产品享有的权利如同放飞的风筝一般,但是这个风筝无论飞得多远,它始终不能脱离个人信息权利人的权利而自由放飞。它在天空中自由飞翔的时候始终都受制于个人信息权益这一条风筝线,而信息权利人牢牢地控制着这一根风筝线,使数据处理者的权益不能任意飘荡。个人信息权利人如果要通过行使撤回权、删除权等权利将其信息收回或者删除,数据处理者也必须尊重信息权利人依法享有的权利。这种现象显然与所有权和用益权分离下相互对抗性的关系是截然不同的。一方面,这两者之间根本不存在这种对抗和排他的关系。数据处理者所享有的权利不可能直接对抗信息权利人所享有的权利。另一方面,用所有权及其分离理论来解释使得两种权益割裂开来,反而弱化了对个人信息权利人的保护。

还应当指出,我们之所以放弃用所有权及其分离理论来解释数据权益,还有一个重要的原因在于,当信息主体行使权利时,必然会对数据权益产生重大影响,这就形成了两种权益的相互冲突现象。笔者认为,解决数据权益冲突现象应明确如下规则:

第一,信息主体应依法行使其个人信息权益,这也是维护数据处理者权益的前提。如果信息主体行使权利过于随意,自然会损及数据处理者的合理预期和正当权益诉求。例如,信息主体不当行使个人的信息携带权,可能会影响数据产品本身的流通和使用,也可能会影响数据产品本身的数据权益的完整性,还可能会影响数据处理人对数据权益的行使。因此,信息主体必须依据《个人信息保护法》第45条的规定,正当行使信息携带权。

第二,信息主体合法行使其信息权益,数据处理者不得拒绝。例如,如果某用户依法将其在某平台上的留言、通话记录等数据转移到另一个平台,这将影响前一平台数据产品的完整性,数据产品的处理人能否禁止该用户行使信息携带权?显然,依据《民法典》《个人信息保护法》的相关规定,此时,首先要判断信息主体行使权益是否合法、正当,只要该权利行使合法,就应当优先保护个人信息主体的权益,这就是说,即使这两种权益之间存在冲突,在此情形下也应当首先依据《民法典》《个人信息保护法》的规定,充分保护信息主体所享有的各项信息权益,这实际上也就是在保障数据权益。因此,数据处理者必须尊重和保护信息主体的个人信息权益。

第三,数据处理者应充分尊重信息主体对其信息权益的合法行使。如果法律对信息主体的权益保护没有作出具体、明确的规定,产生了模糊地带,此时如何处理权益冲突?笔者认为,此时应当依据权利位阶理论,基于人格尊严优先的原则,优先保护信息主体的权益。因为对人格尊严的维护要优先于财产利益,毕竟数据主体享有的是财产性权益,而信息主体所享有的是人格权益,人格权益直接体现的是人格尊严,是对人的主体性的体现,而财产毕竟是身外之物,正如康德所说,人是目的,不能作为手段①,所以优先保护人的权益就是优先保护人的主体性和目的性。在此情形下,数据处理者享有的对于数据产品的权益应当受到了一定的限制。当然,如果个人信息处理者对其所处理的个人信息进行了匿名化处理,则相关的个人信息与个人之间的关联性将被消除,其不再属于个人信息,而应当属于纯粹的数据,此时,数据处理者即可对该数据享有更为广泛的权利。

我们之所以强调数据权益与个人信息之间的密切关系,是为了说明在我国数据立法中,对数据权益的保护首先体现在对个人信息的保护之中。所谓数据权属确定,首先要确认信息主体享有的个人信息权益,然后才应确认数据处理者的财产性权益。例如,2022年《上海市数据条例》第12条规定:"本市依法保护自然人对其个人信息享有的人格权益。本市依法保护自然人、法人和非法人组织在使用、加工等数据处理活动中形成的法定或者约定的财产权益,以及在数字经济发展中有关数据创新活动取得的合法财产权益。"该条在确认数据权益时,首先规定要保护数据中的个人信息权益,这是较为妥当的。个人信息权益如果得不到保障,不仅会使得与个人的主体性维护相关的各种隐私和信息权益得不到保护,人格尊严也会受到损害。如此一来就背离了通过发展数据要素市场来满足人民群众的美好幸福生活的需要这一出发点和宗旨。同时,如果数据处理者可以随意处理个人信息而不尊重个人对其信息的自主决定权和隐私权,那么,个人在未来的数字化生活中就可能变得更加谨慎和保守,不会轻易同意他人处理自己的个人信息。如此一来,数据处理者更难以获得信息,从而会阻碍数据市场的培育和发展。② 尤其是在建立大数据市场的

---

① 参见〔德〕伊曼努尔·康德:《道德形而上学原理》,苗力田译,上海人民出版社2012年版,第36—37页。
② 参见戴昕:《数据界权的关系进路》,载《中外法学》2021年第6期。

过程中,尽管政策和立法设计的重点是鼓励数据采集和流通,但鉴于数据采集和流通过程中必然伴随的个人信息权益受侵害的风险,有必要在促进和发展数据要素上的财产性权益的同时,注重坚持和强调个人信息权益保护的优先性。这也是我国数据立法所应当坚持的基础性原则和理念。

四、数据权益重利用而非重归属

采用"权利束"理论观察数据权益,一个重要原因在于"权利束"理论不是以外在客体的归属为前提条件。在传统大陆法系的物权制度中,以及在英美法系国家所采纳的布莱克斯通定义的财产权框架中,受到重视的均是外在客体的归属。当法律秩序将某一外在客体归属于某一主体时,该主体就对外在客体享有全面的法律权能,而且可以排除他人的一切干涉。例如,我国《民法典》第 240 条定义的所有权,尽管列举了占有、使用、收益和处分四项法律权能,但是通说认为所有权人享有全面的、不受限制的积极权能。相比之下,"权利束"理论并不将所有的法律权能全都建立在外在客体的归属的基础上,而是建立在——分析特定法律权能究竟归谁利用的基础上。例如,针对某一外在客体,特定权能可以归甲所有,但是另一特定权能可以归属于乙。简言之,"权利束"理论认为,应当一项一项地针对利用行为进行具体分析,或者逐项分析利用方式,即采取所谓"use-by-use"的方式。①

(一)确认数据权益的目的在于保障数据的利用

数据虽然被称为"新石油",但事实上,这种说法并不准确。数据与石油等有形财产利用价值完全不同,表现在:一方面,数据具有不可消耗性。对数据而言,利用通常不会减损其价值,反而可能因为利用而增加其价值。② 数据具有无限再生的特点③,数据可以每天数亿计的数量产生,我们每天的生活也会产生各种数据,如上网浏览网页、购物等,均会产生数据,这些数据将被平台存储和分析,基于这些数据可以产生有利于平台的有价值的信息。对数据的利用也不会发生物理损耗。另一方面,与传统

---

① See Thomas W. Merrill & Henry E. Smith, What Happened to Property in Law and Economics, The Yale Law Journal, Vol. 111, p. 389(2001).

② See Katharina Pistor, Rule by Data: The End of Markets?, Law & Contemporary Problems, Vol. 83, p. 105(2020).

③ 参见纪海龙:《数据的私法定位与保护》,载《法学研究》2018 年第 6 期。

的财产权不同,数据很重要的利用价值体现为预测功能(prediction),换言之,数据的价值不在于支配,而在于预测。现代法律的发展在财产权方面出现了新的趋向,即从单纯的保护财产权的归属和使用价值向可预测性价值的转化。因为数据权益的产生引导了一种财产权演化的新趋势(a new turn in the evolution of property right),而数据的价值也正体现于其可预期性。① 例如,通过分析可以了解消费者的偏好和人们的行为习惯,这可能产生独特的甚至是巨大的价值。

还要看到,数据的价值在于利用,只有利用才能产生价值,而且对数据而言,其利用方式越多,就越能体现其价值。大数据技术能够有效整合碎片化的个人信息,实现对海量信息的分析和处理,从而发挥其经济效用。与传统的财产权不同,对数据而言,利用通常不会减损其价值,反而可能因为利用而增加其价值。数据只在反复利用中产生价值,即越利用越有价值。例如,同一个平台收集的大量数据,如果只允许这一家平台进行利用,那么显然无法发挥出这些数据的价值,只有让这个平台将数据进行交易,允许其他公司对这些数据进行挖掘、分析、利用,这些数据的价值才能真正显现出来。数据的非竞争性和非排他性特点也为财产共享提供了基础。② 因此,在数字社会,不能用传统的所有权的概念理解数据权益,并遵循严格的排他性原则,否则将不利于这些新兴财产的共享、共用。此外,对数据的利用也不受物理空间的阻隔和限制,其利用范围更加宽泛,所以,在数字时代,包容共享成为具有共识的价值理念,即"不求所有,但求所用",这也符合数据市场建立的目标,因此,正在开展的数据立法应当将推进数据的充分利用和共享作为其重要的立法目的。

(二) 立法需要妥当平衡利用与保护的关系

如前述,数据只有在利用中才能产生价值,也只有利用才能充分发挥数据的价值,数据本身的价值就是在利用中实现的。但如果单纯强调数据的有效利用,而不强调个人信息的保护,则会走向另一个极端。在这一点上,类似于知识产权保护。曾有不少知识产权学者强调知识产品的共享和利用,但是这种观点却忽略了很重要的前提,即仅注重利用而忽略保护,只能最大限度地发挥现有知识的利用价值,但不利于知识的创新、

---

① See Katharina Pistor, Rule by Data: The End of Markets?, Law & Contemporary Problems, Vol. 83, p. 105(2020).

② See Katharina Pistor, Rule by Data: The End of Markets?, Law & Contemporary Problems, Vol. 83, p. 105(2020).

产生和繁荣,这会使得任何技术创新失去动力。因此,保护知识产权就是尊重知识的创造、技术的创新,激发人们技术创新的活力。林肯曾说过:"专利制度就是给天才之火浇上利益之油。"[1]数据同样如此,如果只强调利用而不强调保护,最终会妨碍大数据的发展以及技术的创新和进步,也不利于对于数字时代人格尊严的维护。另外,如果个人信息权益不能受到必要保护,人们也不敢授权他人来利用他们的数据和个人信息,这反过来也会妨碍数据的利用和流通。

随着大数据、互联网的发展,我国开始全面推动数据立法,但无论是国家立法还是地方立法,都应当妥当平衡利用与保护的关系。既要鼓励数据的开发、利用和共享,以促进数据产业的发展,也要提高对个人信息保护的关注度,完善相关保护规则。在数字时代,如何有效地平衡数据安全、个人信息保护与数字产业发展之间的关系,如何寻求一个恰当的平衡点,是政府着力要解决的重点问题[2],也是现代民法制度需要解决的重大难题。《民法典》和《个人信息保护法》都没有直接使用个人信息权的概念,而是采用了个人信息保护的概念,其根本的原因在于,个人信息的保护要适当平衡信息主体的利益与数据共享利用之间的关系,立法者担心采用个人信息权的表述,将赋予个人过大的控制其个人信息的权利,这将妨碍数据的共享、利用以及大数据产业在我国的发展。[3] 从世界范围来看,数据的采集和共享的方式正在发生日新月异的变化,而且数据作为一种产业正在蓬勃发展,但由此带来的是,其与个人信息等人格权益的保护之间的冲突越来越明显。因此,我国有关数据立法所应当秉持的一项原则是,既要鼓励数据的开发、利用和共享,以促进数据产业的发展,又要提高对个人信息保护的关注度,完善个人信息保护规则。

结　语

在现代社会,数据已经成为一种重要的生产要素,在现代市场经济中发挥着越来越重要的作用,数字经济已经成为国际竞争的重要的组成部

---

[1] Abraham Lincoln, Second Lecture on Discoveries and Inventions, Collected Works of Abraham Lincoln, Vol. 3, Rutgers University Press, 1953. p. 363.

[2] 参见江小涓:《数字时代是开源、开放的时代,监管对数字发展应有新理念》,载 https://baijiahao.baidu.com/s? id=1707258964865563600,访问日期:2021年8月6日。

[3] 参见黄薇主编:《中华人民共和国民法典解读》,中国法制出版社2020年版,第200页。

分,数据安全已上升到国家安全的层面,我国大数据战略的重要内容是鼓励对数据依法进行开发利用,推动数字经济发展。① 但促进数字经济发展首先需要解决数据的赋权问题。② 数据权益的性质与权利分配规则要求通过明确数据权属来促进数据利用,进而发挥数据的市场要素的功能和作用。应当看到,与有形财产不同,数据权益不能简单地以传统的物权理论来解释,而"权利束"理论为我们观察数据权益提供了全新的视角。依据这一观察视角,数据之上可能存在网状的权益结构,在确认数据权益时,应当强调对个人信息的保护,并注重个人信息保护与数据利用之间的有效平衡。只有这样,才能为促进信息数字技术的有序发展提供有力的法律保障。

---

① 参见齐爱民:《数据法原理》,高等教育出版社2022年版,第13页。
② 参见申卫星:《论数据用益权》,载《中国社会科学》2020年第11期。

迈进数字时代的民法[*]

我们已经迈入了一个信息爆炸、万物互联和人际互通的数字时代。① 数字技术和平台应用的智能化发展,正在日益深刻地改变着社会关系。在商业交易领域,社会资源从传统的单向生产和流动模式转变成一种由供应商、顾客和平台等多元主体深度互动的模式,持续开展双向甚至多向的生产、交换和互动。数字财产正以一种全新的面貌出现,不仅数字财产权益本身的配置和利用以一种全新的方式展开,而且对隐私、个人信息等人格性权益形成了新的挑战。面临数字时代的社会变迁,法律尤其是民法需要重新审视传统财产权等方面的规则对数字时代的财产权利和社会关系的解释能力和调整效果。自罗马法以降,传统民法调整的主要是现实世界的社会关系;而进入数字时代后,现实世界与虚拟世界的融合所产生的关系,以及虚拟世界的社会关系同样成为需要法律予以调整的社会关系。适用于现实世界的法律规则与调整虚拟世界的法律规则是相互接纳、相互调适,还是相互排斥?② 这确实是数字时代的民法面临的重大问题。本文拟对迈进数字时代的民法发展与立法完善,谈一点粗浅的看法。

一、财产权的变迁:从有形财产向数字财产的扩张

众所周知,自罗马法以来的民法主要以现实世界的有形财产作为调整原型。当进入互联网、大数据时代以后,人类的社会组织和生活从现实世界大幅拓展到虚拟世界,也包括虚拟与现实世界高度融合的社会环境。如果我们今天还继续因循以现实世界为基础的财产权制度和研究范

---

* 原载《比较法研究》2022 年第 4 期。
① See Katharina Pistor, Rule by Data: The End of Markets?, Law & Contemporary Problems, Vol. 83, p. 105(2020).
② 参见〔荷〕玛农·奥斯特芬:《数据的边界——隐私与个人数据保护》,曹博译,上海人民出版社 2020 年版,第 15 页。

式,那么将会在解释广泛出现的新型财产形态时面临较大的难题和理解障碍。传统民法的"物必有体""唯一排他性"和"物债二分"(物权和债权的区分)等基本规则都受到了极大的挑战。数字权利的无形性、数字权利和人格权的密切结合性、数字权利对物债区分的跨越、数字权利的非排他性,意味着数字财产无法完全适用基于现实世界的财产形态的解释范式,因此迫切需要解释范式的转变。正如美国学者库恩所言,"科学革命是指科学发展中的非累积性事件,其中旧范式全部或部分地为一个与其完全不能并立的崭新范式所取代"①。民法学的发展也需要遵循大致相似的发展规律。这就是说,要从物必有体向无形财产的扩张发展。传统民法都是以有形财产为基本形态,并在此基础上形成财产权的理论和规则,例如,物权客体有体性、排他性以及所有权分离等规则,而这些规则在数字时代的财产中会受到很大的挑战,甚至有学者称之为"所有权的终结"②。解释对象发生变化后,解释的视角和方法也应当相应地发生变化。传统民法中的权利范式明显不再适合于数据、网络虚拟财产等无形财产。③

数字财产以无体的信息内容和数字化载体为主要构成,不以物理存在特别是四至明晰的物理边界为前提。因此,无形性是数字财产的重要特点,意味着在控制可能性和利用机会上都能够超越简单的物理控制的束缚,从而改变了物理财产上的支配与利用之间的关系,突破了以物理财产为原型的传统排他性财产权规则。数据财产、网络虚拟财产、虚拟货币、数字艺术品(NFT)、智能机器人作品等数字财产,形成了前所未有的财产创设和利用模式以及新的权利义务构架,难以通过直接适用传统的民法特别是物权法规则来予以妥善调整。以信息为内容的数据或者说信息的数字化载体上可能存在多方主体的多元利益。因此,我们不能在数字财产这样一种在物理形态、生成过程和利用方式上都有重大变化的财产样态上简单地沿用建立在物必有体基础上的财产权规则,包括动产与不动产区分规则、物权设立和变动规则以及物权的保护规则。相反,当代民法需要充分考虑到数字财产的无形性和利益主体多样性的特点,在传

---

① 〔美〕托马斯·库恩:《科学革命的结构》(第4版),金吾伦、胡新和译,北京大学出版社2012年版,第79页。
② 〔美〕亚伦·普赞诺斯基、〔美〕杰森·舒尔茨:《所有权的终结:数字时代的财产保护》,赵精武译,北京大学出版社2022年版,第19页。
③ See Francesco Banterle, Data Ownership in the Data Economy: A European Dilemma, in Synadinou et al. eds., EU Internet Law in the Digital Era, Springe, 2020, pp. 213-214.

统民法基础上构建一套新型的财产权规则。

在诸多类型的数字财产中,数据上的财产权益具有特别的重要性。在欧洲,欧盟委员会在2017年关于《打造欧洲数据经济》的报告中,初步提出了在欧盟范围内创立具有对世效力的"数据生产者权"(data producer's right)来保护数据权益的设想。欧盟委员会委员贡特·奥廷格(Günther Oettinger)也力倡"数据财产权"(Dateneigentum),并认为这是一个革命性的法律概念,其提出数据就是"未来的黄金"[①]。但是数据权益作为一种新型的民事权益,除具有无形性之外,还具有如下特点,很难通过传统民法规则予以调整。

第一,数据财产具有无限再生性。传统社会中土地财产是有限的,自然资源具有稀缺性,再生性弱。动产即使可以不断产生,但仍受到资源总量的限制,因此必然面临需求无限而资源有限的矛盾。数字时代的财产可以无限产生,人类的任何活动都会产生信息,之前的财产需要人类劳动,但数据财产可以自发形成。数据具有无限再生的特点[②],数据可以每天数以亿计的数量产生,我们每天的生活如上网浏览网页、购物等,均会产生数据,这些数据可被平台存储和分析,因为其可以产生有利于平台的有价值的信息。数据是无价之宝,其可以无限量地产生,数据采集者在采集和处理数据时可能会支付一些成本,但这对自然产生的收集而言没有影响。可以说,数据是人类永不枯竭的金矿。

第二,数据财产与人格要素之间的交融。传统上,财产要素与人格要素常常是截然分离的。之前人格权益一直没有受到重视,其不直接进入财富的创造过程,所以工业时代不会过分关注人格权益,而只关注财产的产生和积累。但在数字时代,财产与个人信息产生密切的关联,甚至大量的数据是基于个人信息产生的,数据权益与个人信息是水乳交融的关系。数据权益与个人信息交织在一起,形成一种你中有我、我中有你的交融状态。数据处理者要行使权利,必然要受个人信息主体的个人信息权益制约。因为数据权益的享有和行使应以尊重信息主体享有的各项信息权益为前提,信息主体外的数据处理者必须在法律规定和合同约定的范围内行使数据权利,并充分尊重信息主体依法享有的信息处理撤回同意权、信息携带权、信息删除权等。数据处理者对其数据产品享有的权利如同系

---

① 转引自〔德〕塞巴斯蒂安·洛塞等编:《数据交易:法律·政策·工具》,曹博译,上海人民出版社2021年版,第61页。

② 参见纪海龙:《数据的私法定位与保护》,载《法学研究》2018年第6期。

线的风筝一般,这个风筝无论放得多高,它始终不能脱离信息主体的权利而自由放飞。由此也提出了个人在享有个人信息权益等人格性利益的同时,是否还应当分享个人数据之上的财产性利益,以及如何协调信息保护与数据利用之间的关系问题,这也是一个全球各法域所广泛关注的问题。①

第三,数据权益的建构难以按照"物债二分"的传统结构来展开。数据财产很难用传统的物权或者债权来作出周延的理论解释,这充分反映了以有体物为基础的物权、债权二元区分结构的解释力不足。物债二分是以物权的单一排他性、对世性以及公示性作为基础而建构的财产权利结构,支撑了整个传统民法中的财产权利体系。我国《民法典》也采纳了这种体系结构。但是,在数字时代,数据财产既关系到数据主体和信息主体之间的相对关系,也关系到数据主体与其他人之间的关系,这两种关系统一到数据权益的构建之中,其原因在于数据的非排他性,大多数的数据权益也不具有有体性财产那么强的公开性,很多数据用债权规则来规范非常困难。例如,黑客攻击篡改邮箱和网络店铺数据,第三人盗走游戏装备,对于这些情况用债权规则对受害人予以保护是比较困难的,对平台虽然可以通过违约解决,但受害人难以主张权利。对数据权益而言,各项权益交织在一起,兼具物权和债权的特点。平台和用户之间的关系具有债权特点,但对于第三人则具有比较强的物权特点。如果用单一的物权或债权规则来解决,可能不利于保护数据财产。②

第四,对数据支配与利用的非排他性。传统社会的财产在利用方面具有严格的物理排他性,经济学上将其称为非竞争性。③ 这就是说,某个权利人对财产的物理控制将排除他人对该财产进行占有和支配的可能性。这种严格的排他性不仅表现在物权性利用中,而且在租赁等不少债权性利用方式中也存在。但对于数据而言恰好相反,数据的利用不具有排他性,同一数据可以被不同主体同时以同样方式利用。一方面,由于数据等新兴财产具有无形性和可复制性,具有无限复制和再生的可能性,因

---

① See Florent Thouvenin, Rolf H. Weber & Alfred Früh, Data Ownership: Taking Stock and Mapping the Issues, in Matthias Dehmer & Frank Emmert-Streib eds., Frontiers in Data Science, CRC Press, 2017.

② 参见熊丙万:《实用主义能走多远?——美国财产法学引领的私法新思维》,载《清华法学》2018年第1期;包晓丽、熊丙万:《通讯录数据中的社会关系资本——数据要素产权配置的研究范式》,载《中国法律评论》2020年第2期。

③ Vgl. Herbert Zech, Information als Schutzgegenstand(Mohr Siebeck 2012) 276 et seq.

此,其在满足某个主体对数据占有和利用的需求时,并不必然排除同步满足其他主体占有和利用的可能性,从而更充分地发挥数据财产本身的经济效用。另一方面,数据作为一种经济资源,具有非消耗性特点,明显区别于传统的物理财产。后者具有明显的消耗性,随着使用频次和强度的增加,其耗损程度也增加。① 但就数据而言,被利用通常不会减损其价值,反而可能因为被利用而实现甚至增加其价值。这也是为什么目前普遍从经济资产的角度来理解数据这种资源的社会属性。② 尤其应当看到,数据的价值正是体现在反复和广泛的利用上。数据利用频次越高、利用范围越广,数据资源的经济价值就发挥得越充分。例如,某个平台收集了大量数据,如果只允许这一家平台利用,显然无法发挥出这些数据的全部价值,只有让这个平台将数据进行交易,允许其他企业对这些数据进行挖掘、分析、利用,这些数据的价值才能真正显现出来。因此,在数字时代,包容共享成为具有共识的价值理念,即"不求所有,但求所用"。

第五,数据权益主体的多样性。数据的生成,常常是多方主体相互协作的结果,包含了不同主体不同程度的投入和贡献。相应的,可能会有多个参与者或利益相关者主张享有和行使数据权益。这也被认为是建构数据权益过程中面临的重大疑难问题。③ 例如,以个人信息为内容的数据不仅承载着信息主体的人格利益,还承载了提供数字化载体的数据企业的经济利益。相应的,在民法上讨论民事权利时需要同时考虑到信息来源主体的信息权益和信息处理者的数据财产权益。此外,一些数据是多个企业在商业合作中收集的,甚至被不同的企业所同步获取,很难归结为某个单一主体。

面对数据权益的前述新特征,作为制度基础的民法,特别是财产法,应当如何作出有效回应呢?笔者有如下建议:第一,解释范式的转换。这就是说,在解释范式上不应当拘泥于传统大陆法中以对物理财产的唯一排他性控制为基础建立起来的财产权解释范式。实际上,大陆法系的财产法学者在面对数据这类新型财产时,也明确意识到了对财产权解释范式进行转型的必要性。一些学者倡导引进在英美法中已经成为财产权

---

① See Andreas Boerding et al., Data Ownership—A Property Rights Approach from a European Perspective, Journal of Civil Law Studies, Vol. 11:5, p. 325(2018).
② 参见王汉生:《数据资产论》,中国人民大学出版社2019年版,第1—5页。
③ See Christoph Krönke, Data Regulation in the Internet of Things, Frontiers of Law in China, Vol. 13:3, pp. 367-379(2018).

利解释范式的"权利束"理论来建构数据上的权利。① 在"权利束"理论看来,一宗财产上的权属可以进行各式各样的分割,以满足各种不同的财产利用目的。一宗财产上可以创设的财产权有无限的可能,远不止于既有法律已经承认和实践的权利类型。② 换言之,在"权利束"理论看来,只要对同一权利客体增加一种利用方式,就会产生一种新的权益,其既可以归属于原本的权利人,也可归属于第三人,至于如何判断权利归属,就取决于何种归属可以最大限度地发挥物的效用,提高经济效率。实际上,"权利束"这类具有更大包容性的财产权利解释框架,对包括数据财产在内的各类数字财产上的多元权利现象和形态都具有充分的解释力优势。第二,应当以《民法典》第127条为基础来构建数据财产等新型财产的权利体系。《民法典》第127条规定:"法律对数据、网络虚拟财产的保护有规定的,依照其规定。"该条首先是宣示条款,即在法律上宣示将数据、虚拟财产纳入权利客体的范围,这就适应了数字时代的发展需要;该条也是一个引致条款,即将对数据、网络虚拟财产的保护的具体规则留待专门的特别法规定。③ 既然数据、虚拟财产已被纳入权利客体的范围,就意味着数据权益是民事权利不可或缺的重要组成部分。一方面,鉴于"物债二分"权利框架在数据财产上面临解释力不足的问题,不能在数据财产上简单适用物权和债权二分的一般规则,而要区分不同的关系和层面,例如转让、保护、利用等,分别考量具体的规则构建方式,分别吸纳并适当修正物权和债权的规则,为数据权利的交易和保护提供基础性规则。另一方面,即使采纳"权利束"的分析框架以弥补"物债二分"的解释力不足问题,仍然有必要尽可能地维持《民法典》中既有财产权体系的稳定性。因此,需要通过特别法对数据财产权的结构予以规定,避免使《民法典》的自身体系产生紊乱。当然,在关注和强调对数据财产权利的保护的同时,需要深刻认识到数据权利问题远不仅限于数据财产权利问题。相反,讨论数据权益的保护首先需要关注对个人信息主体的隐私权、个人信息权益的保护。唯有在坚持保护个人信息的前提下,才能够更放心、更高效地保护和发挥数据财产权利的社会经济价值。第三,构建数据利用规则。数

---

① See Herbert Zech, Data as a Tradeable Commodity, in De Franceschi ed., European Contract Law and the Digital Single Market, Intersentia, 2016.
② 参见熊丙万:《实用主义能走多远?——美国财产法学引领的私法新思维》,载《清华法学》2018年第1期。
③ 参见黄薇主编:《中华人民共和国民法典总则编解读》,中国法制出版社2020年版,第48页。

据具有非排他性,民法应当重视共享经济、包容共享的理念,构建有利于数字时代数据权益有效利用的规则体系。在数字社会,需要在"权利束"的权利框架下分别确认信息来源主体和各数据处理者可以分别同步享有的个人信息权益以及不同种类的数据财产权益,从而实现数据资源的有序开发利用。因此,在数据利用上会存在更为复杂的权利堆叠关系,需要区分共享和冲突的不同场域,有效处理好保护和利用之间的相互关系。

二、合同法的变迁:从鼓励交易到注重数据的流通与利用

进入数字时代之后,大量的财产交易是在数字环境中借助互联网平台而展开和完成的。传统的合同交易通常是通过面对面的个别谈判而达成的,而且一般需要进行现实的财产交换。但在数字经济时代,合同交易在很多情形下不再是一对一的谈判磋商,而是通过经营者事先设计的格式合同来完成的。在数字社会,人与人之间并不需要发生现实的接触,而可以在网络环境下以一种虚拟的方式发生关系;同时,数字财产、数据等财产的移转,也并不需要在现实世界中进行运输,而在一瞬间便可以在网络上发生传输、移动、交易,这也使得合同的履行方式发生了重大变化,从原来的物理控制移转这种单一的交付形式转变为包括许可使用、接口利用等在内的新型的履行方式,而且一般不需要完成财产的现实交付。有学者认为,数字发行技术和许可协议的快速兴起和普遍运用,甚至导致了所有权的终结。[①]

面对这样的巨大变化,有观点认为,传统的合同法规则难以有效应对数字经济,或者保守地说,合同法虽然可以发挥作用,但不再发挥关键作用,也无助于开拓原始数据使用和交易(许可)市场。[②] 这种担忧的确体现了传统合同法规则和学说在应对数字交易时所面临的挑战。但笔者认为,在数字时代,合同法仍然具有不可替代的重要功能,甚至比前数字经济时代更为重要,只不过,合同法需要适应数字经济的发展而发生相应的变迁。

---

① 参见〔美〕亚伦·普赞诺斯基、〔美〕杰森·舒尔茨:《所有权的终结:数字时代的财产保护》,赵精武译,北京大学出版社2022年版,第251页。

② See Herbert Zech, Data as a Tradeable Commodity, in De Franceschi ed., European Contract Law and the Digital Single Market, Intersentia, 2016.

(一) 合同交易形式发生了重大变化

进入数字时代,合同交易的形式从"一锤子"买卖中的永久性财产让与交易,拓展到广泛注重许可使用的持续性合同交易。传统工商业社会以有体物买卖为规范原型,合同法规则注重调整有体物所有权归属变动的交易关系,并通过瑕疵担保责任、风险负担规则、孳息归属规则等规则,调整与之相关的事项,换言之,传统合同法规则以调整财产的让与关系为中心,在此种交易关系中,当事人需要将物、权利或者其他财产权益完全转移给相对人。① 合同的履行强调标的物的清洁交付,特别是标的物的物理控制移转或者权利主体的更迭。然而,在数字时代,数据财产通常并不强调单一控制的移转和权利归属的变动。无论是典型的数据财产交易,还是购买电子书、电影、音乐、图片以及一些虚拟物品而产生的交易,受让人一般并没有取得其所有权的意愿,而只希望通过获得其使用权以满足自己特定的生产活动和生活消费的需要。同时,某一主体从原始的数据财产权利人处取得数据财产的使用权,并不排斥其他主体同步取得相关数据财产的使用权,从而可以实现对同一宗数据财产的多元开发和高效利用。此外,智能合约的出现也给传统的合同法带来了新的挑战,如智能合约中的代码执行的结果与债权人的真实意思不一致时,债务人是否构成违约?在解释合同债务的真实内容时,究竟应当以智能合约的代码为准,还是应以双方当事人的真实意思为准?等等,这些都是合同法在数字时代所面临的问题。② 因此,合同法有必要总结数字时代新型合同交易形式,构建新型典型合同规则。

(二) 交易内容发生重大变化

在传统的财产交易中,交易的客体主要是有体物,物的排他性占有和利用,通常,交易当事人最为担心的是"一物数卖""一物数租"等重复处分造成的履行不能风险,"一物数卖""一物数租"也因此成为学术讨论和立法长期关注的焦点问题。然而,在数字时代,在数据财产交易中,这些问题并没有那么重要。在数字时代,对数据的利用、共享十分普遍,数据财产之所以能够满足多个主体的同步利用需求,主要还是因为数据资源

---

① 参见〔德〕迪特尔·梅迪库斯:《德国债法分论》,杜景林、卢谌译,法律出版社2007年版,第6页。

② See Mateja Durovic & Franciszek Lech, The Enforceability of Smart Contracts, Italian Law Journal, Vol. 5, pp. 493−511(2019).

本身的无形性和可复制性。数据也主要是在利用中产生价值,需要借助"合同网"(contract network)进行利用。"原则上,它有可能将产权有效地转让给对投资工作最重要的人,并为有关各方提供数据集的某些使用而量身定做的使用许可。"①因此,如何有效发挥数据的经济效用,为数据的依法利用提供法治保障,这是合同法面临的新问题。因为绝大多数数据的流通都是通过各种技术支持下的许可使用来完成的,在一些许可使用场景中,被许可人甚至无须接触原始数据,而只需要通过数据获取接口或者通过"多方安全隐私计算"等方式即可实现对数据的有效利用。正是在这个意义上,数据财产可以实现非竞争性使用②,从而实现向"不求所有,但求所用"的"分享经济"的转变。在更广泛的意义上,包容共享已经成为数字时代一种更为流行的资源流通和利用理念,无论是较早兴起的网约车、共享单车、共享汽车、共享电池等可以分时利用的财产形态,还是当前的数据财产交易,都是这一发展趋势的重要例证。

(三)合同交易规则的参照系发生了变化

在传统的财产交易中,买卖合同一向被认为是最为典型的有名合同,在其他有偿合同没有特别规定时,可以参照适用买卖合同的规则来解决相关纠纷。而在数据交易中,最为典型的合同并非买卖合同,而是许可使用合同,因此需要以许可使用合同作为基础性规则。《民法典》合同编关于技术许可合同的规定,可以参照适用于数据许可合同。但由于技术许可合同的客体是技术而非数据,因此其也不能完全适用于数据许可合同,因此不能完全照搬以知识产权交易为原型的许可使用合同,有必要重视数据许可合同中的特殊规定。例如,在《著作权法》中存在"权利用尽原则",即消费者对书籍的所有权不再受到著作权人的控制,而在数据财产交易中,如果数据财产中包含相关的个人信息,则受让人对该数据财产的利用仍应当符合合法处理个人信息的要求,甚至该交易本身都需要取得信息主体的同意,这也导致著作权中的"权利用尽原则"很难适用。此外,数据中包含多项权益,其是人格权益与财产权益的结合,而人格权具有人身专属性,无法转让,而只能成为许可使用的对象,因此,在数字时代,许可使用合同的规则将成为数据交易的参照系规则,有必要在《民法典》合同编关于技术许可合同的规定的基础上予以完善。

---

① 〔德〕塞巴斯蒂安·洛塞等编:《数据交易:法律·政策·工具》,曹博译,上海人民出版社 2021 年版,第 22 页。

② Vgl. Herbert Zech, Information als Schutzgegenstand(Mohr Siebeck 2012) 276 et seq.

（四）对格式条款的规制日益重要

格式条款的产生和发展是 20 世纪合同法发展的重要标志之一，其出现不仅改变了传统的订约方式，而且对合同自由原则构成了重大的挑战。进入数字时代，格式条款规则被援引和适用的概率大幅增加，从某种意义上说，数字合同的订立主要是通过格式条款来完成的。例如，针对平台所制订的隐私条款、用户协议等，用户不可能对这些条款提出修改和变更意见，而只能概括地表示接受或不接受。更何况，这些条款的内容往往纷繁复杂，技术性和专业性很强，如果下载打印出来，如同一大摞文件摆在面前，用户根本没有足够的耐心去仔细阅读，也没有精力一一阅读这些格式合同条款。① 加上一些用户的确有"以隐私换便利"的心态，即便发现一些格式条款不公平，也不会提出异议。因此，如何保障网络服务协议、网络隐私政策中格式条款的公平、合理，如何准确认定其适用于个人信息处理中的效力，也成为数字时代需要解决的重要课题。② 一方面，在数字社会，对格式条款的规制比以往任何时候都更为重要。例如，无论是社交账号类虚拟财产，还是网店类虚拟财产，抑或游戏类虚拟财产，相关格式条款通常规定，网络用户只享有虚拟财产的使用权，禁止向第三人转让虚拟财产或者禁止该虚拟财产被继承。对于此类限制用户虚拟财产使用权的条款，如何认定其效力，从而实现对用户的充分保护，是亟需解决的现实问题。另一方面，在数字时代，与平台相比，个人往往处于弱势地位，因此，加强对平台规则的规范引导，确立合理解释格式条款的规则非常重要，例如，网络平台往往通过设置网络协议、隐私政策等方式，取得处理用户个人信息的权限，相关的条款可能并不合理；如果条款制作人未履行提示、说明义务，致使用户没有注意或者理解与其有重大利害关系的条款，用户可以主张该条款不成为合同的内容。因此，在数据交易中，如何准确适用对格式条款的规制规则，强化对特定主体的权益保护，也是值得探讨的重大问题。

总之，合同法在数字经济时代仍然要发挥重大的作用，由于交易的客体、方式和内容等发生了变化，合同法中典型合同规则也应当随之发展。因此，在数字时代，作为参照系的许可使用合同制度应当针对数据许可使

---

① See Omri Ben-Shahar & Carl E. Schneider, The Failure of Mandated Disclosure, University of Pennsylvania Law Review, Vol. 159, pp. 647-749(2011).
② 参见程啸：《论〈民法典〉与〈个人信息保护法〉的关系》，载《法律科学（西北政法大学学报）》2022 年第 3 期。

用的特殊性设定相应的特殊规则,尤其是价值上应当以促进数据的流通与利用,而不再是以传统交易中财产的移转关系为导向,这也是合同法在数字时代所应发挥的重要功能。

三、人格权的变迁:从注重保护财产权益转向注重维护数字人格权益

在数字时代,网络科技、数据科技的频繁迭代和广泛应用,不仅影响了人格权的客体,而且对人格权的行使和保护方式、人格权与财产权的交互关系产生了深刻影响。我国《民法典》将人格权独立成编,在一定程度上就是对数字科技的快速发展和广泛应用给人格权保护机制带来的挑战的积极回应,以及对数字化背景下人格权保护机制的重大完善。

(一) 人格权益与财产权益交叉融合

自罗马法以来的民事权利体系,主要以财产权和身份权为基础,人格权始终没有成为私法体系的重要组成部分。传统的所有权及其排他性的理论以有体物为观察对象,通过分析有体物的权利结构,可以形成明确的权益结构,即一般情况下,所有权权能的分离可以形成他物权。随着20世纪人格权的理论和实践的发展,人格权逐渐成为私法体系的重要组成部分。然而,这个阶段的人格权和财产权还是分离的,人格权的商业化利用还只是少数现象。我们可以将此种情形称为"人物二分"现象。但是进入数字时代之后,人格权和财产权逐渐交叉融合。[1] 如此一来,人身关系和财产关系之间的交叉融合,也成为当代人格权法所面临的重大问题。

数字技术的更新迭代和广泛应用大大改变了传统的"人物二分"的局面。以数据为例,数据作为一种财产,既有财产权利的属性,也具有人格权益的属性。除完全匿名化处理的个人信息外,其他数据可能包含了大量的个人信息,此时,就必须受到人格权的保护。数据往往是个人信息的集合,GDPR即通过数据保护形式保护个人信息,这就体现了数据与个人信息的紧密联系。虽然数据与个人信息也可能存在分离,如将个人信息进行匿名化处理,或者处理非个人信息(例如搜集当地的气象信息形成数据出售给他人),但在绝大多数情形下,两者是难

---

[1] See Giorgio Resta, The New Frontiers of Personality Rights and the Problem of Commodification: European and Comparative Perspectives, Tulane European & Civil Law Forum, Vol. 26, pp. 33−65(2011).

以分离的。有学者采取所有权与用益权区分的模式,认为个人信息属于个人信息权益人,数据权利人则是用益权人,但是这种方法割裂了数据与个人信息之间千丝万缕的持续性联系,既不利于数据经济价值的发挥,也可能不利于个人信息的保护。应当注意到,数字财产的弱排他性特征使得数字财产与传统的所有权结构呈现明显的区别。① 例如,法律之所以规定信息主体享有个人信息携带权等,旨在表明个人信息在形成数据之后仍然应当受到保护,二者处于结合状态,而并不如同所有权与用益物权一样处于两权分离的状态。因此,在数字时代,需要更密切地关注数字财产与人格权之间的互动影响,在发挥数字财产经济价值的同时,依法保护个人信息等人格权益。

在数字时代,数据权益和个人信息权益相互交织。保护数据权益,首先要依据法律和合同充分保护个人信息权益。当信息主体行使权利时,必然会对数据权益产生重大影响,反之亦然,这就形成了两种权益的相互冲突现象。笔者认为,保护数据权益,首先应当保护个人信息,一方面,《民法典》人格权编和《个人信息保护法》已经明确规定了信息主体对其个人信息所享有的各项权利,即便个人同意个人信息处理者处理其个人信息,个人对其个人信息所享有的权利仍然应当受到尊重与保护,数据处理者行使权利时,应当尊重个人信息权益。另一方面,数据权益主要来自个人信息,个人信息处理者在处理个人信息时,通常会通过网络服务协议、网络隐私政策等方式,取得信息主体的授权,如果当事人之间有此类合同安排,则数据处理者在利用数据时,也应当遵守该合同的约定。此外,从权利位阶的角度看,个人信息属于人格利益,而数据属于财产权益,在二者发生冲突时,应当优先保护个人信息权益,以更好地维护个人的人格尊严。因此,保护数据权益,首先应当尊重和保护个人信息权益。

(二) 既有人格权益内容的扩张

在数字时代,人格权益往往被数字化,这就使得人格权益的载体和内容得到了扩张。德姆塞茨(Demsetz)曾经指出,财产权的范围可能随着技术或者市场的发展而发生扩张。② 例如,就同一种资源而言,即便财产权的客体本身保持不变,但是只要产生一种新的利用可能性,就会面临这种

---

① 参见〔美〕亚伦·普赞诺斯基、〔美〕杰森·舒尔茨:《所有权的终结:数字时代的财产保护》,赵精武译,北京大学出版社2022年版,第30—31页。

② See Thomas W. Merrill, The Demsetz Thesis and the Evolution of Property Rights, Journal of Legal Studies, Vol. 2, pp. 331-332(2002).

利用方式应当分配给谁的问题,这时候就产生了财产权范围的变化与扩张。人格权益同样如此,传统的人格权的范围也可能随着数字技术的发展而发生变化。因为数据权利的产生引导了一种财产权演化的新趋势(a new turn in the evolution of property right),而数据的价值也正体现于其可预期性。① 例如,通过分析可以了解消费者的偏好和人们的行为习惯,这就可能产生商业价值。这也使大型数据集的控制者有能力在宏观层面上进行关于总体行为的预测。大部分数据的价值来自数据利用,从收集到的大量数据以及处理、分析和使用这些数据的能力中获得。处理、分析和使用这些数据并作出某种预测和判断,引导人们的行为。这就使得个人信息等要素的利用更为广泛,前景更为广阔。因此,有学者认为,现代法律的发展在财产权方面出现了新的转向,从单纯保护财产权的归属和使用价值朝着发挥信息的可预测性的价值转化。② 在数字时代,人格权益内容的扩张具体体现在如下方面:

一是姓名权和名称权的扩张。在现代社会,互联网已经从根本上改变了现代人的生活,而人们在互联网上大都利用网名从事各种社会活动,这也是数字时代的重要特点,如果网名也具有一定的社会知名度,就会与用户的真实身份产生密切的联系。当他人擅自使用网名足以造成公众混淆时,将会侵害真实权利人的人格权益。因此,依据《民法典》第1017条规定,可以参照适用姓名权和名称权保护的有关规定保护网名等权益。

二是肖像信息可以被数据化。正是基于此,人脸信息才得到了广泛的利用,也体现出前所未有的价值。例如,《民法典》第1018条第2款规定:"肖像是通过影像、雕塑、绘画等方式在一定载体上所反映的特定自然人可以被识别的外部形象。"同时,《民法典》第1019条第1款规定,任何组织或个人不得利用信息技术手段伪造等方式侵害他人的肖像权。根据这一条款,法律禁止他人使用"深度伪造"或者"AI换脸"等技术手段侵害肖像权,这是肖像权的法律权能随着技术发展而发生扩张的典型例证。

三是名誉信息的数据化。信用是自然人和非自然人主体的重要社会

---

① See Katharina Pistor, Rule by Data: The End of Markets?, Law & Contemporary Problems, Vol. 83, p. 105(2020).

② See Katharina Pistor, Rule by Data: The End of Markets?, Law & Contemporary Problems, Vol. 83, p. 105(2020).

资本,是企业的重要财富。而信用以民事主体的各类生产经营活动信息为评价基础,有了丰富和准确的信息就可以更好地评价民事主体的信用。大数据为信用评分创造了新的机会,因为包含了丰富信息的数据都可以作为信用评价的素材。信用评分模型可以通过大数据变得更加复杂和详细,从而更好地分析客户的资产、还款能力、商业前景等信用信息。① 大数据在给信用评价带来便利和准确度的同时,也可能因为数据不准确等原因造成系统性的评估风险。所以《民法典》用两个条款专门规定信誉评价问题,更正、删除等也是保护名誉权人的方式。②

四是隐私的数据化。隐私的概念产生以后,通常被认为不可被商业化利用,而只是一种消极性的权利。但是,随着数字技术的发展,对隐私的利用方式逐渐扩张。例如,个人的账户信息和健康信息也是个人的核心隐私,而这些隐私可以由权利人许可他人进行处理,形成数据。传统的隐私权制度就无法规制这些利用行为。在这个意义上,《民法典》对个人信息的规定,填补了传统隐私权力所不逮的领域。目前大量的隐私均可以通过信息的方式展现、储存、传播,这就导致了隐私与信息的结合比任何方式都更为紧密,二者很难截然分离。

五是声音利益的数据化。声音被数字化之后,变得比以往任何时候都可能被侵害。声音本身也是一种独特的人格利益,可以成为商标,我们称之为语音商标,但是声音不受知识产权法保护,而应当受到人格权保护。声音具有独一无二性,比指纹更容易识别某一特定的人。随着数字技术、人工智能的发展,声音的利益日益显示出其重要性,实践中非法伪造、非法合成、非法模仿、非法篡改等侵害声音的现象已经出现。我国虽然曾通过零散的立法或者司法解释来应对生物识别特征信息方面的问题③,但并没有在法律上确认其为一种民事权益。《民法典》第1023条第2款规定:"对自然人声音的保护,参照适用肖像权保护的有关规定。"这就从国家民事基本法层面承认了声音可以作为一种新型的人格利益而受到保护。这是因为随着人工智能技术的发展,声音识别、人脸识别的应用日益广泛,对声音权益保护的需求越来越凸显。侵害声音的利益实际上直接侵害的还是个人

---

① 参见〔荷〕玛农·奥斯特芬:《数据的边界——隐私与个人数据保护》,曹博译,上海人民出版社2020年版,第34页。
② 参见《民法典》第1029条、第1030条。
③ See Haidan Chen, Benny Chan and Yann Joly, Privacy and Biobanking in China: A Case of Policy in Transition, Journal of Law, Vol. 43, pp. 726-742(2015).

的人格尊严和人格利益。故《民法典》明确规定了对声音的保护,这也是对当今互联网、高科技特别是数字技术发展所作出的回应。

六是死者人格利益。在数字时代,无论是已公开的还是未公开的死者个人信息,都涉及死者人格权益。尤其是死者未公开的微信好友数据、与好友聊天数据、仅自己可见的日记、加密的云档案等,都涉及个人核心隐私,如果将其非法窃取、公开以及非法传播,都可能严重损害死者人格尊严。在实践中,一些平台为防止死者隐私泄露,在其隐私政策中规定,账户不可继承和转让,形成了所谓死者个人信息"死亡即毁"条款,但由此也引发了有关死者个人信息和隐私能否被继承的问题。[①] 死者的肖像等也可被数据化。例如,利用人工换脸技术,将已故者的肖像与他人肖像替换,从而导致死者人格权益遭受侵害。对死者人格利益的保护,是为了维护死者的人格尊严,让活着的人活得更好。[②] 因此,在数字时代,需要高度关注对死者个人信息、隐私等的保护,防止因数字技术的发展而给死者的人格权益造成损害。

(三) 新类型人格权益不断涌现

在数字时代,由于数字和网络深入个人生活的方方面面,人们在利用互联网时会产生数以亿计的个人信息,并形成数据,这些个人信息与数据的权益究竟归属于谁、如何保护,一直存在疑问。我们每天都在产生大量的个人信息,能否认为此类个人信息类似于无主财产?平台在收集相关的个人信息后,相关的数据权利即归属于平台,此种观点并不妥当。笔者认为,个人在网络环境中产生了大量的个人信息,如浏览网页记录、网络购物记录等,依据《民法典》《个人信息保护法》的规定,个人应当对这些个人信息享有权利。平台在处理这些个人信息时,应当严格遵守法律规定,如平台在收集用户个人信息时,原则上应当通过网络隐私政策等方式取得用户的授权[③],否则将构成对个人信息权益的侵害。因此,对于个人每天在网络环境中产生的大量个人信息,平台不能随意处理。

在新类型人格权益尚未得到法律确认时,《民法典》关于一般人格权的

[①] 参见包晓丽、熊丙万:《通讯录数据中的社会关系资本——数据要素产权配置的研究范式》,载《中国法律评论》2020年第2期。

[②] 参见〔英〕伊莱恩·卡斯凯特:《网上遗产:被数字时代重新定义的死亡,记忆与爱》,张淼译,海峡文艺出版社2020年版,第45—49页。

[③] See Richard A. Epstein, Property Rights and Governance Strategies: How Best to Deal with Land, Water, Intellectual Property, and Spectrum, Colorado Technology Law Journal, Vol. 14, p. 181(2016).

规定为新型人格权益的保护提供了可能。应当看到,随着数字技术的进一步发展,个人信息或者其他人格要素可能面临新的利用方式,《民法典》的既有规范可能无法一劳永逸地解决这些问题。迈向数字时代的民法还要求其具有开放性,包容这些新的利用方式。《民法典》第990条第2款规定:"除前款规定的人格权外,自然人享有基于人身自由、人格尊严产生的其他人格权益。"这一条款为新型人格权益留下了发展空间。根据这一条款的规定,人身自由和人格尊严乃是所有人格权益的"核心权利"(core rights),而其他人格权益则是这些"核心权利"所产生的"衍生性权利"。①《民法典》第990条第2款的规定,既奠定了人格权益的价值基础,又保持了开放性和包容性,为迈向数字时代的人格权益提供了规范依据。

(四) 人格权益利用与行使方式的多样化

借助数字传播手段,人格权不再只是作为一项消极防御性的权利而存在。积极利用隐私权的直播、积极利用声音权的有声读物录制、积极利用肖像权带货等都已经成为全新的业态。② 借助数字技术,人格要素的利用也获得了极大的发展。例如,肖像数字化之后形成的人脸信息,不仅可以识别特定的自然人,进行人脸比对,甚至成为比DNA比对更为精确的破案方式;此外,还可以借助人脸信息,判断某人的身体、健康、年龄、种族、遗传病、职业、地域来源等状态,甚至可能检测到个人的心理状态和精神状态。因此,随着数字技术的发展,肖像、声音、隐私、个人信息等人格要素具有了更为广泛的利用场景和机会。

在数字社会,人们更加注重对信息和数据的收集权、采集权、流转权、使用权,为了保护信息主体的权利进一步发展出了删除、更正、回应、申请禁令等权利,这些权利显然不同于传统工商业社会的权利类型,围绕这些权利的一系列规则体系也不完全相同。在权利行使的过程中,不同类型的权利可能发生冲突。例如,信息主体行使删除权、信息携带权,必然要影响到数据的完整性,从而会妨碍数据权利人的权利行使,这就会发生信息主体所享有的人格权益与数据权利人对数据享有的财产权益之间的冲突。在这两种权利产生冲突的情况下,如果法律和合同具有明确规定,则应当依据这些规定优先保护某个权利人的权利。但在法律和合同缺乏明

---

① See Joseph Raz, The Morality of Freedom, Clarendon Press, 1986, pp. 168-170.
② See Giorgio Resta, The New Frontiers of Personality Rights and the Problem of Commodification: European and Comparative Perspectives, Tulane European & Civil Law Forum, Vol. 26, pp. 33-65(2011).

确规定、出现模糊地带时,就应当考虑权利位阶理论,基于人格尊严优先的原则,应优先保护信息主体的人格权益。在此情形下,数据权利受到了一定的限制,权利人行使权利不得损及体现了人格尊严的个人信息权益。① 当然,依据《民法典》《个人信息保护法》的规定,如果个人信息处理者对其所处理的个人信息进行了匿名化处理,则相关的个人信息与个人之间的关联性将被消除,其不再属于个人信息,而应当属于纯粹的数据,此时,数据处理者即可对该数据享有更为广泛的权利。

在数据权益的归属中也可能出现权利之间的冲突。保护数据权益首先要保护个人信息。有一种观点认为,为数据贡献信息内容的自然人个人,除对个人信息享有权益外,还应当有权分享数据之上的财产性权益。② 应当看到,个人信息是数据的重要来源,某些数据的形成可能需要汇集大量的个人信息,个人信息在数据价值形成的过程中发挥了重要的作用,但笔者认为,并不能据此认为信息主体可以分享数据之上的财产权益,主要理由在于:一方面,此种主张缺乏法律依据。我国现行立法并没有对数据中财产价值的归属问题作出明确规定,信息主体主张分享数据之上的财产权益缺乏法律依据。另一方面,在数据形成和利用过程中,通过个人信息保护规则已经足以保护信息主体的权益。我国《民法典》《个人信息保护法》对个人信息保护规则作出了详细的规定,这些规则也当然适用于数据中个人信息的保护。数据权利人在利用数据的过程中严格遵守个人信息保护规则,这已经足以保护个人信息权益,而没有必要赋予个人对数据享有财产权益。此外,赋予信息主体对数据享有财产权益,可能导致数据之上存在多个权利主体,这也可能会影响数据的利用效率。因此,除非当事人有特别约定,信息主体不应主张对数据享有财产权益。

四、侵权责任的变迁:从有形财产保护到构建数字权益的保护规则

(一) 数据等权益保护的特点

传统民法对于财产的保护主要是以有体财产为对象,并形成了一整

---

① 参见王利明:《论民事权益位阶:以〈民法典〉为中心》,载《中国法学》2022年第1期。
② Vgl. Benedikt Buchner, Informationelle Selbstbestimmung im Privatrecht, Mohr Siebeck, 2006, S. 208.

套对有形财产的救济方式和体系,且在功能上多为事后救济,并不注重事前预防。进入数字时代,由于数字财产的无形性,财产与人格权益的融合和利用的非排他性等原因,需要在民法特别是侵权责任法层面,构建针对数字权益保护的特殊规则。例如,传统财产权的客体主要是有形财产,在遭受侵害时,受害人通常很容易证明自身损害;而数据等无形财产在遭受侵害时,受害人可能难以证明自身损害的具体程度与数额。与数据等无形财产相似,人格权的客体也具有无形性,但人格权属于人身权,数据等无形财产虽然可能包含多种权益,但其主要是一种财产权,因此,无法简单适用人格权的保护方法保护数据等无形财产。此外,随着社会的发展,数字时代还会出现一些特殊侵权情形和类型,需要为既有的侵权法规则所关注。① 例如,侵权行为人采用 AI 换脸技术从事电信诈骗、敲诈勒索,或将不雅视频中的主角换成某个公众人物,造成受害人的重大损害。数字时代所出现的非法基因编辑、人工智能产品侵权、自动驾驶产生的事故等,都对侵权法规则的发展提出了新的要求。

为适应数据等权益保护的需要,民法特别是侵权责任法应当针对数字权益的保护,在保护功能、内容、方法等多方面作出相应的改变。在数字时代,针对数据等权益的保护在功能上应当具有以下特征:

一是效率性。在数字时代,之所以强调权益保护的效率性,主要原因在于:一方面,数据等无形财产在遭受侵害后,需要及时进行救济。在有形财产的保护中,主要是考虑保护的完整充分,但是在数字时代,随着网络技术的应用,损害后果可能迅速蔓延,造成的后果难以弥补,因此在保护方法中更应当重视效率。另一方面,数据等无形财产在遭受侵害后,损害后果不仅会扩大,而且可能涉及隐私、个人信息等人格权益的保护问题,损害后果的扩大也会导致隐私、个人信息损害后果的无限扩大。例如,在数据中包含隐私、个人信息的情形下,行为人侵害相关数据也会造成对他人隐私权、个人信息的侵害,为了防止损害后果的无限扩大,要及时制止此类侵害数据的行为,提高此类权利保护的效率。

二是安全性。对传统的有体物的保护而言,其注重保障权利人对物的圆满支配状态,并对财产遭受损害的受害人提供事后救济。而在数字时代,对数据等安全性的需求日益增加,与事后的损害赔偿相比,保障数据等的安全对权利人而言意义更为重大。因为数据越安

---

① 参见〔荷〕玛农·奥斯特芬:《数据的边界——隐私与个人数据保护》,曹博译,上海人民出版社 2020 年版,第 246 页。

全,对信息主体权益的保障也越充分。我国《民法典》《个人信息保护法》等法律为适应此种权利保护需求,在个人信息的保护方面强化了对数据等安全性的保护。例如,《民法典》《个人信息保护法》赋予信息主体删除权、更正权、补充权以及安全维护请求权等权利,其目的主要就在于维护数据安全。

三是透明性。此处所说的透明性并不是指权利救济方式的透明性,而是指行为人行为本身的透明性。例如,个人信息处理者在利用个人信息进行自动化决策时,应当保障决策的透明性。我国《个人信息保护法》为解决大数据"杀熟"等问题,规定了算法的公开、算法解释等规则,这都是数字时代数据权利保护的特殊方法。[1] 由于算法技术的复杂性、专业性、隐蔽性,其很可能造成人格歧视、信息泄露、算法黑箱、算法伦理失范等问题,甚至有学者认为,"大数据将个人自治置于危险之中,因为它妨碍了个人在没有通过扭曲或外力操纵的情况下自主选择并自由生活的能力"[2]。考虑到数据处理等行为的专业性、技术性等特征,相对人由于专业知识、技能的欠缺,可能无法理解行为人处理其个人信息的行为,这就需要通过透明性的要求,对行为人处理数据的行为进行事前规范,发挥事前规制功能与避免产生算法侵害的功能[3],这也是数字时代数据等权利保护的特殊方法。

四是预防性。数字时代的侵权法也要发生变化。传统有形财产的保护强调事后救济,正如有学者所指出的,虽然损害赔偿请求权也具有一定的预防功能,但是相较于绝对权请求权和禁令等救济方式而言,其在预防损害发生上的效果较为薄弱。[4] 而在数字时代,预防功能比以往任何时候都显得更加重要,这是因为数字时代所特有的人格权侵害具有损害发生迅速、扩张速度极快、后果难以补救的特征,所以要完整地保护人格权益就必须建立多维度的权益保护体系。随着微博、微信、抖音等社交平台的

---

[1] 参见王莹:《算法侵害类型化研究与法律应对——以〈个人信息保护法〉为基点的算法规制扩展构想》,载《法制与社会发展》2021年第6期。

[2] 〔荷〕玛农·奥斯特芬:《数据的边界——隐私与个人数据保护》,曹博译,上海人民出版社2020年版,第45页。

[3] See Gerhard Wagner & Horst Eidenmueller, Down by Algorithms? Siphoning Rents, Exploiting Biases, and Shaping Preferences: Regulating the Dark Side of Personalized Transactions, University of Chicago Law Review, Vol. 82, pp. 581-609(2019).

[4] 参见〔英〕彼得·凯恩:《阿蒂亚论事故、赔偿及法律》,王仰光等译,中国人民大学出版社2008年版,第457页。

兴起,网络话语权不断下沉,侵权信息一旦发生,其传播速度之快超乎想象。相较于补偿,预防在数字时代的作用日益突出,这就要求将人格权益救济的重心由事后救济逐渐前移,以保护权利人的利益状态不受损,而不是恢复受损的利益状态。① 损害赔偿请求权虽然也具有一定的预防功能,但是相较于绝对权请求权和禁令等救济方式而言,其在预防损害发生上的效果较为薄弱。因此,《民法典》增设了人格权保护中的禁令制度,辅之以人格权请求权,实现了人格权益保护重心的前移。如果侵害他人权益的行为已经发生或即将发生,行为相对人有权依法请求法院颁发禁止令,责令行为人停止相关侵权行为。②

从整个数据权益保护的体系来看,数据权益处于不断变动和发展之中,且其内涵十分复杂,要想在短时间内通过法律将数据上的各类权益一次性地以正面确权的方式规定下来,确实较为困难。即便是关于个人信息的人格性权益,其也经历了从《网络安全法》到《民法典》人格权编关于个人信息保护的规定,再到《个人信息保护法》更具体的权益类型规则的发展过程。就数据权益而言,也有一个通过观察数据生产和利用实践活动来不断归纳和总结数据财产权利类型的过程,从而从正面确认哪些利益相关者享有对数据资源的占有权、使用权、经营权等财产性权益。如此不仅能够给投资生成数据的人提供一个稳定的财产权利预期,而且有助于在各类流通交易场景中明确初始权利归属和返还请求权,节省各环节的流通交易成本。另外,为了更好地保护这些财产权益,有必要确立合理利用规则、明确侵权行为和救济规则,特别是要构建预防性救济规则。

(二) 损害赔偿功能的多样化

损害赔偿在民事救济中处于核心地位,被称为"民事责任的核心"③。进入数字时代,损害赔偿的方式之所以仍然要作为重要的救济方式,是因为将损害赔偿的正当性建立在完全补偿的基础之上,而禁止重复赔偿、损害的确定性等理论均是补偿性要求的具体制度反映④,并可以运用于数字

---

① See Richard L. Hasen, Remedies, Wolters Kluwer, 2017, pp. 108-109.
② 参见黄薇主编:《中华人民共和国民法典人格权编解读》,中国法制出版社 2020 年版,第 44 页。
③ 刘云:《论个人信息非物质性损害的认定规则》,载《经贸法律评论》2021 年第 1 期;张建文、时诚:《个人信息的新型侵权形态及其救济》,载《法学杂志》2021 年第 4 期。
④ See Richard L. Hasen, Remedies, Wolters Kluwer, 2017, pp. 108-109.

权益的保护之中。

但是,在数字时代,严格遵循损害赔偿的补偿原则可能面临严峻的挑战。一方面,对于侵害人格权益造成的损害,其损害赔偿数额往往难以确定。在人身损害中的痛苦抚慰金、侵害精神性人格利益的精神损害赔偿之中,损害赔偿数额的确定成为难题。① 有观点认为,对于个人信息遭受侵害后,受害人主张精神损害赔偿的,需要灵活掌握《民法典》第 1183 条所规定的"严重性",采取更低的判断标准。此种观点不无道理。② 另一方面,单纯从补偿的角度已经难以解释众多的损害赔偿现象。实践中大量出现的网络侵害人格权益中的象征性赔偿以及诸多惩罚性赔偿等都在不断冲击损害赔偿的补偿性特质。因此,单纯的补偿功能已经难以全面揭示损害赔偿制度的功能。考虑到数据权益的特殊性,损害赔偿的规则也应当有所变化,具体而言:

1. 损害多样性的应对

数据权益具有复合性和主体多样性的特点,从数据的构成来看,其既可能包含信息主体的个人信息,也可能包含公共数据,还可能包含企业自身的数据,因此,数据权益的内容具有复合性的特点。有些数据涉及人格利益的保护,有些数据则与人格利益无关。因此,侵害数据权益可能产生多样化的损害后果。一方面,行为人侵害他人数据权益,将构成对数据权利人无形财产权的侵害,此时,可以通过财产损害赔偿的方式对受害人进行救济。另一方面,行为人侵害他人数据还可能同时侵害他人的隐私权或者个人信息,此时,则可能需要通过人格权的保护规则或者专门救济人身损害的侵权规则对受害人进行救济。可见,数据权益内容复合性的特点,可能导致同一侵权行为产生多样化的损害后果,这在客观上也要求调整相关的侵权救济方式。

2. 大规模微型损害带来的赔偿

数据中可能包含大量的个人信息,这也使得侵害数据权益可能同时构成对多个信息主体信息权益的侵害。例如,行为人未经许可擅自利用

---

① 参见〔英〕W. V. 霍顿·罗杰斯主编:《比较法视野下的非金钱损失赔偿》,许翠霞译,中国法制出版社 2012 年版,第 170 页。
② 参见程啸:《论〈民法典〉与〈个人信息保护法〉的关系》,载《法律科学(西北政法大学学报)》2022 年第 3 期;彭诚信、许素敏:《侵害个人信息权益精神损害赔偿的制度建构》,载《南京社会科学》2022 年第 3 期。

他人的病例资料数据,或者盗取他人信用平台的数据等,在侵害他人数据权益的同时,也可能构成对海量信息主体信息权益的侵害,从而构成大规模侵权,但在此种情形下,对各个信息主体的损害通常又是微型的,即构成所谓的"大规模微型侵害"①。针对此种类型的损害,直接适用既有的损害赔偿规则可能存在一定的问题,例如,损害的认定、损害赔偿数额的确定等,均存在一定的问题。笔者认为,针对此种大规模微型损害,可以考虑引入法定赔偿规则对众多的个人信息主体予以救济。

3. 获利返还规则的适用

传统的损害赔偿规则是以有形财产为基础而设计的,通过差额法可以解决损害的确定与损害的计算问题。而在数字时代,作为数据权益客体的数据具有无形性的特点,行为人侵害他人数据权益,通常并不会给权利人造成有形的损害,难以通过传统的差额法确定权利人的损害。例如,数据完整性遭到破坏后,很难计算实际损失。同时,如前所述,在数字时代,应当注重对侵害数据权益行为的预防,这就需要运用获利返还等规则,剥夺行为人的侵权获利,消除其侵权动机,从而实现对损害的预防。特别是对于个人信息这种微型损害,更有必要如此处理。② 我国《民法典》第 1182 条对侵害人身权益的获利返还规则作出了规定,在数据权益救济方面,可能也需要确立获利返还规则。

此外,由于数据权益的内容具有复合性,侵害数据权益的损害后果也具有多样性的特点,单纯通过民法对其予以调整可能具有一定的局限性。例如,针对算法歧视问题,其既可能造成权利人的人身损害、财产损害,还可能需要借助公法手段予以调整。这在客观上也要求,不能仅仅通过私法的方法保护数据权益,还要借助公法,包括《反不正当竞争法》《反垄断法》等给予保护,要形成数据市场的有效、正当的竞争。例如,对数据产品的侵害常常构成不正当竞争行为,通过《反不正当竞争法》调整此类行为更为快捷,也更具有预防性。③ 因此,就数据权益的保护而言,单纯的私法保护是不够的,需要在数字领域,公法和私法协同配合,共同发挥调整作用,由此促进

---

① 〔德〕格哈特·瓦格纳:《损害赔偿法的未来:商业化、惩罚性赔偿、集体性损害》,王程芳译,中国法制出版社 2012 年版,第 178 页。

② 参见〔德〕格哈德·瓦格纳:《损害赔偿法的未来:商业化、惩罚性赔偿、集体性损害》,王程芳译,中国法制出版社 2012 年版,第 178 页。

③ 代表性的判决如安徽美景信息科技有限公司与淘宝(中国)软件有限公司不正当竞争纠纷案,参见浙江省杭州市中级人民法院(2018)浙 01 民终 7312 号民事判决书。

数字法和《个人信息保护法》《网络安全法》等领域法的产生和发展。①

总之,虽然传统的损害赔偿责任方式仍然可以适用于数据权益的保护,但毕竟此种方式主要是针对有形财产保护所形成的一整套规则,针对数据权益的保护,民法的损害赔偿责任也需要作出进一步的完善,构建对侵害数字权益的有效保护规则。

五、价值理念的变迁:从注重意思自治到注重维护人格尊严

从内在价值层面看,我国《民法典》不仅强调私法自治,也强调人文关怀的价值,这实际上是实现了从意思自治到人格尊严价值的发展,这一价值理念的变化也是数字时代所应有的价值变迁。从价值理念来看,传统民法注重私法自治,鼓励创造财富,但是对人的道德情感和人格权益的关注并不充分。② 从价值形态上看,工商业社会尊重私法自治,目的在于激发主体的活力,进而创造社会财富。但是,在进入数字时代之后,民法比以往任何时候都更加强调对人的关爱。数字社会更强调国家对个人的保护,更注重人格尊严的维护。不少学者呼吁要构建数字化、信息化的人权,并称之为"数字人权"③。从民法上看,人格尊严保护是实现私法自治的前提和保障,在二者发生冲突时,应当优先维护个人的人格尊严。例如,就个人信息保护而言,当信息主体行使权利时,必然会对数据权利产生重大影响,这就形成了两种权利相互冲突的现象;此时,应当根据权利位阶理论,优先保护个人信息权益。正如康德所说,"人是目的,不是手段"④,所以优先保护人的权益就是优先保护人的主体性和目的性。

在数字时代,之所以要实现这一价值理念的转变,首先是因为,数字技术等高科技的发展提出了强化人格尊严保护的要求。在科技时代,高科技会给人带来极大的福祉,但大多数的高科技都有一个共同的副作用,那就是给个人隐私和信息安全带来威胁,进而对人格尊严造成威胁。科技本身具有价值中立性,可服务于人的需求,但一旦被滥用,后果不堪

---

① 参见〔荷〕玛农·奥斯特芬:《数据的边界—隐私与个人数据保护》,曹博译,上海人民出版社 2020 年版,第 244 页。

② See Mindy Chen-Wishart, In Defence of Consideration, Oxford University Commonwealth Law Journal, Vol. 13, pp. 209-238(2013).

③ 马长山:《迈向数字社会的法律》,法律出版社 2021 年版,第 138—139 页。

④ 〔德〕康德:《道德形而上学原理》,苗力田译,上海人民出版社 2002 年版,第 52 页。

设想。美国学者福禄姆金提出了"零隐权"(zero privacy)的概念,认为各种高科技、互联网的发明在给人类带来巨大福祉的同时,也都有一个共同的副作用,即给我们的隐私权保护带来了巨大威胁。① 科技主宰了人,就会对人的自由和尊严造成巨大威胁。任何科技发展既解放人又会对人形成新的制约和控制,是进化的开始,也是异化的开始。② 在实践中,已经出现滥用赋码、侵害个人人格权益现象(例如河南"红码"事件)③,造成恶劣的社会影响。因此,为了避免对人的自由和尊严的威胁,有必要在数字时代更加强化对人和人格尊严的保护。具体而言:

第一,许多人格权益可以被数字化,也因此带来了人格权益被侵害的可能。数字技术和数据财产的深入应用使得肖像、声音、隐私、个人信息等人格要素有了更为广泛的展现场景和机会,大幅拓展了自然人人格利益的应用价值,有助于更好地促进人格自由、人格发展与人性的绽放。但与此同时,数字技术和数据财产本身也可能被误用甚至滥用,并损及人格自由和人格尊严。大数据的发展,信息技术的高度进化和"全景监测"等监管手段的迭代,造成了"无隐私"的透明社会。④ 数据的利用价值具有特殊功能即其可预测性。数据的价值不在于支配,其真正的价值体现在预测功能。而大数据所具有的可预测性功能已经使人们的行为透明化。⑤ 因为借助大数据分析,不仅可以了解我们的过去和现在,甚至可预测我们的未来,大数据使人变成透明的人、"裸奔"的人。

第二,算法的发展产生了算法歧视等诸多问题。算法歧视是人工智能自动化决策中由数据分析导致的对特定群体的、系统性的不公正对待。算法歧视正在人工智能技术应用的多个场域出现,对受害群体及整个社会有着多重的不利影响。例如,现下非常流行的短视频 App 通常都以一套抓取用户偏好的数据画像算法为核心,以便向特定用户精准地投送其所喜爱的内容,从而吸引用户并在此基础上进一步形成

---

① See Michael Froomkin, The Death of Privacy?, Stanford Law Review, Vol. 52, pp. 1461-1543(2000).
② 参见王鑫:《算法批判与人-机社会想象》,载《探索与争鸣》2021 年第 3 期。
③ 参见人民网评:《河南赋红码事件:赋"红"一时爽,后果必须扛!》,载 https://export.shobserver.com/baijiahao/html/500267.html,访问日期:2022 年 7 月 16 日。
④ 参见刘超:《数字化与主体性:数字时代的知识生产》,载《探索与争鸣》2021 年第 3 期。
⑤ See Katharina Pistor, Rule by Data: The End of Markets?, Law & Contemporary Problems, Vol. 83, p. 105(2020).

用户对该 App 的使用黏性。但是,其在推送过程中有可能向一个厌恶低俗信息的人不断推送相关的低俗信息,这本身就涉及算法价值伦理问题,也会妨碍个人的私生活安宁。除此之外,算法黑箱、算法伦理失范等都威胁着个人的人格尊严。① 因此,为了维护平等与公正的社会秩序,有必要对算法歧视进行法律规制。作为人工智能法律规制的先行者,在应对人工智能算法歧视方面,欧盟选择了以数据保护为中心的规制模式,而美国选择了以算法责任为中心的规制模式。② 应当看到,算法既是数字时代的第一生产力,也是数字技术的核心。算法也是企业的核心竞争力,但数字时代所要求的数字正义特别要求实现算法公正。算法的滥用还可能导致民事权益遭受侵害,当披露算法需要披露相关数据时,可能会涉及对他人的个人信息权益的侵害。因此,近二十年来,许多学者主张,自动化决策需要更高的透明度,以预防算法歧视,保障算法公平,实现可问责的算法(accountable algorithms)。③ 应当看到,我国《个人信息保护法》规定禁止大数据杀熟,该法第 48 条规定信息主体可以请求个人信息处理者对个人信息处理规则进行解释、说明。该项权利也被称为解释说明权,旨在防止算法的滥用。

第三,数据与个人信息的高度结合,也导致数据的滥用将严重危害个人信息。我们考察数据权益,解释财产权益与人格权益的结合的现象,就是要重视数据中个人信息权益的保护,注重利用和保护之间的平衡,并注重保护方式的变化。所有这些目的,都在于维护信息权益背后的人格尊严。个人对其信息的自主决定来源于人格尊严④,在欧盟,个人数据经常被隐私所涵盖,从欧洲人权法院的一些判例来看,其涉及数据处理的规模,数据是否被系统性收集和储存,个人是否具有合理的隐私预期,数据的敏感性如何,以及数据对个人私生活产生了何种影响,甚至一些公共数据都可能涉及个人隐私。⑤ 在数据权益中,大量涉及如何保护信息处理者处理个人信息和隐

---

① 参见王敏芝:《算法之下:"透明"社会的技术与观念》,载《探索与争鸣》2021 年第 3 期。
② 参见章小杉:《人工智能算法歧视的法律规制:欧美经验与中国路径》,载《华东理工大学学报(社会科学版)》2019 年第 6 期。
③ See Joshua A. Kroll et al., Accountable Algorithms, University of Pennsylvania Law Review Vol. 165, pp. 633−705(2017).
④ See Paul Bernal, Internet Privacy Rights: Rights to Protect Autonomy, Cambridge University Press, 2014.
⑤ 参见〔荷〕玛农·奥斯特芬:《数据的边界——隐私与个人数据保护》,曹博译,上海人民出版社 2020 年版,第 10 页。

私问题。在我国,同样如此。数字技术的发展对保护个人的人格尊严、人的隐私、个人信息都提出新的挑战。例如,虽然我国法律并不严格禁止数据画像,但是利用数据画像的自动化决策产生了不良决策结果,就可能侵害人格权。我国《个人信息保护法》第 24 条第 1 款规定,"个人信息处理者利用个人信息进行自动化决策,应当保证决策的透明度和结果公平、公正",这就是针对用户画像、算法推荐等新技术的运用所作的规定。①

第四,基因编辑等也会涉及对个人信息特别是敏感个人信息的处理。在数字时代,民法所面临的也绝不仅仅是数据的问题,还涉及如基因编辑、虚拟艺术作品、人工智能侵权、自动驾驶、机器人主体地位、区块链引发的各种财产权益保护等,这都是数字技术的发展所带来的民法问题。例如,基因编辑就是通过侵入式的特定手术,修改人类基因组结构。21 世纪是生物技术时代,生物技术运用得好,将会造福人类,而一旦被滥用,就会严重损害人类福祉,可能导致人的主体地位被异化,从主体沦为客体。② 基因编辑也涉及敏感个人信息的处理,因此与数字技术具有密切关联。此外,非法倒卖个人信息,也会构成对人格尊严、个人隐私的威胁,这些问题都是数字时代民法所面临的问题,都在一定程度上对人的保护,尤其是人的尊严的保护提出了要求。

孟德斯鸠曾言:"在民法慈母般的眼里,每一个个人就是整个的国家。"③民法就是人法,强化人文关怀是当代民法的重要发展趋势,它使得整个民法规则发生一种重大的改变,即要重视对人特别是人格尊严的保护。所有的社会科学最终还是要回到人的问题上来,社会科学归根结底还是人学。民法不应仅将重心放在交易法和财产法上,而更应当成为尊重人、关爱人、保护人的人法,我国《民法典》是充分彰显人文关怀和人文价值的法典,从重视保护财产权益,到同等重视保护财产和人格权益,这也是数字时代民法转型的关键所在。

结　语

莱斯格指出:"我们正迈入一个新时代,在这个新时代里,出现了新的

---

① 参见程啸:《个人信息保护法理解与适用》,中国法制出版社 2021 年版,第 227 页。
② See Kerry Lynn Macintosh et al., Gene Editing Sperm and Eggs for Use in Clinical Trials—The Authors Respond, Journal of Law, Medicine & Ethics, Vol. 49, p. 156(2021).
③ 〔法〕孟德斯鸠:《论法的精神》(下册),张雁深译,商务印书馆 1963 年版,第 190 页。

架构,使我们规制的权力达到前所未有的高度。"①我们已进入数字时代,数字与法治要同步发展,同频共振。数字技术越发达,越需要法治保障。虽然我国《民法典》已初步回应了数字时代的发展要求,但随着数字技术的发展和应用,民事立法也需要不断与时俱进,在响应数字中国战略、回应数字时代的需求中不断发展完善。

---

① 〔美〕劳伦斯·莱斯格:《代码2.0:网络空间中的法律》,李旭、沈伟伟译,清华大学出版社2009年版,第366页。

论禁止滥用权利

——兼评《总则编解释》第 3 条*

穆勒:"挥舞拳头的自由止于他人的鼻尖。"①

前　言

《民法典》作为一部权利法,规定了较为丰富完整的民事权利体系,尤其是《民法典》总则编第五章详尽列举了民事主体所享有的各项权利。在该章中,立法者于最后一条(即《民法典》第 132 条)规定了禁止滥用权利规则。一般认为,所谓滥用权利,是指行使权利违背权利设定的目的,不合理地损害了他人利益。从体系上来看,《民法典》中禁止滥用权利规则是对各项民事权利行使的限制性规定,为规范权利行使行为提供了法律依据。在实践中,已经产生了不少涉及滥用权利规则的典型案例。例如,在徐某与某燃气有限责任公司、曲某物权保护纠纷一案中,某村委会与王某签订《废弃地承包合同书》,将一块土地发包给王某。其后,王某又将该块土地转包给徐某,徐某欲将该块土地出租给他人用于生猪养殖,但是在签订出租合同后尚未交付时,徐某发现该块地已经被某燃气有限责任公司擅自铺设了燃气管道,不再具备生猪养殖条件。而且该燃气公司在铺设管道时,既未取得徐某同意,也未获得施工许可。无法交付土地的徐某遂提出请求,要求燃气公司移除管道,恢复原状。法院在审理中认为,虽然燃气公司未取得施工许可即施工,侵害了徐某的用益物权,但是徐某要求恢复原状的诉讼请求将导致大量用气人遭受损失,且该损失远超其可能获得的利益,这构成了原《民法总则》第 132 条(现为《民法典》

---

* 原载《中国法律评论》2022 年第 3 期。
① John Stuart Mill, On Liberty, Cited in Joseph Elford, Trafficking in Stolen Information: A "Hierarchy of Rights" Approach to the Private Facts Tort, The Yale Law Journal, Vol. 105, pp. 727-728(1995).

第132条)所规定的权利滥用,因此对于原告的诉讼请求未予支持。① 这一案例提出了两个有关滥用权利的重要观点:一是因为原告的行为已构成滥用权利,所以被告的行为虽然已构成侵权,但并不因此承担恢复原状的义务和责任;二是滥用权利应以比例原则为标准进行判断,即原告行使权利所造成的损害远远大于其个人所能获得的利益,或者说"获利与损害之间明显不相称"(Flagrant Disproportion Between Damage and Profit)。应当看到,这一认定标准确实具有比较法上的先例②,但并没有被我国司法实践普遍采用。究竟如何判断是否构成滥用权利,其实也是一个具有争议的问题。

为统一法律适用,2022年3月1日施行的最高人民法院《关于适用〈中华人民共和国民法典〉总则编若干问题的解释》(以下简称《总则编解释》)第3条在总结司法实践经验的基础上对滥用民事权利的认定与法律后果作出了规定,从司法层面进一步明确了滥用权利的构成要件以及法律效果。然而,由于禁止滥用权利规则涉及各项受保护权利之间的平衡,加之滥用权利与侵权联系密切,厘清滥用权利与侵权责任的关系,并在此基础上明确滥用权利的法律效果,准确认定滥用权利的责任,并非易事。尤其是《总则编解释》是否契合了《民法典》禁止滥用权利规则的立法意旨,以及应当如何在实践中准确理解适用上述规则,都是当下值得思考的问题。回应上述问题,对于准确适用《民法典》关于禁止滥用权利规则十分必要,据此笔者将不揣浅陋,对这些问题谈一些初步的看法。

一、禁止滥用权利制度的正当性基础

严格来说,禁止滥用权利制度并非一项崭新的制度,目前该制度已广泛规定于许多国家的民法典之中,即使未被民法典明确规定,也作为一项法律规则而被各国判例与学说广泛接受。然而,关于是否可能或有必要禁止滥用权利,其实是自罗马法以来一直都存在争议的问题。因此,首先

---

① 参见黑龙江省哈尔滨市松北区人民法院(2018)黑0109民初268号民事判决书。
② 例如,在1971年比利时的一个案例中,最高法院认为,被告砌墙时,无意中将一小段墙角,砌在邻居土地上,23年后邻居提起诉讼,要求将墙拆除并赔偿损失。法院认为,鉴于这种损害和拆墙后造成对被告的弥补不相称,且越界行为持续23年,因而不必拆除,应按比例补偿造成的损失。在法国,也有不少学者赞成这一主张。参见Mazeaud and Tunc, Traité théorique et pratique de la reponsabilité civile délictuelle et contractuelle I, 6e éd., Paris, 1965, p. 459。

有必要对禁止滥用权利制度的正当性基础进行讨论,从而为滥用权利的判断标准和法律效果的确定提供基础。

(一) 规范权利行使

禁止滥用权利制度的正当性基础之一在于规范民事权利的行使。在罗马法中,"滥用权利"的概念并未被接受,这与罗马法时期私权神圣和绝对性理论有直接的关系。例如,盖尤斯曾经说过:"行使自己的权利不被认为系恶意所为(Nullus videtur dolo facere qui suo jure utitur)。"①保罗(Paulus)也说:"任何人凡不为无权之事,即对他人无害(Nemo damnum facit, nisi qui id fecit quod facere jus non habet)。"②倘若坚持此种绝对的权利观念,那么滥用权利似乎就会成为一个伪命题。1804年的《法国民法典》深受个人自由主义的影响,认为权利是神圣的,不受限制的,不可能存在权利滥用的现象,因而没有规定禁止滥用权利制度③;普兰利(Planiol)对此作出如下解释:"'滥用权利'本身是个矛盾的字眼。"因为"权利终止于其被滥用之时,如果没有清晰的理由认定是否违反法律,权利则不存在滥用。当某一行为逾越权利的界限时,并不会使得权利的涵盖范围扩大"④。但是在实务中,法国法院也逐渐接受了"滥用权利"理论。

在德国,自《德国民法典》实施以来,权利的社会化观念开始形成,人们开始意识到私权并不是绝对的,也不是无限制的,必须要对私权尤其是所有权进行必要的限制。《德国民法典》第226条规定了禁止滥用权利规则:"权利的行使,不得专以加损害于他人为目的。"依据该规定,禁止以损害他人为目的行使权利,这就开创了禁止滥用权利的立法先河。但该规则的适用以权利人仅仅为了损害他人而行使权利为前提。⑤ 也就是说,从客观上来看,权利人在行使权利时除损害他人这一目的之外没有其他目的⑥,倘若权利人不仅追求损害他人这一目的,还具有客观上可识别的其他目的,则不构成滥用权利⑦。不过,从比较法上来看,为保障权利在其设定的目的范围内正当行使,维护社会和经济秩序,各国在立法层面上已经

---

① 《学说汇纂》D.50.17.55.
② 《学说汇纂》D.55.17.151.
③ 参见〔德〕莱因哈德·齐默曼、〔英〕西蒙·惠特克主编:《欧洲合同法中的诚信原则》,丁广宇等译,法律出版社2005年版,第26页。
④ Planiol, Traité élémentaire de droit civil, Ⅱ, 11eéd, LGDJ, 1931, n°871.
⑤ Vgl. Köhler, BGB Allgemeiner Teil 45. Aufl., 2021, §17, Rn. 37.
⑥ Vgl. Staudinger/Repgen(2019) BGB §226, Rn. 15.
⑦ Vgl. Staudinger/Repgen(2019) BGB §226, Rn. 18.

对民事权利的行使作出了若干限制(如在相邻关系中对所有权行使的限制等),但由于立法者不可能对各种纷繁复杂的权利行使规则作出十分明确、具体的列举,因此需要规定一个一般性规则对权利的正当行使作出概括规定,允许法官在具体个案中对权利限制的情形作出补充或者续造,这就产生了禁止滥用权利制度。

我国《民法典》第132条立足中国实践,并在借鉴比较法经验的基础上,规定了禁止滥用权利制度,其首要目的也在于规范权利的行使。一方面,权利的行使不得超出其应有的范围,任何一项权利的存在总是以一定的目的为基础的,这实际上也划定了权利行使的界限。法国学者约瑟朗德指出,主观权利是"功能性权利,这些权利存在于将要实现其作用的范围内。超出这一范围,权利人可能超过或滥用了这些权利"①。逾越权利行使的边界导致他人遭受损害,违背了权利存在的正当目的,即构成滥用权利。正当行使权利的行为以实现权利的目的为宗旨,同时不会给公共利益或他人利益造成损害;而一旦权利人行使权利的行为已经超出了权利所保护的目的范围,那么该权利的行使就不再具有正当性,即可能构成滥用权利。例如,所有权的行使以满足权利人的占有、使用、收益、处分为目的,但如果所有权人本可以通过正当的所有权行使行为实现上述目的,却采取了以导致他人遭受不必要的损害为目的的行使方式,则可以认为其权利行使行为构成滥用权利。换言之,如果权利行使行为逾越权利目的的界限,即构成滥用权利。另一方面,权利意味着主体的意志自由,但这种自由是受限制的。法律并不允许权利人以任何方式随心所欲地行使自己的权利,尤其是不得以加损害于他人为目的的方式行使权利。可见,禁止滥用权利制度的产生正是规范权利行使的必然要求;而禁止滥用权利规则的功能就在于将权利的行使限定在实现权利目的的范围之内,以规范权利的正当行使。

(二) 协调权利冲突

禁止滥用权利制度的第二个正当性基础是协调权利之间的冲突。法定的权利本身就是要赋予权利人一定的行为自由,正如里普特(Ripert)和保兰格(Boulanger)所说,"如果我有做某事的权利,我对此事没有什么过错,如果我有不做某事的权利,我不做某事没有什么过错"②。然而,"权

---

① Josserand, De l'esprit des droits et de leur relativité, 2e Paris, 1869, p. 292.
② Ripert and Boulanger, Traité de droit civil Ⅱ (d'après le Traité de Planiol), Paris, 1957, p. 347.

利的相互性"的存在产生了经济学家科斯（Ronald H.Coase）所说的情形，即某人权利的行使就可能意味着他人权利的减损；凡是行使权利，都可能造成权利的冲突。① 凯尔森（Hens Kelsen）认为，某一行为人拥有权利就意味着其拥有自由，但是另一人就负有相应的义务，因此，一个人行使权利时就必然与另一个人产生权利冲突。② 在这种情况下，法律就不得不在相互冲突的权利之间进行平衡。

禁止滥用权利制度就是法律协调权利冲突的重要手段。其协调权利冲突的途径表现在：一方面，明确权利的界限。权利人行使权利的边界是不得介入他人的权利范围。功利主义哲学家穆勒曾形象地指出，"挥舞拳头的自由止于他人的鼻尖"，或者说，一个人的权利主张以不损害其他社会同伴的权利为边界。③ 禁止滥用权利制度旨在明确不受某人挥舞的拳头侵害的"他人鼻尖"的位置。另一方面，权利人行使权利可以谋求自身正当利益的最大化，但不得损害他人的利益。穆勒在《论自由》中将个人利益应受的限制概括为两个维度：一是个人的行为应当以他人的利益为边界，二是个人应当为社会免于外侵及内乱作出牺牲。④ 这就形象地表达了行使权利不得越界且不得损害他人的理念。从广义上讲，任何权利的行使都会对他人带来干涉。在涉及滥用权利的情形下，权利人行使权利与权利人因不正当地行使权利给另一方的权利造成了侵害，无论是行使权利的一方还是遭受侵害的一方实际上都享有正当的权利，而由于权利的本质在于利益，因此，权利因一方不正当的行使导致另一方利益的损害，这实际上就产生了两种利益的冲突。但是，正当的权利行使行为是行使权利所必需的，因此法律也容忍正当的权利行使行为给相对人带来限制。同时，法律禁止任何人因为不正当行使权利而造成他人损害，并危害社会安全和秩序，否则就构成滥用权利⑤，如此可以有效协调权利冲突。

---

① 参见〔美〕R. 科斯：《社会成本问题》，载〔美〕R. 科斯等：《财产权利与制度变迁——产权学派与新制度学派译文集》，刘守英等译，上海人民出版社1994年版，第3页以下。
② 参见〔奥〕汉斯·凯尔森、〔德〕马蒂亚斯·耶施泰特编：《纯粹法学说》（第2版），雷磊译，法律出版社2021年版，第163页。
③ See John Stuart Mill, On Liberty, Cited in Joseph Elford, Trafficking in Stolen Information: A "Hierarchy of Rights" Approach to the Private Facts Tort, The Yale Law Journal, Vol. 105, pp. 727-728(1995).
④ 参见〔英〕约翰·穆勒：《论自由》，孟凡礼译，上海三联书店2019年版，第85页。
⑤ Vgl. Bork, Allgemeiner Teil des Bürgerlichen Gesetzbuchs, 4.Aufl., 2016, Rn. 343 ff.; Köhler, BGB Allgemeiner Teil 45. Aufl., 2021, §17, Rn. 36 ff.; Stadler, Allgemeiner Teil des BGB, 20. Aufl., 2020, §7, Rn. 2.

我国《民法典》在总则编第五章构建了民事权利体系之后,将滥用权利规则置于该章的最后一条,旨在表明权利需要正当行使。权利的不当行使会侵害他人的权利,因此,对民事权利的保障还要求妥当规范民事权利的行使规则。民事主体在自由行使其民事权利的同时,也应当尊重他人的权利,如果滥用权利造成对他人利益的损害,则行为人应当依法承担责任。从这一意义上说,禁止滥用权利规则可以明确界定权利人权利行使的边界,从而规范民事权利的行使,这实际上也是民事权利有效实现的重要前提和基础。

(三) 实现利益平衡

禁止滥用权利制度的第三个正当性基础是实现利益平衡。权利冲突本质上就是利益冲突,因为权利本质上就是法律赋予权利人所享有的利益,边沁和耶林最先提出了权利的本质为利益的观点。[①] 基于这一观点,权利的核心内容必然是利益的实现,因而"把利益转化为权利和义务,合理地确定权利和义务的界限"便成为法律的首要任务。[②] 权利行使常常伴随着利益冲突,一方面,权利人行使权利旨在追求自身的利益,而在这个过程中有可能会侵害他人的权利,造成对他人利益的损害。韦伯(Max Weber)在《以学术为业》中指出,现代社会的多元价值之争,就像古希腊的奥林匹克山上的诸神之争一样,天生就是相互倾轧的。[③] 权利正当行使的边界就是他方的利益,因此,依法行使权利就可能会触碰他方的利益边界。另一方面,权利本质上为行为人提供了一定的行为自由,但是"自由止于权利",也就是说,任何自由都不是绝对的,一方行使权利的自由的边界就是他方的权利,当权利人行使权利逾越了应有的界限时,就会与其他主体的自由产生冲突,即构成滥用权利。

由于权利行使会产生利益冲突,所以法律应当对各方当事人的利益进行平衡,避免当事人利益失衡现象的发生。而禁止滥用权利制度可以通过规范权利的行使,来实现利益的平衡。规范权利行使实际上就要求避免权利冲突导致的利益失衡。结合我国《民法典》第132条和《总则编解释》第3条可以看出,禁止滥用权利制度从如下几个方面为实现利益平衡提供了重要依据:一是权利人可以从权利行使过程中谋求自身利益,但

---

① 参见彭诚信:《现代权利理论研究》,法律出版社2017年版,第56页。
② 参见张文显:《法哲学范畴研究》,中国政法大学出版社2001年版,第165页。
③ 参见[德]马克斯·韦伯:《学术与政治:韦伯的两篇演说》,冯克利译,生活·读书·新知三联书店1998年版,第39页。

不得以加损害于他人为主要目的。这就是古罗马法谚所说的"勿害他人"。禁止滥用权利制度使得权利人在行使权利时要顾及他人的利益,而不仅仅是追求个人的一己私利。这有利于建立人与人之间的和谐关系,维护社会秩序的安定,也有利于平衡权利人的利益与国家和社会公共利益。① 二是权利人行使权利的过程中,不得逾越自己权利行使的范围。滥用权利产生的前提往往是,权利人为了追求自身利益,超过自己的权利领域,进入他人的权利领域。例如,在自己的家门口安装摄像头维护自身的财产安全,但是该摄像头对准的是他人的家门口,这一行为已经超出其自身权利行使的范围。三是在权利行使过程中,权利人通过行使权利给他人造成的损害不能远超自身应当享有的利益,否则就会造成获益与损害之间的极不相称。正如在前述案例中,法院以原告因诉讼请求实现的获益远少于给他人造成的损失为由,驳回诉讼请求②,虽然权利人行使权利可能没有超越自己的权利范围,但是其在追求自身利益时,客观上给他人造成不利影响。换言之,看似实施合法行为,但实质上因给他人造成了损害,而构成非法。《民法典》第132条和《总则编解释》第3条的规定,赋予法官在具体个案中对于利益衡量进行实质判断的自由裁量空间。利益失衡主要表现为,行使权利的行为使得自己获得的利益很少,但是却因此给他人造成严重损害,损害与获益严重不相称。

　　法谚有云:"法爱衡平。"法律之所以存在,也因为"人们继续不断地评估和重新评估利益,因为他们希望利益调和,因为他们希望保障他们本身的利益和承认尊重他人利益的正当"③。如下文所述,禁止滥用权利制度产生的法理依据是诚信原则,而诚信原则历来具有衡平的功能④,因此,禁止滥用权利制度不仅可以规范行使权利的行为,而且可以有效协调权利人之间的利益冲突。诚然,《民法典》中设置了许多实现利益平衡的制度和规则,例如,相邻关系制度就是要协调相邻不动产权利人之间因行使不动产权利而发生的利益冲突,合同法中的附随义务制度就是要协调债权行使中发生的利益冲突,等等,但禁止滥用权利制度在实现利益平衡方面具有其特殊性,这主要表现在,其主要通过规范权利的行使来实现利

---

① See André Tunc et al. eds., International Encyclopedia of Comparative Law, Vol. 11, Torts, J. C. B. Mohr(Paul Siebeck), 1983, p. 114.
② 参见黑龙江省哈尔滨市松北区人民法院(2018)黑0109民初268号民事判决书。
③ 〔荷〕克拉勃:《近代国家观念》,王检译,吉林出版集团有限责任公司2009年版,英译者序,第55—56页。
④ 参见徐国栋:《诚实信用原则研究》,中国人民大学出版社2002年版,第49页。

益的平衡,避免因一方行使权利而给他人造成损害。从这一意义上说,实现利益平衡不仅是禁止滥用权利制度的正当性基础,也是认定不构成滥用权利的重要标准。换言之,如果权利人行使权利不当造成了当事人之间的利益失衡,即可能构成滥用权利。例如,权利人对自己的房屋进行装修,因此产生了一些噪音,邻居应当依法负有容忍的义务,在此情形下,当事人的利益虽然失衡,却并不构成权利滥用;但如果权利人在装修房屋时将自己房子的承重墙打断,造成邻居房屋的危险,不当影响了邻居的安全,则导致当事人之间的利益不当失衡,即构成滥用权利。

(四) 维护诚信原则

禁止滥用权利制度第四个正当性基础就是维护诚信原则。禁止滥用权利制度来源于诚信原则,其是从诚信原则中产生的,依据诚信原则,行使权利应当以善意的方式进行,而滥用权利本身是恶意的、以损害他人权益为主要目的的行为,恶意行使权利的方式本身就是违反诚信原则的行为。正如乌尔比安(Domitius Ulpianus)所说的,"诚实信用,勿害他人",这本身是诚信原则的具体体现。诚信原则不仅是一项抽象的法律原则,而且依据该原则可以产生各种具体的民事义务,这就要求民事主体正当行使民事权利,禁止滥用权利造成对他人的损害。在诚信原则的基础上产生了许多新的规则,如合同正义原则、禁止暴利原则、禁止私人妨害、禁止滥用权利等。① 因此,禁止滥用权利制度也是为落实诚信原则而产生的一项制度。

比较法上普遍承认禁止滥用权利制度的一个重要目的,是保障权利的行使符合诚信原则。例如,在《德国民法典》中,诚实信用原则被称为"帝王原则",普遍用于规范各种类型权利的行使,而"禁止权利滥用"属于《德国民法典》第 242 条诚实信用原则的具体化表现之一。② 诚实信用原则作为一项一般原则同样约束权利人,权利人应该按照诚实信用原则、交易习惯所要求的方式来行使权利,不得以违反诚实信用原则的方式来行使权利。③ 因此,权利人以损害相对人为目的的权利行使行为,以及基于其他原因违反诚实信用原则的权利行使行为,都属于《德国民法典》第

---

① 参见〔德〕莱因哈德·齐默曼、〔英〕西蒙·惠特克主编:《欧洲合同法中的诚信原则》,丁广宇等译,法律出版社 2005 年版,第 12—30 页。
② Vgl. Staudinger/Looschelders/Olzen(2019) BGB § 242, Rn. 213.
③ Vgl. Bork, Allgemeiner Teil des Bürgerlichen Gesetzbuchs, 4. Aufl., 2016, Rn. 348.

242条的适用范围。① 这一观点也为许多国家的判例学说所认可。

我国《民法典》第 7 条确认民事主体从事民事活动应当遵循诚信原则,此处所说的"民事活动"当然也包括权利行使的行为,因此,一方面,诚信原则可适用于滥用权利行为,自不待言。对禁止滥用权利制度的解释需要以诚信原则为基础。另一方面,诚信原则作为现代民法中的"帝王规则",需要通过民法的各项制度予以具体落实,诚实信用原则针对的是所有"民事主体从事民事活动",其作为一项基本原则不仅调整范围广泛而且具有抽象性,需要借助禁止滥用权利等制度予以实现。否则,诚信原则将如同空中楼阁一般,难以发挥实际作用。在具体的权利行使领域,禁止滥用权利制度发挥了诚实信用原则的功能,该制度正是落实诚信原则的重要制度。

禁止滥用权利制度能够发挥诚信原则的功能,还表现在:一方面,滥用权利在本质上就是一种违反诚信的具体体现。因此恶意原则也是构成滥用权利原则的一个重要的因素。另一方面,禁止滥用权利制度也有利于遏制一些违反诚信原则的行为。例如,权利人为了自己的利益不正当地促成条件成就,或权利人在自己的庭院内建造设施旨在遮挡邻居家的光线②,或在行使权利中自己获取的利益与给他人造成的损害之间明显不相称等,这都是违背诚信原则的。还要看到,在我国,实践中出现的大量的虚假诉讼现象,实际上就是滥用权利行为。虚假诉讼是指双方当事人为了牟取非法的利益,恶意串通,虚构民事法律关系和案件事实,提供虚假证据,使法院作出错误判决或裁定的行为。此类行为滥用了诉权,损害了其他民事主体的合法权益,耗费了诉讼资源,损害了司法公信力和权威性,也严重损害相关当事人的合法权益,因此遏制虚假诉讼等滥用权利的行为,就是在诉讼中具体地实现诚信原则。

二、滥用权利的认定

(一)滥用权利的构成要件

从两大法系的比较来看,关于滥用权利的判断标准历来是多元的。《国际比较法百科全书》将许多国家认可的判断滥用权利的标准归纳为

---

① Vgl. Staudinger/Looschelders/Olzen(2019) BGB §242, Rn. 216.
② Vgl. Bork, Allgemeiner Teil des Bürgerlichen Gesetzbuchs, 2016, 4. Aufl., Rn. 349.

六种类型:故意损害、缺乏正当利益、选择有害方式行使权利、获取利益与致他人损害之间不相称、不考虑权利存在的目的、行使权利构成侵权。① 因而在禁止滥用权利规则中,迄今为止,仍不存在统一的标准。正如鲁道夫·施莱辛格(Rudolf B. Schlesinger)所说的,大陆法系学者在滥用权利的问题上采用了较之于普通法系学者更为抽象的表述,因为实践中出现的各种案例都可以被包括在抽象的一般概念之中,但是它很难提供一个详细的判断滥用权利的标准。② 所以,迄今为止,比较法上尚不存在能够普遍适用于各种类型案件的判断滥用权利的具体标准。

在我国,《民法典》第132条规定:"民事主体不得滥用民事权利损害国家利益、社会公共利益或者他人合法权益。"从该规定来看,其将滥用权利局限在两个方面:一是在权利行使过程中滥用民事权利;二是从结果上看,损害了国家利益、社会公共利益或者他人合法权益。显然,该规则没有设置判断滥用权利的具体要件。因为事实上,第一个要件并没有确定滥用权利的标准,第二个要件仅仅在客观层面确定了滥用权利的结果。按照主客观结合的标准,该规定实际上考虑了客观结果,但没有考虑行为人的主观状态。事实上,禁止滥用权利制度的适用范围非常宽泛,它可以适用于各种权利行使行为,包括滥用诉权、防卫过当、滥用解除权、滥用算法、滥用财产权(如无正当理由禁止袋地权利人通行)、不当申请专利和注册商标、滥用禁令等。而权利人不正当行使权利的行为又具有多样性,很难用一种一般的、抽象的构成要件来概括各种纷繁复杂的滥用权利行为。例如,在滥用诉权中,行为人的主观状态是非常明显的,即具有恶意。但是《民法典》第132条并没有包括权利人的主观状态,这显然使滥用权利的判断过于简单化,将许多权利人主观上并没有致他人损害的恶意,但客观上可能给他人造成损害的权利行使行为都纳入滥用权利的范围中,其结果就会不适当地扩大了滥用权利的范围,干涉了权利人行使权利的行为。例如,"夜半敲门通知解除买卖合同"不可一概认定为滥用债权的行为,因为行为人的恶意并不明显,其可能确实因为交通堵塞等客观原因而半夜上门,但也不能排除其主观上存在为难债务人的恶意的可能性,如果出卖人主观上并没有致买受人损害的恶意,将此类行为都认定为滥用权

---

① See André Tunc et al. eds., International Encyclopedia of Comparative Law, Vol. 11, Torts, J. C. B. Mohr(Paul Siebeck), 1983, pp. 107–116.

② See Rudolf B. Schlesinger, Comparative Law: Cases, Text and Materials, 2nd ed., Brooklyn Press, 1959, p. 381.

利,则未免使得滥用权利的范围过于宽泛。

正是为了弥补《民法典》第 132 条的不足,《总则编解释》第 3 条第 2 款规定:"行为人以损害国家利益、社会公共利益、他人合法权益为主要目的行使民事权利的,人民法院应当认定构成滥用民事权利。"这一规则增加了滥用权利判断中的主观要件,即考虑行为人主观上是否具有加损害于他人的目的,从行为人行使权利的状态中判断其是否具有损害国家利益、社会公共利益、他人合法权益的主要目的。结合《民法典》第 132 条与《总则编解释》第 3 条的规定,实际上是通过三个要件来判断滥用权利。

第一个要件是权利人以享有并行使其某项权利为前提。滥用权利发生在权利行使过程中,如果并不存在相关权利行使行为,则谈不上权利滥用的问题。滥用权利以享有某项权利为前提,涉及是否构成滥用权利,以及滥用权利的后果问题,必须结合基础权利的相关规范才能确定。例如,在行为人滥用形成权时,首先应依据该形成权的法律规范确定形成权成立的时间、行使的方式等,才能判断形成权人行使形成权的行为是否构成了滥用权利。某项权利可能会经历产生、变动、行使、消灭等不同的阶段,法律规范也往往针对权利的不同阶段进行调整。就适用对象而言,禁止滥用权利规则并不调整权利的产生、变动或消灭,而只调整权利的行使行为。因此,禁止滥用权利规则只适用于权利的行使阶段,而有关民事权利的转让、消灭,一般不涉及民事权利的行使,难以适用禁止滥用权利规则。由于禁止滥用权利规则通常需要与特定权利行使的具体规则结合适用,而权利的行使又涉及各项民事权利,所以我国《民法典》总则编在第五章"民事权利"中的最后一条(即第 132 条)规定禁止滥用权利规则,表明立法者旨在将禁止滥用权利规则作为一项适用于所有民事权利的一般规则,因为超出权利目的行使权利的行为均可能构成滥用权利,而各种类型的权利均具有自身的权利目的,因此也就都有被滥用的可能。

滥用权利以权利人享有并行使某项权利为前提。从依据权利客体进行的分类来看,人格权、物权、债权的行使均有可能构成权利滥用;而依据权利作用的效果进行的权利分类中,支配权、请求权、形成权、抗辩权也都存在被滥用的可能。例如,享有解除权的一方当事人故意不行使解除权,使得合同效力一直存续;抗辩权人在明知享有抗辩权的情形下,在请求权人请求时并不行使,而一定要在请求权人信赖其会履行并为接受履行进行准备后再行使。

一般情形下,放弃权利并非行使权利的方式,因为权利人既没有行使权利的意愿,也没有产生权利行使的结果。但是,在某些特殊情形下,放弃权利也可能构成一种权利滥用。例如,在"张淑芸、张万明生命权、健康权、身体权纠纷案"①中,法院认为,"继承权也应当遵守禁止权利滥用原则,继承人以抛弃方式行使继承权本身并不违背私法自治原则,但如果危及他人同等重要的合法权利的实现,就应当受到限制。本案中,如果准予被告放弃继承,原告在无法擅自处分张某印的遗产的情况下,则会导致原告的赔偿请求权的实现受到阻碍。故二被告放弃继承的权利应当受到限制。因此,二被告放弃或部分放弃继承遗产不能免除其管理张双印遗产并在张双印遗产范围内赔偿张双印所负债务的义务"。

第二个要件是权利人选择一种以损害他人为主要目的的方式行使权利。所谓"以损害他人为主要目的"就是表明行为人主观上存在恶意。构成滥用权利要求权利人选择一种有害于他人的方式行使权利,即主观上以造成他人利益损害为主要目的。② 滥用权利的最大特征体现在其表面上体现为权利的行使,因而具有合法性;但实际上它是以损害国家利益、社会公共利益和他人合法权益为目的,也正因如此,其才有必要作为一种独立的制度。

在权利行使过程中,权利人本有一种选择合法正当的方式之可能,却选择了有害于他人的方式,也可能是"于己无益,于人有害",即通常说的"损人不利己"。这一要件,在比较法上也可觅支持。在法国司法实践中,一些法院认为滥用权利的行为人应具有恶意。例如,1915年,法国最高法院在一个案件中认为,某个所有人为了防止克雷蒙船舶公司在与其所有的土地相邻的地方发射飞艇,而在自己的土地上竖起一个布满铁钉的脚手架,所有人滥用了其权利。后来法院宣告另一个所有人败诉,因为他种植蕨草以遮挡邻居的窗户,法院发现他"纯粹出于恶意,并且滥用了他的权利"③。在现代法国法中,主流观点认为滥用权利是指该权利的行使旨在给他人造成损害,或有悖于权利的经济目的和社会目的。④ 在德国法上,依据《德国民法典》第242条关于诚实信用原则的规定,行为人如果选择有害于他人之方式,可能构成滥用权利。例如,土地所有人在自己土

---

① 河北省唐山市中级人民法院(2021)冀02民终1571号民事判决书。
② 参见彭诚信:《论禁止权利滥用原则的法律适用》,载《中国法学》2018年第3期。
③ André Tunc et al. eds., International Encyclopedia of Comparative Law, Vol. 11, Torts, J. C. B. Mohr(Paul Siebeck), 1983, p. 108.
④ 参见〔德〕莱因哈德·齐默曼、〔英〕西蒙·惠特克主编:《欧洲合同法中的诚信原则》,丁广宇等译,法律出版社2005年版,第26页。

地上修建房屋,本可以选择为邻人提供便利之方式修建,至少可以选择对邻人危害最小化的方式修建,但却采取了对邻人造成损害的方式,这可能构成滥用权利。① 基于对比较法的观察,我国台湾地区学者林诚二教授对滥用权利作出了论述,认为应当具有加损害于他人的故意。②

但是,在滥用权利情形下,是否需要以行为人具有恶意为要件,实际上一直存在争议。在国外的相关案例中,也有法院认为滥用权利的构成并不一定需要故意或恶意③,并认为,滥用权利不一定需要故意,因为这对受害人举证造成障碍。一些德国学者认为,权利人主观上无须具有损害他人的意图,根据权利人行使权利的方式,依据客观标准判断权利人具有损害他人的目的即可。④ 在我国司法实践中,关于滥用权利的构成是否要求行为人主观上具有恶意,也存在不同的看法。例如,在"宋修林与王珂海上养殖损害赔偿纠纷案"中,法院认为,权利滥用是因权利人在主观上具有侵害他人的故意⑤;而在其他一些案件中,法院认为行为人行为违反了行使权利应尽的注意义务,也构成权利滥用。与此相似,学理上对这一问题也存在两种不同的看法。

笔者认为,《总则编解释》第 3 条第 2 款所说的行为人"以损害国家利益、社会公共利益、他人合法权益为主要目的行使民事权利的",意味着行为人主观上应当具有故意,因为加损害于他人的目的是一种主观上的心理状态,并不是一种客观上的行为,只不过这种主观的心理状态需要以外部的行为表现出来。笔者之所以认为《总则编解释》的该条规定已增加了一项主观要件,是因为:一方面,《民法典》第 132 条只表明了客观结果,缺乏对主观要件的规定,而《总则编解释》增设第 3 条的目的就是为了弥补上述规定的不足而增加了主观要件;另一方面,如果仅仅以客观要件来认定滥用权利的构成,就会把大量的本不属于滥用权利的行为纳入滥用权利制度的适用范围中,从而导致权利的正当行使受到妨害。

需要指出的是,由于行为人的主观状态往往难以探知,因此加损害于

---

① See André Tunc et al. eds., International Encyclopedia of Comparative Law, Vol. 11, Torts, J. C. B. Mohr(Paul Siebeck), 1983, p. 111.

② 参见林诚二:《民法总则》(下册),法律出版社 2008 年版,第 583 页。

③ See André Tunc et al. eds., International Encyclopedia of Comparative Law, Vol. 11, Torts, J. C. B. Mohr(Paul Siebeck), 1983, p. 108.

④ Vgl. Bork, Allgemeiner Teil des Bürgerlichen Gesetzbuchs, 2016, 4. Aufl., Rn. 344; Staudinger/Repgen(2019) BGB §226, Rn. 20.

⑤ 参见青岛海事法院(2001)青海法海事初字第 23 号民事判决书。

他人的主观目的在实践当中很难准确认定。因此,此种主观目的可以通过客观表现出的行为进行判断。在判断时,要综合考量行使权利的外部行为所体现出来的各种因素,从行为的外观来判断,其权利行使的主要目的是追求自身利益还是加损害于他人。有时,权利人可能兼具两种目的,例如,在前述"徐某与某燃气有限责任公司、曲某物权保护纠纷"一案中,原告徐某本可以通过损害赔偿实现其利益,但其执意要求拆除天然气设备,这会导致给他人造成的损害严重高于自己获益的不相称后果,从中也可以看出其主观上具有一种置他人损害于不顾的心理状态,而这种主观状态也属于间接故意的范畴。因为如果致他人的损害大于获利,就表明权利人过于自私,毫不顾忌他人利益,因而与权利应善意行使原则相悖。① 因此,只要能够认定行为人具有置他人损害于不顾的主观状态,就可以认定其具有《总则编解释》第 3 条中的"主要目的"。

第三个要件是权利人行使权利的行为侵害了他人的合法权益。从《总则编解释》第 3 条第 2 款来看,似乎只是强调了行为人的主观状态,而并没有将行为人侵害他人权益的客观行为纳入其中。这是否意味着"侵害他人权益"并非滥用权利的构成要件呢? 从《民法典》第 132 条的规定来看,该条实际上已经将损害后果作为了一项构成要件。因此,虽然《总则编解释》与《民法典》第 132 条的规定并不完全一致,但仍然应当认为滥用权利的成立以侵害了他人的合法权益为要件。一方面,上述司法解释的规定只是为弥补《民法典》相应规定的不足而作出的,因此司法解释的规定只是在《民法典》的规定之外补充了一个要件,既没有也不可能完全替代《民法典》第 132 条的规定,因而《民法典》第 132 条规定的客观要件仍然存在。需要指出的是,《民法典》第 132 条所说的"损害"主要是一种侵害,在原《民法总则》制定时,还没有严格区分损害和侵害的概念,直到《民法典》侵权责任编制定的时候才认为损害包含损害后果,而原《民法总则》中的损害既可能包含损害后果,也可以是指一种侵害的事实状态。《民法典》在编纂时将原《民法总则》的规定纳入其中,因而在第 132 条中没有严格区分侵害与损害的概念。一旦增加损害要件,受害人负有证明损害的义务,而在实践中受害人可能面临损害的举证困难。另一方面,除总则编关于禁止滥用权利的一般规定外,《民法典》第 83 条还对营利法人的出资人不得滥用出资人权利的规则作出了规定,该条第 1 款规定:"营

---

① Vgl. Soergel-Siebert, Kommentar zum Bürgerlichen Gesetzbuch § 242 Rz.261 ff.

利法人的出资人不得滥用出资人权利损害法人或者其他出资人的利益；滥用出资人权利造成法人或者其他出资人损失的,应当依法承担民事责任。"该条实际上是在总结原《公司法》第20条规定的经验基础上形成的规则,其主要针对的是出资人滥用出资人权利损害法人或者其他出资人利益的情况。从体系解释上看,该条也以损害他人利益作为出资人滥用权利的要件,为了确保法律评价的一致性,也应当认为侵害他人合法权益也是滥用权利的构成要件。

（二）动态系统论在认定滥用权利中的作用

由于权利的类型繁多,滥用权利的形态也不一而足,简单地运用上述标准,可能无法准确判断权利滥用。为此,《总则编解释》第3条第1款规定："对于民法典第一百三十二条所称的滥用民事权利,人民法院可以根据权利行使的对象、目的、时间、方式、造成当事人之间利益失衡的程度等因素作出认定。"该条在判断权利滥用时采用了动态系统论的方法。动态系统论最早由奥地利学者维尔伯格(Walter Wilburg)于20世纪40年代提出。① 按照动态系统论的观点,认定民事责任不宜机械按照构成要件,而应当考虑在具体的法律关系中,影响责任成立的各种因素和因素的强度,法律上要列举一些法官具体考量的因素,法官在考量过程中可以依据这些因素的强弱进行动态调整。② 因此,应当在具体法律关系中,通过对动态的因素考量认定责任。③ 笔者认为,在判断滥用权利成立的问题上,此种方法具有合理性。因为禁止滥用权利制度的功能在于划定权利人与相对人或公共的利益范围,防止权利行使产生的利益冲突;同时,禁止滥用权利制度的这一功能就决定了该制度的适用应当是建立在对权利人与相对人或公共利益进行平衡的基础之上的,而这种界限的划定往往随着具体情况的不同而存在区别。因此,动态系统论适用于滥用权利的判断具有其合理性。

之所以在滥用权利的判断中采用动态系统论,主要有如下几个原因：

第一,弥补构成要件过于抽象的不足。如前所述,禁止滥用权利制度

---

① Vgl. Walter Wilburg, Entwicklung eines beweglichen Systems im Bürgerlichen Recht, Verlag Jos. A. Kienrech, 1950.

② 参见〔日〕山本敬三：《民法中的动态系统论——有关法律评价及方法的绪论性考察》,解亘译,载梁慧星主编：《民商法论丛》（总第23卷）,金桥文化出版（香港）有限公司2002年版,第177页。

③ 参见〔奥〕海尔穆特·库奇奥：《损害赔偿法的重新构建:欧洲经验与欧洲趋势》,朱岩译,载《法学家》2009年第3期。

适用的权利范围非常宽泛,而且滥用权利的行为也纷繁复杂,仅仅将三个要件普遍适用于各种复杂的滥用权利的案型是不可能的。例如,在德国法中,许多法院一直拒绝采纳关于滥用权利的一般构成要件理论,而认为应当根据不同的场景和需要,选择不同的要件,也就是要根据具体的场景判断是否构成滥用权利。这种做法其实也被其他国家所采纳。① 在很多情形下仅仅根据主观和客观这两项标准很难准确判断出是否构成滥用权利,因此需要通过动态系统论来给予一定的弥补。具体需要结合行为的外观形态、结果、权利行使的时间、方式、对象、目的、造成当事人之间利益失衡的程度等,通过动态系统论来进行综合考量。

第二,权利行使是否构成违反诚实信用原则,需要根据个案的具体情况进行利益衡量。② 仔细观察《民法典》第132条,可见该条并没有设置非常详尽的构成要件,而主要是提供了一个分析框架,在法律没有规定一种刚性的、具体的构成要件或判断模式时,需要通过具体的利益衡量和法官的自由裁量来进行判断,这也是禁止滥用权利制度的特殊之处。从这一点来看,禁止滥用权利制度也是一种类似于衡平法的制度。在确定是否构成滥用权利的个案中,往往需要进行合乎比例的利益平衡判断。例如,某人将摄像头放到自己家门口,是为了维护自身的人身安全,但是如果摄像头的安装也影响到他人的权利,此时就需要在权利人的人身安全与他人的隐私权保护之间进行利益平衡。在个案中,法官对于具体因素的综合考虑本质上是对当事人之间失衡的利益关系的一种矫正。

需要指出的是,利益衡量需要考虑权益位阶。所谓权益位阶,是指基于各项民事权益保护的法益的价值以及法律设定该民事权益的规范目的,对民事权益进行序位排列,序位在先的权利应当优先于序位在后的权益实现。权益位阶理论的功能在于解决权利冲突,即在权利之间发生冲突时,如果法律没有特别规定,通过位阶排序可以明确哪些权利应当优先保护。具体而言,后位阶的权利如果妨碍了前位阶权利的行使,极有可能构成滥用权利。例如,在某块地被其他地包围的"袋地"的情形中,如果土地使用权人行使其权利,禁止他人通行,虽然是在维护自身财产权利的完

---

① 参见〔德〕莱因哈德·齐默曼、〔英〕西蒙·惠特克主编:《欧洲合同法中的诚信原则》,丁广宇等译,法律出版社2005年版,第26页。

② Vgl. Bork, Allgemeiner Teil des Bürgerlichen Gesetzbuchs, 2016, 4. Aufl., Rn. 348; Köhler, BGB Allgemeiner Teil 45. Aufl., 2021, §17, Rn. 39.

整性,但是却可能侵害他人的生存权利。此时,由于财产性的权利在位阶上劣后于生存性的权利,后位阶权利的行使侵害了前位阶权利,因此应当认为这种行为构成权利滥用。当然,从《民法典》第 132 条和《总则编解释》来看,并没有明确将权利位阶作为判断滥用权利的标准,从表面上看,这似乎是将所有民事权利放在同一位阶考虑权利行使的冲突解决办法。但仔细观察《总则编解释》第 3 条第 1 款规定可以看出,该款实际上已经将民事权利位阶纳入其中,作为判断滥用权利的考量因素。之所以认定《总则编解释》第 3 条第 1 款涵盖了民事权利位阶因素,主要是因为:一方面,从该规定来看,在判断滥用民事权利时需要考虑民事权利的行使目的、行使方式以及造成当事人之间利益失衡的程度等因素,在具体判断这些因素时,需要考虑民事权利的位阶。例如,在人格权的行使与财产权的行使发生冲突时,在解决争议时,就应当考虑二者在民事权利位阶中的不同地位。另一方面,该条规定在列举判断滥用民事权利的考量因素时,使用了"等因素"这一兜底表述,保持了考量因素范围的开放性,这也为将民事权利位阶纳入考量范围提供了依据。事实上,民事权利的位阶不同,其受法律保护的程度也会存在一定的差异,在不同类型的民事权利发生冲突时,认定权利人行使权利的行为是否构成滥用权利,理应考虑其权利位阶。尤其应当看到,在我国司法实践中,法院在认定滥用权利时也会考虑权利位阶这一因素,并且产生了良好的效果。例如,在尚某某与励某某相邻关系纠纷上诉案[1]中,法院认为,原告和被告系邻居,应当按照方便生活、团结互助、公平合理的精神,正确处理双方的相邻关系。虽然被告系鸽协成员,鸽子养在自家阁楼,宁波市也没有禁止在小区内养鸽的规定,但被告养鸽不能影响他人正常的生活环境和居住安宁。被告的养鸽权利与他人正常的生活居住权利发生冲突时,在价值取向上应倾向后者。被告养鸽数量较多,由此产生的鸽毛、鸽粪、气味、噪音等对原告家庭的生活环境造成了一定影响,应停止侵害,排除妨碍。在该案中,被告在自己的阁楼上养鸽子,属于行使财产权的行为;但是此种权利的行使,妨碍了邻人的私生活安宁。由于私生活安宁属于人格权的重要组成部分,人格权与财产权相比较,处于优越的地位,更加彰显人格自由和人格尊严,也在一定程度上体现个人的生存利益,因而应当优先于财产权实现。因此,本案被告在养鸽时侵扰了原告的正常生活,已经构成滥用权利。因

---

[1] 参见浙江省宁波市中级人民法院(2007)甬民一终字第 152 号民事判决书。

此,在判断滥用权利时,可以将权利位阶纳入考量因素范围。

第三,规范法官自由裁量权。在实践中涉及滥用权利的情形中,往往要给予法官一定的自由裁量的权利。在赋予法官较为柔性的判断标准时,也必须对法官的自由裁量权进行一定的限制。上述动态系统论的方法,正是通过对考量因素的列举实现了对法官自由裁量权的限制。这种方法要求法官在考量因素的限制下,通过利益衡平的方法来判断滥用权利成立与否。

综上所述,《总则编解释》第3条第1款与第2款表面上看是分离的,但两者又是密切结合的,这种结合性体现在:先用第2款确定的两个标准、三个构成要件来判断,但如果适用该规定作出判断时遇到了障碍,可将动态系统论作为一种补充性、兜底性的方式予以适用。但由此提出了一个问题,即如果法官适用《总则编解释》第3条第2款,并通过这三个构成要件已经可以准确认定滥用权利时,是否还需要采用动态系统论?笔者认为,具体规则应当优先于一般原则,这是因为适用具体规则解决个案纠纷,有利于限制法官的自由裁量空间,从而增强法的确定性。因此在涉及滥用权利的具体个案中,法官应当优先判断《总则编解释》第3条第2款的具体构成要件是否得到满足;倘若根据司法三段论可以直接解决问题,就不必采用动态系统论的方法。当然,动态系统论的采用确实是一种"法治中的人治",在法官不得不采用动态系统论的时候,为了限制法官的自由裁量权,应当要求法官加强论证。

三、滥用权利与侵权责任的关系

由于滥用权利以侵害他人合法权益为要件,因而讨论滥用权利,不可能回避侵权责任。德国学者埃塞尔(Josef Esser)认为,"以特殊的法律部分划分非法行为,不仅是毫无意义的,而且是危险的。毫无意义在于各种关于滥用权利的案件的争论,都没有超出侵权行为责任的一般原则的范围。而危险性在于,建立在滥用权利基础上的适当标准实在太多"[1]。在他看来,滥用权利和侵权很难作严格的界分。事实上,自滥用权利的概念产生之时起,其与侵权的关系就一直联系紧密、难以分割,二者就像一对孪生兄弟。从比较法上来看,许多国家将行使权利是否造成他人损害并

---

[1] André Tunc et al. eds., International Encyclopedia of Comparative Law, Vol. 11, Torts, J. C. B. Mohr(Paul Siebeck), 1983, p. 113.

构成侵权作为判断是否成立滥用权利的重要标准。① 也就是说,只有在行使权利已经构成对他人的损害,且行为人具有过错的情形下,才能认定权利行使构成滥用权利。如果权利行使没有在客观上给他人造成损害,不符合侵权构成要件,就没有必要认定滥用权利。例如,在法国,"对权利滥用的制裁是施以基于不法过错(delictual fault)的损害赔偿责任,法国法院在这一点上可以借助《法国民法典》第1382条及第1383条的一般规定实现救济"②。

在我国,《民法典》第132条规定:"民事主体不得滥用民事权利损害国家利益、社会公共利益或者他人合法权益。"由此可以看出立法者是将"损害国家利益、社会公共利益或者他人合法权益"作为滥用权利的构成要件,这也就导致了其与侵权责任在适用上的交叉关系问题。滥用权利和侵权的密切联系表现在以下两个方面:一是滥用权利常常是产生侵权的原因之一。例如,在李某诉黄某隐私权纠纷案中,黄某在住宅门锁被他人数次毁坏后,在其住宅大门的木门上安装了一个猫眼摄像装置,能够拍摄到其与李某房门外的公共走廊区域。李某认为,黄某安装的摄像头能够拍摄到其日常进出房屋的全部信息,持续侵扰了其私人生活安宁,构成对其隐私权的侵害。而黄某则认为,其安装摄像头的目的在于防止有人破坏自家大门,并不是为了监控李某,其也没有对外传播相关信息,因此,不构成侵害李某的隐私权。法院认为,黄某在家门口安装摄像头不当侵扰了李某的生活安宁,构成对李某隐私权的侵害。③ 在该案中,虽然被告是在自家门口安装摄像头,但这种行使权利的方式构成了对他人的侵害,其虽然是在行使自己的权利,但是由于其行使权利的方式不当而对他人的权益造成了损害,此时应当构成滥用权利。但是,在自己家门口安装摄像头,如果主要是为了监控自己家门口,却意外拍摄到了邻居家门口,则不应当构成权利滥用。二是滥用权利常常要伴随相应的侵害后果。如果没有造成侵害后果,就很难认定权利人超越自己的权利行使范围;只有在造成某种侵害后果时,才能认定该权利人突破自己的权利行使范围。据此,就与侵权责任之间产生了一定的重合。另外,在构成侵权责任的情

---

① See André Tunc et al. eds., International Encyclopedia of Comparative Law, Vol. 11, Torts, J. C. B. Mohr(Paul Siebeck) 1983, pp. 115-116.
② 〔德〕莱因哈德·齐默曼、〔英〕西蒙·惠特克主编:《欧洲合同法中的诚信原则》,丁广宇等译,法律出版社2005年版,第27页。
③ 参见广东省高级人民法院(2016)粤民再464号民事判决书。

形下,通过侵权责任的责任承担方式来使得受害人获得相应的救济,也可以有效阻止滥用权利的发生。

虽然滥用权利与侵权紧密联系,但并不意味着二者是等同的法律概念,或者可以直接将滥用权利归入侵权责任中一并调整。从《民法典》的规定来看,滥用权利规定于总则编第五章"民事权利"之中,而侵权责任制度则是在第七编单独规定的。虽然侵权责任编也有多个条款涉及权利滥用,但因这两种制度存在区别,所以现行法分别规定了这两种制度。笔者认为,滥用权利和侵权的区别主要表现在以下几个方面:

第一,规范意旨不同。就二者的关系来看,滥用权利与侵权责任并非同一层面的问题。滥用权利行为表明权利人行使权利的行为超出了必要限度,有违诚实信用原则,该制度通过对权利人自身施加不利益避免滥用权利行为的发生。而侵权责任则侧重于认定行为人是否因过错造成他人损害,并通过损害赔偿等侵权责任的承担方式使得受害人恢复到没有遭受侵害的状态。两种制度是对行为从不同角度所进行的评价,法律设置滥用权利制度的目的是规范权利行使,主要发挥行为引导功能,保障诚信原则的实现。换言之,滥用权利制度本质上是一个权利行使规范,而非权利救济规范,它重点在于规制权利行使的限度,而不是对受害人提供救济。侵权责任制度则旨在弥补受害人遭受的损失,并制裁侵权行为人,纠正其不法行为。[①]《总则编解释》第3条第3款的规定实质上是一个引致条款,将其引到《民法典》侵权责任编的具体规定。在这个意义上,可以说权利滥用制度本身不必解决权利救济问题,而是将权利救济问题交由《民法典》侵权责任编的具体规定进行评价。正是因为两者规范意旨不同,所以我国《民法典》将滥用权利和侵权作为两种不同的制度分别加以规定。

第二,是否要求造成实际损害后果不同。滥用权利行为并不一定导致侵权法上的损害后果。滥用权利行为主要是以权利的行使超过实现权利的目的的必要为形态,在这一过程中,并不一定会发生《民法典》侵权责任编所规定的损害结果。某些情形下,滥用权利行为只是给相对人造成纯粹经济损失,或者只是给他人造成轻微的不利益,而可能并不能归入侵权责任编所规定的"损害"的范畴,因而可能不构成侵权。例如,在越界建筑的场合,被越界的一方可能并未受到可以证明的损害,但是这并不影响权利人行使权利构成滥用。因此,如果将滥用权利作为侵权的一种类

---

① 参见彭诚信:《论禁止权利滥用原则的法律适用》,载《中国法学》2018年第3期。

型,势必导致在没有造成侵权责任所认可的损害时,滥用权利人的行为就不会受到追究,从而不能实现保障权利人正当行使权利的立法目的。

第三,是否以权利行使为前提不同。如前所述,滥用权利发生于权利行使的过程中,如果不存在权利行使,也就不存在滥用权利;而侵权责任中的侵权行为不以权利行使为限。任何人从事作为或者不作为,只要因其过错致他人损害,都有可能构成侵权行为,因而侵权责任中的侵权行为范围较为广泛。

第四,构成要件不同。滥用权利可能以加损害于他人为主要目的,换言之,必须是故意甚至恶意,才可能构成滥用权利;但是侵权责任的构成所要求的过错不限于此,过失行为当然可构成侵权。在构成要件的证明上,由于滥用权利的成立需要由相对人进行证明,而相对人要证明权利人的主观状态显然存在一定的难度。因此,这一主观要件应当进行一定的客观化,即如果从权利人行使权利的方式来看,这种方式明显具有损害他人的目的,就应当认为其满足这一要件。另外,在判断滥用权利时,仅仅根据构成要件可能有所不足。在某些特殊情形下,基于构成要件难以准确认定是否构成权利滥用时,法官还应当根据《总则编解释》第3条第1款的规定采用动态系统论的方法进行实质判断。

第五,法律效果不同。如果滥用权利同时构成侵权,行为人当然应当承担侵权责任,但在不构成侵权时,滥用权利与侵权行为的法律效果存在明显区别。一方面,侵权责任的法律效果主要是侵权责任的承担,尤其是损害赔偿;而滥用权利最重要的效果是权利的行使不发生效力[1],从而使权利行使者的利益发生减损,而侵权责任的法律效果是导致受害人获得各种侵权救济。这就是说,在许多情况下,当法官确定了某人行使权利构成权利滥用时,首先是要阻止滥用权利的效力的发生,使其不发生相应的法律效果。所以滥用权利产生的首要的法律效果是使其不发生行为人所期待的权利行使的效果。例如申请注册商标中,如果构成滥用权利,可能会产生撤销注册商标的法律后果。另一方面,侵权责任的法律效果是由侵权责任编明确规定的,但在发生滥用权利的场合,其效果可能包括权利不取得、权利失权、让相对方来取得权利等,其产生的效果需要依据具体的情形分别判断,法律很难完全作出明确规定。

当然,由于滥用权利与侵权是从不同角度对行为人的行为所作出的

---

[1] 参见〔日〕我妻荣:《新订民法总则》,于敏译,中国法制出版社2008年版,第33页。

评价,因此滥用权利的行为可能也同时满足侵权责任的成立要件。此时,滥用权利并不影响侵权责任条款的适用,只要行为同时满足侵权责任的成立要件,受害人便可以请求加害人承担侵权责任。依据《总则编解释》第3条第3款规定,"滥用民事权利造成损害的,依照民法典第七编等有关规定处理"。这表明,滥用权利可能会造成侵权的后果,此时应当依据侵权责任编的有关规定进行处理。例如,权利人在自己房屋的外墙面装空调外挂机,其所产生的热风、噪音、滴水等,严重影响到邻居的正常生活,此时就产生了权利滥用的问题。同时,此种情形下行为已经给他人造成损害,此时即产生侵权责任与权利滥用的竞合问题。

问题在于,侵权责任与权利滥用竞合的情形下,应当如何处理?笔者认为,在二者发生竞合的情形下,应当优先适用侵权责任的规定,主要理由在于:一方面,滥用权利本身不是独立的请求权基础。从我国《民法典》第132条的规定来看,其并没有规定具体的法律效果,适用该规则无法确定其具体的法律效果,因此,其适用标准具有模糊性,较为抽象和原则。禁止滥用权利被规定在民事权利一章,其作为一种权利的限制性原则,并不是一个独立的请求权基础条款,也不是一个完全性法条,更不是一个具有救济性质的条款,这也决定了法院在裁判时可能难以通过直接援引该条款使得当事人获得相应的救济。从《民法典》第132条的不完全性法条的性质出发,其法律效果也需要借助其他规范来进行填补,在涉及受害人救济的时候,法官也要通过侵权责任的相应条款来进行填补。而侵权责任规则是更为具体的、具有可适用性的规则,按照具体规则优先于原则的适用原理,此时应当优先适用侵权规则而非适用禁止权利滥用的原则。另一方面,侵权是以损害赔偿为中心,其可以直接产生损害赔偿责任。在已经产生损害结果的情形下,适用滥用权利规则可能不利于对受害人进行救济,而适用侵权责任则可以为受害人提供更为全面、直接与有效的救济。因此,若构成权利滥用且构成侵权,而受害人要求行为人承担损害赔偿等责任,则应该直接适用侵权责任的规定。

四、滥用权利的法律效果

《民法典》第132条仅规定了权利人不得滥用权利,但并未明确规定滥用权利的法律后果。由于禁止滥用权利旨在规范权利的行使行为,因此当权利行使构成滥用权利时,应当不允许其发生行使权利的效果,只有这样才能符合立法目的。《总则编解释》第 3 条第 3 款因此规定:"构成滥用民事权利的,人民法院应当认定该滥用行为不发生相应的法律效力。滥用民事权利造成损害的,依照民法典第七编等有关规定处理。"依据该规定,滥用权利将产生如下法律后果:

(一) 权利行使不发生相应的法律效力

所谓权利行使不发生相应的法律效力,是指滥用权利不应当产生行为人追求的后果。就本质上而言,不发生相应的法律效力是禁止(unzulässig)权利人行使权利或者主张法律地位。① 这既可能是权利人无法再主张一项权利,即权利人本来享有的一项权利被"无视",也可能是使相对人取得了一项其本来不享有的权利。② 也就是说,权利行使本来会发生的权利效力或者法律后果不会产生。③

具体而言,应当依据权利的性质,区分支配权、请求权、形成权与抗辩权,分别认定权利滥用的法律后果。一是就支配权而言,滥用支配权可导致权利人的积极利用的自由受到限制。例如,在"袋地"情形下,权利人行使支配权禁止袋地权利人通行于其土地,这已经构成滥用权利,因此这种禁止他人通行的权利行使不得发生效力。二是就请求权而言,在请求权的行使中,滥用请求权不能导致请求权的实现效果。例如滥用诉权不能中断时效。再如,《个人信息保护法》第 45 条第 3 款规定:"个人请求将个人信息转移至其指定的个人信息处理者,符合国家网信部门规定条件的,个人信息处理者应当提供转移的途径。"该条对数据可携带权作出了规定,但如果权利人在行使该权利时构成滥用权利,个人信息处理者也有权提出抗辩。三是就形成权而言,如果形成权的行使构成权利滥用,也难以产生形成权行使的法律效果。形成权的意义在于,权利人行使该权利就会产生相应的法律效果;如果构成滥用权利,则该权利行使将不产生相应的法律效果。例如,在合同僵局中,解除权人本来有权行使解除权,但是其为了损害相对人的利益故意不行使解除权的,就构成形成权的滥用。此时,法官可以依职权终止当事人之间的法律关系,从而使得权利滥用的效果不发生。四是就抗辩权而言,其滥用的法律效果则一般是使抗辩权行使的效果不发生,具体需要区分抗辩的不同类型来认定其法律效果。

---

① Vgl. Staudinger/Looschelders/Olzen(2019) BGB § 242, Rn. 225.
② Vgl. Staudinger/Looschelders/Olzen (2019) BGB § 242, Rn. 225; MüKoBGB/Schubert, 8. Aufl., 2019, BGB § 242 Rn. 200.
③ Vgl. MüKoBGB/Schubert, 8. Aufl., 2019, BGB § 242 Rn. 221.

例如,债务人提出提前还款的情况下,债权人虽然有拒绝受领的抗辩权,但是如果提前履行并不损害其利益,其拒绝受领就可能构成抗辩权的滥用。因而,法官不应当支持该抗辩理由。

当然,不发生权利行使的效果,并不意味着只要行使权利构成滥用,则行使行为全部不发生效力。《总则编解释》第 3 条第 3 款规定,"构成滥用民事权利的,人民法院应当认定该滥用行为不发生相应的法律效力"。如何理解"相应的"概念?对此,可从两方面理解:一方面,是指权利行使不发生该项权利行使应有的法律效果。法律通常对各项权利的行使设定相应的效果,正当行使权利,就会发生法定的效果,但滥用权利,则不会发生此种效果。另一方面,如果法律效果具有可分性,此时应当根据比例原则,使权利行使的法律效果不发生的范围与滥用权利的程度具有相当性。这就是说,在效力可以被分割的情形下,应当区分权利行使行为超越必要范围的限度;对于限度之内的行使,仍应允许其发生效力。当然,这种法律效果的确定方式是建立在法律效果具有可分性的前提下的,而在法律效果不可分时,则只能认定权利的行使完全不发生法律效果。

(二) 可能发生失权后果

虽然《总则编解释》第 3 条关于滥用权利的后果没有规定是否导致失权,但此种后果是有可能发生的。失权在德国法上被称为 Verwirkung,亦有学者将其译为权利失效。[①] 它是指如果权利人能够行使权利但长时间没有行使权利,义务人根据权利人的行为有理由相信权利人未来也不会行使权利,那么,权利人再行使权利就构成权利滥用。[②] 这就导致权利人丧失了权利,不得再向义务人主张权利。[③] 在德国法中,失权制度对整个法律领域,无论是私法、公法还是诉讼法,均可以适用。在私法领域,对于一切权利,无论是请求权、形成权还是抗辩权,均有适用的余地。[④] 依据我国《民法典》的规定,滥用权利也可能发生失权后果。因为权利行使的法律后果是由法律明确规定的,如果法律规定超出某种权利行使范围行使权利,该权利将丧失或不再受到保护,则也可能引发失权的后果。例如,某个

---

① 参见王泽鉴:《民法学说与判例研究》(第 1 册),中国政法大学出版社 2005 年版,第 377 页。

② Vgl. Köhler, BGB Allgemeiner Teil 45. Aufl., 2021, §17, Rn. 42.

③ Vgl. Staudinger/Looschelders/Olzen(2019) BGB §242, Rn. 300.

④ Vgl. Enneccerus/Nipperdey, Allgemeiner Teil des BGB, 14. Aufl., 1960, S. 1932 f.

受遗赠人因遗赠人所立遗嘱生效而享有受遗赠权,但其在行使权利时,为获得更多遗产而伪造、篡改遗嘱,这可能构成滥用权利,依据《民法典》第1125条,其将丧失受遗赠权。

需要指出的是,禁止滥用权利制度不同于"失权"制度。两者的区别主要体现在:第一,二者发生的事由不同。禁止滥用权利制度主要是为规范权利的不当行使行为而设置。失权需要满足法定的要件,滥用权利并不只是解决权利长期不行使的问题,而是全面规范权利行使不当的问题。第二,滥用权利主要导致相应的法律后果不能产生,在通常情形下,并不影响权利本身的存在,只是影响到权利行使的效果。在滥用权利的情形下,权利本身可能并没有消灭,只是不产生相应的法律效果,或者导致侵权责任的产生。① 相比之下,失权制度的法律效果,决定了权利人长期不行使权利将会导致权利本身失效。② 第三,滥用权利往往伴随着侵权行为的发生,因此《总则编解释》第3条第3款特别指引了侵权责任的规定,但是失权制度不涉及侵权行为。

(三) 侵权损害赔偿责任的承担

如果滥用权利已经构成侵权,则权利人需要依法承担侵权责任。前已述及,在权利人滥用权利造成他人损害的情况下,如果权利人行使权利的行为已满足了侵权责任的成立要件,按照《总则编解释》第3条第3款规定,就应当引致到侵权责任编中,适用侵权责任编的相关规范。如果构成特殊侵权,就应当适用特殊侵权规则;若不构成特殊侵权,就应当适用《民法典》第1165条的一般条款。《总则编解释》第3条第3款规定,"滥用民事权利造成损害的,依照民法典第七编等有关规定处理"。此处特别强调"造成损害",表明滥用权利构成侵权行为的,行为人主要应当承担侵权损害赔偿责任。

需要指出的是,在滥用权利构成侵权时,是否可以适用损害赔偿以外的责任形式呢?笔者认为,虽然《总则编解释》采用了"损害"的概念,而没有使用"侵害"的概念,但这并不意味着应当将责任形式仅仅局限于损害赔偿。因此,此处不宜直接进行反面解释,认为《总则编解释》排斥了其他侵权责任形式的承担,因为其本身并非封闭地列举。就停止侵害、排除妨碍等其他侵权责任形式而言,权利滥用本身不会引起排除妨碍、停止侵

---

① 参见彭诚信:《论禁止权利滥用原则的法律适用》,载《中国法学》2018年第3期。
② Vgl. Enneccerus/Nipperdey, Allgemeiner Teil des BGB, 14. Aufl., 1960, S. 1397.

害请求权,这些请求权能否产生,取决于个案中的法律关系或者侵权责任编的规定。也就是说,只有在权利滥用本身构成义务违反或者权益侵害时,才能产生上述请求权。① 不过,行为人是否应当承担侵权责任,仍然应当依据《民法典》侵权责任编的有关规则确定。甚至在滥用民事权利危及他人人身、财产安全时,不仅涉及侵权责任编的适用问题,还可能涉及《民法典》人格权编、物权编等有关规定。对于公司股东滥用公司法人独立地位、股东有限责任或者股东权利,损害公司债权人、公司或者其他股东利益的情形,则涉及《公司法》的有关规定,对此直接按照相应规定处理即可。虽然《总则编解释》没有一一列举,但其中的"等"字均可予以概括。在权利滥用行为同时满足其他条文规定时,可以产生其他条文确定的法律效果。

侵权责任的承担也并不影响行使权利效果的否定,两种法律效果是可以并行的。由于侵权责任与权利滥用本身是在不同层次评价某一行为,侵权责任的承担并不排斥权利行使的效果的排除。例如,某人在自己家门口放一个摄像头,如果构成对邻居隐私权的侵害,则属于权利滥用,此时将产生两个层次的法律效果:一是权利人安装摄像头的行为将被排除,二是邻居有权依法请求其承担侵害隐私权的责任。如前所述,构成滥用权利的基本前提是存在真实的权利;如果不存在真实的权利,则可能只是构成侵权,而不构成滥用权利。

(四) 引发其他法律效果

《总则编解释》第 3 条第 3 款对滥用权利的法律后果采取了封闭列举的方式,但事实上,此种法律后果是很难穷尽列举的。笔者认为,对滥用权利法律后果的规定应该保持开放性。禁止权利滥用的效果首先是权利行使不产生相应的效力,其包括权利消灭、产生抗辩权以及权利效力不产生的效果,但如果权利人以违反诚实信用原则滥用权利,也应当产生相应的法律后果。② 例如,越界建筑的所有权人可能只是需要补偿相邻人,而不需要承担完全赔偿责任,因此对他人进行补偿就是滥用权利产生的后果。再如,依据《民法典》第 580 条第 2 款,在符合该条规定的条件下,当事人双方享有请求司法解除权,但在一方享有解除权而一直不行使时,相当于构成不作为方式产生的权利滥用,相对人可以要求法官通过司法终

---

① Vgl. MüKoBGB/Schubert, 8. Aufl. 2019, BGB § 242 Rn. 224.
② Vgl. MüKoBGB/Schubert, 8. Aufl. 2019, BGB § 242 Rn. 223.

止来进行确认,使其不再享有请求司法解除权。

结　语

德国学者皮克(Picker)认为,当代私法发挥着权利分配的秩序功能(Rechtszuweisungsordnung),其核心是授予人们以民事权益,赋予人们自主决定与人格自由发展相关的权利,维护人们在社会交往中的自由和秩序。[①] 就此而言,民事权益划定了人们自由行动的边界,维护了正常的社会秩序。人们在社会生活中各自正当行使自己的权利,不仅能实现自己的利益,还能形成一种良好的社会生活秩序,但是滥用权利却可能会破坏这种良好的社会生活秩序。

尽管禁止滥用权利制度在比较法中已经得到了广泛的采用,但在我国民法中仍然是一种新型制度。虽然《民法典》在总则编中作出了规定,且《总则编解释》第3条对滥用民事权利的认定与法律后果作出了规定,弥补了《民法典》第132条的不足,从而构建了较为完整的禁止滥用权利制度,但该制度适用的情形较为复杂,在具体个案中如何准确判断是否构成滥用权利,尤其是如何厘清滥用权利与侵权的关系,确定滥用权利的法律效果,仍然有待进一步讨论。总之,准确理解好、把握好《民法典》第132条和《总则编解释》关于禁止滥用权利制度的规定,就能充分发挥该制度的功能,保障权利正当行使,维护社会生活的安定有序。

---

① Vgl. Picker, Privatrechtssystem und negatorischer Rechtsschutz, Mohr Siebeck, 2019, S. 47.

构建《民法典》时代的民法学体系

——从"照着讲"到"接着讲"*

在《民法典》颁布后,习近平总书记明确提出要"坚持以中国特色社会主义法治理论为指导,立足我国国情和实际,加强对民事法律制度的理论研究,尽快构建体现我国社会主义性质,具有鲜明中国特色、实践特色、时代特色的民法理论体系和话语体系,为有效实施民法典、发展我国民事法律制度提供理论支撑"①。这就为构建《民法典》时代的民法学体系指明了方向。

从历史上看,由于《中华民国民法典》基本照搬《德国民法典》,相应的,民国时期的民法学也大规模照搬了德国民法理论。正如梅仲协先生所指出的:"现行民法(指旧中国民法)采德国立法例者十之六七,瑞士立法例十之三四,而法日苏联之成规,亦尝撷一二。"②自改革开放以来,我国民事立法也借鉴了德国民法,这对中国民法的科学化发挥了重要作用。例如,总则编的设立、在物债二分区分的基础上制定物权法和合同法、物权的概念和体系的形成等都是借鉴德国法有益经验的结果。由于我国《民法典》是立足于中国实践并在借鉴包括德国法在内的两大法系经验的基础上制定的,因此已经跳出了《德国民法典》内容体系的框架束缚,充分彰显了中国特色、实践特色、时代特色。如果说《德国民法典》是面向20世纪初工业社会民法典的代表,那么,我国《民法典》则堪称面向21世纪互联网、高科技时代民法典的代表。在这样的背景下,迫切需要实现研究范式的转变。正如美国学者库恩所言:"科学革命是指科学发展中的非累积性事件,其中旧范式全部或部分地为一个与其完全不能并立的崭新范式所取代。"③就研究范式而言,我国民法学不应仍然在德国民法理论所

---

* 原载《法学》2022年第7期。

① 习近平:《充分认识颁布实施民法典重大意义,依法更好保障人民合法权益》,载习近平:《论坚持全面依法治国》,中央文献出版社2020年版,第283页。

② 梅仲协:《民法要义》,中国政法大学出版社1998年版,序言第2页。

③ 〔美〕托马斯·库恩:《科学革命的结构》(第4版),金吾伦、胡新和译,北京大学出版社2012年版,第79页。

设计的笼子里跳舞,而应当以我国《民法典》为基础构建我国的民法学理论体系。如果说在改革开放初期,我们对德国民法理论基本上采取了"照着讲"的方式,那么进入民法典时代之后,应该以《民法典》的形式体系为准绳,以《民法典》的体例安排为依据,构建中国自主的民法学理论体系,也就是要从"照着讲"向"接着讲"转化。① 因此,构建中国自主的民法学理论体系,应当成为摆在民法学研究者面前最为紧要的任务。

一、以《民法典》的体例安排为依据构建民法学理论体系

《民法典》的体例安排是民法典体系的外在表现,也是构建民法典体系的形式基础。就形式体系而言,自罗马法复兴、法典化编纂运动开展以来,在世界范围内形成了民法典的两大编纂体系范式。一是罗马式民法典体系。受罗马法学家盖尤斯《法学阶梯》一书的影响,查士丁尼在编制法律时采取了人法、物法和诉讼法并列的编纂方式。《法国民法典》采纳了此种模式,在删除诉讼法的基础上,将物法又进一步区分为财产及对所有权的各种限制和取得财产的各种方法,从而形成了人法、财产法、财产权取得法三编。二是德国式民法典体系。这种体例安排方式以罗马法大全中的《学说汇纂》为蓝本,经由潘德克顿学派对《学说汇纂》的解释而形成。这种模式的典型特征是将民法典分为总则、债法、物权、亲属、继承五编。② 即通过"提取公因式"的方法设置总则,区分了物权和债权,将亲属、继承各自成编,从而形成了较为完整、明晰的体系。

《德国民法典》作为采取"提取公因式"技术进行法典编纂的代表,充分展现了法典的逻辑性和科学性。可以说,就体系的完善程度而言,它是19世纪法典化技术的完美展现,并因此常常被称为"科学法"③。其体系模式被诸多国家与地区所借鉴,如日本、泰国、韩国、葡萄牙、希腊、俄罗斯等国家以及我国台湾地区、澳门特区。不过,日本在继受德国式民法典体系时采纳了萨克逊式体例,将物权置于债权之前。④

上述民法典编纂体例对我国《民法典》产生了一定的影响,然而,我国《民法典》既未因循三编制体例,也没有照搬经典的大陆法国家的五编制体例,而是将人格权法和侵权责任法独立成编,并以合同编通则发挥债法

---

① 参见王轶:《从"照着讲"到"接着讲"》,载《法学论坛》2011年第2期。
② Vgl. Savigny, System des heutigen römischen Rechts, Bd. 1, S. 401 ff.
③ 〔德〕K. 茨威格特、〔德〕H. 克茨:《比较法总论》,潘汉典等译,法律出版社2003年版,第220页。
④ 参见郑玉波:《民法总则》,中国政法大学出版社2003年版,第40页。

总则的功能,形成了七编制的体例安排。这一模式在世界民法典立法史上独树一帜,也是我国《民法典》对世界民法典立法的重要贡献。七编制模式是基于实践和时代要求而对五编制的发展,在这一模式中,人格权和侵权责任的独立成编是中国《民法典》的重大亮点和体系创新。

在单行法时代,由于没有颁布《民法典》,我们难以建立一个真正的法典体系。虽然学者在研究民法的过程中大多采用了体系的方法,但是由于缺乏立法依据,学界难以对民法学理论体系形成共识。所谓"有一千个读者,就有一千个哈姆雷特",每位学者都可能对民法体系的构建具有自己的看法,但在《民法典》颁布后,其体例安排为构建统一的民法学理论体系提供了可能。

(一) 以七编制为统领将民商事单行法纳入民法学研究范围

在单行法时代,法出多门,规则分散,始终缺乏统一的基础性法律将民商事法律统合起来。《民法典》颁布后,其作为基础性法律,统率各部单行法,从而形成了完整的体系。我国虽然一直在立法中采用民商合一原则,但在《民法典》颁行前,此种立法理念并没有真正得到落实,《民法典》的颁布使民商合一从理论转化为现实。一方面,我国《民法典》的颁行不仅构建了按照一定的规范、制度的逻辑体系所形成的形式体系,而且形成了具有内在逻辑性的民事体系。梅利曼指出,"民法典'科学化'的程度,决定着在实体法、一般法理以及关于民法总则或一般原理课程中所使用的概念和原则统一的程度"①。因此,未来也应当以《民法典》为基础构建我国的民法学理论体系。另一方面,为了充分发挥《民法典》的体系效应,紧密围绕其构建民法学体系,我国民法学研究也应当以该体系为基础,以七编制为统领,将整个民商事单行法纳入研究范围。例如,《个人信息保护法》虽然是一部单行法,但其中有关个人信息保护的规定,也是我国《民法典》人格权编统率下的个人信息保护规则体系的组成部分,其解释与适用也应当在《民法典》人格权编的指导下全面展开。对于此类单行法而言,也只有将其作为民法学研究的重要对象,才能保持民法学研究的整体性和体系性。

(二) 以七编制构建民法学的内部体系

第一,以《民法典》合同编为基础构建完整的合同法体系。《德国民

---

① 〔美〕约翰·亨利·梅利曼编著:《大陆法系》,顾培东、禄正平译,法律出版社2004年版,第73页。

法典》虽然构建了完整的债法体系,但合同法规范分散于总则编和债法总则编,而《联合国国际货物销售合同公约》《国际商事合同通则》《欧洲合同法原则》等国际公约和示范法的经验表明,现代合同法的发展越来越呈现出合同法总则体系的完整性特征,以促进交易规则的统一及适用。我国《民法典》虽然借鉴了德国法的物债二分体系,但又没有采纳独立的债法体系,而以合同编通则发挥债法总则功能,这既保持了合同法体系的完整性,又能够使债法继续发挥作用。但是,国内现有的一些教材仍然以债法而非合同法展开研究,这显然不符合我国《民法典》体系。以合同编通则代替债法总则之后,合同编的研究范式应当更多注重合同法自身的特殊性及其体系的完整性。在判断合同编规则能否适用于合同之外的债的关系时,既要考虑法律的规定,也要考虑适用对象的特殊性,而不能认定合同编规则当然适用于其他债的关系。例如,合同编所规定的抵销规则既可以适用于合同之债,也可以适用于其他债的关系,如侵权之债,但在将抵销规则适用于侵权之债时也应当考虑侵权之债的特殊之处,如在侵权损害赔偿涉及对人身损害的救济时,为了实现对受害人人身损害的及时救济,不应当允许受害人所享有的债权作为被动债权抵销。

第二,以《民法典》人格权编为基础构建完整的人格权法体系。在《德国民法典》中,有关人格权的条文仅寥寥数条,显然不能彰显对人的充分保护。我国《民法典》人格权独立成编,不仅充分彰显了人文关怀价值,而且与现代生物技术、大数据、互联网等高科技的发展相适应,还体现了未来民法的发展方向。然而,在人格权独立成编后,人格权法的研究还有待加强。例如,有的教科书仍然将人格权放在总则编或者侵权责任编中阐述,并未按照《民法典》体系全面展开,对人格权法体系的构建仍不充分。为适应《民法典》专门设置人格权编的要求,在未来的民法学中,人格权编应当单独作为一个部分展开。人格权不仅是民法学研究的新的增长点,也应当是民法学研究的重心所在。一方面,应当按照《民法典》关于人格权总分结构的规定,全面深化对人格权的研究,构建完整的、具有逻辑性的人格权法体系。另一方面,考虑到《民法典》已经从正面对人格权进行确权,因此不应当仅将其视为侵权法的保护对象,更应当从权利层面研究人格权问题,尤其是对各类新型人格权益而言,更应当着重研究其权益属性和内容。在德国法中,人格权主要是侵权法的保护对象,例如,一般人格权通常被认为是侵权法的附属产品,是解释《德国民法典》第823条第1款中"其他权利"的产物。① 但在我国民法中,人格权并非仅仅通过侵权责任法的确权而得以确认,也并非附属于侵权责任法而存在,而是作为保障人身自由和人格尊严的重要民事权益,其具有自身体系和价值。此外,还应当注重人格权请求权及其特殊的表现形式,如更正、删除等请求权的行使并不以行为人的行为构成侵权为前提,这些保护方式是互联网时代人格权的有效保护机制。

第三,以《民法典》为基准构建婚姻家庭法和继承法体系。《德国民法典》关于婚姻家庭和继承规则的规定是以西方的历史经验为基础,而我国《民法典》从中华民族几千年的历史文化中吸取经验,弘扬社会主义核心价值观,充分强调本土性和实践性。例如,关于遗产酌给请求权和法定继承顺位等规定都是从我国的文化和本土实践中产生出来的。我们在研究婚姻家庭法和继承法的内容体系时,也应当以《民法典》为基准,注重其本土性和实践性。同时,应注重《民法典》婚姻家庭编、继承编与其他各编的密切联系,可以说婚姻家庭编、继承编与总则编以及分则其他各编之间均具有逻辑关系,形成了完整统一的体系。② 例如,依据《民法典》第464条第2款的规定,婚姻、收养、监护等有关身份关系的协议,可以参照适用合同编的规定。再如,婚姻家庭编虽规定了探望权,但在探望权遭受侵害时,权利人如何主张救济,婚姻家庭编并未作出明确规定,而依据《民法典》第1001条,保护人格权的相关规定可以参照适用于基于婚姻家庭关系而产生的身份权益的保护,据此,人格权的保护规则也可以适用于探望权的保护。因此,婚姻家庭法和继承法入典后,应采取体系观法、体系释法、体系用法的方法,准确理解并适用这些法律。

第四,顺应侵权责任独立成编,构建完整的侵权责任法体系。相较于《德国民法典》将侵权规则置于债法分则中的做法,我国《民法典》将侵权责任独立成编,适应了当代社会对权利救济的迫切需要,回应了风险社会的要求,体现了损害预防和损害救济并重的立法理念。同时,侵权责任编规定了多元化的归责原则,也充分体现了对受害人的全面救济。因此,较之德国债法,我国独立成编的侵权责任法更为适应实践和时代的要求。但在侵权责任独立成编后,有的教材仍然将侵权责任放在债法中阐述,这显然不符合我国《民法典》体系。我国民法学不能仅以德国债法范式观察、解释我国的侵权责任体系,主要理由在于以下四个方面:其一,德国债

---

① Vgl. Zech, Information als Schutzgegenstand, S. 94, 230 ff.
② 参见夏吟兰:《婚姻家庭编的创新和发展》,载《中国法学》2020年第4期。

法主要是任意法①,而我国侵权责任法则主要是强行法。其二,德国债法主要是救济法②,而我国侵权责任法不仅强调对损害的救济,而且注重对损害的预防,即不仅"向后看",还要"向前看"。其三,德国债法主要以损害赔偿为中心对受害人提供救济③,而我国侵权责任法虽然也注重损害赔偿,但在救济方式上也采取损害赔偿、保险责任、社会救助相结合的多种救济方式,对不幸的受害人提供救济。其四,德国债法主要是以财产为内容的财产法,保护的重要对象是财产权,而我国侵权责任法不仅注重对财产的保护,更注重对人的保护。

二、以《民法典》的主线特征为准绳增进民法学体系的逻辑性

(一)我国《民法典》没有采纳以法律行为为中心的模式

由于《德国民法典》主要是20世纪初反映工业社会需求的民法典,因此,其以法律行为为中心构建制度体系,主要贯彻了私法自治原则,以鼓励人们创造财富。④ 法律行为概念萌芽于18世纪中期德国法学家丹尼尔·内特布拉德的民法理论,此后,经由古斯塔夫·胡果与阿诺德·海泽的发展,在19世纪初的德国形成了比较成熟的法律行为概念与理论。⑤ 这种以法律行为作为民法典主线的方式展现了德国立法技术高超的抽象能力。法律行为是私权变动诸原因中最重要的一种,虽然规定于总则编中,但可以适用于各分编,债法上的合同、物权法上的合同、各种权利的抛弃、形成权的行使、遗嘱、结婚、协议离婚、收养等皆是法律行为,须适用法律行为规则与理论。所以,法律行为是一根贯穿于德国民法的主线,甚至构成贯穿整个私法的红线。例如,票据法上的票据行为以及公司法、合伙企业法等团体法上的权利让与、章程、决议行为皆为法律行为。

---

① Vgl. MüKoBGB/Wagner, 8. Aufl., 2020, Vor BGB § 823 Rn. 91.
② Vgl. BeckOK BGB/Förster, 61. Ed. 1.2.2022, BGB § 823 Rn. 7.
③ Vgl. Jauernig/Teichmann, 18. Aufl., 2021, Vorbemerkungen zum BGB § 823 Rn. 1; Fuchs/Pauker/Baumgärtner, Delikts-und Schadensersatzrecht, 9. Aufl., 2017, Springer, S. 371 f.
④ Vgl. Hans Hattenhauer, Grundbegriffe des Bürgerlichen Rechts, 2. Aufl., C. H. Beck, 2000, S. 68.
⑤ Vgl. Hans Hattenhauer, Grundbegriffe des Bürgerlichen Rechts, 2. Aufl., C. H. Beck, 2000, S. 69-70.

这就形成了德国私法的一大特色。①

其实,这种将法律行为作为主线的立法模式,并不能完全统摄民法典的内容,也无法充分彰显民法典所应关注的价值。事实上,越来越多的德国学者已逐步认识到权益保护在民法中的核心地位。德国学者皮克认为,当代私法发挥着权利分配秩序的功能,其核心是授予人们民事权益,赋予人们自主决定与人格自由发展的权利领域,维护人们在社会交往中的自由和秩序。② 就此而言,民事权益决定了人们自由行动的边界。人们在社会生活中各自正当行使自己的权利,不仅能实现自己的利益,也能构成一种良好的社会生活秩序,皮克教授即认为当今私法体系应该是"权利分配"与"权利救济"的体系。因此,越来越多的德国学者开始从"权利"的视角解释德国民法的许多问题。③

我国《民法典》的编纂虽然借鉴了德国法的总则结构经验,但没有像《德国民法典》那样以法律行为为中心,而是从总结我国立法和司法实践经验出发,立足于我国市场经济发展需要,确立了以民事权益保护为中心的制度体系,此种立法模式将对民法学产生深远影响。

首先,在民法学研究中,法律行为的适用范围应当受到一定的限制,其主要适用于合同、遗嘱等情形,而不宜将其扩大化到整个民法领域中,更不宜简单地适用于具有人身属性的诸如婚姻、收养等领域。在德国法上,法律行为也可广泛适用于人身关系。例如,结婚(Eheschließung)是具有高度人身性的民事法律行为④,其被认为是一种合同行为。当然,《德国民法典》第 116—118 条关于真意保留、通谋虚伪表示、戏谑表示的规定以及第 119 条关于意思表示错误的规定不适用于缔结婚姻的意思表示,该意思表示不因此类意思表示瑕疵而无效或者可撤销。⑤ 再如,德国法上还存在继承合同(Erbvertrag)的概念,它是指被继承人与相对人订立的以指定继承人或者设定遗赠为内容的合同。被指定的继承人或者受遗赠人既可以是该合同的相对人,也可以是第三人。同时,与遗嘱不同,遗嘱在被继承人死亡前没有约束力,被继承人可以任意撤回或者以新遗嘱取代之,而由于继承合同是双方法律行为,在生效后即具有法律约束力;

---

① 参见杨代雄:《法律行为论》,北京大学出版社 2021 年版,自序。
② Vgl. Picker, Privatrechtssystem und negatorischer Rechtsschutz, 2019, S. 47.
③ Vgl. Picker, Privatrechtssystem und negatorischer Rechtsschutz, 2019, S. 47.
④ Vgl. Wellenhofer, Familienrecht, 5. Aufl., 2019, § 6 Rn. 2.
⑤ Vgl. Dieter Schwab, Familienrecht, 28. Aufl., 2020, S. 31; Palandt/Brudermüller, 2020, Vor § 1310 Rn. 3; Gernhuber/Coester-Waltjen, Familienrecht, 5. Aufl., 2006, S. 94.

在被继承人订立继承合同的情形下,被继承人的遗嘱自由也将因此受限制,即对于继承合同处分的遗产,被继承人不得订立遗嘱另行处分,否则该遗嘱无效。① 但我国《民法典》婚姻家庭编并没有将婚姻关系的缔结解释为合同行为。当事人在结婚时受到欺诈、胁迫等会对婚姻关系的效力产生影响,这与合同的效力存在相似之处,但结婚行为属于身份法上的行为,而且具有伦理情感上的互助互爱关系,与财产法上的合同行为存在本质区别。此外,依据《民法典》第464条第2款,对于涉及婚姻、收养、监护等身份关系的协议,首先应当适用有关该身份关系的法律规定,在没有此类法律规定的情形下,可以根据其性质参照适用合同编的规定。该条使用"参照适用"这一表述,也体现出此类身份关系与财产关系的不同之处。又因我国《民法典》没有承认继承合同,不能简单地将法律行为规则直接适用于婚姻、继承等身份关系之中。

其次,我国《民法典》并没有采纳物权行为理论。法律行为是私权变动最为重要的原因。德国学者在解释基于法律行为发生的权利变动时,创造了独立的处分行为(Verfügungsgeschäft)概念,即直接将某种既存的权利予以变更、出让、设置负担或者抛弃的行为。② 处分行为与负担行为并列,前者才能引起物权变动。③ 在此基础上,德国学者通过处分行为的独立性和无因性解决第三人保护等问题。④ 但我国《民法典》物权编并没有采纳物权契约概念,更没有采纳物权行为无因性理论。我国《民法典》第215条虽然规定了区分原则,但其意在区分合同效力与物权效力,与德国法中区分债权行为和物权行为的做法存在本质区别,不能据此认定我国《民法典》物权编采纳了物权行为理论,更不能用德国的物权行为理论解释我国《民法典》规则。多年的实践证明,我国《民法典》物权编所采纳的债权形式主义更符合我国的实践且是行之有效的。⑤ 因此,我们观察物权变动就不能再受物权行为理论限制。例如,民法学就有必要在《民法典》框架中构建物权变动的制度体系,而不应削足适履、强行照搬德国法的物权行为理论。

---

① Vgl. Brox/Walker, Erbrecht, 28. Aufl., 2018, S. 91.
② 参见孙宪忠:《中国物权法总论》(第2版),法律出版社2009年版,第252页。
③ 参见〔德〕本德·吕特斯、〔德〕阿斯特丽德·施塔德勒:《德国民法总论(第18版)》,于馨淼、张姝译,法律出版社2017年版,第138页。
④ Vgl. Hans Josef Wieling, Sachenrecht, 5. Aufl., Springer, 2007, S. 12.
⑤ 参见王利明:《论债权形式主义下的区分原则——以〈民法典〉第215条为中心》,载《清华法学》2022年第3期。

与德国法以法律行为为主线不同,我国《民法典》是以民事权益为中心展开的。这意味着在分析民事法律关系时应当以民事权益为基本工具。事实上,法律行为只是权利发生变动的原因之一。例如,在霍菲尔德的分析框架中,权利主体享有一项"权力"(power),可以改变其与他人之间的法律关系。① 除此之外,还有其他已经改变法律关系的事实难以被法律行为、准法律行为和事实行为的分析框架所涵盖。又如,侵权法中的受害人同意,改变了加害人与受害人之间的法律关系,其不仅产生受害人不得主张损害赔偿的免责效果,还产生了在加害人实施特定行为时受害人不得加以对抗和防御的效果。再如,《个人信息保护法》知情同意原则中的同意行为也难以被法律行为所涵盖。因此,当事人之间的法律关系按照权利主体的意思发生了改变,但是权利主体事实上可能没有实施法律行为。在这些情况下,以民事权益为工具分析当事人之间的法律关系,可以摆脱法律行为视角下的定性难题。

(二) 构建以民事权益保护为中心的民法学体系

我国《民法典》的体系构建是围绕民事权利这根主线展开的,第1条开宗明义地宣告保护民事权益是制定该法的首要目的。《民法典》总则编采用了提取公因式的方式,对民事权利的主体、客体、行使、保护等共同规则进行提炼,民事主体其实就是权利主体,法律行为是民事权利发生变动的原因,代理制度发生于权利行使的过程中,时效则是对民事权利行使的限制。《民法典》分则编则是分别针对物权、合同债权、婚姻家庭中的权利、继承权以及其他各项权利的保护规则而展开,并将侵害权利的救济集中规定于侵权责任编。可见,民事权益作为一条红线贯穿《民法典》始终,这既增加了《民法典》的科学性和内在逻辑性,也更加全面地展现了其作为权利法的性质。对于民法学的体系构建而言,在《民法典》分则编也同样应当遵循"确认权利和权利救济"这一线索。

我国《民法典》与其他国家和地区的民法典在制度构建主线上的差异,决定了我国民法学体系的构建也无法照搬其他国家和地区的理论和学说。一方面,我国民法学体系的构建也同样应当以民事权益的保护为中心。在观察《民法典》各编的制度时,必须以保障私权的理念把握《民

---

① See Wesley N. Hohfeld, Fundamental Legal Conceptions as Applied in Judicial Reasoning, The Yale Law Journal, Vol. 26:8, pp. 710-711(1917).

法典》各编及各项制度之间的逻辑联系。在以法律行为为主线的德国民法中,侵权损害赔偿被作为债的一种发生原因对待。因此,侵权法只能委身于债法之中,其所具有的独特的权利保护、救济和预防功能没有被充分挖掘。我国《民法典》侵权责任编规定了权利遭受侵害的救济。这符合从确权到救济的一般规律,进一步凸显了民法不仅是权利法也是私权保障法的性质,因此,有必要摒弃单纯将侵权责任作为债的发生原因的做法,转而充分重视侵权责任作为权利保护和救济手段的重要性,从而构建丰富、多元、完整的权利救济体系。另一方面,在《民法典》的贯彻与实施中,其是否真正得到有效贯彻与实施,在很大程度上取决于是否真正体现了对于私权的全面保护。在我国《民法典》颁布后、司法解释的清理和制定过程中,最高人民法院也始终贯彻了《民法典》保障民事权利的理念和原则。例如,最高人民法院《关于适用〈中华人民共和国民法典〉时间效力的若干规定》第 2 条就以是否"有利于保护民事主体合法权益"为标准,判断《民法典》的相关规定可否溯及适用。如果说公法以规范公权为目的,那么在私法领域,私权的保护则是整个私法制度的核心目标。

民法学体系应当以民事权益为红线来构建,并充分挖掘《民法典》中权利保护规则的内涵和意蕴。《民法典》总则编第五章关于民事权利的规定时常被理解为宣示性条款,不具有法律适用层面的意义,但实际上该章所蕴含的功能是十分广泛的,内容极为丰富,它也为民法学体系的构建提供了重要的指引。

一是明确了民法学研究民事权益的范围,包括人格权益、身份权、财产权(物权、债权、知识产权、继承权、投资性权利等)。从《民法典》总则编第五章的规定来看,其不仅包括各项人格权益,而且几乎把所有的有形的、无形的财产权益涵括其中,构建了较为完整的民事权益体系,为研究民事权益的类型和内容提供了基础性的法律依据。

二是明确了民事权益位阶。《民法典》总则编第五章对各项民事权益列举的先后顺序,实际上明确了权益位阶,为解决民事权益冲突提供了参考和依据。"权益位阶不仅存在于法律体系本身,也存在于具体的个案当中。"① 从具体个案来看,在发生权益冲突时,如果法律对权益冲突的平衡和解决没有作出明确规定,就需要借助民事权益的位阶,为法官准确适用法律、解决权益冲突提供价值指引。而要完成这一任务,不仅依赖对《民

---

① 李友根:《权利冲突的解决模式初论》,载浙江大学公法与比较法研究所编:《公法研究》(第 2 辑),商务印书馆 2004 年版,第 287—319 页。

法典》相关具体规则的解释,还取决于对《民法典》具体制度背后价值位阶的探究。例如,依据《民法典》第1019条第2款的规定,立法者已对肖像权和著作权发生冲突时的位阶安排作出了规定,因此,若肖像权与著作权发生冲突,应优先保护肖像权。因为肖像权所彰显的人格尊严要优先于著作权这种主要体现财产利益的权利受到保护。

三是要加强对新型权益的研究。由于我国《民法典》是以民事权利为中心构建的,这也为我国未来民法学的发展指明了方向。一方面,由于《民法典》的颁布促进了我国民商事法律制度的统一,因此,对于那些没有完全入典而由单行法具体规定的民事权利(如知识产权等),应当将其纳入民事权利体系加以研究。另一方面,随着互联网、高科技、大数据技术的发展,各种新型权益不断产生。例如,数据权益、智能合约、区块链产生的各种合法权益、网络虚拟财产等新型权益都应当纳入民法学研究范畴。只有秉持以权益保护为中心的理念,才能使我国民法不断与时俱进,适应各种新型权益发展的需要并提供制度保障,充分发挥其保障私权的制度功能。例如,数据能否成为权利,其权属分配和权益结构如何,传统的物权概念能否有效涵盖数据权利,传统的合同法规则能否有效调整数据交易关系,传统的侵权法规则能否有效救济数字权利,如何有效规制算法,在算法侵害他人权利时如何对受害人进行救济等问题亟待解决。除互联网、大数据技术外,我们也需要密切关注生物科技带来的新问题,如人体医学试验、人对自身人体器官等的权利以及基因权利等。此外,民法学还应当关注因公私法结合产生的特许权、排污权等新型财产权以及民商结合产生的权利,如信托权、公益信托和遗嘱信托中的权利等。这些新型权益应当成为民法学研究的重要内容。

四是对民事权利行使的基本规则展开研究。《民法典》总则编第五章系统规定了民事权利行使的规则,包括权利的自愿行使规则、义务必须履行规则、禁止滥用权利规则等,均为研究民事权利的行使和保障提供了重要依据。就《民法典》第132条所规定的禁止滥用权利规则而言,其可以协调权利冲突,实现利益衡平,维护诚信原则。"自由止于权利",权利人行使权利的边界是不得介入他人的权利范围。功利主义哲学家穆勒曾形象地指出,"挥舞拳头的自由止于他人的鼻尖",或者说一个人的权利主张以不损害其他权利人的权利为边界。[①] 由于权利的类型繁多,滥用权利的

---

① 转引自〔美〕理查德·A. 波斯纳:《超越法律》,苏力译,中国政法大学出版社2001年版,第34页。

形态也不一而足,禁止滥用权利规则可以广泛适用于越界建筑、虚假诉讼、防卫过当、滥用解除权、滥用财产权(如无正当理由禁止袋地权利人通行)、不当申请专利和注册商标、滥用禁令、滥用股东有限责任或者股东权利、滥用算法等各种情形。这也表明我国《民法典》虽然全面维护私权,但也强调了个人权利的社会义务,这与纯粹强调个人主义的民法典并不相同。

三、以《民法典》的内容特征作为民法学的研究重心

(一)《民法典》的内容特征——从注重调整财产关系到注重调整人身关系

由于《德国民法典》主要反映20世纪初工业社会的需求,因此,其以调整财产关系为重心,服务于交易和财富的创造。① 从内容上看,《德国民法典》的重心是调整财产关系和交易关系,忽略了对人格权的保护,关于人格权的规则仅寥寥数条,可见该法典以调整财产关系为重心,对于人格权益的关注极为缺乏。因此,索姆巴特认为,《德国民法典》存在"重财轻人"的偏向。② 在一般人格权概念创设前,《德国民法典》仅仅通过侵权行为对有限的人格利益予以保护,这根本不足以为主体提供充分保护。③ 这种以财产关系为中心的民法典,虽然符合20世纪初工业社会的需要,但却越来越无法适应当今社会的发展趋势。例如,德国著名民法学家梅迪库斯指出,《德国民法典》的体系"是按照从事商业贸易的资产阶级的需求来设计构思的,它所体现的资产阶层所特有的'重财轻人'正出于此。这种重财轻人的特点使关于人的法律地位和法律关系的法大大退缩于财产法之后"④。随着一百多年来社会的发展,客观上要求对人格尊严和人格权的保护需在民法中得到充分体现。而以《德国民法典》为代表的传统民法典对人格权制度未予以应有的关注,有关侵权行为的规定也较为单薄,这些都表明这种以交易为中心、"重财轻人"的立法模式在当今

---

① Vgl. MüKoBGB/Säcker, 9. Aufl., 2021, Einleitung zum BGB, Rn. 36.
② 参见〔德〕迪特尔·施瓦布:《民法导论》,郑冲译,法律出版社2006年版,第42页。
③ 参见〔日〕星野英一:《现代民法基本问题》,段匡、杨永庄译,上海三联书店2012年版,第78—79页。
④ 〔德〕迪特尔·梅迪库斯:《德国民法总论》,邵建东译,法律出版社2000年版,第24页。

社会亟需修正。

21世纪是互联网、高科技的时代,强化对人的保护成为民法典的核心任务。21世纪也应该是对人更加尊重、对人格权保障更加完备的时代。正是考虑到这种时代特征,与传统民法典不同,我国《民法典》转而以人为中心展开具体制度的构建,主要体现在以下四个方面:

第一,与原《民法通则》第2条规定相比,《民法典》第2条将民法的调整对象从"财产关系和人身关系"调整为"人身关系和财产关系",强调了对人身关系的重视,更加彰显了人文关怀的价值。

第二,虽然在整个《民法典》的条文结构上,物权编、合同编的内容占了一半以上,但是从价值位阶、权利位阶的角度看,《民法典》始终将尊重人、保护人、关爱人作为重心。甚至在私法自治与人格尊严发生冲突时,《民法典》优先维护人格尊严。围绕着对人的保护,《民法典》健全了从人身到财产、从精神到物质的民事权利体系,构建了规范、有效的权利保护机制。

第三,《民法典》之所以增加人格权编和侵权责任编,目的就在于构建与人的全面发展相适应的体系,突出了人的主体地位,凸显了人文关怀精神,真正体现了"人民的福祉是最高的法律"的精神,并且真正贯彻了把人作为主体而非工具的价值理念,真正实现"民法中的人的再发现"。[①] 人格权作为事关民事主体人格尊严的权利,无论是物质性还是精神性的人格权益都应当属于人身权的主要组成部分。纵观《民法典》各编,最能体现民法人文关怀价值的部分之一便是人格权编。在以人为本的民法中,"人人均得要求他人对其应有符合人之所以为人的尊重与对待"[②]。而人格权编以人格尊严的维护为主线,集中展现了立法对人格尊严的关注,促进人的全面发展。

第四,在调整婚姻家庭关系时,《民法典》也注重对相关主体人格权的保护。例如,依据《民法典》的规定,夫妻在婚姻家庭中地位平等,在人格上平等以及权利义务平等,夫妻双方应当互相尊重对方的人格独立,任何一方不得只享有权利而不负担义务,也不得非法侵害甚至剥夺对方的权利。再如,《民法典》第1056条规定:"夫妻双方都有各自使用自己姓名的

---

① 参见〔日〕星野英一:《现代民法基本问题》,段匡、杨永庄译,上海三联书店2012年版,第437页。
② 王泽鉴:《人格权法:法释义学、比较法、案例研究》,北京大学出版社2013年版,第43页。

权利。"第 1057 条规定:"夫妻双方都有参加生产、工作、学习和社会活动的自由,一方不得对另一方加以限制或者干涉。"上述规定对夫妻双方的姓名权和人身自由权提供了平等保护。我国《民法典》婚姻家庭编禁止家庭暴力也体现了对婚姻双方生命权、身体权、健康权的保护。

由此可见,我国《民法典》秉持人文关怀价值,作出了许多重大创新,从注重调整财产关系到注重调整人身关系,从五编制到增加人格权编和侵权责任编,从注重私法自治到强化人文关怀等,均体现了对人的尊重与关爱,弥补了《德国民法典》"重物轻人"的体系缺陷,更加彰显了尊重人、关爱人、保护人的"人法"特性。

(二) 我国民法学研究应当充分反映"人"的需求

我国民法学曾长期将研究重点置于财产法领域,物权制度、合同制度等财产法制度一直是民法学研究的热点。这导致我国民法学对维护人格尊严和保护人格权益的"人法"的研究相对落后。虽然从我国实定法规范来看,财产法规则几乎占据了整部《民法典》内容的三分之二,但这并不意味着应当继续将研究重心仅落脚于财产法领域,而忽视"人法"研究。一方面,应注重对财产法的研究,因为民法是市场经济的基本法,是市场经济的基本规则,是基本的财产法、交易法,所以,深化对财产法的研究仍然是民法学的重要任务。另一方面,也应注重对调整人身关系的"人法"的研究,我国《民法典》凸显了对人的关爱,彰显了浓厚的人文关怀理念。这就要求民法学的研究范围和范式等作出以下五个方面的调整:

第一,民法学应更加注重对"人法"的研究。这不仅是因为《民法典》将对人身关系的调整置于财产关系之前,体现了浓厚的人文关怀特征,而且考虑到学界长期以来忽视对人格权等制度的研究,人格权等领域的研究相对薄弱。尤其是 21 世纪互联网、高科技的发展,对人的保护提出了更高的需求。因此,对"人法"的研究应当成为未来民法学的重点。一是应当更加注重对与人的主体性具有密切关联的人格权益、身份权益等权益的研究,将维护人格尊严等价值贯彻于民法研究之中。尤其是生物技术、数字技术、人工智能的发展所带来的诸如器官移植、基因编辑、虚拟艺术作品、人工智能侵权、自动驾驶等民法问题,都在不同程度上提出了人格尊严保护问题。二是民法学研究应以人为中心,对人从胚胎到出生直至死亡的整个过程所涉及的各项权益展开研究,并应当将人文关怀理念贯穿始终。民法学研究应注重对人体胚胎、人体实验等生物技术的研究,这些与人的主体性具有不可分割的联系,应充分平衡这些技术的发展与人的主体性之间的关系,构建更为具体、细致的规则。人工智能的发展可能会挑战人的主体性,削弱个人的自主决定,因此,需要进一步强化对人的保护。① 三是应加强对《民法典》中生命尊严、心理健康等新的价值理念和新规则的研究。为了强化对人的尊严的保护,《民法典》创设了许多新的制度与规则,例如,人格权编将生命尊严纳入生命权的范畴,将心理健康规定为健康权的内容。因此,应当强化对这些涉及人的尊严保护的新制度的研究,以更好地落实《民法典》中人文关怀的价值理念。

第二,在注重形式平等的前提下兼顾实质平等。民法学不仅要注重形式平等,还要注重实质平等,以体现对弱势群体的特殊关爱。近代以来,民法以抽象人格为基础强调形式平等。拉德布鲁赫认为,民法典并不考虑农民、手工业者、制造业者、企业家、劳动者等具体主体之间的区别。私法中的人就是作为被抽象了的各种人力、财力等而存在的。② 民法以平等主体之间的财产关系和人身关系为调整对象,原则上不考虑各个主体在年龄、性别、种族、经济实力、知识水平等各个方面的差异,一概承认其地位平等。然而,形式平等并不必然意味着实质平等。每个人不仅应该享有基本权利,而且应该享有平等的权利,才能构建一个和谐的社会。③ 从民法学角度而言,民法学研究应当由关注"抽象人"到关注"具体人",因为"旨在提高市场弱者地位,增强其实现自己意思能力的做法,则更接近于私法的本质"④。对于未成年人、精神障碍者等弱势群体,《民法典》通过监护等制度充分保护其合法利益。坚持未成年人利益最大化原则,甚至未成年人利益与交易安全的维护发生冲突时,也应当优先保护未成年人利益。尤其应当看到,随着数字时代的发展,民法还应当关注特殊情形下当事人交易能力、交易地位不对等的问题,以更好地实现实质平等。例如,网络平台往往通过设置网络协议、隐私政策等方式,取得处理用户个人信息的权限,但用户不可能对这些条件提出修改和变更意见,而只能概括地表示接受或不接受。由于相关条款并不合理,可能影响对用户个人信息的保护。再如,在网络交易中,消费者与经营者相比较,也可

---

① 参见陆幸福:《人工智能时代的主体性之忧:法理学如何回应》,载《比较法研究》2022年第1期。
② 参见〔日〕星野英一:《私法中的人》,王闯译,中国法制出版社2004年版,第34—35页;〔德〕拉德布鲁赫:《法学导论》,米健译,中国大百科全书出版社1997年版,第66页。
③ 参见王海明:《平等新论》,载《中国社会科学》1998年第5期。
④ 〔德〕迪特尔·梅迪库斯:《德国民法总论》,邵建东译,法律出版社2000年版,第362页。

能因为谈判能力的缺乏而受到损害。在此种情形下,如何强化对特定主体的权益保护,也应当是民法学研究的重点问题。

第三,加强对婚姻家庭领域中身份权益保护的研究。人不仅仅是原子化个人,还是家庭中的个人。由于"家是人最完整的存在尺度"①,因此,民法学研究不能忽视家庭法的内容。一方面,需要注意家庭法规则的特殊性,对婚姻家庭法的研究要体现维护家庭和睦和谐的价值理念。另一方面,应将家庭法与一般的财产法结合起来,更为具体地研究家庭中人身法和财产法的细化规则,注重对夫妻共同财产权的行使、夫妻共同债务承担等问题的研究。另外,《民法典》继承编特别保护生活有困难的继承人,允许其适当多分遗产。《民法典》也对妇女群体进行特殊保护,禁止家庭暴力,禁止性骚扰。因此,对婚姻家庭、继承领域中身份权保护的研究仍有待加强。

第四,在方法论层面上,民法学研究要注重与上述领域的自然科学知识相结合,研究视野和研究方法要更为开放,改变目前可能存在的过分封闭和过分割裂的研究取向,真正形成知识的交叉融合。例如,人文关怀价值是所有人文社会科学共同研究的问题,民法学研究也要注重与其他人文社会科学知识的交叉融合。施密特指出,人的概念和人的社会性是各种理论概念化的基本出发点。② 尤其是在进入互联网时代和科技爆炸时代后,各种科学技术的发展在给人类带来巨大福祉的同时,也在威胁着人们的隐私和个人信息等权益。强化对主体的保护就需要法学与生命科学、医学、伦理学、计算机科学等学科相结合,这样才能真正在日益复杂的社会环境中强化对人的保护。

第五,在观察视角上,不能将财产关系与人身关系截然分离。在现代社会,财产关系与人身关系已经相互交织、难以完全分离。例如,虽然数据具有明显的财产权属性,但不能据此将数据界定为纯粹的财产权益,因为数据权益的内容具有复合性,数据中可能包含一定的个人信息,由此也会对数据权益的享有与利用产生一定的影响。再如,有关人格利益许可使用的规则也涉及对合同法等财产法规则的适用,在具体适用时也应当考虑其特殊性,如《民法典》合同编中的租赁合同、物业服务合同等以及物权编中的建筑物区分所有权、居住权等,虽然债权与物权均被归结为财产

---

① 张龑:《论我国法律体系中的家与个体自由原则》,载《中外法学》2013年第4期。
② See Marc De Wilde, The Dark Side of Institutionalism: Carl Schmitt Reading Santi Romano, Ethics and Global Politics, Vol. 11:2, pp. 12-24(2018).

权,但是其与人格尊严紧密相连。我国《民法典》合同编对承租人的优先承租权、优先购买权作出了规定,目的也在于保护承租人的居住利益,维护其人格尊严。《民法典》侵权责任编还新增了"人格物"的保护规则,规定了侵害人格物的精神损害赔偿责任,其中也包括了对人体生殖细胞的法律保护规则。即便在财产法领域内,也需将这些财产权利纳入人格尊严的视野中进行研究,才能真正做到将人格尊严保护贯穿于整个民法。

总之,进入民法典时代的民法不仅仅是财产法、交易法,也应当是关爱人、保护人、爱护人、尊重人的民法。民法学也应当以人为中心,以促成人的全面发展和实现对人的终极关怀为目标。如此,才能回归民法的本位。

四、以《民法典》人文关怀等价值构建民法学价值体系

(一)《民法典》的价值特征:从私法自治到人文关怀

民法是私法,毫无疑问应当以私法自治为价值理念。《德国民法典》以法律行为为中心,而私法自治乃是实现法律行为的工具。拉伦茨认为,私法自治是私法的基本特征。① 弗卢梅认为,私法自治的合法性就在于肯定自主决定的价值,要实现私法自治就必须保护民事主体的自主决定权。② 而自主决定权,恰恰是通过法律行为,这一依据自身意思为自己创设法律关系的方式实现的。私法自治表现为契约自由、所有权行使自由、遗嘱自由、婚姻自由等。《德国民法典》以合同和所有权为中心,以私法自治为基本理念,通过贯彻此种价值理念充分动员了社会经济资源,促进了德国工业化的进一步发展,使德国成为欧洲的工业强国。③ 私法自治是民法的精髓,因此,德国学者梅施麦克就将私法自治称为私法体系的"恒星",永放光芒。④

我国《民法典》第 5 条所规定的自愿原则也是私法自治的体现。《民法典》各编都贯彻了私法自治的价值。但《民法典》并非以私法自治作为单一的价值。一方面,《民法典》将个人视为具有理性的人,尊重其依法自

---

① 参见〔德〕卡尔·拉伦茨:《德国民法通论》(上册),谢怀栻等译,法律出版社 2003 年版,第 3 页。
② 参见〔德〕维尔纳·弗卢梅:《法律行为论》,迟颖译,法律出版社 2013 年版,第 11 页。
③ 参见吴治繁:《论民法典的民族性》,载《法制与社会发展》2013 年第 5 期。
④ 参见李非:《富与德:亚当·斯密的无形之手:市场社会的架构》,天津人民出版社 2001 年版,第 165 页。

主地在行为能力范围内为安排自己事务所形成的法律关系,赋予民事主体广泛的行为自由,并使当事人之间的合法约定能够具有优先于任意法的效力。虽然法律行为是实现私法自治的重要手段,但《民法典》还扩大了私法自治的表现形式。私法自治的实现并不仅仅局限于法律行为制度,还包括人们在自己的权利领域里保障人身自由、自由发展人格、维护人格尊严,这些内容是法律行为制度本身不能涵盖的。另一方面,虽然《民法典》同样贯彻私法自治理念,但同时注重人文关怀价值。我国《民法典》以"关心人、培养人、发展人、使人之为人"作为立法的重要使命,强化了对人的自由和人格尊严的维护。《民法典》倡导自由、平等、公正、法治等价值理念,并确认了诚实信用原则、公序良俗原则等基本原则,弘扬了社会主义核心价值观。

(二) 以人格尊严等多元价值理念指引民法学研究

《民法典》的人文关怀价值为民法学研究提供了价值指引。为实现《民法典》的人文关怀价值,民法学研究也应当从单一价值理念向多元价值理念发展,既应当贯彻私法自治,也应当关注人文关怀。《民法典》虽然以人文关怀为价值理念,但并没有忽视私法自治,其采取的是一种多元价值体系。《民法典》的基本价值取向就是在坚持私法自治原则的同时,强化法典对人的关怀,并以此弥补私法自治原则的不足。民法学研究必须秉持《民法典》的人文关怀价值,注重对人格尊严的尊重与保护。

1. 人格尊严具有价值上的统领性

《民法典》承认多元价值,但这些价值之间是融贯的,这首先表现在以人格尊严为价值统领。无论是人格权还是侵权责任独立成编,都是为了彰显人格尊严价值,甚至物权和合同法的一些新发展也是为了体现人格尊严价值。人格尊严经常作为私法自治范围的边界。未经干预的私法自治总是以实现个人利益为目的的,因此,法律应当对私法自治进行必要的干涉,以避免可能产生的不利后果。① 穆勒认为个人利益应在两种情况下受到限制,一是他人的合法利益为个人的自由划定了边界,二是为保卫社会及其成员免于外侵,个人自由也必须作出牺牲。② 此处所谓"他人的合法利益",最为基础的就是他人的人格尊严。瑞士法就明确规定了禁止侵害

---

① 参见王泽鉴:《人格权法:法释义学、比较法、案例研究》,北京大学出版社 2013 年版,第 85 页。
② 参见〔英〕约翰·穆勒:《论自由》,孟凡礼译,上海三联书店 2019 年版,第 85 页。

他人人格权。

2. 人格尊严具有价值上的优先性

例如,就个人信息保护而言,当信息主体行使权利时,必然会对数据处理者的权利产生重大影响,这就形成了两种权利的相互冲突现象。此时,就应当根据权利位阶理论优先保护个人信息权益。康德曾经提出了"人是目的不是手段"①的理念,优先保护人的权益就是优先保护人的主体性和目的性。例如,《个人信息保护法》第 15 条规定,"基于个人同意处理个人信息的,个人有权撤回其同意",这实际上赋予了个人任意解除个人信息许可使用合同的权利,表明个人信息保护优先于合同债权保护,从而体现了人格利益优先于财产权的理念。

3. 人格尊严具有适用上的指导性

维护人性和人格尊严的价值追求是指引权利秩序建构的基石②,人文关怀价值贯穿《民法典》整个规范秩序之始终。作为规范秩序构成要素的具体规则,只有彼此融贯才能从这些规则中解释出价值理念的融贯性。③ 因此,必须在《民法典》具体规则的适用中充分发挥人格尊严价值的指导作用。例如,在人格权与其他民事权益发生冲突时,由于人格权在权益位阶中处于较高的位置,因此在法律没有就权益冲突的平衡和解决作出特别规定时,其应当优先于低位阶的权益受到保护,这也是落实《宪法》第 38 条的要求。因此,某一民事权利越是与人格尊严联系紧密,就越会优先受到保护。例如,数据处理者应当充分尊重信息主体的个人信息权益,在数据处理者和信息主体各自行使权益并发生冲突时,如果法律对冲突解决缺乏明确的规定,就有必要依据权利位阶理论,基于人格尊严优先的原则,优先保护信息主体的权利。因为个人信息所彰显的人格尊严要优先于数据这种财产利益受到保护。

《民法典》在注重人格尊严价值的同时也未忽视私法自治价值,尤其是我国曾长期实行高度集中的计划经济体制,市场主体的自由曾受过严重压抑,因此,弘扬私法自治理念、尊重合同自由,从而激发市场主体的活

---

① 〔德〕伊曼努尔·康德:《道德形而上学原理》,苗力田译,上海人民出版社 2012 年版,第 40 页。
② See Joseph William Singer, Something Important in Humanity, Harvard Civil Rights-Civil Liberties Law Review, Vol. 37, p. 103(2002).
③ 参见雷磊:《融贯性与法律体系的建构——兼论当代中国法律体系的融贯化》,载《法学家》2012 年第 2 期。

力,十分必要。但是,出于对历史和现实的考量,《民法典》也应将对人格尊严的保护提升至一个重要的高度,这是《民法典》多元价值体系的要求。

在理顺人格尊严与私法自治的关系的过程中,首先应当看到,人格尊严也与私法自治关系密切。因为人格尊严保护是实现私法自治的前提保障。人格尊严存在于"人作为'承担自我责任的人格'而得以获取的承认之中"①。人格尊严的保护是主体之所以成为主体的必然要求。同时,法律肯定当事人基于自身的意思所发生的法律关系,并赋予当事人的意思以类似法律的效果。其中就包含了对人格尊严的尊重与保护。② 但是,两种价值在适用范围等方面也存在一定的区别。私法自治主要体现在财产和交易领域,人格尊严价值则主要体现在人身权以及体现了人格属性的财产关系领域(如数据权益等)。当然,在某些特殊情形下,需要兼顾私法自治和人格尊严价值。例如,人格利益的许可使用就同时体现了私法自治与人格尊严价值,一方面,允许个人对人格利益进行许可使用,目的在于保障个人人格的自由发展,体现了人格尊严的价值;另一方面,个人是否许可他人使用其人格利益,许可他人在何种期限、何种范围内使用其何种人格利益,则完全应由个人依法自由决定,这也体现了私法自治的价值。当然,在二者发生冲突时,应当优先维护个人的人格尊严,由于未经干预的私法自治总是以实现个人利益为目的,因此,法律对于私法自治有必要进行干涉,以避免由此可能产生的不利后果,而人格尊严往往成为私法自治范围的边界。我国《民法典》划定可许可使用的人格利益的范围、在人格利益许可使用合同的解释和解除方面对人格权主体的倾斜保护,都体现了优先保护人格尊严价值的理念。

五、以《民法典》时代特征为基础引领民法学研究的未来发展

如前所述,《德国民法典》摒弃了日耳曼法中的落后因素(如土地分层所有的封建制度),为资本主义经济发展创造了条件。③ 有德国学者因

---

① 林来梵:《从宪法规范到规范宪法:规范宪法学的一种前言》,商务印书馆2017年版,第184页。
② 参见〔德〕维尔纳·弗卢梅:《法律行为论》,迟颖译,法律出版社2013年版,第6页。
③ 参见马俊驹、梅夏英:《财产权制度的历史评析和现实思考》,载《中国社会科学》1999年第1期。

而建议:"在我们的公法中必须吹进一丝自然法之自由空间的气息,在我们的私法中则必须滴上一滴社会主义的润滑油!"①《德国民法典》规定了信赖利益保护和社会弱者保护,增加了对私法自治的干预,规定了侵权法中的无过错责任以及所有权的社会义务等。② 虽然《德国民法典》增加了一些社会化因素,但其以有形财产作为规范重点,而且以私法自治为基本理念,可以说其主要反映了工业社会的发展需求,深深打上了那个时代的烙印,没有也不可能反映互联网、大数据和高科技时代的需求和特征。正如拉德布鲁赫所言,《德国民法典》"与其说是 20 世纪的序曲,毋宁说是 19 世纪尾声"③。虽然德国学者通过各种解释方法发展了《德国民法典》,但其时代局限性难以避免。

我国《民法典》作为互联网、高科技时代的产物,堪称面向 21 世纪的具有代表性的民法典。为了适应时代的发展,我国《民法典》的编纂不仅努力适应现代市场经济的发展需求,而且积极回应互联网、高科技社会的发展需求,从而彰显了鲜明的时代特色。例如,《民法典》第 127 条对保护数据、网络虚拟财产的规定适应了数字时代的要求,第 1019 条、第 1023 条禁止"AI 换脸"以及保护声音利益的规定适应了人工智能时代的要求。此外,《民法典》第 1002 条规定了生命尊严,第 1009 条实际上被称为"生命伦理法"。《民法典》在隐私、个人信息保护等问题上作出了许多创新性规定,均顺应了社会变化,回应了公众关切。可以说,时代特色贯穿于《民法典》始终,成为其重大亮点,也为把握未来民法研究发展趋势、构建自主的中国民法学体系提供了重要指引。

我国民法学研究应面向互联网时代。互联网技术本身频繁更新迭代,互联网应用也不断推陈出新,社会人际交往与互动方式也随之不断变迁,网购成为大众生活的组成部分,也必将对传统的合同法规则提出新的挑战。"互联网+"模式的发展催生了许多新类型的非典型合同,对网购中消费者权益的保护以及格式条款的规制比以往任何时候都显得更重要。网络侵权法的发展使侵权法的预防功能更为突出。在自媒体时代话语权极度下沉,人人手握"超级麦克风",可利用自媒体发布、转发各种消

---

① 〔德〕奥托·基尔克:《私法的社会使命》,杨若濛译,商务印书馆 2021 年版,第 18 页。
② 参见〔德〕卡尔·拉伦茨:《德国民法通论》(上册),谢怀栻等译,法律出版社 2003 年版,第 68 页以下。
③ 〔德〕K.茨威格特、〔德〕H.克茨:《比较法总论》,潘汉典等译,贵州人民出版社 1992 年版,第 266 页。

息、视频,甚至还可以自己创作、编辑并发布各种消息。这不可避免地带来了"信息茧房"、虚假信息、人格侵害、网络暴力等新的法律问题,特别是网络侵权信息一旦发布,受众是无法限制的,瞬间被无数次转发、可能迅速发酵,所造成的损害后果是无法估计的,且后果具有不可逆转性和难以弥补性。因此,需要通过禁令制度以及更正、删除与回应请求权等制度预防损害,并及时制止损害的迅速蔓延。

我国民法学研究应面向数字时代。随着网络技术的频繁迭代,大数据技术得以孕育和广泛应用,从根本上改变了信息的采集、加工、分析和利用方式,引发了新一轮的信息革命浪潮。相应的,社会交往与生活方式也进入了数字时代,并具有迈向数字文明的发展趋势。早在 2007 年,雅虎的首席科学家沃茨博士就指出,得益于计算机技术和海量数据库的发展,政治学这门古老的学科将成为地道的科学,因为数据决策将使得决策非常精细化。法学同样如此。在数字时代,信息爆炸、万物互联,人机连接实现了高度的数字化,这就带来了如下新问题、新挑战:一是人们在数字化生活中所积累数字资源的权利归属和配置、数据权益的性质和内容界定、数据的有效利用以及与个人信息保护之间的平衡等问题。二是如何对比特币、虚拟财产、网店、动漫形象、人工智能创作的作品、虚拟艺术作品等数字时代的新兴事物所涉及的权利进行确认和保护,并针对各种新型财产权益的交易和担保确立相应的规则。三是大数据、透明社会使得个人信息的可控性降低,人已经逐渐透明化。① 大数据分析不仅了解我们的过去和现在,甚至预测我们的未来,大数据使人变成透明的人、裸奔的人。大数据所具有的可预测性的功能已经使人们的行为透明化。② 由此引发的算法黑箱和歧视、对隐私和个人信息的保护等问题,都成为民法学发展中的新课题。

我国民法学研究应面向人工智能时代。尤瓦尔·赫拉利(Yuval Harari)在其著作《未来简史》中对未来之法进行了预测,他指出在未来人工智能将获得统治地位,法律将变成一种数字规则,它除无法管理物理定律之外,将规范人类的一切行为。③ 我国民法学应当主要从如下五个方面

---

① 参见王天夫:《数字时代的社会变迁与社会研究》,载《中国社会科学》2021 年第 12 期。
② See Katharina Pistor, Rule by Data: The End of Markets?, Law & Contemporary Problems, Vol. 83, p. 105(2020).
③ 参见〔以〕尤瓦尔·赫拉利:《未来简史:从智人到神人》,林俊宏译,中信出版社 2017 年版,第 208—283 页。

研究人工智能问题:一是从主体制度层面探究机器人等人工智能体的法律地位,即此类人工智能究竟是传统"主体—客体"二分认知框架下的客体,还是具有一定的主体性,抑或根据不同的人工智能产品确定其法律地位,这是一个值得探讨的问题。① 二是在财产领域不仅涉及如何界定和调整日益丰富的虚拟财产商品的问题,而且需要思考如何对人工智能体创作的作品进行法律定性,例如人工智能创作的作品是否构成智慧财产且是否需要给予著作权保护。三是在合同领域需要通过智能化方式缔结和履行的合同提供一套解释方案,即适用传统的"要约—承诺"规则还是一套全新的"其他方式"。例如,随着智能合约的发展,当其代码执行的结果与债权人的真实意思不一致时,债务人是否构成违约?在解释合同债务的真实内容时,究竟应以智能合约的代码为准,还是以双方当事人的真实意思为准?等等,都是合同法在人工智能时代所面临的问题。② 四是在侵权损害领域如何看待自动驾驶等人工智能产品致损责任的归责原则、过错判断和风险分散以及侵权责任承担等问题。五是在财产继承领域如何看待被继承人在虚拟世界所取得的财产(如网络虚拟财产等)的继承问题。为了回答这些问题,民法学研究需要把握智能化工具的发生和运行规律,厘清智能化时代的人类决策和社会交往方式,并在坚持人的主体性的基础上发展和完善相关理论。

我国民法学研究应面向生物医学科技时代。生物医学科技的发展,例如人体器官捐赠、人体试验、基因编辑、生命末期的临终关怀等均对人的尊严、生命健康权的保护提出了新的挑战。生命科学和医学科技进步带来的细胞与基因治疗、人类辅助生殖、人体器官移植、克隆、基因编辑、人与其他物种基因所形成的嵌合体等复杂现象,对传统民法中人、物、人格权、身份权等提出了一系列新问题。例如,细胞与基因治疗技术的应用即涉及受治者的健康权、身体权、生育权以及隐私权等权利的保护问题。③ 再如,人类辅助生殖技术则涉及捐赠者的隐私权、受术者的知情权以及所生子女的法律地位等问题。④ 对此,需要综合运用生物学、医学、伦

---

① 参见冯洁:《人工智能体法律主体地位的法理反思》,载《东方法学》2019年第4期。
② See Mateja Durovic & Franciszek Lech, The Enforceability of Smart Contracts, Italian Law Journal, Vol. 5:2, pp. 493-511(2019).
③ 参见石佳友、庞伟伟:《人体基因编辑活动的协同规制——以〈民法典〉第1009条为切入点》,载《法学论坛》2021年第4期。
④ 参见张爱艳、李燕:《生命科技的法律问题研究》,山东大学出版社2007年版,第29页。

理学、法学等多学科知识才能给出稳妥的解决方案,也要求民法学研究者具备复合的知识结构。

我国民法学研究应面向现代市场经济。一是《民法典》物权编应当适应构建统一大市场的需要,完善财产权保护制度,落实平等保护原则,依法保护各类主体的财产权。为促进物尽其用,需要强化对所有权权能分离与新型物权的研究。同时,还应当不断关注财产权的全新形态,加强对诸如网络虚拟财产、NFT 虚拟艺术作品和人工智能作品等新兴财产形态保护的研究。二是《民法典》合同编不仅具有作为交易法的功能,也具有组织法的功能。合同作为连接经济交往的桥梁,起到了繁荣市场、创造财富、活跃经济的作用。《民法典》合同编确立了融资租赁、所有权保留等金融类合同,为促进资金流通提供了法律保障,合伙合同更是在市场经济中发挥了组织经济的功能。民法学应关注合同法的组织经济功能。为强化对网络用户、网络交易消费者的保护,民法学还应当加强对网络服务协议、网络隐私政策等的研究。三是为适应改善营商环境的需要,应进一步实现担保制度的现代化。《民法典》物权编还缓和了担保物权法定原则,扩大了担保合同的范围,承认各种新类型的担保,并为非典型担保的物权化提供了法律空间,这些都为我国物权和担保法学的发展提供了法律依据。

我国民法学研究还须回应环境生态保护的需要。现代社会的发展需要贯彻生态环境保护的绿色原则,为实现人和自然的和谐共处,彰显"绿水青山就是金山银山"的发展理念[①],《民法典》确立了绿色原则,这是我国民事立法的一大亮点。我国是首个在《民法典》中规定绿色原则的国家。这也表明《民法典》的绿色原则在尊重民法逻辑自洽的前提下,在基本精神和理念上顺应生态规律,为资源保护和生态文明建设预留了充分的空间。[②] 民法学也应当弘扬人与自然和谐相处、保护生态环境的绿色理念,为《民法典》绿色原则的适用提供理论支持。

"问题是时代的声音",社会生活纷繁复杂,变化无穷,法律需要不断适应社会的变化。作为一门实践性很强的学科,法学不仅应对中国和世界法治实践具有精准的解释力,还应对中国和世界法治变革具有强大的

---

① 参见吕忠梅课题组:《"绿色原则"在民法典中的贯彻论纲》,载《中国法学》2018 年第 1 期。
② 参见王旭光:《环境权益的民法表达——基于民法典编纂"绿色化"的思考》,载《人民法治》2016 年第 3 期。

引领力,尤其是要适应中国社会发展的变化,配合国家的战略需求,不断提供理论支持。在《民法典》颁布后,应继续立足于实践、服务于实践,不断促进民法学的繁荣与发展。《民法典》的大量规则来源于司法实践,是对司法实践经验的总结,这使得《民法典》具有鲜活的生命力,也保障了其将来能够得到良好的贯彻与实施。① 《民法典》的实践特色要求民法学不能脱离本土实践,必须围绕本土实践的需要展开研究。

结　语

德国学者维亚克尔(Wieacker)在解释法典化时指出:"法典化并非汇集、汇编、改进或重整现有的法律,即就像从前的德意志法律改革和罗马及西班牙法律汇编一样,而是通过新的体系化和创造性的法律构建一个更好的社会。"②《德国民法典》曾与《法国民法典》共同被称为"欧洲民法双璧",对我国民法影响甚大。然而,"世易时移,变法宜矣"。构建中国自主的民法学体系是广大民法学者肩负的责任。我国民法学需要充分吸取人类法治文明的成果,认真借鉴包括德国民法在内的两大法系的先进经验,决不能关起门来自说自话。但不能完全照搬照抄、简单复制某些国家的民法理论,也不能将某国民法理论作为解释我国《民法典》的依据,更不能将其作为阐释我国《民法典》相关规则科学性、合理性的标准。人在天地间贵在自立,国家和民族贵在自强。中国民法也应当在世界民法之林中确立自己的重要地位。作为民法学工作者,我们应为构建中国自主的民法学体系而努力。"经由罗马法、超越罗马法"曾经是罗马法复兴时期的一句名言,至今仍然不无启发价值。在我国《民法典》颁布和实施后,我们不能仍然"照着讲",而应当"接着讲",也就是应以《民法典》为依据,深化民法理论研究,不断创新、发展与繁荣中国民法学,形成中国自主的民法学的知识体系,为全面推进依法治国提供强有力的理论支撑。

---

① 参见谢鸿飞:《中国〈民法典〉的实践特色》,载《红旗文稿》2020年第15期。
② 〔德〕弗朗茨·维亚克尔:《近代私法史——以德意志的发展为观察重点》,陈爱娥、黄建辉译,上海三联书店2006年版,第321页。

物 权 法

论债权形式主义下的区分原则

——以《民法典》第 215 条为中心*

区分原则是我国物权法的基本原则,也是物权变动的基本指导原则。它是指在基于法律行为的物权变动中应当区分合同的效力与物权变动的效力,物权是否变动对于合同的效力不发生影响。通说认为,我国《民法典》第 215 条确立了区分原则。该条规定:"当事人之间订立有关设立、变更、转让和消灭不动产物权的合同,除法律另有规定或者合同另有约定外,自合同成立时生效;未办理物权登记的,不影响合同效力。"《民法典》这一条是非常具有中国特色的规定,也是我国物权法中独有的一项制度。故此,对区分原则的理解也应当在我国《民法典》所确立的债权形式主义的物权变动模式下进行。理论界有观点认为,《民法典》第 215 条区分了物权行为与债权行为,并且采用物权行为理论。① 该观点显然误解了《民法典》第 215 条的规范目的和制度内涵。由于《民法典》第 215 条是整个物权编中的基础性规则,对该规则的误解势必影响对整个物权制度的准确理解与适用。有鉴于此,笔者将在本文中对我国物权法上的区分原则谈一点粗浅的看法,为理论界与实务界对该原则的正确理解和适用提供参考意见。

一、应在债权形式主义模式下解释区分原则

(一) 我国民法上的物权变动主要采用的是债权形式主义模式

在物权变动模式上,我国民法历来采取的是债权形式主义即"合意+公示"的模式②,其中所谓的"合意"是指,当事人之间关于设立、变更、转让和消灭物权的合意,主要就是通常所说的移转财产权的合同,如买卖合

---

* 原载《清华法学》2022 年第 3 期。

① 参见孙宪忠、朱广新主编:《民法典评注. 物权编》,中国法制出版社 2020 年版,第 109 页。

② 需要指出的是,我国《民法典》在特殊情形下采取其他的物权变动模式,例如宅基地使用权、动产抵押权等采取债权意思主义的物权变动模式。

同、赠与合同、抵押合同等;所谓"公示",是指不动产登记、动产交付等影响物权变动的要件。

在债权形式主义模式中,合意是物权变动的基础,合意决定着物权变动,物权变动是基于合意所产生的法律效果。对此,原《合同法》第130条以及《民法典》第595条就典型的例证,它们明确把买卖合同定义为"出卖人转移标的物的所有权于买受人,买受人支付价款的合同",这就表明所有权转移的效果是由买卖合同而来。原《合同法》第185条以及《民法典》第657条所规定的赠与合同,亦不例外。可以说,在所有权转移等物权变动中,除当事人达成的买卖合同、赠与合同等合意之外,并不单独存在另外一个所谓的物权合意。如果认为债权形式主义中的合意除买卖合同等合同之外,还包括所谓的物权合意,即存在债权和物权两个合意,这显然就是误解了债权形式主义。按照债权形式主义的物权变动模式的要求,物权的变动需要同时满足合意与公示这两个条件,这就是说,只有合意而没有公示,物权变动的效果不发生,即登记等公示要件只是影响物权变动的效果,不影响合意的效力;反之,即便当事人完成了公示,如果缺乏合意(如合同不成立、无效或被撤销),那么物权变动的效力也不可能发生。但此处所言的合意,仅指债权合同。

从我国民法发展的历史来看,《物权法》是在《合同法》之后颁行的,前者不仅没有修改后者对买卖合同、赠与合同的定义,反而在此基础上建立了相应的物权变动制度,夯实了债权形式主义的物权变动模式。我国编纂《民法典》时,既未改变原《合同法》对买卖合同、赠与合同的定义,也未调整原《物权法》的物权变动制度,而是进一步延续了债权形式主义模式。不仅如此,《民法典》还删除了原《合同法》关于无权处分合同效力的规则①,并在位于《民法典》合同编第九章"买卖合同"中的第597条第1款规定,出卖人未能取得处分权的,买受人可以解除买卖合同并请求出卖人承担违约责任,进而强化了债权形式主义。由此可见,《民法典》采取了无权处分不影响合同效力的立场,而此处的合同正是《民法典》第595条规定的买卖合同。显然,这与物权行为理论体系下物权行为会因为欠缺处分权而效力待定的结论是明显不一致的。

(二)《民法典》体系决定了应在债权形式主义模式下解释区分原则

法典化就是体系化,梅利曼指出,"民法典'科学化'的程度,决定着

---

① 原《合同法》第51条规定:"无处分权的人处分他人财产,经权利人追认或者无处分权的人订立合同后取得处分权的,该合同有效。"

在实体法、一般法理以及关于民法总则或一般原理课程中所使用的概念和原则统一的程度"①。民法典能促进民商事法律的体系化,有助于实现民事立法规则体系(也称为外在体系)和内在价值体系的一致性、逻辑上的自足性以及内容上的全面性,形成在特定价值指导下的统一法律术语、法律规则和法律制度,保持法律各部分内容的相互协调、相互配合,形成严谨的体系结构。②《民法典》的颁布使得整个民商事法律规则被整合为一个有机的规范体系,这为体系性思维提供了基本前提。这意味着,要想准确理解某一制度的内涵,必须通盘把握法律体系的内在规律,厘清规则之间、制度之间的内在逻辑关系。据此,要准确地理解《民法典》第215条所规定的区分原则,必须将之置于债权形式主义模式当中,否则,就会产生不必要的误读误解。不仅如此,倘若将《民法典》第215条解释为采纳了物权行为理论,更会产生体系上的矛盾和冲突:一方面,从《民法典》第215条规定来看,物权的变动原则上需要具备合意与公示两个要件,而且从该条规定来看,此处仅需要一个合意即债权合意,在这个合意之外并不存在独立的物权合意。如果将该条解释为采纳了物权行为理论,就意味着在债权合意之外还要存在一个独立的物权合意,这种结论是不符合《民法典》第215条的规定的。

另一方面,依据《民法典》第215条,物权的变动原则上需要同时具备合意与公示两个要件,二者缺一不可。因此,即便当事人完成了公示,但如果当事人之间的物权变动的合同被宣告无效或者被撤销,那么也无法产生物权变动的效果;同样,即便当事人具有合意,可是没有完成公示,物权变动也不能发生。倘若将第215条理解为承认了物权行为理论,那么按照物权行为理论,债权合意并不必然影响物权合意的效力,物权变动也不必然受债权合意无效或被撤销的影响,即便当事人之间的合意被宣告无效或者被撤销,物权也仍然可以发生变动,只是在当事人之间产生不当得利返还的关系。这种认识也明显与《民法典》第215条的规定不符。由此可知,《民法典》第215条规定的区分原则是建立在债权形式主义的物权变动模式之上的,可以说,债权形式主义的物权变动模式是理解和把握区分原则的出发点和基础。

---

① 〔美〕约翰·亨利·梅利曼编著:《大陆法系》,顾培东、禄正平译,法律出版社2004年版,第73页。
② 参见〔德〕卡尔·拉伦茨:《德国民法通论》(上册),谢怀栻等译,法律出版社2003年版,第39—41页。

(三) 区分原则是债权形式主义模式的有机组成部分

债权形式主义是一种学理概括,按照其内在要求,物权的变动需要具备合意与公示两个要件。这种学理概括是有实定法上的坚实基础的,并非空穴来风。因为,《民法典》第215条中已经明确使用了"设立、变更、转让和消灭不动产物权的合同"的表述,以及"物权登记"的表述,这些就是债权形式主义的物权变动模式的典型的立法表达。

不仅如此,从《民法典》规范的分工来看,合意的成立、效力由《民法典》总则编中法律行为制度、合同编中的合同成立和效力制度加以调整;公示的形式和效力,则交由《民法典》物权编的不动产登记与动产交付这两项公示制度加以调整。然而,仅仅如此,尚未提供完整的债权形式主义模式的规范框架。因为单凭这些制度,还无法调整合意和公示之间的关联,更无法回答合意对公示会带来什么影响?公示又会对合意带来什么影响?物权从何时发生变动?发生何种变动?等等。[①] 区分原则正是填补这个空缺的制度。区分原则通过明确合意与公示之间的效力关系,界定了二者各自的"适用范围",成为债权形式主义模式的有机组成部分。依据区分原则,未办理物权登记的,不影响合同效力,这是因为,登记是通过记载于登记簿的方式而使得物权发生变动并对外进行公示,登记直接指向的是物权的变动,而非合同的效力。合同本质上是当事人之间的合意,合同一经成立,只要不违反法律、行政法规的强行性规定和公序良俗,即可发生效力,除法律或合同另有规定外,是否办理登记,与合同是否有效无关。

概括而言,我国采用的是债权形式主义的物权变动模式,这是我们理解区分原则的基本出发点。如果偏离这个出发点,就违背《民法典》体系的内在要求。债权形式主义模式是涉及物权变动的交易关系的法律表达,发挥着维护交易安全和秩序的功能,故而作为债权形式主义模式有机组成部分的区分原则在调整交易关系方面发挥着基础性的作用,它完全是在债权形式主义模式下所产生的一种交易规则和法律规范。

二、区分原则是我国本土法律经验的总结

区分原则是我国债权形式主义物权变动模式的有机组成部分,从法

[①] 参见黄薇主编:《中华人民共和国民法典解读》,中国法制出版社2020年版,第26页。

律表达来看,它来自原《物权法》第 15 条。有论者认为原《物权法》的上述规定采纳了德国法上的物权行为理论,已经非常明确地区分了负担行为与处分行为,并认为这是中国民法的重大进步。[①] 受此种观点影响,一些法官在解释原《物权法》第 15 条时,也从物权行为理论的角度进行理解。例如,在"重庆索特盐化股份有限公司与重庆新万基房地产开发有限公司土地使用权转让合同纠纷案"中,有的法官就认为合同中的承诺属于负担合同义务的行为,应当被认定为"负担行为"。[②] 再如,在成都讯捷通讯连锁有限公司与四川蜀都实业有限责任公司、四川友利投资控股股份有限公司房屋买卖合同纠纷案中,法院的判决写到:根据《物权法》第十五条规定之精神,处分行为有别于负担行为,解除合同并非对物进行处分的方式,合同的解除与否不涉及物之所有权的变动,而只与当事人是否继续承担合同所约定的义务有关。[③] 此种观点值得商榷,并不符合我国法上区分原则产生的历史背景。

在原《物权法》颁行之前的一段时期内,由于深受指令性计划经济的影响,社会经济活动中的许多合同都必须经过行政机关的许可或批准才能生效。同时,登记也是行政机关的一种重要的行政管理的方法,登记也因此往往被认为属于合同的生效要件。原《合同法》第 44 条第 1 款规定:"依法成立的合同,自成立时生效。"紧接着,该条第 2 款就规定:"法律、行政法规规定应当办理批准、登记等手续生效的,依照其规定。"这就是说,批准和登记等手续属于合同的生效要件。如此一来,登记不再仅仅是物权变动的公示方法,不登记不仅使物权变动的效果不发生,也会如同没有经过许可、批准那样影响合同的效力,即不登记,合同不生效。这种认识在原《担保法》中得到了鲜明的体现,该法第 41 条曾规定:"当事人以本法第四十二条规定的财产抵押的,应当办理抵押物登记,抵押合同自登记之日起生效。"据此,当事人以不动产设立抵押权时,未办理抵押登记的,不仅没有设立不动产抵押权,不动产抵押合同也无效。作为这种思维的延续,原《担保法》第 64 条规定:"出质人和质权人应当以书面形式订立质押合同。质押合同自质物移交于质权人占有时生效。"依据原《担保法》的上述规定,显然,抵押合同与质押合同的生效与抵押权与质权的设立是同时的,即必须登记或交付时才能生效。我们可以将此种将合同效

---

① 参见孙宪忠:《中国物权法总论》(第 2 版),法律出版社 2009 年版,第 263 页。
② 参见最高人民法院(2008)民一终字第 122 号民事判决书。
③ 参见最高人民法院(2013)民提字第 90 号民事判决书。

力依附于物权变动效力的模式称为"一体模式",即将合同的效力和物权变动效力合二为一,一体评价,不可分割。

表面上"一体模式"的做法能督促当事人尽早完成登记等公示,实则弊端非常明显,甚至常常会助长违法投机行为,鼓励一些人规避法律,一房二卖,通过房屋买卖、抵押进行欺诈,并借此逃避应承担的责任,最终损害了善意的买受人或其他权利人的合法权益。例如,在房屋价格行情上涨时期,出卖人故意采取拖延方式,不配合买受人办理房屋登记,坐等房屋价格不断上涨。一旦房价上涨幅度超过对买受人的信赖利益损失赔偿,出卖人就会主张房屋买卖合同因房屋未办理转移登记而无效。又如,一些抵押人在将其房产设置抵押以后,一旦银行向其发放了借款,就以未经登记的合同不生效为由,拒绝办理抵押登记。此时,因为抵押合同还没有生效,对方当事人也无权依据有效的合同要求其承担违约责任,充其量要求其承担缔约过失责任而已。这种投机行为显然有违诚信观念,大规模、大范围的出现甚至引发了道德危机,不利于构建诚信社会以及市场经济的健康发展。

既然问题的根源出在"一体模式"上,那么就要想办法解决这个问题,换言之,必须把登记从合同的效力要件中排除出去,将登记的法律效果限定为物权的变动,从而区分合同效力和登记效力。我国的法律制度也正是遵循这样的一个过程而逐渐发展的,这是区分原则产生的历史背景。具体而言,该发展过程包含了以下几个阶段:

第一个阶段。为了实现个案公平,在"一体模式"中专门留出登记不影响合同效力的例外口子。这属于"打补丁"的解决方法。典型的表现就是,1995年最高人民法院《关于审理房地产管理法施行前房地产开发经营案件若干问题的解答》。该司法解释基本上以"一体模式"为基础,又在第12条例外规定:"转让合同签订后,双方当事人应按合同约定和法律规定,到有关主管部门办理土地使用权变更登记手续,一方拖延不办,并以未办理土地使用权变更登记手续为由主张合同无效的,人民法院不予支持,应责令当事人依法办理土地使用权变更登记手续。"同时,该解释的第13条特别规定:"土地使用者与他人签订土地使用权转让合同后,未办理土地使用权变更登记手续之前,又另与他人就同一土地使用权签订转让合同,并依法办理了土地使用权变更登记手续的,土地使用权应由办理土地使用权变更登记手续的受让方取得。转让方给前一合同的受让方造成损失的,应当承担相应的民事责任。"显然,该解释为了弥补"一体模式"对交易安全产生的不利影响,试图通过确立例外情形这一"打补丁"的方式,来克服"一体模式"明显的弊端。

第二个阶段。由于"打补丁"的方式仅能解决个别问题,适用范围有限,难以满足实践需求,因此,第二个阶段就必须是进一步放开例外情形。为此,在登记尚未从合同效力要件中排除时,以法律规定的表达为标准,将登记效力进行了二分,进而限缩了登记对合同效力的影响力。1999年的最高人民法院《关于适用〈中华人民共和国合同法〉若干问题的解释(一)》(以下简称《合同法司法解释(一)》)就是这个做法。该解释的第9条第1款对原《合同法》第44条第2款进行了解释,其规定:"依照合同法第四十四条第二款的规定,法律、行政法规规定合同应当办理批准手续,或者办理批准、登记等手续才生效,在一审法庭辩论终结前当事人仍未办理批准手续的,或者仍未办理批准、登记等手续的,人民法院应当认定该合同未生效;法律、行政法规规定合同应当办理登记手续,但未规定登记后生效的,当事人未办理登记手续不影响合同的效力,合同标的物所有权及其他物权不能转移。"据此,登记效力有两种类别:一是法律、行政法规规定合同应当登记才生效的,在一审法庭辩论终结前当事人未办理登记的,合同未生效;二是虽然法律、行政法规规定合同应当办理登记手续,但未规定登记后生效的,当事人未办理登记,不影响合同的效力,但物权不能变动。显然,第二个阶段已经在很大程度上改变了"一体模式",具有重要的实践意义。

第三个阶段。虽然前述的司法解释对"一体模式"冲击很大,但其毕竟是司法解释,不能改变原《担保法》第41条等规定,以至于在担保领域,"一体模式"仍发挥着作用。为了彻底扭转这个局面,在第三个阶段,立法机关通过2007年颁布的《物权法》修改了原《担保法》关于抵押合同自登记之日起生效的规定①,并通过以下规定,实质废止了原《担保法》第41条的规定:一是原《物权法》第15条规定了区分原则,明确表明关于不动产物权的设立、变更、转让和消灭的合同效力,与物权登记之间没有必然联系,即便未办理登记,也不影响合同效力;二是原《物权法》第178条规定,《担保法》与《物权法》规定不一致的,以《物权法》为准;三是原《物权法》第187条规定,不动产抵押权自登记时设立,从而表明抵押登记仅与抵押权的设立有关,与抵押合同效力无关,且作为物权的抵押权自

---

① 参见黄薇主编:《中华人民共和国民法典解读》,中国法制出版社2020年版,第26页。

登记时设立。① 可以说,抛开原《物权法》第 178 条、第 187 条,仅凭第 15 条的区分原则是无法否定原《担保法》第 41 条的。因为,原《物权法》第 15 条把"法律另有规定"作为合同成立时生效的例外,而原《担保法》第 41 条完全能归入这个例外情形。在《物权法》颁布后,司法解释也作出了相一致的规定。例如,2017 年的最高人民法院《关于审理矿业权纠纷案件适用法律若干问题的解释》第 14 条第 2 款规定:"当事人仅以未经主管部门批准或者登记、备案为由请求确认抵押合同无效的,人民法院不予支持。"第 15 条第 1 款规定:"当事人请求确认矿业权之抵押权自依法登记时设立的,人民法院应予支持。"

美国法学家德沃金曾言:"法律是一种不断完善的实践。"②法学家富勒也认为,法律制度是一项"实践的艺术"③。从前述对区分原则的制度形成史的介绍来看,该原则就是对我国长期立法、司法实践经验的总结,是本土法律经验的产物,绝非简单照抄照搬德国法上的物权行为理论的结果。区分原则之所以在我国逐渐成形,其重要的思考点在于,随着我国社会主义市场经济的发展,人们逐渐认识到,登记的本质是一种公示方法,它把当事人之间合意移转物权的事实向不特定人公开,至于是不是向社会公开,是否办理登记,应当允许当事人自己选择,这是当事人的自由。如果当事人不愿意办理登记,那么其应当承受相应的风险和后果,而不应因此就影响合同的效力。"一体模式"把登记作为对交易的行政监管方式,大幅压缩了当事人的自由空间,产生较大的交易风险,增加了交易成本,损害了当事人的可预期利益。区分原则一定程度上取消了行政机关对于市场交易的过度介入和监管,避免行政机关借登记之名影响合同的效力,防止对当事人合同关系产生不当影响,从而尊重当事人的合意。它维护了交易安全和秩序,并且区分了合同效力与登记的效力,明确了不同的法律责任,也被实践证明是行之有效的法律规则。④ 这种规范目的无疑与德国物权行为理论的规范目的是不同的。事实上,立法者也明确指出,原《物权法》第 15 条所确立的区分原则与德国法上的负担行为和处分

---

① 参见全国人大常委会法工委编:《中华人民共和国物权法释义》,法律出版社 2007 年版,第 52 页。
② Ronald Dworkin, Law's Empire, Harvard University Press, 1986, p. 44.
③ Lon L. Fuller, The Morality of Law, Yale University Press, 1969, p. 91.
④ 参见全国人大常委会法制工作委员会民法室编:《〈中华人民共和国物权法〉条文说明、立法理由及相关规定》,北京大学出版社 2007 年版,第 24 页。

行为的区分是完全不同的,原《物权法》并没有承认物权行为理论。① 因为合同只是当事人之间的合意,依法成立的合同一经成立就发生效力,并不必然与登记联系在一起。登记是针对民事权利的变动而设立的,与物权变动相关联。如果当事人仅就物权变动达成合意,没有办理登记,合同仍然有效。② 这些都说明了,原《物权法》从未考虑在合同关系之外承认独立的物权合意,更没有考虑以物权行为为中心来设计物权法制度。由于原《物权法》第15条已经编纂成为《民法典》的第215条,故此,对于《民法典》第215条也应当作出与原《物权法》第15条相同的解释。

在我国《民法典》的编纂过程中,立法机关经过调研认为,自原《物权法》颁行以来,有关原《物权法》第15条所采纳的区分合同效力和登记效力的规则,已经在民法学界和司法实践中取得了广泛的共识,也能够与我国物权法律体系相契合。③ "区分两种效力不但是科学的,符合物权为排他权,债权为请求权的基本法理,而且被民法实践证明对区分物权法和债权法的不同适用范围,区分当事人的不同的法律责任,保障合同当事人的合法权益是非常必要和行之有效的原则。"④因此,《民法典》第215条完全采纳了原《物权法》第15条的规定,并且没有做任何修改。我国《民法典》实施以来,实践也一再证明,债权形式主义能够有效解决各类物权纠纷,而且在司法适用中并不存在无法克服的理论困境。在实践中,也从未出现债权形式主义无法解决而必须依赖物权行为理论解决的重大疑难问题。这也表明,物权行为理论更多是一种学理上的建议,或者更准确地说,其只是一种被极少数国家和地区采纳的经验和做法,而并非在我国司法实践中发挥作用的价值选择和基本共识。

三、区分原则未承认独立的物权合意

《民法典》第215条的区分原则并没有承认独立的物权合意,而只是区分了合同效力与物权变动效力,不能据此认为除导致物权变动的合同

---

① 参见王胜明:《物权法制定过程中的几个重要问题》,载《法学杂志》2006年第1期。
② 参见全国人大常委会法制工作委员会民法室编:《〈中华人民共和国物权法〉条文说明、立法理由及相关规定》,北京大学出版社2007年版,第23页。
③ 参见黄薇主编:《中华人民共和国民法典解读》,中国法制出版社2020年版,第26页。
④ 全国人大常委会法制工作委员会民法室编:《〈中华人民共和国物权法〉条文说明、立法理由及相关规定》,北京大学出版社2007年版,第24页。

之外,还存在一个独立的物权合意。① 德国的物权行为理论区分了债权行为和物权行为,通称为"区分原则"(Trennungsprinzip),认为存在独立的物权合意。故而,虽然都是区分原则,但《民法典》第215条所说的区分原则与德国物权行为理论的区分原则截然不同,也就是说,此"区分"非彼"区分",不能混淆。

《民法典》第215条的规定,仅仅是在一个合同关系中区分合同的效力和登记的效力,并没有在概念上明确区分物权行为和债权行为,因而不存在物权合意和债权合意的区分问题②,不存在独立的物权合意。如前述,区分原则是债权形式主义模式的有机组成部分,与物权行为理论无关。德国法中的物权行为,一般是指以物权变动为目的,并需具备意思表示及交付或登记二项要件的行为。其中的核心是意思表示,"物权行为就其固有意义而言,仅指当事人欲使物权发生变动之意思表示"③。按照萨维尼的观点,"私法上契约,以各种不同制度或形态出现,甚为繁杂。物权行为的核心要素其实包括三点,一是承认独立于债权契约之外的物权契约。首先是基于债之关系而成立之债权契约,其次是物权契约,按照这一理论,完成物权变动不仅要订立债权契约,还要求当事人在登记或交付之间完成移转物权的合意,即物权契约。交付(Tradition)具有一切契约之特征,是一个真正之契约,一方面包括占有之现实交付,另一方面亦包括移转所有权之意思表示"④。可见,物权契约是物权行为理论的核心,也即学界通常称为的物权合意。物权行为理论认为,双方当事人订立的债权合同仅仅产生一种对价关系,形成物权变动的原因关系,而就物权变动而言,还必须要求双方有产生、变更、消灭物权的物权合意,它独立于债权合同。物权合意直接决定了登记或交付的实施,由于登记或交付都是基于物权合意而产生的行为,无论是通过登记或交付设立所有权还是他物权,都取决于物权合意的内容,故而,债权合同并不能直接决定物权合意的效力,物权变动由独立的物权合意所决定。总的说来,德国物权行为理论认为,物权合意并不产生义务负担,而仅仅指向所有权或者其他物权的直接的取得或者丧失,人们因此将物权行为与债权行为相对立。有

---

① 参见孙宪忠:《中国物权法原理》,法律出版社2004年版,第257页以下。
② 参见崔建远:《物权法》(第2版),中国人民大学出版社2011年版,第48页。
③ 王泽鉴:《民法学说与判例研究》(第1册),北京大学出版社2009年版,第277页。
④ 王泽鉴:《民法学说与判例研究》(第1册),北京大学出版社2009年版,第118—119页。

效的物权行为直接处分一项权利,而债权行为仅仅产生义务和请求权,并不对既有的权利产生直接影响。① 在此基础上,德国法形成了无论在概念还是法律效果上都完全独立的物权行为。

然而,在我国,区分原则是债权形式主义物权变动模式的有机组成部分,债权形式主义物权变动模式是理解区分原则的法律基础,而该模式只承认一个买卖合同导致物权变动的合意,并不承认在此之外的物权合意。这就决定了《民法典》第215条所说的"合同"是指债权形式主义模式中的合意,在该合意之外不存在物权合意。笔者认为,对于我国《民法典》是否采纳了独立于债权合同之外的物权合同这一问题,必须要严格依据法律文本,通过文义解释并结合立法目的和整个体系来作出全面准确的回答,绝不能望文生义或以想象代替事实。

第一,从文义解释来看,不宜认定《民法典》第215条承认了独立的物权合意。如前述,物权行为理论承认独立的处分行为,即直接对某种既存的权利予以变更、出让、设置负担或者予以抛弃的行为。② 债权合同是物权变动的原因,但真正引起物权变动的是物权合同。③ 根据物权行为理论,当事人办理登记或交付动产是物权行为的成立与生效要件,是物权合意产生的效果,而并不是债权合同效力的体现。④ 然而,在我国《民法典》第215条中,根据文义解释规则,根本无法解释出该条承认了在债权合同之外还存在着一个独立的物权合同。该条前半句的"有关订立、变更、转让和消灭不动产物权的合同"与后半句规定的"合同"完全是指同一个合同,即均是指以不动产为标的物的买卖合同等合同,二者在效力判断方面也没有任何差别规定,均应适用《民法典》总则编的法律行为制度和合同编的合同效力制度。所以,《民法典》第215条仅规定了一个合同关系,即债权合同,而没有承认独立的物权合同。

第二,从体系解释来看,《民法典》第464条对于合同进行了界定,只要不是该条第2款规定的"婚姻、收养、监护等有关身份关系的协议",则《民法典》物权编中提到的合同也属于《民法典》第464条所规定的合同。换言之,《民法典》第215条中所说的合同,本身都是同一属性的合同。根

---

① Vgl. Wolf/Wellenhofer, Sachenrecht, 27. Aufl., 2012, § 6, Rn. 2.
② 参见孙宪忠:《中国物权法总论》(第2版),法律出版社2009年版,第252页。
③ 参见[德]本德·吕特斯、[德]阿斯特丽德·施塔德勒:《德国民法总论(第18版)》,于馨淼、张姝译,法律出版社2017年版,第138页。
④ 参见[德]迪特尔·施瓦布:《民法导论》,郑冲译,法律出版社2006年版,第330页。

据《民法典》第 464 条对合同的定义,无论交付还是登记都不能归为其中。交付是实际占有的移转,登记是在登记簿中作出记载,它们属于事实行为的范畴,不能理解为合同。而且,根据《民法典》第 215 条,合同不因为没有办理登记而影响其效力,显然,登记是合同所确立的义务,按照约定办理登记,是实现合同目的的必备步骤。《民法典》第 598 条也明确规定了出卖人转移标的物所有权的义务。依据《民法典》第 214 条,不动产所有权转移,需办理转移登记,并没有规定在办理登记之前双方还需要有物权合意。故而,无论从《民法典》对合同的定义来看,还是从不动产物权变动的要件来看,均不涉及物权合意,区分原则中并不存在此类合意。

不动产物权的变动虽然以登记完成为要件,但当事人办理登记是依据合同所应当负有的义务,在该合同之外并不存在移转、变更物权合意,更不可能存在指引当事人办理登记以及如何办理登记的物权合意。更何况,登记行为本身并非纯粹的民事行为,其也兼具行政行为的特点,因此,在解释上也很难将其视为物权合意的组成部分。例如,我国学者认为,登记机构的登记行为并没有为当事人创设新的权利义务关系,当事人之所以取得物权或者丧失物权,完全是出于当事人变动物权的意思表示即不动产物权变动合同,故此登记不是民事行为,而是一种特殊的行政行为。[①] 即便是一些极力主张物权行为独立性的学者,也承认登记系公法上之行为,显然不能作为法律行为之构成部分。[②] 尤其是,从我国交易实践来看,当事人在申请办理不动产登记时,需要提供相关的材料,从《不动产登记暂行条例实施细则》第 34 条、第 38 条等规定来看,当事人仅需要提供约定设立、变更、转移或消灭物权的合同,如国有建设用地使用权出让合同、买卖合同、互换合同、赠与合同等,而不需要提供独立的物权合同。由此可见,物权变动的合意就是指当事人之间订立的设立、变更、转让、消灭物权的合同,即买卖合同、赠与合同等合同,在该合同关系之外并不存在独立的针对物权变动而订立的物权合同。以买卖合同为例,提供前述有关资料从而办理登记,只是因为依据买卖合同,出卖人负有移转所有权的义务,买受人负有接受这个所有权移转的义务,但这正是从买卖合同中产生的配合移转所有权的义务,而并不需要当事人在办理登记之前订立一个登记的物权合同。

第三,从目的解释来看,《民法典》第 215 条不仅明确表现了债权形式

[①] 参见程啸:《不动产登记法研究》(第 2 版),法律出版社 2018 年版,第 88—92 页。
[②] 参见王泽鉴:《民法物权》(第 1 册),中国政法大学出版社 2001 年版,第 67 页。

主义的物权变动规则,把合意和公示均明定为物权变动的要素,而且该条确立区分原则的主要目的是区分合同的效力与物权变动的公示方法,即当事人之间订立的合同的效力应当依据总则编和合同编的相关规则予以判断。换言之,一旦该合同具有生效条件,就应当依法产生法律效力,并不受物权变动公示方法的影响。因此,即使物权变动没有发生效力,合同也应当生效。而物权最终能否发生变动,还取决于是否完成了法定的公示方法。可见,《民法典》第215条确认区分原则很重要的立法目的,在于准确确定合意和公示之间的关系,防止出现未登记会影响合同效力、无效的合同不影响物权等不良后果。

事实上,所谓"物权合意"本身就完全是一种虚构的合意。因为当事人在办理登记之前,并不存在也不需要就移转所有权另行达成合意。一方面,当事人办理登记是当事人基于合同而产生的合同义务,并不是当事人基于所谓物权合意而产生的义务。同时,在我国债权形式主义物权变动模式下,登记是物权变动的公示方法,而非独立的合同关系。如前所述,当事人在订立合同后负有依据该合同办理登记的义务,登记就是债务人履行债务的体现,是当事人所负担的债的内容,也是物权变动的公示方法。另一方面,在交易中,一方当事人配合办理登记的义务其实也是其必须履行的合同义务的组成部分,当事人在办理登记时并不存在独立的移转物权的合意。以不动产买卖为例,通过办理登记移转标的物所有权给买受人,本身就是出卖人负担的主给付义务。对买受人而言,其本身也负有配合办理登记的合同义务,该义务是一种协助义务,是从受领义务中衍生出来的,因此仍然属于合同义务的范畴。可见,在债权合同义务之外并不存在一个独立的物权合同。这种理解也同样适用于动产物权变动。因此,在整个交易中,只存在一个合同,这些义务都没有超出合同义务的范畴,不需要再去强行解释出一个独立的物权合意。因而,物权契约实际上是一种学者虚拟的产物,在现实交易生活中根本不存在。事实上,即使在物权行为发源地的德国,对所谓物权行为理论的批评也很多。德国著名法学家基尔克就曾对萨维尼的物权行为理论特别是物权契约作出了尖锐的批评,他认为,这一理论是"学说对社会生活的凌辱"。因为按照这一理论,"到商店购买一双手套,当场付款取回标的物者,今后亦常非考虑到会发生三件事情不可。即,第一,债权法上缔结契约,由此契约所生债权关系,因履行而会消灭;第二,与此种原因完全分离之物权契约,为得所有权让与缔结;第三,除此两个法律行为以外,还须有行使'交付'之法律上的行为。这完全是拟制的,实际上此不过对于单一的法律行为有两个相异的观察方式而已。今以捏造两种互为独立之契约,不仅会混乱现实的法律过程,实定法亦会因极端之形式思考而受到妨害"①。

总之,在我国的区分原则下,债权合同既是当事人债权债务关系的原因,也是物权变动的基础。②《民法典》虽然承认了债权效力和物权效力的区分,但并未明确承认物权的变动也是一个独立的物权合意。在因法律行为而发生物权变动的情况下,只存在一个合同,如买卖合同、抵押合同、建设用地使用权出让合同等,它们既是发生债权债务关系的合同,也是设立、变更、转让和消灭物权的合同,也就是说,在同一合同中,当事人同时表达了发生合同债权以及变动物权的意思。可以说,《民法典》根本不存在着物权合意和物权合同的概念。如果不顾《民法典》的规定,而非要承认在买卖合同等合同之外还存在一个物权合意,该合意不仅独立于最初的买卖合同等合同,而且在办理登记之前就必须有这样的合意,没有这样的合意就无法导致物权变动,那么这种理论势必给《民法典》物权编规则的适用带来极大的麻烦和障碍。因为,法官在适用所有关于债权形式主义的规则时,都必须要在当事人订立的买卖、抵押、赠与等合同关系之外,探求在当事人所有权移转之前是否还存在物权合意,由此将会产生一系列复杂的、难以回答的问题,诸如该物权合意从何而来?内容如何?认定物权合意的依据是什么?物权合同与合同的关系如何?当事人是否有证据证明该物权合意的存在?物权合意是否适用法律行为效力的规则?其在何种情形下是有效的?何种情形下是无效的?当事人在办理登记时,是否需要在合同关系之外另行提交关于物权合意存在的证明?等等。显然,作出上述认定不仅徒增麻烦,还可能使得法律的适用变得混乱。更为突出的问题是,由于物权合意是虚构的,如何认定完全交由法官判断,也完全缺乏应有的标准,法官享有任意解释的自由,这对于交易的秩序与安全,以及裁判的公正和统一,将带来极大的威胁。

四、区分原则确认了合同效力对物权变动的影响

我国《民法典》第 215 条区分了物权效力与合同效力,规定没有办理登记,不影响合同的效力。那么,是否可以据此作出相反的推论,认为合

---

① 转引自刘得宽:《民法诸问题与新展望》,三民书局 1979 年版,第 468 页。
② 参见钟丽娟、张建:《物权变动的区分原则研究》,载《政法论丛》2004 年第 4 期。

同无效或者被撤销也不应影响物权变动的效力呢?

按照德国物权行为理论,既然作为物权变动依据的物权合意是独立于债权合同的,那么债权合同无效或者被撤销不应当影响物权变动的效力,这就是所谓的物权无因性理论。该理论认为,即便合同不成立、无效,物权依然发生变动。这意味着物权行为的有效性并不依赖于存在一项有效的原因行为或者主要是一项原因行为(如买卖、赠与等)。① 不动产物权变动的原因行为和不动产物权变动是两个不同的法律事实,分别适用不同的法律规范。原因行为是产生债权债务关系的法律行为,是否办理不动产物权登记,不影响物权变动的效力。② 也就是说,按照物权行为理论,物权合意不以原因行为(债权合同)的存在为前提,即便原因行为不成立、无效或被撤销,也不影响物权行为的效力,物权行为一旦生效,就发生物权变动的效果。债权合同无效或者被撤销,都不影响物权变动的效力,即便当事人之间的合同被撤销,买受人也仍然是标的物的所有权人。③ 在债权合同无效或者被撤销后,由于其并不当然影响物权合意的效力,物权的处分失去法律上的原因,适用不当得利返还规则,但不影响已经发生的物权变动的效力。④ 通过不当得利返还请求权,可以调节物权法不能圆满解决的情形。⑤

我国《民法典》第215条的区分原则与上述物权行为无因性规则截然不同,它并没有确立物权变动效果不受债权合同效力影响的规则。诚然,《民法典》物权编承认,在特殊情形下,合同的效力会影响物权的变动(如土地承包经营权的设立和变动),但原则上,按照债权形式主义模式,依法成立的合同即成立并生效,也不能发生物权变动的效力,而必须践行法定的公示方法。这是从合同和物权的效力区分所引申出来的必然结果,但必须看到,区分原则旨在解决登记不影响合同生效的问题,并明确物权变动自登记完成时产生。不能据此就进一步认为,在合同无效或被撤销的情形下,只要登记了就仍然可以发生物权变动的效力。一方面,从物权法层面观察,债权形式主义仅仅把合意与公示作为物权变动的必要条件,合意是基础关系,而作为基础关系的合同一旦被宣告无效或者

---

① Vgl. Hans Josef Wieling, Sachenrecht, 5. Aufl., Springer 2007, S. 12.
② 参见〔德〕鲍尔、〔德〕施蒂尔纳:《德国物权法》(上册),张双根译,法律出版社2004年版,第92页。
③ Vgl. MüKoBGB/Oechsler BGB § 929 Rn. 9.
④ Vgl. MuechKomm/Gaier, Einleitung des Sachenrechts, Rn. 16.
⑤ Vgl. Hedemann, Schuldrecht, 3. Auf. 1949, S. 330, S. 334.

被撤销,登记也缺乏基础,如果当事人到登记机关办理登记,因当事人无法出具办理登记的基础合同,登记机关有权拒绝当事人的登记申请;即便登记已经完成,而基础合同一旦被宣告无效或者被撤销,当事人也有权依法请求办理更正登记。① 另一方面,从合同法层面看,我国《民法典》第 157 条明确规定,民事法律行为无效、被撤销或者确定不发生效力后,当事人之间将发生恢复原状的效果。作为基础关系的合同被宣告无效或者被撤销后,当然会影响物权变动的效果。基于体系解释,应认为我国《民法典》没有认可物权变动可以独立于合同的效力,而是承认了合同效力对物权变动的影响。《民法典》第 157 条规定,"民事法律行为无效、被撤销或者确定不发生效力后,行为人因该行为取得的财产,应当予以返还"。在这一规定中,立法者采用了"行为人因该行为取得的财产,应当予以返还"的表述,此处所说的"应当予以返还"在性质上就是返还原物,而不是返还不当得利,即行为人因民事法律行为所取得的财产应当予以返还,相对人也应当享有对已交付财产的返还请求权,双方的财产状况应当恢复到民事法律行为实施前的状态。② 只有在原物无法实际返还时,才能采取以替代物返还或折价补偿的方式。③ 这表明,就物权变动而言,合同无效将直接影响物权的变动。由此可见,从体系解释来看,我国《民法典》并没有采纳物权行为的无因性理论。

总之,笔者认为,不能对《民法典》第 215 条作出反面推论,认为合同无效或者被撤销也不应影响物权变动的效力,具体理由阐述如下:首先,这种推论不符合基本的逻辑规则。一方面,从逻辑学上来看,特定条件不仅是必需的,而且足以导致该结果,故而,形式逻辑上从 A 推出 B,但是不能从非 B 推出非 A。依据《民法典》第 215 条的规定,合同效力独立于物权登记,即未办理登记,物权无法发生变动,但只要法律未特别规定,当事人也未另有约定,合同仍然是有效的,但并不能据此推论,即便合同无效,物权仍然可以发生变动,这在形式逻辑上是不成立的。另一方面,此种推论也不符合反面解释的基本规则。克鲁格(U. Klug)从形式逻辑的三段论出发,阐述了反面解释的经典公式,即在一个法条中,如构成

---

① 参见程啸:《不动产登记法研究》(第 2 版),法律出版社 2018 年版,第 741 页。
② 参见黄薇主编:《中华人民共和国民法典解读》,中国法制出版社 2020 年版,第 475 页。
③ 参见黄薇主编:《中华人民共和国民法典解读》,中国法制出版社 2020 年版,第 476 页。

要件为 M，法律效果为 P，当 M 是 P 的必要条件(M←P)，或者是 P 的充分且必要条件时(M←→P)，就能对这个法条进行反面解释，得出"$\overline{M}$→$\overline{P}$"的结论。① 显然，上述对《民法典》第 215 条的推论并不符合反面解释的基本规则，因为反面解释的基本规则是否定条件得出否定结论，具体到债权形式主义物权变动的情形，未办理登记不影响合同的效力，如果运用反面解释规则，则意味着办理登记将影响合同的效力，而按照前述反面解释的规则，未办理登记只是不影响合同效力这一结论的条件之一，而非其必要条件或者充分必要条件，因此，该规则难以运用反面解释规则。故而，对《民法典》第 215 条，不能通过反面解释得出合同被宣告无效或者被撤销也不影响物权变动的效力的结论。

其次，我国《民法典》第 215 条的区分原则未采纳物权行为的无因性理论，因为，倘若《民法典》采取的是物权行为无因性理论，就意味着从根本上否定债权形式主义。对此上文已有论述。除此之外，还有如下两方面的原因：一方面，债权形式主义可以有效地保护当事人的合法权益。按照债权形式主义，在合同被宣告无效后，物权无法发生变动，买受人依据合同取得的对标的物的占有就失去了合法的依据，出卖人有权请求买受人返还原物。而如果采用物权行为的无因性理论，则意味着即便合同被宣告无效，买受人仍然可以取得标的物所有权，这显然不利于保护出卖人的利益。另一方面，按照物权行为无因性理论，即便合同被宣告无效或者被撤销，物权变动的效力也不受影响，此时，出卖人仅能请求买受人返还不当得利，而不当得利返还请求权，显然不利于保护出卖人的利益，因为其在性质上属于债权请求权而非物权请求权，不能产生优先效力，无法对抗第三人。如果买受人破产或将标的物低价转让，在此情况下，出卖人仅享有债权请求权，根本不能维护其利益，甚至会使其一无所获。反之，按照债权形式主义，在此情形下，出卖人仍享有标的物所有权，其可以据此产生优先于普通债权或对抗第三人的效力，如此可有力地保护出卖人的利益。从我国司法实践来看，《全国法院民商事审判工作会议纪要》第 124 条第 2 款就规定，"在金钱债权执行中，如果案外人提出执行异议之诉依据的生效裁判认定以转移所有权为目的的合同（如买卖合同）无效或应当解除，进而判令向案外人返还执行标的物的，此时案外人享有的是物权性质的返还请求权"。可见，我国司法实践一般认为，在合同被宣告无效

---

① 参见黄茂荣：《法学方法与现代民法》（第 5 版），法律出版社 2007 年版，第 423 页。

或者被解除后,出卖人所享有的返还请求权在性质上属于物权性质的请求权,从物权变动的层面看,这实际上也承认了合同效力对物权变动效力的影响。

总之,区分原则是债权形式主义物权变动模式的主要组成部分,而在债权形式主义模式下,物权变动需要同时具备合意与公示两个要件,二者缺一不可,合同的效力是物权变动不可分割的部分,是物权变动的基础和前提,因此,在当事人之间的合同被宣告无效或者被撤销后,物权变动的效力也无法发生。在这种意义上,可以说物权变动由合同效力所决定。事实上,从登记机关的要求来看,如果当事人之间未能提交有效的合同,登记机关也无法为其办理物权变动的登记。

五、债权形式主义模式下区分原则的理解与适用

区分原则在我国《民法典》物权编中具有基础性地位,它为物权变动的交易设定了基本规则,准确地理解和适用民法典物权编,就必须要全面、准确地把握区分原则,并在实践中正确适用该原则。

要准确把握区分原则,必须以债权形式主义为基本出发点,同时又要按照债权形式主义的基本规则进行体系思考。诚如德国学者旺克所言,"适用某一法律规范,实际上就是适用整个法秩序"[1]。在适用区分原则时,应当区分如下三个层次:一是在《民法典》物权编的内部,需要按照区分原则对物权编的相关规则进行整体解释,在出现疑点问题或者法律没有明确规定的空白领域时,需要按照区分原则予以解释。例如,关于不动产一物二卖情形下物权变动的时间点,《民法典》没有作出明确规定,而只是规定了无权处分规则,此时,就需要从区分原则出发,以债权形式主义为基本原则,区分合同的效力和登记的效力,并以登记的时间作为物权变动的时间。当然,对未办理登记但已签订合同的当事人,仍然需要认定合同有效,需要通过违约责任制度等保护其利益。[2] 二是在整个《民法典》的内部,应当协调物权编与合同编的关系。因为按照区分原则,即便没有办理登记,合同仍然有效,这就需要根据《民法典》总则编的民事法律行为制度与合同编通则的相关规定来具体

---

[1] 〔德〕罗尔夫·旺克:《法律解释》(第6版),蒋毅、季红明译,北京大学出版社2020年版,第110页。

[2] 参见黄薇主编:《中华人民共和国民法典解读》,中国法制出版社2020年版,第27页。

认定合同的效力。同时，区分登记与合同的效力，即便没有办理登记，合同也仍然有效，此时，当事人负有依据有效的合同继续办理登记的义务，在当事人未按照合同约定办理登记时，另一方也有权请求其继续办理登记。同时，在当事人违反合同约定时，另一方当事人也可以依法主张违约责任。① 而有关继续办理登记以及违约责任的承担等问题，需要依据合同编的规定予以解决，而不再适用物权编的规则。所以，正确适用物权编的规则，不能就合同论合同，就物权论物权，而需要横跨物权编、合同编，从整个《民法典》的体系来考虑。三是在整个法律体系层面，要考虑《民法典》与单行法的关系，甚至与公法的关系。区分原则确立了区分合同效力与登记效力的规则，合同是物权变动的基础，而登记完成后，物权才能变动；同时，在确定物权变动是否生效以及物权变动的时间点时，还需要遵循登记的相关规则，遵守有关不动产登记等公法的规定。

由于《民法典》第215条是针对基于法律行为的不动产物权变动作出的规定，就其具体的适用问题，笔者认为，应当注意以下几点：

第一，债权形式主义作为一项交易的规则，仅适用于基于法律行为的物权变动。在非基于法律行为的物权变动情形下，由于不涉及交易，因而不需要公示。例如，在基于征收决定、法律文书等发生物权变动的情形下，只要具备了特定的事实（例如征收、生效判决），就可以发生物权变动，并不需要践行法定的公示方法。② 因此，非基于法律行为的物权变动并不适用债权形式主义物权变动模式，当然也不能适用区分原则。

应当看到，无论当事人是基于法律行为取得物权，还是非基于法律行为取得物权，此后该物权只要再次进入交易，即构成基于法律行为的物权变动，当事人都应当依法办理登记。例如，依据《民法典》第232条，权利人依法处分其已享有的不动产物权，此时，不动产物权已经进入交易领域，按照债权形式主义物权变动模式，应当依照法律规定办理登记。但在当事人没有办理登记的情形下，如何确定其效力？此时就应当按照区分原则，准确认定合同的效力与物权变动的效力，即未经登记不发生物权效力，但当事人之间的合同仍然有效。

第二，从文义上看，虽然区分原则仅适用于不动产物权变动，但从其

---

① 参见黄薇主编：《中华人民共和国民法典解读》，中国法制出版社2020年版，第27页。
② 参见赵晋山：《非基于法律行为引起的物权变动》，载《人民司法》2007年第7期；程啸：《因法律文书导致的物权变动》，载《法学》2013年第1期。

机理来看,也能适用于动产物权变动。一方面,它能适用于船舶、航空器和机动车等特殊动产的物权变动。《民法典》第 225 条规定:"船舶、航空器和机动车等的物权的设立、变更、转让和消灭,未经登记,不得对抗善意第三人。"据此,有关船舶、航空器和机动车等物权的设立、变更、转让和消灭采取登记对抗主义,可以不经登记而发生物权变动。不过,一旦发生船舶、航空器和机动车等动产的转让、抵押等的交易行为,仍能适用区分原则,未登记并不影响合同效力,当事人仍然可以基于合同关系主张违约责任。另一方面,它能适用于普通动产的物权变动,动产虽然未交付,但不影响合同效力。

第三,区分原则对预告登记也有一定的指导性。预告登记是指,为确保一项发生在未来的物权变动(dingliche Rechtsänderung)的债权请求权之实现,而向登记机构申请办理的预先登记。① 由于此种债权请求权的实现能够引起物权变动法律效果的发生,所以,也有学者将其称为"以将来发生不动产物权变动为目的的请求权的登记"②。依据《民法典》第 221 条规定,在预告登记后,未经预告登记权利人的同意处分该不动产的,不发生物权效力。此处"不发生物权效力"具体包括如下内涵:一方面,在已经办理预告登记的情形下,出卖人擅自处分不动产的,则该行为不能发生物权变动的效力,即便出卖人为买受人办理了转移登记,或者为债权人办理了抵押登记,也无法产生物权变动的效力,此时,预告登记的权利人有权请求办理更正登记。另一方面,在出卖人擅自处分已经办理预告登记的不动产的情形下,虽然该行为无法产生物权变动的效力,但当事人之间订立的合同关系仍然有效,如果转让人不能够依据该合同转移房屋所有权,受让人有权请求其承担违约责任。③

第四,区分原则可以适用于无权处分。所谓无权处分行为,是指无处分权人处分他人财产,并与相对人订立转让财产的合同。无权处分行为违反了法律关于禁止处分的规定,并可能会损害真正权利人的利益。④《民法典》第 597 条第 1 款规定:"因出卖人未取得处分权致使标的物所有权不能转移的,买受人可以解除合同并请求出卖人承担违约责

---

① Vgl. Jauernig/Berger, § 883, Rn. 2; MünchKomm/Kohler, 5. Aufl., 2009, § 883, Rn 2.
② MünchKomm/Kohler, § 883, Rn. 2.
③ 相同观点参见程啸:《不动产登记法研究》(第 2 版),法律出版社 2018 年版,第 818 页。
④ 参见[德]迪特尔·梅迪库斯:《德国民法总论》,邵建东译,法律出版社 2000 年版,第 499 页。

任。"从这一规定可知,《民法典》已经非常明确地确认了,在无权处分的情形下应分别认定物权变动效力与合同效力。即便无法发生物权变动,也不影响合同的效力。具体而言,一方面,承认在无权处分的情况下,由于出卖人在合同成立时对标的物没有处分权,在不符合善意取得的条件下,物权不能发生有效变动。另一方面,即便物权不能发生变动,也不影响合同本身的效力。① 换言之,无权处分行为虽使得物权不能变动,但是,并不影响作为原因行为的买卖合同的效力②,买受人仍然可以基于该合同主张违约责任。

最后,随着经济社会的发展,实践中会出现一些新型权益的交易关系,如数据权属的交易、虚拟财产的交易(如现在的 NFT 艺术品交易等),其中涉及合同效力和物权效力的关系问题,在没有法律的特别规定的情形下,同样需要运用《民法典》第 215 条规定的区分原则予以确定。

结　语

所谓法典化,就是体系化,《民法典》的精髓在于高度的体系性。我国《民法典》第 215 条规定的区分原则是我国物权法中一项独特的法律规则,其区分了合同的效力与物权变动的效力,具有重要理论价值与实践意义。《民法典》物权编建立的债权形式主义物权变动模式是我国物权制度的核心,而区分原则是该模式的有机组成部分。它不仅对该模式进行了明确的法律表达,还理顺了该模式中合意与公示的关系,从而进一步增强了《民法典》的体系性。从制度发展来看,区分原则绝不是照搬照抄德国法上物权行为理论的产物,而是针对我国实践问题,在总结我国民事立法和司法实践的宝贵经验的基础上所形成的,并经多年实践检验的重要原则,是我国独具特色的制度。从具体制度构造上看,《民法典》第 215 条没有采纳德国法上物权行为或物权合意的概念,也未采纳物权行为的无因性理论。因此,在理解和适用《民法典》第 215 条之时,一定要将该条规定的区分原则与德国法上物权行为与债权行为相区分的原则区分开来,不

---

① 参见姜凤武、贾宏斌:《不动产交易中无权处分合同的效力——兼评买卖合同司法解释第 3 条》,载《人民司法》2012 年第 17 期。
② 参见最高人民法院民事审判第二庭编著:《最高人民法院关于买卖合同司法解释理解与适用》,人民法院出版社 2012 年版,第 69 页。

可"直把杭州作汴州",将两者混为一谈。应当在充分尊重立法原意,贯彻落实规范目的的前提下,对《民法典》第215条加以理解和适用,否则可能从根本上颠覆我国的物权法理论体系,也会给《民法典》物权编的适用带来诸多的不必要的混乱!

《民法典》抵押物转让规则新解

——兼评《民法典》第 406 条*

一、问题的提出

"抵押乃担保之王。"抵押之所以在担保法上具有重要的地位,是因为抵押权人虽不能占有抵押物,但是却可以通过支配交换价值,担保主债权实现。这种对交换价值的支配并不以实际控制为必要,因此如何保障交换价值的支配成为问题。学理上一直认为只有严格限制抵押人对抵押物的处分,才能够确保抵押权人对抵押物交换价值的支配,实现对抵押权人的保护。因此,最高人民法院《关于贯彻执行〈中华人民共和国民法通则〉若干问题的意见(试行)》第 115 条直接将抵押人未经债权人同意的转让行为规定为无效。原《担保法》立法中继续沿用了这一规则,并进行了修改,依据原《担保法》第 49 条,抵押人转让抵押物需要通知抵押权人,未通知抵押权人的转让无效。

原《物权法》第 191 条在总结立法和司法经验的基础上,明确规定:"抵押期间,抵押人经抵押权人同意转让抵押财产的,应当将转让所得的价款向抵押权人提前清偿债务或者提存。转让的价款超过债权数额的部分归抵押人所有,不足部分由债务人清偿。抵押期间,抵押人未经抵押权人同意,不得转让抵押财产,但受让人代为清偿债务消灭抵押权的除外。"该条虽然否定了原《担保法》中通知抵押权人的规则,但仍然明确禁止未经抵押权人同意的抵押物转让,即便对于经过抵押权人同意的抵押物转让,该条也规定转让的价款应当用于提前清偿债务或提存。通过这种限制,抵押权人对于抵押物交换价值的支配得以实现。

然而,上述严格限制抵押物转让的方式事实上存在诸多固有的弊端,既不利于抵押物的流转,也不利于鼓励交易,未能做到物尽其用。因

---

* 原载《法律科学(西北政法大学学报)》2021 年第 1 期。

此在抵押物转让合同的效力问题上,《民法典》对《物权法》的规则作出了重大变更。《民法典》第406条规定,抵押期间,抵押人可以转让抵押财产。抵押人转让抵押财产的,应当及时通知抵押权人。《民法典》虽然兼顾了抵押人对抵押物的转让,但是却使得抵押权人尤其是银行大幅增加了监管抵押物的成本,风险显著提升。因此,在《民法典》颁布之后,如何准确适用该条规则,同时通过解释的方式,弥补由此产生的缺陷,发挥这一规则的应有效益,成为亟待解决的问题。

二、抵押物任意转让的弊端

应当看到,学界对于抵押物能否转让的问题一直存在争议。在《民法典》颁布前,许多学者积极主张将抵押物转让合同作为有效的合同,允许抵押人自由转让抵押物。[①] 立法者吸收了这一观点,将抵押物转让合同规定为有效合同。允许抵押物转让的优点主要体现在以下两个方面:一是放开抵押物的转让可以充分发挥物的效用,并大幅提升物的利用效率,从而贯彻物尽其用的原则[②];二是可以提升交易的便捷程度,避免不当增加抵押物转让的交易成本[③]。的确,无论是按照原《担保法》的模式,还是按照原《物权法》的模式,抵押物的转让都被加以限制,这就导致抵押人对其抵押财产的利用效率显著降低,对于只是让渡了抵押物交换价值的抵押人而言,其处分抵押物的权利也受到了一定干涉。这就导致抵押人对其抵押财产的利用效率显著降低。从这一角度来看,《民法典》对于抵押物转让规则的变更具有一定的积极意义。[④] 但是,在肯定这一变更的同时,我们也必须看到这一变更可能导致的问题。

第一,对于未登记的动产难以追及。对于动产而言,并非所有抵押财产都已经进行了抵押权登记。对于未登记的抵押财产而言,应当适用《民法典》第403条。由于未经登记的抵押权不得对抗善意第三人,善意买受

---

① 参见许明月:《抵押物转让制度之立法缺失及其司法解释补救——评〈中华人民共和国物权法〉第191条》,载《法商研究》2008年第2期;梁上上、贝金欣:《抵押物转让中的利益衡量与制度设计》,载《法学研究》2005年第4期。

② 参见刘家安:《物权法论》(第2版),中国政法大学出版社2015年版,第10页。

③ 参见黄薇主编:《中华人民共和国民法典物权编释义》,法律出版社2020年版,第510页。

④ 参见黄薇主编:《中华人民共和国民法典物权编解读》,中国法制出版社2020年版,第681页。

人将取得抵押财产的所有权。对于恶意买受人的转让合同效力,在《物权法》时代,学者之间有不同观点。有观点认为由于原《物权法》第 191 条属于效力强制性规定,因而买卖合同无效,买受人不能取得所有权①,也有观点认为应当反面解释原《物权法》第 188 条,认为买受人可以取得负担有抵押权的所有权。② 但是如果按照《民法典》第 406 条的规定,则买卖合同有效,那么买受人应当取得抵押物所有权,在动产抵押的情形下,即使抵押权已经办理了登记,也不得对抗正常经营活动中已经支付合理价款并取得抵押财产的买受人。买受人取得该权利之后,抵押权人不得追及该抵押财产。③ 总体而言,对于动产而言,由于《民法典》第 403 条的存在,《民法典》的修改对抵押物转让合同效力认定的影响较小。

第二,对于已经登记的不动产可能会遇到抵押权实现的障碍。对于不动产而言,由于抵押权经登记后方可设立,因此并不存在抵押权已经设立,却并未办理登记的情形。在原《物权法》的规则体系内,由于原《物权法》第 191 条的存在,实践中登记机关不会为买受人办理过户登记,因此其不可能取得抵押物所有权。而在《民法典》的规则体系内,由于抵押财产转让的放开,买受人完全可以取得抵押财产的所有权。在这种情况下,抵押权实现程序可能面临障碍。如果转让的抵押物是房屋,由于房屋所有权人的变更,抵押权人在主债权不能实现而行使抵押权时,可能面临诸多的障碍。例如,在抵押物未转让的情形下,基于原抵押人的诚实信用,抵押物的变卖拍卖可以顺畅地进行。抵押物转让后,由于新的买受人可能已经进入破产程序,或者拒不清退,从而严重威胁抵押权人抵押权的实现。④ 实践中也出现了大量的不动产拒绝清退案例,这些案例均表明,对于抵押权人的保护而言,抵押权追及效力可能无法产生应有的效果。

抵押权的追及效力会时常受到严重阻碍。根据最高人民法院《关于建设工程价款优先受偿权问题的批复》的规定,承包人的优先受偿权不得对抗作为消费者的房屋买受人的权利。抵押物转让之后,买受人可能已

---

① 参见乔楠、潘重阳:《未经抵押权人同意的抵押船舶买卖合同的效力》,载《人民司法》2014 年第 2 期。
② 参见程啸:《担保物权研究》,中国人民大学出版社 2017 年版,第 352 页。
③ 参见黄薇主编:《中华人民共和国民法典物权编解读》,中国法制出版社 2020 年版,第 683 页。
④ 参见崔建远:《中国民法典释评·物权编》,中国人民大学出版社 2020 年版,第 378 页。

经入住不动产,如果强制要求其腾退房屋,则可能对其生存权构成威胁。因为房屋不仅是公民基本的财产,而且是其赖以安身立命的场所,是公民生存权的基本保障。保护公民的房屋所有权实际上也是保护公民基本的财产权和生存权。既然建筑工程的承包人的优先受偿权都不能对抗业主的权利,按照举重以明轻的原理,不能对抗具有优先受偿权的抵押权,更不能对抗业主的权利。因此,如果建设单位将房屋抵押之后,又将房屋出售给业主,在业主不仅已经支付了价款,甚至可能已经入住的情形下,抵押权人将无法行使追及权。

第三,增加了抵押权人追及抵押物的风险。在经济生活中,抵押权的追及效力并不足以保护抵押权人的利益。按照自由转让说的观点,即便允许抵押物自由转让,由于抵押权具有追及效力,仍然可以追及受让人,通过追及效力使得抵押权人的权益可以得到充分保障。① 然而,从中国的实际出发,追及效力并不一定能充分保护抵押权人的利益。因为在动产抵押的情形下,由于动产未经登记就可以设立抵押权,这就产生了因缺乏公示效果而使第三人并不知道抵押权已设定的情况。倘若第三人基于善意购买该动产,则可能即时取得该动产所有权,导致抵押权人无法行使追及权。

第四,如果抵押人转让抵押物后未用价款清偿债务,在买受人无处可寻或将抵押物再次转手,或房屋被查封扣押等情况下,抵押权人均可能面临无法实现抵押权或者实现抵押权的成本增加等问题。

由以上论述可知,《民法典》第406条修改了原《物权法》第191条关于禁止抵押物转让的规则,允许抵押人在设定抵押权后转让抵押物。此种修改虽然有利于实现物尽其用等功能,但也产生了新的法律适用问题。因此,在《民法典》即将实施的情形下,确有必要通过解释的方式消除抵押物任意转让的立法弊端,以防止抵押权人利益遭受不当损害。

三、禁止转让特约的登记

立法者已意识到上述弊端,为此,《民法典》第406条特别规定,"当事人另有约定的,按照其约定"。可见,立法者试图通过承认禁止转让特约效力的方式,来填补立法允许抵押物转让的缺漏。也就是说,当事人之间

---

① 参见高圣平、王琪:《不动产抵押物转让规则的解释论:〈物权法〉第191条及其周边》,载《法律科学(西北政法大学学报)》2011年第5期。

可以另行约定禁止抵押物的转让,从而减少因抵押物转让而可能带来的风险。但是由于此种约定乃抵押人与抵押权人之间的约定,按照合同的相对性原理,并不能对受让人发生效力。① 因此禁止转让特约可能无法对抗或约束买受人,事实上,其也根本无法影响到转让合同的效力。即便在抵押权人和抵押人之间订立禁止转让特约,若抵押人违反禁止转让特约,抵押权人也只能追究其违约责任,而无法主张抵押物转让合同无效,这导致《民法典》的立法目的难以实现。如此一来,该规定所具有的弥补缺陷的功能将受到极大的限制。

在抵押物可以自由流转的情形下,法律如何找到合适的办法,对各种利益关系进行平衡,至关重要。在不损害抵押权人合法权益的前提下,既要保护所有权人对抵押物的利用和处分的权利,以保证权利和信用交易(Rechts-und Kreditsverkehr)的安全和便捷②;也要防止抵押权人实现抵押权出现不当风险或成本显著增加等情形发生。笔者认为,为了尽量克服抵押物转让可能产生的弊端,防范因此出现的风险,应当允许当事人在订立禁止转让特约之后,将该约定通过登记的方式予以公示,从而产生对抗第三人的效果。③ 将禁止转让特约公示后,如果抵押人违反了该特约,虽然并不能据此认定抵押人与第三人之间转让抵押物的合同无效,但物权变动不能发生,受让人不能因转让合同而取得抵押物的所有权,主要理由在于:

第一,登记本身可以产生对抗第三人的效力。从登记的功能来看,登记的公信力意味着经过登记簿记载的内容可以取得对抗第三人的效力。尤其是,如果将禁止转让的特约登记在抵押权登记系统中,则第三人就应当知道该抵押物已经为当事人所特约而禁止转让。对于受让人而言,其也可以通过查询登记获知当事人之间存在禁止转让的特约。受让人如果没有查询而不知道特约的存在,就表明其是非善意的,已经登记的禁止转让特约可以对抗恶意第三人,自不待言。如果受让人通过查询登记获知该特约的存在,那么就应当知道转让财产上存在抵押权,其受让抵押物本来就存在风险。其既然知道或应当知道风险还签订抵押物转让合同,就表明其愿意接受该风险。因此,抵押物禁止转让的特约经登记后应当对受让人产生对抗效力,其不能因转让合同而取得抵押物的所有权。

---

① 参见谢在全:《民法物权论》,中国政法大学出版社2011年版,第700页。
② Vgl. MüKoBGB/Lieder BGB §1136, Rn. 1.
③ 参见常鹏翱:《不动产登记法》,社会科学文献出版社2011年版,第79—80页。

第二，就立法意旨而言，《民法典》增加禁止转让特约的规定之立法目的，就在于赋予该禁止转让特约通过登记来对抗第三人的效力。否则，《民法典》物权编增加这一单纯合同性质的规则，根本就是无意义的。因此，《民法典》之所以允许"当事人另有约定"，其目的即在于鼓励当事人将特约公示出来，如果特约仅在当事人之间具有债权效力，其意义就大打折扣。允许当事人通过将禁止转让特约进行登记，以赋予其对抗第三人的效力，这符合《民法典》的立法目的；尤其是允许办理禁止转让特约的登记，使其能够对受让人和抵押人之间的物权变动产生决定性影响，这对于保障交易安全、维护抵押权人利益具有重要意义，也有助于降低抵押权人的监管风险，而且不会对受让人造成太大不利。

第三，禁止抵押物让与特约先于转让而公示，抵押人和受让人的转让行为在公示之后，公示本身就对其后的转让形成了法律上的障碍。因此，在后的转让行为就不应当办理物权变动登记。从我国司法实践经验来看，相关司法解释也有类似的规定。例如，最高人民法院《关于人民法院民事执行中查封、扣押、冻结财产的规定》第24条第1款规定："被执行人就已经查封、扣押、冻结的财产所作的移转、设定权利负担或者其他有碍执行的行为，不得对抗申请执行人。"从比较法上来看，也有先例可资借鉴。例如，《德国民法典》第135条规定，"（1）对某一标的处分违反仅以保护某些特定人为目的的法定让与禁止的，该项处分只对这些特定人不生效力。以强制执行或假扣押方式而为的处分，与法律行为上的处分相同"。该条一方面保障了抵押权人处分抵押财产的自由，另一方面，也兼顾了对抵押权人利益的保护，根据上述规定，当事人违反禁止让与特约的，该行为的效力仅相对于抵押权人无效。① 据此，取得该物的第三人相对于其他人可以主张该物，但相对于该债权人却不得主张该物。② 可见，此种禁止让与特约的效力并不具有普遍性保护的目的（绝对处分禁止，absolute Verfügungsverbot），而只是具有个人保护之目的（相对处分禁止，relative Verfügungsverbot）。③ 当然，在特定情形下，如果受让人是善意（Redlichkeit des Erwerbers）的，则可以对抵押权人主张其已经取得抵押物的权利，即可以消除其行为的无效性。在这种情况下，取得人也可以针对

---

① Vgl. Hans Josef Wieling, Sachenrecht, Springer, 5. Aufl., S. 16.
② 参见〔德〕迪特尔·梅迪库斯：《德国民法总论》，邵建东译，法律出版社2013年版，第503页。
③ Vgl. Hans Josef Wieling, Sachenrecht, Springer, 5. Aufl., S. 15.

受禁令保护的人取得权利。① 因此,借鉴德国法的经验,可以考虑在将禁止转让特约公示之后,如果当事人违反该禁止转让特约,由于公示在先,登记机关应当不予办理物权移转的变动登记。

需要指出的是,即使已经将禁止转让特约进行公示,违反该约定只能导致抵押物的转让不能发生物权变动的效果,但并不能导致抵押物转让合同无效。也就是说,在抵押人与受让人订立抵押物转让合同的情形下,该转让合同有效。作出此种处理的主要理由在于:一是转让合同有效更有利于鼓励交易。因为即便当事人已经将禁止转让特约进行公示,也并不能当然使抵押物成为禁止流转物,其仍然可以成为交易的标的物,而且在抵押物买卖合同履行过程中,抵押物禁止转让特约也可能失去效力。如其因债务人已经履行债务,或者抵押人与抵押权人达成合意废除该禁止转让特约,此时,一概否定当事人之间买卖抵押物合同的效力,既不利于实现物尽其用,也有违鼓励交易的原则。二是不妨碍抵押物禁止转让特约目的之实现。当事人之间订立禁止转让特约的目的在于,维持抵押财产的价值,防止其因为流转而降低其价值或者增加抵押权行使的成本。在抵押人与受让人违反禁止转让特约,订立抵押物买卖合同时,使抵押财产不发生物权变动,已经足以实现当事人订立禁止转让特约的目的,不需要因此否定抵押物转让合同的效力。三是转让合同有效有利于保护受让人的利益。虽然受让人因其与抵押人的转让合同违反特约而无法取得抵押物的所有权,但其可以据此请求抵押人承担违约责任。而如果否定该合同的效力,则其只能依法主张缔约过失责任,这显然不利于保护其权利。四是能够与《民法典》第597条保持体系和谐。登记禁止转让特约的主要目的在于限制抵押人对抵押物的处分权,《民法典》第597条已经承认了无权处分合同的效力,因此,肯定转让合同的效力,才能与《民法典》第597条的规则保持一致。基于上述认识,抵押人与受让人签订的转让合同虽然有效,但是由于禁止转让特约的存在,登记机关不应当办理登记,受让人也无法取得该抵押物的所有权,抵押权人因此也可以继续向抵押人主张抵押权。

但要将禁止转让特约进行公示,还必须解决如下三个方面的问题:

第一,赋予禁止转让特约的登记能力。要使禁止转让抵押物的约定能够公示,需要修改相应的登记规则使当事人之间禁止转让的特约具有

---

① 参见〔德〕迪特尔·梅迪库斯:《德国民法总论》,邵建东译,法律出版社2013年版,第504页。

登记能力,从而使登记的禁止转让特约对受让人具有物权效力。登记能力是指权利或法律关系可以被记载于登记簿的能力。① 不具有登记能力的事项无法被记载于登记簿。要使抵押人与抵押权人禁止抵押物转让的特约能够对第三人发生效力,就必须对此种特约进行公示。约定具有登记能力是其能通过被记载于登记簿的方式被公示的前提。那么,这种约定是否具有登记能力呢? 虽然具有登记能力的内容以权利为主②,但事实上具有登记能力的事项不仅包括权利本身,而且应当包括特定的法律关系。③ 如果单纯认为抵押人与抵押权人的约定是一项债权,那么其可能不具有登记能力。但是,应当注意的是,此种约定事实上是依附于物权之上的。当事人对于抵押物转让的限制乃是基于抵押权,是当事人以意思自治的方式对法律规定之抵押权的进一步限制。同时,这一约定也并未违反物权法定原则,《民法典》不但未禁止抵押权人与抵押人禁止转让的特约,反而将其作为抵押人可以转让的例外,这足以说明《民法典》对抵押人与抵押权人的此种约定持肯定态度。因此确认特约的登记能力并不会违反物权法定原则。从实践来看,诸如排除抵押权与所担保债权的从属性约定,以及放弃或变更抵押权顺位的约定,均可以被认为具有登记能力。④ 因此,没有理由将禁止转让特约排除在具有登记能力的事项之外。

第二,禁止转让特约可以登记在抵押权的登记系统之中。赋予禁止转让特约登记能力,并不意味着要单独为此种约定建立新的登记系统,可以将其登记在抵押权登记系统之中。一方面这有利于交易第三人及时查询、了解标的物之上的权利状况以及可流转性;另一方面,此种做法也有利于减轻交易第三人的查询成本和负担,即交易第三人在查询抵押登记的状况时,可以直接了解抵押物之上是否有禁止转让的特约,这就不需要单独规定第三人的查询义务,使该登记直接产生对抗第三人的效力。

第三,规定违反禁止转让特约登记的效果。《德国民法典》第 135 条就此作出的法律规定是:违反法定让与禁止的处分,对特定第三人(受到让与禁止保护的第三人)无效,对其他人仍然有效。但是,处分人违反法

---

① 参见常鹏翱:《不动产登记法》,社会科学文献出版社 2011 年版,第 70 页。
② 参见孙宪忠:《德国当代物权法》,法律出版社 1997 年版,第 136 页。
③ 参见[德]鲍尔、[德]施蒂尔纳:《德国物权法》(上册),张双根译,法律出版社 2004 年版,第 290 页。
④ 参见常鹏翱:《不动产登记法》,社会科学文献出版社 2011 年版,第 79 页。

定转让禁止的,也具有适用善意取得的可能。笔者认为,当事人违反禁止转让特约的,并不影响转让合同的效力,但可以阻止抵押物的物权变动。对不动产而言,当事人不能办理物权变动登记,而对动产而言,也不能当然发生物权变动。

四、涤除权规则的适用

所谓涤除权,是指发生抵押物转让的情况时,抵押物的受让人向抵押权人支付一定的代价以消灭抵押权,在抵押权人接受受让人的给付后,抵押权消灭。① 涤除权是为了保护第三人的利益而设定的。根据该项制度,第三人只需向抵押权人提供与抵押物的价值相当的金钱或替债务人清偿债务,便可以除去抵押权。② 原《物权法》第191条在采纳限制转让说的同时,为兼顾抵押权人和第三人的利益,允许第三人通过行使涤除权的方式消灭抵押权。但《民法典》删除了原《物权法》的涤除权规则。删除该规则并不意味着《民法典》否定了涤除权规则的适用。有观点认为,在涤除权规则删除后,可以适用《民法典》合同编第524条第1款中的第三人代为履行的规则,以达到和涤除权相同的效果。③ 笔者赞同此种观点,但《民法典》第524条第1款所规定的第三人代为履行以第三人对履行债务具有"合法利益"为限。买受人对于主债务的清偿是否具有"合法利益"呢? 在对《民法典》第524条第1款的解释中,立法者主要列举了转租合同中的次承租人代承租人履行的权利,但并未具体释明何人为"具有合法利益的第三人"④。而在解读物权编第406条的规定时,立法者并没有阐释涤除权可否由《民法典》第524条替代。⑤ 这就涉及对"合法利益"的解释问题,何为"合法利益"?"合法利益"应当如何判断? 笔者认为,第三人对债务履行具有合法利益,实际上就是指第三人对债务的履行具有利害关系,在审判实践中可由法官根据具体案情进行判断。这些具体情况主要包括:第三人与债务人之间具有一定的人身关系,或者第三人

---

① 参见〔日〕近江幸治:《担保物权法》,祝娅等译,法律出版社2000年版,第174页。
② 参见赵林青:《涤除权制度之我见》,载《甘肃政法学院学报》2006年第3期。
③ 参见朱虎:《合同编通则的功能和规则发展》,载腾讯网 https://new.qq.com/omn/20200803/20200803A0VC4800.html,访问日期:2020年9月30日。
④ 黄薇主编:《中华人民共和国民法典合同编释义》,法律出版社2020年版,第143页。
⑤ 参见黄薇主编:《中华人民共和国民法典物权编解读》,中国法制出版社2020年版,第683页。

就债务的清偿可以获得一定的财产利益。基于这种认识,抵押物的受让人对代为履行债务并因此消除抵押权是具有利害关系的。其"合法利益"主要体现在:一方面,当受让人要求购买抵押物时,标的物可能是其所急需的,因此其愿意以代替债务人清偿债务的方式取得抵押物所有权;另一方面,即便标的物不是其急需的,但抵押物的价格可能急剧波动,从而导致其可能因此支付更高的价款,并遭受损失。基于上述理由,应当认定受让人对债务的履行具有利害关系。

问题在于,当受让人提出代为清偿债务的请求、主张行使涤除权时,抵押权人是否可以予以拒绝?从比较法上来看,凡是承认涤除权制度的法律,都认为涤除权是抵押物受让人所享有的一项权利。如《日本民法典》第 377 条规定:"购买了抵押不动产所有权或地上权的第三人,应抵押权人请求清偿其代价后,抵押权因该第三人而消灭。"在第三人取得抵押物所有权时,应当允许其选择承受抵押权还是行使涤除权以消除抵押权。正是因为涤除权是抵押物受让人所享有的一项权利,所以其可以选择是否行使此种权利。[①] 涤除权作为抵押物受让人的一种权利,由于并不关涉公共利益与第三人利益,因此对于该权利,受让人可以行使,也可以放弃。当受让人放弃行使这一权利时,抵押权人便可以按照正常程序行使抵押权。涤除权的行使无须取得抵押权人的同意[②],主要理由在于如下几个方面:一是保护第三人的利益。在抵押财产的交易中,由于追及效力的原因,第三人所取得的财产之上将存在负担。而赋予第三人涤除权,能够使其取得完整的所有权,以有效利用或转让抵押物。涤除权制度实际上是第三人通过代为清偿而享有的一种对抗抵押权人的权利。[③] 涤除权主要是为了使第三人在一定条件下取得抵押物完整的所有权,从而使第三人获得的财产利益能够最大化。如果允许抵押权人拒绝涤除权的行使,事实上将导致上述立法目的落空。二是促进财产流转。通过涤除权制度的设计,第三人可以"涤除"物之上的抵押权,这在一定程度上可以使得第三人更愿意购买抵押财产,而不担心抵押权负担的存在,从而有利于财产的流转。三是允许第三人行使涤除权一般不会显著损害债权人的利益。抵押权的主要功能在于担保主债权的实现,抵押权人关心的是债权能否

---

① 参见赵林青:《涤除权制度之我见》,载《甘肃政法学院学报》2006 年第 3 期。
② 参见许明月:《抵押物转让的立法模式选择与制度安排——兼论我国担保物权立法对抵押权涤除制度的取舍》,载《现代法学》2006 年第 2 期。
③ 参见赵林青:《涤除权制度之我见》,载《甘肃政法学院学报》2006 年第 3 期。

实现以及债权不能实现时能否对抵押物的交换价值优先受偿,如果第三人愿意行使涤除权,一般不会损害抵押权人的利益,相反更有利于实现抵押权的设定目的。四是有助于避免抵押权实现的社会成本。在抵押财产价值较高的情况下,允许第三人未经抵押权人同意即可行使涤除权,能够确保债务人回收一部分资金。例如,债务人以房屋抵押担保其债权人之债权,因房屋的价格处于变动状态,受让人亟须使用房屋,希望在某一价格点买到房屋,而债务人希望出售房屋回收资金。此种情形下,涤除权的行使既能满足买受人和抵押人的不同需求,又没有损害抵押权人的利益。由此可知,总体而言,立法允许第三人行使涤除权有利于节约社会成本。涤除权作为一项法定权利,其行使并不需要征得抵押权人的同意,在受让人行使涤除权时,抵押权人不得拒绝。

另外,抵押人和抵押权人之间存在的禁止转让特约,亦不影响受让人行使涤除权。在存在禁止转让特约的情况下,即使该特约已经办理了登记,仍应当允许受让人行使涤除权。因为受让人对履行债务具有合法利益,且对于抵押权人没有损害。因此,在存在涤除权的情况下,法律应鼓励当事人之间通过涤除权的行使尽量消灭债务,以实现债权人利益和整体社会成本之间的平衡。而且,从根本上讲,涤除权的行使并不损害抵押权人的利益,立法赋予禁止转让特约的对抗第三人的效力之目的在于保护抵押权人的利益,而涤除权的行使与这一立法目的并不违背。因此,即使抵押人与抵押权人之间存在已经登记的禁止转让特约,也不能否定涤除权的行使。

但是,在实践中可能出现受让人已经代债务人清偿了债务,而抵押权人也接受了清偿,但是抵押权人并不配合及时办理涂销抵押权登记的情形。此时对受让人与抵押人应当如何进行救济?笔者认为,一方面,对于受让人而言,在《民法典》颁布前,由于禁止转让的规定,其可能无法办理过户,因此遭受所有权不能移转的损害。在《民法典》颁布后,其在办理所有权移转登记后取得的也是存在抵押权负担的财产。因此,受让人应当有权请求抵押权人协助办理抵押权的消灭登记。如果抵押权人拒不协助办理消灭登记,致使受让人因此遭受损害,则受让人有权请求抵押权人承担损害赔偿责任。另一方面,对于抵押人而言,不能及时涂销抵押登记可能导致其遭受信用损失,也可能因为不能转让物权而对受让人承担违约责任。在这些情形中,应当允许抵押人请求抵押权人承担损害赔偿责任。

五、"可能损害抵押权"的认定

《民法典》第 406 条第 2 款规定,"抵押权人能够证明抵押财产转让可能损害抵押权的,可以请求抵押人将转让所得的价款向抵押权人提前清偿债务或者提存。转让的价款超过债权数额的部分归抵押人所有,不足部分由债务人清偿"。有观点认为,新增的"抵押权人能够证明抵押财产转让可能损害抵押权的"这一要件,实现了抵押权人和抵押人利益的平衡,因而相较于《物权法》的规则更为合理。[1] 的确,相较于一概要求将转让价款用于提前清偿或者提存,增加这一限制可以使得抵押人对抵押财产的处分更加自由。

但是究竟应当如何理解"可能损害抵押权"?《民法典》并未明确规定,立法者只是举例说明了转让抵押物后,抵押物用途发生变更而可能导致的损害。[2] 笔者认为,在判断是否构成"可能损害抵押权"时,首先判断是否违反了禁止转让的特约,从而构成对抵押权的损害;其次,应当结合转让抵押物是否可能导致抵押物的交换价值有明显的减损,或是否会使抵押权实现具有明显的困难等情形予以判断,而不能仅仅认为转让即构成"造成损害"。由于抵押权在性质上属于支配交换价值的权利,因此,抵押物所有权的变动或占有的移转并不当然会影响抵押权的实现。[3] 所以抵押物转让本身通常并不当然导致"可能损害抵押权"的结果。对于是否构成"可能损害抵押权"仍然需要通过解释加以确定。具体而言,主要应当参考如下因素予以确定:第一,转让抵押物明显造成抵押权实现的风险。例如,房屋设定抵押后转让,该房屋成为受让人的唯一住房,在执行中可能导致无法清退腾房。同时,如果受让人变更抵押物的使用方法,也可能增加抵押物毁损、灭失的风险。例如,受让人将作为抵押物的客运汽车用于运输货物,则可能增加该汽车的损耗,并导致汽车提前报废,从而影响抵押权的实现。第二,抵押人是在自己明显资不抵债的情形下转让抵押物,转让后获得的价款可能会被其他债权人获得,此时,也应当认

---

[1] 参见崔建远:《中国民法典释评·物权编》,中国人民大学出版社 2020 年版,第 379 页。

[2] 参见黄薇主编:《中华人民共和国民法典物权编释义》,法律出版社 2020 年版,第 512 页。

[3] 参见谢在全:《民法物权论》,中国政法大学出版社 2011 年版,第 703 页。

定,该行为可能损害抵押权。第三,抵押物是动产,转让导致追及难度较大。动产可能被多次转让,因此,即便抵押权已经办理了登记,抵押人转让作为抵押物的动产时,也可能造成抵押权人客观上难以追及抵押物,影响抵押权的实现。第四,抵押物的转让未及时通知抵押权人。虽然抵押人可以转让抵押财产,仍需要告知抵押权人。但是,法律并未规定不告知转让情况的法律后果。立法者认为,告知义务的目的主要是便于行使追及权。但依据追及效力规则,不管通知与否,抵押权的追及效力均不受影响,那么,通知就没有太大意义了。① 笔者认为,告知义务的履行仍然有一定的意义,虽然是否通知对抵押权人的法律地位影响不大,但是如果抵押人未将抵押物转让的事实通知抵押权人,那么其可能违反诚信原则,抵押权人实现抵押权时不得不再次进行调查,在这种情况下,应当认为抵押人转让抵押物的行为已经构成"可能损害抵押权"。

上述因素只是判断是否构成"可能损害抵押权"的考量因素,在判断时,应当对上述因素进行综合考量,而不应在出现上述情形时当然认定构成"可能损害抵押权"。就举证责任而言,应当由抵押权人举证证明抵押物转让"可能损害抵押权"。抵押人也可以通过举证推翻抵押权人的主张,从而不必将转让价款提前清偿债务或者提存。

结 语

法律的生命在于实施,《民法典》也不例外。然而,"法无解释不得适用"。此处所说的解释不仅指正确阐释《民法典》条文的文义与立法意旨,从而准确适用《民法典》,而且包括通过解释消除歧义,弥补因条文模糊甚至疏漏可能产生的缺陷。《民法典》第 406 条修改了《物权法》第 191 条的规定,这确有积极意义,但由此引发的对抵押权人利益保护不力的问题也不容回避,需要通过对该条的准确解释来弥补立法修改所带来的缺陷。

---

① 参见黄薇主编:《中华人民共和国民法典物权编解读》,中国法制出版社 2020 年版,第 682 页。

担保制度的现代化:对《民法典》第 388 条第 1 款的评析[*]

《民法典》第 388 条第 1 款规定,"设立担保物权,应当依照本法和其他法律的规定订立担保合同。担保合同包括抵押合同、质押合同和其他具有担保功能的合同"。通盘梳理民法典担保物权的规定,可以说该条规定是具有开创性质的变化。之所以有这样的变化,是为了进一步完善担保物权制度,为优化营商环境提供法治保障。[①] 在世界银行发布的《营商环境报告》中,我国在"获得信贷"指标排名中表现一直不太理想,主要原因在于我国动产担保交易法的架构与国际趋势还有相当差距。[②]《民法典》第 388 条第 1 款体现了我国在推动担保制度现代化上的尝试。正确理解并适用该规定,将对改善营商环境、促进市场经济的高质量发展产生重要影响。

一、担保物权法定的缓和

物权法定是物权法的一项重要原则,它决定了物权法的基本性质与特征,对当事人创设新类型物权、改变既有物权内容的意思自由进行了严格限制。我国《民法典》第 116 条将物权法定原则定为明文。物权法定首先指物权种类法定,即哪些权利属于物权,哪些不是物权,要由法律规定。[③] 据此,物权的具体类型必须由法律明确规定,当事人不得创设法律未予规定的新类型物权。应当看到,此处所说的"法律",必须是国家立法机关通过立法程序制定的、能产生普遍适用效力的规范性文件。只有在此基础上设定的物权类型,才能产生正确引导当事人行为和指导法官处

---

[*] 原载《法学家》2021 年第 1 期。

[①] 参见王晨:《关于〈中华人民共和国民法典(草案)〉的说明》,载《中华人民共和国民法典》,中国法制出版社 2020 年版,第 285 页。

[②] 参见高圣平:《统一动产融资登记公示制度的建构》,载《环球法律评论》2017 年第 6 期。

[③] Vgl. Gaier, in MünchKomm zu BGB, Einleitung, Rn. 11.

理纠纷的作用。这就意味着,为了保证法律适用的一致性,也为了实现物权法定原则的规范目的,该原则不仅具有限制当事人意思自治的作用,还能限制立法机关之外的国家机关通过制定规范性文件、解决个案等行为来设定新类型物权。此外,物权法定原则也不允许当事人通过约定改变现有法律规定的物权类型,理论上也将此称为排除形成自由。①

当然,该原则也存在明显的不足。严格的物权法定尤其是种类法定,对当事人在物权的种类、设定、内容和公示方法等方面的意思自治进行严格的限制,这在一定程度上不利于鼓励当事人自主设定各种新的担保形式,不利于人们运用担保方式。例如,我国《物权法》就意定担保物权仅仅规定了抵押权和质权两种,虽然扩大了担保财产的范围,为实践中涌现的新类型财产进入融资担保领域提供了可供选择的路径,但由于登记规则等的缺失,其直接导致相应担保权利无法设定,在一定程度上窒碍了融资担保实践的发展。② 在抵押权、质权这些典型的担保交易模式不敷使用的情形之下,当事人在《物权法》之外设计更符合其利益的交易结构,以实现担保的功能,如让与担保、动态质押、融资融券、保兑仓交易、股权回购等。由于《物权法》并未将这些交易模式典型化为物权,也未为这些新类型担保交易提供可供选择的公示路径,权利人也就无法依据这些交易取得标的物上的物权。这不仅严重影响了金融创新,不利于鼓励交易,还间接加大了当事人的交易成本,使得当事人不得不通过法律规避的形式进行交易。

针对物权法定原则的上述副作用,苏永钦教授曾经指出物权自由的出路。③ 不过,物权自由是物权法定的反面,径直从物权法定转向物权自由,对业已成型的法律传统和交易秩序也会造成极大的破坏,反而得不偿失。故而,物权自由是学理层面的主张。为了消解物权法定原则的副作用,立法和司法采取的态度是缓和物权法定原则。就担保物权领域而言,在大陆法系,德国就通过司法确认了动产让与担保等法律未规定的担保物权;在英美法系,《美国统一商法典》第九编突破既往的物权法定的形式主义,转向缓和法定的功能主义,即对具有担保功能的各种动产担保交易安排进行统一规定,以统一的动产担保概念统合各种复杂的担保形态。④

---

① 参见〔德〕M. 沃尔夫:《物权法》,吴越、李大雪译,法律出版社 2004 年版,第 14 页。
② 参见高圣平:《担保法论》,法律出版社 2009 年版,第 279—280 页。
③ 参见苏永钦:《寻找新民法》,元照出版公司 2008 年版,第 129 页。
④ 参见美国法学会、美国统一州法委员会:《美国〈统一商法典〉及其正式评述》(第 3 卷),高圣平译,中国人民大学出版社 2006 年版,第 2—3 页、第 36—37 页。

在国际商法统一化运动中,联合国国际贸易法委员会先后通过《担保交易立法指南》和《担保交易示范法》,采纳了功能主义的担保观念,建议各国将通过合同在动产上设定的旨在担保债务履行的一切权利统一归类为"担保物权"(security right)。不管当事人如何设计交易结构,只要起着担保功能,即应适用相同的设立、公示、优先顺位、违约救济和实行规则,以此使动产担保交易制度具有足够的灵活性,兼顾现有的融资方式以及未来可能发展起来的创新方式。体现着欧洲最新比较法研究成果的《欧洲示范民法典草案》也深受功能主义影响,采取统一的动产担保物权构造,将依担保合同所设定的,意在使担保权人有权就担保财产优先受偿,或依合同可以达到这一效果的定限物权纳入其中。同时明确,依担保合同移转或拟移转动产的所有权,意在担保债务的履行或达到担保债务履行的效果的,仅能在该动产上为受让人设立动产担保物权。让与担保、售后回租均被纳入担保物权的范畴。① 与这种国际发展趋势一致,《民法典》第388条第1款的规定也体现了缓和物权法定的立场,具体表现如下:

第一,扩大担保合同的范围,并承认了各类担保合同的效力。立法者在说明《民法典》第388条第1款时,指出:"扩大担保合同的范围,明确融资租赁、保理、所有权保留等非典型担保合同的担保功能,增加规定担保合同包括抵押合同、质押合同和其他具有担保功能的合同。"② 出于融资便利和金融创新的需要,股权转让回购、动产让与担保、收费权质押、所有权保留、融资租赁等新类型担保在实践中不断涌现。《民法典》第388条第1款将其全部纳入担保合同,对之统一进行法律调整,能在最大限度上尊重当事人的意思自治和合同自由,允许当事人根据自己意愿订立各类担保合同,从而不会因为法律未明确规定担保类型而影响合同效力,也不会因违反物权法定原则而否定这些新类型担保合同的效力。可以说,该规定能为各具有担保功能的合同提供明确的法律依据,能为相关的纠纷处理提供统一的裁判标准。为进一步贯彻上述立法理念,《有关担保的司法解释》第1条规定:"因抵押、质押、留置、保证等担保发生的纠纷,适

---

① 《欧洲示范民法典草案》第9-1:102条。参见欧洲民法典研究组、欧盟现行私法研究组编著:《欧洲示范民法典草案:欧洲私法的原则、定义和示范规则》,高圣平译,中国人民大学出版社2012年版,第355页以下。

② 王晨:《关于中华人民共和国民法典(草案)的说明》,载《中华人民共和国民法典》,中国法制出版社2020年版,第285页。

用本解释。所有权保留买卖、融资租赁、保理等涉及担保功能发生的纠纷,适用本解释的有关规定。"从该规定来看,其显然是以《民法典》第388条第1款为上位法依据,意在统一调整各类担保方式,消除各类担保方式公示方法不统一、效力顺位不明确等问题。

第二,为非传统担保的物权化提供了法律空间。传统的担保物权主要包括抵押权和质权,与它们对应的就是抵押合同和质押合同,这些共同构成典型的担保交易形式,并反映在《民法典》的担保物权分编之中。至于《民法典》第388条第1款中的"其他具有担保功能的合同",是指抵押合同和质押合同之外的其他担保合同,其中以合同编规定的所有权保留、融资租赁、保理等交易形式为其典型。对于合同编规定的这些非传统担保,《民法典》允许通过登记来体现或增强其效力,第641条规定所有权保留未经登记不得对抗善意第三人;第745条规定融资租赁中出租人对租赁物享有的所有权,未经登记不得对抗善意第三人;第768条规定保理人对其受让的应收账款的权利具有登记能力,并可以按照登记的时间顺序确立其优先顺位。在这样的制度设计中,即便不认为前述的非传统担保是担保物权,它们也在登记后具有对抗第三人效力,也即实质担保化。其实,就担保物权而言,其核心功能在于确保债权人优先受偿,这种功能的落实要依托于登记等公示手段。《民法典》第388条第1款中不仅允许当事人订立"其他具有担保功能的合同",更重要的是通过这种合同的订立而采纳一定的公示方法,就可以形成具有功能化的担保物权。这就为当事人创设新的担保物权形态、实行各种金融创新提供了法律依据。

第三,为统一担保规则提供了规范基础。根据《民法典》第388条第1款的界定,只要有担保功能的合同,均属于担保合同。除所有权保留、融资租赁、保理之外,新类型担保还有让与担保、寄售买卖等其他形态,它们都属于该条中的"其他具有担保功能的合同"。不过,《民法典》并未规定所有权保留、融资租赁、保理之外的其他非传统担保的公示机制,这就会让人觉得其他非传统担保无法物权化。其实不然,《优化营商环境条例》第47条第2款规定,"国家推动建立统一的动产和权利担保登记公示系统",这为统一动产和权利担保登记制度提供了法律依据。[①] 统一的动产担保系统是一个国家或经济体的金融基础设施的重要组成部分。世界银行发布的《营商环境报告》指出,统一的现代化动产担保系统在各国缓

---

① 参见高圣平:《〈民法典〉视野下统一动产和权利担保登记制度的构造》,载《浙江工商大学学报》2020年第5期。

解中小企业贷款融资、难融资贵方面发挥重要作用,并将其纳入营商环境评估体系"获得信贷"指标。① 而《民法典》之所以删除有关担保物权具体登记机构的规定,就是"为建立统一的动产抵押和权利质押登记制度留下空间"②。《民法典》第 388 条第 1 款除了明确担保合同的范围,更为重要的是在统一的动产和权利担保登记公示系统的支撑下,把抵押权等传统担保物权,以及合同编规定的所有权保留、融资租赁、保理之类的非传统担保,再加上法律并未规定的其他新类型担保,均归为"动产和权利担保",使其产生相同的法律效力。

二、兼顾形式主义与功能主义

各国担保法律领域有两种不同的立法观念,一是形式主义(formalistic),即将担保物权区分为不同类型,对不同类型的担保物权分设不同规则;另一种是功能主义(functionalistic),即不区分担保物权的形态,只要有担保功能,就适用统一规则。形式主义的代表是德国法,功能主义的代表是美国法。

根据形式主义立法观念,不同形式的担保应当适用不同的法律规范,"类型化"因此是其最为显著的特征之一。③ 形式主义的理论基础是债权与物权的二分。债权与物权的区分源自 jus in personam(对人权)与 jus in re(对物权)的区分,而这一区分又源自罗马法的对人之诉(actio in personam)和对物之诉(actio in rem)④,后来经过注释法学派与历史法学派的解释,并经过《德国民法典》和德国民法学的推动,债权与物权的区分成为大陆法系的定论,债法和物权法也因此在民法典中分编而设。在这样的基本框架下,担保物权和具有担保功能的债权也被分别归入物权编和债编,在物权编中,因为物权法定原则的作用,不同的担保物权也就有不同的法律调整机制。这样一来,形式主义得以成形。我国民事立法向来区分债权和物权,并主要借鉴和参考了德国、日本等国的担保制度,故

---

① 参见季周、马晓白:《世行评估推动我国建立统一现代动产担保系统》,载 https://www.thepaper.cn/newsDetail_forward_4355182,访问日期:2020 年 10 月 22 日。
② 王晨:《关于〈中华人民共和国民法典(草案)〉的说明》,载《中华人民共和国民法典》,中国法制出版社 2020 年版,第 285 页。
③ 参见高圣平:《动产担保交易的功能主义与形式主义——中国〈民法典〉的处理模式及其影响》,载《国外社会科学》2020 年第 4 期。
④ See Vinding Kruse, The Right of Property, Oxford University Press, 1953, p. 131.

而,我国的《担保法》和《物权法》均采用形式主义立法观念。

客观说来,形式主义立法观念确实有其合理性,它把担保物权与其他担保区分开,并对担保物权进行分类规定,每类物权有其明确的规范,这样既能增加交易的确定性,又能方便法律的适用。但是,严格遵循形式主义所产生的问题也较为突出。比如,通过类型化严格规定了担保物权的类型,这使得担保交易结构形态被人为限缩,不能容纳新类型的担保,无法充分回应商业实践的发展。又如,由于担保的类型被严格限定,在理解当事人约定的担保交易结构之时,必须将之生硬地套到既有的担保交易结构之中,这就会扭曲当事人的意思,不利于实现意思自治。再如,对担保物权的种类进行法律限定,必然会存在法律漏洞,我国的权利质权制度、所有权保留制度等就有大量法律漏洞,不利于保护交易。

正因为这些问题的存在,美国动产担保交易法的起草者摒弃了原来的形式主义立法观念,转向功能主义。其结果是,不管当事人自主安排的交易结构如何,只要在市场上起着相同的担保功能,就应适用相同的法律。具体而言,起草者关注的重点在于各种担保交易形式的共同之处,即均有基本相同的担保功能,通过合意赋予债权人在特定动产上的权利,使之将该财产视为债务不履行时的救济来源。这样一来,是交易的结果而非形式或权利发生的方式,在交易的定性上起着决定性作用。①《美国统一商法典》第九编是功能主义立法的典型代表,它建构了统一动产担保交易规则,统一了各种动产担保形态,使当事人可以通过统一的法律机制和术语从事动产担保交易,大大降低了担保交易的成本,也提升了交易的效率。② 受美国法的影响,加拿大(魁北克以外)、澳大利亚等国以及《移动设备国际利益公约》、联合国国际贸易法委员会《担保交易立法指南》等国际示范法采纳了功能主义立法观念。③

功能主义立法观念源于人类学和社会学的功能主义理论。在此方面产生巨大影响的帕森斯"结构功能主义"就认为:"所有的社会制度都有着特定需要或需求,并且此需要或需求必须被满足,以使得特定的制度能

---

① 参见高圣平:《美国动产担保交易法与我国动产担保物权立法》,载《法学家》2006年第5期。

② 参见美国法学会、美国统一州法委员会:《美国〈统一商法典〉及其正式述评》(第3卷),高圣平译,中国人民大学出版社2006年版,第34页。

③ 参见徐同远:《担保物权论:体系构成与范畴变迁》,中国法制出版社2012年版,第138—139页。

持续存在或保持内在的平衡。"① 这种认识在法学领域影响深远,除了前述的功能主义立法观念,比较法的功能主义也是适例。② 在功能主义的引导下,当事人通过动产进行担保的目的占据了基础和核心地位,只要有这样的目的,无论其具体形态如何,都能被纳入动产担保规范中加以调整和保护。由于担保目的是当事人自设的,功能主义因此更注重意思自治,甚至可以说当事人之间的安排在功能主义的立法中得到了最大限度上的尊重。③ 这样一来,就能将物权法定原则对交易的限制压到最低程度,还能促使交易便捷,有效降低交易成本。④

不过,每个国家和地区的民法均有其所源,有不同的发展基础和制约因素,不可能空穴来风似地直接照搬域外的经验做法。故而,尽管功能主义有其长处,但在我国长期采用形式主义的经验传统之上,《民法典》无法彻底抛开形式主义而完全转向功能主义。但又鉴于功能主义之长能补形式主义之短,将这两者结合起来就成了一条稳妥的出路。《魁北克民法典》就是典型,它一方面接受了北美功能主义立法中对于权利类型化的排斥,另一方面也保留了形式主义的立法模式,对于融资租赁、所有权保留进行了专门的规定。⑤ 同样的,我国《民法典》第388条第1款也走向了兼顾这两种主义的第三条道路。

具体而言,《民法典》第388条第1款位于物权编,而物权编以物权法定为基本结构性原则,将担保物权分为抵押权、质权和留置权,还在合同编分别规定了所有权保留、融资租赁、保理,这种制度安排决定了形式主义是理解相关规定的基础。但它又突破了形式主义,不再限定担保合同的具体范围,而是以担保功能为导向,扩大了担保合同的形态,从而使让与担保等在交易实践中产生的新类型担保有了法律上的名分。与《担保法》和《物权法》相比,《民法典》第388条第1款更明确地允许当事人自由安排彼此之间的权利义务关系,从而更为尊重当事

---

① Talcott Parsons, The Social System, Routledge, 1991, pp. 1-14.
② 参见雷安军:《比较法研究中的功能主义原则、法律文化和法律移植》,中国政法大学出版社2013年版,第8—9页。
③ 参见美国法学会、美国统一州法委员会:《美国〈统一商法典〉及其正式述评》(第3卷),高圣平译,中国人民大学出版社2006年版,第45页。
④ See Harry C. Sigman, Security in Movables in the United States-Uniform Commercial Code Article 9: A Basis for Comparison, in Eva-Maria Kieninger ed., Security Rights in Movable Property in European Private Law, Cambridge University Press, 2004, p. 59.
⑤ 参见美国法学会、美国统一州法委员会:《美国〈统一商法典〉及其正式述评》(第3卷),高圣平译,中国人民大学出版社2006年版,第40页。

人的意思。不仅如此,其对经济功能上相同的担保交易,赋予了同等的法律地位:

第一,统一了登记对抗效力。《民法典》第 403 条、第 641 条第 2 款、第 745 条都采取了登记对抗主义。登记对抗都是适用动产担保而产生的。如何理解登记对抗?一是能够对抗相对人,在动产担保有效设立后,只要当事人之间不涉及其他权利争议,可以当然对抗相对人。《有关担保的司法解释》第 67 条规定:"在所有权保留买卖、融资租赁等合同中,出卖人、出租人的所有权未经登记不得对抗的'善意第三人'的范围及其效力,参照本解释第五十四条的规定处理。"二是对抗当事人之外的恶意第三人,例如动产抵押权未经登记,抵押人将抵押财产出租给第三人,第三人知道该财产被设立抵押,那么抵押权人可以优先于该承租人实现自己的担保物权。三是可以对抗抵押人的无担保债权人,抵押权人就抵押财产变价之时,抵押人的另外债权人主张执行异议,即使抵押权未登记,抵押权人仍可对该债权人主张抵押权,从而排除该债权人的执行异议。

第二,统一了权利顺位规则。例如,在登记后,所有权保留、融资租赁合同中所有权人的"所有权",与物权编"所有权"分编的"所有权"大相径庭,前者实际就是与抵押权、质权等担保物权无异的担保权。既然没有实质差异,它们适用相同的规则就是顺理成章之举。在此基础上,再借助统一的登记公示制度,这些担保就会有相同的效力。因此《民法典》第 414 条就构建了统一的优先顺位规则,将其他具有功能化的担保物权纳入,实现稳定性与灵活性的统一。

第三,统一了权利实现规则。例如《民法典》第 412 条规定了抵押权的实现规则,在解释融资租赁交易中和所有权保留中的"所有权的实现"时也可以适用相同的规则。针对所有权保留买卖与担保物权实现的关系,《有关担保的司法解释》第 64 条第 1 款规定:"在所有权保留买卖中,出卖人依法有权取回标的物,但是与买受人协商不成,当事人请求参照民事诉讼法'实现担保物权案件'的有关规定,拍卖、变卖标的物的,人民法院应予准许。"针对融资租赁合同与担保物权实现的关系,《有关担保的司法解释》第 65 条第 1 款规定:"在融资租赁合同中,承租人未按照约定支付租金,经催告后在合理期限内仍不支付,出租人请求承租人支付全部剩余租金,并以拍卖、变卖租赁物所得的价款受偿的,人民法院应予支持;当事人请求参照民事诉讼法'实现担保物权案件'的有关规定,以拍卖、变卖租赁物所得价款支付租金的,人民法院应予准许。"

在形式主义模式下,兼顾功能主义具有如下优点:一方面,由于动产担保已经在整个担保体系中对中小企业融资具有极其重要的意义,成为担保的重要形式,因而在功能主义的引导下,通过动产进行担保融资,在交易性质的确定上起决定性作用的是担保目的,无论其具体形态如何,都能纳入动产担保规范中加以调整和保护。由于担保目的是当事人自设的,功能主义因此更注重当事人的意思自治,甚至可以说,当事人之间的安排在功能主义的立法中得到了最大程度的尊重。与《担保法》和《物权法》相比,《民法典》第388条第1款更明确地允许当事人自由安排具有担保功能的内容,从而更为尊重当事人的意思。① 另一方面,有利于鼓励担保与促进资金融通。《民法典》在兼顾功能主义的模式下,又保留了传统大陆法系形式主义的担保物权立法模式,在兼顾传统的基础上,允许新的具有担保功能的担保权利进入担保领域,有利于缓和严格的物权法定原则,为鼓励金融创新提供了方便。《民法典》第388条第1款是在形式主义的法律框架中注入了功能主义的血液,使得形式主义不僵化,且能够为之后的进一步解释发展提供规范基础。如前所述,该规定缓和了担保领域的物权法定原则,但也仅仅是缓和,而未完全突破物权法定主义,转向物权自由。这样就使担保物权与其他物权一样,有着基本稳定的框架,能妥当照料当事人的交易预期。与此同时,该规定能充分回应担保实践的融资需求,更加灵活、快捷地应对实践需要,为新型担保提供了充分的发展空间。

三、为顺位规则的统一奠定基础

动产担保交易以动产和权利为客体,是中小微企业的主要融资模式。实践中,同一动产或权利成为若干担保交易的标的物的情况比较常见,如何排列这些担保权利的顺位,就成为实务界广泛关注的问题。在民法典颁布以前,我国动产担保的公示比较零散,既有占有,也有登记,而登记又有动产抵押登记、融资租赁登记、机动车抵押登记、应收账款质押登记、股权质押登记等,这就导致顺位规则极其不统一。为了解决这个问题,《民

---

① See Harry C. Sigman, Security in Movables in the United States-Uniform Commercial Code Article 9: A Basis for Comparison, in Eva-Maria Kieninger ed., Security Rights in Movable Property in European Private Law, Cambridge University Press, 2004, p. 59.

法典》第414条、第415条明确了以公示时间先后为标准的顺位规则。在这两个条文中,第414条无疑更重要。根据该条,优先顺位规则以登记为基础,能普遍适用于各种抵押权、权利质权。

从文义上看,《民法典》第414条很清晰地表明,它适用于以登记为公示方法的担保物权,其是否适用于其他具有担保性质的权利,尚存疑问。从体系解释的角度来看,第414条的顺位规则不限于以登记为公示方法的担保物权。由于《民法典》为动产和权利担保的统一登记公示扫清了法律障碍,而《优化营商环境条例》(国务院令第722号)第47条第2款也规定"国家推动建立统一的动产和权利担保登记公示系统",这就意味着,不仅动产抵押和权利质押在同一登记公示系统登记,所有权保留、融资租赁、保理也要在该登记公示系统登记。借助该登记公示系统,所有权保留、融资租赁和保理均突破债的相对性,具有物权性的对抗效力。而且,《民法典》第388条第1款还把合同编规定的这三类担保纳入担保合同,与抵押合同、质押合同等同对待。这样一来,所有权保留、融资租赁合同中所有权人的"所有权",也就被功能化为"担保物权",并被第414条第2款"其他可以登记的担保物权"的文义所涵盖。第414条也就不能局限于《民法典》上规定的典型担保物权,还应扩及这几类功能化的"担保物权"。

在《民法典》第388条第1款的引领下,凡是具有担保功能的合同均是担保合同,其形态绝对不限于《民法典》规定的前述几类,而统一的动产和权利担保登记公示系统也不单以登记担保物权为限。在电子技术的支持下,让与担保、买卖型担保等合同约定的担保权利均可在该系统中统一登记。也就是说,《民法典》第388条第1款与统一的动产和权利担保登记公示系统相辅相成,前者不限制担保合同的形态和范围,后者不限制可登记的担保权利的形态和范围。它们合力作用,使担保物权和担保合同均能通过登记而公示出来。既然能通过法定的登记公示系统登记,那就表明诸如让与担保这样的未被法律明文规定的担保合同也能为他人知悉,进而也应产生对抗善意第三人的效力,从而产生优先受偿的效果。

在此方面,美国动产担保交易法就是成功的先例,它以统一的动产担保声明登记系统作为基础性的技术支持。该登记系统实行声明登记制(notice-filing),即当事人只需提交必要的交易文件,且登记机构不对文件进行实质审查,交易的真实性由利益相关人员自行进一步查询,以此提高动产担保交易的整体效率。① 该系统适用于旨在对一项债务提供担保的所有动产交易。② 作为担保优先顺位体系的一大重要部分,这种登记制度确立了一个不受制于私人操控并且在多数情况下可以用于确定担保优先顺位的客观标准。③

诚如前文所言,《民法典》第 388 条第 1 款兼顾了形式主义和功能主义,从而使我国的担保制度虽然具有担保权利各自分离的形式,但实质上有统一的核心规范。该规范就是统一登记公示制度基础上的统一顺位规则。只有统一了这种顺位规则,以登记的时间先后作为权利优先顺位的确定方式,才能有效提升交易的透明性与确定性。在《民法典》第 388 条第 1 款的引导下,在统一的动产和权利担保登记公示系统的支持下,第 414 条就是以登记为中心构建的统一顺位规则,意义重大:

第一,统一了各类可登记的担保权利的顺位。除了抵押权,还包括权利质权中的没有权利凭证的汇票、本票、支票、债券、存款单、仓单、提单质权;基金份额;股权质权;知识产权质权;应收账款质权;合同编规定的所有权保留、融资租赁、保理;让与担保、寄售买卖等担保权利。所有这些担保权利均能通过统一的动产和权利担保登记公示系统加以登记,并能根据登记时间先后确定顺位。

第二,增加了交易的确定性。统一登记系统以及统一顺位实质上能消除隐形担保,而隐形担保的存在会导致当事人无法查询,这可能对交易安全产生妨害;同时,对担保人而言,由于缺乏公示方法,其担保权益的实现可能会被善意第三人的权利所消灭;此外,对其他债权人而言,其债权的实现也可能会受到该隐形担保的影响。④ 通过消除隐形担保,通过明确担保权利的顺位,当事人可以事先预估交易风险,进而增加交易的确定性,改善我国的营商环境。而且,登记是公开的,登记时间是客观、确定的,在一定程度上避免了担保人和其他人串通伪造担保权利,损害在先担

---

① 参见高圣平:《动产担保交易的功能主义与形式主义——我国〈民法典〉的处理模式及其影响》,载《国外社会科学》2020 年第 4 期。

② See Harry C. Sigman, Security in Movables in the United States–Uniform Commercial Code Article 9: A Basis for Comparison, in Eva-Maria Kieninger ed., Security Rights in Movable Property in European Private Law, Cambridge University Press, 2004, p. 57.

③ See Harry C. Sigman, Security in Movables in the United States–Uniform Commercial Code Article 9: A Basis for Comparison, in Eva-Maria Kieninger ed., Security Rights in Movable Property in European Private Law, Cambridge University Press, 2004, p. 59.

④ 参见朱虎:《民法典动产和权利担保的变革》,载《人民法院报》2020 年 7 月 30 日,第 5 版。

保权人的道德风险。

第三,为当事人提供了合理预期。统一担保合同、统一登记系统和统一顺位规则的结合,使交易当事人能明了办理登记的权利及其作用与效力,这就为当事人提供了完整信息,并使其有合理预期。就担保交易的直接当事人而言,不办理登记,或晚办理登记,就要承受清偿顺序靠后的风险;就欲进行担保交易的当事人而言,通过查询登记,能了解标的物有无担保权利、有多少担保权利,进而决定是否进行担保交易,从而避免不必要的风险。

四、为担保权利的规范互用提供契机

《民法典》第388条第1款对担保合同的规定,显然是担保合同的一般规定,通过确定担保合同这一上位概念,可以包容下位的诸多担保合同类型。这种共性归纳是有意义的。正如前文所述,基于该上位概念,并在统一登记公示制度的配合下,立法能建立统一的顺位规则。这也体现了形式主义和功能主义兼顾的立法特点,结果就是虽然各种担保权利在形式上分离,各有各的规定,但在核心之处又实质上统一。它们在实质统一之处能互用规范,这样就极大地减少了法律的重复规定,促进了法律适用的集约化,填补了可能出现的法律漏洞。概括而言,第388条第1款的共性概括,为各类担保权利的规范互用提供了契机,这是民法典体系化的题中之义。

由于担保权利的形态很多,为了便于说明规范的互用,下文以担保物权与保证合同的规范互用为例加以展开。需要说明的是,《民法典》第388条第1款事实上延续了《担保法》的经验,将担保物权合同和保证合同并入担保合同的概念之下,这在比较法上应属于极具特色的规定。该规则事实上为保证合同中的相关规则总体类推适用于物的担保提供了法律基础。在法律解释学上,类推适用可分为个别类推和总体类推。① 所谓个别类推,也称为法律类推或制定法类推②,是指就某个别法律规定而为类推适用,即被类推适用的是个别规定。个别类推事实上是把法律规范运用于它本来未曾试图调整的案件类型之中。总体类推也称为法的类

---

① 不过,在学理上,对于此种分类是否科学,也存在不同看法。参见〔葡〕孟狄士:《法律研究概述》,黄显辉译,澳门大学法学院1998年版,第159页。

② 参见〔德〕迪特尔·施瓦布:《民法导论》,郑冲译,法律出版社2006年版,第107页。

推,它包括了广义与狭义的含义,从狭义上理解,它是指就多数同类法律规定抽象出的一般法律原则而类推适用。① 总体类推是通过对众多类似的规范进行总结,抽象出一般的原则,并将这一原则运用于案件裁判之中。② 总体类推有两个步骤,首先是将各种特别规范进行抽象总结,得出一般原则;然后再把原则适用到特别案件之中。也有学者认为总体类推并非类推,而是归纳。③

《民法典》第 388 条第 1 款通过确定担保合同这一上位概念,从而包容下位的诸多担保合同类型,为保证合同的相关规则总体类推适用于物的担保提供了上位法依据。在《民法典》中,将保证合同的相关规则采用总体类推的方式适用于担保物权之中,具体表现在:

第一,保证合同应适用担保物权合同的要式性规范。《民法典》第 388 条第 1 款并未明确规定担保合同必须采用书面方式,合同编也未明确规定保证合同应采用书面形式。但是从物权编的规定来看,抵押合同、质押合同都要求书面形式,而作为物保的担保物权和作为人保的保证合同都有担保的功能,都对担保人增设了财产上的消极负担。所以从体系解释角度,以及第 685 条第 2 款的规定来看,《民法典》第 685 条第 1 款中的保证合同也应采纳书面形式。

第二,协商变更主合同内容不得减损保证人利益的规则应适用于担保物权。根据《民法典》第 695 条第 1 款的规定,债权人与债务人协议变更主合同内容时,以征得保证人书面同意为前提,否则就要维持保证人的预期,不得减损保证人利益,不得增加保证人负担。提供物保的第三人(物上保证人)与保证人地位类似,前述规则应适用于物上保证人。

第三,协商变更主合同履行期限不得减损保证人利益的规则应适用于担保物权。根据《民法典》第 695 条第 2 款的规定,债权人和债务人变更了主合同的履行期限的,除非保证人书面表示同意按照新的履行期限计算保证期间,否则保证期间不受影响。在此必须强调的是,债权人与债务人未经保证人同意而变更债务履行期限的,并不必然会加重保证人的保证责任,故保证人不得主张免除保证责任,同时应根据保证人的意愿来确认其保证期间的起算时点。在担保物权中,主债务的履行期限影响着

---

① 参见王泽鉴:《法律思维与民法实例》,中国政法大学出版社 2001 年版,第 261—262 页。
② 参见〔德〕卡尔·拉伦茨:《法学方法论》,陈爱娥译,商务印书馆 2003 年版,第 260 页。
③ 参见〔德〕卡尔·拉伦茨:《法学方法论》,陈爱娥译,商务印书馆 2003 年版,第 260 页。

诉讼时效,进而会影响担保物权人主张行使担保物权的期间,这种影响与履行期限对保证期间的影响是相同的,故《民法典》第695条第2款的规范应能适用于担保物权。

第四,保证人的抗辩规则应适用于担保物权。《民法典》第701条旨在保护保证人,使其能在债务人有抗辩事由时,积极主张该抗辩事由来保护自己的正当利益。之所以如此,是因为保证人虽然是主债权债务之外的第三人,但其利益与该主债权债务紧密相关。物上保证人与保证人的这种地位完全相当,理应也有这种保护规则,否则在债务人不积极抗辩时,物上保证人就失去了防御机会。必须强调的是,该条中的抗辩范围非常宽泛,既包括实体法上的抗辩,也包括程序法上的抗辩;既包括抗辩权,也包括抗辩权之外的其他抗辩事由。《民法典》第702条与第701条一样,均旨在保护保证人使其免受不应当承担的损失,该条也应适用于物上保证人。

第五,保证合同无效的法律后果应适用于担保物权合同。《民法典》第682条第2款规定:"保证合同被确认无效后,债务人、保证人、债权人有过错的,应当根据其过错各自承担相应的民事责任。"由于保证合同和第三人提供担保的担保物权存在相同的利益结构,保证合同无效和担保物权合同无效也会波及相同的利益主体,故第682条第2款应适用于担保物权合同。

当然,保证合同的总体类推并不是指担保物权能适用所有保证的规则,如果是特别适用于保证的相关规则,则不应当适用于担保物权。例如,有关保证期间、保证方式、一般保证和连带责任保证的区分规则等都属于保证合同当中特有的规则,它不具有可类推适用于担保物权制度的可能。法典化就是体系化。"民法典的制定乃基于法典化的理念,即将涉及民众生活的私法关系,在一定原则之下作通盘完整的规范。"[①]法典化的重要功能就在于促使民法规则的体系性,规则的相互援引和参照适用既有利于形成一种体系的建构,以体系的规则解决特别的民事纠纷,同时也有利于避免规则的重复甚至矛盾。

结　语

"担保制度自民法规定之定限物权构造向不同方式发展,因经济兴

[①]　王泽鉴:《民法总则》,中国政法大学出版社2001年版,第22页。

盛,工商活动复杂化,新型交易模式日新月异所使。故体察国内外发展趋势,针对商业活动弹性、灵活性,将担保权导入明确化、合理化正轨,形塑有社会实益性质担保制度,实现物权法之功用。"①担保制度是市场经济的基本规则,也是营商环境的重要保障。《民法典》第 388 条第 1 款的规定虽然简略,但包含了非常丰富的内容,是我国担保制度向现代化迈出的重要一步。该规定不仅仅是扩大担保合同的适用范围,更重要的是在此基础上通过与统一的动产和权利担保登记公示制度的结合,为担保领域内物权法定的缓和提供了空间,进而使我国担保制度在形式主义基础上有了功能主义的色彩。这为统一的顺位规则奠定了基础,为担保权利的规范互用提供了契机。《民法典》第 388 条第 1 款蕴含的丰富内涵,需要我们在将来的实践中慢慢去挖掘。

---

① 谢在全:《担保物权制度的成长与蜕变》,载《法学家》2019 年第 1 期。

登记的担保权顺位规则研究

——以《民法典》第414条分析为中心*

登记的担保权顺位规则是解决以登记作为公示方式的担保权的竞存的规则。所谓担保权的竞存,是指在同一财产上设定多重担保而引起的权利竞存现象。由于在实践中,各种担保权的竞存时常发生,并引发权利的冲突,因此需要确定各担保物权的优先顺位,从而明确担保物权的受偿顺序,为各方当事人在融资时提供重要参考。① 学界对于竞存情形下的顺位规则,一直存在争议。《民法典》第414条规定:"同一财产向两个以上债权人抵押的,拍卖、变卖抵押财产所得的价款依照下列规定清偿:(一)抵押权已经登记的,按照登记的时间先后确定清偿顺序;(二)抵押权已经登记的先于未登记的受偿;(三)抵押权未登记的,按照债权比例清偿。其他可以登记的担保物权,清偿顺序参照适用前款规定。"该条以登记为中心,构建了可以登记的担保权发生竞存时的顺位规则,但其并不涉及以占有作为公示方式和法定的担保物权竞存顺位规则。鉴于该规则对实现担保权的现代化具有重要意义,本文拟就可以登记的担保权在竞存情形下的顺位规则的内涵、适用范围以及权利顺位等问题进行探讨。

一、《民法典》第414条明确了抵押权竞存的顺位

《民法典》第414条第1款旨在解决抵押权竞存时的权利顺位问题。自2007年《物权法》颁布以来,我国民法允许在同一财产之上重复设定抵押,即重复抵押。

所谓重复抵押,是指债务人以同一抵押物分别向数个债权人设定抵押,致使该抵押物上存在着多个抵押权。② 重复抵押并不违反一物一权原

---

* 原载《比较法研究》2021年第2期。
① 参见高圣平:《我国动产融资担保制度的检讨与完善》,载《中国人民大学学报》2007年第3期。
② 参见常宇:《论重复抵押》,载《清华大学学报(哲学社会科学版)》1999年第2期。

则,因为按照一物一权原则,同一物之上不得设定多个所有权,也不得在同一物之上设立多个内容或效力相互冲突的物权。① 法律之所以允许重复抵押,是因为一方面,抵押权本质是一种价值权,而抵押物的价值可以被分割。正如,谢在全先生指出,"投资抵押下之抵押权,系将其所支配之抵押物交换价值,得在金融交易市场上流通,扮演投资者金钱投资之媒介角色。此种抵押权系以价值权为本质,亦即不支配标的物之实体,而系以取得其交换价值为目的之财产权"②。同时,各个抵押权人并不需要直接占有、使用抵押财产,从这一意义上说,各个抵押权相互之间在内容上并不存在冲突,这也是允许重复抵押的基本前提。另一方面,是因为各个抵押权之间存在一定的权利顺位,各个抵押权人可以按照法定的权利顺位规则实现权利,从而消除各个抵押权在权利实现层面的冲突。由于登记制度的存在,可以将重复抵押予以公示,而且法律确定了重复抵押权行使的规则,从而避免了重复抵押所发生的冲突和纠纷。法律允许重复抵押,不仅使抵押物的价值得到充分的利用,而且也为融资开辟了更为广阔的渠道,并保障债权获得实现。重复抵押有利于充分发挥担保物的交换价值,满足当事人的融资需求,尊重当事人的意愿。③

但是,要充分发挥重复抵押的制度功能,避免出现混乱,就必须构建一套明确、合理的担保权顺位规则,《民法典》第414条第1款明确了在同一财产上设置重复抵押情形下的权利顺位规则,该规定的核心是以登记为中心建立重复抵押之间的权利顺位规则,具体而言:

(一) 登记在先优先于登记在后

《民法典》第414条第1款第1项规定:"抵押权已经登记,按照登记的时间先后确定清偿顺序。"这就是说,如果一物之上各抵押权都已办理抵押登记,则应当按照登记时间的先后确定顺位,即清偿顺序按照"登记时间在先,权利在先的"规则来确定。这一规则是物权优先性的体现。早在中世纪,法学家就已经确立了"先登记者比后登记者有优先权利"④(prior tempore potior iure)。这一规则可以有效解决已经办理登

---

① 参见王利明:《一物一权原则探讨》,载《法律科学(西北政法大学学报)》2009年第1期。
② 谢在全:《抵押权次序升进原则与次序固定原则》,载《台湾本土法学杂志》2000年第7期。
③ 参见黄薇主编:《中华人民共和国民法典释义》,法律出版社2020年版,第802页。
④ 江平主编:《中美物权法的现状与发展》,清华大学出版社2003年版,第93页。

记的各项抵押权的权利顺位问题,也有利于督促当事人及时办理登记,即当事人在设立抵押以后,不仅要办理登记,而且要尽快办理抵押登记。例如,甲对其动产设立抵押,其与乙的动产抵押合同订立在先,而与丙的动产抵押合同订立在后但先办理了登记,此种情形下哪一个抵押权优先实现? 依据《民法典》第 414 条的规定,即使某个抵押合同签订在先,但如果该抵押登记在后,则其权利实现顺位也位列在后,相反,如果其他抵押权人登记在先,则即便其抵押合同订立在后,抵押权人也能优先受偿。由此可以看出,重复抵押的顺位规则就是以登记为中心确定的。

(二) 登记优先于未登记

《民法典》第 414 条第 1 款第 2 项规定,"抵押权已经登记的优先于未登记的受偿"。这就是说,在重复抵押的情形下,首先要考虑抵押权是否已经办理了登记,如果有的抵押权已经办理登记,而有的抵押权没有办理登记,则已经登记的抵押权在权利实现顺位上优先于未登记的抵押权。以登记为中心,意味着已办理登记的抵押权应当优先于未登记的抵押权。例如,以某项动产为多项债务抵押,即使第一个抵押权设立在先,但是如果其未办理登记,即便第二个抵押权设立在后,只要其已经办理了登记,则第二个抵押权人就可以优先于第一个抵押权人受偿。《物权法》第 199 条规定,抵押权登记顺位相同的,按照债权比例清偿。《民法典》第 414 条第 1 款删除了上述规则。因为在《物权法》制定时,登记处于分散状态,当事人在不同登记机关登记,可能会出现难以判断先后顺序的情形,或者因登记时间相同而导致登记顺位相同。但是,一旦不动产统一登记以及动产和权利担保统一登记之后,在同一登记机关办理登记时,不可能出现登记顺位相同的情况,总会出现先后的顺位。① 因此,《民法典》删除了登记顺位相同的规则,更符合我国担保权登记的现实情形。

(三) 未登记的以债权比例确定

《担保法》第 54 条规定,未登记的,按照合同生效时间的先后顺序清偿。但由于合同不具有公示性,第三人无法确知之前是否已经存在抵押合同,并且很容易引发道德风险,即当事人通过倒签合同的方式损害第三人利益,因

---

① 参见黄薇主编:《中华人民共和国民法典物权编解读》,中国法制出版社 2020 年版,第 710 页。

此,《物权法》已经将该规定删除①,而将其修改为按照债权比例确定。《民法典》第 414 条第 1 款第 3 项规定:"抵押权未登记的,按照债权比例清偿。"依据这一规定,如果同一财产上的抵押权都没有办理登记,则各个抵押权人按债权比例受偿,当然,由于物权优先于债权,因此,抵押权即便没有办理登记,也要优于普通债权得以实现。法律作出此种规定,可以使债权人清晰了解不办理抵押登记的风险和后果。由于动产抵押权的设立依法采用登记对抗主义,该规则赋予了当事人自由选择办理抵押登记的权利,如果当事人选择不办登记,则应当承担作出此种选择的风险和后果。

《民法典》第 414 条实际上形成的是以登记为中心的权利优先顺位规则,其确立了已登记优先于未登记的、登记在先顺位在先的规则,这就极大地推进了我国担保制度的现代化,具体而言:第一,统一了担保权竞存时的顺位规则。传统大陆法国家大都按照不同的权利类型,分别设置不同的优先顺位规则,如此规定显然过于复杂,而且也不够公开透明。我国长期以来,在担保权顺位规则方面也存在立法规定严重缺失的现象,司法实践中产生了多种顺位规则,引发了规则适用的混乱。《物权法》的制定在统一担保权的顺位方面迈出了重要一步,但《物权法》的顺位规则并不完善,其只是规定了抵押权的权利顺位规则,而没有规定各项担保权之间的权利顺位规则。《民法典》第 414 条在明确抵押权权利顺位规则的基础上,进一步规定了以登记作为权利公示方法的各项担保权之间的权利顺位规则,极大地完善了担保权的顺位规则。第二,以登记为中心确定担保权的顺位,明确竞存的各个担保物权的清偿顺序,有利于降低担保的社会成本②,强化担保交易的稳定性,保护交易主体的预期,维护市场交易秩序。因为对交易当事人而言,其可以通过办理担保登记的方式取得优先顺位,这就可以降低当事人的交易成本。③ 同时,借助担保登记系统,第三人也可以查询已经存在的担保权,这就降低了与担保人进行交易的第三人的查询成本,维护交易安全④,并避免系统性的金融风险。第三,以登

---

① 参见黄薇主编:《中华人民共和国民法典物权编解读》,中国法制出版社 2020 年版,第 709 页。

② 参见朱虎:《民法典动产和权利担保的变革》,载《人民法院报》2020 年 7 月 30 日,第 5 版。

③ 参见黄薇主编:《中华人民共和国民法典释义》,法律出版社 2020 年版,第 804 页。

④ 参见崔建远:《中国民法典释评·物权编》,中国人民大学出版社 2020 年版,第 374 页。

记为中心具有引导功能,引导担保权人办理登记。因为在涉及多项担保的情形下,已经办理登记的担保权具有优先实现的效力,而对没有办理登记的担保权,则其实现顺位劣后,这就在明确担保权实现顺位的同时,也有利于尽可能使担保权公开,从而消除隐性担保。世界银行发布的《营商环境报告》就特别强调,担保的设立以及担保的权利实现程序应当公开透明,以减少隐形担保,避免隐形担保给交易安全和当事人权利带来损害。[①] 第四,以登记为中心确定各项担保权的顺位规则,也有助于降低当事人之间的道德风险,尤其是在我国金融交易大量产生、交易类型更为多元的背景下,通过登记公示各项担保权,并明确其权利顺位,可能是行之有效的方法,因为登记是保障担保设立和权利实现程序公开透明最有效、最便捷的方式。以登记为中心确定各项担保权的顺位规则,既可以实现规则的简化,也便于当事人查询。

《民法典》第414条确定的规则完全是以登记为中心构建的,不考虑在后担保权人的善恶意。以登记为中心确定顺位规则,仅以是否登记和登记先后确定优先顺位,可以实现权利顺位规则的明晰化。在确定担保权的实现顺位时,如果还要考虑在后担保权人的善恶意,就会因为担保权人善恶意判断的困难性,而无法形成确定的优先顺位规则,也不利于稳定当事人交易的合理预期。

上述顺位规则在房地分别抵押的情形中也同样适用。即便是在房地分别抵押的情形下,也可以按照登记的先后顺序确定权利实现的顺位规则。我国虽然实行房地一体主义,但抵押人将房地分别抵押并不会导致各个抵押权无效。例如,抵押人首先将建设用地使用权设立抵押,并办理抵押登记,如果地上已经有房屋或者正在建造的建筑物,而抵押人又将该房屋抵押给其他人,此时即构成房地分别抵押,当然,按照房地一体主义,在抵押人将建设用地使用权抵押的情形下,即便没有办理房屋抵押登记,也应当认定,抵押权人已经依法取得了房屋抵押权,此种房屋抵押权即为法定抵押权;同样,后办理房屋抵押登记的抵押权人也应当依法取得建设用地使用权的抵押权。对此,《有关担保的司法解释》第51条第3款规定:"抵押人将建设用地使用权、土地上的建筑物或者正在建造的建筑物分别抵押给不同债权人的,人民法院应当根据抵押登记的时间先后确定清偿顺序。"依据该条款的规定,在房地分别抵押的情形下,各个抵押权

---

① 参见高圣平:《〈民法典〉视野下统一动产和权利担保登记制度的构造》,载《浙江工商大学学报》2020年第5期。

并不因此无效,而是依据抵押登记的先后顺序确定其清偿顺序。在上例中,登记在先的建设用地使用权抵押权人由于登记在先,其可以就房地的变价优先受偿;而顺序在后的抵押权人也有权按照登记顺序就房地的变价受偿。这实际上符合《民法典》第414条的规定。

二、《民法典》第414条构建了可登记的担保权竞存的顺位规则

如果仅仅将《民法典》第414条理解为可以登记的抵押权的顺位规则,显然过于狭窄,而且会出现大量的规范漏洞。例如,质押权利可以登记时,也会出现重复质押;同一动产既设定抵押又设定所有权保留或者融资租赁,如何确定各个担保权人的权利实现顺位,也是实践中迫切需要解决的重大问题。对此类问题的处理规则不一致,也不利于稳定当事人的合理预期。这一问题也是《民法典》第414条所要解决的核心问题,从该条规定来看,其不仅可以解决抵押权竞存时的顺位规则,也可以解决有关可登记的动产抵押、权利质押,以及可以登记的所有权保留、融资租赁、保理等担保权发生竞存时的权利顺位问题,即在各种可登记的担保权发生冲突时,可以依据该条规定明确权利顺位规则。因此,其具有强大的体系效应和广泛的适用价值,这一点也是《民法典》的体系化功能的彰显。"法典如同一张网,立法者在其中包括了从平常的小事到永恒的运动的一切。"①《民法典》通过各编规定的相互参引、准用、类推,可以避免条文规范的冗杂重复,进而实现法律条文的简化,并方便找法用法、查漏补缺,从而使《民法典》成为民事案件裁判中找法的"工具库"。可以说,《民法典》第414条也构建了统一的、全方位的可以登记的担保权的顺位规则,其适用范围不仅限于抵押权,具体而言,可以通过以下七个层次予以展开分析。

第一个层次,构建统一的动产重复抵押的顺位规则。

动产抵押是担保制度发展的新的趋势。《民法典》第414条第1款也可以适用于动产抵押,具体而言,第一,已登记的按照登记时间先后确定权利顺位。依据《民法典》第403条,动产抵押实行登记对抗主义,即未经登记不得对抗善意第三人,但如果当事人已经办理了登记,则无论其善恶

---

① François Terré, Conférence de Montréal, 1981, Codification et Langage, Cité par Alain Viandier, Recherche de légistique comparée, Springer Verlag, 1988, p. 43.

意,都要优先于未办理登记的动产抵押权人。① 第二,已登记的优先于未登记的,该规定主要针对动产抵押。在不动产抵押中,未办理登记就不产生抵押权,因此就谈不上抵押权先后的问题。所以,其主要针对动产抵押,动产抵押未登记也会产生抵押权。第三,都未登记的按照债权比例清偿。由于动产抵押实行登记对抗主义,并不当然需要办理登记,这时就会涉及都未登记的抵押权的顺位规则。从《民法典》第 414 条的规定来看,如果各个动产抵押均未办理登记,则按照债权比例清偿。

还应当看到,《民法典》第 414 条也可以解决动产浮动抵押中的权利顺位问题。例如,某批存货在设定动产浮动抵押之后,当事人又将其中部分财产单独设定抵押,此时,在相关财产之上即存在重复抵押的问题。浮动抵押采取登记对抗主义,自然可以适用《民法典》第 414 条关于动产重复抵押优先顺位的一般规则,当然,《民法典》第 404 条关于正常经营活动中的买受人规则,作为特别例外适用的规则,应当优先于第 414 条而适用。

第二个层次,解决了权利重复抵押的顺位规则。

依据《民法典》第 395 条的规定,凡是法律、行政法规未禁止抵押的权利,原则上均可以设定抵押,同时,该条也明确列举了建设用地使用权、海域使用权可以成为抵押权的客体。因而,权利也可能存在重复抵押的问题,因此,需要明确其权利顺位规则。从体系位置上讲,第 414 条规定于《民法典》抵押权的一般规定之中,这表明其不仅适用于不动产抵押,也应适用于动产抵押和权利抵押。即在权利重复抵押的情形下,也可以按照第 414 条的规定明确其权利顺位。

第三个层次,解决了抵押权与可以登记的权利质权冲突规则。

从《民法典》的相关规定来看,有些权利质权的设立需要登记,这可能产生同一财产之上同时存在抵押权与质权的现象。从实践来看,同一财产之上既存在抵押又存在质押的情形比较罕见。对动产而言,其可以办理抵押和质押,但无法形成权利质押。但从实践来看,确实存在抵押权与可以登记的权利质权相冲突的情形。例如,所有人将房屋抵押之后,又与他人就房屋签订了租赁合同,然后将房屋租金作为应收账款质押给其他人,房屋抵押权和应收账款质押均办理了登记,则在担保权实现时,究竟哪个担保权优先实现,也应当按照《民法典》第 414 条确立的顺位规则明确其权利顺位。另外,随着各种新型财产(如数据等)的发展,不排除既办

---

① 参见高圣平:《民法典动产担保权优先顺位规则的解释论》,载《清华法学》2020 年第 3 期。

理抵押又办理权利质押的可能性,这就会发生上述权利冲突。

第四个层次,沟通了典型担保与非典型担保之间的顺位关系。

就物上担保而言,典型担保主要指的是《民法典》物权编所规定的抵押权、质权和留置权,非典型担保包括合同编规定的所有权保留、融资租赁和保理,以及让与担保等。《民法典》第 388 条第 1 款规定,"担保合同包括抵押合同、质押合同和其他具有担保功能的合同"。该规定采取"具有担保功能的合同"的表述,就明确了功能化的担保概念。如果非典型担保以登记作为公示方法,在法定登记机关办理了登记,也具有担保物权的效力。《有关担保的司法解释》第 1 条也对此予以确认。《有关担保的司法解释》第 63 条对此作出进一步确认。①

但是,在典型担保与非典型担保之间同样可能存在竞存,具体有两种情形:一是典型担保和非典型担保之间,例如动产抵押和动产所有权保留之间;二是非典型担保之间,例如多重保理,或者同一动产存在多重所有权保留。这两种竞存的情形在实践中时有发生,如何确定该竞存下的顺位规则?《民法典》第 414 条第 2 款规定:"其他可以登记的担保物权,清偿顺序参照适用前款规定。"此处"其他可以登记的担保物权"就是指除物权编规定的担保物权之外的其他担保方式,如所有权保留、融资租赁和保理,以及让与担保等,当这些担保方式办理了登记之后,其清偿顺序也要适用《民法典》第 414 条的规定。该规则沟通了该款与"其他具有担保功能的合同"规定之间的关系。② 只要实质上是具有担保功能的交易形态,如可通过登记等予以公示,就应承认其可以发挥功能化担保物权的效力。例如,融资租赁出租人的所有权本质上发挥担保作用,在融资租赁交易中,出租人对租赁物享有具有担保功能的所有权,在承租人占有、使用租赁物期间内,承租人又擅自将该租赁物抵押给第三人,此种情形下,即产生了出租人所保留的所有权与抵押权竞存的现象③,也可以依据《民法典》第 414 条明确其权利顺位。也就是说,如果出租人已经在先办理了所有权登记,那么,即使承租人为第三人设定抵押权,该抵押权也不得对抗出租人的所有权;但如果出租人没有办理租赁物的所有权登记,或者虽然

---

① 《有关担保的司法解释》第 63 条规定:"债权人与担保人订立担保合同,约定以法律、行政法规尚未规定可以担保的财产权利设立担保,当事人主张合同无效的,人民法院不予支持。当事人未在法定的登记机构依法进行登记,主张该担保具有物权效力的,人民法院不予支持。"

② 参见刘保玉:《民法典担保物权制度新规释评》,载《法商研究》2020 年第 5 期。

③ 参见黄薇主编:《中华人民共和国民法典释义》,法律出版社 2020 年版,第 1386 页。

办理了登记,但其登记顺序在抵押权登记之后,则抵押权可以优先于租赁物的所有权实现,抵押权可以对抗出租人对租赁物的所有权。也就是说,通过对《民法典》第388条第1款和第414条的体系解释,可以发现在所有权保留、融资租赁、保理等交易形态中,也可能发生担保权的竞存,出现权利冲突问题,此时,亦可通过参照适用《民法典》第414条第1款的权利顺位规则,解决这些担保权之间的冲突。①

第五个层次就是权利质权顺位规则的参照适用。

如前所述,抵押权可能与可以登记的权利质权发生竞存,在权利质权之间,也可能发生竞存。实践中,也会出现同一权利之上设定多重质押的现象,但是《物权法》并未规定此种情形下的顺位规则。例如,同一股权分别质押给不同的债权人;再如,将同一应收账款分别质押给多家银行,此时必然会产生权利冲突问题。依据《民法典》关于权利质权的规定,有些权利质权(如仓单、提单等)将交付作为公示方法,而部分权利质权(如股权、应收账款等)的设立采取的是登记生效模式,即以登记作为该权利质权的公示方法。《民法典》并没有就同一权利重复设定质权的权利顺位规则作出规定,笔者认为,此时,可以通过《民法典》第414条第2款的规定,参照适用同一财产重复抵押的顺位规则,这既可以填补规则的漏洞,也可以避免立法的繁琐与重复。同时,参照适用《民法典》第414条的规定,具有合理性,而且在立法技术上较为简洁。②

第六个层次,为多重的担保性债权转让的顺位规则提供了基础。

所谓多重的担保性债权转让,是指债权人就同一债权与多个受让人订立多个债权转让合同,致使多个受让人主张债权。其中最为典型的就是多重保理。多重保理产生的原因是多方面的,有的是债权人故意隐瞒应收账款转让的事实,有的是当事人明知债权人已经将应收账款转让,而仍然与其订立保理合同。但其核心仍然是应收账款债权的重复转让问题。这就是说,同一债权的多重转让,导致了多个保理人主张权利,此时就会发生权利的冲突问题。究竟应当如何确定由哪个保理人取得应收账款债权?《民法典》第768条规定:"应收账款债权人就同一应收账款订立多个保理合同,致使多个保理人主张权利的,已经登记的先于未登记的取

---

① 参见孙宪忠、朱广新主编:《民法典评注.物权编》,中国法制出版社2020年版,第224页。
② 参见崔建远:《中国民法典释评·物权编》,中国人民大学出版社2020年版,第412页。

得应收账款;均已经登记的,按照登记时间的先后顺序取得应收账款;均未登记的,由最先到达应收账款债务人的转让通知中载明的保理人取得应收账款;既未登记也未通知的,按照保理融资款或者服务报酬的比例取得应收账款。"该条实际上确立了债权多重转让时决定权利归属的一般性规则。[①] 应当说,该条规则与《民法典》第414条第1款第3项所采取的"抵押权未登记的,按照债权比例清偿"的方式一致。当然,与《民法典》第414条不同的是,《民法典》第768条增加了通知情形下的权利顺位规则,只有在当事人既未登记也未通知的情形下,才能按照保理融资款或者服务报酬的比例取得应收账款。然而,当保理与其他非典型担保竞存时,如果难以适用《民法典》第768条的规定,则按照特别规则优先于一般规则的原理,适用《民法典》第414条的规定。

第七个层次是解决了新型担保竞存的权利顺位规则。

《民法典》第414条的规定也为未来新的担保权形态出现后多重担保的顺位规则的确定提供了依据。无论是新类型的抵押权,还是新类型的权利质权,只要具有以登记作为公示的手段,是具有登记能力的担保权,均可适用第414条的规定。随着社会的发展,实践中也可能出现新型的担保权,如果其能够通过依法办理登记予以公示,则其也可以产生担保物权的效力,在这些新型担保权与既有的担保权类型以及各新型担保权之间发生竞存时,也可以依据《民法典》第414条的规定确定其权利顺位。

总之,《民法典》第414条虽然重点规定了重复抵押情形下的权利顺位规则,但其在体系上具有显著的辐射作用,可以实现形式意义上担保权与功能型担保、典型担保与非典型担保之间的沟通和衔接,也为统一的动产和权利担保登记体系的建立提供理论支撑,进而实现担保物权的现代化,尽可能消除隐性担保,改善营商环境。

三、《民法典》第414条确立了顺位升进主义

在多重担保的情形下,解决竞存问题,还涉及另一个复杂的问题,就是顺位在先的担保权所担保的债权被清偿之后,顺位在后的担保权如何受偿,其顺位是否依顺序递进,抑或固定不变。例如,在重复抵押的情形下,如果顺位在先的抵押权消灭,则顺位在后的抵押权能否依次升位而相

---

① 参见黄薇主编:《中华人民共和国民法典解读》,中国法制出版社2020年版,第873页。

应地变更抵押权人的顺位,这是一个颇有争议的问题。对于该问题,各国立法规定并不完全相同,大致存在着两种立法例:

一是顺位固定主义。按照此种立法,各个抵押权设立后,其实现顺序保持不变,即便在先的抵押权已经消失,实现在后抵押权的实现顺序也仍保持不变。① 此种立法最先起源于罗马法,在罗马法中,受制于"双重典质"的禁止,直到公元 2 世纪才突破了只能在财产的余额上设立第二次抵押的限制,因而形成了顺位固定主义②,并为德国和瑞士法所采纳。例如,《瑞士民法典》第 814 条第 1 款规定:"同一土地设定若干顺序不动产担保权的,如一顺序担保权消灭时,其后的不动产担保债权人无请求升位的权利。"按顺位固定主义,在先顺位的担保权人本可以获得的担保财产价款仍然要保留给担保人,作为担保人的一般财产,而并非由在后顺位的担保权人当然取得。顺位固定主义的主要优点在于,其可以防止顺序在后的抵押权人因为顺位升进而取得不当利益。

二是顺位升进主义。按照此种立法例,抵押权设定后,实现顺序并非固定不变,如果实现顺序在先的抵押权消灭,则在后的抵押权实现顺序随之升进③,例如,第一顺序的抵押权消灭时,第二顺序的抵押权升进至第一顺序,第三顺序的抵押权则升进至第二顺序,依此类推。此种立法例源于日耳曼法,并为法国和日本等国民法所采纳。④ 如果在同一财产上存在着数个抵押权,则已经登记的抵押权在实现顺序上优先于未登记的抵押权,先登记的抵押权优先于后登记的抵押权;顺序在先的抵押权消灭后,如果抵押财产的价值仍有剩余,则应当由顺序在后的抵押权依次受偿。

依据《民法典》第 414 条,如果在同一标的物之上存在着数个抵押权,则已经登记的应当优先于未登记的受偿,先登记的优先于后登记的受偿。据此,在前一顺序的抵押权受偿以后,如果有剩余的,则应当由第二顺序的抵押权人受偿,依此类推。例如,同一房屋被抵押给两个债权人,且这两个抵押都已办理了登记,如果登记在前的抵押权人所享有的债权已经获得清偿,则登记在后的抵押权人可以就房屋拍卖所得价款获得清偿,也即,登记在后的抵押权人的顺位升进了。可见,该规定实际上采

---

① 参见内田貴『債権総論・担保物権(民法Ⅲ)』(東京大学出版会,2015 年)389 頁。
② 参见李媚:《罗马法上的重复抵押制度及其对中国法的启示》,载龙卫球、王文杰主编:《两岸民商法前沿》(第 4 辑),中国法制出版社 2015 年版,第 474 页。
③ 参见鳥山泰志「順位昇進原則の立法論・解釈論上の意義」法学新報 122 卷 1・2 号(2015 年)593 頁以下。
④ 参见史尚宽:《物权法论》,中国政法大学出版社 2000 年版,第 254 页。

纳了顺位升进主义。值得注意的是,《有关担保的司法解释》第 16 条第 2 款在例外情形下也承认了顺位固定规则,这可以说是对顺位升进主义适用的一种例外。①

如前所述,顺位升进主义与允许重复抵押的立场具有内在契合性,因为在禁止重复抵押的情形下,各个抵押权所担保的债权数额不得大于抵押财产的价值,即各个抵押财产为各个债权所担保的数额是固定的,也因此才有顺位固定主义的适用。既然《民法典》第 414 条已经包含了对重复抵押的许可,则采纳顺位升进主义应当说是理所当然的。同时,抵押权的顺位升进主义符合所有权的"弹力性"原则,按照这一原则,所有权权能可以与所有权发生分离,而这种分离不论以何种形态,分离的权能无论有多大,分离的时间无论有多长,都只是暂时的。这些权能最终要并入所有权中,使所有权恢复其圆满状态。② 因为抵押权的设定是对所有权形成一定的限制,一物之上设立数个抵押权,实际上是给所有权设立了负担,同时也是对所有权的限制,当顺序在先的抵押权消灭以后,所有权的内容基于弹力性原则应当恢复,随之应由顺序在后的抵押权人享有并支配抵押物的价值权,所以顺位升进主义是合理的。③

《民法典》第 414 条所确立的顺位升进主义具有如下特点:

第一,适用于登记的抵押权,不能适用于未登记的抵押权。因为不动产抵押原则上需办理登记才能生效,所以此处未登记的抵押权主要指的是动产抵押,动产抵押如果未办理登记,则按照债权比例清偿。由于《民法典》第 414 条适用于登记的抵押权,采纳顺位升进主义,不会使后顺位的抵押权人获得不当的利益,因为在重复抵押的情形下,既然抵押权已经经过了登记,一般的债权人可以通过查询登记知晓相关情形,后顺位的抵押权人对在先的抵押权人顺位的升进具有合理的期待,寄希望于先次序的抵押权消灭之后其顺位可以升进④,一旦先次序的抵押权消灭,其次序

---

① 《有类担保的司法解释》第 16 条第 2 款规定:"主合同当事人协议以新贷偿还旧贷,旧贷的物的担保人在登记尚未注销的情形下同意继续为新贷提供担保,在订立新的贷款合同前又以该担保财产为其他债权人设立担保物权,其他债权人主张其担保物权顺位优先于新贷债权人的,人民法院不予支持。"
② 参见史尚宽:《物权法论》,中国政法大学出版社 2000 年版,第 1 页。
③ 参见谢在全:《抵押权次序升进原则与次序固定原则》,载《台湾本土法学杂志》2000 年第 7 期。
④ 参见鸟山泰志「順位昇進原則の立法論・解釈論上の意義」法学新報 122 巻 1・2 号(2015 年)593 頁以下。

就可以升进,而获得此种顺位并非不当得利。

第二,既可适用于登记生效,也适用于登记对抗。就动产抵押而言,如果都办理登记,此时也可以采取顺位升进。从《民法典》第414条规定来看,其并没有对适用范围进行例外限制,即只要抵押权可以办理登记,就可以基于登记的先后顺序确定优先顺位,并可适用顺位升进规则,因此,不论是采登记生效主义的抵押权,还是采登记对抗主义的抵押权,均可适用顺位升进规则。

第三,在顺位升进的情况下,后次序的抵押权人一般仅能从先次序抵押权实现后的剩余的价值中受偿,因先次序抵押权消灭,将使后次序的抵押权得以随之升进,后次序的抵押权人获得完全的或部分的受偿,如此也不会损害债权人的利益。因为,在重复抵押的情形下,顺序在后的抵押权人,只能在顺序在先的抵押权人权利实现之后,才能就抵押财产的剩余价值优先受偿,债权人对此应当具有预期。后次序抵押权人自愿接受后次序的抵押,可能是合理期待抵押物价值的升值;如果价值升值,则既使先次序的抵押权人受偿,又可使后次序的抵押权人从中受偿。如果后次序的抵押权人愿意承担此种风险,法律也应当允许。当然,在顺序在先的抵押权实现之后,次序在后的抵押权能否实现,具有一定的不确定性,即只有在先次序的抵押权消灭以后,抵押物仍然有剩余价值时,后次序的抵押权才有以抵押物拍卖或者变卖价款受偿的可能。

总之,在同一标的物上设立数个抵押权的情形下,依据《民法典》的规定,在抵押权实现时仍然应当采取顺位升进主义,而非顺位固定主义。

四、《民法典》第414条适用中的其他问题

(一)《民法典》第414条和第403条之间的关系

《民法典》第403条规定:"以动产抵押的,抵押权自抵押合同生效时设立;未经登记,不得对抗善意第三人。"该条确立了动产抵押情形下的登记对抗规则,如前所述,《民法典》第414条既可以适用于不动产抵押,也可以适用于动产重复抵押情形下的竞存现象,但在具体适用中,其与《民法典》第403条存在一定的矛盾和冲突。例如,担保人将自己的某套设备抵押给银行甲,之后未办理登记,又将该设备抵押给银行乙并办理登记,银行乙对该设备已经抵押给银行甲是知情的。如果按照《民法典》第414条,则已登记的抵押权优先于未登记的,即银行乙的抵押权应当优先;

但如果按照《民法典》第 403 条的规定,虽然银行甲的抵押权未办理登记,但其只是不得对抗善意第三人,其仍然可以对抗恶意第三人,而银行乙对此是知情的,是恶意的,因此,银行甲的抵押权可以对抗银行乙的抵押权,此时银行甲的抵押权就优先于银行乙的抵押权。

如前所述,《民法典》第 414 条所规定的担保权顺位规则并不考虑担保权人的善意或者恶意的问题,这也是为了实现担保权顺位规则的统一性与明晰性①,且有利于维护登记簿的公信效力。据此,笔者认为,应当对《民法典》第 403 条中的"善意第三人"进行目的性限缩,将担保权人排除在外。从《有关担保的司法解释》的规定来看,其主要也采取了此种立场,该司法解释第 54 条第 1 项规定,"抵押人转让抵押财产,受让人占有抵押财产后,抵押权人向受让人请求行使抵押权的,人民法院不予支持,但是抵押权人能够举证证明受让人知道或者应当知道已经订立抵押合同的除外",依据该规定,此处的善意第三人主要是指抵押财产的受让人,而不包括担保权人。因此,如果顺序在先的抵押权人并未办理登记,而顺序在后的抵押权人办理了登记,则即便顺序在先的抵押权人能够证明顺序在后的抵押权人对其已经设定抵押权知情,其也不得主张优先受偿。

应当看到,民法具有保护善意、惩罚恶意的功能。② 按照这一功能,似乎应当将担保权人纳入善意第三人的范围,在顺序在后的担保权人恶意的情形下,即便其已经办理了登记,也不能使其优先受偿,但如此适用,将会影响登记簿的公信力,而且在存在其他担保权人的情形下,优先保护未办理登记的顺序在先的担保权人,也会引发交易秩序的混乱。因此,只要该先设立的抵押权没有办理登记,就应当劣后实现,不适用《民法典》第 403 条的规则,这可以实现顺位规则的统一和明细化,降低交易成本,而且有助于督促抵押权人及时办理抵押登记,避免遭受不利损害。

(二)《民法典》第 414 条和第 404 条之间的关系

《民法典》第 404 条规定:"以动产抵押的,不得对抗正常经营活动中已经支付合理价款并取得抵押财产的买受人。"依据该规定,正常经营买受人可以对抗动产抵押中的抵押权人,也就是说,即便该动产抵押权已经办理了登记,正常经营买受人的权利也可不受抵押权的限制。依据《有关

---

① 参见高圣平:《民法典动产担保权优先顺位规则的解释论》,载《清华法学》2020 年第 3 期。

② 参见石冠彬:《论民法典担保物权制度的体系化构建》,载《法学评论》2019 年第 6 期。

担保的司法解释》第 56 条第 2 款的规定,出卖人正常经营活动,是指出卖人的经营活动属于其营业执照明确记载的经营范围,且出卖人持续销售同类商品。所谓正常经营买受人,就是与出卖人在正常经营活动中进行交易,买入相关商品的主体。在实践中,《民法典》第 414 条和第 404 条之间也会发生一定的冲突,因为《民法典》第 404 条主要适用于动产抵押,但由于第 414 条可以普遍适用于各种财产的重复抵押的现象,在动产抵押的情形下,二者也可能发生冲突。例如,以同一批存货设置多种抵押,并且都已办理了登记,后该存货被出售给消费者,消费者支付了对价,并且该物已经交付,在交易之前已经设定的抵押权能否优先于买受人的权利? 换言之,抵押设定在先的抵押权人能否向买受人行使追及权? 笔者认为,抵押权人的权利不能优先于买受人的权利,因为从《民法典》第 404 条的规定来看,只要是动产抵押的,不论是否办理登记,都不得对抗正常经营活动中的买受人的权利,其理由在于:一方面,正常经营买受人优先保护规则对买受人的信赖加以保护,目的在于维护交易安全,因为在正常的经营活动中,特别是普通消费者,其从商店等处购买商品,不需要再查询相关商品之上是否已经设定抵押,这既有利于保护交易当事人的合理信赖,也有利于提高交易效率。① 另一方面,《民法典》第 404 条的目的是降低正常经营活动中的买受人的查询成本,所以,只要是正常经营活动中的买受人,即不负有查询登记的义务,且无论该买受人是否善意,都要优先于动产抵押权人。此外,在正常经营活动中,买受人在交易时难以查询相关的货物是否已经办理了抵押登记,对买受人科以查询义务,不仅会增加交易成本,而且也超出了一般买受人的查询能力。

(三)《民法典》第 414 条和第 415 条之间的关系

《民法典》第 415 条规定:"同一财产既设立抵押权又设立质权的,拍卖、变卖该财产所得的价款按照登记、交付的时间先后确定清偿顺序。"该条确立了抵押权与质权的效力顺位规则。《民法典》第 415 条中的质权是指以交付作为公示方法的质权,包括动产质权和以交付作为公示方法的权利质权。当同一财产上既存在抵押权,又存在以交付作为公示方法的质权,此时就依法定公示的先后确定顺位,而不能完全以登记的先后确定顺位,因为《民法典》第 414 条确立的是可以办理登记的担保权之间的效

---

① 参见朱良敏:《论"正常经营买受人规则"——以〈民法典(草案)〉第 404 条为切入点》,载《中南财经政法大学研究生学报》2020 年第 1 期。

力顺位规则。依据《民法典》第415条的规定,如果同一财产之上同时设立抵押和质押,则应当依据登记、交付的时间先后确定清偿顺序。

在具体适用中,《民法典》第414条和第415条之间也会发生冲突,这主要可以分为两种情形:

一是已经登记的抵押权与质权的顺位关系。如果抵押权已经登记,则依据《民法典》第415条的规定,抵押权与质权的效力顺位关系应当根据登记、交付的先后顺序予以确定,也就是说,如果抵押权登记在先而质押财产交付在后,则抵押权顺位在先;如果抵押权登记在后而质押财产交付在先,则质权效力顺位在先。

二是未登记的抵押权与质权的顺位关系。如果动产设定抵押并没有办理登记,后当事人又将该物设定质权,则依据《民法典》第415条的规定,由于抵押权并未办理登记,则应当认定质权优先。此时,也不必考虑质权人主观上是善意还是恶意。[①]

(四)《民法典》第414条和第416条之间的关系

所谓价金超级优先权,是指债权人在动产之上取得的担保因购买该动产而产生的价款给付义务的抵押权。[②]《民法典》第416条规定:"动产抵押担保的主债权是抵押物的价款,标的物交付后十日内办理抵押登记的,该抵押权人优先于抵押物买受人的其他担保物权人受偿,但是留置权人除外。"该条对价金超级优先权作出了规定。例如甲以自己的生产设备、原材料等为丙设定了浮动抵押,后从乙处赊购了一套新设备,甲以该设备为乙设置了担保价金支付的抵押权,且于交付后十日内办理了登记。

问题在于,在同一标的物之上也可能存在多个价金超级优先权,即同一标的物上同时存在数个购买价金担保权。例如,两个商业银行分别向债务人提供购买设备的贷款,此时,两个商业银行都可能在同一设备上享有价金超级优先权。再如,贷款人向买受人提供购买设备的部分价款(如首付款)[③],此时,贷款人与出卖人也可能在该设备之上同时享有价金超级优先权。在同一标的物之上存在多个价金超级优先权的情形下,如何

---

① 参见黄薇主编:《中华人民共和国民法典物权编解读》,中国法制出版社2020年版,第665页。

② 参见崔建远:《中国民法典释评·物权编》,中国人民大学出版社2020年版,第414页。关于该名称,目前并没有统一的术语。已使用的概念包括买卖价款抵押权、价款债权抵押权、购置款抵押权、购买价金担保权、价款超级优先权等。

③ 参见高圣平:《担保法前沿问题与判解研究》(第5卷),人民法院出版社2021年版,第417—418页。

确定其效力顺位关系,值得探讨。《民法典》第416条仅规定了价金超级优先权与其他担保权之间的效力冲突解决规则,而没有规定多个价金超级优先权竞存时的效力顺位规则,笔者认为,此时,也可以适用《民法典》第414条的规定,即应当按照登记的先后顺序确定其效力顺位。

此外,在符合《民法典》第416条规定的情形下,享有价金超级优先权的抵押权人的权利优先于其他担保权人,因此,不论其他担保权人办理的担保登记的实现是否在该抵押权人之前,该抵押权人均可基于价金超级优先权而享有优先受偿的顺位,此时,也应当排除《民法典》第414条的适用。可以说,此种情形下,该规则即构成了《民法典》第414条第1款确立的"公示在先、权利在先"规则的例外规则。

结　语

担保物权的现代化是融通资金、促进物尽其用、改善营商环境的重要保障,《民法典》第414条虽然在整体上继受了《物权法》第199条的规定,但在完善该条规定的同时,极大地扩张了其适用范围,不仅实现了担保物权体系顺位规则的统一,而且发挥了强大的体系辐射效应,极大地弥补了担保物权制度的不足,具有重要的体系化的意义和功能。可以说,该条规定在推进担保物权现代化方面迈出了重要的一步,对于避免系统性金融风险,稳定当事人的预期,进而提升和完善我国的营商环境,均具有重要的价值和意义。

论正常经营买受人规则*

前　言

《民法典》第404条规定："以动产抵押的,不得对抗正常经营活动中已经支付合理价款并取得抵押财产的买受人。"此即正常经营买受人规则。该规则修订自《物权法》第189条第2款。从制度起源来看,该规则借鉴了美国法。在美国法中,所谓正常经营买受人,是指在正常经营活动中买入相关商品的主体。[①] 依据该规则,即便动产抵押权已经办理了登记,正常经营买受人的权利也不受该抵押权的限制,可以对抗动产抵押权人。

正常经营买受人规则在动产担保交易中占有重要地位,对动产担保交易产生了重要影响。但因《民法典》的规定相对简单,在司法实践中,对于其构成要件和法律效果有较大争议。为了解决这些争议,《有关担保的司法解释》第56条进一步对正常经营买受人规则作出了细化规定,必将对今后的司法实践和担保交易产生积极的影响。不过,对该司法解释的规定,仍然有必要作出一些澄清。为了正确理解和适用正常经营买受人规则,笔者将对其制度价值、构成要件、法律效果等问题进行探讨。

一、正常经营买受人规则的制度正当性基础

(一)正当性基础

1. 保护合理信赖

信任是整个社会关系的润滑剂[②],尤其是在陌生人社会中,信赖支撑

---

* 原载《东方法学》2021年第4期。
① See Robert H. Skilton, Buyer in Ordinary Course of Business Under Article 9 of the Uniform Commercial Code(and Related Matters), Wisconsin Law Review, Vol. 1, 1974.
② 参见叶金强:《信赖原理的私法结构》,北京大学出版社2014年版,第70页。

着陌生人之间的交往,是陌生人之间能够自由交易的保障①,否则社会生活就难以正常开展,市场交易难以持续。在正常经营活动中,正常经营买受人规则保护了买受人对经营人的标的物所有权的合理信赖,因为一方面,正常经营中的买受人已信赖了在正常经营活动中的经营人对于交易标的物享有完整的所有权,正常经营买受人规则有助于保护此种交易上的信赖;另一方面,买受人尤其是消费者,相信从事经营的出卖人所出售的商品上不具有担保负担,才能开展正常的交易特别是消费活动,对于广大消费者而言,其购买的也多是日常商品,规定正常经营买受人规则有利于保护消费者,保护其消费活动中的合理信赖,才可建立稳定的行为预期和交易安全感,这属于法秩序最根本的要求之一。②

2. 维护交易安全

在现代社会,随着经济和科技发展,动产的种类和形态愈来愈多,价值也愈来愈高,与此相应,动产担保越来越发达,呈现出与不动产担保并驾齐驱的态势。与这种态势一致,包括《民法典》在内的现代民法均高度重视动产抵押。《民法典》实行动产抵押的登记对抗制度,动产抵押登记能对抗第三人。这样一来,买受人在购买设有抵押权的商品时,不知道该商品设定抵押且办理了登记,就要承受抵押权的负担,抵押权的追及效力将及于买受人,这将极大地影响交易安全。从客观情况来看,普通消费者在购买商品时,根本没有逐个查询该商品之上是否设有抵押权的习惯,而其所处的正常经营环境,也促使其合理信赖所购买的商品没有其他权利负担。故而,如果没有正常经营买受人规则,买受人的合理预期将无法实现,买受人的合法权利将得不到有效保障,从而将严重影响交易安全。正因如此,正常经营买受人规则顺应了动产抵押财产范围不断扩大的趋势,阻断了动产抵押的追及效果。③ 可以说,通过有效避免动产抵押给正常交易带来的障碍,正常经营买受人规则消除了动产抵押的可能副作用,成为动产抵押制度不可或缺的组成部分。

---

① 参见朱广新:《信赖责任研究——以契约缔结为分析对象》,法律出版社 2007 年版,第 137 页。
② 参见朱良敏:《论"正常经营买受人规则"——以〈民法典(草案)〉第 404 条为切入点》,载《中南财经政法大学研究生学报》2020 年第 1 期。
③ 参见高圣平:《民法典担保制度及其配套司法解释理解与适用》,中国法制出版社 2021 年版,第 69 页。

3. 提升交易效率

担保制度的现代化要求动产抵押能通过登记予以公示,且买受人可通过查询获知标的物上是否存在抵押权,根据动产抵押登记对抗的规则,未查询的买受人构成恶意,动产抵押权人有权追及标的物并行使抵押权。这意味着,在通常情形下,买受人有查询义务,但查询义务显然增加了买受人的负担。对于正常经营买受人而言,豁免其查询登记的义务,有利于降低交易成本,提高交易效率。一方面,正常经营买受人所从事的是日常维持生产生活需要的交易,对于此类活动,如果都要对买受人科以查询义务,会使得买受人负担过重。买受人要取得没有抵押权负担的所有权,就必须自行查询标的物的抵押情况,或者取得抵押权人同意,此过程必然会导致交易成本的增加和交易时间的延长,进而降低交易效率①,并会极大地妨碍正常经营过程中的交易。如无正常经营买受人规则,在实现抵押权时,将导致抵押权人可以对正常经营买受人购买的商品进行追及,并由抵押权人优先受偿。这一抵押权的实现程序,也因标的物的转让而相应变得更为繁琐,从而增加了抵押权实现的成本和费用,不利于交易效率。另一方面,在现实生活中,特别是在普通的民事交易中,买受人根本不知道一般消费品会设立抵押及登记,也没有查询一般消费品担保信息的观念和意识②,强制要求买受人对这些动产是否存在担保进行查询,既不符合现实情况,也不符合交易习惯和人们在社会生活中的观念认知。

尤其应当看到,从现实情况来看,经营者特别是中小微企业用以设定抵押的动产往往是存货。经营者一方面以存货作为抵押财产获得融资,同时又能出卖存货获得利润,并以该利润归还借款,或购买新的存货继续作为抵押财产。在正常经营买受人规则的保障下,经营者在将其存货设定浮动抵押后,还可以继续将该存货进行销售,从而使担保的财产能够处于正常的经营状态,产生抵押人、抵押权人和买受人三方共赢的结果。在正常经营买受人规则的保障下,经营者在正常的融资和经营中可获得必要的资金,买受人通过购买标的物能获得无负担的标的物所有权,抵押权人通过选择浮动抵押并加强监督的方式也不失去抵押权,最终

---

① 参见朱良敏:《论"正常经营买受人规则"——以〈民法典(草案)〉第404条为切入点》,载《中南财经政法大学研究生学报》2020年第1期。

② 参见纪海龙、张玉涛:《〈民法典物权编(草案)〉中的"正常经营买受人规则"》,载《云南社会科学》2019年第5期。

实现有效提升交易效率的目的。

4. 维护消费者的利益

应当看到,正常经营买受人是一个范围较为宽泛的概念,它不限于消费者,也可以是购进货物用于转售营利的商人。① 但是在实践中,以营利为目的的商人大宗地购买商品,有可能构成异常交易,往往被排除在正常经营买受人规则之外。因此,正常经营买受人规则主要适用于消费者为生活进行的消费。这一规则的设计初衷,在很大程度上就是为了保护消费者的合法利益②,防止因为动产担保的追及,干扰人们正常的生活。③ 正常经营买受人规则在保护消费者利益方面的作用主要表现为:一方面,在交易过程中免除消费者的查询登记义务,从而便于其消费行为。由于消费者不同于商事主体,其在从事日常消费活动时,不可能逐一查询标的物是否抵押。该制度的实质就是豁免消费者的登记查询义务。例如,如果消费者购买的货物已经设定了抵押,即使已经办理登记,消费者可能并不知情,如果要进行查询,将会极大增加消费者的负担。因此,有学者认为,在买受人是非正式的零售商时,要对买卖交易相较于担保交易提供更为优先的保护。④ 另一方面,在交易结果上,正常经营买受人规则可以有效避免抵押权的追及,使得消费者不再受到在先抵押权的限制,可以确保消费者获得完整的无担保权利负担的所有权。⑤

(二) 正常经营买受人规则与相关规则的关系

1. 与善意取得规则之间的关系

《民法典》第 311 条规定了善意取得制度,根据该规定,善意取得包括所有权的善意取得与其他物权的善意取得。有观点认为,所谓正常经营活动,乃是指担保人(出卖人)为从事相关货物买卖之人,本质上是一种特殊的善意取得规则(即保护受让人对出让人具有无负担处分权限的善意

---

① See Bank of Utica v. Castle Ford, Inc., 36 App. Div. 2d 6(1971), 317 N. Y. S. 2d 542.
② 参见高圣平:《民法典担保制度及其配套司法解释理解与适用》,中国法制出版社 2021 年版,第 69 页。
③ 参见林文学等:《〈关于适用民法典有关担保制度的解释〉的理解和适用》,载《人民司法》2021 年第 4 期。
④ See Robert H. Skilton, Buyer in Ordinary Course of Business Under Article 9 of the Uniform Commercial Code(and Related Matters), Wisconsin Law Review, Vol. 1, 1974.
⑤ 参见林文学等:《〈关于适用民法典有关担保制度的解释〉的理解和适用》,载《人民司法》2021 年第 4 期。

信赖),属于动产善意取得制度的必然延伸。① 的确,正常经营买受人规则与善意取得制度具有一定的共同性,这主要体现在:一方面,正常经营买受人规则具有信赖保护、维护交易安全、提升交易效率等价值,善意取得制度也有这些价值,两者因此均有促进市场经济有序发展的功能。另一方面,两者都适用于正常的经营活动,在异常交易中,相对人失去信赖保护的基础,不符合正常经营买受人规则和善意取得制度的构成。

但是,两者之间存在以下显著区别,善意取得制度因而不能替代正常经营买受人规则,后者具有独立的法律地位:

第一,适用范围不同。善意取得制度能适用于所有权和其他物权,旨在解决权利人能否取得物权的问题。而正常经营买受人规则主要适用于动产抵押,其依附于动产抵押,以买卖的动产之上存有抵押权为前提。

第二,理论基础不同。虽然两者都以信赖保护为理论基础,但动产善意取得制度立足于对出卖人占有状态的信赖,即以占有的状态表示出卖人有权处分标的物。而正常经营买受人规则基于对交易过程的信赖,即买受人信赖在正常的交易情形中,标的物上不会负有动产担保权利。②

第三,构成要件不同。主要表现为:一是善意取得制度针对的是无权处分行为,通过善意补正处分权上的瑕疵,使得买受人取得完整的物权。但在正常经营买受人规则中,即便动产被设定了抵押,动产所有权人仍然有权处分该动产,其将动产进行出售的行为并不构成无权处分,因此并不需通过善意补正处分权上的瑕疵。法律此时肯定买受人可以获得无负担的所有权,这是积极信赖保护的结果,即发生如同商品上并不存在抵押权一样的法律效果。二是善意要求也不同,如果认为正常经营买受人必须为善意,其善意的认定也应较为宽松,即只要买受人并非明知其买受行为侵害了动产抵押权,即可认定为善意,买受人仅仅知道标的物上存在抵押权,并不必然构成恶意。但在善意取得的情形下,善意的标准是买受人无重大过失地不知道处分人无处分权。

第四,法律效果不同。善意取得制度削弱了对原所有权人的保护,法律肯定买受人原始取得所有权,原所有权消灭。③ 而正常经营买受人规则

---

① 参见纪海龙、张玉涛:《〈民法典物权编(草案)〉中的"正常经营买受人规则"》,载《云南社会科学》2019年第5期。
② 参见龙俊:《民法典中的动产和权利担保体系》,载《法学研究》2020年第6期。
③ 参见尹田:《物权法理论评析与思考》(第2版),中国人民大学出版社2008年版,第311页。

则是削弱了对动产抵押权的保护,阻断了抵押权的追及效力。

2. 与未登记不得对抗善意第三人规则之间的关系

《民法典》第 403 条规定:"以动产抵押的,抵押权自抵押合同生效时设立;未经登记,不得对抗善意第三人。"这就确立了动产浮动抵押实行登记对抗的模式,在动产抵押未经登记时,依据《民法典》第 403 条的规定,其本身就不能对抗善意第三人。此处的善意第三人包括但不限于正常经营中的买受人。《有关担保的司法解释》第 56 条第 2 款规定,"前款所称担保物权人,是指已经办理登记的抵押权人、所有权保留买卖的出卖人、融资租赁合同的出租人"。这似乎是认为正常经营买受人规则仅能适用于已登记的抵押权。但是,在买受人既构成善意第三人又构成正常经营买受人时,无论动产抵押权是否登记,基于制度目的,都有必要适用正常经营买受人规则以保护正常经营买受人。

问题在于,在第三人已经进行了登记,而善意买受人仍然购买了标的物时应当如何处理?依据正常经营买受人规则,正常经营买受人能对抗已登记的动产抵押权人,由此可见,在此情形下,正常经营买受人规则就成为了《民法典》第 403 条的例外。那么,理顺正常经营买受人规则和未登记不得对抗善意第三人规则之间的关系,就相当有必要。需要指出的是,对于未登记的动产抵押权人而言,买受人是否可以适用正常经营买受人规则?笔者认为,这两个规则之间具有以下区别:

第一,调整范围不同。《民法典》第 403 条是针对动产抵押物权变动的一般规则,而正常经营买受人规则则只是针对动产浮动抵押中买受人能否取得无负担所有权的特殊规则。

第二,《民法典》第 403 条主要适用于抵押权人未办理登记的情形。而对于已经办理登记的抵押权人而言,本来按照《民法典》第 403 条的反面解释,抵押权人可以对抗买受人,但是基于法政策的特别考量,例外规定了正常经营买受人规则,突破了第 403 条反面解释的结果,并形成了对正常经营买受人的特别保护。

第三,构成要件不同。正常经营买受人规则的构成要件包括积极构成要件,也包括排除适用情形,整体上要求事项较多,而未登记不得对抗善意第三人规则的要求事项较少。而且,两者的善意要求也不同,正常经营买受人的善意以买受人并非明知其购买行为侵害动产抵押权为标准,至于买受人知悉其购买的动产上存在抵押权,并不妨碍认定其善意。但根据《有关担保的司法解释》第 54 条第 1 项,在未登记不得对抗善意第三人规则中,只要买受人知道或应当知道存在抵押合同,买受人就为恶意。相比而言,正常经营买受人规则对善意的要求更为宽松。

应当指出,这两个条款在适用上相互补充。因为这两个规则的构成要件不同,就未登记抵押动产的买受人保护而言,这两个规则在适用上具有互补关系。比如,买受人在取得抵押财产时未支付合理价款,不能适用正常经营买受人规则,但只要其不知且不应当知道存在抵押合同,就能适用未登记不得对抗善意第三人规则。又如,买受人明知抵押合同,但符合正常经营买受人规则的构成要件,其取得的动产也能够对抗未登记的动产抵押权。

二、正常经营买受人规则的积极构成要件

担保制度的现代化要求鼓励担保,这就要求登记制度公开透明、便于查询,同时也要求交易当事人负有查询义务,如此才能共同为维护交易安全和改善营商环境提供保障。但是在适用正常经营买受人规则的情况下,法律突破了对上述制度目的的要求,为了实现对正常经营买受人和消费者的保护,法律豁免了其查询登记的义务。即便其没有查询,且购买的商品之上已经存在有担保权利,法律仍然规定买受人免受该抵押权的追及。由此可见,该规则在整个担保制度之中应当属于一项例外的规则。作为一项例外规则,该规则的适用范围也相应地应当受到严格的限制。

《有关担保的司法解释》第 56 条从确认正常经营买受人和排除非正常经营这两个正反方面,对正常经营买受人规则的构成要件进行了规定。虽然该条通过反面排除的方式明确了一些不适用正常经营买受人规则的情形,但是究竟应当如何把握积极的构成要件,事实上并不清晰,仍然值得讨论。笔者认为,可以从如下几个方面,界定正常经营买受人规则的积极要件。

(一)买受人必须与从事正常经营活动的出卖人从事交易

依据《有关担保的司法解释》第 56 条第 2 款的规定[①],可从如下几个

[①] 《有关担保的司法解释》第 56 条第 2 款明确规定:"前款所称出卖人正常经营活动,是指出卖人的经营活动属于其营业执照明确记载的经营范围,且出卖人持续销售同类商品。前款所称担保物权人,是指已经办理登记的抵押权人、所有权保留买卖的出卖人、融资租赁合同的出租人。"

方面界定正常经营活动：

第一，出卖人的经营活动是正常的。从交易主体上看，所谓正常经营活动，是指抵押人（出卖人）的正常经营活动，而非买受人的正常经营活动，更不是抵押权人的正常经营活动。在美国法中，出卖人必须从事同类商品销售经营，这个术语是为了指向专业的出卖人，以区别于不将出卖这些货物作为职业的难以归类的出卖人。[1] 这主要是因为，只有持续地从事该商品买卖且以该商品买卖为业，买受人对于其出卖的货物上无担保权利负担才具有合理信赖。如果买受人从完全经营其他商品的出卖人处购买某一货物，那么此笔交易便不具有正常经营的性质。例如，某买受人从某钢材公司购买化肥，此种偏离正常交易的买卖就不再具有交易安全保护的必要。

第二，出卖人的经营活动与其经营范围相符合。从交易范围上看，《有关担保的司法解释》第56条第2款将出卖人经营范围确定为其营业执照明确记载的经营范围。之所以如此，是因为在经营范围内的交易，保障性更强；超出经营范围的交易保障性较低，或者脱离监管，甚至是违法经营。一般情形下，企业登记注册的经营范围是判断正常经营活动最便捷的方式。[2] 据此，家用电器销售商从事销售电器的活动，即属于正常经营活动。但如果其销售汽车，或者生产设备，则不属于其正常经营活动。[3] 当然，这一规定也过于严格：因为一方面，实践中超出营业执照记载的经营范围进行经营的行为十分常见，法律并不直接否定这些法律行为的效力；另一方面，如果将正常经营严格限制于营业执照记载的范围，则买受人将不得不查询经营者的营业执照再进行交易。如此一来，该制度旨在提高交易效率的初衷也就难以实现。故而，不应仅以出卖人营业执照的经营范围为限来确定正常经营权的交易范围，而应以出卖人常规从事的经营活动来确定其经营范围。

第三，正常经营活动必须是买卖交易。从交易属性上看，正常经营买受人规则仅限于买卖，而非租赁、保理等活动。《有关担保的司法解释》第56条第1款规定，"买受人在出卖人正常经营活动中通过支付合理对价

---

[1] See Robert H. Skilton, Buyer in Ordinary Course of Business Under Article 9 of the Uniform Commercial Code(and Related Matters), Wisconsin Law Review, Vol. 1, 1974.
[2] 参见刘竞元：《民法典动产担保的发展及其法律适用》，载《法学家》2021年第1期。
[3] 参见高圣平：《民法典担保制度及其配套司法解释理解与适用》，中国法制出版社2021年版，第603页。

取得已被设立担保物权的动产,担保物权人请求就该动产优先受偿的,人民法院不予支持"。显然,该条规定仅针对买受人,不包括非买卖活动中的当事人,租赁、保理等交易中的相对人无法适用正常经营买受人规则。此处的买受人不限于消费者,也可以是购进货物用于转售营利的商人[1],购买商品是用于自己消费、再生产还是转售,在所不问。同时,买受人必须是已经购买了货物,或者订立了购买货物合同的人。在后一种情况中,只有当买受人主张自己的合同权利时,其才能被作为买受人;如果已经订立的买卖合同被买受人解除或者诉请返还价金,其就不再是买受人。[2] 另外,此处的买受并不仅仅包括狭义的买受,也包括互易。但是买受人并不包括代理人,即代理他人从事买受活动的主体不是买受人。[3]

第四,正常经营活动具有合法性。正常经营活动是指合法的买卖行为,违法的买卖行为不属于此处所说的正常经营活动。例如,买受人欠缺法律所要求的购买某一货物的资质而购买该货物,其就不属于正常经营买受人。

(二) 买受人必须支付合理价款

《民法典》第 404 条规定:"以动产抵押的,不得对抗正常经营活动中已经支付合理价款并取得抵押财产的买受人。"依据这一规定,买受人必须支付了合理的价款才能适用该规则。如果买受人仅仅与抵押人订立了买卖合同,但是尚未支付价款或者支付了极少的价款,在此情形下,就没有保护这些买受人的必要。[4] 法律设立此种要件的主要目的在于,防止抵押人与他人合谋欺诈抵押权人。[5] 如果仅仅签订合同,而没有支付价款,不能认为其就取得了可以对抗抵押权人的权利,否则将产生虚构合同等道德风险。从比较法上来看,《欧洲示范民法典草案》第 8-3∶102 条也要求受让人已经支付对价。[6]

关于支付合理价款这一要件,应当从以下两方面加以考虑:一是价款必须合理,这应当与善意取得中的合理价款作同种解释,即价款数额与标的物的价值大致相当,对此可结合动产是否独有、当事人是否有约定转让

---

[1] See Bank of Utica v. Castle Ford, Inc., 36 App. Div. 2d 6(1971), 317 N. Y. S. 2d 542.
[2] See 87 A. L. R. 3d 11, 1978.
[3] See 87 A. L. R. 3d 11, 1978.
[4] 参见梅夏英、高圣平:《物权法教程》,中国人民大学出版社 2007 年版,第 436 页。
[5] 参见程啸:《担保物权研究》,中国人民大学出版社 2017 年版,第 545 页。
[6] 《美国统一商法典》和《担保交易立法指南》的规定有所不同,它们均不要求买受人已支付合理价款。

价格、市场价格、付款方式以及交易习惯等因素进行判断。① 二是价款必须已经实际支付,即买受人应当将购买标的物的价款交付给抵押人。为了平衡当事人之间的利益,只要买受人已经交付了大部分价款,就应当认为其可以取得对抗抵押权人的地位。同时,"已支付合理价款"不以支付金钱为限,各种替代金钱的方式均在其列。例如,我国司法实践中即有观点认为,即使买受人与抵押人将作为种类物的抵押物进行互换,也应当认定这种互易行为是一种支付对价的交易行为,买受人取得的抵押物亦不受抵押权人抵押权的追及。②

(三)买受人已经取得抵押财产

我国《民法典》第404条规定:"以动产抵押的,不得对抗正常经营活动中已经支付合理价款并取得抵押财产的买受人。"所谓买受人"取得抵押财产",是指买受人基于动产所有权移转的规则取得动产抵押物之所有权。③ 如果买受人没有取得抵押财产的所有权,性质上其仍然属于债权人,因此不可能获得对抗抵押权人的地位。而只有在买受人取得所有权后,才有可能讨论其是否可以获得对抗抵押权人地位的问题。在买受人尚未取得所有权时,其仅仅享有对出卖人的债权,此时并不发生担保权利追及效力的阻断问题。之所以要求买受人已经取得所有权,是因为只有取得所有权时,才需要考虑标的物上的担保权利是否追及的问题。

问题在于,买受人"取得抵押财产",是否仅限于取得了所有权,而不问是否已经实际占有了该抵押财产?由于动产物权的变动以交付作为公示方法,此处所谓的交付既包括现实交付,也包括简易交付,应无异议。对于以指示交付等方式进行交付的,虽然买受人已经取得了所有权,但是并未获得标的物的占有,此时是否可以对抗抵押权人,存在争议。有观点认为,正常经营买受人规则的适用不要求受让人实际占有动产。笔者认为,买受人只要取得了所有权即可,而是否取得了标的物的现实占有并不重要。因为,既然买受人已经取得了所有权,无论其是否现实地取得了占有,都必然产生抵押权追及效力是否阻断的问题。正常经营买受人规则

---

① 参见高圣平、叶冬影:《民法典动产抵押物转让规则的解释论》,载《比较法研究》2020年第4期。
② 参见中央储备粮宜昌直属库与湖北当阳农村商业银行借款合同纠纷案,湖北省高级人民法院(2013)鄂民二终字第00041号民事判决书。
③ 参见纪海龙、张玉涛:《〈民法典物权编(草案)〉中的"正常经营买受人规则"》,载《云南社会科学》2019年第5期。

以保护信赖和交易安全与效率为目的,因此,没有理由将尚未取得实际占有但却已经取得所有权的买受人排除。

(四) 买受人必须构成善意

正常经营活动买受人规则是否以买受人善意为前提呢? 对此存在不同的观点,一种是善意说,此种观点认为该规则用以买受人善意为构成要件,因为只有善意的买受人才具有保护信赖的必要。但关于善意的认定也存在分歧,有学者认为买受人的善意体现为不知其购买行为侵害抵押权人的权益,至于买受人单纯知道抵押权的存在并不排除善意的认定①,还有观点指出,当买受人知悉其买卖行为违反抵押权人与抵押人之间禁止转让动产的特约时,即属恶意②。另一种观点是善意排除说,此种观点认为,善意并非该制度适用的要件,从《民法典》第 404 条的规定来看,其仅以"已支付合理价款"作为正常经营买受人制度的构成要件,而并不要求买受人主观为善意。"已支付合理价款"足以平衡正常经营活动中的买受人与其他债权人之间的利益。③ 换言之,无论受让人是否为善意,只要满足"正常经营活动中已经支付合理价款并取得抵押财产"这一前提,都将发生抵押权的消灭的后果。④

笔者认为,正常经营买受人规则应以买受人善意为要件。虽然《民法典》第 404 条并未明确规定该要件,但从比较法上来看,该要件具有普遍性,比如,联合国国际贸易法委员会《担保交易示范法》第 34 条第 4 项规定:"在出卖人正常经营过程中出售的有形设保资产的买受人取得其权利不附带担保,但先决条件是,在订立销售协议之时,买受人并不知悉该出售侵犯了有担保债权人在担保协议下享有的权利。"其中将买受人具有善意作为该规则适用的条件。在我国,把买受人善意作为要件,具有重要的意义。一方面,《有关担保的司法解释》第 56 条第 1 款中所列明的几项排除情形,未完全覆盖全部情形,因此把买受人善意作为正常经营买受人规则的构成要件,在弥补法律规则不足方面,具有重要意义。另一方面,上述司法解释所列举的事项常常需要与善意结合考量,才能正确适用。例

---

① 参见龙俊:《动产抵押对抗规则研究》,载《法学家》2016 年第 3 期。
② 参见董学立:《论"正常经营活动"中的买受人规则》,载《法学论坛》2010 年第 4 期。
③ 参见高圣平:《民法典动产担保权登记对抗规则的解释论》,载《中外法学》2020 年第 4 期。
④ 参见王琦:《论抵押财产转让对抵押权的影响——以〈民法典〉第 403,404,406 条的协调适用为视角》,载《北京航空航天大学学报(社会科学版)》2020 年第 5 期。

如,《有关担保的司法解释》第56条第1款第4项规定,"买受人与出卖人存在直接或者间接的控制关系"将排除正常经营买受人规则的适用。而在实践中,公司法允许关联交易的存在,仅仅有直接或间接控制关系本身并不足以认定构成异常交易,应与善意相结合进行判断,以明确买受人是否具有侵害抵押权的恶意,从而准确适用这一规则。

如何认定买受人的善意,是正确适用正常经营买受人规则的关键。一般认为,物权法中善意恶意的判断以是否知道公示的内容作为标准,《有关担保的司法解释》第56条第1款第5项也将"买受人应当查询抵押登记而未查询的其他情形"排除于该规则适用的范围,这也意味着是否知晓登记内容成为判断善意的标准,如此一来,就容易使人产生买受人具有查询义务,未经查询即为恶意的误解。这种理解显然是不妥当的,因为正常经营买受人规则的目的在于免除买受人的查询义务,只要是构成正常经营买受人,就应当不再要求其必须查询登记。故而,此处所说的善意,应当扩大理解,只要买受人并非明知其购买行为侵害了动产抵押权,即可认定为善意。① 换言之,即便买受人知悉其购买的动产上存在抵押权,也视为善意,从而可以无负担地取得标的物所有权。②

此处所说的善意,是指只要买受人并非明知其购买行为侵害了动产担保权利人的权利,即可认定为善意。③ 换言之,即便买受人知悉其购买的动产上存在抵押,也视为善意,从而可以无负担地取得标的物所有权。具体而言,恶意包括如下几种情形:

第一,从利益平衡的角度来看,在买受人已经知悉其购买行为侵犯抵押权时,其仍然购买的行为不再值得保护。例如,买受人知晓经营者以十台汽车设定了抵押,而且知晓出卖人并无其他责任财产,购买行为将明显导致汽车抵押权人遭受损害,此时就不应当对其提供正常经营买受人规则的保护。

第二,买受人明知担保权利人与出卖人就抵押物的出卖存在禁止转让特约。我国《民法典》第406条并不禁止抵押财产的转让,但是当事人可以作出禁止转让的特约。如果动产抵押人与抵押权人事先已经明确约

---

① 参见高圣平:《民法典担保制度及其配套司法解释理解与适用》,中国法制出版社2021年版,第650页。
② 参见龙俊:《动产抵押对抗规则研究》,载《法学家》2016年第3期。
③ 参见高圣平:《民法典担保制度及其配套司法解释理解与适用》,中国法制出版社2021年版,第650页。

定禁止抵押人转让抵押财产,甚至已经将该约定通过登记予以公示,此时,如果买受人在知晓禁止转让特约的情况下仍然购买,也不应受到本规则的保护。① 在美国法中,如果买受人明知抵押权人不允许出卖抵押物,则属于恶意。此时,买受人依旧能够取得标的物所有权,但该所有权上存在担保负担。② 在 Cash Loan Co. v. Boser 案中,美国威斯康星最高法院就认为"知情"规则的相互作用是寻找"知情"足以否定买方获得"正常经营买受人"规则的保护。③

第三,出卖人与买受人恶意串通损害抵押权人利益。在买受人与出卖人恶意串通,意图阻碍抵押权的追及时,也应当认为买受人不具有善意,从而否定其获得完整所有权的可能。

在证明责任的分配上,此处的"恶意"应当由抵押权人承担举证责任,如果其不能够证明买受人存在上述恶意的情形,则买受人受正常经营买受人规则的保护。

三、正常经营买受人规则的排除适用情形

我国《物权法》第 189 条第 2 款将正常经营买受人规则仅适用于浮动抵押的情形,但是《民法典》第 404 条将其扩张于所有的动产抵押,此时可以突破《民法典》第 406 条的抵押物的追及效力规则。《有关担保的司法解释》第 56 条进一步扩张至所有可以登记的动产担保,包括融资租赁、所有权保留等,这就进一步扩大了正常经营买受人规则的适用范围。但为了防止规则适用的过度扩张,《有关担保的司法解释》第 56 条第 1 款界定了不属于正常经营活动的五种情形,实际上是通过具体列举的方式,排除了部分不得适用的情形。这确实具有一定的合理性,但也都具有值得探讨之处。

(一) 购买商品的数量明显超过一般买受人

通常情形下,如果买受人购买的商品数量明显超过一般买受人,则可以认为其已经具有异常性。《有关担保的司法解释》第 56 条第 1 款第 1 项规定,"购买商品的数量明显超过一般买受人"的买受人不属于正常经营买受人。在司法解释的制定者看来,如果买受人购买的商品数量明显

---

① 参见董学立:《论"正常经营活动"中的买受人规则》,载《法学论坛》2010 年第 4 期。
② 参见纪海龙:《民法典动产与权利担保制度的体系展开》,载《法学家》2021 年第 1 期。
③ See Thomas J. Sexton, Section 9-307(1) of the U.C.C.: The Scope of the Protection Given a Buyer in Ordinary Course of Business, Boston College Law Review, Vol. 9, p. 985(1968).

超过一般买受人,则该交易具有明显的异常性,而正常经营活动规则本身保护的是正常交易。而且,正常经营买受人规则的目的主要是保护消费者,如果买受人购买的数量明显超过一般买受人的真实需求,则已经超出了消费者的范畴,显然不应当受到正常经营买受人规则的保护。

但是,笔者认为简单地以购买商品的数量来衡量交易是否异常,可能并不完全准确,主要原因在于:

第一,在交易实践中,何为一般买受人?一般买受人购买的商品数量采用何种标准?这本身是很难认定的问题,需要根据不同的行业、地域和时间进行判断,没有一定之规,上述标准因此具有极大的模糊性。

第二,不考虑其他因素,仅凭购买商品数量的多少,很难判断交易是正常或异常。例如,消费者购买一台电动车是正常交易,相比于此,其一次购买三台电动车就会被认定为异常交易,但这三台电动车分别送给亲友使用,同样不构成异常交易。

第三,动产种类丰富多样,对于价值较低的动产而言,当事人购买的数量即使较多,也可能属于正常交易。例如,某一消费者购买了一百个保温杯,从数量上看,这可能构成超过一般的购买数量,但其用于赠送亲友,且价值总量并不高,因此不能因为其购买的保温杯数量较多,便认为其不应当适用正常经营买受人规则。

正是基于上述原因,从比较法上来看,以交易的定性而非购买商品的数量作为排除情形,更有实际意义。根据《美国统一商法典》第九编,正常经营买受人并不包括通过批量交易获得货物的买受人。根据 Community Bank v. Jones 案,所谓批量交易是指大批量地出售不符合出卖人正常经营活动的材料、补给、商品或其他库存。① 这是从交易性质上对正常经营买受人进行了排除,不止单纯考虑商品数量的要素。

总之,笔者认为,"购买商品数量"这一判断因素,不能作为排除适用正常经营买受人规则的单一的、决定性的判断标准,在具体个案中,还应同时考虑交易的性质、类型、交易习惯,同时也需要综合价款数额、支付方式等相关要素。

(二) 购买出卖人的生产设备

《有关担保的司法解释》第 56 条第 1 款第 2 项规定,"购买出卖人的生产设备"的买受人不属于正常经营买受人。由于正常经营买受人规则

---

① See Community Bank v. Jones, 278 Or. 647, 566 P. 2d 470(1977).

调整的是出卖人的正常经营活动,而生产设备是出卖人从事生产经营活动的必要条件,其不能将出卖生产设备作为日常经营活动,因此,应当将出卖人出卖其生产设备的活动排除在正常经营活动之外。而且,正常经营买受人规则的制度目的是保护消费者,而购买出卖人的生产设备,已经超出了消费者的范畴。此处所说的生产设备是指出卖人的生产设备,此类资产对于出卖人而言,对于其未来生产经营活动具有关键作用,通常构成其资产。① 例如,购买钢铁公司生产的钢材可以适用正常经营买受人规则,而购买钢铁公司用于生产钢铁的生产设备如钢炉等则不能适用。该规则的设定确实具有一定的合理性,在购买生产设备时,其已经不是正常交易,且一般是特定的商事主体购买生产设备,此时,其不再享有合理的信赖,而应当负有查询的义务,从而应当免除该规则的适用。

为了防止理解歧义,有必要对生产设备的含义进行必要的限缩:一是不包括存货。《美国统一商法典》将存货定义为:物品,如果其在某人的控制之下被用以销售、出租或基于服务合同供给,就是"库存"。② 生产设备与存货不同,生产设备并非处于库存之中,而是在持续的生产状态之中。而存货则是生产后专门供销售、出租等。二是不包括作为商品的生产设备。如果出卖人本身就是生产设备的制造商,此时的生产设备就属于存货,出卖生产设备就是其正常经营。

(三) 订立买卖合同的目的在于担保出卖人或者第三人履行债务

从比较法上来看,《美国统一商法典》第九编将全部或部分以满足金钱债权担保的活动从正常经营买受活动中予以排除。《有关担保的司法解释》借鉴这一经验,该解释第 56 条第 1 款第 3 项规定,"订立买卖合同的目的在于担保出卖人或者第三人履行债务"的买受人不属于正常经营买受人。应当认为该条规则具有一定的合理性,主要理由在于:

第一,买受人订立买卖合同的目的在于担保出卖人或者第三人履行债务,买受人购买该动产的目的并非用于生活消费,而是一种商事交易,与正常经营买受人规则主要保护消费者的制度目的不合。在这种情形下,所谓买卖实际上是提供担保,当事人订立此种合同的目的在于担保出卖人或者第三人履行债务,而并非转让所有权,并非真正的买卖,出卖

---

① 参见高圣平:《民法典担保制度及其配套司法解释理解与适用》,中国法制出版社 2021 年版,第 606 页。
② 参见孙宪忠、朱广新主编:《民法典评注.物权编》,中国法制出版社 2020 年版,第 150 页。

人不是正常经营活动的出卖人,买受人也不是为了购买货物商品来进行消费,与正常经营买受人规则中的"买受人必须与从事正常经营活动的出卖人从事交易"的要件不符。

第二,在提供担保的情形下,当事人往往采用动产让与担保的模式进行交易,而并非进行真正的买卖。在这种交易中,出卖人往往通过低于货物实际价格较多的方式出售货物给融资人①,例如,买受人与出卖人约定由出卖人享有以比市场价格低百分之十的价格买回的权利,这也与正常经营买受人规则中的"买受人必须支付合理价款"的要件不符。

第三,如果此类情形构成担保,应当按照《民法典》第414条适用竞存的规则。如果允许所谓的买受人获得排除在先担保权利人的权利,则将与《民法典》的担保物权竞存规则冲突,对于在先的担保权利人极不公平。② 总之,在这种情形下,买受人实际是担保权利人,并非真正的买受人,因此其不能够作为正常经营买受人,不能认为其权利优先于在先的抵押权。③

在实践中,以买卖合同进行担保往往具有买卖合同的外观,此时法官如果仅仅依据这一外观进行判断,就会造成定性的错误。这就要求在司法实践中,法官必须综合考量当事人之间的交易关系,以是否具有"买卖合同"的外观判断其是否具有担保关系,此种方式实为不妥,而应当以订立合同的目的是否在于担保债务的履行为标准。

(四) 买受人与出卖人存在直接或者间接的控制关系

《有关担保的司法解释》第56条第1款第4项规定,"买受人与出卖人存在直接或者间接的控制关系",此种情形排除正常经营买受人规则的适用。这一规则有一定的合理性,因为在买受人与出卖人存在直接或间接的控制关系时,就更有可能发生利用关联交易进行利益输送的情形,如果这种情形仍然适用正常经营买受人规则,将严重损害抵押权人的利益,甚至引发道德风险。但是,如果简单地一概将所有买受人与出卖人存在直接或间接关系的情形排除出正常经营买受人规则的适

---

① 参见高圣平:《民法典担保制度及其配套司法解释理解与适用》,中国法制出版社2021年版,第606页。
② 参见高圣平:《民法典担保制度及其配套司法解释理解与适用》,中国法制出版社2021年版,第606页。
③ See Mother Lode Bank v. General Motors Acceptance Corp., (1975) 46 Cal. App. 3d 807, 120 Cal. Rptr. 429.

用范围,也可能产生一定的问题。笔者认为,在适用该项规定时,应注意以下要点:

第一,要准确认定控制关系。直接控制关系的认定较为容易,间接控制是指母公司通过投资入股子公司,取得子公司的控股权,母子公司之间是投资者与被投资者的关系,母公司不直接控制子公司,而是通过取得在子公司股东(大)会、董事会里的人数优势或表决优势,从而在子公司重大经营活动及重要管理人员的聘用上取得控制权。① 不能把控制关系等同于《公司法》第 216 条的关联关系,因为关联关系相较于控制关系,其范围更为广泛,除直接控制与间接控制关系外,还可能包括如两企业共同为另一企业或个人所控制等其他导致关联关系的情形。②

第二,要从实质上判断交易关系的正当性。在市场经济条件下,存在控制关系的当事人之间的交易并不当然会损害债权人利益和交易安全,只要交易价格公平合理,这种交易会降低成本,提高效率。尤其是在企业集团化的情形下,子公司遇到经营困难时,母公司与其进行关联交易,为其提供资金帮助,使其转危为安,或者帮助其转变经营方式,扩大经营销路,这些都有利于企业的发展。在这些情形下,单凭买受人与出卖人存在直接或者间接的控制关系就排除正常经营买受人规则的适用,过于绝对,并不利于正常交易的开展。

第三,要把本项规定作为推定规则,即出现本项规定情形时,推定买受人恶意,如果买受人能证明其交易具有正当性,就不应排除正常经营买受人规则的适用。

(五) 买受人应当查询抵押登记而未查询的其他情形

正常经营买受人规则旨在降低正常经营活动买受人的查询成本,但如果存在买受人应当查询抵押登记而未查询的其他情形,也应当排除该规则的适用。因此,《有关担保的司法解释》第 56 条第 1 款第 5 项规定,"买受人应当查询抵押登记而未查询的其他情形"也不得适用正常经营买受人规则,这实际是排除适用的情形的兜底条款。按照司法解释起草者的说明,如果买受人知道或者应当知道标的物已经被设定担保物权,其就不能援引正常买受人规则主张取得完整所有权,所以有必要设置

---

① 参见刘美玉主编:《公司概论》(第 2 版),中央广播电视大学出版社 2007 年版,第 125 页。

② 参见钟凯:《公司法实施中的关联交易法律问题研究》,中国政法大学出版社 2015 年版,第 82 页。

兜底条款。① 笔者认为,该兜底条款存在以下问题:一方面,"应当查询而未查询"的情形并不明确,可能导致裁判者在解释和适用时恣意扩大,进而影响正常交易;另一方面,容易使人产生买受人具有查询义务,未经查询即为恶意的误解,而这种理解显然是不妥当的,因为正常经营买受人规则本身的目的就在于免除买受人的查询义务,只要是构成正常经营买受人,就不应当再要求其必须查询登记。

从比较法上看,由于正常经营买受人规则事关动产抵押的实效和买卖的交易安全,为了明确起见,法律应采取封闭列举的方式,一一列明排除适用情形,而不设置一般性的兜底条款,《美国统一商法典》就是这方面的典型。与此相适应,《美国统一商法典》还进一步增设了排除情形的列举。比如,部分或全部通过债务进行清偿的交易也被排除在外,这主要是指买受人以抵销的方式消灭价金债权。在 General Electric Credit Corp. v R. A. Heintz Constr. Co.案中,出卖人向买受人出卖了两辆卡车,价款一部分用现金支付,一部分用旧卡车顶账,一部分用买受人对出卖人的金钱债权抵销。在这一案件中,出卖人的部分价金债务是通过抵销的方式清偿的,因此法院认为,买受人并不构成正常经营活动买受人。② 由此可见,美国法并未设置兜底条款,而是通过增加列举具体的排除事项,以实现正常经营买受人规则的适用限制。这种不设置兜底条款的方案,在法律适用上更为清晰明确,值得借鉴。

但由于《有关担保的司法解释》已经设置了兜底条款,此时应当如何解释该兜底条款? 如果完全不限制上述兜底条款,将可能赋予法官过大的自由裁量权用以判断何种情形下免除买受人的查询义务。这种自由裁量权的不当扩大将产生一种对冲效应,削弱该规则的制度功能。笔者认为,在解释排除情形的兜底条款时,完全可发挥买受人善意要件的作用,将其作为排除正常经营买受人规则的兜底。这就是说,在买受人知道其购买行为会侵害抵押权时,可排除正常经营买受人规则的适用,这样可以有效避免该项规定的不明确性,有效限制法官的自由裁量权。因为正常经营活动的范围十分宽泛,实践中会出现各种从交易安全和保护消费者权益的角度出发,考量是否应当豁免查询义务的情形,法院应当根据具

---

① 参见林文学等:《〈关于适用民法典有关担保制度的解释〉的理解和适用》,载《人民司法》2021 年第 4 期。

② See General Electric Credit Corp. v. R. A. Heintz Constr. Co., 302 F. Supp. 958(D. Or. 1969).

体情形判断是否适用正常经营买受人规则免除买受人的查询义务。因此,在《有关担保的司法解释》未作修改时,可以考虑将其中的第56条第1款第5项的情形,解释为买受人明知其购买行为会侵害担保人权利的情形。

总之,该项的适用范围是否与制度目的相吻合,还需要解释。有必要从制度设置目的的角度厘清该项的适用范围。如前所述,该制度的目的在很大程度上是为了保护消费者,如果不当地扩张排除范围,就背离了制度的初衷。因此,该项究竟包括哪些情形,还需要进行进一步的解释。

四、正常经营买受人规则的法律效果

(一) 阻断动产抵押权的追及

动产抵押权本有追及的效力,特别是在抵押登记后,能排斥抵押财产的买受人,但是正常经营买受人规则能有效阻断动产抵押权的追及。如此一来,抵押权人不能要求将买受人取得的财产进行拍卖、变卖并就取得的价款优先受偿,因而正常经营买受人可以取得无负担的所有权。[①] 需要强调的是,正常经营买受人规则只是阻断动产抵押权的追及,抵押权本身并未消灭,抵押权还存在于抵押人新增的抵押财产之上。

虽然《民法典》第404条仅将正常经营买受人规则适用于动产抵押的追及,但是《有关担保的司法解释》第56条第2款扩张了正常经营买受人规则可以适用的范围。正常经营买受人规则除了适用于动产抵押,还能适用于所有权保留买卖和融资租赁合同,从而把所有权保留买卖中的出卖人、融资租赁合同的出租人纳入适用范围。之所以如此,是因为所有权保留交易和融资租赁交易也具有动产担保的功能,与动产抵押交易同属动产担保交易,同样需要面对担保物转让时担保人、担保权人与受让人之间的利益平衡问题。[②] 据此,出卖人在其动产之上以所有权保留和融资租赁的方式设定担保权,在出卖人将动产转让的情形下,买受人的权利保护与前述设定抵押权的情形类似。因此《有关担保的司法解释》从《民法典》设置正常经营买受人规则的目的出发,对该规则的适用范围进行目的性扩张,使其同样适用于担保人的财产之上已经通过融资租赁、所有权保

---

① 参见龙俊:《民法典中的动产和权利担保体系》,载《法学研究》2020年第6期。
② 参见高圣平:《担保法前沿问题与判解研究》(第5卷),人民法院出版社2021年版,第409页。

留的方式设定担保权的情形。这也就是说,如果买受人符合前述的构成要件,则所有权保留中的出卖人和融资租赁的出租人不得向买受人主张其所享有的担保权利。

(二) 正常经营买受人取得无抵押权负担的所有权

在正常经营买受人规则的保护下,如果买受人符合正常经营买受人的条件,则其可以获得无抵押权负担的所有权[1],也即买受人取得的所有权具有完整的所有权权能,其不必担心被其他人追及。在取得标的物的所有权后,买受人也可以再次将权利进行转让,后手买受人可以从买受人处取得完整的所有权。

在实践中,有可能出现抵押物"一物二卖"现象,即抵押人将抵押物分别出售给不同的买受人。依据《民法典》第 406 条的规定,抵押人可以处分抵押物,如果抵押人将抵押物多次转让给他人,此时哪一买受人构成正常经营买受人? 在此情形中,首先应当判断哪一买受人符合正常经营买受人,在通常情形下,只能有一个买受人取得抵押物的所有权,此时另一买受人根本并未获得所有权,因此也无须适用正常经营买受人规则,而只得向出卖人主张违约责任。[2]

如果抵押人将动产转让给买受人之后,买受人再将其转让给后手买受人,此时便存在后手买受人能否摆脱抵押权负担的疑问。在先手买受人符合正常经营买受人规则构成要件的情形下,先手买受人为动产的所有权人,拥有该动产之处分权,自可进行自由转让,而后手买受人就其从有权处分人处所受让的动产,也应享有无抵押负担的所有权,这就是美国法中的"庇护原则"。[3]

但是,如果先手买受人并不符合正常经营买受人规则的构成要件,因而并未取得完整的所有权时,后手买受人是否可以适用正常买受人规则取得无抵押权负担的完整所有权呢? 在比较法上,存在两种立法例,一是以《美国统一商法典》为代表的模式,其认为后手买受人只能在先手买受人禁止追及的担保权范围内取得所有权,而不能优越于先手买受人。二是以《欧洲示范民法典草案》为代表的立法模式,该草案第 9-6:102 条

---

[1] 参见龙俊:《民法典中的动产和权利担保体系》,载《法学研究》2020 年第 6 期。
[2] 参见纪海龙、张玉涛:《〈民法典物权编(草案)〉中的"正常经营买受人规则"》,载《云南社会科学》2019 年第 5 期。
[3] 参见纪海龙、张玉涛:《〈民法典物权编(草案)〉中的"正常经营买受人规则"》,载《云南社会科学》2019 年第 5 期。

(2)(b)认为,后手买受人同样可以适用正常经营买受人规则取得无担保权负担的完整所有权。有学者认为采取第二种立法模式为更优方案,因为这是贯彻交易效率的应有之义,而且,在最终买受人满足正常经营买受人规则的构成要件时,没有理由不保护最终买受人的善意。① 笔者认为,这一观点具有一定的合理性,因为正常经营买受人规则是从提升交易效率的角度出发的,保护信赖权利外观买受人的合理信赖,后手买受人也同样应获得同先手买受人一样的保护力度。因此,采纳第二种立法模式更符合正常经营买受人规则的立法初衷。

(三)正常经营买受人可以对抗各种动产抵押权人

既然正常经营买受人在符合《民法典》第404条的构成要件的情形下,可以依法取得无抵押权负担的所有权,那么其享有的所有权可以对抗各种动产抵押权人。具体而言,正常经营买受人可以对抗的动产抵押权人主要包括如下几种类型:

第一,已经登记的动产抵押权人。根据《民法典》第404条的规定,正常经营买受人可以对抗已经登记的动产抵押权人并无疑问,这也是该规则的主要目的所在。

第二,未登记的动产抵押权人。严格地说,对于抵押权人未登记的情形,应当适用《民法典》第403条的规则,即未经登记不得对抗善意第三人。但是从法律效果上来看,此时买受人也获得了同正常经营买受人规则中的买受人一样的地位,取得了对抗抵押权人的效果,因此抵押权人也不得向买受人主张行使抵押权。

第三,浮动抵押中的抵押权人。有观点认为,在浮动抵押中,抵押人本来就有权出让存货等抵押物,甚至在浮动抵押财产确定之前,这些存货都谈不上是抵押物,故浮动抵押权人当然不能对抗买受人。可见,在浮动抵押中,正常经营买受人规则几乎没有实质意义。② 但实际上,《民法典》第404条的适用范围可以包含浮动抵押。因为在抵押人将其存货设定浮动抵押之后,虽然已经办理了抵押权登记,但由于存货在不断地买进卖出,而正常经营买受人即使没有查询登记,也可以取得对其购买的货物的所有权。故而,正常经营买受人规则在浮动抵押中也具有一定的意义,正

---

① 参见纪海龙、张玉涛:《〈民法典物权编(草案)〉中的"正常经营买受人规则"》,载《云南社会科学》2019年第5期。

② 参见谢鸿飞:《动产担保物权的规则变革与法律适用》,载《国家检察官学院学报》2020年第4期。

常经营买受人能对抗浮动抵押权人。

结　语

《民法典》第404条扩张了正常经营买受人规则的适用范围,旨在保护合理信赖、维护交易安全、提升交易效率和维护消费者利益。该规则是《民法典》的一大亮点。该规则虽然借鉴了比较法的经验,但是作为一个全新的规则,尚未经过司法实践的检验,因而在实践中必须在明确其构成要件的前提下,密切关注其司法实践的适用效果,并不断总结司法实践经验,对该规则进行进一步的完善,以避免可能出现的比较法移植中的"水土不服"。

价金超级优先权探疑

——以《民法典》第416条为中心*

价金超级优先权(Purchase Money Security Interest, PMSI),是指债权人在动产之上取得的担保因购买该动产而产生的价款给付的担保权。① 联合国《担保交易立法指南》将其界定为"一种有体动产(而非可转让票据或可转让单证)担保权,借此为未受清偿的购买价金的付款义务或为使担保人获取该动产而产生的债务或提供的其他信贷的履行提供担保"②。我国《民法典》第416条规定:"动产抵押担保的主债权是抵押物的价款,标的物交付后十日内办理抵押登记的,该抵押权人优先于抵押物买受人的其他担保物权人受偿,但是留置权人除外。"该条对价金超级优先权作出了规定。例如,甲以自己的生产设备、原材料等为丙设定了浮动抵押,后从乙处赊购了一套新设备,甲以该设备为乙设置了担保价金支付的抵押权,且于交付后10日内办理了登记。其后甲未能依约定支付价款,此时乙就对抵押物享有优先于浮动抵押的抵押权人而优先受偿的权利。

我国《民法典》第416条新设价金超级优先权制度,是我国《民法典》担保制度现代化的重要体现,但同时应当看到,由于这一制度完全是对比较法的借鉴,并非在总结我国司法实践经验的基础上所设计,这就难免使得这一制度的适用范围和制度要件、体系效应、移植至我国民法中的正当性基础等问题具有亟待认识与厘清的必要性,有待于作进一步探讨。近期出台的《有关担保的司法解释》并没有很好地处理相关问题,而是带来了更多疑问。笔者不揣浅陋,拟对此谈一点粗浅的看法。

---

* 原载《环球法律评论》2021年第4期。

① 参见崔建远:《中国民法典释评·物权编》,中国人民大学出版社2020年版,第414页。关于该名称,目前并没有统一的术语。已使用的概念包括买卖价款抵押权、价款债权抵押权、购置款抵押权、购买价金担保权、价款超级优先权等。

② United Nations Commission on International Trade Law, UNCITRAL Legislative Guide on Secured Transactions, United Nations, 2010, p. 455.

一、价金超级优先权突破先登记优先的规则的正当性

(一) 价金超级优先权的源起与发展

历史上最早作出"价金超级优先权"的判决可追溯到 1631 年英国的 Nash v. Preston 案。法院认为,丈夫向他人借款购买不动产并为此在该不动产上设定抵押权的,抵押权优先于妻子对该寡妇产的权利。[①] 经由本案,英国法院开始认可"购买价金担保权"的独特地位。[②] 不过,在学理上对价金超级优先权进行的最早阐释则可追溯至《利特尔顿评述》(Commentary upon Littleton),柯克法官对该制度第一次作出了明确阐述。[③] 一般认为,价金超级优先权有其普通法根源,起源于英国时,主要适用于不动产,其目的是赋予寡妇产、鳏夫产与共有财产的出卖人一种能够对抗该财产上的其他权利人的权利。[④] 虽然这种权利最初只是中世纪后法律形而上学的一个产物,但因为其是一项有益的、公平的规则,所以非但没有连同"分封占有"(seisin)等法律技术一起过时并被扫除,反而变得越发重要。在 19 世纪期间,"价金超级优先权"从一个基于抵押契据的机制的概念,转变为一个合乎衡平法原则的概念,在实践中,该制度使那些提供金钱以使财产的购置成为可能的人,享有一种对该财产最优先的权利。[⑤]

至 19 世纪中后期,价金超级优先权也开始在美国法中确立,并将其所适用标的物的重心逐渐从不动产转移至动产,尤其是主要适用于浮动担保。在 1871 年的 United States v. New Orleans Railroad 一案中最早引入了英国法的超级优先权概念,布拉德利(Joseph P. Bradley)法官对这一概念作出了具体的说明和详尽的引用,由于该案正式引入价金

[①] See Robert M. Lloyd, Refinancing Purchase Money Security Interests, Tennessee Law Review, Vol. 53, p. 1(1985).

[②] See Howell J. Reeves, The Priority Conflict Between a Purchase Money Security Interest and a Prior Security Interest in Future Accounts Receivable, Vanderbilt Law Review, Vol. 22, p. 1159(1969).

[③] See Grant Gilmore, The Purchase Money Priority, Harvard Law Review, Vol. 76, pp. 1333, 1341(1963).

[④] 参见谢鸿飞:《价款债权抵押权的运行机理与规则构造》,载《清华法学》2020 年第 3 期。

[⑤] See Robert M. Lloyd, Refinancing Purchase Money Security Interests, Tennessee Law Review, Vol. 53, p. 11(1985).

超级优先权制度,因而该案被美国学者吉尔默称为"伟大判例"。① 该案的争议焦点就是"嗣后财产条款"的权利人与购买设备的价款的融资人之间的权利冲突,由该判例确立的规则是:包含"嗣后财产条款"②的在先抵押权只能及于那些实际由抵押人取得所有的财产;如果在某嗣后财产上已经设立了抵押权或其他留置权,那么,以概括方式声明其担保财产范围的担保权即便成立在先,也无法排除这些抵押权或留置权的优先受偿顺位。③ 可见,在美国法中,动产价金超级优先权是随着法院对"嗣后财产"条款的承认而产生的,起到限制后者的不良影响的作用。并逐渐将其主要适用于浮动担保。④ 在美国法中,通常将购置款担保交易中债权人所享有的权利称为"购买价金担保权",并规定在《美国统一商法典》第九编。

价金超级优先权制度在很大程度上与浮动担保制度相关,而浮动担保主要是英美法上的制度,并分别形成了英式和美式的浮动担保制度。大陆法系国家和地区一般没有在法典中正式采纳浮动担保制度,因而大陆法系国家和地区的民法(典)中也并未出现价金超级优先权这一制度。不过,《欧洲示范民法典草案》第九编试图引入该制度,该草案将这种交易称为"购置融资手段"(acquisition finance devices);2016 年联合国国际贸易法委员会制定的《担保交易示范法》中将之称为"购置款担保权"(acquisition finance devices);2001 年国际民航组织理事会和国际统一私法协会制定的《移动设备国际利益公约》(The Convention on International Interests in Mobile Equipment)使用了一个范围十分宽泛的术语,即"国际利益"(international interest)。我国台湾地区 2017 年年初发布的"企业资产担保法草案"⑤也尝试对购置款担保交易作出专门规定,所使用的术语也是"购置款担保权"。

---

① See 79 U. S.(12 Wall.) 362 (1870); Grant Gilmore, The Purchase Money Priority, Harvard Law Review, Vol. 76, p. 1340(1963).

② "嗣后财产条款"可以理解为,当事人订入担保合同中的意在使担保人在担保权成立后取得的财产也纳入担保财产范围的约定。See Grant Gilmore, The Purchase Money Priority, Harvard Law Review, Vol. 76, pp. 1338-1339(1963).

③ See Grant Gilmore, The Purchase Money Priority, Harvard Law Review, Vol. 76, p. 1339 (1963).

④ See Gordon Davenport, The Value in a Purchase Money Security Interest, Baylor Law Review, Vol. 28, pp. 672, 674(1976).

⑤ 该草案目前尚未正式通过。参见李运杨:《〈民法典〉中购置款抵押权之解释论》,载《现代法学》2020 年第 5 期。

(二)《民法典》对英美法价金超级优先权制度的借鉴

就担保制度而言,虽然我国《民法典》在体系结构等方面大量借鉴了大陆法经验,但是一些规则也吸收了英美法的做法,有一定混合借鉴的特色,这尤其体现在价金超级优先权方面。我国《民法典》所规定的价金超级优先权主要是借鉴了《美国统一商法典》第九编关于动产担保的相关规定。该制度设置之所以是我国《民法典》担保制度现代化的体现,一方面是因为设立该制度的目的是解决实践中普遍存在的借款人借款购买货物情形下借款人的利益保护问题,即在借款人借款购买货物并将该货物抵押给贷款人作为价款的担保的情形下,本条规定赋予该抵押权优先效力,从而保障借款人权利的实现,这也有利于融通资金,促进融资。另一方面,由于现代担保物权制度,呈现出由不动产向动产发展的趋势,动产在担保中的重要性越来越得以彰显,价金超级优先权规则进一步强化了动产担保的重要功能,由于《民法典》第414条承认未来财产之上的动产担保权依登记时间而确定其优先顺位,为防止所有的新增财产自动"流入"已设定的动产担保权,鼓励为担保人(债务人)购置资产提供新的信贷支持,拓宽再融资渠道,有必要承认购买价金担保权的超优先顺位。[①] 同时该制度进一步丰富完善了动产浮动担保制度,并且与动产浮动担保相互配合,且弥补了动产浮动担保的缺陷。

价金超级优先权在性质上作为一种法定的优先权,确立的就是一种可以优先于动产浮动担保权的效力规则。顾名思义,所谓优先其实就是确立了顺位规则。超级优先权的效力是由法律规定的,而不是由当事人约定的。如果不设置超级优先权的规则,则在债权人在债务人的财产之上设立动产浮动抵押的情形下,债务人再通过融资租赁、所有权保留等方式融资时,出租人或者出卖人即便办理登记,其担保权的实现顺位也将劣后于动产浮动抵押的抵押权人,因此,为便利债务人融资,法律规定了超级优先权规则,明确规定该权利具有绝对优先的效力。虽然超级优先权的效力具有法定性,但该权利必须依据《民法典》第416条的规定,在标的物交付后10日内进行登记,在未办理登记的情形下,其就成为普通的担保权,不具有优先于所有担保权利的效力。

我国《民法典》规定的价金超级优先权是对《民法典》一般担保物权

---

① 参见董学立:《浮动抵押的财产变动与效力限制》,载《法学研究》2010年第1期;龙俊:《动产抵押对抗规则研究》,载《法学家》2016年第3期。

受偿顺位规则的突破。同一物上多项其他物权并存时,应当根据法律规定和物权设立的时间先后确立优先的效力。《民法典》第 414 条第 1 款规定,"同一财产向两个以上债权人抵押的,拍卖、变卖抵押财产所得的价款依照下列规定清偿:(一)抵押权已经登记的,按照登记的时间先后确定清偿顺序;(二)抵押权已经登记的先于未登记的受偿;(三)抵押权未登记的,按照债权比例清偿"。该条以登记为中心,构建了优先受偿的顺位,但其中也仍然体现了以登记的先后来确定受偿顺序,这就是物权法中所谓的"先来后到"规则,也有人将其称为"时间在先,权利在先"规则。因此,如果同一不动产之上设定多个不动产抵押权,不动产抵押权的实现,就采取先来后到的规则,先设定的抵押权要优先于后设定的抵押权。然而,超级优先权突破了动产担保中登记在先顺位在先的规则(first-to-file rule),这就是说,即便其他担保物权的登记时间在先,在符合价金超级优先权的情形下,即便相关的担保权的登记时间在后,其也依法具有优先实现的效力。我国《民法典》第 416 条关于价金超级优先权的规定置于第 414 条与第 415 条之后,这两个条款均是多重担保中的权利顺位问题。而第 416 条被置于这两个条文之后,表明价金超级优先权实际上是一般权利担保顺位的特殊规则,也可以说其是对第 414 条和第 415 条所确认的顺位规则的例外排除。这就是说,凡是符合价金超级优先权条件的,就不再适用上述关于担保权利顺位的一般规则。当然,在存在多个价金超级优先权时,则仍然应当适用《民法典》第 414 条所确认的一般顺位规则进行判断。

(三) 价金超级优先权制度的正当性

《民法典》确认价金超级优先权突破一般受偿顺位规则的主要原因在于:

第一,便利和鼓励融资。价金超级优先权能够使得债务人获得融资进行经营,从而进行再生产并获得利润,进而有利于其他债务人的债务获得清偿。由于我国《民法典》规定的浮动抵押是按照设立动产浮动抵押登记之日来确定其优先顺位的,此时在办理了动产浮动抵押登记后,又购入或者以融资租赁的方式获得了新的动产,如果不规定超级优先权制度,那么这些新的动产之上的担保物权要劣后于已经登记的浮动抵押,这会导致抵押人难以获得新的融资,难以满足正常经营的需要。尤其是在动产浮动抵押中,这种交易方式有可能成为担保权人对债务人进行控制的方式,一旦担保权人对该债务人进行控制,其就可能对债务人的经营提出严苛的要求,使其难以获得新的融资,持续经营也会受到妨碍。① 为了解决这一困境,《民法典》第 416 条专门规定了价金超级优先权。承认价金超级优先权的重要目的就是解决已经设定了浮动抵押的中小企业的再融资问题。② 价金超级优先权制度使得债务人具有优先顺位的保障,从而为其获得新的信用获得了新的激励,债务人也因此可以展开经营,并进行扩大再生产,增加其偿债能力,同时也不损害担保权人的信用期待。③

第二,增强债务人清偿能力。在设立动产浮动担保的情形下,担保人提供担保后,还需要继续生产经营,因此需要继续获得融资,新的信用提供者的介入,使得债务人获得了新的财产,该新获得的财产是否仍应纳入原担保财产的范围? 由于原担保权人并没有对此财产的增加产生合理期待,该财产仅仅是债务人在担保设定后,为了增强清偿能力所获得的新融资,因此,此类财产不应纳入担保财产的范围。如果将所有新增的财产都归入在先担保的范围,既不利于鼓励债权人融资,也造成了债权人对于债务人的过度控制。④ 这就需要通过价金超级优先权制度使新财产的融资人具有优先于原担保权利人的效力,并避免这些新财产被纳入原担保财产的范围。比较法上的"新钱理论"(New Money Theory)对此作出了合理解释,此种观点认为,正是因为这种贷款具有给予债务人特殊利益的赋能功能,法律上才认可其超级优先的效力。⑤ 价款担保权人应享有超级优先权,因为他们的贷款使得债务人可以购入新的财产。新资产的购置能够提高债务人的盈利能力,从而降低其资不抵债的风险,从这个意义上说,竞存的担保权人亦可从中获利。即便贷款仅仅使得债务人维持其资产状态,"流入的新钱"也是有价值的。"流入的新钱"加入浮动抵押的财

---

① See Arielle Tracey, Purchase Money Security Interest Refinancing in New Zealand: A Case for Retention of Super-Priority, Victoria University of Wellington Law Review, Vol. 51, pp. 112-113(2020).

② 参见高圣平:《民法典担保制度及其配套司法解释理解与适用》,中国法制出版社 2021 年版,第 751 页。

③ 参见谢鸿飞:《民法典担保规则的再体系化》,载《社会科学研究》2019 年第 6 期。

④ See William H. Lawrence, William H. Henning and R. Wilson Freyermuth, Understanding Secured Transactions, 5th ed., Matthew Bender & Company, Inc., 2012, p. 240; Ronald C. C. Cuming, Catherine Walsh and Roderick J. Wood, Personal Property Security Law, 2nd ed., Irwin Law Inc., 2012, p. 440.

⑤ See Arielle Tracey, Purchase Money Security Interest Refinancing in New Zealand: A Case for Retention of Super-Priority, Victoria University of Wellington Law Review, Vol. 51, pp. 111-112(2020).

产中以后，法律上赋予那个拿出自己的资金以使资产的获取或维持成为可能的人以最优先顺位，这是公平合理的。正如有学者所指出的，"通过出卖并移转相关财产给买受人，出卖人对买受人最终作为偿债基础的责任财产作出了直接贡献……由于没有出卖人的贡献，买受人的其他担保或非担保的债权人就不会从出卖的财产中获得清偿，出卖人优先于这些财产上的其他所有担保物权的担保权人，似乎更为公平"①。

第三，兼顾各方当事人利益。在动产浮动抵押情形下，这一点表现得尤为突出：一是对于债务人而言，有利于债务人获得新的融资，来保持甚至增进清偿能力。债务人不必担心新获得的财产被纳入原担保财产的范围，从而可以大胆寻求新的融资。如果没有价金超级优先权存在，其无法摆脱原担保权人对其融资交易的"垄断"，从而也无法寻求新的担保。② 二是对于在先担保权人而言，其并没有因为超级优先权的设定而遭受损害，甚至可能因为债务人清偿能力的增进，而使其债权获得更大的实现可能性。如果不承认价金超级优先权，其就会因为担保人购置财产的行为而"不劳而获"，而获得此种额外的利益并没有正当性。此时财产的增加并非由于在先的抵押权人提供了资金或者作出了努力，而是单纯由于出卖人或融资人提供了信用融资等。③ 因此，承认价金超级优先权可以避免这种情形的产生。三是对于新的信用提供者而言，价金超级优先权的存在可以有效降低其调查和查询成本，且其信用最终凝结于该动产之上，换言之，其之所以对该动产享有超级优先权，恰恰是因为其为该动产提供了融资，信用提供行为构成了债务人获得动产的原因。而该动产也与原来的担保财产相分离，在该动产之上设定的权利具有优先于原担保权的效力，这就给新的信用提供者提供了法律保障，因此在交易实践中，承认价金优先权对各方当事人都是有利的。④

第四，减少在先担保权人对担保人的监管成本。在动产浮动抵押的情形下，由于抵押财产的范围处于不断变化之中，因此，为了维持抵押财产的价值，防止因抵押人不当处分抵押财产而减少抵押财产的价值，担保权人需要对担保人的财产进行必要的监管，从而维持担保财产的价值，为

---

① Ulrich Drobnig & Ole Böger eds., Proprietary Security in Movable Assets, Oxford University Press, 2015, p. 568.
② 参见谢鸿飞：《民法典担保规则的再体系化》，载《社会科学研究》2019 年第 6 期。
③ See Whale and Others v. Viasystems Technograph Ltd., (2002)EWCA Civ 480.
④ 参见谢鸿飞：《民法典担保规则的再体系化》，载《社会科学研究》2019 年第 6 期。

此,担保权人也需要支出相关的监管成本。而在价金超级优先权设定后,就设定价金超级优先权的担保财产而言,价金超级优先权人作为担保权人,其也会有监督债务人的动力和压力。同时,其往往还是具有相关产品的专业知识且了解市场详情的主体,比银行等一般债权人更容易监控债务人。① 在此情形下,在先担保权人就无须对该部分担保财产进行监管,从而减少其监管成本。

当然,《民法典》确认价金超级优先权制度尚属于一种理论上的假定,并未经过交易实践的检验。该规则完全是借鉴比较法经验的结果,其能否完全产生预期的效果,尚有待观察。

二、价金超级优先权的适用范围

(一) 价金超级优先权主要适用于动产浮动抵押

价金超级优先权作为法定优先权具有超级优先的效力,但一旦使某种权利具有超级优先的效力,就必然会突破法律的一些规则,这本身就意味着,法律规定此种权利是一种特殊情形,是权利顺位规则的例外情形。因此,该权利的适用范围应当在法律上进行明确限定,否则就会不当冲击权利顺位的一般规则。依据《民法典》第416条的规定,价金超级优先权仅适用于动产抵押,按照立法者的解释,虽然国外的相关立法中将超级优先权适用于所有权保留、融资租赁等交易,但该条规定的动产抵押并不包括所有权保留和融资租赁交易。② 但《有关担保的司法解释》第57条将其扩张到了其他担保方式,甚至可以说适用于所有的担保形式,这就已经扩张了《民法典》第416条的适用范围,这种扩张是否有必要,而且是否具有正当性,都是值得探讨的问题。

《有关担保的司法解释》第57条第1款规定,"担保人在设立动产浮动抵押并办理抵押登记后又购入或者以融资租赁方式承租新的动产,下列权利人为担保价款债权或者租金的实现而订立担保合同,并在该动产交付后十日内办理登记,主张其权利优先于在先设立的浮动抵押权的,人民法院应予支持"。该款实际上是将超级优先权局限于动产浮动抵押中。

---

① See Robert E. Scott, A Relational Theory of Secured Financing, Columbia Law Review, Vol. 86, pp. 901, 962(1986).
② 参见黄薇主编:《中华人民共和国民法典解读》,中国法制出版社2020年版,第668页。

笔者认为,在设定浮动抵押的情形下,价金超级优先权规则具有合理性。主要理由在于:

第一,主要适用于动产浮动担保才能发挥价金超级优先权的功能,并彰显其正当性与合理性。价金超级优先权最适合动产浮动抵押的场合。所谓动产浮动抵押是指,在抵押设定时抵押财产的范围尚未确定,而只是在结晶时,抵押财产才确定的抵押。我国《民法典》第 396 条对浮动抵押作出了规定,浮动担保与固定担保相对应,固定抵押是指在抵押设定时抵押财产的范围已经确定,而在浮动担保中,担保的财产具有浮动性,浮动性是指抵押财产的不特定性和变动性。在抵押权设定后,抵押权的标的并未确定和特定化为某一具体财产,抵押财产的范围、价值等都处于变动的状态,随着正常的生产经营活动的继续而发生增减变化,财产总体在每一时刻都可能具有不同的价值。也就是说,浮动抵押设定之后,财产总是处于不断变动之中,因为在抵押后,抵押人仍然享有对财产的处分权,可以将抵押的财产出售、设置抵押等,在作出处分时并不需要取得抵押权人的同意,且抵押人新增加的财产或者收益也不断被纳入抵押的财产之中,这就使抵押财产处于变动状态之中。① 如果在浮动担保设置之后,当事人又与第三人以融资租赁方式设定抵押,且融资租赁中的出租人在 10 日内办理了登记,那么由于购入的财产尚未全部支付价金,此时若允许抵押权人优先受偿,对于出卖人而言并不公平。因此,即便是抵押权人已经办理登记,也应当赋予出卖人有条件的优先受偿的权利。

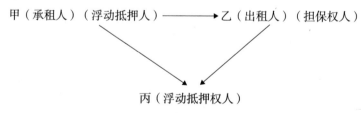

图 1:价金超级优先权所涉法律关系

价金超级优先权的设定初衷,就是避免动产浮动担保的弊端,防止债务人所获得的新的财产继续归入浮动担保的财产范围,避免动产浮动担

---

① 参见全国人大常委会法制工作委员会民法室编:《〈中华人民共和国物权法〉条文说明、立法理由及相关规定》,北京大学出版社 2007 年版,第 327 页。

保人继续垄断和控制债务人的经营。而离开了动产浮动担保，上述价金超级优先权的制度正当性就已经丧失了基础。① 在动产抵押担保中，最有可能发生的同一物之上存在多个抵押担保竞存的典型情形仍是动产浮动抵押，因此《有关担保的司法解释》第 57 条第 1 款强调其主要适用于浮动抵押。其只有在动产浮动抵押之中，才具有充分和正当的理由，因为只有在动产浮动抵押中，抵押财产的范围才处于不确定的状态。抵押人在设定浮动抵押后，如果债务人新获得的财产都归入浮动担保的财产范围，这既会损害债务人的正常经营能力，也会损害在先的浮动抵押权人获得清偿的可能，造成各方均遭受不利的局面。因此，在"新钱"范围内赋予新的信用提供者以价金超级优先权是合理且正当的。②

第二，价金超级优先权符合动产浮动担保中各方当事人对于动产浮动担保范围的合理期待。在实践中，动产浮动担保可能被滥用，例如通过浮动担保实现融资垄断和经营控制。这种浮动担保的弊端，不仅妨碍正常经营，而且不利于改善营商环境。从有利于促进市场经济的高质量发展的角度而言，价金超级优先权制度的设定，既可以增加债务人的新获得财产，又通过法律规则的设定明确浮动担保权人对财产范围的合理预期。③

第三，比较法经验也表明该制度主要适用于动产浮动担保。美国法上的经验表明，价金超级优先权基本针对的是动产浮动抵押交易，而不针对固定抵押。④《美国统一商法典》第 9-103 条规定，当担保权益存在于现在或曾经是价款担保物的库存中时，担保权益系用于担保其他库存引起的价款债务，且受担保方目前或曾经就该其他库存持有价款担保权益。以库存的财产设立担保，其主要是指设立动产浮动担保。因此，价金超级优先权主要适用于动产浮动担保，而所谓超级优先，针对的主要也是在先的动产浮动担保权，所以，价金超级优先权主要是优先于浮动抵押权。

（二）价金超级优先权一般不适用于固定抵押

关于价金超级优先权的适用范围，自《民法典》颁布以来确实存在不同的解释，有一种观点认为，《民法典》第 416 条关于价金超级优先权的规

---

① 参见董学立：《浮动抵押的财产变动与效力限制》，载《法学研究》2010 年第 1 期。
② 参见董学立：《浮动抵押的财产变动与效力限制》，载《法学研究》2010 年第 1 期。
③ See Darcy L. Macpherson, Dueling Purchase-Money Security Interests Under the PPSA: Explaining the Law and Policy Behind Section 34(7), Manitoba Law Journal, Vol. 36, pp. 383, 388 (2012).
④ 参见谢鸿飞：《价款债权抵押权的运行机理与规则构造》，载《清华法学》2020 年第 3 期。

则,并没有限定于浮动抵押,甚至没有设定任何范围,而只是规定了动产抵押担保的主债权是抵押物的价款,因而可以说其适用于所有的抵押情形,因而价金超级优先权也可适用于固定抵押。① 《有关担保的司法解释》第57条第2款实际上是采纳了这一观点,依据该款规定:"买受人取得动产但未付清价款或者承租人以融资租赁方式占有租赁物但是未付清全部租金,又以标的物为他人设立担保物权,前款所列权利人为担保价款债权或者租金的实现而订立担保合同,并在该动产交付后十日内办理登记,主张其权利优先于买受人为他人设立的担保物权的,人民法院应予支持。"从该规定来看,该条规定的价金超级优先权可以优先于担保人"为他人设立担保物权",这就扩张了其适用范围,而不再限定为动产浮动抵押的情形。

《有关担保的司法解释》第57条第2款将价金超级优先权扩张至所有权保留和融资租赁交易。主要理由在于:一方面,我国《民法典》担保制度从担保的形式主义转向兼顾形式主义与功能主义之后,担保物权的范围已经不再局限于物权编所规定的抵押权、质权等担保物权类型,而是应当包括合同编中规定的所有权保留买卖与融资租赁等。另一方面,在所有权保留与融资租赁中,其也属于担保交易;此外,在统一适用登记对抗模式的情形下,其所有权保留和融资租赁交易也应当与动产浮动担保权人一样受到同等的保护。② 笔者认为,将价金超级优先权的适用范围扩张到所有担保权利是不妥当的,而应当对《民法典》第416条作限缩解释,使其主要适用于动产浮动抵押。主要理由在于:

第一,将价金超级优先权扩张适用于所有担保,特别是固定抵押的情形,将导致《民法典》第414条的规则被完全架空。《民法典》第414条确认了登记优先的规则,依据该规定,登记在先的抵押权在实现顺位上也优先。因此,如果在先设立的抵押权已经办理了登记,则其原则上应当具有优先实现的顺位,在后设立的所有抵押不管以何种形式出现,当事人都有义务查阅登记后再进行交易。因此,当事人在设定第一个抵押并办理抵押登记后,又以该财产继续作为向其他借款人的担保,那么毫无疑问,在后的担保权不应当具有优先实现的顺位,而必须按照《民法典》第414条

---

① 参见高圣平:《民法典担保制度及其配套司法解释理解与适用》,中国法制出版社2021年版,第750页。

② 参见程啸等:《最高人民法院新担保司法解释理解与适用》,法律出版社2021年版,第358页。

的规定确定其实现顺位。该条是我国《民法典》中担保制度现代化的重大亮点,也是物权编适应营商环境改善的重要举措。而将价金超级优先权扩张适用全固定担保,实际上意味着,在后登记的价金超级优先权人有可能优先于在先登记的各种固定担保权人。如前所述,如果将价金超级优先权仅适用于浮动抵押,尚不至于对一般规则造成重大冲击,但是如果将价金超级优先权规则扩张适用到固定抵押,这就已经将适用范围扩张到一般情形,而不再按照一般规则确定受偿顺序,导致一般的优先顺位规则落空,可能会完全架空《民法典》第414条。

诚然,我国《民法典》从完全采用形式主义,走向兼采功能主义,这也是推进担保制度现代化的重大举措。但功能主义并不能为适用范围的扩张提供正当性基础。其原因在于,功能主义的宗旨在于在扩大动产和权利担保范围的基础上,统一权利效力、顺位、登记等规则,这就需要使《民法典》第414条保持其普遍适用性,才能使担保权利的设立和实现公开透明,使得担保权利竞存时的顺位规则统一。由此可见,功能主义并不支持扩张价金超级优先权的适用范围,也不支持在缺乏正当理由的情形下,打破一般的受偿顺位的统一规则。事实上,虽然《有关担保的司法解释》第57条也体现了功能主义,但是,若是将这一规则的适用扩张到动产固定抵押,则反而与功能主义的要求背道而驰。

第二,将价金超级优先权扩张适用于所有担保,特别是固定抵押的情形,将导致原担保权利人利益遭受侵害。按照《有关担保的司法解释》第57条第2款,承租人以融资租赁方式占有租赁物但是未付清全部租金,又以标的物为他人设立担保物权,出租人的权利可取得超级优先的顺位。例如,甲与乙订立了融资租赁合同,乙作为承租人从甲处承租租赁物,未付清全部租金,又将该租赁物在10天之内抵押或质押给他人,后出租人又在10天之内办理了登记①,此时,《有关担保的司法解释》第57条第2款这种观点是值得商榷的。在上述案例中,出租人虽然在10天之内办理了担保登记,但在承租人将租赁物抵押给他人时,该担保登记尚不存在,抵押权人对该担保权的存在并不知情,如果认定出租人在10天之内办理担保登记即可取得价金超级优先权,则将损害抵押权人的合理信赖,危及交易安全,也会不当冲击担保登记的效力。

---

① 参见民二庭负责人就《最高人民法院关于适用〈中华人民共和国民法典〉有关担保制度的解释》答记者问,载 https://www.chinacourt.org/article/detail/2021/01/id/5716191.shtml,访问日期:2021年1月15日。

按照《有关担保的司法解释》第 57 条第 2 款,如果出卖人与买受人订立了所有权保留买卖合同,买受人取得动产但未付清价款,又以标的物为他人设立担保,而后出卖人在 10 天之内办理担保登记,则无论后担保权人是否办理了登记,以及登记是否在先,出卖人均享有价金超级优先权。笔者认为,此种观点也是值得商榷的,此处可以区分两种情形:一是后担保权人已经办理了登记,且登记在先,此时,后担保权人在办理登记时,并不知道出卖人所享有的担保权,此种情形下,如果认定出卖人享有价金超级优先权,则会损害后担保权人的合理信赖,也会不当影响登记的公信力。二是后担保权人没有办理登记,此时,依据《民法典》第 414 条规定确定各个担保权人的权利优先顺位,是十分简便的,而不需要依据价金超级优先权的规则解决各个担保权人之间的权利冲突。因为,如果买受人在取得动产的时候,虽然未付清价款,但所有权人已经办理了所有权保留登记,在此情形下,所有权保留登记在先,而后设定的担保权利登记在后,因此不能取得对抗前手的效力。

第三,将价金超级优先权扩张适用于所有担保,特别是固定抵押的情形,将会增加道德风险。在后登记的担保权人可以和债权人通过伪造买卖、所有权保留、融资租赁等方式,加紧在 10 天内办理登记,从而获得优先于固定抵押的效力,如此一来,将会使固定担保的效力遭受严重损害,固定担保权利人的合理期待也将落空。因为在实践中,抵押被称为担保之王,动产之上设定抵押后,抵押权人只要办理了登记,即可按照登记顺位受偿,但是如果按照《有关担保的司法解释》第 57 条第 2 款的规定,一旦当事人事后伪造买卖或融资租赁交易,并将合同日期倒签于设定抵押之前,由于动产的交付时间难以为第三人所查知,因此原担保权利人就会遭受显著的不测风险。

第四,将价金超级优先权扩张适用于所有担保,特别是固定抵押的情形,将会降低整体的融资效率。按照《有关担保的司法解释》第 57 条第 2 款的规定,新的信用提供者优先于在先登记的担保权人,就会导致固定担保权人为了保障自己的顺位利益,不得不在担保合同签订后,仍然等待 10 日,以确保不会受到价金超级优先权的妨碍,再进行放款。如此一来,就会使得大量急需的短期融资难以尽快获得,从而不利于融资效率,甚至妨碍债务人的利益。

第五,即便价金超级优先权不适用于固定担保,对于出卖人、出租人而言也并无不利。对于出卖人、出租人而言,由于登记非常便捷,其完全可以通过立刻办理登记的方式,避免其后被再设定抵押的风险,避免出现担保权利冲突,从而适用《民法典》第 414 条的规定,依据登记的顺序确定受偿的顺位。而在不即刻办理登记的场合,又能通过价金超级优先权获得在先的受偿顺位,这就保护了懒惰者,也不利于金融秩序。反之,在已经设立了所有权保留、融资租赁的担保权利时,如果他人已经办理了担保权利登记,此时已经有登记在先的权利,此种情形下,出卖人或出租人已经不是善意的,其不应再受特别保护。

按照《有关担保的司法解释》第 57 条第 2 款的规定,在实践中可能出现融资租赁是否存在超级优先权的问题,笔者认为,不应当成立价金超级优先权。例如,在设定超级优先权的通常情形中,有可能会出现这样一种情形,即甲向乙购买某设备,并将该设备融资租赁给丙。甲担心丙出卖该设备,因此在 10 天内办理了融资租赁登记。在此情形下,融资租赁中的承租人丙根本没有担保权利,因此不会与乙的权利产生冲突。此时,虽然表面上乙符合价金超级优先权的成立要件,但实际上,丙并未取得担保权利,在甲与丙的交易中,甲是融资租赁中的担保权人。因此,根本无须讨论乙和丙之间在顺位上何者优先的问题。

总之,价金超级优先权主要适用于动产浮动抵押,超出这一范畴的,现行法律制度均可以解决,而无须引入价金超级优先权的概念,否则将导致与现有的制度发生冲突并造成混乱。

(三) 价金超级优先权是否适用于其他动产抵押担保的特殊情形

从《民法典》第 416 条的规定来看,其并没有绝对排斥浮动担保以外的其他担保,因为在该条的表述中也确实没有局限于"动产浮动担保"。这很大程度上是因为,立法需要保持一定的开放性,但究竟可以适用于浮动担保外的哪些其他情形,有待于交易实践的进一步检验。一个比较典型的例子就是,如果在先的担保权人与债务人约定,就其将来取得的特定财产设定担保物权,并已经办理了登记,此时,该担保物权即可能与顺序在后的价金超级优先权的担保权人的权利发生冲突。笔者认为,此种情形属于一个财产之上存在多个已登记的担保物权,此时应当适用《民法典》第 414 条的规定,即根据各担保物权登记的先后顺序确定其权利顺位。原因在于,一方面,对债务人而言,既然其已经在未来财产之上设定了担保权,其就应当向在后的担保权人告知,如果在后的担保权人愿意接受,则法律并不禁止,此时其就不应当获得优先受偿的顺位。另一方面,在后的担保权人可以通过查询登记的方式了解债务人提供担保的情况,如果在后的担保权人仍愿意向债务人提供融资,则其应当承担相关的权利不能实现的风险。因此,在特殊情形下,价金超级优先权可以适用于动产浮动抵押之外的担保情形,这也为未来该制度的发展预留了空间。虽然笔者认为《民法典》第414条主要适用于动产浮动担保,但这并不意味着其将来完全不可能适用于动产浮动担保以外的其他担保,但无论如何,不宜将其扩张到各类固定担保。

三、价金超级优先权具有特定的适用条件

在考察了价金超级优先权的适用范围之后,本部分将进一步明确价金超级优先权的适用条件,如前所述,《有关担保的司法解释》第57条第2款将价金超级优先权能够对抗的权利扩张至包括一般固定担保在内的所有担保物权后,极大地扩张了价金超级优先权的适用范围,导致了适用条件的不确定性。适用范围的不确定性,就必然导致适用条件不明晰。这将导致价金超级优先权的构成要件变得多元、模糊、不确定;特别是在我国担保制度进行了功能主义改造之后,更难以判断哪种担保物权是符合价金超级优先权的构成要件的在先担保权,这会妨碍法律的可确定性与可预测性的实现。但是,如果将价金超级优先权的适用范围主要限定为动产浮动抵押,那么,就可以明确界定其适用条件。依据《有关担保的司法解释》第57条第1款,价金超级优先权适用的基本前提是存在在先的浮动担保,这就明确限定了其适用范围。笔者认为,依据《民法典》第416条,价金超级优先权的适用应当符合如下条件:

(一) 价金超级优先权的主体

价金超级优先权的主体具有多样性。依据《有关担保的司法解释》第57条第1款的规定,价金超级优先权的主体包括在该动产上设立抵押权或者保留所有权的出卖人、为价款支付提供融资而在该动产上设立抵押权的债权人、以融资租赁方式出租该动产的出租人。具体而言:

一是在该动产上设立抵押权或者所有权保留买卖的债权人。即除抵押权之外,所有权保留买卖中的出卖人也可以依法享有价金超级优先权。二是为价款支付提供融资而在该动产上设立抵押权的债权人。这就是说,价金超级优先权的担保权人包括动产出卖人,也包括为价款支付提供融资的债权人。例如,第三人为债务人提供融资,购买相关的设备,为了保障其借款债权的实现,该第三人在法定期限内在该设备之上设立抵押

权的,可以依法享有优先受偿的效力。三是以融资租赁方式出租该动产的出租人。例如,债务人以融资租赁的方式从出租人处取得相关的设备,而出租人在法定期限内办理了登记,在此情形下,出租人的权利也具有优先受偿的效力。可见,依据上述司法解释的规定,价金超级优先权的主体并不仅仅局限于买卖合同中的出卖人,在所有权保留买卖、融资租赁等情形中,出卖人和出租人或提供融资的主体均有可能成为价金超级优先权的权利人。

(二) 主要适用于动产浮动抵押的情形

价金超级优先权的发生以当事人已经设定了动产浮动抵押为前提。在动产浮动抵押设定后,买受人又再次进行融资寻找新的信用提供者,就新的融资财产为信用提供者提供的担保,应当具有优先的效力。这就使得价金超级优先权有利于配合动产浮动担保发挥作用。在现代社会,动产担保越来越受到重视,甚至有学者认为,动产担保代表未来担保的发展趋势。"《美国统一商法典》第九编中所包含的动产担保交易制度的概念和方法已被越来越多的改革家作为美国之外的国家的动产担保法现代化的基础。"[1]动产浮动担保是动产担保的重要形式,就超级优先权规则的适用而言,首先需要判断是否有动产浮动担保设定在先。

(三) 主债权主要是购买抵押物的价款

《美国统一商法典》第9-103条规定,"价金债务"指义务人为下列目的而承担的债务:用于支付担保物的部分或全部价款;或用于支付向债务人提供的价值,以使债务人能够获得担保物的权利或使用,但该价值必须实际用于该目的。这也就是说,价金超级优先权所担保的债权限于债务人购买抵押物的价款,旨在担保债务人购买该抵押物全部或者部分价款的清偿。此处的价款既可能是抵押人对出卖人所负担的未付清的价款,也可能是抵押人从第三人处融资用于购买抵押财产的借款。需要指出的是,《美国统一商法典》第9-103条官方评注将价款债权扩大到包括税金、运输费用、违约金等。

在我国,《民法典》第416条明确规定了价金超级优先权所担保的债权是"抵押物的价款",但此处的价款究竟是全部价款还是未付清价款,需

---

[1] Ronald C. C. Cuming, The Internationalization of Secured Financing Law: the Spreading Influence of the Concepts UCC, Article 9 and Its Progeny, in Ross Cranston ed., Making Commercial Law: Essays in Honour of Roy Goode, Clarendon Press, 1997, p. 500.

要区分如下两种情形：一是债务人未从第三人处借款，而直接从出卖人处购买抵押物，此种情形下，按照担保从属性的规则，价金超级优先权所担保的价款应当限于抵押人未付清的价款。二是债务人从第三人处借款购买抵押物，此种情形下，债务人已经将价款全部付清，但尚未偿还对第三人的借款，此时价金超级优先权担保的是第三人对抵押人所享有的借款债权，因此，此处的价款原则上是抵押人从第三人处获得的全部借款。有学者认为，从该制度的立法目的来看，其担保的债权应包括债务人为取得标的物所有权的全部费用以及实现担保物权的费用，当事人约定的担保范围不能超出《民法典》第389条规定的担保范围。也就是说，担保物与债权须有牵连关系。① 但从《民法典》第416条规定的文义来看，价金超级优先权所担保的债权仅限于抵押物的价款，而不包括其他费用。此外，牵连关系意味着贷款必须用于债务人购置标的物，如果是用于清偿旧债或投资则不满足价金超级优先权的条件。②

（四）担保财产具有特定性

依据《民法典》第416条，担保财产具有特定性。价金超级优先权的担保财产主要是所有权保留或赊购交易中的标的物、融资租赁中的租赁物，或者因贷款人提供融资才能购得的标的物。③ 价金超级优先权使得登记在后的担保权人无须担心在先的浮动抵押权，这也有利于债务人继续融资，从而扩大生产和经营。价金超级优先权赋予出卖人、出租人或贷款人以优先受偿的权利，如果不将标的物范围限定为特定的担保财产，而将其扩张及于债务人的其他责任财产，则可能损害浮动抵押权人的利益，这也不利于维护交易安全。

由于价金超级优先权的目的在于优先保障价金债权或融资债权的实现，为了平衡新的信用提供者与在先的担保权人之间的利益关系，应当对价金超级优先权的标的物进行严格限制，即应当限定为债务人所购置的标的物。同时，其所担保的债权也限于购买该标的物的全部或部分价款。该条以为债务人购置标的物而提供贷款为基本交易原型，法律规定价金

---

① 参见谢鸿飞：《价款债权抵押权的运行机理与规则构造》，载《清华法学》2020年第3期。
② 参见程啸等：《最高人民法院新担保司法解释理解与适用》，法律出版社2021年版，第361页。
③ 参见高圣平：《民法典担保制度及其配套司法解释理解与适用》，中国法制出版社2021年版，第746—747页。

超级优先权的目的在于防止债务人在设定浮动抵押后不能再进行信用消费和融资。在缺乏价金超级优先权的情况下,已经设定浮动抵押的债务人在进行信用消费时可能面临无法提供有效担保的局面,而价金超级优先权的确立,可以使得买受人取得优先于浮动抵押权人的优先受偿的权利,从而可以接受抵押人的信用消费。

(五) 买卖价款标的物的所有权必须移转

因为抵押权是在债务人和第三人财产之上设定的担保权,在设定价金超级优先权时,抵押人应当对抵押财产享有所有权或处分权,才能有效设立抵押权。因此,价金超级优先权的设立要求标的物应当交付。① 虽然从《民法典》第416条规定来看,其并没有明确将交付方式限定为现实交付,其在文义上也涵盖了各种观念交付方式。但笔者认为,从有利于权利公示和保护交易安全的角度出发,将其限定为现实交付更为合理,因此,对所谓标的物交付应当作限缩解释,即必须是移转标的物所有权于买受人,并由买受人实际占有。②

(六) 标的物交付后10日内办理抵押登记

由于价金超级优先权具有优先于浮动担保受偿的效力,因此,法律规定抵押权人应当在10天之内办理抵押登记,其目的就在于尽快确定该权利,防止该权利长期不确定影响后续担保权人的权利实现,并危及交易安全。因此,价金债权的债权人应当在标的物交付后10日内办理抵押登记。此处所说的10日在性质上属于办理抵押登记的期限,也就是说,法律给予当事人10日的期限,只要在该期限内办理,就可以优先于其他担保权人。如果没能在该期限内办理,就只能按照一般的规则进行受偿。法律之所以规定该期限,主要是为了保障动产的流动和有效利用。③ 需要指出的是,由于动产抵押权自抵押合同生效时设立,因此,抵押权人即便没有在10天之内办理抵押登记,也只是无法取得价金超级优先权,但并不影响抵押权的设立。此外,抵押权人在10天之后办理抵押登记的,同

---

① 参见黄微主编:《中华人民共和国民法典解读》,中国法制出版社2020年版,第668页。

② 参见高圣平:《民法典担保制度及其配套司法解释理解与适用》,中国法制出版社2021年版,第750页。

③ See William H. Lawrence, William H. Henning and R. Wilson Freyermuth, Understanding Secured Transactions, 5th ed., Matthew Bender & Company, Inc., 2012, p. 241; United Nations Commission on International Trade Law, UNCITRAL Legislative Guide on Secured Transactions, United Nations, 2010, p. 346.

样无法取得价金超级优先权,此时,一般应当依据《民法典》第414条确定各个担保权人之间的权利顺位。

四、价金超级优先权具有特定的法律效力

价金超级优先权,其核心意义、特性与功能在于"超级优先"。超级优先,顾名思义,其具有优先于其他担保物权的效力,而不论其他担保物权设立时间的先后。有"优先"就必然有"劣后",也就是说,"超级优先"意味着需要对两个以上的担保物权的效力进行排序,价金超级优先权具有对抗其他担保物权的效力,这不仅是价金超级优先权的法律效果的内容,也是其适用条件的应有之义。如果没有其他担保物权作为比较,就没有适用价金超级优先权规则的必要。需要指出的是,既然价金超级优先权突破了《民法典》第414条的规定,具有优先实现的效力,则不仅需要在法律上限定其适用范围,也应当对其可以优先的担保物权的类型进行明确限定。

价金超级优先权的法律效力很大程度上是指其相较于其他担保权利的优先效力。在我国《民法典》从形式主义走向功能主义以后,担保物权越来越呈现出多样化的特征,担保物权已经不再是传统物权法定所限定的担保形态,而是包含了诸多的由担保合同设定的具有担保功能的交易模式。例如所有权保留中,还原了所有权保留和担保功能,所有权人成为担保权人,此时相较于原来的所有权人而言,必须提升对担保权人的保护,才能够解决这种制度定位上的变化给担保权人带来的不利。[①] 正是因为将所有权保留等作为担保物权,才产生了竞存的问题。虽然多重担保物权的产生使得效力问题更为重要,但是如果将价金超级优先权的适用范围扩张到所有的担保权,就将使得优先权的规则变得十分复杂,各种担保设定的情形不同,其优先效力的判断也存在差异。但如果将价金超级优先权的适用范围主要限定于动产浮动抵押,这就有利于确定价金超级优先权的效力。依据《民法典》第416条的规定,关于价金超级优先权的效力,该条确立了如下规则:

1. 优于在先浮动担保权

价金超级优先权主要适用于如下情形:即先有动产浮动抵押,又设定

---

① 参见程啸等:《最高人民法院新担保司法解释理解与适用》,法律出版社2021年版,第360页。

价款优先权的,如果价款债权人在10日内办理了登记,则其权利优先于浮动抵押权。但如果没有在10内办理登记,则即便价款债权人之后办理了抵押登记,其也不再享有价金超级优先权。如前所述,法律上承认价金超级优先权可以优先于先设定的动产浮动担保的理由是正当的、必要的,其中一个最重要的理由在于,动产浮动抵押的财产是在不断变动的,而通过价金超级优先权所获得的融资是债务人通过其他融资手段所获得的,且其所担保的债权是抵押物的价款,如果将新获得的财产都纳入浮动抵押的抵押财产范围,则可能使得浮动抵押权人获得额外利益,且将导致动产浮动抵押设定之后,严重妨碍债务人通过其他途径获得新的融资。在标的物购买人已经在其财产之上设定浮动抵押的情形下,其所购买的标的物原则上应当纳入浮动抵押的财产范围;如果不承认价金超级优先权,则即便价金的借款人在该标的物之上设定抵押权,该抵押权也将劣后于浮动抵押权人的权利,这可能导致借款人的借款债权难以实现。所以,价金超级优先权即便设定在后、登记在后,其也应当具有优先于登记在先的动产浮动抵押权的效力。①

关于价金超级优先权能否优先于固定担保中的担保物权人受偿的问题,如前所述,《有关担保的司法解释》第57条第2款将价金超级优先权扩张适用于动产浮动抵押之外的其他固定担保的情形,显然是不妥当的。笔者认为,在固定担保的情形下,缺乏正当理由时,仍然应当适用《民法典》第414条所确立的顺位规则,而不宜突破这一规定。

2. 多个价金超级优先权的顺位关系

同一动产可能存在多个价金超级优先权。例如,两个商业银行分别向债务人提供购买设备的贷款,此时,两个商业银行都可能在同一设备上享有价金超级优先权。再如,贷款人向买受人提供购买设备的部分价款(如首付款)②,此时,贷款人与出卖人也可能在该设备之上同时享有价金超级优先权。在同一标的之上存在多个价金超级优先权的情形下,如何确定其效力顺位关系?《民法典》第416条仅规定了价金超级优先权与其他担保权之间的效力冲突解决规则,而没有规定多个价金超级优先权竞存时的效力顺位规则。《有关担保的司法解释》第57条

---

① 参见谢鸿飞:《价款债权抵押权的运行机理与规则构造》,载《清华法学》2020年第3期。

② 参见高圣平:《担保法前沿问题与判解研究》(第5卷),人民法院出版社2021年版,第417—418页。

第 3 款规定:"同一动产上存在多个价款优先权的,人民法院应当按照登记的时间先后确定清偿顺序。"据此,在同一标的物之上也可能存在多个价金超级优先权,即同一标的物上同时存在数个购买价金担保权,可以适用《民法典》第 414 条的规定,即应当按照登记的先后顺序确定其效力顺位。

笔者认为,这一规定具有合理性:第一,从比较法的经验来看,在存在数个动产担保时,一般按照登记顺序受偿。例如,按照美国和加拿大的法律规定,如果同时存在出卖人的购买价金担保权和贷款人的购买价金担保权,二者之间地位平等。即都应当按照先登记者优先的规则来确认其权利顺位。① 第二,如果存在着数个价金超级优先权,不可能存在着优先于其他价金超级优先权的优先权,否则将导致规则的混乱。第三,如果多个价金超级优先权并存,多个信用提供者之中,一般并不存在着更优先保护某一信用提供者的理由。因而,应当对各个信用提供者平等对待。此处所说的平等对待并不是按照债权的比例受偿,而是要回到《民法典》第 414 条所确立的一般规则。②

3. 不得优先于留置权

从《民法典》第 416 条规定来看,除留置权外,价金超级优先权一旦设立,即具有优先于抵押物买受人的其他担保物权人受偿的效力,因此,其所担保的债权范围应当受到限制,否则可能损害其他担保权人的利益。③ 依据《民法典》第 416 条的规定,价金超级优先权不得优先于留置权人的权利。例如,甲向乙购买某设备,乙在该设备之上设定抵押权,并已经依法办理了抵押登记,乙依法享有价金超级优先权。在此情形下,乙所享有的价金超级优先权具有优先于在先担保物权的效力,但如果甲将该机器设备交由丙维修,后无正当理由拒绝支付维修费用的,则丙有权依法留置该设备,在此情形下,乙就该设备所享有的价金超级优先权即不得优先于丙的留置权。价金超级优先权之所以不能优先于留置权,一方面是因为,价金超级优先权的效力虽然是法律规定,但其在性质上仍然属于抵押权,其效力应当

---

① 参见程啸等:《最高人民法院新担保司法解释理解与适用》,法律出版社 2021 年版,第 364 页。
② 参见程啸等:《最高人民法院新担保司法解释理解与适用》,法律出版社 2021 年版,第 365 页。
③ 参见高圣平:《民法典担保制度及其配套司法解释理解与适用》,中国法制出版社 2021 年版,第 747 页。

劣后于留置权。另一方面,留置权人已经占有了标的物,如果仍然赋予价金超级优先权优先效力,则其权利实现可能存在困难,也容易引发纠纷。此外,留置权所担保的债权一般数额较小,赋予其优先实现的顺位通常也不会影响价金超级优先权的实现,反之,如果赋予价金超级优先权优先实现的效力,则可能使得留置权人的权利无法实现。①

结　语

价金超级优先权作为《民法典》中一项全新的制度,无论是《民法典》的规定还是司法解释的规则,基本上都是来自对域外经验的借鉴,迄今为止尚无实务经验可寻。这就注定该制度的设计缺乏必要的本土实践性。《有关担保的司法解释》规则虽然具有一定的超前性,但由于其并非基于对实践的经验总结而产生,在很大程度上来自参酌比较法经验的理论构想,存在一些瑕疵也是可以理解的。因此,在《民法典》和相关司法解释颁布后,一方面需要法官在实践中正确理解和解释《民法典》第416条关于价金超级优先权的规则,并加以准确适用。另一方面,这一规则本身也需要接受实践的检验,并通过实践不断丰富和发展。"问渠那得清如许,为有源头活水来",只有在实践中不断验证、修改、完善,才能使得这一制度具有旺盛的生命力,并有效地回应融资交易市场的需求,进而不断优化营商环境,促进市场经济的高质量发展。

---

① 参见黄薇主编:《中华人民共和国民法典解读》,中国法制出版社2020年版,第670页。

债和合同

具有国际化视野的《民法典》合同编立法[*]

引 言

全球化时代,资本和商业交往经常需要突破某一国界,市场的发展越来越需要交易规则具有统一性,从而降低交易成本和交易费用,这就要求不同法系的合同法律制度不断融合。两大法系的合同法律制度虽然存在较大的区别,但为了顺应全球化的进程,这些规则之间的差异不断缩小,而共性则不断增加。市场经济是开放的,因此要打破对市场的分割、垄断,杜绝不正当竞争等现象。经济全球化促使国内市场和国际市场不断接轨,这就决定了作为市场经济基本法的合同法,一方面要适应国内统一市场的需要,另一方面也要与国际惯例相衔接。《民法典》合同编适应了高质量市场经济发展和改善营商环境的需要,大量借鉴了有关国际公约和示范法以及两大法系关于合同立法的先进经验,从而使得合同编规则与世界立法趋势保持一致,接轨国际商事交易习惯。由此表明,我国《民法典》合同编不仅具有国际化视野,而且具有时代特征。笔者拟从合同编通则的相关制度出发,探讨合同编规则的国际性。

一、合同订立新规则的引入

(一) 承诺的实质性变更规则

传统大陆法系认为,对于合同的成立,承诺的内容应当与要约的内容尽量保持一致。具体而言,承诺不得附条件,同时也不能对要约的内容进行限制、扩张或者变更。违反上述规则,将导致意思表示不再被作为承诺,而是构成反要约,并同时成立一个新的要约。英美法系中就有"镜像规则"(mirror image rule),这一规则将承诺和要约比作照镜子一般,要求

---

[*] 原载《经贸法律评论》2021年第4期。

承诺与要约的内容完全一致,此时合同才能宣告成立。① 然而,在实践中,严格要求承诺与要约的内容完全一致,在很多情况下并不可能,也不利于鼓励交易。所以,在美国著名的"爱德华·帕伍尔公司诉韦斯特豪斯电器有限公司"一案中,法院对镜像规则作出了一定的修改②,《美国统一商法典》第2-207条第1款规定:"明确和及时的承诺表示或者于合理时间内发送的确认书均构成承诺,即使其所述条款对要约或约定条款有所补充或不同,但承诺明示以要约人同意这些补充条款或不同条款条件者除外。"而大陆法系国家民法也从鼓励交易角度出发,在承诺的内容上采宽松立场,并不要求承诺必须与要约绝对一致,只要承诺不改变要约的实质性内容,则仍然构成有效的承诺,而不构成反要约。

《国际商事合同通则》借鉴了两大法系的共同经验,其第2.1.11条规定:"对要约意在表示承诺但载有添加、限制或其他变更的答复,即为对要约的拒绝,并构成反要约。但是,对要约意在表示承诺但载有添加或不同条件的答复,如果所载的添加或不同条件没有实质性地改变要约的条件,那么,除非要约人毫不迟延地表示拒绝这些不符,则此答复仍构成承诺。如果要约人不作出拒绝,则合同的条款应以该项要约的条款以及承诺通知中所载有的变更为准。"由此可见,承诺的内容并不一定要与要约的内容相一致,如果承诺并未对要约作出实质性变更,则仍然构成有效的承诺。因此,并非承诺的任何变更均构成实质性变更,只有承诺从实质上修正或调整了要约的条款,才构成实质性变更,如果承诺只是重申要约条款而没有改变其内容,则并不构成实质性变更。承诺对要约内容的变更是否构成实质性变更,需要结合具体个案进行判断。③

我国《民法典》合同编借鉴了上述立法经验,《民法典》第488条第3句规定:"有关合同标的、数量、质量、价款或者报酬、履行期限、履行地点和方式、违约责任和解决争议方法等的变更,是对要约内容的实质性变更。"因此,承诺在没有对要约的内容作出实质性变更的情形下,仍然具有承诺的效力。一般认为,实质性变更其实就是对要约的实质性内容所作出的变更。所谓实质性内容,是指对当事人利益有重大影响的合同内

---

① See ALI: Restatement of the Law(2nd), Contract, §59; see also UCC Section 2-207.
② See Idaho Power Co. v. Westinghouse Electric Corp., United States Court of Appeals, Ninth Circuit, 1979, 596 F. 2d 924.
③ See Stefan Vogenauer ed., Commentary on the UNIDROIT Principles of International Commercial Contracts(PICC), Oxford University Press, 2015, p. 510.

容,这些内容虽然不应当是合同的必要条款,但其一般构成未来合同的重要条款。对这些内容作出变更,从根本上违背了要约人的意思,因此,此种变更不能产生承诺的效力。

但问题在于,如何认定承诺构成对要约内容的"实质性变更"? 比较法上存在两种模式。

一是《国际商事合同通则》采用抽象概括的模式,认为对实质性变更无法具体确定,应采纳合理期待理论确定。《国际商事合同通则》认为在受要约人可以合理地期待要约人会同意此变更条款时,此变更就不构成实质性变更。另外,对要约人有利的变更,如一个更大的折扣、免运费、经要约人要求延长担保期间,都不构成实质性变更。但如果此变更构成"意外条款"(surprising terms)时,则构成实质性变更。

二是《联合国国际货物销售合同公约》采取了具体列举实质性变更事项的做法,根据《联合国国际货物销售合同公约》第19条第3款的规定:"有关货物价格、付款、货物质量和数量、交货地点和时间、一方当事人对另一方当事人的赔偿责任范围或解决争端等的添加或不同条件,均视为在实质上变更发价的条件。"根据该公约起草秘书处的评论,将价款、支付方式、质量与数量、运送的地点与时间、合同当事人对另一方当事人的责任范围,都推定为构成对条款的实质变更。①

我国《民法典》第488条基本采纳了《联合国国际货物销售合同公约》的规则,对实质性变更的内涵没有进行抽象的界定,而是列举了实质性变更的具体情形,并没有增加争议解决方法一项。采取此种模式具有合理性,其一方面可以为法官认定实质性变更提供明确的指引,从而保持裁判的统一;另一方面,对交易当事人而言,法律明确列举实质性变更的情形,也有利于保障当事人对交易的合理期待。当然,《民法典》第488条虽然明确列举了对要约内容进行实质性变更的具体情形,但承诺对上述事项的变更是否构成实质性变更,还需要遵循具体问题具体分析的思路,结合个案中的具体情形来判断,尤其需要考虑承诺对要约内容的变更对当事人利益的影响。如果受要约人所发出的承诺虽然对上述事项作出了变更,而该变更对要约人的利益并没有重大影响,则不应当将其认定为

---

① See Commentary on the Draft Convention on Contracts for the International Sale of Goods, Prepared by the Secretariat, UN Doc. A/CONF.97/5(1979). 该文件第17条(对应正式文本第19条)第2段、第3段为推定条款实质性变更的评论。参见张玉卿主编:《国际货物买卖统一法:联合国国际货物销售合同公约释义》,中国对外经济贸易出版社1998年版,第143页。

实质性变更。因此,依据《民法典》第488条的规定认定是否构成实质性变更时,通常还需要对该规则进行限缩解释,将对当事人利益未产生重大影响的情形排除在外。另外,在认定是否构成实质性变更时,还应当考虑要约人的意思。如果要约人明确提出,要约的任何内容均不得变更,在此情形下,就无所谓实质性变更和非实质性变更的区别,任何变更都属于发出新的要约。需要指出的是,《民法典》第488条所列举的实质性变更的情形,是就通常情形而言的,但合同类型繁多,对有关合同标的、数量、质量、价款或者报酬、履行期限、履行地点和方式、违约责任和解决争议方法等的变更,是否构成实质性变更,还需要考虑交易的具体情形。一方面,实质性变更的情形不限于上述所列各项,合同的条款很多,法律很难列举穷尽,本条使用"等"这一兜底性规定,表明其不限于法律规定的情形,如对纠纷解决适用法律的选择也应是实质性的条款。另一方面,在具体合同的订立中,要考虑具体内容和情形。例如,在有些合同中,其履行方式可能并不重要,履行方式的变更就不应当作为实质性变更。又如,就标的物数量的微小调整,也不应作为实质性变更。总之,在判断实质性变更时,还需要结合交易的具体情形来判断。

(二) 格式条款的法律规制

所谓格式条款(standard terms),是指为了重复使用而预先制定的,且未与对方协商的条款。从经济上看,格式条款是为多次重复的交易而制定,尤其是许多交易活动是不断重复进行的,许多公用事业服务具有既定的要求,因而采用格式条款。其缩短了谈判过程,有助于降低交易费用,有利于提高效率。但格式条款的出现不仅改变了传统的订约方式,也使合同自由原则面临挑战。因此,各国都纷纷通过修改和制定单行法律等方式对格式条款进行规范。

1. 关于格式条款是否以"重复使用"为要件

格式条款是制定方为了反复使用而预先制定且不能协商的条款。在《民法典》制定过程中,关于格式条款的定义,不无争议。其中,有一种观点认为,格式条款的实质在于未与对方协商,而不在于是否为了重复使用,因此建议删除重复使用的表述。在合同编草案最初的一审稿和二审稿中均未出现"重复使用"的表述。这种观点受到了《欧洲示范民法典草案》的影响,该草案第1-1:109条规定:"格式条款,是指在与不同当事方进行交易前预先拟定,并在订立合同时未与对方协商的条款。"该条规则删除了《欧洲合同法原则》关于为"不特定多数合同"预先设定的要求。①

然而,大多数国家法律都认为格式条款必须是因重复使用而预先制定的。正是因为重复使用才能够允分发挥格式条款提升交易效率的功能。②《国际商事合同通则》第2.1.19条第2款将格式条款界定为:"格式条款是指一方当事人为通常和重复使用的目的而预先准备的条款,并在实际使用时未与对方协商。"该条明确强调了重复使用目的在判断格式条款中的重要性。当然,《国际商事合同通则》认为,相关的格式条款事实上是否已经被重复使用并不重要,并且当事人无须证明其事实上进行了重复使用,相反,当事人应当有重复使用格式条款的目的,这也是认定格式条款的决定性因素。③ 因此,《国际商事合同通则》第2.1.19条第2款明确将"重复使用的目的"作为是否构成格式条款的重要判断因素。2011年《欧洲共同销售法》(CESL)对格式条款的解释认为,格式条款是一种事先拟定、涉及不同当事人的多次交易且不允许对方当事人协商的合同条款。也就是说,它指的是一种能够重复使用、事先拟定且不能协商的条款。正是在借鉴上述经验的基础上,我国《民法典》在第496条第1款中,将"为了重复使用而预先拟定"作为格式条款的构成要件。

《民法典》合同编之所以将重复使用作为格式条款的判断标准,主要是基于如下原因:一方面,这符合格式条款的本质属性。如果某些合同条款只是一次性使用,仅为特定当事人准备,而不是为不特定的交易主体准备,则难以将其认定为格式条款。另一方面,这符合法律调整格式条款的目的。法律之所以对格式条款进行调整和规制,就是为了保护不特定的交易当事人,尤其是保护不特定的消费者的利益。如果相关的条款只是为了一次性使用,而不能重复使用,则保护不特定的交易当事人的目的将难以实现。如果将重复使用的目的排除在格式条款的认定标准之外,可能导致格式条款范围的不当扩大。此外,格式条款的优势在于一次制定,重复使用,这也是格式条款发挥其节省交易成本等作用的目的。格式条款的采用可以使订约基础明确、节省费用、节约时间,从而大大降低交

---

① 参见〔德〕克里斯蒂安·冯·巴尔、〔英〕埃里克·克莱夫主编:《欧洲私法的原则、定义与示范规则:欧洲示范民法典草案(全译本):第1卷、第2卷、第3卷》,付俊伟等译,法律出版社2014年版,第164页。

② See Stefan Vogenauer ed., Commentary on the UNIDROIT Principles of International Commercial Contracts(PICC), Oxford University Press, 2015, p. 580.

③ See Stefan Vogenauer ed., Commentary on the UNIDROIT Principles of International Commercial Contracts(PICC), Oxford University Press, 2015, p. 580.

易成本。① 如果相关的条款只是为了一次性使用,将其认定为格式条款,也难以实现节省交易成本的目的。

此外,格式条款的另一个重要特征在于不能协商,一般的合同条款是当事人在进行协商的基础之上形成的,而格式条款则缺少了这一环节。因此,公约和示范法文件均将"未与对方协商"作为格式条款的构成要件。但是,应当如何理解"未与对方协商"? 在德国法上,对格式条款进行规制的基础是诚实信用,如果当事人仅仅能够讨论条款,但无法改变条款,则不构成本条意义上的"协商",仍应当将相关的条款认定为格式条款。也就是说,只有另一方当事人能够真正影响合同条款的内容,才能将其认定为"协商"。当然,《国际商事合同通则》并没有过多拘泥于"协商"的文义,如果当事人就合同的部分条款进行协商,则不构成其第 2.1.20 条所规定的意外条款,至于他方当事人是否有对合同内容施加影响的真正机会,本条在所不问。② 我国《民法典》第 496 条将不与对方协商作为认定格式条款的条件,就意在说明,格式条款是不与对方协商的条款。当然,即便对方当事人能够协商,但如果无法对合同条款的内容施加实质性影响,则仍然应当将其认定为格式条款。

2. 关于异常格式条款的法律效力

所谓异常条款,一方面是指相对人不能合理预见到的条款;另一方面,它是指对当事人的权利、义务、责任等有重大影响的条款。对于"同类的他方当事人不会希望其包含于格式条款之中"的条款即构成意外条款。与当事人协商内容不一致、与广告内容描述不一致或与口头或书面的条款不一致的格式条款是评估是否构成意外条款的重要因素。③ 在比较法上,为保障合同的公平性,针对这些异常的格式条款设置了特别规则,主要通过效力规范来解决异常条款能否成为合同内容的问题。④ 特别规定条款设立者必须合理提示相对人注意此类条款,或对这些条款予以解释,如果相对人表示接受,则并无不可。《欧洲示范民法典草案》第 2-1:110 条规

---

① 参见〔英〕阿狄亚:《合同法导论》,赵旭东、何帅领、邓晓霞译,法律出版社 2002 年版,第 14—26 页。

② See Stefan Vogenauer ed., Commentary on the UNIDROIT Principles of International Commercial Contracts(PICC), Oxford University Press, 2015, pp. 580-581.

③ See Stefan Vogenauer ed., Commentary on the UNIDROIT Principles of International Commercial Contracts(PICC), Oxford University Press, 2015, p. 595.

④ See Ingeborg Schwenzer, Pascal Hachem & Christopher Kee, Global Sales and Contract Law, Oxford University Press, 2012, p. 165.

定,第三方拟订的条款视为经营者提供的条款。不过,消费者在合同中采用该条款的仍然具有效力,起草者认为,第三方制定的条款主要是照顾到经营者的利益,有可能对消费者不公平,但消费者同意当然允许。①《国际商事合同通则》第 2.1.20 条第 1 款规定:"如果标准条款中含有另一方当事人不能合理预见性质的条款,则该条款无效,除非对方明示地表示接受。"这实际上是提出了格式条款中异常条款的效力问题,例如,双方在旅游合同中约定,旅行社仅仅作为游客住宿时旅馆经营者的代理人,不对该旅馆的食宿供应负责,该条款对游客是难以预见的。②

原《合同法》对异常格式条款的效力并没有作出规定。最高人民法院《关于适用〈中华人民共和国合同法〉若干问题的解释(二)》(以下简称《合同法司法解释(二)》)认为未提请合理注意的,相对人有权请求人民法院予以撤销。③ 从比较法上来看,对于异常条款大多规定应确认为无效。当然,关于异常条款确认无效的原因,存在不同的解释。有的认为是违反了强制性规定,有的认为不符合约因规则,或条款本身属于不公平条款,也有的认为是违反了诚实信用原则。④ 依据《民法典》第 496 条第 2 款的规定,在提供格式条款的一方没有就与对方"有重大利害关系的条款"进行提示说明,或没有按照对方的要求对该条款予以说明,而导致对方当事人没有注意或理解这些条款时,将会产生"对方可以主张该条款不成为合同的内容"的效果。所谓"不成为合同的内容",是指这些条款根本没有成立,即因为条款制定人一方没有履行以合理方式提示或者说明义务,从而使对方可以主张这些条款未形成合意不能成为合同的内容,这就与《国际商事合同通则》的规定保持了一致。依据这一规定,一方面,由于该条的立法本意是保护相对人,因此能够主张条款不成为合同内容的只能是相对方,而该条款制定人不能提出此种请求。另一方面,相对人对于

---

① See Christian von Bar & Eric Clive eds., Principles, Definitions and Model Rules of European Private Law: Draft Common Frame of Reference(DCFR)(Full Edition), Volume I, European Law Publishers, 2009, p. 164.

② 参见张玉卿主编:《国际统一私法协会 UNIDROIT 国际商事合同通则2004》,中国商务出版社 2005 年版,第 201 页。

③ 最高人民法院《关于适用〈中华人民共和国合同法〉若干问题的解释(二)》第 9 条规定:"提供格式条款的一方当事人违反合同法第三十九条第一款关于提示和说明义务的规定,导致对方没有注意免除或者限制其责任的条款,对方当事人申请撤销该格式条款的,人民法院应当支持。"

④ See Ingeborg Schwenzer, Pascal Hachem & Christopher Kee, Global Sales and Contract Law, Oxford University Press, 2012, p. 164.

该条款能否成为合同的内容享有选择的权利,如果其认可这些条款,选择将其纳入合同内容,应当认定该条款的效力;如果相对人主张该条款不成为合同的内容,则该条款不能成为合同的内容。此外,如果格式条款的制定方已经提示并说明,另一方没有表示异议,则表明其已经接受了该条款①,则该条款可以成为合同的内容。《民法典》第496条第2款之所以作出此种修改,主要原因在于,如果相对人请求人民法院撤销,其必须通过诉讼方式才能撤销该合同条款。但在主张合同条款不成立的情况下,可以不通过诉讼的方式进行,而直接主张该条款不成立,这对于相对人特别是消费者的保护更为有利。

3. 关于格式条款与非格式条款发生冲突的处理

格式条款的效力认定还涉及格式条款与非格式条款的效力关系问题。所谓"非格式条款",是指经当事人个别磋商而约定的条款。关于非格式条款,《国际商事合同通则》采取了更为宽泛的认定标准。非格式条款不限于书面条款,也包括个别约定的口头条款。② 因此,非格式条款的概念不限于经过协商的或个别约定的条款。对于为特定合同而提前准备的条款,即使未与他方当事人协商,也属于非格式条款的范畴,因为它们至少更可能反映当事人制定特定合同的意图。③ 关于非格式条款的效力,比较法上普遍确认了"协商条款的优先性规则"(precedence of negotiated terms)。④《国际商事合同通则》第2.1.21条规定:"若格式条款与非格式条款发生冲突,以非格式条款为准。"我国《民法典》合同编也吸收了这一规定,依据《民法典》第498条的规定,格式条款和非格式条款不一致的,应当采用非格式条款。在一般的合同解释中,如果个别商议条款与一般条款不一致,则个别商议条款应当优先于一般条款。对格式条款而言,其是由一方预先制定的,当格式条款与非格式条款的含义不一致时,则意味着当事人就相关合同事项达成了新的合意,此时,认定非格式条款优先于格式条款,既尊重了双方当事人的真实意思,也有利于保护广

---

① 参见张玉卿主编:《国际统一私法协会UNIDROIT国际商事合同通则2004》,中国商务出版社2005年版,第203页。

② See Stefan Vogenauer ed., Commentary on the UNIDROIT Principles of International Commercial Contracts(PICC), Oxford University Press, 2015, pp. 600-601.

③ See Stefan Vogenauer ed., Commentary on the UNIDROIT Principles of International Commercial Contracts(PICC), Oxford University Press, 2015, p. 600.

④ See Ingeborg Schwenzer, Pascal Hachem & Christopher Kee, Global Sales and Contract Law, Oxford University Press, 2012, p. 170.

大消费者的利益。

4. 作出对条款制定人不利的解释

法谚上有所谓"用语有疑义时,就对使用者为不利益的解释",各国大多采纳了这一规则,我国《民法典》第498条规定,在格式条款有疑义时,应当作出不利于提供格式条款一方的解释。格式条款是由提供格式条款的一方预先制定的,双方并未就条款内容进行充分的协商,因而格式条款往往出现更有利于制定者的现象,甚至有格式条款的制定人可能会利用这一地位,故意使用不明确的文字以损害消费者的利益,或者滥用其经济上的优势地位,将可能产生歧义的解释强加于消费者。所以,为了维护消费者的利益,在条款含义不清楚时,应对条款制定人作不利的解释。

二、合同效力判断规则的更新

(一) 无权处分合同的效力

所谓无权处分,是指当事人不享有处分权而处分他人财产。在买卖合同中,出卖人应当对标的物享有所有权或者处分权,若由于出租等原因将标的物交由他人经营管理,经营者、管理者、占有者等未经授权,将标的物转让给他人,便形成了无权处分。在无权处分的情形下,既涉及物权法上受让人能否取得标的物所有权的问题,也涉及合同法中买卖合同的效力问题。

自1999年《合同法》颁布以来,关于无权处分的效力,一直是学界争论的话题,司法实务中也有不同的做法,主要有合同效力待定、合同有效以及合同无效三种观点。《合同法》第51条对无权处分合同采效力待定说,而2012年最高人民法院《关于审理买卖合同纠纷案件适用法律问题的解释》[①]第3条采纳了有效说。在我国《民法典》合同编的制定中,是否应当对无权处分合同采纳有效说,存在较大争议。

《国际商事合同通则》第3.1.3条第2款规定:"合同订立时一方当事人无权处分与该合同相关联之财产的事实本身,并不影响合同的效力。"根据起草者的观点,欠缺处分权(lack of the power of disposition)与欠缺能力(lack of capacity)不同。欠缺能力会影响当事人订立的合同效力,而欠

---

① 已于2020年修正。

缺处分权则不会导致合同无效,只是可能会被作为一种债务不履行的情形来处理。① 《欧洲合同法原则》第4:102条同样采纳了这一观点。《欧洲示范民法典草案》对无权处分也采取合同有效立场。《欧洲示范民法典草案》第2-7:102条规定:"不能仅因合同订立时债务履行不能的当事人对合同所涉及的财产无权处分,而认定合同全部或部分无效。"其评注认为,在无权处分场合否定合同效力并非良策,出卖人很有可能在须移转所有权的时候取得处分权。实践中有很多合同在订立时,标的物还不存在,但是在开始履行时债务人却已经取得了标的物的处分权。② 由此可见,对无权处分合同采有效说是合同法的发展趋势。

我国《民法典》在总结司法实践经验的基础上,吸收了比较法上所普遍采纳的有效说。《民法典》第597条第1款规定:"因出卖人未取得处分权致使标的物所有权不能转移的,买受人可以解除合同并请求出卖人承担违约责任。"该规定对于平衡各方利益,鼓励交易具有重大意义。具体而言:一方面,认定无权处分不影响合同效力,可以为善意买受人提供更为有力的保护。无权处分人将他人的财产进行处分,在不构成善意取得的情况下,权利人拒不追认时,按效力待定说,合同应确认为无效。此时,买受人只能请求出卖人承担缔约过失责任而非违约责任,从而仅能获得信赖利益的赔偿。但在有效说的前提下,买受人可以直接请求无权处分人赔偿履行利益的损害。另一方面,有效说可以鼓励未来财产交易。现代的商业交易市场变化迅速,在商事交易中,当事人往往在尚未获得标的物时,便可能已经进行了一系列的交易安排。买卖将来物已经成为一种十分普遍的交易形态,当事人可通过此种方式加速财产的流动。在这一情况下,坚持无权处分合同效力待定,显然会有碍此种交易模式的开展。

依据《民法典》第597条的规定,在无权处分的情形下,买卖合同仍然有效,如果出卖人无法按照约定移转标的物的所有权,则由于出卖人无权处分,该行为构成违约,买受人此时享有两项权利:一是解除合同。因为标的物所有权无法移转,已经构成根本违约,买受人自然享有解除合同的权利,自不待言。二是请求出卖人承担违约责任。在出卖人无法移转标的物

---

① See Stefan Vogenauer ed., Commentary on the UNIDROIT Principles of International Commercial Contracts(PICC), Oxford University Press, 2015, p. 663.

② See Christian von Bar & Eric Clive eds., Principles, Definitions and Model Rules of European Private Law: Draft Common Frame of Reference(DCFR)(Full Edition), Volume I, European Law Publishers, 2009, p. 482.

所有权的情形下,构成违约,买受人也有权请求出卖人承担违约责任。

在无权处分的情形下,买受人是否可以当然取得所有权,取决于其是否符合《民法典》物权编善意取得的构成要件。如果符合善意取得的构成要件,所有权将发生移转,真正权利人将无法追及;如果不构成善意取得,则真正权利人可以行使物权请求权。但即便在所有权发生移转的情形下,如果真正权利人与出卖人之间存在合同关系,则其可以依法请求出卖人承担违约责任。同时,真正权利人在法律上也可能享有要求无权处分人承担侵权责任或不当得利返还的请求权。

(二) 解决争议条款的独立性

所谓解决争议条款,是指当事人在合同中约定的,将来一旦发生合同纠纷,应当通过何种方式来解决纠纷的条款。按照合同自由原则,选择解决争议的方法也是当事人所应当享有的合同自由的内容。具体来说,当事人可以在合同中约定,一旦发生争议,是采取诉讼还是仲裁的方式,如何选择适用的法律,如何选择管辖的法院等,从而对合同未来发生纠纷的风险进行必要的控制。《民法典》第 470 条第 1 款第 8 项明确规定了合同的内容一般包括"解决争议的方法"的条款。当然,解决争议的方法并不是合同的必要条款。如果当事人没有约定解决争议的方法,则在发生争议以后,应当通过诉讼解决。

解决争议条款虽然也是合同条款,但其效力不同于合同的其他条款,其目的在于解决当事人将来就合同关系可能发生的纠纷,其效力具有相对独立性。然而,我国原《合同法》对此类条款效力的独立性并没有作出规定。但从比较法上看,各国普遍承认了解决争议条款效力的独立性。《联合国国际货物销售合同公约》第 81 条就规定,"宣告合同无效不影响合同中关于解决争端的任何约定……",这主要是考虑到争端解决条款效力相对独立,会有利于促进争端的解决。[①]《国际商事合同通则》第 7.3.5 条第 3 款规定:"终止并不影响合同中关于解决争议的任何规定,或者即便在合同终止后仍应执行的其他合同条款。"在《国际商事合同通则》中,除争议解决条款外,不受终止影响的条款还包括准据法条款。[②]

我国《民法典》在制定过程中,借鉴了上述立法经验,从两个方面确认

---

① 参见张玉卿主编:《国际货物买卖统一法:联合国国际货物销售合同公约释义》,中国对外经济贸易出版社 1998 年版,第 269 页。
② 参见张玉卿主编:《UNIDROIT 国际统一私法协会国际商事合同通则 2016》,中国商务出版社 2019 年版,第 523 页。

了解决争议条款效力的独立性。也就是说,在合同关系终止以后,并不是所有的合同条款都失去效力,依据法律的规定,合同某些条款的效力具有相对独立性,应当继续有效,这些条款主要包括两种情形。

一是合同中解决争议条款。《民法典》第507条规定:"合同不生效、无效、被撤销或者终止的,不影响合同中有关解决争议方法的条款的效力。"这些条款与当事人约定的实体权利义务关系不同,其主要是关于争议解决的程序性事项。因此,仲裁条款的无效和被撤销或终止,不应当影响合同其他部分的效力。由于合同中的解决争议条款本身涉及对合同终止后事务的处理,且在法律上具有相对独立性,所以,合同终止以后这些条款并不当然终止。

二是合同中结算、清理条款。《民法典》第567条规定:"合同的权利义务关系终止,不影响合同中结算和清理条款的效力。"所谓合同中结算、清理条款,是指当事人在合同中约定的,在合同关系终止后如何处理合同遗留问题的约定。依据该条规定,如果当事人事先约定了有关合同终止后的结算和清理条款,则在合同关系终止后,此类条款仍然有效,应依这些条款进行结算和清理。

《民法典》第507条与第567条虽然均规定了合同无效或权利义务终止后部分条款效力的独立性,但二者在实践中容易发生混淆,《民法典》第567条中的结算和清理条款不同于《民法典》第507条中的解决争议条款,应当对二者进行必要的区分,主要原因在于:一方面,解决争议条款主要是程序性的条款,而结算和清理条款是关系到实体性权利义务关系的条款;另一方面,解决争议条款通常不涉及违约的问题,而结算和清理条款主要是违约后的清算问题。合同权利义务关系终止的原因很多,仅在诸如基于违约而解除合同的情形才会涉及违约金和损害赔偿等问题。

三、合同履行规则的新变化

(一)情势变更制度的引入

1. 明确规定了情势变更制度

所谓情势变更,是指在合同成立生效后,合同履行期间,由于订立合同的基础条件产生了缔约时无法预见的变化,致使合同难以履行或者继续履行将带来显著的不公平,此时根据诚实信用原则,应当允许当事人变更或解除合同。① 所谓情势,是指合同成立后出现的不可预见的情况,即必须影响社会整体或部分环境的客观情况。② 一般认为,情势泛指作为法律行为成立基础或环境的一切客观事实。③ 所谓变更,是指"合同赖以成立的环境或基础发生异常变动"。情势变更原则最早出现在1756年《巴伐利亚民法典》和1794年《普鲁士一般邦法》中。④ 经过德国学者的发展,该理论逐渐被德国判例所采纳⑤,并为大陆法系其他国家广泛采用,同时也为公约和示范法所广泛接受。《国际商事合同通则》规定了艰难情形规则,第6.2.2条规定:"所谓艰难情形,是指发生的事件使得一方当事人履约成本增加或者一方当事人所获履约的价值减少,因而在根本上改变了合同均衡,并且:(a)该事件的发生或为处于不利地位的当事人知道事件的发生在合同订立之后;(b)处于不利地位的当事人在订立合同时不能合理地预见事件的发生;(c)事件不能为处于不利地位的当事人所控制;而且(d)事件的风险不由处于不利地位的当事人承担。"《欧洲合同法原则》第6:111条和《欧洲示范民法典草案》第3-1:110条均规定了这一规则。可以说,情势变更制度是各国普遍认可的一项合同法制度。

我国《合同法》为了强调合同严守原则,并没有规定情势变更制度,《合同法司法解释(二)》第26条虽然承认了情势变更规则,但对该规则的适用作出了严格限制。《民法典》第533条规定:"合同成立后,合同的基础条件发生了当事人在订立合同时无法预见的、不属于商业风险的重大变化,继续履行合同对于当事人一方明显不公平的,受不利影响的当事人可以与对方重新协商;在合理期限内协商不成的,当事人可以请求人民法院或者仲裁机构变更或者解除合同。人民法院或者仲裁机构应当结合案件的实际情况,根据公平原则变更或者解除合同。"《民法典》之所以承认情势变更制度,是对现代社会纷繁复杂、形态多样的交易关系的一种回应。伴随着经济全球化的发展,电子商务(e-commerce)大量取代了既有的交易模式,当事人缔约时不可预见的风险也不断涌现,例如,亚洲金融危机、"非典"以及新型冠状病毒等情势将导致许多合同难以履行。在没有规定情势变更的情形下,我国原《合同法》只有关于不可抗力免责的规

---

① 参见梁慧星:《中国民法经济法诸问题》,中国法制出版社1999年版,第200页。
② 参见彭凤至:《情势变更原则之研究》,五南图书出版公司1986年版,第240页。
③ 参见王家福主编:《中国民法学·民法债权》,法律出版社1991年版,第399页。
④ Vgl. Codex Maximilianeus Bavaricus Civilis von 1756, IV 15 §12; ALR von 1794, I 5 §378.
⑤ Vgl. RGZ 100, 129, 132 f.

定,而在因新型冠状病毒肺炎疫情等引发的合同难以履行等情形下,当事人并不当然因合同不能履行而免责,而只是因为合同已经出现了履行艰难的情况,继续履行将显失公平,但是通过变更合同条款,当事人仍然可以继续履行合同。显然,不可抗力制度难以应对此种情形。《民法典》第533条在总结司法实践经验、借鉴比较法经验的基础上,对情势变更制度作出了规定,能够有效解决大量因当事人在订约时无法预见的情势变化而引发的纠纷。

2. 明确了情势变更情形下的再磋商义务

在情势变更的情形下,为了鼓励交易,尽量促成交易,当事人应当负有再磋商义务。对此,《国际商事合同通则》第6.2.3条作出了规定①,但再磋商义务是不是一种法定的义务?一般认为,合同他方当事人积极与处于不利地位的当事人进入再磋商关系并不构成专门的债务,但《国际商事合同通则》秉持诚实信用的基本原则,认为当事人负有合作义务(a duty to cooperate)。这种义务包括当事人作出再磋商请求后对再磋商请求的回应义务等。②《欧洲合同法原则》第6:111条第2款规定了当事人负有继续谈判的义务,此种义务可以看作依据诚信原则所产生的附随义务。③ 此系比较法上具有共识的观点。但是,《欧洲示范民法典草案》并没有采纳再磋商义务。因为草案的起草者认为,这一义务过于繁重且复杂。法律不宜强制当事人进行再交涉,而应将债务人诚信地进行磋商作为救济的条件。④ 我国《民法典》采纳了上述比较法上具有共识性的观点,规定了当事人的再磋商义务。依据《民法典》第533条的规定,在发生情势变更后,当事人负有继续谈判义务,即在发生情势变更后,受到不利影响的一方有权要求对方继续谈判。继续谈判义务在性质上即再磋商义务,在发生情势变更时,规定当事人负有继续谈判的义务有利于维持合同的效

---

① 《国际商事合同通则》第6.2.3条第1—3款规定:"若出现艰难情形,处于不利地位的当事人有权要求重新谈判。但是,提出此要求应毫不迟延地,而且说明提出该要求的理由。重新谈判的要求本身并不能使处于不利地位的当事人有权停止履约。在合理时间内不能达成协议时,任何一方当事人均可诉诸法院。"

② See Stefan Vogenauer ed., Commentary on the UNIDROIT Principles of International Commercial Contracts(PICC), Oxford University Press, 2015, p. 1006.

③ 参见〔德〕英格博格·施文策尔:《国际货物销售合同中的不可抗力和艰难情势》,杨娟译,载《清华法学》2010年第3期。

④ See Christian von Bar & Eric Clive eds., Principles, Definitions and Model Rules of European Private Law: Draft Common Frame of Reference(DCFR)(Full Edition), Volume I, European Law Publishers, 2009, pp. 712–713.

力,从而实现鼓励交易的目的。尤其是在继续性合同和长期合同之中,继续谈判义务的作用尤为突出,甚至被称为克服僵硬的"润滑剂"。①

但问题在于,该义务在性质上是否属于民法上的真正义务,当事人违反该义务的,是否应当承担责任? 对此存在两种观点:一是《欧洲合同法原则》的模式。依据其起草者的观点,在诚信原则的要求下,继续磋商是因情势变更而受影响者必须履行的一项义务,受情势变更不利影响的一方必须在合理时间内提起磋商,并且应当就全部的争议点进行磋商。但违反该义务并不与承担法律责任联系在一起。②《国际商事合同通则》第6.2.3条对此采取了回避的态度。二是法国法模式。在法国债法改革中,则认为如果当事人违反重新协商义务,将产生对其不利的后果。③ 从《民法典》第533条的规定来看,在发生情势变更后,"受不利影响的当事人可以与对方重新协商"。该条虽然使用了"可以"这一表述,但笔者认为,这实际上是赋予受不利影响的当事人请求对方当事人继续谈判的权利,而对方当事人则负有继续谈判的义务,该义务作为一项法定义务,是当事人提起诉讼或申请仲裁的前置程序。在发生情势变更后,合同并不当然解除,科以当事人继续谈判的义务,通过变更合同的方式继续维持合同的效力,也符合鼓励交易的价值理念。当然,从《民法典》第533条的规定来看,其并没有对当事人违反该义务的法律后果作出规定,此种义务在性质上应当属于不真正义务,即在当事人违反该义务后,并不会必然产生违约责任。当然,在法院或者仲裁机构变更或者解除合同后,该方当事人可能承担一定的不利后果。由此可见,我国《民法典》事实上采纳了《欧洲示范民法典草案》的方式。

(二) 确立了利益第三人合同制度

所谓利益第三人合同(Vertrag zugunsten Dritter),又称为利他合同,第三人取得债权的合同或为第三人利益订立的合同,它是指当事人约定由一方当事人向合同关系外第三人进行给付的合同。④ 此种合同中,订立合

---

① 参见韩世远:《情事变更若干问题研究》,载《中外法学》2014年第3期。
② See Ole Lando & Hugh Beale eds., Principles of European Contract Law, Parts Ⅰ & Ⅱ, Kluwer Law International, 2000, p. 326.
③ 依据修改后的《法国民法典》第1195条第2款的规定:"如果(相对人)拒绝重新协商或者重新协商失败,双方当事人可以协议于共同确定的日期、依照共同确定的条件解除合同,或者协商一致请求法官修改合同。若当事人无法在合理期限内达成合意,经一方当事人请求,法官得修改合同或者按其确定的日期及条件终止合同。"
④ Vgl. MünchKomm/Gottwald, §328, Rn. 3.

同的双方当事人常常被称为"立约人"。由于此类合同中的第三人仅享受权利而不承担义务,因此此类合同又被称为"利益第三人合同",第三人也常常被称为"受益人"。① 大陆法系国家民法典大都对此作出了明确规定。②

有关国际公约和示范法也规定了利益第三人合同。《国际商事合同通则》第5.2.1条规定了第三方受益的合同:(1)合同当事人(即允诺人和受诺人)可通过明示或默示协议将权利授予第三方(即受益人)。(2)受益人对允诺人权利的存在以及内容,由当事人之间的协议确定,并受该协议项下的任何条件或其他限制性规定的约束。③《欧洲合同法原则》第6:110条第1款规定:"第三人可以请求合同债务之履行,如果他如此行为之权利已在允诺人与受诺人之间明确地达成协议,或者如果此种协议能够从合同的目的或者案件的具体情势中推断出来。该第三人无须于达成该协议时即已特定下来。"《欧洲示范民法典草案》在第2-9:301条、第2-9:302条、第2-9:303条中分别规定了利益第三人合同的一般规则、救济与抗辩、利益的拒绝与撤销。该草案承认了将未确定或未存在的第三人作为受益人的做法,且将第三人权利的性质与范围完全系于合同的约定,第三人是否享有直接的请求履行合同的权利应依据合同的约定进行判断。④

在总结我国立法、司法实践经验并借鉴比较法立法经验的基础上,我国《民法典》对利益第三人合同作出了规定,该法第522条规定了如下两种利益第三人合同。

1. 不真正利益第三人合同

《民法典》第522条第1款规定:"当事人约定由债务人向第三人履行债务,债务人未向第三人履行债务或者履行债务不符合约定的,应当向债权人承担违约责任。"该款是关于不真正利益第三人合同的规定。适用本款规则的前提是,当事人明确约定由债务人向第三人作出履行,即向第三人进行履行是债务人依据合同约定应当承担的义务。当然,在不真正利益第三人合同中,债务人仅对债权人负担义务。不真正利益第三人合

---

① 参见张家勇:《为第三人利益的合同的制度构造》,法律出版社2007年版,第16页。
② 参见《德国民法典》第328—330条、《日本民法典》第537条。
③ 参见《国际商事合同通则》(2016年版)第5.2.1条。
④ See Christian von Bar & Eric Clive eds., Principles, Definitions and Model Rules of European Private Law, Draft Common Frame of Reference (DCFR) (Full Edition), Volume Ⅰ, European Law Publishers, 2009, p.615.

同中的第三人具有以下几个特征:一是不真正利益第三人合同中的第三人不同于受领辅助人。受领辅助人是由债权人指定的代其进行受领的人。不真正利益第三人合同中的第三人并非由合同当事人一方指定的,而是由双方当事人共同同意的,二者产生方式不同。二是不真正利益第三人合同中的第三人不享有合同中的请求权。即在不真正利益第三人合同中,第三人只是可以接受债务人的给付,而不享有合同中的请求权,不能直接向债务人请求给付。三是如果债务人不履行,或不按照合同约定履行时,不真正利益第三人合同中的第三人不能向债务人主张违约责任。此时,能够主张违约责任的主体仍然是合同债权人。

2. 真正利益第三人合同

《民法典》第522条第2款规定:"法律规定或者当事人约定第三人可以直接请求债务人向其履行债务,第三人未在合理期限内明确拒绝,债务人未向第三人履行债务或者履行债务不符合约定的,第三人可以请求债务人承担违约责任;债务人对债权人的抗辩,可以向第三人主张。"该款是关于真正利益第三人合同的规定。在真正利益第三人合同中,第三人享有如下权利:一是拒绝权。在真正利益第三人合同中,法律推定当事人为第三人创设合同权利符合第三人利益,或至少不会侵害其权利,但第三人自己对于该合同是否真正符合其利益最为清楚,应当赋予第三人决定是否接受该利益第三人合同的权利。因此,《民法典》第522条赋予了第三人拒绝权。在第三人表示拒绝时,第三人利益条款不能生效。但其他条款仍可在当事人之间发生效力。二是履行请求权。真正利益第三人合同最为显著的特征就是,第三人直接享有请求债务人履行的权利[1],债务人也负有向该第三人履行的义务。第三人可以请求履行合同中为其设定的权利和利益,但不得超出合同的约定。[2] 三是请求债务人承担违约责任的权利。在真正利益第三人合同中,如果债务人没有依约向第三人作出给付,则第三人有权请求债务人承担违约责任,即第三人可以请求违约损害赔偿,当然,损害赔偿仅限于债务人不履行债务使第三人为接受履行作出准备而遭受的损失。而由于第三人不是合同当事人,其救济相对当事人而言应当受到一定的限制[3],也就是说,其原则上无权主张债务人承担

---

[1] Vgl. MüKoBGB/Gottwald, 8. Aufl., 2019, BGB §328 Rn. 33.
[2] 参见朱岩:《利于第三人合同研究》,载《法律科学(西北政法学院学报)》2005年第5期。
[3] 参见叶金强:《第三人利益合同研究》,载《比较法研究》2001年第4期。

违约金责任、定金责任,也无权解除合同①。

从《民法典》第522条的规定来看,其将不真正利益第三人合同置于第1款,将真正利益第三人合同置于第2款,且从体系解释来看,不真正利益第三人合同属于常态,而真正利益第三人合同需要法律规定或当事人约定才能适用,这也符合当事人的意愿。

此外,关于债务人的抗辩,《国际商事合同通则》第5.2.4条规定:"允诺人可以向受益人主张其可以向受诺人主张的所有抗辩。"我国《民法典》同样借鉴了这一规则,《民法典》第522条第2款规定,"债务人对债权人的抗辩,可以向第三人主张"。这些抗辩包括债权不成立的抗辩、产生债权的合同被撤销或者被宣告无效的抗辩、合同债权已经因履行或者清偿等原因而消灭的抗辩、同时履行抗辩、不安抗辩、后履行抗辩等。例如,因为债权人没有付清全部价款,第三人要求债务人交付货物,债务人有权对第三人提出抗辩。

(三) 第三人代为履行

所谓第三人代为履行,是指合同当事人以外的第三人代债务人履行债务。合同关系具有相对性,第三人代为履行虽然在许多情形下对债权人是有利的,但也并不当然符合债权人的利益。基于合同相对性原理,合同只对当事人发生效力,第三人不得介入合同关系之中,但是在一些情形下,合同是否履行对第三人会产生重大影响,因此从比较法上来看,有的国家和地区民法典对第三人代为履行作出了规定。例如,《德国民法典》第267条规定,债务人不能亲自履行给付的,第三人也可以履行给付,债务人的允许是不必要的。债务人提出异议的,债权人可以拒绝接受该项给付。《法国民法典》《日本民法典》均作出了类似规定。② 我国《民法典》规定了第三人代为履行的规则,填补了法律的空白,确立了新的债务履行规则。

但第三人代为履行制度要求第三人对于履行具有合法利益,以此平衡合同各方当事人的利益。对于合法利益的认定,存在丰富的比较法经验可供参考。依据《法国民法典》第1346条的规定,于法律有规定之情形,基于某一正当利益而进行清偿之人,自其清偿使得最终应当承担债务

---

① 参见潘重阳:《论真正利益第三人合同中第三人的违约救济》,载《东方法学》2020年第5期。

② 参见《法国民法典》第1346条、《日本民法典》第474条。

之人向其债权人的债务全部或部分消灭之时起,取得代位权。《日本民法典》第474条第2款规定,非就清偿享有正当利益之第三人,不得违反债务人之意思作出清偿。有关示范法也规定了代为履行的规则。例如,《欧洲示范民法典草案》在其第3-2:107条中也明确规定了第三方出于合法利益而代为履行义务。该条第1款(b)项规定,"第三方处于合法利益诉求而来履行义务,而债务人未能履行义务,或者显然无法按时履行义务"时,债权人不能拒绝第三方履行义务。例如,承租人为避免自己租用的地产被强制出售,而替地产的所有人清偿债务,以避免被设定抵押权的地产被强制执行。① 可见,比较法普遍采取了正当利益、利害关系、合法利益等表述,作为对第三人代为履行的限制。②

《民法典》第524条吸收了比较法的经验,该条规定了第三人代为履行应当具有合法利益。由于债务在绝大多数情况下并不具有专属性,可以由第三人代为清偿,因此,为了促进债权的实现,同时有效保护债务人的利益,只要第三人对履行的债务具有合法利益,其有权向债权人作出清偿,债权人无权拒绝,且一旦清偿,将发生债的消灭的效力。③ 在"合法利益"的判断中,通常,第三人对债务履行具有合法利益是指第三人对债务的履行具有利害关系,在审判实践中可由法官根据具体案情进行判断。合法利益本身是一个不确定概念,司法实践中应当对其进行类型化,将其具体化为一些典型情形,否则完全交由法官判断何谓合法利益,可能会导致司法裁判的不统一。从实践来看,第三人对债务履行具有合法利益主要包括如下情形:一是抵押物转让中受让人代为清偿主债务,这一涤除权规则原来被规定于《物权法》第191条之中。所谓涤除权,是指在标的物之上存在抵押权时,如果抵押人将标的物转让给第三人,第三人愿意代债务人清偿债务,以消除标的物之上的抵押权。但《民法典》删除了《物权法》中的涤除权规则,改为通过本条进行调整,即在抵押人转让抵押财产的情形下,可适用《民法典》第524条,认定买受人对债务的履行具有合法利益,从而允许其代为清偿

---

① 参见[德]克里斯蒂安·冯·巴尔、[英]埃里克·克莱夫主编:《欧洲私法的原则、定义与示范规则:欧洲示范民法典草案(全译本):第1卷、第2卷、第3卷》,付俊伟等译,法律出版社2014年版,第642页。
② 参见黄薇主编:《中华人民共和国民法典合同编解读》,中国法制出版社2020年版,第213页。
③ 参见郑玉波:《民法债编总论》(修订2版),中国政法大学出版社2004年版,第475页。

债务,以消除抵押权。二是转租中次承租人代承租人支付租金,以避免因承租人不交租金导致租赁合同被解除,使自身承租的权利遭受损害。三是母公司为子公司代为偿还债务,由于子公司的债务问题可能会对母公司的信用评级产生不利影响,因此,母公司可代子公司清偿债务。是否享有合法利益由第三人负担证明责任。

(四) 清偿抵充

所谓清偿抵充,是指某一债务人同时负担数宗给付种类相同的债务,在债务人提出的给付不能够全部清偿时,由清偿人在清偿时确定抵充的债务的制度。① 清偿抵充作为一种债的履行方法,我国《合同法》没有对此作出规定,但从比较法上看,各国普遍承认了清偿抵充作为一种债的履行规则,例如,《法国民法典》第 1253—1256 条、《德国民法典》第 366—367 条、《日本民法典》第 488—491 条,都明确规定了清偿抵充规则。通过明确清偿抵充的顺序,可以明确债务人履行债务的范围和顺序,从而减少纠纷的发生。由于清偿抵充兼顾了各方当事人的利益,因此其也体现了各方当事人利益的平衡。我国司法解释也承认了清偿抵充规则。② 我国《民法典》在借鉴国外立法经验的基础上,通过总结司法实践经验,于第 560 条承认了清偿抵充规则。

但关于清偿抵充规则如何设计,实际上存在一定的差异。《国际商事合同通则》通过"三步分类法"(three-step taxonomy)明确清偿的究竟为何笔债务:先由债务人进行指定清偿,债务人如果未在清偿期行使其权利的,此指定权移转于债权人,如果债权人也没有指出清偿的先后顺序的,抵充则按照第 6.1.12 条第 3 款的规则来进行。③《国际商事合同通则》第 6.1.12 条第 1 款和第 2 款规定:"对同一债权人负有多项金钱债务的债务人,可在付款时指定该款项用以偿还的债务。但是,该款项应首先偿付所有费用,其次为应付利息,最后为本金。如果债务人未加指定,则债权人可在获得支付后的合理时间内向债务人声明该款项用以偿还的债务,但是该项债务必须是到期的,并且是无争议的。"而我国《民法典》采取的清偿抵充的基本原则是,有约定依约定,无约定依指定,无指定依法定。此处所说的指定是指债务人的指定。这一规则借鉴了《国际商事合

---

① 参见史尚宽:《债法总论》,中国政法大学出版社 2000 年版,第 752 页。
② 参见《合同法司法解释(二)》第 20 条。
③ See Stefan Vogenauer ed., Commentary on the UNIDROIT Principles of International Commercial Contracts(PICC), Oxford University Press, 2015, p. 968.

同通则》第 6.1.12 条的规定。① 但是《民法典》并没有承认债权人指定的权利,之所以排除债权人指定,是因为法定抵充的顺序应当更多地减轻债务人的负担,而在债务人没有指定时,《民法典》所规定的法定抵充规则已经兼顾了债权人的利益,因而没有必要规定债权人指定的规则。例如,《民法典》第 560 条第 2 款规定,"债务人未作指定的,应当优先履行已经到期的债务;数项债务均到期的,优先履行对债权人缺乏担保或者担保最少的债务"。该规定主要是为了保障债权人的利益,使债务人未清偿的债务尽量存在担保。如果某个债务有担保,另一债务无担保,则应当优先清偿无担保的债务。②

在当事人没有约定,且债务人没有指定的情形下,就要适用法定抵充规则。所谓法定抵充,是指在当事人未约定抵充或作出指定抵充时,应依据法律规定的顺序和方法,对债务进行抵充。各国法律大多对法定抵充作出了明确规定。这一顺序基本与《国际商事合同通则》第 6.1.12 条第 3 款的规则保持一致。《国际商事合同通则》第 6.1.12 条第 3 款规定:"如果根据第 1 款或第 2 款的规定无法确定清偿对象,则付款应按下列标准之一及指明的顺序偿还债务:(a)到期之债务,或者首先到期之债务;(b)债权人享有最少担保之债务;(c)对债务人属于负担最重之债务;(d)最先发生之债务。若以上标准均不适用,则按比例用以清偿各项债务。"《民法典》第 560 条第 2 款基本借鉴了《国际商事合同通则》所确定的法定抵充规则,对法定抵充的顺序作出了如下规定:一是对于债务人在清偿时未作指定的,优先清偿已经到期的;二是在多个债务均为到期债务时,优先清偿缺乏担保或担保最少的;三是在各项债务都没有担保或者担保相等时,优先清偿债务人负担较重的;四是债务人负担相同时,依据债务到期的先后顺序进行清偿;五是对于到期时间相同的,按照债务比例清偿。各个债权人的债权到期时间相同的,按照债权平等主义,应当公平对待各个债权人的债权,因此,应当按照债务比例清偿。从整体上看,上述规则兼顾了债权人和债务人利益的保护,而且也充分借鉴了国外先进的立法经验。

---

① 参见黄薇主编:《中华人民共和国民法典合同编解读》,中国法制出版社 2020 年版,第 331 页。

② 参见黄薇主编:《中华人民共和国民法典合同编解读》,中国法制出版社 2020 年版,第 332 页。

四、合同变更与转让规则的完善

(一) 禁止债权转让特约

在现代社会,债权转让实际上是金融发展、资金融通的重要手段,鼓励债权转让并维护转让的正常有序进行,对市场经济发展具有重要作用。但是应当看到,金钱债权与非金钱债权是不同的,对于金钱债权而言,由于金钱债权并不具有人身属性,所以法律往往鼓励金钱债权的转让;而对于非金钱债权,尤其是涉及提供服务或者劳务等,由于其具有一定的人身属性,法律上对其转让是有一定的限制的,正因如此,比较法上在允许当事人作出禁止转让约定的同时,对金钱债权与非金钱债权作了必要的区分。

在关于金钱债权的问题上,比较法上的发展趋势是承认违反禁止转让特约的金钱债权转让的有效性。例如,《联合国国际贸易应收账款转让公约》第 9 条、《联合国国际保理公约》第 6 条、《欧洲合同法原则》第 11:203 条和第 11:301 条都将转让的有效性作为一般规则。[①] 这一规则的目的是鼓励金钱债权的转让。为了鼓励金钱债权的转让,即便当事人之间存在禁止转让的特约,而且不论第三人是否为善意,其都可以受让该金钱债权。对此,《国际商事合同通则》第 9.1.9 条也规定,对金钱债权而言,即便当事人作出了禁止转让的特约,但该金钱债权仍然可以转让,受让人仍然可以取得该金钱债权,而不论受让人是善意还是恶意。当然,在债权人违反其与债务人的禁止债权转让的特约时,债务人有权请求债权人承担违约责任。

在借鉴上述立法经验的基础上,我国《民法典》第 545 条第 2 款规定:"当事人约定非金钱债权不得转让的,不得对抗善意第三人。当事人约定金钱债权不得转让的,不得对抗第三人。"该条区分了金钱债权和非金钱债权,由于金钱债权的转让对债务人造成的影响较小,其流通性价值在实践中较为重要,有利于融资[②],在现代商事交易中,保理、资产证券化、不良资产出表等,均通过金钱债权转让实现,其也成为企业融资的重要方

[①] See Stefan Vogenauer ed., Commentary on the UNIDROIT Principles of International Commercial Contracts(PICC), Oxford University Press, 2015, pp. 1274–1275.

[②] 参见黄薇主编:《中华人民共和国民法典合同编解读》,中国法制出版社 2020 年版,第 288 页。

式,有利于加速资本回收和资本流动①。所以,《民法典》上述规定的目的在于鼓励金钱债权的转让。② 依据该条规定,当事人约定非金钱债权不得转让的,不得对抗善意第三人,如果第三人知道或者应当知道当事人存在此种约定的,则该约定可以对抗第三人,如果第三人不知道,则不得对抗第三人。而对于金钱债权而言,当事人之间达成的禁止金钱债权转让的特约不能对抗第三人,即便受让人为恶意,也不影响债权转让的效果,但该约定在当事人之间仍然可以发生效力,债权人违反该约定转让债权的,债务人有权依法请求债权人承担违约责任。

(二) 债权转让中的债务人保护

债权转让虽然有利于充分发挥债权的经济价值,促进交易的发展,但在某些情形下,也会影响债务人的利益,因而,债权转让需要兼顾对债务人的保护。

1. 债权转让应当通知债务人

对于债权的转让是否以征得债务人的同意为要件,各国立法有三种不同的规定:一是自由主义,即债权人转让其债权,不必征得债务人的同意,也不必通知债务人。二是通知主义,即债权人转让其债权虽不必征得债务人的同意,但须将债权转让情况通知给债务人,才能对债务人发生效力。三是同意主义,即只有经过债务人的同意,债权的转让才能生效。从比较法上看,各国普遍采纳了通知主义③,例如,《国际商事合同通则》第9.1.10条规定:"在收到让与人或受让人发出的转让通知以前,债务人可通过向让与人清偿来解除债务。在收到该通知后,债务人只有通过向受让人清偿才能解除债务。"依据对通知的解释,通知的内容应当包括债务内容和对债务人作出清偿有必要了解的一切信息,而且通知必须对债务人作出,为债务人所了解,否则,即便债务人对债权转让知情,但如果债权人或受让人没有对债务人作出通知,该债权转让对债务人不发生效力。通知主体包括转让人与受让人。④ 我国《民法典》第546条第1款规定:"债权人转让债权,未通知债务人的,该转让对债务人不发生效力。"可

---

① 参见邓曾甲:《日本民法概论》,法律出版社1995年版,第288页。
② 参见黄薇主编:《中华人民共和国民法典合同编解读》,中国法制出版社2020年版,第288页。
③ 参见《德国民法典》第409条。
④ See Stefan Vogenauer ed., Commentary on the UNIDROIT Principles of International Commercial Contracts(PICC), Oxford University Press, 2015, p. 1278.

见,我国法律采取了通知主义。这就是说,债权人转让债权时,通知债务人即可,而不必一定取得债务人的同意。通知主义既保护了债权人处分债权的自由,也有利于保护债务人的利益,鼓励债权转让和流通。

依据《民法典》第 546 条第 1 款的规定,债权转让中通知的效力主要体现在:第一,通知并非债权转让的必要条件,也就是说,在债权转让的情形下,不论债权人是否对债务人作出了通知,均不影响债权转让的效力。① 第二,在通知债务人之后,债务人应当向新的债权人作出清偿。此种情形下,债务人只有向新的债权人履行才构成清偿,如果债务人继续向原债权人进行清偿,将无法产生债的清偿效果。这种清偿构成非债清偿,适用不当得利的相关规则。第三,在缺乏通知的情况下,转让对债务人不发生效力,此时,受让人要求债务人履行的,债务人可以以此为由进行抗辩,拒绝履行。同时,如果债务人向原债权人作出履行,仍然可以使其债务消灭。而在通知以后,债务人仍然向原债权人履行则不发生债权消灭的效力。② 我国《民法典》没有对通知的主体作出限制,这也意味着,通知既可以由债权让与人作出,也可以由债权受让人作出,这实际上与《国际商事合同通则》的规则是一致的。

2. 债权转让的通知不得撤销

债权转让通知一旦到达债务人,就直接发生上述法律效力,《国际商事合同通则》第 9.1.10 条规定,"在收到让与人或受让人发出的转让通知以前,债务人可通过向让与人清偿来解除债务"。因此,在收到债权转让的通知前,债务人仍然可以向让与人履行债务,以消灭其债务;在收到债权转让的通知后,债务人应当向受让人履行债务,否则无法消灭其债务。按照禁反言规则,债权转让的通知一旦作出,即不得撤销,债权人不得撤销已经到达的通知。我国《民法典》第 546 条第 2 款规定:"债权转让的通知不得撤销,但是经受让人同意的除外。"因此,转让通知原则上不得撤销,但是如果受让人同意撤销,表明其自愿接受该撤销的不利后果,法律应当允许。

3. 债务人向受让人主张其对让与人的抗辩

债务人在合同债权转让时所享有的对抗原债权人的抗辩,并不因合

---

① 参见黄薇主编:《中华人民共和国民法典合同编解读》,中国法制出版社 2020 年版,第 291 页。

② 参见黄薇主编:《中华人民共和国民法典合同编解读》,中国法制出版社 2020 年版,第 291 页。

同债权的转让而消灭。债权转让中为了兼顾对债务人的保护,债务人对原债权人的抗辩也可以对受让人主张。比较法上大多承认了这一规则。从比较法上看,德国、日本、意大利以及有关国际性合同法文件都采纳了这一规则。例如,《国际商事合同通则》第9.1.13条第1款规定:"债务人可以其对抗让与人的所有抗辩权,对抗受让人。"依据对该条文的解释,本条没有设定关于抗辩产生时点的任何限制。债务人可以向受让人主张任何其本可向让与人主张的抗辩,即使此抗辩权是在让与之后或收到通知之后才产生的,也可以主张。程序上的抗辩也属于本条的抗辩范畴。①

我国《民法典》第548条也借鉴了这一立法经验,规定:"债务人接到债权转让通知后,债务人对让与人的抗辩,可以向受让人主张。"依据该条规定,在债权转让后,债务人对原债权人所享有的抗辩,仍然可以对受让人主张,这些抗辩不仅包括债务人可以对原债权人所主张的抗辩权,如同时履行抗辩权、不安抗辩权、后履行抗辩权等,也包括抗辩权之外的一些抗辩,如债权不成立的抗辩、产生债权的合同被撤销或者被宣告无效的抗辩、合同债权已经因履行或者清偿等原因而消灭的抗辩等。② 从该条规定来看,不论是上述抗辩权,还是抗辩,只要债务人可以向原债权人主张,其都可以对债权受让人主张。需要指出的是,依据该规定,债务人只有在接到债权转让的通知后,才可以主张上述抗辩;在没有收到债权转让的通知前,债务人仅能向原债权人主张上述抗辩,即便债务人已经知道债权转让的事实,但在其收到债权转让的通知前,其也不能向受让人主张。从《民法典》第548条的规定来看,在债务人收到债权转让的通知后,债务人可以对受让人主张其对让与人的抗辩,该条并没有对抗辩产生的时间作出限定,因此,即便该抗辩是在债权转让之后或者债务人收到债权转让通知之后产生的,其也仍然可以对受让人主张。

4. 债务人依法享有抵销权

在债务人收到债权转让通知时,债务人已经对让与人享有债权,同时债务人享有的债权早于转让的债权届期,或者同时届期时,债务人可以向受让人主张抵销。比较法上普遍承认了债务人的抵销权规则。③《国际

---

① See Stefan Vogenauer ed., Commentary on the UNIDROIT Principles of International Commercial Contracts (PICC), Oxford University Press, 2015, pp. 1288-1289.

② 参见黄薇主编:《中华人民共和国民法典合同编解读》,中国法制出版社2020年版,第297页。

③ 参见《德国民法典》第406条、《欧洲合同法原则》第11:307条第2款。

商事合同通则》第9.1.13条规定了债务人的抵销权,即债务人在收到转让通知时,可向让与人主张的任何抵销权,都可以向受让人主张。我国《民法典》借鉴了这一立法经验,对债务人的抵销权规则作出了规定。

但关于在行使抵销权时,是否要求主动债权和被动债权必须基于同一交易而产生,各国立法规定并不完全一致,主要有两种模式:有的明确规定,二者必须是基于同一交易产生,例如,《日本民法典》第469条采纳了此种主张。而有的则并无此种要求,例如,按照对《国际商事合同通则》的解释,抵销不要求债的相互性(mutuality of obligations),但让与人债的可执行性(enforceability of the assignor's obligation)必须在转让通知之前就存在。① 依据《民法典》第549条的规定,有如下两种情形之一的,债务人可以向受让人主张抵销:一是债务人在接到债权转让通知时,债务人已经对让与人享有债权,且债务人的债权早于转让的债权到期或者同时到期。此种情形下,债务人在主张抵销时,实际上是满足了抵销的一般条件。如果债务人对让与人所享有的债权后于转让的债权到期的,则债务人不得主张抵销,否则会损害债权人的期限利益。但我国《民法典》并没有要求债务人在取得对原债权人的债权时对债权转让不知情。② 二是债务人的债权与转让的债权是基于同一合同产生,即债务人与原债权人基于同一合同而互负债务。该款规定了在债权转让中债务人可以行使抵销权的一种特殊情形。显然,我国《民法典》并未采纳《国际商事合同通则》等立法例的规定,而是采纳了日本等国家的立法经验。

五、合同解除制度的变化

(一) 根本违约制度的构建

所谓根本违约(fundamental breach, substantial breach),也称重大违约,是指一方的违约使另一方的订约目的不能达到,或者使其遭受重大损害。根本违约,是从英美法中产生的一种违约形态。在英美法中,它是指义务人违反合同中至关重要的、具有根本性的条款(条件条款),一旦符合根本违约条件,受害人可以诉请赔偿,甚至解除合同。《联合国国际货物

---

① See Stefan Vogenauer ed., Commentary on the UNIDROIT Principles of International Commercial Contracts(PICC), Oxford University Press, 2015, p. 1290.

② 参见黄薇主编:《中华人民共和国民法典合同编解读》,中国法制出版社2020年版,第296页。

销售合同公约》第 25 条对此作了明确规定,根据该条规定,构成根本违约必须符合两个条件:一方面,违约导致相对方丧失了根据合同规定有权期待得到的东西。所谓"有权期待得到的东西",是指合同如期履行以后,受害人应该或者可以得到的利益①,获得此种利益乃是当事人订立合同的目的和宗旨。另一方面,违约方对于这种根本违约的情况是知道或者应当知道的。也就是说,如果违约人或一个合理人在此情况下不能预见到违约行为的严重后果,便不构成根本违约。《国际商事合同通则》第 7.3.1 条第 1 款明确规定:"合同一方当事人可终止合同,如果另一方当事人未履行其合同项下的某项义务构成对合同的根本不履行。"这就规定了根本违约的规则。《欧洲合同法原则》第 8:103 条也作了类似规定。可见,比较法上普遍将根本违约作为合同法定解除的条件。② 当然,只有此种损害达到根本违约的程度,非违约方才能解除合同。正如《联合国国际货物销售合同公约》第 51 条第 2 款所规定的:"卖方只有完全不交付货物或者不按照合同规定交付货物等于根本违约时,才可以宣告整个合同无效。"我国《民法典》沿袭《合同法》的规定,于第 563 条第 1 款第 4 项明确规定:"当事人一方迟延履行债务或者有其他违约行为致使不能实现合同目的。"该条显然是采纳了根本违约的规则。

根本违约制度严格限制了合同解除的条件,为合同严守确定了重要的保障。在某种意义上,根本违约制度成为合同解除的重要判断标准,成为置于合同严守与合同解除制度之间的一根"平衡木"。该制度也为合同解除后的救济提供了合理的标准。该条不仅适用于迟延履行的情况,也适用于其他构成根本违约的情况。然而,《民法典》仅规定了"违约行为致使不能实现合同目的",而没有对如何判断根本违约作明确规定,这显然过于抽象,还有赖于司法解释作细化规定。笔者认为,在这方面可以参考《联合国国际货物销售合同公约》和《国际商事合同通则》的立法经验,从如下几个方面判断一方是否构成根本违约。

一是构成"重大剥夺",即一方是否实质上剥夺了另一方依据合同有权期待的利益,除非是另一方并不能事先合理预见到利益被剥夺的后果。《联合国国际货物销售合同公约》第 25 条规定:"一方当事人违反合同的

---

① 参见陈安主编:《涉外经济合同的理论与实务》,中国政法大学出版社 1994 年版,第 224 页。
② 参见崔建远:《论合同目的及其不能实现》,载《吉林大学社会科学学报》2015 年第 3 期。

结果,如使另一方当事人蒙受损害,以至于实际上剥夺了他根据合同规定有权期待得到的东西,即为根本违反合同,除非违反合同一方并不预知而且一个同等资格、通情达理的人处于相同情况中也没有理由预知会发生这种结果。"①从该条规定来看,其根据违约的后果而非当事人违反合同条款的性质界定根本违约。《国际商事合同通则》第7.3.1条第2款a项规定:"不履行从实质上剥夺了受损害方根据合同有权期待的利益,除非另一方当事人并未预见也不可能合理地预见到此结果。"可见,重大剥夺包括了两个因素:一方面,受损方必须就其被合同赋予的期待内容发生了重大剥夺。另一方面,违约方必须不构成《国际商事合同通则》第7.3.1条第2款a项所规定的不可预见的例外。②

二是要确定是否违反了主给付义务。《国际商事合同通则》第7.3.1条第2款b项规定:"对未履行义务的严格遵守是合同项下的实质内容。"但也有观点认为,就内部考虑而言,合同义务并不要求对价性(Gegenseitigkeit),故无须区分主给付义务和从给付义务。③笔者认为,《国际商事合同通则》的规定具有其合理性,因为一方的主给付义务将直接影响对方合同目的实现的程度。当然,需要指出的是,一方虽然违反主给付义务,但如果并没有给对方造成重大损害,或者并未导致其合同目的无法实现,也不宜认定其构成根本违约;同样,一方违反了其他合同义务,如果造成对方合同目的无法实现,或者造成其重大损害,则也可能构成根本违约。

三是违反义务导致另一方不能相信违约方将来所作出的履行,尤其是在长期性的合同中,一方违约后,另一方有证据证明,将来的履行是不可能实现的。《国际商事合同通则》第7.3.1条第2款d项规定:"不履行使受损害方有理由相信,他不能信赖另一方当事人的未来履行。"即使是附随义务的违反,在严重危害交易的情况下导致受损方不再相信违约方的,也可以构成根本违约,因而可以解除合同。④

---

① 不过,联合国国际贸易法委员会近来的讨论认为:"委员会在深思熟虑后,认为指定违约方在何时应当预见或有理由去预见违约后果是毫无必要的。" See John O. Honnold, Uniform Law for International Sales Under the 1980 United Nations Convention, Kluwer Law International, 1999, p. 208.

② See Stefan Vogenauer ed., Commentary on the UNIDROIT Principles of International Commercial Contracts (PICC), Oxford University Press, 2015, p. 1104.

③ Vgl. Heinrich Honsell, Kommentar zum UN-Kaufrecht, 2. Aufl., 2010, S. 239.

④ See Herbert Bernstein & Joseph Lookofsky, Understanding the CISG in Europe, Kluwer Law International, 1997, p. 125.

四是合同解除是否导致了另一方的重大损害。德国法认为,根本违约应当是一方重要的合同利益受损(Beeinträchtigung eines wesentlichen Vcrtraginteresses)。① 《国际商事合同通则》第 7.3.1 条第 2 款 e 项规定:"若合同被终止,不履行方将因已准备或已履行而蒙受不相称的损失。"《联合国国际货物销售合同公约》第 25 条转向了违约造成损害的程度(the degree of the detriment resulting from the breach),因违约而剥夺的是否和他被赋予的可期待的合同项下的权利相对等。

(二) 继续性合同终止

1. 继续性合同解除的特殊性

继续性债务是指给付并非一次履行便宣告完成,而是需要通过不断给付实现的债务。在多数债的关系中,债务都可以一次性结清,但是对于另一些债务,则需要债务人持续履行。继续性合同在解除方面具有其特殊性:一方面,由于继续性债务的履行具有其特殊性,即当事人需要在一定时间内不间断地作出履行,所以,继续性合同的履行期限可能是不确定的。② 继续性合同通常也可能约定一定的履行期限,而在其期限届满后,当事人仍然可能选择继续履行,此时,该合同可能成为不定期合同,而在法律上如何确定其解除规则,值得探讨。另一方面,在继续性合同中,一方当事人发生一次给付没有履行时,应当允许当事人进行协商,而不能直接解除合同。针对这一问题,日本学者三本显治提出了"再交涉"理论,他认为,在因继续性合同关系发生纠纷时,当事人应当进行再协商,而不是直接解除合同关系,这有利于维持合同关系的稳定。③ 所以,在发生根本违约的情况下,应当科以当事人必要的继续协商的义务,从而维持当事人之间的合作关系,避免合作关系的破裂,以更好地发挥合同法组织经济的功能。还应当看到,如果当事人没有约定合同的履行期限或者存续期限,而事后又不能达成补充协议或按照合同相关条款以及交易习惯确定,在此情况下,表明该合同开始是不定期的合同。此类合同的解除也具有一定的特殊性。但我国《合同法》对继续性合同的解除并没有作出明确规定。《欧洲示范民法典草案》第 3-1:109 条规定,即使一个声称为永久性的合同关系也能被终止,没有任何一方当事人无限期地受到拘束。

---

① Vgl. Heinrich Honsell, Kommentar zum UN-Kaufrecht, 2. Aufl., 2010, S. 239.
② 参见王文军:《论继续性合同的解除》,载《法商研究》2019 年第 2 期。
③ 参见森田修『契約責任の法学的構造』,(有斐閣,2006 年)318 頁。

此种观点是妥当的,因为任何债务人都不能因合同关系永久存续而长期背负债务,因此,法律上应当有此类合同的解除规则。因此,我国《民法典》第 563 条第 2 款对继续性合同的解除规则作出了明确规定。

2. 当事人依法预告解除不定期的继续性合同

预告解除的权利是继续性合同中特有的一项制度。因为一方面,当事人需要从没有固定期限的继续性合同中脱身;另一方面,在继续性合同的履行过程中,由于给付持续进行,当事人无法通过行使同时履行抗辩权的方式,拒绝履行对待给付,在这种情况下,就更有必要赋予当事人预告终止的权利。① 从比较法上看,各国大多对继续性合同的解除规则作出了特别规定。如果继续性合同已经转化为不定期合同,则应当允许当事人随时解除合同。《欧洲示范民法典草案》第 3-1:109 条规定了合同关系可能因单方通知而终止的两种情形,第 1 款规定了第一种情形,即合同条款对此进行了约定;第 2 款规定了第二种情形,永久性或持续时间不确定的继续性合同关系可被任何一方当事人通知终止。这实际上意味着,对继续性合同而言,如果其构成不定期合同,则当事人可以依法随时解除合同。《国际商事合同通则》区分了长期合同与一次性履行合同。第 7.3.7 条对长期合同终止后的法律效果进行了规定。依据该条第 1 款的规定:"长期合同终止时,只可就终止生效后的期间,主张恢复原状,而且要以合同可分割为条件。"虽然长期合同与继续性合同的概念并不完全相同,但是,在终止的效果上,继续性合同与长期合同同样仅向将来发生效力,因而有别于一次性履行的合同。《国际商事合同通则》的评注明确指出,对于长期合同而言,只能够向后进行终止,对之前的履行而言,分割返还并不现实。②

依据《民法典》第 563 条第 2 款的规定,以持续履行的债务为内容的不定期合同,当事人可以随时解除合同,但必须在合理期限内提前通知对方当事人。所谓不定期合同,是指当事人未约定期限,或者期限约定不明确的合同。不定期合同包括两种情形:一是当事人没有明确约定期限或约定期限不明的;二是期限届满以后一方继续履行义务,另一方没有提出异议的。例如,租赁合同中,当事人没有在合同中明确约定租赁期限。

---

① 参见王文军:《继续性合同之同时履行抗辩权探微》,载《南京大学学报(哲学·人文科学·社会科学)》2019 年第 1 期。

② 参见张玉卿主编:《UNIDROIT 国际统一私法协会国际商事合同通则 2016》,中国商务出版社 2019 年版,第 537 页。

《民法典》第563条第2款规定以持续履行的债务为内容的不定期合同可以随时解除,这实际上将不定期的继续性合同解除上升为合同法的一般规则,从而使不定期继续性合同的当事人不必无限期受合同的拘束,这无疑是合同法规则的进步和完善。①

3. 解除不定期的继续性合同应当提前通知

《欧洲示范民法典草案》第3-1:109条规定,任何一方当事人要结束一个无期限或持续时间不确定的合同关系,必须作出合理通知。如何判断合理期限,第2款第2句明确指出,应考虑履行与对待履行的时间间隔。该条评论部分指出,在履行或对待履行的时间到期的情况下,评估何谓合理通知期限时可能必须考虑这一时间间隔,通常但并非总是,履行(或对待履行)之间的时间间隔可以被视为一个合理的通知期限。② 依据我国《民法典》第563条第2款的规定,在任意解除不定期的继续性合同时,解除权人必须在合理期限之前通知对方,以使对方作出合理准备,同时必须作出通知。法律作出此种规定的原因在于,对不定期的继续性合同而言,要求一方解除合同时在一定期限内提前通知对方,可以使相对人做好合同解除后的准备,如及时进行结算、寻找新的交易对象等。因此,对于这种合同,应当允许当事人在合理期限内通知对方予以解除,以避免当事人无限制地受到约束。③

六、违约责任的完善

(一) 确认了打破合同僵局规则

比较法上普遍认为,只有非违约方才享有解除合同的权利,违约方无权主张解除合同。④《联合国国际货物销售合同公约》第25条规定:"一方当事人违反合同的结果,如使另一当事人蒙受损害,以至于实际上

---

① 参见朱广新、谢鸿飞主编:《民法典评注. 合同编. 通则》,中国法制出版社2020年版,第178页。

② See Christian von Bar & Eric Clive eds., Principles, Definitions and Model Rules of European Private Law: Draft Common Frame of Reference(DCFR)(Full Edition), Volume I, European Law Publishers, 2009, pp. 704-706.

③ 参见朱广新、谢鸿飞主编:《民法典评注. 合同编. 通则》,中国法制出版社2020年版,第179页。

④ See Edwin Peel & G. H. Treitel, The Law of Contract, 14th ed., Sweet & Maxwell, 2015, p. 953.

剥夺了他根据合同规定有权期待得到的东西,即为根本违反合同,除非违反合同一方并不预知而且一个同等资格、通情达理的人处于相同情况中也没有理由预知会发生这种结果。"这一规定显然是将合同的法定解除权赋予了非违约方。有关的示范法也基本采纳这一观点,如《欧洲示范民法典草案》第3-3:502条、《国际商事合同通则》第7.3.1条的规定。可见,比较法上普遍承认,在因违约而解除合同的情形下,只有非违约方才依法享有解除合同的权利。但在交易实践中,这种做法可能会产生合同僵局的现象,即享有解除权的一方不行使解除权,导致合同陷入僵局。从比较法上来看,一些国家承认了司法解除,例如,在法国法中,在当事人申请司法解除时,法院不仅可以确认解除权人权利行使的效力,还可以直接认定合同的解除。法国法关于司法解除的经验也被许多国家所采纳。例如,比利时法和卢森堡法,以及东欧和中亚多国的法律中,均接受了这一观点。①

在违约救济的方式上,我国《合同法》将实际履行和损害赔偿交由非违约方选择,但在司法实践中,各种原因使合同难以履行,且非违约方拒绝解除合同,从而导致合同陷入僵局,在此情形下,法律确有必要设定相应的规则,以终止合同关系,打破合同僵局。我国司法实践也采纳了打破合同僵局的相关规则。② 虽然合同僵局与情势变更具有相似性,但两者也具有明显的区别,不能完全依据情势变更规则打破合同僵局。因此,《民法典》第580条第2款所确立的规则借鉴了法国法的经验,同时也吸纳了我国司法实践的经验,有助于解决此种合同僵局的情况。

依据《民法典》第580条第2款的规定,如果符合如下情形,可以请求法院和仲裁机构解除合同。

第一,出现了法律上或者事实上不能履行、履行费用过高等情形。在出现合同僵局的情形下,合同本身并非完全不能履行,相反,在许多情形下,合同是可以履行的,但由于一方的原因,导致合同履行艰难,或者履行在经济上不合理。

第二,继续履行合同致使不能实现合同目的。例如,违约方租赁房屋的目的是自己居住,但因为其要到外地工作,继续租赁该房屋已经无法实

---

① 参见〔德〕克里斯蒂安·冯·巴尔、〔英〕埃里克·克莱夫主编:《欧洲私法的原则、定义与示范规则:欧洲示范民法典草案(全译本):第1卷、第2卷、第3卷》,付俊伟等译,法律出版社2014年版,第762页。

② 《全国法院民商事审判工作会议纪要》第48条规定,"……在一些长期性合同如房屋租赁合同履行过程中,双方形成合同僵局,一概不允许违约方通过起诉的方式解除合同,有时对双方都不利"。因此,应当允许违约方根据一定的条件起诉解除合同。

现其缔约目的,因此,必须解除合同。如果不能请求继续履行的仅仅是从给付义务,则可能并不会必然导致合同目的不能实现,此时当事人不能申请终止合同。

第三,非违约方拒绝违约方解除合同的请求。之所以合同会形成僵局,是因为一方继续履行无法实现合同目的,因此其要求解除合同,而非违约方出于各种原因拒绝解除合同。在通常情形下,非违约方拒绝解除合同是出于"敲竹杠"、借机发难、索要更高的赔偿等原因。这些行为本质上都违反了诚信原则。

第四,不属于情势变更的情形。即便出现了上述情形,但如果符合情势变更的适用条件,直接适用情势变更制度即可解决相关问题,而不需要适用《民法典》第580条第2款的规定。

如果符合上述条件,任何一方当事人(包括违约方)都可以请求法院或者仲裁机构确认合同关系终止。《民法典》第580条第2款最主要的法律后果是:当事人有权申请终止。这里的当事人是指双方当事人,包括守约方和违约方,其都可以请求人民法院判决解除合同。当然,允许违约方主张解除合同也只是允许其请求法院通过裁判解除合同,而不是赋予违约方解除合同的权利。

依据《民法典》第580条第2款的规定,在合同解除后,违约方本应当承担的违约责任不能因解除合同而减少或者免除。这就是说,合同在终止以后,违约方因为违反合同而应当承担的责任,不能因为合同终止而免除,其应当继续依据法律或合同承担相应的违约责任。

(二) 预期违约与不安抗辩权的衔接

预期违约也称为先期违约,是指在履行期届满前,当事人一方缺乏正当理由,而明确表示其将在履行期届满后,不再履行合同,或者通过行为表明其在履行期届满后将不可能履行合同。预期违约是英美法的制度,并为一些国际公约所采纳。① 例如,《国际商事合同通则》第7.3.3条对预期违约进行规定:"如果在一方当事人履行合同日期之前,情况表明该方当事人将根本不履行其合同义务,则另一方当事人可终止合同。"

大陆法系普遍未承认预期违约制度,而是规定了不安抗辩权。所谓

---

① 例如,《联合国国际货物销售合同公约》第72条规定:"(1)如果在履行合同日期之前,明显看出一方当事人将根本违反合同,另一方当事人可以宣告无效;(2)如果时间许可,打算宣告合同无效的一方当事人必须向另一方当事人发出合理的通知,使他可以对履行义务提供充分保证;(3)如果另一方当事人已声明他将不履行其义务,则上一款的规定不适用。"

不安抗辩权,是指在商务合同中债务的履行具有先后顺序时,先履行义务的一方在有明确的证据证明对方在履行期届满后,将不会履行债务或丧失履行能力,其可以在对方没有履行或提供充足的担保前,暂时中止债务的履行,而无须承担违约责任。不安抗辩权与同时履行抗辩权共同构成了保护债权的抗辩权体系。

而英美法与大陆法相反,其并没有规定不安抗辩权,也不存在双务合同中的抗辩权体系,而只是设置了预期违约制度。① 在构成预期违约后,非违约方享有中止合同履行的权利,因此预期违约制度也在一定程度上实现了不安抗辩权的制度功能。依据《美国统一商法典》第 2-609 条的规定,如果任何一方有合理理由认为对方不能正常履约时,其可以以书面形式要求对方提供正常履行的适当保证,对方在收到该要求后,如果未能在最长不超过 30 天的合理期限内提供适当的保证,该行为即构成预期违约。② 该条实际上也将是否为履行债务进行担保作为判断预期违约是否成立的条件,同时也有效衔接了预期违约与不安抗辩权。

有关国际性的合同法文件实际上都采纳了《美国统一商法典》的经验。《联合国国际货物销售合同公约》第 71 条第 1 款规定:"如果订立合同后,另一方当事人由于下列原因显然将不履行其大部分重要义务,一方当事人可以中止履行义务:(a)他履行义务的能力或他的信用有严重的缺陷;(b)他在准备履行合同或履行合同中的行为显示他将不履行其主要义务。"依据这一规则,预期违约将产生"中止履行"的法律效果,即免除履行利益,免除为接受履约而准备的义务,免除承担不可能获得赔偿的额外费用的义务。③《欧洲合同法原则》第 8:105 条第 1 款规定:"合理相信另一方将会发生根本不履行的一方当事人,可以要求对方当事人提供充分的担保,并且在这一合理的相信持续过程中可以暂时不履行自己的债务。"《欧洲合同法原则》的起草者认为,这一规定可以有效避免义务人在债务尚未届期时,另一方可能不能履行债务的情况下陷于两难的境地。只要陷于预期违约的一方当事人没能提供充分担保,对方当事人就可以暂时中止履行自身的债务。④ 可见,在一方行使不安抗辩权之后,其暂时

---

① 参见李中原:《合同期前救济制度的比较研究》,载《法商研究》2003 年第 2 期。
② See UCC §2-609, Comments 2.
③ 参见张玉卿主编:《国际货物买卖统一法:联合国国际货物销售合同公约释义》,中国对外经济贸易出版社 1998 年版,第 230 页。
④ See Ole Lando & Hugh Beale eds., Principles of European Contract Law, Parts Ⅰ & Ⅱ, Kluwer Law International, 2000, p. 370.

中止履行合同的行为,将不构成违约,并且其可以要求对方提供合同履行的担保,如果其没有提供担保,则构成预期违约,该方当事人有权请求其承担违约责任。

我国《合同法》在第68条、第69条既规定了不安抗辩权制度,也规定了预期违约制度,兼采两大法系不同的制度。但《合同法》并没有对二者的适用条件、范围等作出明确界定,尤其是《合同法》第108条规定中提到"以自己的行为表明不履行合同义务的",应当承担违约责任,但对此应当如何理解,是否属于预期违约,并不清晰。这就造成了不安抗辩权与预期违约的脱节。因此,在一方行使不安抗辩权之后,在何种情形下构成预期违约,并应当承担违约责任,以及非违约方能否解除合同,都未能很好地衔接,这也造成了实践中大量的纠纷缺乏明确的法律依据的情况。

基于这一原因,我国《民法典》对此作出了重大完善。《民法典》第528条规定,"中止履行后,对方在合理期限内未恢复履行能力且未提供适当担保的,视为以自己的行为表明不履行主要债务,中止履行的一方可以解除合同并可以请求对方承担违约责任"。这一规则将预期违约与不安抗辩权进行了衔接,中止履行的一方可以通过解除合同脱离合同关系。一方面,虽然履行期尚未到来,但一方的预期违约行为在性质上已经构成了根本违约,将使得对方当事人订约的目的无法实现。因此,该行为属于《民法典》第563条第1款第2项所规定的"以自己的行为表明不履行主要债务",因此,对方有权解除合同。另一方面,预期违约实际上也是一种违约形态,在构成预期违约的情形下,应当向对方承担违约责任。《民法典》第578条规定,一方以自己的行为表明不履行合同义务的,对方可以在履行期到来之前请求其承担违约责任。此种预期违约就属于此类情况,因而一方可以请求对方承担违约金、损害赔偿等责任。

结　语

《民法典》合同编系统总结了我国合同既有的本土立法经验,是我国改革开放和社会主义市场经济经验的总结,具有显著的中国特色;与此同时,合同编回应了我国经济生活、交易实践的需要。但同时,《民法典》合同编也充分借鉴了域外法的先进立法经验。从合同法的发展趋势来看,在国际商事交易场景中,一些国际性的合同法文件如《国际商事合同通则》《联合国国际货物销售合同公约》等,越来越多地被交易当事人作为准据法,被仲裁机构视为"一般合同规则"予以适用。作为调整交易关系的法律规则,《民法典》合同编是促进交易便利、鼓励生产要素自由流转的法,也是规范和引导人们参与国际交易关系的法。

论"存疑推定为保证"

——以债务加入与保证的区分为中心*

一、问题的提出

"债务加入与保证历来不易区分。"①甚至有人认为,二者的区分是民法上的一大难题。所谓债务加入,也称并存的债务承担,是指第三人与债务人约定加入债务,或者第三人向债权人表示愿意加入债务,作为新债务人和原债务人一起向债权人负有连带债务。《民法典》第552条第一次在法律上规定了债务加入制度②,弥补了合同法规定的不足。然而,该条规定在适用中遇到的最大难题就是如何使债务加入与保证相区分。这不仅是因为二者具有天然的相似性,而且在交易实践中,第三人愿意为债务人承担义务的各种意思表示常常难以被准确区分为债务加入或保证,该问题也成为司法实践中涉及第三人债务关系的难点。

在《民法典》未确认债务加入制度之前,司法实践认为,在第三人对于债务究竟为保证还是债务加入存有疑义时,应当推定为债务加入。例如,"信达公司石家庄办事处与中阿公司等借款担保合同纠纷案"最早确立了"存疑时推定为债务加入"的规则,最高人民法院认为:"判断一个行为究竟是保证,还是并存的债务承担,应根据具体情况确定。如承担人承担债务的意思表示中有较为明显的保证含义,可以认定为保证;如果没有,则应当从保护债权人利益的立法目的出发,认定为并存的债务承担。"③由于该案件刊载于《最高人民法院公报》,故该规则纷纷被一些法

---

* 原载《华东政法大学学报》2021年第3期。
① Staudinger/Stürner(2020), Vorbem. zu § 765, Rn. 406.
② 《民法典》第552条规定:"第三人与债务人约定加入债务并通知债权人,或者第三人向债权人表示愿意加入债务,债权人未在合理期限内明确拒绝的,债权人可以请求第三人在其愿意承担的债务范围内和债务人承担连带债务。"
③ 最高人民法院(2005)民二终字第200号民事判决书。

院效法,甚至一度成为一般性的裁判规则。① 然而,实践证明,此种观点确实加重了第三人的负担,不利于平衡各方利益,也不符合当事人的真实意思。有鉴于此,《有关担保的司法解释》第 36 条第 3 款规定:"前两款中第三人提供的承诺文件难以确定是保证还是债务加入的,人民法院应当将其认定为保证。"这就明确了"存疑推定为保证"的规则。

"存疑推定为保证",即在第三人加入债务的意思表示不明确,且难以作出判断时,应当推定第三人的意思为保证。该规则的确立确实是配合《民法典》实施的重要规则。但对于该规则设立的合理性及其适用的要件仍存在不同的看法,尤其是何谓存疑,在何种情况下可直接推定为保证,都有待进一步讨论。鉴于区分债务加入与保证对于准确适用《民法典》的规定具有重要意义,而且有利于相关纠纷的依法公正解决,因此,本文拟对"存疑推定为保证"规则进行初步探讨。

二、"存疑推定为保证"是破解界分难题的重要标准

从比较法上看,大陆法系的一些国家采取了"存疑推定为保证"的规则。例如,《德国民法典》没有明文规定债务加入(Schuldbeitritt)或并存的债务承担(kumulative Schuldübernahme/Schuldmitübernahme),基于私法自治或者《德国民法典》的合同自由原则,司法实践和学说也承认债务加入。② 然而,当债务加入与保证发生冲突时,德国司法实践一般认为,只有在很少的场合将第三人的意思解释为债务加入,这一方面是因为债务加入意味着第三人承担了过高的责任风险。③ 也即,将第三人的意思解释为债务加入,要求第三人承担过高的责任风险,需要正当的理由。如果难以查明第三人对债务的履行是否具有经济上的利益,为了保护第三人、避免第三人承担过重的风险,一般应当将其认定为保证。④ 另一方面是因责任是否具有次位性而不同。德国学者埃赛尔(Esser)指出,债务加入人在加入后是该债务的主债务人之一,而债务保证人,即便在连带保证的情形,亦仅是该债务的从债务人。⑤ 新加入的债务人与原债务人在债务承担的顺序上

---

① 有关裁判的梳理,参见夏昊晗:《债务加入与保证之识别——基于裁判分歧的分析和展开》,载《法学家》2019 年第 6 期。
② Vgl. Looschelders, Schuldrecht, AT, 18. Aufl., 2020, §53, Rn. 21.
③ Vgl. Joussen, Schuldrecht I, Allgemeiner Teil, 2018, Rn. 1342.
④ Vgl. Müko/Heinemeyer, Vorbemerkung (Vor §414), 2019, Rn. 22.
⑤ Vgl. Esser, Schuldrecht, 2. Aufl., 1960, §942.

是相同的；而保证人的责任在性质上是一种补充责任，在责任承担顺序上具有次位性，其承担责任以债务人不履行债务为条件。因此，在当事人希望采取何种担保形式存有疑问时，保证的解释规则具有优先性。①

在美国法上，有的判例也采纳了此种观点。例如，在"Bashir v. Moayedi"案②中，法院认为，债务人不能通过向他人委托履行债务的方式来逃脱责任，即使受托人已经承担了该债务。因此，债务承担的结果是：受托人和委托人现在都对债权人负有相同给付的义务。但是，债权人仅有权受领一个给付。这种关系是一种保证关系，其中委托人原则上是主债务人，而受托人是保证人。因此，可适用关于保证关系的所有法律后果的规制。③

在我国，第三人加入债务和保证在制度设计层面上天然地具有相似性和不可分离性。自《民法典》规定债务加入后，二者的相似性就为二者的区分提出了难题。

（一）制度层面界分的难题

第一，从主体来看，不论是债务加入还是保证，都是债的关系之外的第三人作出了意思表示，而且此种意思表示大多是向债权人作出的。

第二，不论是债务加入还是保证，都具有担保债权实现的功能。从法律上看，保证本身是一种债的担保方式，具有保障债权实现的功能。而就债务加入而言，债之关系以外的第三人进入债之关系，与原债务人一起对债权人负责④，原债务人的责任财产不受影响，在此基础上，又增添了债务加入人的责任财产，因此，债务加入本身也具有担保功能（Sicherungsfunktion）⑤。

第三，债务加入和保证都不会导致债的内容发生变化。债务加入的结果，是第三人作为债务加入人与原债务人对债权人承担连带债务，即基于当事人的意思而产生连带债务⑥；当然，连带债务的范围取决于第三人愿意承担的范围⑦。但债务加入本身并不会导致债之关系的内容发生变动。⑧ 就

---

① Vgl. Esser/Schmidt, Schuldrecht, Band Ⅰ, Allgemeiner Teil, Heidelberg, 2000, §37 Ⅱ, S. 322.

② See Bashir v. Moayedi, 627 A. 2d 997 (D. C. 1993).

③ See E. Allan Farnsworth, Contracts, 4th ed., Aspen Publishers, New York, 2004, pp. 723-724.

④ Vgl. Joussen, Schuldrecht I, Allgemeiner Teil, 2018, Rn. 1338.

⑤ 参见韩世远：《合同法总论》（第4版），法律出版社2018年版，第634页。

⑥ Vgl. Müko/Heinemeyer, Vorbemerkung (Vor §414), 2019, Rn. 10.

⑦ 参见黄薇主编：《中华人民共和国民法典释义》，法律出版社2020年版，第1057页；Looschelders, Schuldrecht, AT, 18. Aufl., 2020, §53, Rn. 24.

⑧ Vgl. Müko/Heinemeyer, Vorbemerkung (Vor §414), 2019, Rn. 10.

保证而言,其也是保证人就债务人履行债务的行为提供担保,保证的成立也不会改变债的内容。

第四,债务加入与连带责任保证具有相似性,债务加入将使得债务人与债务加入人对债权人共同承担连带责任;而在连带责任保证中,在债务人不履行到期债务时,保证人也需要与债务人共同对债权人负担连带责任。

第五,债务加入人与保证人在可以主张的抗辩方面具有相似性。对债务加入而言,由于债务人和加入人对债权人负担连带债务,因此,加入人可以援引债务人在债务加入时对债权人已经享有的抗辩。① 例如,如果债务人对债权人本不负担债务,那么,加入人对债权人也不负担债务。② 债务人在债务加入后所享有的抗辩,加入人能否援引,则应根据连带债务一般规则确定。③ 当然,加入人能否对债权人主张其对债务人所享有的抗辩,则应当区分债务加入的方式而分别予以认定。一般而言,如果债务加入的方式是债务人与加入人订立合同,那么,加入人可以对债权人主张自己对债务人所享有的抗辩;如果债务加入的方式是债权人与加入人订立合同,那么,加入人不得对债权人主张自己对债务人的抗辩。④ 对保证而言,基于保证的从属性特点,保证人也可以主张债务人对债权人所可以主张的抗辩。⑤

第六,为了防止有些公司规避有关监管政策,按照《全国法院民商事审判工作会议纪要》和《有关担保的司法解释》的规定,公司作出愿意为他人履行义务的决定时,即便是债务加入,也应当适用公司提供保证的规则,这也反映出二者在制度层面的共性。

(二)意思表示不清晰的难题

债务加入与保证天然具有相似性,这种相似性尤其表现在意思表示层面,如第三人往往在合同和相关允诺中表示愿意为债务人履行义务,此时,究竟应当将其认定为提供保证还是债务加入,极易发生争议。债务加入与保证的区分之所以成为实践中的热点,主要有两个原因。一方面,交易实践中出现了大量的增信措施,如差额补足、流动性支持等,这些措施都是当事人结合交易实践的需要而采取一些灵活处理的方式,有一些甚

---

① Vgl. Looschelders, Schuldrecht, AT, 18. Aufl., 2020, §53, Rn. 24.
② Vgl. Staudinger/Stürner(2020), Vorbem. zu §765, Rn. 396.
③ Vgl. Joussen, Schuldrecht I, Allgemeiner Teil, 2018, Rn. 1343.
④ Vgl. Looschelders, Schuldrecht, AT, 18. Aufl., 2020, §53, Rn. 24.
⑤ 参见刘贵祥:《民法典关于担保的几个重大问题》,载《法律适用》2021年第1期。

至是当事人为了规避法律上关于提供担保的一些程序性安排,但其中第三人的意思表示究竟是债务加入还是保证,往往含混不清,实践中的相关纠纷也日益增多,如何解释当事人的意思表示,在裁判实践中争议很大。另一方面,在某些经营者制定的相关格式化合同文本中,如果涉及第三人承担债务,有一些表述并不清晰。例如,有格式合同中就写道,"本合同项下的额度由甲方及其下属全资或控股公司(即子公司)使用,可使用综合授信额度的子公司名单见附件一",但是甲方或者某个其下属全资或控股公司(即子公司)使用该笔款项后,其与借款人之间究竟属于债务加入还是保证关系,并不清晰。此外,大量的借款合同特别是民间借贷中,当事人可能并没有采取严格的书面文本形式,而只是通过借条、收据等方式达成合意,其中第三人仅表示愿意帮助债务人还款,但其自身并没有实际收到款项,此时究竟应当构成债务加入还是保证,争议较大。例如,第三人在借据中表示,其保证债权人不蒙受经济损失,则该保函究竟构成债务加入还是保证,甚至仅仅只是安慰函,在解释上就存在意见分歧。

(三) 二者并存的可能性存在增大了区分难度

《民法典》第697条第2款规定:"第三人加入债务的,保证人的保证责任不受影响。"这就是说,在同一债的关系中,保证与债务加入是可以并存的。这就意味着针对同一债务,如针对因借贷关系而产生的债务,可以同时存在债务加入和保证,二者并不相互排斥。

在《民法典》颁布之前,针对前述"存疑推定为债务加入"的规则,在实务中也一直存在不同观点。例如,在"茂名市长隆石油化工有限公司深圳分公司与长江南京航道工程局合同纠纷案"中,二审法院南京市中级人民法院认为,一般情况下,债务加入与连带保证在处理结果上并无实质的差别,但当两者出现效力之争时,例如,保证人可能不具有保证担保的主体资格,不同的定性将可能产生不同的法律后果,此时,如果简单地以保护债权为由选择定性,则不免有规避法律之嫌。① 至2017年,在"安徽华冶建设工程有限公司等与合肥东部新城建设投资有限公司建设工程施工合同纠纷上诉案"中,最高人民法院转变了相关立场,认为:"债务加入作

---

① 参见江苏省南京市中级人民法院(2016)苏01民终8269号民事判决书,遗憾的是,再审法院仍然纠正了二审法院的裁判观点,再次肯认"存疑时推定为债务加入"规则,其认为:"在当事人对一个行为究竟是保证担保还是债务加入有分歧时,如果保证担保的意思不明显,从保护债权人利益的角度出发认定为债务加入,该价值取向无可厚非。"[江苏省高级人民法院(2017)苏民再350号民事判决书]

为债务移转的一种形式,需要债务加入人作出明确的意思表示。"①这实际上放弃了前述存疑时推定为债务加入的规则,确立了债务加入的意思不得进行推定的立场。②

可见,存疑推定为债务加入还是保证,司法裁判中采取的标准并不完全统一,由此也带来了同案不同判、同法不同解的问题。实践中的一些案例对存疑推定为债务加入是否真正符合第三人的意愿,是否平衡了当事人之间的利益,并没有过多说理,缺乏从整体上平衡当事人利益的角度进行综合的考量。因此,《有关担保的司法解释》第36条第3款的规定统一了裁判规则,总结了司法裁判的利弊,弥补了仅仅保护债权人这一单一思路的不足,为实践中破解二者界分的难题提供了定分止争的依据。

应当看到,"存疑推定为保证"的规则与我国《民法典》的基本价值理念是一致的。《民法典》关于保证的规定采取推定保证的方式,一改约定不明情况下推定为债务加入的规则,《民法典》第686条第2款规定:"当事人在保证合同中对保证方式没有约定或者约定不明确的,按照一般保证承担保证责任。"这就表明,在发生约定不明时,立法者倾向采取减轻意思表示作出者责任和负担的立法目的。这体现了《民法典》的基本精神,即减轻第三人负担,平衡各方当事人利益。"存疑推定为保证"的机理与背后的立法价值考量都是基本一致的。从比较法上来看,有的国家法律规定保证的意思表示应明示而不得推定。例如,《意大利民法典》第1937条规定,"提供保证的意思表示应当是明示的";《法国民法典》第2015条规定,"保证不得推定,应当明示之"。应当明确的是,此处虽然以禁止推定保证为名,其实质仍然在于保护意思表示不明时意思表示作出者的利益。因此,意思表示者在作出保证和债务加入的表示不清晰时,遵循这一原则的结果就不应当是禁止推定保证,而是禁止推定债务加入,其实质上就是"两害相权取其轻"。

三、"存疑推定为保证"规则的正当性

(一)"存疑推定为保证"充分尊重了当事人的意思自治

从比较法上来看,一些国家在司法实践通过解释当事人的意思表示

---

① 最高人民法院(2017)最高法民终655号民事判决书。
② 参见夏昊晗:《债务加入与保证之识别——基于裁判分歧的分析和展开》,载《法学家》2019年第6期。

来认定是否构成债务加入,因此,当事人的意思表示成为区分债务加入与保证的关键。德国学者迪尔克·罗歇尔德斯(Dirk Looschelders)认为,保证与债务加入的区分首先应以当事人的意思(Parteiwille)为依据。在存有疑问时,应通过解释予以确定。由于法律关于保护保证人的规定不能被破坏,因此,对债务加入的认定必须通过特别的案件事实来说明。债务加入的重要表征是第三人自己对于履行债务存在直接的经济利益。① 在我国,针对具体的合同关系,第三人所作出的意思表示究竟是债务加入还是提供保证是意思表示解释的问题,需要适用《民法典》第142条关于意思表示的解释规则。②

"存疑推定为保证"符合私法自治,符合当事人的真实意愿,主要有以下几个方面的原因:

第一,债务加入中债务人的责任相较于保证人的责任而言更为严苛。其中最为重要的原因在于,债务加入中债务人直接成为债权债务关系中的当事人,其不再享有先诉抗辩权,而在一般保证中,保证人则可以依据先诉抗辩权,在债权人未向债务人主张债务无效果时,免于承担保证责任。同时,保证责任有保证期间的限制,但债务加入没有保证期间的限制;保证责任同时受到从属性的限制,而债务加入不受从属性的限制;保证人享有追偿权,债务加入人是否有追偿权取决于其与债务人之间的约定。③ 如无特别约定,则不享有追偿权。既然在第三人的意思模糊不清的情况下,法律所解释的乃是第三人的意思,那么该意思表示就应当解释为其承担较轻而非较重的责任。

第二,按照意思表示的解释规则,在意思表示不清晰的情况下,按照私法自治的原则,负担越重的表示应当越明确,如果意思表示不明确,也应当按从轻解释的规则,推定本人愿意承担较轻的责任。换言之,在当事人约定不明的情形,考虑到债务加入的责任要重于保证责任,从意思自治的立场出发,要认定构成债务加入,就需要当事人更为明确的意思表示,因此,将其推定为保证更为合理。④

---

① Vgl. Looschelders/Dirk, Schuldrecht, Allgemeiner Teil, 17. Aufl., 2019. S. 459.
② 参见王利明主编:《中国民法典释评·合同编·通则》,中国人民大学出版社2020年版,第420—421页。
③ 参见王利明主编:《中国民法典释评·合同编·通则》,中国人民大学出版社2020年版,第421页。
④ 参见夏昊晗:《债务加入与保证之识别——基于裁判分歧的分析和展开》,载《法学家》2019年第6期。

第三,从意思表示解释的方式来看,客观主义的意思表示解释要求考虑到意思表示相对人的合理信赖,上述在表意人的意思表示不清晰的情况下,推定为承担责任较轻的保证,事实上并不会不当地减损相对人的信赖,因为既然表意人的意思表示已经被认定为不清晰,那么相对人就不应当享有对于表意人承担更重责任的信赖。

(二) 有效平衡了各方当事人的利益

毫无疑问,"存疑推定为保证"有利于保护第三人利益。在比较法上,许多学者认为,在债务加入的情形下,债务加入应当对第三人具有实际利益,否则难以认定为债务加入。因为对第三人而言,其加入债的关系一般需要有一定的利益关系,否则其不会加入债的关系。① 正如德国民法学通说与判例所认为的,债务加入应当以加入人具有自己的、直接的经济利益为要件。也就是说,第三人自身具有经济上的实际利益时,才可以认定为债务加入。② 判断第三人的行为究竟构成债务加入还是保证,关键在于确定第三人对主债务或原债务的履行是否具有法律上或者经济上的利益。③ 也就是说,保证人对他人债务负责,实际上维护的是他人利益;债务加入人是基于自己的经济利益对债务负责。④ 笔者认为,判断两者的区别时要考虑当事人所获得的利益是必要的,但单纯以第三人是否具有实际利益为标准进行区分并不完全准确。保证人在提供保证时,其往往也具有一定的利益,且多是基于和债务人之间的特殊关系而提供保证。此外,在债务加入的情形下,债务加入人并不当然对债务具有实际经济利益,也就是说,即使第三人对主合同债务的履行没有独立的经济利益,第三人仍然可能明确表示自己加入债务,因此,不可将该判断要素绝对化。⑤ 换言之,债务加入人是否具有相应的利益,只是综合判断因素之一,而非必要因素,不能完全按照该标准区

---

① 参见黄立:《民法债编总论》,中国政法大学出版社2002年版,第626页。
② 参见任容庆:《第三人基于委托付款作出债务清偿承诺不构成债务加入》,载《人民司法》2015年第18期;最高人民法院(2018)最高法民终867号民事判决书:"在当事人意思表示不明时,应斟酌具体情事综合判断,如主要为原债务人的利益而为承担行为的,可以认定为保证,承担人有直接和实际的利益时,可以认定为债务加入。"
③ Vgl. Müko/Heinemeyer, Vorbemerkung (Vor §414), 2019, Rn. 15, 21; Joussen, Schuldrecht I, Allgemeiner Teil, 2018, Rn. 1342.
④ Vgl. Staudinger/Stürner(2020), Vorbem. zu §765, Rn. 406.
⑤ 参见王利明主编:《中国民法典释评·合同编·通则》,中国人民大学出版社2020年版,第421页。

分债务加入与保证。①

笔者认为,在第三人的意思表示不明时,将其解释为提供保证是合理的,主要理由在于以下六个方面:

第一,从体系解释来看,我国《民法典》的基本思路是兼顾债权人、债务人与保证人三者之间的关系,尤其是从鼓励担保的角度看,更倾向减轻保证人责任。《民法典》第 686 条第 2 款即为明证,其规定"当事人在保证合同中对保证方式没有约定或者约定不明确的,按照一般保证承担保证责任"。这实际上也改变了《担保法》过多强调对债权人保护的立场,而改为平衡各方当事人利益关系,因此,在推定第三人的意思时,应当从《民法典》的整体精神来进行综合判断。②

第二,从从属性的角度看,即在主债务人无力清偿时保证人负责清偿债务,因此,保证债务从属于主债务。而在债务加入中,加入人加入他人的债务,从而产生应负担债务③,因此,加入人对债权人的债务与债务人对债权人的债务之间并无从属性④。保证人的责任原则上具有次位性,即保证人原则上只有在主债务人无法清偿时负责。而债务加入人的责任并没有从属性,加入人是对自己的债务负责,在原债务人不履行债务时,债权人无须先就债务人的财产受偿即可要求加入人清偿。⑤ 由于保证具有从属性,债务人从债权人处获得了给付,因此,债权人原则上应当首先请求债务人履行债务,即便保证人提供的是连带责任保证,保证人承担保证责任也需要债权人向其提出请求,同时,保证人承担的也只是替代性的保证责任。所以保证人的责任相对要轻一些。

第三,从对债务人追偿的角度看,保证人的地位更为有利。在债务加入中,加入人与原债务人对债权人的债务并无区别。由于新加入的债务人对债权人履行债务本质上是为履行自己的债务,而不是代原债务人履行债务,因此,除当事人另有约定外,新加入的债务人在对债权人履行债务后,其原则上不能向原债务人追偿。而在保证中,保证债务是原债务的从债,保证人履行的是主债务人的债务,而非其自身的债务。⑥ 依据《民法典》第 700

---

① 参见刘贵祥:《民法典关于担保的几个重大问题》,载《法律适用》2021 年第 1 期。
② 参见刘贵祥:《民法典关于担保的几个重大问题》,载《法律适用》2021 年第 1 期。
③ Vgl. Staudinger/Stürner(2020), Vorbem. zu § 765, Rn. 406.
④ Vgl. Joussen, Schuldrecht I, Allgemeiner Teil, 2018, Rn. 1341.
⑤ Vgl. Looschelders, Schuldrecht, AT, 18. Aufl., 2020, § 53, Rn. 25.
⑥ 参见施建辉:《债务加入研究》,载《南京大学学报(哲学·人文科学·社会科学)》2010 年第 6 期。

条的规定,保证人在承担保证责任后,其有权向债务人追偿。但我国《民法典》并没有承认债务加入人可以向其他债务人追偿。① 在当事人之间没有特别约定的情况下,第三人承担债务后无权向债务人追偿,因为既然其加入债务,则履行债务是其应尽的责任,不能在履行后再向债务人追偿。由此可见,债务加入中新加入债务人的责任要重于保证人的责任。

第四,从责任的限制层面而言,在债务加入关系中,债权人对新加入的债务人的权利行使受诉讼时效的限制。如果该债务的诉讼时效期间届满,新加入的债务人有权主张诉讼时效抗辩,拒绝履行其债务。但债务加入不同于保证,债权人对新加入的债务人的权利并不受保证期间的限制。就保证而言,无论是一般保证还是连带责任保证,债权人对保证人的保证债权都既受诉讼时效也受保证期间的限制。② 另外,在债务加入中,原债务人与债务加入人对债权人承担连带责任,因此,原债务人债务的变动,会对债务加入人的债务产生影响;而在保证中,对未经保证人同意的债务变更,并不当然对保证人的责任产生影响。③ 例如,债权人与债务人约定加重债的,依据《民法典》第 695 条的规定,保证人对加重的部分不承担保证责任。

第五,从抗辩主张的角度看,在债务加入中,新加入的债务人处于债务人的地位,其不仅对债权人负担债务,而且只能享有债务人的抗辩权。而保证人并不属于债务人,其不仅可以主张债务人对债权人的抗辩权,而且可以主张其基于保证合同而对债权人享有的抗辩权。依据我国《民法典》的规定,在保证关系中,保证人所享有的抗辩要多于债务加入人的抗辩。而在债务加入中,债务加入人享有哪些抗辩,我国《民法典》并未规定。一般而言,在债务加入的情形,第三人只能基于债权债务关系的抗辩来对抗债权人。

第六,从法律后果层面而言,保证人不必然承担连带责任。债务加入将在债务人与债务加入人之间成立连带责任,而保证并不当然在债务人与保证人之间成立连带责任,只有在连带责任保证中,保证人与债务人才对债权人承担连带责任,而在一般保证中,保证人的责任具有次位性,并

---

① 参见黄薇主编:《中华人民共和国民法典合同编解读》,中国法制出版社 2020 年版,第 287 页。
② 参见黄薇主编:《中华人民共和国民法典释义》,法律出版社 2020 年版,第 203—204 页。
③ 参见施建辉:《债务加入研究》,载《南京大学学报(哲学·人文科学·社会科学)》2010 年第 6 期。

不与债务人承担连带责任。

在考虑是否有效平衡了当事人之间的利益时,需要考虑兼顾各方的利益,在司法实践中采用存疑推定为债务加入时,强调的就是对债权人的保护,而如果改变这一规则是否会损害债权人的利益呢?无论是保证抑或债务加入,站在债权人的角度,都是增加债务人责任财产的一种增益措施,对债权人而言都是有利而无弊之事,只不过是对债权人利益保护的程度不同。然而,保护债权人利益的前提是,债权人对于获得该利益具有合理的信赖。在意思表示不清晰的情况下,不能认为债权人可以合理信赖意思表示的发出者会承担更重的责任,此时对于债权人的利益保护而言,由于其并不具有意思表示作出者会进行债务承担的合理信赖,因此推定为保证并不会显著减损其权利。因而,即便从债权人利益出发,推定为保证亦未必对其完全不利。① 既然债权人已经在原有债权之外增加了一个保障,而此时更需要考虑第三人的真实意思,尤其是通过尽量减轻第三人的责任,从而鼓励担保、促进交易。

四、"存疑推定为保证"的适用:意思表示解释先于推定

"存疑推定为保证"规则的适用具有一定前提条件的限制,即只有在上述意思表示解释的规则无法适用时,才能适用。因为在第三人的意思表示含糊不清的情形下,法院推定为保证虽然简便,但可能造成不利的后果。例如,在借款关系中,第三人虽然向贷款人作出的意思表示是含糊不清的,但贷款人已经向第三人与债务人共同指定的账户汇款,第三人无论是否实际使用该借款,事实上也已经从中获利。如果在诉讼过程中,第三人又主张其提供的是一般保证,在此情形下,法院如果直接贸然认定第三人意思表示不清进而推定为保证,则会产生如下不利后果:首先,可能加重债务人的负担,而减轻了第三人的责任;其次,这也会增加债权人的诉讼成本;最后,其与根据证据所表明的当事人的真实意图不符,也不符合私法自治和责任自负原则。这就是说,该规则适用的前提是"存疑"。也就是说,意思表示的解释要优先于意思表示的推定。

然而,何谓存疑?所谓存疑,必须是适用《民法典》第142条第1款的规定也难以准确解释当事人的意思,依据该条规定:"有相对人的意思表示的

---

① 参见夏昊晗:《债务加入与保证之识别——基于裁判分歧的分析和展开》,载《法学家》2019年第6期。

解释,应当按照所使用的词句,结合相关条款、行为的性质和目的、习惯以及诚信原则,确定意思表示的含义。"适用这一规则解释后,仍然无法确定第三人的真实意思。一是第三人究竟是承担保证责任还是加入债务的意思难以确定。二是从相关的合同条款、行为的性质和目的等方面难以确定当事人的意思。三是要求穷尽所有的意思表示解释方法,也就是说运用文义的、体系的、目的的方法均无法得出当事人的真实意思。例如,在当事人之间具有交易习惯,不能因为某一次的约定不清,就认为构成存疑。

因此,推定原则只有在无法适用意思表示解释的规则时才能适用,从这一意义上说,其属于补充意思表示解释规则不足的规则。第三人在表示愿意为债务人承担债务时,在此种意思表示中,究竟是保证还是债务加入,首先还是应当按照意思表示解释的规则,从当事人的意思表示出发,按照私法自治原则,无论第三人究竟是债务加入还是提供保证,都应当尊重第三人的意愿,即便债务加入的责任更重,但如果第三人愿意加入债务,法律上也没有干预的必要。探究第三人的真实意思表示是区分债务加入与保证的基本出发点。在我国司法实践中,法院认定或为保证或为债务加入,关键在于确定第三人是否具有明确意思表示。在解释当事人的意思表示时,应以文义解释为基础,并综合运用体系解释、目的解释、习惯解释和诚信原则等方法,探究第三人是否具有与债务人共同承担债务的意思,以确定第三人真正的缔约目的,进而最终确定其是否承担违约等相关民事责任。①

所谓存疑,就是说第三人虽然表示愿意代债务人履行义务,但其意思表示究竟是提供保证,还是债务加入,往往模糊不清。法院在作出推定前,首要要进行意思表示解释,而在具体如何解释第三人的意思表示时,则应当注意如下七点:

第一,第三人是否具有为债务人还债的意思。判断债务加入与保证的关键在于,第三人是否具有为债务人共同还债的意思表示。债务加入意思表示的核心是是否愿意为债务人清偿债务,如果第三人没有为债务人还债的意思,则可能只是成立保证。在司法实践中,如果第三人的意思表示中出现了连带清偿或者共同偿还等表述,我国司法实践一般将其认定为债务加入。② 即使承诺文件中没有直接出现"债务加入"这一术语,也至少应当包含"共同承担责任""承担连带责任"等措辞。《有关担

---

① 参见最高人民法院(2019)最高法民再 108 号民事判决书。
② 参见刘贵祥:《民法典关于担保的几个重大问题》,载《法律适用》2021 年第 1 期。

保的司法解释》第36条第2款明确认为:"第三人向债权人提供的承诺文件,具有加入债务或者与债务人共同承担债务等意思表示的,人民法院应当认定为民法典第五百五十二条规定的债务加入。"例如,在甲乙双方订立的借款合同中,明确规定:"甲方或本合同附件一所列明的子公司与乙方依据本合同就每一项具体授信业务所签订的具体业务合同均为本合同的组成部分,并构成合同整体。"因此,甲方的子公司依据该协议的授信所签订的具体借款合同,构成甲乙双方订立的借款合同的组成部分,甲便成为其子公司借款的共同债务人而不是保证人。再如,在青岛新华友建工集团股份有限公司等与王汉峰民间借贷纠纷再审案①中,第三人向债权人声明对原债权承担"连带偿还责任",对此,最高人民法院认为该声明性质应属于债务加入。所以,如果第三人承担债务的意思表示中有较为明显的保证含义,则可以将其认定为保证;如果没有该含义,则应当从保护债权人利益的立法目的出发,将其认定为债务加入。

当然,第三人是否具有为债务人还债的意思,应当探求当事人的真意,而不能简单地拘泥于文字而作出解释。例如,在赖东望与于都县福丰置业有限责任公司、深圳市宝鹰实业集团有限公司股权转让合同纠纷案②中,法院认为,应以文义解释为基础,结合体系解释、目的解释、习惯解释和诚信原则等综合分析,探究第三人缔约是否具有与债务人共同承担债务的意思表示,以确定第三人真正缔约目的,此种做法是妥当的。但是,如果当事人在有关文件中使用了诸如"代负责任""次要责任"等概念的,则一概不得推定为债务加入。如果无法确定具有保证的意图,也不能认定为保证。例如,在茂名市长隆石油化工有限公司深圳分公司诉长江南京航道工程局合同纠纷再审案中,一审法院认为,本案中,备忘录的约定从形式上看并不符合法律规定的担保的要件,从内容上看南京航道工程局亦没有作出提供保证的意思表示,故上述约定应属并存的债务承担。该备忘录的约定,不违反法律、法规的强制性规定,应为合法有效。此外,如果第三人仅仅只是作出表示协调、督促债务人还债的表述,类似的表述还不足以表明其愿意承担债务。实践中还有观点认为,出具还款计划不构成债务加入。③ 但挂靠经营者向劳务分包单位承诺支付工程款构

---

① 参见最高人民法院(2016)最高法民再322号民事判决书。
② 参见最高人民法院(2019)最高法民再108号民事判决书。
③ 参见任容庆:《第三人基于委托付款作出债务清偿承诺不构成债务加入》,载《人民司法》2015年第18期。

成债务加入。①

第二,债务的履行对第三人是否具有实际经济利益关系。也就是说,在解释第三人的意思表示究竟是债务加入还是保证时,应当考虑第三人对债务的履行是否具有自己的利益。② 如前所述,一些国家在意思表示解释上注重采纳经济利益说,此种理论主要是看第三人与债务履行之间是否具有特殊的经济利益,因此,在个案中究竟构成保证还是债务加入,必须考虑不同的利益状况(Interessenlage),并通过解释推断出来。同时,按照此种区分标准,在解释当事人的意思表示时,并不取决于当事人使用的表述,具有决定性的是整体情况(gesamte Umstände)及当事人约定的目的(der Zweck der Vereinbarung)。一般而言,要解释为债务加入,要求第三人必须是基于自身经济上或法律上的利益,是因为这些自身利益促使加入者愿意加入债的关系。③ 如果第三人不具有上述经济上的利益,则可能将其解释为保证。

在复杂交易中,认定究竟是债务加入还是保证,要考虑其在整体交易中的具体情形。例如,某公司表示愿意为子公司履行义务,由于其对子公司具有特殊的利益关系,因此,在当事人意思表示不清晰时,将其解释为债务加入更为合理。再如,父亲为女儿的借款向银行致函,表示愿意代女儿履行债务,此种情形下,由于当事人之间具有特殊的利益关系,这也决定了其不仅是纯粹地提供担保,而应当是债务加入。之所以作出上述解释,主要是在债务加入中,债务加入人对债务的履行通常具有经济上的利益关系,而保证则一般是一种利他行为,保证人对债权人债务的履行通常不具有经济上的利益。

第三,第三人是否实际受领了债权人的履行。保证通常具有无偿性,在大量的借款关系中,第三人作出的自愿履行的意思表示不清晰,但当债权人借款之后,该笔款项部分流入第三人的账户,或者被第三人控制,甚至被第三人实际使用。例如,在某个案件中,债权人是根据债务人与第三人共同指定的账户而汇入相关款项,而第三人主张其只是提供保证。由于第三人实际受领或者控制债权人提供的相关款项时,第三人已经从债权人的履行中获利,因此应当认定为债务加入。而在保证中,保证

---

① 参见方剑磊:《挂靠经营者向劳务分包单位承诺支付工程款构成债务加入》,载《人民司法》2018年第11期。
② 参见刘贵祥:《民法典关于担保的几个重大问题》,载《法律适用》2021年第1期。
③ Vgl. Brox/Walker, Allgemeines Schuldrecht, 36. Aufl., 2012, §35 Rn. 22.

人通常无法从债权人处获利,因此,在上述情形下,应当将第三人认定为债务加入人而非保证人。

第四,当事人之间是否有共同实际履行的行为。通常,如果第三人没有实际参与相关交易活动,则应将其认定为保证,但如果第三人深度参与到交易过程中,则应认定为债务加入。第三人虽然没有明确表达其究竟是提供保证还是债务加入,但如果第三人和债务人共同实际清偿了债务,或第三人虽然只是清偿了一部分债务,即在债权人尚未向其提出请求时,其就已经清偿了部分债务,此时应当将其认定为债务加入。例如,在云南远腾投资(集团)有限公司、内江远成置业有限公司合同纠纷再审案①中,最高人民法院认为,远腾集团既未在协议中明确表达作为保证人对案涉债务承担一般保证责任的意思,又与远成公司共同实际履行,其主张对案涉债务为一般保证人的理由不能成立。

第五,第三人与债务人的义务是否具有履行顺序。在司法实践中,有关案例区分了补充性承诺与独立性承诺,所谓补充性承诺,是指第三人向债权人表示,只有在债务人无法履行债务时,其才承担履行义务;所谓独立性承诺,是指第三人向债权人表示,如果债务履行期限届满,其可以为债务人履行债务。由此可见,独立性承诺意味着无论债务人能否清偿债务,其都要向债权人作出履行,因此债务的履行没有顺位性,此种承诺更接近于债务加入。而在补充性承诺中,第三人履行义务具有一定的顺序限制,因此,一般而言,应当将其解释为保证。② 例如,在茂名市长隆石油化工有限公司深圳分公司诉长江南京航道工程局合同纠纷再审案③中,二审法院认为承诺债务具有或然性、顺序性、补充性,因而属于保证债务。笔者认为此种观点具有一定的道理。因为在一般保证中,保证人对保证责任的承担具有一定的顺序,即保证人通常仅在债务人无法履行债务时,债权人才能请求保证人承担保证责任。而在债务加入中,债务加入人的责任并不具有此种顺序,加入人应当与债务人共同向债权人承担连带责任,而不存在先后顺序。因此将独立性承诺解释为债务加入是合理的。

---

① 参见最高人民法院(2020)最高法民申1021号民事裁定书。类似案件参见广发银行股份有限公司与山东胜凯石化有限公司合同纠纷案,天津市第二中级人民法院(2019)津02民初815号民事判决书。
② 参见高圣平:《民法典担保制度及其配套司法解释理解与适用》,中国法制出版社2021年版,第112页。
③ 参见江苏省高级人民法院(2017)苏民再350号民事判决书。

第六,第三人的责任承担是否具有不确定性。在司法实践中,一些案例区分了或然性承诺和确定性承诺。或然性承诺是指第三人向债权人表示是否履行债务具有不确定性(例如第三人表示只有在债务人不能清偿时将予以资金支持),此种承诺一般属于保证。而在确定性承诺中,第三人明确地、肯定地表示要为债务人履行债务,此种确定性承诺更可能被认定为债务加入。① 例如,在茂名市长隆石油化工有限公司深圳分公司诉长江南京航道工程局合同纠纷再审案中,法院认为,长隆深圳分公司要求南京航道工程局付清欠款必须提供润达公司的最新欠款确认单,这是对润达公司不能履行、业主补偿款不能清偿的最后剩余部分进行清偿,带有补充性;而且最终的剩余金额应根据两年内实际履行情况而定,备忘录签署之时并不确定。因此,第三人的意思表示属于提供保证,而非债务加入。此种观点有一定的道理。因为在一般保证中,债务人无法履行到期债务时保证人才承担保证责任,因此是或然性的。但是债务加入人则要承担连带责任,只要债务到期,债务加入人就应当承担责任,即在履行期限届满时,债权人可以直接请求债务加入人履行债务。综上,如果第三人的责任具有不确定性,则应当将其解释为保证。

第七,考虑意思表示的受领人。保证是保证人与债权人就保证达成合意,或者单方向债权人作出愿意提供保证的意思表示,保证关系不能在债务人与保证人之间产生。而在债务加入中,第三人既可以向债权人作出债务加入的意思表示,也可以向债务人作出该意思表示。也就是说,债务加入的方式要么是加入人与债权人订立合同,要么是加入人与债务人订立合同。② 而在后一种情形,债务人与加入人订立的合同实际上是利益第三人合同。③ 可见,债务加入与保证中,意思表示的受领人存在一定的区别,如果第三人仅向债务人作出愿意代其履行义务的意思表示,则其只能依法成立债务加入,而无法成立保证。

结　语

区分债务加入与保证确实既是比较法上普遍遇到的疑难问题,也是

---

① 参见高圣平:《民法典担保制度及其配套司法解释理解与适用》,中国法制出版社2021年版,第113页。
② Vgl. Joussen, Schuldrecht I, Allgemeiner Teil, 2018, Rn. 1339.
③ Vgl. Müko/Heinemeyer, Vorbemerkung (Vor § 414), 2019, Rn. 12.

《民法典》适用中的一大难题,然而《民法典》本身并没有提供解决问题的明确规则,《有关担保的司法解释》第36条确立了"存疑推定为保证"等规则,为准确适用《民法典》提供了依据。但在适用时,应当明确适用的前提,不能认为只要意思表示不明确,裁判者就可以直接推定构成保证。这就是说,存疑推定为保证规则的适用应当以意思表示解释规则无法适用为前提,简单直接适用推定规则,可能会产生对债权人保护不利且不利于维护交易安全和秩序的后果。

但是,意思表示的解释要优先于推定,并不意味着要否定推定规则,相反,要解决债务加入与保证区分的难题,完全通过法官对意思表示进行解释的方式是不妥当的。这是因为在许多情况下,保证与债务加入在意思表示的解释方面往往难以区分,实践中当事人意思表示的内容纷繁复杂,其究竟具有何种意义经常难以确定,甚至在许多情况下,当事人对于自己的意思表示可能也并不清楚。此时要求法官对其进行解释十分困难。在当事人意思不清晰时,完全通过法院解释当事人的意思表示,由此解释出的意思表示可能并不符合当事人的真实意愿;且可能赋予法院过大的自由裁量权;此外,完全通过意思表示解释当事人的意思表示,也可能不利于保护债权人的利益,甚至会鼓励第三人作出内容模糊的意思表示,损害交易秩序。因此,在法律上应当确定意思表示推定规则,明确在意思表示不清晰而又不能根据前述意思表示解释的方法作出解释时,应当推定其究竟构成债务加入还是保证。所以,上述推定规则对于司法实践而言十分必要。

从推定规则与意思表示解释的关系来看,存疑推定为保证的规则弥补了当事人意思表示的不足,在依据《民法典》第142条规定的解释方法适用后,仍然无法作出解释时,推定规则确定了一种拟制的意思表示。这种拟制在根本上平衡了当事人各方的利益,符合民法典所秉持的保护不明意思表示作出者的精神,这对于贯彻实施好《民法典》关于债务加入和保证制度将发挥重要作用。

我国《民法典》保证合同
新规则释评及适用要旨[*]

《民法典》在担保制度方面进行了重大的改革和创新,其合同编中新增"保证合同"一章就是典型的体现。该章在总结我国立法、司法实践经验和域外先进立法例的基础上修改了原有的多项规则。与原《担保法》及最高人民法院《关于适用〈中华人民共和国担保法〉若干问题的解释》(以下简称《担保法司法解释》)的规则相比,我国《民法典》对保证合同制度进行了一定的修改与完善,对于鼓励担保、维护交易安全和交易秩序具有重要作用。笔者于本文中拟就我国《民法典》中保证合同制度的相关新规则及其适用要旨发表些浅见,从而为理论界与实务界同仁准确理解和适用该制度提供参考。

一、保证与债务加入的内涵与区分

《民法典》第 552 条新增了债务加入制度。[①] 所谓债务加入,也称并存的债务承担,是指第三人加入到债务中,作为新债务人和原债务人一起向债权人负有连带债务。[②] 债务加入对于保障债权的实现具有重要作用,由于该项制度与保证制度在功能上具有相似性,且两者在成立方式以及法律效果上也具有相似性,加上实践中在债务加入中也可能存在保证担保,因此如何处理两者的关系,十分重要。《民法典》第 697 条第 2 款就债务加入人与保证人的关系作出如下规定:"第三人加入债务的,保证人的保证责任不受影响。"这就意味着,在同一债的关系中,保证与债务加入

---

[*] 原载《政治与法律》2020 年第 12 期。
[①] 《民法典》第 552 条规定:"第三人与债务人约定加入债务并通知债权人,或者第三人向债权人表示愿意加入债务,债权人未在合理期限内明确拒绝的,债权人可以请求第三人在其愿意承担的债务范围内和债务人承担连带债务。"
[②] 参见黄薇主编:《中华人民共和国民法典合同编释义》,法律出版社 2020 年版,第 202 页。

是可以并存的。然而,在第三人加入债的关系后,无论其是向债权人还是向债务人表示其愿意承担债务,都需要确定该第三人究竟是加入债务,还是提供保证,对此,《民法典》没有作出规定,理论界与实务界也有不同的看法。①《民法典》颁行后,这一问题仍有进一步探讨的必要。笔者认为,有必要从以下方面对两者进行区分:

第一,两者具有不同的内涵。具体而言,"保证,指当事人约定,一方(保证人)于他方(债权人)之债务人(主债务人)不履行债务时,由其代负履行责任之契约"②。就保证合同的概念,我国《民法典》第681条规定:"保证合同是为保障债权的实现,保证人和债权人约定,当债务人不履行到期债务或者发生当事人约定的情形时,保证人履行债务或者承担责任的合同。"可见,保证人的担保责任包含两大类型:一是代为履行,即在主债务人不履行债务时,保证人代主债务人履行其债务;二是承担债务不履行的责任,即因为主债务人不履行债务而产生的责任。一般认为,保证责任原则上及于保证人的全部财产,并不局限于某种或某类特定的财产(当然,如果债权人和保证人之间存在特别约定的,保证担保的责任财产也可限定于特定财产之上)。然而,在债务加入的情形下,第三人加入债的关系,本质上是对自己的债务负责,在债务履行期限届满的情形下,不论原债务人能否履行债务,债权人均可请求该第三人履行债务;与此同时,在债务加入中,该第三人是对自己的债务承担责任,在其不履行债务时,其也应当就其不履行债务的行为承担责任。

第二,两者的成立方式不同。具体而言,关于保证的成立,我国《民法典》第685条规定:"保证合同可以是单独订立的书面合同,也可以是主债权债务合同中的保证条款。第三人单方以书面形式向债权人作出保证,债权人接收且未提出异议的,保证合同成立。"从该条规定来看,保证是为债权人债权的实现提供担保,其必须在保证人与债权人之间成立,而不可能仅在保证人与债务人之间成立。然而就债务加入而言,《民法典》第552条规定:"第三人与债务人约定加入债务并通知债权人,或者第三人向债权人表示愿意加入债务,债权人未在合理期限内明确拒绝的,债权人可以请求第三人在其愿意承担的债务范围内和债务人承担连带债务。"从该条规定来看,债务加入有两种类型:一是当第三人与债务人约定加入债务时,需要通知债权人;二是第三人向债权人表示其愿意与债务人

---

① 参见程啸:《保证合同研究》,法律出版社2006年版,第370页。
② 王泽鉴:《民法概要》(第2版),北京大学出版社2011年版,第356页。

共同负担债务,只要债权人在合理期限内不拒绝,即可成立债务加入。因此,在第三人与债务人之间达成合意并通知债权人的情形下,也可以成立债务加入。

第三,当事人的地位不同。在债务加入的情形下,新加入的债务人处于债务人的地位,其不仅对债权人负担债务,而且享有债务人的抗辩权。与此同时,新加入的债务人与原债务人在债务承担的顺序上是相同的,也就是说,在债务履行期限届满的情形下,债权人可直接请求新加入的债务人履行债务,而不以原债务人不履行债务为条件。然而,保证人并不属于债务人,其不仅可以主张债务人对债权人的抗辩权,而且可以主张其基于保证合同而对债权人享有的抗辩权。此外,保证人的责任在性质上是一种补充责任,在责任的承担顺序上具有次位性,其承担责任以债务人不履行债务为条件。

第四,能否向债务人追偿不同。对债务加入而言,除当事人另有约定外,新加入的债务人在对债权人履行债务后,其原则上不能向原债务人追偿,因为新加入的债务人对债权人履行债务本质上是履行自己的债务,而不是代原债务人履行债务。然而,在保证关系中,保证人在承担保证责任后,其可以向债务人追偿。就此而言,债务加入中新加入债务人的责任要重于保证人的责任。因此,如果某人向债权人明确表示,愿意与债务人共同承担清偿责任,其究竟是债务承担还是保证不清晰时,从减轻当事人责任的角度出发,将其解释为连带责任保证更为合适,而不宜将其解释为债务加入。①

第五,责任的限制不同。对债务加入而言,债权人对新加入的债务人的债权受诉讼时效的限制,即该债务诉讼时效期间届满后,新加入的债务人有权主张时效抗辩。与此同时,就新加入的债务人的责任而言,其债务并不受保证期间的限制。然而,就保证关系而言,无论是一般保证还是连带责任保证,债权人对保证人的保证债权都既受诉讼时效制度的限制,也受保证期间制度的限制。②

虽然以上分析已经明确了债务加入与保证五个方面的区别,但是在具体的判定上,仍然可能会发生难以决定究竟是保证还是债务加入的情

---

① 最高人民法院认为,在债务加入与连带责任保证不清晰时,应当认定为债务加入,此种观点值得商榷。参见最高人民法院(2005)民二终字第 200 号民事判决书。
② 参见黄薇主编:《中华人民共和国民法典合同编释义》,法律出版社 2020 年版,第 203—204 页。

形,此时应当如何处理,有必要进行探讨。从司法实务来看,最高人民法院的观点是:"判断一个行为究竟是保证,还是并存的债务承担,应根据具体情况确定。如承担人承担债务的意思表示中有较为明显的保证含义,可以认定为保证;如果没有,则应当从保护债权人利益的立场目的出发,认定为并存的债务承担。"①由此,其在司法实践上确立了在存疑时应当推定为债务加入的立场。

笔者认为,在判断究竟是债务加入还是保证时,重点考虑的是当事人的真实意愿。一般而言,债务加入中第三人的责任重于保证人,因为债务加入人不享有对原债务人的追偿权,所以其法律责任更重。因此,在当事人意思表示不清晰时,倘若认定为债务加入就会加重第三人的责任。此时,应当适用"存疑时优先推定为保证"的规则。例如,德国民法学者就认为,当更重的债务加入原则上仅在债务之履行既符合债务人实际利益,也对债权人的债权具有实际利益时才符合当事人的意思,此种利益不必限于单纯经济上的类型。在当事人希望采取何种担保形式存有疑问时,保证的解释规则具有优先性。②

我国《民法典》第697条第1款规定:"债权人未经保证人书面同意,允许债务人转移全部或者部分债务,保证人对未经其同意转移的债务不再承担保证责任,但是债权人和保证人另有约定的除外。"该条第2款规定:"第三人加入债务的,保证人的保证责任不受影响。"该条是对原《担保法》第23条的重大修改,后者规定:"保证期间,债权人许可债务人转让债务的,应当取得保证人书面同意,保证人对未经其同意转让的债务,不再承担保证责任。"原《担保法》第23条主要是针对免责的债务承担所作出的规定,因为在免责的债务承担的情形下,原债务人将退出债的关系,而债务承担人承担债务的能力如何,保证人难以判断,如果此时仍科以保证人保证责任,可能会不当加重保证人的负担。当然,《民法典》第697条第1款中"但是债权人和保证人另有约定的除外"的规定,意味着在免责的债务承担的情形下,如果保证人仍然愿意承担保证责任,放弃其可以主张免责的机会,按照私法自治原则,法律上也应当承认其效力。因此,《民法典》增加该规则,也充分尊重了保证人和债权人的意愿。

---

① 最高人民法院(2005)民二终字第200号民事判决书。
② Vgl. Esser/Schmidt, Schuldrecht, Band Ⅰ, Allgemeiner Teil, Heidelberg, 2000, §37 Ⅱ, S. 322.

《民法典》第 697 条第 2 款规定:"第三人加入债务的,保证人的保证责任不受影响。"该款作为新增加的内容,是《民法典》第 552 条新增债务加入规则的必然结果,也就是说,在法律没有规定债务加入的情形下,在免责的债务承担的情形下,形成了原《担保法》的上述规定,在新增债务加入的情形下,则应当增加其与保证的关系的规则,《民法典》第 697 条第 2 款也正是为了解决这一问题而设。在债务加入的情形下,只会增加债权人债权实现的可能性,而不会不当影响债权人债权的实现,对债权的实现是有利的,因此,在债务加入的情形下,保证人不得主张免责。① 由此产生的一个问题是如何理解"保证人的保证责任不受影响"。笔者认为,所谓"不受影响"有三层效果:一是指原债务人的保证不受影响,即除非保证人有明确的意思表示,否则保证人仅对原债务人履行债务的行为提供保证,而不对新加入的债务人履行债务的行为提供保证。也就是说,新债务人无法清偿的,债权人请求保证人承担保证责任的,保证人有权要求债权人请求原债务人履行债务,只有原债务人无法履行债务的,保证人才需要依法承担保证责任。二是保证的方式不受影响,也就是说,保证人基于保证合同而承担一般保证或者连带责任保证的,该保证方式不因债务加入而受到影响。三是指保证担保的份额不受影响。《民法典》第 699 条允许保证人与债权人约定其应承担的保证份额,保证人仅在该约定的份额内承担保证责任。因此,在债务加入的情形下,保证人承担保证责任的份额也不受影响。

二、保证方式推定规则的根本性变化

就保证方式的推定规则而言,《民法典》第 686 条第 2 款改变了原《担保法》第 19 条"按照连带责任保证承担保证责任"的立场②,明确了"无约定或者约定不明确时保证方式推定为一般保证"的推定规则。立法的这一变化,事实上是对之前不妥当的法律规则的一种"纠偏",其根本原因在于原《担保法》第 19 条的规定加重了保证人的负担,既不利于优化营商环境,也不利于维护交易安全和交易秩序。从法理上看,连带责任是一种加重责

---

① 参见黄薇主编:《中华人民共和国民法典合同编释义》,法律出版社 2020 年版,第 728 页。

② 就保证方式的推定规则而言,原《担保法》第 19 条规定:"当事人对保证方式没有约定或者约定不明确的,按照连带责任保证承担保证责任。"《民法典》第 686 条第 2 款规定:"当事人在保证合同中对保证方式没有约定或者约定不明确的,按照一般保证承担保证责任。"

任,只能由法律规定或者当事人明确约定,而不能采取推定的方式予以确立。因为一旦推定为连带责任保证,就极大地增加了保证人的责任和负担。在实践中,特别是在一些民间借贷纠纷中,很多当事人是基于亲情、友情等关系为他人提供担保,甚至采取"连环担保""互保"等方式,而一旦将当事人约定不明推定为连带责任保证,债务人本来有财产可以清偿,但债权人出于求偿的便利,直接请求保证人承担责任,这就不当地加重了保证人的负担,也可能由此引发更多的纠纷。甚至因为互保或者连环担保导致资不抵债或者破产的问题,从而对正常的生活和经营秩序尤其是金融秩序产生不利影响。因此,将当事人对保证方式没有约定或者约定不明确的推定为一般保证,有利于防止债务风险的扩散、防范金融风险,维护经济社会稳定。另外,从比较法上看,各国普遍采纳了"约定不明推定为一般保证"的规则。在罗马法中,保证人的责任主要限于连带责任,之后罗马法逐渐承认保证人可享有"顺序利益"(又称"检索利益")。大陆法系各国民法大都采当然设立的方式,即除非当事人特别约定保证人承担连带责任保证或者保证人抛弃"顺序利益",否则当事人所设立的保证均为一般保证。因此,在当事人约定不明时,推定为一般保证,有利于减轻保证人的负担,从而鼓励当事人提供担保,以更好地发挥保证制度的功能。由此可见,我国《民法典》第686条第2款的规定回归了民法传统,同时避免了某些保证人因不懂法律,在保证中没有明确约定保证方式所产生的困境。①

这种改变,在法律效果上的根本变化在于保证人能够享有先诉抗辩权,从而符合"债务人欠债应当先自行清偿"的常理,因为从社会一般公众的法情感出发,在一般保证人没有明确作出意思表示的情况下,让债务人先还钱较为符合公众的朴素法情感。在理论和实践中,对于先诉抗辩权,有如下几个问题值得讨论。

第一,"先诉抗辩权"内涵如何确立。就此,有观点从字面上来理解一般保证人的这一权利,认为一般保证人的这一权利意味着债权人必须先起诉债务人,而我国司法实务却长期秉持债权人可以将债务人与一般保证人作为共同被告予以起诉的立场,所以先诉抗辩权的概念是不妥当的,宜使用"先执行抗辩权"的概念。② 就此,笔者认为这一见解具有一定

---

① 参见黄薇主编:《中华人民共和国民法典合同编释义》,法律出版社2020年版,第704页。

② 参见宋春龙:《诉讼法视角下的先诉抗辩权研究——兼评民法典各分编草案中的先诉抗辩权》,载《政治与法律》2019年第3期。

的合理性。然而,严格地说,使用"先诉抗辩权"这一概念可能是妥当的,因为"诉"的内涵不只包含"起诉",还包含"执行",也就是说,"诉"同时包含诉讼阶段和执行阶段。并且从《民法典》第687条第2款的规定来看,先诉抗辩权既可能发生在债权人向债务人提起诉讼或者申请仲裁的情形,也可能发生在其他情形,并不当然需要进入执行阶段。① 此外,保证人先诉抗辩权的行使也不需要在诉讼或者仲裁程序中,如果将其理解为先执行抗辩权,就意味着保证人先诉抗辩权只能在诉讼或者仲裁程序中行使,这样一来,反而会使人误解保证人先诉抗辩权的本意。由此可知,"先诉抗辩权"能够包含"债权人必须先经强制执行债务人财产至仍不能受偿"的内涵,考虑到理论界和实务界已经约定俗成地使用了这一术语,笔者仍建议保留这一术语。

第二,享有先诉抗辩权的保证人在程序法上的地位如何确定。如前所述,司法实务先前一直秉持"债权人可以将一般保证人与主债务人作为共同被告"的立场②,此种做法从先诉抗辩权的内涵而言,并非不妥,且这一诉讼规则的确立,有利于提高解决纠纷的效率。然而,这一程序法规则也值得进一步探讨,原因在于主债权债务判决在尚未强制执行不能之前,一般保证债务的诉讼时效都尚未开始起算,债权人能否主张一个诉讼时效尚未开始计算的债权,确实值得研究。一般认为,诉讼时效的价值在于督促债权人行使债权,虽然不能说诉讼时效期限是债权存在的前提,但一般情况下债权产生就伴随着诉讼时效的起算,所以一般保证所产生的债权债务关系确实非常特殊,仍需进一步考虑。笔者倾向认为,是否可以直接将保证人的诉讼地位变为第三人,这样就不存在一般保证人作为被告时诉讼时效都尚未起算的质疑。

第三,保证人向债权人提供了债务人可供执行财产的真实情况的法律效果范围如何确定。在一般保证中,保证人享有先诉抗辩权时,只有债

---

① 《民法典》第687条第2款规定:"一般保证的保证人在主合同纠纷未经审判或者仲裁,并就债务人财产依法强制执行仍不能履行债务前,有权拒绝向债权人承担保证责任,但是有下列情形之一的除外:(一)债务人下落不明,且无财产可供执行;(二)人民法院已经受理债务人破产案件;(三)债权人有证据证明债务人的财产不足以履行全部债务或者丧失履行债务能力;(四)保证人书面表示放弃本款规定的权利。"

② 最高人民法院《关于适用〈中华人民共和国民事诉讼法〉的解释》(2015年发布)第66条规定:"因保证合同纠纷提起的诉讼,债权人向保证人和被保证人一并主张权利的,人民法院应当将保证人和被保证人列为共同被告。保证合同约定为一般保证,债权人仅起诉保证人的,人民法院应当通知被保证人作为共同被告参加诉讼;债权人仅起诉被保证人的,可以只列被保证人为被告。"

权人就债务人的责任财产执行不能时,才能要求保证人承担保证责任。然而,如果保证人在债务履行期限届满后向债权人提供了债务人可供执行财产的真实情况,此时,依据《民法典》第698条的规定,债权人应当就保证人所提供的债务人的财产状况积极主张权利,如果因为债权人不积极主张权利,导致自身债权无法实现,这就意味着,一方面,债权人在该财产价值的范围内放弃了向债务人主张债权的权利,则保证人有权在其提供的债务人可供执行财产的价值范围内主张不承担保证责任;另一方面,保证人只能在其所提供的债务人可供执行财产的价值范围内主张不承担保证责任,而不能主张完全不承担任何保证责任,对该可供执行财产的价值范围之外的债务,保证人仍应依法承担保证责任。

值得注意的是,2021年1月1日起我国《民法典》施行,其后人民法院或者仲裁机构在审理案件时,对于那些在我国《民法典》生效之前设立的保证方式约定不明或没有约定的保证合同案件,应当遵循法不溯及既往的基本原理,仍然适用原《担保法》第19条推定连带责任保证的规则,保障债权人的预期利益。

三、保证期间与保证债务诉讼时效的区分与衔接

我国原《担保法》明确规定了保证期间,同时,保证债务作为债,其本身就存在诉讼时效问题,这就形成了保证期间与保证债务诉讼时效并存的状况。然而,《担保法司法解释》对这两个制度的相关规定十分复杂,以至于在实践中就保证期间与保证债务诉讼时效规则的适用产生了大量纠纷,并且规则也极不统一。《民法典》妥当协调了保证期间与保证债务诉讼时效规则,这也是我国《民法典》的一大亮点。

(一) 厘清了保证期间与保证债务诉讼时效的关系

所谓保证期间,是指在保证合同的当事人之间约定,或者依法律规定由保证人承担保证责任的期限。① 《民法典》第692条第1款规定:"保证期间是确定保证人承担保证责任的期间,不发生中止、中断和延长。"法律上之所以设立保证期间,主要是基于如下考虑。其一,限制保证人的责任。保证期间确定了保证人承担责任的期限,这不仅有利于明确保证人的责任范围,而且有助于合理限制保证人的责任,从而避免保证人无限期

---

① 参见奚晓明等:《担保法司法解释中的几个重要问题》,载《人民司法》2001年第1期。

地承担责任。其二,督促主债权人及时行使权利,请求保证人承担保证责任。保证期间直接关系到保证责任的承担,也就是说,保证人只需要就保证期间内尚未清偿的债务承担保证责任,并且,债权人也只能在保证期间内请求保证人承担保证责任。保证期间届满后,债权人就无权向保证人提出请求。债权人没有在该期间主张权利,则保证人将被免除责任。[①] 至于保证债务诉讼时效,则与诉讼时效的制度目的完全相同,都是为了定分止争,尊重现存秩序,维护法律平和,防止权利人在权利上睡眠,也避免因为时间久远而证据湮灭以致纠纷难以得到妥当的处理,减轻法院负担。[②]

在《民法典》颁行前,我国法律和有关司法解释虽然同时规定了保证期间与保证债务诉讼时效制度,但并没有妥当衔接两者的适用关系,也引发了一些争议。关于保证期间与保证债务诉讼时效制度的关系,学界存在较大争议。我国《民法典》同时规定了保证期间与保证债务诉讼时效制度,通过修改之前的不合理规则,实质上明确了两者的区别,并妥当地协调了它们的关系。就保证期间与保证债务诉讼时效的区别而言,具体体现在以下几个方面。

第一,是否可由当事人自由约定不同。我国《民法典》第 692 条第 2 款明文规定"债权人与保证人可以约定保证期间",只有约定不符合法律规定时,才由法律推定保证期间。可见,保证期间既可以是约定的,也可以是法定的,如果当事人约定了保证期间,则该期间为该约定期间,将优先于法定期间而适用。在当事人约定保证期间的情形下,其一般是保证合同的组成部分。保证债务诉讼时效是法定的,不论是保证债务的诉讼时效期间,还是诉讼时效的起算规则,都是由法律规定的,当事人不能另行作出约定。

第二,期限长短不同。《民法典》第 692 条第 2 款规定,当事人之间关于保证期间没有约定或者约定不明确的,则一律推定为 6 个月。由此可见,法定保证期间为 6 个月,当事人也可以自由约定保证期间,《民法典》并没有对当事人约定保证期间的自由进行过多限制。当然,如果当事人约定的保证期间过长,对保证人将极为不利。然而,保证债务诉讼时效期间的长短是法定的,我国《民法典》并没有对保证债务诉讼时效期间作出特别规定,其应当适用诉讼时效期间的一般规则,即其诉讼时效期间应当为 3 年。

---

① 参见奚晓明等:《担保法司法解释中的几个重要问题》,载《人民司法》2001 年第 1 期。
② 参见王泽鉴:《民法总则》,北京大学出版社 2009 年版,第 492 页。

第三，期限是否可以变更不同。保证期间是不变期间，《民法典》第692条第1款规定："保证期间是确定保证人承担保证责任的期间，不发生中止、中断和延长。"因此，不论是当事人约定的保证期间，还是法律规定的保证期间，都不发生中止、中断和延长。然而，诉讼时效可能因为法定事由的存在而出现中止、中断的情形，因此，诉讼时效期间是可以发生变更的。

第四，起算点不同。关于保证期间的起算，依据《民法典》第692条第2款和第3款的规定，法定保证期间自主债务履行期限届满之日开始计算，债权人与债务人如果没有对主债务约定履行期限或者约定不明确的，则保证期间"自债权人请求债务人履行债务的宽限期届满之日起计算"。关于保证债务诉讼时效的起算，《民法典》区分了一般保证与连带责任保证，分别规定了其诉讼时效的起算规则。依据《民法典》第694条第1款的规定，一般保证的债权人在保证期间届满前对债务人提起诉讼或者申请仲裁的，从保证人拒绝承担保证责任的权利消灭之日起开始计算保证债务的诉讼时效。依据《民法典》第694条第2款的规定，连带责任保证的债权人在保证期间届满前请求保证人承担保证责任的，从债权人请求保证人承担保证责任之日起，开始计算保证债务的诉讼时效。可见，对连带责任保证而言，其保证债务诉讼时效期间从债权人请求保证人承担保证责任，而保证人拒绝或因其他原因不承担保证责任时起算。

第五，期限届满的后果不同。保证期间届满，债权人在该保证期间内未主张权利的，则保证责任消灭。保证债务的诉讼时效届满的，并不导致保证债权的消灭，但债权人在诉讼时效届满后请求保证人承担保证责任的，保证人有权提出时效抗辩。

概言之，保证期间与保证债务诉讼时效虽然都是权利行使的期限，但事实上前者是决定是否产生保证债务的期限，后者则是债权人行使保证债权的期限。依据《民法典》第693条、第694条的规定，一般情形下，在一般保证中，如果债权人在保证期间内向债务人提起诉讼或者申请仲裁，则保证期间将失去意义，在保证人先诉抗辩权消灭后，开始起算保证债务的诉讼时效，从这一意义上说，保证期间与保证债务的诉讼时效是不能同时计算的。对连带责任保证而言，债权人需要在保证期间内向保证人主张保证责任，一旦连带责任保证的债权人在保证期间内向连带保证人提出承担保证责任的请求，保证期间即失去效力，此时，保证人拒绝履行保证债务的，则开始起算保证债务的诉讼时效。

(二) 保证期间规则的完善

在保证期间问题上,与我国原《担保法》和《担保法司法解释》相比,我国《民法典》作出了以下的修改和完善。

1. 统一了法定保证期间

《担保法司法解释》第32条第2款规定:"保证合同约定保证人承担保证责任直至主债务本息还清时为止等类似内容的,视为约定不明,保证期间为主债务履行期届满之日起二年。"《民法典》第692条第2款规定,"没有约定或者约定不明确的,保证期间为主债务履行期限届满之日起六个月"。一方面,该条采用"没有约定或者约定不明确的"这一概括性表述,取代了《担保法司法解释》对约定不明确的表述,使得规则的适用更为简洁;另一方面,该条改变了《担保法司法解释》的规定,将法定保证期间规定为6个月。这种改变的要义有三个方面:第一,统一了裁判规则。保证期间无论是没有约定,还是约定不明确,都应当统一适用6个月的保证期间,这就有利于保障裁判的统一。第二,避免保证期间规则适用的混乱。因为一旦将保证期间类推适用诉讼时效的规则,允许其发生中断、中止、延长,可能导致保证期间规则适用的混乱。《民法典》统一将其规定为6个月,就与诉讼时效进行了很好的区分。第三,将法定保证期间规定为6个月,有利于合理限制保证人的责任。①

此外,在当事人约定"保证人承担保证责任直至主债务本息还清时为止"的情形下,当事人对保证期间的约定是明确的,并不属于约定不明的情形,《担保法司法解释》的规则存在说理障碍。并且,这一司法解释所确定的保证期间推定规则对保证人而言过于苛刻,不符合《民法典》在保证方式推定上所体现出来的立法精神,所以《民法典》第692条对保证期间的推定规则作了重大修改,明确了没有约定保证期间或者约定不明确时,保证期间一律推定为6个月,以保护保证人,督促债权人尽快主张权利。

2. 明确保证期间为不变期间

我国原《担保法》第25条第2款规定,"债权人已提起诉讼或者申请仲裁的,保证期间适用诉讼时效中断的规定"。从该款规定来看,保证期间属于可变期间,可以适用诉讼时效中断的规则。依据《担保法司法解

---

① 参见黄薇主编:《中华人民共和国民法典合同编释义》,法律出版社2020年版,第716页。

释》第 31 条的规定,保证期间不因任何事由发生中断、中止、延长的法律后果。由此可见,司法解释起草者倾向认为保证期间在性质上属于除斥期间,即认为保证期间与除斥期间一样,其期间都具有不变性,保证期间不因任何事由发生中止、中断。在保证期间内,债权人不行使权利则会导致保证责任的免除,保证债权归于消灭。① 由此可见,《担保法司法解释》修改了原《担保法》的规定,但显然,原《担保法》的规定混淆了保证期间与诉讼时效的关系,并且给法律适用带来了极大的麻烦。如果保证期间也可以中断,则可能对保证人非常不利,债权人可以随时以诉讼时效中断为由,不断延长保证期间,这显然会不当加重保证人的负担。因此,我国《民法典》第 692 条第 1 款在总结司法实践经验的基础上,明确规定:"保证期间是确定保证人承担保证责任的期间,不发生中止、中断和延长。"这就明确了保证期间为不变期间。

(三) 完善了一般保证中保证债务诉讼时效的起算规则

在一般保证债务诉讼时效问题上,原《担保法》并没有规定保证债务诉讼时效规则。原《担保法》第 25 条第 2 款规定,"债权人已提起诉讼或者申请仲裁的,保证期间适用诉讼时效中断的规定"。该款是关于保证期间的规定,而并非保证债务诉讼时效的规则。《担保法司法解释》第 34 条第 1 款规定:"一般保证的债权人在保证期间届满前对债务人提起诉讼或者申请仲裁的,从判决或者仲裁裁决生效之日起,开始计算保证合同的诉讼时效。"显然,该款并没有考虑到保证人的先诉抗辩权,依据这一规定,一般保证的诉讼时效并不是从主债务人的财产不能执行之日起计算,而是从判决或仲裁裁决生效之日起计算。② 从历史角度看,该司法解释制定时具有特定的时代背景,"执行难"等实践问题客观存在,如果完全遵循法理从执行程序终结再开始计算一般保证债务的诉讼时效,则具有相当的不确定性。因此,该司法解释规定从判决或仲裁裁决生效之日起开始计算,只是当时的权宜之计,缺乏足够的理论基础。该规定虽然有利于明晰保证债务诉讼时效的起算点,但可能与一般保证中保证人的先诉抗辩权制度存在冲突,同时,这也实际上减少了债权人所享有的诉讼时效利益。因为在一般保证中,保证人享有先诉抗辩权,在没有对主债务人提

---

① 参见曹士兵:《中国担保诸问题的解决与展望》,中国法制出版社 2001 年版,第 133 页。
② 参见最高人民法院民二庭(原经济庭)编著:《担保法新释新解与适用》,新华出版社 2001 年版,第 288 页。

起诉讼或者申请仲裁并对主债务强制执行无效果之前,保证人有权拒绝债权人要求其承担保证责任的请求。判决或仲裁裁决生效以后,主债务人是否有足够的责任财产可供执行,尚不确定,该规定就相当于在实质上使得保证债务的诉讼时效起算点提前,与先诉抗辩权制度的设立目的存在一定的冲突。①

正是因为《担保法司法解释》存在上述问题,尤其是其没有很好地协调与保证人先诉抗辩权的关系,《民法典》第 687 条第 2 款规定,"一般保证的保证人在主合同纠纷未经审判或者仲裁,并就债务人财产依法强制执行仍不能履行债务前,有权拒绝向债权人承担保证责任"。为了与保证人先诉抗辩权相衔接,《民法典》第 694 条第 1 款规定:"一般保证的债权人在保证期间届满前对债务人提起诉讼或者申请仲裁的,从保证人拒绝承担保证责任的权利消灭之日起,开始计算保证债务的诉讼时效。"依据该款规定,在一般保证中,保证债务的诉讼时效自保证人先诉抗辩权消灭之日开始起算。

当然,从《民法典》第 687 条的规定来看,保证人先诉抗辩权消灭的情形较多,在各种情形下,如何具体确定保证人先诉抗辩权消灭的时间点,仍然存在疑问。对此,笔者认为,就债权人向债务人提起诉讼或者申请仲裁的情形而言,可以以人民法院作出的执行终结文书的时间作为起算点。如果债务人的财产已经由强制拍卖等方式实现清偿的,则以相应法院作出的相应的拍卖裁定等执行文书作为保证人先诉抗辩权消灭即保证债务诉讼时效的起算点的判断标准。这样的标准比较客观明确,对于保证人和债权人而言,都是有利的。

(四) 保证期间与保证债务诉讼时效的衔接

从以上分析可见,在我国《民法典》关于保证期间的规定的完善过程中,也有效解决了保证期间与保证债务诉讼时效规则的衔接问题。一方面,明确保证期间属于不变期间,就有效区分了保证期间与保证债务诉讼时效制度。在《民法典》颁行前,关于保证期间与保证债务诉讼时效制度的适用关系,理论上存在一定的争议,实践中也存在混淆保证期间与保证债务诉讼时效的问题。我国《民法典》明确区分了保证期间与保证债务诉讼时效制度,有利于法律规则的准确适用。另一方面,当保证人不能提起保证期间届满的抗辩时,其还享有诉讼时效期间届满的抗辩,但不可能同

---

① 参见高圣平:《担保法论》,法律出版社 2009 年版,第 134 页。

时主张这两种抗辩,这就可以有效衔接这两种制度。

四、保证人承担保证责任后的追偿权

就保证人承担保证责任后的追偿权问题,《民法典》与原《担保法》《担保法司法解释》最大的不同在于,《民法典》第700条仅规定了承担保证责任的保证人有权在承担的责任范围内向债务人追偿,而没有明确承担保证责任的保证人是否有权要求其他保证人予以分摊。① 就此,有必要作如下几方面的分析。

(一)保证人对债务人的追偿权

《民法典》第700条规定:"保证人承担保证责任后,除当事人另有约定外,有权在其承担保证责任的范围内向债务人追偿,享有债权人对债务人的权利,但是不得损害债权人的利益。"依据这一规定,保证人在承担责任后享有对债务人的追偿权,因为保证人依据保证合同向债权人所承担的保证责任,毕竟是保证人代主债务人履行债务,保证人为了主债务人的利益而遭受了损失,从公平和等价交换原则出发,应当赋予保证人向主债务人追偿的权利。保证人行使追偿权必须符合一定的条件。一方面,保证人必须已向债权人承担了保证责任,其才有权向主债务人追偿②;另一方面,债务人的债务因保证人的代为履行而消灭,如果保证人全部履行了债务,则债务全部消灭,如果只是部分履行,那么债务只在履行的范围内消灭,但这不影响保证人就履行的部分向主债务人追偿。如果债务不是因保证人的履行,而是因主债务人履行或不可抗力,或者因债权人免除而消灭的,保证人不应当享有求偿权。③ 此外,保证人始终未放弃追偿权。这就是说,追偿权本身是保证人依法享有的权利,保证人也可处分该权利,即可以放弃行使(如表示不再行使追偿权)。因此,在保证人代主债务人清偿债务之后,只要其没有放弃追偿的权利,保证人就应当享有向债务人继续追偿的权利。

追偿权的范围不应当超过保证人承担保证责任的范围。根据《民法

---

① 《民法典》第700条规定:"保证人承担保证责任后,除当事人另有约定外,有权在其承担保证责任的范围内向债务人追偿,享有债权人对债务人的权利,但是不得损害债权人的利益。"
② 参见程啸:《保证合同研究》,法律出版社2006年版,第288页。
③ 参见郭明瑞:《担保法》,法律出版社2010年版,第46页。

典》第 700 条的规定,保证人承担保证责任后,除当事人另有约定外,有权在"其承担保证责任的范围内"向债务人追偿。在《民法典》颁行之前,《担保法司法解释》第 43 条规定:"保证人自行履行保证责任时,其实际清偿额大于主债权范围的,保证人只能在主债权范围内对债务人行使追偿权。"依据这一规定,保证人行使追偿权的范围应当以主债权为限,只能在主债权的范围内主张追偿权,因为在实践中,保证人的实际清偿额可能大于主债权的范围,因为保证人除清偿主债权外,还需要就利息、违约金、损害赔偿金等承担保证责任。发生此种情况后,保证人也只能在主债权的范围内主张清偿。笔者认为,该司法解释虽然通过对保证人追偿权范围的限制,从而在一定程度上有利于保护债务人,但该规则不当加重了保证人的负担,不合理地限制了保证人的追偿权。因为依据我国《民法典》第 700 条的规定,保证人可以在其承担保证责任的范围内向债务人追偿,且保证人在追偿时"享有债权人对债务人的权利",这就意味着其代债务人清偿了的债务均应可以向主债务人追偿,即便超出了主债权也有权就超出部分进行追偿。

(二) 保证人之间的追偿权

《担保法司法解释》第 20 条规定:"连带共同保证的债务人在主合同规定的债务履行期届满没有履行债务的,债权人可以要求债务人履行债务,也可以要求任何一个保证人承担全部保证责任。连带共同保证的保证人承担保证责任后,向债务人不能追偿的部分,由各连带保证人按其内部约定的比例分担。没有约定的,平均分担。"从该规定来看,其虽然表述为"分担",但其实际上是承认了连带共同保证中保证人之间享有追偿权。在我国《民法典》编纂过程中,对保证人相互之间能否追偿,曾经有激烈的争议。[①] 我国《民法典》最终回避了这一问题。一方面,我国《民法典》与《担保法司法解释》第 20 条的最大不同在于,其第 700 条仅规定了承担保证责任的保证人有权在承担的保证责任范围内向债务人追偿,没有明确

---

① 关于共同保证和混合共同担保中各担保人在没有约定的情形下,有无追偿权的问题,理论界争论很大,肯定追偿权的观点,参见程啸:《混合共同担保中担保人的追偿权与代位权》,载《政治与法律》2014 年第 6 期;黄忠:《混合共同担保之内部追偿权的证立及其展开——〈物权法〉第 176 条的解释论》,载《中外法学》2015 年第 4 期;高圣平:《混合共同担保的法律规则:裁判分歧与制度完善》,载《清华法学》2017 年第 5 期。否定追偿权的观点,参见崔建远:《混合共同担保人相互间无追偿权论》,载《法学研究》2020 年第 1 期;江海、石冠彬:《论共同担保人内部追偿规则的构建——兼评〈物权法〉第 176 条》,载《法学评论》2013 年第 6 期。

承担保证责任的保证人是否有权要求其他保证人予以分摊。另一方面,《民法典》第392条规定,在混合共同担保的情形下,提供担保的第三人承担保证责任之后,有权向债务人进行追偿,但并没有规定其是否有权向其他担保人追偿。

该条引发的最大争论在于承担保证责任的保证人能否针对其他保证人行使追偿权。笔者认为,《民法典》对此没有作出规定,而这已经在事实上构成了"立法的有意沉默",不属于法律漏洞。换言之,立法者对该问题没有表态,而是留待司法实践和商业实践进一步发展,从而最终在广泛凝聚共识的基础上加以解决。从目前的观点来看,反对共同保证人等共同担保人相互之间存在追偿权最主要的理由就是,保证人基于自己的意思表示在自己允诺或者法律推定的保证范围内承担保证责任,各保证人各自为同一债权提供担保,他们之间并没有互相追偿的意思表示,因此,不赋予承担保证责任的保证人针对其他保证人的追偿权,没有超出其承担保证责任的意思,也符合当事人的真实意思。① 对此,笔者认为,《担保法司法解释》第20条的规定具有一定的合理性,即在连带共同保证中,各保证人之间应当享有追偿权。或者说,从价值判断和体系协调上进行综合考量,承认连带共同保证中保证人之间的追偿权似乎更具有合理性,具体理由如下。

第一,在连带共同保证中,承认保证人之间的追偿权有利于鼓励担保,如果否定各保证人之间的追偿权,最终将使得保证人不敢提供连带共同保证,而保证担保数量的增加,整体上将更有利于债权的实现,也符合民法上平等原则的要求②,所以对该问题的解释宜服从于实现鼓励担保的目标。

第二,承认连带共同保证中保证人之间的追偿权并未超出其他保证人承担保证责任的意思,因为其他保证人在提供连带共同保证时,就意味着其愿意共同对债权人的债权承担保证责任。因此,允许保证人之间追偿,并不违反各保证人提供保证的意愿。

第三,承认连带共同保证中保证人之间的追偿权有助于避免出现担

---

① 参见崔建远:《混合共同担保人相互间无追偿权论》,载《法学研究》2020年第1期;石冠彬、江海:《论共同保证法律规则的重构——兼评〈物权法〉第176条》,载《私法研究》2014年第2期。

② 参见孙鹏主编:《最高人民法院担保司法解释精释精解》,中国法制出版社2016年版,第115页。

保权实现中的道德风险。① 因为,如果不承认保证人之间的追偿权,实践中就很可能出现保证人之一与债权人串通甚至通过向债权人的工作人员行贿等方式使得债权人不向其主张保证责任。此时,其他保证人承担保证责任后,又不能向其行使追偿权,这就变相免除了这些实施违法行为的保证人的保证责任。尤其要看到,在债权人和保证人之一存在各种利益关联时,此种道德风险更大。

第四,在连带共同保证中,承认保证人之间的追偿权与连带债务中债务人之间的追偿权规则具有契合性。多数保证人在内部关系上也具有连带性②,只有肯定追偿权,才符合这一特性。《民法典》第 519 条第 2 款规定:"实际承担债务超过自己份额的连带债务人,有权就超出部分在其他连带债务人未履行的份额范围内向其追偿,并相应地享有债权人的权利,但是不得损害债权人的利益。其他连带债务人对债权人的抗辩,可以向该债务人主张。"依据该款规定,各连带债务人在承担超出其内部份额的债务时,可以向其他连带债务人追偿。该规定属于债的履行的一般规则,在连带共同保证中,各保证人实际上是对债权人负担连带债务,在某个保证人实际承担保证责任后,其也有权向其他保证人追偿。

允许保证人追偿会增加诉讼关系,由此是否会使当事人之间的关系更为复杂呢?笔者认为,从《民法典》第 519 条的规定来看,其允许各债务人之间进行追偿,甚至允许各个连带债务人之间的再次追偿。因此,新增诉讼有助于实现当事人之间关系的平衡。从表面上看,新增诉讼看似效率低下,但其是为了实现各保证人之间关系的平衡,因此,不能仅以诉讼程序繁琐为由否定各个保证人之间的追偿权。

(三) 保证人行使追偿权与债权人利益的保护

《民法典》第 700 条只规定承担保证责任的保证人享有债权人对债务人的权利,即保证人可以在其承担保证责任的范围内对债务人进行追偿,但在追偿时要求"不得损害债权人的利益"。这主要是指,某个保证人已经依据约定的份额承担保证责任,承担保证责任的方式可以是以物抵债、提存等方式,在此情形下,承担保证责任的保证人有权向债务人追偿。

---

① 参见贺剑:《走出共同担保人内部追偿的"公平"误区——〈物权法〉第 176 条的解释论》,载龙卫球、王文杰主编:《两岸民商法前沿》(第 6 辑),中国法制出版社 2017 年版,第 690—691 页。

② 参见黄忠:《混合共同担保之内部追偿权的证立及其展开——〈物权法〉第 176 条的解释论》,载《中外法学》2015 年第 4 期。

此时,如果存在数个债务人,而保证人向某一债务人追偿时,该债务人的资产有限,而其债务又没有清偿完毕,如果该债务人将其财产全部用于满足保证人的追偿权,则将无法清偿债权人的债权。在此情形下,债务人应当将其财产首先用于清偿债权人的债权,只有在完全清偿债权人债权的情形下,剩余的财产才能用于满足保证人的追偿权。

与此相关的问题是,在连带共同保证中,如果允许某一承担保证责任的保证人向其他保证人追偿,是否可以适用上述规则?笔者认为,此种情形应当适用同样的规则,因为各保证人的责任财产应当首先用于满足债权人债权的实现,只有在已经满足债权人债权实现的情形下,才能用于满足其他保证人的追偿权,假如某个保证人已清偿了部分债务,债务仍未清偿完毕,如果其他保证人的财产有限,则应当优先清偿债权人的债权,这也体现了优先保障债权人债权实现的理念。

五、保证人抗辩权制度的完善

所谓保证人的抗辩权,是指保证人所享有的、对抗债权人请求的权利。在保证合同关系中,保证人对债权人是一种单务的、无偿的关系,但这并非意味着保证人没有任何权利,保证人也应当享有对债权人的抗辩权。一般而言,保证人享有一般债务人的抗辩权,即保证人以一般债务人的地位对抗债权人的请求权的权利。主要抗辩事由包括:保证债务发生了变更、消灭等事项,保证合同未成立,保证债务已消灭,保证债务未至清偿期,保证期间已经过,保证债务罹于时效,等等。关于保证人的抗辩权,我国原《担保法》第20条只是笼统地赋予保证人享有抗辩权,明确保证人享有债务人的抗辩权,即保证人享有债务人根据法定事由所享有的对抗债权人行使请求权的权利。[①] 对此,《民法典》就保证人的抗辩权作了重大完善。

第一,进一步完善了保证期间、诉讼时效以及先诉抗辩权等规则,丰富了保证人抗辩权体系,充分保障了保证人抗辩权的行使。例如,在一般保证中,债权人必须在保证期间内对债务人提起诉讼或者申请仲裁,否则保证期间一旦届满,保证人即不再承担保证责任;如果债权人只是向保证人主张保证责任,保证期间届满后,保证人也不再承担保证责任。

[①] 原《担保法》第20条规定:"一般保证和连带责任保证的保证人享有债务人的抗辩权。债务人放弃对债务的抗辩权的,保证人仍有权抗辩。抗辩权是指债权人行使债权时,债务人根据法定事由,对抗债权人行使请求权的权利。"

第二,进一步扩张了抗辩的事由。《民法典》第 701 条首先明确"保证人可以主张债务人对债权人的抗辩。债务人放弃抗辩的,保证人仍有权向债权人主张抗辩"。从该条规定来看,其并没有对债务人针对债权人的抗辩的范围作出限定,尤其是没有将其限定为"抗辩权",而是使用了"抗辩"这一表述,这表明,保证人享有债务人对债权人的抗辩,其既包括实体法上的抗辩,也包括程序法上的抗辩,其既包括抗辩权,也包括抗辩权之外的其他抗辩事由。《民法典》对原《担保法》第 20 条的规定进行了修改,保证人可以主张债务人对债权人的抗辩是广义的抗辩。《民法典》第 701 条可以涵盖权利未发生、权利已消灭、主债务诉讼时效经过等的抗辩。我国《民法典》第 702 条就原债务人对债权人的抵销权、撤销权加以规定,其也属于抗辩权的范畴。法官在审判中要注意对主债务的抗辩进行准确的区分。当然,《民法典》第 701 条中的抗辩指的是债务人基于主债权债务关系对债权人享有的抗辩。保证人在一般保证中所享有的先诉抗辩权以及保证人基于保证债权债务关系所享有的对债权人的抗辩,不属于该条的调整范围。

第三,进一步扩张了抗辩的外延。《民法典》第 702 条规定:"债务人对债权人享有抵销权或者撤销权的,保证人可以在相应范围内拒绝承担保证责任。"值得研究的是,该条是否意味着将保证人所享有的抗辩权扩张至"债务人对债权人享有抵销权或者撤销权"的情形,即采纳了广义上的抗辩权概念。① 笔者认为,此种观点具有一定的合理性,从《民法典》第 702 条的规定来看,其将债务人的撤销权和抵销权作为保证人的一种抗辩,其实际上是赋予保证人拒绝履行债务的事由,其与同时履行抗辩权等抗辩权具有明显区别。与此同时,撤销是保证人拒绝承担责任的一种重要理由,而不是抗辩权,该条中撤销权指的是可撤销法律行为中的撤销权,并非保全中的撤销权和效力待定法律行为中的撤销权。例如,在债权人欺诈债务人而订立合同的情形下,债务人享有请求撤销合同的权利,如果债务人不主张撤销合同,则保证人可以拒绝承担保证责任。当然,实践中,在一个合同存在多个标的的情况下,就有可能出现部分欺诈等情形,在重大误解的情形下,也可能出现就部分标的重大误解的情况,这里

---

① 在民法典编纂之前,有观点主张通过扩张解释抗辩权来涵盖此种情形。参见邹海林、常敏:《债权担保的方式和应用》,法律出版社 1998 年版,第 78—79 页;曹诗权、覃怡:《论保证人的抗辩权》,载《中外法学》1998 年第 1 期;高圣平:《担保法新问题与判解研究》,人民法院出版社 2001 年版,第 285 页。

都可能出现部分撤销的问题,此时就存在撤销的相应范围。

在此需要讨论的是,在主债务人针对债权人享有解除权时,保证人能否适用我国《民法典》第702条的规定,拒绝承担保证责任。笔者认为,在主债务人对债权人享有解除权的时候,保证人有权拒绝承担保证责任。这是因为,解除权和撤销权、抵销权都属于形成权,因此,在适用的法理上是一致的。我国《民法典》第702条对此没有规定,属于立法上的漏洞,应当通过类推适用加以填补。从域外立法例来看,也是如此。例如,《日本民法典》第457条第3款就明确规定:"主债务人对债权人享有抵销权、撤销权或者解除权时,保证人可以在因此等权利的行使主债务人可以免除其债务的限度内,拒绝向债权人履行债务。"又如,《欧洲示范民法典草案》第Ⅳ.G -2:103条第2款规定:"保证人有权拒绝履行保证债务,如果:(a)债务人有权依据第二卷第五章(撤销权)的规定撤销其与债权人的合同;(b)债务人有权依据第Ⅲ-3:401条(终止履行对待债务的权利)的规定中止履行;(c)债务人有权依据第三卷第三章第五节(终止)的规定终止其与债权人的合同。"[1]因此,笔者认为,有关司法解释有必要新增解除权作为抗辩理由。

当然,该规则在司法实务中运用可能存在如下难题:首先,债务人享有的抗辩、抵销权和撤销权,如何使得保证人知悉?如果保证人不知悉,其主张债务人享有抗辩等,如何处理?在实践中,债权人作为原告要求保证人承担保证责任,保证人主张其享有债务人的抗辩,法院可以追加债务人为第三人以查清事实。其次,为了使得保证人知悉债务人的抗辩等,基于债务人和保证人之间的合同关系,依据诚信原则,在债权人要求保证人承担保证责任时,债务人有义务告知保证人其针对债权人享有的抵销权、撤销权和解除权等形成权。

六、余 论

保证既是物上担保的有益补充,也是信用经济社会的主要担保方式。完善保证制度,对于优化营商环境、促进融资便捷从而推动市场经济发展至关重要。我国《民法典》合同编在总结社会经济活动和司法实践经验的

---

[1] 〔德〕克里斯蒂安·冯·巴尔、〔英〕埃里克·克莱夫主编:《欧洲私法的原则、定义与示范规则:欧洲示范民法典草案(全译本):第4卷》,于庆生等译,法律出版社2014年版,第1182页。

基础上,为了适应营商环境改善的需要,对保证合同加以专章规定,且对保证合同制度作出重大变化和完善,有力地促进了我国担保制度的现代化。然而,其相关规则仍然存在一定的模糊之处,有待最高人民法院根据我国《民法典》的相关规范,及时制定并发布相关司法解释,并清理原有司法解释,以保障我国《民法典》关于保证制度规定的贯彻实施。

论第三人代为履行

——以《民法典》第 524 条为中心*

作为《民法典》第 524 条新增的制度,第三人代为履行制度是合同编的一大亮点。该条不仅确立了第三人代为履行的基本条件,而且也规定了第三人代为履行后的法律效果,即发生法定债权移转,由第三人取得原来归属于债权人对债务人的债权。该条虽然是在借鉴传统大陆法国家和地区经验的基础上产生,但同时也作出了一定的创新。自《民法典》实施以来,该条在实践中已经被广泛适用①,不过,从法院的相关案例来看,该制度的设立将会对合同相对性原则、合同履行制度等产生重大影响,且针对有关该制度与其他制度的关系、第三人合法利益的界定、法定债务转移的适用等,都存在一定的争议,据此,本文拟对该制度及其适用谈一点粗浅的看法。

一、第三人代为履行与债的相对性

依据债的相对性原则(Relativität des Forderungsrechts),债的关系仅在债的当事人之间发生效力,债权人仅对特定的债务人享有权利,而债务人也仅对特定的债权人负担义务,第三人原则上不得介入债的关系代债务人履行债务,否则债权人有权拒绝。"债的相对性原则是与物权所具有的对抗一切不特定人之绝对性(Absolutheit)相对应的。"②债的相对性原则也意味着债权人仅对债务人的履行负有受领义务,对于第三人的履行债权人有权予以拒绝。但是,社会生活纷繁复杂,在许多情况下,第三人也

---

* 原载《法学杂志》2021 年第 8 期。
① 参见韩惠臣、时胜福追偿权纠纷案,河北省衡水市中级人民法院(2021)冀 11 民终 597 号民事判决书;郑忠库诉徐鹏等追偿权纠纷案,辽宁省海城市人民法院(2020)辽 0381 民初 7661 号民事判决书;胡从海与江苏润道路桥工程有限公司、何海棠追偿权纠纷案,江苏省淮安市中级人民法院(原江苏省淮阴市中级人民法院)(2021)苏 08 民终 885 号民事判决书。
② 王泽鉴:《民法学说与判例研究》(第 4 册),三民书局 1991 年版,第 103 页。

会对债务的履行具有法律上的利益,此时严格按照债的关系的相对性阻止第三人履行债务,不仅会影响债务的履行,影响债的关系的当事人利益的实现,而且会严重影响第三人的利益。为解决这一问题,第三人代为履行制度应运而生。该制度旨在使第三人在对债务履行具有法律上的利益时,有权代债务人作出履行,对该履行债权人不得予以拒绝,从而保护第三人的利益。

《民法典》第 524 条第 1 款规定:"债务人不履行债务,第三人对履行该债务具有合法利益的,第三人有权向债权人代为履行;但是,根据债务性质、按照当事人约定或者依照法律规定只能由债务人履行的除外。"该款规定确立了第三人代为履行的规则。可以说该规定是对债的相对性的一种突破,一方面,该条允许第三人介入债的关系;另一方面,在第三人介入债的关系时,只要其能够证明其对债务的履行具有合法利益,则其享有一定的权利,即其有权向债权人作出履行,其在向债权人作出履行时,债权人不得拒绝。

第三人代为履行制度解决的是债的关系的当事人之外的第三人对债务履行所享有的利益保护问题,严格地说,在债的相对性原则的框架内,意图使第三人完成清偿,该项功能也可以由履行辅助人制度实现。所谓履行辅助人,是指由债务人指定的替代债务人完成给付的人。履行辅助人的确定只需要债务人进行委任或指定即可,而不需要当事人对此作出约定。① 与第三人代为履行一样,二者都允许由第三人作出履行行为。但第三人代为履行与债务履行辅助人的清偿不同,两者的区别表现在:一方面,在第三人代为履行中,第三人并不是按照债务人的意愿履行债务,而是根据自己的利益和意愿履行债务,介入债的关系,如果第三人是按照债务人的要求履行债务,则其可能成为债务人的债务履行辅助人。在第三人履行不符合债的要求时,债权人不能据此请求债务人承担债务不履行的责任。债务履行辅助人是为债务人履行债务,其履行行为应视为债务人的履行行为。② 另一方面,在第三人代为履行中,第三人是以自己的名义履行债务,而债务履行辅助人通常是以债务人的名义履行债务。履行辅助人乃是基于债务人的指示而以债务人的名义进行清偿,在缺乏债务人指示的情形下,其不可能出于自己的利益考量,以自己的名义清偿债务。"盖第三人清偿系以自己名义清偿他人之债,履行辅

---

① Vgl. Staudinger/Löwisch/Caspers, BGB §278, Rn. 17.
② 参见孙森焱:《民法债编总论》(下册),三民书局 2017 年版,第 1007 页。

助人之清偿则为债务人清偿债务,是两者迥异,不可不辨。"①此外,在第三人代为履行的情况下,法律要求第三人对债务履行具有合法利益,而且第三人在履行债务时通常会向债权人表明其享有此种合法利益。但债务履行辅助人并不需要具有合法利益,其是基于债务人的指示完成给付。

从比较法上看,两大法系都承认了第三人代为履行制度。例如,《德国民法典》第267条规定:"债务人无须亲自给付的,第三人也可以履行给付,债务人的允许是不必要的。债务人提出异议的,债权人可以拒绝接受该项给付。"在英美法上,有观点认为,第三人代为履行是一项衡平法规则,其基础来源于自然正义(natural justice)。② 美国法院认为,第三人代为履行(subrogation)制度并非来源于合同而是来源于衡平法,它仅仅是为了实质正义(substantial justice)而存在③,并认为这并非法律拟制的观点,而是基于实际的需要。第三人代为履行后要采取债务移转效力模式,也就是说,在清偿之后,第三人可以获得债权人对债务人的权利。④ 例如,在Somes v. Molina案中,法院进一步认为,这种移转可以确保所有的担保和保障各种手段的清偿。⑤ 根据普通法理论,在第三人偿还了主债务人的债务时,就从债权人手上获得了一个独立的担保权移转与其对主债务人的一切救济手段。有关示范法也确认了这一制度。例如,《欧洲示范民法典草案》在其第Ⅲ-2:107条中也明确规定了第三方出于合法利益而代为履行义务。该条第1款(b)项规定,"第二方处于合法利益诉求而来履行义务,而债务人未能履行义务,或者显然无法按时履行义务"时,债权人不能拒绝第三方履行义务。例如,承租人为避免自己租用的地产被强制出售,而替地产的所有人清偿债务,以避免被设定抵押权的地产被强制执行。⑥

我国《民法典》正是在认真总结了我国司法实践经验的基础上,借鉴

---

① 孙森焱:《民法债编总论》(下册),三民书局2017年版,第1007页。
② See Harry B. Hutchins & Robert E. Bunker, Illustrative Cases on Equity Jurisprudence, West Publishing Co., 1902, p. 560.
③ See Saul Litvinoff, Subrogation, 50 La. L. Rev. 1143 (1990), p. 1151.
④ See Saul Litvinoff, Subrogation, 50 La. L. Rev. 1143 (1990), p. 1148.
⑤ See Agustin Y. Kintanar, Subrogation, 4 PHIL. L. J. 285 (1918), p. 289.
⑥ 参见〔德〕克里斯蒂安·冯·巴尔、〔英〕埃里克·克莱夫主编:《欧洲私法的原则、定义与示范规则:欧洲示范民法典草案(全译本):第4卷》,于庆生等译,法律出版社2014年版,第642页。

比较法经验,确立了第三人代为履行制度。事实上,从我国司法实践来看,在许多案件中,法院都承认了第三人代为履行规则。①《民法典》第524条也是对司法实践经验的总结和概括。该条规定显然突破了债的相对性,这种突破的正当性基础在于:

第一,保护第三人的利益。按照债的相对性,虽然债的关系原则上仅涉及当事人利益,但在特殊情况下其也可能涉及第三人的利益,在此情形下,为保护第三人利益,有必要确立第三人代为履行规则。依据《民法典》第524条的规定,第三人代为履行以第三人具有合法利益为限,而且只要具有合法利益,债权人就不能拒绝第三人的履行。从这一意义上说,在第三人对债的履行具有法律上的利益时,其享有代为履行的权利。② 同时,由于债务在绝大多数情况下并不具有专属性,可以由第三人代为清偿,因此,为了促进债权的实现,同时有效保护债务人的利益,只要第三人对履行的债务具有合法利益,且不违反法律规定和当事人的约定,可以由第三人代为清偿。③

第二,对债权人并无不利。第三人代为履行在大多数情形下对债权人是有利的,因为对债权人而言,只要能保证其不会因为第三人清偿而遭受损害,就没有必要拒绝第三人代为履行。但在某些情形下,第三人代为履行债务也可能不利于保护债权人的利益,此时,如果任由第三人介入债的关系,则可能会干涉债的关系的当事人之间的交易安排,甚至有可能违背债权人的意愿。因此,依据《民法典》第524条的规定,只有第三人对债的履行具有合法利益时,其才有权代债务人作出履行;同时,为了防止损害债权人的利益,《民法典》第524条第1款也规定了第三人代为履行的除外情形,即如果根据债务性质、按照当事人约定或者依据法律规定只能由债务人履行,则不能由第三人代为履行。这些规则在一定程度上也防止了第三人代为履行可能给债权人带来的损害。尤其应当看到,即使在第三人的履行不完全的情形下,对于第三人未能清偿的部分,债务人仍负有履行的义务,债权人仍可以向原债务人主张履行债务,可见第三人履行一般不会损害债权人的利益。

---

① 参见张钢成:《论履行承担》,载《人民司法》2001年第5期。
② 参见〔德〕克里斯蒂安·冯·巴尔、〔英〕埃里克·克莱夫主编:《欧洲私法的原则、定义与示范规则:欧洲示范民法典草案(全译本):第1卷、第2卷、第3卷》,付俊伟等译,法律出版社2014年版,第642页。
③ 参见郑玉波:《民法债编总论》(修订2版),中国政法大学出版社2004年版,第475页。

第三,对债务人也并无不利。在第三人代为履行后,发生法定的债权移转,约定的债权转让与法定的债权移转只是发生的原因不同,但法律效果是相同的。债务人应当向第三人清偿债务,此时只是发生了清偿对象的变化。对债务人而言,在保护债务人对债权人的选择权与保护第三人对债务履行的合法利益之间,显然保护第三人利益更为重要。① 因为在第三人代为履行的情形下,债务人只是改向第三人承担债务,如果第三人基于赠与的目的代为履行债务,则债务人将因此免除债务,对其更为有利。② 还应当看到,在第三人代为履行后,依据《民法典》的相关规定,第三人代为履行将发生法定债权转移的效果,因此在债权转移中,债务人所享有的抗辩同样可以针对第三人提出。这就能够有效地保证债务人的利益不因第三人的履行而遭受损害。

"合同法创造财富,侵权法保护财富。"③合同法本身就是鼓励交易、创造财富的法,通过鼓励交易、保障当事人的订约目的和基于合同所产生的利益得以实现,从而促进财产的流转和财富的创造,而允许第三人代为履行,有利于鼓励交易,且有利于债权的实现。正是基于这一正当性考量,《民法典》确立这一制度,其对于实现合同法的目的和功能也将发挥重要作用。

二、第三人代为履行中的"合法利益"

第三人代为履行制度具有其正当性,但应当看到,第三人代为履行允许第三人介入债的关系,这实际上是对债的相对性的一种突破。这种突破必须被限制在合理的范围之内,如果不对其适用条件进行必要的限制,则任何人都可以随意介入债的关系,对此债权人无权拒绝,且无须取得债务人同意,这将在很大程度上架空债的相对性原则,导致规则在适用中相互冲突。因此,《民法典》在承认该制度时,首先要求第三人必须对债的履行具有合法利益。

(一) 具有"合法利益"(a legitimate interest)是比较法的共识

对于第三人代为清偿是否需要合法利益,《德国民法典》第267条并

---

① 参见陆家豪:《民法典第三人清偿代位制度的解释论》,载《华东政法大学学报》2021年第3期。
② 参见王轶:《代为清偿制度论纲》,载《法学评论》1995年第1期。
③ Marc Stauch, The Law of Medical Negligence in England and Germany: A Comparative Analysis, Hart Publishing, 2008, p. 7.

没有要求第三人对履行具有合法利益。依据该条规定,只要债务不是人身性的,原则上都可以由第三人给付,且债权人没有拒绝的权利,债权人一旦拒绝将构成受领迟延。① 但是,《德国民法典》在有关涤除权的规定(第268条)中,其实也要求第三人必须具有合法利益。其他大陆法国家和地区的民法典和相关示范法大多也规定了第三人应当具有合法利益,具体而言:一是要求第三人具有正当利益。例如,《法国民法典》第1346条规定:"于法律有规定之情形,基于某一正当利益而进行清偿之人,自其清偿使得最终应当承担债务之人向其债权人的债务全部或部分消灭之时起,取得代位权。"二是要求第三人具有利益关系。例如,《日本民法典》第474条第2款规定,非就清偿享有正当利益之第三人,不得违反债务人之意思作出清偿。但对何为"正当利益",一般将其解释为第三人乃是对债的履行"具利害关系者"。② 我国台湾地区"民法"第312条也有类似的规定。③ 三是要求第三人具有合法利益。有关示范法也规定了代为履行的规则。《欧洲示范民法典草案》第Ⅲ-2:107条也明确规定了第三方出于合法利益而代为履行义务。④ 可见,比较法普遍采取了正当利益、利益关系、合法利益等表述,作为对第三人代为履行的限制。⑤《民法典》第524条吸取了《欧洲示范民法典草案》的经验,采取了合法利益说的立场。

(二) 对"合法利益"的判断

前已述及,第三人代为履行制度旨在保护第三人的利益,因而仅在第三人具有合法利益时,债权人才不得拒绝其履行。但是,此处的"合法利益"应当作何理解呢? 笔者认为,可以从如下几个方面对合法利益进行判断:

---

① 参见〔德〕迪尔克·罗歇尔德斯:《德国债法总论》(第7版),沈小军、张金海译,中国人民大学出版社2014年版,第97—98页。
② 参见田高寛貴著、张韵琪訳「第三人清償(代位清償)(中国語訳)」大村敦志編集『民法研究【第2集】第7号〔東アジア編7〕』(信山社,2019年)23頁。
③ 我国台湾地区"民法"第312条规定,就债之履行有利害关系之第三人为清偿者,于其清偿之限度内承受债权人之权利,但不得有害于债权人之利益。
④ 参见〔德〕克里斯蒂安·冯·巴尔、〔英〕埃里克·克莱夫主编:《欧洲私法的原则、定义与示范规则:欧洲示范民法典草案(全译本):第1卷、第2卷、第3卷》,付俊伟等译,法律出版社2014年版,第642页。
⑤ 参见黄薇主编:《中华人民共和国民法典合同编解读》,中国法制出版社2020年版,第213页。

1. 合法利益必须是第三人对债务的履行享有受法律保护的特殊的利益

此种利益的享有应当是合法的、正当的、合理的。通常要求第三人对清偿具有事实上或法律上的利害关系,并且还要求第三人必须享有一种特殊利益。一般认为,第三人对履行的合法利益是指第三人因债务人不履行而遭受利益上损失。① 例如,债权人和债务人之间订立了购买某种型号设备的买卖合同,第三人主动要求代债务人向债权人交付该套设备。但是该设备涉及质量是否合格以及交付后的维修、维护等问题,第三人可能难以完成此项工作。如果债权人不愿意接受第三人的履行,法律上不能强迫要求债权人必须接受第三人的履行。因此,依据《民法典》的上述规定,只有第三人在具有合法利益时,才能够代为履行,且债权人不能拒绝。②

2. 对合法利益的判断应当进行类型化处理

合法利益本身是一个不确定概念,需要根据实践的情况和发展,归纳总结出典型形态。③ 否则完全交由法官判断何为合法利益,可能会导致司法裁判的不统一。从实践来看,第三人对债务履行具有合法利益主要包括如下情形:一是抵押物转让中受让人代为清偿主债务,这一涤除权规则原来被规定于《物权法》第191条之中。所谓涤除权,是指在标的物之上存在抵押权时,如果抵押人将标的物转让给第三人,第三人愿意代债务人清偿债务,以消除标的物之上的抵押权。但《民法典》删除了原《物权法》中的涤除权规则,改为通过本条进行调整,即在抵押人转让抵押财产的情形下,可适用《民法典》第524条,认定买受人对债务的履行具有合法利益,从而允许其代为清偿债务,以消除抵押权。二是转租中次承租人代承租人支付租金,以避免因承租人不交租金导致租赁合同被解除,使自身承租的权利遭受损害。三是母公司为子公司代为偿还债务,由于子公司的债务问题可能会对母公司的信用评级产生不利影响,因此,母公司可代子公司清偿债务。四是其他合法利益。例如,物上担保人具有特殊利益请

---

① 参见朱广新、谢鸿飞主编:《民法典评注.合同编.通则》,中国法制出版社2020年版,第490页。
② 在比较法上也存在先例。《欧洲示范民法典草案》第Ⅲ-2:107条中也明确规定了第三方出于合法利益而代为履行义务。
③ 参见黄薇:《中华人民共和国民法典合同编解读》,中国法制出版社2020年版,第214页。

求履行。对于合法利益的情形,法律很难穷尽列举。当然,在对合法利益进行判断时,不能过于宽泛①,应当作限缩解释,如此才能防止第三人任意干预债的关系。通常,第三人对债务履行具有合法利益实际上是指第三人对债务的履行具有利害关系,此种利益的享有应当是合法的、正当的、合理的。在审判实践中可由法官根据具体案情判断。

3. 合法利益应当由第三人举证证明

在证明责任分配上,是否具有合法利益应当由第三人举证证明。如果其不能对此作出举证,债权人对第三人履行有权予以拒绝。除合同有特别约定、法律有特别规定或因债务性质必须由债务人履行外,债权人不能拒绝第三人代为履行。只要第三人对履行的债务具有合法利益,且不违反法律规定和当事人的约定,就可以由第三人代为清偿。②

4. 合法利益的认定不考虑债权人和债务人的意愿

依据《民法典》第 524 条的规定,在第三人对债的履行具有合法利益,且不属于法律规定的第三人代为履行的除外情形时,第三人有权主张代为履行,债权人和债务人不得拒绝第三人代为履行。有学者认为,要区分有利害关系的第三人代为履行与无利害关系的第三人代为履行,对于无利害关系第三人的清偿,法律应允许债务人提出异议,同时赋予债权人享有拒绝受领的权利。③ 此种观点在立法论上不无道理,但我国《民法典》第 524 条明确将第三人对债的履行具有合法利益作为第三人代为履行的必要条件,这就意味着无合法利益的第三人无权主张代为履行。在第三人具有合法利益的情形下,即便其代为履行不符合债务人的意愿,债务人也不得对第三人代为履行提出异议。第三人一旦作出履行,即可产生清偿的效果。当然,在第三人代为履行之前,如果债务人已经作出了履行,为防止债权人不当得利,债务人可以阻止第三人代为履行。

5. 法定的必须由债务人亲自履行的情形除外

依据《民法典》第 524 条的规定,在如下情况下,债务只应当由债务人本人履行,而不得由债务人之外的第三人代为履行:一是依据债务性质不

---

① 参见陆家豪:《民法典第三人清偿代位制度的解释论》,载《华东政法大学学报》2021 年第 3 期。

② 参见郑玉波:《民法债编总论》(修订 2 版),中国政法大学出版社 2004 年版,第 475 页。

③ 参见冉克平:《民法典编纂视野中的第三人清偿制度》,载《法商研究》2015 年第 2 期。

能由第三人清偿。某些类型的债具有人身专属性,如以提供劳务为内容的债,债权人选择债务人承担债务可能是基于对其特有的资质、能力的信赖,由第三人代为履行可能会影响债的目的的实现,因此,此类债务原则上应当由债务人本人履行,而不得由第三人代为履行。通常,服务合同大都需要以亲自履行为原则,仅在特殊情形下可以由第三人代为履行。① 二是按照当事人约定不得由第三人代为履行。除法律规定的情形外,当事人还可以约定债务必须由债务人本人履行,而不得由第三人代为履行,按照私法自治原则,此种约定具有法律效力。例如,当事人约定承揽工作必须由承揽人完成的,承揽人不得将工作交由第三人完成。② 当事人禁止由第三人代为履行的约定可以与债权同时发生,也可以在债权生效后作出约定,只要是在第三人清偿前均可以发生排斥第三人履行的效力。③ 当然,也有一些国家,如德国、瑞士等没有此种例外规定。④ 三是依据法律规定不得由第三人清偿。在特定情形下,法律会对债的履行主体进行一定的限制,规定只能由债务人本人履行,而不能由债务人之外的第三人代为履行。例如,我国《民法典》第791条规定,"建设工程主体结构的施工必须由承包人自行完成"。由于承包人在建造工程方面存在一定的资质限制,而且此种资质直接关系到建设工程的质量,因此,为保障建设工程的质量,法律规定建设工程的主体结构必须由承包人自行完成,不得转包他人。此种情形即属于依据法律规定不得由第三人清偿的情形。

一般情况下,如果第三人对履行债务具有合法利益,且不具有《民法典》第524条所规定的消极条件,则债权人不得拒绝第三人的履行,但如果具有上述消极条件,则即便第三人对债务履行具有合法利益,债权人也可以拒绝其代为履行。在第三人未按照约定向债权人履行清偿义务时,原则上应当由债务人对债权人承担违约责任。

三、第三人代为履行与债务转移的辨别

第三人代为履行也称为"履行承担",其与债务移转具有相似性,二者都涉及债的履行问题,而且履行的都是债务人负担的债务。同时,不论是

---

① 参见周江洪:《服务合同研究》,法律出版社2010年版,第21页。
② 参见孙森焱:《民法债编总论》(下册),三民书局2017年版,第1007页。
③ 参见韩世远:《合同法总论》(第4版),法律出版社2018年版,第333页。
④ 参见〔日〕我妻荣:《新订债权总论》,王燚译,中国法制出版社2008年版,第217页。

第三人代为履行,还是债务转移,都是由债的关系之外的第三人实际履行债务,在该第三人的履行符合债的要求时,均可使债权债务关系消灭。因而,在审判实践中,经常将二者混淆。例如,在某些金钱债务中,第三人向债权人表示愿意为债务人清偿,债权人表示同意,实践中有时将此种情形解释为债务转移,认为不属于"第三人代为履行",第三人也因此成为新的债务人。①《民法典》确认第三人代为履行制度后,在实务中准确适用该制度,需要将其与债务转移制度相区分。

从体系解释角度来看,我国《民法典》第 524 条是区别于债的移转规则的,第三人代为履行规则规定在债的履行规则之中,而债的移转规则是规定在合同的变更和转让部分的,二者属于不同的法律制度,第三人代为履行不能归入债的移转范畴。

从制度层面看,第三人代为履行与债务转移存在如下区别:

第一,在债务承担情况下,债务人或债权人应与第三人达成转移债务的协议。基于该协议,由第三人取代债务人的地位对债权人负担债务。该协议既可以在债权人与第三人之间达成,也可以由债务人与第三人达成且经债权人同意,还可以是债权人、债务人与第三人共同达成。而在第三人代为履行的情形下,第三人单方表示代替债务人清偿债务或者与债务人达成代替其清偿债务的协议,但第三人并没有与债权人或债务人达成债务转移的协议。因此,在第三人向债权人提出代债务人履行债务时,即便债权人表示同意,但如果当事人之间没有就债务转移达成协议,也不宜认定其构成债务承担。

第二,在债务承担中,债务人已经成为合同关系的当事人,这又分为两种情形:一是在免责的债务承担的情形下,如果是债务的全部转移,则第三人将完全代替债务人的地位,债务人将退出该合同关系,原合同关系也将发生消灭;即使是部分转移,第三人也将加入合同关系成为债务人。二是在债务加入的情形下,第三人加入债的关系,与原债务人共同负担债务。但是在第三人代为履行债务的情况下,第三人只是履行主体而不是债的当事人。即便第三人与债务人之间存在代为履行债务的协议,债权人也不得直接请求第三人履行债务。② 从这个意义上讲,债务并没有真正在法律上发生移转。在第三人代为履行的情形下,第三人与债权人之间并不存在债权债务

---

① 参见何涛:《债务承担与第三人代为履行的区别》,载 http://ahysxfy.chinacourt.gov.cn/article/detail/2014/02/id/2877131.shtml,访问日期:2022 年 2 月 5 日。

② 参见周林彬主编:《比较合同法》,兰州大学出版社 1989 年版,第 299 页。

关系,债权人对第三人并不直接享有请求权。例如,在张生成与伍兵抵押合同纠纷上诉案中,法院认为,此种契约与债务承担类似,但实不相同,申言之,履行承担乃承担人立于既存的债务关系之外,以第三人之地位,负有履行债务人之债务之义务,而债务承担乃承担人加入既存的债务关系之内,而自己亦居于债务人之地位,负履行债务之义务。①

第三,从责任承担层面看,在第三人代为履行的情形下,第三人不履行或不完全履行债务时,债权人只能请求债务人承担债务不履行的责任。② 而在债务承担的情形下,债务承担人已经成为债的关系的当事人,如果其不能依照债的要求履行债务,则债权人可直接请求其履行义务和承担责任。同时,在免责的债务承担的情形下,债务承担人已完全代替债务人的地位,此时,债权人也不能要求债务人履行债务或承担责任。正如《德国民法典》第329条所规定的,"在合同中,一方承担向另一方的债权人清偿的义务,而不承担债务的,有疑义时,不得认为该债权人应直接取得向该方请求清偿的权利"。正是因为债务承担与第三人代为履行之间存在明显的区别,所以二者是不可相互替代的。因此,如果当事人在合同中使用债务承担的表述,但并不涉及债的主体的变化,则应当属于第三人代为履行,而不应当属于债务承担。例如,在宁夏金泰实业有限公司与宁夏基荣实业发展有限公司联营合同纠纷上诉案中,最高人民法院认为,当事人虽然在合同中使用了债务转移的字样,但其本质上仍属于第三人代为履行债务,并没有使合同关系当事人发生变化,因此该案仍属于第三人代为履行,在第三人没有履行债务或者没有全面履行时,债权人只能向原债务人主张,而不能向第三人主张。③

第四,第三人代为履行后,也不产生债务转移的效果。我国《民法典》第524条第2款规定:"债权人接受第三人履行后,其对债务人的债权转让给第三人,但是债务人和第三人另有约定的除外。"应如何理解此处所说的"债权转让给第三人"?实务界对此产生了不同的理解。例如,某个债务人甲向银行乙借款1000万元,并请丙提供保证,后来第三人丁为了购买债务人甲的一套房产(考虑房产可能会相应增值),向债权人乙主动

---

① 参见江苏省苏州市吴中区人民法院(2003)吴民一初字第1089号民事判决书;江苏省苏州市中级人民法院(2004)苏中民一终字第568号民事判决书;高为民等:《利害关系人代位清偿后追偿权的正确行使》,载《人民司法》2008年第6期。
② Vgl. MüKo/Bydlinski, Vor. §414, Rn. 25.
③ 参见最高人民法院(2005)民二终字第35号民事判决书。

提出帮债务人甲还债,在还清债务之后,第三人丁能否向保证人丙主张权利?实践中,有一种观点认为,虽然第三人代为履行本身不是债的转移规则,但在第三人代为履行以后,也会发生债务转移的后果。但事实上,第三人代为履行后,将会发生法定的债权转移,而不会发生债务转移。因为在第三人代为履行后,第三人只是在其履行债务的范围内取得了债权,而不会发生债务转移的效果。换言之,只是发生法定的债权转移,而不发生债务的转移。

从制度层面,将第三人代为履行与债务转移作出区别是较为容易的。但是,在实践中,第三人、债权人和债务人所表达的意思可能是不清晰的,很难对第三人的履行究竟是代为履行还是债务转移进行区分。我国司法实践历来要求区分第三人同意作出履行与债务转移的关系,认为即便第三人同意履行债务,也不发生债的转移。① 但问题的关键在于,实践中如何区分第三人代为履行与债务转移。笔者认为,在具体案件中区分二者的关系,应当从如下几个方面考虑:

首先,要考虑当事人之间是否存在债务转移的合意,这也是成立债务转移的基本前提。依据《民法典》第 552 条的规定,债务转移需要当事人达成债务转移的协议,而在第三人代为履行的情形下,是第三人单方履行债务,不需要当事人之间达成债务转移的协议。一方面,在债务转移情形下,第三人对债权人负有债务,第三人负有履行的义务;而在第三人代为履行情形中,第三人享有履行的权利,并不对债权人负担债务。同时,如果没有第三人的明确同意,就不应当使第三人负担义务。另一方面,按照债的相对性原理,要使第三人负有义务,必须经第三人同意,且同意应当是明确的,如果第三人没有同意或者同意不明确,不应认为债务转移给第三人。但在当事人没有约定的情形下,只要第三人对履行具有合法利益,则第三人仍然可以代为履行。有一种观点认为,如果第三人向债权人作出了履行的单方允诺,只要债权人没有免除原债务人的意思,就意味着成立债务加入。② 笔者认为,仅仅因为第三人有履行的意思,就直接认为债权人已经接受债务的转移,显然不合理,不能因为第三人愿意履行债务就当然认定其构成债务加入,而应当结合具体情况予以判断。由于债务加入与第三人代为履行相比具有更为严格的要件要求,而且债务加入中

---

① 参见庞景玉、何志:《合同纠纷裁判依据新释新解》,人民法院出版社 2014 年版,第 160 页。
② 参见廖敏敏:《第三人承诺还款的法律性质》,载《人民司法》2015 年第 18 期。

债务加入人的责任要比第三人代为履行中第三人的责任更重,因此,在第三人向债权人表示愿意代债务人履行债务时,如果不能认定当事人就债务加入达成了合意,则可能只是构成第三人代为履行。在没有约定或者约定不明的情形下的履行符合第三人代为履行的条件时,应当推定为第三人代为履行。如此推定对三方都是公平的,而且也符合未经同意不得为第三人设定义务的原理。①

其次,要考察债权人同意的内容。债权人同意的意思应当从两个角度予以考察:一是要看是否需要债权人同意。在债务转移的情形下,不论当事人以何种方式达成债务转移的协议,都应当取得债权人的同意,因为在债务转移的情形下,即便当事人具有债务转移的意愿,但如果没有取得债权人的同意,则仍然无法产生债务转移的法律效果。而第三人代为履行并不需要取得债权人的同意。二是要看债权人同意的内容。在债务转移情形下,债权人同意的内容体现为其同意第三人加入债的关系;而在第三人代为履行的情形下,债权人同意的内容可能仅限于其同意第三人代为履行债务,而不包含同意第三人加入债的关系的意思。从这一意义上说,如果仅根据债权人同意第三人代债务人履行债务来判断是否成立债务转移,显然是不妥当的,还需要考虑债权人同意的内容究竟为何。

再次,要考察债务人和第三人之间是否有对价。在债务转移的情形下,债务人和第三人之间通常有一定的对价。而在第三人代为履行的情形下,并不以当事人之间存在对价为必要。

最后,要考察债权人和债务人的意愿。在第三人代为履行的情形下,通常不需要考虑债权人与债务人的意愿,只要符合法律规定的条件,第三人就可以代为履行。也就是说,只要符合第三人代为履行的条件,第三人即享有代为履行的权利,而不需要债权人和债务人同意,债权人也不得拒绝第三人的履行行为。而在债务转移的情形下,不论是免责的债务承担还是债务加入,都需要考虑债权人和债务人的意愿。

四、第三人代为履行与由第三人履行的合同的区别

所谓由第三人履行的合同,是指当事人约定在不变更合同当事人的情况下,由第三人履行给付义务。《民法典》第 523 条对由第三人履行的

---

① 参见张钢成:《论履行承担》,载《人民司法》2001 年第 5 期。

合同作出了规定:"当事人约定由第三人向债权人履行债务,第三人不履行债务或者履行债务不符合约定的,债务人应当向债权人承担违约责任。"这一规则同样也是对债的相对性的突破,因为依据债的相对性原理,合同当事人不得为第三人设定义务和负担,除非得到第三人同意,否则该约定不能对第三人产生效力。因此,双方当事人为第三人设定义务的合意并不能约束第三人,但如果第三人自愿承担合同所约定的义务,在此情形下,即使第三人并非当事人或合同债务人,债权人也可向第三人提出请求。可见,第三人是否履行取决于其自愿,只有在第三人愿意履行的情形下,债权人才能从第三人处获得清偿。第三人作出履行,可能是基于其与债务人之间的特殊关系,也可能是基于赠与的意思,但即便第三人同意履行,在其不履行或不适当履行的情形下,债权人也只能向债务人请求履行债务或主张违约责任,而不能向第三人提出请求。①

需要探讨的是,在当事人约定由第三人履行债务的情形下,第三人处于何种地位? 换言之,如果债权人与债务人之间约定由第三人履行义务,第三人同意作出履行,此时,第三人究竟是债务加入人还是债务人的债务履行辅助人? 抑或代为履行的第三人? 对此,存在不同观点。

笔者认为,由第三人履行的合同中的第三人并非债务加入人。如前所述,在债务加入的情形下,当事人应当就债务加入达成合意,且必须经债权人同意;而在由第三人履行债务的情形下,当事人只是约定由第三人履行,并没有就债务转移达成协议,第三人接受的意思并不是要承担债务,不宜因此认定第三人的行为构成债务加入。例如,在孙永福与王义友、赵艳红房屋买卖合同纠纷案中,合同双方当事人签订的《房屋买卖合同》第 2 条内容是对购买本案争议房屋的付款方式的约定,约定由买方向《房屋买卖合同》外的第三人履行卖方所欠第三人的借款债务。该约定符合《合同法》第 64 条关于当事人约定由债务人向第三人履行债务即"向第三人履行"的规定,并不符合债务转移的法律特征,不属于债务转移。②

严格地说,在当事人约定由第三人履行债务的情形下,第三人履行债务的法律后果也符合债务履行辅助人的规则。在该情形下,第三人履行债务后,债务人的债务即随之消灭,而如果第三人不履行债务或者履行债

---

① 参见黄薇主编:《中华人民共和国民法典合同编解读》,中国法制出版社 2020 年版,第 211 页。
② 参见吉林省延边朝鲜族自治州中级人民法院(2015)延中民四终字第 232 号民事裁定书。

务不符合约定,那么仍然应当由债务人对债权人承担债务不履行的责任,这与债务履行辅助人的规则也是一致的。但是,此处的第三人在性质上与债务履行辅助人存在一定的区别。债务履行辅助人通常应当是由债务人选定的辅助其履行债务的人,而在当事人约定由第三人履行债务的情形下,该第三人应当是由合同双方当事人同意的,而非由债务人单方指定的。因此,由第三人履行的合同中的第三人与债务履行辅助人完全依附于债务人的地位有所不同。

应当看到,由第三人履行债务与第三人代为履行具有一定的相似性。一方面,在这两种情形下,第三人都没有加入债务,没有成为债的关系的当事人;另一方面,在第三人作出履行时,债权人原则上都不得拒绝,在由第三人履行债务的情形下,由于债权人事先已经同意由第三人履行债务,因此其事后不得反悔。

从制度层面看,《民法典》分别对二者作出规定,表明二者属于不同的法律制度,不得相互替代。在实践中需要区分由第三人履行债务和第三人代为履行,二者分别适用不同的法律规则。二者的区别表现在:

第一,第三人履行债务的依据不同。在由第三人履行债务的情形下,第三人履行债务的依据是债权人与债务人之间的合同;而第三人代为履行依据的是《民法典》第524条的规定。严格地说,在由第三人履行债务的情形下,第三人同意之后即负有履行的义务;而在第三人代为履行的情形下,只要符合法律规定的条件,第三人就享有代为履行的权利,而非义务。在约定由第三人履行债务的情形下,债务人依据合同有义务督促第三人履行;但在第三人代为履行的情形下,债务人并不负有督促第三人履行债务的义务。

第二,是否需要第三人同意不同。在由第三人履行债务的情形下,当事人约定由第三人履行,然而,依据合同相对性原则,合同当事人只能为第三人设定权利,而不能为第三人设定义务。因此,合同当事人作出约定后,必须经第三人的同意才能对第三人产生拘束力。通常在约定之后,应当由合同当事人向第三人作出通知,告知第三人该约定的内容,如果第三人表示拒绝,则该约定不能对第三人产生效力。而在第三人代为履行的情形下,第三人是主动代债务人履行债务,其并不存在征得第三人同意的问题。

第三,债权人与债务人能否拒绝不同。在由第三人履行的合同中,债权人不能拒绝第三人的履行,债务人也不能拒绝由第三人履行。而在第三人代为履行的情形下,只有第三人对债务履行具有合法利益时,其才能实施代为履行行为,否则,第三人代为履行债务的,债权人有权予以拒绝。问题在于,债务人能否拒绝?如果第三人代为履行后,债务人向债权人提出第三人代为履行不符合其意愿和利益,因此,其不接受第三人代为履行,要求债权人向第三人返还财产,此种请求能否得到支持?笔者认为,依据《民法典》第524条的规定,只要符合第三人代为履行的条件,则第三人履行债务的行为即可对债务人产生效力,债务人不得事后主张第三人的履行行为无效。

第四,限制条件不同。在由第三人履行债务的情形下,债权人和债务人约定了由第三人履行,因此不会出现第三人代为履行中的只能由债务人履行的例外情形。也就是说,如果债权人和债务人之间达成协议由第三人履行,即使依据合同的性质(如合同是提供劳务的合同)不宜由第三人履行,但依据该协议仍然可以由第三人履行。而在第三人代为履行的情形下,如果相关债务是依法不宜由第三人代为履行的债务,则第三人无权代为履行。

第五,法律效果不同。在由第三人履行债务的情形下,在第三人履行后,第三人和债务人之间的关系由其相互之间的合同解决,能否发生债权转移取决于当事人的意愿,而不存在法定的债权移转。而在第三人代为履行的情形下,依据《民法典》第524条第2款的规定,第三人在履行债务后,将会在其代为履行债务的范围内依法取得债权人的债权,此时发生法定的债权转移。

第六,债务人的抗辩不同。在由第三人履行债务中,第三人履行后,债务人对第三人是否享有抗辩以及享有何种抗辩,仅由其内部的合同决定,债务人不能向第三人主张其对债权人的抗辩。而在第三人代为履行中,第三人履行后,债务人仍然可以继续主张其对债权人的抗辩。

五、第三人代为履行的效果:法定债权移转

第三人代为履行也能发生清偿的效果。《民法典》第524条第1款规定,"债务人不履行债务,第三人对履行该债务具有合法利益的,第三人有权向债权人代为履行"。依据该规定,只要第三人对于履行具有合法利益,第三人就享有作出履行的权利。这就意味着,一方面,在第三人向债权人作出履行时,债权人无权拒绝。在债权人拒绝受领时,债务人可以通

过提存制度消灭债务,也可以主张债权人受领迟延的责任。另一方面,债务人也不得阻止第三人履行。一旦履行符合合同的约定,就自然发生清偿的效果。

(一) 第三人代为履行后发生法定债权转移

在第三人代为履行后,第三人可以对债务人享有何种权利,存在不同的观点。

一是不当得利说。此种观点认为,由于第三人没有法律上的原因代为清偿债务,而债务人因此获益,此时债务人构成不当得利,因此第三人可以向债务人主张不当得利的返还。例如,在孙念荣与镇江市润州金一村宾馆、任克亚不当得利纠纷案中,法院认为第三人代为履行使债务人获得不当得利,第三人可以向债务人主张不当得利的返还。① 笔者认为,此种观点欠妥,因为如果构成不当得利,第三人的履行和债务人受损之间的因果关系,在认定时较为困难。

二是追偿权发生说。此种观点认为,在第三人代为履行后,第三人取得对原债务人的追偿权。例如,在"郑忠库诉徐鹏等追偿权纠纷案"中,法院认为,"在该协议中第三条规定:'双方共同经营期间(2011 年 12 月 12 日至 2012 年 9 月 1 日)所发生的全部债务由徐鹏承担,与郑忠库无关。'经本院查明该协议真实有效。且该租赁协议签订的时间为 2012 年 4 月 5 日,该债务发生在原告郑忠库与被告徐鹏共同经营期间,故原债权债务与原告郑忠库无关,故郑忠库对徐鹏享有追偿权"②。但笔者认为,追偿权发生说并没有揭示第三人代为履行后向债务人主张权利的请求权基础究竟为何。追偿只是对现象的一种描述,其究竟是依据原合同债权进行追偿,还是依据不当得利返还请求权进行追偿,则并不清晰。

三是求偿代位说。此种观点认为,第三人代为履行后,发生求偿代位。求偿权是根据清偿人与债务人间的关系设定的。但是清偿人对债务人表示赠与的意思时,不取得求偿权。只有在清偿人没有放弃求偿的情形下,才能主张求偿代位,且求偿权被限定在所支付的价值范围内。③ 例如,在中国工商银行股份有限公司荆门分行、中国工商银行股份有限公司

---

① 参见江苏省镇江市中级人民法院(2021)苏 11 民终 292 号民事判决书。
② 辽宁省海城市人民法院(2020)辽 0381 民初 7661 号民事判决书。
③ 参见[日]我妻荣:《新订债权总论》,王燚译,中国法制出版社 2008 年版,第 222—223 页。

荆门掇刀支行合同纠纷案中,法院采取了此种观点。① 笔者认为,代位与法定债权移转(gesetzliche Zession)相似,但存在一定的区别,代位的意思是代债权人行使一定的权利,似乎意味着第三人在受领债务人的履行后还负有向债权人返还的义务。但第三人代为履行的后果是使第三人享有债权人的权利,债权人此时已经不再享有债权,第三人也是为了自己的利益而受领债务人履行。此外,将第三人代为履行的后果认为是求偿代位,也容易与保全中的代位权产生混淆。

四是债权让与说。此种观点认为,第三人代为履行后发生法定的债权转移效果,因为此种转移是基于法律的规定发生,而非基于当事人的合意发生。此种观点最早起源于罗马法。按照罗马法,第三人在代为履行之后,将通过被赋予法定债权移转的权利成为债权人。② 其作为债权人代位获得了对主债务人的权利。③ 有一些国家和地区的民法典采纳了此种观点。我国司法实践中也有案例采纳了这种观点。例如,在胡从海与江苏润道路桥工程有限公司、何海棠追偿权纠纷案中,一审法院认为,债务人不履行债务,第三人对履行该债务具有合法利益的,第三人有权向债权人代为履行。债权人接受第三人履行后,其对债务人的债权转让给第三人。④

上述各种观点都不无道理,但在第三人代为履行的情形下,学界对于其法律效果存在较大分歧,由于缺乏共识不利于同案同判,也会影响当事人的合理预期,因此,有必要明确第三人代为履行后的法律效果。笔者赞成上述第四种观点,因为采纳此种模式意味着原债权人与债务人的债之关系中的抗辩仍然存在,当事人仍然可以行使此种抗辩,从而有效平衡债权人、债务人和第三人之间的利益。法律作出此种规定,既可以避免债务人因此获得不当得利,也可以避免债务人因原有的抗辩不能行使而遭受损害,同时也有利于鼓励第三人在具有合法利益的情形下向债权人清偿债务。依据《民法典》第 524 条第 2 款的规定,在第三人代为履行后,债权人如果接受了履行,那么债权人享有的对债务人的债权将转让给第三人,这就表明将发生法定的债权移转,也就是说,在第三人代为履行后,第

---

① 参见湖北省荆门市中级人民法院(2019)鄂 08 民终 37 号民事判决书。
② See Herschel Whitfield Arant, Cases on the Law of Suretyship and Guaranty, Callaghan & Co., 1926, p. 2.
③ See Nisbet, J., Lumpkin v. Mills, 4 Ga. 343, 345, 349 (1848).
④ 参见江苏省淮安市中级人民法院(原江苏省淮阴市中级人民法院)(2021)苏 08 民终 885 号民事判决书。

三人将在履行债务的范围内取得债权人对债务人的债权。如果第三人已经作出了全部履行,则可以要求债务人向其进行全部清偿,如果第三人只作出了部分履行,则第三人只能在其履行的范围内,向债务人请求清偿。

(二) 法定债权移转在适用中的若干具体问题

1. 关于债权发生移转的时间

按照《民法典》第524条第2款的规定,债权移转的时点是债权人接受第三人履行时。就意定的债权让与而言,在当事人之间达成债权让与的合意时,即可发生债权让与的效果。但是《民法典》第524条第2款并非涉及意定的债权让与,而是对法定的债权转移的规定。因此,此种债权转移中并无当事人的合意,而只能是自法定的转移事由发生时,产生债权转移的效果。

2. 关于法定债权的部分移转

如果第三人作出部分履行,此时能否发生债权的部分移转问题,对此,比较法上存在不同的观点。以《法国民法典》为代表的立法例允许第三人作出部分履行,而以《德国民法典》为代表的立法例原则上不允许第三人在部分给付的范围内行使求偿权。① 笔者认为,我国《民法典》虽然没有对此作出规定,但从《民法典》第524条第2款的规定来看,该条没有禁止第三人部分履行债务,因此,就第三人与债务人的关系而言,如果第三人部分履行债务的,则其应当在履行债务的范围内取得债权。

3. 关于法定债权转移效果的排除

《民法典》第524条第2款的规范,在性质上应当属于任意性规范,即在债务人和第三人另有约定的情况下,该约定优先适用。如果债务人和第三人之间存有特别约定(例如,双方约定第三人清偿后不得再向债务人追偿),则意味着第三人代为履行具有无偿性,此时第三人就不再享有向债务人追偿的权利。又如,债务人可以与第三人在事前或事后约定,以一定的补偿金等方式对第三人进行补偿,在此情形下,第三人不能通过法定的债权转移取得债权。

应当指出的是,即便是具有合法利益的第三人代为履行,其原因也是多样的,有的是基于债务人的委托,有的是基于无因管理,有的是基于赠与。在比较法上,确实有观点认为,应当区分第三人代为履行的不同原

---

① 参见《法国民法典》第1346条第3款、《德国民法典》第266条。

因,确定其求偿权,如果第三人是基于赠与的原因而代为履行,则第三人在代为履行之后就不得再向债务人求偿。① 我国《民法典》第524条在规定第三人代为履行的法律效果时并没有区分不同的原因。笔者认为,法律虽然一概允许第三人可以取得债权,但第三人也可以抛弃此种权利。债务人如果能够证明第三人是以赠与的意思代为履行债务的,则不应当允许第三人再向债务人主张权利。

4.《民法典》中关于债权转移的规则的类推适用

前已述及,由于第三人在代为履行后获得了法定的债权转移,因此,在第三人向债务人请求时,可以适用《民法典》中关于债权转移的规则。这主要体现在以下几个方面:

第一,从权利也一并转移。第三人通过清偿,使债权人所有的法定债权的从权利都移转给第三人。②《民法典》第547条第1款规定:"债权人转让债权的,受让人取得与债权有关的从权利,但是该从权利专属于债权人自身的除外。"在转让合同债权时,从属于主债权的从权利,如抵押权、利息债权、定金债权、违约金债权及损害赔偿请求权等也将随主权利的转移而发生移转,但专属于债权人的从权利不能随主权利转移而移转。

第二,通知规则的适用。我国现行法律对第三人通知债务人的义务没有作出规定。笔者认为,虽然第三人代为履行不需要债务人同意,但第三人仍然应当通知债务人,使债务人了解债务已经履行的事实,防止债权人接受重复履行。第三人与债权人都有义务向债务人作出通知,以避免债务的重复履行。在确认了法定债权转移的效果后,通知规则事实上可以适用《民法典》第546条的规定,即在债权转让时应当通知债务人,未经通知,对债务人不发生效力。在我国《民法典》中,通知具有保护债务人的作用。一旦通知,对债务人而言就确定了债权的归属,债务人可以依据通知清偿债务,清偿债务以后即可免责。在法定债权转移中,只要法定事由发生,第三人就取得了债权,但不通知债务人的,对债务人不发生效力。如果债务人继续向原债权人清偿的,仍然可以发生清偿的效力,第三人不得再向债务人主张债权。

第三,债务人的抗辩可以向第三人主张。债务人在合同债权转移时所享有的对抗原债权人的抗辩,并不因合同债权的转移而消灭。《民法

---

① 参见黄立:《民法债编总论》,中国政法大学出版社2002年版,第656页。
② Vgl. Palandt/Bearbeiter, BGB Kommentar, München 2009, §268, Rn. 6.

典》第548条规定:"债务人接到债权转让通知后,债务人对让与人的抗辩,可以向受让人主张。"依据该条规定,在债权转移后,债务人对原债权人所享有的抗辩权,仍然可以对受让人主张,这些抗辩权不仅包括债务人可以对原债权人所主张的抗辩权,如同时履行抗辩权、不安抗辩权、后履行抗辩权等,在第三人代为履行的情形下,债务人对债权人所享有的抗辩,也可以向第三人主张。① 例如,债务已经超过诉讼时效,第三人因不知晓而作出履行,在第三人向债务人追偿时,债务人也可以对第三人主张时效届满的抗辩。

第四,债务人可以依法向第三人行使抵销权。依据《民法典》第549条的规定,债务人接到债权转让通知时,债务人对让与人享有债权,并且债务人的债权先于转让的债权到期或者同时到期的,债务人可以向受让人主张抵销。此种情形下,债务人在主张抵销时,实际上是满足了抵销的一般条件。该规则也可以类推适用于第三人代为履行,也就是说,在第三人代为履行的情形下,如果债务人对债权人享有抵销权,则在第三人向债务人行使权利时,债务人也可以向第三人主张抵销权。

结　语

法律的生命力在于实施,法律也需要在实践中不断完善。第三人代为履行制度作为《民法典》所规定的一项新制度,与债务转移制度、由第三人履行制度存在极大的相似性,如果不进行准确辨别,可能会导致法律适用的混乱。尤其是该项制度作为一种法定的合同履行制度,需要具备法律所规定的"合法利益"等条件,但对"合法利益"如何理解,以及发生法定债权移转之后将发生何种法律效果,都需要予以明确。《民法典》对此规定得较为抽象、简略,还有待司法解释和指导性案例对该制度进一步补充、细化和完善。

---

① 参见孙森焱:《民法债编总论》(下册),三民书局2017年版,第1008页。

罹于时效的主动债权可否抵销？*

长期以来，针对诉讼时效已经届满的债权能否作为主动债权抵销，司法实践中一直存在不同观点。从最高人民法院的相关案例来看，裁判结论也是矛盾的。例如，在厦门源昌房地产开发有限公司与海南悦信集团有限公司委托合同纠纷案中，最高人民法院认为，法定抵销权作为形成权，只要符合法律规定的条件，任何一方都可以将自己的债务与对方的债务抵销，包括诉讼时效已经届满的债权。① 但在成都制药一厂与四川鼎鑫置业有限责任公司合资、合作开发房地产合同纠纷案中，最高人民法院却明确表达了相反的立场："如果允许以超过诉讼时效的债权行使抵销权，无异于赋予超出诉讼时效的债权法律强制力，不符合抵销权和诉讼时效制度的法律精神。"②

上述问题在《民法典》编纂过程中也一直存有争议。虽然《民法典》第 568 条第 1 款删除了原《合同法》第 99 条对于债务到期的要求，但其主要旨在解决被动债权尚未到期，而主动债权的债权人愿意放弃时效利益提前清偿的问题③，而对于主动债权罹于诉讼时效，债权人能否行使抵销权的问题，仍然未明确规定。为此，最高人民法院《关于适用〈中华人民共和国民法典〉合同编通则部分的解释（征求意见稿）》第 61 条提出了两种不同的方案，分别认为诉讼时效届满的主动债权可以抵销或债务人可以提出抗辩，这也再次反映了诉讼时效届满的主动债权抵销问题的争议性。因此，本文拟针对这一问题展开探讨，以期对准确适用《民法典》第 568 条提供助益。

---

* 原载《现代法学》2023 年第 1 期。
① 参见最高人民法院（2018）最高法民再 51 号民事判决书，载《最高人民法院公报》2019 年第 4 期。
② 最高人民法院（2017）最高法民申 854 号民事裁定书。
③ 参见黄薇主编：《中华人民共和国民法典合同编解读》，中国法制出版社 2020 年版，第 374 页。

一、时效届满的债权作为主动债权抵销的比较法考察

法定抵销(gesetzliche Aufrechnung),是指在符合法律规定的条件下,享有抵销权的一方通过作出抵销的意思表示,使双方的债权债务在同等数额内发生消灭的一种抵销方式。抵销人的债权称为主动债权(Aktivforderung),被抵销的债权称为被动债权(Passivforderung)。[1] 而诉讼时效届满的主动债权抵销,是指提出抵销的一方未在其债权诉讼时效期间届满前提出抵销,而是在已经罹于时效后主张抵销,并可以发生抵销的效果。

时效届满的债权可以作为主动债权抵销来源于罗马法,乌尔比安在《论萨宾》第 30 编中认为:"甚至自然之债也可以进行抵销。"[2]彭梵得认为:"自然债的债权人在被诉要求清偿他的市民法债务时可以提出债务抵销的要求。"[3]即在时效届满前即已产生抵销适状,主动债权对其存续的信赖值得保护,因此,即便嗣后主动债权诉讼时效经过,曾经产生的抵销适状也不会丧失。因此"自然债务也可以被用来实行抵销"[4]。周枏先生也认为,罗马法承认自然债权(包括已因消灭时效而丧失请求权的债权)也可抵销。[5] 但在解读罗马私法时也有观点认为,在罗马法中,"(债权)未因反对权而停止其效力,尤其是未受抗辩阻却(因为抵销人不能以诉讼方式违反相对人意思而执行其尚未到期或者效力停止的债权)",这里所说的效力停止的债权,似乎包括罹于诉讼时效的债权。[6]

受到罗马法的影响,法国法和德国法也均认可诉讼时效届满的债权作为主债权的抵销。1804 年《法国民法典》对抵销的基本立场是"自动抵销":从当事人之间的债符合法定抵销条件之日起即发生抵销效力,而不

---

[1] Vgl. MüKo/Schlüter, 9. Aufl., 2022, BGB §387 Rn. 1.
[2] 〔意〕斯奇巴尼选编:《契约之债与准契约之债》,丁玫译,中国政法大学出版社 1998 年版,第 325 页。
[3] 〔意〕彼德罗·彭梵得:《罗马法教科书》(2017 年校订版),黄风译,中国政法大学出版社 2018 年版,第 248 页。
[4] 〔意〕彼德罗·彭梵得:《罗马法教科书》(2017 年校订版),黄风译,中国政法大学出版社 2018 年版,第 268 页。
[5] 参见周枏:《罗马法原论》,商务印书馆 2014 年版,第 923 页。
[6] 参见〔德〕马克斯·卡泽尔、〔德〕罗尔夫·克努特尔:《罗马私法》,田士永译,法律出版社 2018 年版,第 565 页。

以当事人的抵销通知为必要。① 经 2016 年法国债法改革,《法国民法典》第 1347 条就抵销制度明确规定"抵销系两人彼此债务的同时消灭","抵销经当事人主张,于其条件满足之日实现,且以两个债务中数额较低者为限"。《法国民法典》第 1347 条第 1 款规定:"在不违反下一小节规定的情况下,抵销只发生在两个确定的、可清偿的和可执行的可互换的义务的情况下。"据此,法国民法学者将此种条件称为债务的相互性(reciprocite)②,时效经过的主动债权因为不具有可执行的可互换性,故不能抵销。这一立法表明,在满足全部条件的情况下就能产生使债归于消灭的效力。从这一意义上说,不存在"超过诉讼时效的抵销"这一问题。但是,在法国法中,法定抵销应由一方主张,抵销效力发生日期为抵销条件满足之日,具有溯及力。③ 因此,超过诉讼时效的债权是可以抵销的。

《德国民法典》第 215 条规定:"在最早可抵销或拒绝履行给付的时刻,请求权尚未完成消灭时效的,消灭时效的完成,不排除抵销和对留置权的主张。"依据《德国民法典》第 389 条的规定,抵销的法律效果是两个债权按照抵销数额视为在抵销适状发生(Eintritt der Aufrechnungslage)时消灭。这意味着,《德国民法典》赋予了抵销溯及效力,溯及至抵销适状发生的时点消灭。④《德国民法典》第 389 条规定的抵销溯及力明显带有罗马法的烙印。⑤ 按照德国学者的理解,抵销的溯及力实际上是一项法律的拟制(gesetzliche Fiktion)。⑥ 针对时效届满的债权抵销,《德国民法典》第 390 条明确规定:"对向其提出抗辩的债权,不得抵销。因超过时效而失效的债权,在其未因失效因而能与另一项债权相互抵销时,也可以进行抵销。"梅迪库斯认为,如果抵销适状在时效届满前就已形成,则依《德国民法典》第 390 条的规定,该债权依然可以抵销,这是《德国民法典》第 389

---

① 参见张民安:《法国民法》,清华大学出版社 2015 年版,第 304—306 页。
② 参见张民安:《法国民法》,清华大学出版社 2015 年版,第 304 页。
③ F. Terré, Ph. Simler, Y. Lequette et F. Chénedé, Les obligations, 12e éd., Dalloz, 2019, n° 1692, p. 1763; Ph. Malaurie et L. Aynès, Droit des obligations, 9e éd., LGDJ, 2017, n° 1191, p. 697; J. François, Les obligations Régime général, Economica, 2020, n° 98, p. 85; J. Ghestin, M. Billiau et G. Loiseau, Le régime des créances et des dettes, LGDJ, 2005, n° 1029, p. 1053; M. Julienne, Régime général des obligations, LGDJ, 2020, n° 613, p. 404.
④ Vgl. Staudinger/Bieder/Gursky, 2022, BGB § 389 Rn. 23.
⑤ Vgl. HKK/Zimmermann, §§ 387-396, Rn. 23-25.
⑥ Vgl. BeckOGK/Skamel, 1.10.2022, BGB § 389 Rn. 14.

条规定的抵销具有溯及力的必然后果。① 在主动债权的金额范围内,债权人不会再请求债务人履行,债务人对主动债权之上的利息不再负有义务,也不会陷入履行迟延。如此规定,有利于减少履行成本,降低交易费用。② 因此,虽然《德国民法典》第390条规定附有抗辩权的债权不能抵销,但是第215条与第390条构成特别法与一般法的关系,因而应当优先适用第215条,允许存有时效抗辩的债权作为主债权进行抵销。③

除此之外,《日本民法典》第508条规定:"因时效而消灭的债权,如果于其消灭之前适于抵销,其债权人可以实行抵销。"根据该法第506条第2款的规定,抵销的意思表示溯及至双方债务相互符合抵销要件之时生效。虽然债务消灭的时间是以抵销的意思表示作出的时间为准,但日本民法认为,抵销的意思表示具有溯及力,即抵销应溯及至双方债务抵销适状时生效。因此,对诉讼时效期间已经届满的债权而言,如果出现抵销适状的情形,就可以抵销;同时,自抵销适状时起,既不发生利息,也不产生履行迟延。④ 当然,《日本民法典》关于抵销溯及力的规定是任意性规定,当事人也可以约定使抵销向将来发生效力。⑤

我国台湾地区"民法"第337条规定:"债之请求权虽经时效而消灭,如在时效未完成前,其债务已适于抵销者,亦得为抵销。"学者们普遍承认,基于抵销的溯及力,在抵销适状时,超过诉讼时效的债权可以作为主动债权抵销。⑥ 换言之,在诉讼时效完成前,如果两个债权已经具备抵销条件,只是当事人在此期间没有提出抵销,而是在诉讼时效完成以后才主张抵销的,由于抵销具有溯及力,因此,抵销适状时的债权可以自动抵销。⑦

1999年《合同法》第99条规定:"当事人互负到期债务,该债务的标的物种类、品质相同的,任何一方可以将自己的债务与对方的债务抵销,但依照法律规定或者按照合同性质不得抵销的除外。当事人主张抵

---

① 参见〔德〕迪特尔·梅迪库斯:《德国民法总论》,邵建东译,法律出版社2001年版,第103页。
② Vgl. MüKo/Schlüter, 9. Aufl., 2022, BGB §389 Rn. 6.
③ 参见〔德〕迪尔克·罗歇尔德斯:《德国债法总论》(第7版),沈小军、张金海译,中国人民大学出版社2014年版,第147页。
④ 参见中田裕康『債権総論(第4版)』(岩波書店,2020年)459頁。
⑤ 参见潮見佳男『新債権総論Ⅱ』(信山社,2017年)248頁。
⑥ 参见孙森焱:《民法债编总论》,法律出版社2006年版,第905页。
⑦ 参见邱聪智:《新订民法债编通则(下)》(新订1版),中国人民大学出版社2004年版,第472页。

销的,应当通知对方。通知自到达对方时生效。抵销不得附条件或者附期限。"但如前述,自《合同法》实施以来,关于时效届满的债权可否抵销,在我国一直存在争议。有学者认为,立法并未对抵销的债务进行具体的语义限制,解释上应该认为不论该债务是否超过诉讼时效,任何一方都可以将自己的债务与对方的债务抵销,因为立法并未对自然债务作出特别限制,所以应当允许抵销。① 《民法典》第568条第1款在原《合同法》第99条的基础上,对法定抵销作出了规定,从该规定来看,我国《民法典》并未承认抵销的溯及力。但如何理解《民法典》第568条规定的"根据债务性质、按照当事人约定或者依照法律规定不得抵销的除外"这一表述?其中是否包括时效届满的债权? 立法机关认为,对于有抗辩权相对抗的债权,不得用作抵销。抵销要求双方当事人要互负有效的债务,互享有效的债权,对于附有抗辩权的债权,不得将之作为主动债权用于抵销,否则即为剥夺相对人的抗辩权。② 所谓附有抗辩权的债权,显然应当包括时效届满而使债务人享有拒绝履行抗辩权的债权。不能因为抵销的行使而剥夺抗辩权人的抗辩权,故不得抵销。据此,罹于时效的主动债权不能抵销,但抗辩权人主张抵销的,视为其放弃抗辩权,应予允许。时效届满的债权将使债务人产生拒绝履行抗辩权,因此,其也属于有抗辩权相对抗的债权,当然,经债务人同意,或者债务人放弃抗辩权的,也可以抵销。③

二、时效届满的债权作为主动债权抵销不符合诉讼时效的规则

诚然,抵销具有简化清偿手续、降低履行成本以及实现债权相互担保等功能④,《民法典》规定法定抵销制度,鼓励抵销权人行使抵销权,确实可以有效发挥上述作用。但抵销依附债权而产生,因此抵销能否适用应当受到债权是否产生、能否行使以及有无抗辩等因素的影响。因此,对于诉讼时效届满的债权能否作为主动债权进行抵销的问题,首先应当从作为抵销权客体的债权角度加以探讨,观察、确定主动债权的诉讼时效是否

---

① 参见黄勤武:《超过诉讼时效的债权可以行使抵销权》,载《人民司法》2011年第4期。
② 参见黄薇主编:《中华人民共和国民法典合同编解读》,中国法制出版社2020年版,第349页。
③ 参见吴兆祥:《论民法典抵销制度的修改与适用》,载《中国检察官》2020年第11期。
④ 参见史尚宽:《债法总论》,中国政法大学出版社2000年版,第847页。

届满。具体而言,允许时效届满的债权作为主动债权抵销与诉讼时效制度之间主要存在以下几个方面的矛盾。

(一) 损害债务人利益

允许罹于时效的债权作为主动债权抵销,将导致如下损害债务人利益的后果:一方面,它剥夺债务人所享有的拒绝履行的抗辩权,变相强制债务人履行超过诉讼时效期间的债务,不当剥夺债务人的时效利益。时效届满的主要效果是使得债务人产生拒绝履行的抗辩权,从债务人的角度来说,在时效届满之后,其享有拒绝履行的抗辩权。如果债权人提出请求,则债务人有权拒绝,法院也不得强制债务人必须履行其义务。另一方面,由于抵销是单方法律行为,主张抵销一方只要作出抵销的意思表示,就发生抵销的法律效力,故对被抵销的一方而言,抵销具有强制性。因此,抵销权亦可称为强制的利用权,即强制地以他人的财产供自己利用的权利。① 但已过诉讼时效之债权已经失去其法律上之强制执行力,属于效力不齐备的债权,故债权人不具有强制地以他人财产供自己之用的权利,不得作为主动债权进行抵销。尤其是,允许抵销具有溯及力,可以溯及于时效届满前的状态,如果当时出现了符合抵销条件的情形,则双方的债权债务可以自动扣除和抵销,这就有可能导致被动债权人的商业安排和计划全部被打乱,造成其损失。

(二) 不符合自然债务的性质

罹于诉讼时效的债务在性质上属于自然债务,而允许时效届满的主动债权抵销不符合自然债务的性质。债通常具有强制执行的效力,自然债务在性质上虽然属于债的类型,但确与一般的债存在如下不同:一方面,债权人虽然可以请求债务人履行自然债务,但一旦债务人提出拒绝履行的抗辩,权利人则不得请求强制履行。因此,自然债务并不具有强制执行力,即在债权人诉请债务人清偿债务时,法院不得强制债务人清偿债务。② 正如有学者所言,对自然债务而言,法院可能判决债权人享有债权,但并不能付诸执行。③ 诚然,自然债务仍可以履行,而且债权人对该履行享有受领权。自然债务虽然欠缺强制执行力,债权人不能通过强制执行的方式实现其债权,但其债权仍然具有保持力。也就是说,在债务人自

---

① 参见史尚宽:《债法总论》,中国政法大学出版社2000年版,第847页。
② 参见崔建远主编:《合同法》(第7版),法律出版社2021年版,第193页。
③ 参见李永军:《自然之债源流考评》,载《中国法学》2011年第6期。

愿履行时,债权人仍有权受领并保有该受领利益,而不构成不当得利。① 当然,只有在债务人提出时效抗辩时,才能排除该强制执行力。另一方面,债权人仅仅具有受领保持力并不能当然行使抵销权。抵销应当以主动债权具有可强制执行性为必要条件②,因为允许行使抵销权是变相地赋予自然债务强制执行的效力③。从这一角度而言,除非债务人作出愿意放弃时效利益进行清偿的承诺,否则罹于时效的债权不再满足抵销要求。因此,对诉讼时效已经届满的债权,如果债权人向债务人提出请求,只要债务人行使时效届满的抗辩权,债权人便不得以抵销的方式处分债权。

(三) 违背诉讼时效的目的

从诉讼时效制度设立的目的来看,一是为了督促债权人积极行使权利,防止其躺在权利上"睡眠";二是为了及时结清债务,使债务人从悬而不决的状态中解脱。④ 笔者认为,允许超过时效的主动债权抵销不符合时效制度的目的。

一方面,抵销权虽然是一项形成权,但是始终依附债权而存在,而诉讼时效本身就是针对债权而设,以督促债权人及时行使权利为目的。债权人在诉讼时效期间内不积极行使抵销权,事实上已经违反了诉讼时效制度的及时行使权利的要求。在债权诉讼时效期间届满后,如果债权人请求债务人向其履行债务,则债务人当然享有时效抗辩权,而如果在抵销情形中允许债权人主动抵销,显然并不具有充分的依据。因此,如果允许其继续作为主动债权抵销,就意味着诉讼时效制度的立法目的难以实现,这在事实上也保护了躺在权利上睡觉的人,损害了对方当事人的时效利益。

另一方面,此种做法也导致债权债务关系处于不确定状态。因为按照此种观点,时效届满的债权在先前出现抵销适状时,也可以自动抵销。如此一来,本来在债权人将其已经超过诉讼时效的债权与债务人享有的未过时效的债权抵销时,债务人享有拒绝履行抗辩权,对此,债权债务关

---

① 参见林诚二:《民法债编总论——体系化解说》,中国人民大学出版社 2003 年版,第 12 页。
② 参见夏昊晗:《〈民法典〉中抵销权与时效抗辩权的冲突及其化解》,载《暨南学报(哲学社会科学版)》2020 年第 5 期。
③ 参见〔日〕我妻荣:《新订债权总论》,王燚译,中国法制出版社 2008 年版,第 63 页。
④ 参见朱庆育:《民法总论》(第 2 版),北京大学出版社 2016 年版,第 535 页。

系是确定的,而且债务人存在合理期待,但如果要溯及于时效届满前的状态,则必然会导致这种关系的不确定。

(四) 不符合公平清偿原则

抵销本身具有公平清偿和相互担保的功能,但这种功能发挥的前提是发生抵销的两个债务相互间具有可互换性,抵销的结果将导致两个债务在同等数额内消灭。由于这一原因,两个债务之间应当在价值上具有同等性,因此,《法国民法典》第1347条第1款规定,"抵销只发生在两个确定的、可清偿的和可执行的可互换的义务的情况下"。如此,通过抵销才能实现公平清偿。但如果主动债权已经超过诉讼时效,而被动债权并未超过时效,这便表明双方的债务有一个是自然债务,效力并不完备,而另一个是效力完备的债权,除非被动债权人自愿,否则相互抵销将违反公平清偿原则。因此,此类权利抵销必须受到权利自身性质的限制。在主动债权因为时效经过而成为自然债权的情形下,允许其抵销将导致诉讼时效制度目的的落空且违反公平清偿原则。有观点认为,是否已过诉讼时效的判断时点,应以两项债权适于抵销之时为准,一方因行使抵销权而获得的既得利益应予尊重,不因事后债权罹于时效而受影响。① 此种观点虽然认为经过诉讼时效的债权不得作为主动债权进行抵销,但却将诉讼时效的判断时点提前到抵销适状时。此种判断诉讼时效时点的做法实际上仍然承认了超过诉讼时效的债权作为主动债权抵销的可能,因而也会存在上述问题。

主张允许超过诉讼时效的主动债权抵销的观点还可以从保护主动债权的债权人角度进行论证。例如,郑玉波先生认为:"盖在适合抵销之状态时,债权人因得随时抵销,以消灭债务,故不免有恃无恐,疏忽遗忘,竟未及时为抵销之意思表示,致时效完成。因之,此种原得抵销之债权,若仅以迟误时机,即不许抵销者,未免有悖情理,故法律上特设此例外规定,仍许其抵销。"② 这种观点认为,如果不允许罹于时效的主动债权人行使抵销权,将会造成有悖于情理的现象发生。但是,债权人原本可以在诉讼时效期间届满前轻易要求债务人清偿债务或者主张抵销,由于其疏于主张权利,事后再以诉讼时效期间届满的债权主张抵销,这似乎更缺乏正当性。③ 而且上述观点并未考虑到诉讼时效经过的债务人。对于债务人

---

① 参见最高人民法院民法典贯彻实施工作领导小组主编:《中华人民共和国民法典合同编理解与适用》,人民法院出版社2020年版,第674—675页。
② 郑玉波:《民法债编总论》(修订2版),中国政法大学出版社2004年版,第514页。
③ 参见张保华:《抵销溯及力质疑》,载《环球法律评论》2019年第2期。

而言,允许债权人行使抵销权,实际上就剥夺了其抗辩权行使的可能,因而对其并不公平。对于诉讼时效经过的法律效果,虽然我国《民法典》第192条采取的是抗辩发生主义而非权利消灭主义,所以即便经过诉讼时效,债权人的债权依然存在。但是,抗辩权的存在和行使使得债权人的债权已经不再具有完整的效力。此时债权人所享有的债权本来就已经是存有抗辩的权利,而不再是效力完整的权利,主动债权人和被动债权人的债权本来就存在着效力上的不对等,非要在结果上追求公平,实际上才真正有违公平清偿原则。

综上所述,诉讼时效制度旨在督促债权人及时行使权利,避免不必要的拖延,并在债权人怠于行使权利时给予债务人时效经过的抗辩。在诉讼时效经过后,如果允许债权人主动抵销,将损害债务人的时效利益,与诉讼时效本身的立法目的相违背,导致法律体系内部发生冲突。因此,已过诉讼时效的债权不宜作为主动债权抵销。

三、罹于诉讼时效的主动债权适于抵销与"抵销无溯及力"规则相悖

除与诉讼时效制度的衔接之外,主动债权罹于时效时抵销权的行使还与抵销权自身的性质息息相关,其中最为重要的就是抵销权的溯及力问题。主张允许时效届满的主动债权抵销观点的理由之一就在于,抵销具有溯及力。由于抵销权的行使溯及至得抵销之时发生效力,而作出抵销的意思表示只是以抵销权存在为必要,因此,即便主动债权罹于时效,只要溯及至抵销权发生之时没有罹于时效,便可行使。① 换言之,对于超过诉讼时效的主动债权抵销问题,只要抵销适状即产生抵销权,不因主动债权罹于时效而不得行使。② 依据这种观点,允许时效届满的债权作为主动债权抵销以抵销具有溯及力为前提。据此,有必要探讨抵销是否具有溯及力的问题。

(一) 抵销不应当具有溯及力

从历史上看,抵销溯及力规则源自罗马法中抵销须经法定(ipso ju-

---

① 参见韩世远:《合同法总论》(第4版),法律出版社2018年版,第711页。
② 参见黄勤武:《超过诉讼时效的债权可以行使抵销权》,载《人民司法》2011年第4期。

recompensatur），无须意思表示即可发生效力的规则。① 因此，抵销自然应当于抵销条件满足时生效。受此观点影响，原《法国民法典》第 1290 条规定："即使各债务人均无所知，仍可唯一依法律的效力当然进行债务抵销。两宗债务自其同时存在之时起，在各自同等数额的限度内相互消灭之。"在这一前提下，由于抵销自适状时即发生，因此与具有溯及力产生相同的效果。在法国债法改革中，《法国民法典》第 1347 条第 2 款虽然改变了抵销无须经当事人主张的规定，但是仍然承认抵销的溯及力。现有文献中，法国学者普遍认为抵销具有溯及力，似无太大分歧。② 因此，只要债权在抵销适状时尚未罹于诉讼时效，事后罹于诉讼时效仍可以用来抵销。③

潘德克顿学派认为，如果抵销缺乏溯及力，被告的抵销主张必须在法院判决后才能发生效力，由此将可能出现债权人不当拖延诉讼从而获得更多利息的情形，对被告造成不利。据此，潘德克顿学派认为，为了避免上述不公平情况的发生，应当赋予抵销溯及力。④ 由于行使抵销权通知前就已经发生了抵销适状，因此应当溯及至适状时发生抵销的效力。依据《德国民法典》第 389 条的规定，抵销的法律效果是两个债权按照抵销数额视为在抵销适状发生时消灭。这意味着，《德国民法典》赋予抵销溯及力，溯及至抵销适状发生的时点消灭。⑤ 按照德国学者的理解，抵销的溯及力实际上是一项法律的拟制。⑥ 也就是说，抵销适状出现后，债务人（主动债权之债权人）发出抵销之意思表示的，抵销的效力不是自抵销的意思表示生效时发生，而是溯及到抵销适状发生时，从而被拟制为在这一时点发生有效的清偿（effektive Erfüllung）。⑦ 如果抵销权行使时，主动债权时效届满，但在抵销权行使前，如果发生抵销适状，且主动债权时效并没有届满，则仍然可以抵销。也有德国学者认为，主动债权的债权人对债务人虽然负有债务，但在经济上不必将自己作为纯粹的债务人对待，因为主动债权的债权人可以信赖其可以抵销，即在主动债权的债务人主张

---

① 参见王洪亮：《债法总论》，北京大学出版社 2016 年版，第 181 页。
② F. Terré, Ph. Simler, Y. Lequette et F. Chénedé, Les obligations, 12e éd., Dalloz, 2019, n° 1692, p. 1763; J. François, Les obligations Régime général, Economica, 2020, n° 76, p. 72.
③ 参见张保华：《抵销溯及力质疑》，载《环球法律评论》2019 年第 2 期。
④ 参见张保华：《抵销溯及力质疑》，载《环球法律评论》2019 年第 2 期。
⑤ Vgl. Staudinger/Bieder/Gursky, 2022, BGB §389 Rn. 23.
⑥ Vgl. BeckOGK/Skamel, 1.10.2022, BGB §389 Rn. 14.
⑦ Vgl. BeckOKBGB/Dennhardt, 63. Ed. 1.8.2022, BGB §389 Rn. 3.

履行时,主动债权的债权人可以通过抵销来对抗债务人,这一信赖是值得保护的。① 因此,抵销的溯及力实际上符合诚实信用原则。②

《日本民法典》第 506 条承认了抵销的溯及力,原因在于,当事人通常会将抵销适状的债权债务视为已结算,且其符合公平观念。③ 在日本债法修改之时,也曾围绕抵销的溯及力进行讨论,即是否应使抵销从当事人一方作出抵销的意思表示之时发生效力。但支持抵销溯及力的观点认为,如果在银行借款中,当事人希望否认抵销溯及力,可通过相互之间的特别约定而实现。虽然将作出抵销意思表示的时间作为抵销生效的时间节点,在难以确定该意思表示具体作出时间的场合下,会导致债权消灭的时间难以确定,但抵销具有溯及力仍然是合理的。鉴于此,日本债法修改仍采纳维持旧法所规定的抵销溯及力的做法。④

在我国,有学者认为,应当借鉴德国等国家和地区法律的经验,承认抵销具有溯及力,2019 年最高人民法院《全国法院民商事审判工作会议纪要》第 43 条规定,"抵销一经生效,其效力溯及自抵销条件成就之时,双方互负的债务在同等数额内消灭。双方互负的债务数额,是截至抵销条件成就之时各自负有的包括主债务、利息、违约金、赔偿金等在内的全部债务数额"。抵销的溯及效力大致包括如下内容:一是在抵销适状时,双方债权、债权担保及其他从权利均在抵销范围内消灭。二是在抵销适状时,不再发生利息债务,如果债务人已支付利息,可依不当得利请求返还。⑤ 三是违约金、赔偿金等可以一并计入抵销数额,自动发生抵销。正如在厦门源昌房地产开发有限公司与海南悦信集团有限公司委托合同纠纷案中法院所指出的,双方债务均已到期属于法定抵销权形成的积极条件之一。该条件不仅意味着双方债务均已届至履行期,同时还要求双方债务各自从履行期届至到诉讼时效期间届满的时间段,应当存在重合的部分。在上述时间段的重合部分,双方债权均处于没有时效抗辩的可履行状态,"双方债务均已到期"之条件即已成就,即使此后抵销权行使之时主动债权已经超过诉讼时效,亦不影响该条件的成立。⑥

---

① Vgl. BeckOGK/Skamel, 1.10.2022, BGB §389 Rn. 14. 1.
② Vgl. BeckOGK/Skamel, 1.10.2022, BGB §389 Rn. 14. 1.
③ 参见中田裕康『債権総論(第 4 版)』(岩波書店,2020 年)459 頁。
④ 参见潮見佳男『新債権総論Ⅱ』(信山社,2017 年)249—251 頁。
⑤ 参见孙森焱:《民法债编总论》,法律出版社 2006 年版,第 905 页。
⑥ 参见最高人民法院(2018)最高法民再 51 号民事判决书,载《最高人民法院公报》2019 年第 4 期。

但与此同时,我国近年来也出现了强烈质疑抵销溯及力的声音。① 针对这一现象,最高人民法院《关于适用〈中华人民共和国民法典〉合同编通则部分的解释(征求意见稿)》第 58 条的两种方案分别否定和肯定了抵销权的溯及力,与不允许和允许罹于时效的主动债权抵销的观点相对应。

从形式上看,承认抵销溯及力的制度构造确实有利于发挥及时了结债务等功能,因为在诉讼时效期间届满前,如果确实存在抵销适状,当事人进行抵销似乎也是合理的,但这种制度设计实际上带来了一系列问题。笔者认为,从我国法的角度出发,上述抵销具有溯及力的观点值得商榷:

第一,承认抵销溯及力的最大弊病是带来债权债务的不确定性。德国著名学者齐默尔曼批评德国法关于抵销具有溯及力的规定时指出,倘若当事人不知道抵销具有溯及力,那么,肯定抵销的溯及力会导致当事人因为抵销的溯及力获得额外的利益。因此,一旦一方当事人知道自己有抵销的可能,那么,就应当鼓励当事人尽可能迅速地发出抵销的意思表示。抵销具有溯及力表明,当事人之间存在悬而未决的不确定状态,不利于维持法律关系的明确性和安定性。② 因为,一方面,抵销的功能在于简化清偿,但简化清偿不等于简化计算。③ 承认抵销溯及力的观点认为,在抵销适状时,包括主债务、利息、违约金、赔偿金等在内的全部债务数额自动抵销,由此带来如下问题:一是抵销的条件是否成就? 从何时开始确定抵销的条件已经成就? 二是即便一方愿意抵销,而另一方在对方没有提出抵销前,因具有其他商业上的安排等原因已不愿自动抵销,是否应当强迫其接受自动抵销的效果? 三是即便主债权是确定的,但利息、迟延损害赔偿、违约金等如何计算? 违约金数额约定过高时能否减少? 等等,这些问题会引发许多新的争议,徒增纠纷。另一方面,抵销权的溯及力还可能导致抵销权人与债务人的其他债权人之间受偿的不平等。如果被动债权人进入了破产程序,由于抵销权可以获得类似优先受偿的效果,此时罹于时效的债权人将取得比具有完整效力的债权人更为优越的地位,因而对被动债权人的其他债权人不利,甚至使已经申报的债权极具不确定性,一些第三人可能基于抵销的溯及力提出自动抵销,由此可能诱发恶意逃

---

① 参见张保华:《抵销溯及力质疑》,载《环球法律评论》2019 年第 2 期;廖军:《论抵销的形式及其效力》,载《法律科学(西北政法学院学报)》2004 年第 3 期。

② Vgl. Zimmermann, Die Aufrechnung-Eine rechtsvergleichende Skizze zum Europäischen Vertragsrecht, in Festschrift für Dieter Medicus, Carl Heymanns Verlag, 1999, S. 723.

③ 参见陈自强:《契约之内容与消灭》(第 4 版),元照出版公司 2018 年版,第 346 页。

避债务行为的发生。还要看到,此种做法也给法官带来过大的自由裁量权。要求法官从现在的权利状态倒退到之前的权利状态,由法官主要解释何时具备抵销适状的情形,无疑也具有很大的难度。

第二,此种做法将会损害当事人之间的合理信赖。抵销溯及力理论认为,其有利于保护当事人的合理信赖,也就是说,取得主动债权的一方,无须立刻作出抵销的意思表示,而可以信赖在主动债权的金额范围内,债权人不会再请求债务人履行,从而对主动债权之上的利息不再负义务,也不会陷入迟延。① 但此种观点是值得商榷的。因为,一方面,在时效届满后,债权人应当认识到自己的债权已经罹于时效,债务人可能提出时效抗辩。② 正如齐默尔曼所言,"倘若一方当事人并不知道,通过抵销会当然地获得清偿,那么,他就没有所谓的信赖,从而也不值得保护"③。另一方面,当事人发生抵销适状时,抵销权人并没有行使抵销权,其对于抵销后产生的法律后果不会产生信赖,此时没有任何信赖可言。④ 故对于此种信赖不应当通过溯及力规则进行保护。⑤ 就诉讼时效届满的主动债权而言,在主动债权人行使抵销之前,即使在某个时间段其没有行使债权导致时效已经届满,那么被动债权人有合理的理由相信,其真实的意愿是从行使抵销权之时发生抵销,在此之前的债权债务并不予以抵销,基于此种信赖,其将安排自身的商业计划和经营活动,如果认可抵销溯及既往的效力,将使抵销权行使前的债权债务完全处于不确定状态,也会损害被动债权人的合理信赖。

第三,抵销具有溯及力也不符合当事人推定的意思。⑥ 齐默尔曼指出,主张抵销具有溯及力的学者认为,抵销具有溯及力符合当事人的意愿,但这只是这些学者的猜测而已。没有证据表明,交易关系中的当事人在意识到自己同时是他人的债务人、债权人时会如何考虑。⑦ 一方面,抵

---

① Vgl. MüKo/Schlüter, 9. Aufl., 2022, BGB §389 Rn. 6.
② Vgl. Frank Peters und Reinhard Zimmermann, Verjährungsfristen, Gutachten und Vorschläge zur überarbeitung des Schuldrechts, Band I, Köln, 1981, S. 266.
③ Zimmermann, Die Aufrechnung-Eine rechtsvergleichende Skizze zum Europäischen Vertragsrecht, in Festschrift für Dieter Medicus, Carl Heymanns Verlag, 1999, S. 723.
④ Vgl. Zimmermann, Die Aufrechnung-Eine rechtsvergleichende Skizze zum Europäischen Vertragsrecht, in Festschrift für Dieter Medicus, Carl Heymanns Verlag, 1999, S. 723.
⑤ 参见崔建远:《论中国民法典上的抵销》,载《国家检察官学院学报》2020年第4期。
⑥ 参见〔日〕我妻荣:《新订债权总论》,王燚译,中国法制出版社2008年版,第309页。
⑦ Vgl. Zimmermann, Die Aufrechnung-Eine rechtsvergleichende Skizze zum Europäischen Vertragsrecht, in Festschrift für Dieter Medicus, Carl Heymanns Verlag, 1999, S. 723.

销权虽然效力强大,但必须自愿行使,在当事人未行使抵销权的情形下,很难认定当事人的真实意愿,尤其在商业交易中,如果当事人没有行使抵销权,就表明当事人排斥了抵销具有溯及力。[1] 另一方面,如果出现抵销适状情形,只是表明抵销符合法定条件,如果没有实际行使抵销权,并不意味着双方的债权债务关系当然消灭。即使在符合法律规定的抵销条件的情况下,当事人也可能不愿意抵销。如果采抵销当然主义,在符合抵销的要件以后,当然发生抵销的后果,将可能违背当事人的意愿。因此,是否愿意通过抵销以实现债权债务关系的消灭,最终应当由当事人决定,并通过行使抵销权的方式表示出来。如果承认抵销有溯及力,且可以当然生效,反而干涉了权利人不行使权利的自由,因此,强行赋予抵销溯及力,并不符合私法自治原则。

还应当看到,正是因为抵销的溯及力具有不少弊端,因此,近几十年来,一些示范法放弃了此种做法。例如,《欧洲示范民法典草案》第3-6:107条规定:"抵销自通知时起,使债务在相互重叠的范围内消灭。"《国际商事合同通则》第8.5条规定:(1)抵销使债务消灭;(2)如果债务数额不同,抵销使债务在较小债务的数额内消灭;(3)抵销从通知之时发生效力。《欧洲合同法原则》第13:104条规定,抵销权以向对方作出通知的方式行使;第13:106条规定,当两项债务可以抵销时,抵销自通知之时使债务消灭影响所及。这就表明,否定抵销具有溯及力的观点已经成为一种发展趋势。

(二) 不能以抵销具有溯及力为由承认时效届满的债权可以作为主动债权抵销

如前所述,由于抵销具有溯及力的观点并不具有合理性,因此,不能以此为由承认时效届满的债权可以作为主动债权抵销。从我国民法规定来看,我国《民法典》并未承认抵销的溯及力。《民法典》第568条第2款规定:"当事人主张抵销的,应当通知对方。通知自到达对方时生效。抵销不得附条件或者附期限。"该款规定通知的生效时间为"到达对方时"。而此处之所以要规定通知的生效时间,就是因为抵销的效果应当自通知生效时发生。如果采纳抵销的溯及力,那么通知生效的时间就不再具有意义。因此,依据法无赘言的解释原则,应当认为《民法典》并未采纳抵销

---

[1] See Reinhard Zimmermann, Comparative Foundations of a European Law of Set-off and Prescription, Cambridge University Press, 2002, p. 39.

的溯及力。

事实上,作为抵销溯及力立法典范的《德国民法典》当时之所以明文规定抵销溯及力,有其特殊的历史和理论背景,据学者考证,潘德克顿学派坚持抵销权具有溯及力,是因为其主张抵销的意思表示必须在诉讼中提出。① 但在我国,抵销权的行使并不以在诉讼中提出为必要,当事人以通知的方式行使抵销权即可发生抵销的后果,并不会必然发生迟延。在我国,抵销并非自动发生效力,抵销不会因为适状而直接导致债权债务消灭。因此,在我国民法中,承认抵销权溯及力的前提已经发生了变化。

综上所述,抵销的溯及力不仅与我国现行抵销相关制度以及国际立法发展趋势相违背,而且一旦承认溯及力,将可能导致一系列后续相关问题的产生和更多纠纷的发生。在这一背景下,不宜贸然承认抵销的溯及力。而如果否认抵销的溯及力,那么相应地,允许罹于时效的主动债权进行抵销也就丧失了赖以存在的基础。

四、时效届满的债权作为主动债权抵销不符合法定抵销权的行使规则

是否允许时效届满的债权作为主动债权抵销还与对抵销权的行使规则有关。所谓抵销权的行使,是指在符合抵销权行使要件之后,抵销权人基于其意思而实现抵销权。对于抵销的实现方法,各国和地区立法和学说存有分歧,主要有两种观点:

一是当然生效主义。此种观点认为,只要符合法定的抵销要件,无须当事人的意思表示,即可当然发生抵销的法律后果。自动抵销不需要当事人作出抵销的意思表示,甚至不要求其对抵销知情,只要两项债务符合抵销条件便可以自动抵销。采取当然生效主义立法例的国家有比利时、卢森堡、西班牙、奥地利等。原《法国民法典》第1290条规定,债务人双方虽均无所知,根据法律的效力认可发生抵销,两个债务自其共同存在之时起,在同等数额的范围内相互消灭。然而,法国法院和学者认为,自动抵销在实践中经常发生争议。因此,只有当被告在法庭上提出时,抵销才被认为是有效的。因此,自动抵销在实践中是受限制的。② 在债法改革

---

① 参见张保华:《抵销溯及力质疑》,载《环球法律评论》2019年第2期。
② See Reinhard Zimmermann: Comparative Foundations of a European Law of Set-off and Prescription, Cambridge University Press, 2002. p. 25.

后,《法国民法典》第1347条第2款规定:"抵销经当事人主张,于其条件满足之日实现,且以两个债务中数额较低者为限。"可见,法国民法已经放弃了当然生效主义。

虽然《德国民法典》第388条规定,抵销以对另一方的表示为之,表示附条件或期限的,不生效力,这似乎采纳了通知到达主义。但《德国民法典》第389条明确规定抵销具有溯及力,即"抵销发生如下效力:在双方的债权彼此一致的范围内,在适合于抵销且互相对待之时,双方的债权视为已消灭"。因此,其效果与只要发生抵销适状情形,无须通知就可以发生抵销的效果相同。其理由在于,抵销本身可以避免不必要的给付与对待给付,简化给付过程。① 《德国民法典》第215条规定:"在最早可抵销或拒绝履行给付的时刻,请求权尚未完成消灭时效的,消灭时效的完成,不排除抵销和对留置权的主张。"德国学者梅迪库斯认为,如果抵销适状在时效届满前就已形成,依然可以抵销,这是《德国民法典》第389条规定抵销具有溯及力的必然后果。② 因此,两个债权均处于抵销适状时,一方发出抵销之意思表示的,抵销效力溯及至两个债权最初得为抵销时。③ 抵销的效力溯及至抵销适状发生时,从抵销适状发生的时点起,被动债权的利息、主动债权的利息不再计算。④

二是通知到达主义。此种观点认为,双方当事人的债权适于抵销时,仅产生抵销权,但要发生抵销的后果,还需当事人实际作出抵销的通知,且必须到达对方,才能产生合同消灭的法律后果。《欧洲示范民法典草案》采取了抵销通知到达主义,该草案第3-6:107条规定:"抵销自通知时起,使债务在相互重叠的范围内消灭。"具体而言,抵销的法律效果如同两项债务在通知抵销时被实际履行,利息一直计算到通知抵销之时。⑤

上述两种模式的选择直接决定了是否允许超过诉讼时效的债权作为主动债权抵销。在当然生效主义模式下,抵销适状的发生直接导致债务消灭的后果,因此,无论主动债权人是否行使或何时行使抵销权,均不需

---

① 参见〔德〕迪特尔·梅迪库斯:《德国债法总论》,杜景林、卢谌译,法律出版社2004年版,第75页。
② 参见〔德〕迪特尔·梅迪库斯:《德国民法总论》,邵建东译,法律出版社2001年版,第103页。
③ Vgl. Staudinger/Bieder/Gursky, 2022, BGB §389 Rn. 23; BeckOKBGB/Dennhardt, 63. Ed. 1.8.2022, BGB §389 Rn. 3.
④ Vgl. MüKo/Schlüter, 9. Aufl., 2022, BGB §389 Rn. 6.
⑤ 参见张保华:《抵销溯及力质疑》,载《环球法律评论》2019年第2期。

要考虑主动债权的诉讼时效问题,自然也就不能通过主动债权的诉讼时效限制抵销效果的产生。而在通知到达主义模式下,抵销自行使抵销权的通知到达债务人后产生债权债务关系消灭的后果。因此,如果通知到达之前主动债权已经罹于时效,那么债务人本可以主张抗辩,此时如果不否定抵销权的行使将导致抗辩权没有意义。因而,在这一模式下,就有必要否定债权人主动行使抵销权。

从我国的司法实践来看,在中国农业银行福建省分行营业部诉福清华信食品有限公司债权纠纷案中,法院也认为,《合同法》第99条关于法定抵销所规定的可用于抵销的债务应指合法成立且尚未消灭的债务,只要满足标的物种类、品质相同、已届清偿期,且不属于依照法律规定或者按照合同性质不得抵销的债务,都可列入允许行使抵销权的债务范围,包括超过诉讼时效的自然债务。① 在厦门源昌房地产开发有限公司与海南悦信集团有限公司委托合同纠纷案中,最高人民法院也认为,只要从履行期届至到诉讼时效期间届满的时间段,双方的债务已经处于抵销适状的情形,即使此后抵销权行使之时主动债权已经超过诉讼时效,也可以自动抵销。为什么时效届满的债权在先前出现抵销适状时可以自动抵销?江苏省高级人民法院在江阴市维宇针纺有限公司与江苏江阴临港经济开发区管理委员会房屋拆迁安置补偿合同纠纷案中对此作出了解释,其认为请求权并非债权的全部权能,还包括起诉权、受领权、抵销权等。抵销权是一种形成权,享有抵销权的当事人可以无须人民法院的介入,直接向其债权人主张抵销,并导致交叉债权在相应范围内消灭。而且,法律对超过诉讼时效的债权能否行使抵销权并未作禁止性规定。② 因此,时效届满的债权在先前出现抵销适状时可以自动抵销。

笔者认为,时效届满的债权在先前出现抵销适状时可以自动抵销的观点,显然不符合我国民事立法一贯坚持的通知到达规则,从原《合同法》到《民法典》,我国立法一直以通知到达作为抵销效果发生的前提,也是抵销权行使的必经程序。我国《民法典》第568条第2款规定:"当事人主张抵销的,应当通知对方。通知自到达对方时生效。抵销不得附条件或者附期限。"据此,抵销的意思表示必须通知且到达对方。③ 也就是说,享有主动债权的一方应当向享有被动债权的一方作出表示,这种表示既可以

---

① 参见福建省福州市中级人民法院(2007)榕民初字第575号民事判决书。
② 参见江苏省高级人民法院(2019)苏民申5556号民事裁定书。
③ Vgl. MüKo/Schlüter, 9.Aufl., 2022, BGB §388 Rn. 1.

向被动债权人作出,也可以向其代理人作出,抵销的意思表示必须到达相对人才能生效,如此才能表明权利人具有抵销的意愿,且可以使对方在通知到达后及时提出异议。但抵销具有溯及力的观点不符合该程序。例如,在"刘志强与江苏倚峰汽配有限公司、王长云等买卖合同纠纷案"中,一审法院指出,"只要满足标的物种类、品质相同、已届清偿期,且不属于依照法律规定或者按照合同性质不得抵销的债务,都可列入允许行使抵消权的债务范围,包括超过诉讼时效的自然债务","在双方借贷关系存续的相同时期原告租赁了被告的厂房用于生产经营,双方一直存在往来。因此被告并非真正怠于向原告主张权利,而是等待在等额范围内行使抵销权更为符合实际情况"。① 因此,已过诉讼时效的债务可以自动抵销。这种观点建立在抵销当然生效的基础上。然而,这种观点显然与《民法典》坚持的通知到达主义相互矛盾。

时效届满的债权在先前出现抵销适状时可以自动抵销的观点,将造成债权债务关系的不确定性。梅迪库斯认为,抵销权属于自力实现权能和处分权能的范畴。"由于这种自力受偿仅发生在法律思维的范围之内,而非施以身体上的暴力,毫无疑问,这是可以容许的。"②但梅迪库斯也承认,形成权的行使效力强大,必须"对权利行使情况加以控制,也是为了避免在形成行为是否有效方面出现不确定性。特别是在行使形成权必须具备特定理由的情况下,就会出现这种不确定性"③。这两种看法其实是自相矛盾的,如果只要符合抵销的条件,无须经过当事人提出,就直接导致法律关系的消灭,便可能会产生不确定性。因为当事人双方不知道自己的债权债务关系是否发生抵销,也可能不清楚债权债务关系何时发生抵销,与当事人从事交易的第三人更加无从知晓当事人的债权债务状况。这些极大的不确定性,不仅容易导致纠纷的发生,也可能影响交易的有序进行。而采纳通知到达主义,就能够避免上述问题的产生,也有利于使合同关系确定地归于消灭。而且当事人还可以对抵销权的行使及时提出异议,以减少和避免纠纷的发生。所以,如果主动债权已经过了诉讼时效还可以抵销,实际上会导致债权债务关系处于不确定状态。

---

① 江苏省丹阳市人民法院(2018)苏1181民初416号民事判决书。
② 〔德〕迪特尔·梅迪库斯:《德国债法总论》,杜景林、卢谌译,法律出版社2004年版,第18页。
③ 〔德〕迪特尔·梅迪库斯:《德国民法总论》,邵建东译,法律出版社2001年版,第77页。

诚然，抵销权是一种形成权，享有抵销权的当事人可以无须人民法院的介入，直接向其债权人主张抵销，发动抵销的债权人不但可以通过抵销来免除己方的清偿义务，避免债权实现陷入困境，而且可以降低清偿成本。但此种权利的行使必须符合法定抵销权的行使规则，即通知到达规则，这也是法定抵销权行使必须遵循的程序。一方面，遵循此种程序将使当事人之间的关系具有确定性，更符合意思自治的要求。这也是为了避免抵销权作为形成权效力强大而容易产生纠纷所必须遵循的规则。另一方面，由于通知成本很低，因此遵循通知到达规则并不会显著增加抵销制度的运行成本。从表面上看，当然生效主义无须当事人进行通知，但由于双方主观上可能对债权债务关系的认识不一，仍然处于悬而未决的状态，还将导致债权债务处于不确定状态，从而增加交易成本。

遵循通知到达规则可以督促权利人及时行使权利，及时终结法律关系的不确定性。有观点认为，债权人不在诉讼时效期间内行使债权，只是因为其认为已经发生抵销而无须主张。如果不允许其抵销，这对认为己方债务已经抵销的对方当事人而言是极不公平的。因此，允许债权人对超过诉讼时效的债权行使抵销权，不仅无损诉讼时效制度，而且有助于实体公正。① 笔者认为，此种观点值得商榷。一方面，既然抵销已经适状，那么权利人完全可以当时就行使抵销权。其在主动债权届满后才行使，说明行使抵销权的一方未及时行使债权，其行为本身具有非正当性，应当承担对其不利的后果，为何还要通过溯及力规则对其特别保护呢？另一方面，既然在抵销已经适状，权利人不主动行使抵销权时，另一方已经有合理的理由相信权利人不愿抵销，其已经对此产生合理信赖，这种信赖当然应当受到保护，如果要通过溯及力规则对不行使抵销权的一方予以特别保护，实际上就破坏了这种信赖，此时何来公平可言？

总之，依据我国《民法典》的规定，即使时效届满的债权在先前出现抵销适状情形，也不能自动抵销，而必须遵循通知到达规则。从抵销权人行使抵销权之时开始计算，如果主动债权已过诉讼时效，则不得与未过诉讼时效的被动债权自动抵销。

结　语

诉讼时效届满的债权能否作为主动债权抵销是一个系统性的问

---

① 参见黄勤武：《超过诉讼时效的债权可以行使抵销权》，载《人民司法》2011年第4期。

题,其答案需要回归到民法体系中寻找。诉讼时效制度的立法目的要求当事人及时行使权利,时效经过将导致债权沦为自然之债。为与诉讼时效制度体系相适应,不宜承认罹于时效的主动债权可以抵销。允许诉讼时效届满的债权作为主动债权抵销的前提是承认抵销的溯及力,但这一前提不仅在我国现行法律中未得到承认,也没有正当理由突破现行法律进行例外考量。加之我国《民法典》采取了通知到达主义的模式,在这一模式下,对罹于时效的主动债权进行抵销也不符合该规定。因此,虽然《民法典》没有明确规定罹于时效的债权能否作为主动债权抵销,但从相关规定的解释可见,《民法典》并没有许可罹于时效的债权可以作为主动债权抵销。如果承认罹于时效的主动债权可以抵销,将导致与整个法律秩序体系的冲突。当然,超过诉讼时效的债权不能作为主动债权进行抵销并不妨碍其作为被动债权被抵销。① 因为已过诉讼时效的债权可以作为被动债权抵销,可认为自然债权的债务人放弃了时效利益,此时法律不宜干涉当事人对自己权利的处分。

---

① Vgl. MüKo/Schlüter, 9. Aufl., 2022, BGB §387 Rn. 36.

合同编司法解释的亮点与创新*

前　言

合同是市场交易的法律表现,正如马克思所指出的,"这种通过交换和在交换中才产生的实际关系,后来获得了契约这样的法的形式"①。在我国,从改革开放以后逐渐形成的合同法律制度的"三足鼎立",到1999年统一《合同法》的制定,直至《民法典》合同编出台,我国合同法的发展进程映照着我国市场经济的发展进程。在合同法律制度中,居于最核心地位的无疑是《民法典》合同编通则部分。合同编通则是合同法的基础性规则和主体部分,是调整市场交易的一般性规则,有助于便利交易,维护交易安全和秩序,服务经济社会高质量发展;并且,其还发挥着债法总则的功能,从而具有更大的适用可能和更强的规范辐射力。

《民法典》合同编施行以来,之前关于合同法的司法解释很多已被废止,在实践中很多问题欠缺明确的依据,合同编的实施也产生了许多新情况与新问题。为了更好地配合合同编的实施,统一裁判尺度,最高人民法院《关于适用〈中华人民共和国民法典〉合同编通则若干问题的解释》(以下简称《合同编解释》)在总结本土经验、借鉴域外制度和凝聚理论共识的基础上,运用法律解释与漏洞填补的科学方法,对《民法典》合同编通则部分以及与之存在体系关联的合同规则进行细化和发展,呈现了许多亮点,彰显了本土性、实践性和时代性。笔者拟对该司法解释的亮点与创新作出初步探讨。

一、规则解释:司法解释对民法典规则的细化

(一)尊重立法原意,彰显私法价值

"法无解释不得适用",但司法解释必须符合《民法典》的目的、原则

---

* 本文系与中国人民大学法学院朱虎合作撰写,原载于《法学家》2024年第1期。
① 《马克思恩格斯全集》(第19卷),人民出版社1963年版,第423页。

和原意。因此,《合同编解释》最为重要的理念就是尊重立法原意,围绕《民法典》的贯彻实施而具体展开。在立法目的上,基于合同编通则发挥实质上的债法总则作用,《合同编解释》所规定的立法目的是"为正确审理合同纠纷案件以及非因合同产生的债权债务关系纠纷案件"。在法律解释方法上,要求首先采取文义解释的方法,尽量避免超越《民法典》规范文义的射程。在对《民法典》规范中不确定概念的具体化和规范漏洞的填补上,《合同编解释》妥善运用各种法律解释方法和漏洞填补方法,始终遵循《民法典》的立法理念、立法目的和基本原则。例如,《民法典》第153条第2款中的"公序良俗"属于"不确定法律概念",其具体内容需要司法机关在审判实践中予以具体化。《合同编解释》第17条在对公序良俗进行具体化时,始终坚持《民法典》的立法理念和基本原则,第2款要求人民法院在认定合同是否违背公序良俗时,应当以社会主义核心价值观为导向,综合考虑当事人的主观动机和交易目的、政府部门的监管强度、一定期限内当事人从事类似交易的频次、行为的社会后果等诸多因素,并在第1款中予以类型化。

基于此种基本理念,《合同编解释》在规范的具体表达上,注重指引法官适用《民法典》的相关具体规定。该解释在诸多条文中都援引了《民法典》的具体规定,使用了诸如"人民法院应当依据民法典第某条的规定处理/认定"等多种形式的表述,明确指示人民法院应当依据《民法典》的具体规定予以处理和认定,这些均旨在指引法官在特定情境中正确适用法律规则,而非针对该特定情境制定规则。例如,《合同编解释》第3条第2款规定,特定情形中合同已经成立但欠缺内容的,"人民法院应当依据民法典第五百一十条、第五百一十一条等规定予以确定"。第52条第3款规定,在协商解除时,当事人未对合同解除后的违约责任、结算和清理问题协商一致的,"人民法院应当依据民法典第五百六十六条、第五百六十七条和有关违约责任的规定处理"。

尊重立法原意,不仅是对立法原意的遵从,还进一步表现为对立法原意的深化。① 在这个意义上,《合同编解释》深化和践行了《民法典》的基本价值,具体而言:

第一,保障自治。在合同解释层面,私法自治要求合同解释服务于当事人真实意思的实现,这与法律解释不同。《合同编解释》第1条第2款规定

---

① 参见陈春龙:《中国司法解释的地位与功能》,载《中国法学》2003年第1期。

了"共同真意优先",即在合同词句的通常含义与当事人共同的实际理解不同时,应当以后者确定合同条款的含义。私法自治还要求依据当事人的真实意思确定当事人的权利义务关系。《合同编解释》第 14 条第 1 款明确规定,"黑白合同"中的被隐藏合同的效力应当依据《民法典》第 153 条第 1 款或者第 502 条第 2 款的规定予以判断,不能仅以规避法律、行政法规为由一概认定其无效;第 2 款则规定,即使被隐藏合同的效力出现瑕疵,也应当以其为事实基础,依据《民法典》第 157 条的规定确定当事人的民事责任。

第二,维护诚信。《合同编解释》第 60—63 条规定了损害赔偿计算的具体规则,增加违约成本,鼓励当事人信守合同。《合同编解释》第 65 条第 3 款进一步规定,恶意违约方一般不得请求减少违约金。第 68 条第 1 款规定,双方均具有致使不能实现合同目的的违约行为的,均不得请求适用定金罚则;一方轻微违约而另一方严重违约的,前者有权主张适用定金罚则,后者不得以前者也有违约行为抗辩。第 68 条第 2 款规定,违约方部分履行合同,对方接受的,守约方有权主张按照未履行部分所占比例适用定金罚则,但是,如果部分未履行致使不能实现合同目的,则守约方有权按照合同整体适用定金罚则。这些规则表明,对恶意和严重的违约行为,违约方主观恶性较大,更应当增加其违约成本。

第三,鼓励交易。《合同编解释》尽可能促进合同的成立、生效。《合同编解释》第 3 条第 1 款规定了除特殊情形外,只要当事人就合同主体、标的及数量达成合意,一般应当认定合同成立;第 4 条对以竞价方式订立的合同的成立时点作出具体规定,扩展了当事人合同订立的方式,有助于鼓励交易。《合同编解释》第 16 条第 1 款规定,在判断合同效力是否因违反强制性规定而无效时,如果由行为人承担行政责任或者刑事责任能够实现强制性规定的立法目的,结合具体情形,可以不认定合同无效,这就在合同效力问题上确定了鼓励交易的最基本价值取向。同样基于鼓励交易的价值,该解释第 17 条第 2 款中也规定,当事人确因生活需要而非经营需要进行交易而签订合同的,如果该合同未给社会公共秩序造成重大影响,且不影响国家安全,也不违背善良风俗,法院就不应当认定合同无效。

第四,促进公平。情势变更和违约金调整都是合同公平的具体体现,本身就是对自治的合理限制。为进一步贯彻此种价值,《合同编解释》第 32 条第 4 款规定当事人排除情势变更规则适用的事前约定无效;可以考虑的是,当事人不能抽象地排除所有情势变更事由,但可以针对某个特定的、具体的事由予以排除。《合同编解释》第 11 条也规定,在签订合同的当事人是自然人的情况下,如果根据该当事人的年龄、智力、知识、经验并结合交易的复杂程度,能够认定其对合同的性质、合同订立的法律后果或者交易中存在的特定风险缺乏应有的认知能力,则可以认定该情形构成《民法典》第 151 条中的"缺乏判断能力",这同样有助于维护合同的公平。

(二) 聚焦诉讼场景,凸显问题导向

司法解释的主要功能是对审判工作中具体应用法律的问题,结合鲜活的案例作出解释。长期以来,司法解释注重条文的抽象性,具有与法律相同的特点,可能忽略了与案例情景的有机结合,因此往往需要再解释,这容易受到司法解释越权的诟病。而《合同编解释》更注重将条文和案例有机结合,以问题为导向,以案例为支撑,结合法律规范的各种具体化技术,以审判实践中的核心和重要问题作为导向,不追求规则抽象、体系完整甚至面面俱到。这便利法院理解司法解释规则,并在此基础上准确适用。就此,《合同编解释》采取了多种法律解释技术。

第一是例示化。司法解释在对《民法典》重要概念和规则的解释上,通过例示的方式指导司法实践,有利于同案同判,但例示容易导致不周延,因此要通过兜底保持开放性,此时,在解释时要采取同类解释方法,只有与明确列举的例子具有类似性的情形才可以被纳入兜底中。例如,《合同编解释》第 30 条第 1 款对第三人代为履行中的"具有合法利益的第二人"的界定,并不限于《德国民法典》第 268 条中的对债务人的财产享有合法权益且该权益将因财产被强制执行而丧失的第三人,还列举了作为债务担保人的第三人;担保财产的受让人、用益物权人、合法占有人、后顺位担保权人;债务人为自然人的,其近亲属;债务人为法人或者非法人组织的,其出资人或者设立人,并且在第 7 项规定了兜底。该解释第 32 条第 1 款对不能适用情势变更的商业风险也采取此种例示方式,包括"合同涉及市场属性活跃、长期以来价格波动较大的大宗商品以及股票、期货等风险投资型金融产品"。

第二是类型化,即区分为不同的类型。《民法典》中的许多不确定概念,具有难以定义性,这是由其内涵和外延的不确定性造成的,此时最恰当的方式就是对其类型化①,使得法官在类型中把握,达到同案同判的效

---

① 参见王泽鉴:《民法学说与判例研究》(第 1 册),中国政法大学出版社 1998 年版,第 277 页。

果。具体而言:一是交易习惯的类型化。《合同编解释》第 2 条将交易习惯分为当事人之间的惯常做法及地区和行业习惯。二是公序良俗的类型化。针对《民法典》第 153 条第 2 款规定的公序良俗,《合同编解释》第 17 条第 1 款将其类型化为国家安全、社会公共秩序和善良风俗。三是工作人员在订立合同时超越职权范围的形态的类型化。《合同编解释》第 21 条第 2 款将其区分为四种形态。四是就日常生活中的以物抵债,《合同编解释》第 27 条、第 28 条在《全国法院民商事审判工作会议纪要》第 44 条、第 45 条的基础上,将其类型化为以清偿为目的的和以担保为目的的以物抵债。对于前者,该解释第 27 条第 1 款、第 2 款规定以物抵债协议为诺成合同,并原则上参照《民法典》第 515 条、第 516 条关于选择之债的规则予以处理;对于后者,则参照担保规则予以处理,且不采取归属清算而采取处分清算。五是《合同编解释》第 34 条对《民法典》第 535 条第 1 款规定的专属于债务人自身的权利列举了五种形态。

第三是动态化。《合同编解释》引入了动态系统论,规定寻求合理解决方案时的相关考量因素,在个案适用时则需要对各个考量因素进行综合考量,具体结果取决于各个考量因素相比较后的综合权衡。[①] 这种方式规范了法官的自由裁量权,为法官行使裁量权提供了指导,并限制了裁量权的行使。具体而言,《合同编解释》第 7 条第 2 款关于当事人一方在磋商订立本约合同时是否违背诚信,第 8 条第 2 款关于违反预约合同的损失赔偿,第 16 条关于合同所违反的规定是否为效力性强制性规定,第 17 条第 2 款关于合同是否违背公序良俗,第 24 条第 2 款关于合同出现效力瑕疵时的损失赔偿,第 62 条关于无法确定可得利益时的赔偿酌定,第 63 条关于可预见性规则,第 65 条第 1 款关于违约金的司法酌减,都运用了此种动态化方式。

第四是示范化。对于需要在具体案件中判断的问题,《合同编解释》规定了一般参考示范标准,但这并不意味着排除特殊情形。这有利于裁判尺度的统一,又兼顾了灵活性。例如,在撤销权中不合理交易行为的认定上,《合同编解释》第 42 条基本延续了原《合同法司法解释(二)》第 19 条的规定,第 1 款采取了客观化方式,但为了统一裁判尺度和便利裁判,第 2 款规定了一般参考示范标准,即交易价格处于交易时交易地的市

---

① 参见〔奥〕瓦尔特·维尔伯格:《私法领域内动态体系的发展》,李昊译,载《苏州大学学报(法学版)》2015 年第 4 期;〔奥〕海尔穆特·库齐奥:《动态系统论导论》,张玉东译,载《甘肃政法学院学报》2013 年第 4 期。

场交易价或者指导价的 70%～130% 这个区间之外的,一般可以认定为不合理价格。在该款中,"一般"意味着排除特殊情形,如季节性产品和易腐烂变质的时令果蔬在临近换季或者保质期前回笼资金的甩卖;"可以"意味着应视具体情形而定,不作刚性约束。① 据此,"一般可以"意味着这个比例仅是一般性的参考示范标准,并非唯一的刚性标准,债务人和相对人可以提出相反事实和证据予以推翻。基于同样目的,《合同编解释》第 65 条第 2 款同样延续了原《合同法司法解释(二)》第 29 条第 2 款的规定,规定了约定的违约金超过造成损失的 30% 的,一般可以认定为过分高于造成的损失。

(三) 综合解释方法,把握核心要义

萨维尼曾言:"解释法律,系法律学之开端,并为其基础,系一项科学性之工作,但又为一种艺术。"②而法律解释方法就是科学方法的总结。《合同编解释》系统、综合地运用了各种解释方法,全面、准确地理解《民法典》的核心要义,避免断章取义。如前所述,尊重立法原意、把握立法意旨是该解释制定时秉持的基本原则,从文本出发,以文本为对象,以文本为基准。例如,《民法典》第 522 条第 2 款规定了真正的利益第三人合同,其中的法律效果为"债务人未向第三人履行债务或者履行债务不符合约定的,第三人可以请求债务人承担违约责任"。这本身已经隐含了第三人有权单独请求债务人向自己履行债务,但其不享有撤销权、解除权等合同关联性权利。③ 根据该规定的文义,《合同编解释》第 29 条第 1 款对此予以明确规定。再如,《民法典》第 546 条第 1 款将债权转让通知的效力规定为"未通知债务人的,该转让对债务人不发生效力"。这里特别强调"对债务人"不发生效力,意味着转让通知是保护债务人的规则。据此,《合同编解释》第 48 条第 1 款根据文义,明确规定债务人在接到债权转让通知前已经向让与人履行的,发生债务消灭的效力,故受让人无权请求债务人再次履行。除了文义解释外,《合同编解释》还涉及以下解释方法的综合运用:

---

① 参见最高人民法院(2012)民四终字第 1 号民事判决书。同时,较之原《合同法司法解释(二)》第 19 条第 2 款,《合同编解释》第 42 条第 2 款并未采纳"视为"这个用语,而是将之修改为"认定为",立法用语上更加精准,因为本款并非法律上的拟制性规范。

② 转引自王泽鉴:《法律思维与民法实例》,中国政法大学出版社 2001 年版,第 212 页。

③ 德国法也认为,涉及合同本身的权利必须留给合同当事人,因为只有他们的给付才是以对价关系的方式相互联系起来的,参见〔德〕迪尔克·罗歇尔德斯:《德国债法总论》(第 7 版),沈小军、张金海译,中国人民大学出版社 2014 年版,第 381 页。

第一，注重探求规范目的。规范目的之探求，既表现为通过历史解释对立法者主观目的之探求，也表现为对法律制度或法律体系客观目的之探求。一方面，《合同编解释》注重通过对立法历史的梳理探寻立法目的。例如，关于预约合同的认定，2012年最高人民法院《关于审理买卖合同纠纷案件适用法律问题的解释》第 2 条列举了"认购书、订购书、预订书、意向书、备忘录等"，在《民法典》编纂过程中曾经也规定了"意向书""备忘录"，但最终将这两种类型删除，在第 495 条第 1 款中仅列举了"认购书、订购书、预订书"。通过历史解释可以认为，意向书和备忘录原则上不能被认定为预约合同，这也符合通常的商业实践，只有在其符合预约合同的构成要件时才能被认定为预约合同，《合同编解释》第 6 条第 2 款据此作出明确规定。另一方面，《合同编解释》注重通过对法律制度或法律体系之客观目的的探求，对《民法典》相关规则加以具体化。例如，关于代位权诉讼中债务人"怠于行使"权利的认定，《民法典》第 535 条规定代位权的构成要件之一是债务人"怠于行使"其债权或与该债权有关的从权利。从文义上看，只要债务人向相对人以任何形式主张权利，即不构成"怠于行使"。但是，这可能导致债务人或者相对人可能以债务人已经向相对人发出催告而不构成"怠于行使"等事由进行抗辩，从而使得代位权的规范目的落空，并增加了债务人和相对人倒签主张权利的文书等道德风险。鉴于代位权的规范目的在于债权的保全，只有债务人以最具实效性的方式积极主张权利，才能认定其没有"怠于行使"权利，并减少债务人和相对人的道德风险。因此，在原《合同法司法解释（一）》第 13 条、《全国法院贯彻实施民法典工作会议纪要》第 8 条的基础上，《合同编解释》第 33 条即采取了此种目的性限缩的填补方式，规定"怠于行使"是指"债务人不履行其对债权人的到期债务，又不以诉讼或者仲裁方式向相对人主张其享有的债权或者与该债权有关的从权利"，只要债务人不以诉讼或者仲裁方式向相对人主张权利，无论债务人是否向相对人发出过催告通知，其都构成"怠于行使"权利。

第二，善于运用体系解释的方法。法典化所带来的体系化的重要功能之一就是规范储存功能，而这一功能的实现必须以法律解释为媒介。在解释法律的过程中，法官应当以法律的外在体系为依据。[①] 在《民法典》颁布后，法官解释法律必须要看到体系解释的功能，《民法典》为体系

---

① Vgl. F. Bydlinski, Juristische Methodenlehre und Rechtsbegriff, Springer, 1982, S. 443.

解释奠定了良好的基础。重视体系解释方法在法律解释中的运用,即从整体的视角在准确把握各种具体的规则及立法者的价值判断的基础上,对具体规则展开解释。这就要求我们必须具有全局观的视野。体系解释中的"整体",既涵盖个别规则,也包括由具体规则有机组合而形成的法律体系和法律。而所谓"部分"则是指可能适用于案件的具体条文或规范。只有从"整体"上对整个规范体系加以把握,才能避免在特定的法条适用中可能出现的误读。① 例如,行使抵销权的一方负担数项种类相同的债务,而其主动债权不足以抵销数项债务时,究竟应当先抵销哪一债务?《民法典》没有对此问题作出规定。《民法典》第560条和第561条对债务清偿的抵充作出了规定,不管是抵销还是清偿,均属于使债务消灭的原因,债务消灭原因的不同不会影响债务消灭的先后顺序所涉及的利害关系,因此,对此问题可以参照清偿抵充规则解决。② 因此,《合同编解释》第56条在《全国法院民商事审判工作会议纪要》第43条的基础上,将清偿抵充规则参照适用于抵销情形。

第三,注重解释方法的综合运用。法律解释的方法不能孤立运用,也不能简单地按照绝对固定的次序机械运用,而是应当在解释过程中进行综合运用。③《合同编解释》注重综合运用多种解释方法,对《民法典》合同编之规则进行妥当的具体化。例如,代理人和相对人恶意串通订立合同,损害被代理人利益,依据《民法典》第164条第2款的规定,应由代理人和相对人承担连带责任,但是没有规定合同的效力问题。《合同编解释》第23条第1款规定,应当将代理人与相对人恶意串通认定为代理权滥用,因此法人或者非法人组织不承担合同责任。之所以作此解释,是因为从体系上看,《民法典》第164条第2款处于"代理"一章,因此应当适用代理法中的效果归属规则,而非法律行为的效力评价规则。从规范目的来看,《民法典》第164条第2款旨在保障被代理人的利益,那么将代理人与相对人恶意串通的行为认定为效力待定,交由被代理人进行选择,更能

---

① 参见谢鸿飞:《民法典的外部体系效益及其扩张》,载《环球法律评论》2018年第2期。
② 参见黄薇主编:《中华人民共和国民法典解读》,中国法制出版社2020年版,第354页;崔建远:《合同法》(第4版),北京大学出版社2021年版,第331页。案例参见最高人民法院(2019)最高法民再12号民事判决书。立法例参见《德国民法典》第396条、《日本民法典》第512条、我国台湾地区"民法"第342条、《欧洲示范民法典草案》第3-6:106条第2款。
③ 参见王利明:《法学方法论:以民法适用为视角》(第2版),中国人民大学出版社2021年版,第348页;〔奥〕恩斯特·A.克莱默:《法律方法论》,周万里译,法律出版社2019年版,第146—148页。

实现规范目的,毕竟该情形仅涉及被代理人的私利益,如果使代理行为无效而无追认可能,则并不符合比例原则且过于僵硬。

二、填补漏洞:司法解释对民法典规则的发展

"法典不可能没有缝隙。"①《民法典》颁布后,基本的法律规则已经形成,在许多领域无法可依的局面已经基本结束,但这并不意味着民法的发展就此终止或民事法律不存在任何漏洞。《民法典》的规则需要在实践中不断被发展,当出现规范漏洞时,应当予以填补。基于法官权威性的限制,法官难以以个案的方式对规范漏洞进行填补,即便进行了填补,也难以被其他法官采纳接受,况且许多法官并不擅长规范漏洞的填补操作,而且有越权的担心。因此,通过司法解释填补规范漏洞这种方式颇具中国特色,司法解释已经成为我国本土意义上的规范漏洞填补的表征,承担了传统法律意义上的"法官造法"的功能②,取得了良好的效果。《合同编解释》在既有司法规范和实践的基础上,也对合同编进行了必要的漏洞填补,在这个过程中,创设了一些新的规则。试举几例说明:

(一) 合同订立中的第三人责任

关于合同订立中的第三人责任,例如,第三人实施欺诈、胁迫行为,使当事人在违背真实意思的情况下订立合同,该第三人是否对当事人承担民事责任?对此问题,《民法典》并未作出明确规定。依据《民法典》第157条的规定,在民事法律行为无效、被撤销或者确定不发生效力后,"各方都有过错的,应当各自承担相应的责任",此处的"各方"是否包括第三人?对此存在不同观点。一种观点认为,此处的"各方"限于合同当事人,而不包括第三人。按照此种理解,我国《民法典》并未规定合同订立中的第三人责任,该问题属于法律漏洞。另一种观点认为,此处的"各方"既包括合同当事人,也包括第三人。按照此种观点,合同订立中的第三人责任并不存在法律漏洞。笔者认为,《民法典》第157条中的"各方"不包括第三人,合同订立中的第三人的责任在性质上应当属于合同漏洞。依据《合同编解释》第5条的规定,第三人实施欺诈、胁迫行为,使当事人在违背真实意思的情况下订立合同的,第

---

① Hans Hattenhauer, Allgemeines Landrecht für die Preußischen Staaten von 1794, 2. Aufl., 1994. S. 1.

② 参见姚辉:《民法学方法论研究》,中国人民大学出版社2020年版,第410页。

三人应当承担赔偿责任,这实际上是分别认定合同当事人与第三人的责任。最高人民法院《关于审理涉及会计师事务所在审计业务活动中民事侵权赔偿案件的若干规定》第 4 条第 1 款规定:"会计师事务所因在审计业务活动中对外出具不实报告给利害关系人造成损失的,应当承担侵权赔偿责任,但其能够证明自己没有过错的除外。"但是,该司法解释只是规定了会计师事务所出具不实报告一种情形,并且将其承担的民事责任界定为侵权责任,因此该司法解释的规定适用范围较为狭窄。《合同编解释》第 5 条一般性地规定了实施欺诈、胁迫的第三人的民事责任,并且规定人民法院应当根据各自的过错确定相应的责任,弥补了《民法典》第 157 条的不足。

(二) 债务加入人追偿权

《合同编解释》规定了债务加入人的追偿权。《民法典》第 552 条规定债务加入的法律后果是"债权人可以请求第三人在其愿意承担的债务范围内和债务人承担连带债务"。仅从文义上看,似乎未规定加入人和债务人之间的关系,也有观点认为,《民法典》上述规定已经隐含了他们之间的关系也同样应当适用《民法典》第 519 条、第 520 条关于连带债务的规则。① 债务加入人是否享有追偿权,实务中存在较大的争议,为统一裁判规则,《合同编解释》第 51 条第 1 款肯定了在未约定追偿权的情形下,债务加入人有权依照《民法典》关于不当得利等的规定向债务人追偿,以鼓励债务加入和保障债权。但是,但书中规定,"第三人知道或者应当知道加入债务会损害债务人利益的除外",这就明确了债务加入在通常情形下不会损害债务人利益,但是在特殊情形下,例如在长期供应链关系中,债务加入旨在打乱供应链关系,并将对债务人造成损害,这会排除加入人的追偿权。同时,该解释第 51 条第 2 款规定了"债务人就其对债权人享有的抗辩向加入债务的第三人主张的,人民法院依法予以支持",这就承认了债务加入人也享有债务人的抗辩权。

(三) 相对人合理审查义务

《公司法》第 16 条规定,法定代表人以公司名义为他人提供担保的,应当取得适格的公司决议。但是,该条性质始终存在争论。在理论和

---

① 参见黄薇主编:《中华人民共和国民法典解读》,中国法制出版社 2020 年版,第 288 页。德国法采取同样观点,参见〔德〕迪尔克·罗歇尔德斯:《德国债法总论》(第 7 版),沈小军、张金海译,中国人民大学出版社 2014 年版,第 413 页。

实践中存在代表权限制说、规范性质识别说和内部限制说之争。① 根据《民法典》第 61 条第 3 款和第 504 条的规定,相对人若是不知道且不应当知道法定代表人越权代表的,公司不得对抗善意相对人。现在主流观点认为,《民法典》的规定明确了《公司法》第 16 条的性质,即该条是对法定代表人代表权的限制,法定代表人唯有取得适格的公司决议才能以公司名义为他人提供担保。② 这就产生了相对人对公司决议的审查义务问题。《全国法院民商事审判工作会议纪要》第 18 条第 2 款确立了"形式审查"的标准,而《有关担保的司法解释》第 7 条第 3 款规定的是"合理审查",即相对人有证据证明已对公司决议进行了合理审查,人民法院应当认定其构成善意。《合同编解释》第 20 条延续这一司法政策,并将合理审查标准扩展到所有的交易,从而确立了相对人对交易的合理审查义务。《合同编解释》创设相对人合理审查义务的规则具有重大意义。所谓"合理审查"既非宽松的"形式审查",也非严苛的"实质审查"。③ 注意义务过于宽松将会纵容相对人疏忽懈怠,不利于维护交易安全与防范金融风险;过于严苛则会提高交易成本,不利于经济发展。合理审查义务有利于降低交易成本,提高交易效率,对于完善公司治理具有重要意义。通过法律、章程、决议等方式可以对公司法定代表人的权限进行必要的限制,科以相对人合理的审查义务,则可以使章程对法定代表人权限的限制落到实处。

(四) 债权人可以撤销的债务人行为类型

《民法典》第 539 条在原《合同法》第 74 条第 1 款和原《合同法司法解释(二)》第 19 条第 2 款的基础上,将作为撤销权对象的不合理价格行为规定为"以明显不合理的低价转让财产、以明显不合理的高价受让他人财产"。但是,交易的类型多种多样,包括但不限于财产转让,以不合理价格进行的其他交易也同样能够减少债务人的责任财产,相较于《企业破产法》第 31 条第(二)项"以明显不合理的价格进行交易的",《民法典》第 539 条规定的可撤销的行为类型仍然较少,并且欠缺兜底规则,这导致存在规范漏洞。除《民法典》第 410 条第 1 款规定的以抵押财产折价抵债而

---

① 参见周伦军:《公司对外提供担保的合同效力判断规则》,载《法律适用》2014 年第 8 期。
② 参见贺小荣主编:《最高人民法院民事审判第二庭法官会议纪要:追寻裁判背后的法理》,人民法院出版社 2018 年版,第 192 页。
③ 参见高圣平:《再论公司法定代表人越权担保的法律效力》,载《现代法学》2021 年第 6 期。

损害其他债权人利益的情形外,实践中同样能够被撤销的还包括对价严重失衡的股权置换、低价出租、高价承租等诸多情形,甚至还有不合理的协议抵销、以物抵债以及不合理对价的自益信托等。①《合同编解释》第43条对《民法典》第539条予以目的性扩张,据此,根据实践案例增加了类型的列举,包括互易财产、以物抵债、出租或者承租财产、知识产权许可使用这些行为类型,只要存在明显不合理的价格,这些行为如同财产转让行为一样,都可以成为债权人撤销权的对象;同时存在"等行为"的兜底,从而涵盖了所有的"以明显不合理的价格进行交易"的类型。②

(五) 撤销权的法律效果

撤销权的法律效果在理论界一直存在入库和撤销权人直接受偿的争论。《民法典》并未如代位权那样对撤销权规定直接受偿,但是,如果采取入库规则,则债权人行使撤销权的激励不足。《合同编解释》第46条采取了折中路线,创设了债权人行使撤销权后直接请求执行的规则。为体现撤销权的私益性,该条并未采纳撤销权和代位权同时行使的理论观点③,而是在第118号指导性案例的基础上,采取了执行路径。该条第1款规定撤销权人有权请求相对人"向债务人"承担责任;第2款规定债权人可以请求在撤销权诉讼中一并审理其与债务人的债权债务关系;在此基础上,第3款进一步规定法院可以就债务人对相对人享有的权利采取强制执行措施以实现债权人的债权。在此基础上,为了协调债权人撤销权与破产撤销权、执行制度的关系,如果债务人还有其他申请执行人或者债务人破产的,应当依照法律、司法解释关于参与分配、破产等的相关规

---

① 2015年最高人民法院《关于当前商事审判工作中的若干具体问题》第九部分中即规定了可以撤销利用以物抵债恶意逃债的行为;案例参见最高人民法院(2008)民二终字第23号民事判决书、江苏省连云港市中级人民法院(2020)苏07民终27号民事判决书;学理观点参见朱广新、谢鸿飞主编:《民法典评注. 合同编. 通则》,中国法制出版社2020年版,第50—51页。

② 事实上,除不合理价格的交易之外,还有其他不合理条件的交易,这同样为相对人输送了利益,实质上减少了债务人的责任财产。例如,财产转让约定了合理价格,但却约定支付期在10年后。学理上也认为,在合理对价的交易情形中也可能存在可撤销的诈害行为,而被认为是不合理条件的交易,例如与明显缺乏履行能力者进行交易并先行履行义务等。参见朱广新:《合同法总则研究》(上下册),中国人民大学出版社2018年版,第456页。因此,在债权人撤销权中,有将"以明显不合理的价格进行交易"进一步扩张至"以明显不合理的条件进行交易"的必要。

③ 该观点参见龙俊:《民法典中的债之保全体系》,载《比较法研究》2020年第4期;反对观点参见王利明:《债权人代位权与撤销权同时行使之质疑》,载《法学评论》2019年第2期。

定处理。

(六) 抵销不具有溯及力

抵销的溯及力是指债之关系溯及最初得为抵销(抵销适状)时消灭,其主要涉及以下实践问题:一是自抵销适状之时起就消灭的债务不再产生支付利息义务,也不产生债务人的迟延利息、违约金等迟延责任,这在主动债权和被动债权的迟延损害赔偿金比率不同的情形中较为重要。二是抵销适状之后主动债权发生的变化不影响抵销权人抵销,比如抵销适状之后主动债权的诉讼时效届满的。如果认为抵销无溯及力,对上述实践问题的回答则恰恰相反。从历史上看,抵销溯及力规则源自罗马法中抵销须经法定(ipso jure compensatur)、无须意思表示即可发生效力的规则。因此,抵销自然应当于抵销条件满足时生效。① 关于抵销是否具有溯及力,我国的理论和实践以及比较立法例对此存在不同观点。②《民法典》第 568 条未规定抵销的溯及力。实践中存在承认抵销溯及力的观点,其最大的弊病是导致债权债务的不确定性,损害当事人之间的合理信赖,并且与抵销须经通知才能发生效力的规定相矛盾,也不符合当事人推定的意思。事实上,当事人双方不知道自己的债权债务关系是否发生抵销,也可能不清楚债权债务关系何时发生抵销,与当事人从事交易的第三人更加无从知晓当事人的债权债务状况。这些极大的不确定性,不仅容易导致纠纷的发生,也可能影响交易的有序进行。且如何判断抵销适状,从何时确定抵销适状,完全由法官自由裁量,显然给法官过大的自由裁量权。③ 据此,《合同编解释》否定了抵销溯及力,第 55 条规定抵销通知到达时发生抵销效力,第 58 条规定诉讼时效期间届满的债权仍可作为

---

① 受此观点影响,修改前的《法国民法典》第 1290 条、《德国民法典》第 389 条、《日本民法典》第 508 条等均承认了抵销的溯及力。

② 肯定溯及力的,参见王洪亮:《债法总论》,北京大学出版社 2016 年版,第 181 页;韩世远:《合同法总论》(第 4 版),法律出版社 2018 年版,第 710 页;崔建远:《合同法》(第 4 版),北京大学出版社 2021 年版,第 330 页。《全国法院民商事审判工作会议纪要》第 43 条中规定,抵销的意思表示自到达对方时生效,抵销一经生效,其效力溯及自抵销条件成就之时,双方互负的债务在同等数额内消灭。案例参见最高人民法院(2018)最高法民再 51 号民事判决书。否认溯及力的,参见王利明:《罹于时效的主动债权可否抵销?》,载《现代法学》2023 年第 1 期。最高人民法院 2020 年修正的《关于适用〈中华人民共和国企业破产法〉若干问题的规定(二)》第 42 条第 1 款针对破产抵销权规定,"抵销自管理人收到通知之日起生效"。案例参见最高人民法院(2017)最高法民申 854 号民事裁定书、(2017)最高法执监 3 号执行裁定书。

③ 参见王利明:《罹于时效的主动债权可否抵销?》,载《现代法学》2023 年第 1 期。

主动债权主张抵销,但对方有权提起时效抗辩。这实际上就是否定了抵销的溯及力,此种规定能够督促当事人尽快发出抵销通知,促使尽快确定债权债务关系,减少法官的自由裁量。① 此外,该规则也符合最新的比较法趋势。②

三、体系衔接:司法解释对民法典体系的完善

(一) 民法典体系内部的衔接

1. 与总则编的衔接

合同是最为典型的法律行为。《民法典》合同编通则的规定与总则编中关于法律行为的规定存在体系上的关联。《合同编解释》对合同解释、合同订立中的交易习惯、合同效力等规则进行具体化时,注重与总则编的体系衔接。详言之:

第一,合同解释是法律行为解释的一种,在遵循法律行为解释的一般规则之外,还要遵循更具体的规则和特殊规则。例如,《合同编解释》第1条第1款中规定合同解释要参考缔约背景、磋商过程、履行行为等因素从而确定争议条款的含义。需要指出的是,该条第3款规定,对合同条款有两种以上解释,可能影响该条款效力的,应当选择有利于该条款有效的解释。这实际上也体现了法律行为解释中鼓励交易的基本原则。

第二,区分了作为合同渊源的交易习惯和作为法律渊源的习惯。交易习惯是交易当事人在交易活动中经常采用的,或者在交易行为当地、某一行业经常采用的惯常做法。《民法典》1260个条文中,一共有14个条款规定了交易习惯。交易习惯与习惯不同。在内涵上,根据《总则编解释》第2条第1款,习惯是"在一定地域、行业范围内长期为一般人从事民事活动时普遍遵守的民间习俗、惯常做法等",而根据《合同编解释》第2条第1款,交易习惯也包括主观性的"当事人之间在交易活动中的惯常做法"和客观性的"在交易行为当地或者某一领域、某一行业通常采用并为交易对方订立合同时所知道或者应当知道的做法"。在举证责任上,根据

---

① Vgl. Zimmermann, Die Aufrechnung-Eine rechtsvergleichende Skizze zum Europäischen Vertragsrecht, in Festschrift für Dieter Medicus, Carl Heymanns Verlag, 1999, S. 723.
② 立法例参见《国际商事合同通则》第8.5条第3款、《欧洲合同法原则》第13:106条和第14:503条、《欧洲示范民法典草案》第3-6:107条和第3-7:503条。

《总则编解释》第 2 条第 2 款,主张适用习惯的当事人应当提供证据,但法院在必要时可以依职权查明。而根据《合同编解释》第 2 条第 2 款,主张交易习惯的当事人一方承担举证责任。在功能上,习惯必须在法律没有规定时方可适用,其作用更主要地体现在"补法"上,而交易习惯具有补法、细法等作用,甚至可以改变法律中的任意性规范。

一般认为,交易习惯包括地域习惯、行业习惯和当事人之间的系列交易习惯三种类型,但这些习惯是否存在顺位?《民法典》并没有作出规定。从表面上看,《合同编解释》第 2 条第 1 款只是平行地列举了各种交易习惯类型,似乎并没有规定适用顺序。但实际上,该款将当事人之间在交易活动中的惯常做法,规定在地区习惯和行业习惯之前,更加突出当事人之间的交易习惯的地位,表明交易习惯的内部适用具有明确的顺位。只有确定各种交易习惯内部的适用顺位,才能据此进行裁判。在这三种习惯中确定适用顺位,需要依据各种习惯与当事人真实意思的符合程度进行判断。在存在当事人双方经常使用的系列交易习惯时,这一习惯相较于地域习惯和行业习惯而言,作用的范围更窄也更具有针对性,因而也更接近于当事人之间的合意。因此,在存在多种交易习惯时,系列交易习惯的适用应当优先于其他两种习惯。也就是说,如果对某一条款发生争议,一方是按照一般的地域习惯或行业习惯理解的,而另一方是按照当事人过去从事系列交易时所形成的习惯理解的,则应当按照系列交易的习惯进行解释。

第三,法律行为的效力瑕疵在合同中的适用。首先,《合同编解释》对法律行为的效力瑕疵在合同中的法律适用进行了细化。《合同编解释》第 11 条是对《民法典》第 151 条所规定的"缺乏判断能力"的具体认定;第 14 条关于就同一交易订立多份合同的效力认定,适用了总则编关于双方虚假行为和违反强制性规定等效力瑕疵规定;第 16 条、第 17 条、第 18 条关于违反强制性规定和违背公序良俗的合同效力的规定也是对法律行为相应效力瑕疵规定的细化;第 24 条、第 25 条关于合同效力瑕疵的法律后果是法律行为效力瑕疵后果的细化规则。其次,《合同编解释》对法律行为效力瑕疵的适用范围进行了适当扩充。《民法典》第 157 条适用的前提是法律行为"无效、被撤销或者确定不发生效力",但合同还有不成立、未生效等瑕疵状态。基于不成立与无效的利益状态的相似性[1],《合同编解

---

[1] 参见刘贵祥:《关于合同成立的几个问题》,载《法律适用》2022 年第 4 期。

释》第 24 条、第 25 条将《民法典》第 157 条扩张适用至合同不成立的情形;同时,该解释第 12 条第 4 款将因迟延履行报批义务等可归责于负有报批义务的当事人的原因导致合同未获批准这种状态理解为"确定不发生效力"的类型之一,明确规定此时应当依据《民法典》第 157 条处理。不仅如此,《民法典》第 542 条规定债权人行使撤销权的法律效果是"自始没有法律约束力",依据《民法典》第 155 条的规定,无效或者被撤销的法律行为同样是"自始没有法律约束力"。据此,《合同编解释》第 46 条同样将《民法典》第 157 条适用于债权人撤销权的情形,明确规定债权人有权请求相对人向债务人承担该行为被撤销后产生的返还财产、折价补偿、履行到期债务等法律后果。

第四,代理、代表等归属规则在合同中的适用。《合同编解释》第 20—23 条关于越权代表、职务代理、恶意串通的规则,是总则编中职务代理和代表规则在合同中适用的细化规则,并在判断相对人是否善意时引入合理审查义务,同时对此种审查义务作了清晰的规定,解决了司法实践中长期存在争议的有关相对人善意的判断标准问题。《合同编解释》同时将合同成立和效果归属的一般性规则应用于印章情境中,重点审查签约人是否有代表权或者代理权,且在仅有盖章或仅有签约人签字、按指印时,由相对人证明签约人订立合同时未超越权限。这明确了印章的法律意义以及在缺乏印章情况下如何认定合同效力归属的问题。

2. 与物权编的衔接

合同上的典型给付是将物权或者其他财产权益永久性地转移给合同相对人①,物权制度旨在定分止争,确定民事主体静态的财产秩序;而合同制度强调私法自治,民事主体通过合同动态地调整财产秩序。在这个意义上,合同制度与物权制度必然存在体系上的关联,具体而言:

第一,无权处分问题上,《合同编解释》第 19 条关于无权处分的规定与《民法典》关于物权变动的规则相协调,区分合同效力和物权效力,无处分权不影响合同效力,但会影响物权变动。《民法典》删除了原《合同法》第 51 条的规定,但在"买卖合同"章第 597 条规定"因出卖人未取得处分权致使标的物所有权不能转移的,买受人可以解除合同并请求出卖人承担违约责任",其中的"解除"和"违约责任"都隐含着买卖合同的效力不

---

① 参见〔德〕迪特尔·梅迪库斯:《德国债法分论》,杜景林、卢谌译,法律出版社 2007 年版,第 5 页。

因无处分权而受到影响。《合同编解释》第 19 条对此予以进一步阐明,规定合同效力不因无处分权而受到影响,但无处分权会影响物权变动的效力,除非受让人依据善意取得等取得了财产权利。但是,除物的所有权变动外,无权处分也涉及在物上设定用益物权和担保物权等形式,同样涉及其他财产权利的转让和担保物权的设定。因此,《合同编解释》第 19 条第 1 款将《民法典》第 597 条予以扩张适用,一并处理"以转让或者设定财产权利为目的订立的合同";同时,第 27 条第 4 款规定债务履行期届满后以不享有处分权的财产权利订立以物抵债协议的,也适用该解释上述无权处分的规则。

第二,与物权变动的其他规则相协调。关于债务履行期限届满后达成的清偿型以物抵债协议,法院根据该协议作出确认书或者调解书,这并不属于《民法典》第 229 条规定的能够导致物权变动的具有形成效力的法律文书,与最高人民法院《关于适用〈中华人民共和国民法典〉物权编的解释(一)》第 7 条相一致。《合同编解释》第 27 条第 3 款规定,债权人不能主张物权自确认书、调解书生效时发生物权变动①;并且,由于此时未进行变动的公示,因此也不能主张具有对抗善意第三人的效力。

第三,与担保规则的协调。债务履行期届满前达成的担保型以物抵债协议,其主要目的是担保债务,故《合同编解释》第 28 条规定,债务人或者第三人与债权人在债务履行期限届满前达成以物抵债协议的,人民法院应当在审理债权债务关系的基础上认定该协议的效力。当事人关于债务人到期没有清偿债务则抵债财产归债权人所有的约定无效,但债权人仍有权请求对抵债财产拍卖、变卖、折价,这与《民法典》第 401 条、第 428 条关于流押、流质的规则一致。订立以物抵债协议后未将财产权利移转至债权人名下的,由于未采取公示,则债权人不能主张优先受偿;已经移转至债权人名下的,则适用《有关担保的司法解释》第 68 条的规定。另外,担保人作为第三人代为履行债务取得债权后,向其他担保人主张担保权利的,为与《有关担保的司法解释》原则上禁止追偿的规则相协调,《合同编解释》第 30 条第 3 款规定此时依据《有关担保的司法解释》第 13 条、

---

① 最高人民法院研究室《关于以物抵债调解书是否具有发生物权变动效力的研究意见的解读》中同样认为:"但以物抵债调解书只是对当事人之间以物抵债协议的确认,其实质内容是债务人用以物抵债的方式来履行债务,并非对物权权属的变动。因此,不宜认定以物抵债调解书能够直接引起物权变动。"参见《最高人民法院研究室:关于以物抵债调解书是否具有发生物权变动效力,从而排除法强制执行》,载 https://m.thepaper.cn/baijiahao_17892065,访问日期:2023 年 5 月 30 日。

第 14 条和第 18 条第 2 款等规定处理。

3. 与侵权责任编的衔接

在与《民法典》侵权责任编的衔接层面,《合同编解释》第 5 条规定了合同订立中的第三人赔偿责任,但并未明确规定第三人责任的性质究竟是缔约过失责任还是侵权赔偿责任。德国法中的第三人缔约过失责任是为了弥补德国法中侵权法保护对象的不足,避免雇主责任的免责机制,且存在相当的争论。① 但是,《民法典》并不存在德国法中的上述问题,似乎并无必要引入第三人缔约过失责任,并且之前的司法解释对于会计师事务所责任和证券服务机构责任一直按照侵权责任处理。《合同编解释》第 5 条对此规定法院"依法"予以支持,"法律、司法解释对当事人与第三人的民事责任另有规定的,依照其规定"。这就保留了充分的解释空间,有助于与《民法典》侵权责任编的协调衔接。

(二) 实体法与程序法的体系衔接

在《民法典》的配套司法解释中,最应当注意的问题之一是聚焦诉讼场景,实现实体法和程序法的体系衔接。《合同编解释》很大程度上注意到了这一点。

第一,明确了履行抗辩权在执行过程中的实现方式。《民法典》第 525 条规定了同时履行抗辩,但是在程序上并未相应地配套设计同时履行判决,这导致在原告起诉请求对方履行债务而被告行使同时履行抗辩权时,如果抗辩权成立,则法院可能会判决驳回原告诉讼请求,这相当于原告败诉,并由原告承担诉讼费用,这不利于一次性解决纠纷,而且无法激励当事人一方打破合同履行的僵局。《合同编解释》第 31 条第 2 款规定,此时,如被告未提起反诉,则应当判决被告在原告履行债务的同时履行自己的债务,并在判项中明确原告申请强制执行的,人民法院应当在原告履行自己的债务后对被告采取执行行为;被告提起反诉的,人民法院应当判决双方同时履行自己的债务,并在判项中明确任何一方申请强制执行的,人民法院应当在该当事人履行自己的债务后对对方采取执行行为。该条第 3 款则规定,在先履行抗辩中,如果当事人一方起诉请求对方履行债务,被告主张原告应先履行的抗辩且抗辩成立,则人民法院应当驳回原告的诉讼请求,但是不影响原告履行债务后另行提起诉讼。

---

① 参见〔德〕迪特尔·梅迪库斯:《德国债法总论》,杜景林、卢谌译,法律出版社 2004 年版,第 106 页;孙维飞:《〈合同法〉第 42 条(缔约过失责任)评注》,载《法学家》2018 年第 1 期。

第二,对代位权的诉讼实现作出了具体规定。《合同编解释》第 35 条、第 37 条规定了代位权诉讼的管辖、当事人地位和合并审理等程序问题,第 38 条规定了债权人起诉债务人后又提起代位权诉讼的程序处理问题,第 39 条规定了代位权诉讼中债务人起诉相对人的程序处理问题,第 40 条第 1 款规定了代位权不成立的程序处理。另外,《民法典》第 535 条第 1 款仅规定了以诉讼方式行使代位权,有意未规定以仲裁方式行使代位权;在代位权诉讼中,需要审查的债权债务关系包含债权人与债务人的债权债务关系以及债务人与相对人的债权债务关系,债务人与相对人达成仲裁协议,但如债权人与债务人并未达成仲裁协议,按照仲裁程序审查债权人与债务人的关系,则可能会涉及超越债务人与相对人仲裁合意范围的问题;如果允许相对人以其与债务人之间存在仲裁合意为由而提出抗辩,则可能会架空代位权制度,也会存在债务人和相对人事后达成仲裁合意以对抗代位权的道德风险。① 但是,如果允许债权人提起代位权诉讼,则与债务人和相对人以仲裁解决争议的意愿相背离。为协调债权人的利益和相对人的仲裁利益,《合同编解释》第 36 条采取了折中方案,未承认债权人可以通过仲裁方式行使代位权,但债权人提起代位权诉讼后,债务人或者相对人在首次开庭前申请仲裁的,人民法院可以依法中止代位权诉讼。

第三,对撤销权的诉讼实现作出了具体规定。《合同编解释》第 44 条规定了撤销权诉讼的当事人、管辖和合并审理。需要注意的是,根据原《合同法司法解释(一)》第 24 条的规定,债务人为被告,相对人为第三人。但是,在实践中,将债务人和相对人列为共同被告的情形也很常见,理论中也一直存在不同观点。② 在撤销权诉讼中,即使债务人的行为是单方行为,但相对人仍为受益人,该行为仍然是债务人和相对人之间的行为,裁判效力应当直接及于相对人,而不只是案件的处理结果与相对人有利害关系;将相对人作为无独立请求权第三人,依据《民事诉讼法》第 59 条第 2 款和最高人民法院《关于适用〈中华人民共和国民事诉讼法〉的解释》第 82 条的规定,如果未判决相对人承担责任,其无权上诉,但判决

---

① 认为代位权诉讼中不受债务人和相对人仲裁条款约束的案例,参见最高人民法院(2019)最高法民辖终 73 号民事裁定书。

② 案例参见北京市第一中级人民法院(2020)京 01 民辖终 274 号民事裁定书、陕西省西安市雁塔区人民法院(2021)陕 0113 民初 22396 号民事判决书。学说观点参见王利明:《合同法研究(第二卷)》(第 3 版),中国人民大学出版社 2015 年版,第 148—149 页;朱广新、谢鸿飞主编:《民法典评注.合同编.通则》,中国法制出版社 2020 年版,第 46 页。

效力及于相对人,这并不妥当;如果承认撤销权诉讼产生相对人返还的法律效果,则相对人是直接的义务主体。①《合同编解释》第44条第1款则规定应当以债务人和相对人为共同被告,并根据《民事诉讼法》第22条第3款的规定,原则上由债务人或者其相对人的住所地人民法院管辖,这种规定无疑更为妥当。

《合同编解释》还规定了重要情形中的举证责任,例如,该解释第2条第2款规定了交易习惯的举证责任;第10条第3款规定了格式条款的提示说明义务的举证责任;第23条第3款规定了代表人或者代理人与相对人恶意串通的举证责任和证明标准;第64条第2款规定了违约金调整的举证责任,等等。除此之外,《合同编解释》第3条第3款规定了当事人主张合同无效或者请求撤销、解除合同而法院认为合同不成立的程序处理;第47条规定了债的转让纠纷中的诉讼第三人;第64条第1款规定了请求调整违约金的方式;第66条规定了违约金调整的释明和改判。

四、自主创新:司法解释对本土经验的提炼升华

(一) 本土经验的提炼

霍姆斯指出,法律的生命不是逻辑,而是经验。② 富勒也认为,法律制度是一项"实践的艺术"③。对本土经验的提炼,是指来自实践而又运用于实践,提炼过程是经验总结,经过提炼抽绎得出的法律规则更富有生命力。对于司法解释而言,更需要来自实践,并有效地运用于实践。自《合同法》颁布以来,最高人民法院就《合同法》总则先后颁布了一系列重要的司法解释以及指导意见、会议纪要。④ 这些规范性文件是最高人民法院对审判实践和审判经验的归纳和提炼。在《民法典》编纂过程中,有的规范已经被吸收进《民法典》合同编中,有些虽然没有被吸收,但仍在司法实践中发挥重要作用。在此基础上,《合同编解释》认真总结我国长期实践经验,注重对本土经验的提炼,尽量保持司法政策的延续性,原则上保留

---

① 参见张永泉:《必要共同诉讼类型化及其理论基础》,载《中国法学》2014年第1期。
② See Holmes, The Common Law, Dover Publications Inc., 1991, p. 1.
③ Lon L. Fuller, The Morality of Law, Yale University Press, 1969, p. 91.
④ 例如《合同法司法解释(一)》《合同法司法解释(二)》《关于审理买卖合同纠纷案件适用法律问题的解释》等司法解释;此外,最高人民法院还印发了《关于当前形势下审理民商事合同纠纷案件若干问题的指导意见》《全国法院民商事审判工作会议纪要》等指导意见或者会议纪要。

了原司法解释或者司法政策性文件的基本精神。同时,在审判实践和审判经验的基础上,根据社会的发展对相关规则作出调整和完善。因此,在制定《合同编解释》的过程中,对这些原有规范进行了系统性的梳理,分情况处理:(1)已经被吸收入《民法典》的规定,无须在司法解释中规定;(2)未被吸收入《民法典》,但符合《民法典》精神的规定,在司法解释中保留,确保司法的稳定性;(3)不符合《民法典》的规定,在司法解释中修改或者删除;(4)对《民法典》实施中出现的新型案例,司法解释予以归纳、总结并提炼出一般规则。

实际上,整个《合同编解释》的内容,从合同的订立、效力、履行、保全、变更和转让到合同权利义务终止、违约责任,都体现了对本土经验的提炼,具有浓厚的中国元素。但是,保持司法政策的一致性,并非简单照搬原有的司法解释规定,而是结合社会实践的发展,在如下方面作出了重要的完善:

第一,进一步完善了预约合同及其违约责任。预约合同在比较法上虽然有所规定,但在原《合同法》中一直没有得到明确规定,《民法典》第495条对预约合同作出了原则性规定。《合同编解释》吸收了我国司法实践的经验,对该条作了较为详细的具体规定。一是对预约合同进行类型化规定。《合同编解释》第6条区分了不构成预约合同、构成预约合同和构成本约合同三种类型,并且分别规定违约责任。尤其是,如果当事人已就合同主要内容达成合意且符合合同成立条件,只要当事人未明确约定将来一定期限内另行订立合同,或者虽有约定但当事人一方已实施履行行为且对方接受的,此时本约合同成立。由此,预约合同和本约合同这两种类型就存在一定的流动性。二是对预约合同的效力和违反预约合同的行为予以规定。在理论上,关于预约合同的效力存在"应当缔约"和"诚信磋商"等观点,《合同编解释》第7条采纳了"诚信磋商"的观点,并在该条第2款中规定了认定是否"诚信磋商"时的具体考量因素。据此,未订立本约合同并非一定构成对预约合同的违反。三是对违反预约合同的违约责任作出具体规定。违反预约合同的违约责任是否可以包括继续履行,即强制违约方与守约方订立本约合同?这在理论上存在争论,在司法实践中也有不同的做法。笔者认为,订立本约合同乃是法律行为,在预约合同之内容没有包含本约合同之主要条款时,订立本约合同的义务难以强制执行。因此《合同编解释》第8条第1款对《民法典》第495条第2款中的违约责任予以限缩,仅限于赔偿损失。《合同编解释》第8条第2款根据我国司法实践的有益经验,对违反预约合同导致的损害赔偿责任作出了细化规定。该款规定在当事人没有约定的情况下,"应当综合考虑预约合同在内容上的完备程度以及订立本约合同的条件的成就程度等因素",此时责任范围原则上包括本约合同的缔约过失责任(信赖利益)和本约合同的违约赔偿责任(履行利益)。

第二,进一步完善了印章与合同效力归属之间关系的规则。我国司法实践长期以来将合同是否加盖法人印章作为该合同是否对法人生效的主要依据,甚至说是唯一依据。但是,实践中存在伪造、私刻印章或者擅自加盖印章,以及法人使用多枚印章等现象引起的大量纠纷。《民法典》第490条、第493条只是规定了采用合同书形式订立合同的,合同成立的时间和地点应当以加盖印章的时间和地点为准,但是没有规定签名和加盖印章对合同效力和合同效果的归属的规范意义。《全国法院民商事审判工作会议纪要》第41条对此作出了原则性规定。《合同编解释》第22条在总结我国司法经验的基础上,对印章和合同效力作出了较为具体的规定,其基本理念是只要法定代表人、负责人或者工作人员在职权范围内以法人、非法人组织的名义订立合同,且未超出权限范围,就不能仅以是否加盖公章或者公章真伪作为判断合同是否对法人、非法人组织发生归属效力的依据。实践中存在的"看人不看章、看章不看人"的做法,有失妥当。如果加盖了公章,对公章的真实性没有争议的,就应当视为法人、非法人组织的行为。但是,即使没有加盖公章,或者公章真伪存疑的,只要行为人享有代表权或者代理权,并且在订立合同时是以法人、非法人组织的名义实施的,那么该行为人订立的合同也应当对法人、非法人组织发生归属效力。这就解决了司法实践中只重视公章,而不重视行为人是否以法人、非法人组织名义实施行为,以及是否超越代表权、代理权等事实的做法。

第三,进一步完善了违约造成的可得利益损失的计算标准。《合同编解释》第60—62条结合我国市场经济的实际情况,将可得利益的计算区分为非违约方实施替代交易时的替代交易价格和合同价格的差额,以及未实施替代交易时的市场价格和合同价格的差额,并且规定了持续性定期合同中可得利益的计算规则,即根据非违约方寻找替代交易的合理期限而非全部剩余履行期限确定可得利益;在无法根据以上两种方式确定可得利益时,可以综合考虑违约方因违约获得的利益、过错程度和其他违约情节等因素。同时,规定了可预见性规则在适用中的考量因素。《合同编解释》第65条规定了违约金酌减的考量因素。这些规则的目的都在于避免非违约方因对方违约而受损,同时也避免非违约方过分获利。例如,商品房买卖合同的出卖人违约情形中,不以违约方将商品房出卖所获的差价利益或守约方另行购买相同商品房多支出的价款作为判断损失的基本依据,而以评估价值计算损失;事实上,在违约方另卖房屋获益或者守约方另买房屋多支出这种事实存在的情况下,应以此作为认定损失的基本依据,不宜再评估房屋价值。①

(二) 本土经验的升华

此处所说的升华,是指在总结原有司法经验政策的基础上,改变原有的规则,提炼新的规则。德沃金指出,"法律是一种不断完善的实践"②。《合同编解释》中的许多规则在以前的司法解释中也曾得到规定,但是以前的司法解释在构成要件和法律效果的具体表达上存在不妥之处,在法律适用的过程中引起了一定的误解和错误。但是,法律包括司法解释的制定不是一蹴而就的,不可能简单通过法律概念和法律规则的制定而得到终局解决。庞德曾经指出,机械式的法学最糟糕之处,便是将概念当作终极的解答,而非推理的前提。③ 法律规则只有通过实践的检验并完善才具有生命力,此乃法律生长和发展的规律。这一规律同样适用于司法解释。《合同编解释》中的许多规则来自司法审判的经验总结和升华。《合同编解释》一方面在具体个案中总结抽绎出一般规则,另一方面通过相关司法审判的规范性文件作出规定,经过一段时间的审判实践后,再加以完善和升华。《合同编解释》对这些审判经验进行总结,对于已经过时的,或者在实践中发现不妥的规则予以修改和完善。试举几例说明:

第一,正面列举不影响合同效力的强制性规定。自原《合同法》颁布以来,我国实践中采纳了效力性强制性规定和管理性强制性规定,以明确合同效力的判断依据。但是,无论是何种强制性规定,都具有一定的管理目的,具有管理目的的强制性规定也可能会影响合同效力。《合同编解释》在总结实践经验的基础上,一方面,在第16条第1款中明确了"由行为人承担行政责任或者刑事责任能够实现强制性规定的立法目的的",人民法院可以认定该合同不因违反强制性规定无效;另一方面,该款列举了

---

① 参见刘贵祥:《当前民商事审判中几个方面的法律适用问题》,载王利明主编:《判解研究.总第100辑》(2022年第2辑),人民法院出版社2023年版,第34页。
② Ronald Dworkin, Law's Empire, Harvard University Press, 1986, p. 44.
③ See Roscoe Pound, Mechanical Jurisprudence, Columbia Law Review, Vol. 8, p. 609 (1908).

几类可以认定合同有效的情形:强制性规定虽然旨在维护社会公共秩序,但是合同的实际履行对社会公共秩序造成的影响显著轻微,认定合同无效将导致案件处理结果有失公平公正;强制性规定旨在维护政府的税收、土地出让金等国家利益或者其他民事主体的合法利益而非合同当事人的民事权益,认定合同有效不会影响该规范目的的实现;强制性规定旨在要求当事人一方加强风险控制、内部管理等,对方无能力或者无义务审查合同是否违反强制性规定,认定合同无效将使其承担不利后果;当事人一方虽然在订立合同时违反强制性规定,但是在合同订立后其已经具备补正违反强制性规定的条件却违背诚信原则不予补正。这些规定严格限制了合同无效的情形,回应了市场经济的内在需求,有利于鼓励交易,为法官提供了明确的判断标准,这成为《合同编解释》最大的亮点之一。此外,该解释第18条明确了一些涉及"应当""必须"或者"不得"的规范不属于效力性强制性规定,即这些规定旨在限制或者赋予民事权利,行为人违反该规定将构成无权处分、无权代理、越权代表等,但是不会致使该法律行为无效。[①] 这也符合合同法的目标和宗旨。

第二,构建未生效合同的规则体系。《合同编解释》第12条关于批准生效合同的规范适用,就尽可能吸收了既有的审判经验,总结了原《合同法司法解释(一)》、原《合同法司法解释(二)》、最高人民法院《关于审理外商投资企业纠纷案件若干问题的规定(一)(2020修正)》、最高人民法院《关于审理矿业权纠纷案件适用法律若干问题的解释(2020修正)》以及《全国法院民商事审判工作会议纪要》等司法解释、会议纪要中涉及该问题的规则,结合最新的实践和理论发展,对《民法典》第502条第2款中的"应当办理申请批准等手续的当事人未履行义务的,对方可以请求其承担违反该义务的责任"予以细化。具体而言:首先,如果一方违反了报批义务,则对方除有权请求继续履行报批义务外,还有权选择主张解除合同并请求赔偿违反报批义务所造成的损失,包括依据当事人针对报批义务所设定的违约金等相关条款请求赔偿。之所以能够主张解除,是因为此时合同虽然未生效,但由于其已成立故发生了一定的拘束力,任何一方不得擅自撤回、变更等,并且合同中的报批义务条款和相关条款已经生

---

① 同样有观点据此认为,《民法典》第153条中的"强制性规定"是针对公法上的强制性规定,私法中的强制性规定通常是赋权性的规定和强行性的规定,违反后者不能简单评价为有效和无效。参见刘贵祥、吴光荣:《关于合同效力的几个问题》,载《中国应用法学》2021年第6期。

效,此时有必要解除合同以实现摆脱合同拘束的目的。但是,由于该合同并未生效,故当事人不得请求履行合同约定的主要义务。其次,如果当事人选择请求履行报批义务,经人民法院判决,违反义务方仍不履行报批义务,则当事人可以另行起诉主张解除合同并请求承担赔偿责任,此时,由于违反义务方仍不履行报批义务的原因往往是意图不让合同生效以获得更大利益,因此,为避免违反义务方获利,赔偿数额应当参照合同已生效时所应承担的全部违约赔偿责任予以确定。最后,负有报批义务方已经履行报批义务,但批准机关不予批准时,合同应被认定为确定不发生效力,此时,《合同编解释》第12条第4款并未如《全国法院民商事审判工作会议纪要》第40条那样规定解除,因为确定不发生效力的合同就没有必要解除。并且,由于合同确定不发生效力,故当事人也无权请求赔偿,但是,如果存在因迟延履行报批义务等可归责于负有报批义务方的原因导致合同未获批准,则对方有权依据《民法典》第157条的规定请求赔偿因此受到的损失。

第三,明确合同不成立、无效、被撤销或者确定不发生效力的法律后果。《民法典》第157条一般性地规定了财产返还、折价补偿以及赔偿损失的民事责任。但在实践中,财产是否能够返还、是否有必要返还,折价补偿时如何计算金额,赔偿损失时应当如何划分各方相应的责任,均存在较大的争议。《全国法院民商事审判工作会议纪要》第33—35条规定,财产返还时,要充分考虑财产增值或者贬值的因素;折价补偿时,应当以交易时约定的价款为基础,同时考虑当事人在标的物上的获益情况综合确定补偿标准;赔偿损失时,需根据当事人的过错程度,以及在确定财产返还范围时已经考虑过的财产增值或者贬值因素,避免双重获利或者双重受损的现象发生。在总结审判实践经验的基础上,《合同编解释》第24条、第25条对财产返还、折价补偿以及赔偿损失作了进一步的具体化规定:(1)财产返还应当单独或者合并适用返还占有的标的物、更正登记簿册记载等方式;(2)折价补偿应当以合同被认定为不成立、无效、被撤销或者确定不发生效力之日的市场价值计算,或者以其他合理方式计算的价值为基准;(3)赔偿损失应当结合财产返还或者折价补偿的情况,综合考虑财产增值收益和贬值损失、交易成本的支出等事实,按照双方当事人的过错程度及原因力大小进行判断。

(三)《合同编解释》的启示:如何提炼和升华本土经验

对本土经验进行提炼和升华,不是闭门造车,也不是凭空设计,如何提炼升华,《合同编解释》形成了如下经验:一是注重借鉴比较法经验。对本土经验的提炼并非自拉自唱、自说自话,而应当借鉴人类文明的法治经验和成果,细致分析可能方案背后的理由,在吸收消化后选择、借鉴而为我所用。例如,关于应当提示的格式条款,比较法上普遍采纳了异常条款的概念①,《合同编解释》第 10 条第 1 款借鉴这一经验,明确了提供格式条款的一方应当对异常条款进行提示,从而明确了提示义务的范围。二是注重实证分析。司法解释应当以典型案例、类案、判决书的实证分析和实际调研等素材作为支撑,从而验证司法解释规则的必要性、合理性与正当性。有学者指出:"法律欲不变成一潭死水,而欲活生生地在司法判决的过程中,正确地、合理地解决人类现实生活上永无止境的纷争,最重要的前提是必须能配合和适应人类各种不同的需要。"②在该解释制定过程中,制定者始终注重发现实践中的问题,而不是在理论上设计问题。即便今后出现新的问题,也可以先通过指导性案例、批复解决,这就使得《合同编解释》的各项规则都是司法实践经验的总结和提炼,规则背后都有鲜活的案例基础。《合同编解释》凝聚了我国民法学说的理论共识,使之成为司法解释的规则。三是符合法理与民情。早在清末变法时,修订法律的大臣俞廉三将制定《大清民律草案》的宗旨概括为四项,即"注重世界最普通之法则""原本后出最精确之法理""求最适于中国民情之法则"和"期于改进上最有利益之法则"。③ 符合法理与民情也是该司法解释遵循的理念。例如,原《合同法司法解释(二)》第 24 条规定了异议期间,该规则引起了误解,一方提出解除后,另一方没有在该异议期间内提出异议的,解除权的行使当然发生效力。但是,这一规则显然既不符合法理,也不符合民情。一方面,一方发出解除通知并不意味着其实际上真的享有解除权,在没有解除权的情形下,因异议期间届满而使合同被解除,这显然不符合法理。另一方面,一方发出解除通知,而另一方不提出异议可能存在多种原因,仅凭异议期间内没有提出异议而使合同被解除,这忽视了实践中当事人的意愿,也不符合民情。因此,《合同编解释》第 53 条规定法院审查的重点是发出解除通知的一方是否享有解除权,这意味着,在上

---

① 参见《欧洲示范民法典草案》第 2-1:110 条、《国际商事合同通则》第 2.1.20 条第 1 款。
② O' Meara, Natural Law and Everyday Law, in Mark R. Macguigan, Jurisprudence, 2nd, ed., University of Toronto Press, 1966, p. 621.
③ 参见侯宜杰:《20 世纪初中国政治改革风潮——清末立宪运动史》,人民出版社 1993 年版,第 409—410 页。

述异议期间届满相对人未提出异议的,法院仍然需要审查解除权是否存在,不享有解除权的一方向另一方发出解除通知,另一方即便未在异议期限内提起诉讼,也不发生合同解除的效果。

结　语

卡尔·拉伦茨指出:"解释乃是一种媒介行为,借此,解释者将他认为有疑义文本的意义,变得可以理解。"①《合同编解释》基于法律解释的科学方法,总结本土经验、借鉴域外制度、凝聚理论共识,对合同编通则部分以及与之存在体系关联的其他规则作出了细化与发展,对司法实践具有重要的指导意义。《合同编解释》的公布有利于统一裁判尺度,解决合同编通则实施过程中新出现的重大疑难问题,指导法官在审判中的法律适用,为促进经济社会持续、健康、高质量发展提供法律保障和助力。需要指出的是,为了全面贯彻实施民法典,司法解释也要根据《民法典》体系予以系统化整合,未来如果有可能,建议根据民法典的体系将《合同编解释》中有关法律行为、代理等的规则以及目前分散规定在最高人民法院《关于审理民事案件适用诉讼时效制度若干问题的规定(2020修正)》和《总则编解释》中的有关诉讼时效的规则,统一地整合到《总则编解释》之中,而《合同编解释》主要集中于《民法典》合同编规则的解释,以保障《民法典》的体系性,有利于法官在裁判过程中的找法用法。

---

① 〔德〕卡尔·拉伦茨:《法学方法论》,陈爱娥译,商务印书馆2003年版,第193页。

论债务加入人的追偿权

——以《合同编解释》第 51 条为中心*

一、问题的提出

债务加入又被称为并存的债务承担,是指在原债务人不退出债务关系的情形下,第三人加入到该债务中,在其愿意承担的债务范围内与原债务人共同向债权人承担债务。《民法典》第 552 条首次在民事基本法层面对债务加入制度作出明确规定,终结了立法论层面是否应规定该制度以及如何规定该制度的争论,也为司法实践中债务加入制度的适用提供了明确的规范依据。不过,债务加入人在实际履行债务后,其对原债务人是否享有追偿权,《民法典》第 552 条对此并未明确作出规定。为了统一裁判规则,最高人民法院发布了《合同编解释》,该解释第 51 条对债务加入人的追偿权问题作出了明确规定。该规定区分了第三人与债务人约定加入债务的情形和第三人向债权人表示愿意加入债务的情形,分别对第三人的追偿权行使条件和法律效果进行规定。这一规则填补了《民法典》在这一问题上规定的空白,有利于保护债务加入人的权利,从而充分鼓励债务加入行为,保障债权人的利益。但该规则同样留下了一些值得探讨的问题。在这一背景下,本文拟从债务加入人追偿权的正当性及相关问题作出初步的探讨。

二、确认追偿权完善了《民法典》的债务加入制度

"法典不可能没有缝隙。"①《民法典》虽然规定了债务加入制度,但债务加入人在实际履行债务后对原债务人是否享有追偿权,《民法典》并未

---

* 原载于《法商研究》2024 年第 1 期。
① Hans Hattenhauer, Einführung, in Allgemeines Landrecht für die Preußischen Staaten von 1794, S. 1, 21.

作出明确规定,其是否属于法律漏洞?抑或只是法律的有意沉默?笔者认为,《民法典》未对债务加入人的追偿权作出规定,应当属于法律漏洞,因为《民法典》第一次在法律上确立了债务加入制度,虽然弥补了原《合同法》留下的缺陷,但由于《民法典》并未就债务加入人的追偿权问题作出规定,因此,理论上对此仍然存在争议。①

按照立法者的观点,在债务加入的情形下,债务加入人与原债务人共同对债权人负担连带债务,在债务加入人对债权人履行债务后,其有权依据连带债务的规则向原债务人追偿。② 显然,立法机关认为连带债务的规则可以有效解释债务加入人的追偿权。但笔者认为,连带债务人的内部追偿规则无法有效解释债务加入人的追偿权,因为对连带债务而言,各债务人内部存在一定的内部责任划分,其无法有效解释债务加入人与原债务人之间的关系。因为依据《民法典》第519条的规定,债务人只能向其他债务人就超过份额的部分进行追偿,但是不能全部追偿,在认定债务加入人与原债务人负担连带债务的情形下,债务加入人在履行债务后,将无法向原债务人全额追偿;同时,在原债务人履行债务后,其将有权依法向债务加入人追偿,这显然违背了公平原则。③ 因此,在债务加入的情形下,《民法典》第552条虽然规定债务加入人与原债务人之间承担连带债务,但并不能当然地据此认定债务加入人与原债务人之间存在内部责任划分,并可以依据连带债务的规则确定追偿权。从体系解释来看,《民法典》在某些情形下所规定的连带债务或者连带责任主要是强调各债务人与债权人之间的关系,而非各债务人之间的内部求偿关系④,对此还需要特别规定。例如,依据《民法典》第688条的规定,在成立连带责任保证的情形下,保证人和债务人对债务也承担连带责任,但在连带责任保证中,保证人在承担保证责任后,仍有权向债务人全额追偿。因此,此种连带责任主要是指保证人、债务人对债权人承担连带责任,而非保证人与债

---

① 参见刘保玉、梁远高:《民法典中债务加入与保证的区分及其规则适用》,载《山东大学学报(哲学社会科学版)》2021年第4期;黄薇主编:《中华人民共和国民法典合同编释义》,法律出版社2020年版,第203页;韩世远:《合同法学》(第2版),高等教育出版社2022年版,第219—220页。

② 参见黄薇主编:《中华人民共和国民法典解读》,中国法制出版社2020年版,第288页。

③ 参见张定军:《论不真正连带债务》,载《中外法学》2010年第4期。

④ 参见〔德〕彼得·温德尔:《多数债务人与债权人》,李佳盈译,载《交大法学》2020年第3期。

务人内部的连带责任。① 但是,在债务加入的情形下,《民法典》第 552 条并没有规定债务加入人对原债务人的追偿权。因此,不能从该条规定的连带债务中解释债务加入人是否对原债务人享有追偿权,以及有权在何种份额内追偿的问题。从近几年的交易实践和司法实践的情况来看,大量的债务加入其实具有担保的功能,其与担保具有极大的相似性,在担保人承担担保责任后可以向债务人全额追偿的情形下,依据连带债务的规则认定债务加入人的追偿权并不合理。②

由此可见,《民法典》第 552 条虽然规定了债务加入人与原债务人负担连带债务,但关于债务加入人能否向原债务人追偿的问题,构成法律漏洞。这就迫切需要通过司法解释规定债务加入人对原债务人的追偿权。为填补该法律漏洞,《合同编解释》第 51 条就债务加入人对原债务人的追偿权作出了具体规定,该条第 1 款首先确认了债务加入人与债务人约定追偿权的效力,同时规定,"没有约定追偿权,第三人依照民法典关于不当得利等的规定,在其已经向债权人履行债务的范围内请求债务人向其履行的,人民法院应予支持,但是第三人知道或者应当知道加入债务会损害债务人利益的除外"。这就明确确认了在没有约定追偿权时,债务加入人也享有追偿权,从而为填补法律漏洞、解决债务加入人对原债务人的追偿权问题提供了明确的法律依据,解决了长期困扰理论界与司法实务界的难题,统一了裁判规则。③ 笔者认为,《合同编解释》第 51 条确认追偿权的正当性主要体现在以下几个方面:

首先,确认债务加入人的追偿权有利于鼓励债务加入行为,提升当事人加入债务的积极性。一方面,市场上存在大量具有担保功能的债务加入,债务加入的目的是帮助债务人获得融资,加入的债务人越多,债权也就越安全。④ 而追偿权的缺失会使得债务加入人与原债务人之间的交易条件更为严苛。如果加入债务的第三人不享有追偿权,那么

---

① 参见黄薇主编:《中华人民共和国民法典合同编释义》,法律出版社 2020 年版,第 494—495 页。
② 参见山东省济宁市中级人民法院(2020)鲁 08 民终 2472 号民事判决书;浙江省绍兴市中级人民法院(2019)浙 06 民再 55 号民事判决书。
③ 参见韩世远:《合同法总论》(第 4 版),法律出版社 2018 年版,第 636 页;最高人民法院(2019)最高法民终 1451 号民事判决书;向玡:《债务加入法律实务问题研究——最高人民法院裁判规则总结》,载《人民司法》2015 年第 18 期。
④ 参见最高人民法院(2020)最高法民终 295 号民事判决书;最高人民法院(2019)最高法民终 1438 号民事判决书。

第三人有可能承担债务人的全部债务,而不能获得任何收益,这就无法激励潜在的市场主体加入债务,实现债务加入的制度目标。另一方面,在非金钱债务中,承认第三人在加入债务之后的追偿权,有助于促进债权的最终实现。例如,在建设工程开发项目中,债务人因资金一时不足,或者因为其他因素无法履行债务,此时若是允许第三方加入债务,则有利于债务人履行该项债务,因此,追偿权的确认有利于鼓励债务加入行为,从而实现债权。①

其次,确认债务加入人的追偿权有利于鼓励交易和降低融资成本。一方面,从交易实践看,债务加入与担保具有相似性,大多数债务加入行为具有为原债务人增信的功能,是一种便利和可靠的增信手段。债务人为了改善融资条件、降低融资成本,通过债务加入等增信手段和措施来降低自身的违约概率或减少违约损失率,以提高债务信用等级。② 另一方面,在许多情形下,第三人对债务加入有利害关系,原债务本身可能附加担保或者抗辩等,此时可以通过赋予债务加入人追偿权维持原债权债务关系并保留其上的担保,从而有利于债务加入人,减少其不能受偿的风险。③ 此外,公司向其他企业投资或者对外提供担保、进行债务加入等增信承诺,往往是创造商业机会进而促成交易的过程。并且,债务加入中,债权人的法律地位因债务加入而更优化。因此,肯定债务加入人的追偿权以鼓励债务加入行为,可以为债务人提供更为便利的增信手段,降低债务人获取融资的成本,促成交易的开展。④

最后,确认债务加入人的追偿权有利于化解交易风险,维护金融安全。在实践中,债务加入作为一种增信手段被广泛应用于供应链金融领域。⑤ 在这一交易模式下,供应链中的关键企业往往作为债务加入人为其上下游企业提供信用支持。第三方作为外部增信措施的提供者,可能与融资方之间存在控股、实际控制、战略投资或合作经营等关联关系。⑥ 此

---

① Vgl. Brox/Walker, Allgemeines Schuldrecht, 45. Aufl., München, 2021, §35, Rn. 3.
② 参见马荣伟:《信托产品非法定担保类增信措施性质研究》,载《财经法学》2017年第2期。
③ See Nils Jansen & Reinhard Zimmermann eds., Commentaries on European Contract Laws, Oxford University Press, 2018, pp. 2894-2895.
④ 参见朱晓喆:《增信措施担保化的反思与重构——基于我国司法裁判的实证研究》,载《现代法学》2022年第2期。
⑤ 参见山东省济南市中级人民法院(2018)鲁01民终3961号民事判决书。
⑥ 参见刘保玉、梁远高:《"增信措施"的担保定性及公司对外担保规则的适用》,载《法学论坛》2021年第2期。

时,如果不承认债务加入人的追偿权,将导致其没有加入债务的动力,如果债务加入行为不断减少,将导致供应链金融链条难以维系,不仅使得供应链金融链条断裂,而且不利于维护金融安全。①

在债务加入的情形下,虽然债务加入人在加入债务关系后,成为债务人,与原债务人共同负担债务,债务加入人向债权人履行债务也是在履行自身的债务,但并不能因此简单地否定债务加入人对原债务人的追偿权,毕竟债务加入人确实代替原债务人履行了债务,而且可能自始未获得相应的对价,一概否定其追偿权未必妥当。

三、基于当事人约定的追偿权的制度构造

追偿权本质上是私权,按照私法自治原则,当事人有权对追偿权作出约定,即在债务加入发生时,如果当事人确实就追偿权以及追偿的时间、数额等作出了约定,则应当尊重当事人的约定,由第三人按照约定行使追偿权。②《合同编解释》第51条第1款规定,"第三人加入债务并与债务人约定了追偿权,其履行债务后主张向债务人追偿的,人民法院应予支持",这就明确承认了基于当事人意思的追偿权。债务加入的基础关系不同,对当事人就约定产生的追偿权也会产生不同的影响。

(一) 三方共同订立债务加入合同

在债权人、原债务人与债务加入人共同订立债务加入合同的情形下,不仅可以明确识别出债务加入人存在债务加入的意思,而且还表明债务加入人与债务人之间存在共同承担债务的意愿。③ 同时,债务加入人与原债务人处于相同的债务人地位,此时认定其形成了意定连带债务关系当属应有之义,三方共同订立债务加入合同时产生的追偿权是最清晰、最明确产生追偿权的情形。④ 但如果当事人仅约定了追偿权,没有约定追偿权的范围,此时是否允许债务加入人全额追偿?笔者认为,此种

---

① 参见最高人民法院民事审判第二庭编著:《〈全国法院民商事审判工作会议纪要〉理解与适用》,人民法院出版社2019年版,第386—387页。
② 参见黄薇主编:《中华人民共和国民法典合同编释义》,法律出版社2020年版,第203页。
③ 参见肖俊:《债务加入的类型与结构——以民法典第552条为出发点》,载《东方法学》2020年第6期。
④ 参见孙本武、青岛武玲顺隆市政工程有限公司等追偿权纠纷二审民事判决书,山东省青岛市中级人民法院(2023)鲁02民终1370号民事判决书。

情形下应当允许债务加入人向原债务人全额追偿,因为在当事人对债务人的追偿权作出约定的情形下,应当推定当事人有约定允许债务加入人向原债务人全额追偿的意思,因为债务加入人本不属于债务人,其加入债务主要是为了增强债务人履行债务的能力,而不是真正要成为债务人实际负担债务。因此,即便当事人没有就追偿的范围作出约定,在解释当事人的意思表示时,也应当将其解释为允许债务加入人向原债务人全额追偿。

在当事人就债务加入人的追偿权作出约定的情形下,如果债权人减轻或者免除原债务人的债务,由于债务加入人与原债务人之间成立连带债务关系,此时,债务加入人的债务也应当相应地减轻或者免除。① 在债权人减轻原债务人债务的情形下,债务加入人的债务虽然会相应地减轻,但其仍应当对减轻后的债务承担责任,在此情形下,债务加入人在承担了债务后,其也有权在其承担债务的范围内向原债务人全额追偿。可见,债权人减轻原债务人的债务,只是对债务加入人的债务产生影响,其并不会对债务加入人追偿权的行使条件等产生影响。

(二) 债务加入人与原债务人约定加入债务

债务加入人加入债的关系通常是基于债务加入人与原债务人之间的约定,对此,《民法典》第 552 条明确规定,"第三人与债务人约定加入债务并通知债权人"的方式可以形成债务加入关系。严格地说,一旦当事人达成了债务加入协议,只要通知债权人,债务加入就可以发生效力。② 所以,在债务加入人与原债务人之间就追偿权作出约定的情形下,并不需要通知债权人,因为其主要调整债务人与债务加入人之间的关系,而不涉及债权人的利益,而且债务加入人行使追偿权也不得损害债权人的利益,债权人对此是否知情并不重要。③ 因此,在债务加入人与原债务人就追偿权的行使达成协议时,无须通知债权人即可发生效力。在当事人未就债务加入人的追偿权作出约定时,虽然债务加入人可以向原债务人全额追偿,但按照私法自治原则,债务人也可以与债务加入人约定,债务加入人仅能在一定份额内向原债务人追偿,该约定也具有法律效力。此外,当事

---

① 参见史尚宽:《债法总论》,中国政法大学出版社 2000 年版,第 653—654 页。
② 参见〔德〕迪特尔·梅迪库斯:《德国债法总论》,杜景林、卢谌译,法律出版社 2004 年版,第 621 页。
③ 参见史尚宽:《债法总论》,中国政法大学出版社 2000 年版,第 751—752 页;韩世远:《合同法总论》(第 4 版),法律出版社 2018 年版,第 635 页。

人还可以约定债务加入人行使追偿权的期限、方式等内容。①

债务加入人与原债务人约定加入债的关系,可能存在如下两种情形:一是基于委托合同。在债务加入人与原债务人之间存在委托合同的情形下,债务加入人是受原债务人的委托而加入债的关系,如果当事人在委托合同中约定了债务加入人对原债务人的追偿权,则债务加入人可以基于该约定向原债务人追偿。同时,按照私法自治原则,当事人也可以在委托合同中约定债务加入人向原债务人追偿的数额、追偿的方式等。如果当事人没有在委托合同中约定追偿权,债务加入人也应当有权向原债务人追偿,因为债务加入人加入债的关系通常没有获得对价,是无偿加入债的关系,在其未放弃对原债务人追偿权的情形下,应当承认其追偿权。二是基于赠与合同。在债务加入人基于赠与合同加入债务的情形下,债务加入人与原债务人之间订立了赠与合同,明确约定债务加入人无偿加入债务关系,其加入债关系并不以获得对价为目的,这也意味着债务加入人放弃了对原债务人的追偿权,债务加入人加入债务关系、实际履行债务等,都是其履行赠与合同的方式。这是因为,《合同编解释》第51条第1款规定当事人可以通过约定确立追偿权,但如果债务加入人与原债务人订立赠与合同时,债务加入人已经通过事先约定放弃了追偿权,此时如果认定其对原债务人仍然享有追偿权,就违背了当事人的意思。②

(三) 债务加入人与债权人约定加入债务

依据《民法典》第552条的规定,"第三人向债权人表示愿意加入债务,债权人未在合理期限内明确拒绝的,债权人可以请求第三人在其愿意承担的债务范围内和债务人承担连带债务"。该条对债务加入人与债权人约定加入债务这一债务加入方式作出了规定。此种债务加入方式与前述债务加入人与原债务人约定加入债务关系的情形不同,其理论基础为真正利益第三人合同,即在此种情形下,原债务人处于类似利益第三人的地位。③《民法典》第522条第2款对真正利益第三人合同规则作出了规

---

① 参见黄薇主编:《中华人民共和国民法典合同编释义》,法律出版社2020年版,第203页。
② 实践中有法院对此有所误解,参见河南省焦作市中级人民法院(2022)豫08民终711号民事判决书。
③ 参见史尚宽:《债法总论》,中国政法大学出版社2000年版,第751—752页;王洪亮:《债法总论》,北京大学出版社2016年版,第470—471页。

定,依据该款规定,利益第三人合同虽然对第三人有利,但也要考虑第三人是否在合理期限内明确拒绝,以进一步确定当事人之间的权利义务关系。① 笔者认为,在债务加入人与债权人约定加入债务的情形下,类推适用利益第三人合同的规则时,也需要区分如下两种情形:

1. 原债务人接受债务加入人加入债务

在债务加入人与债权人约定加入债务的情形下,如果原债务人在接到通知后,作出接受的意思表示或者在合理期限经过后未明确拒绝的,即可认定原债务人存在与债务加入人共同承担债务的意愿,此时,原债务人与债务加入人应当对债权人承担连带债务。② 问题在于,原债务人接受债务加入人加入债务,是否意味着其同时接受了债务加入人的追偿权? 笔者认为,此时需要区分不同情形,分别认定债务加入人对原债务人的追偿权:一是在债务加入人向债务人表示愿意加入债务的情形下,如果约定中同时包含了债务加入人有权向债务人追偿的条款,在债务人对此表示接受的情形下,应当认定债务人同时接受了第三人加入债务的行为以及相关的追偿条款。二是原债务人明确拒绝债务加入人的追偿权。在债务加入人与债权人约定加入债务的情形下,原债务人虽然接受债务加入人加入债务,但如果其明确拒绝债务加入人的追偿权,在此情形下,虽然第三人加入债务的行为仍然有效,此时将依法在债务人与第三人之间成立连带债务关系,但债务加入人应当无权向原债务人追偿,因为在原债务人拒绝债务加入人享有追偿权的情形下,拒绝追偿已经成为债务加入的条件之一。在原债务人拒绝债务加入人享有追偿权的情形下,如果债务加入人仍然愿意加入债务,则其应当受到该条件的约束,在其实际履行债务后也无权向原债务人追偿。即便要参照适用《民法典》第 522 条第 2 款中的真正利益第三人合同规则,债权人与债务加入人之间的追偿约定对债务人也不能发生效力。因此,一旦债务人事先明确拒绝,该真正利益第三人合同对债务人就不发生效力,进而可排除追偿权的行使。三是原债务人并未明确拒绝债务加入人的追偿权。在债务加入人与债权人约定加入债务关系时,如果原债务人并未明确拒绝债务加入人的追偿权,则应当认定债务加入人有权依法向原债务人追偿。在此情形下,虽然原债务人

---

① 参见黄薇主编:《中华人民共和国民法典合同编释义》,法律出版社 2020 年版,第 138 页。

② 参见江苏省南通市中级人民法院(2017)苏 06 民终 1251 号民事判决书。

与债务加入人并未就追偿权的行使达成合意,但如前所述,债务加入人加入债务关系并没有获得相关的对价,应当承认其依法对原债务人享有追偿权,即此种情形下,债务加入人向原债务人追偿并不是基于当事人的约定,而是基于法律规定行使追偿权。

2. 债务人拒绝债务加入人加入债务

依据《民法典》第 522 条的规定,在真正利益第三人合同中,第三人有权明确拒绝,在类推适用真正利益第三人合同的规则调整债务加入时,也应当承认原债务人有权拒绝债务加入人加入债务。在债务人拒绝第三人加入债务的情形下,不论第三人与债权人之间债务加入合同的效力如何,都不应当认定第三人与债务人之间成立连带债务关系,也当然不会产生第三人向债务人行使追偿权的问题。① 当然,在债务人拒绝债务加入人加入债务的情形下,债务人行使拒绝权仅使得债务加入人与债权人之间的债务加入合同不对债务人发生效力,但是并不导致该债务加入合同溯及既往无效,该债务加入合同仍在债务加入人与债权人之间发生效力;进言之,在债务加入人对债权人履行债务的情形下,债权人有权保有该给付,而不构成不当得利,债务加入人也无权请求债权人返还。还应当看到,在债务人拒绝第三人加入债务的情形下,如果债务人主张保有相关的利益,则第三人可以通过适用《民法典》第 980 条规定的不适当无因管理制度,请求原债务人在其获得利益的范围内返还必要的费用,因为既然原债务人已经行使拒绝权,则表明第三人代为履行债务的行为不符合"受益人的真实意思",则应通过不适当无因管理制度来解决二者间的求偿问题。②

四、非基于当事人约定的追偿权的制度构造

在肯定债务加入人追偿权的基础上,学者对于追偿权的具体制度构造并未达成一致意见。依据追偿权的请求权基础不同,可以大体分为类推适用方案、无因管理方案、连带债务或不真正连带债务方案等。不同方

---

① 参见[德]克里斯蒂安·冯·巴尔、[英]埃里克·克莱夫主编:《欧洲私法的原则、定义与示范规则:欧洲示范民法典草案(全译本):第 1 卷、第 2 卷、第 3 卷》,付俊伟等译,法律出版社 2014 年版,第 957 页。

② 参见王利明主编:《中国民法典释评·合同编·通则》,中国人民大学出版社 2020 年版,第 424 页。

案的选择切实地影响着追偿权的行使条件和效果。因此,在肯定追偿权的基础上,采取何种方案构建追偿权是问题的重点,对于这些存在差异的方案,有进一步分析的必要。

(一) 追偿权构建的路径选择

1. 不当得利路径选择

《合同编解释》第 51 条第 1 款规定,"没有约定追偿权,第三人依照民法典关于不当得利等的规定,在其已经向债权人履行债务的范围内请求债务人向其履行的,人民法院应予支持,但是第三人知道或者应当知道加入债务会损害债务人利益的除外"。由此可见,最高人民法院主要采取了不当得利说作为追偿权的请求权基础。应当看到,不当得利说有利于解释债务加入人的全额追偿问题,其不仅可以为债务加入人行使追偿权提供理论依据,而且可以确定债务加入人行使追偿权的范围和份额等问题。但该理论在解释债务加入人的追偿问题时也存在一定的问题。笔者认为,不应当依据不当得利的规则确定债务加入人对原债务人的追偿权,主要原因在于:

第一,债务人获利具有法律上的依据。不当得利以得利人获利欠缺法律上的原因为前提,而是否具有该原因,在给付不当得利中,取决于给付所追求的给付目的是否实现。① 在债务加入人与债务人达成约定以加入债务的场合,这一约定的实现本身就构成了债务人获得法律上利益的原因。换言之,在债务加入的情形下,债务加入人与原债务人之间负担连带债务,在因债务加入人履行债务的行为而使原债务人责任减轻或者免除的情形下,原债务人获得的利益具有法律上的原因,其责任的减轻或者免除并不构成不当得利。② 即便在债务加入人向债权人表示加入债务的场合,虽然欠缺债务加入人与债务人的约定,但是债务加入人在清偿债务后,其给付目的也已经获得实现。因为,此时债务加入人的给付目的在于向债务人授予信用,其可以获得在无因管理上支出费用的补偿。③ 此时,其给付目的也可以实现,所以同样不存在欠缺法律上的原因这一问题。

---

① 参见[德]汉斯·约瑟夫·威灵:《德国不当得利法》,薛启明译,中国法制出版社 2021 年版,第 25 页。
② 参见史尚宽:《债法总论》,中国政法大学出版社 2000 年版,第 664 页。
③ 参见[德]汉斯·约瑟夫·威灵:《德国不当得利法》,薛启明译,中国法制出版社 2021 年版,第 17 页。

第二,不当得利的返还范围难以解决债务加入的追偿问题。从返还范围来看,依据不当得利规则,虽然原则上债务人应当将债务加入人清偿的全部债务作为获益进行返还,但在不当得利关系中,遭受损害的一方可以请求返还的范围还取决于因果关系、得利人的主观善意恶意等多种因素,其并不当然能够向得利人全额追偿。而在债务加入的情形下,债务加入人不论是受债务人委托加入债务,还是自愿加入债务,其目的都在于为债务人增信,在实际承担债务后,债务加入人应当有权向债务人全额追偿。因此,基于不当得利规则认定债务加入人的追偿权,在确定追偿范围方面存在一定的不足。

第三,不当得利制度难以解释债务加入人对原债务人行使追偿权的所有情形。不当得利旨在解决当事人之间没有法律上的原因的财产变动的返还问题,而在债务加入的情形下,当事人之间可能存在约定。尤其是在债务加入人与原债务人或者与债权人之间就追偿权作出约定的情形下,原债务人获得利益具有法律依据,不应当构成不当得利。换言之,在债务加入人与债务人通过约定加入债务时,该约定可以作为债务人获得法律上利益的原因,因此并不满足不当得利的构成要件。即便在债务加入人向债权人表示愿意加入债务的场合,如果满足无因管理的构成要件,无因管理也将排除不当得利的适用。因此,将不当得利作为追偿权的解释路径,似乎并不具有普遍的解释力。

2. 无因管理路径选择

债务加入人为避免他人利益受损而选择加入债务并履行债务时,该行为可能被评价为无因管理。《合同编解释》第 51 条第 1 款采用"等的规定"的表述,不排除无因管理说。因此,有观点认为,债务加入人的追偿权可以适用《民法典》第 979 条第 1 款规定的无因管理中的费用偿还或损失补偿请求权。换言之,《民法典》中的无因管理制度可以直接为债务加入人的追偿权提供依据。然而笔者认为,这种方案仍然缺乏足够的解释力,主要理由在于:

第一,债务加入人履行债务的行为并不当然成立无因管理。一方面,债务加入行为大多是当事人约定的,就基于当事人约定而成立的债务加入行为而言,并不存在"无因"的问题,债务加入人履行债务具有法律上的原因。尤其应当看到,在债务加入的情形下,债务加入人本身也是债务人,其履行债务的行为并不是为原债务人履行债务,而是履行自身的债务,原债务人因此减轻或者免除债务也具有法律上的原因,因此难以成立无因管理。① 换言之,在债务加入的情形下,债务加入人履行债务旨在清偿自身债务,并不当然产生消灭原债务人债务的法律效果。另一方面,即便当事人没有约定,但是因为《民法典》已经确认了债务加入行为,债务加入人加入债务的行为并非没有法律原因,而是依据法律规定加入债务,因此,其难以成立无因管理。

第二,债务加入行为与无因管理的构成要件存在一定的冲突。第三人的债务加入行为只有在符合无因管理构成要件的情况下,才可能享有基于无因管理产生的债权。无因管理请求权以"为避免他人利益受损失"为构成要件(《民法典》第979条),这就要求第三人不仅要对债务加入"具有合法利益",而且要求第三人是为了避免债务人利益受损失,第三人才对债务人享有无因管理请求权。因此,对于没有为他人管理事务意思的债务加入人而言,不能基于《民法典》第979条第1款规定的无因管理而享有费用偿还请求权或损失补偿请求权。但是对债务加入行为而言,债务加入人加入债务并不一定具有为他人管理事务、避免他人利益受损失的意图,在此情形下,债务加入行为也难以成立无因管理。

第三,根据《民法典》第979条第2款的规定,无因管理须"符合受益人真实意思",形成合法无因管理后,管理人才可以根据第979条第1款,向本人主张"偿还因管理事务而支出的必要费用",从而找到追偿权的请求权基础。如果债务加入行为并不符合受益人的意思(例如,第三人为了重组供应链加入债务,损害债务人的利益),在此情形下,债务加入就不符合债务人的意思。因此,不论是债务加入人加入债务的行为,还是债务加入人在履行债务之后向原债务人追偿的行为,都可能不符合原债务人的意愿。在此情形下,依据《民法典》第979条、第980条的规定,在原债务人不主张享有管理利益时,债务加入人也无权依据无因管理的规则向原债务人追偿。

第四,基于无因管理规则难以解释债务加入人对原债务人的全额追偿问题。依据《民法典》第979条规定,在成立无因管理的情形下,管理人仅能请求受益人偿还因管理事务而支出的必要费用,这里所说的"必要费用"应该解释为为了履行债务人的债务所支出的必要费用,而不应当包括利息等其他费用。因此,如果依据无因管理的规则认定债

---

① 参见史尚宽:《债法总论》,中国政法大学出版社2000年版,第664页。

务加入人对原债务人的追偿权,将使债务加入人追偿权的行使范围受到限制。因此,无因管理方案在解释债务加入人追偿权方面的问题上也并不妥当。①

3. 法定连带债务或不真正连带债务路径选择

第三种方案尝试从《民法典》第 552 条的条文表述入手探寻债务加入人的追偿权解释路径。其又可以分为如下两种观点:

一是基于法定连带债务路径认定债务加入人的追偿权。由于《民法典》第 552 条明确债务人与债务加入人承担的是"连带债务",债务加入产生连带债务的法律效果。② 因此,《民法典》第 518 条至第 520 条有关连带债务的规定原则上可适用于债务加入③,在债务加入人向债权人履行债务后,可以向债务人追偿,并法定取得债权人对债务人的债权。④《民法典》第 519 条第 2 款则可以为债务加入人的追偿权提供基础。该观点因与《民法典》第 552 条的条文表述相吻合,具有较强的论证效力。

然而,《民法典》第 519 条第 1 款规定:"连带债务人之间的份额难以确定的,视为份额相同。"该条第 2 款规定,连带债务人的追偿范围以超出其应承担的范围为限。由此,在债务加入人与原债务人关于追偿问题未作约定时,适用该条的法律效果是,债务加入人与原债务人应当按照相同份额分担债务份额和予以追偿,但这是否妥当,值得进一步探究。同时,如果基于连带债务的关系调整债务加入人与原债务人之间的关系,则原债务人在承担债务后,将有权基于连带债务的规则依法向债务加入人追偿,这将不当加重债务加入人的责任负担,并进一步降低债务加入人加入债务的积极性,从而影响债务加入制度功能的发挥。

笔者认为,在债务加入的情形下,将债务加入人与原债务人之间的关系界定为法定连带债务,与法定连带债务的内涵存在一定的冲突。一方面,依据《民法典》第 518 条第 2 款的规定,连带债务分为法定连带债务和

---

① 参见刘保玉、梁远高:《民法典中债务加入与保证的区分及其规则适用》,载《山东大学学报(哲学社会科学版)》2021 年第 4 期。

② 参见朱广新:《合同法总则研究》(下册),中国人民大学出版社 2018 年版,第 504 页;王洪亮:《债法总论》,北京大学出版社 2016 年版,第 471 页。

③ 参见夏昊晗:《债务加入法律适用的体系化思考》,载《法律科学(西北政法大学学报)》2021 年第 3 期;韩世远:《合同法学》(第 2 版),高等教育出版社 2022 年版,第 219—220 页。

④ 参见杨代雄编著:《袖珍民法典评注》,中国民主法制出版社 2022 年版,第 494 页;韩世远:《合同法学》(第 2 版),高等教育出版社 2022 年版,第 220 页。

意定连带债务,前者是基于法律规定而成立,而后者则是基于当事人的约定而成立。① 《民法典》中所包含的法定连带债务主要是基于共同侵权、民事合伙、共有关系等对外承担连带债务,可以说这些法定的连带债务的共同特征在于其都基于某些特定法政策因素,要求具有特定共同关联关系的主体对外承担连带债务。而在债务加入的情形下,其涉及的是特定的三方主体之间的债权债务关系的实现,与特殊的法政策考量无涉,纯属该民事主体私人交易领域的事务。另一方面,《民法典》第 552 条所列举的债务加入方式,并不属于当事人通过意思自治的方式形成的债务加入关系,这与《民法典》已经明确规定的其他法定连带债务不同。贸然将债务加入定性为法定连带债务,可能会破坏《民法典》内部法定连带债务的体系性,也与通行的法定连带债务的基本法理不符,并可能损害债务加入情形下民事主体之间的私法自治以及原债务人的利益。

还要看到,在债务加入的情形下,债务加入人在履行债务后,应当有权向原债务人主张全额追偿,但依据《民法典》第 519 条第 2 款的规定,连带债务人在承担债务后,只能就超出自己份额的部分向其他连带债务人追偿,这与债务加入人的追偿权存在明显区别。《民法典》第 552 条中关于"连带债务"的表述,其表达的意思是一旦构成债务加入,债权人既可以向原债务人要求履行债务,亦有权向债务加入人在其愿意承担的范围内要求履行债务,即在外部关系上,债务加入人与原债务人共同负有对债权人履行债务的义务,任何连带债务人只能就超出自己份额的部分向其他连带债务人追偿。② 但依据《合同编解释》第 51 条的规定,债务加入人有权请求债务人在其已经向债权人履行债务的范围内向其履行。因此,如果简单地认定债务加入将在债务加入人与原债务人之间成立法定连带债务关系,甚至据此认定原债务人在履行债务后可以向债务加入人追偿,显然不合理,也不利于保护债务加入人的利益。

二是基于不真正连带债务的路径。不真正连带之债,是指数个债务人基于不同的发生原因而产生同一内容的给付,各债务人分别对债权人负全部履行的义务,并因其中一个债务人的履行而使得全体债务人的债务都归于消灭。③ 有观点认为,债务加入人与原债务人所负担的连带债务

---

① 参见王利明主编:《中国民法典释评·合同编·通则》,中国人民大学出版社 2020 年版,第 272 页。
② 参见张平华:《意定连带责任的构造与类型》,载《法学》2022 年第 4 期。
③ 参见〔日〕我妻荣:《新订债权总论》,王燚译,中国法制出版社 2008 年版,第 394 页。

应认定为不真正连带债务。① 关于债务加入人与原债务人的关系,日本法即经历了从连带债务向"不真正连带债务"的转变。如果将债务加入一律作为连带债务,可能产生违反当事人预期的不当情形,因此日本学说认为债务加入产生的是不真正连带债务,即如果当事人并未明确约定成立连带债务,应视为不真正连带债务。② 基于不真正连带债务的基本法理,债务加入人在履行债务后有权向最终责任人即原债务人全额追偿。就此而言,不真正连带债务说具有一定的合理性,一方面,在债务加入的情形下,原债务人仍然是终局的责任人,即债务加入人可以向原债务人追偿,而原债务人在履行债务后无权向债务加入人追偿。另一方面,在债务加入的情形下,在原债务人履行债务后,其不应当对债务加入人享有追偿权,因为在债务加入的情形下,原债务人作为终局意义上的债务承担者,除法律另有规定外,其对债务加入人不应当享有追偿权。③ 在这一点上,原债务人与债务加入人之间的关系类似于不真正连带债务关系,原债务人应当是终局的责任人。

但笔者认为,不应当认定债务加入人与原债务人之间成立不真正连带债务关系,因为一方面,在不真正连带债务中,各债务人虽然对债权人承担连带债务,但其负担的应当是不同的债务,而且各项债务的发生原因不同。在债务加入的情形下,债务加入人与原债务人对债权人负担的是同一债务,难以成立不真正连带债务。另一方面,不真正连带债务主要是基于法定原因产生,而债务加入行为是基于当事人的意思成立的,与不真正连带债务的成立原因存在一定的区别。因此,不真正连带债务在产生原因上就无法概括债务加入行为。

(二) 可行的路径:类推适用保证人追偿权规则

从《合同编解释》第 51 条的规定来看,该条采取了"关于不当得利等的规定"的表述,表明追偿权行使的依据可以从其他路径进行解释,这就保持了开放性,为追偿权的行使路径预留了解释空间。

《民法典》第 700 条规定了保证人承担保证责任后有权向债务人追偿,而《民法典》第 552 条没有承认债务加入人对原债务人的追偿权。从《民法典》的规定来看,债务加入人的责任要重于保证人。因此,《有关担

---

① 参见崔建远:《合同法》(第 3 版),北京大学出版社 2016 年版,第 272 页;韩世远:《合同法总论》(第 4 版),法律出版社 2018 年版,第 635 页。
② 参见〔日〕我妻荣:《新订债法总论》,王燚译,中国法制出版社 2008 年版,第 509 页。
③ 参见杨代雄编著:《袖珍民法典评注》,中国民主法制出版社 2022 年版,第 494 页。

保的司法解释》第 12 条规定了公司法定代表人以公司名义加入债务,准用担保的规则,以适当减轻债务加入人的负担。这就是"存疑准用担保"的规则。

由于我国《民法典》并没有对债务加入人的追偿权作出规定,有观点认为,不宜通过"存疑准用担保"的规则确立债务加入人的追偿权。也有观点认为,债务加入人的追偿权可以类推适用《民法典》第 700 条的规定。① 实践中,较多法院认为债务加入人可以类推适用保证人的追偿规则对原债务人进行追偿。② 笔者认为,采用类推适用保证人追偿的规则解决债务加入人的追偿问题具有合理性。《民法典》虽然规定了债务加入规则,但并没有规定债务加入人履行债务后对原债务人的追偿规则,因此构成法律漏洞,由于立法并没有规定债务加入人的追偿可以参照适用保证人的追偿规则,因此,只能采用类推适用的方法认定债务加入人的追偿权。对债务加入关系而言,在当事人没有就追偿权作出约定的情形下,类推适用保证人追偿权的规则的主要理由在于:

1. 功能的相似性

虽然《民法典》第 552 条未明确规定债务加入人的追偿权,但是债务加入人与保证人一样,均可为债务的履行起到担保功能,而且二者在功能上具有相似性。虽然学理上可以将债务加入人基于终局地替原债务人履行债务之目的加入债务,称为承担型债务加入(Übernahme schuldbeitritt),将以担保为目的的债务加入称为担保型债务加入(Sicherungs schuldbeitritt)③,但一般认为,债务加入行为大多具有担保的功能。据此,比较法上也存在类推适用的观点。例如,在德国,有学者认为:"在追偿个案中,个别债务人如果能请求其他债务人完全补偿,该个别债务人的法律地位便与保证人相当。"因此,保证法上的追偿规则便可类推适用。④ 也有人认为,由于连带债务本身具有担保构造,所以亦可类推适用担保法的规则。⑤ 德国司法

---

① 参见向玕:《债务加入法律实务问题研究——最高人民法院裁判规则总结》,载《人民司法》2015 年第 18 期。
② 参见四川省夹江县人民法院(2020)川 1126 民初 261 号民事判决书;江西省南昌市中级人民法院(2019)赣 01 民终 1092 号民事判决书;山东省东营市东营区人民法院(2018)鲁 0502 民初 1345 号民事判决书;江苏省无锡市梁溪区人民法院(2017)苏 0213 民初 944 号民事判决书。
③ Vgl. MüKoBGB/Heinemeyer, §421, Rn. 35.
④ Vgl. Schulz, Rückgriff und Weitergriff, 1907, S. 10.
⑤ Vgl. Selb, Mehrheiten von Gläubigern und Schuldnern, J. C. B Mohr, 1984, S. 93.

实践中认为,债务加入具有担保功能(Sicherungszweck)。① 尽管在德国民法学说中,债务加入和保证存在一定的区别,例如有的观点认为,债务加入乃是第三人基于自己的利益而实施的法律行为,而保证则是为了债务人的利益而实施的法律行为。② 但是,这一区别不是绝对的。也有学者认为,第三人也有可能在没有获得利益的情况下加入债务。③ 因此,债务加入和保证确实存在高度的相似性。

在我国的法律实践中,债务加入主要是作为增信措施而被采用,即以担保型债务加入为常态。④ 因此,债务加入具有显著的担保功能。⑤ 在交易实践中以担保型债务加入为常态的背景下,如果只允许债务加入人就其所履行部分的一半份额享有追偿权,可能与债务加入人的预期不符,毕竟债务加入人并没有直接获得来自债权人的对待给付⑥,或者其他对价补偿。例如,在付剑华与远腾集团等股权纠纷案中,法院认为,《投资入股协议书》第 5 条关于"包干费用的支付"约定,"本协议签订后五日内,甲方(指远腾集团)支付乙方(指付剑华)收购资产启动费用 500 万元,……其余包干费用根据新公司取得的拍卖确认书要求的时间全部支付给乙方"。远腾集团既未在协议中明确表达作为保证人对案涉债务承担一般保证责任的意思,又与远成公司共同实际履行,其主张对案涉债务为一般保证人的理由不能成立。⑦ 在该案中,债务加入人加入债务的目的即在于提供担保。

需要指出的是,债务加入人在加入债务时是以债务人而非保证人的身份出现,所以,反对债务加入类推适用的重要理由在于,债务加入人对自己承担债务应当有合理的期待。笔者认为,此种观点值得商榷,因为从实践中来看,债务加入人加入债务的主要目的在于增强债务人履行债务的能力,其本质上是一种增信方式或者措施,只不过与其他的担保方式不同,债务加入行为需要债务加入人以加入债务、成为债务人的形式实现,但并不能据此认

---

① Vgl. MüKoBGB/Heinemeyer, 9. Aufl., 2022, BGB § 421, Rn. 36.
② Vgl. Staudinger/Stürner (2020), Vorbem. zu § 765, Rn. 406.
③ Vgl. Müko/Heinemeyer, Vorbemerkung (Vor § 414), 2019, Rn. 21.
④ 参见夏昊晗:《债务加入法律适用的体系化思考》,载《法律科学(西北政法大学学报)》2021 年第 3 期。
⑤ 参见史尚宽:《债法总论》,中国政法大学出版社 2000 年版,第 751 页;夏昊晗:《债务加入法律适用的体系化思考》,载《法律科学(西北政法大学学报)》2021 年第 3 期。
⑥ 参见刘刚、季二超:《债务加入类推适用的对象、范围和限度》,载《人民司法》2020 年第 13 期。
⑦ 参见最高人民法院(2020)最高法民申 1021 号民事裁定书。

定债务加入人有终局地负担债务的意图。

2. 有效实现债务加入的规范目的

类推适用保证人追偿权的规则,使得债务加入人可以向原债务人全额追偿,更有利于保护债务加入人的利益,这有利于鼓励第三人积极加入债务,有利于实现债务加入的制度目标。依据《民法典》第700条的规定,保证人在承担保证责任后,有权在其承担保证责任的范围内向债务人追偿,而且享有债权人对债务人的权利。换言之,债务人是终局的责任人,保证人在承担保证责任后,有权向债务人全额追偿,债务人在承担责任后,无权向保证人追偿。① 在债务加入的情形下,如果适用连带债务的规则调整债务加入人与原债务人的关系,则当事人在承担责任后,有权依法相互追偿,而且当事人的追偿份额也将受到一定的限制,这将不利于保护债务加入人的利益。与保证相比,债务加入人承担的责任较重,如果当然地判定其不享有追偿权,则可能导致价值失衡的结果;而且如果不承认其在承担责任后享有追偿权,则在债权人选择请求债务加入人承担债务后,债务加入人因代债务人履行债务遭受的损失将难以获得有效救济。② 类推适用保证人追偿权的规则,将赋予债务加入人单方向原债务人追偿的权利,而且此种追偿是全额追偿,这将更有利于保护债务加入人的利益。因此,类推适用保证人追偿权的规则,将原债务人界定为终局的责任人,债务加入人在履行债务后可以向原债务人全额追偿,与连带债务相比,这显然更有利于保护债务加入人的利益。

3. 抗辩权的相似性

在债务加入人行使追偿权时,原债务人所享有的抗辩权与保证人也具有相似性。《合同编解释》第51条第2款规定:"债务人就其对债权人享有的抗辩向加入债务的第三人主张的,人民法院应予支持。"依据该规定,在债务加入人向原债务人行使追偿权时,原债务人可以就其对债权人享有的抗辩向债务加入人主张。依据《民法典》第700条的规定,保证人承担保证责任后,向债务人追偿时,享有债权人对债务人的权利。这也意味着,保证人在承担保证责任后,将产生法定的债权移转的效力,即保证人将在承担保证责任的范围内取得债权人对债务人的债权,据此,我国

---

① 参见高圣平:《论保证人追偿权的发生与行使》,载《东方法学》2023年第1期。
② 参见陈兆顺:《论债务加入与连带责任保证的区分——以〈民法典〉第552条为分析对象》,载《中国应用法学》2021年第6期。

《民法典》第701条规定:"保证人可以主张债务人对债权人的抗辩。债务人放弃抗辩的,保证人仍有权向债权人主张抗辩。"因此,保证人在向债务人追偿时,债务人也应当有权对其主张其对债权人所享有的抗辩。① 这一规则同样可以适用于债务加入。《合同编解释》第51条第2款就是参照适用《民法典》第701条规定的结果。可见,在债务加入的情形下,债务加入人的追偿权与保证人的追偿权在规范构造上具有相似性,这也为债务加入人的追偿权类推适用保证人追偿权规则提供了一定的依据。

问题的关键在于从属性。有学者认为,由于债务加入行为欠缺从属性,因此不能类推适用保证的规则。② 因为保证债务从属于主债务,具有从属性。而债务加入中,债务人直接成为债权债务关系中的当事人,由其自身负担债务,债务加入人的债务并无从属性。③ 应当承认,从属性的缺失使得债务加入与保证存在一定的差异。但笔者认为,这种差异不是实质性的,不足以否定债务加入类推适用保证的可能性。这是因为:一方面,类推适用的前提条件是两个法律制度之间具有法律评价重心上的相似性④,在判断债务加入是否可以类推适用保证这一问题时,法律评价的重心应当在于担保功能,以及为提供担保的一方当事人提供的救济机制,而不是所谓担保的从属性。另一方面,从属性并非所有担保方式的必备要件。⑤ 尽管债务加入欠缺从属性,但是也不影响债务加入类推适用保证制度。《有关担保的司法解释》第36条第2款规定:"第三人向债权人提供的承诺文件,具有加入债务或者与债务人共同承担债务等意思表示的,人民法院应当认定为民法典第五百五十二条规定的债务加入。"此处实际上是将债务加入行为界定为一种担保方式,强调的是债务加入的担保功能,因此与保证具有法律评价重心上的相似性。

当然,类推适用保证的规则虽然是可行的路径,但只是类推适用保证

---

① 参见李伟平:《债务加入对保证合同规则的参照适用》,载《中国政法大学学报》2022年第4期。
② 参见李伟平:《债务加入对保证合同规则的参照适用》,载《中国政法大学学报》2022年第4期;夏昊晗:《债务加入法律适用的体系化思考》,载《法律科学(西北政法大学学报)》2021年第3期。
③ 参见〔德〕迪特尔·梅迪库斯:《德国债法总论》,杜景林、卢谌译,法律出版社2004年版,第621页。
④ 参见〔德〕卡尔·拉伦茨:《法学方法论》(全本·第6版),黄家镇译,商务印书馆2020年版,第332—333页。
⑤ 参见最高人民法院民事审判第二庭:《最高人民法院民法典担保制度司法解释理解与适用》,人民法院出版社2021年版,第337页。

人追偿权的规则,而非保证的所有规则。保证制度特有的一些规则,如保证期间制度、保证人的抗辩规则、共同保证的追偿权规则、保证从属性规则等,无法适用于债务加入制度。①

五、追偿权的具体行使

(一) 追偿数额的确定

债务加入人追偿的数额取决于其追偿的基础。如前所述,关于债务加入人对原债务人的追偿权,学理上存在不当得利路径、无因管理路径、连带债务路径等不同主张。债务加入人追偿的基础不同,其追偿的范围也存在一定的差别。例如,如果认定债务加入人基于不当得利的规则向原债务人追偿,则其追偿的范围应当受到不当得利规则的调整,具体追偿范围还可能受到当事人主观善意恶意的影响。而如果认定债务加入人基于连带债务的规则向原债务人追偿,则债务加入人与原债务人在内部关系上将有一定的责任比例分担问题,在此情形下,债务加入人也仅能在一定范围内向原债务人追偿,而无法向原债务人全额追偿。笔者认为,应当类推适用保证人追偿权的规则认定债务加入人的追偿权,而依据《民法典》合同编的规定,保证人在承担保证责任后,有权在承担保证责任的范围内向债务人全额追偿。② 据此,债务加入人在实际履行债务后,也应当有权在其履行债务的范围内向原债务人全额追偿。

同时,债务加入人对原债务人的追偿数额还受到当事人约定的影响。虽然《合同编解释》第 51 条允许债务加入人向原债务人全额追偿,但按照私法自治原则,也允许当事人对此作出约定,即当事人可以约定债务加入人追偿的范围、条件、数额、支付的时间等。如果债务加入人与债务人已经就内部份额作了约定,那么,债务加入人只要履行超过自己应当承担的份额,就可以向债务人追偿。③ 如果当事人对此作出了约定,则必须尊重当事人的意愿。此种约定主要是在债务人与债务加入人之间,以及债务加入人、债务人和债权人之间达成。如果该约定是在债权人与债务加入人之间达成的,则原则上对原债务人不发生效力,如果该约定有损原债务

---

① 参见夏昊晗:《债务加入法律适用的体系化思考》,载《法律科学(西北政法大学学报)》2021 年第 3 期。
② 参见高圣平:《论保证人追偿权的发生与行使》,载《东方法学》2023 年第 1 期。
③ Vgl. Staudinger/Stürner (2020) Vorbemerkung zu §765 ff. Rn. 417.

人的利益,则不能对其产生效力。①

追偿的数额原则上不得超出债务加入人承担债务的范围。这就是说,债务加入人的追偿范围并不是以原债务的范围予以确定,而是以债务加入人实际承担的数额为准。② 因为在追偿的情形下,债务加入人只能就其实际承担的债务部分向原债务人追偿,而不能在此范围之外行使追偿权。债务加入人追偿的具体数额包括主债务、利息、违约金、损害赔偿金等费用,债务加入人实际承担的相关的债务,都应当有权向债务人追偿。

(二) 追偿权行使的限制和排除

在债务加入的情形下,债务加入人虽然原则上对原债务人享有追偿权,但在当事人明确约定排除追偿权、原债务人拒绝追偿等情形下,则应当对债务加入人的追偿权进行必要的限制,甚至予以排除。具体而言,对债务加入人追偿权的限制和排除主要包括如下情形:

1. 当事人约定排除债务加入人的追偿权

在意定的债务加入中,由于意定债务加入具有担保功能以及为他人清偿债务的性质,意定的债务加入人可能是基于委托合同而进行债务加入③,甚至债务加入人可能具有赠与的意思。因此,尽管具有共同承担债务意愿的债务加入会形成不真正连带债务,但是在意定的债务加入中,债务加入人和债务人并不存在共同关系④,即并非所有连带债务的债务人之间都具有共同关系⑤。因此,此时仍然是债务加入人和债务人的约定优先于连带债务中的追偿权规则。⑥ 据此,债务加入人完全可以与债务人约定,在内部关系上,债务加入人对债务全部负责⑦,从而排除追偿权的适用,或者通过约定份额的方式,实现对追偿权的限制。

当事人约定排除追偿权主要有两种表现形式:一是债务加入人与原债务人明确约定排除追偿权。不论是债务加入人与原债务人约定加入债

---

① 参见王利明:《合同法研究》(第 2 卷),中国人民大学出版社 2003 年版,第 258 页。
② 参见史尚宽:《债法总论》,中国政法大学出版社 2000 年版,第 886 页。
③ Vgl. MüKoBGB/Heinemeyer, 9. Aufl., 2022, BGB § 426, Rn. 17; BeckOGK/Kreße, 2023, BGB § 426, Rn. 75.
④ Vgl. BeckOGK/Kreße, 2022, BGB § 421, Rn. 36.
⑤ Vgl. MüKoBGB/Heinemeyer, 9. Aufl., 2022, BGB § 426, Rn. 4.
⑥ Vgl. Staudinger/Stürner (2020) Vorbemerkung zu § 765 ff. Rn. 417.
⑦ Vgl. BGH: Urteil vom 14.06.1976 – III ZR 105/74, BeckRS 1976, 31114667.

务,还是债务加入人与债权人约定加入债务,按照私法自治原则,债务加入人都可以与原债务人约定排除追偿权,此时,债务加入人履行债务后即无权向原债务人追偿。① 二是原债务人明确拒绝债务加入人的追偿。如前所述,在债务加入人与债权人约定加入债务的情形下,如果原债务人明确拒绝债务加入人的追偿,则其将成为债务加入人加入债务的限制性条件之一,在此情形下,债务加入人实际履行债务后,即无权向原债务人追偿。

2. 第三人知道或者应当知道加入债务会损害债务人的利益

第三人加入债务对债务人通常是有利的,因为其会在一定程度上减轻债务人的债务,但在特殊情形下,第三人加入债务也可能损害债务人利益,针对这一情况,《合同编解释》第 51 条第 1 款在确认债务加入人追偿权的同时,也规定了排除追偿权的规则,即债务加入人"知道或者应当知道加入债务会损害债务人利益的",则其无权向债务人追偿,这就从主客观两方面规定了排除债务加入人追偿权的情形。

从客观方面看,该规定要求债务加入行为会损害债务人的利益,所谓"会损害",是指此种损害并不一定已经现实发生,而可能会在将来发生。所谓"天下熙熙,皆为利来;天下攘攘,皆为利往"。债务人加入债务可能是出于使自己获利而不问债务人利益的考量,如果不加限制地承认第三人享有追偿权,可能导致第三人为了不正当的竞争目的擅自介入债权人和债务人之间的法律关系。尤其在非金钱之债的情况之下,新增一名承担连带责任的新债务人,对于原债务人来说并不一定纯获利益。② 例如,债务人因一时困难陷入供货紧张状态,第三人不通知债务人,直接通过债务加入向债权人提供货物,从而抢夺了该债务人的供货机会,这甚至构成不正当竞争。在该例中,债务加入行为可能打破债务人的供应关系,其对债务人的损害可能在将来发生。再如,在涉及服务合同的情形下,履行义务可能会给债务人带来可观的合法利益,债务人可能希望通过履行来持续雇佣熟练的劳动力,债务人有合理的理由愿意继续履行。③ 如

---

① 参见高圣平:《论保证人追偿权的发生与行使》,载《东方法学》2023 年第 1 期。
② 参见〔德〕克里斯蒂安·冯·巴尔、〔英〕埃里克·克莱夫主编:《欧洲私法的原则、定义与示范规则:欧洲示范民法典草案(全译本):第 1 卷、第 2 卷、第 3 卷》,付俊伟等译,法律出版社 2014 年版,第 957 页。
③ 参见〔德〕克里斯蒂安·冯·巴尔、〔英〕埃里克·克莱夫主编:《欧洲私法的原则、定义与示范规则:欧洲示范民法典草案(全译本):第 1 卷、第 2 卷、第 3 卷》,付俊伟等译,法律出版社 2014 年版,第 950—951 页。

果其他服务提供者取代了债务人的位置,会对其有不利影响。在法律上,判断债务加入行为是否会损害债务人的利益,应当以一个理性的市场主体为判断标准,而不能完全以债务人为判断标准。

从主观方面看,该规定要求第三人在加入债务时"知道或者应当知道"加入债务会损害债务人的利益。所谓知道,是指第三人主观上明知,即第三人知道其加入债务的行为会损害债务人的利益。所谓应当知道,是指以理性的市场主体为标准,判断第三人知道其债务加入行为会损害债务人的利益。司法解释之所以采取主客观两方面判断,主要是为了防止排除债务加入人追偿权的标准过低,导致债务加入人的追偿权很容易被排除,使债务加入人的损失无法得到救济。在前例中,如果能够证明第三人知道或者应当知道债务加入的目的是打乱原有的供应链,由债务加入人与债权人之间建立供应链关系,此种情形将会损害原债务人的利益,在此情形下,即便债务人没有明确表示拒绝,只要债务人能够证明该行为将损害其利益,债务加入人就无权向原债务人追偿。因此,应当对第三人的追偿予以排除。

3. 追偿权的行使会损害债权人的利益

在债务加入的情形下,债务加入人履行债务后向原债务人行使追偿权通常不会损害债权人的利益,即通常情形下,债务加入人已经向债权人完全履行债务,债权人的债权已经得到完全实现,此时,债务加入人向原债务人行使追偿权,并不会对债权人的利益产生不当影响。但在某些情形下,债务加入人行使追偿权也可能影响债权人的利益。例如,债务加入人只是向债权人履行了部分债务,在此情形下,如果原债务人履行债务的责任财产有限,则债务加入人向原债务人追偿即可能影响债权人债权的实现。① 笔者认为,此种情形下,应当对债务加入人的追偿权进行必要的限制,即应当优先保障债权人债权的实现,因为债务加入人与原债务人对债权人负担连带债务,如果不对债务加入人的追偿权进行限制,则其在行使追偿权后,债权人仍有权请求债务加入人继续履行债务,这可能增加债务履行的成本。② 同时,在类推适用保证人的追偿权规则时,依据《民法典》第 700 条的规定,在债权人的债权尚未获得完全清偿时,如果允许保

---

① 参见谢鸿飞:《连带债务人追偿权与法定代位权的适用关系》,载《东方法学》2020年第 4 期。

② 参见李中原:《连带债务人之间追偿权的法教义学构建》,载《法学家》2022 年第 2 期。

证人对债务人进行追偿,可能增加债务人的负担,也不利于债权人债权的实现,在这种情况下,保证人的追偿权应当受到限制,其顺位劣后于债权人的债权请求权。① 这一条款同样应当适用于债务加入中的第三人的追偿权,即在债务人还没完全清偿的情况下,第三人对债务人的追偿权应当劣后于债权人对债务人的债权请求权。

结　语

《合同编解释》第 51 条第一次在法律上规定了债务加入人对原债务人的追偿权规则,填补了《民法典》第 552 条规定的空白,也是对我国长期以来司法实践经验的总结,并将为解决相关纠纷提供明确的法律依据。当然,该规则并没有终结对债务加入人追偿权解释路径的争论。由于不当得利说仍然缺乏必要的解释力,《合同编解释》第 51 条的规定采取了开放性表述,表明解释路径仍然要依据具体情形确定。尤其是需要依据债务加入的不同方式,区别对待不同情形下债务加入人的追偿权性质与行使问题。在司法解释对债务加入人的追偿权作出规定后,也需要展开对该条文的解释工作,以保障债务加入人追偿权的准确行使,并妥当处理债务加入关系中各方当事人的权利义务关系。

---

① 参见王蒙:《论保证人对债务人追偿的双重结构》,载《华东政法大学学报》2023 年第 1 期。

人格权法

人格尊严:民法典人格权编的首要价值*

《民法典》人格权独立成编既是《民法典》在体系上的重要创新,也是《民法典》在充分保障人民权益方面的重大亮点。由于各项人格权都充分彰显了人格尊严,因而人格尊严成为人格权编的首要价值,保护人格权就是要维护人格尊严。明确人格尊严在人格权编中的首要地位,就要解决人格尊严与私法自治、人格尊严保护与财产利益保护发生冲突时优先保护何者的问题。在二者冲突时,私法自治和财产权应当受到必要的合理限制。因此,在人格权编的价值体系中,人格尊严处于最高的位阶。准确理解人格尊严在人格权编的首要地位,对人格权编的准确实施具有重要意义。

一、人格尊严是人格权编的首要价值

孟德斯鸠说:"在民法慈母般的眼里,每一个个人就是整个的国家。"①我国《民法典》就是这样一部彰显了人文精神、充满着人文关怀的民法典。《民法典》人格权编以人格尊严为首要价值,也充分体现了民法的人文关怀精神。

(一) 人格尊严为何是人格权编的首要价值?

以人格尊严作为人格权法的基本原则,是落实宪法保护人权、维护人格尊严的要求。《宪法》第 38 条规定了维护人格尊严原则,据此将维护人格尊严作为宪法的基本价值。《宪法》第 33 条第 3 款规定了"国家尊重和保障人权"。人权入宪,也为《民法典》人格权独立成编提供了重要的法律依据。如何贯彻、落实好宪法的上述原则和精神?人格尊严本身就是一个表明了人权保障之哲学立场、价值基础和逻辑起点的概念。既然《宪法》已将人格尊严设定为法秩序的基础,那么《民法典》应依据《宪法》,将

---

* 原载《当代法学》2021 年第 1 期。
① 〔法〕孟德斯鸠:《论法的精神》(下册),张雁深译,商务印书馆 1963 年版,第 190 页。

人格尊严作为民法的价值基础。就人格尊严的保护而言,需要将其转化为民法的人格权制度,然后通过法官援引人格权的相关规定,最终实现宪法原则的具体化,使之真正得到落实。《民法典》人格权编转述《宪法》的表述,并非简单的重复,而具有将宪法规定具体化的价值,使得其具体化为一种民事权益。

维护人格尊严是新时代人民群众美好幸福生活的基本要求。美国社会心理学家马斯洛曾经提出著名的"需求层次理论",即当人们的基本物质需要还尚未满足时,对隐私等精神性人格权的诉求会相对较少,而当人的生存需要基本满足之后,对文化和精神的需要将越来越强烈①,马斯洛把这种心理需要归纳为自尊需要。② 在进入新时代以后,我国已经成为世界第二大经济体,人民物质生活条件得到了极大改善,全面建成小康社会的愿景即将实现。在基本温饱得到解决之后,人民群众就会有更高水平的精神生活追求,希望过上更有尊严、更体面的生活。每一个平凡的中国人对美好幸福生活的向往,既包括了物质层面的丰衣足食、住有所居,也包括了精神层面的维护自身人格尊严。正因如此,保护人格权、维护人格尊严,是我国法治建设的重要任务③,这也是《民法典》将人格权独立成编的重要原因。

维护人格尊严是适应互联网、高科技、大数据时代人格权保护现实需求的必然要求。21世纪是科技发展和信息爆炸的时代,科学技术的迅速发展是一把双刃剑。一方面,科学技术给人类带来了巨大的福祉,极大地改变了人类的生产和生活方式,甚至改变了人类社会的组织方式。另一方面,科学技术一旦被滥用,反过来也可能侵犯个人隐私、个人信息以及损害生命健康等,从而损害人类的福祉。各种高科技的发明已经使得人类无处藏身,如何强化对隐私权等人格权益的保护,成为现代法律制度所面临的最严峻的挑战。④ 这些问题的产生,均呼唤着一部能够有力回应时代之问的法典问世,而人格权编正是在这一背景下,成为《民法典》回应

---

① 参见〔美〕马斯洛:《马斯洛人本哲学》,成明编译,九州出版社2003年版,第52—61页。
② 参见〔美〕马斯洛:《马斯洛人本哲学》,成明编译,九州出版社2003年版,第51—52页。
③ 参见《沈春耀作关于民法典各分编(草案)修改情况和民法典(草案)编纂情况的汇报》,载 http://www.npc.gov.cn/npc/c2/c30834/201912/t20191223_303684.html,访问日期:2019年12月23日。
④ 参见徐明:《大数据时代的隐私危机及其侵权法应对》,载《中国法学》2017年第1期。

时代之问、彰显时代特色的主要亮点。

维护人格尊严是弥补传统民法"重物轻人"的重要表现。传统民法以"财产法"为核心,人格尊严的价值并没有得到充分体现,而现代民法逐渐转向以人为核心,民法可以被更准确地理解为"活着的人"的法、"想更好地活着的人"的法。[①] 人格尊严的至高无上性要求其既应当是我国《民法典》人格权编立法的根本目的,也应当是贯穿于全部规定的基本理念和精神,构成整个人格权法的价值基础。维护人格尊严的基本理念不仅使得《民法典》的价值体系更加完善,也使得《民法典》的形式体系更加完善。人格权在《民法典》中独立成编,落实了民法调整平等主体之间的人身关系和财产关系的任务,改变了传统民法存在的"重物轻人"的体系缺陷。因此,人格权独立成编是我国《民法典》最重要的创新之一和最大亮点,也为世界各国有效应对人格权保护问题提供了中国经验和中国方案。

维护人格尊严是对我国历史经验的系统总结。中国经历了几千年漫长的封建社会,具有长久的漠视人的主体地位和人应当享有的尊严的封建专制传统。新中国成立以后,人民当家作主。从1954年《宪法》开始,数部《宪法》都确认了维护个人人格尊严的原则,但受"左"的思想的影响,个人权利和人格尊严的维护在民法上一直付之阙如。甚至在"文革"期间,发生了各种"戴高帽""架飞机""剃阴阳头"以及在人们脸上涂墨等严重侵害个人人格权的行为,广大人民群众的人格尊严饱受侵害。正是基于对"文革"期间造反派等严重侵害人格权暴行的反思,我国《民法通则》在民事权利一章以专节的形式规定人身权,第一次广泛确认了公民所享有的各项人格权,被称为"民事权利的宣言书"。以此作为依据,第一起精神损害赔偿的案件进入法院,司法实践也成为推进人格利益保护的重要力量。与此同时,人民法院裁判了大量人格权的案件,制定了一系列关于人格权的司法解释。这些立法与司法实践极大地推进了中国人权事业的发展和进步,为《民法典》人格权独立成编奠定了良好的基础。

(二) 人格尊严何以是人格权编的首要价值?

人格尊严的至高无上性,也必然要求我国《民法典》人格权编立法

[①] 参见〔日〕大村敦志:《从三个纬度看日本民法研究:30年、60年、120年》,渠涛等译,中国法制出版社2015年版,第36页。

充分彰显人格尊严的基本理念和精神,这是整个人格权法的价值基础,人格权独立成编的宗旨就在于维护人格尊严。人格权编的立法目的在于贯彻党的十九大和十九届二中全会关于保护人民人身权、财产权、人格权的精神,落实宪法关于公民的人格尊严不受侵犯的要求。① 每一项具体人格权都彰显了人格尊严的价值,一般人格权以人格尊严作为基本内容,各种新型人格利益也同样以人格尊严作为评判的标准。因此,保护人格权和维护人格尊严成为人格权编根本的立法目的。《民法典》人格权编的体系安排与制度设计无不彰显着保护人格权与维护人格尊严的理念,二者互相作用,共同为《民法典》人格权编奠定了价值基础,提供了方向指引。

1. 一般人格权以维护人格尊严为基础

一般人格权的基础价值就在于维护人格尊严,以此实现人格的独立与自由发展。② 在德国法中,一般人格权的概念并非经由民事立法创造,而是经由司法判决形成。这些司法判决的成文法依据主要是《德国基本法》第1条关于人格尊严和第2条关于人身自由的规定。因此在德国法中,一般人格权本就是出于维护人格尊严的目的经由司法判决而产生的概念。③ 我国《民法典》第109条确立了自然人的一般人格权,形成人格权保护的兜底条款,我国《民法典》第990条第2款规定:"除前款规定的人格权外,自然人享有基于人身自由、人格尊严产生的其他人格权益。"该条规定以立法的形式确定了一般人格权。这一规则也正式确认了人格尊严成为判断一项权益是否构成一般人格权的标准。由于一般人格权旨在弥补具体人格权僵化的不足,因此一般人格权的具体外延是随着实践的变化而越来越丰富的。而人格尊严,则是一般人格权的内核,是判断所有新型人格利益的基本标准,任何一种权益受到侵害后,只要侵害了个人的人格尊严,都可以纳入一般人格权的保护范围。随着社会发展出现的各种人格利益,是否要受到人格权的保护,要以人格尊严是否受到侵犯为标准进行判断,这表明了人格尊严是所有值得法律保护的人格权益的基本标准。由此也表明,维护人格尊严是整个

---

① 参见《沈春耀作关于民法典各分编(草案)修改情况和民法典(草案)编纂情况的汇报》,载 http://www.npc.gov.cn/npc/c2/c30834/201912/t20191223_303684.html,访问日期:2019年12月23日。

② 参见谢远扬:《个人信息的私法保护》,中国法制出版社2016年版,第91页。

③ 参见刘志刚:《侵权责任法中的基本权利问题》,复旦大学出版社2018年版,第95页。

人格权编的基本立法目的。

2. 关于生命尊严的确认

我国《民法典》第1002条在规定生命权时,明确规定生命权的内涵不仅包括生命安全,也包括了生命尊严。所谓生命尊严,是指维护生命存续的质量和维护生命结束的质量。每个人不仅仅要活得有尊严,而且要死得有尊严,生命对每个人都是宝贵的、无价的。生命是一个过程,从出生到幼年、成年、老年、离世,每一个阶段都体现了人生的价值和意义,并且始终是法律所要关注和保护的重点所在。即使生命处于刚开始的胚胎阶段,也具有尊严。生命权是第一人权,是所有权利之首,在生命权中,将生命尊严作为基本内核,而生命尊严又是人格尊严的具体表现,这就凸显了人格尊严的基础性。

生命尊严是人格尊严的具体表现,维护生命尊严在《民法典》上具有如下意义:一是进一步扩张了生命权的内涵,充分彰显了人格尊严的价值。也就是说,个人既要活得有尊严,也要死得有尊严。所以,国外将其称之为"优生"和"优死"。[1]《民法典》第1002条对于生命尊严的保护所采用的是"受法律保护"的表述,该种表述旨在强调消极地对生命尊严予以维护,而非积极地对生命尊严加以处分。生命利益的至高无上性并不意味着人有权处分自己的尊严,并损害他人的尊严,正如英国学者弗格森所指出的,"生命的神圣性价值并不意味着一切生命都必须以一切代价去保存"[2]。二是生命尊严是对绝症患者进行临终关怀的价值基础。这就是说,生命的享有并不意味着个人必须负有痛苦生存的义务,不应不惜一切代价地生存,而应当享受生命的质量。笔者认为,当绝症患者依据现有的科学技术水平已经治疗无望,继续治疗会给其带来巨大痛苦,在此情形下,应当允许患者自主决定是否选择继续治疗,尊重和维护其生命尊严。三是生命尊严是人格尊严的重要组成部分,"生命尊严"不仅适用于活着的人,还可以扩展适用至对人体胚胎、胎儿[3]、遗体等的保护。也就是说,对于这些具有人格意义的"物",仍

---

[1] 参见吴泽伟、周镇宏:《生与死的新困惑》,新世纪出版社1990年版,第185页。
[2] 〔英〕亚当·弗格森:《道德哲学原理》,孙飞宇、田耕译,上海人民出版社2003年版,第82页。
[3] 例如,1994年修订后的《法国民法典》第16条规定:"法律确保人的优先性,禁止对尊严的一切侵害,自其生命伊始即确保对人的尊重。"

然要以有利于维护人格尊严的方式去对待和处理。①

3. 对行动自由的维护彰显了对人格尊严的维护

《民法典》第 1011 条关于保护行动自由的规定同样反映了对人格尊严的维护。例如,在"超市搜身案"中,某超市的保安怀疑消费者偷拿财物,对其进行搜身,虽然没有侵犯原告的名誉权,但实际上侵犯了原告的人格尊严。② 故此,禁止非法搜身的立法目的主要是保护人格尊严。《民法典》人格权编规定禁止他人以非法搜查身体的方式侵害行动自由,并将该规则规定在物质性人格权一章中,是因为此项规则与物质性人格权具有密切联系,因为非法搜查身体通常要将个人带到某个地方,限制个人的行动自由。同时,非法搜查身体也可能采取暴力行为,侵害他人身体。在人格权编中规定禁止非法搜查他人身体,可以对实践中频繁发生的非法搜身现象予以禁止,使自然人身体、隐私等免受侵害。

4. 对性骚扰的禁止本质上是维护人格尊严

《民法典》第 1010 条虽然规定在人格权编的第二章"生命权、身体权和健康权"中,但并不能据此认为,性骚扰构成对他人生命权、身体权和健康权的侵害。因为从实践来看,性骚扰的类型较为复杂,有时难以认定其侵害的是某种具体人格权。例如,行为人在公共场所故意碰撞他人身体敏感部位,既构成性骚扰也构成对他人身体权的侵害;如果在大庭广众之下实施该行为,还可能构成对他人隐私权的侵害;如果行为人将其实施性骚扰的行为发到网上,也可能构成对他人名誉权、肖像权等权利的侵害;如果行为人实施性骚扰行为,损害他人身体,甚至使他人产生心理疾病,则应当构成对他人健康权的侵害。③ 因此,不能简单地认为,性骚扰侵害的是某种特定的具体人格权,而应当看到其本质上侵害的是受害人的人格尊严,这也符合比较法的经验。比如,1990 年欧洲议会《关于保护男女工作人员尊严的议会决议》将性骚扰定义为损害他人人格尊严的不受欢迎的性行为或其他以性为目的的行为。基于欧盟的指令要求,英国曾经在 2006 年颁行《平等法》,该法将性骚扰界定为故意或从

---

① 参见石佳友:《人权与人格权的关系——从人格权的独立成编出发》,载《法学评论》2017 年第 6 期。

② 参见钱某诉上海屈臣氏日用品有限公司搜身侵犯名誉权案,上海市虹口区人民法院(1998)虹民初字第 2681 号民事判决书、上海市第二中级人民法院(1998)沪二中民终字第 2300 号民事判决书。

③ 参见王成:《性骚扰行为的司法及私法规制论纲》,载《政治与法律》2007 年第 4 期。

结果来看侵犯他人尊严的行为。① 因此,在对性骚扰的受害人进行救济时,如果无法适用某种具体人格权的规则,则应当认定行为人侵害了受害人的人格尊严,即侵害了受害人的一般人格权。各类性骚扰无论呈现出何种形态,最终都是对人格尊严的侵害。性骚扰规定在人格权编中,也是基于其侵害人格尊严的性质所决定的。

5. 对各项具体人格权的保护都彰显了对人格尊严的维护

各项人格权都彰显了人格尊严,以对隐私权的保护为例。美国学者惠特曼(Whitman)认为,欧洲的隐私概念就其实质而言,是以人格尊严为基础的,隐私本质上是人格尊严的具体展开,并以维护人格尊严为目的。② 也就是说,对个人隐私进行保护,本质上是在保护个人的人格尊严,隐私体现了对"个人自决""个性"和"个人人格"的尊重和保护。③ 而就个人信息而言,其之所以获得日益强化的保护,也与其体现了人格尊严和人格自由存在密切关系。个人信息常常被称为"信息自决权"(informational self-determination right),同样体现了对个人自决等人格利益的保护。④ 例如,在网上披露他人的裸照,泄露他人行踪信息,不仅侵害了个人隐私,而且侵害了个人信息,该行为本质上也损害了他人的人格尊严。

6. 规定从事人体基因、人体胚胎等研究活动的底线规则

《民法典》第1009条规定:"从事与人体基因、人体胚胎等有关的医学和科研活动,应当遵守法律、行政法规和国家有关规定,不得危害人体健康,不得违背伦理道德,不得损害公共利益。"该条的立法宗旨是维护人格尊严和生命尊严。联合国自1997年起陆续通过了《世界人类基因组与人权宣言》(1997)、《国际人类基因数据宣言》(2003)、《世界生物伦理和人权宣言》(2005)、《联合国关于人的克隆的宣言》(2005)等一系列国际公

---

① 就性骚扰的构成要件,英国司法实践中总结了六项基本要素,即(1)原告系被保护群体的一员(男性或女性);(2)原告须受制于以性为基础且不受欢迎的行为;(3)该性骚扰行为必须影响原告的工作条件;(4)上述影响原告工作条件的行为与原告的性别有因果关系;(5)雇主知悉或应知悉该性骚扰行为而未采取立即和适当的救济措施;(6)骚扰次数不限。参见饶志静:《英国反就业性别歧视法律制度研究》,载《环球法律评论》2008年第4期。

② See James Q. Whitman, The Two Western Cultures of Privacy: Dignity Versus Liberty, The Yale Law Journal, Vol. 113, 2004.

③ 参见〔美〕艾伦、〔美〕托克音顿:《美国隐私法:学说、判例与立法》,冯建妹等编译,中国民主法制出版社2004年版,第17页。

④ See Margaret C. Jasper, Privacy and the Internet: Your Expectations and Rights Under the Law, Oxford University Press, 2009, p. 52.

约,强调从事与人体基因、人体胚胎等有关的医学和科研活动,必须建立在尊重人格尊严的基础上,出于这一目的,《民法典》第1009条要求这些医学和科研活动必须合法。此处的合法首先包括内容的合法,即规定哪些医学和科研活动可以从事,哪些不得从事,如对人体克隆的禁止;其次包括程序的合法,即通过底线规则,确立相关医学和科研活动需要依据的法定程序,如伦理委员会的审查等。规定底线规则的根本目的是维护个人的人格尊严。

7. 人格权请求权是维护人格尊严的有利方式

较之赔偿损失,人格权请求权无须受害人证明损害和过错,能够实现对人格尊严的更有力保护。同时,赔礼道歉等方式更能体现出人格尊严的价值,赔偿损失更类似于Calabresi所说的责任规则,但单纯采取赔偿损失以保护人格权,很容易使人误解为对人格权侵害的赎买[1],不利于更好地维护人格尊严。而人格权请求权如恢复名誉、赔礼道歉能够更好地体现人格尊严本身独立于经济价值的重要价值。

二、人格尊严与私法自治的关系

人格尊严是人格权编的首要价值,因此,在人格尊严与其他价值特别是与私法自治价值发生冲突时,应当优先实现人格尊严的价值。

(一) 人格尊严与私法自治具有密切联系

严格地说,人格尊严与私法自治之间并不存在根本矛盾,"尊严"(dignity)一词源于拉丁文中的dignitas,意为有价值的或有名誉的,"尊严"一词意味着人作为人应有的地位,也就是康德所说的人能自治之结果。[2]"自治即为人类和每个理性自然的尊严之基础。"[3]康德的本意是从人的自治推导出人的尊严,这也体现出自治和尊严之间的相互关系,即没有自治就没有尊严。康德认为,"人格"就意味着必须遵从这样的法则,即

---

[1] See Guido Calabresi & A. Douglas Melamed, Property Rules, Liability Rules, and in Alienability: On View of the Cathedral, Harvard Law Review, Vol. 85, 1972, pp. 1089-1128.

[2] 参见李震山:《人性尊严与人权保障》,元照出版公司2001年版,第4页。

[3] Immanuel Kant, Grundlegung zur Metaphysik der Sitten, in: Werkausgabe in zwolf Bänden, herausgegeben von Wilhelm Weischedel, Bd. Ⅶ, Frankfurt am Main: Suhrkamp, 1968, S. 11-102, S. 69. 转引自〔德〕哈贝马斯:《关于欧洲宪法的思考》,伍慧萍、朱苗苗译,上海人民出版社2013年版,第12页。

"不论是谁在任何时候都不应把自己和他人仅仅当作工具,而应该永远视为自身就是目的"①。应当看到,人格尊严与私法自治具有密切联系。一方面,保护人格尊严是实现私法自治的前提保障。人格尊严存在于"人作为'承担自我责任的人格'而得以获取的承认之中"②。人格尊严的保护是主体之所以成为主体的必然要求。没有人格尊严的保护,以法律关系展开的私法自治就失去主体这一要素。人格尊严要求个人在一定程度上对其人格利益具有自决权。③ 另一方面,私法自治的目的在于人格尊严的实现。私法自治赋予个人广泛的自由,这也在一定程度上有利于实现个人人格的自由发展,从这一意义上说,私法自治也有助于维护人格尊严。

不过,在人格权领域,私法自治的适用是有限的,其更多的是运用在交易关系之中。而人格权编由于人格权法定、人格尊严的不可放弃性,因而事实上留给私法自治的空间非常有限。但我国《民法典》第 993 条所规定的人格利益的许可使用也体现了人格尊严与私法自治的关系。许可使用的方式借助权利人的同意,使相对人利用其人格利益的行为合法化,从而实现对人格利益的利用,但不能将其界定为人格利益的转让。④ 虽然人格权具有专属性,但并不据此否定人格权益的许可使用。人格利益的许可使用也称为人格利益的经济利用,是指某些人格权益(如姓名、肖像等),可以成为许可使用的对象,可以依法授权他人使用,在其遭受侵害以后可以通过财产损害赔偿的方式获得救济。利用和保护并非截然对立的两个层面,人格尊严也包括通过自己的意志对人格利益进行自主利用,并排除他人未经许可的利用,这也是对人格尊严的动态保护。人格利益的许可使用是权利人自治的表现,而自治最终体现了人格尊严。同时,为了保护个人的人格尊严,《民法典》还规定了许可使用的例外,即不得许可使用的情形,如人格权编划定了可许可使用的人格利益的范围(《民法典》第 993 条),这也为人格权的许可使用设置了界限,从而更有利于推进对人格尊严的保护,避免因利用而损害人格尊严。

当然,依据私法自治对人格利益进行利用时,也必须区分人格尊严的核心领域与人格尊严的非核心领域,对于人格尊严的核心领域,如生

---

① 〔德〕康德:《道德形而上学原理》,苗力田译,上海人民出版社 2002 年版,第 52 页。
② 林来梵:《从宪法规范到规范宪法:规范宪法学的一种前言》,商务印书馆 2017 年版,第 184 页。
③ 参见石佳友:《民法典与社会转型》,中国人民大学出版社 2018 年版,第 166 页。
④ 参见黄芬:《商品化人格权的定限转让》,载《河北法学》2017 年第 1 期。

命、身体、健康等,任何通过合同的约束都是不应被允许的①,只有对物质性人格权之外的特定的人格权益,如姓名、肖像等,才能依法进行许可使用。

(二) 人格尊严与私法自治发生冲突:人格尊严价值优先

在人格权的行使过程中,人格尊严和私法自治也会发生冲突。例如,有偿代孕、买卖人体器官,这是自治的结果,如果对私法自治没有任何限制,那么就意味着要尊重当事人之间关于器官买卖等的协议,但由此会导致不利于维护人格尊严的结果。

当私法自治与人格尊严发生冲突的时候,私法自治都要让位于人格尊严的维护。一方面,人格尊严保护事实上划定了私法自治的边界。承认个人的自治就意味着将人当成人,人是目的而非工具,这本身就蕴含了人格尊严。也由此看出,如果人格尊严是自治所要达到的目的,那么在自治不利于或者否定人格尊严时,应当通过人格尊严限制私法自治。如果不对私法自治进行必要的限制,可能会妨碍公序良俗。人格尊严体现为人在社会生活中的地位,而私法自治则体现为个人的自主决定,相比较而言,人格尊严更为重要。另一方面,尊重人格尊严,也就是黑格尔所说的"成为一个人,并尊重他人为人"。尊重个人的自治是重要的,但自治并非全部的共同善,还存在基于其他共同善的理由限制自治的可能性,而最为重要的共同善就是人格尊严。② 穆勒在《论自由》中将个人利益应受的限制概括为两个维度:一是个人的行为应当以他人的利益为边界,二是个人应当为社会免于外侵及内乱作出牺牲。③ 此处所说的他人利益,其中最为基础的就是他人的人格尊严。尤其需要指出的是,近代民法针对私法自治不断增加了法律上的干预和限制,以防止因为过度的私法自治导致与公共利益的冲突和矛盾。而对私法自治的限制正是近代民法发展的重要趋势,但是,对人格尊严的维护在近代民法中具有不断增强的趋势,更加尊重与保护个人的人格尊严。

笔者认为,在人格尊严与私法自治发生冲突时,应当优先保护人格尊严,从比较法上来看,各国也规定了对人格尊严的优先保护。例如,瑞士法就明确禁止了侵害他人人格权的约定。《瑞士债法典》第 19 条第 2 款

---

① 参见〔瑞〕贝蒂娜·许莉蔓-高朴、〔瑞〕耶尔格·施密特:《瑞士民法:基本原则与人法》,纪海龙译,中国政法大学出版社 2015 年版,第 281—282 页。
② 参见朱振:《共同善权利观的力度与限度》,载《法学家》2018 年第 2 期。
③ 参见〔英〕约翰·穆勒:《论自由》,孟凡礼译,上海三联书店 2019 年版,第 85 页。

规定:"背离法律规定的约定,仅在该法律规定非为强制性规定,或者其约定不违反公序良俗及不侵害人格权时,始被允许。"因此在瑞士法中,禁止侵害人格权和禁止违背公序良俗、强制性规定一道作为限制契约内容的三个标准。当然,这种限制应当是合理的和在必要范围内的,而非根本否定私法自治。我国《民法典》人格权编的许多条款实际上都体现了这一理念。具体而言,表现在如下几个方面:

1. 以任何形式买卖人体细胞、人体组织、人体器官、遗体的协议无效

《民法典》第1006条第1款规定:"完全民事行为能力人有权依法自主决定无偿捐献其人体细胞、人体组织、人体器官、遗体。任何组织或者个人不得强迫、欺骗、利诱其捐献。"人体捐赠是自然人对其身体利益所依法作出的决定。法律鼓励个人作出此种决定,是因为此种无偿捐赠行为有利于及时救助他人,有利于促进医疗进步和医学发展,并最终有利于社会公共利益的实现。该条虽然对人体捐赠规则作出了规定,但并不意味着承认了个人对自己的身体依法享有一定的处分权,这也是私法自治的体现。《民法典》第1007条第1款规定:"禁止以任何形式买卖人体细胞、人体组织、人体器官、遗体。"这实际是要严禁人体细胞、人体组织、人体器官、遗体成为交易的对象。在法律上禁止以任何形式买卖人体细胞等的原因在于:一方面,为了强化对自然人的身体权、健康权的保护。身体权是指自然人维护其身体组成部分(如肢体、器官和其他组织)完整和安全的权利。许多学者认为,身体权应当表现为对身体组织器官的支配。[1] 所谓身体完整,是指自然人身体不受侵害,自然人依法维护其对自己身体组织的完整性,这在比较法上也得到了确认。例如,《法国民法典》第16条规定:"人之身体不得侵害。"按照这一原则,任何人不得采取任何方式侵害他人的身体,我国法律法规采纳了身体完整不受侵害原则。权利人也不得违法处分自己的人体细胞、人体组织、人体器官。例如,《献血法》第11条规定:"无偿献血的血液必须用于临床,不得买卖。血站、医疗机构不得将无偿献血的血液出售给单采血浆站或者血液制品生产单位。"另一方面,维护人格尊严。如前所述,人体细胞等即使与个人的身体发生分离,它们也体现了一定的精神利益,在法律上属于具有人格价值的物,买卖这些人格物将严重损害人格尊严,因为器官本身不同于财产,其作为人

---

[1] 参见杨立新:《人身权法论》(修订版),人民法院出版社2002年版,第399页。

格的载体,体现了个人的人格利益和人格尊严,所以,有学者认为,分离出来的特殊的物也具有主体性。① 如果允许个人随意地转让器官,实际上是将个人的人格当成商品,这有可能诱发道德风险,导致自杀甚至谋杀。所以,许多国家立法禁止器官买卖。对人体器官的买卖、担保、抵债,应视为违反公序良俗的行为宣告其无效。②

2. 参与临床试验的决定

为研制新药、医疗器械或者发展新的预防和治疗方法,需要进行临床试验的,应当依法经相关主管部门批准并经伦理委员会审查同意(《民法典》第 1008 条)。这实际上都是为了保护个人的人格尊严,而不是将参与临床试验的决定权完全交由个人私法自治。

3. 死者生前明确表示反对遗体捐献的,应当尊重死者的意愿

《民法典》第 1006 条第 3 款规定:"自然人生前未表示不同意捐献的,该自然人死亡后,其配偶、成年子女、父母可以共同决定捐献,决定捐献应当采用书面形式。"依据该条规定,一旦死者生前明确表示反对,应当尊重死者的意愿,不得进行捐献。《人体器官移植条例》第 8 条第 2 款规定,"公民生前表示不同意捐献其人体器官的,任何组织或者个人不得捐献、摘取该公民的人体器官"。死者生前反对遗体捐献不一定要采用书面形式,但只要有合理的证据证明死者生前并未反对,就应当允许近亲属进行捐献。

从我国《民法典》第 1006 条规定来看,其延续了《人体器官移植条例》的规定,采取的是折中的模式,即除非该自然人坚决反对,否则应当允许其近亲属的捐献决定。③ 之所以采取此种模式,主要是出于以下考虑:因为遗体捐献不涉及生命健康的问题。自然人死亡后,丧失了民事主体资格,其身体不再成为生命健康的载体,因此,遗体的捐献不涉及对生命健康的侵害,不宜对此类捐献进行过多的限制。同时,遗体本身对科学研究和医学发展具有重要意义,因此,法律不应当对遗体捐献设置过多限制。尤其应看到,在自然人生前未明确表示反对的情形下,允许其近亲属

---

① 参见王泽鉴:《侵权行为法》,中国政法大学出版社 2001 年版,第 108 页。

② 参见[德]迪特尔·梅迪库斯:《德国民法总论》,邵建东译,法律出版社 2000 年版,第 876 页。

③ 参见蔡昱:《论器官移植的法律与伦理问题》,载段瑞春主编:《科技与法律:现代文明的双翼:中国科学技术法学 25 年》,中国科学技术出版社 2010 年版,第 215 页。

捐献遗体并不构成对自然人人格尊严的侵害。

4. 禁止有偿代孕行为

从比较法上看，各国法律大多认为当事人签订的代孕合同无效①，这表明不能对人类的身体进行买卖，人类的身体不能成为合同的客体。卫生部颁布了《人类辅助生殖技术管理办法》和《人类精子库管理办法》，两个法规明确禁止两项代孕和买卖精子等行为。所以，这一方式实际上已经被法律明文禁止。据此，法院在实践中都认定"借腹生子协议"无效。② 之所以在法律上禁止有偿代孕，一方面是有偿代孕有损人格尊严；另一方面是有偿代孕实质上是将代孕生产的儿童视为买卖的商品，这也有损儿童的人格尊严。因此，有偿代孕实质上是违反公序良俗的。

5. 隐私权保护优先于个人信息保护

由于许多个人信息本身具有私密性，而不少隐私也是个人不愿对外公开的私密信息，在这一点上，它和个人信息确实存在着重合。如果某种行为侵害他人的个人信息，也可能同时构成对他人隐私权的侵害，这就形成了侵害个人信息和侵害隐私权的竞合，受害人可以选择对自身最为有利的方式加以主张。例如，未经许可非法披露他人的病历资料和银行账户信息，该行为既侵害了他人隐私权，也侵犯他人的个人信息。但整体而言，个人信息这一概念远远超出了隐私的范围。③ 如果受害人没有作出选择，则要适用法律规定。《民法典》第 1034 条第 3 款规定："个人信息中的私密信息，适用有关隐私权的规定；没有规定的，适用有关个人信息保护的规定。"法律作出此种规定的原因在于：二者所体现的价值理念不同。两大法系普遍接受的观念是，隐私通常体现的是一种人格尊严，但个人信息体现的是个人对自己信息的自决权。所以个人信息的各项规则都是建立在"信息自决"这几个字的基础上的，彰显的是私法自治的价值。因此，隐私和个人信息，一个主要体现了人格尊严，一个集中体现的是私法自治价值。但在人格权编中，如果私法自治和人格尊严发生冲突，优先保护的还是人格尊严。这也是优先保护隐私权的原因。

---

① See TGI Paris 3 juin 1969, D.1970, p. 136, note J.P.
② 例如，广东省佛山市顺德区人民法院对一起抚养权纠纷案件作出一审判决，判决双方签订的"借腹生子协议"无效，驳回原告刘某的诉讼请求，判决小涛由被告携带抚养至小涛年满18周岁时止，之后随父、随母由其自行选择，载 https://www.gdcourts.gov.cn，访问日期：2010 年 8 月 12 日。
③ 参见李晓辉：《信息权利研究》，知识产权出版社 2006 年版，第 118—119 页。

除人格权编外,合同编也贯彻了这一精神。依据《民法典》第506条规定,造成对方人身损害的,免责条款不得免除当事人对人身损害的责任。对个人而言,最宝贵和最重要的利益就是人身的安全利益,公民的生命健康权是人权最核心的内容,保护公民的人身安全是法律最重要的任务。如果允许当事人通过免责条款免除造成对方人身损害的责任,不仅使侵权法关于不得侵害他人财产和人身权利的强制性义务形同虚设,使法律对人身权利的保护难以实现,而且会严重危及法律秩序和社会公共道德。因此,各国合同法大都规定禁止当事人通过免责条款免除故意和重大过失造成的人身伤亡的责任。我国法律明确规定合同中的免除造成对方人身损害责任的免责条款无效,体现了我国法律以人为终极目的和终极关怀这一价值取向,表明法律将对人的保护置于最优先保护的地位。

三、人格尊严的保护优先于财产利益的保护

(一) 人格尊严的保护优先于财产利益的保护的原因

人格尊严的保护是处理人格权与财产权冲突的重要依据。按照民法人文关怀的理念,以人为本是一种基本的价值取向,它强调尊重个性价值,尊重人的独立人格、人的平等,尊重人性发展的需要。以人为本意味着任何个人都应享有作为人的权利,对任何个人的权利都应给予合理的尊重,给予人性化的思考和关怀。我国《民法典》人格权编的规则充分体现了以人为本的理念。人格尊严体现的是个人精神层面的需求,而财产利益体现的是个人的物质需求。按照黑格尔的观点,"财产是自由最初的定在"①,可见,财产与人格尊严有重要的关系,对财产利益的保护也体现了对个人人格尊严的保护,但这并不意味着财产是人格尊严的必备条件或者必备要素,在这个意义上,不能认为无财产则无人格。但是,人格权是人格尊严的必要条件,例如,生命、身体、健康这些物质性人格权是所有人之所以成为人的必备条件,即"我之为人",精神性人格权也同样是人成为社会中的人的必备条件,即"我在社会中之为人"。因此,人格尊严的保护应当优先于财产利益的保护,这将成为《民法典》规则解释适用的基本原则,该原则涉及诸多规则的适用问题,对准确贯彻实施《民法典》具有重要意义。

---

① 〔德〕黑格尔:《法哲学原理》,范扬、张企泰译,商务印书馆1961年版,第61页。

人格尊严彰显了人本主义的要求。按照人本主义的要求，一方面，法律应当充分体现对人的关怀，当财产权与人格权发生冲突时，应当确立人格权价值的高位阶性和保护的优先性。另一方面，尽管财产权也有助于实现个人人格，但此种作用是间接的。正如有学者指出，人格权保障了人的尊严与人身的不受侵犯，也保障了个人身体与精神活动的权利，而人的尊严与人身自由是实现主体其他民事权利的前提与基础，也是实现个人人格最直接的途径。因此，优先保护人格权有助于保护个人的基本人权，促进个人人格的全面发展和精神利益的满足。

人格尊严优先于财产利益其实也是民法发展的一种趋势，近代大陆法系民法一直存在一种重财产权轻人身权的现象，我们把这种现象称为"以财产法为中心"倾向，或者说"泛财产化"倾向。[①] 这种重物轻人的倾向使得保护和规制人格利益的法律发展大大落后于财产法。例如，作为大陆法系民法重要法典之一的《德国民法典》就没有规定人格权。随着社会的发展，现代民法更注重对人的人文关怀，将尊重人格尊严作为民法的重要价值取向。例如，德国法创设的一般人格权制度，旨在全面维护人格尊严的价值。又如，许多国家禁止有偿代孕，也是把人格尊严置于比财产利益更高的位置。再如，对于轻微不可量物的入侵，许多国家民法认为应当持容忍态度。[②] 但从人格利益的全面保护角度出发，如果不可量物达到一定程度，必然损害受害人的人身利益，此种情况应放在人格权的框架下去解决。

（二）人格尊严的保护优先于财产利益的保护的体现

我国《民法典》人格权编将人格尊严作为其首要价值，这就必然要求在人格尊严的保护与财产利益的保护发生冲突时，应当向人格尊严保护倾斜，这种优先保护人格尊严的价值理念对于准确理解和运用人格权编的规则具有重要意义。下面仅以肖像权的规则为例，可以看出此种人格尊严优先于财产利益的价值理念。

1. 肖像许可使用合同发生争议时应当作出有利于肖像权人的解释

《民法典》第1021条规定："当事人对肖像许可使用合同中关于肖像使用条款的理解有争议的，应当作出有利于肖像权人的解释。"该条进

---

① 参见薛军：《人的保护：中国民法典编撰的价值基础》，载《中国社会科学》2006年第4期。

② 参见《德国民法典》第905条、第906条、第912条。

一步强化了对权利人人格利益的保护,具体表现在:

一方面,进一步强化对权利人人格利益的保护,体现了人格权优于财产权保护的立场。在肖像许可使用合同发生争议的情形下,对被许可人而言,其取得的是合同债权,属于一项财产权。而肖像权人受到的限制则是作为人格权的肖像权的行使,与人格尊严密切相关。由于人格权相较于财产权处于较高位阶,因此在人格权与财产权发生争议时,应当优先保护人格权。因此,如果当事人对肖像许可使用合同的条款有争议,则应当作出有利于肖像权人的解释。需要指出的是,人格权的优位并不损害当事人地位的平等,当事人的法律地位仍然是平等的,只不过因为权利效力的不同,即基于利益衡量的考虑对人格权和财产权进行区别对待。

另一方面,维护个人人格尊严。人格尊严是指人作为法律主体应当得到承认和尊重。人在社会中生存,不仅要维持生命,而且要有尊严地生活。由于肖像权直接关涉个人的人格尊严,因此,如果当事人对肖像许可使用合同中关于肖像使用条款的理解有争议的,作出有利于肖像权人的解释更有利于维护个人的人格尊严。

2. 未明确约定期限的肖像许可使用合同的解除

从我国《民法典》第1022条第1款规定来看,在当事人没有约定肖像许可使用期限或者约定不明确的情形下,当事人有权解除合同。《民法典》第1022条第1款之所以作出此种规定,主要理由在于:肖像许可使用合同在性质上属于继续性合同,在未约定期限或约定不明的情形下,如果不赋予当事人解除合同的权利,可能使继续性的给付不断延续,这可能损害肖像权人的个人自由,也会增大当事人的履约风险。[①] 因此,如果合同未规定许可使用期限的,应当允许当事人随时解除合同。

此外,该条有利于强化对个人人格尊严的保护。如果当事人没有在合同中明确约定肖像许可使用合同的期限,或者期限约定不明的,从保护个人人格尊严的角度出发,不宜使个人长期受合同关系的拘束。人格权不同于财产权,对财产权交易合同而言,出于鼓励交易的目的,应当对合同的法定解除事由进行严格限制,但是对于人格权而言,与鼓励交易相比,更应当注重对个人人格权的保护。

人格权与个人的人格尊严具有密切关联,如果合同继续会损害个人人格尊严,为了维护尊严,就应当允许解除合同。因此,不应当仅以鼓励

---

① 参见王文军:《论继续性合同的解除》,载《法商研究》2019年第2期。

交易为由严格限制人格权许可使用合同的法定解除条件。相反,从强化对人格权保护的角度出发,应当尽量放宽人格权许可使用合同中人格权人依法享有解除权的法定解除条件。

3. 肖像权人基于正当理由解除许可合同

依据《民法典》第1022条第2款规定,如果合同明确规定了许可使用期限的,仅肖像权人享有合同解除权,这与本条第1款所规定的任意解除权不同。这也表明,在人格权与他人财产权发生冲突的情况下,法律原则上优先保护人格权。单方解除权本质上是为了强化对人格权的保护,体现了人格权较之于财产权更优越的地位。即便当事人在合同中明确约定了肖像许可使用的期限,但如果行为人对权利人肖像的利用"影响权利人人格发展的需要",或者侵害了其人格尊严,使得继续履行合同将有损其人格尊严,则应当允许其依法解除合同。① 例如,肖像权人为了改变自身的形象,重新树立自己健康、阳光的形象,而不再希望自己的肖像被用于药品广告的宣传,则应当认为构成符合本条的规定,可以行使解除权。

《民法典》第1022条第2款赋予权利人单方解除权,是为了保障个人的人格尊严,维护其对人格利益的控制,体现了权利人对其人格利益的支配。与此同时,以"正当理由"对人格权人这一权利进行限制,则更好地平衡了合同各方当事人的权益。

4. 肖像作品权利人不得擅自使用或者公开肖像权人的肖像

《民法典》第1019条第2款规定:"未经肖像权人同意,肖像作品权利人不得以发表、复制、发行、出租、展览等方式使用或者公开肖像权人的肖像。"该条实际上也体现了肖像权作为人格权,其保护应当优先于著作权的精神。例如,画家在创作人体作品时,可以与模特协商订约,确定画家是否有权将其作品陈列、展览、复制。如果未经模特的同意或双方未达成协议,则画家虽有权制作、收藏其作品,但无权将其作品展览、陈列、复制,否则将构成对模特人格权的侵害。

法律作出此种规定的主要原因在于:一方面,肖像权的内容体现为个人对其肖像所享有的利益,其虽然包含经济价值,但主要是精神性利益。而著作权虽然也包括部分著作人身权,但其主要是一种财产权。按照人

---

① See Huw Beverley-Smith, Ansgar Ohly & Agnès Lucas-Schloetter, Privacy, Property and Personality: Civil Law Perspectives on Commercial Appropriation, Cambridge University Press, 2005, p. 137.

格权一般应当优先于财产权的规则,著作权人行使著作权应当取得肖像权人同意,如此规定也有利于维护人格尊严。另一方面,这也可能涉及对隐私权人的保护。例如,裸体油画涉及模特的隐私问题。人体部位属于隐私的范畴,模特自愿受聘让画家作画,表明其同意向画家公开其身体的隐私,但并不意味着模特同意将裸体油画公开展出,使其身体的各个部位暴露于公众面前。未经同意即公开展出无疑是非法披露了模特的身体隐私,构成对其隐私权的侵害。

当然,我们说人格尊严保护原则上要优先于财产利益保护,但在一些情形中还应当在个案中协调平衡人格尊严和财产利益。例如,个人信息保护和数据财产的享有和流通之间就存在更为复杂的平衡关系。因此,在适用该原则时,还应当考虑人格权的类型、行为人的过错程度、公共利益价值的大小等多方面因素。

结　语

北川善太郎教授指出,"现代民法的发展显然是以人格权法的发展而展开的"[①],我国《民法典》以人格尊严为人格权编的首要价值,这不仅使得《民法典》的价值体系更加完善,也从根本上克服了传统民法"重物轻人"的体系缺陷,使《民法典》充分彰显了人文关怀的精神,更有温度、更有关爱、更体现了对每个个人的尊重和关怀。可以说,强化人格尊严价值理念也代表了21世纪民法的发展趋势。

因此,只有充分把握和理解人格尊严为人格权编的首要价值,才能落实好、实践好《民法典》人格权编,才能真正发挥人格权编的立法功能,才能不断提升人格权保护的水平,并最终实现人民群众对良法善治的美好期待。

[①]〔日〕北川善太郎:《民法典体系的民法模式与比较法》,2008年民法体系国际研讨会与侵权法国际高峰论坛,中国人民大学法学院。

《民法典》人格权编的重大亮点与创新[*]

为人民谋幸福,为民族谋复兴,是中国共产党执政的初心,也是新时代的奋斗目标。党的十九大报告在民生部分提出了要保障公民的合法权益,并且特别强调了对人格权的保护。由于人格权是民事主体对其人格利益享有的排斥他人干涉的权利,关乎每个人的人格尊严,是民事主体最基本、最重要的权利,因此人格权编的立法目的就是要贯彻党的十九大和十九届二中全会关于保护人民人身权、财产权、人格权的精神,落实宪法关于公民的人格尊严不受侵犯的要求[①],坚持以人民为中心,回应社会关切,顺应人民群众对人格权保护的迫切需求,总结现有人格权立法以及实践经验,对人格权制度作出详细的、科学合理的规定,全面确认和保护人格权。同时,人格权编也对现行民事法律规范进行了系统整合,为司法实践中处理人格权纠纷提供了较为明确的裁判依据,从而实现《民法典》编纂的时代性和体系化目标。

人格权在《民法典》中独立成编,落实了民法调整平等主体之间的人身关系和财产关系的任务,改变了传统民法存在的"重物轻人"的体系缺陷,这既是《民法典》回应时代需求的集中体现,也从根本上满足了新时代人民群众日益增长的美好幸福生活的需要,强化了对人格尊严的维护。人格权独立成编是我国《民法典》最重要的创新之一和最大亮点,也为世界各国有效应对人格权保护问题提供了中国经验和中国方案。人格权编共6章51条,分别规定了"一般规定""生命权、身体权和健康权""姓名权和名称权""肖像权""名誉权和荣誉权""隐私权和个人信息保护"。其中,"一般规定"是总则性规定,其他各章与《民法典》总则编关于具体人格权益的规定(第110条、第111条)相呼应,扩展和完善了具体人格权相关规定。鉴于我国《民法典》人格权编所涉及的内容较多,故此,笔者在本

---

[*] 原载《中国法学》2020年第4期。

[①] 参见《沈春耀作关于民法典各分编(草案)修改情况和民法典(草案)编纂情况的汇报》,载 http://www.npc.gov.cn/npc/c2/c30834/201912/t20191223_303684.html,访问日期:2019年12月23日。

文中主要就《民法典》人格权编的亮点与创新谈一些看法。

一、构建了完整的人格权规则与制度体系

"无论是作为大陆法系代表的德国,还是美国的普通法,对人格权法律学说和制度的发展,都是在侵权法的框架下来展开的。"[①]在大陆法系国家或地区的民法典中,人格权也未被单独作为一编加以规定。仅以侵权法保护人格权的模式,在学说上称为"被动防御的人格权"(the defensive structure of personality rights)学说结构[②],其最显著的弊端就是,侵权法作为救济法,主要对遭受损害的受害人提供事后救济,此种消极保护的方式无法通过列举的方式有效地确定各项人格权的权利内容、规范权利行使,也难以协调和有效解决权利间的冲突,因而无法对人格权益提供充分全面的保护。而我国《民法典》将人格权独立成编的重要原因在于,通过在《民法典》中留出足够的空间来对各项具体的人格权和人格利益予以确认,明确其内容,规范其行使,并对其提供科学合理的保护,进而与侵权责任编协力,同时实现对人格权的确权与保护的双重功能。

(一) 明确调整对象,构建体系内容

人格权编通过规范人格权的确认、保护等而形成的人格权关系,构建了人格权的完整规则体系。《民法典》第989条规定:"本编调整因人格权的享有和保护产生的民事关系。"所谓人格权的享有,是指民事主体因为法律的确认而享有各项人格权。人格权法主要是权利法。这就是说,人格权编侧重对人格权进行正面确权,人格权法以确认人格权的类型、人格利益的保护范围、各种人格权的内容和权能、人格权的行使与效力以及人格权与其他权利之间的冲突等为其主要内容。人格权保护所产生的民事关系主要是指人格权遭受侵害而产生的权利义务关系,《民法典》人格权编为人格权提供了丰富的保护手段。此外,人格权编还调整因人格权行使和限制而产生的关系。但是,人格权编主要是从民法的角度规定民事主体各项人格权的内容、边界以及保护方式等内容,而不涉及公民政治社

---

① Giorgio Resta, The New Frontiers of Personality Rights and the Problem of Commodification, Tulane European & Civil Law Forum, Vol. 26, 2011, pp. 33–36.

② See Giorgio Resta, The New Frontiers of Personality Rights and the Problem of Commodification, Tulane European & Civil Law Forum, Vol. 26, 2011, pp. 33–36.

会等方面的权利。

(二) 采取总分结构、构建体系框架

所谓总分结构(lex generalis/lex specialis),是指按照提取公因式的方法(vor die Klammer ziehen/vor die Klammer setzen),区分共通性规则与特殊规则,将共通性规则集中起来作为总则或一般规定,将特殊规则集中起来编为分则或作为特别规则加以规定。① 人格权独立成编采取总分结构的技术方法,形成了自身独立完整的法律体系,促进了法律条文的简化。该体系由人格权编总则与分则两部分构成。

总则是关于人格权基本规则的规定,集中在第一章"一般规定"中(第989—1001条),具体包括:人格权编调整范围、关于具体人格权和一般人格权的规定、人格权受法律保护的原则、人格权的人身专属性原则、人格利益许可使用规则、死者人格利益保护、人格权遭受侵害应受到法律保护的一般原则性规定、人格权请求权、责任竞合情形下的违约精神损害赔偿责任规则、侵害人格权的禁令制度、动态系统论在认定侵害人格权民事责任时的适用、人格利益合理使用规则、人格权请求权的特殊实现方式以及赔礼道歉方式适用的规则、人格权保护的规则参照适用于身份权利保护的规则。

分则(第二章至第六章)是关于具体人格权的规定。《民法典》第990条第1款确认了民事主体依法享有的生命权、身体权、健康权、姓名权、名称权、肖像权、名誉权、荣誉权、隐私权等权利,这些权利都是具体人格权。《民法典》人格权编从第二章至第六章都是对具体人格权的详细规定,是按照物质性人格权、标表性人格权和精神性人格权的顺序具体展开的。

总之,人格权编总则是关于人格权的一般规定,确立了人格权一般性、共通性的法律规则,人格权编分则是对一般规定的细化以及结合各类具体人格权的特殊的规定。通过总分结构的设计安排,《民法典》人格权编构建了人格权制度的完整体系。

(三) 列举具体权利,保持权益开放

我国《民法典》在第110条和第990条第1款详细列举了自然人、法人以及非法人组织享有的人格权的类型,并在第二章至第六章分别对各类具体人格权作出了详细规定。人格权编在具体规定各种人格权时,也对这些权利的客体与内容作出了细化的规定。例如,《民法典》第1013条

---

① See Shael Herman & David Hoskins, Perspectives on Code Structure: Historical Experience, Modern Formats, and Policy Considerations, Tulane Law Review, Vol. 54:4, 1980, p. 987.

规定:"法人、非法人组织享有名称权,有权依法决定、使用、变更、转让或者许可他人使用自己的名称。"该条将法人、非法人组织的名称权与自然人的姓名权在内容上进行了区分,明确承认了法人、非法人组织有权转让自己的名称①,这显然与姓名权的不可转让性存在差别。

但如前所述,人格权不可能完全法定化,除法定化的各项具体人格权之外,还有大量的人格利益随着社会的发展也需要受到法律保护,《民法典》第110条对法人、非法人组织的人格权采取封闭列举的方式,即仅限于名称权、名誉权和荣誉权,而对自然人的人格权则采取开放式规范。因此,《民法典》第990条第2款明确了一般人格权,形成对人格利益保护的兜底条款,从而保持了人格权益保护范围的开放性。此外,为适应互联网、高科技发展以及社会发展需要,人格权编在各项具体人格权的规定中,还进一步扩张了人格权的保护范围:

一是对姓名权、名称权的扩大保护。《民法典》第1017条规定:"具有一定社会知名度,被他人使用足以造成公众混淆的笔名、艺名、网名、译名、字号、姓名和名称的简称等,参照适用姓名权和名称权保护的有关规定。"该条将具有一定社会知名度的笔名、艺名、网名、译名、字号、姓名和名称的简称等纳入保护范围,扩张了姓名权、名称权的保护范围。作出此规定的原因在于:一方面,这些符号与特定个人的身份、人格尊严具有内在的联系,对笔名、艺名、网名等的冒用,会对特定个人的公众形象与声誉等带来损害,在公众中引起不必要的误会、混淆。例如,鲁迅、梅兰芳、成龙等笔名、艺名,具有一定的社会知名度,往往与个人的身份联系在一起,个人对其享有一定的人格利益;又如,如果他人冒用某一用户的网名,以其名义发布信息,足以使得他人产生混淆,此类行为也应当受到法律制裁。正如王泽鉴先生所指出的,"凡在社会交易及生活上具有识别性功能的标志,均应纳入受'姓名权'保护的范围"②。另一方面,笔名、艺名、网名等有时候还具有一定的商业价值,对这些特定符号的保护,有利于防止不诚实的商业行为和不正当竞争行为,有利于维护社会经济秩序。通过扩张姓名权和名称权的保护范围,满足了实践的需要。

---

① 需要指出的是,该规定与《民法典》第992条关于"人格权不得放弃、转让或者继承"的规定是矛盾的,在解释上可以基于"特别法优先于普通法"的规则,认为该规定应当优先于《民法典》第992条规定而适用。

② 王泽鉴:《人格权法:法释义学、比较法、案例研究》,北京大学出版社2013年版,第139页。

二是肖像权的扩张保护。一方面,肖像从以个人面部特征为中心扩张到可识别性。传统理论一般认为,肖像是以个人面部特征为中心的外部形象。[1] 但是,随着社会生活的发展,肖像权的保护范围也逐渐扩大,肖像并不限于个人的面部特征,个人的其他身体部分特征(如个人侧影、肢体动作等)如果能够反映个人的外在形象,即便其识别度低,也应当将其认定为肖像。[2] 为适应肖像权保护的这一发展趋势,《民法典》第 1018 条第 2 款规定:"肖像是通过影像、雕塑、绘画等方式在一定载体上所反映的特定自然人可以被识别的外部形象。"从该条规定来看,其并没有将肖像限定为个人的面部形象,只要是能够识别出个人身份的外部形象,都属于肖像的范畴。另一方面,废除侵害肖像权的营利性要求。关于侵害肖像权,《民法通则》第 100 条规定:"公民享有肖像权,未经本人同意,不得以营利为目的使用公民的肖像。"从该条规定来看,侵害肖像权通常需要行为具有营利目的,这虽然可以解决实践存在的大量的侵害肖像权的纠纷,但无法涵盖不以营利为目的侵害肖像权的行为。例如,故意污损他人肖像,也构成对他人肖像权的侵害,但此类行为通常并不具有营利目的。为此,《民法典》第 1019 条废除了《民法通则》第 100 条关于侵害肖像权营利性的要求,同时,该条明确列举了各类侵害肖像权的典型情形,对于准确认定侵害肖像权的责任具有重要意义。

三是禁止"深度伪造",保护个人声音。深度伪造技术出现后,"AI 换脸"可以随意替换视频角色面部,形成"只需一张照片,出演天下好戏"的状况,实践中出现了伪造他人形象、声音用于色情影片、广告宣传等的案例,给受害人造成严重损害,甚至危害社会公共利益。《民法典》第 1019 条第 1 款对此作出明确禁止规定。而随着计算机、人工智能算法的语音识别技术的发展,个人的声音已能得到很好的识别,声音与个人身份的关联性越来越紧密,个人的声音利益值得保护,已经有比较法上的先例[3],《民法典》第 1023 条第 2 款也规定"对自然人声音的保护,参照适用肖像权保护的有关规定",这就把声音作为一种新型的人格利益加以保护,从而能适应未来人格利益发展的需要。

---

[1] 参见龙显铭:《私法上人格权之保护》,中华书局 1948 年版,第 93 页。
[2] 参见隋彭生:《论肖像权的客体》,载《中国法学》2005 年第 1 期。
[3] 例如,《秘鲁共和国新民法典》第 15 条第 1 款规定:"未取得本人明确授权的,不得利用其肖像和声音,或在本人已死亡时,只能按顺位经其配偶、卑血亲、尊血亲或兄弟姐妹同意,方可利用之。"

四是隐私权、个人信息保护范围的扩张。现代社会隐私保护范围的扩张,可以说是法律发展的重要趋势。①《民法典》第1032条第2款规定,隐私权的保护范围包括了私人生活安宁和不愿为他人知晓的私密空间、私密活动、私密信息。基本上概括了现代社会隐私保护的范围。《民法典》第1034条第2款规定:"个人信息是以电子或者其他方式记录的能够单独或者与其他信息结合识别特定自然人的各种信息,包括自然人的姓名、出生日期、身份证件号码、生物识别信息、住址、电话号码、电子邮箱、健康信息、行踪信息等。"该条在列举个人信息的类型时采用了"等"字的兜底性表述,充分表明个人信息的类型不限于该条所列的类型,适应了网络信息社会个人信息类型发展变化的客观要求。

五是《民法典》第1001条规定了人格权保护的规则可以参照适用于人身权保护的规则。例如,最高人民法院《关于适用〈中华人民共和国婚姻法〉若干问题的解释(一)》第28条明确规定,离婚中的损害赔偿包括精神损害赔偿。再如,将子女委托朋友照顾,结果由于受托人的原因,使得子女脱离监护关系,受害人则可以请求精神损害赔偿,弥补了身份权立法规定的不足。《民法典》总则编和婚姻家庭编等有关身份权制度的规定主要集中在身份权人所享有的权利义务方面,而并没有就他人侵害身份权人权利的救济作出明确规定。例如,总则编规定了监护权人的权利义务等,但没有规定第三人侵害监护权的责任。此时,允许参照适用人格权编的规则是十分必要的。

人格权编凸显了民法作为"人法"的本质,有助于改变传统民法"重物轻人"的体系缺陷。《民法典》中人格权独立成编,从表面上看似乎仅具有形式意义,但实质上,独立成编使得人格权法自成体系,成为与物权法、合同法等并列的民法的有机组成部分,落实了民法调整平等主体之间的人身关系和财产关系的任务,形成了体系上的逻辑自洽。

二、秉持以人格尊严为中心的价值理念

如果将民法体系分为制度体系和价值体系②,人格尊严就是贯穿于人

---

① See Margaret C. Jasper, Privacy and the Internet: Your Expectations and Rights Under the Law, Oxford University Press, 2009, p. 53.
② Vgl. Franz Bydlinski, System und Prinzipien des Privatrechts, Springer Verlag, Wien/New York, 1996, S. 48 ff.

格权编的基本价值。保护人格尊严是我国《民法典》人格权编立法的根本目的,也是贯穿于全部规定的基本理念和精神,构成了整个人格权法的价值基础。美国社会心理学家马斯洛曾经提出著名的"需求层次理论",即当人们的基本物质需要还尚未满足时,对隐私等精神性人格权的诉求会相对较少,而当人的生存需要基本满足之后,对文化和精神的需要将越来越强烈。① 马斯洛把这种心理需要归纳为自尊需要。② 在进入新时代以后,我国已经成为世界第二大经济体,人民物质生活条件得到了极大改善,在基本温饱得到解决之后,人民群众就会有更高水平的精神生活追求,就希望过上更有尊严、更体面的生活。正因如此,保护人格权、维护人格尊严,是我国法治建设的重要任务③,这也是《民法典》将人格权独立成编的重要原因。

人格权的独立成编,从形式体系上完成了人格权的体系化,其价值体系则是围绕维护人格尊严展开的。因为,一方面,人格尊严是各项具体人格权的价值基础,具体人格权的规则设计应当以维护个人的人格尊严为根本目的。如果说物质性人格权是为了维护自然人生理上的存在,那么精神性人格权就彰显了自然人的精神生活需要。美国学者惠特曼认为,整个欧洲的隐私概念都是奠基于人格尊严之上的,隐私既是人格尊严的具体展开,也是以维护人格尊严为目的的。④ 保护隐私就是保护个人的人格尊严,隐私体现了对"个人自决""个性"和"个人人格"的尊重和保护。⑤ 而就个人信息而言,其之所以获得日益强化的保护,也与其体现了人格尊严和人格自由存在密切关系。个人信息常常被称为"信息自决权",同样体现了对个人自决等人格利益的保护。⑥ 例如,在网上披露他

---

① 参见〔美〕马斯洛:《马斯洛人本哲学》,成明编译,九州出版社 2003 年版,第 52—61 页。

② 参见〔美〕马斯洛:《马斯洛人本哲学》,成明编译,九州出版社 2003 年版,第 51—52 页。

③ 参见《沈春耀关于民法典各分编(草案)修改情况和民法典(草案)编纂情况的汇报》,载 http://www.npc.gov.cn/npc/c2/c30834/201912/t20191223_303684.html,访问日期:2019 年 12 月 23 日。

④ See James Q. Whitman, The Two Western Cultures of Privacy: Dignity Versus Liberty, The Yale Law Journal, Vol. 113, 2004.

⑤ 参见〔美〕艾伦、〔美〕托克音顿:《美国隐私法:学说、判例与立法》,冯建妹等编译,中国民主法制出版社 2004 年版,第 17 页。

⑥ See Margaret C. Jasper, Privacy and the Internet: Your Expectations and Rights Under the Law, Oxford University Press, 2009, p. 52.

人的裸照,不仅侵害了个人隐私,而且侵害了个人信息。从本质上讲,此种行为就损害了他人的人格尊严。另一方面,作为一般人格权的人格尊严有利于保护新型人格利益。随着社会的发展,新型的人格利益会不断出现,但其难以与其他人格利益进行明确区分,与相关权利的关系也不清晰,能否上升为具体人格权也不明确,不应过早赋予其权利地位。因此,我国《民法典》第990条将人格尊严作为一般人格权加以规定,并认可了自然人基于人格尊严产生的人格权益应当受到法律保护。这就是说,某种新型的人格利益产生后,是否应当受到法律保护,取决于该人格利益是否体现了人格尊严。

人格尊严在我国《民法典》中具有很强的扩展性,这就可以更好地适应各类新型人格利益保护的需要,有利于我国人格权法的发展。具体而言:

一是我国《民法典》第1002条在规定生命权时,明确规定生命权的内涵不仅包括生命安全,也包括了生命尊严。生命尊严是人格尊严的重要组成部分,而"生命尊严"不仅适用于活着的人,还可以扩展适用至人体胚胎、胎儿、遗体等。① 也就是说,对于这些特殊存在的"物",仍然要以有利于维护人格尊严的方式去对待和处理。虽然从《民法典》第1002条维护生命尊严的规定中不能解释出个人对其生命享有自主决定的权利,更不能将其解释为个人有权积极地选择安乐死,或者选择消极安乐死。但是,维护生命尊严与对患者临终关怀并不矛盾,因此,笔者认为,可以从维护生命尊严的角度解释人格权编承认对患者的临终关怀。这样,生命尊严也为未来特别法规定患者的临终关怀提供了上位法依据。

二是维护人格尊严是处理人格权与财产权冲突的重要依据。按照民法人文关怀的理念,以人为本是一种基本的价值取向,它强调尊重人类的价值、社会价值和个性价值,尊重人的独立人格、需求、能力差异、人的平等、创造个性和权利,尊重人性发展的需要。以人为本意味着任何个人都应享有作为人的权利,对任何个人的权利都应给予合理的尊重,给予人性化的思考和关怀。因此,相对于财产权保护而言,必须更注重维护个人的人格尊严。我国《民法典》人格权编的规则也体现了这一理念。例如,《民法典》第1021条秉持人格尊严理念,规定当事人对肖像许可使用合同中关于肖像使用条款的理解有争议的,应当作有利于肖像权人的解释。

---

① 例如,1994年修订后的《法国民法典》第16条规定:"法律确保人的优先性,禁止对尊严的一切侵害,自其生命伊始即确保对人的尊重。"

同理,《民法典》第 1022 条第 2 款关于肖像权人在有正当理由的情况下可以单方面解除肖像许可使用合同;第 1019 条第 2 款关于肖像作品的权利和肖像权之间的冲突,肖像权在一定范围内优先。这些规定都体现了人格尊严至上的理念,表明我国《民法典》在人格权与他人财产权发生冲突的情况下,采取优先保护人格尊严的立场。

三是通过确认禁止性骚扰的规则,维护人格尊严。所谓性骚扰,是指以身体、语言、动作、文字或图像等方式,违背他人意愿而对其实施的以性为取向的有辱其尊严的性暗示、性挑逗以及性暴力等行为。《民法典》第 1010 条第 1 款规定:"违背他人意愿,以言语、文字、图像、肢体行为等方式对他人实施性骚扰的,受害人有权依法请求行为人承担民事责任。"这就确立了禁止性骚扰的规则。性骚扰主要是性犯罪以外的行为,如果行为人以暴力手段违背他人意志实施与性有关的行为,就已经逾越了性骚扰的范畴,可能构成强奸罪或强制猥亵、侮辱罪。在性骚扰的情形下,行为人违背受害人的意愿故意实施性骚扰行为,通常都是使他人遭受人格侮辱,实质上损害的都是人格尊严。无论是违背他人意愿发送黄色短信、图片,还是触摸他人身体等,实际上都是使受害人遭受人格羞辱,虽然身体上可能没有造成伤害,但是都造成了精神上的侮辱,应当构成对受害人人格尊严的侵害。①

四是人格尊严的保护也扩展到对于行动自由的保护。《民法典》第 1011 条关于保护人身自由的规定同样反映了对人格尊严的保护。对于人身自由有两种不同的理解;广义上的人身自由包括了行动自由和意思自由,即既包括物理上的行动自由,也包括了意思自由;而狭义上的人身自由仅指物理上的行动自由。例如,《民法典》第 990 条第 2 款是广义上的人身自由。《民法典》第 1011 条规定"以非法拘禁等方式剥夺、限制他人的行动自由,或者非法搜查他人身体的,受害人有权依法请求行为人承担民事责任",此处所说的"非法搜查他人身体的"行为,侵害的主要不是他人的名誉权,而是他人的人格尊严。

五是强调物质性人格权保护不得违背公序良俗。例如,《民法典》第 1007 条强调人体细胞、人体组织、人体器官和遗体只能无偿捐赠,不能以任何形式买卖。第 1009 条也强调人体基因和人体胚胎等有关的医学和科研活动不得违背伦理道德和损害公共利益。这些规则本质上也旨在维

---

① 参见张绍明:《反击性骚扰》,中国检察出版社 2003 年版,第 75 页。

护人格尊严。

三、兼顾人格权的消极防御与积极利用功能

在比较法上,很多国家或地区的民法都只是将人格权视为消极防御性的权利,即认为人格权仅具有消极防御的效力,而不具有积极行使和利用的功能,仅仅在权利受到侵害时才能行使。[①] 有学者认为,人格权法之所以需要与侵权法分离,一个重要的原因在于人格利益的利用日益重要,而侵权法对此无法规范。[②] 随着经济社会的发展,尤其是随着互联网、高科技、大数据的发展,自然人的姓名、肖像等精神性人格利益的利用方式越来越多样,也越来越具有经济价值。例如,光学技术的发展促进了摄像技术的发展,也提高了摄像图片的分辨率,使得夜拍图片具有与日拍图片同等的效果,这也使得对肖像权的获取与利用更为简便。现代社会是一个处于大数据时代的信息社会,大数据技术能够有效整合碎片化的个人信息,实现对海量信息的分析和处理,从而发挥其经济效用,这也使得个人信息所包含的经济价值日益凸显。[③] 如果人格权立法中取消了人格利益的许可使用规则,那么对个人信息等的利用就缺乏法律依据,数据产业如何能够发展? 相反,允许人格利益的许可使用,有利于协调对个人信息的保护与利用的关系。由于个人信息等人格利益具有极高的利用价值,所以法律有必要鼓励对个人信息的利用,以促进数据产业的发展。我国《民法典》关于人格利益许可使用的规定适应了人格权行使的发展趋势,有效地协调了个人信息保护与利用关系,有利于促进我国数据产业的发展和国家整体战略的推进。

我国《民法典》通过以下对人格利益商业化利用的规定,有效兼顾了人格权的消极防御功能与积极利用功能,具体表现为:

第一,确立了人格利益许可使用的一般规则。《民法典》第 993 条规定:"民事主体可以将自己的姓名、名称、肖像等许可他人使用,但是依照法律规定或者根据其性质不得许可的除外。"从该条规定来看,其不仅承

---

① 参见中国社会科学院民法典工作项目组:《民法典分则编纂中的人格权立法争议问题》,载《法治研究》2018 年第 3 期。

② See Giorgio Resta, The New Frontiers of Personality Rights and the Problem of Commodification, Tulane European & Civil Law Forum, Vol. 26, 2011, p. 35.

③ 参见程啸:《论大数据时代的个人数据权利》,载《中国社会科学》2018 年第 3 期。

认了个人有权许可他人对其人格利益进行利用,而且还划定了可以许可使用的人格利益的范围,这就可以在赋予个人积极利用其人格权的同时,防止过度利用,从而保护个人的人格尊严。有观点认为,能够进行商业化利用的人格权要素基本上仅限于姓名、名称、肖像等有限的人格利益,不宜将该规定置于人格权编的一般规定之中①,因为,一方面,可以利用的人格利益范围有限,并非所有人格利益都可被商业化利用;另一方面,这种规定方式可能导致鼓励人格利益的商业化利用现象,将不利于人格权的保护。因而,更为理想的方法是将该条置于肖像权等规则中进行规定,并设置准用条款适用于其他人格利益。笔者不同意上述观点,认为该条规范还是应当置于一般规定中,主要理由在于:一方面,人格利益的许可使用范围还是比较宽泛的。诸如肖像、姓名、信用、名称、隐私、个人信息等多种人格利益均有许可使用的可能。将该条置于某项具体的人格权中进行规定将不得不面临其他人格利益许可使用法律规则适用的问题。尤其是诸如个人信息的许可使用,由于个人信息并非一项权利,因而参照适用人格权的规定比较勉强,可能也未必准确。另一方面,人格权法处于不断的变革之中。可以预见的是,伴随着社会生活的发展,新类型的人格利益会不断涌现。对于这些新类型的人格利益而言,适用一般规定并不存在障碍。而如果一旦在某项具体人格利益中规定许可使用,则会给新类型人格利益的法律适用带来困难。

第二,对肖像的许可使用作出了特别规定。《民法典》第1021条对肖像许可使用合同的解释规则作出了规定,第1022条对肖像许可使用合同的解除规则作出了规定。依据第1023条第1款的规定,肖像许可使用规则可以准用于姓名等人格利益的许可使用,将肖像许可使用规则扩张适用于其他人格利益,对许可使用制度的全面建构,具有重要意义。人格权编"一般规定"一章中关于人格利益许可使用规则的规定(第993条)可以看作对人格利益许可使用的一般规定,而在"肖像权"一章中关于肖像许可使用规则的规定则是关于人格利益许可使用合同的实质性的一般规定,二者共同构成了完整的人格利益许可使用合同规则体系。

第三,对个人信息的利用规则进行了细化规定。20世纪以来,比较法普遍认为对个人信息权利保护的目的是保护个人对其个人信息的自决。

---

① 参见石佳友:《人格权立法完善的最后契机》,载 http://www.civillaw.com.cn,访问日期:2020年1月14日。

个人信息权的基础是个人的自决权(Selbstbestimmungsrecht),就是其自主决定其事务的权利①,作为私人自治(privatautonomie)的一项具体表现,个人信息自决权获得广泛的承认。随着互联网、大数据技术的发展,个人信息的利用已经形成了一个巨大的产业。党的十九届四中全会提出,要建立健全运用互联网、大数据、人工智能等技术手段进行行政管理的制度规则,推进数字政府建设,加强数据有序共享,依法保护个人信息。《民法典》第1035条规定了处理个人信息的知情同意原则,并将其作为合法性原则的主要内容;第1036条规定,在权利人同意的范围内合理实施的处分行为不承担民事责任;第1038条再次强调,"未经自然人同意,不得向他人非法提供其个人信息"。这些都表明,经信息主体的同意,个人信息可以成为许可使用的对象,从而协调了对个人信息的利用和保护的关系。

第四,规定了物质性人格利益的利用规则。虽然依据《民法典》第993条规定,生命权、身体权、健康权等物质性人格利益不能成为许可使用的对象,因为如果允许对生命和身体进行许可使用,不利于保护个人的人格尊严,甚至会危及个人的主体地位,但是,人格权编也承认部分物质性人格利益在法律规定的范围内可以进行有限的自主决定。例如,依法自主决定无偿捐献人体细胞、人体组织、人体器官、遗体(第1006条),或者依法参与临床试验(第1008条)。

最后需要指出的是,人格利益的许可使用与人格权的保护并非截然对立,因为维护人格尊严包括依照自己的意志对人格利益进行利用,他人不得未经许可而利用,也就是说,允许个人对其人格利益进行积极利用,也是尊重其人格尊严的重要体现。

四、突出对生命权、身体权、健康权的优先保护

在比较法上常常将人格权分为物质性人格权和精神性人格权两大类。② 物质性人格权是指自然人对于其生命、身体、健康等物质性人格要素享有的权利。生命权是以自然人的生命安全利益为内容的人格权,是体现了人的尊严和基本价值的权利。③ "生命无价,重于泰山。"在人格权体系中,生命、身体、健康是最重要的人格利益,具有至高无上性,在整个

---

① Vgl. Vogelgesang, Grundrecht auf informationelle Selbstbestimmung? S. 141 ff.
② Philippe Malinvaud, Introduction à l'étude du droit, 9e édition, Litec, 2002, p. 258.
③ 参见韩大元:《生命权的宪法逻辑》,译林出版社2012年版,第11页。

人格权甚至在整个民事权利体系中具有最高地位。生命的享有是自然人具有法律人格的基础，是取得人格权的前提。身体权、健康权也是个人所享有的重要的物质性人格权。因此，虽然个人所享有的各项人格利益都应当受到法律保护，但鉴于生命权、身体权、健康权对个人的重要意义，应当突出对这些人格利益的保护。从《民法典》人格权编的规定来看，其许多规则设计也都体现了这一理念。具体表现在：

第一，在体系设计中凸显了生命权、身体权、健康权在人格权体系中的优越地位。人格权编第一章"一般规定"在列举民事主体所享有的各项具体人格权时，首先列举了生命权、身体权、健康权这些物质性人格权。这就表明，生命权、身体权、健康权在各类具体人格权中具有基础性的地位。同时，人格权编分则在具体规定各项具体人格权时，也先对生命权、身体权、健康权作出规定，这也进一步彰显了这些物质性人格权在各项人格权益中的基础性地位。物质性人格权相对于精神性人格权处于优越地位，这就意味着在二者发生冲突时，要优先保护物质性人格权。在新冠肺炎病毒防治过程中，习近平总书记讲，在抗疫中，"人民至上、生命至上，保护人民生命安全和身体健康可以不惜一切代价"[1]，这就生动体现了生命权优先的价值理念，同时也展现了我们党以人民为中心的理念——不是把生命作为工具，而是作为目的，不能为了发展经济而牺牲生命。我们采取扫健康码、人脸识别等措施，虽然在一定程度上限制了个人的隐私，但这是维护生命健康权所必须采取的合理措施，也符合隐私权限制的比例原则。

第二，人格权编将物质性人格权的内容进行了扩张。《民法通则》仅用一个条款规定了生命健康权，而《民法典》人格权编相较于《民法通则》进行了较大幅度的扩张，并将身体权、健康权与生命权进行区分，分别设置规则进行保护。人格权编单设一章，用了十个条款对物质性人格权的保护进行规定。传统学说理解的生命权主要是指生命安全，但我国《民法典》人格权编扩张了生命权内涵。依据人格权编的规定，生命权除包括生命安全外，还包括生命尊严。就健康权而言，其范围也已经从狭义上的身体健康或生理健康发展为既包括生理健康也包括心理健康。因此，对于虽未造成身体伤害，但是造成心理健康损害如精神惊吓等的行为，同样构成对健康权的侵害。

---

[1] 2020年5月22日习近平在参加十三届全国人大三次会议内蒙古代表团审议时发表的讲话。

第三,物质性人格权不得克减。依据《民法典》第998条规定,只有在认定侵害生命权、身体权、健康权之外的人格权的民事责任时,才会考虑行为人和受害人的职业、影响范围、过错程度,以及行为的目的、方式、后果等因素。这也意味着,如果行为人侵害了他人的生命权、身体权、健康权,则并不需要进行上述复杂的利益衡量,而可以直接认定行为人应当承担民事责任。进一步而言,这也意味着生命权、身体权、健康权的保护是优先于其他人格利益的,其在人格权的体系中居于最为重要的地位,是不能任意克减的人格权。

第四,明确个人对物质性人格利益的依法自主决定。个人对其物质性人格利益的自主决定具体体现为自主决定无偿捐献其人体细胞、人体组织、人体器官、遗体(《民法典》第1006条),自主决定为研制新药、医疗器械或者发展新的预防和治疗方法而受试(《民法典》第1008条)。为促进医疗卫生事业的发展,鼓励遗体捐献的善行义举,确立了器官捐献的基本规则(《民法典》第1006条)。保护权利人的自主决定,就是维护个人的人格尊严。尤其是人格权编对于有可能造成物质性人格权遭受侵害的特定情形进行了规定,例如,《民法典》第1007条对于人体细胞、人体组织、人体器官、遗体买卖的禁止性规定,目的也是强化对生命权、身体权、健康权的保护。

第五,通过保护代际利益强化了对物质性人格权的保护。《民法典》1009条设定了关于人体基因、人体胚胎等相关科研的底线规则,该条规定"从事与人体基因、人体胚胎等有关的医学和科研活动,应当遵守法律、行政法规和国家有关规定,不得危害人体健康,不得违背伦理道德,不得损害公共利益"。该条维护自然人的生命健康权,并有助于实现代际利益,维护代际正义。代际是指生物学意义上的代与代之间的关系,所谓代际利益,是在不同代际中的人类均应当享有各自的利益。换言之,是指不同世代之间的利益必须平衡保护,规则设计应考虑未来世代的合理利益。[①] 代际利益是代际正义的内容。所谓代际正义,被罗尔斯概括为"不计时间地同意一种在一个社会的全部历史过程中公正地对待所有世代的方式"[②]。我国《民法典》第1009条就是在充分考虑代际正义的基础之上作出的规定,也以实现代际正义为重要目标,并有助于保护物质性人格权。例如,人体基因编辑技术可能导致先天畸形婴儿的产生,也可能会损

---

① 参见廖小平:《论代际伦理及其关涉视域和基本原则》,载《复旦学报(社会科学版)》2004年第2期。

② 〔美〕约翰·罗尔斯:《正义论》,何包钢等译,中国社会出版社1999年版,第308页。

害个人的生命、身体、健康,甚至污染整个人类基因库,其所造成的损害都是深远、长久而不可逆的,后代人也很可能会因此受到不当的损害。

五、确立人格权的特殊保护方式

人格权独立成编的重要目的是通过规定对人格权的独特保护方式对人格权提供保护。确认人格权是前提,而保护人格权是目的。传统大陆法系民法对人格权的保护主要采取恢复原状或损害赔偿的救济方式,现代《欧洲侵权法原则》也只有损害赔偿和恢复原状两种方式。① 我国《民法典》人格权编规定了人格权的特殊保护方式,这些方式是侵权责任编并不能完全包括的。

(一) 人格权保护方式的独特性

诚然,侵权责任编也能够对人格权提供保护,依据《民法典》第 995 条规定,人格权受到侵害的,受害人有权依法请求侵权损害赔偿,包括精神损害赔偿和财产损害赔偿。但仅仅依靠侵权责任编并不能完全解决人格权保护的问题,因为侵权责任编无法确认人格权请求权,也无法对保护人格权的各种方式进行细化规定。故此,必须要通过独立成编的人格权编对人格权进行全面保护。具体体现在以下几方面:

第一,确认了人格权请求权制度。《民法典》第 995 条规定:"人格权受到侵害的,受害人有权依照本法和其他法律的规定请求行为人承担民事责任。受害人的停止侵害、排除妨碍、消除危险、消除影响、恢复名誉、赔礼道歉请求权,不适用诉讼时效的规定。"该条就是对人格权请求权的规定。所谓人格权请求权,是指民事主体在其人格权受到侵害、妨碍或者有妨碍之虞时,有权向加害人或者人民法院请求停止侵害、排除妨碍、消除危险、恢复名誉、赔礼道歉,以恢复人格权的圆满状态。德国法学家拉伦茨指出,人格权请求权的内容具有特殊性,即在人格权有受到侵害之虞时,司法实践准许权利人请求消除危险;在继续受到侵害时,准许请求停止侵害。② 人格权请求权与侵权损害赔偿请求权在是否要求证明构成侵权、行为人是否有过错、是否造成损害后果、是否适用诉讼时效等方面,都存在明显的

---

① 参见《欧洲侵权法原则》第六编救济方式,其中主要规定了损害赔偿和恢复原状两种方式。

② 参见〔德〕卡尔·拉伦茨:《德国民法通论》(上册),王晓晔等译,法律出版社 2003 年版,第 169—170 页。

区别,因此,人格权请求权不能为侵权损害赔偿请求权所替代。① 从《民法典》第 995 条规定来看,在人格权遭受侵害的情形下,权利人既可以主张人格权请求权,也可以主张侵权请求权,这就明确了人格权请求权与侵权请求权的适用关系;此外,该条后半段还特别明确了人格权请求权不适用诉讼时效,这就彰显了人格权请求权的特点,更有利于对人格权的保护。

第二,规定了侵害人格权的禁令制度。所谓侵害人格权的禁令,是指当侵害他人人格权的行为已经发生或即将发生,如果不及时制止,将导致损害后果迅速扩大或难以弥补,在此情形下,受害人有权依法请求法院颁发禁止令,责令行为人停止相关侵权行为。《民法典》第 997 条专门规定了禁令制度,形成了对人格权的独特的保护方式。

第三,规定了更正权与删除权。《民法典》第 1028 条规定:"民事主体有证据证明报刊、网络等媒体报道的内容失实,侵害其名誉权的,有权请求该媒体及时采取更正或者删除等必要措施。"依据该条规定,在报刊、网络等媒体报道的内容失实,侵害他人名誉权时,权利人有权请求及时更正或者及时删除。在人格权编的多个条款中,都规定了更正权、删除权。② 权利人在请求更正和删除时,并不需要通过诉讼的方式行使,也不需要证明行为人具有过错和造成损害,这对于权利人提出请求极为便利。还应当看到,权利人在提出该请求时,只要发现报刊、网络等媒体报道的内容失实或者信息有误等情形,就有权请求及时更正、删除,这就有利于强化对权利人的保护,预防损害后果的进一步扩大。

第四,规定了违约精神损害赔偿的规则。《民法典》第 996 条规定:"因当事人一方的违约行为,损害对方人格权并造成严重精神损害,受损害方选择请求其承担违约责任的,不影响受损害方请求精神损害赔偿。"依据该条规定,在因违约侵害他人人格权益的情形下,如果构成违约责任与侵权责任的竞合,则受害人可以在违约责任中主张精神损害赔偿,这一条是专门针对人格权保护确立的规则。其实,我国司法实践已经在相关案例中采纳了这一规则③,因为在责任竞合的情形下,受害人确实遭受了严重的精神痛苦,但基于侵权又难以提供充分的救济,此时,完全不考

---

① 参见王利明:《论人格权请求权与侵权损害赔偿请求权的分离》,载《中国法学》2019 年第 1 期。

② 参见《民法典》第 1029 条、第 1037 条。

③ 例如,吴文景、张恺逸、吴彩娟诉厦门市康健旅行社有限公司、福建省永春牛姆林旅游发展服务有限公司人身损害赔偿纠纷案,参见福建省厦门市中级人民法院(2005)厦民终字第 2405 号民事判决书。

虑受害人的精神损害并不合理。该规则总结了司法实践经验,更有利于对人格权的救济。

第五,细化了赔礼道歉的适用规则。我国《侵权责任法》虽然对赔礼道歉这一责任承担方式作出了规定,但如何适用这一责任形式,无论是《侵权责任法》还是《民法典》侵权责任编都没有细化规定。对此,《民法典》第1000条规定:"行为人因侵害人格权承担消除影响、恢复名誉、赔礼道歉等民事责任的,应当与行为的具体方式和造成的影响范围相当。行为人拒不承担前款规定的民事责任的,人民法院可以采取在报刊、网络等媒体上发布公告或者公布生效裁判文书等方式执行,产生的费用由行为人负担。"该条对赔礼道歉这一责任形式的具体适用规则作出了规定。由于赔礼道歉规则主要适用于名誉权等人格权遭受侵害的情形,因此,在《民法典》人格权编中对此种责任承担方式的具体适用作出细化规定是科学合理的。

(二) 人格权保护方式的多样性

我国《民法典》人格权编采用多种方式对人格权提供了保护,首先表现在人格权有效地协调了人格权编与侵权责任编的关系,从而实现对人格权的全面保护。保护方式的多样性主要表现在我国《民法典》人格权编不仅运用自身独特的方式保护人格权,而且运用侵权责任的方式对人格权提供保护。《民法典》第995条规定,"人格权受到侵害的,受害人有权依照本法和其他法律的规定请求行为人承担民事责任"。此处所说的"本法",实际上就是指《民法典》人格权编和侵权责任编,依据该条规定,在人格权遭受侵害的情形下,受害人有权选择依据《民法典》人格权编的规定或者其他法律的规定主张权利。此处所说的"其他法律",就包括了《民法典》之外的单行法的规定。由于侵权责任的主要形式是损害赔偿,在人格权遭受侵害之后,如果受害人遭受了精神损害或者财产损失,受害人可依据侵权责任编的规定主张损害赔偿。所以,该条实际上也是一个引致条款,将侵害人格权的法律适用引致到侵权责任编。在人格权遭受侵害的情形下,受害人之所以可以依据侵权责任编的规定主张权利,原因在于:一方面,人格权具有对世性,权利人之外的任何人都需要尊重权利人的权利,不得侵害。由于人格权主体可以禁止任何人实施侵害其权利的行为,所以人格权也被称为绝对权[①],在人格权遭受侵害后,权利人有权请求加害人承担停止侵害、排除妨碍、恢复名誉等民事责任。人格

---

① Vgl. Otto von Gierke, Deutsches Privatrecht, Band I, Leipzig, 1895.

权的绝对性决定了人格权的排他性,这一点与物权、知识产权等绝对权无异,并受到侵权法的保护。另一方面,在人格权遭受侵害后,受害人遭受的常常是精神损害或财产损失,受害人在主张赔偿损失时,只能依据侵权责任编的规定提出请求。

需要特别指出的是,人格权不同于财产权,与其他利益常常发生冲突。[①] 我国《民法典》人格权编在确立人格权特殊保护方式的同时,注重协调人格权保护与其他价值之间的冲突。

六、注重预防侵害人格权行为

21世纪是科技和信息爆炸的时代,科学技术的迅速发展是一把双刃剑:一方面,其给人类带来了巨大的福祉,极大地改变了人类的生产和生活方式,甚至改变了人类社会的组织方式。另一方面,科学技术一旦被滥用,反过来也可能损害个人隐私、个人信息、生命健康等,从而损害人类的福祉。各种高科技的发明已经使得人类无处藏身,如何强化对隐私权等人格权益的保护,成为现代法律制度所面临的最严峻的挑战。[②] 网络侵权的对象主要是人格权,在网络时代,应当更加重视对人格权侵权行为的预防,因为与传统社会的信息传播方式不同,网络信息的传播具有即时性,而且网络的无边界性以及受众的无限性,也使得网络环境对信息的传播具有一种无限放大效应,网络信息一经发布,可以瞬间实现全球范围的传播,损害后果将被无限放大。尤其是在网络环境下,侵害人格权的损害后果往往具有不可逆性,损害一旦发生,如覆水难收,不可逆转,甚至造成难以估计的损害,因此,就需要更加重视对侵害人格权之侵权行为的预防。有鉴于此,我国《民法典》人格权编在人格权的保护方面,高度注重预防和救济的有机结合。

人格权法注重事前防范、事前预防,而侵权责任法则注重事后救济,发挥人格权法的预防功能,正是人格权独立成编价值的体现。人格权编注重兼顾侵害人格权的预防和救济,主要表现在:

(一) 规定了侵害人格权的禁令制度

《民法典》第997条规定了侵害人格权的禁令制度。从比较法上来

---

① See J. Neethling, J. M. Potgieter & P. J. Visser, Neethling's Law of Personality, Butterworths, 2005, p. 245.

② 参见徐明:《大数据时代的隐私危机及其侵权法应对》,载《中国法学》2017年第1期。

看,禁令的主要功能在于及时制止不法行为,防止损害的发生或者持续扩大,对权利人提供及时的救济。① 《民法典》第997条对侵害人格权的禁令制度作出了规定,禁令的功能在于及时制止行为人的侵害行为,即人格权在遭受侵害或者有受侵害之虞时,通过颁发禁令的方式及时制止行为人的侵害行为。② 禁令虽然并不能终局性地确定当事人之间的权利义务关系,且不必然伴随着之后通过诉讼程序请求人民法院判决,但其使得权利人通过除请求人民法院判决之外的其他程序较为方便地获得及时的救济,因此能够更为及时地有效地保护受害人的人格权益,强化了对侵害人格权行为的事先预防功能,为人格权请求权的行使提供了切实的程序法上的保障。在互联网时代,网络侵权层出不穷、网络暴力不断产生,这些不仅对自然人造成重大损害,甚至会给企业带来灭顶之灾。例如,一些竞争对手恶意污蔑其他企业的声誉和其产品的质量,一条谣言可能使其产品滞销,甚至蒙受巨大损害。如果按照诉讼程序,权利救济的时间将旷日持久,甚至是马拉松式的诉讼,等到最后官司终结,企业可能要宣告破产了。要及时制止、遏制这种行为,禁令制度就是最好的办法——原告可以依据禁令规则向法院申请颁发禁令,对该虚假信息采取紧急措施,如采取删除、屏蔽、断开链接等。因此,禁令制度也是实现依法治网的重要举措和有力手段。

(二) 规定了有关主体的法定救助义务

我国有关的特别法都规定有关机关的法定救助义务③,《民法典》第1005条规定:"自然人的生命权、身体权、健康权受到侵害或者处于其他危难情形的,负有法定救助义务的组织或者个人应当及时施救。"这就将法定救助义务概括为一般条款,依据该条规定,在自然人的生命权、身体权、健康权遭受现实的危险时,负有法定救助义务的主体应当及时施救。该条规定的目的在于强化对个人生命权、身体权、健康权的保护,既是为了预防损害的发生,也是为了防止损害的进一步扩大。

(三) 明确了有关主体防止、制止性骚扰的义务

《民法典》第1010条在规制性骚扰的同时,也明确要求机关、企业、学

---

① See David Price & Korieh Duodu, Defamation: Law, Procedure and Practice, Sweet & Maxwell, 2004, p. 231.
② 参见江伟主编:《民事诉讼法》(第3版),中国人民大学出版社2007年版,第244页。
③ 参见《人民警察法》第21条、《执业医师法》第24条。

校等单位应当采取合理的预防、受理投诉、调查处置等措施,防止和制止利用职权、从属关系等实施性骚扰。人格权编对有关主体防止性骚扰的义务作出规定,有利于从根本上预防和减少性骚扰行为的发生,其根本上也是为了实现对侵害人格权行为的事先预防。

(四)规定了权利人查询自己信用评价、个人信息的权利

现代社会是信用社会,信用的保护对于每个民事主体都至关重要。我国《民法典》人格权编虽然没有规定单独的信用权,但是依然强化了对信用的保护。《民法典》第1029条规定:"民事主体可以依法查询自己的信用评价;发现信用评价不当的,有权提出异议并请求采取更正、删除等必要措施。信用评价人应当及时核查,经核查属实的,应当及时采取必要措施。"从该条规定来看,规定权利人有权查询其信用评价,有助于及时发现信用评价错误,并可以请求及时更正和删除,这就有利于及时纠正信用评价错误的现象,防止损害的发生和扩大。与该规定相类似,《民法典》第1037条也规定了个人信息的查阅权,并规定了提出异议和请求更正、删除等权利。

七、有效平衡人格权保护与其他价值的关系

人格权的行使与保护常常与其他权益和价值发生一定的冲突,在这一点上,人格权不同于财产权。财产权虽然也可能与其他利益发生冲突,如财产权的行使可能与公共利益、生态环境保护的利益相冲突,但是相较于人格权而言,其发生冲突的可能性较小,即使发生冲突,也不如人格权与其他权益的冲突那么复杂。例如,肖像权的行使与保护往往与舆论监督发生冲突,在新闻报道中使用他人肖像的,通常属于正常舆论监督的范畴,而不构成对肖像权的侵害。再如,个人信息权益的保护与个人信息、数据的利用之间也会发生一定的冲突,行为人在收集、利用他人个人信息时,不得非法收集、利用、共享他人的个人信息。在法律上有效平衡人格权保护与其他价值的关系,一方面是要确定价值平衡和利益冲突解决规则,确定权益或者价值的位阶,确保每一种权利都受到必要的兼顾和相应的保护。另一方面,有利于明确权利人的容忍义务的限度,维护行为人的行为自由,防止行为人动辄得咎。尤其应当看到,平衡人格权保护与其他价值的关系,对于准确认定行为人的责任及其责任范围,都具有重要意义。

从《民法典》人格权编的规定来看,其许多规则设计都体现了人格权保护与其他价值有效平衡的理念,具体而言:

(一) 有效协调了人格权保护与新闻报道、舆论监督的关系

人格权的行使与保护经常与其他价值发生冲突。"最为典型的是新闻媒体的报道权。新闻传播的时效性要求决定了,媒体在报道新闻时不可能对每一个信息来源都进行深入审核,存在某些错误是不可避免的,如果每个错误都会导致责任,新闻媒体将无法运转。"[①]《民法典》第999条规定:"为公共利益实施新闻报道、舆论监督等行为的,可以合理使用民事主体的姓名、名称、肖像、个人信息等;使用不合理侵害民事主体人格权的,应当依法承担民事责任。"这就确定了在新闻报道和舆论监督等行为中合理使用他人人格利益的规则,对新闻报道自由和公民舆论监督与人格权保护之间的冲突进行了平衡。依据该条规定,如果是出于公共利益实施新闻报道、舆论监督等需要,可以在一定范围内合理使用他人的姓名、名称等人格利益,此种使用行为即便未得到权利人的许可,也不构成侵权。当然,从该条规定来看,即便是出于公共利益等需要实施新闻报道、舆论监督,也只能对他人的姓名、肖像等人格利益进行合理使用,如果超出合理使用的限度,将构成对他人人格利益的过度使用,应当依法承担责任。与该条规定相类似,《民法典》第1025条和第1026条也同样平衡了名誉保护和舆论监督、新闻报道之间的关系。

(二) 协调保护名誉权与鼓励创作自由的关系

《民法典》第1027条第2款规定:"行为人发表的文学、艺术作品不以特定人为描述对象,仅其中的情节与该特定人的情况相似的,不承担民事责任。"该款实际上针对的就是文学艺术作品中时常出现的"如有雷同,纯属巧合"的情形。作出此种规定的原因在于,人格权编既要保护权利人的人格权,也要保护作者的创作自由,鼓励作者大胆创作文学作品。文学作品源于生活又高于生活。文学的艺术性就表现在作品中的人物往往并非现实生活中某个特定人的简单再现,而常常是作者经过加工、处理的虚构人物。作者必须对生活中的素材进行加工、整理、提炼,通过艺术虚构等方式,展现真善美。法律要鼓励作者大胆进行文学艺术创作,就要有效协调人格权的保护与鼓励文学创作之间的关系。基于保护创作自由的需

---

① J. Neethling, J. M. Potgieter & P. J. Visser, Neethling's Law of Personality, Butterworths, 2005, pp. 261–262.

要,原则上不应当对作者的创作内容进行干涉,除非该创作损害了他人的合法权益或有损公共利益。①

(三) 确定了肖像权保护和合理利用的平衡关系

肖像权的保护往往与他人的行为自由、公共利益等发生冲突,为此,《民法典》第 1020 条对肖像合理使用规则作出了规定,从该条规定来看,为了个人学习、艺术欣赏、课堂教学、科学研究、新闻报道、依法履行职责、展示特定公共环境、维护公共利益或者肖像权人合法权益等需要,可以合理使用个人的肖像,而不需要取得肖像权人的同意。该条对肖像合理使用规则进行了具体列举,既可以为当事人行为提供明确的指引,也可以为法官裁判提供具体的依据。同时,该条对肖像合理使用规则作出的规定,也符合肖像权保护的特点。由于肖像权时常与肖像作品著作权之间发生冲突(例如,一方为另一方拍摄了剧照、写真集、绘制画像后,要求行使发表、复制、发行、出租、展览等权利,而肖像权人依据肖像权要求禁止行使该权利),因此,《民法典》第 1019 条第 2 款专门对此作出规定,有效协调平衡肖像权和著作权之间的关系。

(四) 妥当平衡了个人信息的保护与合理利用的关系

随着互联网、大数据技术的发展,个人信息的经济效用日益凸显,这既需要强化对个人信息的保护,防止个人信息泄露和被他人不当利用,又要保障个人信息的自由流动与合理利用,这也是发展数字经济,促进大数据产业发展的必要条件。② 尤其应当看到,个人信息共享是发挥个人信息经济效用的主要方式,个人信息共享有利于消除"信息孤岛"现象,从而更好地发挥个人信息的利用价值。《民法总则》第 111 条虽然要求应当合法收集和使用个人信息,不得非法收集、使用个人信息,但合法与非法的界限并不清晰,因此,《民法典》第 1035 条规定:"处理个人信息的,应当遵循合法、正当、必要原则,不得过度处理……"该条进一步细化了个人信息合法收集、利用的具体条件和情形,更好地平衡了个人信息保护与个人信息合理利用之间的关系。

(五) 解决了个人隐私保护与维护公共利益之间的冲突问题

隐私是指自然人免于外界公开和干扰的私人秘密和私生活安宁的状态。隐私权是自然人享有的私生活安宁与私人信息依法受到保护,不被

---

① 参见杨立新:《人身权法论》(修订版),人民法院出版社 2002 年版,第 340 页。
② 参见程啸:《民法典编纂视野下的个人信息保护》,载《中国法学》2019 年第 4 期。

他人非法侵扰、知悉、搜集、利用和公开等的一种人格权。① 简单地说,隐私权就是指个人对其私生活安宁、私生活秘密等享有的权利。从隐私权的内涵可以看出,其因天然地具有非公开性的特点,而与新闻报道、舆论监督等公共利益之间具有一定的内在冲突,这就需要法律上妥当平衡隐私权与相关利益之间的关系。从我国《民法典》人格权编的规定来看,其不仅明确规定了隐私和隐私权的内涵(第1032条),而且还规定了侵害隐私权的各种行为类型(第1033条),这既为隐私权的保护提供了具体的规则和依据,也为相关主体的行为提供了一定的指引,从而更有利于实现隐私权保护与维护公共利益之间的关系的平衡。

需要特别指出的是,为了协调和平衡人格权与其他利益之间的冲突,人格权编积极发挥动态系统论在归责中的作用。《民法典》第998条规定:"认定行为人承担侵害除生命权、身体权和健康权外的人格权的民事责任,应当考虑行为人和受害人的职业、影响范围、过错程度,以及行为的目的、方式、后果等因素。"该条改变了以前以构成要件认定责任的做法,而是运用了动态系统论的方式。这种做法也借鉴了《欧洲侵权法原则》和《欧洲示范民法典草案》的规定方式。动态系统论试图通过抽取一些因素或因子,引导法官考虑该因素或因子的权重,在个案中通过判断不同变量的强弱效果,并结合因素之间的互补性,最终得出案件裁判的结论。相较于构成要件学说而言,动态系统论考虑的因素更为宽泛,更具有灵活性与开放性,从而可以适应复杂情况下的公正需要。在人格权编中,基于不同人格权的保护层次不同、协调人格权保护与其他权益保护的关系、人格权利和利益的受保护程度不同、人格权侵害救济方式的多样性等原因,动态系统论能够进行利益衡量与综合保护、确定利益保护的位阶,有利于实现行为自由保护与对过错行为制裁之间的平衡。

八、强化保护隐私和个人信息

现代社会的重要特征在于,对政府的行为越来越要求公开透明,而对个人的隐私则越来越要求强化保护。美国学者福禄姆金曾经总结了许多高科技的发明,如红外线扫描、远距离拍照、卫星定位、无人机拍摄、生物辨识技术、语音识别等,他认为,高科技爆炸给人类带来了巨大福祉,但都有一个共

---

① 参见张新宝:《隐私权的法律保护》(第2版),群众出版社2004年版,第21页。

同的副作用,即对个人的隐私保护带来了巨大威胁,已经使得个人无处藏身。他认为,现代法律遇到的最严峻的挑战就是,如何尊重和保护个人隐私和信息。① 大数据分析技术的发展也使得信息分析与利用的方式日益多样化,借助数据分析,不仅可以了解每个人的过去,也能知道每个人的现在,甚至能够预测其未来。《民法典》人格权编的另外一个重要亮点,就是强化了对隐私和个人信息的保护,这也是《民法典》顺应互联网、大数据时代发展趋势,彰显《民法典》时代性的重要体现。从人格权编的规定来看,其强化对隐私和个人信息的保护主要体现在如下几个方面:

(一) 人格权编强化了对隐私权的保护

第一,人格权编扩张了隐私的保护范围。《民法典》第 1032 条明确了隐私主要包括两个方面,即私生活安宁和私生活秘密,其中私生活秘密又具体包括私密空间、私密活动和私密信息。《民法典》人格权编在我国立法上第一次引入了私生活安宁这一权利,并通过反面列举的方式,对侵害私生活安宁的各种典型方式作出了规定。《民法典》禁止行为人实施发送垃圾短信、垃圾邮件等侵扰他人私人生活安宁的行为,禁止非法进入、拍摄、窥视他人的住宅、宾馆房间等私密空间,禁止非法拍摄、录制、公开、窥视、窃听他人的私密活动,禁止非法拍摄、窥视他人身体的私密部位,有利于保障社会生活的安定有序。这也是维护人民群众美好幸福生活的重要组成部分。在对私生活秘密的判断上,应当从主客观两个方面进行,即主观上要求权利人具有不愿为他人知晓的主观意愿,客观上则要求他人能够认识到权利人对该私密不愿为他人知晓,从而形成合理信赖。在这一点上,对于私生活秘密的判断与美国法上的合理信赖原则是相类似的。②

第二,采用了具体列举加兜底的方式,对各种侵害隐私权的行为进行了列举。《民法典》第 1033 条具体列举的规定,实现了与第 1032 条隐私概念规定的对应。《民法典》第 1033 条所列举的各项行为高度概

---

① See Michael Froomkin, The Death of Privacy?, Stanford Law Review, Vol. 52:5, 2000, pp. 1461–1543.

② "合理信赖"理论最早是在 1967 年的 Katz v. United States 案中产生的,在该案中,Harlan 大法官指出,"封闭的电话亭犹如个人的住宅,个人在该区域内享有一种受宪法保护的对隐私的合理期待;不论是物理上的侵入,还是电子侵入该空间,都构成对宪法第四修正案的违反"。"合理预期"的成立需要具备两个条件:一是权利人主观上对隐私和个人信息的保护已经形成了合理的信赖;二是此种合理信赖在客观上被社会认为是合理的。See Katz v. United States, 389 U.S. 347, 360–61, 1967.

括了侵害个人隐私权的形态,尤其是对实践中严重损害公民隐私权的窥视、拍摄等行为进行了明确的规定。① 该条采用了兜底式的列举,而并非封闭列举,这就可以有效应对互联网、高科技时代对隐私权保护的挑战。

第三,区分了私密信息和个人信息。由于隐私本身和个人信息具有交叉性,如银行账号、身份证号码等,既可能构成隐私权的保护客体,同时也属于个人信息。根据《民法典》第1032条第2款,隐私包括了私密信息,此类信息与个人信息是何种关系? 应当说,从广义上理解,私密信息也是个人信息,但其与一般的个人信息存在区别。一方面,根据《民法典》第1034条第3款的规定,在出现二者交叉的情形下,个人信息中的私密信息,适用有关隐私权的规定;没有规定的,适用有关个人信息保护的规定。因为个人信息并非完整的权利,而只属于一项利益,因此隐私的保护程度相较于个人信息而言更为完整和全面。《民法典》先规定隐私权,后规定个人信息保护规则,这也表明,在就个人信息发生纠纷时,首先要考虑适用隐私权的规则。另一方面,《民法典》第1033条关于隐私权规则中,采用了"权利人明确同意"方可免责的表述,而第1035条关于个人信息收集处理中,则只是需要"同意"。显然,对隐私的保护更为严格。区分私密信息和个人信息,更有利于强化对于私密信息的保护。

(二) 人格权编进一步强化了个人信息的保护

第一,扩张了个人信息的内涵。《民法典》第1034条第2款采用了可识别性的标准,将个人信息规定为"以电子或者其他方式记录的能够单独或者与其他信息结合识别特定自然人的各种信息"。可识别性的标准不仅限于身份信息的判断,也同样适用于行踪信息,从而扩展了个人信息的内涵。同时,该条所列举的个人信息的范围具有宽泛性。在列举个人信息的范围时,既列举了能够直接识别个人身份的姓名、身份证件号码等个人信息,又列举了出生日期、住址、电话号码等间接识别个人身份的个人信息;既包括可以识别个人身份的信息,也包括识别个人的行踪轨迹的信息。此外,该条在具体列举各类个人信息类型的基础上,采用了"等"这一兜底性表述,表明个人信息的类型不限于该条明确列举的类型,这就保

---

① 据报道,偷拍并出售获取的视频资源已经形成了一条黑色产业链,在一些交易中,只需288元,便可以得到8个酒店房间监控,12个家庭房间监控。参见《泛滥成灾的非法偷拍该如何防范?》,载 https://baijiahao.baidu.com/s? id=1648892241482271752&wfr=spider&for=pc,访问日期:2020年2月14日。

持了个人信息范围的开放性。

第二,构建权利人与信息处理者之间的基本权利义务框架。人格权编不再像《民法总则》第 111 条那样逐一列举非法收集、使用、加工、传输、买卖、提供、公开等七种形态,而是借鉴了 GDPR 的立法经验,使用"处理"(process)一词概括了除收集之外的六种形态,更具有概括性和开放性。与此同时,《民法典》第 1035 条明确了收集、处理个人信息的基本原则,该条还要求对无民事行为能力人和限制民事行为能力人的个人信息收集和处理需要征得监护人同意,体现了对无民事行为能力人和限制民事行为能力人的特殊保护。

第三,确立了有关个人信息共享的规则。《民法典》第 1038 条要求个人信息共享须经被收集者同意,这就要求个人信息的共享也必须获得授权。在收集、利用个人信息时应当取得个人的授权,数据共享也应当取得信息主体的特别授权。从我国司法实践来看,有的法院也采纳了此种立场。① 从信息权利人角度,实际上是双重授权,即第一次是数据的收集者在收集信息的时候必须获得信息权利人的授权,第二次是数据的收集者把收集到的信息进行分享的时候还要获得另一次授权,也就是数据的分享必须要再一次获得个人信息权利人的同意。我国《民法典》第 1038 条第 1 款规定,"未经自然人同意,不得向他人非法提供其个人信息,但是经过加工无法识别特定个人且不能复原的除外"。该条实际上要求信息主体对信息共享本身进行授权,而不限于对信息收集行为的授权。当然,信息的被共享者再次共享信息时,仍应当适用该规则。同时,《民法典》第 1036 条第 2 项规定了自行公开的或者其他已经合法公开的信息处理的例外免责。上述规定也为互联网大数据产业的健康发展提供了法律依据。

第四,进一步强化了信息收集者、处理者的保密义务,规定了国家机关及其工作人员负有保护自然人的隐私和个人信息的义务(《民法典》第 1039 条),义务人违反该义务仍然可能导致民事责任的产生。

---

① 例如,在北京淘友天下技术有限公司等与北京微梦创科网络技术有限公司不正当竞争纠纷案中,双方当事人通过 OpenAPI 开展合作,但被告在合作过程中不当抓取原告的用户个人信息。北京知识产权法院认为,OpenAPI 开发合作模式中数据提供方向第三方开放数据的前提是数据提供方取得用户同意,同时,第三方平台在使用用户信息时还应当明确告知用户其使用的目的、方式和范围,再次取得用户的同意。因此,在 OpenAPI 开发合作模式中,第三方通过 OpenAPI 获取用户信息时应坚持"用户授权"+"平台授权"+"用户授权"的三重授权原则。参见北京知识产权法院(2016)京 73 民终 588 号民事判决书。

结　语

"现代民法的发展显然是以人格权法的发展而展开的。"①加强和完善人格权法律制度,代表了现代民法的发展趋势。《民法典》是新时代保护人民民事权利的"权利法典",而人格权编尊重人民的意愿,反映人民的需求,谋求人民的福祉,符合人民的利益,且充满了新时代的气息,彰显了时代的精神,因此堪称良法。但"徒法不足以自行",人格权编能否真正得到遵循、从纸面上的法转化为"行动中的法",还有待于全体社会成员的共同努力,还需要我们真正在民事法律领域以良法促善治,加快实现善治,实现人民群众对良法善治的美好期盼。

---

① 〔日〕北川善太郎:《民法典体系的民法模式与比较法》,2008 年民法体系国际研讨会与侵权法国际高峰论坛,中国人民大学法学院。

论一般人格权

——以《民法典》第990条第2款为中心*

前　言

一般人格权,是相对于具体人格权而言的。所谓具体人格权,又称为个别人格权(einzelne Persönlichkeitsrecht),是指法律具体列举的由自然人等民事主体享有的各项人格权,如生命权、健康权、姓名权、肖像权、名誉权等。而一般人格权概念则是法律以高度概括的方式赋予自然人享有的具有权利集合性特点的人格权,是关于人的存在价值及尊严的权利。① 在我国,一般人格权的产生和发展是司法实践经验的总结。在司法实践中,民事主体往往会提出各种新型"权利"诉求,如"安葬权""亲吻权""悼念权""祭奠权""生育权""被遗忘权"等。② 法院在相关案例中确认了一些非法定的新兴人格权利,这表明人民群众的权利意识不断提高。法院通过法律续造的方式创设新型权利,也在一定程度上满足了人们的维权需求。由于这些新型权利基本上都涉及人格利益的保护问题,这就需要立法将某些成熟的权益予以确认,并通过立法表达为法官的法律续造提供合法依据,在这一背景下,《民法典》人格权编第990条第2款关于一般人格权的规定应运而生。该条规定:"除前款规定的人格权外,自然人享有基于人身自由、人格尊严产生的其他人格权益。"该条不仅保持了人格权保护的开放性,设立了人格权益兜底保护条款,尤其是确立了一般人格权概念,并为一般人格权的认定提供了重要的价值判断标准。③ 然

---

* 原载《中国法律评论》2023年第1期。
① 参见王泽鉴:《民法总则》,中国政法大学出版社2001年版,第126页。
② 参见陶莉萍诉吴曦道路交通事故人身损害赔偿纠纷案,四川省广汉市人民法院(2001)广汉民初字第832号民事判决书。
③ 参见黄薇主编:《中华人民共和国民法典人格权编解读》,中国法制出版社2020年版,第16—17页。

而,《民法典》第 990 条第 2 款的规定在适用中涉及诸多问题。本文将围绕我国《民法典》第 990 条第 2 款对一般人格权的规定,针对我国法上一般人格权所保护的人格利益的范围、运用一般人格权保护新型人格利益的价值判断标准、一般人格权与具体人格权的关系以及一般人格权的保护基础等问题提出浅见,以供理论界与实务界参考。

一、作为一般人格权的"其他人格权益"

(一) 一般人格权是法定权益之外的"其他人格权益"

一般人格权产生于德国。在德国法中,一般人格权属于"框架性权利",具有母权的性质,可以通过具体化解释出各种受保护的特殊人格权,例如名誉、隐私、信息自主等。[1] 尽管这一概念已经被我国民法学界和司法实践广泛使用,但是在不同的学说讨论与审判实践中,它的含义却存在差异。总体而言,在我国,一般人格权包括两种不同的含义:

第一,一般人格权是指由自然人享有的人格尊严与人身自由,此乃"母权",可以据此产生具体人格权。在德国民法中,一般人格权确实有其不确定性,但是这种不确定性也让其能够发展出各项具有特殊保护对象的具体权利,并且对新的保护内容保持开放,因此有观点也将一般人格权视为一种源权利(Quellrecht)。[2] 从这个源权利中能够不断"流出"更多的具体权利,所以也被称为框架性权利。[3] 对这种框架性权利而言,其只有外部的框架范围被确定下来,在个案当中的具体内容,则需要和其他权利以及利益进行平衡和比较。[4] 在德国学界,由于一般人格权这种内容上的不确定性,确实有对将其视为绝对权的批评。有观点认为,只有那些有确定客体的人格权,如姓名权、肖像权等才能被视为绝对权。[5] 也有观点

---

[1] 参见王泽鉴:《人格权法:法释义学、比较法、案例研究》,北京大学出版社 2013 年版,第 67 页。

[2] Vgl. BGHZ 24, 72, 78.

[3] Vgl. Fikentscher/Heinemann, Schuldrecht, Berlin, 2006, Rn. 1216; BGH NJW 1994, 124, 125.

[4] Vgl. Larenz/Wolf, Allgemeiner Teil des Bürgerlichen Rechts, 9. Aufl., München, 2004, § 8, Rn. 28.

[5] Vgl. Ernst Wolf, Lehrbuch des Schuldrechts Bd. 1: AT S. 144 ff; Larenz, NJW 1955, 521 ff; Soergel/Zeuner, § 823, Rn. 66.

将一般人格权视为《德国民法典》第 823 条第 2 款意义上的保护性法律。①

一般人格权是指自然人享有的基于人身自由、人格尊严所产生的人格利益,这与德国法中一般人格权的概念并不相同,在德国,一般人格权主体不仅包括自然人,也包括法人,因此,其不限于自然人所享有的人格权益。② 而我国《民法典》中,一般人格权的主体仅限于自然人。

第二,一般人格权仅指法定权益之外的"其他人格权益"。《民法典》第 990 条第 2 款意义上的"其他人格权益",实际上就是指没有得到法律明文规定的,但是应当受到法律保护的人格利益。

在我国,一般人格权的概念最早出现在 2001 年 2 月 26 日最高人民法院《关于确定民事侵权精神损害赔偿责任若干问题的解释》③(以下简称《精神损害赔偿的司法解释》),该解释第 1 条规定:"自然人因下列人格权利遭受非法侵害,向人民法院起诉请求赔偿精神损害的,人民法院应当依法予以受理:(一)生命权、健康权、身体权;(二)姓名权、肖像权、名誉权、荣誉权;(三)人格尊严权、人身自由权。违反社会公共利益、社会公德侵害他人隐私或者其他人格利益,受害人以侵权为由向人民法院起诉请求赔偿精神损害的,人民法院应当依法予以受理。"该司法解释正式将人身自由权和人格尊严权作为精神损害赔偿制度保护的对象。司法解释起草者认为,"人格尊严权、人身自由权"在理论上被称为"一般人格权",是人格权利一般价值的集中体现,因此,它具有补充法律规定的具体人格权利立法不足的重要作用。在处理具体案件时,可以将人格尊严作为一般人格权以补充具体人格权。④ 2017 年颁布的《民法总则》第 109 条规定:"自然人的人身自由、人格尊严受法律保护。"该条对一般人格权作出了规定,但没有采用"权利"的表述。《民法总则》这一规定被编纂成为《民法典》第 109 条。

《民法典》在第 990 条第 1 款列举了各项具体人格权后,于第 2 款专门规定:"除前款规定的人格权外,自然人享有基于人身自由、人格尊严产

---

① Vgl. Erman/Ehmann, §12 Anhang, Rn. 14.
② Vgl. Götting/Schertz/Seitz, Handbuch Persönlichkeitsrecht, 2.Aufl., München 2019, §31, S. 695 ff.
③ 该解释已于 2020 年修改。
④ 参见陈现杰:《人格权司法保护的重大进步和发展——〈最高人民法院关于确定民事侵权精神损害赔偿责任若干问题的解释〉的理解与适用》,载《人民法院报》2001 年 3 月 28 日,第 3 版。

生的其他人格权益。"这一规定不仅弥补了我国因一般人格权制度欠缺而导致的人格权制度的不足,而且保持了人格权益保护范围的开放性,为充分而全面地保护个人所享有的各项人格利益提供了依据。将该条两款作为整体进行解释,显然《民法典》第990条第2款所规定的"其他人格权益"不属于《民法典》第990条第1款所规定的法定人格权益。我国《民法典》人格权编已经列举并规定了九项自然人的具体人格权益,分别是生命权、身体权、健康权、姓名权、肖像权、名誉权、荣誉权、隐私权与个人信息权益;《民法典》第990条第1款和第110条有所不同的是:《民法典》第110条第1款规定了"婚姻自主权",但是第990条第1款没有规定"婚姻自主权",不过,该条款使用了"等"字,表明人格权编并没有排斥婚姻自主权。此乃立法者对我国立法经验与司法实践的总结,这意味着这些人格利益可以被类型化为具体人格权。但是,目前没有被类型化为权利的人格利益,则属于《民法典》第990条规定的"其他人格权益"范畴。在《民法典》之后,这些其他利益不能再被冠以"权利"的概念,且不属于法定的人格权益的范畴。据此,可将一般人格权理解为《民法典》第990条第2款所规定的"其他人格权益"。将"一般人格权"理解为《民法典》第990条第2款的"其他人格权益"的正当性在于:

一方面,应当看到,尽管《民法典》第990条第2款中承认了一般人格权,但实际上该条款并没有规定法定的人格权利,采用的是"人格权益"的表述,表明《民法典》第990条第2款规定的一般人格权所要保护的对象是人格利益,从而与《民法典》第990条第1款规定的具体人格权相区别。换言之,《民法典》第990条第1款规定的是法定人格权益,而第990条第2款则是赋予法官一定的权限在具体个案中保护尚未得到法律明确规定的、彰显人身自由与人格尊严的人格利益。

另一方面,德国民法学说与判例之所以将"一般人格权"作为母权,讨论新型人格权益是否受到法律保护,是因为《德国民法典》没有专门创设"人格权编",也没有专门规定类似《民法典》第990条第2款的"其他人格权益",而只是在《德国民法典》第823条第1款中规定了"其他权利"受到法律保护。故此,德国民法学说与判例不得不根据《德国基本法》所规定的人格尊严与人身自由的权利发展出"一般人格权",并将"一般人格权"认定为《德国民法典》第823条第1款中的"其他权利",从而允许新型人格权益受到法律保护。这是《德国民法典》重物轻人,未将人格权独立成编的体系性缺陷。但是,在我国《民法典》第990条第2款明文规定"自然人享有基于人身自由、人格尊严产生的其他人格权益"的情况下,立法者已经承认了人身自由、人格尊严可以产生"其他人格权益"。在这样的法律框架中,法官只需要根据《民法典》第990条第2款的规定,即可判断哪些新型人格权益应当受到法律保护。在这个意义上,来自德国民法的"一般人格权"的概念所要发挥的功能,已经被我国《民法典》第990条第2款的"其他人格权益"所实现。故此,本文主张在我国法的语境下,"一般人格权"应当是指《民法典》第990条第2款的"其他人格权益"。也就是说,"一般人格权"是指我国《民法典》明确规定的十种法定人格权益之外的"其他人格权益",其内在的价值理念是人身自由与人格尊严。在这个意义上,我国民法中的一般人格权乃是基于人身自由与人格尊严产生的其他人格权益。

(二)一般人格权属于广义的人格权范畴

为了厘清这一问题,需要对以下两个问题作出探讨:一是《民法典》第四编标题所使用的"人格权"这一法律概念应当如何理解?"人格权"是指具体人格权,还是同时包括一般人格权?二是《民法典》第990条第1款与第2款之间的关系应当如何理解?

我国《民法典》在不同条款中使用的"人格权"其实具有两种不同的含义,具体而言:

一是广义的人格权。所谓广义的人格权,包括以人格尊严、人身自由为基础产生的、与人格不可分离的各种法益。广义的人格权包括具体人格权与一般人格权。与广义的人格权处于同一抽象层次的法律概念,是《民法典》第112条规定的"人身权利"、第113条规定的"财产权利"等民事权利。例如,《民法典》第四编的编名"人格权"毫无疑问属于广义的人格权。除此之外,《民法典》第989条、第991条、第992条等条款所使用的"人格权"也属广义的人格权范畴。有的学者对一般人格权是否可以适用人格权禁令制度提出质疑,其理由是《民法典》第997条只规定了"人格权"而未规定"人格权益",似乎表明只有具体人格权可以适用人格权禁令。笔者认为,《民法典》使用"人格权"一词时,在大多数情况下均指广义的人格权,因此不能简单地根据《民法典》第997条的文义否认一般人格权适用人格权禁令的可能性。

二是狭义的人格权。所谓狭义的人格权,是指《民法典》第990条第1款规定:"人格权是民事主体享有的生命权、身体权、健康权、姓名权、名称权、肖像权、名誉权、荣誉权、隐私权等权利。"《民法典》第990条第1款所规定的"人格权"的特征是,它们均由法律明文规定,法官在具体个案中应当援引法律的明确规定加以裁判。相比之下,《民法典》第 990 条第 2 款规定的是"除前款规定的人格权外,自然人享有基于人身自由、人格尊严产生的其他人格权益"。这一条款赋予法官在具体个案中承认和保护新型人格权益的可能性。故此,对《民法典》第 990 条第 1 款中所使用的"人格权"应作狭义理解,仅指法定的具体人格权。与这一狭义的"人格权"概念相对的是法律规定的人格权益之外的权益。《民法典》第 990 条第 2 款之所以采用"除前款规定的人格权外"的表述,表明从狭义上理解的人格权仅指法定的权益,并不包括基于人身自由与人格尊严产生的"其他人格权益",也即本文所称的一般人格权。

在广义的人格权概念中,可以将《民法典》第 990 条第 2 款所规定的基于人身自由与人格尊严产生的其他人格权益理解为一般人格权,并将该条文第 1 款理解为具体人格权,由此形成具体人格权与一般人格权的二元体系。将一般人格权纳入广义的人格权范畴,一方面,有利于构建人格权法体系,这一体系就是由具体人格权与一般人格权所构建的权利体系,它与在物权法定模式下所形成的物权体系存在区别,即此种体系包括了法官依据《民法典》第 990 条第 2 款并通过法律续造的方式所形成的人格权益体系。申言之,虽然《民法典》第 990 条第 2 款中使用了"人格权益"的表述,但是一般人格权所保护的只能是人格利益,而不包括法定的人格权利。只要是人格权利,无论是《民法典》还是其他法律规定的具体人格权,都完全没有必要再通过一般人格权加以保护。一般人格权所保护的只能是无法为具体人格权涵盖的、值得保护的新型人格利益。另一方面,将一般人格权纳入广义的人格权范畴,也有利于加强对一般人格权的保护,这就是说,有关人格权的特殊保护方法,如人格权请求权、侵害人格权禁令、侵害人格权的精神损害赔偿等都可以适用于一般人格权的保护。

二、一般人格权的价值基础

无论是具体人格权,还是一般人格权,其价值基础都是人格尊严,基于这一价值而形成了人格权的体系。但依据《民法典》第 990 条第 2 款,一般人格权自身具有其独特的价值基础。

(一)《民法典》第 990 条第 2 款具有独特的价值判断功能

《民法典》第 990 条第 2 款所规定的"其他人格权益",也即本文所称一般人格权,既然是兜底性、开放性的,那么其势必面临保护的人格利益范围过宽的问题,故此,必须要寻找一项判断标准,决定哪些利益可以纳入一般人格权而受到法律保护,进而适用《民法典》对人格权的保护规定,如精神损害赔偿请求权、人格权请求权等特殊保护制度。在现实中,往往存在各种各样的精神性利益,但是并非每一项精神性利益均可成为《民法典》第990条第2款所规定的一般人格权。为了区分一般人格权与其他精神性利益,需要确立基本的价值判断标准,从而将值得《民法典》第990条第2款保护的精神性利益识别出来,并将其认定为一般人格权。既然一般人格权本质上是一种利益,那么这种利益何以受到保护,需要借助一定的价值基础进行评价。

从比较法上看,在德国法中,一般人格权产生的基础在于《德国基本法》的第1条和第2条,而人格尊严在德国宪法中也被视为全面受保护的权利。① 换言之,一般人格权乃是保护人格尊严、人格发展利益的权利。因为在传统德国民事法律规范中并没有一项权利能够对人格尊严、人格发展进行保护,因此通过学理和司法判决产生了一项框架性权利,即一般人格权,以保护这些人格利益。②

在我国《民法典》中,规定一般人格权的条文有两个,一是第109条,该条规定在总则编"民事权利"一章当中,宣示了自然人的人身自由、人格尊严受法律保护。这一条款揭示了人格权法保护自然人人格权的立法目的与宗旨,就是维护自然人的人身自由和人格尊严。这也是所有人格权益保护应遵循的基本价值。同时,该条款也确立了作为自然人的一般人格权的价值基础。另一个条文就是《民法典》第990条第2款,该款规定:"除前款规定的人格权外,自然人享有基于人身自由、人格尊严产生的其他人格权益。"从《民法典》第990条第2款的规定可知,人身自由和人格尊严乃是所有人格权益的"核心权利"(core rights),而其他人格权益则是这些"核心权利"的"衍生性权利"。这些衍生性权利来自更加基础的核心权利。③

尽管《民法典》第109条和第990条第2款都规定了人身自由与人格

---

① Vgl. BGHZ 13, 334, 338. 法官在判决中的相关表述为"基本法认可了保护人格尊严的权利和人格自由发展的权利,在私法关系中也必须要尊重这些权利"。
② Vgl. MüKoBGB/Rixecker Anhang zu §12 Rn. 1.
③ 参见〔英〕约瑟夫·拉兹:《自由的道德》,孙晓春等译,吉林人民出版社2011年版,第156页。

尊严，但是这两个条款的体系功能有所不同，二者并非重复规定。具体而言：

首先，适用范围不同。从体系上说，《民法典》第109条位于总则编之中，因此其承载了贯穿整个《民法典》的价值倡导功能，即《民法典》各编的规范都必须尊重对人身自由和人格尊严的保护。而第990条第2款作为人格权编的规范，是对一般人格权的确认，主要针对人格权益的保护。

其次，制度功能不同。《民法典》第109条是《宪法》规定的基本权利和自由在民法中的体现。该条与《宪法》中的基本权利条款实现了交互，起到链接民法与宪法的功能。① 而《民法典》第990条第2款作为第109条在人格权制度中的具体落实，旨在确认一般人格权，以为无法纳入具体人格权的人格利益提供保护。从这一角度而言，第990条第2款以及人格权编的其他条款共同完成了第109条在人格权编的具体化任务。

最后，提供法律续造依据的作用不同。《民法典》第109条的规定重在强调人格权益的价值基础在于人身自由与人格尊严，具有更强的价值宣示功能。第109条可以为相关规则的解释提供指引，在其他各编规则的适用中，第109条也具有限制规则恣意解释的功能，即其他各编规则适用不得违反人身自由和人格尊严保护。由于《民法典》第109条的作用不在于直接创设一般人格权，并为一般人格权的保护提供依据，因此，法官在裁判一般人格权案件时，并不需要直接援引第109条作为裁判依据。

相比之下，《民法典》第990条第2款则是重在体现"基于"人身自由与人格尊严产生的其他人格权益。该条作为对一般人格权的确认条款，可以直接为裁判者所援引，并作为一般人格权范围确定的依据而得到直接适用。该条对于为法官提供法律续造的依据具有独特功能，表现在以下四方面：一是价值判断作用，即法官在面临当事人所诉求的精神性利益时，应当对该精神性利益进行价值评价，以便判断其是否符合第990条第2款所规定的人身自由、人格尊严价值。二是确立利益的正当性。如果符合《民法典》第109条所宣示的人身自由与人格尊严的价值，那么也符合法律保护此种新型人格利益的正当性基础。因此，该条赋予法官根据这一价值理念对"其他人格权益"进行法律保护的权利。三是范围约束作用，即以人身自由和人格尊严作为价值判断标准，判断哪些精神性利益

---

① 参见上官丕亮、薛洁：《宪法上人格尊严与民法上人格尊严的相异与交互》，载《湘潭大学学报（哲学社会科学版）》2019年第6期。

属于该条款规定的一般性人格权。倘若没有该条款的限制,司法实践中可能随意地将精神性利益认定为一般人格权,造成一般人格权的"泛化",导致原本不应当受到法律保护的精神性利益,都会产生精神损害赔偿。四是兜底保护作用。由于人格权益是不断生成和发展的,该条便赋予法官在具体个案中解释其他人格权益的权力,从而起到补充、发展和兜底的作用。

(二)"其他人格权益"的判断价值:人身自由与人格尊严

《民法典》第 990 条第 2 款规定:"除前款规定的人格权外,自然人享有基于人身自由、人格尊严产生的其他人格权益。"如何理解此处所说的"基于"?它是指其他人格权益产生的基础就是人身自由、人格尊严,如果某项人格权益并没有体现人身自由、人格尊严的价值,则不应当属于"其他人格权益"。据此,对法律没有明确规定的利益,在认定其是否为人格利益、是否应当受到法律保护时,应当依据《民法典》第 990 条第 2 款规定,判断该项人格利益是否体现了人身自由和人格尊严价值。换言之,该条所规定的人身自由和人格尊严价值,不仅具有识别"其他人格权益"的功能,而且具有排除功能,即将无法体现人身自由和人格尊严价值的利益排除在人格利益的范畴之外,这也有利于准确认定当事人之间的权利义务关系,保护个人的行为自由。

1. 人身自由

人身自由包括身体行动的自由和自主决定的自由,它是自然人参与各种社会关系,行使其他人身权和财产权的基本保障,是行使其他一切权利的基础和前提。① 也有人认为人身自由是移动自由,来去自由,权利主体所享有的决定是否离开某个地方的自由。② 笔者认为,理解该条必须要与具体人格权的规定结合起来。在人格权编,由于身体自由已为《民法典》第 1003 条作为具体人格权进行了规定,就不宜包括在一般人格权中,更不宜将一般人格权等同于身体自由。因此对人身自由应作更广义理解,它主要是指自然人依法享有的从事民事活动等行为的自由或自由发展人格的自由,但主要是指民法上的自由,不宜包括言论自由、集会自

---

① 参见黄薇主编:《中华人民共和国民法典人格权编解读》,中国法制出版社 2020 年版,第 16 页。
② 参见陈甦、谢鸿飞主编:《民法典评注·人格权编》,中国法制出版社 2020 年版,第 16 页。

由、出版自由等公民基本政治权利方面的内容。①

人身自由的意义应当扩大解释,包含人格自由发展的意义。人身自由的意义并不仅限于人的行动自由,还应当包括人格自由。人身自由作为价值基础,事实上包括了身体的活动自由,也包括了人格的自由发展。而《民法典》第1011条所体现的是人身自由中的身体活动自由,此时已经作为身体权加以保护。但是,人格的自由发展无法涵盖于第1011条中,因此应当通过第990条第2款中的人身自由解释得出。《民法典》第990条第2款将基于"人身自由"和"人格尊严"而享有的其他人格利益以一般人格权的方式进行保护,与此同时,《民法典》第1011条直接规定了对行动自由的保护。虽然《民法典》第990条第2款中的"人身自由"和《民法典》第1011条中的"行动自由"都是对于民事主体尤其是自然人的关于自由的人格权益的保护,也都是宪法中公民基本权利在民法中的体现,但是二者仍然存在区别,具体而言:

第一,《民法典》第1011条中的"行动自由"含义较为单一。其主要针对的是自然人身体的物理位移,即比较法上的"离开所在地的权利和不被强迫前往特定地点权利"②,并不涉及精神活动自由和内心自由的问题。也正因如此,有学者将第1011条中的"行动自由"称为狭义的人身自由。③ 基于这一规范,"行动自由"取得了一项具体人格权的地位,可以直接适用权利保护的相关规则。《民法典》之所以仅将行动自由在身体权中进行明确规定,是因为自由是民事主体普遍享有的,行动自由与身体权关系密切,需要被类型化为权利进行保护,而对于其他自由则可通过利益的方式进行保护。④

第二,相较于"行动自由",《民法典》第990条第2款中"人身自由"的范围更加宽泛。如果认为本款中的"人身自由"与《民法典》第1011条中的"行动自由"含义等同,那么《民法典》第990条将沦为具文,因此必须在更广的层面上理解第990条第2款中的"人身自由",而不能仅仅将其局限于身体的物理位移。一般认为,除身体行动的自由外,自主决定的

---

① 参见程啸:《人格权研究》,中国人民大学出版社2022年版,第149页。
② Christian von Bar & Eric Clive eds., Principles, Definitions and Model Rules of European Private Law: Draft Common Frame of Reference (DCFR) (Full Edition) Volume 4, European Law Publishers, 2009, p. 3138.
③ 参见温世扬:《民法典视域下的"人身自由"》,载《法制与社会发展》2022年第3期。
④ 参见陈甦、谢鸿飞主编:《民法典评注.人格权编》,中国法制出版社2020年版,第181页。

自由也可以为本条的人身自由所包含。① 由于本款所规定的一般人格权发挥了对于非典型人格法益进行兜底保护的功能②,因此,本条中的"人身自由"不仅范围更加宽泛,而且具有一定的开放性,能够应对实践不断发展所带来的与人身自由相关的新型人格利益。从这一点而言,本条中的人身自由与人格尊严共同成为承载人格权益不断发展的载体。

第三,《民法典》第990条第2款中的"人身自由"同时具备价值引领的功能。该款中的"人身自由"是对尊重民事主体人格自由发展价值理念的贯彻,构成了一般人格权的价值基础。③ 因此,有关民事主体人格自由发展所涉及的人格利益可以为本款所涵盖。例如,实践中争议较大的探视权问题,实际上就涉及未成年人的人格发展,基于对未成年人人格发展的保护,虽然《民法典》未将探视权作为一项具体人格权,但仍可将其作为一项关系"人身自由"的利益,通过一般人格权的方式加以保护。

第四,两处规范在法律适用上存在先后顺序。就法律适用而言,具体人格权条款应当优先于一般人格权条款适用,当具体人格权保护条款不足以实现对人身自由和人格尊严的一般保护要求时,才有可能在具体人格权条款存在的情况下适用一般人格权条款。④ 因此,在权利人的权利符合《民法典》第1011条的规定时,应优先适用《民法典》第1011条的规定。因为《民法典》第1011条在性质上属于具体人格权的条款,其为行动自由提供了更为明确的保护,因而无须借助《民法典》第990条第2款中对一般人格权的保护。而《民法典》第990条第2款虽然保护人身自由,但其因为具有兜底性质,必须列于具体人格权条款之后适用。

2. 人格尊严

所谓人格尊严,是指作为法律主体得到承认和尊重,换言之,是人作为人应当受到的尊重。人在社会生活中生存,不仅仅是维持生命,而是要享有有尊严的生活。因此,人格尊严是人作为社会关系主体的一项基本前提,其是指公民作为一个人所应有的最基本的社会地位并且应当受到

---

① 参见黄薇主编:《中华人民共和国民法典人格权编释义》,法律出版社2020年版,第15页。
② 参见温世扬:《〈民法典〉视域下的一般人格权》,载《中国法学》2022年第4期。
③ 参见朱晓峰:《人身自由作为一般人格权价值基础的规范内涵》,载《浙江大学学报(人文社会科学版)》2021年第2期。
④ 参见朱晓峰:《论一般人格权条款与具体人格权条款的规范适用关系》,载《比较法研究》2021年第3期。

社会和他人的最基本的尊重,是公民基于自己所处的社会环境、地位、声望、工作环境、家庭关系等各种客观条件而对自己和他人的人格价值和社会价值的认识和尊重。

人格尊严原则作为一般人格权的重要内容,具有弥补具体人格权因明示列举而难以满足对人格利益的全面保护的功能,即人格尊严原则具有补充性。许多学者认为,对人格尊严的保护就是对一般人格权的保护。①因为一方面,人格尊严是具体人格权立法的基础。公民的各项人格权都在不同程度上体现了人格尊严的要求,表现了我国法律对人格尊严的尊重。事实上,许多侵害人格权的行为,如侮辱和诽谤他人、宣扬他人隐私、毁损他人肖像、虐待他人等,均有损他人的人格尊严。另一方面,人格尊严作为一般人格权可以弥补我国民法关于具体人格权规定的不足。有关司法解释曾经提出了人格尊严权的概念,但这并非意味着人格尊严就成为了一项具体的人格权,实际上,人格尊严应当属于一般人格权的内容,而不应当成为一项具体的人格权。人格尊严除了基于原子化的个人产生的尊严,还有基于社会关系产生的尊严。应当将个人置于社会关系中,理解个人的人格尊严。在这个意义上,祭奠权是基于家庭身份关系产生的人格尊严。这里的人不能仅仅理解为孤立的、原子化的个人,而要理解为处于一定社会关系中的个人。这里就体现出社会与个人的整体性,社会是由个人组成的,个人也是社会的组成部分。

我国司法实践也历来注重以人格尊严作为判断一般人格权受到保护的依据。早在2000年,在徐某诉北京燕莎公司人格尊严侵权案中,原告欲去北京燕莎公司所属饭店东花园休息并就餐,遭到保安驱离,原告认为,驱离行为是对中国公民的歧视,并在法院提起诉讼。法院认为,人格尊严是人格权的内涵之一,包含权利主体自身的人格、社会价值得到他人的认识和尊重。消费者在接受服务时,人格尊严应当受到尊重。② 再如,在吴某波等诉鄱阳县殡仪馆人身损害赔偿纠纷案中,原告的父亲去世后,原告与殡仪馆协商好了火化时间,但嗣后因为设备故障,导致原告的父亲没有按照约定的时间火化,也影响到原告父亲的按时安葬。法院认为,关于侵犯死者的人格尊严权方面:就人格尊严权这个概念在民法上来

---

① 参见杨立新主编:《民商法理论争议问题——精神损害赔偿》,中国人民大学出版社2004年版,第8页。
② 参见北京市朝阳区人民法院(2000)朝民初字第120号民事判决书。

说,不是一个具体的人格权,属于一般人格权范畴。① 笔者认为,此种观点不无道理。从社会一般人的观念来看,被告的行为虽然没有造成原告财产损失,但造成了原告人格尊严的损害,我国现行立法没有规定此种行为侵害了原告的何种人格利益,此时,即可通过一般人格权对原告进行兜底保护。

在《民法典》人格权编中,一方面,人格尊严具有价值上的统领性。马克思主义倡导人的解放,实现人的全面发展,归根结底是为了人。② 康德认为,"人格"就意味着必须遵从这样的法则,即"不论是谁在任何时候都不应把自己和他人仅仅当作工具,而应该永远视为自身就是目的"③。人格权是民事主体对其人格利益享有的排斥他人干涉的权利,关乎每个人的人格尊严,是民事主体最基本、最重要的权利。另一方面,人格尊严具有适用上的指导性。维护人性和人格尊严的价值追求是指引权利秩序建构的基石。近年来,各地法院受理的侵害祭奠利益案件不断增加。具体的案件类型包括养女在过世养父母墓碑上的刻名权益④、亲人死亡情况的知情权、安葬权、墓碑署名权、保持墓碑及坟墓完整权等。这些新型人格利益也受到一般人格权规则的保护。例如,在韩某诉中铁六局北京铁路建设有限公司一般人格权案⑤中,原告韩某的父母、祖父母等 8 人共计 6 处墓穴在被告北京铁路建设有限公司的施工范围内,被告在施工过程中,对上述墓穴及墓穴周围的地貌造成了改变。法院认为,民事活动应当尊重社会公德,对已故亲人进行祭奠是中华民族的传统习俗。在本案中,被告的施工行为致使韩某家位于施工范围内的墓穴及墓穴周围地貌发生了改变,现行法律虽然没有对此作出明确规定,但由于墓穴涉及死者人格利益和生者人格尊严的保护问题,因而其应当受到一般人格权的保护。

人格尊严的保护不仅适用于新型人格利益的保护,而且适用于对人格物的保护。例如,对人体胚胎、遗体、墓碑等的保护,侵害这些特殊物时,不能仅仅将其视为侵害一般的财产,而应当注重保护这些特殊类型的

---

① 参见江西省鄱阳县人民法院(2006)鄱民一初字第 951 号民事判决书。
② 参见丰子义:《历史唯物主义与马克思主义哲学主题》,载《中国社会科学》2012 年第 3 期。
③ 〔德〕伊曼努尔·康德:《道德形而上学原理》,苗力田译,上海人民出版社 2012 年版,第 52 页。
④ 参见《最高人民法院"民法典颁布后人格权司法保护典型民事案例"之二》,载 https://www.12377.cn/jsal/2022/5bd2152e_web.html,访问日期:2022 年 10 月 19 日。
⑤ 参见北京市门头沟区人民法院(2008)门民初字第 771 号民事判决书。

物所体现的人格尊严的价值。例如,就人体胚胎而言,生命尊严是人格尊严的重要组成部分,而"生命尊严"不仅适用于活着的人,还可以扩展适用至人体胚胎等的保护①,也就是说,对于这些特殊存在的"物",仍然要以有利于维护人格尊严的方式去对待和处理。

三、一般人格权与具体人格权的关系

如前所述,我国《民法典》列举了九项人格权和一项人格利益(个人信息)。《民法典》第990条第1款明确了具体人格权的保护,而第990条第2款则规定了一般人格权。由此产生的疑问是,一般人格权与具体人格权之间的关系为何?

(一)具体人格权与一般人格权的差异

首先,明确权益的位阶。从我国《民法典》的相关规定来看,权利的位阶要高于利益。权利与利益之间发生冲突时,权利规则应当优先于利益规则。《民法典》第1034条第3款规定,隐私权与个人信息发生竞合时,要优先保护隐私权。权利和利益的不同体现在法律保护效力上,一般认为,对权利的保护程度要高于对利益的保护程度,权利是明确的,具体的,其保护较之于单纯的利益具有更高的位阶。②

其次,受到法律保护的利益可能也蕴含着指向性义务,但是与权利不同的是,受法律保护的利益的指向性义务可能并不明确,通常需要利益衡量方可作出最后判断。例如,在陶某某诉吴某道路交通事故人身损害赔偿纠纷案中,法院认为,原告主张亲吻权是自然人享有与爱人亲吻时产生的一种性的愉悦,并由此而获得的一种美好的精神感受的权利,属人格权中细化的一种独立的权利。但是,一切权利必有法律依据,任何一种人格权,不论是一般人格权还是具体人格权,都源于法律的确认,即权利法定。纵观我国现有的法律、行政法规,均无亲吻权之规定,故亲吻权的提出于法无据。被告认为"亲吻"是人体组织某种功能,法律上身体权和健康权的保护已将其涵盖的抗辩,本院也不予支持。③ 但是加害人的加害行为导致受害人的嘴唇遭受不可修复的伤害,即便是在治疗之后,也无法享受亲

---

① 例如,1994年修订后的《法国民法典》第16条规定:"法律确保人的优先性,禁止对尊严的一切侵害,自其生命伊始即确保对人的尊重。"
② 参见张红:《人格权总论》(第2版),法律出版社2022年版,第413页。
③ 参见四川省广汉市人民法院(2001)广汉民初字第832号民事判决书。

吻的正常体验。因此,受害人主张加害人的行为侵害其"亲吻权"。在本案中,受害人想要享受亲吻体验,固然是一项利益,但是这项利益是否产生相应的指向性义务,要求加害人保障这项利益得以实现,在现行法框架中并不明确,因此法官不得不在此个案中通过利益衡量的方式,判断加害人是否真的负有此项指向性义务。由此可见,在民法中,权利和利益的区分,主要体现在他人负有某项指向性义务是否明确上。倘若这一指向性义务十分明确,那么其对应的就是权利。而指向性义务不明确时,其对应的就是利益。倘若利益受到某一判决的保护,那么这一判决实际上已经确立了他人应当尊重这一利益的指向性义务。在我国司法实践中,虽然某些具体的司法判决没有成为指导性案例,很难对其他判决产生法律约束力,但是这些判决中确立的指向性义务也可能会对其他后续的纠纷解决产生实质影响。

最后,利益的边界具有不确定性,权利的边界是清晰的,但是对于一般人格权而言,其之所以没有上升为权利,是因为一般人格权的边界并不确定,通常具有一定的开放性。有学者认为,权利只能设定于特定的客体之上,而利益一般没有客体或者客体并不确定。① 据此可知,一般人格权的边界之所以不明确,是因为其客体并不确定,还未如同姓名、肖像、隐私、名誉或者个人信息一样成为确定的客体。除此之外,一般人格权的性质是一种框架性权利,其权利的作用范围并没有完全确定,而需要首先在与其相冲突的另一项应当受保护的利益中进行利益衡量。② 正如在任某玉案中法院所指出的,我国现行法中并无法定称谓为"被遗忘权"的权利类型,"被遗忘权"只是在国外有关法律及判例中有所涉及,但其不能成为我国此类权利保护的法律渊源……人格权或一般人格权保护的对象是人格利益,既包括已经类型化的法定权利中所指向的人格利益,也包括未被类型化但应受法律保护的正当法益。就后者而言,必须不能涵盖到既有类型化权利之中,且具有利益的正当性及保护的必要性,三者必须同时具备。③ 新型利益需要经过一段时间的发展,明晰其边界之后,方可上升为权利。由此决定了,通过侵权责任对利益的保护,不能简单适用侵权责任的构成要件,还必须借助动态系统论进行综合考虑,确定利益保护的必要性以及一般人格权的保护范围。法官在确定是否应当保护一般人格权

---

① 参见李永军:《民法总则》,中国法制出版社2018年版,第544页。
② Vgl. BGH NJW 1994, 124, 125.
③ 参见北京市第一中级人民法院(2015)一中民终字第09558号民事判决书。

时，还要在裁判中对上述问题进行说理论证。换言之，《民法典》第990条第2款所规定的兜底保护，其中涉及的利益还有一个更强的论证义务，需要根据具体的案件情况进行论证。相比之下，权利保护的构成要件应当比利益保护的构成要件更为宽松。

（二）厘清《民法典》第990条第1款与第2款的适用关系

《民法典》第990条第2款与《民法典》第990条第1款在适用上是什么关系呢？笔者认为，《民法典》第990条第2款的功能，乃是法官在具体个案中认定尚未得到实证法（the positive law）明文规定的其他人格权益（一般人格权）的法律依据与价值基点；而《民法典》第990条第1款则是对法定人格权的定义性和宣示性条款。故此，《民法典》第990条第2款与第1款的关系呈现如下特征：

第一，是否具有法定性。一般人格权与具体人格权的区分在于，是否对人格利益予以法定化、固定化，是否存在法律规范的明确规定；具体而言，一般人格权所保护的人格利益应当区分为两种：一是法律明确规定的人格利益，二是法律没有规定的人格利益。对于法律已经作出规定的人格利益，如个人信息、死者人格利益等，由于已经有法律的明确规定，应当适用该法律的具体规定，而非适用《民法典》第990条第2款的规定。进一步而言，此种法律的具体规定又包括如下两种类型：一是法律直接规定了相关保护规则的人格利益，如个人信息保护；二是法律没有直接规定保护规则，但规定了参照适用的规则，如声音利益（《民法典》第1023条第2款）。对于法律已经明确规定的人格利益，应适用相关的具体法律规则，而不再适用《民法典》第990条第2款规定。

《民法典》第990条第2款的功能是赋予法官在具体个案中对尚未得到法律明文规定的人格权益进行法律续造的权力，并且针对彰显了人身自由和人格尊严的其他人格权益提供保护，以此保持人格权益的开放性。因为现代社会进入了一个互联网、大数据时代，科学技术发展日新月异，这也使得许多新型人格利益不断涌现，亟需法律作出应对。许多新型人格利益遭受侵害后，都可以借助一般人格权加以调整。需要指出的是，某些人格利益在司法实践中已经受到保护，如祭奠利益，但由于此类人格利益的保护并没有明确的法律依据，没有具体的法条可供适用，因此其在性质上并不是法定化的人格利益，其仍然属于《民法典》第990条第2款所规定的其他人格权益。

根据上述区分，《民法典》第990条第2款适用的前提是法律未对特定人格权益作出明确规定,也没有作出参照适用的规定。例如《民法典》第 1023 条关于声音利益保护的参照适用条款,以及《民法典》第 1017 条关于网名艺名的参照适用条款,则不用适用《民法典》第 990 条第 2 款。① 又如,当法律对人格权或者新型人格利益作出明确规定,则应当适用法律规定。例如个人信息,虽然未将其纳入人格权的范畴,但是作为一种值得保护的人格利益,《民法典》《个人信息保护法》对此作出明确规定,则应当适用这些规定,而不适用《民法典》第 990 条第 2 款的规定。

第二,主体是否具有限定性。我国法上的一般人格权与德国法有所不同,其权利主体只能是自然人。② 一方面,我国《民法典》明确规定法人、非法人组织享有某些人格权。例如名称权、名誉权的享有主体也可包括法人、非法人组织。但是,第 990 条第 2 款规定的一般人格权只能为自然人享有,而不包括法人、非法人组织,该条的条文表述明确限定于自然人③,依据《民法典》第 110 条的规定,法人、非法人组织享有名称权、名誉权和荣誉权。从该规定来看,法人和非法人组织享有三项人格权,由于该条采取了封闭列举的方式,表明法人、非法人组织所享有的人格权类型具有封闭性,这显然不同于自然人人格权类型的开放性。因此,法人、非法人组织不享有一般人格权。另一方面,《民法典》之所以将一般人格权限定于自然人,主要是考虑到只有自然人才享有人身自由、人格尊严这样的价值所产生的一般人格利益,这也是对《宪法》上保护人格尊严价值的具体落实。

第三,是否可以参照适用或者类推适用具体人格权的规则。新型人格利益出现后,除非法律有特别规定,一般不宜类推适用其他具体人格权的规则,而应当采用一般人格权予以保护。从我国《民法典》人格权编的规定来看,在特定情形下,人格权编规定了准用的情形,如第 1001 条规定:"对自然人因婚姻家庭关系等产生的身份权利的保护,适用本法第一编、第五编和其他法律的相关规定;没有规定的,可以根据其性质参照适用本编人格权保护的有关规定。"同时,也规定了参照适用条款,例如,《民法典》第 1023 条第 2 款规定:"对自然人声音的保护,参照适用肖

---

① 参见黄薇主编:《中华人民共和国民法典人格权编解读》,中国法制出版社 2020 年版,第 16 页。
② 参见程啸:《人格权研究》,中国人民大学出版社 2022 年版,第 99 页。
③ 参见黄薇主编:《中华人民共和国民法典人格权编解读》,中国法制出版社 2020 年版,第 17 页。

像权保护的有关规定。"该条规定肖像的保护规则可以准用于声音的保护。因此,在法律已经作出规定的情形下,可以参照适用相关具体人格权的规则保护特定的人格利益。但对特定新型人格利益的保护,在法律没有作出特别规定的情形下,不宜参照适用或者类推适用相关具体人格权的规则,而应当适用一般人格权的规则对其提供保护。因为一方面,类推适用给法官过大的自由裁量权,容易造成法律适用的不安定性。各种新型人格利益是大量存在的,很难完全借助法官的自由裁量权予以判断。另一方面,某些新型人格利益往往可能超出具体人格权的涵盖范围,此时类推适用有可能牵强附会,造成体系上的不和谐。我国《民法典》之所以规定一般人格权,目的就在于解决新型人格利益的保护问题,并保持人格权益保护范围的开放性。《民法典》第 110 条关于自然人具体人格权的规定,没有使用"依法享有"的表述,而其他民事权利的表述大都采用"依法享有",表明具体人格权具有开放性,即便出现法律没有明确规定的新型人格利益,也要受到法律保护。因此,在出现新型人格利益时,应当通过一般人格权对其进行保护,而不宜类推适用其他具体人格权的规则。

如果受一般人格权保护的人格利益与具体人格权发生冲突,按照《民法典》第 1034 条所规定的隐私权优先于个人信息的立法理念,应当优先保护具体人格权。

四、一般人格权的法律救济

《民法典》第 990 条第 2 款属于赋权规范,即权利分配规范,该条款明确了一般人格权的法律地位,明确了一般人格权也属于人格权的范畴。以此为基础,《民法典》第 995 条所规定的人格权请求权、第 997 条所规定的人格权禁令制度,以及第 1165 条等条款所规定的侵权损害赔偿请求权等权利救济规范就可以与第 990 条第 2 款的权利分配规范相衔接。

(一) 动态系统论与一般人格权的保护

在法律列举的人格权中,对具体人格权都有权利的具体内涵、外延以及特定的行为义务的规定,而一般人格权没有明确的指向,因此,较之具体人格权,一般人格权的保护要更为注重利益衡量和动态系统。动态系统论最早由奥地利学者维尔伯格于 20 世纪 40 年代提出,其基本观点是:调整特定领域法律关系的法律规范包含诸多构成因素,但在具体的法律关系中,相应规范所需因素的数量和因素的强度有所不同,也就是说,调整各个具体关系的规范因素是一个动态的系统。① 因此,应当在具体法律关系中通过对动态的因素考量认定责任。通过动态系统论来准确认定侵害一般人格权的责任,原因在于,一方面,《民法典》第990条第2款只是一个一般条款,较为原则和抽象,需要借助价值补充来予以具体化,这个过程实际上就要考虑各种因素。新型人格利益体现了人身自由、人格尊严价值,法官还应当结合具体案件的情况,通过衡平考虑各种应受法律保护的利益和价值判断受害人的利益是否需要保护。另一方面,比较法也采取此种做法。例如,在德国,现在普遍认为一般人格权是一项框架性权利,其在受侵权法规则保护时,既考虑结果的不法,也考虑行为的不法。② 对一般人格权的侵害,不仅需要考虑不法行为是否侵害了人格利益,还需要通过利益衡量来勾勒出其保护范围,并且在个案中进行具体化。③ 只要一般人格权的保护范围能够在各个具体类型下进行界定,其义务违反就能够如其他绝对权那样进行检视。④

问题在于,对利益的保护需要考虑哪些因素?在库奇奥教授主持起草的《欧洲侵权法原则》第2:102条中确立了利益保护所应考虑的多重因素,主要包括:利益的性质、利益的价值、利益的定义是否精确与明显、行为人与受害人的接近程度、责任性质、行为人的利益(尤其是该行为人行动与行使权利的自由)以及公共利益。⑤ 依据《民法典》第998条的规定,认定行为人承担侵害除生命权、身体权和健康权外的人格权的民事责任,应当考虑行为人和受害人的职业、影响范围、过错程度,以及行为的目的、方式、后果等因素。可以借鉴该条的规定,确定动态系统论所要考虑的因素。当然,整个动态系统论的运用本身是一个法官的自由心证过程,更应当是一个说理论证过程,法官应当阐明其是如何考虑法定的因素,包括这些因素是否成立,对这些因素如何综合考量,是否采纳比例原则;对于特定责任形式的采取,法官是否考虑了受害人的职业、影响范围、

---

① 参见〔日〕山本敬三:《民法中的动态系统论——有关法律评价及方法的绪论性考察》,解亘译,载梁慧星主编:《民商法论丛》(总第23卷),金桥文化出版(香港)有限公司2002年版,第177页。

② Vgl. BGHZ 169, 193 Rn. 13 f; BGH NJW 2007, 684, 685; Fikentscher/Heinemann, Schuldrecht, Berlin, 2006, Rn. 1584; Looschelders SchuldR BT Rn. 1174, 1238, 1250; Medicus/Lorenz SchuldR BT Rn. 1308 ff.

③ Vgl. BGH NJW 2012, 2197, 2199.

④ Vgl. MüKoBGB/Wagner BGB § 823 Rn. 417.

⑤ See European Group on Tort Law, Principles of European Tort Law: Text and Commentary, Springer, 2005, p. 191.

过错程度,以及行为的目的、方式、后果等多种因素,等等。这些说理论证越充分,则责任认定及其责任范围的确定就越合理。

(二) 一般人格权的人格权请求权

由于《民法典》第 995 条规定的是"人格权受到侵害的",受害人有权依照本法和其他法律的规定请求行为人承担民事责任,再加上传统民法教义认为,只有绝对权可以产生绝对权请求权,但是一般人格权属于"利益"的范畴,不属于"绝对权",因此有的论者主张《民法典》第 995 条所列举的人格权请求权只适用于具体人格权,不能适用于一般人格权。①

笔者认为这一观点值得商榷。一方面,上文论证表明,《民法典》人格权编使用了广义人格权概念,包括具体人格权和一般人格权。从这个意义上理解的人格权,包括了一般人格权,因此人格权的保护方法包括人格权请求权应当可以适用于一般人格权的保护。另一方面,人格权请求权乃是权利实现请求权,即在人格权的圆满性遭到破坏时,权利人可以主张停止侵害、排除妨碍和消除危险,从而恢复人格权的圆满状态。承上文所述,具体人格权与一般人格权均是基于人身自由与人格尊严产生的人格权益。既然具体人格权的权利人可以要求他人停止侵害、排除妨碍和消除危险,从而实现权利的圆满性,那么一般人格权也应当具有相似的权利实现请求权。否则,法律秩序承认一般人格权就没有实益。此外,《民法典》第 995 条作为引致性条款,规定了人格权受到侵害时,受害人有权依照本法和其他法律的规定请求行为人承担民事责任,这里的"民事责任"不仅包括人格权请求权,也包括损害赔偿请求权。倘若将该条款中的"人格权"解释为狭义的人格权,即仅指具体人格权,似乎容易让人以为一般人格权受到侵害时,受害人不仅不得主张人格权请求权,同时也不能主张损害赔偿请求权。如此一来,将会得出法律秩序一方面承认一般人格权,另一方面又不对其加以保护的结论,显然不妥。故此,《民法典》第 995 条的"人格权"应当解释为广义的人格权,也就是说,不管是具体人格权,还是一般人格权,既可以受到人格权请求权的保护,也可以受到损害赔偿请求权的保护。

(三) 人格权禁令制度的适用

《民法典》第 997 条规定:"民事主体有证据证明行为人正在实施或者即将实施侵害其人格权的违法行为,不及时制止将使其合法权益受到难

---

① 参见程啸:《论我国民法典中的人格权禁令制度》,载《比较法研究》2021 年第 3 期。

以弥补的损害的,有权依法向人民法院申请采取责令行为人停止有关行为的措施。"依据《民法典》第997条的规定,针对侵害人格权行为的禁令制度适用于正在实施或即将实施的侵害"人格权"的违法行为。在此,对于保护的对象立法者使用了"人格权"的表述。然而,在第990条第2款中,立法者则将基于人身自由和人格尊严产生的一般人格权称为"其他人格权益",那么,对于侵害一般人格权的情形,能否适用禁令制度就将产生疑问。

正如上文指出:《民法典》在使用"人格权"这一法律概念时,采纳广义的人格权概念,因此,人格权禁令的规定可以适用于一般人格权。除此之外,《民法典》第997条可以适用于一般人格权还具有如下理由:

第一,从体系解释的层面,《民法典》第109条规定:"自然人的人身自由、人格尊严受法律保护。"该条作为对人格权的宣示性规定,被规定于"民事权利"一章之中。而《民法典》第126条对于权利和利益的保护进行了一并规定,该条也被统摄于"民事权利"一章之下。此外,在《民法典》的其他规则中,立法者使用"权利"时也并未排除利益。例如,《民法典》第132条规定了权利禁止滥用规则,然而,此处禁止的不应限于狭义权利的滥用,对于利益的滥用也同样为立法者所禁止。基于以上体系解释可以发现,立法者在适用"权利"这一表述时,并不具有刻意排除利益的目的,在一些情形下,立法者将狭义的权利和利益一并统摄于"权利"的表述之下。因此,基于体系解释,同样应当认为禁令制度可以适用于一般人格权的保护之中。

第二,从目的解释的层面,人格权的主要目的是维护人格尊严,因此,将人格权第一章中规定的"人格权"解释为包括法定人格权和一般人格权,更有利于实现目的。从目的解释来看,由于侵害人格权的后果往往难以弥补,且损害蔓延迅速,因而立法者设置禁令制度以避免损害的发生或扩大。① 一般人格权与具体人格权一样,都具有损害难以弥补和损害蔓延迅速的特征,而且二者在性质上均属于人身权益。因此,从立法目的的角度考虑,同样作为人格权益的一般人格权也应当具有适用禁令制度的余地。

第三,从整体法秩序统一的层面,在《民法典》体系外,在知识产权单行法中也同样规定了禁令制度。这些知识产权同人格权益一样,都具有

---

① 参见黄薇主编:《中华人民共和国民法典人格权编释义》,法律出版社2020年版,第37—38页。

损害难以弥补和蔓延迅速的特征。因此,从整体法秩序统一的角度而言,也不应当将同样具有上述特征的一般人格权排除于禁令制度的适用范围之外。

(四) 精神损害赔偿责任的适用

在侵害一般人格权的情形下,受害人既可以依据人格权编关于人格权请求权的规定获得救济,也可以依据侵权责任编的规则获得救济。《民法典》第1183条第1款规定:"侵害自然人人身权益造成严重精神损害的,被侵权人有权请求精神损害赔偿。"对于侵害一般人格权的情形,虽然受侵害的仅是一种法益,但是,法律也为受害人提供了充分的救济。因此,受害人可以按照侵权法的一般规则,请求获得救济。例如,受害人因此遭受的财产损失,加害人应当予以赔偿。再如,受害人主张加害人赔礼道歉、消除影响的,法院也可以支持。

在一般人格权遭受侵害的情形下,受害人能否主张精神损害赔偿?从比较法上看,1959年,德国联邦政府向联邦议院提交了《关于修订民法中保护人格与名誉的法律草案》,其中建议肯定侵害一般人格权的精神损害赔偿责任,但该草案受到了强烈批评。有观点认为,这一规定可能使媒体的新闻自由受到单方面限制,将不当影响信息的传播,后该草案并没有获得通过。① 到目前为止,关于一般人格权遭受侵害后权利人能否主张精神损害赔偿责任,立法中并不明确,但司法实践中肯定了受害人的精神损害赔偿请求权。

笔者认为,侵害一般人格权也应当适用精神损害赔偿,这是因为精神损害赔偿是对人格利益侵害的特殊救济,普遍适用于所有的自然人人格利益被侵害的情形。之所以在法律上要判断某种遭受侵害的人格权益是否属于人格利益,乃是因为该项权益可以通过精神损害赔偿的方式予以救济。从实践来看,受害人在一般人格权遭受侵害时,往往因为人格尊严受损而遭受痛苦,如果不允许受害人主张精神损害赔偿,不利于对受害人的充分救济。

我国《民法典》第1183条第1款规定:"侵害自然人人身权益造成严重精神损害的,被侵权人有权请求精神损害赔偿。"该条将精神损害赔偿规则的保护对象限定为"人身权益",不限于人格权,显然包括一般人格权

---

① 参见《德国民法人格与名誉保护新规则法草案》,王洪亮译,载王洪亮等主编:《中德私法研究(12):数人侵权责任》,北京大学出版社2015年版,第317—324页。

在内。因此,在行为人侵害他人一般人格权,符合精神损害赔偿责任适用条件的情形下,受害人应当有权依法主张精神损害赔偿责任。

结　语

"'其他人格法益'的创设,系一种因应社会变迁及层出不穷的侵害方式而发展形成的,扩大了人格权的保护范围,促进维护人格尊严及人格自由。"①《民法典》第990条第2款规定虽然简短,但内容丰富,它"是框架性的,有待价值填充的,不确定性的一般条款。被侵犯的人格权益在个案中是否值得保护,必须在个案中顾及所有情况,并通过以比例原则为导引的利益权衡予以确定"②。其所体现的对于人格权益保护的开放性、兜底性、价值确定性等功能极为重要。由于新型人格权益不断发展,而人格权又不能如物权那样实行法定主义,因此,法官进行法律续造在所难免。然而,如果允许法官任意创设新型的人格权益,看似形成了权利的勃兴与扩张保护的样态,但这将冲击既有的权利体系,并可能严重限制第三人的行为自由,造成权利泛滥。因此,法官在对一般人格权进行承认和保护时,必须严格依据《民法典》第990条第2款所规定的"人身自由、人格尊严"的价值基础进行利益衡量,确定某种人格利益是否纳入一般人格权的保护范围,并且在裁判中进行充分的说理论证。

---

① 王泽鉴:《人格权法:法释义学、比较法、案例研究》,北京大学出版社2013年版,第251页。

② 黄薇主编:《中华人民共和国民法典人格权编解读》,中国法制出版社2020年版,第16—17页。

论个人信息删除权[*]

问题的提出

个人信息删除权(right to erasure),简称为删除权,是指在符合法律规定或者当事人约定的情形下,信息主体可以请求信息处理者及时删除其个人信息的权利,该权利旨在保障信息主体对其个人信息的自主决定。[①] 信息删除权是个人信息被保护权的下位概念。[②]《民法典》第1037条第2款规定:"自然人发现信息处理者违反法律、行政法规的规定或者双方的约定处理其个人信息的,有权请求信息处理者及时删除。"这就概括地确认了个人信息删除权及其产生的原因。在此基础上,《个人信息保护法》第47条进一步扩张规定了应当删除个人信息的具体情形。删除权作为个人信息权利主体的一项重要权利,在《民法典》和诸多单行法中均有所规定,其行使对于保障信息的完整性与自决性都具有十分重要的意义。然而,有关个人信息删除权的性质、地位、行使要件、法律效果以及其与被遗忘权的区别依然存在争议。本文不揣浅陋,拟对此谈一点粗浅的看法。

一、删除权的性质

(一)删除权是对人格权益进行私法救济的权利

删除权首先是一个民事权益,而非公法上的权利。在我国,有学者将个人信息定位为公法上的权利。[③] 删除权作为个人信息的组成部分,当然也具有公法的属性。但笔者认为,不宜据此将删除权认定为公法上的权

---

[*] 原载《东方法学》2022年第1期。
[①] Vgl. Nolte/Werkmeister, in: Gola, DSGVO, §17 Rn. 8.
[②] 参见余筱兰:《民法典编纂视角下信息删除权建构》,载《政治与法律》2018年第4期。
[③] 参见周汉华:《个人信息保护的法律定位》,载《法商研究》2020年第3期。

利,个人信息本身是由《民法典》确立的重要人格权益,删除权也是《民法典》所确认的一项人格权益,《民法典》不止一处对删除权进行了规定:一是在《民法典》人格权编"隐私权和个人信息保护"一章,第1037条第2款规定了个人信息权利主体的删除权;二是在"名誉权和荣誉权"一章中,第1029条规定了民事主体请求对信用评价进行删除的权利。与此同时,《网络安全法》第43条和《个人信息保护法》第47条也均对个人信息权利人的删除权进行了规定。因此,删除权理当是一项民事权益。的确,侵害删除权虽然可能导致行政责任,但这并不意味着删除权就是公法上的权利,因为许多民事权利在遭受侵害后都可能产生行政责任的问题,而不限于个人信息遭受侵害的情形。例如,《治安管理处罚法》第42条第6项规定了侵害隐私须承担的行政责任,但这并不意味着隐私权是公法上的权利。

个人信息删除权也是受私法救济的权利。它和其他人格权益一样,不仅受到《个人信息保护法》的保护,也受到《民法典》关于人格权益的规范的保护。如果删除权遭受侵害无法在《个人信息保护法》中找到法律依据进行救济时,还可以通过适用《民法典》的有关规定加以救济。故此,删除权受到私法规范的全面保护。

(二) 删除权是基于人格权益所产生的权利

依据我国《民法典》和《个人信息保护法》的规定,无论是从权利主体、义务主体还是权利内容来看,其均属于私法上的一项权利。理由主要在于:

首先,从性质上看,删除权是基于个人信息权益而产生的权利。虽然《民法典》并未将个人信息确认为一项独立的人格权,但是这并不妨碍个人信息权益仍然是受《民法典》所保护的一项人格权利,一方面,就个人信息删除权而言,其虽然是个人信息的一项权能,但仍然可以成为一项权利。所谓权能是为权利所包含的尚不能独立的权利的功能。① 权能虽然是权利的下位概念,但是,我国《个人信息保护法》第四章全面确认了信息主体在个人信息处理中的权利,个人信息本身是由删除权、查阅权、复制权、携带权、更正权、补充权等一系列权能所组成的"权能束",各项权能分别承担个人信息保护的特定功能,发挥着不同的作用。在这些权能中,删

---

① 参见〔德〕卡尔·拉伦茨:《德国民法通论》(上册),谢怀栻等译,法律出版社2003年版,第263页。

除权作为一项独特的权能,承担着在个人信息处理活动中保障信息主体个人信息的完整、自决等功能。而《个人信息保护法》在确认个人信息的权能时,都采用了权利的表述。尤其是在该法第四章的标题明确使用了"个人在个人信息处理活动中的权利"的表述,这表明了这些权能本身可以成为权利。另一方面,《民法典》第1037条第2款规定删除权采用的是"有权请求"的表述,可见《民法典》已将删除权确认为一项权利。《个人信息保护法》第47条在表述个人信息删除权时,虽然采用的是"有权请求"的表述,但是该条第1款首先规定了在符合删除条件的情形下,个人信息处理者有义务主动删除,与义务相对应的,就是信息主体当然地享有一项权利。从这个意义上,可以认为删除权虽然在性质上应当属于人格权益,但也可以成为一项权利。

其次,从主体上看,删除权的主体是个人信息权利人,该权利的内容是在满足一定的条件下请求个人信息处理者删除其个人信息。删除权的目的是保证个人信息的自决和完整。个人信息权益可以通过订立合同等方式进行积极的利用,但删除权显然并非对个人信息权益的积极利用。删除权作为一种消极防御的权利,其目的在于保证个人信息的自决和完整。可以说,删除权是个人信息自决的题中之义,该权利的正当性基础也在于对个人信息权益主体人格尊严的维护。①

最后,从客体上看,删除权体现为个人信息的人格利益,而非财产利益。虽然个人信息经过处理形成的数据可能具有财产权的属性②,但是个人信息与数据并不完全等同,个人信息权益的人格权属性并不应因此而遭受质疑。③ 即便是对个人信息进行处理形成的数据可能具有一定的商业价值,其也不过是人格权益的商业化利用而已。而删除权的功能在于维护个人信息的完整、自决,其并不直接指向财产利益。因此,删除权在本质上仍然是一种人格权益,其以人格利益的保护为目的,其所作用的对象仍是具有彰显人格利益作用的个人信息。

(三) 删除权是一项特殊的请求权

个人信息权益是一项绝对权、支配权,信息主体行使权利无须他人协助,即可实现对权利的行使,也即信息主体作为权利人可以按照自己的意

---

① See Oscar Raúl Puccinelli, The RTBF 2.0, in A. Von Arnauld and others eds., The Cambridge Handbook of New Human Rights, Cambridge University Press, 2020, pp. 300-302.
② 参见刘德良:《个人信息的财产权保护》,载《法学研究》2007年第3期。
③ 参见梅夏英:《数据的法律属性及其民法定位》,载《中国社会科学》2016年第9期。

愿随意支配和利用其个人信息。但是,删除权与此有所不同,其虽然属于个人信息权益的一项权能,但是不得由信息主体自行实现删除个人信息的效果。从《民法典》第1037条第2款和《个人信息保护法》第47条的规定可以看出,信息主体只能以请求的方式实现删除个人信息的效果。据此,删除权人既不可能依据自己的意志进行利用,也不可能凭借单方的意思变更法律关系,而只能在个人信息处理者的处理行为危害个人信息自决和完整时,符合法律规定或者合同约定的条件时请求信息处理者删除个人信息。在这个意义上,删除权并非绝对权和支配权,而是一项请求权。这一权利必须借助他人的配合才能实现,在这一法律关系之中,权利人是个人信息权益主体,义务人是个人信息处理者。该权利所对应的义务主体是特定的,权利人也只能针对特定的义务人行使,而不能对抗义务人之外的其他主体。①

删除权作为一项特殊的请求权也具有法律依据,因为《个人信息保护法》第47条也规定的是"个人有权请求删除"。此项权利之所以特殊,一方面是因为该权利主要是一项防御性权利,其主要针对个人信息在遭受侵害时所采取的一项措施;另一方面,该权利并不是以特定的给付为内容,而是以维护个人信息的准确、完整和有效支配为主要功能。因此,从该权利作用的方式来看,其需要通过请求个人信息处理者删除的方式实现。

(四) 删除权是一种防御性权利

所谓防御性权利,是指个人信息的删除,通常不能由信息主体通过积极行为自行实现,而只有在个人信息处理者在处理个人信息过程中出现了《个人信息保护法》第47条规定的或约定的情形,没有必要或不宜处理个人信息时,信息主体通过行使请求权方式,请求信息处理者予以删除。如果将个人信息从权能方面作出区分,可以将其区分为两种类型,一是发挥积极利用的权能(如利用权、知情同意权),二是发挥消极防御的权能,而删除权正是消极防御权能的体现,其显然与积极利用的权能之间存在明显的区别。因为删除权的内容是在不当处理个人信息危害个人信息自决和完整时,由权利人向个人信息处理者请求删除。且只有在符合上述条件的情形下,个人才有权行使删除权,在不具备上述条件时,个人无

---

① 基于欧盟比较法的研究,参见 Margot E. Kaminski, Binary Governance, Lessons from the GDPR's Approach to Algorithmic Accountability, Southern California Law Review, Vol. 92:6, 2019, pp. 1586-1592。

法积极行使该权利,这不同于对人格权益通过许可等进行积极利用的权利。

需要注意的是,删除权与"通知—删除"规则(避风港规则)中的"删除"存在显著的区别①,也不同于我国《民法典》侵权责任编"通知—删除"规则,具体而言:第一,二者适用的范围不同。《民法典》侵权责任编中的"通知—删除"规则只适用于网络环境,针对的仅是网络侵权行为,如利用互联网发布不实侵害他人权益的言论等,不限于个人信息。而个人信息中的删除权针对的则是个人信息处理者的处理行为,且对于个人信息的处理不以网络为限。② 第二,二者的要件不同。"通知—删除"规则中的删除以权利人的通知为必要条件。然而,信息处理者有可能在信息主体对其主张删除权之前,就发现了存在法律规定应当主动删除个人信息的情形,根据《个人信息保护法》第47条第1款,此时信息处理者应毫不迟延地删除相关个人信息,不以信息主体的通知为必要的前置程序。③ 同时,在信息处理者未主动删除时,个人有权请求信息处理者删除。第三,二者所保护的权益不同。"通知—删除"规则所保护的并不限于个人信息,甚至并不限于对人格权的保护。在网络侵权中,遭受侵害的可能是民事主体的名誉权、荣誉权、姓名权、名称权,甚至可能是知识产权、商业秘密等权益。而删除权仅仅针对的是个人信息的自决和完整遭受侵害。因此,两种权利保护的对象并不相同。

(五) 删除权是人格权请求权的组成部分

所谓人格权请求权,是指民事主体在其人格权受到侵害、妨碍或者有妨碍之虞时,有权向加害人或者人民法院请求加害人停止侵害、排除妨碍、消除危险、恢复名誉、赔礼道歉,以恢复人格权的圆满状态。《民法典》第995条规定,"受害人的停止侵害、排除妨碍、消除危险、消除影响、恢复名誉、赔礼道歉请求权,不适用诉讼时效的规定"。该条实际上对人格权请求权已经作出了规定。对于删除权与人格权请求权的关系,存在不同的观点。一种观点认为,删除权并非人格权请求权的组成部分。删除权

---

① 基于欧盟比较法的研究,参见 Aleksandra Kuczerawy and Jef Ausloos, From Notice-and-Takedown to Notice-and-Delist: Implementing Google Spain, Colorado Technology Law Journal, Vol. 14:2, 2016, pp. 219-232。

② 参见程啸:《论我国〈民法典〉网络侵权责任中的通知规则》,载《武汉大学学报(哲学社会科学版)》2020年第6期。

③ 参见程啸:《个人信息保护法理解与适用》,中国法制出版社2021年版,第368页。

作为个人信息权益的一部分,与人格权请求权具有独立的适用范围。而另一种观点则认为,删除权是人格权请求权的组成部分,其是人格权请求权的一种具体形态。① 笔者赞同后一种观点,主要理由在于:

第一,虽然我国《民法典》第 995 条将人格权请求权的适用范围限于"人格权",而不包括人格利益,而个人信息属于人格利益,似乎无法适用人格权请求权,但笔者认为,可以通过扩张解释,将个人信息认定为人格权请求权的适用对象。此外,《民法典》第 1167 条也一般性地规定了侵权行为危及他人人身、财产安全的,权利人可以请求侵权人承担停止侵害、排除妨碍和消除危险等侵权责任。这意味着个人信息权益也可以适用该条款得到绝对权请求权的保护。故此,删除权依附于人格权益,以人格权益为基础而产生。删除权作为一项防御性权利,其适用对象不限于个人信息,在名誉信用等权益中,《民法典》也明确规定了删除权。②

第二,从功能上看,删除权以恢复个人对其个人信息的完满支配为目的,与人格权请求权的功能具有内在契合性。人格权请求权作为一类权利,在不同的人格权保护中可能体现为不同的形态。例如在名誉权的侵害中,其可能体现为请求相对人在一定范围内作出说明或道歉以恢复名誉;在以盗用方式侵害名称权的情形中,其可能体现为请求相对人停止使用某一特定的名称并公开进行说明以避免公众混淆。这些人格权请求权的具体形态因为其所保护的人格权益不同而不同,因此不能因为删除权仅仅发生于个人信息权益的保护中而否认其人格权请求权的性质。而在个人信息保护中,删除权的行使目的在于实现个人信息权益人的自决并维护个人信息的完整和有效支配,这就与停止侵害、排除妨碍、消除影响等人格权请求权一样,最终目的在于实现对人格利益的完整支配。

第三,删除权与人格权请求权具有相同的适用要件。与其他人格权请求权一样,删除权的行使也不以信息处理者有过错为要件。从《个人信息保护法》第 47 条规定来看,其所列举的删除权发生的情形中,前三项均不以个人信息处理者的过错为要件。例如,只要个人信息权益人撤回了同意,无论处理者是否有过错,个人信息权益人均可要求删除其个人信息,以实现其个人信息的自决。

总之,删除权作为个人信息的一项权能,其本身具有多重的功能,发挥着维护个人信息的完整、准确,保障个人对其个人信息支配的重要功能。

---

① 参见张红:《论〈民法典〉之人格权请求权体系》,载《广东社会科学》2021 年第 3 期。
② 参见《民法典》第 1029 条。

二、删除权的行使

(一) 删除权行使的目的和行使条件

删除权虽然是个人信息的一项权能,但这并不意味着,在个人信息产生之后,个人就当然享有删除权,而只有在符合一定条件的情形下,当事人才依法享有删除权,在该权利产生之后,还需要权利人积极行使,才能达到维护信息自决的目的。删除权作为一种防御权,其行使的主要目的在于维护信息的完整、准确和个人信息的自决。具体而言,一是维护个人信息的完整、准确。如果信息处理者违反法律、行政法规规定或者当事人约定,导致其处理的信息不准确,甚至发生错误,信息主体有权行使更正、删除等权利。二是维护个人信息的自决。早在 20 世纪八七十年代,美国学者 Alan Westin 率先提出个人具有决定自身个人信息的权利①,后来德国学者 Christoph Mallmann 明确提出了"个人信息自决权",认为个人信息的本质就是个人对其个人信息的自主决定,是个人自我表现(Selbstdarstellung)和与社会环境交流的媒介,因此,基于自决权,权利人应当享有对个人信息的知情同意等权利②。该理论已经被两大法系所认可。个人信息从本质而言是一种信息自决权,法律保护个人信息,目的在于保护个人对其个人信息享有的一种平等的、自主决定、自主支配的权利。我国《个人信息保护法》第 47 条所规定的删除权的行使情形,主要是围绕上述目的而展开的,而行使删除权的目的就在于实现上述的两个目的。

基于上述目的,《民法典》第 1037 条第 2 款规定了删除权行使的条件,但该规定仍然显得过于简略,《个人信息保护法》第 47 条在《民法典》规定基础上,作了更加细化的规定。根据《个人信息保护法》第 47 条的规定,在符合下列情形时,信息处理者负有删除义务,同时信息主体也相应地享有请求删除的权利:

一是处理目的已实现、无法实现或者为实现处理目的不再必要。此种情形主要适用于合法收集个人信息的情形。③ 个人信息的处理必须遵循目的限制原则,依据这一原则,信息处理者处理个人信息需要明确、合

---

① See Alan Westin, Privacy and Freedom, Atheneum Press, 1967, p. 7.
② Vgl. Mallmann, Christoph, Datenschutz in Verwaltungs-Informationssystemen, München 1976, S. 54 f.
③ 参见程啸:《个人信息保护法理解与适用》,中国法制出版社 2021 年版,第 362 页。

理的目的,并且只能在实现处理目的的最小范围内处理个人信息(《个人信息保护法》第 6 条)。根据《民法典》第 1035 条第 1 款的规定,对个人信息的处理应当遵循合法、正当、必要的原则。一旦处理目的已经实现或者无法实现,或者为实现处理目的不再必要,那么该信息处理者继续处理个人信息就不再符合"目的限制原则"的要求。因此,为了维护个人对其个人信息的有效支配,个人有权依法请求信息处理者及时删除相关个人信息。例如,在购物时,商家要求消费者提供相关的个人信息,在购物完成后,收集消费者个人信息的目的不存在时,消费者应当有权请求商家及时删除其相关个人信息。

二是个人信息处理者停止提供产品或者服务,或者保存期限已届满。在实践中,信息处理者常常与信息主体之间具有某种提供产品或者服务的合同,依据该合同,信息处理者在向信息主体提供产品或者服务的过程中,基于信息主体的同意而处理其个人信息。个人为了接受相关的产品或者服务,同意信息处理者在一定期限内处理其个人信息,是个人信息自决的重要体现。① 而在个人信息处理者停止提供产品或者服务,或者相关个人信息的保存期限已经届满的情形下,个人同意信息处理者处理其个人信息的目的已经不存在,此时,为了保护个人的信息自决,信息处理者应当删除相关的个人信息,个人也有权依法请求信息处理者删除其个人信息。

三是个人撤回同意,或者信息处理者保存个人信息的期限已经届满的情况。根据《个人信息保护法》第 13 条第 1 款的规定,对个人信息的处理是建立在告知同意原则基础上的,并且第 15 条赋予信息主体随时撤回同意的权利。一旦信息主体撤回同意,信息处理者基于同意而对个人信息的处理也丧失了合法性基础。同样,如果信息处理者保存个人信息的期限已经届满,这就说明该信息处理者基于信息主体的同意进行处理个人信息的期限已经届满,超越该期限继续处理个人信息的,也丧失了信息主体的同意,因此具有违法性。

四是违反法律、行政法规或当事人的约定处理个人信息。一方面,违反法律、行政法规的规定。依据《个人信息保护法》第 47 条第 1 款第 4 项和第 5 项,个人信息处理者违反法律、行政法规或者违反约定处理个人信息,以及存在法律、行政法规规定的其他情形。如果超出法律、行政法规规定的职责范围处理他人个人信息,或者违反法律规定的个人信息保护

---

① 参见程啸:《个人信息保护法理解与适用》,中国法制出版社 2021 年版,第 363 页。

期限继续保存相关个人信息,既属于违法处理个人信息的行为,也属于未经个人同意处理其个人信息的行为,该行为即便没有影响个人信息的准确、完整,也应当构成对个人信息自决的侵害。另一方面,违反合同约定。删除权在有些情况下是以合同的存在为基础产生的,例如《民法典》第1037条第2款规定,删除权是基于违反合同产生的。在基于个人同意处理个人信息的情形,如果信息处理者违反约定处理个人信息,个人也有权依法请求信息处理者删除其个人信息。同时,按照私法自治原则,当事人也可以约定删除权的行使期限、行使方式等内容,从而实现删除权的具体化。当然,在基于个人同意处理其个人信息的情形,即便当事人没有约定删除权,在符合法定条件时,个人也有权依法行使删除权。

在上述法定情形下,个人信息处理者应当主动删除个人信息。如果个人信息处理者未主动删除,个人信息主体则有权要求个人信息处理者删除其个人信息。个人信息处理者主动删除是其所负有的法定义务,而删除权是个人信息主体所享有的权利。如果个人信息处理者在个人提出请求前,已经发现了存在应予删除的情形,个人信息处理者应当主动删除。此时并不涉及个人信息主体的删除权,而仅涉及个人信息处理者的主动删除义务。但是,当存在应予删除的情形,而个人信息处理者未主动删除时,个人信息主体有权请求删除,此时个人信息处理者也应当予以删除。所以,个人信息处理者的主动删除义务和个人信息主体的删除权既相互区分,又相互联系。

需要指出的是,《民法典》第1037条没有规定适用删除权的兜底条款,而《个人信息保护法》第47条第1款第5项规定了"法律、行政法规规定的其他情形"也可以删除。这就保持了一定的开放性,可以适应未来发展的新情形。当然,需要指出的是,从我国《个人信息保护法》第47条的规定来看,对删除权的限制与 GDPR 相比较,还存在某些不足。这尤其表现在,由于行使删除权的情形较为复杂,是否违反法律、行政法规的规定或者是否违反合同约定,需要依据具体的场景来判断,但该条没有指引法官在相关纠纷中进行利益衡量的参考因素。GDPR 第17条第3款列举了各种情形,其旨在赋予法官或者行政机关以一定程度的自由裁量权,考虑具体场景判断是否允许信息主体行使删除权。[①] 此

---

① See Guidelines 5/2019 on the Criteria of the Right to be Forgotten in the Search Engines Cases Under the GDPR, https://edpb.europa.eu/sites/default/files/files/file1/edpb_guidelines_201905_rtbfsearchengines_afterpublicconsultation_en.pdf.

种经验值得借鉴。

（二）删除权的行使方式

人格权请求权既可以直接向信息处理者本人主张，也可以以诉讼的方式行使。如果信息主体行使删除权，而个人信息处理者拒不删除的，依据《个人信息保护法》第50条第2款的规定，"个人可以依法向人民法院提起诉讼"。这实际上就是通过公权力的救济以确保删除权的实现。在信息主体针对信息处理者通过提出请求行使删除权时，应当将删除请求告知信息处理者。之所以要求删除权人告知信息处理者，是因为在信息处理的过程中，由于信息处理者可能并不知悉已经发生了应当删除的事由，因此，删除权必须以请求的方式行使。在此需要明确删除权与《民法典》第1196条"通知—删除"规则的关系。依据《民法典》第1196条的规定，网络服务提供者在接到用户通知后，如果认为不存在侵权行为，网络服务提供者应当进行反通知。那么在删除权行使的过程中，如果信息处理者认为个人信息不应删除时，是否意味着也应当进行反通知呢？事实上，《民法典》第1196条所规定的反通知是针对网络侵权中的网络服务提供者，而非直接侵权人。而删除权中，删除权人请求删除时，信息处理者并非扮演网络服务提供者的角色，此时信息处理者应当进行删除，而不存在反通知规则适用的余地。有观点认为，由于对诸如可能侵害人格权益的信息的删除可能涉及第三人，因此有适用反通知规则的余地。笔者认为，此时应当区分网络服务提供者是否同时构成信息处理者，在第三人提供信息的场合，信息处理者是该第三人，网络平台并非信息处理者，此时，信息主体无权依据《个人信息保护法》请求网络平台删除其个人信息。当然，信息主体应当有权依据侵权责任编的"通知—删除"规则向网络平台提出请求，在此情形下，即便网络服务提供者可能同时进行信息处理，其反通知也是依据《民法典》第1196条而非《个人信息保护法》删除权的规定而作出的。

在信息主体行使删除权之后，要达到何种效果？笔者认为，在信息控制者删除信息后，应当使被删除的信息处于不被检索、不被访问和浏览的状态；如果仍然可以被检索、访问，则并没有完成删除行为。此外，依据《个人信息保护法》第47条第2款，法律、行政法规规定的保存期限尚未届满，或者删除个人信息从技术上难以实现的，个人信息处理者应当停止除存储和采取必要的安全保护措施之外的处理。在出现上述两种不能删除的情形下，法律规定个人信息处理者只能采取存储及其他保护措施。

(三) 关于删除权中不得删除的情形

GDPR 第 17 条第 1 款在规定了应当删除的情形之外,还在该条第 3 款规定了五种不得删除的情形,而这些情形对删除权的行使作出了严格的限制。① 从比较法来看,另外一些国家和地区的法律也对不得行使删除权的情形作出了相关规定。如澳大利亚将"删除权"的对象限制为该数据主体自己上传的数据,对非数据主体自己上传的信息不得行使删除权。② 但我国《个人信息保护法》中并没有对不得删除的情形作出明确规定,正如下文将讨论的,由于删除的情形非常复杂,是否可针对搜索引擎行使删除权,法律并没有作非常明确的规定。然而,如果没有对删除权进行限制,将不利于信息的自由流动和合理利用。有观点认为,可以从《个人信息保护法》第 47 条第 2 款的规定出发进行限制。详言之,一是保存期限未届满的,例如《征信业管理条例》规定的 5 年期限,这意味着期限未满 5 年时,信息主体就不得随意请求删除。二是技术上难以实现的,所谓技术上难以实现,是指现有的技术根本无法删除或者删除时需要付出不合理成本的。③ 在大数据情形下,数据库可能非常复杂,要找到一条特定的数据,并且加以删除十分不易,付出的代价很高。因而,有人认为,可以扩张解释《个人信息保护法》第 47 条第 2 款的规定,在特殊情形下限制删除权的行使。但笔者认为,此种扩张解释也存在一定的障碍。一般而言,技术上难以实现应当从客观标准进行理解,即结合当前的技术条件为标准进行判断,否则将导致信息处理者寻找各种理由和借口不予删除,实质上架空删除权的实效性。

对此,笔者认为《民法典》人格权编"一般规定"的有关规定具有适用空间。例如,《民法典》第 999 条规定为公共利益实施新闻报道、舆论监督等行为的,可以合理使用民事主体的个人信息。这一条款规定在人格权编"一般规定"中,这表明该条款属于一般条款,蕴含着《民法典》对个人信息的合理使用的基本价值判断。根据该条款的规定,法官在具体个案中应当对信

---

① 就 GDPR 的立法目的而言,其对于个人数据的保护仍然主要是为了"私人信息",而非公开信息,参见 Paul M. Schwartz, The EU-U.S. Privacy Collision: A Turn to Institutions and Procedures, Harv. L. Rev., Vol. 126, 2013, pp. 1966, 1971-1972。

② See A New Privacy Principle for Deletion of Personal Information, https://www.alrc.gov.au/publication/serious-invasions-of-privacy-in-the-digital-era-dp-80/15-new-regulatory-mechanisms/a-new-privacy-principle-for-deletion-of-personal-information/.

③ 参见程啸:《个人信息保护法理解与适用》,中国法制出版社 2021 年版,第 366 页。

主体和信息处理者以及一般公众的利益进行衡量,当新闻报道与舆论监督的公共利益优于信息主体的利益时,信息主体的删除权就应当受到限制。因此,鉴于《个人信息保护法》第 47 条没有对删除权作出限制,《民法典》第 999 条的规定作为一般条款可以发挥补充作用。

三、删除权与搜索引擎

毫无疑问,搜索引擎(Search Engine)也大多是信息处理者,可适用《个人信息保护法》有关删除权的规则。所谓搜索引擎,是指一类自动搜索、组织网络信息资源,并提供检索服务的信息服务系统。① 在域外法中,普遍认为,搜索引擎致力于信息的检索,并根据搜索词提供有组织的超链接到网页。② 搜索引擎涉及公共领域与利益,在信息分享与流通中扮演着重要的角色,可以为人们的生活、生产与学习等发展自身的活动提供极大的便利,并有助于提高整个社会的生产效率。需要指出的是,搜索引擎的主要功能不在于生产信息或对信息的内容进行修改、更新,其并非信息的最初发布者,其功能主要在于为用户提供跳转至具体信息源头或信息发布者的链接。③ 同时,搜索引擎所收集或爬取的信息一般都是互联网上已合法公开或处于公共空间的信息。互联网自从其创立,就被认为具有公共空间的性质。④ 因此,搜索引擎与其他信息处理者的性质不同,在适用删除权规则时也应当区分对待。尤其需要指出的是,如果对搜索引擎一概适用删除规则,可能影响其信息汇集功能的发挥,妨害信息的自由流通,并影响社会公众对信息的利用。

从比较法上来看,GDPR 也认为搜索引擎属于信息处理者,可以适用 GDPR 第 17 条第 2 款关于删除权(被遗忘权)的规定。2014 年,欧盟法院就在"冈萨雷斯诉谷歌案"中,确立了删除权的概念,在该案判决中,欧盟法院认为,作为数据控制者的谷歌公司对于其处理的第三方发布的带有

---

① 参见吕维平、邓燕萍:《搜索引擎概念探析》,载《图书馆杂志》2001 年第 6 期。

② See Julia Kerr, What is a Search Engine? The Simple Question the Court of Justice of the European Union Forgot to Ask and What It Means for the Future of the Right to be Forgotten, Chicago Journal of International Law, Vol. 17:1, 2016, p. 217.

③ See Jeffrey Toobin, The Solace of Oblivion, The New Yorker, http://www.newyorker.com/magazine/2014/09/29/ solace-oblivion.

④ See T. Berners-Lee et al., Network Working Grp., Hypertext Transfer Protocol-HTTP/1.0, Request for Comments: 1945, May 1996.

个人数据的网页信息负有责任,有义务将其删除。① 由此可见,欧盟法院裁决认为,Google等搜索引擎也属于删除权的请求对象。② 由此形成了"谷歌西班牙规则"(Google Spain ruling)。虽然在谷歌西班牙案中,最后的结果是,与申请人有关的文件,不得出现在搜索引擎的搜索列表中,但是,该文件本身(西班牙报纸的文章)仍然是可以公开访问的。当然,没有办法通过搜索信息主体的姓名搜索到该公共文件,在一定程度上减少了这些文件公开产生的影响。在这个意义上,与该信息主体有关的信息,并非真正被忘记了,而是从互联网的"积极记忆"中删除了。既然申请人只向谷歌提出请求删除,故此欧洲法院没有考虑网站经营者是否必须删除。③ 在这个意义上,谷歌西班牙案最终只是确定了尽管网站提供信息本身是合法的,但是搜索引擎也负有删除义务。④

我国司法实践中也发生过相似的案件。在任甲玉案中,原告认为,其与陶氏公司的合作已经结束,且因该公司在业界口碑不好,因而如果有学生或合作伙伴搜索原告的名字,从百度网页搜索结果来看,会误以为其仍然与该公司存在合作,将影响其声誉,也会影响其工作交流和日常生活。因此,原告认为该搜索信息应当被遗忘,请求百度公司删除该信息。但在该案审理时,我国法律中并无对"删除权"的法律规定,也没有"删除权"的权利类型,因此二审法院以任甲玉没有证明其在该案中所主张的人格利益具有正当性和应予保护的必要性为由,驳回了任甲玉的主张。⑤ 但在《民法典》和《个人信息保护法》实施之后,个人信息的删除权已经作为一项重要的权利获得法律的明确确认,这就必然出现一个不可回避的问题,即删除权规则能否适用于搜索引擎?

如前所述,因为搜索引擎本身是信息处理者,依据《个人信息保护法》第4条第2款的规定,个人信息的处理本身就包括了收集、存储、使用、加工、传输、提供、公开、删除等,只要相关主体从事了上述任何一种行为,都

---

① See Case C-131/12, Google Spain SL v. Agencia Española de Protección de Datos and Mario Costeja Gonzalez.
② See Orla Lynskey, Control over Personal Data in a Digital Age: Google Spain v. AEPD and Mario Costeja Gonzalez, The Modern Law Review, Vol. 78:3, 2015, p. 522.
③ See Chris Jay Hoofnagle et al., The European Union General Data Protection Regulation: What It Is and What It Means, Information & Communications Technology Law, Vol. 28:1, 2019, pp. 65, 90.
④ See Christopher Kuner, Lee A. Bygrave & Christopher Docksey eds., The EU General Data Protection Regulation(GDPR): A Commentary, Oxford University Press, 2020, p. 479.
⑤ 参见北京市第一中级人民法院(2015)一中民终字第09558号民事判决书。

应当属于信息处理者。据此,应当将搜索引擎归于信息处理者的范畴。然而,从《个人信息保护法》第13条第1款第6项的规定可以看出,信息处理者可以在合理的范围内处理个人自行公开或者其他已经合法公开的个人信息。在任甲玉案中,与任甲玉有关的搜索信息是其原来任职单位合法公开的信息,搜索引擎提供的关键词,也是基于这些合法公开的信息,并且根据过去其他用户的搜索习惯和当前搜索词之间的关联度计算产生的,因此搜索引擎对任甲玉个人信息的处理,是建立在《个人信息保护法》第13条第1款第6项所规定的合法性基础上。如果从这个意义上解释,则信息主体无法根据《个人信息保护法》第47条第1款第3项和第4项的规定主张删除权。

笔者认为,应当看到,由于搜索引擎具有信息流通、利用的特殊功能,应当将其与其他的信息处理者进行区分。从《个人信息保护法》第13条第1款第6项列举的情形来看,"依照本法规定在合理的范围内处理个人自行公开或者其他已经合法公开的个人信息",属于合法处理个人信息的行为。这就是说,对已经合法公开的个人信息,行为人原则上无须取得其同意就可以处理,比较法研究也表明,这实际上为搜索引擎提供了一种保护机制,使其可以在不一一征得信息主体同意的情形下,即可依法处理个人信息。① 然而,这并非意味着,搜索引擎就可以不适用删除权规则,应当看到,搜索引擎是一把"双刃剑":一方面,搜索引擎具有强大的信息汇聚功能,借助搜索引擎所收集的信息,与某个特定主体有关的所有信息汇集起来,很容易形成该主体的人格画像。② 一旦信息处理有误,则会影响该主体的人格尊严与人格自由发展。③ 另一方面,搜索引擎的信息汇聚功能,使得一般公众可以高效、便捷地了解与特定主体有关的所有信息。一旦这些信息与公共利益有关,搜索引擎将更好地发挥新闻报道和舆论监督的功能。④ 搜索引擎虽然具有可以依法处理公开信息的权利,但依据

---

① See S. Kulk and F. Zuiderveen Borgesius, Privacy, Freedom of Expression, and the Right to be Forgotten in Europe, in Evan Selinger, Jules Polonetsky and Omer Tene eds., The Cambridge Handbook of Consumer Privacy, Cambridge University Press, 2018, p. 317.

② 参见丁晓东:《用户画像、个性化推荐与个人信息保护》,载《环球法律评论》2019年第5期。

③ See Lilian Edwards and Lachlan Urquhart, Privacy in Public Spaces: What Expectations of Privacy Do We Have in Social Media Intelligence?, International Journal of Law and Information Technology, Vol. 24:3, 2016, pp. 307–308.

④ See McKay Cunningham, Privacy Law That Does Not Protect Privacy, Forgetting the Right to be Forgotten, Buffalo Law Review, Vol. 65:3, 2017, p. 495.

《个人信息保护法》第 13 条规定,也可能超出合理的范围而处理他人个人信息,或者在存储期限已经经过的情形下仍然存储相关个人信息,这就有必要对其适用删除权规则。①

值得注意的是,虽然根据《民法典》第 1036 条第 2 项后半句和《个人信息保护法》第 27 条第 2 句的规定,对于信息主体自行公开的或者其他已经合法公开的个人信息,个人享有明确拒绝处理的权利,但个人明确拒绝的权利只能针对一般平台行使,由于搜索引擎有其特殊性,其并不产生新的信息,而只是为信息流通发挥中介作用。只有借助搜索引擎,才能使信息的价值得到最大程度的发挥。② 因此如果个人一主张明确拒绝处理就删除相关搜索结果,就会妨碍搜索引擎发挥它的应有功能,可能进一步限制信息技术的发展。因此,删除权规则对搜索引擎的适用应当受到必要的限制。笔者认为,信息主体在如下情形下可以针对搜索引擎行使删除权:

第一,在信息源已经被删除的情形下,搜索引擎继续处理相关个人信息。如果相关的信息源已经被删除,那么相关的个人信息就不再属于已经合法公开的个人信息,在此情形下,搜索引擎的信息处理行为就失去了《个人信息保护法》第 13 条第 1 款第 6 项的合法性基础,因此个人可以明确拒绝搜索引擎对其个人信息进行处理。搜索引擎继续处理该个人信息时,信息主体即有权请求搜索引擎予以删除。

第二,基于公共利益的处理超出合理的范围。根据《个人信息保护法》第 13 条第 1 款第 5 项的规定,搜索引擎对个人信息的处理可能是为了公共利益实施新闻报道、舆论监督等行为,此时,为了实现该公共利益的保护,也不得赋予个人明确拒绝的权利,否则将不利于实现新闻报道与舆论监督的功能。但如果搜索引擎对这些公开信息的处理超过合理限度,对个人权益造成重大影响的,个人可以根据《民法典》第 1036 条第 2 项后半句和《个人信息保护法》第 27 条第 2 句的规定主张删除。当然,在此情形下,如果信息主体主张搜索引擎的行为已经超出了公共利益的范围,而搜索引擎主张其行为并未超出合理的范围,此时,其应当有权提出抗辩,从而对抗信息主体的删除请求。③

---

① 公开信息与非公开信息的二元区分,近年来也受到一些学者的批评,参见 Woodrow Hartzog, The Public Information Fallacy, in 99 Boston University Law Review, 2019, p. 459。

② See Helen Nissenbaum, Privacy in Context: Technology, Policy, and the Integrity of Social Life, Stanford University Press, 2010, p. 197.

③ See Christopher Kuner, Lee A. Bygrave & Christopher Docksey eds., The EU General Data Protection Regulation(GDPR): A Commentary, Oxford University Press, 2020, p. 481.

第三,超出合理的范围处理信息主体公开的个人信息。即便是对个人自行公开或者其他已经合法公开的个人信息①,依据《个人信息保护法》第13条的规定,也必须在合理的范围内处理。如果搜索引擎在搜索相关个人信息时,非法制作各种大数据,与他人共享,甚至打包销售,在此情形下,已经超出了合理的范围。在比较法上,也有不少学者认为,对于公共领域的个人信息也应给予基于"合理预期"的保护②,笔者认为,在此情形下,信息主体有权请求将已经进入数据库中的个人信息予以删除。

第四,法律、行政法规规定的存储期限届满。如果法律、行政法规规定了相关个人信息的存储期限,在该期限届满后,信息主体也有权请求予以删除,在此情形下,搜索引擎继续处理该个人信息的,信息主体也应当有权请求搜索引擎予以删除。例如,2012年国务院《征信业管理条例》第16条第1款规定:"征信机构对个人不良信息的保存期限,自不良行为或者事件终止之日起为5年;超过5年的,应当予以删除。"因此,超过5年的不良信息,个人也有权请求搜索引擎予以删除。

四、删除权和被遗忘权

所谓被遗忘权(the right to be forgotten),是指如果权利人不希望其个人数据继续被数据控制者进行处理或存储,并且维持此种状态不存在任何正当理由,则该数据不应当允许公众随意查询。③ 遗忘的含义并不是说不允许搜集和存储,而主要是指不允许社会公众在信息发布后的很长时间内可以随意查询。④ 即权利人可以要求数据控制者删除过时(outdated)或不准确(inaccurate)的信息。⑤ GDPR第17条第1款规定了删除权,第2款规定了进一步的被遗忘权:"如果控制者已将个人数据公开,并且根据第

---

① See Michal Lavi, Taking Out of Context, Harvard Journal of Law & Technology, Vol. 31:1, 2017.

② See Shlomit Yanisky-Ravid, To Read or Not to Read: Privacy Within Social Networks, the Entitlement of Employees to a Virtual Private Zone, and the Balloon Theory, American University Law Review, Vol. 64:1, 2014, pp. 53—108.

③ 参见于向花:《被遗忘权研究》,中国社会科学出版社2020年版,第23—30页。

④ 参见李世刚等编著:《GDPR:欧盟一般数据保护条例:文本和实用工具》,人民日报出版社2018年版,第16—17页。

⑤ See Michael L. Rustad and Sanna Kulevska, Reconceptualizing the Right to be Forgotten to Enable Transatlantic Data Flow, Harvard Journal of Law & Technology, Vol. 28, 2015, pp. 349, 365.

1 款有义务删除这些个人数据,控制者在考虑现有技术及实施成本后,应当采取合理步骤,包括技术措施,通知正在处理个人数据的控制者以下内容,即数据主体已经要求这些控制者删除该个人数据的任何链接、副本或复制件。"在 GDPR 中,删除权也被称为被遗忘权,因为 GDPR 在规定删除权的同时,又使用了括弧注明是被遗忘权,表明删除权和被遗忘权是同一个概念。但事实上,即便是在欧盟,被遗忘权的语义也始终在发生变化。雷丁(Reding)认为被遗忘权是数据隐私权的一项重要内容①,但是自从该权利产生以后,两大法系都引发了激烈的争议。在欧洲,许多学者赞成在立法中规定被遗忘权,被遗忘权的思想根源甚至可以在法国法律中找到,法国有一项法律允许已经服刑并改过自新的罪犯反对公布其被定罪和监禁的事实。② 相比之下,在美国,公布某人的犯罪史受到第一修正案的保护。③ 但是反对者认为,该项权利严重妨害言论自由,并将使互联网平台变成欧盟的审查官,而不是一个中立的平台,也会影响互联网的开放性和科技的发展。④ 更何况被遗忘权的适用范围也是存在争议的,例如,是否只是自己披露的数据,是否包括其他类型的数据,如新闻报道、网站转引等。⑤

从产生和发展来看,删除权的概念要早于被遗忘权。⑥ 我国现行法没有对被遗忘权进行具体规定,对删除权与被遗忘权的关系,学界存在两种不同的观点,一种观点认为,《个人信息保护法》第 47 条所规定的删除权范围相当广泛,足以将被遗忘权需要保护的情形涵盖进去,无须单独规定被遗忘权。⑦ 从这个意义上说,删除权实际上已经在很大程度上发挥了被遗忘权的功能。另一种观点认为,删除权是个人信息自主权的权能,被遗

---

① See Viviane Reding, Vice-President, Eur. Comm'n, The EU Data Protection Reform 2012: Making Europe the Standard Setter for Modern Data Protection Rules in the Digital Age, Jan. 22, 2012.

② See Viviane Reding, Vice-President, Eur. Comm'n, The EU Data Protection Reform 2012: Making Europe the Standard Setter for Modern Data Protection Rules in the Digital Age, Jan. 22, 2012.

③ See John Schwartz, Two German Killers Demanding Anonymity Sue Wikipedia's Parent, N.Y. Times, Nov. 12, 2009, A13.

④ See Jeffrey Rosen, The Right to be Forgotten, Stan. L. Rev. Online Vol. 64:88, 2012.

⑤ See Jeffrey Rosen, The Right to be Forgotten, Stan. L. Rev. Online Vol. 64:88, 2012.

⑥ 参见刘文杰:《被遗忘权:传统元素、新语境与利益衡量》,载《法学研究》2018 年第 2 期。

⑦ 参见程啸:《个人信息保护法理解与适用》,中国法制出版社 2021 年版,第 371 页。

忘权属于个人信息自主权的范畴。①《个人信息保护法》所规定的删除权与被遗忘权仍然存在区别,不能将二者完全等同。笔者赞成这一观点,主要理由在于:

第一,适用条件和功能存在区别。被遗忘权以"遗忘"(即删除)为原则,以不删除为例外。而从我国《个人信息保护法》第 47 条规定来看,只有在符合法定情形时,信息处理者才需要主动删除,或者按照信息主体的要求进行删除。同时,被遗忘权法律效果的发生需要同时满足客观要件和主观要件,也就是说,不仅要法律规定的情形出现,还需要信息主体有行使被遗忘权的意愿并向信息处理者提出删除其个人信息的请求。在被遗忘权的情形下,信息处理者并无主动删除的义务,而从我国《个人信息保护法》第 47 条规定来看,只要法定情形出现使客观要件具备,即便个人未向信息处理者提出请求,信息处理者也负有主动删除个人信息的义务。

第二,行使对象不同。我国《个人信息保护法》第 47 条规定的"删除权"不同于 GDPR 中的"被遗忘权"。GDPR 第 17 条中被遗忘权与删除权虽然以括号内和括号外的形式出现,但其实在内容上并非完全重合,"被遗忘"说明权利行使的目的,而"删除"则说明实现权利的手段。② 我国个人信息保护中的"删除权"仅限于信息处理者自己删除,而不涉及信息处理者通知其他处理者进行删除的义务。删除权是指信息主体有权要求信息处理者删除相关的个人信息,本质上是一对一的关系,仅被提出请求的信息处理者负有删除的义务。而行使被遗忘权,信息主体不仅有权要求信息处理者删除相关的个人信息,还有权要求信息处理者将其已经公开的个人信息采取必要措施要求其他处理者删除,其已经突破了一对一的关系。③ 也就是说,对被遗忘权而言,信息处理者不仅要自己删除相关的个人信息,其还要在一定程度上通知其他处理者一同删除。④

第三,是否规定例外情形不同。GDPR 第 17 条的立法模式决定了信

---

① 参见李立丰:《本土化语境下的"被遗忘权":个人信息权的程序性建构》,载《武汉大学学报(哲学社会科学版)》2019 年第 3 期。

② 参见刘文杰:《被遗忘权:传统元素、新语境与利益衡量》,载《法学研究》2018 年第 2 期。

③ See Alexander Tsesis, Data Subjects' Privacy Rights: Regulation of Personal Data Retention and Erasure, 90 U. Colo. L. Rev., 2019, pp. 593, 602.

④ See Elena Corcione, The Right to be Forgotten, Between Web Archives and Search Engines: Further Steps at the European Court of Human Rights, EDPL, Vol. 5:2, 2019, pp. 262, 265.

息主体在主张删除权时,信息处理者可以提出诸如信息自由等抗辩理由不予删除,主管机关或者法官在判定信息处理者是否存在删除义务时,应当对信息主体和信息处理者的利益,以及公共利益进行衡量,方可作出判断。① 在这样的立法模式下,可以宽泛地解释删除权或被遗忘权适用的情形。② 但是,我国《个人信息保护法》第 47 条的规定却没有从反面对删除权的行使进行限制,这意味着在解释上,第 47 条第 1 款中产生删除权的各类情形,不应当如同 GDPR 第 17 条第 1 款的规定一样作宽泛解释,因为《个人信息保护法》第 47 条没有明确赋予法官或者主管机关进行利益衡量的权力,就此而言,该规定还存在进一步完善的空间。

第四,对搜索引擎的适用不同。从前述欧盟法院的立场来看,其对搜索引擎同样适用被遗忘权规则,而依据我国《个人信息保护法》的规定,搜索引擎也属于信息处理者,其也可以适用删除权规则,但考虑到搜索引擎在信息传播方面的特殊功能,对其适用删除权规则应当考虑其特殊性,即应当结合《个人信息保护法》第 13 条的规定,具体认定其删除义务。

总之,笔者认为,《个人信息保护法》第 47 条并没有包含被遗忘权,该条所规定的删除权与被遗忘权存在明显区别,两者并非完全相同的概念,不宜认定该条所规定的删除权包含了被遗忘权。

五、删除权的保护

毫无疑问,在信息处理者与信息主体之间存在合同关系的情形下,因信息处理者违反合同约定而信息主体依据合同请求删除,当事人之间的关系应受合同法调整。如果信息主体依据约定请求信息处理者删除相关个人信息时,信息处理者拒不删除的,应当依法承担违约责任,自不待言。但从《民法典》与《个人信息保护法》关于此种民事责任的规定而言,主要是从人格权请求权与侵权请求权的关系而展开的,原则上并不包括违约责任。

如前所述,在一般情形下,删除权人请求删除后,信息处理者应当删

---

① See David Forbes Lindsay, The "Right to be Forgotten" by Search Engines Under Data Privacy Law: A Legal Analysis of the Costeja Ruling, Journal of Media Law, Vol. 6:2, 2014, pp. 159-179.

② See Edward Lee, Recognizing Rights in Real Time: The Role of Google in the EU Right to be Forgotten, 49 U.C. Davis Law Review, 2016, p. 1017.

除个人信息,《个人信息保护法》第47条还新增了信息处理者应当在符合删除权法定条件的情况下主动删除信息,即在符合法律所规定的情形时,信息处理者应当主动删除个人信息,换言之,该条款要求信息处理者承担主动删除的义务。笔者认为,违反此种义务可能产生行政责任,但是并不当然导致民事责任的产生。换言之,在信息处理者没有主动删除的情况下,并不当然地承担民事法律责任。这是因为,在大数据时代,互联网上存在海量信息,网络平台作为信息处理者,难以准确地判断哪一信息符合删除的法定情形。当然,如果网络服务提供者已经因处理用户的个人信息成为个人信息处理者,在此情形下,也应当适用《个人信息保护法》关于删除权的规定。尤其是,如果个人信息处理者知道存在应当删除的个人信息,此时基于主动删除的义务,即使个人信息主体未提出请求,其也应当主动删除,否则就应当承担侵犯个人信息保护权益的侵权损害赔偿责任。就此而言,删除义务并非不真正义务。

  信息主体通过行使删除权可有效保护其个人信息权益,而删除权的保护也可以通过两种方式予以实现。第一种方式是保障权利人直接针对信息处理者提出删除请求或提起诉讼,有效实现删除权。如前所述,删除权本身就是一种人格权请求权的具体体现,因而信息主体行使删除权就是通过行使人格权请求权保护其权益。在直接提出请求或者通过诉讼请求删除时,信息主体是否需要证明侵权损害赔偿的构成要件?在欧洲,数据主体不需要证明损害就可以主张其数据隐私受到了侵害。[1] 依据《民法典》和《个人信息保护法》的相关规定,通过行使删除权保护个人信息不受侵害,这时无须证明自身遭受了损害。由此也表明了删除权是一种不同于侵权损害赔偿请求权的人格权请求权,此种请求权作为绝对权请求权的一种形态,不以损害和过错为要件。[2] 因此,在保护人格权益方面,人格权请求权更为简便,有助于预防和制止侵害行为的发生和扩大,具有不可替代的作用。在直接针对信息处理者提出删除请求时,信息主体仅需要证明符合法律规定的条件,而不需要证明自身是否因此遭受损害,信息处理者是否具有过错等,就可以依法主张删除。如果信息处理

---

[1] See Robert C. Post, Data Privacy and Dignitary Privacy: Google Spain, The Right to be Forgotten, and the Construction of The Public Sphere, Duke Law Journal, Vol. 67, 2018, pp. 981, 982.

[2] See Danielle Keats Citron & Daniel J. Solove, Privacy Harms, GW Law Faculty Publication & Other Works, 2021, p. 1534.

者拒绝删除请求,则信息主体可以通过诉讼的方式行使删除权。值得探讨的是,在直接针对信息处理者提出删除请求的情形下,是否需要证明信息处理者已经构成侵权。笔者认为,在此情形下,并不需要证明行为人符合侵权责任的构成要件,尤其是不需要证明行为人符合侵权损害赔偿责任的构成要件,这更有利于保障删除权的有效行使。《个人信息保护法》第47条所明确列举的几种情形,均属于信息处理者丧失了进一步处理个人信息的合法性基础,此时继续处理个人信息,就侵犯了信息主体的个人信息权益。① 也就是说,在符合删除权行使的情形下,信息主体请求信息处理者删除相关个人信息后,信息主体拒不删除的,将构成非法处理个人信息,构成对信息主体个人信息的侵害,信息主体也有权依法主张人格权请求权。

应当指出,《民法典》第997条规定了侵害或妨碍人格权的禁令制度。该条虽然针对的是正在实施或即将实施的侵害"人格权"的违法行为,但可以通过扩张解释的方法,将个人信息权益作为该条中的"人格权"。因此,个人信息权利人也可以依据《民法典》第997条的规定,申请法院颁发禁令。上述两种程序法上的权利并不相同,二者也分别属于不同的诉讼程序。禁令制度可以较为高效地避免侵害行为可能产生的损害后果,但是由于其未经过双方当事人的质证、辩论等,因此其只能暂时性地避免损害的发生和扩大,而要最终解决纠纷,还是需要通过诉讼的方式进行。

第二种方式是信息主体在行使人格权请求权之后,信息处理者拒绝删除,如果因此造成信息主体的损害,此时信息处理者应依法承担拒绝删除的侵权损害赔偿责任。由于侵权责任以损害赔偿为主要责任形式,此种损害赔偿又包括财产损害赔偿与精神损害赔偿两种形式,其应当满足相应的要件。如果信息处理者处理的个人信息已经超出了法律规定的期限,导致信息主体的名誉受损,难以从事正常的交易,由此给信息主体造成财产损害和精神损害,信息主体当然有权主张侵权损害赔偿责任。

需要指出的是,对于侵权损害赔偿请求权的构成要件和法律效果,学界存在不同意见。笔者认为,个人信息处理者拒绝删除承担侵权损害赔偿责任的情形,必须满足以下要件:一是符合《个人信息保护法》第47条

---

① 学术上此类观点的分析,参见 Julie E. Cohen, Information Privacy Litigation as Bellwether for Institutional Change, DePaul Law Review, Vol. 66: 2, 2016。

的情形,且信息主体已经主动要求删除。二是信息处理者无正当理由拒绝了信息主体的删除请求造成信息主体的损害。值得探讨的是,侵权损害赔偿请求权的成立是否以损害要件为前提?可以明确的是,信息主体应当对损害的存在承担证明责任。换言之,信息主体应当证明其提出删除权之时开始,信息处理者继续处理个人信息的行为给其造成了损害。这一损害既可以是财产损失,也可以是精神损害。至于具体的损害数额,根据《个人信息保护法》第69条第2款的规定,既可以按照信息主体遭受的损失,也可以按照信息处理者所获得的利益进行计算,在损失和获益都难以确定的情况下,法院还可以根据具体个案的实际情况酌定赔偿数额。三是信息处理者具有过错,依据《个人信息保护法》第69条的规定,应当采取举证责任倒置的方式,由信息处理者证明自己没有过错,否则应当承担损害赔偿的侵权责任。当然,在信息主体主张删除的情形下,如果信息处理者能够证明其存在合法处理个人信息的理由,则无须承担侵权损害赔偿责任。

上述两种方式既存在区别又相互联系。人格权请求权和侵权损害赔偿请求权的目的、构成和法律效果方面都存在不同。此外,应当看到,我国《个人信息保护法》为保护个人信息,于第70条规定了公益诉讼,但笔者认为,就侵害删除权而言,不宜适用公益诉讼。这是因为根据《个人信息保护法》第70条的规定,人民检察院、法律规定的消费者组织和由国家网信部门确定的组织提起公益诉讼的条件是个人信息处理者违反本法规定处理个人信息侵害"众多个人的权益"。简言之,公益诉讼的提起仅限于大规模侵权的情形。但是,在许多情形下,信息处理者无正当理由拒绝众多信息主体的删除请求的情形比较罕见,因而适用公益诉讼可能有一定的困难。当然,如果存在《个人信息保护法》第47条第1款所规定的情形,而个人信息处理者未主动删除,或者众多的信息主体依法请求信息处理者删除,但个人信息处理者拒绝删除,此时也可能也会涉及"侵害众多个人的权益"的情形,可以适用公益诉讼。而且,通过公益诉讼,有助于避免众多的个别请求所带来的诉讼成本问题,并有效保护众多信息主体的合法权益。

结 束 语

雷丁教授曾言:"上帝可能会宽恕和忘记我们每个人的错误,然而互联网却从来不会。"①维克托·迈尔-舍恩伯格也指出,互联网的永久记忆可能会给人们带来"数字圆形监狱"。② 因此,法律应当赋予信息主体删除权。我国《民法典》和《个人信息保护法》确定的删除权不仅仅保护信息主体对个人信息的自主控制和决定,还确保了个人信息被公开和利用的完整和自决,赋予人们退出公众视野重新开始的机会,从而避免人们的一时疏忽或者细微错误被永远地钉在互联网的"耻辱柱"上③,最终实现人格自由发展。但由于删除权制度本身是一项新型的制度,关于该制度的设计难以十分圆满,且随着互联网和数字化技术的发展,该制度也将不断发展,因此,在《民法典》和《个人信息保护法》实施之后,应当积极总结经验,使该制度不断完善。

---

① Viviane Reding, Vice-President, Eur. Comm'n, The EU Data Protection Reform 2012: Making Europe the Standard Setter for Modern Data Protection Rules in the Digital Age, Jan. 22, 2012.

② 参见〔英〕维克托·迈尔-舍恩伯格:《删除:大数据取舍之道》,袁杰译,浙江人民出版社2013年版,第18页。

③ Vgl. Larenz/Canaris, Lehrbuch des Schuldrechts, Bd.2 Besonderer Teil, 1994, S. 512.

民法典人格权编中
动态系统论的采纳与运用[*]

动态系统论最早由奥地利学者维尔伯格于20世纪40年代提出①,经日本学者山本敬三等人的介绍与传播②,已经为我国法学界所熟知,并在全世界的范围内产生了重要的影响。《欧洲侵权法原则》和《欧洲示范民法典草案》均采纳这一学说,使得该学说的影响力进一步提升。在我国《民法典》的编纂中,人格权编也在总结这些经验的基础上,对动态系统论进行了大胆地吸收与借鉴。人格权编中的多个条文均体现了动态系统论的思想,也成为人格权编的重要特色之一。有鉴于此,本文拟从《民法典》人格权编中的规定入手,探讨动态系统论的价值,并希望对今后的法律适用有所助益。

一、人格权编采纳动态系统论的重要意义

从民事责任层面来看,动态系统论主要是指法官应当综合考量法律规定的各种因素,并依据这些因素的强弱程度而进行整体考量,从而确定责任是否构成以及是否应当免责。维尔伯格在比较法的基础上提出了动态系统论的思想,其基本观点是:调整特定领域法律关系的法律规范包含诸多构成因素,但在具体的法律关系中,相应规范所需因素的数量和因素的强度有所不同,也就是说,调整各个具体关系的规范因素是一个动态的系统。③ 因

---

* 原载《法学家》2020年第4期。

① Vgl. Walter Wilburg, Entwicklung eines beweglichen Systems Im Bürgerlichen Recht, Verlag Jos. A.Kienrech/Graz, 1950.

② 参见〔日〕山本敬三:《民法中的动态系统论——有关法律评价及方法的绪论性考察》,解亘译,载梁慧星主编:《民商法论丛》(总第23卷),金桥文化出版(香港)有限公司2002年版,第213页。

③ 参见〔日〕山本敬三:《民法中的动态系统论——有关法律评价及方法的绪论性考察》,解亘译,载梁慧星主编:《民商法论丛》(总第23卷),金桥文化出版(香港)有限公司2002年版,第177页。

此,应当在具体法律关系中,通过对动态的因素考量认定责任。①"动态系统提供了一个替代方案:通过明确规定法官裁判时应当考量的各种重要因素,立法者可以达到非常具体化的规定目的,能够决定性地限制法官的自由裁量空间,并且也使得法官自由裁量具有可预见性,而同时又有所控制地兼顾了生活事实的多样性。"②

动态系统论与传统的构成要件系统的最大区别在于,构成要件系统秉持"全有全无"的原则,认为构成要件是法律后果的必要且充分条件,当要件全部满足时,结论一定发生;当条件有一个不能满足时,结论就不会发生。就侵权责任构成要件而言,如果将其构成要件确定为过错、损害、行为的违法性、因果关系,只有在这些构成要件全部满足时,责任才能成立。而动态系统论则不同,表现在:一是动态系统论强调各因素的作用。动态系统论认为,在判断责任时,应当对所有的构成要件发挥的不同作用进行评价,针对影响因素的不同程度来综合考量认定责任。这实际上是一种在量上分层认定的方法。二是动态系统论强调各因素排列上的位阶,引导法官考量这些因素是否满足。但在个案中,并不要求每一个因素需要满足到特定程度,甚至不要求一定具备全部因素,而是要求考量不同的因素,确定这些因素满足到什么程度,需要根据案件的具体情况对各个因素进行综合考量③,因素与效果之间的关系不再是"全有全无",而是"或多或少"。三是强调各因素之间的"互补"。动态体系论的"动态"特征,是指法律规范或者法律效果由"与因素的数量和强度相对应的协动作用"来确定。这里的"协动"是指因素之间具有互补性。④ 在维尔伯格看来,因素不再像要件一样处于固定的状态,而是作为变量处于动态的考量之中。如 A 因素获得了较高程度的满足,那么虽然 B 因素的满足程度较低,则在法官的综合考量下,可能发生因素间的互补。这些因素具有"相互比较"的个性。⑤ 正如维尔伯格所指出,"如果一个因素以一种特殊强

---

① 参见〔奥〕海尔穆特·库奇奥:《损害赔偿法的重新构建:欧洲经验与欧洲趋势》,朱岩译,载《法学家》2009 年第 3 期。
② 〔奥〕海尔穆特·库奇奥:《损害赔偿法的重新构建:欧洲经验与欧洲趋势》,朱岩译,载《法学家》2009 年第 3 期。
③ 参见〔日〕山本敬三:《民法中的动态系统论——有关法律评价及方法的绪论性考察》,解亘译,载梁慧星主编:《民商法论丛》(总第 23 卷),金桥文化出版(香港)有限公司 2002 年版,第 207—208 页。
④ 参见解亘、班天可:《被误解和被高估的动态体系论》,载《法学研究》2017 年第 2 期。
⑤ 参见解亘、班天可:《被误解和被高估的动态体系论》,载《法学研究》2017 年第 2 期。

烈的方式出现,就可充分满足认定存在责任的要求"①。由此可见,动态系统论试图通过抽象一些因素或因子,引导法官考虑该因素或因子的权重,在个案中通过判断不同变量的强弱效果,并结合因素之间的互补性,最终得出案件裁判的结论。② 由此可见,相较于构成要件系统而言,动态系统论考虑的因素更为宽泛,更具有灵活性与开放性,从而可以适应复杂情况下的公正裁判需要。

虽然理论界对于动态系统论的评价不一而足,有学者也指出了动态系统论的作用不应被高估。③ 且从比较法上来看,《民法典》中采纳该理论的情况并不多见,但一些示范法则明确采纳了这一理论。例如,德国学者冯·巴尔教授主持起草的《欧洲示范民法典草案》规定:"在判断赋予损害赔偿或预防损害的权利是否公平且合理时,应参考归责基础、损害或有发生之虞的损害的性质和近因、已遭受或即将遭受损害之人的合理期待以及公共政策考虑。"在库奇奥教授主持起草的《欧洲侵权法原则》第2:102条中确立了利益保护所应考虑的多重因素,主要包括:利益的性质、利益的价值、利益的定义是否精确与明显、行为人与受害人的接近程度、责任性质、行为人的利益(尤其是该行为人行动与行使权利的自由)以及公共利益。④ 受保护利益的范围取决于该利益的性质:利益价值越高,定义越精确,越显而易见,保护范围就越广泛。该条显然是受到了动态系统论的影响而确定的制度。在责任范围(第3:201条)的规范设计上,同样采取了动态体系化的模式。由此可见,这两个侵权法的草案都没有提出明确的区分标准,而实际上是采纳动态系统论,赋予法官一定的自由裁量权,综合考虑各种因素以确定是否保护利益。动态系统论在立法中的采纳,是法律发展的重要趋势。其背后的原因在于,社会生活不断变迁,立法者不能预见到所有情形,因此,不得已需要给予法官自由裁量权。但是为了防止自由裁量权的滥用,有必要对其进行限制。而动态系统论恰恰可以完成对于法官行使自由裁量权的限制。动态系统论承认了司法者的裁量权,从而能够顾及不同案件的不同情况,并适应社会发展;但又

---

① B. A. Koch, Wilburg's Flexible System in a Nutshell, in: Koziol/B.C. Steininger, European Tort Law: Liber Amicorum for Gelmut Koziol, 2000, 293 ff.
② Vgl. B. A. Koch, Wilburg's Flexible System in a Nutshell, in:Koziol/B.C. Steininger, European Tort Law: Liber Amicorum for Gelmut Koziol, 2000, 293 ff.
③ 参见解亘、班天可:《被误解和被高估的动态体系论》,载《法学研究》2017年第2期。
④ See European Group on Tort Law, Principles of European Tort Law: Text and Commentary, Springer, 2005, p. 191.

通过立法者对考量因素的划定实现对司法者裁量的限制,司法者要在立法者所划定的考量因素范围内进行思考、论证和说明判决理由。这样,法秩序安定性由立法和司法携手,通过司法者在立法者所划定的考量因素范围基础上进行论证所取得的共识而予以实现。①

动态系统论介绍到我国的时间并不太久,但在司法实践中已经得到运用,最典型的是,《精神损害赔偿的司法解释》第 10 条并没有采纳构成要件说,而是列举了诸多精神损害赔偿数额判断的因素②,引导法官通过考量这些因素,决定是否作出或者作出多少精神损害赔偿的判决。《民法典》人格权编的编纂通过总结司法实践经验,在多个条款中采纳了动态系统论。之所以在人格权编中采纳动态系统论,主要是基于以下几个原因。

(一) 人格权中各项权利的位阶存在差异

在持动态系统论观点者看来,不同的权利或利益的性质,在法律的保护位阶上存有不同。人格权与物权和债权不同,在物权和债权中,并没有此种位阶的区分,很难用益物权与担保物权何者应当更优先受到保护。但人格权各项权利的位阶存在差异。生命、身体或精神上的完整性、人格尊严、人身自由属于最优先的地位,财产权次之,纯粹经济损失和合同债权又处于财产权之后。③ 在各项具体人格权中,各种权利或利益的价值不同,其利益价值越高,受到的保护就越广泛和有力。④ 具体到人格权中,生命、身体、健康等人格利益是处于最优先地位的,尤其是生命权应该被置于首位,而精神性人格利益,如肖像、隐私等相较于物质性人格权而言,位阶则相对较低。例如,在疫情的防控中,基于对生命安全保护的考量,在生命权与隐私权发生冲突时,应当优先保护生命权,生命、身体或精神上的完整性受到最广泛的保护。生命健康等物质性人格利益要优于精神性

---

① 参见朱虎:《侵权法中的法益区分保护:思想与技术》,载《比较法研究》2015 年第 5 期。
② 《精神损害赔偿的司法解释》第 10 条规定,"精神损害的赔偿数额根据以下因素确定:(一)侵权人的过错程度,法律另有规定的除外;(二)侵害的手段、场合、行为方式等具体情节;(三)侵权行为所造成的后果;(四)侵权人的获利情况;(五)侵权人承担责任的经济能力;(六)受诉法院所在地平均生活水平"。
③ 参见张玉东:《动态系统论及其对 PETL 和〈奥地利损害赔偿法草案〉的影响》,载上海市哲学社会科学规划办公室、上海社会科学院信息研究所编:《国外社会科学前沿(2016)》(第 20 辑),上海人民出版社 2017 年版,第 450 页。
④ 参见〔奥〕海尔姆特·库奇奥:《侵权责任法的基本问题(第一卷):德语国家的视角》,朱岩译,北京大学出版社 2017 年版,第 179 页。

人格利益,因此,位阶低的利益在保护上要受到更大的限制。① 这一点已经普遍达成共识。因此,这一人格权所具有的特征,就决定了对处于不同位阶的人格权,在判断其侵权是否成立、是否提供必要救济、提供何种救济等问题上,就要依据其所处的位阶进行综合考量。区分不同的位阶进行保护,就是通过动态系统论中的因子或因素的考量实现的。

(二) 人格权保护与其他利益冲突频发

人格权不同于财产权,与其他利益常常发生冲突。财产权虽然也可能与其他利益发生冲突,如财产权的行使可能与公共利益、生态环境保护的利益相冲突,但是相较于人格权而言,其可能性较小,即使发生冲突,也不如人格权复杂。例如,在判断隐私权是否应当受到保护时,常常要与言论自由、公共利益等权利或利益进行平衡,而在名誉权的保护中,也往往要考虑新闻自由与舆论监督的关系。因此,法律需要协调各种可能产生的利益冲突,确保每一种权利都受到相应的保护,而不能因为保护其中一种,就牺牲其他的权利或利益。正如库奇奥所指出的,从比较法上来看,各国都比较重视侵害人格权尤其是精神性人格权情形下的利益平衡。在言论自由、媒体自由与人格权发生冲突时,某些情况下,需要优先保护言论自由,但不能当然认为应当优先保护言论自由和媒体自由,因为媒体自身也应当对社会和他人负有一定的义务和责任。当两种利益冲突时,法院在个案中应当进行全面的利益衡量,以确定应当优先保护哪一种权利。② 在协调二者之间的关系时,既要尊重个人的人格权,又要维护言论自由。③ 每个人的权利都应当受到保护,但不能因为保护某人的利益,而过分牺牲或损害他人的利益。④《欧洲侵权法原则》第2:102条第6款所规定的:"决定利益保护范围时,应考虑行为人的利益,尤其是该行为人行动与行使权利的自由,以及公共利益。"⑤我国《民法典》人格权编

---

① 参见欧洲侵权法小组:《欧洲侵权法原则:文本与评注》,于敏、谢鸿飞译,法律出版社2009年版,第63页。

② 参见〔奥〕赫尔穆特·考茨欧、〔奥〕亚历山大·瓦齐莱克主编:《针对大众媒体侵害人格权的保护:各种制度与实践》,匡敦校等译,中国法制出版社2012年版,第29页。

③ See App. E of the Report of the Committee on Privacy (the Younger Report), Cmnd. 5012, 1972.

④ 参见〔奥〕海尔姆特·库齐奥:《侵权责任法的基本问题(第一卷):德语国家的视角》,朱岩译,北京大学出版社2017年版,第16页。

⑤ European Group on Tort Law, Principles of European Tort Law: Text and Commentary, Springer, 2005, p. 193.

中,大量涉及对价值冲突的协调。例如,《民法典》第999条有效协调了人格权保护与新闻报道、舆论监督的关系;第1027条第2款协调了保护名誉权与鼓励创作自由的关系;第1020条确定了肖像权保护和合理利用的平衡关系;在隐私保护中,协调了个人隐私保护与维护公共利益之间的关系;在个人信息保护中,妥当平衡了个人信息保护与合理利用的关系。这些都决定了法官在考虑责任时,很难根据构成要件确立责任,而必须要对各个因素进行综合考量。

(三) 人格权益的受保护程度不同

人格权编中不仅对人格权利进行了规定,同时也对个人信息等人格利益进行了规定。一方面,对于权利与利益,其受到保护的程度并不相同。例如,在对隐私信息的保护中,隐私权与个人信息保护部分均有规定,但是对于隐私信息的保护优先适用隐私权的保护,而非个人信息的保护。这就是考虑到通过对隐私权进行保护,相较于个人信息保护而言更为有力。同样,对于肖像权与声音利益的保护也并不完全相同,人格权编虽然承认了声音利益,但其保护也与肖像权有所不同。由于人格权的开放性较为明显,不断涌现的新型人格利益可能并不一定会被上升为权利而予以保护,这也就决定了其与财产权不同,需要考量这些权利与利益的受保护的程度,对于法律并未明确规定的利益通过一般人格权予以保护时,更是需要考虑多种价值之间的权衡关系,换言之,确定一般人格权的具体保护范围时,动态系统论的运用空间更大。另一方面,就精神性人格权而言,因权利人的职业等原因(如是否是公众人物),对其人格权的限制也不同,这也成为动态系统论在人格权编被采纳的重要原因。

(四) 人格权侵害的不同情形导致救济方式的差异

在财产权遭受侵害的情形下,一般都要采取侵权损害赔偿的救济方式,而此种方式以及完全赔偿原则的采用,就是对财产权进行保护的最佳方法。但人格权遭受侵害的情形并不相同。一方面,在人格权遭受侵害的情形下,常常并没有发生财产损害,而只是发生了精神损害。但是精神损害赔偿很难像财产损害一样,运用清晰明确的标准进行判定或计算。在财产损害计算中可适用"差额说",通过比较损害发生前后的财产差额,即可确定损害赔偿的数额,但是在精神损害赔偿中,却无法根据这一差额进行判断,而只能由法官综合考量各种因素进行判定。在瑞士法中,在侵害人格利益的情形下,如果没有抗辩理由,则将认定行为具有过错,在判断抗辩事由能否成立时,需要考虑将受害人的利益与相对应的私法和公法的利益相比较,如果相关人格利益的保护是不重要的,则行为人的过错就可能会被排除。①《精神损害赔偿的司法解释》第 10 条就明确规定了精神损害赔偿计算中需要考量的各种因素。依据这一规定,精神损害赔偿计算要考虑到各种特殊的情形,给法官一定的自由裁量权,从而使法律系统更加富有弹性。而过错程度的考虑是一个重要的因素。② 另一方面,人格权遭受侵害或有侵害之虞时,在确定是否应当适用消除影响、恢复名誉、赔礼道歉等责任形式时,应当考虑行为人的行为具体方式和造成的影响范围。需要综合考量受害人所受损害的情形,这也有必要采用动态系统论。

社会生活是复杂的,侵权案件也是不断变化和发展的。"个案中通过被侵害利益保护力度、行为正当化程度、因果关系贡献度、过错程度等因素的综合平衡,来确定损害赔偿的范围。"③《民法典》人格权编采纳动态系统论,既是对我国司法实践经验的总结,也是回应人格权救济方式的特殊性和内在要求所作出的立法选择,对于正确认定侵害人格权的责任具有重要意义。

二、人格权编对动态系统论运用的特点

《民法典》人格权编对动态系统论的吸收和采纳在多个条文中都有所体现,但最典型的是《民法典》第 998 条的规定:"认定行为人承担侵害除生命权、身体权和健康权外的人格权的民事责任,应当考虑行为人和受害人的职业、影响范围、过错程度,以及行为的目的、方式、后果等因素。"这是明确采纳动态系统论的条文,该条在规定侵害人格权的责任时,确立了如下原则:

第一,要区分物质性人格权与其他人格权(标表性人格权和精神性人格权)。物质性人格权是生命权、健康权、身体权等以生命、健康利益为客体的具有最强人身专属性的人格权。物质性人格权是人格权乃至所有民事权利中居于最重要位阶的权利,我国《民法典》关于人格权的规定首先

---

① Vgl. A Bucher, Natürliche Personen und Persönlichkeitsschutz, Helbing & Lichtenhahn, 1995, S. 162 ff.
② 参见[奥]海尔穆特·库奇奥:《损害赔偿法的重新构建:欧洲经验与欧洲趋势》,朱岩译,载《法学家》2009 年第 3 期。
③ 叶金强:《论侵权损害赔偿范围的确定》,载《中外法学》2012 年第 1 期。

列举生命、健康、身体等权利,也表明其是具有基础性地位的权利。物质性人格权也可以说是所有民事权利享有的基础和前提,因为任何权利都无法离开生命与身体这一物质载体。生命不存在,各种权利的享有也将不复存在。同时,物质性人格权也是最基本的人格权,所以,法律对于物质性人格权的保护应当置于首要位置,以加强对物质性人格权的保护。对于侵害物质性人格权的情形,法律往往规定了特殊的救济方式,如侵害生命权的,依据《民法典》第 1179 条的规定,造成死亡的应当赔偿丧葬费和死亡赔偿金。这些损害赔偿被称为法定的损害赔偿。法官对侵害物质性人格权的情形,应当直接适用法定赔偿金,而一般不再考虑行为人和受害人的职业、影响范围、过错程度等因素。

第二,对物质性人格权以外的标表性人格权和精神性人格权的侵害,在确立民事责任时,要采用动态系统论的方式进行判定。之所以采取此种方式,一方面,这些人格权在行使中常常和其他价值发生冲突。财产权的行使通常并不涉及与其他价值的冲突;即使冲突,由于财产权相较于人格权处于较低位阶,因而也不会受到优先保护。而人格权的行使,则可能往往与其他权利产生冲突。例如,新闻媒体的报道常常出现和人格权的冲突,究竟应当保护新闻报道自由还是人格权,简单决定优先保护哪一项权利都不完全准确,往往需要具体权衡。可见,人格权在遭受侵害时,判断侵权责任是否成立所要进行的利益考量更为复杂,需要平衡各种冲突的利益。① 另一方面,对于这些人格权的侵害,法律往往很难规定一般的构成要件。侵害标表性人格权和其他精神性人格权也存在差异,这些侵权形态差异很大,很难通过一般的构成要件进行概括。例如,在利益平衡的过程中,对于过错程度的考虑是一个重要的因素。② 所以要给法官一定的自由裁量权,从而使法律系统更加富有弹性。

第三,确定法官要考量的"因素"。依据《民法典》第 998 条规定,认定行为人承担侵害除生命权、身体权和健康权外的人格权的民事责任,应当考虑如下因素:一是行为人和受害人的职业。一方面,就行为人而言,其自身职业与责任的认定、影响的范围都有直接联系。例如,如果因为行为人自身职业与社会身份导致特定人格权侵权的影响后果较大,此时直接从影响范围这一层面来考虑即可。如果行为人从事的是新闻媒体

---

① Vgl. Larenz/Canaris, Lehrbuch des Schuldrechts, Bd. 2 Besonderer Teil, 1994, S. 491.
② 参见〔奥〕海尔穆特·库奇奥:《损害赔偿法的重新构建:欧洲经验与欧洲趋势》,朱岩译,载《法学家》2009 年第 3 期。

的工作,因新闻媒体职业而作出新闻报道行为,在认定责任时,就应当协调人格权的保护与新闻报道之间的关系并予以平衡。另一方面,就受害人而言,考虑其职业因素并不是要对某些不同职业的人提供有区别的保护,而旨在平衡职业背后的社会利益和个人利益。从司法实践来看,考虑其职业主要是要解决公众人物人格权保护问题。例如,出于对公众人物、公职人员的监督等,适度披露其收入、财产状况等,或对其行为进行适度的评论或批评,其目的在于实现更为广泛的社会利益,因而不应构成侵权。因此,基于这一立法目的,有必要保留职业因素并将其作为精神性人格权侵害的判断因素。二是影响范围。就行为人而言,判断其承担人格权侵权责任重点在于确立影响范围,因为不同的侵权后果意味着侵权严重程度的不同,这就必然导致侵权责任也存在程度的差异。影响范围通常与行为人的行为方式联系在一起。例如,当着特定少数人的面诽谤他人与在网上公开诽谤他人相比,显然,后者的影响范围更大,在确定行为人的民事责任时,要考虑行为人行为所造成的是全国乃至更大范围的影响,还是仅仅局限在某地区、某学校、某单位等,这对于确定行为人应当承担或者如何承担消除影响、恢复名誉、赔礼道歉的责任至关重要。三是过错程度。在侵害人格权的场合,需要考量行为人主观过错。包括故意、重大过失、一般过失、轻微过失等。四是行为的目的。行为人行为的目的也会对侵害人格权民事责任的认定产生一定的影响。例如,行为人侵害他人的人格权是为了正当的舆论监督、新闻报道等公共利益,还是为了个人的娱乐、消遣;是为了反腐需要而正当地进行检举控告,还是为了泄私愤、图报复;是为了商业目的还是非商业目的,都是应当考虑的因素。五是行为的方式。行为人在实施某种行为时,采取口头或书面以及其他方式,所造成的损害后果是不同的。例如,针对网上发表的新闻报道或评论损害他人的名誉权的情形,在某个微信群诽谤他人与在影响较大的网络平台诽谤他人,影响范围是不同的。一般而言,书面方式与口头方式所造成的影响后果是不同的。在侵害名誉权纠纷中,是进行新闻报道,还是发表个人意见,是自己创作还是转载,是主动爆料还是被动采访,各种方式不同,都会对侵害人格权民事责任的认定产生影响。六是行为的后果。任何侵害他人人格权的行为,所造成的损害后果是不一样的。有的造成受害人的名誉受损,有的造成隐私披露;有的仅仅只是造成财产损失,有的还造成严重精神损害;有的只是造成小范围的影响,有的可能造成全国范围乃至更大范围的影响。这些都是确定侵害人格权民事责任需要考虑的因素。

第四,对这些"因素"进行有序排列。动态系统论观点的核心在于确定需要考量的因素和因子,而非赋予法官无限的自由裁量权。这些因素与因子,只能通过立法加以明确,并对这些"因素"进行有序排列,"因素"排列越靠前,则越要重点考虑。例如,《民法典》第998条就将"受害人的职业、影响范围、过错程度,以及行为的目的、方式、后果"等纳入考量范围,对各个因素进行了列举。与此同时,立法不仅应当列举因素,也需要根据因素或因子重要性进行顺序的排列。也就是说,立法对各个因素不是简单的列举,立法者需要评估各种因素对于责任的判断所产生的不同影响,或者在责任确定中所发挥的不同作用,从而确定其排列顺序,将重要的因素置于较前的位置,以便在法律的适用中明确综合考量的权重。这种顺序的排列将在法官在进行责任构成以及责任形式的确定方面,提供重要的引导。

除《民法典》第998条关于认定行为人侵害人格权的责任的规则以外,人格权编还在其他条款采纳了动态系统论,具体表现在:一是《民法典》第999条规定:"为公共利益实施新闻报道、舆论监督等行为的,可以合理使用民事主体的姓名、名称、肖像、个人信息等;使用不合理侵害民事主体人格权的,应当依法承担民事责任。"这就确定了新闻报道和舆论监督等行为中合理使用他人人格权益的规则,对新闻报道自由和公民舆论监督与人格权保护之间的冲突进行了平衡。该条要求新闻报道和舆论监督仅在满足合理使用的情形下,才可以免于承担责任,而对于超出合理使用的行为则应当承担责任。对于行为是否超出合理的范围需要通过动态系统论,结合各种因素进行确定。二是《民法典》第1000条要求行为人承担消除影响、恢复名誉、赔礼道歉等民事责任时,其作出上述行为的方式应当与造成的影响范围相当。这就要求对于引用他人事实内容进行新闻报道、舆论监督造成他人名誉损害的情形,在判断行为人对他人提供内容是否尽到合理审查义务时,要综合考量多种因素进行全面把握,这也是动态系统论的体现。三是《民法典》第1026条规定:"认定行为人是否尽到前条第二项规定的合理核实义务,应当考虑下列因素:(一)内容来源的可信度;(二)对明显可能引发争议的内容是否进行了必要的调查;(三)内容的时限性;(四)内容与公序良俗的关联性;(五)受害人名誉受贬损的可能性;(六)核实能力和核实成本。"合理核实义务的标准并不是一成不变的,实施新闻报道、舆论监督的行为人,在不同情况下,负有的核实义务不尽相同,需要因时制宜、因地制宜,结合所处的不同环境进行判断。因此法律上不宜泛泛地对核实义务进行一般规定,正是因为如此,该条确立了判定是否尽到合理核实义务的标准。上述条款,有的从立法技术上直接采纳了动态系统论,规定了需要综合考量的因素;有的虽然在立法上没有直接规定综合考量的因素,但是在法律适用中,对于"合理""正当""必要"等的解释,也需要借助动态系统论进行法律适用。需要注意的是,上述条文在对各种因素的列举中也均采用了开放式的列举方式,而没有封闭因素的范围,因而保持了一定的开放性。

人格权编引入动态系统论,要求法官在确定责任时对诸多因素存在的范围、程度以及它们在整体权重中的相互关系作出一种综合的、动态的评估,相对于责任构成要件而言,更为科学合理。① 具体而言,一是促进利益衡量与综合保护。动态系统论能够有效权衡各种法益,将各种因素进行考量,实际上也达成了比例原则在个案中的运用。这些规则将各种相互冲突的利益进行了妥当的考虑,可以使得法官从整体出发,而不是简单地从某一点出发,通过全面考量,兼顾各种利益的保护,实现平衡。与此同时,其也给重点利益的强化优先保护提供了依据。二是确定了利益保护的位阶。例如,《民法典》第 998 条运用动态系统论,对生命权、身体权和健康权外的人格权侵权认定进行了规定,这就是优先考虑了生命权、身体权、健康权的保护。生命无价,重于泰山,对生命权、身体权、健康权应直接适用构成要件的保护模式,减少法官的自由裁量;而对于众多的精神性人格权,则要求考虑各种因素,其立法目的就是明确了对物质性人格权的优先保护。三是引导法官综合考虑一些责任确定和责任范围的因素和因子,避免"全有全无"的简单化处理,使责任的确定更为科学合理。四是兼顾过错制裁与行为自由的维护。例如,第 998 条就强调了在侵害人格权的责任成立中,要将过错程度作为考量的因素。在这一点上,该规则与侵害财产权的规则不同,后者往往不需要考虑过错程度。该规则将过错程度作为考量因素,却并未将过错作为构成要件,因此有效地平衡了行为自由与权利保护。五是符合比例性原则。动态系统论注重平衡各种利益,因而,其本身就吸纳了比例性原则的要求。动态系统论与比例性原则不但不冲突,而且成为比例性原则的具体实现方式。例如,第 998 条中对影响范围,对行为目的、方式等的考量都反映了比例性原则的要求。第

---

① 参见李中原:《论侵权法上因果关系与过错的竞合及其解决路径》,载《法律科学(西北政法大学学报)》2013 年第 6 期。

1000条规定,在行为人承担消除影响、恢复名誉、赔礼道歉等民事责任时,应当与行为的具体方式和造成的影响范围相当,同样也是比例性原则的具体运用。

总之,人格权编第一次尝试在立法上构建动态系统论,是具有开创性的。这种探索和创新将为我国立法提供新的模式,也为法律的解释提供更大的空间。

三、动态系统论在人格权侵害救济中的作用

如前所述,人格权编引入动态系统论,根本目的还是要引导法官准确认定侵害人格权益的责任以及责任形式、责任范围。为了便于法官灵活准确地作出裁判结论,动态系统论的运用最终必须要面向这一问题的解决。因此,在人格权编引入动态系统论以后,首先需要法官转变以往在确定责任时,根据简单的责任构成要件确定责任的思路。侵权责任构成要件,无论是三要件(过错、损害、因果关系),还是四要件(过错、损害、行为的违法性、因果关系),针对一般侵权行为,特别是侵害财产权的行为是可行的、必要的,但针对侵害人格权益行为的责任确定而言,就显得力所不及。一个最简单的原因就是,在人格权侵害的情形下,损害的确定更为复杂,财产损害赔偿的"差额说"以及完全赔偿原则难以适用。这就需要考虑人格权责任确定的新的思路和方法。尤其是在社会生活不断丰富发展,科技水平日新月异的今天,网络侵权层出不穷,行为方式各式各样,这就给这些孤立的构成要件判断带来了不小的难度。虽然法官仍然可以依据自己对法律的解释,判定某一要件是否满足,但这在一些复杂的侵害认定中已经显得捉襟见肘。动态系统论无疑提供了一种解决的思路和方法。正是因为如此,动态系统论的产生可以为这些复杂情形下的责任认定提供全新的思路。

在适用《民法典》第998条等条文时,必须重点解决三个问题,才能够使其成为对实践具有切实规范作用的规则。

(一) 动态系统论在责任成立判断中的运用

1. 根据法定的因素及其顺序考量

传统上对责任成立与否的判断是通过构成要件实现的。在这种模式中,责任成立与否的关键在于要件是否满足。各个要件之间的关系是相对孤立的,任何一个要件的不构成都将导致责任的不成立。而且,在此种

模式中,各个要件的考量结果只有"满足"与"不满足"两种。因此,虽然社会实践丰富多样,但是裁判者却只能通过"满足"与"不满足"两种结论予以评价,各种要件的满足程度通常不在裁判者的考量之中。例如,在危险责任中,虽然各种行为的危险系数明显存在区别,但是裁判者在构成要件的体系内,根本无须也无法考虑这些危险的程度,因为,裁判者只需认定这种行为是否构成危险责任,即只需回答是或否,而无法根据危险的程度进行不同的考量。这种模式之下,要件之间的互动与联系被割裂开来。

但运用动态系统论判断责任成立,就需要从以下两方面考量:一方面,需要考量法定的因素。例如,依据《民法典》第998条规定:"认定行为人承担侵害除生命权、身体权和健康权外的人格权的民事责任,应当考虑行为人和受害人的职业、影响范围、过错程度,以及行为的目的、方式、后果等因素。"这些法定的因素就是法官必须考虑的因素,它既需要当事人作出必要的举证,也需要法官作出全面的了解。另一方面,必须按照法定的顺序进行考量。这就是说,这些因素对于责任成立的影响是有不同程度的差异的,法官在作出考量时,应当考虑法律排列的顺序。需要说明的是,法定的顺序属于必须考虑的因素,但并非仅仅限于这些因素,《民法典》第998条规定采用"等",说明了这些因素的非限定性。例如,行为的违法性也可能是一个应当考虑的因素。

2. 通过因素间的互动综合考量

所谓综合考量,就是要考虑各种因素所实际产生的作用。在动态系统论下,因素之间不再是孤立、割裂的关系,诸因素之间的互动展现出动态的状态。以通过《民法典》第998条判断行为人的行为是否侵害名誉权为例,行为人的行为如果是出于舆论监督的目的,就可能降低其构成侵害的可能;而如果其方式和手段较为恶劣,则会显著增加其构成侵害的可能。法官只有在结合受害人的职业、影响范围、过错程度,以及行为的目的、方式、后果等因素进行综合判断后,才可以得出行为人是否应当承担侵害名誉权的责任的结论。在这些因素之中,多重因素之间还可能具有一定的关联关系,如受害人的职业关系到行为的影响范围,行为人的行为方式也与行为人的过错程度存在明显的联系。这些因素虽然可能存在正相关或负相关的关系,但并不意味着分别对其判断就没有价值。

首先,要考虑各个因素都有独立存在的价值。例如,行为手段虽然与过错程度紧密联系,但是行为手段本身也具有单独判断的价值,因为行为手段的背后还关系到公序良俗、公共利益等问题,是过错程度无法涵盖的。虽然这些因素之间通常可能存在关联关系,但是也可能出现其他可能。例如,受害人虽然为公众人物,但由于行为人并非在大众媒体上散播消息,因而影响较小。

其次,实现因素之间的互补。动态系统论中强调了各种因素与因子的互补。但是,这些互补的关系在立法上无法直接规定,而只能交由司法实践进行操作。动态体系论之所以被称为"动态",就在于因素之间的互补性。在维尔伯格看来,各种因素的对责任影响的强度是不一样的,但法官在考量这些因素时,不是简单地考量是否满足某一因素,而是兼顾各种因素,有的因素虽然强度低,但如果其他因素强度高,则仍然可以导致责任的成立,也就是要综合考量。维尔伯格试图从诸因素的协动作用这种观点来构建评价的框架,由此为回应实际生活的必要打开了可能性的大门;同时又确保了一定的原则性。①

最后,要注重比例原则的运用。此种方式也称为"个案衡量"(ad hoc balancing),也就是指,就个案事实运用比例性原则调和相冲突的权利和价值。② 例如,法律允许基于公共利益等目的对一些精神性人格权合理使用,但此种使用应当限制在合理的范围内。也就是说,凡是能够最小化使用的,应当进行最小化使用。凡是能够在一定范围内使用的,就不必扩大其使用范围。凡是能够使用后及时向权利人通知的,就应当及时通知权利人。如果在使用后能够及时删除或者有必要删除的,则应当在合理期限内及时删除。在使用他人的人格利益时,要尽量避免造成对他人过大的损害。如果行为人恶意过度使用他人人格权,即便是为了实施新闻报道、舆论监督等行为,也可能构成侵权。一个侵权行为在不同时间段实施,其后果也可能是不一样的,自然也会存在差别。概言之,侵权责任的确定必须与侵权行为的程度相适应。

此外,在必要时也要进行成本效益分析。例如,在认定新闻报道是否侵害人格权时,应确定报道人是否尽到核实义务,还应当考虑核实的成本。如果报道人付出极小的成本即可对报道内容的真实性进行核实,则其应当尽到相应的核实义务;反之,若核实成本较高,则其核实义务应当

---

① 参见〔日〕山本敬三:《民法中的动态系统论——有关法律评价及方法的绪论性考察》,解亘译,载梁慧星主编:《民商法论丛》(总第23卷),金桥文化出版(香港)有限公司2002年版,第210页。

② 参见王泽鉴:《人格权法:法释义学、比较法、案例研究》,北京大学出版社2013年版,第316页。

相应降低。例如,对某个在网络上公布的有关某名人的负面信息,网络平台很容易核实,则其应当负有审核义务。

3. 摒弃全有或全无的责任

除明晰责任是否成立外,动态系统论也可以更好地回答责任在何种范围内成立的问题。在以构成要件系统进行责任是否成立的判断时,如果满足所有的构成要件,且不具备免责事由,那么责任就当然成立;而一旦不满足任何一个要件,或存在免责事由,那么责任就不能成立。因此,责任是否成立的判断属于全有或全无的状态。但是在动态系统论之下,众多考量因素之间的相互作用使得责任可以"得到完全或部分地确立或排除"。[①] 这就显示了动态系统论在责任成立问题上的弹性优势。

(二) 动态系统论在责任形式确定中的运用

人格权遭受侵害或有侵害之虞时,受害人可以主张人格权请求权,如果损害已经发生,受害人也可以主张侵权请求权,尤其是损害赔偿请求权。在通过动态系统论的考量确认行为人是否需要承担责任后,对于行为人是否应当承担特定的责任形式也需要通过动态系统论加以确定。对于特定责任形式的采取,也同样需要结合受害人的职业、影响范围、过错程度,以及行为的目的、方式、后果等多种因素进行综合考量。

受害人在主张消除影响、恢复名誉、赔礼道歉等责任形式时,依据《民法典》第1000条的规定,应当与行为的具体方式和造成的影响范围相当。虽然从立法技术上而言,本条并未直接采纳动态系统论,规定需要综合考量的因素。但是在法律适用中,对于"相当"等的解释,也需要借助动态系统进行法律适用。消除影响等责任形式应当与行为的具体方式相适应。在适用消除影响、恢复名誉的责任方式时,首先应明确消除影响、恢复名誉的范围(如在某地区、某学校等消除影响)、方式(采取口头或书面以及其他形式)。例如,在报纸杂志上发表的新闻报道或评论,有损他人的名誉权,则应当在曾刊载该侵权内容文章之报纸杂志上刊登书面声明,对错误内容进行更正,并向被侵害人赔礼道歉。如果是在某个场所对一群人散布了诽谤的言辞,则应在适当的场合为受害人恢复名誉。消除影响等方式的主要功能在于减弱、清除直至消除已经给他人的社会声誉造成的不良影响。因为正是这些不良影响的存在,才造成了受害人名誉评价的

---

① 参见〔奥〕瓦尔特·维尔伯格:《私法领域内动态体系的发展》,李昊译,载《苏州大学学报(法学版)》2015年第4期。

降低,只有消除这些不良影响,才能够恢复当事人的名誉。一般来说,在什么范围内造成损害的,就应当在什么范围内弥补。例如,行为人在微信朋友圈内辱骂他人,则需要在该微信朋友圈内赔礼道歉以消除影响,在某个群体之中散播谣言的则应当在群体之中进行辟谣。相反,行为人在一个小城的范围内散布谣言诋毁人格权人名誉的,不必在省级媒体或者国家级媒体上进行公开道歉。其次,消除影响等方式也应当根据侵权行为的具体情况予以确定。例如,通过网络侵犯他人的名誉权,则可以通过通知网络运营商删除侵权言论的方式来消除影响,而通过口头表述的方式在一定范围内侵犯他人的名誉权,则可以通过向他人进行解释的方式来消除影响。

(三) 动态系统论在赔偿范围确定过程中的运用

虽然对"全有全无"的突破并非动态系统论所独创,但是,既有的方案主要是从损害赔偿的数额方面进行突破,即一方面承认责任的成立,另一方面限缩赔偿的范围。① 法官在适用法律时,由于只能作出责任成立与否的结论,因此,在其认为全有或全无将导致不正义时,很有可能会不自觉地在赔偿数额上进行"找补"。但是这种"找补"却往往不会见诸判决之内,与法官心证的公开相悖。相较于此种情形,如果采纳动态系统论,裁判者就可以在判决中说明其认为成立的责任范围,将其推理显示于裁判之中,而无须通过不公开的"找补"寻求公正的处理方式。

精神损害赔偿的数额确定一直是司法实践中的难点所在,其主要原因在于,一方面,精神损害赔偿的性质决定了其无法准确地通过计算的方式予以确定;另一方面,精神损害具有高度的主观特性,建立统一的精神赔偿标准十分具有难度。正是以上原因,为精神损害赔偿的确定采纳动态系统论提供了土壤。《精神损害赔偿的司法解释》第10条通过列举诸多精神损害赔偿数额判断的因素,为破解上述难题提供了有效的依据。通过动态系统论的运用,法官不再缺乏据以判断的标准,而且明确规定考量因素,既充分考虑到了案情的区别,又尽可能地予以划定,这也在一定程度上缓解了精神损害赔偿标准统一的难题。因此,精神损害赔偿数额不再是僵化的统一标准,而是动态的浮动体系。而且,此种浮动的范围是可控的,法官也需要就此种浮动负担说理的义务。

---

① 参见〔奥〕海尔穆特·库齐奥:《动态系统论导论》,张玉东译,载《甘肃政法学院学报》2013年第4期。

(四) 法官的论证义务和类型化整理

裁判说理义务是法官独立行使审判权的应有之义。在我国司法改革中,要突出法官的办案主体地位,让审理者裁判、由裁判者负责。但是,在依法保障法官独立行使审判权之后,就应当强化裁判文书的说理,法官应当将裁判文书说理作为其应尽的义务,也就是说,法官要依法独立行使审判权,其就应当充分尽到说理的义务,二者应当是不可分离的。因为只有强化裁判文书说理,才能有效规范法官独立审判权的行使,如果不科以法官尽到裁判说理的义务,法官的独立审判权可能异化为法官的恣意,司法公正也难以实现。在人格权编采纳动态系统论以后,更进一步强化了法官的论证说理义务。这就是说,整个动态系统论的运用,本身是一个法官的自由心证过程,更应当是一个说理论证过程,法官应当阐明其是如何考虑法定的因素,这些因素是否成立,对这些因素是如何综合考量的,是否采纳比例原则;对于特定责任形式的采取,是否考虑了受害人的职业、影响范围、过错程度,以及行为的目的、方式、后果等多种因素;等等。这些说理论证越充分,则责任及其责任范围的确定就越合理。动态系统论要求法官合理论证其判断产生的过程和影响其判断的因素,从而促进了裁判的公正。法官通过考虑立法中划定的考量因素,结合具体个案案情予以论证说理,有助于避免法官过分的恣意,因为其要考虑立法中划定的考量因素,且法官可以结合具体个案予以更为灵活的判断,同时,法官的论证说理有助于在考虑因素的规范基础上,通过论证说理形成"重叠共识",此种共识能够保障法律的确定性。换言之,动态系统论并非仅考虑个案灵活性而不考虑法律的确定性,只不过其是通过共识的形成保障确定性,其中的关键就是法官要予以论证说理。

通过法官的论证说理,在形成共识时,要对这些共识进行整理,从而在动态系统的基础上形成不同的案例类型,这些类型化的整理有助于减轻法官的论证负担。因此,法官在立法动态系统划定的因素基础上进行论证,进而形成类型化整理,类型化整理又部分减轻了法官的论证负担。由此,动态系统论以法官的论证义务为中介,实现确定性和灵活性之间的有机而非固化的平衡。

结　语

人格权编在立法上引入动态系统论,是一种十分有益的立法尝试,符合人格权保护的基本特性,也有利于协调人格利益与其他价值的冲突,强化人格权的保护。但是,"徒法不足以自行",人格权编中关于动态系统论的相关规定能否真正引导法官准确认定侵害人格权的责任以及责任范围,还有待法官准确理解和把握。尤其是,避免动态系统所实现的灵活性在司法实践中退化为完全的恣意,将"法治中不得已的人治"限制在法秩序的整体范围内,这有待通过司法解释以及指导性案例的方式,将动态系统论中各种因素以及其相互之间的互补关系进行类型化的处理。以此明确因素的互补关系,明确何种因素在达到什么程度的情况下可以弥补其他何种程度的因素,等等,这些工作均需要通过司法实务加以完成。动态系统论作为一种全新的尝试,也成为人格权编给法学界和司法实务界留下的作业,我们寄希望于今后的法学界和司法实务界在摸索中不断完善,真正实现动态系统论的价值。

和而不同:隐私权与个人信息的规则界分和适用[*]

一、问题的提出:隐私权与个人信息的重合

通过比较两大法系的经验可以看出,隐私和个人信息之间的界限一直未能得到准确区分。例如,基于美国法的大隐私的概念,个人信息被纳入隐私权保护的范畴。而在德国,个人信息权得到最早承认。德国《联邦数据保护法》第1条第1款规定:"本法制定的目的是保护个人隐私权使其不因个人资料的处理而受到侵害。"在司法实践中,德国联邦宪法法院也将"信息自决权"作为隐私权的内容。[①] 而德国宪法法院实则以信息自决权代替了隐私领域权(Recht auf Privatsphäre)。[②] 以德国法为代表的欧盟法建构了独立的个人信息保护法体系,GDPR 就是迄今为止在全球范围内对个人信息保护层次最高、最全面的法律制度,其中包括了对隐私的保护。对比来看,GDPR 规定的敏感信息也属于美国法中隐私权保护的内容。同样,日本2003年通过的《个人信息保护法》将个人信息资料视为个人隐私的一部分加以保护。可见,在现有的诸多立法中,个人信息与隐私之间的界限并不清晰,如何妥当处理两者之间的关系也仍然是尚未解决的问题。

在我国《民法典》编纂过程中,有关隐私和个人信息都应当视为人格权益,并受到保护这一点上,理论界和实务界没有争议,但对两者如何界分,是否需要分别保护的问题,一直存在争议。《民法典》对这些争议予以一定程度的回应,它虽然将隐私与个人信息都置于人格权编第六章,但实

---

[*] 原载《法学评论》2021年第2期。

[①] See Margaret C. Jasper, Privacy and the Internet: Your Expectations and Rights Under the Law, Oxford University Press, 2009, p. 52.

[②] Vgl. Kube, Hanno, Persönlichkeitsrecht, in: Isensee/Kirchhof, Handbuch des Staatsrechts des Bundesrepublik Deutschland, Bd. 7, Freiheitsrecht, Heidelberg 2009, § 148, Rn. 43 f.

则对两者作出了明确界分。《民法典》第 1032 条、第 1033 条规定了隐私的概念和侵害隐私的具体形态,第 1034 条至第 1038 条对个人信息的保护作出了较为完整的规定。不过,仔细推敲前述规定,可以看出,第 1032 条在对隐私进行定义时,将不愿为他人知晓的私密信息定义为隐私,而私密信息本身作为个人信息的组成部分,其和第 1034 条所规定的个人的生物识别信息、健康信息、行踪信息等形成了交叉和重叠。从《民法典》的上述规则来看,我国的隐私和个人信息存在重合,因此《民法典》适用的一项重要任务,就是在准确厘定隐私和个人信息关系的基础上,对它们加以准确而全面的保护。

隐私权与个人信息之所以未完全得以界分,存在相当程度上的重合,原因主要在于:

第一,隐私权与个人信息都属于人格权益的范畴,我国《民法典》之所以将隐私权与个人信息置于同一章规定,就是考虑到了其天然的联系。在《民法典》颁布之前,我国司法实践对于这两者一直存在交叉混用的情况。例如,在廖萍诉曾军隐私权案中①,被告通过非法手段获得了原告银行账户的资金往来信息,并将其在董事会上公布。法院认为"(未经本人许可)取得私人信息的单位、个人必须得到法律的许可,即有法律赋予的相应权力,而且获取手段、途径亦应符合法律规定",但在本案中被告无法出示其合法获得原告个人账户信息的相关证据,因此"(在没有本人许可的情况下)没有合法授权、合法手段与途径而取得私人信息,没有合法理由即将该私人信息予以公开的行为,侵犯了权利人的隐私权"。从该案中不难发现,在司法实践中,有的法院曾经将个人信息纳入隐私权的保护范围,采取隐私权的保护方法为个人信息的权利人提供救济。② 但是在另一些案例中,法院则将隐私作为个人信息对待。③

第二,两者的客体本身具有重合性,在外延上往往存在交叉,这尤其体现在私密的隐私信息与个人信息可能存在高度重合。例如,个人的银行账户④、

---

① 参见北京市海淀区人民法院(2009)海民初字第 11219 号民事判决书。
② 参见冒某军诉中国电信集团黄页信息有限公司南通分公司等隐私权纠纷案,载最高人民法院中国应用法学研究所编:《人民法院案例选》(2011 年第 4 辑),人民法院出版社 2011 年版,第 42 页。
③ 参见江苏省淮安市中级人民法院(原江苏省淮阴市中级人民法院)(2019)苏 08 民终 3198 号民事判决书;浙江省杭州市中级人民法院(2014)浙杭民终字第 975 号民事判决书等。
④ 参见江苏省淮安市中级人民法院(原江苏省淮阴市中级人民法院)(2019)苏 08 民终 3198 号民事判决书;浙江省杭州市中级人民法院(2014)浙杭民终字第 975 号民事判决书等。

房屋家庭住址、身体私密信息①、健康信息②等既是个人敏感信息,也是个人的私密隐私。这些私密信息都有可能受到隐私的保护。

第三,隐私权与个人信息在侵害形式上虽有区别,但都包括非法收集、转让、泄露等形式。特别是随着互联网、数据库、云计算等高新技术的发展,个人信息的保护成为现代社会所面临的新挑战,而法律还未对此挑战做好充足的应对。实际上,信息科技所引发的个人信息保护问题,主要还是最近一二十年信息科技变革所引发的问题,相关的学术理论认知和制度建构都还处于不断探索的阶段。这对任何一个法域来说,都没有成熟的现成答案,以至于个人信息只能按照隐私保护的规范加以保护,并在逐渐成熟后建构独立的保护体系,这就导致了个人信息的保护在现阶段难以与隐私保护作出清晰界分。

第四,隐私权与个人信息还存在功能上的交互性。个人信息的保护范围可大体界定为与公民个体的独立意志和交互行为的独立自主具有密切联系的信息。个人信息发挥自身作用的空间主要是信息主体与外界的交互过程,信息主体的权益在于依循自身的意愿对个人信息进行合理的利用,以充分实现信息权利人的意志和利益。③ 隐私主要保护个人的私密信息不受他人的打扰与干涉,是对个人私生活安宁的维护。但隐私在某些特定场景下同样具有信息的交互性。例如,患者就医过程中,必须将自己的身体和健康信息对医生进行说明,以实现诊疗的目的。因此,个人信息和隐私都具有信息的交互性,只是二者的交互范围并不相同。就私密信息与个人信息的关系而言,个人信息能够实现的交互范围更大,而私密信息则是在某些特定的场景中实现信息交互。

上述原因的共同作用导致了个人信息与隐私权在界分上的难题,但如果不对二者进行界分,就无法实现对二者不同程度的保护。因此,在全面贯彻实施《民法典》过程中,有必要在准确厘清个人信息与隐私权的基础上,确立对二者适用不同的保护规则。

---

① 参见深圳市宝安区人民法院(2010)深宝法民一初字第 244 号民事判决书。
② 参见北京市西城区人民法院(2013)西民初字第 08478 号民事判决书;重庆市黔江区人民法院(2008)黔法民初字第 284 号民事判决书。
③ 参见廖宇羿:《我国个人信息保护范围界定——兼论个人信息与个人隐私的区分》,载《社会科学研究》2016 年第 2 期。

二、隐私与个人信息的规则界分

从制度发展角度来看,隐私权概念产生的时间远远先于个人信息。隐私权概念始于 19 世纪末期。1890 年两位美国学者 Samuel D. Warren 与 Louis D. Brandeis 在他们所著的《论隐私权》一文中,提出了隐私权的概念,并认为人们应有"远离世事纷扰""个人独处"的权利(the right of the individual to be let alone),以应对电气时代中的新闻出版商、摄影者以及其他人对个人私生活安宁的打扰。① 如果再进行追溯,会发现隐私权的法理基础可追溯至古代的罗马法、希腊法甚至盎格鲁-撒克逊普通法。受时代和观念的制约,当时隐私权的侵害方式通常是披露、刺探等行为方式,而不是采用数据收集、泄露等技术手段,由此对隐私信息的侵害通常具有特定性,有明确的侵害对象。

相较隐私权而言,个人信息权益则是在信息时代中涌现的新型人格权益,个人信息保护是 20 世纪 60 至 70 年代在欧洲产生的,其产生的背景首先是广大民众对政府大规模收集信息,担心信息被泄露而产生的质疑,需要通过法律制度对个人信息加以保护从而应对信息泄露的可能。为了缓解民众的这种担忧,法学界提出了个人信息保护这一概念,以便国家在利用个人信息的同时,保护民众的个人信息权益不为国家公权力所侵害。② 随后这种保护的范围逐渐从公法领域向私法领域扩展,直到现在成为了具有社会普遍适用性的制度。从时代需求来看,此种权益的产生主要是法律为了应对互联网的发展以及电子信息技术、数据技术、计算机技术、人工智能技术等尖端科技发展所带来的负面影响,以及大数据的发展对个人信息的收集与分析处理引发的各种问题。因此,法律对个人信息权益的规范面临着更为多元化的利益冲突,相对于隐私而言,个人信息仍然属于一种崭新的权益类型。

我国自《民法通则》开始,就构建了人格权益保护制度。虽然《民法通则》中没有明文对隐私提供保护,但针对实践中出现的大量有关隐私保护的纠纷,最高人民法院通过司法解释的方式将隐私纳入名誉权的保护

---

① See Samuel D. Warren and Louis D. Brandeis, The Right to Privacy, Harvard Law Review, Vol. 4:5, 1890, pp. 193-206.
② Vgl. Hans Peter Bull, Datenschutz oder Die Angst vor dem Computer, München, 1984, S. 75.

范围,直至 2009 年的《侵权责任法》明确规定了对隐私权的保护。与此同时,我国相关的特别法律也已经出现了对个人信息进行保护的具体规范,比如,全国人民代表大会常务委员会《关于加强网络信息保护的决定》是关于保护个人电子信息的相关规定,《居民身份证法》是关于个人身份信息的特别规定,《律师法》规定了律师对其在执业活动中掌握的当事人信息负有保密义务等。由此可见,在《民法典》颁布之前,我国法律已经将隐私和个人信息作为两种不同的人格权益进行了区分,但对于二者界分的标准并未明确。《民法典》在制定中总结了现行立法和司法实践的经验,在人格权编中单设第六章规定了隐私权和个人信息保护,将这两种人格权益合并在一章中进行规定本身就表明了二者之间具有内在的联系,很难截然分开,但同时《民法典》又将二者作为不同的权益类型进行规定,这就说明二者之间也存在着一定的区别。《民法典》明确区别了隐私和个人信息,分别设定了不同规则,主要原因在于:

第一,权利性质不同。隐私权主要是一种精神性的人格权,虽然可以被利用,但其财产价值并非十分突出。而个人信息权益在性质上属于一种综合性的权益,同时包含精神利益和财产利益,而且对其的利用和保护应当并重。另外,就形态载体而言,个人信息通常是被记载或以数字化形式表现出来的信息①;而隐私则不局限于以信息呈现的形态,如《民法典》所述,隐私还可以是私密的空间、活动或私人生活安宁。作为隐私权之客体的私密信息,除具备"隐"与"私"两大内涵之外,还包含"不愿为他人知晓"的主观要件,因此,只有非法披露不愿为他人知晓的私密才构成侵害隐私。②

第二,权利内容不同。隐私权主要是一种被动性的人格权,其内容主要包括维护个人的私生活安宁、个人私密不被公开、个人私生活自主决定等。故而,隐私权制度的重心在于防范个人的秘密不被披露,而不在于保护这种秘密的控制与利用,因此权利人通常只有在隐私遭受侵害时才能提出主张。与此不同,个人信息权益是一种主动性人格权,主要是指对个人信息的支配和自主决定,权利人除被动防御第三人的侵害之外,还可以对其进行排他地、积极地、能动地控制和利用。

第三,权利保护强度不同。我国《民法典》和其他法律在权益保护上没有明确的限制,但是在涉及隐私和个人信息保护时,《民法典》的规

---

① See Philip Coppel, Information Rights, Sweet & Maxwell, 2004, p. 257.
② See Richard B. Parker, A Definition of Privacy, Rutgers Law Review, 1974, p. 279.

定是有区别的。如第1033条在规定侵害隐私权的免责事由时,要求必须经过"权利人明确同意";但第1038条关于个人信息处理的免责事由里,则要求须经自然人或者其监护人"同意",没有"明确"两个字。这并非立法的疏漏,而是立法者经过反复研究的结果。加上"明确"二字,表明对隐私信息的收集必须是明示同意的,不能采用默示同意的方法,而对个人信息的收集,不一定必须取得权利人的明示的同意,默示的同意也可以。

第四,侵害方式不同。《民法典》第1033条详细列举了侵害隐私权的各种方式。此种列举是和第1032条关于隐私的内涵相对应的,即针对私生活安宁、私密空间、私密活动、私密信息四种类型分别规定了不同的侵害模式。归纳而言,其基本包括了两种类型,一是非法披露他人不愿为他人知晓的隐私,二是采用非法披露以外的其他侵害方式,如非法拍摄、私闯民宅、非法窥视、非法窃听等。但《民法典》关于个人信息的侵害方式主要体现为未经许可非法处理他人个人信息,以及因过错导致个人信息的泄露、篡改和丢失。在现实中,侵害个人信息主要表现为非法搜集、非法利用、非法存储、非法加工或非法倒卖个人信息等行为形态。可以说,个人信息的规模化收集和利用、个人信息的跨境流动、将个人信息用于个性化的广告推荐,等等,都是隐私保护场景中未曾面临的问题。

第五,保护方式不同。通常来说,隐私权更多的是一种不受他人侵害的消极防御权利,即权利人在受到侵害时可基于《民法典》第995条的规定,行使人格权请求权,要求停止侵害、排除妨碍等,并可基于侵权责任编的规则请求损害赔偿。在侵害隐私权的情况下,可以采用精神损害赔偿的方式加以救济。而个人信息权益的保护则包含要求更新、更正等救济方式。但对个人信息的保护,是否可以适用《民法典》第995条关于人格权请求权的规定则存在争议,因为该条的适用前提是"人格权"的表述,由于个人信息在性质上并不属于一项权利,因此难以为"人格权"的表述涵盖,笔者认为,可以考虑采用目的性扩张的方式将该条的规则适用于个人信息的保护之中。除采用精神损害赔偿的方式外,也可以采用财产救济的方法。由于个人信息可以进行商业化利用,因而在侵害个人信息权益的情况下,也有可能造成权利人财产利益的损失,从而有必要采取财产损害赔偿的方法对受害人进行救济。[①] 有时,即便受害人难以证明自己所遭

---

① 参见刘德良:《个人信息的财产权保护》,载《法学研究》2007年第3期;郭明龙:《论个人信息之商品化》,载《法学论坛》2012年第6期。

受的损失,也可以根据"所获利益视为损失"的规则,通过证明行为人所获得的利益,对受害人所遭受的损害进行推定,从而确定损害赔偿的数额。①

第六,是否需要证明损害不同。侵害不同类型的隐私要求满足不同的侵权要件,但侵害隐私权并不必然要求受害人必须证明有损害的发生。如非法跟踪、非法窥探,只要证明行为人实施了该行为,且没有法定免责事由(如不是出于公共利益需要等),行为人就应当承担责任。但是对个人信息的侵害,究竟如何承担证明责任,是一个难题。通常认为,受害人应当证明实际损害的发生,无论是财产的损害还是精神的损害,都应该伴随着有损害发生的证明。

第七,对隐私的保护主要借助民法的方法保护,而对个人信息的保护则要考虑综合治理的问题,仅仅依靠民法对其进行保护是不完全的,还应当结合行政法等公法的相关规定来判断。隐私本身为个人私领域的体现,原则上不涉及大规模流转与共享,因此法律上要通过民事的手段为其提供必要的保护而并无必要通过行政的手段对其进行专门的管理。与此不同,个人信息可以进行大规模的流转与共享,甚至是跨境流动,它还涉及社会管理的问题,除民法之外还需要有特别法进行单独规定。可以说,个人信息保护涉及多种价值之间的协调,多种手段之间的运用,以及各种复杂的内部区分,所以需要突破传统的部门法界限,综合运用多种法律手段,整体性、系统性地进行规范。这也意味着,个人信息保护的法律制度体系需要在传统的民事救济框架基础上进行特别立法,需要在民法确立了私权确认体系的基础上,探索和发展出一套切实有效的保护机制,包括公共监管与私权损害救济双管齐下的综合治理体系。即便在民事救济领域内,救济的手段和工具也可以有所创新,例如,借鉴和引入我国在消费者权益保护法领域内已经有较为丰富经验的惩罚性赔偿制度。总之,需要建构一套有助于实现个人信息保护目标的综合治理方案。

正是因为隐私与个人信息之间存在诸多区别,所以我国《民法典》设计出两套不同的规则,分别适用于隐私与个人信息的保护,此种界分很大程度上是要解决两者重合的矛盾,从而正确处理有关隐私和个人信息的

---

① 但此种观点被很多司法判决所拒绝,参见云南省昆明市中级人民法院(2001)昆民初字第 29 号民事判决书。在本案中被告非法使用原告的肖像,原告主张以被告营业额的一定比例为财产损害的计算依据。法院拒绝被告此项诉请,认为"该数额并非杨顺英直接或间接的经济损失。一方面企业未与肖像权人约定以上利益分配方式,另一方面因肖像使用给企业带来的利润如何作为肖像权人损失原告未向法庭举证"。类似还有北京市朝阳区人民法院(1999)朝民初字第 4247 号民事判决书。

纠纷。

三、隐私权与个人信息的规则适用

(一) 隐私权规则的优先适用

前文指出,家庭住址、个人的银行存款、健康信息等体现了隐私和个人信息的重合,当它们受到侵害时,究竟应该适用隐私的保护规则,还是适用个人信息的保护规则,是突出的问题。对此,《民法典》第1034条第3款规定:"个人信息中的私密信息,适用有关隐私权的规定;没有规定的,适用有关个人信息保护的规定。"据此,应先适用隐私的保护,然后再适用个人信息的保护。之所以确立这样的适用规则,主要基于两个原因:权利不得减损原则和人格尊严高于私法自治的保护原则。

1. 权利不得减损原则

隐私权以保护个人远离他人的侵扰为核心,因而作为一种法律上的权利要受到绝对的保护。而个人信息虽然也关系到私主体的人格利益,但是其也可能成为公共利益的承载者,因而对个人信息的保护往往需要在利益的平衡中进行,其作为一种法律保护的利益,不能像隐私权一样受到绝对的保护。在《民法典》的编纂过程中,"隐私"和"个人信息"之后是否需要加上"权"字,是一个争议很大的问题。《民法典》采取了"隐私权"和"个人信息保护"的表达方式。这说明隐私权是一项独立的人格权,而个人信息后面没有"权"字,说明个人信息只是一项人格权益,并不是一项独立的权利。在法律保护上,对权利的保护程度应该高于权益。德国法就严格区分了权利的保护和权益的保护。对权利的保护,通常按照一般的侵权规则来进行,但是对利益的保护是有限制的,以防止利益保护过于宽泛,而影响他人的行为自由。[①] 例如,德国法在追究侵害民事权益的加害人责任时,通常还要求满足一定的主观要件,如只有在故意或重大过失的情形下,才能追究加害人的责任;或者用是否违反善良风俗等标准限制对加害人的追责。[②] 这实际提出了权利不得减损原则,即法律不应当减损一般主体对于权利的保护要求,只有这样,才能实现对权利主体的完全保护,可谓是法律最基础的要求。与此相应,隐私权的保护程度高

---

① Vgl. MüKoBGB/Wagner, §823 Rn. 302 f.
② Vgl. MüKoBGB/Wagner, §826 Rn. 2 f.

于个人信息的保护程度,在它们二者重合时,应优先适用隐私权保护规则,实现更高程度的保护。

2. 人格尊严高于私法自治的保护原则

两大法系普遍接受的观念是,隐私体现的是一种人格尊严,但个人信息体现的是个人对自己信息的自决权,所以个人信息的各项规则都是建立在"信息自决"的基础上的,彰显的是私法自治。从法律保护价值导向来看,对人格尊严的保护要高于私法自治,此即人格尊严高于私法自治的保护原则。

沃伦和布兰代斯在1890年的论文中提出,隐私是人类价值的缩影①,它更强调人格尊严。美国学者惠特曼认为,除法律明确规定和权利人明确同意外,整个欧洲的隐私概念都是奠基于人格尊严之上的,隐私既是人格尊严的具体展开,也是以维护人格尊严为目的的。② 故而,隐私权是抵挡"贬损个人认定的行为"或"对人格尊严的侮辱"的权利。③ 在此意义上看,隐私权存在的基础是个人人格的尊严,其实际上彰显了个人人格尊严。④ 换言之,隐私体现了个人的人格尊严,其不受侵犯是人格尊严的重要体现。尊重个人隐私,实际上也是尊重个人的人格尊严,尊重人格尊严,就要尊重个人的私生活安宁,使个人对自身及其私人空间享有充分的支配,并排除他人的干涉和妨碍。在此基础上,人们相互之间才能尊重彼此的私生活。特别是与身体有关的私生活隐私,都与个人的人格尊严相联系,如果暴露这些隐私,将严重损害个人人格尊严。

个人信息也常常被称为"信息自决权",早在1971年德国学者Wilhelm Steinmüller和Bernd Lutterbeck便提出了个人信息保护对于人格自由发展的重要性,随后,1976年Christoph Mallmann第一次提出了"信息自决"的概念。⑤ 1983年,德国宪法法院的人口普查法案判决将个人信息权

---

① 参见〔美〕托克音顿、〔美〕艾伦:《美国隐私法:学说、判例与立法》,冯建妹等编译,中国民主法制出版社2004年版,第17页。

② See James Q. Whitman, The Two Western Cultures of Privacy: Dignity Versus Liberty, The Yale Law Journal, Vol. 113, 2004.

③ See Edward J. Bloustein, Privacy as an Aspect of Human Dignity: An Answer to Dean Prosser, 39 N.Y.U.L.Rev., 1964, pp. 962, 971, 974.

④ See Edward J. Bloustein, Privacy as an Aspect of Human Dignity: An Answer to Dean Prosser, 39 N.Y.U.L.Rev., 1964, p. 34; Judith Jarvis Thomson, The Right to Privacy, Philosophy and Public Affairs, Vol. 4:4, 1975, pp. 295–314.

⑤ Vgl. Christoph Mallmann, Datenschutz in Verwaltungs-Informationssystemen, München, 1976, S. 56.

称为"资讯自决权"(Recht auf informationelle Selbstbestimmung),在该判决之后,不少德国学者将资讯自决权归结为一般人格权的具体内容。①② 在德国法的语境中,该权利是指"个人依照法律控制自己的个人信息,并决定是否被收集和利用的权利"③。依据德国联邦宪法法院的观点,这一权利是所谓的"基本权利",其产生的基础为一般人格权。④ 在英美法系,个人信息也被称为"信息自决权",以体现对个人自决等人格利益的保护。⑤ 个人信息对流通的要求更高,背后彰显的是个人自决的价值取向,在本质上是私法自治的体现。

  隐私虽然也是一般人格权的具体内容之一,但其体现了人格尊严,而人格尊严是不能随意放弃的,否则,个人在自治过程中会不理性地放弃或者减损人之所以为人的个人人格尊严,个人的一些核心隐私信息等将可能脱离个人的控制,如此将对个人人格尊严造成重大影响。与此不同,个人信息主要体现了私人自治,即个人对个人信息享有自主决定权。众所周知,正是因为个人信息的权利是属于权利人的,即便数据开发者经过权利人同意对个人信息进行了搜集、开发,但在其将数据与他人共享之前,还得经过当事人的许可和授权。通过保护个人信息不受信息数据处理等技术的侵害,就可以发挥保护个人人格尊严和人格自由的效果。⑥ 对于每个人来说,无论是穷人还是富人、是名人还是普通百姓,都享有对自己信息的自主决定权,任何人不得非法收集、利用和传送该信息。个人信息权益符合人格权的本质特征,因为个人信息与个人人格密不可分,个人信息主要体现的是一个人的各种人格特征。法律保护个人信息,虽然以禁止披露相关信息为其表现形式,但背后突出反映了对个人控制其信息资料的权利或者说个人自主决策的充分尊重。个人信息保护的基础是个人的自决权,权利人同意他人搜集、利用或采取何种利用方式,都是个人

---

  ① Vgl. Amtliche Entscheidungssammlung des Bundesverfassungsgerichts(Official Case Reports of Bundesverfassungsgericht), Federal Law Constitutional Court, 65, 1.
  ② 参见齐爱民:《论个人资料》,载《法学》2003 年第 8 期。
  ③ Gola/Schomerus, Bundesdatenschutzgesetz(BDSG) Kommentar, 11. Aufl., Verlag C.H. Beck, München, 2012, Rn. 9.
  ④ Vgl. BVerfG, Urteil des Ersten Senats vom 15. Dezember 1983, 1 BvR 209/83 u. a.-Volkszählung-, BVerfGE 65, S. 1.
  ⑤ See Margaret C. Jasper, Privacy and the Internet: Your Expectations and Rights under the Law, Oxford University Press, 2009, p. 52.
  ⑥ See Michael Henry ed., International Privacy, Publicity and Personality Laws, Lexis Law Pub., 2001. p. 164.

自决权的具体表现。① 从这个意义上说,法律保护个人信息的宗旨和目的在很大程度上是为了维护个人对个人信息的自主决定,而对于隐私的保护则是以维护个人的人格尊严为目的,个人信息主要涉及私法自治,而个人的人格尊严相较于私法自治则处于更高的位阶。因此,在个人信息与隐私信息发生交叉时,应当优先保护隐私信息。

(二) 个人信息保护的规定对隐私权的适用

《民法典》第 1034 条第 3 款规定:"个人信息中的私密信息,适用有关隐私权的规定;没有规定的,适用有关个人信息保护的规定。"可见,对于隐私权中没有规定的个人私密信息,可以适用个人信息保护的规则。虽然隐私与个人信息之间存在诸多的不同之处,但个人私密信息在本质上仍然属于个人信息,只不过个人信息主体希望使其保持私密状态而已。这也意味着,对于私密信息这类特殊的信息,在隐私权没有具体规定时,应当适用个人信息保护的一般性规则。例如,《民法典》并未就数据企业利用个人隐私信息进行自动化决策(如个性化推送)的问题予以具体规定,但数据企业却有可能利用个人私密信息进行自动化决策。这时就涉及对算法体制的规制问题,甚至可以考虑在具体规则上作特殊安排,并且有必要对自动处理与非自动处理进行区分。如果利用个人信息进行自动化处理的,应当保证此自动化处理的透明度与处理结果本身要公平合理。通过自动化处理以营利性目的向个人进行商业化信息推送的,应当同时提供不具有特定性的个人特征的选项,以充分保障其权利。上述规则,事实上在隐私领域也具有适用的空间。② 但由于隐私权对此没有明确规定,可以适用个人信息保护规则。值得注意的是,《民法典》人格权编对隐私权和个人信息的保护规则只是存在强度上的差异,因此即使是对隐私权适用个人信息保护规则,也可以起到基本的保护和救济作用。

(三) 某些人格权一般保护规则的统一适用

既然在我国《民法典》中隐私权和个人信息都属于人格权益的重要类型,因此,《民法典》人格权编第一章关于人格权保护的一般规则大都可以适用于对这两种人格权益的保护。问题在于,对个人信息这类尚未上升为有名"权利"的民事权益,在关于个人信息的具体规则供给不足时,是否

---

① 参见李震山:《人性尊严与人权保障》,元照出版公司 2001 年版,第 288 页。
② 例如,《个人信息保护法》第 24 条关于个人信息自动化决策的一般性规定,尽管该条主要针对的是个人信息自动化决策,但是其在隐私信息保护上同样具有可适用性。

也能够像隐私权那样适用人格权编中的一般性人格权保护规则? 例如,《民法典》第997条规定:"民事主体有证据证明行为人正在实施或者即将实施侵害其人格权的违法行为,不及时制止将使其合法权益受到难以弥补的损害的,有权依法向人民法院申请采取责令行为人停止有关行为的措施。"该条确立了对于人格权益保护的禁令制度,本条提供的临时禁令救济对象是"人格权",但此处所说的"人格权"是否包括个人信息权益呢? 实际上,这是在人格权编的立法学术研讨中重点讨论的问题,这里到底是采用"人格权"还是"人格权益",应当说反映了立法过程中的一种取向。如果采用前者而不是后者,意味着这里的"人格权"应当从"人格权益"的角度来理解,而不能理解为狭义的"人格权利"。也就是说,个人信息权益是包括在其中的。但笔者认为,本条后半段关于"不及时制止将使其合法权益受到难以弥补的损害的"之规定,也说明本条致力保护的是包括人格权益在内的各种人格权,也包括个人信息权益。

总之,无论是隐私权,还是个人信息权益,在相关具体规则不明确时,除法律明确规定不宜适用某一种权益的规则之外(如《民法典》第993条关于许可使用并没有明确规定隐私),应当统一适用人格权编中的一般性保护规则。

四、个人信息与隐私权区分的立法实现

在现代科技社会,"如何收集、保存、维护、管理、分析、共享正在呈指数级增长的数据是我们必须面对的一个重要挑战。从网络摄像头、博客、天文望远镜到超级计算机的仿真,来自不同渠道的数据以不同的形式如潮水一般向我们涌来"①。大量的信息中又包含许多个人私密信息,这是现代社会法律面临的新课题,需要今后随着社会生活和科技的进一步发展而总结和摸索立法经验,并不断予以完善。个人信息与隐私权在权利内容、权利边界等方面存在一定交叉,不过,就隐私权而言,由于既有的民法学说、司法实践和立法已经将其纳入了保护范围,尤其是《民法典》通过第1032条和第1033条对隐私保护作出了较为全面的规定,《民法典》第1032条确认了隐私权的基本规则,同时将判断隐私的基本标准作了规定;第1033条对隐私侵害行为作了比较系统的类型区

---

① 涂子沛:《大数据:正在到来的数据革命,以及它如何改变政府、商业与我们的生活》,广西师范大学出版社2012年版,第56页。

分和界定;另外人格权编的一般规定中所设立的人格权保护方式,也给隐私权的有效保护和救济提供了具有可操作性的基本规则,这些规定能够比较好地应对当前和未来可能发生的隐私权侵害风险。《民法典》实施后,尽管会出现各类新型的隐私侵害纠纷,但可以在现有的规则体系框架下,通过司法解释、指导性案例等方式对人格权保护方式予以不断丰富和发展。可以说,《民法典》已构建了一个相对比较完善、具有适用弹性的规则框架和体系。

然而,与此相比,信息科技时代所面临的个人信息保护问题,远不限于隐私这一类信息的保护问题,在隐私信息之外还涉及大量非隐私类信息的收集和处理问题,蕴含着难以预知的风险。还要看到,隐私不仅强调对私密信息的保护,还强调对私密空间、私密活动和私生活安宁的维护,这些又是个人信息保护所不包含的。

因此,《民法典》不仅要在概念上区分隐私和个人信息,也要准确区分隐私与个人信息的不同保护规则,而这有待于特别法的进一步制定与完善。截至2020年4月,全球已经有132个国家进行了个人信息保护的立法。① 我国立法机关已于2021年颁布了《个人信息保护法》,建立了系统、全面地保护个人信息的法律制度。

(一) 未来立法应以《民法典》中个人信息与隐私概念的界分为基础

在我国《民法典》中,从概念上来看,隐私权与个人信息权益虽然在外延上存在重合,但是二者的内涵仍然可以予以厘清和界分。依据《民法典》的规定,在未来的立法或司法解释中,主要可以从以下角度区分个人信息与隐私的概念。

首先,个人信息是一种主动性的、能够积极行使利用的权利。其体现为对个人信息的支配和自主决定②;而隐私权则是一种被动性的、消极的排他性权利③,例如《民法典》第993条④规定了对属于个人信息的姓名、名称、肖像等可以许可他人使用,但并不包括隐私。当然,该条采用"等"

---

① 参见 https://unctad.org/page/data-protection-and-privacy-legislation-worldwide,访问日期:2022年9月3日。
② See Adam Carlyle Breckenridge, The Right to Privacy, University of Nebraska Press, 1970, p. 1.
③ 参见王利明:《论个人信息权在人格权法中的地位》,载《苏州大学学报(哲学社会科学版)》2012年第6期。
④ 民事主体可以将自己的姓名、名称、肖像等许可他人使用,但是依照法律规定或者根据其性质不得许可的除外。

的表述,其中是否可包括隐私仍值得探讨。无论如何,隐私不像个人信息那样可以许可他人使用。

其次,隐私权的客体强调"隐"这一属性,表现为个人不愿意公开的私密,且单个私密信息并不必然指向权利主体的身份;而个人信息则强调身份的可识别性,即能够直接或间接,被信息控制人或他人合理利用以识别权利主体身份。① 根据《民法典》第 1034 条第 2 款,个人信息是以电子或者其他方式记录的能够单独或者与其他信息结合识别特定自然人的各种信息,以"可识别性"为核心特征,其包括仅凭该信息本身即可直接锁定某特定自然人的"单独识别性信息"和需结合其他信息方可将某自然人与一切其他人区分开来的"间接识别性信息"。②

再次,从侵害的形态来看,隐私主要包括了非法披露他人不愿为他人知晓的私密信息以及采用非法拍摄、私闯民宅、非法窃听、非法窥视等方式侵害他人的隐私,但一般并不包括非法利用他人的私密信息。而对个人信息而言,其侵害的形态除了非法收集、买卖等,主要强调的是对个人信息的非法利用。

最后,在责任形态上,隐私作为一种精神性人格权,主要适用的是侵害人格权的一般保护方法与精神损害赔偿,而由于个人信息具有可利用性,因此对其侵害,更加注重实际损失的发生与财产损害赔偿。

总之,《民法典》的规定为界分个人信息与隐私提供了基本标准,通过上述的界分,可以将隐私与个人信息进行区分,分别作为适用不同保护规则的前提,并在此基础上设置不同的保护规则。未来我国立法和司法解释仍然应以《民法典》的界分为基本依据,从而完善我国个人信息与隐私的制度。

(二) 个人信息与隐私区别保护的立法实现

隐私作为一项重要的人格权,主要是通过《民法典》人格权编的规则以及相应的司法解释进行保护。而对个人信息而言,由于对此种权益的保护具有公法与私法的双重属性,完全通过私法的保护是不全面的。其

---

① See Regulation(EU) 2018/1725 of the European Parliament and of the Council of 23 October 2018, on the Protection of Natural Persons with Regard to the Processing of Personal Data by the Union Institutions, Bodies, Offices and Agencies and on the Free Movement of Such Data, and Repealing Regulation(EC) No 45/2001 and Decision No 1247/2002/EC.

② 参见王利明等:《中华人民共和国民法典人格权编释义》,中国法制出版社 2020 年版,第 396—398 页。

中涉及公法的管理性规范,需要公法上的协同。民法上的个人信息保护,主要是奠定了其私法地位,而对于其中的公法保护手段,《民法典》并不能予以实现,因而需要通过特别法的立法达成。除此之外,个人信息不同于隐私,需要通过特别立法予以规范和保护之处还在于:

第一,个人信息具有集合性,隐私通常很难具有集合性,其本身是单个主体享有的权益。基于人权保护的原因,许多国家将隐私作为基本人权对待。例如《欧洲人权公约》第8条、《法国民法典》第9条即将隐私作为基本人权对待,禁止对个人隐私进行侵害,故一般不允许将隐私作集合化处理,这也在某种程度上决定了欧洲隐私的立法路径,即不允许对隐私进行大规模处理。而个人信息通常可以集合在一起形成数据,无论是匿名化处理还是非匿名化处理,个人信息都可成为数据。这点就决定了个人信息与大数据的关联非常密切。从全球范围来看,许多法律文件均采用的是个人数据权的表述(right to protection of personal data),且这一术语的使用已基本在欧盟的立法层面中达成了一致。① 隐私一般涉及人格尊严问题,个人信息往往与大数据发生联系。因此,侵犯隐私的形式是多元化的,而个人信息恰恰是在数据应用的前提下才产生个人信息保护的问题。故对于个人信息也要强调数据的流通与共享,因此也会出现对个人信息的匿名化处理,此时会形成纯粹的数据。

第二,个人信息具有可利用性。与数据具有流通价值不同,隐私原则上不能利用,即使实践中已经产生了利用隐私的情况,但利用范围极其狭窄,并且一般也不得违背公序良俗。而对个人信息而言,法律对其的保护与应用是并重的,故在个人信息保护的场合进行利益权衡的空间要大得多。在此意义上隐私权更强调私密性,故隐私权规则对隐私的保护程度要更强。而一般的个人信息可以为他人知晓,但是强调的是不能未经个人信息权利人同意而收集、利用个人信息。《民法典》第993条在人格权的商业化利用上刻意未将隐私权纳入,因此原则上隐私权不得进行商业化利用。

第三,个人信息具有自动处理性。隐私通常不涉及大规模处理的问题,侵犯隐私通常具有个别性。因为对个人信息处理有集合性与自动化

---

① 例如,Article 8(1) of the Charter of Fundamental Rights of the European Union: Everyone has the right to the protection of personal data concerning him or her; 又如,Article 16(1) of the Treaty on the Functioning of the European Union(TFEU): Everyone has the right to the protection of personal data concerning them。

的特点,个人信息的保护还会涉及跨境流动的问题。根据有关国家法律规定,如果个人信息的处理者需要向境外传输个人信息,应当向个人告知境外接收方相关身份信息以及处理方式、处理目的等,以更好地保护个人的合法权益。而隐私权一般不涉及跨境流动与跨境处理的问题,因为隐私权禁止大规模收集,更难以进行大规模处理,如果将隐私进行大规模处理,后果将是不可想象的。现代社会中,为了社会组织的运行与管理现代化,个人信息的大规模收集和自动处理是必须的,而社会的良序运行不以隐私的收集与自动化处理为必要。① 随着现代数字化技术的发展,借助算法等自动化技术处理手段,可以进行各种网络画像、精准画像的推送,这些都是对个人信息的自动化处理的体现。这种个人信息的自动化处理又可能会出现算法歧视、算法黑箱、网络画像的滥用等问题。

第四,个人信息泄露的程序法应对具有特殊性。由于个人信息往往以集合的方式出现,一旦其泄露可能会涉及大规模侵权问题,因而需要特殊的诉讼制度与行政的介入来处理,这也是为防止个人信息的泄露需要行政介入的原因。② 正是由于个人信息具有规模性,所以个人信息的诉讼可能会采取集体诉讼的方式来处理,但集体诉讼仍然是以对个人利益的保护为基础的,集体诉讼旨在解决个人诉讼动因不足的问题。③ 因此,在法律上应当有专门的规则来应对个人信息的特殊管理与保护可能产生的大规模侵权问题,建立相应的集体诉讼规则。

因为个人信息具有集合性,会涉及将某个人的个人信息进行用户画像的问题;因为个人信息具有可利用性,故涉及数据流通的问题;因为个人信息具有规模性,所以要涉及个人信息的行政管理以及特殊诉讼处理的问题;因为个人信息具有自动处理性,所以会涉及对算法体制的规制问题,甚至可以考虑在具体规则上作特殊安排,并且有必要对自动处理与非自动处理进行区分。如果利用个人信息进行自动化处理的,应当保证此自动化处理的透明度与处理结果本身公平合理。通过自动化处理以营利性目的向个人进行商业化信息推送的,应当同时提供不具有特定性的个

---

① Vgl. Alexander Golland, Die „ private" Datenverarbeitung im Internet, ZD 2020, 397 (398).

② 在 GDPR 中就特别规定了为了应对这些问题,公、私主体都需要指派特定的数据保护官。Vgl. Gola/Klug, GS-GVO, §37, Rn. 1.

③ See Steven Shavell, Foundations of Economic Analysis of Law, Harvard University Press, 2004, p. 391.

人特征的选项,以充分保障其权利。① 而隐私在一般情形下不具有上述特点,对其处理一般具有个别性和非自动处理性。故对隐私的保护需要行政介入的程度相较个人信息更小。因为个人信息具有上述特殊性,难以在单一部门法中完全实现,故需要民法与行政法的结合来进行保护,这就产生了《个人信息保护法》,它在本质上属于领域立法。

结　语

从内涵和外延上讲,隐私与个人信息天然具有重合性。但是,这两者具有明显的区别,《民法典》对它们进行了明确的规则界分,这导致隐私权和个人信息保护制度有不同的法律适用规则,并产生不同的法律效果。正确理解隐私权和个人信息的规则界分,并在此基础上准确适用相关规则,对于正确认识隐私权和个人信息制度的内部体系和外部构造,科学地构建个人信息保护法律制度十分必要。

---

① 参见《个人信息保护法》第 24 条。

论侵害人格权禁令的适用[*]

《民法典》第997条规定:"民事主体有证据证明行为人正在实施或者即将实施侵害其人格权的违法行为,不及时制止将使其合法权益受到难以弥补的损害的,有权依法向人民法院申请采取责令行为人停止有关行为的措施。"这就在法律上规定了侵害人格权的禁令制度,开启了人格权保护的新方式。禁令不仅成为权利实现的途径和解决纠纷的手段,而且将成为依法管网、治网的重要形式,并将充分彰显司法的权威性。为准确适用禁令制度,应当明确禁令制度的特点、功能、适用条件、法律效力等问题,同时,司法解释应当对禁令的适用作出必要的规定。

一、侵害人格权禁令的特点

禁令(Injunction),是指申请人为及时制止正在实施或即将实施的侵权行为,或有侵害之虞的行为,在起诉前或诉讼中请求法院作出的禁止或限制被申请人从事某种行为的强制命令。① 禁令制度是各国法律普遍认可的一项制度,我国《民法典》在借鉴国外经验并在总结我国司法实践经验的基础上,对侵害人格权的禁令制度作出了规定,对于及时制止侵害人格权的行为、有效预防侵害人格权损害后果的发生以及强化对人格权的保护等,均具有重要意义。

我国《民法典》规定的侵害人格权的禁令制度通常仅适用于情况紧急的侵害行为。一般认为,禁令适用于现实、紧迫的不法侵害行为,在此情形下,如果不及时采取禁令措施,侵权行为继续进行,就会造成损害的进一步扩大,甚至导致权利人遭受经济损害以外的其他损害(如其他人格利益的损害、商誉的减损等)。禁令制度适用于正在实施或具有侵害之虞的情形。禁令的适用要求必须存在侵害或者可能侵害人格权的情形,从而使得申请人在实体纠纷的审判中具有较高的胜诉几率。因此,《民法典》

---

* 载《人民司法》2020年第28期。
① 参见刘晴辉:《正当程序视野下的诉前禁令制度》,载《清华法学》2008年第4期。

第997条强调禁令必须针对"行为人正在实施或者即将实施侵害其人格权的违法行为",具体而言包括如下几种情形:

第一,适用于人身保护令适用范围以外的侵害人格权的行为。我国《反家庭暴力法》第23条虽然规定了人身安全保护令①,但仅仅适用于人身保护,而禁令是保护所有人格权的重要措施,而不仅仅适用于对人身安全的保护。我国现行立法缺乏关于统一适用人格权保护的禁令制度,是一大缺漏。从实践来看,大量的网络侵权行为迫切需要禁令制度予以遏制,尤其是针对名誉、隐私等侵权行为,如不及时加以制止,损害后果可能会被无限扩大,因此禁令制度的适用必要且可行。在家庭暴力领域有人身保护令,其在性质上属于广义的禁令,但其适用范围有限,对该范围之外的特定行为,则可以颁发禁令。② 例如,针对医闹行为,可以颁发禁令。

第二,适用于行为人正在实施侵害他人人格权的行为。例如,行为人在网上发布相关的侮辱、诽谤他人的信息,侵权行为处于持续状态,可以通过颁发禁令的方式予以制止。再如,行为人已经在网上发布他人的裸照,如果不及时制止,就可能使受害人的名誉、隐私遭受重大损害。

第三,适用于即将实施的侵害他人人格权的行为,也就是有侵害人格权之虞的行为,它是指未来有可能发生侵害人格权的危险,且发生侵害的盖然性较高的行为。例如,杨季康(笔名杨绛)诉中贸圣佳国际拍卖有限公司(以下简称"中贸圣佳公司")、李国强侵害著作权及隐私权纠纷案,就涉及隐私权的保护。该案中,中贸圣佳公司于2013年5月间发布公告称,其将于2013年6月21日公开拍卖杨季康的私人信件,并在拍卖前举行研讨会和预展活动。此后,杨季康提出诉前申请,请求法院颁发禁令。北京市第二中级人民法院审查后,依法于6月3日作出了禁止中贸圣佳公司实施侵害著作权行为的裁定,中贸圣佳公司随后宣布停拍。③ 在该案中,涉及他人隐私的书籍的出版、拍卖等,在出版、拍卖前,权利人可以申请颁发禁令,以保护其隐私权。对此种有侵害他人人格权之虞的行

---

① 《反家庭暴力法》第23条规定:"当事人因遭受家庭暴力或者面临家庭暴力的现实危险,向人民法院申请人身安全保护令的,人民法院应当受理。当事人是无民事行为能力人、限制民事行为能力人,或者因受到强制、威吓等原因无法申请人身安全保护令的,其近亲属、公安机关、妇女联合会、居民委员会、村民委员会、救助管理机构可以代为申请。"

② 参见黄薇主编:《中华人民共和国民法典人格权编解读》,中国法制出版社2020年版,第44页。

③ 参见中国法律年鉴编辑部编辑:《中国法律年鉴(2015年)》,中国法律年鉴社2015年版,第996页。

为的认定,通常需要用社会一般人的观点来判断,但针对不同的侵害行为,也应该有不同的判断标准。按照王泽鉴教授的观点,对于第一次侵害人格权的情形,权利人申请诉前禁令时需要提供充分的证据,而在第一次侵害之后,即可以推定行为人有侵害之虞;同时,在具体判断时也需要区分不同的人格权类型,对生命权、健康权而言,判断存在侵害之虞的标准应当从宽,而对侵害名誉、隐私等权利而言,需要与言论自由等法益的保护相平衡,因此,认定时应当更加审慎。① 此种看法值得赞同。

禁令的效力具有多样性,一般学者认为,禁令的效力具有暂时性,因为禁令主要是一种临时性的措施,即针对侵权人实施的侵权行为,申请法院责令被申请人停止一定行为的紧急措施,因此效力也具有暂时性。但事实上,侵害人格权的禁令的效力具有多样性。在法院颁发禁令以后,如果侵权人没有在法院提起诉讼,则禁令将发生终局效力;如果侵权人不服禁令,在法院提起诉讼,则在终局裁判生效后,禁令即自动失效,而由终局裁判决定当事人权利义务关系。

《民法典》将侵害人格权的禁令规定在人格权编中,而没有规定在侵权责任编中,主要理由在于:一方面,侵权责任法是救济法,是在权利遭受侵害的情形下对受害人所遭受的损害进行救济,在通过侵权责任法对受害人提供救济的情形下,通常需要存在侵权行为,而且造成了实际的损害后果,即便对预防性的责任形式而言,其适用也需要行为人构成侵权。但是,在适用禁令的情况下,权利人并不需要证明行为人构成侵权。另一方面,侵害人格权禁令是人格权编特有的制度,是保护人格权所特有的方法,因此,应当在人格权编中规定。另外,侵权责任法虽然也有预防功能,但就人格权的保护而言,与人格权法相比,侵权责任法的损害预防功能相对较弱,其只能规定事后的救济,无法事先规定相对人的义务,以发挥其预防功能。这恰好是人格权编应当发挥的功能。由此可见,我国《民法典》将侵害人格权的禁令制度规定在人格权编是十分恰当的。

二、侵害人格权禁令制度的功能

在《民法典》中规定独立成编的人格权编,将禁令等制度纳入其中,有利于及时制止侵害人格权的行为,有效预防侵害人格权损害后果的发

---

① 参见王泽鉴:《人格权法:法释义学、比较法、案例研究》,北京大学出版社2013年版,第390页。

生,尤其是及时制止网络侵害行为。在互联网时代,网络侵权层出不穷,网络暴力不断产生,不仅对自然人造成重大损害,甚至会给企业带来灭顶之灾。例如,一些竞争对手恶意污蔑其他企业的声誉和其产品的质量,一条谣言可能使其产品滞销,甚至蒙受巨大损害。如果按照诉讼程序,权利救济的时间将旷日持久,甚至是马拉松式的诉讼,等到最后官司终结,企业可能已经宣告破产了。在网络侵权发生之后,如果任由损害后果蔓延,将使受害人的权益遭受不可估量的损失,因此,对受害人而言,最有效的救济方式是及时制止、停止侵权信息的传播,这也是禁令制度救济功能的重要体现。

禁令不仅具有预防损害的功能,还有救济的功能。一方面,在损害有发生之虞的情形下,禁令制度可以预防损害的实际发生,使受害人免于遭受重大损害。例如,《反家庭暴力法》第四章专门规定了人身安全保护令,规定了在离婚诉讼之前,如果一方有实施家暴的可能,申请人可以请求人身安全保护令,这一人身安全保护令也属于诉前禁令,其功能就在于有效预防可能发生的家庭暴力或骚扰行为。另一方面,即使是在损害已经发生的情况下,颁发禁令也具有防止损害进一步扩大的作用,从而保护受害人免于遭受更大的损害。当权利受到侵害或者威胁时,为了制止损害的发生或者扩大,避免权利人遭受难以弥补的损害,就有必要及时制止行为人的不法侵害行为。[①] 此外,如果禁令颁发错误,则可以被撤销,不会妨碍当事人的表达自由,而且禁令的申请和颁发,以及维持、撤销等,都有一定的程序保障,因此,禁令制度是预防和制止网络侵权最有效的办法,也是一种法治化的管网、治网方法。

《民法典》规定禁令制度,由法院对相关的行为进行司法审查,并及时决定是否颁发禁令,有利于规范禁令申请、发布行为,防止滥用禁令。在《民法典》作出规定以后,相关司法解释宜详细规定禁令适用的条件和程序,以便法院具体适用禁令制度,防止当事人恶意申请禁令,滥用禁令制度。

我国《民法典》总则编和侵权责任编都将停止侵害作为民事责任形式。应当看到,在人格权遭受现实紧迫侵害的情形下,仅通过停止侵害制度无法为权利人提供有效的救济,因为一方面,停止侵害适用于正在发生的侵权,对于尚未发生和已经结束的侵权行为无法适用。而禁令则可以

[①] 参见郭小冬:《民事诉讼侵害阻断制度释义及其必要性分析》,载《法律科学(西北政法大学学报)》2009年第3期。

适用于侵权行为尚未发生的情形。另一方面,停止侵害作为一种侵权责任承担方式,必须是在责任确认之后才可以由法院作出,此时损害后果已经产生,并可能被无限扩大。从这个意义上说,停止侵害是一种事后救济措施,这就有必要在实体结果作出判决之前,通过禁令制度在程序法上给予当事人一种临时的救济措施,以防止损害后果的发生和扩大。此外,停止侵害的适用以诉讼为前提,必须通过诉讼裁判决定,而禁令的适用不一定伴随诉讼,它可能只是一种临时性的措施,效力也可能具有暂时性。可见,禁令制度不同于停止侵害。

三、侵害人格权的禁令性质上属于实体法上的禁令

侵害人格权禁令是人格权请求权发生作用的方式之一,性质上属于实体法上的禁令。也就是说,与程序法所规定的禁令制度不同,侵害人格权禁令的适用与诉讼程序的适用之间并不存在直接关联。

(一) 禁令不同于诉前保全制度

2017年修改的《民事诉讼法》第100条第1款规定:"人民法院对于可能因当事人一方的行为或者其他原因,使判决难以执行或者造成当事人其他损害的案件,根据对方当事人的申请,可以裁定对其财产进行保全、责令其作出一定行为或者禁止其作出一定行为;当事人没有提出申请的,人民法院在必要时也可以裁定采取保全措施。"这就从程序法的角度确立了诉前禁令(诉前行为保全)制度。依据这一制度,法院对于可能因当事人一方的行为或者其他原因,使判决难以执行或者造成当事人其他损害的案件,根据对方当事人的申请,可以裁定对其财产进行保全、责令其作出一定行为或者禁止其作出一定行为。

我国《民事诉讼法》虽然也规定了诉前禁令制度,但在性质上是一种诉前保全制度,显然无法代替《民法典》所规定的侵害人格权的禁令制度,主要理由在于:

第一,在当事人人格权遭受侵害或有可能遭受侵害的紧急情况下,受害人在请求法院颁发诉前禁令时,只能以实体法为依据,而不能以程序法为依据。法院在判断是否具备颁发诉前禁令的条件时,尤其是申请人是否存在胜诉的可能性时,也应当以实体法为依据。

第二,民事诉讼法所规定的诉前禁令制度在性质上是一项程序性规范,而人格权法所规定的诉前禁令制度是人格权效力的体现,这也进一步

明确了程序法上诉前禁令的请求权基础。另外,在法院审理有关人格权侵权案件中,如果当事人针对行为人正在实施或者即将实施侵害其人格权的行为,向人民法院申请颁发禁令,责令行为人停止有关行为,法院很难通过适用程序法规定颁发禁令,而必须依据《民法典》所规定的侵害人格权的禁令制度颁发禁令。

第三,侵害人格权的禁令的适用并不必然伴随普通诉讼程序,这也是其与诉前行为保全的不同之处,在当事人申请诉前行为保全的情形下,如果不在法定期间内提起诉讼或者申请仲裁的,该保全行为将失效;而侵害人格权的禁令颁发后,当事人可以起诉,也可以不起诉。二者之所以存在此种区别,主要是因为二者的功能不同,诉前行为保全的功能在于保障将来的判决或者裁定能够得到有效执行,如果当事人在申请诉前行为保全后不提起诉讼或者申请仲裁,则诉前行为保全的目的将不复存在,相关保全措施也应当失效。而侵害人格权的禁令制度的功能在于对民事主体提供保护措施,如果能够实现对权利人的有效保护,或者权利人不愿意通过诉讼程序解决纠纷,也应当允许,因此,侵害人格权的禁令制度的适用并不当然伴随着普通民事诉讼程序。

正是从这个意义上说,可以将侵害人格权的禁令称为民事禁令,而程序法上的禁令则称为诉前行为保全。①

(二) 禁令不同于先予执行

禁令与先予执行有类似之处。所谓先予执行,是指法院在诉讼作出判决之前,申请人可以请求法院裁定债务人给付一定数额的金钱或其他财物,或者实施或停止某种行为。②《民事诉讼法》第 106 条规定:"人民法院对下列案件,根据当事人的申请,可以裁定先予执行:(一)追索赡养费、扶养费、抚育费、抚恤金、医疗费用的;(二)追索劳动报酬的;(三)因情况紧急需要先予执行的。"该条对先予执行作出了规定,从该条规定来看,与禁令类似,先予执行也适用于情况紧急的情形,但禁令不同于先予执行。二者的区别主要体现为:一是适用范围不同。禁令适用于所有民商事案件,包括侵权案件,而先予执行仅适用于双方具有持续性关系或者有在先合同关系的案件中,在侵权纠纷中无法适用先予执行制度。二是

---

① 有观点认为,我国的行为保全制度与英国的禁制令在效力上、法院是否有必要采取强制执行措施等方面存在明显区别。参见周翠:《行为保全问题研究——对〈民事诉讼法〉第 100—105 条的解释》,载《法律科学(西北政法大学学报)》2015 年第 4 期。

② 参见江伟主编:《民事诉讼法》(第 4 版),中国人民大学出版社 2008 年版,第 244 页。

适用条件不同。先予执行的适用要求双方当事人之间的权利义务关系明确、债务人有履行能力、不先予执行将会给债权人的生产生活造成严重损失的情形,而禁令则是为了制止紧迫的不法侵害行为。三是制度功能不同。先予执行是为了使权利人的权利在判决之前全部或部分地得到实现和满足,而禁令则是为了制止行为人的不法侵害行为。四是制度价值不同。禁令制度作为行为保全制度的一种,其侧重于保全,对案件的实质不产生影响,而先予执行虽然不是对案件实质的最终解决,但其往往预示着庭审的可能结局。①

四、侵害人格权禁令的适用条件

禁令作为一项独立的制度,具有独特的构成要件,不能为其他制度所替代。由于禁令主要适用于时间紧迫、需要及时制止不法行为的情形,法院在颁发禁令时往往无法查明案件事实,这也有可能导致禁令制度的滥用。因此,为了防止禁令制度被不当使用,需要明确禁令的适用条件,并由法院对禁令的适用条件进行必要的审查。依据《民法典》第997条的规定,人格权禁令的适用应当具备如下要件:

第一,行为人正在实施或者即将实施侵害人格权的行为。问题在于,正在实施或者即将实施侵害人格权的行为是否必须构成侵权?申请人是否必须对此进行举证?笔者认为,对正在实施的侵害人格权的行为,申请人尚有可能证明行为人构成侵权,而在行为人有侵害之虞的情形下,申请人则很难证明行为人构成侵权,因为在此情形下,损害后果并未发生,因此是否造成损害以及造成多大的损害难以判断,此时不宜要求申请人证明行为人构成侵权。例如,在美国,法院在审查是否有必要针对侵害专利的行为颁发禁令时,要考虑如果没有禁令提供的保护,权利人将很可能在未来的市场竞争中损失产品销量以及利润,并很难如没有侵权产品存在时那样获得市场中的交易机会;同时,侵权产品的持续存在,还有可能损害专利人的声誉,而此种损害是很难用金钱量化的。② 因此,在适用禁令时,应当区分行为人正在实施或者即将实施侵害人格权的行为。

---

① 参见江伟、肖建国:《民事诉讼中的行为保全初探》(第4版),载《政法论坛》1994年第3期。

② See Rozek, Richard P., Economic Analysis of the Risks Associated with Seeking a Preliminary Injunction, European Journal of Risk Regulation, Vol. 7, Iss. 1, 2016, p. 207.

对将要实施侵害的行为,法院在审查时应当确认是否有证据证明行为人将要实施侵害行为,并有可能造成受害人不可弥补的损失。

第二,如不及时制止将会使损害后果迅速扩大或难以弥补。禁令针对的是正在发生和将要发生的侵害行为,损害常常具有急迫性。也就是说,如果通过正常的诉讼程序维权,由于诉讼耗时等原因,可能导致损害后果的迅速扩大或难以弥补。在互联网时代,网络侵权层出不穷,网络暴力不断产生,这些不仅会对自然人造成重大损害,甚至会给企业带来灭顶之灾。在网络侵权发生之后,如果任由损害后果蔓延,将使受害人的权益遭受不可估量的损失,对受害人而言,最有效的救济方式是及时制止、停止侵权信息的传播,因此,对利用网络侵害人格权而言,一旦发生侵害行为,损害后果会迅速蔓延,很难通过金钱赔偿的方式对受害人进行完全弥补,需要通过禁令及时制止此类侵权。如果损害后果的发生不具有急迫性,或者即便发生,也可以通过其他方式弥补,则应当对此种情形进行严格审查。① 当然,如果损失能够通过金钱方式在事后进行充分赔偿,则不应认为该损失是不可弥补的。② 例如,行为人未经权利人许可擅自利用其肖像,主要损害了权利人的财产利益,可以通过赔偿财产损失的方式对权利人提供救济,此时,一般不宜通过禁令制度解决纠纷。但如果是将某人的裸照用于网上广告,一旦传播,则可能造成受害人严重精神损害,而且该损害难以通过金钱赔偿恢复原状,此时,就有必要通过禁令制度对权利人提供救济。

第三,申请人具有较大的胜诉可能性。这就是说,当权利人提出颁发禁令的请求之后,法院虽然不进行实质审查,但应当对胜诉的可能性进行初步判断,只有当权利人所申请禁止实施的行为确有可能构成侵权,而且将依法承担法律责任时,法院才有必要颁发禁令。如果被申请人的行为是否构成侵权存在较大不确定性,就匆忙颁布禁令,将可能损害正当的言论自由或行为自由,也可能使被申请人遭受难以弥补的损失。③ 特别是当禁令与最终的判决不一致时,更可能损害司法的权威性。因此,在判断是否要颁发禁令时,法院要考虑正在发生或者将要发生的行为的性质、可能

---

① 参见黄薇主编:《中华人民共和国民法典人格权编解读》,中国法制出版社 2020 年版,第 42—43 页。

② See Abbott Labs. v. Andrx Pharms., Inc., 452 F.3d 1331, (Fed. Cir. 2006).

③ See Peter S. Menell et al., Patent Case Management Judicial Guide, Vol. 1, Pretrial Case Management, 3rd ed., Clause 8 Publishing, 2016, pp. 3-8.

导致的后果,以及该行为与他人合法权益以及公共利益的关系等,以最终确定胜诉的可能性。当然,此种胜诉的可能只是一种盖然性的判断,即只有当申请人的胜诉可能性达到一定程度时,法院才能够颁发禁令。

第四,申请人有证据证明行为人正在实施或者即将实施相关侵害行为。从《民法典》第 997 条规定来看,禁令的适用要求"民事主体有证据证明行为人正在实施或者即将实施侵害其人格权的违法行为",这就是说,禁令应当由权利人提出,但权利人提出颁发禁令的请求时,必须提出相关的证据证明已经具备适用禁令的条件。通常来说,权利人必须证明侵害人格权的行为已经发生并将持续发生。所谓"有证据证明",应当达到能够使人相信的程度。① 在此有必要区分侵害人格权的行为是否已经发生,对于正在发生的侵害行为,权利人的举证相对简单,而对侵害尚未发生的情形,则应当适当提高申请人的举证负担,以防止禁令制度的滥用。在这里需要讨论的是证明标准的问题,即申请人提供证据应当达到何种程度才能颁发禁令?笔者认为,应当采纳盖然性的证明标准,即只要当事人证明他人的行为可能造成损害或有损害之虞,则应当认定满足了相应的证明标准,而并不要求必须达到本案诉讼的证明标准,即最高人民法院《关于适用〈中华人民共和国民事诉讼法〉的解释》第 108 条所规定的高度可能性标准。

第五,禁令的适用不要求行为人具有过错。② 例如,行为人在网上散播严重毁损他人名誉的言论,受害人一经发现,即可以申请法院颁发禁令,要求网站予以删除、屏蔽,以防止该行为损害后果的扩大。虽然禁令与停止侵害的作用类似,但是不能将禁令等同于停止侵害的人格权请求权。禁令的适用不需要证明损害已经发生,只需要证明符合禁令的要件即可申请,如行为有侵害之虞。此外,请求法院颁发禁令也不需要证明被申请人具有主观过错,因而,在这一点上禁令也与侵权请求权不同。在互联网和大数据时代,这一救济方式对人格权的保护具有重要意义。此外,禁令的适用可以发生在诉讼开始之前,也就是说,民事主体有证据证明他人正在实施或者即将实施侵害其人格权益的行为,如不及时制止将会使其合法权益受到难以弥补的损害的,可以依法向人民法院申请采取

---

① 参见黄薇主编:《中华人民共和国民法典人格权编解读》,中国法制出版社 2020 年版,第 43 页。

② Vgl. U Kerpen, Das internationale Privatrecht der Persönlichkeitsrechtsverletzungen: Eine Untersuchung auf rechtsvergleichender Grundlage, 2003, S. 26.

责令停止有关行为的措施。因此,禁令制度能够通过将法院强制性命令发出时间点提前而使损害预防更早实现。

此外,禁令的申请程序必须要遵循法律的规定。禁令本身虽然是一种保护措施,但其也有一定的程序保障,权利人必须明确向法院提出申请,且申请的内容必须具体、明确。例如,针对何种行为颁发禁止性的禁令,申请采取的具体措施如封锁、屏蔽、断开链接、删除等。

五、禁令与民事责任形式的并用

如前所述,禁令本身不是民事责任形式,虽然颁发禁令也可能使行为人承担一定的责任,如对行为人发布的信息进行屏蔽、封锁,但禁令只是权利人请求法院颁发禁令,并没有具体确认相关的责任。因此,权利人在申请禁令后,仍然应当有权请求行为人承担民事责任。禁令与民事责任形式的区别主要表现在:

第一,禁令不是民事责任形式,民事责任需要在最终的裁判中确定,而禁令本质上是一种保护措施,而不是民事责任,不需要在最终的裁判中确定。

第二,通常,在申请禁令的情形下,其效力只具有暂时性,可能不具有终局性。除非受害人自己不另行起诉,行为人也不起诉时,禁令的效力才具有终局性。禁令主要是一种临时性的保护措施,即在情况紧急时对权利人提供临时性的救济。而民事责任的承担则是终局性的,由法院裁判作出。

第三,禁令的适用条件也不同于民事责任形式。关于禁令的适用条件,《民法典》第997条规定的是"有证据证明",由于权利人在申请颁发禁令时,其权利的救济具有紧迫性,因此,笔者认为,此处的"有证据证明"仍然不是充分的证据证明,不可能到达民事诉讼中的高度盖然性的要求。权利人在申请颁发禁令时,其可能还没有充足的证据证明行为人构成侵权,行为人是否构成侵权,还有待于法院进一步审查。而民事责任的承担则需要权利人提供足够的证据,必须达到高度盖然性的要求,使法官产生高度确信。

第四,禁令与民事责任的功能也存在差别。禁令只是临时性制止行为人的不法行为,其并不具有填补受害人损害的功能。也就是说,权利人申请禁令之后,虽然及时制止了损害,但权利人已经遭受的损害无法通过禁令填补,在此情况下,应当允许权利人在申请禁令后,另行请求行为人承担侵权责任。

六、侵害人格权禁令的效力

(一) 人格权禁令的直接效力

禁令发出之后,可能会产生如下两种效果:

第一,终局性效果。在人民法院颁发禁令后,对方当事人如果不再继续实施侵害行为,也没有提起诉讼,则禁令将具有终局性的效力。禁令一旦颁发,在到达行为人时即发生效力,行为人应当按照禁令的要求立即停止相关侵权行为。例如,在前述杨季康著作权案中,原告杨季康提出诉前申请,请求法院颁发禁令,北京市第二中级人民法院审查后,依法作出了禁止中贸圣佳公司实施侵害著作权行为的裁定,中贸圣佳公司随后宣布停拍。① 禁令虽然不是法院的终审判决,但其也具有法律效力,在行为人违反禁令要求时,法院可以强制执行。

第二,临时性效果。这主要包括两种情况:一是即使人民法院颁发了禁令,但是对方对该禁令不服,到法院提起诉讼。二是申请人认为不仅要通过禁令制止行为人的侵害行为,而且要请求行为人承担其他责任,如赔偿损失等,此时,申请人向人民法院提起诉讼。在此情形下,在终审判决生效后,禁令也将失效。在上述情形下,禁令只是一种暂时性的措施,其功能在于临时性制止不法行为的发生或者持续,从而防止损害的发生或者扩大。

(二) 禁令的失效

关于禁令效力的存续期间,存在不同的观点。一种观点认为,在诉讼活动开始或者作出新的禁令时,禁令的效力即归于消灭。② 另一种观点认为,在法院的终局裁判生效时,禁令的效力归于消灭。笔者认为,在如下情况下,禁令将失去效力:

第一,法院撤销禁令。人格权禁令的功能在于制止不法侵害行为,其

---

① 参见中国法律年鉴编辑部编辑:《中国法律年鉴(2015年)》,中国法律年鉴社2015年版,第996页。

② 参见毕潇潇、房绍坤:《美国法上临时禁令的适用及借鉴》,载《苏州大学学报(哲学社会科学版)》2017年第2期。

并不具有证明侵权行为成立的效力,因为法院在审查禁令申请时对证据的审查不同于诉讼中对相关证据的审查,因而禁令有可能发生错误,这就需要有一个复议程序,以防止禁令的错误。笔者认为,侵害人格权的禁令也可以适用民事诉讼法的相关规定。法院经审查发现禁令适用错误,应当撤销禁令。禁令被撤销后,当然失效。

第二,终局裁判生效后自动失效。如果在颁发禁令以后,当事人提起诉讼,则禁令应当一直有效,但在法院所作出的终局裁判生效后,人格权禁令应当失去效力。禁令本身并不具有终局裁判的效力,其效力延续到本案判决作出时。禁令与终局裁判的关系表现在如下两个方面:一方面,在终局裁判生效之前,禁令所禁止的行为在法律上是否构成侵权,是否允许实施,是悬而未决的问题,只有通过终局裁判,才能最终确定行为人所实施的行为是否构成侵权。[①] 终局裁判可以改变临时禁令的措施,权利人主张停止侵害,但判决驳回其请求,则临时禁令应当失效。如果禁令的内容与终局裁判不一致,则应当以终局裁判为准。因错误申请造成被申请人损失的,申请人应当承担赔偿责任。也就是说,终局裁判生效后,应当以该终局裁判作为确定当事人权利义务关系的依据,禁令的效力也随即终止。如果行为人不履行该终局裁判,则应当依据该终局裁判追究其法律责任,而不再依据禁令追究其责任。另一方面,禁令的制度价值在于阻止侵权行为造成更大的损害后果,在终局裁判生效之前,如果认定禁令失去效力,则被禁止的行为可能继续实施,这可能导致禁令颁发的目的落空。

(三) 错误申请人格权禁令的法律后果

在临时禁令的有效期内,行为人违反禁令造成申请人损害的,则申请人有权请求行为人赔偿。此种损害赔偿纠纷通常与案件一并审理。错误申请人格权禁令的,申请人也应当承担相应的法律责任。毕竟申请禁令将使行为人停止实施某种行为,可能给其造成一定的损失。例如,在前述杨季康著作权案中,被告已经为拍卖做了大量的准备,并支付了一定的费用,如果法院作出了撤销禁令的裁判,或者在审查中认为颁发禁令的条件不具备,则申请人应当对因此给行为人造成的损害承担责任。在终局裁判生效后,因为禁令所造成的损害,申请人应当承担相应的法律责任,受

[①] 参见毕潇潇、房绍坤:《美国法上临时禁令的适用及借鉴》,载《苏州大学学报(哲学社会科学版)》2017年第2期。

害人可以另诉请求申请人赔偿。

七、司法解释需要解决禁令制度适用中的问题

需要注意的是,比较法上禁令的适用还存在司法审查制度。在英美法中,禁令被视为一种"不寻常的法律救济"①,因此在决定是否适用禁令时,应该从多个维度对禁令可能带来的正负面影响进行综合考量,在适用上保持谨慎态度。② 在我国,也要防止禁令中的自由裁量过大而导致被滥用。所以,为了规范禁令,限制滥用自由裁量权,应对禁令适用中的考量因素进行必要的规范。例如,美国法上适用禁令时,法官在审查时主要考虑如下因素:一是根据事实判断原告胜诉的可能性;二是在颁发禁令之外是否有其他的法律救济手段;三是不颁发禁令是否会导致无法弥补的损害;四是不颁发禁令给原告造成的损失是否会超过被告因禁令可能遭受的损失;五是不颁发禁令是否会危及公共安全。③ 这一经验值得我们借鉴。在司法实践中,法官应综合考量上述因素,平等对待各方主体利益,最终得出最为公平合理的裁决结果。司法审查的关键是进行利益平衡。从申请人的角度看,临时禁令的发出将有利于保护申请人的权利,但从被申请人的角度看,临时禁令是对其行为自由的直接限制,对其造成的影响甚至并不小于申请人。④ 因此,法官在决定是否发出临时禁令时,应对双方的利益进行综合考量,即法官需要权衡不颁发禁令可能给申请人造成的损害与颁发禁令可能给被申请人造成的损害之间哪一个损害更大。例如,如果申请人能够证明不颁发禁令可能给其造成难以弥补的损害,而颁发禁令给行为人造成的损害较小,则法院应当颁发禁令;反之,如果行为人能够证明颁发禁令可能给其造成的损害远大于不颁发禁令给申请人造成的损害,则可以阻止申请人获得禁令。⑤

从总体上看,《民法典》第 997 条的规定仍然过于抽象、原则。例

---

① 参见毕潇潇、房绍坤:《美国法上临时禁令的适用及借鉴》,载《苏州大学学报(哲学社会科学版)》2017 年第 2 期。

② See eBay Inc. v. MercExchange, L. L. C., 547 U.S. 388 (2006).

③ 参见王迁:《知识产权法教程》(第 5 版),中国人民大学出版社 2016 年版,第 13 页。

④ See Peter S. Menell et al., Patent Case Management Judicial Guide, Vol. 1, Pretrial Case Management, 3rd ed., Clause 8 Publishing, 2016, pp. 3–13.

⑤ 参见江伟、肖建国主编:《民事诉讼法》(第 8 版),中国人民大学出版社 2018 年版,第 259 页。

如，侵害人格权禁令适用的条件之一，是"民事主体有证据证明行为人正在实施或者即将实施侵害其人格权的违法行为"，但何为有证据证明？需要证明到何种程度？《民法典》并未作出明确规定，应当由司法解释作出明确规定。如果证明的要求过低，则可能导致侵害人格权禁令的滥用；要求过高，则可能导致禁令难以适用。因此，在司法实践中，运用好禁令制度，司法解释需要解决几个问题：

第一，明确证据要件。从《民法典》第997条规定来看，民事主体"有证据证明"行为人正在实施或者即将实施侵害其人格权的违法行为时，才能申请人民法院颁发禁令。一般而言，对于已经发生的侵害人格权的行为，权利人举证较为容易，对其证明程度的要求也应当更高；而对即将发生但尚未发生的侵害行为，权利人证明较为困难，对权利人举证的要求也应当相对较低。因此，为了保障禁令制度的准确运用，权利人在不同情形下究竟要达到何种证明程度，需要司法解释予以明确，细化证据要求。

第二，明确程序要件。由于禁令是基于紧迫情况而颁发的，不同于法院的终局裁判，禁令的程序保障程度较低，法院往往只是根据申请人的陈述即可颁发禁令，而且由于情况紧急，法院往往只是对当事人的申请进行书面审查，就使得禁令缺乏审判中的质证等程序，这就需要对禁令的适用程序作出规定。通常，禁令应当通过特别程序颁发，关于禁令的期限问题，应当区分不同情形，分别予以认定：如果禁令旨在实施一次性的行为，如删除，则禁令没有期限限制；而如果禁令旨在实施持续性的行为，如封锁、屏蔽等，则应当有一定的期限限制。

第三，明确担保问题。关于民事主体申请人民法院颁发禁令时是否需要提供担保，《民法典》第997条没有作出规定，司法解释应当对此予以明确。笔者认为，应当区分不同情形分别予以确定：对于显而易见的侵权，如行为人在网上发布他人裸照，或者发布侮辱他人的言论等，此时无须申请人提供担保；对于即将实施但尚未实施的侵权行为而言，申请人如果无法提供充足的证据证明行为人即将实施侵权，则应当提供担保；对于行为人正在实施相关行为，但行为是否构成侵权并不确定时，申请人也应当提供担保。

第四，明确申请禁令错误时的法律责任。在禁令申请错误的情形下，人民法院应当采取相关措施，恢复行为人发布的信息等；同时，因颁发禁令造成行为人损害的，申请人应当予以赔偿。

《民法典》人格权编对性骚扰的规制条款的解读*

性骚扰是指以言语、文字、图像、肢体行为等方式,违背他人意愿而实施的以性为取向的、有辱他人尊严的性暗示、性挑逗、性暴力等行为。"性骚扰"一词最初由美国著名女权主义法学家凯瑟琳·麦金农于1974年提出①,此后许多国家都陆续在相关法律中确立了禁止性骚扰的规则。我国实践中也有不少性骚扰现象,但由于缺乏法律规制,以至于法官在裁判中往往无所适从。为了弥补这一缺失,《民法典》第1010条对性骚扰进行了明确规制,这一位于人格权编的条文对引领我国反性骚扰法律规范的建设,具有重大的意义。客观地讲,无论是在何为性骚扰的理解上,还是在如何规制性骚扰的应对上,学理和实务都有不同理解,而《民法典》虽然在人格权编只用第1010条这一个条文规制性骚扰,但其内涵相当丰富,为了深化讨论,也为了正确理解和适用该条规定,笔者拟对此谈一点看法。

一、性骚扰的内涵和特征

正确解决性骚扰争议,准确处理性骚扰纠纷,必须先科学地界定性骚扰的内涵和特征。

由于各国法律是从不同角度出发,并基于不同重心来规制性骚扰行为的,故从比较法上来看,各国法律关于性骚扰内涵的界定并不一致。以美国为例,它主要以职场性骚扰为中心来规制性骚扰,性骚扰的定义也主要围绕职场性骚扰而展开,性骚扰因此常被称为"工作场所性骚扰"(workplace bullying)。美国平等就业机会委员于1980年发布了相关指导规则,其中明确将工作场所性骚扰分为交换性骚扰和敌意性工作环境性骚扰两类基本形态,而美国联邦地方法院和联邦上诉法院分别在1976年

---

* 原载《苏州大学学报(哲学社会科学版)》2020年第4期。
① 参见张新宝、高燕竹:《性骚扰法律规制的主要问题》,载《法学家》2006年第4期。

和 20 世纪 80 年代初,将这两类性骚扰定性为性别歧视。① 应当说,将性骚扰限定为职场性骚扰具有一定的合理性。因为,一方面,法律最初规制性骚扰,主要就是针对职业中的性别歧视,是为了保护在工作中受害的弱者。另一方面,在工作环境中容易形成上下级之间的命令与服从关系,而借助此种关系就很容易发生性骚扰,这是性骚扰大多发生在工作场所中的原因。但要看到,性骚扰并不限于工作场所性骚扰,特别是随着现代社会中人们交往日益密切,更不应当将性骚扰局限为工作场所性骚扰。正是考虑到将性骚扰局限为职场性骚扰过于狭窄,欧洲法就扩张了性骚扰的内涵,将它称为"性方面的骚扰行为"(mobbing, victimization)。②

对比而言,欧洲法的界定更值得赞同,因为它更有利于保护受害人的正当利益。也就是说,只要是违背他人意愿,通过各种方式与对方进行与两性内容相关的交流或接触,严重影响他人内心安宁或者造成其他严重后果的行为,均应当认定为性骚扰。③《民法典》第 1010 条就体现了这种观点,其第 1 款规定:"违背他人意愿,以言语、文字、图像、肢体行为等方式对他人实施性骚扰的,受害人有权依法请求行为人承担民事责任。"显然,它并未把性骚扰限定在工作场所,而是采用开放的态度,把凡是违背他人意愿而对其实施的以性为取向的、有辱其尊严的行为均包括在内,这样更有利于实现保护人格尊严这一根本法律目标。

基于前述对性骚扰内涵的理解,并依据《民法典》第 1010 条第 1 款,可以看出,性骚扰具有如下几个方面的特征:

第一,性骚扰是行为人针对特定受害人的以性为内容的骚扰行为。性骚扰必须和性有关,它不当干涉了受害人的性自主决定自由。而且,该行为针对的是特定人,若与性有关的不当行为针对的是不特定多数人,如在网络直播中爆粗口,这虽然违背了公序良俗,但因受害人不特定,不宜将其认定为性骚扰。

第二,性骚扰是违背受害人意愿的骚扰行为。如果受害人是完全民事行为能力人,是否构成违背其意愿需要根据具体情况判断。在行为人实施性骚扰时,受害人明确表示反对的,该行为显然违背了受害人意愿。

---

① 参见李炳安:《欧盟与美国两性工作平等法制之比较》,载《武汉大学学报(哲学社会科学版)》2004 年第 3 期。

② See Marie-France Hirigoyen, Stalking the Soul: Emotional Abuse and the Erosion of Identity, Helen Marx Books, 2000.

③ 参见王成:《性骚扰行为的司法及私法规制论纲》,载《政治与法律》2007 年第 4 期。

但是,即使受害人当时没有明确表示反对或处于沉默状态,也不能意味着其同意或接受性骚扰,只要其事后表示厌恶、反感、不满等情绪,就意味着该行为是违反受害人意愿的。如果受害人是限制民事行为能力人或者无民事行为能力人的,因为他们的辨识能力有限,即便是在性骚扰行为发生时,受害人没有明确作出反对或者拒绝的意思,也应当认定其有拒绝性骚扰的意愿,即针对这些民事行为能力受限制之人的性骚扰,都被法律视为违反了他们的意愿。

第三,性骚扰是侵害人格权益的骚扰行为。《民法典》第1010条虽然规定在人格权编的第二章"生命权、身体权和健康权",但这并不意味着性骚扰侵害的仅仅是生命权、身体权和健康权,而需要根据具体情形予以认定。因为在现代社会,性骚扰的类型越来越复杂,其所侵害的利益很难被某种具体人格权所涵盖。例如,行为人故意碰撞他人身体敏感部位,在成立性骚扰的同时,也构成对身体权的侵害;如果在大庭广众之下实施该行为,还可能侵害隐私权;如果在实施此种行为之后,行为人故意拍照发到网上,还可能侵害名誉权、肖像权等权利;如果前述行为造成他人的身体损害或者使他人产生心理疾病,还可能侵害健康权。此外,性骚扰还可能侵害他人的人格尊严和人身自由。① 正因此,仅仅认定性骚扰侵害了某一种具体人格权,是很难全面对性骚扰的受害人提供救济的。比较法的经验也表明,性骚扰更多地与受害人的人格尊严,而非仅仅与某种具体人格权存在紧密关联。比如,1990年欧洲议会《关于保护男女工作人员尊严的议会决议》将性骚扰定义为损害他人人格尊严的不受欢迎的性行为或其他以性为目的的行为。又如,《消除对妇女一切形式歧视公约》第19号建议书认为性骚扰的首要特征是不合乎需要、不适当或者冒犯性、损害其尊严的行为。再如,基于欧盟的指令要求,英国2006年制定的《平等法》定义的性骚扰具有故意地或从结果来看侵犯他人尊严的要素。② 故而,针对性骚扰,在某种具体人格权规则不足以对受害人提供全面救济时,应当认定行为人侵害了受害人人格尊严,即侵害了受害人的一般人格权。

---

① 参见王成:《性骚扰行为的司法及私法规制论纲》,载《政治与法律》2007年第4期。
② 就性骚扰的构成要件,英国司法实践中总结出六项基本要素,即(1)原告系被保护群体的一员(男性或女性);(2)原告须受制于以性为基础且不受欢迎的行为;(3)该性骚扰行为必须影响原告的工作条件;(4)上述影响原告工作条件的行为与原告的性别有因果关系;(5)雇主知悉或应知悉该性骚扰行为而未采取立即和适当的救济措施;(6)骚扰次数不限。参见饶志静:《英国反就业性别歧视法律制度研究》,载《环球法律评论》2008年第4期。

第四,性骚扰是性犯罪以外的骚扰行为。以暴力手段违背他人意志实施的与性有关的行为,情节严重的,构成强奸罪、强制猥亵、侮辱罪等性犯罪,尽管它们看上去具有性骚扰的内涵,但由于它们一方面适用刑法的相关规定,另一方面适用民法的相关规定,有一套相对完整的权利保护和法律责任体系,因此,没有必要再通过专门的性骚扰制度来解决。也就是说,性犯罪通常都是性攻击,即以暴力手段或以暴力相威胁、违背他人意志而侵害他人性自主权的行为,而性骚扰通常是指性攻击以外的、有损他人人格尊严的性侵犯行为。① 故而,性骚扰是造成的损害程度较轻,不构成犯罪的骚扰行为。

明晰性骚扰的内涵和特征,有助于正确认识《民法典》人格权编规制性骚扰的重要意义和价值。《民法典》第989条规定,人格权编调整因人格权的享有和保护产生的民事关系,而性骚扰损害了人格尊严,与人格利益直接相关,当然应由人格权编予以调整。更为重要的是,通过人格权编来规制性骚扰,能使受害人明晰自己的人格利益及其保护途径,进而有效保护受害人的合法权益。从实践情况来看,在性骚扰发生的场合,尤其是职场中,有些受害人意识不到性骚扰已经侵害其人格利益,有些受害人面对性骚扰则不知如何抵制和救济。通过明晰性骚扰的内涵和特征,能看出《民法典》人格权编对其加以规制的合理性,也能鼓励受害人在遭受性骚扰之后积极主张权利,抵制性骚扰行为。由于《民法典》尚未实施,我们还无法通过实践情况来验证前述认识,但有学者在观察美国性骚扰司法保护进程后发现,法律的发展的确能唤醒人们对自己合法权益的保障意识②,这在一定程度上能说明前述认识是可靠的。

明晰性骚扰的内涵和特征,有助于准确认定性骚扰行为,避免不当妨碍人们合理的行为自由。权益保护是一种平衡的技术,必须在权利人的权利保护与他人的行为自由之间保持合理的平衡③,对性骚扰的法律规制也不例外,同样要合理平衡受害人的人格尊严和他人的行为自由。虽然《民法典》第1010条明确规制了性骚扰,但未明确界定其内涵和特征,一旦把握不准,该条规定在实践中有可能被误用或滥用,进而会导致利益

---

① 参见国际劳工局编:《拒绝骚扰——亚太地区反对工作场所性骚扰行动》,唐灿等译,湖南大学出版社2003年版,第20页。
② See Holly B. Fechner, Toward an Expanded Conception of Law Reform: Sexual Harassment Law and the Reconstruction of Facts, 23 U. Mich. J.L. Reform 475(1990).
③ 参见〔德〕马克西米利安·福克斯:《侵权行为法》,齐晓琨译,法律出版社2006年版,第4页。

失衡。而且,性骚扰往往与不道德或反文明的观念认识掺杂在一起,如果在法律上不能科学界定其内涵和特征,就容易把道德因素引入其中,从而扩大性骚扰的范围,将一些不应纳入性骚扰范畴的行为认定为性骚扰,这就难以保障人们合理的行为自由。

明晰性骚扰的内涵和特征,有助于法院正确适用法律,依法保护受害人的正当权益。性骚扰通常给受害人造成的损害是精神层面的损害,不能为侵害身体权、健康权等侵权行为所包括,但过去因为缺乏规范,更因为认识不清,法院在司法实践中往往通过身体权、健康权等其他人格权的保护规则来处理和解决性骚扰纠纷,这不仅适用法律不当,也不利于救济受害人。

二、性骚扰认定的构成要件分析

依据《民法典》第1010条第1款,结合学理和实践,笔者认为,性骚扰应当具备如下构成要件。

(一) 必须是和性有关的骚扰行为

性骚扰必须和性有关,如果难以判断某行为是否与性相关,通常就难以认定其构成性骚扰。例如,在杭某诉马某等其他人格权纠纷案中,原告杭某请托被告马某为其子女办理入学事宜,并应被告的要求支付了4万元好处费。在联络中,被告向原告发送了内容暧昧的信息,称原告站在那里是亭亭玉立,坐在那里很丁整的,走起路来飘飘然的。就是不知道睡觉是怎样的情况。法院认为,被告言语的确有失分寸,但该言辞与性并没有直接关联,尚未构成性骚扰。[①]

性骚扰的行为表现方式多种多样,可以是口头方式(如讲下流话、性挑逗语言等),可以是书面形式(如发黄色视频、短信等),还可以是肢体举动(如触摸生殖器或者以其他方式骚扰他人)。需要注意的是,虽然这些方式在民法上的意义相同,均是性骚扰的行为表现,但在其他法律上会有区别,比如在德国,肢体举动的性骚扰方式被规定在刑法中,而口头上的性骚扰则并未被纳入刑法。[②]

从实践情况来看,要特别注意以下几类的性骚扰:

---

① 参见上海市虹口区人民法院(2015)虹民一(民)初字第3187号民事判决书。
② See Tatjana Hörnle, The New German Law on Sexual Assault and Sexual Harassment, 18 German L.J. 1309(2017).

一是职场性骚扰。职场性骚扰就是在工作场所中一方对另一方实施的、不受欢迎的、具有性本质的侵犯他人人格权及其他权益达到一定严重程度的行为。① 如前所述,工作场所性骚扰是美国法规范的重点。我国也有保护职场性骚扰的受害人的规范,例如,《女职工劳动保护特别规定》第11条规定:"在劳动场所,用人单位应当预防和制止对女职工的性骚扰。"该条规定过于简略,难以为受害人保护权利提供明确的指引,也没有明确规定用人单位预防和制止性骚扰的具体措施、具体义务以及违反义务应当承担的法律责任,难以有效防止和遏制性骚扰。

二是利用从属关系的性骚扰。所谓从属关系,是指基于工作、学习、生活等社会关系而使一方在一定程度上隶属于另一方,既包括一时从属关系,如医患关系,也包括长期从属关系,如上下级关系、师生关系;既包括人事组织上的从属关系,如公司老板与雇员的关系,还包括交易中的优势地位关系,如公司的销售经理垄断了供货渠道,交易相对人完全受制于该销售经理。从现实情况来看,许多性骚扰都与从属关系有关。行为人利用从属关系实施性骚扰的表现方式很多,或者以晋升、奖励等利益作为交换,诱使受害人提供性方面的回报,或者通过谈话、谈心等方式故意进行身体接触,等等。在利用从属关系进行性骚扰的情形下,由于从属关系给受害人带来了心理压力,即便其对骚扰行为没有明确拒绝,但只要事后有反对、厌恶等表现,均应认定该行为构成性骚扰。利用从属关系的性骚扰与职场性骚扰存在交错,但不完全等同,比如,同一公司同职位等级的同事之间没有从属关系,其之间的性骚扰是职场性骚扰,但与从属关系无关;又如,医患关系、师生关系与职场无关,基于这些关系的性骚扰大多是利用从属关系的性骚扰。正因如此,《民法典》第1010条第2款规定:"机关、企业、学校等单位应当采取合理的预防、受理投诉、调查处置等措施,防止和制止利用职权、从属关系等实施性骚扰。"

三是在公共场所实施的性骚扰。在人群拥挤的公共汽车、地铁上对异性进行"揩油""非礼"等,均属于此类情形。公共场所的性骚扰显然不是职场性骚扰,当事人之间也不存在从属关系,不同于前两类性骚扰。

行为人实施性骚扰的动机是多元的,如单纯为了展示自己所谓的幽默感,或者仅仅是为了从他人的难堪中满足某种低级趣味,无论如何,只要其行为满足性骚扰的构成要件,不论其主观动机如何,均应当认定构成

---

① 参见张新宝、高燕竹:《性骚扰法律规制的主要问题》,载《法学家》2006年第4期。

性骚扰。原因在于,正如西方谚语所云,"魔鬼都不知道一个人在想什么",行为人的主观动机是难以证明的,如果考虑行为人的主观动机,既不利于对受害人进行救济,也不利于对行为人进行追责。

(二) 违背了受害人的意愿

所谓"违背了受害人的意愿",是指性骚扰行为不符合受害人的意愿,受害人主观上并不接受,甚至明确拒绝。关于性骚扰行为是否必须以违背受害人意愿为要件,存在不同的观点。一种观点认为,构成性骚扰的行为应当是一种不受欢迎的行为,该行为可能符合受害人的意愿。例如,受害人迫于压力而屈从于行为人,但该行为未必违背其意愿。① 美国法采取的就是这种观点,即要求行为是"不受欢迎"(unwelcome)的,且在客观上不被受害人所接受。② 另一种观点认为,性骚扰应当是违背受害人意愿的行为,即应当从受害人的角度对性骚扰进行认定,强调性骚扰是违背受害人意愿的行为,受害人迫于压力而"自愿"的行为应当认定为是违背其意愿的行为。③ 笔者赞同上述第二种观点,即性骚扰应当是违背受害人意愿的行为,也正因此,性骚扰才侵害了受害人的人格尊严,导致受害人产生愤怒、焦虑等不良情绪。我国不少法院采纳此种立场。例如,在"林某某与广东邦达实业有限公司劳动和社会保障行政管理案"中,法院认为,林某某利用电脑软件在照片上添加与性有关的文字和主题,该文字和主题以公司女同事为对象,从女同事向公司领导投诉和哭诉的事实能够确认林某某的行为造成行为对象的羞辱和不适,明显违背了女同事的意愿,造成女同事精神上的压力,林某某的上述行为已构成性骚扰。④

问题在于,如何认定骚扰行为是否违背受害人的意愿? 对此,笔者认为可以从如下几个方面进行把握。

第一,受害人没有明确表示接受或同意时,不宜一概认定骚扰行为符合受害人的意愿。有的国家立法要求受害人必须明确表示反对骚扰行为,否则该行为难以构成性骚扰。例如,以色列《性骚扰防治法》规定,被骚扰者有义务向行为人表明反对的态度。但是,在美国法上,这种反对不

---

① 参见张新宝、高燕竹:《性骚扰法律规制的主要问题》,载《法学家》2006年第4期。
② See Holly B. Fechner, Toward an Expanded Conception of Law Reform: Sexual Harassment Law and the Reconstruction of Facts, 23 U. Mich. J.L. Reform 475(1990).
③ 参见王成:《性骚扰行为的司法及私法规制论纲》,载《政治与法律》2007年第4期。
④ 参见广东省高级人民法院(2015)粤高法民申字第2839号民事裁定书。

仅可以明示,也可以被默示地表达,它们都表明骚扰行为是不受欢迎的。① 笔者认为,判断骚扰行为是否违背受害人的意愿,不以受害人明确表示反对为标准,因为在职场性骚扰以及基于从属关系的性骚扰中,受害人往往碍于各种压力难以明确提出反对,而且受害人对于是否明确反对也很难举证证明,故此,要求受害人必须明确反对骚扰行为,不利于保护受害人。在具体判断上,只要能证明受害人对骚扰行为不赞成、不接受,就可以认定该行为违背了其意愿,至于受害人是否因该行为产生愤怒、焦虑等不良情绪,不必就此证明。如果行为人主张不构成性骚扰,则应当证明受害人明确同意或者自愿接受。

第二,对于未成年人的意愿认定,应当区别于成年人。我国《刑法》规定,与未满14周岁的幼女发生性关系,无论是否违背其意愿,法律上均视为违背其意愿。其中的法理对民法也是可以适用的。鉴于未成年人对与性取向相关的事务缺乏判断能力,而且为了强化对未成年人的保护,即便未成年人作出了同意,也不应当认可其效力。因此,对未成年人而言,不论行为人的性骚扰行为是否违背其意愿,在法律上均应当视为违背其意愿,也即法律拟制未成年人对性骚扰不同意。正如前文所言,除了未成年人,对其他的限制民事行为能力人和无民事行为能力人,也应采用同样的标准。

(三) 必须针对特定的受害人

性骚扰必须针对特定的受害人②,《民法典》第 1010 条第 1 款所说的"对他人实施",就表明了这个意思。如果骚扰行为没有明确的指向对象,即使该行为会使某个或者某些人感到不悦,也不应当将其认定为性骚扰。除了前文阐述性骚扰特征时所举的例子,这样的例子还有很多。例如,在微博上发表黄色言论,可能会使女性看到后自感受辱,但由于该行为没有明确的指向对象,就不应当构成性骚扰。再如,当众讲黄色段子,内容虽然不雅且不道德,应当受到道德谴责,但因为没有针对特定的对象,也不宜认定为性骚扰。

在认定骚扰行为是否明确指向受害人时,应当结合具体情形加以判断,即便行为人没有明确使用受害人的姓名等个人信息,但可以合理推断

---

① See Vicki Schultz, Reconceptualizing Sexual Harassment, 107 Yale L.J. 1683(1998).
② 参见《妇女权益保障法释义》编写组编:《中华人民共和国妇女权益保障法释义》,中国法制出版社 2005 年版,第 113 页。

出受害人就是该行为的指向对象,依然可以认定其构成性骚扰。当然,受害人特定并不意味着一个性骚扰行为不能有多个受害人,因为多个受害人并不影响性骚扰对象的特定性。

另外,虽然实践中常见的是男性对女性进行性骚扰,但不能由此就将性骚扰的行为人和受害人的性别进行这样的限定,而是应根据社会交往实际情况,认定异性之间、同性之间都可能成为性骚扰的行为人和受害人。从比较法上来看,现在各国立法大多采取性别中立主义,不再限定性骚扰主体的性别。① 美国联邦最高法院在 Oncale 案的判决中甚至否定了第五巡回法院关于同性间不构成性骚扰的判决,认为同性之间同样可能构成法律意义上的性骚扰。② 我国也有学者认为,女性和男性均能成为性骚扰的受害人,性骚扰既可能发生在异性之间,也可能发生在同性之间。③ 在我国司法实践中,法院也认可了同性之间会构成性骚扰。④《民法典》第1010条第1款所说的"对他人实施",并没有强调针对女性实施性骚扰,表明性骚扰的受害人既可能是女性,也可能是男性。

需要探讨的是,在判断性骚扰的构成要件时,是否要考虑结果的严重程度? 在美国的判例中,有观点认为,只有性骚扰足够严重或者明显变更并形成有害的职场环境,才构成性骚扰。⑤ 美国联邦最高法院认为,受害人无须证明其因为骚扰行为严重损害其心理健康或引发其他心理创伤,只要受害人证明一个"理性人"认为已经足够严重,则可以认为构成了敌意的或者有害的工作环境。⑥ 我国也有学者认为,性骚扰应当造成严重的损害后果,才能获得法律救济⑦,否则可能导致诉讼的泛滥。笔者认为,性骚扰并不需要以必须造成严重的损害后果为构成要件,因为从实践来看,准确判断性骚扰的损害后果是否严重较为困难,如在公共场所偷摸他人身体敏感部位、发送黄色短信等情形,受害人通常只是心理不愉悦,尚未达到严重痛苦的程度,但仍应当构成性骚扰。同时,在性骚扰没

---

① 参见张新宝、高燕竹:《性骚扰法律规制的主要问题》,载《法学家》2006年第4期。
② See Oncale v. Sundowner Offshore Services, Inc., No. 96-568, 1998 WL 88 039(U.S. Mar. 4, 1998).
③ 参见王成:《性骚扰行为的司法及私法规制论纲》,载《政治与法律》2007年第4期。
④ 参见张晓东、胡强:《全国首起同性性骚扰案判决 骚扰者被判道歉赔偿》,载 http://www.jsfy.gov.cn/article/59745.html,访问日期:2004年9月17日。
⑤ See Barbara Henson v. City of Dundee, 682 F.2d 897, 904(11th Cir.1982).
⑥ See Vicki Schultz, Reconceptualizing Sexual Harassment, 107 Yale L. J. 1683(1998).
⑦ 参见张新宝、高燕竹:《性骚扰法律规制的主要问题》,载《法学家》2006年第4期。

有造成严重损害后果时,受害人虽然无法主张精神损害赔偿,但仍然有权主张行为人承担停止侵害、赔礼道歉等民事责任。因此,把造成严重的损害后果作为性骚扰的构成要件,将会不当加重受害人的举证负担,不利于保护受害人,不利于防止和遏制性骚扰。

三、机关、企业、学校等单位的预防性骚扰的义务

《民法典》第1010条第2款规定,机关、企业、学校等单位负有预防性骚扰的义务。之所以规定这些单位承担预防义务,正如前文所言,是因为法律规制的性骚扰最初主要针对职业中的性别歧视,是为了保护在工作中受害的弱者。[①] 对职场性骚扰而言,用人单位完全有条件也有能力通过事前预防、事中监管和事后处置等手段来预防和控制性骚扰。从这个意义上说,要求有关单位承担预防性骚扰的义务,有助于从源头上预防和减少性骚扰的发生。而对于公共场所的性骚扰,如在公共汽车上猥亵妇女、在街头针对异性突然裸露性部位等,都不可能也无法要求公交公司等相关单位负担预防性骚扰的义务。

《民法典》第1010条第2款规定之所以列举机关、企业、学校等单位,主要是因为,一方面,这些单位是最常见的组织体,其中的人员交往密集,是容易发生性骚扰的场所。另一方面,机关、企业、学校等单位可能发生行为人利用职权和从属关系实施性骚扰行为,且发生性骚扰行为之后,社会影响较大。因此,《民法典》第1010条第2款规定:"机关、企业、学校等单位应当采取合理的预防、受理投诉、调查处置等措施,防止和制止利用职权、从属关系等实施性骚扰。"还要看到,在学校等特殊场所,需要强化对特定人员的保护。例如,学校是学生聚集的场所,是未成年人和年轻人十分集中的地方,一旦发生教师对学生的性骚扰,将给未成年人和年轻人带来严重伤害。对于发生在学校的性骚扰问题,教育部印发的《教育部关于建立健全高校师德建设长效机制的意见》中就明令禁止"对学生实施性骚扰或与学生发生不正当关系"。故而,明确要求机关、企业、学校等单位采取合理的预防措施,有利于保护员工、学生的合法权益,有助于预防性骚扰的发生,实现对性骚扰的社会多层次综合治理。

虽然机关、企业、学校等单位有预防义务,但不意味着,在发生性骚扰

[①] See Vicki Schultz, Reconceptualizing Sexual Harassment, 107 Yale L.J. 1683(1998).

后,这些单位必须承担严格责任。在美国法上,性骚扰案件中的雇主责任属于严格责任,虽然判例对此种责任进行了限制,但严格责任仍是性骚扰案件中雇主责任的主流。① 有学者依据工作环境权理论认为,在发生职场性骚扰时,用人单位因为其与员工之间的权利义务关系而应当直接承担责任。② 笔者认为,在员工实施性骚扰的情形,用人单位所承担的责任并不是雇主责任。因为一方面,雇主责任适用于雇员按照雇主的意志和利益实施行为的情形,而用人单位工作人员实施的性骚扰虽然发生在工作场所,但行为人是按照自己的意志作出行为,不同于雇主责任的适用情形。另一方面,对雇主进行归责的基础,是雇员实施侵权行为发生在执行职务过程中,而性骚扰并不涉及执行职务的问题,主要是个人实施的违法行为,二者之间存在显著区别。

用人单位对员工实施性骚扰承担的责任应当是过错责任,用人单位只有在对性骚扰存在过错的情形下,才承担责任。在我国,性骚扰主要由行为人自己承担责任,按照自己责任原则,性骚扰是行为人自己故意实施的侵害他人人格权益的行为,行为人理应对自己行为所导致的后果承担责任。但在行为人实施性骚扰的过程中,用人单位在防范性骚扰方面存在过错的,其应当就其过错承担责任。

应当看到,用人单位预防性骚扰的义务不完全等同于安全保障义务。《民法典》第 1198 条第 1 款规定:"宾馆、商场、银行、车站、机场、体育场馆、娱乐场所等经营场所、公共场所的经营者、管理者或者群众性活动的组织者,未尽到安全保障义务,造成他人损害的,应当承担侵权责任。"该条规定了违反安全保障义务的侵权责任。虽然安全保障义务与用人单位预防性骚扰的义务一样,均要求义务人积极作为以保障他人,违反该义务的表现均为消极不作为,但这两种义务存有以下区别:第一,保护的客体不同。安全保障义务主要是对人身安全和财产安全的保护③,而预防性骚扰的义务则主要是针对人格尊严,而不完全针对人身安全和财产安全。第二,保护的范围不同。源于大陆法系"交往安全义务"的安全保障义务所保护的对象,除意图与其订立合同的顾客外,还应当包括其控制的一定场所,对进入该场所的人也负有安全保障义务。例如,借地铁站通行的行

---

① 参见王成:《性骚扰行为的司法及私法规制论纲》,载《政治与法律》2007 年第 4 期。
② 参见郑尚元等:《劳动和社会保障法学》,中国政法大学出版社 2008 年版,第 262 页。
③ 参见全国人大常委会法制工作委员会编:《中华人民共和国侵权责任法释义》,法律出版社 2010 年版,第 202 页。

人,或根本不想购物的超市往来行人。① 而预防性骚扰的义务则主要保护受雇于该用人单位的劳动者,而不宜扩大至所有进入该用人单位的人。因为交往安全义务的基础在于义务人开启了一定的危险,而性骚扰的风险广泛发生于各种场合,用人单位只是因其对职场的环境具有掌控的能力而负有预防义务。

《民法典》第1010条第2款规定:"机关、企业、学校等单位应当采取合理的预防、受理投诉、调查处置等措施,防止和制止利用职权、从属关系等实施性骚扰。"从该条规定来看,用人单位应当采取如下几方面的措施:

一是预防措施。为实现防止性骚扰发生的目的,预防是最为重要的环节。单位对于性骚扰的预防主要应当通过完善的制度建设实现,比如,用人单位应当制定或完善管理制度,提倡健康向上的企业文化,明确禁止性骚扰行为;应当发布禁止性骚扰的书面声明,以明确禁止工作场所内任何形态的性骚扰,并应将相应的规章制度印发给员工。② 此外,目前许多用人单位逐步采取开间式办公的方式,这既可以提升办公空间的利用效率,又可以有效预防可能发生的性骚扰。

二是投诉、调查机制。用人单位应当确保投诉渠道的畅通,在接受投诉后不得推诿、拖延或压制。用人单位在接到性骚扰投诉之后,应当积极展开调查工作,尽快查清事实真相,以防止性骚扰危害结果的扩大。在调查中,用人单位应当保持中立的立场,做好保密工作,尽可能避免信息的泄露,妥善保护当事人的隐私。用人单位还应当建立相关措施,防止投诉可能引起的报复行为。

三是处置机制。如果发生性骚扰,用人单位应当及时处置,这对于他人具有一定的威慑作用。如果有员工投诉性骚扰,用人单位置之不理,事实上起到了纵容姑息的作用。在经过调查发现确有性骚扰的,用人单位应当在内部进行处理,包括警告、降职、调离、停职停薪或者开除等。③ 但对于诬告行为,也应当考虑给予投诉人一定的处罚。④

严格来说,上述措施都是用人单位内部制度建设的范畴,但在法律规

---

① 参见王泽鉴:《侵权行为》,北京大学出版社2009年版,第264页。
② 参见陈英敏:《性骚扰法律问题研究》,载柳经纬主编:《厦门大学法律评论》(第6辑),厦门大学出版社2004年版,第446页。
③ 参见《女职工劳动保护特别规定》编写组编:《女职工劳动保护特别规定》,中国工人出版社2013年版,第18页。
④ 参见陈英敏:《性骚扰法律问题研究》,载柳经纬主编:《厦门大学法律评论》(第6辑),厦门大学出版社2004年版,第446页。

定用人单位负有采取必要措施防范性骚扰的义务之后,如果用人单位并未采取相关措施,在发生性骚扰之后,用人单位是否应承担责任?对此,笔者认为,既然《民法典》人格权编规定了用人单位负有预防性骚扰的义务,若用人单位违反此种义务,就应当承担相应责任(如行政责任),否则难以落实预防义务,但是否应当承担民事责任?笔者认为,在确定其是否应当承担民事责任时,不仅要考虑这些单位是否尽到了上述义务,而且需要考虑这些单位未尽到义务对损害后果发生的作用,如果这些单位未尽到上述义务客观上与损害的发生没有因果关系,则不应使其承担民事责任。如果用人单位违反上述义务,应当依据侵权的基本归责原则即过错责任原则确定其责任。还应当看到,性骚扰的范围较为宽泛,如果规定用人单位承担较为严苛的责任,可能导致用人单位的责任过于泛化;而且法律规定用人单位负有预防性骚扰的义务具有一定的倡导功能,旨在避免性骚扰行为的发生,因而不宜由用人单位承担替代责任。如果员工在执行工作任务过程中对非本单位人员实施性骚扰,该行为已经超出了其工作任务的范畴,用人单位不应当对该行为承担责任,而应当由实施性骚扰的雇员承担责任。

论《个人信息保护法》与
《民法典》的适用关系*

《个人信息保护法》的颁行是我国个人信息保护立法领域的里程碑。该法适应互联网、大数据发展的需要,系统、全面地规定了个人信息保护规则,有效协调了个人信息权利保护与信息合理利用的关系,确立了一整套权责合理、保护有效的信息处理规则,必将全面维护信息主体的合法权益,促进数字经济的有序发展。然而,《个人信息保护法》在具体适用中遇到的一个重大而基础的理论问题,即其与《民法典》有关个人信息保护规则的关系如何?理顺《个人信息保护法》与《民法典》在价值理念、框架体系、一般规则和具体条款之间的关联关系,有助于更好地定位和发挥《个人信息保护法》在个人信息保护中的应有作用。相反,如果将《个人信息保护法》与《民法典》的适用相分离,必然会极大地妨碍《个人信息保护法》的准确实施。有鉴于此,笔者拟就《个人信息保护法》与《民法典》的适用关系谈一点看法。

一、《个人信息保护法》的适用应在
《民法典》的框架体系中展开

《民法典》是关于民事权益的基本法,是确认和保护一切民事权益的基础性法律,个人信息权益也不例外。《个人信息保护法》作为全面、系统地规定个人信息保护规则的一部立法,其在性质上属于"领域法"(field of law)的范畴,也就是说,其既涉及私法规范,也涉及公法规范,据粗略统计,其中所涉及的个人信息保护的私法规范约有 53 条,这些规范在性质上应当属于民法规范。个人信息权益作为由《民法典》所确认的重要民事权益类型,自然也受到《民法典》的调整和规范,需要以《民法典》为基础而展开。因此,《个人信息保护法》中有关个人信息保护的私法规范应当

---

* 原载《湖湘法学评论》2021 年第 1 期。

属于民法的组成部分,其解释、适用应在《民法典》的框架体系中展开。有观点认为,个人信息是一种公法上的权利,其属于信息主体对抗信息控制者信息处理行为的新型公法权利,属于一种法定的权利类型,而且侵害该权利主要产生公法上的法律责任。① 因而,《个人信息保护法》在性质上属于公法,与《民法典》的私法规则不存在关系。此种观点是值得商榷的。原因在于:第一,个人信息本质上是一项人格权益,是《民法典》所确认的民事权益的组成部分②,明确受到《民法典》的调整与保护。《民法典》在总则编第五章关于民事权利体系的构建中,于第111条明确规定,"自然人的个人信息受法律保护"。此外,《民法典》在人格权编第六章"隐私权和个人信息保护"章中采用8个条文对个人信息保护的基本规则作出了明确规定。这就意味着,虽然侵害个人信息可能产生公法上的责任,但并不能据此否定个人信息的私权属性。换言之,纵使个人信息权益可以获得公法上的保护,但并不影响个人信息权益可以成为一项民事权益。③ 第二,个人信息与隐私权具有密切的联系,我国《民法典》之所以在人格权编第六章中将二者并列规定,就是考虑到二者很难截然分离,尤其是《民法典》第1032条规定了私密信息隐私,其包含了大量的个人信息,而个人信息尤其是敏感个人信息,又可能属于私密信息隐私的范畴。从比较法上来看,美国法采用大隐私的概念,以隐私权的规则来保护个人信息,而欧盟法虽然将二者进行了区分,但实际上在立法文件中,考虑到二者存在密切关联,并没有作非常严格的界分。④ 正是因为个人信息与隐私权所具有的密切联系性,因此不能否定个人信息的民事权益属性。第二,诚然,个人信息权益同时受到公法与私法的保护,但对个人信息权益的确认是由《民法典》完成的。几乎所有的民事权利在受到民法调整的同时,也会受到诸如行政法、刑法等公法的保护,由此不能因为其受到公法的保护而一概否认其私权的属性。第四,虽然个人信息既可以是公法的保护对象,也可以是私法的保护对象,但二者所采用的保护方式与路径是不同的,完全通过公法是不可能实现对个人信息的充分保护的。公法对于保护个人信息具有很重要的作用,但并不能因此忽视甚至否定个人信息私

---

① 参见周汉华:《个人信息保护的法律定位》,载《法商研究》2020年第3期。
② 参见程啸:《个人信息保护法理解与适用》,中国法制出版社2021年版,第19页。
③ 参见付新华:《个人信息权的权利证成》,载《法制与社会发展》2021年第5期。
④ 例如,1981年欧洲理事会制定的《有关个人数据自动化处理的个人保护协定》就同时使用了"隐私"和"个人数据"这两个概念。

法保护的作用和意义,因为《个人信息保护法》不仅要保护公共利益,维护公共秩序,也要维护自然人的合法权益,而且公法上的制裁不意味着受害人的损害得到了填补,实现了对受害人的救济。① 例如,即便仅就侵害个人信息的法律责任而言,公法只能对信息处理者的违规行为进行公法制裁,如追究侵权者的行政责任或者刑事责任,但无法对信息主体的私法权益提供直接、充分的救济,对信息主体的权益救济只能由民法完成。可以说,公法的保护与私法的救济不可偏废,相得益彰,不能因为公法的保护而否定个人信息作为民事权益的属性。

如前所述,个人信息权益是《民法典》所确认的基本民事权益,《个人信息保护法》中的私法规范与《民法典》的规范之间应当是特别法与一般法的关系。② 《民法典》是基础性法律,是私法的基本法,有学者将《民法典》与单行法的关系比喻为太阳与行星的关系,即《民法典》是"太阳",而单行法则构成围绕"太阳"公转的"行星",单行法应根据《民法典》的相关规定进行解释。③ 就《民法典》与《个人信息保护法》的关系而言,《民法典》确定了个人信息保护的基本框架、原则和理念、价值,界分了个人信息与隐私权等其他人格权的关系,为《个人信息保护法》确立了最基础的规则。《民法典》所确立的保护人格尊严、保障民事权利等价值,是解释《个人信息保护法》的基础。《民法典》关于个人信息处理等原则的规定,不仅提供了个人信息保护的正当性基础,也为个人信息保护立法提供了基本法律依据。④ 《个人信息保护法》对个人信息的保护也基本上是围绕《民法典》的规则而展开的。

《个人信息保护法》的适用应在《民法典》的框架体系中展开,因为从立法目的来看,《民法典》与《个人信息保护法》的立法目的是基本相同的⑤,一方面,《民法典》保护个人信息的基本目的就是全面保障私权,保护人民群众在数字化时代所享有的各项民事权益,这也正是《个人信息保护法》第 1 条所确认的立法目的之所在。另一方面,《民法典》规范个人信息也旨在促进个人信息的合理利用。从比较法上来看,就个人信息的保护和利用两种价值之间的关系而言,各国个人信息保护法都旨在平衡

---

① 参见程啸:《民法典编纂视野下的个人信息保护》,载《中国法学》2019 年第 4 期。
② 参见程啸:《个人信息保护法理解与适用》,中国法制出版社 2021 年版,第 21 页。
③ See Olivier Mortéau & Agustín Parise, "Recodification in Louisiana and Latin America", Tulane Law Review, Vol. 83, 2009, p. 1103.
④ 参见程啸:《民法典编纂视野下的个人信息保护》,载《中国法学》2019 年第 4 期。
⑤ 参见程啸:《个人信息保护法理解与适用》,中国法制出版社 2021 年版,第 21 页。

二者之间的关系,并进行有效协调,即既不能因个人信息的过度保护而忽视个人信息的有效利用,也不能完全为了个人信息的有效利用而忽视个人信息的保护,而是力图兼顾这两种价值,实现两者之间的动态平衡。《民法典》之所以未将个人信息确认为一项具体人格权,一个重要的原因就是为了防止因此而过度妨碍数据的共享、利用以及大数据产业在我国的发展,而"个人信息"的概念就适当地平衡了信息主体的利益与数据共享、利用之间的关系。① 我国《个人信息保护法》兼顾个人信息的保护与利用,不仅全面强化对个人信息的保护,而且将促进个人信息合理利用作为其立法目的,多个条款都贯彻了促进个人信息合理利用的理念。例如,《个人信息保护法》第13条列举的不需要取得个人同意的情形,其中就包括了依照法律规定在合理的范围内处理个人自行公开或者其他已经合法公开的个人信息,其目的即在于保障个人信息的有效利用。

正是因为二者具有相同的立法目的,所以二者在具体的制度、规则设计方面具有相似性,因而,《个人信息保护法》的适用应当在《民法典》的框架下展开,具体而言:

第一,《民法典》明确了个人信息的性质以及其在民事权利体系中的位置。《民法典》总则编第五章在规定民事权利体系时,虽然专门规定了自然人的个人信息受保护,但并没有将其规定为一项具体人格权,人格权编第六章仍然延续了这一做法。《个人信息保护法》也遵循了此种制度模式。个人信息是整个民事权益体系中的重要组成部分,是其中的重要环节,从基本的民事权利出发,如果将基本的民事权利分为合同债权、物权、人格权和身份权,那么,个人信息就属于人格权益的重要组成部分,全面保护个人信息也就是保护个人在数字化时代所享有的基本民事权益。由于《民法典》将个人信息界定为一项人格利益,而非具体人格权,因而,在民事权利位阶中,按照权利优先于利益的规则,原则上除一些特殊的敏感的个人信息外,依据《民法典》第1034条第3款,一般个人信息与隐私权发生冲突时,应当优先保护隐私权。

第二,《民法典》将个人信息自主决定作为个人信息保护的价值基础,即个人对其个人信息的自主决定。② 个人信息保护的价值基础是个人

---

① 参见黄薇主编:《中华人民共和国民法典人格权编解读》,中国法制出版社2020年版,第213页。
② 参见谢远扬:《〈民法典人格权编(草案)〉中"个人信息自决"的规范建构及其反思》,载《现代法学》2019年第6期。

的自决权,就是其自主决定其事务的权利①,该概念由学者 Wilhelm Steinmüller 和 Bernd Lutterbeck 在 1971 年提出,并得到了普遍认可②。作为私人自治的一项具体表现,个人信息自决权获得广泛的承认。我国《民法典》在规定个人信息保护规则时,也是以个人信息的自我决定为基础而展开的。《个人信息保护法》内容庞杂,但是这些制度仍然是围绕着个人信息自主决定的主线展开的。无论是第二章"个人信息处理规则"还是第三章"个人信息跨境提供的规则"实际上都是对个人自主决定的落实。而第四章"个人在个人信息处理活动中的权利"和第五章"个人信息处理者的义务"则是立法者对自主决定过程中的个人和处理者的权益和义务进行分配。《个人信息保护法》紧紧围绕规范个人信息处理活动、保障个人信息权益,构建了以"告知—同意"为核心的个人信息处理规则。严格地说,"告知—同意"实际上是平等主体之间私法自治内核的集中体现,也是《民法典》所确认的自愿原则的具体化,在以命令和服从为基础的公法关系中是不可能存在"告知—同意"规则的价值基础。《个人信息保护法》将个人在个人信息处理活动中的各项权利,包括知悉个人信息处理规则和处理事项、同意和撤回同意,以及个人信息的查询、复制、更正、删除等总结提升为知情权、决定权,明确个人有权限制其个人信息的处理③,这都体现了对个人信息自主决定的尊重与保护。这些权利本质上都是个人信息自决权的具体展开,而此种自决权既是民法私法自治理念的彰显,也是作为绝对权的个人信息权益所具有的支配效力的体现。如果不能从这种支配效力出发解释自主决定权,就很难准确把握该权益的性质和特点。

第三,《个人信息保护法》关于个人信息处理的制度和规则是以《民法典》个人信息保护规范为基础而展开的。《民法典》在个人信息保护的相关规范中,确立了个人信息处理的各项基本规则,并规定了个人信息权利人的基本权利和处理人的义务以及免责等基本问题,《个人信息保护法》在此基础上对上述制度和规则作出了细化规定。例如,《民法典》确立了个人信息处理的基本规则,《个人信息保护法》同样详细规定了个人信息处理规则,严格地说,《个人信息保护法》中的个人信息"处理"的概

---

① Vgl. Vogelgesang, Grundrecht auf informationelle Selbstbestimmung? Nomos, Nov. 1987, S. 141 ff.

② Vgl. BVerfG, Urteil des Ersten Senats vom 15. Dezember 1983, 1 BvR 209/83 u. a.-Volkszählung-, BVerfGE 65, S. 1.

③ 参见杨合庆:《论个人信息保护法十大亮点》,载 https://www.civillaw.com.cn/gg/t/?id=37928,访问日期:2021 年 8 月 21 日。

念范畴来源于《民法典》第 1035 条第 2 款,只不过《个人信息保护法》第 4 条增加了"删除"二字,而有关个人信息处理的基本原则和框架仍然是由《民法典》所确定的。再如,《民法典》第 1035 条第 1 款规定了个人信息处理需要取得个人同意的规则,《个人信息保护法》借鉴 GDPR 的经验,对人格权编规定的个人同意规则进行类型化处理,作出了更细致明确的规定,明确规定了透明化原则①,即要求信息处理者处理个人信息前,必须以显著方式,清晰易懂的语言真实、准确、完整地向个人告知法律规定的事项(第 7 条、第 17 条);如果信息处理者是基于个人同意而处理个人信息,必须是由信息主体在充分知情的前提下,自愿明确地作出同意(第 14 条)。个人信息处理者不得以个人拒绝处理其个人信息或者撤回同意为由,拒绝提供产品或服务(第 16 条)。无疑,这些规定可以看作《民法典》个人信息保护规则的具体化。

第四,《个人信息保护法》关于相关国家机关保护个人信息义务的规定也是围绕《民法典》相关规则而具体展开的。《民法典》第 1039 条规定了国家机关、承担行政职能的法定机构及其工作人员的保密义务。严格地说,国家机关依据其职权处理个人信息与信息主体之间并不是完全平等的民事关系,但是我国《民法典》第 1039 条为了全面保护个人信息,对国家机关以及承担行政职能的法定机构及其工作人员因依法履行职责处理他人个人信息作出了明确规定,要求信息处理者应当对信息予以保密,不得泄露或者向他人非法提供。虽然这些机构与个人并非平等交往的主体,但在前者履行职责过程中可能掌握了他人的大量个人信息,且人多属于敏感、私密的个人信息,一旦泄露,将给他人造成重大损害,因此,从全面保护个人信息的角度出发,《民法典》对其保护个人信息的义务作出了规定。② 确认相关国家机关保护个人信息义务的规定,也表明个人信息权利可以对抗信息主体之外的任何组织和个人的不法侵害。③《个人信息保护法》在第二章个人信息处理规则中单设一节专门规定了国家机关处理个人信息的规定,该规定正是对《民法典》上述规定的具体展开。这就表明,《个人信息保护法》对个人信息处理的规则不仅适用于平等主体之间的关系,还适用于国家机关以及法律、法规授权的具有公共事务管

---

① 参见 GDPR 第 5 条第 1 款(a)项。
② 参见黄薇主编:《中华人民共和国民法典人格权编解读》,中国法制出版社 2020 年版,第 231 页。
③ 参见程啸:《个人信息保护法理解与适用》,中国法制出版社 2021 年版,第 29 页。

理职能的组织为了履行法定职责而处理个人信息的情形。

总之,《民法典》和《个人信息保护法》在性质上属于一般法与特别法的关系,二者在个人信息保护方面既有分工协同,又有衔接协调,《个人信息保护法》的解释与适用应当在《民法典》的框架下展开。

二、《个人信息保护法》的适用必须贯彻《民法典》确认的人格尊严价值

价值的融贯性是法律具有体系性和逻辑性的前提和基础。《个人信息保护法》第 1 条开宗明义地强调了"保护个人信息权益"这一重要的立法目的,但并未就"个人信息权益保护"目的背后的价值取向作明确表达。换言之,这一规定并未明确《个人信息保护法》对个人信息权益进行保护、对信息处理行为进行规范的主导的价值取向,是为了保护个人信息主体的物质利益,还是为了保护其精神利益,抑或其他目的? 在大量涉及人格利益具体争议问题时,理解和回答个人信息利益保护背后的价值取向至关重要。特别是在个人信息权益和财产权益之间发生重大冲突时,需要特别考虑个人信息权益保护背后的价值导向。严格地说,要真正理解《个人信息保护法》的价值基础,必须从《民法典》人格权编关于保护人格尊严的价值出发,才能准确理解《个人信息保护法》的价值。

人格尊严,是指人作为法律主体应当得到承认和尊重。人格尊严是人作为社会关系主体的基本前提,应当受到法律的平等保护。① 人格权关乎每个人的人格尊严,《民法典》人格权编的立法目的就是贯彻党的十九大和十九届二中全会关于保护人民人身权、财产权、人格权的精神,落实宪法关于公民的人格尊严不受侵犯的要求②,《民法典》第 109 条明确宣告自然人的人身自由、人格尊严受法律保护,《民法典》第 990 条第 2 款将人身自由、人格尊严作为一般人格权的内容,并在此基础上确立了对各种新型人格权益进行兜底保护的条款。这表明,《民法典》人格权编所规定的各项具体人格权与一般人格权,实际上均是对人格尊严保护的制度

---

① 参见李适时主编:《中华人民共和国民法总则释义》,法律出版社 2017 年版,第 337 页。
② 参见《沈春耀作关于民法典各分编(草案)修改情况和民法典(草案)编纂情况的汇报》,载 http://www.npc.gov.cn/npc/c2/c30834/201912/t20191223_303684.html,访问日期:2019 年 12 月 23 日。

反映。而《民法典》所确立的人格尊严保护的价值,也为《个人信息保护法》提供了价值基础,因为侵害他人的个人信息实质上是侵害了他人的尊严和自由①,通过保护个人信息不受信息数据处理等技术的侵害,就可以发挥保护个人人格尊严和人格自由的效果②。《个人信息保护法》对个人信息的保护实际上是《民法典》所确立的人格尊严保护价值在个人信息保护领域中的延伸。人格尊严保护原则作为《个人信息保护法》的价值基础主要体现在以下几个方面:

第一,《个人信息保护法》的立法目的就在于维护人格尊严。《个人信息保护法》第1条将其立法目的归结于"保护个人信息权益,规范个人信息处理活动,促进个人信息合理利用"。这一直接目的的背后事实上是对于人格尊严的维护。该条同时规定,"根据宪法,制定本法",其实,所谓"根据宪法",就是指《个人信息保护法》的基本体系和根本制度应当以宪法为基础,符合宪法的基本精神和价值取向。《宪法》第38条规定了维护人格尊严原则,据此将保护人格尊严作为宪法的基本价值。《宪法》确立的这一基本原则,需要通过《个人信息保护法》对个人信息保护的具体规定而予以落实。因此,以人格尊严作为《个人信息保护法》的基本原则,也是落实宪法保护人权、维护人格尊严的要求。《个人信息保护法》对个人信息的保护,根本目的也在于对个人信息所彰显的人格尊严进行保护。

第二,《个人信息保护法》的保护对象与人格尊严联系紧密。《个人信息保护法》以个人信息作为保护对象,该法第4条第1款规定了个人信息的概念,依据该规定,"个人信息是以电子或者其他方式记录的与已识别或者可识别的自然人有关的各种信息,不包括匿名化处理后的信息"。该条在界定个人信息的概念时虽然没有明确提及人格尊严,但该法第28条将敏感个人信息界定为"一旦泄露或者非法使用,容易导致自然人的人格尊严受到侵害或者人身、财产安全受到危害的个人信息"。该条将人格尊严作为敏感信息的判断标准,当然,这并不意味着,只有敏感个人信息才涉及人格尊严。事实上,一般的个人信息也同样关系到人格尊严,如果不当收集和利用个人信息(如借助大数据、算法等技术形成社会分选、歧视性对待等)③,将损害

---

① See James B. Rule & Graham Greenleaf, Global Privacy Protection, Edward Elgar Publishing, 2010, p. 81.
② See Michael Henry ed., "International Privacy, Publicity and Personality Laws", Lexis Law Pub., 2001, p. 164.
③ 参见程啸:《论个人信息处理者的告知义务》,载《上海政法学院学报(法治论丛)》2021年第5期。

信息主体的人格尊严,尤其是数据画像行为,其借助大数据和人工智能技术,可能会不当地处理个人的敏感信息,损害人格自由①。立法者之所以区分敏感信息与一般信息,其原因在于敏感信息与人格尊严的联系更为密切。《民法典》之所以将个人信息作为一项人格权益,也正是基于其与人格尊严的联系,《个人信息保护法》对个人信息进行系统保护,也旨在维护个人的人格尊严。

在此需要讨论,《个人信息保护法》第28条将金融账户作为敏感个人信息对待,因而要严格保护。之所以要保护个人的财务信息,并非单纯为了个人的财产利益,其仍然涉及对个人人格尊严的保护。因为一方面,这是为了保护个人的物质利益,即为了防止因他人盗用或者冒用账号密码或者处置权限而直接损及个人的财产权。另一方面,个人财务信息与个人的人格尊严之间也存在一定的联系,个人是否对外公开其财务信息,是否维持其财务信息的私密状态,属于个人的自我决策和自主安排,也是人之为人,享有作为社会主体的自由和尊严的重要表现。还应当看到,对他人财务信息的侵害也可能使他人遭受人格性利益的伤害,例如,在非法公开他人的财务信息后,受害人可能因财务信息被公开而使其人身安全面临威胁,甚至可能遭受一定的人身损害,这也会影响个人人格尊严的实现。

第三,《个人信息保护法》的具体制度设计也贯彻了人格尊严的价值理念。《个人信息保护法》的许多具体制度也强调对个人人格尊严的保护。例如,《个人信息保护法》第13条第1款第4项规定,在"紧急情况下为保护自然人的生命健康和财产安全所必需"时,个人信息处理者可以处理个人信息。《个人信息保护法》第18条第2款规定:"紧急情况下为保护自然人的生命健康和财产安全无法及时向个人告知的,个人信息处理者应当在紧急情况消除后及时告知。"上述规定均意在强化对个人生命健康的保护,其目的也在于保护个人的人格尊严。再如,即便当事人之间已经达成了个人信息的许可使用合同,为了保护个人的人格尊严,也会对信息主体提供特殊保护。《个人信息保护法》第15条规定,"基于个人同意处理个人信息的,个人有权撤回其同意"。该条赋予个人撤回其同意的权利,实际上赋予信息主体任意解除个人信息许可使用合同的权利。法律作出此种规定,主要是为了保护个人的人格尊严,因为合同债权在性质上

---

① 参见程啸:《民法典编纂视野下的个人信息保护》,载《中国法学》2019年第4期。

属于财产权,而对个人信息的保护体现了对个人人格利益和人格尊严的保护。

此外,在对敏感个人信息认定所采取的"场景理论"中同样也需要贯彻人格尊严保护的理念。所谓"场景理论",是指应当根据个人信息处理行为发生的具体场景,对围绕该行为的各个元素(如行为人、信息主体的身份,处理的目的,处理的场所及其影响的后果等)进行综合评价,以判断某信息处理行为的对象是否属于敏感个人信息。① 该理论最早由美国学者 Nissenbaum 教授提出,并为许多国家和地区的学者所采纳,在依据场景理论作出判断时,同样也需要考虑人格尊严的价值。一方面,依据《个人信息保护法》第 4 条,个人信息是已识别或者可识别的自然人有关的各种信息,如何判断"有关",仍然需要运用人格尊严的标准予以判断,即看其是否涉及个人的人格尊严。另一方面,在判断敏感个人信息时,也应当以人格尊严为标准。例如,人体基因的泄露会造成个人在就业、保险等社会活动中遭受各种不公正的歧视。② 再如,个人的行踪信息若被公之于众或其人脸等生物识别信息被他人不法收集或处理的,将使信息主体的人身安全受到威胁,人格尊严受到侵害。因此,这些信息应当纳入敏感个人信息的范畴。

综上所述,维护人格尊严是《个人信息保护法》的核心价值,也是理解、解释《个人信息保护法》相关制度和规则的基础。

三、《个人信息保护法》的适用应结合《民法典》所规定的人格权保护一般规则来展开

"权利的存在和得到保护的程度,只有诉诸民法和刑法的一般规则才能得到保障。"③对个人信息的保护同样如此,如前所述,虽然对个人信息保护采用综合手段,但民事责任仍然具有其独特性,也是保护个人信息的重要方式。我国《民法典》确认了对各种民事权益的保护方法,这些方法同样可以适用于个人信息保护。《个人信息保护法》明确规定了侵害个人

---

① 参见乔榛、蔡荣:《〈民法典〉视域下的个人信息保护》,载《北方法学》2021 年第 1 期。
② 参见田野、张晨辉:《论敏感个人信息的法律保护》,载《河南社会科学》2019 年第 7 期。
③ 〔英〕彼得·斯坦、〔英〕约翰·香德:《西方社会的法律价值》,王献平译,中国人民公安大学出版社 1990 年版,第 41 页。

信息的侵权责任(第 69 条、第 70 条),此种责任的性质就是民事责任,因此,应当将《个人信息保护法》的规范作为《民法典》的特别规范,将其与《民法典》有关保护人格权以及侵权的一般规则衔接起来,形成对个人信息的全面保护体系。具体而言,在确定侵害个人信息的侵权责任时应从如下方面与《民法典》的相关规定相结合:

第一,关于侵害个人信息侵权责任的归责原则。《民法典》侵权责任编确立了过错责任为一般归责原则。而《个人信息保护法》第 69 条第 1 款规定:"处理个人信息侵害个人信息权益造成损害,个人信息处理者不能证明自己没有过错的,应当承担损害赔偿等侵权责任。"依据这一规则,在处理个人信息的侵权责任成立上,应当采用过错推定原则。该规则的适用与《民法典》第 1165 条第 2 款关于过错推定的条款相结合,构成了完整的侵害个人信息侵权责任的归责原则。《民法典》第 1165 条第 2 款规定:"依照法律规定推定行为人有过错,其不能证明自己没有过错的,应当承担侵权责任。"因此,《个人信息保护法》第 69 条第 1 款即构成了此处的"依照法律规定",从而可以适用《民法典》过错推定原则。在适用过错推定原则认定侵害个人信息的侵权责任时,由于过错推定原则只是过错责任原则在证明责任分配上的变异,因此,在关于其他责任成立要件的认定上,仍然需要遵循《民法典》侵权责任编的相关规定。

第二,关于预防性责任承担方式的适用。现代侵权法除具有补偿功能之外,其"重要机能在于填补损害及预防损害"①。侵害个人信息的责任同样如此。《个人信息保护法》第 69 条只规定了信息处理者侵害个人信息造成损害的损害赔偿责任,但是没有规定个人信息是否受到停止侵害、排除妨碍和消除危险请求权的保护,而这些责任承担方式恰好是预防损害发生的重要方式,欠缺这些责任承担方式,将难以发挥损害预防的效果。笔者认为,虽然《个人信息保护法》没有规定侵害个人信息情形下预防性的责任承担方式,但《民法典》关于预防性责任承担方式的规定也应当可以适用于个人信息保护,具体而言:一是人格权请求权的适用。《民法典》第 995 条规定了人格权请求权,并明确规定人格权请求权的行使不适用诉讼时效规则。虽然该条使用的是"人格权受到侵害"的表述,但在个人信息保护领域中,应当认为该条可以适用于所有个人信息权益。即在人格权益遭受侵害或有侵害之虞时,个人信息权利人可以行使《民法

---

① 王泽鉴:《侵权行为法》,中国政法大学出版社 2001 年版,第 34 页。

典》所规定的各种人格权请求权,且不受诉讼时效的限制。① 二是依据《民法典》第1167条规定:"侵权行为危及他人人身、财产安全的,被侵权人有权请求侵权人承担停止侵害、排除妨碍、消除危险等侵权责任。"该条关于预防性侵权责任承担方式的规定同样可以适用于个人信息的保护。此外,对于其他责任形式的适用,也应当依据《民法典》的规定,例如,《民法典》所规定的消除影响、恢复名誉、赔礼道歉等责任形式,在个人信息权益的侵害中均有适用的余地。② 对于这些责任形式适用的成立要件和承担方式,也同样应当适用《民法典》的规则。

第三,关于禁令制度的适用。禁令是指申请人为及时制止正在实施或即将实施的侵权行为,或有侵害之虞的行为,在起诉前或诉讼中请求法院作出的禁止或限制被申请人从事某种行为的强制命令。③《民法典》第997条规定了侵害人格权的禁令制度,该条将其适用范围限定为人格权,但此处所说的"人格权"应当进行扩张解释,因为既然该条规定在人格权编一般规定之中,其当然应当适用于人格权编分则各项人格权益遭受侵害的情形,其中就包括个人信息遭受侵害在内。在实践中,个人信息也可能遭受现实、紧迫的不法侵害行为,在此情形下,如果不及时采取禁令措施,放任侵害个人信息的行为继续进行,就会进一步扩大其造成的损害,甚至使得权利人遭受的损害超出经济损失的范畴(如精神损害、商誉的减损等)。

第四,关于精神损害赔偿的适用。《个人信息保护法》中并没有直接针对侵害个人信息的精神损害赔偿问题的规定,只是在该法第69条第1款提及了损害赔偿的责任形式。从《个人信息保护法》第69条第1款规定来看,其虽然采用了"损害赔偿等侵权责任"这一表述,但该条第2款解释损害赔偿时,实际上主要限定为财产损害赔偿。笔者认为,个人信息受侵害后产生的损害赔偿虽然主要是财产损害赔偿,但也可能适用精神损害赔偿责任,因为一方面,在侵害个人信息尤其是敏感个人信息时,可能严重侵害他人的人格尊严以及人身、财产安全,并由此可能使个人遭受严重的精神损害。例如,非法泄露个人身患某种疾病的健康信息,使个人遭

---

① 参见万方:《个人信息处理中的"同意"与"同意撤回"》,载《中国法学》2021年第1期。
② 参见李怡:《个人一般信息侵权裁判规则研究——基于68个案例样本的类型化分析》,载《政治与法律》2019年第6期。
③ 参见刘晴辉:《正当程序视野下的诉前禁令制度》,载《清华法学》2008年第4期。

受歧视,严重影响个人的正常生活,并使其遭受严重的精神痛苦,此时就有必要通过精神损害赔偿责任对受害人进行救济。另一方面,对于精神损害赔偿而言,《民法典》第1183条规定,只有在侵害人身权益导致被侵害人严重精神损害时,被侵权人才有权请求精神损害赔偿。个人信息本身属于人格权益,受侵害时可以适用精神损害赔偿责任。

第五,关于获利返还规则的适用。所谓获利返还,也称为"利润剥夺",它是指在行为人因侵害他人人身权益而获利的情形下,对方当事人有权请求行为人返还因此所获得的利益。① 在适用损害赔偿责任方面,《个人信息保护法》第69条第2款规定了获利返还的责任。不过,这一规范可能并不能单独地适用。在适用获利返还时,往往还需要与《民法典》的侵权责任编的规定相结合。例如,该条规定"个人因此受到的损失"可能是财产损失,也可能是人身伤害。如果是财产损失,就应当按照《民法典》第1184条的规定按照损失发生时的市场价格或者其他合理方式计算;如果是人身伤害,就应当按照《民法典》第1179条以下关于人身损害的规定进行计算。再如,依据《个人信息保护法》第69条第2款规定,在损失或获益难以确定时,要"根据实际情况"确定赔偿数额,但究竟应当由哪一主体根据实际情况确定赔偿数额,该条并没有作出明确规定,这就需要结合《民法典》第1182条的规定,确定应当由人民法院根据实际情况确定赔偿数额,即应当适用《民法典》第1182条所规定的法院酌定规则。还需要注意的是,《个人信息保护法》第69条第2款并未规定在损失或获益难以确定时双方当事人可以协商确定赔偿数额,这与《民法典》第1182条的规定并不一致,能否据此认为,《个人信息保护法》改变了《民法典》的规则?笔者认为,《个人信息保护法》虽然没有规定当事人可以协商确定赔偿数额,但是基于意思自治原则和私权的可处分性,仍然应当认为,当事人可以通过协商确定损害赔偿数额。

第六,关于多个信息处理者的责任。在多个信息处理者侵害他人个人信息的情形下,除《个人信息保护法》第69条规定外,还应当适用《民法典》侵权责任编的相关规定。例如,《个人信息保护法》第20条第2款对"共同处理者"的民事责任作出规定,依据该款规定,个人信息处理者共同处理个人信息,侵害个人信息权益造成损害的,应当依法承担连带责任。其中"依法"承担连带责任的表述表明,第20条第2款实质上是"指引性

---

① 也有学者将其称为利润返还或者利润剥夺。参见朱岩:《"利润剥夺"的请求权基础》,载《法商研究》2011年第3期。

规范"。法官在判断共同处理者是否需要承担连带责任时,需要根据《民法典》侵权责任编对连带责任的规定进行判断。① 因此,当共同处理者对于个人信息的侵害具有共同过错的,应当根据《民法典》第1168条的规定承担连带责任,而教唆、帮助他人侵害个人信息的,应当根据《民法典》第1169条的规定承担连带责任。数个共同处理者实施危及他人个人信息的行为,其中一人或者数人的行为造成他人损害,但是无法确定具体侵权人的,应当根据《民法典》第1170条的规定,由数个共同处理者承担连带责任。②

此外,《民法典》具有兜底保护的功能,《个人信息保护法》作为"领域法",其不可能对侵害个人信息的责任作出全面、系统的规定,因此,有必要发挥《民法典》的兜底保护功能。例如,《民法典》在人格权编对个人信息的收集和利用作出的原则性规定,在侵权责任编中对侵害个人信息权利(权益)的损害赔偿包括惩罚性赔偿等作出的具体规定,都可以在保护个人信息方面发挥兜底功能。③ 因此,在个人信息遭受侵害的情形下,在适用《个人信息保护法》的规则时,应当注重结合《民法典》的规则,从而更好地发挥其保护个人信息的功能。

四、《个人信息保护法》的适用应注重与《民法典》相关条款的体系协调性

法典化就是体系化,《民法典》是一个完整的体系,《个人信息保护法》与《民法典》关于个人信息保护的规则相结合,共同构成了完整的个人信息保护规则体系。④ 只有将《个人信息保护法》植入整个规则体系中,才能准确理解和适用该法。在个人信息保护方面,《个人信息保护法》作为民法的重要组成部分,以《民法典》为基础,并以《民法典》的价值为遵循,与《民法典》相互配合、相辅相成,共同构建了针对个人信息保护较

---

① 参见程啸:《个人信息保护法理解与适用》,中国法制出版社2021年版,第197页。
② 关于数个共同处理者侵害个人信息适用共同危险行为制度的讨论,参见阮神裕:《民法典视野下个人信息的侵权法保护——以事实不确定性及其解决为中心》,载《法学家》2020年第4期。
③ 参见张彤:《论民法典编纂视角下的个人信息保护立法》,载《行政管理改革》2020年第2期。
④ 参见郑维炜:《个人信息权的权利属性、法理基础与保护路径》,载《法制与社会发展》2020年第6期。

为完整的价值体系和规则体系。只有在准确理解和把握这样一个体系的基础上,才能在保护个人信息方面充分发挥体系的功能。为此,需要梳理、整合既有的法律规范,消除其间的矛盾。① 在《个人信息保护法》适用过程中,不仅要结合《民法典》的规定,准确理解、解释《个人信息保护法》的相关规则,同时,要充分发挥民法保护个人信息的体系化的效应,具体而言,有如下几点:

第一,要充分发挥《民法典》的规范储备功能,并与《个人信息保护法》相结合,形成保护个人信息的严密体系。上文已经探讨了《个人信息保护法》与《民法典》侵权责任编的关系,但严格地说,其不仅与侵权责任编存在关系,而且与《民法典》其他各编都存在密切的联系。对于个人信息的许可和利用,往往都是通过合同作出安排的②,这些行为均需要受到《民法典》合同编的调整。例如,《民法典》合同编对于格式条款的规制(第 496 条、第 497 条和第 498 条)以及特殊合同的解除规则等均填补了《个人信息保护法》的空白。又如,个人与信息处理者通过订立合同对个人信息的许可和利用作出约定的,该许可使用合同的订立与生效,应当适用《民法典》第 469 条以下的规定。当信息处理者违反合同约定处理个人信息时,信息主体还可以根据《民法典》第 577 条以下的规定要求信息处理者承担违约责任。因此,在保护个人信息时,不能仅从《个人信息保护法》出发,孤立地适用规则,而应当具有更加宏大的、体系化的视野,将其与《民法典》的规则相结合,使《民法典》在个人信息保护方面发挥其规范储备效应,从而形成对个人信息的周延保护。

第二,要与《民法典》的相关规定相结合,发挥《民法典》的查漏补缺功能。《个人信息保护法》虽然设置了较为全面的个人信息保护规则,但毕竟个人信息保护涉及的问题较为广泛,《个人信息保护法》不可能将个人信息保护所涉及的民事规则全部囊括其中,在无法从《个人信息保护法》中寻找相关规范时,就应当从《民法典》中寻找相关规范。如前述,关于禁令制度、人格权请求权、精神损害赔偿、违约责任的认定等一系列问题,仍然应当从《民法典》中寻找相关的规范依据。即使《个人信息保护法》中对相关问题作出了规定,但其许多规则仍然是不完善的,需要结合

---

① 参见张彤:《论民法典编纂视角下的个人信息保护立法》,载《行政管理改革》2020 年第 2 期。

② 参见高秦伟:《个人信息保护中的企业隐私政策及政府规制》,载《法商研究》2019 年第 2 期。

《民法典》的规定,形成完整的规则体系。通过与《民法典》相关规定的结合适用,既可以查漏补缺,同时,也可以借助直接适用、类推适用,或者参照适用等方式,援引《民法典》的相关规定,以弥补《个人信息保护法》规定的不足。① 例如,《个人信息保护法》第 49 条关于死者个人信息保护的问题,其只是规定了近亲属为了自身的合法、正当利益而对死者相关个人信息享有查阅、复制、更正、删除等权利,但是死者个人信息遭受他人侵害,其近亲属是否有权请求行为人承担民事责任,如何要求行为人承担责任,则必须依据《民法典》第 994 条规定予以认定。再如,《个人信息保护法》第 69 条虽然规定了侵害个人信息的获利返还规则,但该条规定仍然很不完整,必须结合《民法典》第 1182 条予以适用。

第三,要保持《个人信息保护法》与《民法典》的体系完整性,努力消除矛盾。拉伦茨指出:"法律科学最为重要的任务之一就是发现单个的法规范之间和规则体相互之间,以及它们与法秩序的主导原则之间的意义脉络,并将该意义脉络以可被概观的方式,即以体系的形式表现出来。"② 可以说,法律解释的重要目的在于使法律相互之间形成一种有机的和谐。之所以要在体系化的视角下考虑《个人信息保护法》的适用问题,其中很大的原因就是要通过体系化的考量,来努力消除《个人信息保护法》与《民法典》之间的不协调甚至矛盾现象。例如,就个人信息的概念而言,依据《民法典》第 1034 条规定,"个人信息是以电子或者其他方式记录的能够单独或者与其他信息结合识别特定自然人的各种信息"。该条采纳了"识别说",作为判断个人信息的标准。③ 这也符合个人信息界定的通行做法。④ 而《个人信息保护法》第 4 条规定,"个人信息是以电子或者其他方式记录的与已识别或者可识别的自然人有关的各种信息"。从该规定来看,其不仅采纳了"识别说",而且采纳了"关联说",即凡是能够识别自然人的各种相关联的信息,都可以作为个人信息。因此,《民法典》与《个人信息保护法》在个人信息定义方面是存在矛盾的。但笔者认为,识别既包括对个人姓名、地址的直接识别,也包括对个人其他身份的

---

① 参见周汉华:《个人信息保护的法律定位》,载《法商研究》2020 年第 3 期。
② 〔德〕卡尔·拉伦茨:《法学方法论》(全本·第 6 版),黄家镇译,商务印书馆 2020 年版,第 549 页。
③ 参见黄薇:《中华人民共和国民法典人格权编释义》,法律出版社 2020 年版,第 208 页。
④ See Paul M. Schwartz & Daniel J. Solove, "The PII Problem: Privacy and a New Concept of Personally Identifiable Information", New York University Law Review, Vol. 86, 2011, p. 1814.

识别①,所谓"有关的"个人信息,实际上是《民法典》第1034条所规定的"与其他信息结合识别"特定自然人的信息,因此,《个人信息保护法》增加"关联说",表面上看是突破了《民法典》的规定,但实际上仍然可以通过扩张解释"识别说",而认定两者之间并不存在矛盾。

  基于体系化的考量,在具体适用《个人信息保护法》的规则时,应当注重其与《民法典》的结合,这又要区分三种情形:一是在《民法典》有规定而《个人信息保护法》中没有规定时,应当适用《民法典》的规定,如前述违反个人信息许可使用合同的违约责任的认定与适用,《个人信息保护法》并未作出规定,此时应当适用《民法典》的规定。二是《个人信息保护法》有规定而《民法典》没有规定,或者《个人信息保护法》与《民法典》均有规定而《个人信息保护法》对此作出了特别规定时,则需要单独援引《个人信息保护法》的规定。例如,从实践来看,侵害个人信息的行为可能构成大规模侵权②,其损害具有范围广、程度深的特点,而对单个的受害人来说,损害又可能是轻微的。所以,它会形成一种集合性的、针对众多人的大规模损害。瓦格纳将此种行为称为"大规模的微型侵害"③,对于此种损坏,由于其侵害的微小性,单个的受害人往往势单力薄,也往往不愿意要求加害人承担责任。对于此种诉讼动力不足的情况,需要由国家公权力机关作为公共利益的代理人去追究侵害人的责任,保护公共利益。《民法典》并没有就个人信息的大规模侵权作出规定,为解决这一问题,《个人信息保护法》第70条规定了侵害个人信息的公益诉讼制度,此时,就需要单独适用《个人信息保护法》的规定。三是《民法典》与《个人信息保护法》均有规定,但《个人信息保护法》的规定不完整,需要结合《民法典》的规则来适用。

  总之,《个人信息保护法》的规则与《民法典》的规则相结合,形成了一种具有内在逻辑的制度、规则体系,只有从整体上把握这样一个体系,才能在适用中充分发挥体系化的规范储存、查漏补缺等效用,从而形成对个人信息的体系化的、全面的保护。④

---

① See Nadezhda Purtova, "The Law of Everything. Broad Concept of Personal Data and Future of EU Data Protection Law", Law, Innovation and Technology, Vol. 10, 2018.
② 参见丁晓东:《个人信息私法保护的困境与出路》,载《法学研究》2018年第6期。
③ 〔德〕格哈德·瓦格纳:《损害赔偿法的未来:商业化、惩罚性赔偿、集体性损害》,王程芳译,中国法制出版社2012年版,第178页。
④ 参见张新宝:《〈民法总则〉个人信息保护条文研究》,载《中外法学》2019年第1期。

结　语

　　《个人信息保护法》作为综合性的法律,其所包含的个人信息的私法规则与《民法典》构成特别法与一般法的关系,不能因为有了特别法,而否定《民法典》的基础性地位,更不能将《个人信息保护法》看作自给自足、脱离《民法典》之外的体系,否则,将会极大地削弱《个人信息保护法》在保护个人信息方面的作用。尤其应当看到,就个人信息保护规则而言,《个人信息保护法》与《民法典》共同构成了一个完整的体系,只有准确把握好这个体系,才能准确理解和适用相关规则。也只有将《个人信息保护法》与《民法典》的贯彻实施结合起来,才能够充分、全面地维护好、保障好、发展好人民群众在网络空间中享有的合法权益,真正使广大人民群众在数字化时代享有更多的获得感、幸福感、安全感。

婚姻家庭

体系化视野下《民法典》婚姻家庭编的适用

——兼论婚姻家庭编与其他各编的适用关系*

引 言

自罗马法以来,婚姻家庭法就是私法的重要组成部分,它与物权法、债权法等一起构成了民法的基本内容,其在后来的历史发展中也没有脱离私法的框架。从比较法的角度来看,大陆法系国家的民法典无一例外都包括了婚姻家庭法。1804 年《法国民法典》制定之时,起草人波塔利斯就曾在《法国民法典》的草案预备性说明中指出,家庭法是"指导和确定社会联系"的法条整体的"两大主要基石"之一。① 我国《民法典》婚姻家庭编作为调整婚姻关系和家庭关系的法律规范的总和,是《民法典》的重要组成部分,该编是在《婚姻法》《收养法》的基础上经过修改、补充而形成的,共分为五章,具体包括一般规定、结婚、家庭关系、离婚、收养,共计79 条。"在成文法的法律传统之下,民法典常常包含着一个民族的精神密码,表达了一个民族对一系列关键问题的基本立场。"②《民法典》婚姻家庭编以调整婚姻关系为核心,注重树立优良家风,弘扬家庭美德,重视家庭文明建设,保持了中华民族传统的敬老爱幼、家庭和谐等优良传统美德。该编既注重保护家庭成员的权利,也注重引导家庭成员履行其法定义务,充分彰显了中国特色、实践特色和时代特色。

婚姻家庭法入典后,已经与《民法典》其他编构成一个完整的逻辑体系,这就需要高度重视婚姻家庭编与《民法典》其他各编之间的密切联系,维护《民法典》体系的完整性与价值的融贯性,避免出现体系矛盾,最

---

* 原载《当代法学》2023 年第 1 期。
① 参见〔法〕让-保罗·让、〔法〕让-皮埃尔·鲁瓦耶:《民法典:从政治意志到社会需要》,石佳友译,载《法学家》2004 年第 2 期。
② 王轶、关淑芳:《论民法总则的基本立场》,载《国家行政学院学报》2018 年第 1 期。

大化地实现《民法典》的体系效应。因此,在适用婚姻家庭编过程中,如何以体系化视角,准确理解、把握婚姻家庭编与《民法典》其他各编的相互关系,保持法典内部体系融贯,是一个需要讨论的重要问题。

一、内在价值体系的统一——《民法典》价值在婚姻家庭编中的贯彻

"法典化就是体系化",婚姻家庭法入典后,要与《民法典》其他部分形成一个完整的体系,首先需要实现内在价值体系的统一,即价值的融贯性。内在体系(innere Systematik),也称为价值体系,是贯穿于《民法典》各项制度与规则的价值理念。[1] 正如拉伦茨教授所指出的:"只要我们仍然应该研究'真正的法秩序'及其在思想上的渗透影响,就不能放弃体系思想。"[2]《民法典》所具有的人文关怀等价值是贯彻始终的,毫无疑问也应当体现在婚姻家庭领域。可以说,婚姻家庭编与《民法典》内在体系的契合,为准确适用婚姻家庭编提供了价值上的指引。

所谓人文关怀,是指对人自由和尊严的充分保障以及对社会弱势群体的特殊关爱。人文关怀是民法的重要价值基础。孟德斯鸠说过,"在民法的慈母般的眼里,每个个人就是整个国家"[3]。这句话深刻地表达了民法所应当秉持的人本主义精神。民法以"关心人、培养人、发展人、使人之为人"作为立法的基本使命,必然要反映人的全面发展的理念。近代民法以财产法为中心,或者说出现了"泛财产化"倾向[4],存在着"重财轻人"的缺陷[5]。而进入21世纪,对人格尊严的保护逐渐增强,人文关怀也逐渐成为民法的基本价值理念。我国《民法典》在坚持私法自治的基础上,适应时代发展需要,确立了人文关怀的价值,充分保护弱势群体的权益,维护个人的人格尊严,这也彰显了我国《民法典》的重要特色。人文关怀也是社会主义核心价值观的重要内容,《民法典》第1条开宗明义地指明,我国《民法典》的立法目的之一,是要弘扬社会主义核心价值观,将社会主义核

---

[1] Vgl. Franz Bydlinski, System und Prinzipien des Privatrechts, Springer Verlag, Wien/New York, 1996, S. 48 ff.
[2] 〔德〕卡尔·拉伦茨:《法学方法论》,黄爱娥译,商务印书馆2003年版,第43页。
[3] 〔法〕孟德斯鸠:《论法的精神》(下册),张雁深译,商务印书馆1963年版,第190页。
[4] 参见薛军:《人的保护:中国民法典编撰的价值基础》,载《中国社会科学》2006年第4期。
[5] Vgl. Schwab/Löhnig, Einführung in das Zivilrecht, Hüthig Jehle Rehm, 2007, Rn. 42.

心价值观融入民事法律制度,弘扬中华民族传统美德,强化规则意识,增强道德约束,倡导诚信观念,弘扬公序良俗。婚姻家庭编作为《民法典》的一部分,也要将社会主义核心价值观作为其立法目的,并体现人文关怀。家庭作为社会的基本细胞,在国家治理体系和治理能力现代化的过程中发挥着重要作用,未成年人道德观、价值观的形成始于家长和家庭教育。家庭教育在养成健全人格、培育思想品德、实现文化传承等方面都起着重要的作用。在社会层面弘扬社会主义核心价值观离不开每一个家庭的努力。《民法典》所弘扬的社会主义核心价值观在婚姻家庭编中也得到了充分体现。

(一) 彰显自由价值

新中国的第一部法律就是《婚姻法》,该法确认了婚姻自由、一夫一妻和男女平等等原则,注重发挥家庭作为社会基本单元所具有的独特价值,并借助民法的平等、意思自治等原则实现家庭法律制度的现代化。民法作为私法,以意思自治为价值追求,其背后所蕴含的是对于自由的尊重。婚姻家庭编作为《民法典》的组成部分,也充分展现了对于民事主体行为自由的尊重。具体体现在如下几个方面:

第一,婚姻家庭编贯彻婚姻自由价值。从广义上讲,婚姻家庭编中确立的婚姻自由原则就是私法自治价值的具体体现。我国《民法典》人格权编虽然没有对婚姻自主权作出规定,但总则编明确规定了个人享有婚姻自主权,彰显了对个人人格尊严的保护,婚姻家庭编进一步强化了对婚姻自主权的保护。一方面,婚姻家庭编尊重当事人的结婚意愿与离婚意愿,放宽结婚的条件,在结婚方面赋予了个人更多的意思自治。另一方面,婚姻家庭编强化了对老年人再婚意愿的保护。在父母子女关系中,《民法典》第1069条规定了子女应尊重父母的婚姻权利。依据该条规定,子女不得干涉父母行使婚姻生活中的离婚、再婚等权利。这一规定是对婚姻自主权的贯彻,针对老年人再婚中子女不当干涉的现象特别作出的规定。[①] 这一规范充分彰显了《民法典》对老年人婚姻自由权利的尊重,也是维护人格尊严在父母子女关系中的体现。

第二,婚姻家庭编尊重和保障当事人的财产自由。例如,在结婚时,当事人可以通过约定夫妻财产制,并进一步重申了夫妻双方对夫妻共

---

① 参见薛宁兰、谢鸿飞主编:《民法典评注.婚姻家庭编》,中国法制出版社2020年版,第291页。

有财产的平等处理权。再如,在离婚时,夫妻双方也可以约定夫妻共同财产的分割方法。此外,婚姻家庭编还保障夫妻双方参加生产、工作等自由。当然,在婚姻家庭领域,当事人的自由要受到必要的限制。例如,对未成年人的抚养和监护,仍然主要由家庭来承担。①

第三,收养关系中,尊重被收养人的自主决定。在收养关系中,《民法典》第1104条规定了收养8周岁以上未成年人的,需要征得被收养人的同意。8周岁以上的被收养人已经对于收养行为具有一定的认识能力,此时立法要求尊重被收养人的意愿,不得违背其意愿进行收养。这体现了在收养关系中对于被收养人人格尊严的保护。

(二) 彰显平等价值

从比较法的角度来看,《民法典》的现代化首先就是从婚姻家庭法的现代化开始的。自新中国成立以来,我们的立法传统一向追求平等价值,历来承认夫妻双方平等,这既是我们的立法经验,也体现我们社会主义制度的优越性。我国《民法典》婚姻家庭编贯彻了平等价值,其集中体现于第1041条第2款所确立的"男女平等"这一基本原则。婚姻家庭编第1058条规定了共同亲权原则,确认夫妻双方平等享有对未成年子女抚养、教育和保护的权利,共同承担对未成年子女抚养、教育和保护的义务。由于婚后夫妻的姓名直接体现了男女两性的社会地位和独立人格以及是否具有从属关系②,因此《民法典》第1056条确认夫妻独立享有姓名权,夫妻平等享有姓名权等人格权,从而破除对女性歧视,体现了对于婚姻当事人的独立人格的尊重和保护③。

在婚姻家庭编中,不仅仅注重权利能力的形式平等,关注整体的抽象的人,更是关注婚姻家庭关系中的具体自然人,体现了《民法典》对人的关爱。这首先表现在总则编专门为弱势群体外接特别法,《民法典》第128条规定:"法律对未成年人、老年人、残疾人、妇女、消费者等的民事权利保护有特别规定的,依照其规定。"这将《民法典》和一系列单行法连接起来,体现了"弱式意义上平等对待"④,彰显了民法人文关怀的理念。其

---

① 参见朱红梅:《我国未成年人监护监督制度的法律分析》,载《沈阳大学学报》2008年第1期。

② 参见余延满:《亲属法原论》,法律出版社2007年版,第220页。

③ 参见潘淑岩:《〈民法典·婚姻家庭编〉的中国化、现代化与未来面向》,载《长治学院学报》2021年第1期。

④ 王轶:《民法原理与民法学方法》,法律出版社2009年版,第38—48页。

次,在婚姻家庭编的具体条款中强化对弱势群体的保护,实现实质平等。婚姻家庭编旨在实现实质平等。"家是人最完整的存在尺度。"①在现代社会,为了保护婚姻家庭关系中弱者的利益,法律逐渐加强了对婚姻家庭关系的干预,因此婚姻家庭法具有私法公法化的趋势。② 围绕着对人的保护,《民法典》健全了从人身到财产,从精神到物质的民事权利体系,构建了规范有效的权利保护机制。在婚姻家庭领域注重对未成年人、老年人、妇女等弱势群体的保护尤为重要。《民法典》婚姻家庭编强化了对弱势群体的保护与关爱,追求实质平等。婚姻家庭编在家庭关系、离婚和收养的规则中,均反映了未成年人利益最大化这一原则。《民法典》明确规定婚生子女和非婚生子女的权利平等,维护继父母子女、养父母子女之间的家庭伦理关系,进一步保护家庭内妇女、儿童和老人等弱势群体的合法权益,以充分发挥家庭所具有的繁衍、教育、抚养、赡养等社会功能。夫妻离婚时,在子女抚养方面,《民法典》要求法院按照最有利于未成年子女的原则作出判决(第1084条)。在规定收养的条件时,要求收养人"无不利于被收养人健康成长的违法犯罪记录",以确保被收养人利益(第1098条)。

(三) 强化婚姻家庭中的人格尊严

《民法典》的人文关怀精神在婚姻家庭编得到了充分的贯彻,这尤其表现为对婚姻家庭生活中的人格尊严的保护。"尊严"一词来源于拉丁文 dignitas,意指尊贵、威严。③ 人格尊严是指人作为法律主体应当得到承认和尊重。人格尊严是每个人作为"人"所应有的社会地位,以及应受到他人和社会的最基本尊重,是人作为社会关系主体的基本前提。在婚姻家庭关系中,自然人在婚姻家庭中的人格尊严表现为,所有家庭成员均享有人格尊严受到尊重的权利。我国《民法典》婚姻家庭编从多个维度强化了对人格尊严的保护,具体而言:

一是强调了对姓名权的保护。依据《民法典》第1056条规定,在家庭关系中,夫妻双方都有各自使用自己姓名的权利。姓名权作为一项重要的人格权,事关自然人的人格尊严。《民法典》的该条规定与《民法典》第

---

① 张龑:《论我国法律体系中的家与个体自由原则》,载《中外法学》2013年第4期。
② 参见夏吟兰:《论婚姻家庭法在民法典体系中的相对独立性》,载《法学论坛》2014年第4期。
③ 也有学者认为该词与人的尊严无关。See Rubin Gotesky & Ervin László ed., Human Dignity: This Century and the Next: An Interdisciplinary Inquiry into Human Rights, Technology, War, and the Ideal Society, Gorden and Breach, Science Publishers, 1970, p. 42.

1012 条关于姓名权的规定相互呼应,强调了自然人在夫妻关系中有权独立行使姓名权。

二是强化了对人身自由权的保护。《民法典》第 1057 条规定:"夫妻双方都有参加生产、工作、学习和社会活动的自由,一方不得对另一方加以限制或者干涉。"该条对夫妻双方的人身自由权作出了规定。同时,我国婚姻家庭编明文禁止家庭暴力,在家庭成员的人身自由权遭受侵害时,权利人还可以依法请求人民法院颁发禁令。

三是对于婚姻家庭关系中个人所享有的人格权益的保护可以参照适用人格权编的有关规定,这有利于强化对婚姻家庭关系中人格权益的保护。婚姻家庭编看似对人格权益的保护较少,但实际上,正是因为人格权编中所存在的权利保护规定也可以被参照适用于婚姻家庭中的人格权益保护。① 例如,夫妻之间也要相互尊重隐私,禁止侵害另一方生命、健康和身体的家庭暴力行为,《反家庭暴力法》专门设置了人身安全保护令,这也适用于夫妻一方侵害另一方人格权益的情形。人身安全保护令是《民法典》第 997 条所规定的禁令的应用之一,其仅针对物质性人格权的暴力侵害行为,对其他标表性和精神性的人格权的其他侵害行为,则不应当适用该禁令。

四是对婚姻家庭关系中名誉权、家庭隐私以及个人信息的保护。婚姻家庭编虽然没有对此类人格权益的保护作出明确规定,但在解释上应当认为,个人对家庭的名誉应当享有名誉权。② 婚姻家庭领域隐私性较强,个人对家庭隐私也应当享有隐私权,有关个人家庭的许多信息也应当属于个人信息的范畴,因此,这些人格权益也应当依法受到法律保护。③ 家庭信息仍然属于个人信息范畴,只不过依据《个人信息保护法》第 72 条第 1 款规定"自然人因个人或者家庭事务处理个人信息的,不适用本法"。

(四) 树立优良家风

中国古代历来强调"家国同构",将家庭视为社会治理的基本单元,儒学倡导"家齐而后国治",中国传统则追求"父严母慈子孝",注重家庭的

---

① 参见王雷:《〈民法典〉人格权编中的参照适用法律技术》,载《当代法学》2022 年第 4 期。

② 参见龙翼飞:《编纂民法典婚姻家庭编的法理思考与立法建议》,载《法制与社会发展》2020 年第 2 期。

③ 参见龙翼飞:《编纂民法典婚姻家庭编的法理思考与立法建议》,载《法制与社会发展》2020 年第 2 期。

和谐、和睦,这实际上是将家庭作为社会的细胞,将家庭治理作为国家治理的基础。"中国人特重家庭伦理,蔚成家族制度。"[1]家庭是国家和社会的基本单元,家庭和谐是社会和谐的基础,家庭治理是国家治理的基石。《民法典》在调整婚姻家庭关系方面并没有完全采用个人主义的方法论,而更多地采用了团体主义的方法论,表现在:

第一,在整体上,《民法典》不仅以原子化的个人为中心,还同时注重家庭的价值和地位。总体来看,婚姻家庭编在第一章"一般规定"中增加了"家庭应当树立优良家风,弘扬家庭美德,重视家庭文明建设"的倡导性规定(第 1043 条第 1 款),该条也被称为"家风"条款,其致力于维护家庭成员的和睦、和谐,培养家庭良好美德。应当看到,家庭具有很强的教育功能,家教家风是形成良好社会风气的重要前提。家庭是国家的基本构成单元,也是人生的第一所学校,是个人成长的基点,家教、家风对于家庭建设具有基础性的作用,是连接个人、家庭、社会、国家的重要节点,在国家治理体系中具有重要作用。父母是子女的第一位人生导师,父母的言传身教对于子女行为具有极为重要的示范作用。波塔利斯指出:"家庭是良好品性的圣殿:正是在其中,私德逐步培养为公德。"[2]家庭培养公民的私德;而良好的私德是公德的基础。我国《民法典》第 1043 条虽然是倡导性规定,但是在法律适用中具有很强的导向功能。"重视家庭文明建设成为婚姻家庭编的基本价值取向。"[3]在婚姻家庭编具体制度的解释和适用中,该条规定的价值理念,均起到了重要指导的作用,作为婚姻家庭编的一般规范,普遍适用于婚姻家庭编的各个章节之中。在各章节的具体制度的解释和缺少规则时的漏洞填补中,均应当以"家风"条款作为指引。

第二,在具体规则上,婚姻家庭编体现了权利和义务的密切关联。在家庭关系中,权利与义务密切联系、互为一体,"权利和义务互依互存的情态最初源于家庭"[4]。《民法典》在调整婚姻家庭关系方面要求家庭成员之间负有更多的义务。如夫妻之间互负忠实义务,同时要求这些义务与职责不可转让与放弃,如监护职责就体现这一特点,这些都是为了实现家

---

[1] 梁漱溟:《中国文化要义》,上海人民出版社 2005 年版,第 29 页。
[2] Jean-Etienne-Marie Portalis, Discours et rapports sur le Code civil, Presses Universitaires de Caen, 2010, pp. 103-104.
[3] 王雷:《家庭文明建设在民法典中的体现》,载《山东大学学报(哲学社会科学版)》2021 年第 3 期。
[4] 〔英〕亨利·梅因:《古代法》,郭亮译,法律出版社 2019 年版,第 90 页。

庭和睦团结的目标。

第三,婚姻家庭编在规定家庭关系时分别以专节的形式规定了夫妻关系、父母子女关系和其他近亲属关系,对这三类家庭关系中各家庭成员之间的权利义务关系作出了细化规定,构建了维持家庭关系和谐、稳定的基本法律框架,这也使得树立优良家风不仅有伦理道德的支撑,也有了基本的法律保障。

二、外在制度体系的协调——婚姻家庭编与《民法典》其他各编的适用关系

婚姻家庭法入典,与《民法典》其他部分形成有机的整体。一方面,这反映了婚姻家庭法与民法的本质联系和逻辑必然。[①] 婚姻家庭法与其他基本民事制度具有密切联系。从婚姻家庭制度与其他民法制度的适用关系来看,婚姻家庭制度的许多内容,与《民法典》的其他部分存在着密切关联。《民法典》体系化适用的要求意味着在婚姻家庭编适用的过程中必须密切关注其与《民法典》其他各编之间的关系。例如,以提取公因式技术形成的《民法典》总则编是普遍适用于《民法典》所调整的各种法律关系的规范的总和。另一方面,这突出了人法的重要地位,表明民法不仅是财产法,同时也注重调整个人与家庭中形成的各类人身关系。我国《民法典》第2条将民法的调整对象规定为"平等主体的自然人、法人和非法人组织之间的人身关系和财产关系",该规定将人身关系置于财产关系之前,明确了《民法典》对于人身关系的调整。《民法典》总则编在"民事权利"一章中明确规定"自然人因婚姻、家庭关系等产生的人身权利受法律保护",将亲属身份关系等婚姻家庭关系纳入《民法典》调整的范围,确立了婚姻家庭法作为民法组成部分的地位与性质。

(一)婚姻家庭编与总则编的适用关系

当婚姻家庭法作为单行法出现时,我们不需要太多考虑其与《民法典》总则编的关系。但是,在将婚姻家庭法纳入《民法典》之后,就必须考虑其与《民法典》总则之间的相互关系问题。因此需要明确《民法典》总则编中的哪些规则适用于婚姻家庭法,哪些规则不能适用于婚姻家庭法。具体来说,处理两者之间的关系应当注意如下几个方面问题:

---

① 参见王洪:《婚姻家庭法》,法律出版社2003年版,第15页。

第一,《民法典》总则编所确立的基本原则普遍适用于婚姻家庭编。作为《民法典》分则的一部分,婚姻家庭法应当遵守平等、自由等民法基本原则,体现《民法典》的价值理念。不过,这些原则运用到婚姻家庭法时,也应当考虑婚姻家庭法的特殊性。例如,民法上的自由原则在婚姻家庭法之中,体现为结婚自由和离婚自由;民法上的平等原则在婚姻家庭法之中,表现为强调男女平等、非婚生子女与婚生子女之间的平等。《民法典》第 6 条规定的公平原则可以适用于对婚姻家庭领域中弱势群体的保护,《民法典》第 7 条规定的诚信原则也应当为全体家庭成员所遵守。当然,除民法的基本原则之外,婚姻家庭法还有其独特的原则,如团结和睦,保护妇女、未成年人、老年人合法权益的原则。中国历来有重视家庭的传统,当代社会应该继续发扬这一传统,弘扬和睦与互助的家庭观念。① 需要指出的是,民法中仅仅适用于财产法的价值原则上不能适用于婚姻家庭法,如效率原则一般不适用于婚姻家庭关系。虽然夫妻财产法也涉及提高财产利用效益的问题,但是,绝大多数婚姻家庭关系是以感情为维系基础的,其无法用经济效益来衡量,因而效率价值自然不能成为婚姻家庭法的价值理念。此外,在婚姻家庭编有具体规则的情况下,应当依据该具体规则而不宜直接依据总则编所规定的基本原则裁判婚姻家庭纠纷,否则就构成"向一般条款逃逸"。

第二,监护制度对婚姻家庭编的适用。我国《民法典》总则编用十多个条款规定了监护制度,对于监护制度应当规定于总则编抑或婚姻家庭编,在《民法典》编纂过程中曾有两种截然不同的观点。一种观点认为,监护制度与婚姻家庭关系联系紧密,应当在婚姻家庭编中加以规定;而另一种观点认为,监护制度解决的是自然人的行为能力问题,因而应当在总则编中予以规定。② 最终《民法典》采纳了将监护制度置于总则编的做法。应当看到,虽然在我国监护制度中,监护不仅仅包括家庭监护,还包括了社会监护、国家监护,但监护制度主要适用于婚姻家庭关系,其相关规则也应当可以用于调整婚姻家庭关系。有研究显示,家庭监护方式不当、监护能力不高,是未成年人犯罪的重要成因。③ 因此,保护未成年人的

---

① 参见杨大文、马忆南:《新中国婚姻家庭法学的发展及我们的思考》,载《中国法学》1998 年第 6 期。
② 参见黄薇主编:《中华人民共和国民法典总则编释义》,法律出版社 2020 年版,第 71 页。
③ 参见林艳琴:《国家治理视域下未成年人家庭监护缺失的预防与干预》,载《国家行政学院学报》2018 年第 4 期。

合法利益，完善监护制度对未成年人的保护，是《民法典》构建和谐家庭的重要组成部分。事实上，法定监护中监护人主要是在家庭成员中予以确定，监护职责的履行实际上也主要涉及家庭关系。

第三，民事法律行为制度的一般规则可以适用于婚姻家庭领域。关于法律行为制度的一般规则是否可以适用于婚姻家庭领域，存在两种不同的观点：赞成说认为，虽然婚姻家庭领域有其特殊的规则，但法律行为制度的一般规则仍然可以适用于该领域。反对说认为，法律行为制度的一般规则主要是依据财产性行为而抽象出来的。"由于身份行为具有不同于财产行为的诸多特征，故法律行为的规则，主要适用于物权行为与债权行为。"① 例如，总则编对于法律行为无效的规定，与婚姻家庭编中婚姻无效的规定相去甚远。笔者认为，上述两种观点都不无道理，关于法律行为制度的一般规则能否适用于婚姻家庭领域，应当区分不同情形分别予以认定。一方面，在财产关系中，通常可以适用法律行为制度的一般规则，如夫妻之间关于财产制的约定，即可适用法律行为制度的一般规则。另一方面，对人身关系而言，法律行为制度的一般规则的适用应当受到一定的限制。特别是在我国，结婚行为具有特殊性，总则编关于法律行为效力瑕疵的规则并不能当然适用于结婚行为。例如，因欺诈订立的合同可以根据总则编规定予以撤销，但因欺诈而缔结的婚姻并非都应当撤销。当然，在某些情形下，法律行为制度的一般规则也可以适用于相关的人身关系，例如，在协议离婚的情形下，在认定当事人所订立的离婚协议的效力时，则可以适用法律行为效力的一般规则。当然，婚姻家庭法应当根据婚姻行为的特殊性设置一些特殊规则。在法律适用上，首先要适用婚姻家庭编的特别规定，在该编没有规定时，原则上适用《民法典》总则编关于民事法律行为制度的一般规则。但是，如果民事法律行为制度的一般规则与婚姻行为的性质相冲突，则不得适用。

第四，代理制度可以适用于婚姻家庭法领域的财产关系。在我国，代理适用的范围较为宽泛，但在婚姻家庭法领域内，其适用的空间仅限于身份行为以外的法律行为。因为婚姻家庭关系都是以身份为基础的，个人意志和感情色彩较浓，所以常常需要探求当事人的真实意思表示，不允许由他人代理从事婚姻行为。例如，依据我国《民法典》的规定，办理结婚登记与离婚登记时，都应当由本人亲自到婚姻登记机关办

---

① 尹田：《民法典总则与民法典立法体系模式》，载《法学研究》2006年第6期。

理登记,而不得由他人代理。更何况婚姻关系一旦成立或者被撤销,将对当事人产生重大影响,可能会改变其人生历程和生活现实,所以需要当事人谨慎行为,不能由他人代理。但这并不意味着婚姻家庭关系中不适用代理,婚姻家庭领域的财产行为仍然可以适用代理制度。例如,父母作为法定代理人可以代理未成年子女从事交易行为等,此时都应当适用代理制度进行调整。

(二) 婚姻家庭编与物权编的适用关系

物权编的规则原则上可以适用于婚姻家庭领域中的财产关系。《民法典》物权编主要调整有体物的归属和利用关系,而婚姻家庭编调整的是人身关系。但是由于婚姻家庭关系中不可避免地涉及财产的归属与利用问题,因此婚姻家庭编与物权编在适用上也存在一定的交叉,这尤其体现在夫妻共有财产的问题上。

就财产的归属而言,可依据法定或约定确定夫妻共有财产的范围。关于夫妻法定共有财产,《民法典》第1062规定:"夫妻在婚姻关系存续期间所得的下列财产,为夫妻的共同财产,归夫妻共同所有:(一)工资、奖金、劳务报酬;(二)生产、经营、投资的收益;(三)知识产权的收益;(四)继承或者受赠的财产,但是本法第一千零六十三条第三项规定的除外;(五)其他应当归共同所有的财产。夫妻对共同财产,有平等的处理权。"这就确认了夫妻在婚姻关系存续期间的法定共有财产。《民法典》扩大了夫妻共有财产的范围,将工资和奖金以外的其他劳务报酬和投资收益都明确规定为夫妻共有财产的范畴。有学者认为:"夫妻双方婚后所得财产,属于共同共有而非按份共有。"[1]但《民法典》物权编用的是"共同共有",婚姻家庭编用的是"共同所有",这就表明两者之间有一定的联系和区别。物权编中的"共同共有"包含了内部关系和外部关系的共有形态,内部是共同享有权利,而对外是共同行使权利。而婚姻家庭编中的"共同所有"更强调家庭成员内部共同享有权利。就财产的利用和处分而言,无论是夫妻法定共有财产还是约定共有财产,核心特征是对夫妻共同财产共同所有,夫妻双方享有平等的处理权。[2] 夫妻在婚姻关系存续期间,对于共有财产享有平等的占有、使用、收益和处分的权利。[3] 夫妻

---

[1] 李永军主编:《中国民法学》(第4卷),中国民主法制出版社2022年版,第95页。
[2] 参见黄薇主编:《中华人民共和国民法典释义》,法律出版社2020年版,第1991页。
[3] 参见梅夏英、高圣平:《物权法教程》(第2版),中国人民大学出版社2010年版,第147页。

共有财产是夫妻共同生活的物质基础,在通常情况下,婚姻家庭编中的财产规则与物权编中的财产规则不会发生冲突。婚姻家庭编主要调整的是夫妻之间的财产关系,而物权编调整的则是夫妻与不特定第三人之间的财产关系。例如,夫妻双方出卖、赠与属于夫妻共有的财产,应取得一致同意。在夫妻处分共有财产时,在对外关系上应当主要适用物权编的规定,例如,关于交付、登记、物权变动等规定在夫妻处分共有财产中均应当适用。

但是,倘若夫妻一方单独处分夫妻共同财产时,夫妻另一方的利益与不特定第三人的利益可能发生冲突,婚姻保护与交易安全将产生矛盾。此时,夫妻财产制成为协调这些利益冲突的基础制度,如何解释夫妻财产制的法律效力,乃是婚姻家庭编的重点难点。尤其是,当夫妻一方单独处分夫妻共同财产(如房屋)时,是否应当认定为无权处分?显然,如果将夫妻共同财产等同于《民法典》第299条的共同共有,那么结论是肯定的,一方单独处分的行为构成无权处分,另一方可以阻止财产所有权的转让,或者要求返还原物。此时,物权编所要保障的交易安全反而受到了不利影响,这在以登记作为公示方式的不动产物权、股权中尤为明显。

有研究认为,夫妻共同财产并非共同共有,而是"潜在共有",即夫妻共同财产在婚姻存续期间为"潜在共有",而非现实共有;只有发生离婚等事件时,潜在共有显在化,用以确定夫妻财产的清算。① 法定财产制中的夫妻财产,仅在离婚、继承等法定财产制解体场合,在夫妻之间发生债权效力。② 但在我国,长期以来,夫妻共同财产已经被立法、司法所采纳,并且在民众观念中被普遍认可,完全改变夫妻共同财产的理念,这与长期以来婚姻家庭法理论所认为的夫妻共同财产的观点是相悖的,不利于法秩序的稳定。但是,确实应当看到,夫妻共同财产和一般的共同财产确有不同之处,《民法典》第297条对共有表述为包括按份共有和共同共有,传统上一般都认为夫妻共同财产属于共同共有,但第1062条对夫妻共同财产采取"共同所有"的表述,由此可以看出,《民法典》有意表明夫妻共同财产是一种特殊的共同共有,不能与一般的共同共有等同。这种特殊性就表现在,一方面,要维持夫妻之间的平等权利;另一方面,在对外关系上也

---

① 参见龙俊:《夫妻共同财产的潜在共有》,载《法学研究》2017年第4期。
② 参见贺剑:《夫妻财产法的精神——民法典夫妻共同债务和财产规则释论》,载《法学》2020年第7期。

要考虑第三人的交易安全保护问题。在对外关系上,对一般财产的处理,夫妻享有日常家事代理权,任何一方处分都对配偶双方发生效力,第三人也无须查验该财产的真正所有权人。但对大宗财产而言,尤其是房产、股权等,第三人应当查阅登记,并进一步了解登记权利人的婚姻状况,这就在一定程度上对夫妻一方处分财产作出了必要的限制。在夫妻内部关系上,无论登记是何种状况,只要是夫妻共同财产,夫妻双方都平等享有对财产的占有、使用、收益的权利,进而在夫妻离婚时,原则上应当对该共同财产进行平等分割。这也是夫妻共同财产的特殊之处。[1]

在实践中,存在一方隐藏、转移、变卖、挥霍夫妻共同财产的可能性。在单独处分构成等价交易的情况下,夫妻共同财产的价值并未发生根本变化,只是财产形态发生了改变。例如,夫妻一方出卖房屋后收取了相应价款,这些价款仍然属于夫妻共同财产。如果夫妻一方单独处分是以赠与或者低价交易的方式进行的,夫妻另一方的利益可能受到损害,此时,夫妻另一方还可以通过以下方式获得救济:其一,类推适用债权人撤销权制度。当夫妻一方以赠与或者低价交易出卖夫妻共同财产时,将会损害夫妻另一方在离婚时可以获得的份额,此时后者可以主张类推适用《民法典》第538条所规定的债权人撤销权。其二,类推适用《民法典》第1092条的规定,根据该条规定,夫妻一方隐藏、转移、变卖、毁损、挥霍夫妻共同财产的,在离婚分割夫妻共同财产时,对该方可以少分或者不分。同样,当夫妻一方以赠与或者明显不合理的低价出卖夫妻共同财产时,其在离婚分割夫妻共同财产时,理应少分或者不分。

(三) 婚姻家庭编与合同编的适用关系

《民法典》第463条规定:"本编调整因合同产生的民事关系。"依据本条规定,合同编调整"因合同产生的民事关系",这就意味合同法调整平等主体之间因合同产生的财产法律关系。但此处所说的合同,主要是以财产交换为内容的合同,是反映交易关系的法律形式。但不能直接适用于婚姻关系。从比较法来看,在德国法上,婚姻是一种合同,但具有特殊性,一般认为结婚(Eheschließung)是具有高度人身性的民事法律行为。[2]《德国民法典》第116—118条关于真意保留、通谋虚伪表示、戏谑表示的规定以及第119条关于意思表示错误的规定不适用于缔结婚姻的

---

[1] 参见冉克平:《夫妻财产制度的双重结构及其体系化释论》,载《中国法学》2020年第6期。

[2] Vgl. Wellenhofer, Familienrecht, 5. Aufl., 2019, § 6 Rn. 5.

意思表示,该意思表示不因此类意思瑕疵而无效或者可撤销。① 我国《民法典》婚姻家庭编没有将婚姻关系的缔结解释为合同行为,结婚行为属于身份法上的行为,而且具有伦理情感的互助互爱关系,与财产法上的合同行为存在本质区别。同时,依据《民法典》第464条第2款规定,对于涉及婚姻、收养、监护等身份关系的协议,首先应当适用有关该身份关系的法律规定,在没有此类法律规定的情形下,可以根据其性质参照适用本编规定。"参照适用"这一表述,也体现出此类身份关系与财产关系的不同之处。不能简单地将《民法典》合同编规则直接适用于婚姻、继承等身份关系之中。

虽然合同与身份关系协议具有明显的区别,但是《民法典》第464条第2款规定:"婚姻、收养、监护等有关身份关系的协议,适用有关该身份关系的法律规定;没有规定的,可以根据其性质参照适用本编规定。"依据这一规定,对于婚姻、收养、监护等有关身份关系的协议,可以根据其性质参照适用合同编的规定,因为有关婚姻、收养、监护等有关身份关系的协议,针对合同履行、变更、解除特别是违约责任等问题,婚姻家庭编并没有作出规定,在当事人就上述问题发生纠纷后,法官在裁判时通常无法可依,如果不参照适用合同编的规定,则很难有效处理相关纠纷。因此,《民法典》第464条规定了参照适用规则,该规定包括了如下两层含义。

第一,对于婚姻、收养、监护等有关身份关系的协议首先应当适用身份关系的法律规定,这是特别法优先于一般法这一原则的必然要求。有关身份关系的法律规定虽然就身份关系而言属于一般规范,但是其中婚姻、收养、监护等有关身份关系的协议的规定相较于合同规范而言则是特别规范。如果身份法上具有特别的规则,那么首先应当适用身份法上的相关规定,如关于夫妻婚内财产制的约定以及离婚财产分割等问题,婚姻家庭编已经包含了一些规则,这些规则应当优先于合同编的规则适用。只有在身份法中没有规定的情况下,才能依据其性质参照适用合同编的规则。

第二,有关身份法律关系的规范中没有规定时,应当依据该协议的性质,参照适用合同编的规定。这一规范意味着有关身份关系的协议可以参照适用合同编的规定。② 例如,意定监护协议在没有特别规范的情形下

---

① Vgl. Dieter Schwab, Familienrecht, 28. Aufl., 2020, S. 31; Palandt/Brudermüller, Vor § 1310, 2020, Rn. 3; Gernhuber/Waltjen, Familienrecht, 5. Aufl., 2006, S. 94.
② 参见冉克平:《"身份关系协议"准用〈民法典〉合同编的体系化释论》,载《法制与社会发展》2021年第4期。

可以参照适用委托合同的规定。与此同时,该规范并不意味着有关身份关系的协议就能参照适用合同编的所有规则。例如,对于家事代理行为,就不能适用委托合同中的任意撤销权。需要注意的是,参照适用的对象既包括当事人设立民事权利义务关系的协议,也包括当事人变更、终止民事权利义务的协议。

如何理解根据性质参照适用本编规定?即对于合同规则在身份关系协议中的适用,应当基于不同的身份关系协议的性质与特点,尤其是相关协议中身份性的强弱分别考虑是否可以适用合同编的相关规则。基于上述区分标准,身份关系协议可以区分为三类:第一类是纯粹的身份关系协议。例如,结婚协议、离婚协议等,此类协议具有明确的人身性质,与合同编中的合同具有本质上的区别,原则上不适用合同编的规则。有人将婚姻称为合同,但它是典型的人身法律行为,不能适用合同法的规则。第二类是基于身份关系作出的与财产有关的协议约定。例如,夫妻双方订立的婚内财产制协议和离婚中财产分割协议等,这类协议是基于身份关系作出的关于财产的约定,可以参照适用合同编规则。① 第三类是纯粹的财产协议,这类协议虽然可能与身份关系有关,但是在性质上仍然属于财产协议,因而可以适用合同编的规则。例如,夫妻间的赠与协议,虽然赠与发生于夫妻之间,但是不影响赠与合同的性质,因此,应当适用合同编的规则。再如,遗赠扶养协议,虽然具有一定的身份属性,但其主要还是以财产为内容的协议。

《民法典》第464条对于具有适用可能性的身份协议,采用了"参照适用"的表述,那么应当如何理解参照适用?参照适用就是"准用"(entsprechende Anwendung),准用是指法律明确规定特定法律规定可以参照适用于其他的情形。准用"乃为法律简洁,避免复杂的规定,以明文使类推适用关于类似事项之规定"②。如此规定,既能弥补身份法立法规定的不足,同时,也能简化法律规定以避免重复。在具体的法律适用中,法官首先应当穷尽现有的规则,在穷尽现有规则的情形下,才能通过该准用条款,参照适用合同编的规范。

(四) 婚姻家庭编与人格权编的适用关系

人格权编主要调整人格关系,而婚姻家庭编主要调整的是身份关系。

---

① 参见王雷:《论身份关系协议对民法典合同编的参照适用》,载《法学家》2020年第1期。
② 史尚宽:《民法总论》,中国政法大学出版社2000年版,第51页。

在民法上,人身关系是和财产关系相对应的,它是指基于一定的人格和身份所产生的社会关系。人格权法和身份权法都属于人身权法的范畴,它们共同调整人身关系,因此二者联系紧密。但人格权法与身份权法仍存在一定区别,身份权是民事主体基于特定的身份关系而依法享有的民事权利①,因此其不同于自然人生而享有的人格权利。从狭义上讲,身份关系既非人格权又非财产权,如婚姻撤销权、非婚生子女认领权、扶养请求权、同居请求权等属于身份权的范畴。② 婚姻家庭编与人格权编是《民法典》中较为接近但也相互独立的两编。婚姻家庭编与人格权编适用上的互动主要体现在以下几个方面:

第一,婚姻家庭领域中的具体人格权受人格权编规则的保护。婚姻家庭领域不仅涉及身份权的保护,而且也涉及具体人格权的保护。从法律的发展趋势来看,人格权的保护不断得到加强。古代以及中世纪的法律注重人身支配关系,所以法律重点调整的是身份关系。而现代民法中更多的是贯彻人本主义精神,其基本理念为对人的尊重,以及对人身自由和人格尊严的保护,所以现代民法十分注重调整人格关系。在我国《民法典》婚姻家庭编中,也有一些规则涉及人格权的保护。例如,依据我国《民法典》婚姻家庭编的规定,夫妻双方的姓名权都受法律保护。但这些规定仍然不完整,需要人格权编中关于人格权的相关规定予以补足,例如,除姓名权外,婚姻家庭领域的肖像权、名誉权、隐私权以及个人信息等,都应当受人格权编规则的保护。

第二,婚姻家庭领域中的一般人格权受人格权编规则的保护。在婚姻家庭关系中,夫妻双方以及其他家庭成员的人格尊严均受到法律保护,在受到侵害时,权利人有权依据一般人格权的保护规则主张权利。同时,随着社会的发展,在婚姻家庭领域中还会产生大量的新型人格利益,如祭奠利益、养女在过世养父母墓碑上的刻名权益③等,这些新型人格利益也受到一般人格权规则的保护。在这些新型人格利益中,祭奠利益的特殊之处体现在,一方面,祭奠利益是基于近亲属与死者之间的身份关系产生的精神性利益,但是另一方面,祭奠利益又不能简单等同于身份权或者身份利益,这是因为死者不具有民事权利能力,并非民事主体,无法

---

① 参见余延满:《亲属法原论》,法律出版社2007年版,第114页。
② 参见余延满:《亲属法原论》,法律出版社2007年版,第120页。
③ 参见《最高人民法院"民法典颁布后人格权司法保护典型民事案例"之二》,载 https://www.12377.cn/jsal/2022/5bd2152e_web.html,访问日期:2022年10月19日。

成为法律关系的参与者,因此不能简单地将祭奠利益看作近亲属与死者之间的身份关系。正是基于这一特殊之处,祭奠利益的保护既要考虑婚姻家庭法的规定,也要结合人格权法的有关规定。① 具体而言,尽管祭奠利益是基于近亲属与死者之间的身份关系产生的,但是祭奠利益应当视为人格利益,而非身份权或者身份利益。这就意味着,祭奠利益具有对世效力,而不仅仅是对人效力。当不特定第三人侵害近亲属对死者的祭奠利益时,应当适用人格权编对一般人格权的保护规定。②

第三,婚姻家庭领域中身份权利的保护可以依法参照适用人格权编的规则。《民法典》第 1001 条规定:"对自然人因婚姻家庭关系等产生的身份权利的保护,适用本法第一编、第五编和其他法律的相关规定;没有规定的,可以根据其性质参照适用本编人格权保护的有关规定。"该条规范的立法目的主要包括以下几个方面:一是弥补身份权立法规定的不足。《民法典》总则编和婚姻家庭编等有关身份权制度的规定主要集中在身份权人所享有的权利义务方面,往往并没有就他人侵害身份权人权利的救济作出明确规定。例如,总则编规定了监护权人的权利义务等,但没有规定第三人侵害监护权的责任,此时,允许参照适用人格权编的规则是十分必要的。二是简化法律规定以避免重复。有关人格权的保护规则也可以被参照适用于身份权。但是如果在婚姻家庭编中再次作立法规定,就会导致法律规则的重复。因此,可以通过参照适用的方式,有效简化法律规定。三是保持法律的稳定性和连续性,避免过于频繁地修改法律。③ 规定身份权的保护可以参照适用人格权保护的规则,可以实现对身份权的有效保护,避免基于身份权保护的需要而频繁修改《民法典》。此外,依据本条规定,人格权编的规则可以准用于身份权。参照适用人格权保护规则主要包括人格权编中有关禁令、精神损害赔偿、赔礼道歉等规定。例如,最高人民法院《关于适用〈中华人民共和国民法典〉婚姻家庭编的解释(一)》第 86 条也明确规定,离婚中的损害赔偿包括物质损害赔偿和精神损害赔偿。此时,可以参照适用人格权编中有关精神损害赔偿等规定。当然,身份权类型较多,例如,监护权和配偶权存在很多不同,所涉及的利益不同,在参照适用人格权的保护规则时,要注意身份权类型的不同。即使身份权参照适用人格权,考虑到两者具有很大的差异,也需要进行目的性限缩。

---

① 参见张红:《侵害祭奠利益之侵权责任》,载《法学评论》2018 年第 2 期。
② 参见曹相见、迟莉佳:《论"祭奠权"何以不能》,载《学习与探索》2019 年第 11 期。
③ 参见刘德福:《法律准用问题分析》,载《江西公安专科学校学报》2007 年第 6 期。

三、体系化视角下婚姻家庭编规则的法律适用和漏洞填补

梅利曼指出:"民法典'科学化'的程度,决定着在实体法、一般法理以及关于民法总则或一般原理课程中所使用的概念和原则统一的程度。"①婚姻家庭法和继承法入典后,要采取体系找法、体系释法、体系用法、体系补法的方法,以准确理解并适用这些法律。"适用某一法律规范,实际上就是适用整个法秩序。"②

(一)体系找法

所谓找法,就是要按照司法三段论的要求,从纷繁复杂的法律规定中,寻找能够与特定的案件事实具有密切联系的裁判规则解决纠纷,得出妥当的裁判结论。所谓"以法律为依据",就是要寻找恰当的解决纠纷的裁判依据。正如德国学者魏德士所言,"法的获得属于方法问题"③,找法必须秉持体系观念。体系找法意味着,法律适用者应当优先在婚姻家庭编中寻找解决因婚姻家庭产生纠纷的裁判规范。具体而言:

一方面,准确适用婚姻家庭编,要求法律适用者从体系化的高度出发,结合《民法典》其他各编的规定,从而妥当适用婚姻家庭编的规则。换言之,体系找法应当实现婚姻家庭编与《民法典》各编规则的协调。例如,《民法典》第1066条规定,在婚姻关系存续期间,一方从事如下两种行为,另一方可以请求人民法院进行婚内财产分割:一是一方有隐藏、转移、变卖、毁损、挥霍夫妻共同财产或者伪造夫妻共同债务等严重损害夫妻共同财产利益的行为;二是一方负有法定扶养义务的人患重大疾病需要医治,另一方不同意支付相关医疗费用的。出现这两种情况,都可以导致夫妻另一方向人民法院请求分割夫妻共同财产。《民法典》第1066条在坚持夫妻共同财产原则上不能分割,婚姻关系存续期间一方请求分割共同财产不予支持的基础上,将特别情形作为例外,准许在婚姻关系存续期间分割夫妻共同财产,以保护婚姻当事人的合法权益。④ 这与物权编第303

---

① 〔美〕约翰·亨利·梅利曼编著:《大陆法系》,顾培东、禄正平译,法律出版社2004年版,第73页。
② 〔德〕罗尔夫·旺克:《法律解释》(第6版),蒋毅、季红明译,北京大学出版社2020年版,第110页。
③ 〔德〕魏德士:《法理学》,丁小春、吴越译,法律出版社2003年版,第289页。
④ 参见杨立新:《民法典婚姻家庭编完善我国亲属制度的成果与司法操作》,载《清华法学》2020年第3期。

条有关共有物的分割规则形成了体系关联,第1066条的上述情形构成了"有重大理由需要分割"的具体化。

另一方面,体系找法有利于发现可供适用的法律规范。例如,婚姻家庭编第1060条规定了家事代理权,认可夫妻一方因家庭日常生活需要而实施的民事法律行为,对夫妻双方发生效力,但是夫妻一方与相对人另有约定的除外。夫妻之间对一方可以实施的民事法律行为范围的限制,不得对抗善意相对人。所谓家事代理权,是指配偶一方在与第三人就家庭日常事务为一定法律行为时,享有代理对方的权利。日常事务代理权行使的法律后果是,配偶一方代表家庭所为的行为,对方配偶须承担相应后果,配偶双方对其行为应当承担连带责任。① 即使夫妻之间有特别约定,也不能对抗善意相对人。但如果相对人是恶意的,此时,从体系找法的角度来看,就应当类推适用总则编有关无权代理的规则。②

(二) 体系释法

《民法典》所具有的体系化特点,为以体系解释婚姻家庭编提供了充分的条件和基础。在单行法时代,民事法律制度的体系化效应难以凸显,体系解释也往往只能局限在各个单行法之内。而《民法典》的出台,则使得民事法律规范体系得到了极大的完善,体系解释可以在更广泛和更深入的层面展开。③ 婚姻家庭法入典后,在具体适用婚姻家庭编的相关规则时,需要运用体系思考的方法,依据《民法典》的立法目的及其所作出的相关规则对其进行解释,这也有助于消除法律适用中的矛盾和冲突。因此,在婚姻家庭编的解释工作中,也应当将体系解释作为重要的解释方法。

体系释法要求秉持体系的观念,重要表现在"相同情况相同对待,不同情况不同对待",即对法律进行解释要重视"同等评价"。④ 这对解释婚姻家庭编的相关规则也具有引导价值。《民法典》有关法律行为、物权、合同的规则大多适用于交易关系,而婚姻家庭关系本质上是伦理情感关系,简单地套用交易规则显然是行不通的。例如,民事法律行为因重大误

---

① 参见蒋月:《配偶身份权的内涵与类型界定》,载《法商研究》1999年第4期。
② 参见杨立新:《民法典婚姻家庭编完善我国亲属制度的成果与司法操作》,载《清华法学》2020年第3期。
③ 参见王利明:《论〈民法典〉实施中的思维转化——从单行法思维到法典化思维》,载《中国社会科学》2022年第3期。
④ 参见[德]齐佩利乌斯:《法学方法论》,金振豹译,法律出版社2009年版,第141页。

解而撤销的规则就难以适用到婚姻家庭编,即便一方在结婚时对另一方的身体状况、社会地位和财产状况存在"误解",也不能据此而撤销结婚行为。这主要也是交易关系与伦理关系的性质差异所致,因此从体系思考的角度,也不能简单地将两者等同。当然,《民法典》有条款允许婚姻家庭关系参照适用合同编等规则,但在判断是否能够参照适用时,必须从体系思考的角度判断分析被参照适用规则的关系和参照适用的关系的相似性,如在某类关系中,家庭伦理性越强,则与交易关系的差异性越大,参照适用交易规则的可能性越小;反之,与交易关系的差异越小,参照适用交易规则的可能性越大。这也是《民法典》第 464 条第 2 款中的"根据其性质"确定时最为重要的考量因素。

第一,婚姻家庭中的规范要放到《民法典》体系中进行解释,并且要适用《民法典》的基本原则和相关规则。例如,对妇女儿童的特殊保护,在婚姻家庭中没有规定时,要适用总则编第 126 条和第 128 条的规定。

第二,对婚姻家庭关系中的权益是否属于人格权益,应当适用《民法典》第 990 条第 2 款予以解释。对婚姻家庭关系中的人格权益保护,例如,《民法典》婚姻家庭编第 1056 条规定了夫妻平等使用自己姓名的权利。从体系解释的角度而言,对于此处所规定的"使用"的解释,就应当与《民法典》人格权编第 1012 条的"使用"作同一解释,即第 1012 条规定的"决定、使用、变更或者许可他人使用"姓名的内涵。

第三,关于日常家事代理。婚姻家庭编中第 1060 条第 1 款规定:"夫妻一方因家庭日常生活需要而实施的民事法律行为,对夫妻双方发生效力,但是夫妻一方与相对人另有约定的除外。"这里所规定的日常家事代理要与总则编中的代理规则相协调,两者的共同之处在于都是一种效果归属,不同之处在于构成,日常家事代理不像总则编代理需要代理人以被代理人名义,而是配偶一方以自己的名义。① 但是,按照该条规定,该条仅适用于对民事法律行为的家事代理,总则编中民事法律行为的规则也可以适用。

(三) 体系用法

所谓体系用法,是指适用婚姻家庭编的相关规定时,也要求裁判者遵循体系化的要求。一方面,要求裁判者识别完全法条和不完全法条。完全法条包含了构成要件和法律效果,可以独立作为请求权基础。而不完

---

① 参见朱虎:《夫妻债务的具体类型和责任承担》,载《法学评论》2019 年第 5 期。

全法条只是为了说明、限制或引用另一法条,如果不与其他法条结合,通常不会发挥规范效果。① 因此,不完全法条必须与其他法条结合,才能成为请求权基础,并作为裁判规则适用。法条直接的结合并不仅仅局限于同一章内法条的结合,也可能是同一编内法条的结合,还可能会存在不同编之间法条的结合。例如,婚姻家庭编第 1091 条规定的离婚损害赔偿,就必须与侵权责任编的损害赔偿规范相结合才能得出裁判结论。另一方面,体系用法也要求裁判者准确把握参照适用技术。例如,在处理身份协议和身份权的保护问题上,《民法典》合同编第 464 条和人格权编第 1001 条均涉及参照适用这一技术。因此,在适用婚姻家庭编的规则时,也需要从体系用法的角度,考虑其与人格权编相关规则的关系。

(四) 体系补法

所谓体系补法,是指在出现法律漏洞时,应当运用体系的观念寻找填补漏洞的规则。在婚姻家庭法入典后,《民法典》所具有的强大的体系性功能为查漏补缺、填补法律漏洞提供了重要依据,并使特别规定与一般规定共同形成完整的整体,可消除规则之间的矛盾冲突,有效填补法律漏洞。在婚姻家庭编的法律适用中,一旦出现法律开放的或隐藏的漏洞,应当以体系的方法尝试填补漏洞。例如,有关夫妻忠诚协议纠纷的处理问题,一直以来存在争议,审判实践中裁判各异,缺乏统一的标准。婚姻家庭编也并未对这一问题进行专门规定,那么应当如何认定其效力?从体系解释的角度来看,夫妻互相忠实本来就是法律规定的内容,《民法典》婚姻家庭编第 1043 条再次重申夫妻应当互相忠实、互相尊重、互相关爱,这是夫妻双方在共同生活中的基本准则,属于法律明确的要求,夫妻双方通过协议将该法定义务变为约定的义务,法院应当认可其效力。② 又如,婚姻关系存续期间,夫妻一方致他人损害,是否构成夫妻共同债务,能否用夫妻共同财产承担损害赔偿责任?《民法典》第 1064 条主要聚焦夫妻一方以个人名义负担的合同之债能否构成共同债务,对非合同之债存在立法缺位。对此可以类推适用《民法典》第 307 条和第 1064 条以填补漏洞。一方面,如果是因为夫妻共有财产产生的致他人损害的债务,在对外关系上,夫妻承担连带债务。即便共有的财产不是物权,而是其他财产权,也可以类推适用第 307 条。另一方面,如果夫妻一方为家庭共同生活

---

① 参见黄茂荣:《法学方法与现代民法》(第 5 版),法律出版社 2007 年版,第 162 页。
② 参见吴晓芳:《〈民法典〉婚姻家庭编涉及的有关争议问题探析》,载《法律适用》2020 年第 21 期。

需要从事劳动过程中致他人损害，如丈夫开出租车发生交通事故致人损害，类推适用第1064条，应认定为夫妻共同债务，以符合权利义务相一致原则。

结　语

在单行法时代，婚姻家庭法自成体系，因此长期以来存在一种误解，即婚姻家庭法游离于民法之外，与民法相互隔离，具有自身特殊的价值和规范体系，不宜套用民法的一般规则来进行解释。在单行法时代这种看法不无道理，但是随着婚姻家庭法的入典，必须从观念上予以改变，要把婚姻家庭法作为民法的组成部分，把婚姻家庭法纳入民法体系，探讨婚姻家庭编和其他编的相互关系。法典化就是体系化，婚姻家庭法入典后，要从单行法思维向法典化思维转变。由于婚姻家庭法已经与《民法典》其他编构成一个完整的逻辑体系，必须以体系化视野，准确适用《民法典》婚姻家庭编，以维护家庭和谐有序，实现对社会的有效治理。

侵权责任

论比较过失[*]

引　言

我国《民法典》第1173条规定:"被侵权人对同一损害的发生或者扩大有过错的,可以减轻侵权人的责任。"该条来自原《侵权责任法》第26条,但进行了适当修改,不仅增加了对损害"同一"的限定,而且将适用范围扩展到损害扩大的情形,并删除了原《侵权责任法》第26条中的"也"字,从而不再以侵权人具有过错作为构成要件。从表面上看,《民法典》的修改似乎不大,然而,仔细分析可以发现,《民法典》第1173条已经在内容上更类似于英美法的比较过失制度,而非大陆法的过失相抵制度。尤其是《民法典》第1173条在与第1174条相结合后,可以构建一个全新的比较过失规则。

在《民法典》确立了比较过失规则后,一方面,比较过失规则在侵权责任的成立以及侵权责任的承担即侵权赔偿责任的范围内如何具体加以运用,从而才能最充分地实现《民法典》侵权责任编充分保护受害人、预防损害的立法目的,值得深入研究。另一方面,从体系化的角度来看,如何实现比较过失规则与其他侵权法规则的衔接也值得探讨。例如,比较过失规则与过错责任原则的关系,比较过失规则与自甘冒险、违反安全保障义务的侵权责任的关系,等等。本文拟对上述问题进行深入讨论,以供理论界与实务界参考。

一、英美法的比较过失制度和大陆法的过失相抵制度的比较

(一) 大陆法的过失相抵制度

古代大陆法中并不存在比较过失或过失相抵的规则。例如,罗马法上

---

[*] 原载《法律科学(西北政法大学学报)》2022年第2期。

虽然是根据过错来决定被告是否需要承担责任,但是,如果被告能证明原告本身对损害的发生有过失,则适用"原告自负责任"(desequeridebet)的规则。罗马法学家庞姆蓬尼斯(Pomponius)曾提出一项著名的法律规则,即除非侵权人主观上具有故意,否则"因自己的过错而受害不视为受害"(Si quis ex culpa sua damnum sentit, non intelliegitur damnum sentire)①。该规则被称为"庞氏规则",并成为罗马侵权法中的重要规则。然而,在该规则之下,受害人仅具有轻微过失都可能导致加害人的责任被免除,因而具有一定的不合理性。

为了缓解"庞氏规则"的苛刻性,潘德克顿学派在此基础上逐渐发展出过失相抵理论。所谓过失相抵,也称与有过失,是指根据受害人的过错程度依法减轻或免除加害人赔偿责任的制度。② 在具体适用中,法官应当根据加害人与受害人的过错程度进行比较。在该规则之下,过错较轻的一方可向过错较重的一方请求赔偿。例如,具有过失的一方可向故意的一方请求赔偿,过失较轻的一方可向过失较重的一方请求赔偿。其根据不仅包括过失赔偿理论,也包括原因力理论。过失相抵制度为大陆法系各国民法所采用,无非称谓有所不同。例如,《法国民法典》虽然对受害人过错规则没有作出明确规定,但是司法实践认为,在受害人有过错的情况下,侵权人的赔偿额可以根据受害人的过错程度而减轻,只是责任不能被完全免除,并且减轻责任需要考虑的因素是各方的过失。③《德国民法典》第254条第1款规定:"被害人对损害的发生负有共同过失的,应根据情况,特别是根据损害在多大程度上是由当事人的一方或另一方造成的,来确定赔偿义务和赔偿范围。"对该条的规定,学者一般认为,受害人义务的存在及其所要承担的责任范围即责任减轻的程度,取决于具体的情形以及谁是导致损害的主要原因。④ 如果受害人通过自己具有可责性的行为(durch eigenes schuldhaftes Verhalten)共同造成损害的发生,且该行为至少需是不法的(rechtswidrig sein),即客观上违反法律秩序的行为要求,那么加害人将被减轻或者免除责任。⑤ 在其他一些大陆法国家中,有些或者根据过失的程度,或者根据正义的理念来决定减轻的范围;有些认

---

① André Tunc et al. eds., International Encyclopedia of Comparative Law, Vol. 11, Torts, J. C. B. Mohr (Paul Siebeck), 1983, p. 94.
② 参见程啸:《侵权行为法总论》,中国人民大学出版社2008年版,第433页。
③ France, Trib. Chambéry 22 Dec.1947, D.1948 J.172.
④ Vgl. Larenz, SchuldR AT, §31, S. 539.
⑤ Vgl. Larenz, SchuldR AT, §31, S. 540.

为应适用责任减半规则;有些则没有提及适用的标准。①

(二) 英美法的比较过失制度

比较过失是英美法上的概念,其实际上是在过失侵权责任的理论基础上逐渐发展而来的。在英美法特别是美国侵权法上,很长时间内一直采纳的是共同过失(contributory negligence)②规则,而非比较过失规则。所谓共同过失,实际上是一种免责事由,即侵权人可以以被侵权人对于损害的发生存在过错而主张免除侵权责任。共同过失最早起源于英国1809年 Butterfield v. Forrester 案。在该案中,原告在路上骑马时,不慎撞上了被告施工留下的横杆,原告从马背上摔下受伤,起诉要求被告承担损害赔偿责任。法官 Ellenborough 勋爵认为,一方当事人的过错并不能免除另一方当事人对自己应尽的通常注意义务。原告若想胜诉,须证明以下两个要件:一是被告由于过错阻塞了道路;二是原告已经完全尽到避免事故的注意义务。但是在本案中,原告没有注意到路上的障碍物,并没有尽到普通的、通常的注意义务,因此原告无权要求赔偿。③ 1824年,美国马萨诸塞州也发生了一起相似的案件(Smith v. Smith 案),被告在公路上堆积了木料,但还有足够的通行空间,只要行人尽到通常注意义务,就可以安全通过该路段,原告的运货马车撞上了木料,以致马车和马都因此受损。④ 审理该案的马萨诸塞州最高法院遵循了前述 Butterfield v. Forrester 案所提出的共同过失规则,认为原告不能得到赔偿。随后,共同过失规则逐渐为美国各州的法院所广泛采纳。

比较过失制度是在克服共同过失的僵硬性的基础上发展形成的。依据《美国侵权法重述(第二版)》第463条,"共同过失"是指原告所实施的行为(conduct),该行为没有达到其应当保护自己的标准,且该行为与被告的过失行为共同发挥作用,对原告所遭受的损害产生贡献。⑤ 根据该重述第467条的规定,除非被告具有"最后明显机会"(the last clear chance),否则原告的共同过失将阻却其从被告方获得损害赔偿的权利。⑥ 在这个意义上

---

① 参见《德国民法典》第254条。《波兰民法典》也有类似的规定,参见该法典第362条。

② 也有学者将 contributory negligence 翻译为"互有过失",参见张学军:《美国侵权法上比较过失制度的历史演变及其启示》,载《政治与法律》2010年第4期。

③ See 11 East 60, 103 Eng. Rep. 926 (K.B. 1809).

④ See 19 Mass. (2 Pick.) 621, 13 Am. Dec. 464(1824).

⑤ See Restatement (Second) of Torts, §463.

⑥ See Restatement (Second) of Torts, §467.

说,共同过失属于一种积极抗辩(affirmative defense)或完全抗辩(absolute defense)事由,这一抗辩事由可以完全免除被告的赔偿责任。[1] 据此,即便原告只具有轻微过失(slightly negligent),只要其过失与损害发生满足近因规则(proximately caused),原告将无法获得任何救济。[2] 因此,共同过失规则是"全有全无式"(all or nothing)的,即如果原告对损害的发生不具有过失,那么他将获得完全赔偿;相反,只要原告对损害的发生具有过失,哪怕该过失十分轻微,原告都将完全丧失损害赔偿请求权。毫无疑问,这种"全有全无式"的法律规则在适用中过于僵硬,不仅对原告来讲十分严苛,而且使得侵权人可以很轻易地逃脱责任。有鉴于此,美国许多州的制定法率先弃用共同过失规则,改采比较过失规则以缓和共同过失规则的僵硬性。比较过失规则最早起源于乔治亚州,在19世纪60年代,乔治亚州的两个州法规定了比较过失制度,分别规定的是,如果原告在铁路事故中有过失的,可以减轻被告的损害赔偿数额[3];即便原告对损害的发生有过失,也不得完全免除被告的责任[4]。在1908年至1941年间,美国联邦以及各州通过制定法的修正规定了比较过失。1908年的《联邦雇主责任法》(The Federal Employer's Liability Act of 1908)废止了作为积极抗辩的与有过失,代之以按比例分担损失,遭受损害的受雇人所得的补救仅在其具有比较过失的范围内予以减少,而非完全免除雇主的责任。1915年的《琼斯法》(Jones Act)、1920年的《海商法》(Merchant Act)也规定了相同的条款。

在美国法中,比较过失与共同过失相比较,其特点主要在于:一方面,它不是采取全有全无的模式,而是通过比较双方的过错程度来确定责任。换言之,该规则并没有彻底否定侵权人的赔偿责任或肯定赔偿责任,也不是简单的减轻责任,而是要通过比较双方的过错程度和因果关系来确定责任的有无以及分配。另一方面,与共同过失属于完全抗辩有所不同,比较过失只是部分抗辩(partial defense),即按照被告与原告的相对过错(the relative fault)分配赔偿责任的法律制度。此外,比较过失还可以适用于承担连带责任的共同被告之间的责任分配。[5] 正是因为比较过失

---

[1] See Jonathan Solovy, Comparative Negligence as an Affirmative Defense, 70 Iowa Law Review, 693(1985), p. 693.

[2] See Christopher J. Robinette & Paul G. Sherland, Contributory or Comparative: Which is the Optimal Negligence Rule?, 24 Northern Illinois University Law Review, 41(2003), p. 41.

[3] See 1863 Ga. Laws 2979 [codified at Ga. Code Ann. § 46-8-291(1992)].

[4] See 1863 Ga. Laws 2914[current version at Ga. Code Ann. § 51-11-7(2000)].

[5] See Kevin J. Grehan, Comparative Negligence, 81 Columbia Law Review, 1668(1981), p. 1670.

缓和了共同过失的僵硬性,且使责任的分配更加精细化,因而该规则的适用范围也非常广泛,它不仅可以运用到过错责任,还可以用于严格责任。

(三) 英美法的比较过失制度和大陆法的与有过失制度的比较

比较英美法的比较过失和大陆法的与有过失(过失相抵),可以发现它们均适用于受害人具有过错的情形,也即解决在受害人有过错时如何减轻加害人责任的问题。但是,两者存在明显的区别:一是在适用范围上,在大陆法中,除非有法律的明确规定,在严格责任中一般不适用与有过失。当然,近几年来也有一些学者主张,与有过失在特殊情况下可以适用于严格责任。① 但是一般认为,与有过失主要适用于过错责任的情形。与此不同,比较过失不仅限于一般侵权,即使在严格责任中也可以适用比较过失。在美国法中,严格责任并非绝对不考虑过失,实际上也是要考虑过失因素的,尤其是要考虑受害人的过失,从而适用比较过失规则(comparative negligence)。二是比较过失制度是对双方过失进行比较来确定责任,而不是像大陆法一样通过与有过失减轻责任。因此,二者的观察角度并不相同。与有过失制度主要解决的是损害分担的问题,而比较过失制度不仅解决责任分配,还可以解决责任成立的问题。三是与有过失仍然是在过错责任的法律思想指导下减轻责任的规则,而比较过失已经具有一定的独立价值,该规则已广泛运用于交通事故、医疗事故、产品责任等严格责任领域。②

(四) 我国《民法典》采纳了英美法中的比较过失模式

在《民法典》颁布之前,《民法通则》第 131 条、最高人民法院《关于审理人身损害赔偿案件适用法律若干问题的解释》(以下称《人身损害赔偿司法解释》)第 2 条和《侵权责任法》第 26 条均规定了与比较过失或与有过失相类似的制度。这些条款大同小异,差异仅限于过失相抵是否适用于"损害的扩大"的情形。无论是在《民法通则》《人身损害赔偿司法解释》还是《侵权责任法》之中,实际上还是按照大陆法的与有过失规则来构建规则的,因而受害人作为一种减轻责任的机制,一般在过错责任的情形下发挥作用,且受害人的过错均被作为一种减轻责任的事由,确定损害的分配。因而与有过失仅适用于过错责任中,并没有将其适用于严格责

---

① Vgl. MüKoBGB/Oetker BGB § 254 Rn. 12 ff.
② See Kevin J. Grehan, Comparative Negligence, 81 Columbia Law Review, 1668(1981), p. 1670.

任之中,也没有发挥其在责任成立判断中的功能。因此,《民法典》颁布之前,我国法中由上述规则所构建的制度性质上属于大陆法的过失相抵制度,而非英美法中的比较过失制度。

《民法典》对上述立法和司法解释的规定进行了修改,《民法典》第1173条规定:"被侵权人对同一损害的发生或者扩大有过错的,可以减轻侵权人的责任。"我国民法学说在解释该条规定时,有学者认为,该条规定的是与有过失制度。① 也有学者认为该规定属于过失相抵制度,它是指当受害人对于同一损害的发生或者扩大具有过错时,相应地减轻赔偿义务人的损害赔偿责任。② 其实与有过失与过失相抵本质上是相同的。笔者认为,《民法典》第1173条规定的不是与有过失或过失相抵,而更类似于比较过失制度,甚至可以将《民法典》第1173条和第1174条结合起来,构建一个全新的比较过失制度。具体理由在于:

第一,从体系位置来看,《侵权责任法》第26条规定在第三章"不承担责任和减轻责任的情形"当中,这就很清楚地表明,《侵权责任法》的立法者认为第26条规定的只是减轻侵权人的责任的情形即减责事由而已。但是,《民法典》第1173条被规定在侵权责任编第一章"一般规定"当中,没有被规定在侵权责任编的第二章"损害赔偿"当中,这就表明立法者是将第1173条作为适用于整个侵权责任编的一般性或共通性的条款加以规定的。故此,从体系解释的角度来看,该规则也不是单纯的损害赔偿的规则,而是既适用于损害赔偿责任的承担也适用于损害赔偿责任的成立的规则。

第二,从适用范围来看,《民法典》第1173条并不是规定在第1165条过错责任的一般条款之下。这就表明,比较过失不是过错责任的组成部分,因为不能完全适用于过错责任的纠纷中。因此,无论是对过错责任还是严格责任均有适用的余地。

第三,从条文表述来看,《民法典》第1173条规定:"被侵权人对同一损害的发生或者扩大有过错的,可以减轻侵权人的责任。"与《侵权责任法》第26条相比较,可以发现,该条款删去了"也"字。《侵权责任法》第26条规定被侵权人对损害的发生"也有过错的",意味着该条款以被侵权人对损害的

---

① 参见黄薇主编:《中华人民共和国民法典侵权责任编解读》,中国法制出版社2020年版,第35页;黄薇主编:《中华人民共和国民法典侵权责任编释义》,法律出版社2020年版,第29页。

② 参见程啸:《侵权责任法》(第3版),法律出版社2021年版,第794页。

发生有过错为前提,这就说明《侵权责任法》第26条的规定无法适用于严格责任。但是,《民法典》第1173条将"也"字删除后,这就说明该条款也可以适用于严格责任纠纷,因此更接近英美法的比较过失规则。

需要指出的是,单纯以《民法典》第1173条还不足以认定我国《民法典》采纳了比较过失规则,毕竟从第1173条的规定来看,其法律效果仅限于减轻加害人的赔偿责任,仍然没有包括免除加害人赔偿责任的范围,因此其适用范围仍然是有限的。但是,如果将第1173条和第1174条结合起来考察,可以认为已经构成了我国较为完整的比较过失制度。依据《民法典》第1174条:"损害是因受害人故意造成的,行为人不承担责任。"据此,该条款不仅将受害人故意的情形包括在内,而且还规定了免除加害人责任的情形。将这两个条款结合起来之后,可以发现这两条将比较过失的各种情形都涵盖进来了,仅就受害人的过错而言,至少包括三类情形:其一,受害人故意造成损害的发生;其二,受害人对于同一损害的发生存在故意或者过失;其三,受害人对同一损害的扩大存在故意或者过失。这三类情形中,有些情形下侵权人可以不承担责任,有些情形下则是减轻赔偿责任。也就是说,从责任的后果来看,包括减轻责任和免除责任两个方面。鉴于这两个条款不仅适用于过错责任,也可以适用于严格责任,因而它与英美法上的比较过失的制度功能基本一致。

当然,我国《民法典》中的比较过失制度与英美法中的"比较过失"也有所不同,其中最显著的差异是,美国法上的比较过失可以适用于承担连带责任的各个被告之间的责任划分①,而我国法上的比较过失制度仅能适用于原告与被告之间的赔偿数额的分配。

二、比较过失弥补了过错责任一般条款的不足

过错是侵权法的核心问题。1804年的《法国民法典》第1382条规定:"任何行为使他人受损害时,因自己的过失而致行为发生之人对该他人负赔偿责任。"这一规定便形成了损害赔偿的一般原则,正如《法国民法典》起草人塔里伯所说:"这一条款广泛包括了所有类型的损害,并要求对损害作出赔偿。"②"损害如果产生要求赔偿的权利,那么此种损害是过错

---

① See Uniform Comparative Fault Act § 2(a)(c).
② André Tunc et al. eds., International Encyclopedia of Comparative Law, Vol. 11, Torts, J. C. B. Mohr (Paul Siebeck), 1983, p. 45.

和不谨慎的结果。"①这一简短的条文是对罗马法债法中的过错责任原则的重大发展,其后的大陆法系各国的民法典大都沿袭了这一规定。19世纪以来,过错责任成为侵权法的基本归责原则。过错责任原则是关于过错责任的规则,它是指以过错为归责的依据,并以过错作为确立责任和责任范围的基础。从两大法系来看,虽然归责原则出现了多样化的发展趋势,但是,过错的概念仍然是侵权法上最基础、最核心的概念,也是归责的基础。过错责任仍然是各国普遍承认的侵权法的一般归责原则,无过错则不应承担责任。②

我国原《侵权责任法》第 6 条第 1 款借鉴《法国民法典》第 1382 条的经验,规定了过错责任的一般条款,从而使《侵权责任法》保持了强大的开放性功能,能够适用于各种新类型的过错侵权案件,并为大量的过错侵权案件提供可供适用的裁判依据。《民法典》第 1165 条第 1 款在总结原《侵权责任法》第 6 条第 1 款的基础上,继续保留了过错责任一般条款,但是鉴于原《侵权责任法》第 6 条第 1 款在适用范围上没有区分损害赔偿与排除妨碍等绝对权请求权的责任形式,从而导致侵权责任的归责事由存在混淆,不利于区分绝对权请求权与损害赔偿请求权的界限,因而修改了该条款③,《民法典》第 1165 条第 1 款增加了"造成损害"四个字,表明过错责任的一般条款以造成损害为前提,因此仅适用于损害赔偿请求权。该条实际上构成一个兜底保护条款,可以适用于因过错侵害他人民事权益造成损害的各类侵权行为。

比较过失制度是与《民法典》第 1165 条第 1 款所规定的过错责任的一般条款相配合的制度,可以精细化地合理分配责任,应对风险社会中各种危险的功能,也能有效地预防和防范各种损害的发生。可以说,该制度形成了与过错责任一般条款的有效衔接。就适用过错责任而言,比较过失显然要受到过错责任的指导,因为在比较过失中,实际上仍然贯彻行为人为自己的过错负责的基本价值理念。一个人只有在有过错的情况下才对其造成的损害负责,"苟不涉及过失范围之内,行动尽可自由,不必有所

---

① André Tunc et al. eds., International Encyclopedia of Comparative Law, Vol. 11, Torts, J. C. B. Mohr (Paul Siebeck), 1983, pp. 71-72.
② See André Tunc et al. eds., International Encyclopedia of Comparative Law, Vol. 11, Torts, J. C. B. Mohr (Paul Siebeck), 1983, p. 71.
③ 参见黄薇主编:《中华人民共和国民法典侵权责任编解读》,中国法制出版社 2020 年版,第 5 页。

顾忌"①。如果个人已尽其注意,即使造成对他人的损害,也可以被免除责任,这样,个人自由并未受束缚。如果人人尽其注意,则大多数损害可以避免,社会安全可以得到维护。正如耶林所宣称的:"使人负损害赔偿的,不是因为有损害,而是因为有过失,其道理就如同化学上之原则,使蜡烛燃烧的,不是光,而是氧,一般的浅显明白。"②然而,比较过失弥补了过错责任一般条款的不足,主要表现在:

第一,兼顾对加害人与受害人的过错程度的考量,在双方之间进行合理的责任分配。按照过错责任的一般条款,只是考虑加害人的过错,而没有考虑受害人的过错。从《民法典》第1165条规定来看,其在规定过错责任时,只是规定了加害人具有过错,而没有考虑受害人的过错问题。而从实践来看,在侵权责任成立的情形下,往往是双方均有过错,即受害人对损害的发生或者扩大也具有一定的影响。此时,就无法完全依靠过错责任的一般条款解决此种情形下责任的认定与分配问题。在这一点上,比较过失规则形成了一种合理的责任分配机制,避免全有全无责任的弊端,且可以使责任的分配更加精细化。虽然加害人与受害人对于损害分担而言不能处于完全平等的地位,但是在依据过错进行损害分担时,必须保证二者被公平地对待。比较过失制度,正是在综合考量加害人和受害人过错的基础上,发挥了公平分配损害的功能。

第二,既可以在责任分配中发挥作用,也可以适用于责任成立的判断。过错责任的一般条款主要是确定赔偿责任的成立,而没有考虑责任的分配问题。过错责任是损害赔偿责任的归责原则,过错责任的一般条款只是规定在行为人具有过错的情形下侵权损害赔偿责任的成立问题,即在具备哪些条件时,认定行为人需要承担侵权损害赔偿责任。但该条款本身无法解决侵权责任成立后的损害分担问题。但是,比较过失规则,不仅解决加害人的过错,还解决受害人的过错,不仅适用于损害赔偿责任的成立,还适用于损害赔偿责任的分配即赔偿范围的确定。《民法典》第998条规定:"认定行为人承担侵害除生命权、身体权和健康权外的人格权的民事责任,应当考虑行为人和受害人的职业、影响范围、过错程度,以及行为的目的、方式、后果等因素。"该条规定中依据行为人和受害

---

① 刘甲一:《私法上交易自由的发展及其限制》,载郑玉波主编:《民法债编论文选辑》(上),五南图书出版公司1984年版,第15页。
② 转引自王泽鉴:《民法学说与判例研究》(第2册),北京大学出版社2009年版,第150页。

人的过错程度确立责任,其实就体现了比较过失规则的精髓。事实上,在双方均有过错的情形下,除认定行为人需要承担侵权损害赔偿责任外,还需要解决损害的分担问题,即行为人与受害人需要在何种程度上分担损害。

第三,既可以适用于过错责任,也可以适用于其他特殊归责原则的情形。过错责任一般条款无法适用于过错推定责任和严格责任的情形。其只是解决因过错而产生的损害赔偿问题,仅适用于过错责任,而无法适用于过错推定责任与严格责任。在过错推定责任与严格责任中,在受害人具有过错的情形下,仍然存在损害分担的问题。

第四,既可以适用于损害赔偿责任,也可以类推适用于其他责任形式。过错责任一般条款只是解决损害的救济问题,在没有损害时,无法适用过错责任一般条款。如前所述,《民法典》第1165条第1款乃是损害赔偿的归责原则,其要求加害人承担与过错相适应的损害赔偿责任,但在没有损害,而只是妨害的情形下,并无法适用过错责任的一般条款。而在不存在损害的情形下,受害人也可能具有过错,此时,就无法适用过错责任的一般条款解决此种情形下侵权责任的认定问题。而比较过失不仅仅适用于损害赔偿,也可以类推适用于排除妨害等绝对权请求权。① 尽管《民法典》第1173条中规定了"同一损害"四个字,但是并不意味着该条仅限于损害赔偿责任。例如,被告的围墙因天降大雨而倒塌在受害人的院子里,受害人在院子里挖洞导致该围墙的根基不稳定,此时排除妨害的费用应当由谁承担?考虑到妨害人并无过错,也可由受妨害人适当分担排除妨害的费用。如果物权人对围墙倒塌也有过错(如在围墙下挖洞),则由其承担费用更为合理。

综上所述,在涉及加害人有过错的情形,仅适用过错责任的一般条款无法解决,从而有必要通过比较过失制度来弥补过错责任一般条款的弊端。

三、比较过失制度可弥补相关侵权规则的不足

如前所述,比较过失制度不只是一项分配损害的制度,在责任成立的判断上也具有重要的意义。关于自甘冒险规则是否具有独立适用价值的问题,在比较法上存在不同看法。例如,德国民法学者 Looschelders 认

---

① Vgl. Roth, Berücksichtigung von Mitverschulden des gestörten Eigentümers im Rahmen seines Beseitigungsanspruchs, JZ 1998, 92.

为,自甘冒险规则属于《德国民法典》第254条共同过失的特殊类型[1],美国学者James在1968年分析了自甘冒险中的自愿风险因素,否定自甘冒险能够作为独立的抗辩事由,认为其不过是共同过失的表现形态,不具有独立性[2]。但是,笔者认为,比较过失之所以能日益彰显其独特价值,很大程度上是因为比较过失制度在责任成立和责任分配上具有独立的适用价值。在我国,该规则可以适用于《民法典》在"侵权责任编"中规定的特殊侵权,并可以在这些特殊侵权条款难以解决归责问题时,弥补这些条款的不足。因此,在《民法典》的实施中,需要重新认识比较过失的功能,使得比较过失制度功能得以充分发挥,与其他归责原则之间形成有效的衔接,充分实现侵权责任法的目标。

(一) 比较过失可弥补自甘冒险规则的不足

所谓受害人自甘冒险,是指受害人已经意识到某种风险的存在,或者明知将遭受某种风险,却依然冒险行事,致使自己遭受损害。比较法上普遍承认自甘冒险是免除行为人责任的一项事由。[3]《民法典》第1176条第1款规定:"自愿参加具有一定风险的文体活动,因其他参加者的行为受到损害的,受害人不得请求其他参加者承担侵权责任;但是,其他参加者对损害的发生有故意或者重大过失的除外。"例如,张某与同学在某大学篮球场自发组织篮球比赛。比赛时,68岁的李婆婆横穿篮球场。张某在接球跑动过程中,后背不慎碰到李婆婆,将其撞倒在地。李婆婆受伤后被就近送往医院治疗,住院加门诊治疗,共计支付医疗费3.3万余元,其中张某垫付6000元。经司法鉴定,其伤情不构成伤残。二审法院认为:"看到球场上有学生进行对抗性的篮球比赛,应当预见横穿球场潜在风险,但李婆婆仍选择横穿球场,应视为'自甘冒险'行为,所产生的损害后果应由其自行承担。"[4]

笔者认为,本案中,二审法院认为李婆婆构成自甘冒险,显然是不妥当的,理由在于:第一,《民法典》第1176条将自甘冒险者界定为"自愿参

---

[1] Vgl. Dirk Looschelders, Die Mitverantwortlichkeit des Geschädigten im Privatrecht, Mohr Siebeck 1999, S. 441.

[2] See Fleming James Jr., Assumption of Risk: Unhappy Reincarnation, 78 Yale L.J. 185 (1968).

[3] 参见〔德〕克雷斯蒂安·冯·巴尔:《欧洲比较侵权行为法》(下卷),焦美华译,法律出版社2001年版,第636页。

[4] 刘志月、王田甜:《七旬太婆横穿篮球赛场被撞伤,赔不赔》,载《法治日报》2021年5月16日。

加具有一定风险的文体活动"的人,自甘冒险的受害人是因参与文体活动而遭受损害的人,而本案中李婆婆只是为了走近道穿越球场,其并非参与文体活动。因此,不应适用自甘冒险规则。第二,《民法典》第 1176 条所规定的自甘冒险,必须是由文体活动内在的固有风险所产生的,而自愿参与者参与这种内在风险的活动,因其他参与人的一般过失行为造成损害,则应由受害的参与者自己承担损失。但本案中,李婆婆所遭受的损害并不是由文体活动具有的内在风险所产生的。因而不应当适用该规则由其自己自担风险。第三,《民法典》第 1176 条所规定的自甘冒险规则的适用是"全有全无式"的结果,也就是说,如果其他参与者只具有一般过失的情况下,就应当由受害人完全自担风险,从而完全免除了其他参与者的责任。而在其他参与者具有故意或者重大过失的情况下,则应当由其他参与者负责。而在本案中,造成损害的行为人与李婆婆之间都可能具有一定的过失,倘若适用自甘冒险规则,将会导致行为人完全不承担责任的不合理后果。

问题在于,能否通过对自甘冒险进行目的性扩张,突破文体活动的界限限制,而扩张适用于受害人自愿承担风险的情形?笔者认为,这也不符合立法本意,《民法典》之所以将其限制在文体活动,是具有特定的立法目的,即通过使文体活动的其他参与者在仅具有一般过失的情形下免除责任,以鼓励社会大众积极参与文体活动,尤其是鼓励中小学生参与文体活动,强化素质教育。而如果将文体活动的概念进行扩张解释,显然不符合该条款所设定的立法目的。①

由于我国《民法典》第 1176 条已经对自甘冒险规则进行了明确的限定。因此,本案以及类似的案件不宜适用自甘冒险规则。但是,在不能适用自甘冒险规则的情况下,如何通过《民法典》的其他相关规定,合理分配责任?对此,笔者认为可以适用《民法典》第 1173 条的比较过失规则,通过比较双方的过错来确定侵权责任成立与否,以及如何分配责任。这主要是因为在本案中,双方均具有一定的过失,需要结合双方的过错程度及其对损害后果发生的影响来确定责任问题。而在考量双方过错和过错程度时,至少应当考虑如下具体情形:第一,要考虑篮球场是否设置了相关的隔离设施。学校虽然有醒目的边界线、场地被刷为绿色,但没有设置明显的隔离设施,行人仍然可以自由穿越,这也为受害人进入提供了方便。

---

① 参见黄薇主编:《中华人民共和国民法典侵权责任编解读》,中国法制出版社 2020 年版,第 43—48 页。

如果学校设置了相关的隔离设施,而受害人仍然翻越,则其过错程度更重。第二,要考虑篮球场曾经是否有行人穿越,虽然设置了明显的标志和分界线,但如果篮球场处于比较繁忙的地区,行人曾经穿越过,此时,受害人的过错较轻。但如果没有人穿越,则受害人的过错程度较重。第三,行为人在撞倒李婆婆时是否已经看到了李婆婆将要穿越篮球场,或者在看到后无法停止,如果看到后可以停止而未停止,则其有明显的过错,毕竟撞伤人与停止动作相比,撞伤人损害的法益更重,人身权益的保护更为重要。如果行为人可以停下来,则其应当停下来。因此,本案应当依据过错责任的一般条款,比较过失,最终确定双方的责任。由此可见,本案虽然不能适用自甘冒险规则,但是可以通过适用《民法典》第1173条的比较过失规则公平合理地解决纠纷。

(二) 比较过失可弥补违反安全保障义务责任的不足

所谓违反安全保障义务的责任,是指侵权人未尽到法律、合同、习惯等产生的对他人的安全保障义务,造成他人损害时应承担的赔偿责任。安全保障义务,又称安全关照义务,来源于德国法上的社会交往安全义务①,它是指在一定社会关系中当事人一方对另一方的人身、财产安全依法承担的关心、照顾、保护等义务。《民法典》第1198条规定了两类违反安全保障义务的责任,一是宾馆、商场、银行、车站、机场、体育场馆、娱乐场所等经营场所和公共场所的经营者或管理者违反安全保障义务的责任;二是群众性活动的组织者违反安全保障义务的责任。该条款在确立这两个安全保障义务时,并没有采用"等"字,表明该条规定实际上是封闭性的列举规定。尽管我国《民法典》对安全保障义务的规定借鉴了德国法,但是与德国法上的"交往安全义务"有所不同的是,我国《民法典》采取了明确列举的方式规定安全保障义务,而不像德国法通过学说和判例发展出一般性的"交往安全义务"。德国法最初的交往安全义务适用于维持交通安全的情形,以后逐渐扩大到其他社会交往活动。② 换言之,我国《民法典》安全保障义务的适用范围受到法律明确限制,法官只能根据《民法典》以及其他法律的明确规定认定安全保障义务的违反;但是,根据

---

① 该概念的翻译不尽一致,有的译为"交易安全义务",有的译为"交通安全义务",有的译为"社会安全注意义务",大多数学者将其译为"交往安全义务"。参见周友军:《交往安全义务理论研究》,中国人民大学出版社2008年版,第1页。

② 参见王泽鉴:《侵权行为法》,中国政法大学出版社2001年版,第94页。

德国法,法官可以一般性地判断行为人是否违反了某种安全保障义务。①

一旦在实践中出现两类责任之外的其他类型的违反安全保障义务的责任时,如果法律有特别规定的,适用法律特别规定。例如,因高空抛物致人损害找不到行为人的,依据《民法典》第1254条,如果物业服务企业等建筑物管理人未采取必要的安全保障措施的,应当依法承担违反安全保障义务的责任。但是,在法律没有特别规定的情形下,出现了安全保障义务的责任,应当适用何种规则确立责任,则一直是审判实践中亟待解决的现实问题。

此类责任形态最为典型的,就是因违反某种安全保障的作为义务而产生的责任。这种责任大多都是因为行为人事先实施的某种行为而使其负有某种作为义务,保障他人的人身、财产安全。例如,张某下班之后邀请李某、王某一起吃饭喝酒,在席间,王某不胜酒力,张某等仍然不断劝酒。几杯下去之后王某便醉倒在座椅上,张某和李某便护送王某回家,走到王某家门口时,王某突然清醒,提出既然已到家门口,无须再送,请张某、李某回家。待张某、李某回家之后,王某便在门前的石凳上睡着了。北方天气寒冷,王某因处于醉酒状态而在夜间被冻死。王某家属将张某和李某诉至法院,认为二人未尽到安全保障义务,应当对王某的死亡承担赔偿责任。本案显然不属于《民法典》第1198条"公共场所管理者或经营者的责任"和"群众性活动的组织者责任"这两大违反安全保障义务的类型,也难以采纳目的性扩张的方式,扩张适用该条规定。同时,受害人自己本身是组织者,对于其自身所遭受的损害,无法适用违反安全保障义务责任的规则。因而,不能以《民法典》第1198条确定其他参与者所负有的违反安全保障义务为由确定责任。

但这并不意味着,其他参与喝酒者就不需要承担责任。笔者认为,该案应当按照过错责任的一般条款与比较过失规则来确定责任的成立与承担。一方面,张某组织李某、王某一起吃饭喝酒,虽然不属于《民法典》第1198条规定的群众性活动,但是因为组织行为对参与喝酒者产生了一种保护义务,因此也可以说属于特殊类型的违反安全保障义务的责任,只不过是因为现行法没有对此作出特别规定,所以有必要通过比较过失规则来解决。另一方面,张某和王某在整个活动中具有一定的过错,应当对其过错负责,一是张某明知王某不胜酒力,仍然不

---

① Vgl. BGH NJW 1975, 108.

断劝酒,导致王某醉倒;二是张某没有把王某直接送回家中,而是放在家门口;三是张某与李某把王某放在家门口后,既没有敲门,也没有及时与王某家人联系,显然是有过失的。当然,受害人王某在本案中也有过失,其过失主要表现在不胜酒力仍然继续喝酒,尤其是在被送到家门口后,本应让张某与李某把自己送回家中,但坚持让张某与李某提前离开,最终导致了事故的发生。因此,通过比较双方的过失,可以看出本案应当依据比较过失规则,既不能让张某和李某全部免责,让王某的家属承担全部损失,也不能让张某等全部负责,而是应当通过比较过失来公平合理地确立双方当事人的责任分担。此外,在张某和李某之间,也不能适用共同侵权承担连带责任,这主要是因为二者之间不存在共同的故意或过失,而应当依据其不同的过失承担责任,张某作为组织者,其过失程度更重,应当承担更重的责任。

除上述两种情形之外,在实践中,随着社会的发展,还可能出现各种新类型的侵权损害责任纠纷,在此情况下,可以依据比较过失规则来确立责任。由此可见,比较过失规则也可以弥补《民法典》中侵权责任规则的不足。

四、比较过失规则在责任范围上的适用

比较过失的产生,很大程度上是为了避免损害赔偿的"全有全无"的僵硬做法,而是采取了一种根据错程度公平分担的做法。在美国法中,比较过失的类型具有特殊性,其包括了如下几种:一是纯粹的比较过失(pure comparative negligence),即原告的共同过失不会完全排除损害赔偿请求权,但是须根据原告对损害的过失程度(the amount of negligence)减少被告损害赔偿的数额。[①] 二是修正的比较过失(modified comparative negligence),也称"50%体系"(fifty percent system),是指如果原告的过失与被告的过失程度相当,那么原告将无法获得任何赔偿,在此意义上延续了传统的共同过失规则。这一规则的理论基础是,如果受害人比行为人更有过错(more at fault),那么他就不得从行为人处获得赔偿。三是轻微—重大过失规则(slight-gross rule),根据这一规则,只有当原告构成轻微过失、被告构成重大过失时,损害赔偿数额根据原告的过失予以减少,否则,原

---

① See Kevin J. Grehan, Comparative Negligence, 81 Columbia Law Review 1668(1981), p. 1671.

告的损害赔偿请求权将被完全排除。① 四是混合的比较过失规则,即如果原告的过失程度超过 50%,那么他只能就财产损害(economic damages)获得赔偿,并按照过失程度进行酌减,但是该原告不得就精神痛苦(pain and suffering)等无形损害获得赔偿。② 由此可以看出,比较过失规则与与有过失规则相比较,在具体确定责任的范围上,比较过失规则更加精细,因而更能发挥公平分配责任的功能。

我们之所以认为应当从《民法典》的现行制度中解释出比较过失的规则,很大程度上是因为比较过失的适用结果可以使责任范围的确定更加精细化。这就是说,在责任成立后,确定责任范围时,比较双方的过错程度,来公平合理地确定责任。上述美国法的经验可资借鉴,但在借鉴上述经验时,不能仅仅只是考虑受害人的过失,还要考虑受害人的故意,且在考虑受害人过失时,不能仅仅限于受害人的一般过失,还要考虑其过失程度,包括重大过失、一般过失和轻微过失。就加害人层面来讲,比较过失规则的应用,既包括加害人承担全部责任、加害人全部免责,也包括加害人与受害人各自承担相应的责任。为此,就需要将《民法典》第1173条和第1174条结合起来。通过衡量受害人与加害人的不同过错程度,公平合理地分配责任。

(一) 区分受害人过失形态而分别确定行为人的责任

由于《民法典》第1173条和第1174条共同构成我国民法中的比较过失规则,因此应当从加害人和受害人两个维度来考察双方当事人的过错程度。其中,受害人的过错包括四种形态,具体来说:

1. 受害人故意

《民法典》第1174条明确规定了损害是由受害人故意造成的,行为人不承担责任。在作为责任减轻的事由上,受害人的故意和过失的区分也至关重要。③ 在行为人没有过错的情况下,受害人的故意可以直接导致行为人责任的免除,受害人无权请求行为人承担任何责任。

2. 受害人具有重大过失

所谓受害人对损害的发生具有重大过失,是指受害人对自己的权益

---

① See Kevin J. Grehan, Comparative Negligence, 81 Columbia Law Review 1668(1981), pp. 1671–1674.
② See Christopher J. Robinette & Paul G. Sherland, Contributory or Comparative: Which is the Optimal Negligence Rule?, 24 Northern Illinois University Law Review, 41(2003), p. 44.
③ 参见《葡萄牙民法典》第494条。

极不关心,严重懈怠,或者虽意识到某种危险的存在,但仍然漠然视之,以至于造成了损害后果。例如,某人明知烈性犬凶猛,仍然挑逗,导致被猛犬咬伤,此即为重大过失。再如,受害人遭受侵权人侵害以后受伤,但是其拒绝治疗,以致造成感染并截肢。在过错责任中,如果受害人具有重大过失,有可能导致行为人被免除责任。其主要原因在于:一方面,从因果关系的角度来说,在受害人具有重大过失的情况下,受害人的过失与损害结果之间具有相当因果联系。另一方面,从过错责任的角度来说,受害人具有重大过失,因此不能认为侵权人的过错是损害发生的唯一原因,也不能根据双方之间的过错不成比例的理论要求行为人全部负责。[1] 因此,应当根据受害人具有重大过失来减轻侵权人的责任。即使在严格责任中,受害人的重大过失一般也可能导致侵权人责任的减轻。例如,《民法典》第1245条规定:"饲养的动物造成他人损害的,动物饲养人或者管理人应当承担侵权责任;但是,能够证明损害是因被侵权人故意或者重大过失造成的,可以不承担或者减轻责任。"

在过错责任中,受害人的过错对责任范围将会产生直接的影响。如果受害人具有重大过失,而加害人的过错轻微,有可能导致责任被免除,受害人的一般过失可以导致责任的减轻。但在严格责任中,原则上只有因受害人的重大过失才能导致行为人责任的减轻,而受害人的一般过失不能导致责任的减轻,毕竟受害人遭受的损害是行为人的行为或者其物件造成的,因此行为人应当负责。在严格责任中,除非法律明确规定,在某种情况下,受害人的重大过失才将导致行为人被免责。

3. 受害人具有一般过失

在过错责任中,受害人具有一般过失的情况下,侵权人的责任也可能被减轻。在过错推定责任中,受害人的一般过失可以导致侵权人责任的减轻。例如,《民法典》第1256条规定,"在公共道路上堆放、倾倒、遗撒妨碍通行的物品造成他人损害的,由行为人承担侵权责任"。该条在性质上属于过错推定责任,此处所说的行为人主要是指堆放、倾倒、遗撒者以及市政机关、道路交通的管理者和所有者等,如果不能证明其没有过错,则应当承担责任。但如果车辆驾驶者已经看到堆放物、倾倒物、遗撒物,并且可以轻易避开,而因为其疏忽大意未能避开,则表明其主观上也具有过

---

[1] See André Tunc et al. eds., International Encyclopedia of Comparative Law, Vol. 11, Torts, J. C. B. Mohr (Paul Siebeck), 1983, p. 112.

错,将导致行为人的责任被减轻。在严格责任中,如果受害人具有一般过失,除非法律有明确规定,侵权人不得以此为理由主张免责。此时,可以采用比较过失规则。例如,最高人民法院《关于审理铁路运输人身损害赔偿纠纷案件适用法律若干问题的解释》(以下简称《铁路人身损害赔偿解释》)第6条第1款规定,"因受害人翻越、穿越、损毁、移动铁路线路两侧防护围墙、栅栏或者其他防护设施穿越铁路线路、偷乘货车、攀附行进中的列车,在未设置人行通道的铁路桥梁、隧道内通行,攀爬高架铁路线路,以及其他未经许可进入铁路线路、车站、货场等铁路作业区域的过错行为,造成人身损害的,应当根据受害人的过错程度适当减轻铁路运输企业的赔偿责任",该条规定了受害人即使具有一般过失,铁路运输企业也要承担适当的责任。

4. 受害人具有轻微过失

一般来说,受害人的轻微过失不会导致过失相抵规则的适用,从而不会导致被告责任的减轻。因为在很多侵权案件中,加害人都有可能证明受害人存在轻微过失。例如,在地面施工时,因没有设置安全标志导致受害人摔伤,但是受害人也可能因轻微过失而没有注意到施工的现场,因此摔倒在施工的工地导致受伤。因为损害发生的主要原因是加害人,不能因为受害人的轻微过失而减轻加害人的行为。一般侵权责任中,若受害人仅仅有轻微过失,则应使加害人负完全责任;在过错推定责任和严格责任中,即使受害人具有一般过失,也不能免除加害人的责任。如甲因施工挖掘下水道而未设置任何危险警戒标志,乙因骑车不注意,跌入坑内受伤。在该例中,加害人的免责事由是被严格限定的,因此,即使受害人具有一般过失,亦不能使加害人被免除或减轻责任。

从加害人层面来观察,加害人的过错程度将会影响到责任的承担。例如,加害人的主观状态为故意,而受害人为轻微过失时,则不能适用比较过失规则减轻加害人的责任。这是因为加害人故意造成损害时,其具有较大的主观可责性,倘若允许该加害人减轻责任,不利于发挥侵权法的惩罚功能和威慑功能。

(二) 比较过失在不同的归责原则中的适用

如前所述,比较过失规则不仅仅适用于过错责任,还可以适用于采用其他归责原则的侵权责任。

第一,在过错推定中,受害人的过错作为减轻责任的事由。较之于过错责任,在过错推定中,受害人的过错作为减轻责任的事由受到更严格的限制。例如,受害人的一般过错可能并不导致责任的免除,但受害人的过错仍可作为减轻责任的事由。例如,在道路交通事故责任中,如果因非机动车一方、行人一方故意碰撞机动车导致发生交通事故的,即社会上所说的"碰瓷"现象,此时,依据《道路交通安全法》第76条第2款规定,"机动车一方不承担赔偿责任",但依反面解释,如果受害人仅具有过失,则虽不能导致机动车一方的责任被完全免除,但仍可减轻其责任。①

第二,比较过失规则也可以适用于严格责任。这是因为严格责任的特殊之处在于不以行为人的过错为归责事由,而是以行为人所从事的活动或者保有之物(如动物或者设备)具有高度危险性为归责事由。在这个意义上,严格责任并没有对受害人一方的因素予以考量。因此严格责任并不当然地排除比较过失的适用。换言之,如果受害人对损害的发生或扩大有过错的,虽然行为人承担的是严格责任,但也应当考虑受害人的过错,适当地减轻或者免除行为人的赔偿责任。可见,严格责任中免责事由主要用于排除责任的承担,即在存在免责事由的情形下,排除侵权责任的成立。而比较过失规则并不适用于排除责任,而是责任成立之后的责任份额分担规则。当然,《民法典》侵权责任编在规定特殊侵权责任时,针对某些情形特别地规定了减轻或者免除责任的事由。例如,《民法典》第1238条规定,民用航空器造成他人损害的,民用航空器的经营者应当承担侵权责任;但是,只有在受害人故意的情况下,民用航空器的经营者才不承担责任。该条款之所以作此特别规定,是因为民用航空器本身具有高度风险,而且这种风险一旦现实化造成的损害也非常巨大,因此《民法典》特别加强了民用航空器经营者的责任。为了实现这一规范目的,倘若受害人对于损害的发生仅具有过失时,则不得适用比较过失规则。简言之,《民法典》第1238条的特别规定,将民用航空器致人损害纠纷的比较过失限缩为受害人故意的情形。

第三,比较过失规则也可以弥补公平责任的不足。在公平责任中,是否可以根据过错来减轻责任?依据《民法典》第1186条,公平责任只是在当事人双方都没有过错的情形下才有必要依据法律的规定由双方分担损失。但是,在实践中由于找不到现行法的具体规定,公平责任难以适用,也可以适用比较过失规则。例如,某市居民张某的房屋上结了冰坨子。第二天,天放晴了,冰坨子开始融化,不巧受害人李某正从该房屋门

---

① 参见全国人大常委会法制工作委员会民法室编:《〈中华人民共和国侵权责任法〉条文说明、立法理由及相关规定》,北京大学出版社2010年版,第100页。

前经过,被掉落下来的冰坨子砸伤,本案中,法院认为双方当事人均没有过错,因此应当按照公平责任处理。依据《民法典》第1186条的规定,适用公平责任应当有法律的特别规定,但是对于此类情形,现行法还未作特别规定,就遇到法律适用的难题。从本案来看,张某对其房屋的冰坨子掉下是否具有过错的判断,本身是值得争议的问题。如果严格按照客观标准来判断,张某的门前结了冰坨子之后,其作为合理的人,应当认识到天放晴了,冰坨子融化掉下可能砸伤他人,在此情形下,张某理应及时清理冰坨子,而且清理成本很低,但是一旦砸伤他人造成的损害明显高于清除成本,张某没有及时清除,因此是有一定过错的,应对自己的过错行为承担责任。波斯纳在阐述"过失法"的过失判断标准时,曾经引用了著名的"汉德公式"(The Hand Formula),提出了所谓"最佳事故避免公式"(the formula for optimal accident avoidance),即若是预防成本小于损害的可能大小和损害发生的概率的乘积,那么行为人就应当采取预防措施,防止损害的发生,因为这么做带来的收益为正,是有效率的。① 如果没有以低成本避免损害的发生,则是有过失的。结合本案,对受害人李某而言,他应当留意屋顶的冰坨子可能掉下,但是他对此毫不在意,其本身也存在一定的过失。在此情形下,也可依据比较过失规则来确定双方的责任。另外,即便不考虑张某和李某的过错程度,但是考虑到双方的行为对损害的发生均具有一定的原因力,而比较过失规则中其实也包含对原因力的考量。正如德国学者拉伦茨所指出的,在因果关系的相当性权衡下,实际上隐藏着过错程度的比较。换言之,因果关系的相当性评价与过错评价之间存在一定的交叉和重叠,相当性与过错判断可以相互转化。因此,可以说比较过失规则中其实也包含对原因力的考察。②

五、比较过失规则的排除与限制适用

所谓比较过失规则的排除与限制是指,在出现了一些难以进行比较的特殊事由时,可以限制比较过失规则的适用,或者排除比较过失规则。这些可以限制或排除适用的事由主要包括:

一是损害根本无法避免的情形。从社会价值而言:"个人若已尽其注

---

① 参见〔美〕理查德·波斯纳:《法律的经济分析(第7版)》,蒋兆康译,法律出版社2012年版,第239页。
② Vgl. Larenz SchuldR AT, §31, S. 549.

意,即得免负侵权责任,则自由不受束缚,聪明才智可予发挥。人人尽其注意,一般损害亦可避免,社会安全亦足维护也。"①但如果受害人已经尽到最大的注意,而损害仍然无法避免,仍然要求受害人承担责任,对受害人未免过于苛刻。在某些情形下,虽然受害人对于损害的产生也具有过错,但是即便受害人没有此过错,损害也注定会发生。例如,因产品存在一定的缺陷,导致在使用时无论尽到何种注意义务损害也必将发生,此时就应当排除比较过失的适用。②

二是加害人具有故意而受害人具有一般过失或轻微过失。法国学者马泽昂德和丹克指出:若加害人具有故意,则表明其过错是损害发生的唯一原因,加害人只是利用了受害人的过错来从事加害行为,就像把受害人当作他手中的工具来使用。③在意大利法中,在加害人具有侵害他人的故意时,将导致比较过失规则的排除。在加害人故意的情况下,无论受害人是否具有过错,加害人都需要赔偿受害人的全部损失。④在美国法中,传统观点也认为故意侵权中并不存在比较过失规则的抗辩。⑤根据《美国侵权法重述》第481条,若加害人具有故意,则不得根据共同过失提出抗辩。在蒙洛兹一案中,法院认为:"比较过失规则是对或者赔偿或者不赔偿的共同过失规则的替代,而并没有给予故意的侵权人以抗辩权。"⑥笔者认为,加害人具有致他人损害的故意,具有明显的不法性,应受法律制裁,同时,此种故意已表明损害结果与受害人的行为之间无因果关系。即使受害人的过失在程度上较重,也应认为加害人的故意是损害发生的唯一原因,而使其负完全的责任。因此,在行为人故意侵权的情形下,如果受害人只具有一般过失或者轻微过失,通常也应当排除比较过失规则的适用。但是,若侵权人故意引诱、诱惑受害人从事某种行为从而造成受害人损害的,应当认为损害是由加害人的故意而非受害人的故意造成的。

---

① 王泽鉴:《民法学说与判例研究》(第1册),中国政法大学出版社1998年版,第145页。
② 参见〔德〕U. 马格努斯、〔西〕M. 马丁-卡萨尔斯主编:《侵权法的统一:共同过失》,叶名怡、陈鑫译,法律出版社2009年版,第118—119页。
③ See André Tunc et al. eds., International Encyclopedia of Comparative Law, Vol. 11, Torts, J. C. B. Mohr (Paul Siebeck), 1983, p. 110.
④ 参见〔德〕U. 马格努斯、〔西〕M. 马丁-卡萨尔斯主编:《侵权法的统一:共同过失》,叶名怡、陈鑫译,法律出版社2009年版,第171页。
⑤ 参见〔美〕丹·B. 多布斯:《侵权法》,马静等译,中国政法大学出版社2014年版,第451页。
⑥ Munoz v. Liu, 76 Cal. APP. 3d 88, 142 Cal. Rp tr. 667. 674(1977).

例如,对受害人谎称某人将拒绝收买受害人的某物,使受害人将其财产廉价处分。

三是对未成年人难以适用比较过失规则。在无民事行为能力人导致自身损害的情况下,不能将无行为能力人的故意视为法律上的故意,这主要是因为,无民事行为能力人没有过错能力,因而不能将其故意等同于完全民事行为能力人的故意。例如,在交通事故责任中,当受害人为儿童时,将排除比较过失规则的适用。在受害人为未成年人的情形下,由于未成年人往往不具有完全的过错能力,因而不能考虑未成年人本人的过错,而应当考虑监护人是否存在未尽监护管理职责的过错。[1] 也就是说,无论行为人是限制行为能力人,还是无行为能力人,在其遭受损害之后,不应该考虑未成年人的过错。例如,某人在高压电线下违章修建二层房屋,其房顶距离电线仅50公分。某日,其邻居家五岁的孩子过来串门,上到屋顶,触电后导致双臂被切除。虽然一个有正常意思能力的人有可能意识到接触电线会导致触电的危险,但对于一个无行为能力人来说,因其不具有意思能力,所以就很难判断触电的危险。在此情况下,若认定其具有过错并适用比较过失规则,对受害人有失公平。

从我国司法实践来看,在受害人是无民事行为能力人或限制民事行为能力人时,一般也限制或排除比较过失规则的适用。例如,依据《铁路人身损害赔偿解释》第8条第1款,铁路运输造成无民事行为能力人人身损害的,铁路运输企业应当承担赔偿责任;监护人有过错的,按照过错程度减轻铁路运输企业的赔偿责任,但铁路运输企业承担的赔偿责任应当不低于全部损失的百分之五十。从该款可知,无民事行为能力人遭受损害时,只有在其监护人对于同一损害的发生或扩大有过错时,才能减轻铁路运输企业的赔偿责任,并且最多只能减少百分之五十。依据该司法解释同条第2款的规定,铁路运输造成限制民事行为能力人人身损害的,铁路运输企业应当承担赔偿责任;监护人及受害人自身有过错的,按照过错程度减轻铁路运输企业的赔偿责任,但铁路运输企业承担的赔偿责任应当不低于全部损失的百分之四十。从这一规定可知,限制民事行为能力人遭受损害的,只有监护人和受害人都对于同一损害的发生或扩大有过错,才能减轻铁路运输企业的赔偿责任,而且最多只能减少百分之六十的赔偿责任。从上述规定可以看出,在受害人为无民事行为能力人的

---

[1] 参见程啸:《论侵权行为法上的过失相抵制度》,载《清华法学》2005年第1期。

情形下,该司法解释在认定行为人的责任时并没有考虑受害人的过错;在受害人为限制民事行为能力人时,该司法解释在认定行为人的责任时虽然考虑了受害人的过错,但严格限制了其适用范围。

四是基于特殊的法政策考量对特殊群体的保护而排除比较过失规则。这主要是出于对弱势群体的利益进行特殊保护的考量。例如,在劳动者因为劳动而罹患职业病时,即便劳动者可能在劳动中没有尽到合理的注意义务,也不构成比较过失。① 再如,《民法典》第1247条规定:"禁止饲养的烈性犬等危险动物造成他人损害的,动物饲养人或者管理人应当承担侵权责任。"依据该条,法律严格禁止饲养的烈性犬等危险动物,如果因此造成损害,即使受害人有故意也不能免责,因此排除比较过失规则的适用。

五是受害人特殊体质不能视为受害人本身的过错。在荣宝英诉上阳、永诚财产保险股份有限公司江阴支公司机动车交通事故责任纠纷案中,被告驾车碰擦行人即原告荣宝英,致其受伤。交通事故认定书认定被告负事故全部责任,荣宝英无责。司法鉴定结论为:荣宝英左桡骨远端骨折的伤残等级评定为十级,左下肢损伤的伤残等级评定为九级,损伤参与度评定为75%,个人体质因素占25%。二审法院认为:"交通事故的受害人没有过错,其体质状况对损害后果的影响不属于可以减轻侵权人责任的法定情形。"② 笔者赞成这一观点,即受害人的特殊体质所致损害既非受害人对损害发生的过错,不能适用比较过失规则。尽管受害人有特殊体质,但是法律不能要求这样的受害人在社会交往中处处小心,否则非常不利于其参与正常的社会交往。因此,有特殊体质的受害人因他人的一般行为遭受损害的,不能视为该受害人也有过错。③

结　语

综上述,《民法典》第1173条创设了我国民法中的比较过失规则。比较过失规则作为侵权责任法律的一项独立制度,具有合理分配责任,预防损害发生的功能,其不仅可以弥补自甘冒险、违反安全保障义务的不

---

① 参见〔德〕U. 马格努斯、〔西〕M. 马丁-卡萨尔斯主编:《侵权法的统一:共同过失》,叶名怡、陈鑫译,法律出版社2009年版,第196页。
② 2014年1月29日最高人民法院第24号指导案例。
③ 参见程啸:《受害人特殊体质与损害赔偿责任的减轻》,载《法学研究》2018年第1期。

足,也为应对一些新类型的侵权提供了基础。由于比较过失规则不仅适用于侵权赔偿责任的分配即减轻责任的情形,也适用于侵权赔偿责任的成立问题(免除责任的情形)。故此,在我国侵权法律实践中比较过失规则将具有强大的生命力。由于《民法典》对于比较过失制度规定得还比较原则,故此,有必要一方面加强对比较过失的理论研究,另一方面应当通过司法解释、指导性案例对该规则予以细化,以明确其适用。

《民法典》中环境污染和生态破坏责任的亮点*

现代社会,环境污染事故频发,而且环境污染事故的损害后果往往十分严重,如何通过环境侵权责任立法保护生态环境,成为现代民法亟须解决的重大问题。我国《民法典》直面这一问题,首次把绿色原则规定为民法基本原则,并在侵权责任编第七章规定了环境污染和生态破坏责任,明确了生态修复的责任承担方式,同时规定了对污染环境、破坏生态行为的惩罚性赔偿,确立了公益诉讼制度,等等,为维护生态环境、为人民群众创造良好生产生活环境提供了制度保障。该编总结了我国既有的立法和司法实践经验,并借鉴了域外法的成功做法,有效回应了时代发展所提出的问题。该编第七章虽然只规定了7条,但内容丰富,彰显了时代特色和实践特色,是我国《民法典》的一大亮点。

一、从私益保护到公益保护的转变

从比较法上来看,民法主要调整因环境破坏造成的特定受害人的私益损害。虽然环境权主要受公法调整,但是对于特定的民事主体因环境损害遭受的损失而言,则应当由私法进行调整。例如,德国《环境责任法》第1条就明确规定:"由于附录一列举之设备对环境造成影响而导致任何人身伤亡、健康受损或财产损失,设备所有人应对受害人因之而生的损害负赔偿责任。"在英国,学界通说也将环境污染的损害赔偿限定在民事权益范围内。[①] 其主要原因在于:生态损害本身强调的是公益损害、集体损害,而非个体损害。但是传统大陆法的范式立足于个人主义范式,难以有效应对生态损害。正如张新宝教授所指出的,侵权责任编涉及的"损害"应当特指民事权益损害,不包括生态环境本身,直接保护

---

* 原载《广东社会科学》2021年第1期。
① See Brian Jones, Neil Parpworth, Environmental Liabilities, Shaw & Sons, 2004, pp. 4-12.

生态环境本身与侵权责任法的部门法性质难以兼容,"损害生态环境"难以整体纳入"侵害民事权益"的范畴之内。① 生态损害赔偿难以在私法框架下进行解决。

受这种观点的影响,我国《侵权责任法》中的环境污染侵权责任救济的主要是特定民事主体的民事权益,因此其中只是规定了环境污染的责任,而并没有规定破坏生态的损害及其责任。《侵权责任法》第 65 条规定:"因污染环境造成损害的,污染者应当承担侵权责任。"这一条文所针对的就是因环境污染造成的损害,其保护的也是私益,这也与民法保护私权的基本立场相一致,与民法的私法性质相吻合。基于这一规定,一方面,受害的主体必须具有特定性。虽然《侵权责任法》第 65 条没有将损害明确限定为他人的损害,但环境污染责任保障的主要是特定民事主体的特定权益。另一方面,必须是特定的民事权益遭受侵害才能获得救济。也就是说,只有损害生态环境同时构成对民事权益的侵害或者对民事权益享有的妨害,才可以适用《侵权责任法》第 2 条的规定。② 如果仅损害了生态和环境本身,造成公益的损害,而没有侵害具体的民事权益,则仍然难以受到《侵权责任法》的保护。因此,《侵权责任法》中的环境污染责任的保护对象限于私益,与公法上的环境污染责任侧重点并不相同,前者主要解决环境污染带来的民事后果,属于私法内容,其最终要落实到特定民事主体的损害。可见,《侵权责任法》并不直接保护生态环境本身,其保护的范围过于狭窄,并不利于有效地保护生态环境。③

关于《民法典》在编纂中对是否应当沿袭《侵权责任法》的基本思路,学理上存在一定的争议。如果将《民法典》的功能限定为保护私权,则与现代社会保护环境、维护生态的需求不相符,也没有回应时代之问。一方面,中国社会的发展已迫切需要强化对生态环境的保护。良好的生态环境是美好幸福生活的重要组成部分,是最普惠的民生福祉。但我们现在面临严重的生态危机,工业发展导致环境被严重破坏,全球变暖、酸雨、水资源危机、海洋污染等已经对人类的生存与发展构成了直接的威胁,引起了全世界的广泛关注。我国是世界上最大的发展中国家,为了发展经济,我们必须利用各种资源,但同时又面临资源严重紧缺、生态严重

---

① 参见张新宝:《侵权责任编起草的主要问题探讨》,载《中国法律评论》2019 年第 1 期。
② 参见李挚萍:《论由国家机关提起的环境民事公益诉讼》,载《法治论坛》2010 年第 2 期。
③ 参见李承亮:《侵权责任法视野中的生态损害》,载《现代法学》2010 年第 1 期。

恶化的危机①,大气污染、黑臭水体、垃圾围城等已成为民生之患②,这就要求我们必须更重视资源的有效利用,并防止生态环境进一步恶化。另一方面,侵权责任对于生态环境的保护具有独特的意义。侵权责任的方式是环境保护的重要手段之一,相较于传统公法的保护方式具有不可替代的优势。由于对生态环境的损害主要体现为破坏生态环境的行为,如乱砍滥伐的行为导致生态平衡遭受破坏、污染河流的行为导致河流生态环境遭受破坏等。在损害事故发生后,追究行为人的责任也是有效遏制环境侵权发生的有效手段。从比较法上来看,《法国民法典》于2016年修订,首次写入了生态损害的概念。从今后的发展趋势来看,随着生态环境保护观念的强化,《侵权责任法》有必要对生态环境本身的损害提供更多的救济方式。③

正是因为上述原因,我国《民法典》在总结《侵权责任法》立法经验的基础上,第一次在《民法典》侵权责任编第七章增加了生态破坏的民事责任,并将《侵权责任法》第八章的标题由"环境污染责任"改为"环境污染和生态破坏责任",将生态破坏和环境污染规定为两种平行的环境责任的类型。所谓生态破坏,是指对于自然环境所造成的损害,譬如对于水资源、大气、植被或者动物生态系统等的破坏。④ 行为人不合理的开发、利用、滥砍滥伐、过度捕捞等行为,造成生态退化、环境结构和功能的变化等,从而出现水土流失、沙漠化、荒漠化、森林被破坏、土壤被污染、生物多样性减少等现象。⑤ 生态破坏损害的并不完全是私益,因为其侵害的对象涉及多数人的利益,有些学者将其称为对公共环境利益的损害。⑥ 生态权益以生态环境的生态服务功能为载体,兼具公权与私权性质。由于生态破坏的根本标志就是生态服务功能的丧失,所以其不限于私益,而已经扩

---

① 2006年6月5日,国务院新闻办公室发表了《中国的环境保护(1996—2005)》白皮书。该白皮书指出,由于中国人均资源相对不足,地区差异较大,生态环境脆弱,生态环境恶化的趋势仍未得到有效遏制。

② 参见钟寰平:《调查研究,谋事之基成事之道》,载《中国环境报》2019年7月31日,第1版。

③ 参见李承亮:《侵权责任法视野中的生态损害》,载《现代法学》2010年第1期。

④ Geneviève Viney, Patrice Jourdain, Les conditiions de la responsabilité, 3éd., LGDJ, 2006, p. 68.

⑤ 参见曹明德主编:《环境与资源保护法》(第2版),中国人民大学出版社2013年版,第187页。

⑥ 参见竺效:《生态损害的社会化填补法理研究》,中国政法大学出版社2007年版,第72页。

张到了公益的范畴。立法机关在解释"环境污染和生态破坏责任"时,也区分私益损害与生态环境损害,认为生态破坏是有别于私益损害的公害。因此,行为人因损害生态环境而承担的责任应当是一种有别于私益损害的责任。①

应当看到,一方面,破坏生态确实和环境污染有着密切联系,生态本身有可能构成环境的一部分,环境与生态是自然系统的组成部分,均是多种自然因素的结合,两者都具有公共产品的属性,不能截然分开。生态破坏和环境污染有着不可分割的关系,环境离不开生态,生态本身也构成环境。污染环境可能导致生态的破坏,而破坏生态也可能加剧环境污染。例如,排放污水造成环境污染,导致生物多样性遭受破坏,从而引发生态破坏;或者由于生态遭受破坏导致自然修复能力减弱,无法完成自我修复,因而加剧环境污染的发生。环境污染本身并不能概括所有破坏生态的情形。例如,滥砍滥伐、滥捕滥猎、过度放牧、毁林造田等,都会导致水土流失、荒漠化、风沙肆虐等,最终损害的仍然是环境。因此,仅仅只是规定环境污染责任,显然不足以保护生态环境。另一方面,从我国立法来看,《侵权责任法》的规定与我国特别法也存在一定的脱节现象。例如,《环境保护法》第64条明确规定:"因污染环境和破坏生态造成损害的,应当依照《侵权责任法》的有关规定承担侵权责任。"显然,该条包括了环境污染和生态破坏两种情形,而《侵权责任法》之中并无生态破坏的概念。而且,从实践来看,虽然生态破坏大量地侵害了公益,但也可能造成私益的损害,由于该行为并不构成污染环境,因此,受害人也难以依据《侵权责任法》向行为人提出请求。例如,过度挖掘地下的煤炭,导致承包地的塌陷,这就构成对他人民事权益的侵害,受害人应当有权请求行为人承担侵权责任。因此,将生态破坏纳入侵权法的保护范围是十分必要的,这既回应了现实需求,也符合比较法最新的发展趋势。

正是由于上述原因,《民法典》区分了私益和公益的保护,分别对污染环境和破坏生态的侵权责任作出了规定。从《民法典》侵权责任编第七章的规定来看,可以将其分为两大部分:第1229条至第1233条主要是关于侵害私益的侵权责任;第1234条至第1235条是关于侵害公益的侵权责任。具体而言,一方面,《民法典》第1229条规定:"因污染环

---

① 参见黄薇主编:《中华人民共和国民法典侵权责任编解读》,中国法制出版社2020年版,第240页。

境、破坏生态造成他人损害的,侵权人应当承担侵权责任。"其中没有明确指明"造成他人损害"的内涵。该条所规定的"造成他人损害"应当限于对特定民事主体的损害。例如,河流污染导致特定的养殖人的鱼虾死亡,或者导致特定的承包人的土地受到污染。再如,因环境污染导致他人患病,就是侵害特定主体的健康权。第1229条强调的是对私益侵害的保护,此处使用了"造成他人损害",就是指造成特定主体的民事权益的损害。它是因环境污染和生态破坏导致特定民事主体损害而产生的责任。而《民法典》第1230条至第1233条主要适用于侵害私权的情形。另一方面,《民法典》第1234条、第1235条都采用的是"造成生态环境损害",其意在调整对公益的损害。所谓公害性,是指其并不完全是对特定民事权益的侵害,甚至可能导致国家或集体利益的损失。环境污染可能造成生态环境和自然条件的恶化,这种改变即便没有造成具体的个人损害,也会侵害社会公共利益,使社会蒙受损害。我国《民法典》第1234条、第1235条所规定的生态环境修复责任和生态环境损害的赔偿责任,都是针对公益损害而确立的责任。《民法典》侵权责任编将生态破坏责任纳入其中,其实与我国环境保护立法的目的保持了一致。"环境法从成立之初就承载了对生态利益最全面最完整的表达"①,环境保护立法的目的就在于确认、调整和保护自然的生态属性的规则②,而对生态破坏所造成的公益损害进行规定,正是实现这一目的的重要手段。

二、从私益诉讼向公益诉讼发展

传统民法并没有涉及公益诉讼,这主要是因为,民法调整的是特定民事主体的民事权益的保护,而不直接涉及公益损害的救济问题,此种损害既难以确定特定的受害人,也难以适用传统的民事责任的一般规则。但因前述民法从私益保护到公益保护的发展趋势,有必要对上述基本立场进行必要的调整。因此,《民法典》第1234条和第1235条以实体法的形式确定了环境侵权的公益诉讼。《民法典》中之所以要规定公益诉讼,一方面是因为《侵权责任法》保护范围的扩张,在公益损害的情况下,个人

---

① 张璐:《环境法学的法学消减与增进》,载《法学评论》2019年第1期。
② 参见吕忠梅主编:《依法治国背景下生态环境法制创新研究》,湖北人民出版社2015年版,第25页。

无法主张公共利益的损害赔偿。① 污染环境、破坏生态的行为既可能造成环境公共利益的损害,也可能造成私人人身、财产权益的损害,还可能同时造成上述两种损害,而环境公益诉讼的目的便在于预防及修复公共利益的损害,其只能由法律规定的机关和有关组织提起,特定民事主体特别是自然人,无法代表公共利益主张公益的损害赔偿。② 而私益诉讼的目的在于救济个人权益,只要原告与本案有利害关系,法院即不得以主体不适格为由拒绝受理。③ 为了与《民事诉讼法》以及相关司法解释的规定相衔接,必须要在《民法典》中专门规定公益诉讼规则。另一方面,在实体法中规定公益诉讼也具有一定的合理性。公益诉讼的程序性问题可以由诉讼法规定,但提起公益诉讼的条件、后果仍然应由实体法规定;尤其是涉及公益诉讼的修复责任和赔偿损失,其涉及实体权利义务的安排问题,应当由实体法作出规定。公益诉讼的问题,难以单纯依靠程序法来解决;如果缺乏实体法依据,当事人的诉讼资格就可能缺乏足够的依据,而法官就损害赔偿作出裁判也缺乏可以适用的依据。另外,《民法典》特别规定,法律规定的组织可以提起公益诉讼,这就允许专业性的环保组织参与环境治理,这也是治理现代化的重要标志。

关于公益诉讼主体的确认,《民法典》采用了"国家规定的机关或者法律规定的组织"作为公益诉讼的原告,具体而言:一是国家规定的机关。通常认为,这是检察机关和行使管理职责的国家机关。二是法律规定的组织。最高人民法院《关于审理环境民事公益诉讼适用法律若干问题的解释》第 1 条规定:"法律规定的机关和有关组织依据民事诉讼法第五十五条、环境保护法第五十八条等法律的规定,对已经损害社会公共利益或者具有损害社会公共利益重大风险的污染环境、破坏生态的行为提起诉讼,符合民事诉讼法第一百一十九条第二项、第三项、第四项规定的,人民法院应予受理。"依照该司法解释规定,可以提起环境民事公益诉讼的应该只有依法在设区的市级以上人民政府民政部门登记的、专门从事环境保护公益活动连续 5 年以上且无违法记录的社会组织。而检察机关不具有直接提起民事公益诉讼的权利,其仅能依法支持环境保护社会组织

---

① 参见奚晓明主编:《最高人民法院关于环境民事公益诉讼司法解释理解与适用》,人民法院出版社 2015 年版,第 23 页。

② 参见奚晓明主编:《最高人民法院关于环境民事公益诉讼司法解释理解与适用》,人民法院出版社 2015 年版,第 23—29 页。

③ 参见奚晓明主编:《最高人民法院关于环境民事公益诉讼司法解释理解与适用》,人民法院出版社 2015 年版,第 23 页。

提起环境民事公益诉讼或者通过行使法律监督权督促具有原告资格的主体提起环境民事公益诉讼。①

在《民法典》中规定有关组织可以提起公益诉讼也有利于促进环境生态保护中的公众参与,符合环境生态保护领域的治理主体多元化的趋势。就生态环境的治理而言,政府只是参与其中的主体之一,而不是唯一的主体。政府管理力量毕竟受到公共财政投入的限制,在信息来源、监管时效、监管主动性等方面存在一定的不足。传统的环境保护模式是以政府为主导的,但是面对日益复杂、严峻的环境问题,政府已显得力有不逮。因此,许多国家在环境生态保护方面从单纯依靠政府进行管理转向注重发挥社会公众在环境治理中的重要作用,公众参与的机制开始成为一种新的环境监督管理模式。② 因此,除政府管理方式之外,应当注重吸纳其他社会主体,发挥其他治理力量的作用。由此就产生了环境保护中的公共参与制度。此种模式是政府或环保行政主管部门依靠公众的智慧和力量,制定环境政策、法律法规,确定开发建设项目的环境可行性,监督环境法的实施,调处污染事故,保护生态环境的制度。③ 公众参与原则是在实践中不断发展与总结出来的,也是经济发展和环境保护的必然趋势。④《民法典》所规定的"法律规定的组织"就是对政府主导的环境保护工作的有力补充,也是公众参与原则在《民法典》中的具体体现。

需要讨论的是,《民法典》之所以在第七章的最后两条对公益诉讼作出特别规定,是因为这两条是针对公益损害的救济而特别设置的规则,从第1229条至第1233条的相关规则是否可以适用于公益诉讼,这确实是一个值得探讨的问题。笔者认为,至少有如下三个问题需要在法律上进行讨论:

一是《民法典》第1230条关于举证责任倒置的规则。该条规定:"因污染环境、破坏生态发生纠纷,行为人应当就法律规定的不承担责任或者减轻责任的情形及其行为与损害之间不存在因果关系承担举证责任。"该

---

① 参见奚晓明主编:《最高人民法院关于环境民事公益诉讼司法解释理解与适用》,人民法院出版社2015年版,第29页。
② 参见陈晓宇:《环境保护中的公共参与制度探析》,载《环境保护与循环经济》2014年第3期。
③ 参见吕忠梅:《环境法新视野》,中国政法大学出版社2000年版,第257页。
④ 参见吴上进、张蕾:《公众环境意识和参与环境保护现状的调查报告》,载《兰州学刊》2004年第3期。

条被称为环境侵权中的举证责任倒置规则。一般认为,该条主要适用于私益诉讼,但其是否可以适用于公益诉讼?有观点认为,该条不应当适用于公益诉讼,笔者认为,该观点有一定的合理性,但应当作具体分析。一方面,对国家机关提起的公益诉讼而言,由于国家机关往往具有较强的举证能力,没有必要通过此种方式对其进行保护。私益诉讼采取举证责任倒置的前提是两个平等的民事主体在举证能力上存在明显差异,法律为了平衡行为人和受害人之间的关系,由举证能力更强的行为人承担举证责任,具有充分的合理性。但如果提起公益诉讼的主体是国家规定的机关,则双方当事人在举证能力上并不存在明显差异。在实践过程中,往往是由国家机关查清行为人污染环境、破坏生态的违法事实,且因国家机关享有国家权力,有很强的查清违法事实的能力。因此,并不需要进行举证责任倒置。另一方面,对法律规定的组织如环保组织等提起的公益诉讼,由于环保组织等主体在举证能力等方面并不具有优势,仍然面临举证的困难。因此,仍有必要进行举证责任倒置,这也更有利于对生态环境损害进行救济。

二是《民法典》第 1232 条关于惩罚性赔偿的规定,原则上不适用于公益诉讼。惩罚性损害赔偿(punitive damages, Strafschadensersatz),也称示范性的赔偿(exemplary damages)或报复性的赔偿(vindictive damages),是指由法庭所作出的赔偿数额超出实际的损害数额的赔偿[1],它具有补偿受害人遭受的损失、惩罚和遏制不法行为等多重功能。《民法典》第 1232 条规定:"侵权人违反法律规定故意污染环境、破坏生态造成严重后果的,被侵权人有权请求相应的惩罚性赔偿。"关于惩罚性赔偿的规定能否适用于公益诉讼,笔者认为,其不应适用于公益诉讼,而主要适用于私益遭受侵害的情形,主要理由在于:一方面,从文义解释来看,本条使用了"被侵权人"这一表述,这表明受害人是特定的主体,而在公益诉讼中,并没有特定的被侵权人。例如,在造成土壤污染的场合,应当由土地使用权人提出请求惩罚性赔偿,而不能通过公益诉讼请求惩罚性赔偿。而在河流污染导致原有饮用、灌溉等功能丧失,土壤破坏造成生态承载能力下降等情形,有时很难确定具体的被侵权人,此时就应当允许提起公益诉讼,但是对污染环境、破坏生态的行为并不能请求惩罚性赔偿。另一方面,从体系解释来看,《民法典》将污染环境、破坏生态的惩罚性赔偿规则规定在公益

---

[1] See Note, Exemplary Damages in the Law of Torts, 70 Harv. L. Rev., 1957, pp. 517, 518; Huckle v. Money, 95 Eng. Rep. 768 (K. B. 1763).

诉讼之前,这也表明其主要是针对私益损害的情形而言的。此外,如果采取公益诉讼的方式,由国家规定的机关或者法律规定的组织取得该部分赔偿金,也缺乏正当性。

三是提起诉讼的主体能否对公益作出处分。公益赔偿一般不具有侵权损害赔偿所具有的一定程度的任意性。在提起公益诉讼的过程中,涉及公共利益的损失,提起诉讼的主体能否减免赔偿数额或者与对方达成和解,这确实是一个值得探讨的问题。一般情形下,由于生态损害赔偿涉及公共利益,并非主体的私人利益,个体只能对私人利益作出处分。但提起公益诉讼时,诉讼主体无权就公共利益作出处分。由国家机关提起的公益诉讼,在缺乏法律规定的情况下也不具有处分公共利益的职权。

三、从单纯的赔偿转向兼顾预防

(一) 增加了惩罚性赔偿以强调预防功能

如前所述,惩罚性赔偿主要是针对那些具有不法性和道德上的应受谴责性的行为而适用的,就是要对恶意的不法行为实施惩罚。这种惩罚与补偿性的损害赔偿有所不同。惩罚性赔偿通过给不法行为人强加更重的经济负担来制裁不法行为,从而达到制裁的效果。[1] 我国《侵权责任法》规定了对环境侵权的损害赔偿,改变了过去单纯依据行政罚款的方式对环境侵权进行惩罚的做法,通过引入民事责任实现了对环境的多种保护,具有重要的进步意义。但是,单纯依赖损害赔偿仍然具有明显的不足。一方面,要求受害人在实践中举证证明其实际损害,尤其是证明损害后果与污染环境或破坏生态环境之间的因果联系非常困难。另一方面,由于损害鉴定评估周期长、费用高,有些案件中的鉴定费用甚至超过赔偿金额,因此损害赔偿在某些情形下可能难以弥补实际损害,甚至很难遏制污染环境、破坏生态的行为,造成实践中出现了违法成本低、守法成本高等难以解决的问题,因此有必要引入惩罚性赔偿制度。通过大大提升违法成本,对恶意损害环境生态的行为进行阻吓。[2]

《民法典》第1232条规定了故意违法造成环境污染和破坏生态的惩

---

[1] See Jerome H. Nates et al., Damages in Tort Actions, LexisNexis, 2019, pp. 39-40.
[2] 参见黄薇主编:《中华人民共和国民法典侵权责任编解读》,中国法制出版社2020年版,第251页。

罚性赔偿，对故意破坏生态环境行为发挥遏制作用，有利于防范侵害生态环境的行为。一方面，惩罚性赔偿要求赔偿受害人的全部经济损失，在性质上乃是一种交易，等于以同样的财产交换损失。但从我国环境保护的实践来看，由于信息不对称等原因，受害人对于损害的证明十分困难，因此在造成严重后果的情形下，损害赔偿的数额仍然十分有限。因此导致违法成本低、执法成本高的问题始终难以得到有效解决。通过引入惩罚性赔偿则可以有效地对环境破坏行为予以遏制。另一方面，惩罚性赔偿针对的是行为人故意实施的污染环境、破坏生态造成严重后果的行为，具有较强的主观恶性，因此法律对于当事人科以惩罚性损害赔偿，以有效遏制此种行为。针对故意行为施加惩罚性赔偿，实际上是对行为人主观恶意的一种惩罚。正如美国学者派特莱特认为，遏制与单个人的责任没有联系，遏制是指确定一个样板，使他人从该样板中吸取教训而不再从事此行为。[1]

然而，惩罚性赔偿又不同于行政制裁方式，因为它毕竟属于民事责任而不是行政责任的范畴。惩罚性赔偿制度只是给予受害人一种得到补救的权利，而没有给予其处罚他人的权力。受害人是否应当获得赔偿以及获得多大范围的赔偿，都应由法院来最终作出决定。笔者认为，惩罚性赔偿并不是要将赔偿的费用均交给受害人，而是应当除去弥补受害人实际损害的数额，之后再将余下的数额主要用于填补修复生态损害的费用。在对受害人赔偿后，应当将这些赔偿金专款专用，惩罚性赔偿与费用修复的赔偿不能并用。

（二）将为制止和防止损害发生或扩大的费用纳入赔偿范围

《民法典》第1235条第5项明确规定，违反国家规定造成生态环境损害的，国家规定的机关或者法律规定的组织有权主张"防止损害的发生和扩大所支出的合理费用"。最高人民法院《关于审理环境侵权责任纠纷案件适用法律若干问题的解释》第15条规定："被侵权人起诉请求侵权人赔偿因污染环境、破坏生态造成的财产损失、人身损害以及为防止损害发生和扩大、清除污染、修复生态环境而采取必要措施所支出的合理费用的，人民法院应予支持。"《民法典》的该条规定是对最高人民法院《关于审理环境侵权责任纠纷案件适用法律若干问题的解释》第15条规定的吸

---

[1] See David F. Partlett, Punitive Damages: Legal Hot Zones, 56 La. L. Rev., 1996, pp. 781, 797.

收。之所以将这一费用作为赔偿的项目,主要是考虑到应当将这些损害控制在最小的范围内,从而实现对后续治理与修复工作的开展。[①] 例如,受害人的养殖场受到污染,为了消除污染物防止损害进一步扩大而聘请专业人员进行环境治理的费用,也应当得到救济。在司法实践中,有的法院判令行为人将应当赔偿的生态修复资金打入当地的生态环境损害赔偿资金账户,用于对涉案地的生态破坏的修复及补偿。[②] 如果生态环境损害无法恢复或者恢复成本过高的,也可以参考使用虚拟成本治理法计算修复费用。[③] 通过上述方式,既可以对行为人起到制裁作用,同时对生态环境起到修复作用。

(三)《民法典》第1167条规定可以适用于环境和生态侵权

就《民法典》侵权责任编的一般规则而言,第二章将责任承担的方式修改为损害赔偿,表明侵权责任编以损害赔偿为中心。但是侵权责任编同时也将预防性的责任提前至一般规定中,并且与损害赔偿的归责原则相对应,表明事后的赔偿责任和预防性责任是并重的。应当看到,这些预防性的责任在环保领域更具有直接性,因为环境本身具有不可逆性,虽然可以进行一定的修复,但完全修复极为困难。因此,在环境保护领域首先是制止侵害,防止损失的进一步扩大。尤其应当看到,这些预防性责任无须证明损害的发生,也不以过错为要件,也不适用诉讼时效,这更有利于预防性责任的适用,以避免环境污染和生态损害的发生和进一步扩大。例如,预防性责任包括消除危险,当损害有可能发生时,就可以请求消除危险,以避免损失的现实化。

四、从损害赔偿向生态环境修复转化

(一)生态环境修复责任的范围

《民法典》第1234条规定:"违反国家规定造成生态环境损害,生态环境能够修复的,国家规定的机关或者法律规定的组织有权请求侵权人在合理期限内承担修复责任。侵权人在期限内未修复的,国家规定的机关

---

① 参见黄薇主编:《中华人民共和国民法典侵权责任编解读》,中国法制出版社2020年版,第264页。
② 参见《山东省聊城市人民检察院诉路荣太民事公益诉讼案》,载 https://www.spp.gov.cn/spp/zdgz/201803/t20180303_368651.shtml,访问日期:2020年10月17日。
③ 参见《环境公益诉讼典型案例(上)》,载《人民法院报》2017年3月8日,第3版。

或者法律规定的组织可以自行或者委托他人进行修复,所需费用由侵权人负担。"依据这一规定,在破坏生态的情况下,能够修复的,应当进行修复。所谓能够修复,是指以现有的科学技术水平能够将生态环境恢复到损害发生前的相应状态,恢复生态功能。过去,我们对环境损害仅注重货币赔偿,但货币赔偿的标准难以确定,出于各种考虑,法院判决支持的赔偿数额比较有限;另外,赔偿金也经常被挪用,并未用于环境修复;赔偿结束后甚至出现更为严重的环境污染。当然,与过去纯粹的政府罚款方式相比,货币赔偿有一定的合理性,我国司法实践也采取了"谁污染,谁治理,谁损害,谁赔偿"的环境立法宗旨,通过责令行为人赔偿损害,有利于维护环境,保护生态。① 因为行政罚款存在较大任意性,而且罚款的相当部分并没有用于环境修复。因此,《侵权责任法》规定了环境损害赔偿责任,这相对于过去有所进步,当然仍然不能有效解决环境保护的问题。正是基于这一原因,《民法典》将生态环境修复责任作为首要的责任形式,此种责任实际上是一种行为责任,其本质上是恢复原状,要求侵权人尽可能地将所破坏的生态环境恢复到损害发生前的状态。在修复主体上,可以责令行为人自己修复,要求其采取切实的行动来修复生态环境;也可以委托第三方专业机构来进行修复,费用由侵权人承担。尤其应当看到,从可行性上来说,目前生态环境修复技术已有了长足的进步,可以为生态修复提供足够的保障。②

依据《民法典》第 1234 条,生态环境损害修复责任的两种方式:一是由行为人自己修复。修复责任以生态环境能够修复为要件,对于能够修复的由侵权人在合理期限内承担修复责任。对于生态环境的破坏,为避免损害的扩大,行为人必须在合理的期限内完成修复,这一修复期限不能无限延伸。合理期限应当依据现有的科学技术水平,结合生态环境破坏程度进行综合判断。由于侵权责任应当以恢复原状为目的③,因此生态修复应当达到恢复原状的效果。二是委托他人修复。此种方式也被称为替代性修复,即行为人未在期限内完成修复时,应当由国家规定的机关或者法律规定的组织自行或者委托他人进行修复,同时由行为人承担费用。

---

① 参见《连云港市赣榆区环境保护协会诉王升杰环境污染损害赔偿公益诉讼案》,载《最高人民法院公报》2016 年第 8 期。
② 参见何连生等编著:《重金属污染调查与治理技术》,中国环境出版社 2013 年版,第 88 页。
③ 参见曾隆兴:《详解损害赔偿法》,中国政法大学出版社 2004 年版,第 412 页。

从实践来看,生态破坏的修复是技术性非常强的,需要由具有资质的组织进行修复,而行为人往往不具有相应的资质或能力,因此,行为人自行修复不仅不可能按期完成,甚至可能导致二次污染。所以,委托修复的方式是一种比较可行的方法。委托他人进行修复可以确保生态环境恢复的及时性与有效性,在这种责任承担方式下,虽然修复的行为由他人完成,但这并不意味着修复责任的移转,相反,侵权人仍然是修复责任的承担者。[1]

问题在于,环境修复责任与惩罚性赔偿能否并用?笔者认为,这两种责任不能并用,主要理由在于:第一,惩罚性赔偿的主要功能是使被侵权人的损害获得补救,而不是让其从中获利。第二,由于惩罚性赔偿中的部分费用应当用于修复环境破坏,惩罚性赔偿也具有修复环境的作用,即惩罚性赔偿的重要功能在于修复环境、保护生态。惩罚性赔偿的金额并非给予被侵权人,而是要用于环境修复。如果行为人承担了惩罚性赔偿之后,还要承担环境修复责任,则意味着其承担了双重的责任。第三,环境修复责任只能通过公益诉讼的方式来实现,而惩罚性赔偿需以私益诉讼的形式来实现,两者无法兼容。如果环境管理部门需要对行为人进行惩罚,可以通过行政处罚的方式进行,没有必要通过惩罚性赔偿的方式;第四,避免过分加重企业负担。如果二者并用,则意味着企业在承担环境修复责任之外,还需要承担惩罚性赔偿责任,两者并用可能违反了比例原则,将过分加重企业的负担。

(二) 生态环境损害的赔偿责任

《民法典》第1235条就生态环境损害的赔偿责任作出了规定,尤其明确了其赔偿的范围。据此,违反国家规定造成生态环境损害的,国家规定的机关或者法律规定的组织有权请求侵权人赔偿相关损失和费用。法律上之所以对生态环境损害赔偿的范围作出规定,是因为在生态环境破坏的情形下,损害类型较多,恢复生态的费用和种类也较为复杂,法律上有必要对其作出明确规定,以确保法律运行的统一。因此,本条主要列举了如下几种损失和费用:一是生态环境受到损害至修复完成期间服务功能丧失导致的损失。二是生态环境功能永久性损害造成的损失。这种损失针对的是不可逆的生态环境破坏,相较于第一种损失更为严重。例如,地

---

[1] 参见黄薇主编:《中华人民共和国民法典侵权责任编解读》,中国法制出版社2020年版,第260页。

下水被污染后,需要经过数百年的自然净化才能使生态修复,此种情况就属于生态环境功能的永久性损害。但需要注意的是,永久性是一个相对的概念,凡是需要经历漫长的生态自我修复过程的,均应当认为构成永久性的损失。例如,大面积的森林砍伐造成植被破坏,无法在短时间内恢复植被;土壤大面积遭受有毒化学物质严重污染,在现有技术条件下短期内无法恢复,均应当被包括在内。由于生态环境功能的永久性损害是无法恢复的,因此,行为人无法通过生态恢复的责任形式承担责任。在此情形下,行为人只能承担赔偿责任。三是生态环境损害调查、鉴定评估等费用。在造成生态环境损害事故之后,首先需要确定实际损害的范围,因此,就需要进行调查和鉴定评估等。对于生态环境损害事故发生后,调查、鉴定评估等费用,都应由行为人承担。但责任人应当承担的费用可能并不以上述费用为限,在环境保护部办公厅印发的《环境损害鉴定评估推荐方法(第Ⅱ版)》中,对应急处置费用的种类和计算方法进行了详细的规定。各级政府与相关单位针对可能或已经发生的突发环境事件而采取的行动和措施所发生的费用,这些费用也应当由侵权人予以赔偿。四是清除污染、修复生态环境费用。行为人造成了环境污染和生态破坏之后,需要清除污染,从而达到修复生态的目的。污染清理费用指对污染物进行清除、处理和处置的应急处置措施,包括清除、处理和处置被污染的环境介质与污染物以及回收应急物资等产生的费用。修复生态环境费用是指行为人在自己未能在合理期限内修复时,应当支付的由他人代为修复的费用。五是防止损害的发生和扩大所支出的合理费用。上述损失和费用的赔偿目的主要是致力于恢复生态环境。①

  问题在于,对于上述损失的赔偿,由于其主要涉及的是公益,那么索赔人是否有权就赔偿额作出减让的处分行为?笔者认为,对于私权而言,如果不涉及第三人或者公共利益,那么权利人当然可以自行处分权利。但是,对于关涉到第三人利益或公共利益的场合,权利的行使或者放弃则应当受到限制。由于前已述及,《民法典》侵权责任编中所规定的生态环境破坏的责任所保护的不限于私益,而同样关涉公益。因此,在涉及公益的情形下,权利人对此处的赔偿请求权的处分,无论是放弃,抑或是减让请求额等,均应当受到限制,从而避免因权利处分导致的第三人与公共利益的不当减损。

---

① 参见郑昭佩编著:《恢复生态学概论》,科学出版社2011年版,第107—228页。

结　语

《民法典》是私法的基本法,以保障私权为核心①,但这并不意味着其完全不涉及公益的保护问题。《民法典》侵权责任编在关于环境破坏责任的规定中,就充分体现了《民法典》在保障私益的基础上对公益保护需求的回应。它回应了现代社会资源环境恶化情形下保护环境、维护生态的现实需要,同时也彰显了《民法典》所具有的时代特色与实践特色。

---

① 参见[美]约翰·亨利·梅利曼编著:《大陆法系》,顾培东、禄正平译,法律出版社2004年版,第104页。

我国《民法典》侵权责任编损害赔偿制度的亮点
——以损害赔偿为中心的侵权责任形式*

法谚云："无救济,则无权利。"侵权人应当承担的侵权责任形式如何,直接关系到受害人能否获得全面及时的保护。我国《民法典》在总则编确立的民事责任承担方式的基础上,又在侵权责任编对除合同责任外的侵害其他民事权益的侵权责任进行了专门的规定。在《侵权责任法》的基础上,《民法典》侵权责任编对侵权责任形式规则作出了重大的修改与完善,确立了以损害赔偿为中心的侵权责任承担方式体系,从而丰富了损害赔偿的方式,进一步完善损害赔偿的规则设计,使得侵权责任编体系化程度进一步加强,强化了对受害人的救济和保护,使救济更加精细、全面。因而,这一修改也成为了侵权责任编的重要亮点之一,本文拟对以损害赔偿为中心的侵权责任形式进行探讨。

一、从多元并重的责任形式转向以损害赔偿为中心的侵权责任承担方式

我国《民法典》侵权责任编整体上是在《侵权责任法》基础上修改、补充完善形成的,但在体系安排上也进行了一定的修改,最为突出的一点就是将原《侵权责任法》第二章"责任构成和责任方式"修改为"损害赔偿",意味着主要以损害赔偿为中心构建了侵权责任编的体系。这一变化将产生如下体系性和功能性的变化。

(一)侵权责任法回归其主要是救济法的本源

侵权责任法在社会生活中的作用是多元化的,主要体现为两个方面:一是保护受害人,弥补受害人的实际损害,这是侵权法的补偿功能(Aus-

---

* 原载《政法论丛》2021年第5期。

gleichsfunktion)①;二是预防功能,即通过规定多元的责任承担方式,尤其是规定停止侵害、排除妨碍等具有预防功能的责任承担方式,以实现侵权责任法的损害预防功能。应当看到,现代侵权责任法确实注重对损害的预防,正如瓦格纳所指出的,"在任何法律制度中,侵权法都存在两颗心脏——阻吓与赔偿——它们同时跳动着,尽管强度有别"②。此处所说的阻吓主要是通过威慑而发挥预防作用,现代社会是一个风险社会,风险具有不确定性,一旦发生,就直接对他人的人身造成威胁,并将引起巨大的财产损害。所以,为了更有效地保护受害人,最大限度地防止现实损害的发生,侵权责任法必须在发挥事后救济功能的同时,发挥事前预防功能。③ 但是从侵权责任法的功能来看,二者并不完全相同,侵权法主要还是发挥救济的功能,其主要是救济法,预防并非侵权法的核心功能,预防在侵权法中,只是一种"受人欢迎的副产品"(erwuenschtes Nebenproduct)。④ 正是因为侵权责任法主要发挥补偿功能,所以,就必然要以损害赔偿为中心,构建其责任形式。

虽然我国《民法典》侵权责任编在诸多条款中都强调了预防功能,但从核心功能来看,主要发挥的是救济功能。尤其是从整个《民法典》的体系结构来看,其采取的是从确权到权利救济的结构。《民法典》首先对各项权利进行列举,分别规定物权、合同、人格权、婚姻家庭、继承五编,以实现对民事主体的各项权利的完整保护;并将侵权责任编置于最后一编,通过该编的规定对权利遭受侵害进行救济,这顺应了从确权到救济的一般规律,反映出民法不仅是权利法,而且也是私权保障法,为受害人提供充分救济的法,进一步凸显了侵权责任法的救济法本质。所以,侵权责任编明确了以损害赔偿为中心的侵权责任承担方式,符合侵权责任编的体系和功能定位。

(二) 对受害人的救济更加精细、全面

侵权责任编的立法目的主要是对受害人提供全面的救济。在《民法典》颁布前,我国《侵权责任法》采取的是所谓大侵权的模式,该法第15条

---

① Vgl. MünchKomm/Wagner, Vor § 832, Rn. 38 f.
② 〔德〕马蒂亚斯·赖曼、〔德〕莱因哈德·齐默尔曼编:《牛津比较法手册》,高鸿钧等译,北京大学出版社2019年版,第1012页。
③ 参见石佳友:《论侵权责任法的预防职能》,载《中州学刊》2009年第4期。
④ Vgl. Larenz. Schuldrecht, Lehrbuch des Schuldrechts, Band Ⅰ: Allgemeiner Teil, Beck, 1987; Staudinger/Hager, 13. Aufl., 1999, Vor § 823 ff. Rn. 10.

规定了八种民事责任形式,为受害者提供了多元的救济选择。此种模式最大的优势在于,可以为受害人提供各种侵权责任方式,使受害人可以选择最合适的责任承担方式。因此,这种大侵权模式成为了保护受害人的"百宝囊"。① 但在《侵权责任法》的适用过程中,此种模式也暴露出了不少的问题,其中最主要的问题在于:一方面,对民事责任的各种形式进行统一规定,并未区分违约责任与侵权责任,导致法律适用上的不便。例如,《侵权责任法》第15条规定的恢复原状,究竟包括哪些内容? 是否包括修理、更换、重作,对此一直存在争议。② 在合同领域中,恢复原状是可以存在于修理、更换、重作之外的,如保护性购买、保护性销售后的赔偿等都是重要的责任形式。③ 但是,在侵权责任中,采取更换等恢复原状的责任形式则并无必要,至于停止侵害、恢复名誉、赔礼道歉等责任形式都与恢复原状有显著区别。④ 另一方面,各种责任的形态是有严格区别的,侵权损害赔偿之外的其他责任形式都和损害赔偿在构成要件上存在明显的区别。所以,采取大侵权的模式,不可避免地存在重大缺陷,即在实践中,容易使一些法官误以为各种责任形式所要求的构成要件是相同的,而不能从不同的构成要件出发来确定不同的责任形式,这就不利于准确地认定责任。由于各种责任形式的适用范围和条件并不明确,对受害人的救济不够精细,而且责任形式与构成要件的对应关系也不明晰。尽管有观点认为,《侵权责任法》采取大侵权模式可以为受害人提供周全保护⑤,但是,自《侵权责任法》颁布以来,其具体适用中也存在上述明显的问题。

正因如此,在我国《民法典》编纂过程中,对《侵权责任法》第15条作出了重要的修改和完善。其中,最重要的变化就是明确区分了绝对权请求权与侵权损害赔偿请求权。绝对权请求权(包括物权请求权、人格权请求权等)被置于物权编和人格权编,而侵权责任编则围绕损害赔偿作出规定。作出这种变化的根本原因在于,要对受害人提供充分的救济。物权请求权和人格权请求权分别规定在物权编和人格权编之中,表明这些请

---

① 参见王利明:《侵权责任法的中国特色》,载《法学家》2010年第2期。
② 参见程啸、王丹:《损害赔偿的方法》,载《法学研究》2013年第3期。
③ 参见孙鹏:《合同法热点问题研究》,群众出版社2001年版,第426页。
④ 参见冉克平:《民法上恢复原状的规范意义》,载《烟台大学学报(哲学社会科学版)》2016年第2期。
⑤ 参见李震东、黄芬:《侵权责任承担方式的理解与适用》,载《社会科学家》2010年第12期。

求权本身就是在物权和人格权遭受侵害时,对其进行保护的独特方式。在不需要通过侵权损害赔偿对受害人进行救济的情况下,仅通过绝对权请求权就足以保护受害人。

(三) 增强了我国侵权责任法的逻辑体系

我国侵权责任编为了强化对受害人的保护,彰显以损害赔偿为中心的救济法理念,在很多规则上作了重大调整,主要表现在:一是将过错责任一般条款的适用范围限定为损害赔偿。二是在侵权责任的内在体系上围绕损害赔偿责任形式展开。关于侵权责任的一般规则,如免责事由、责任的承担规则,基本上都是以损害赔偿为基础而设计的。有关侵害物质性人格权的法定损害赔偿规则,也是以损害赔偿为中心而构建的。三是通过构建多元的补偿机制(商业保险、强制保险、损害赔偿、社会救助的结合),强化对受害人损害的救济。四是确立民事责任优先适用原则(《民法典》第187条)。民事责任的优先,实际上就是损害赔偿责任优先于行政责任、刑事责任而适用。五是构建了连带责任、不真正连带责任、补充责任等责任形态,强化了补偿责任的运用等。六是按照完全赔偿原则,规定了侵害人身权益的获利返还规则,从而进一步落实了损害赔偿的补偿性。这些调整实际上都是损害赔偿规则的具体化,目的都是围绕对受害人损害的救济而展开的。七是区分了损害与妨碍,分别适用不同的规则。损害与妨碍是存在本质差异的侵害类型,妨碍是对法律上可享有的法益构成限制,损害则是对事实上已经享有的法益构成限制。[①] 损害和妨害并不总是同时满足,可能有时只有损害,有时只有妨碍,有时既有损害又有妨碍。行为人的行为导致的是损害还是妨碍,是适用侵权损害赔偿请求权与绝对权请求权的决定性因素。[②] 如果模糊损害与妨碍之间的界限就会导致侵权损害赔偿请求权与绝对权请求权适用上的模糊。总之,侵权责任编明确以损害赔偿为中心的侵权责任承担方式,进一步增强了侵权责任编制度、规则的体系性。

(四) 沟通了与合同编通则中债法规则的联系

侵权损害赔偿本质上是一种债的关系,损害赔偿请求权是一种债权

---

① 参见〔奥〕海尔姆特·库齐奥:《侵权责任法的基本问题(第一卷):德语国家的视角》,朱岩译,北京大学出版社2017年版,第29页。
② 参见曹险峰:《防御性请求权论纲》,载《四川大学学报(哲学社会科学版)》2018年第5期。

请求权。传统大陆法系国家民法典正是基于这一认识,将侵权损害赔偿完全归入债法之中。当然,这种模式存在的弊病是显而易见的,忽视了责任的强制性以及侵权损害赔偿之债与合同之债的区别,漠视了债的许多规则无法适用于侵权责任关系的现实,且这样一种体系结构也严格限制了侵权责任法的发展与完善,不利于对受害人的保护。我国《民法典》将侵权责任独立成编,并对侵权损害赔偿与违约损害赔偿进行区分,这是立法上的重大进步。

但应当看到,在《民法典》中侵权责任独立成编,区分了侵权损害赔偿请求权与其他债权请求权之后,也必须要看到,侵权损害赔偿请求权也仍然可以适用某些债的规则,而在大侵权模式下,就导致债的规则适用于侵权关系变得十分困难。因为对于损害赔偿之外的责任承担方式,相较于损害赔偿,其难以适用债的一般规则,如停止侵害、排除妨碍、恢复名誉、消除影响、赔礼道歉等责任承担方式,就难以适用债的有关抵销、保全、移转等规则。但是,侵权损害赔偿责任实际上是可以适用某些债的规则的。例如,侵权损害赔偿之债,作为被动债权,是可以抵销的。① 再如,财产上的侵权损害赔偿可以适用债权的让与②,侵权损害赔偿之债还可以适用债的保全、担保等规则。如果将债的这些规则在侵权责任编中再次规定,必将导致法律规则的大量重复,所以,立法者并没有在侵权责任编中针对侵权损害赔偿可以适用债的相关规则问题作出具体规定,而在合同编第468条规定:"非因合同产生的债权债务关系,适用有关该债权债务关系的法律规定;没有规定的,适用本编通则的有关规定,但是根据其性质不能适用的除外。"该条将合同之债的规则参照适用于其他债的关系,也意在避免在各类债的关系中重复规定债的规则。但是,只有在从多元并重的责任形式转向以损害赔偿为中心的侵权责任承担方式之后,才能将合同编中债的一般规则参照适用于侵权损害赔偿之债。

二、在以损害赔偿为中心的基础上区分侵权损害赔偿请求权与绝对权请求权

在区分侵权损害赔偿请求权与绝对权请求权之后,需要进一步区分

---

① 参见翟远见:《论〈民法典〉中债总规范的识别与适用》,载《比较法研究》2020年第4期。
② 参见史尚宽:《债法总论》,中国政法大学出版社2000年版,第222页。

侵权损害赔偿请求权与绝对权请求权的成立要件,而不能再笼统规定。例如,即便是在绝对权请求权内部,也具有不同的构成要件要求,如停止侵害主要针对现实的侵害行为,排除妨碍的适用可能并非针对现实的侵害行为,但要求必须有持续性的妨碍状态存在。① 只有对二者的适用条件进行区分,才能保证其准确适用。侵权责任编以损害赔偿为中心,使得侵权责任法的逻辑一致性更为增强,集中围绕损害赔偿(要件、效果、赔偿范围等),从而有助于损害赔偿制度的完善;也使得侵权损害赔偿请求权与绝对权请求权在构成要件、功效等方面的区分更为清晰,后者侧重预防性功能,而前者则表现为对既发损害的救济与补偿。

(一)侵权损害赔偿请求权与绝对权请求权分离的必要性

绝对权请求权是指在物权、人格权等绝对权遭受侵害的情形下,受害人可以主张停止侵害、排除妨害、消除危险等请求权,包括物权请求权、人格权请求权等。与侵权损害赔偿请求权一样,具有保护物权、人格权等绝对权的作用,在上述绝对权遭受侵害时,权利人一方面可以行使绝对权请求权,另一方面可以行使侵权损害赔偿请求权。但两种请求权存在一定的区别,具体表现在:

1. 绝对权请求权与侵权损害赔偿请求权的功能和目的不同

绝对权请求权和侵权损害赔偿请求权在目的和功能上存在差异,这也就决定了两者对物权保护的侧重点也不尽相同。绝对权请求权以请求返还原物、侵害排除和侵害防止为形态,旨在排除绝对权所遭受的侵害事实或者可能性,从而实现对绝对权的圆满的支配状态②;但侵权损害赔偿请求权与绝对权请求权存在显著的区别。以物权遭受侵害为例,侵权损害赔偿请求权要求加害人承担侵权损害赔偿责任,以填补物权人无法通过行使物权请求权而得以弥补的损失。侵权损害赔偿是以支付货币的赔偿方式将受害人恢复到该物没有被损害时的价值状态,从而弥补损失。绝对权请求权是针对绝对权遭受妨害或侵害而设置的保护绝对权的独特方式,不以权利人遭受实际损害为前提。而侵权损害赔偿请求权针对的是因侵害权利人的绝对权而遭受损害设置的责任,其基于完全赔偿原则,允许受害人对其遭受的财产损害获得完全的赔偿。绝对权请求权不

---

① 参见[奥]海尔姆特·库齐奥:《侵权责任法的基本问题(第一卷):德语国家的视角》,朱岩译,北京大学出版社2017年版,第27页。

② 参见王泽鉴:《民法物权》(第1册),中国政法大学出版社2001年版,第65页。

仅是针对绝对权实际遭受了妨害(或侵害),也可针对绝对权存在遭受妨害(或侵害)的可能性。而侵权损害赔偿仅适用于绝对权遭受了现实的侵害且有实际损失的情形。

绝对权请求权旨在针对侵害绝对权的行为采取预防与保护措施,防患于未然。一方面,对于绝对权的侵害往往具有不可逆性,这在人格权的侵害方面表现更为明显(如隐私一旦公开就无法恢复原状),所以,应当更多地采用停止侵害、消除危险等方式予以救济。另一方面,绝对权请求权旨在排除侵害行为,恢复权利的圆满状态。德国学者拉伦茨就认为,人格权请求权的作用便在于排除他人对人格权的不法侵害,以使得权利人恢复对人格权享有的圆满状态。① 例如,隐私权和个人信息遭受侵害的权利人可以行使人格权请求权,请求行为人采取更正、删除、封锁、补充等措施,使其人格权益免受侵害。可见,侵权损害赔偿制度以事后救济为主,以实际损害的发生为前提,而人格权请求权制度则关注对损害的预防。

2. 绝对权请求权与侵权损害赔偿请求权的成立要件不同

一是两者的归责基础不同。依据我国《民法典》第 1165 条第 1 款的规定:"行为人因过错侵害他人民事权益造成损害的,应当承担侵权责任。"侵权损害赔偿请求权以过错责任为一般的归责原则。有过错才有侵权损害赔偿责任,无过错则不承担侵权损害赔偿责任。基于这一归责原则,侵权损害赔偿请求权的行使也以过错为要件。受害人只有举证证明加害人的过错,才能请求其承担侵权责任。但对于绝对权请求权而言,其行使不以相对人具有过错为要件。换言之,在绝对权遭受侵害的情况下,权利人不需要证明行为人是否具有过错,就可以要求赔偿。这就极大地减轻了受害人对过错的举证负担,更有利于保护受害人。

二是是否要证明实际发生的损害不同。一方面,从危害后果上来看,侵权损害赔偿请求权的行使以实际损害的存在为前提,没有损失就没有赔偿。② 这就意味着,受害人要获得损害赔偿,必须举证其是否遭受了实际损害,但是在绝对权遭受侵害的情况下,受害人要行使绝对权请求权,如请求停止侵害、排除妨害、消除危险等,就不必证明其实际遭受了损

---

① 参见〔德〕卡尔·拉伦茨:《德国民法通论》(上册),谢怀栻等译,法律出版社 2003 年版,第 326—328 页。

② 参见史尚宽:《物权法论》,中国政法大学出版社 2000 年版,第 11 页。

害,即只要他人阻碍或妨害物权人的圆满支配状态,即使没有造成现实损害,物权人也可以行使绝对权请求权。① 另一方面,他人侵害或者妨害权利人的绝对权,造成了妨害或危险,虽然此种妨害或危险并不构成财产上的损害,且往往无法通过货币来确定损害数额,但权利人仍然可以行使绝对权请求权。

3. 是否适用诉讼时效不同

侵权损害赔偿之债在性质上仍然属于债的关系,侵权损害赔偿请求权应当受到诉讼时效规则的限制。未在一定期限内主张权利的权利人,将面对债务人诉讼时效经过的抗辩。当然,除损害赔偿责任之外,其他的一些责任形式往往难以适用诉讼时效。例如,停止侵害、排除妨害请求权的行使,就往往因为侵害状态一直持续,而无法适用诉讼时效。

绝对权请求权原则上不适用诉讼时效,我国《民法典》第 196 条第 1 项也规定,"请求停止侵害、排除妨碍、消除危险"的请求权不适用诉讼时效,此处所说的"请求停止侵害、排除妨碍、消除危险"的请求权主要是指绝对权请求权。《民法典》第 995 条规定:"受害人的停止侵害、排除妨碍、消除危险、消除影响、恢复名誉、赔礼道歉请求权,不适用诉讼时效的规定。"这就确认了人格权请求权不适用诉讼时效的规则。因为在绝对权受到妨害或者可能受到妨害的情形下,权利人可以随时提出请求,从而恢复其对其人格利益的圆满支配,因此该请求权不受诉讼时效的限制。② 如果绝对权所遭受的侵害或妨碍一直持续,则权利人一直可以行使人格权请求权,从而使其人格权益免受影响。而且出于保护权利人的目的,权利人只要能证明其人格权受到妨害或可能受到妨害,即可行使人格权请求权,而不需适用诉讼时效制度。此外,在绝对权受到侵害或者妨害时,侵害或妨碍行为往往一直持续,诉讼时效的起算点根本无从计算,因此,在客观上也无法适用诉讼时效。

4. 是否以构成侵权为适用前提不同

侵权损害赔偿请求权以行为人的行为构成侵权为前提。也就是说,受害人要行使侵权损害赔偿请求权,就必须先证明行为人侵权行为的成立。而在行使绝对权请求权的情况下,受害人则不一定要证明行为人已

---

① 参见崔建远:《中国民法典释评·物权编》,中国人民大学出版社 2020 年版,第 11 页。
② 参见王泽鉴:《人格权法:法释义学、比较法、案例研究》,北京大学出版社 2013 年版,第 387 页。

经满足了侵权的构成要件。例如,媒体、网站刊载失实或者错误内容,导致他人人格权遭受侵害的,受害人可以请求该媒体或网站进行更正,而无须证明媒体或网站的行为已经构成侵权,也不要求权利人必须证明行为人的行为符合侵权责任的构成要件。尤其是当绝对权受到侵害或者有受侵害之虞时,权利人即有权主张绝对权请求权,而不以行为人的行为符合侵权责任的构成要件为前提。例如,征信机构记载某人的信用记录有误,个人信息处理者记载他人的个人信息失实,在此情形下,即使无法确定行为人是否构成侵权,只要权利人的权利行使有障碍,就可以主动行使人格权请求权,请求行为人更正、补充相关信息,以消除权利行使的障碍。

正是因为上述原因,《民法典》侵权责任编确立了以损害赔偿为中心的责任形式,将侵权损害赔偿请求权与绝对权请求权相分离,分别在侵权责任编和物权编、人格权编之中作出规定。

(二) 侵权损害赔偿请求权与绝对权请求权在侵权责任编的适用关系

虽然我国《民法典》实现了侵权损害赔偿请求权与绝对权的分离,但应当看到,《民法典》第1167条规定仍然规定了停止侵害、排除妨碍、消除危险等责任形式,这些责任形式与侵权损害赔偿请求权之间究竟具有怎样的关系?笔者认为,《民法典》侵权责任编之所以要规定这些责任形式,理由主要在于:一方面,损害赔偿是一种事后的救济,而损害赔偿法也可能有实现预防的功能。侵权责任法除具有补偿功能之外,其"重要机能在于填补损害及预防损害"①。尤其在侵权案件频发的互联网时代,信息传播速度极快,网络这把"利刃"一夜之间可以成就一个人,也可以毁灭一个人,此时权利人的人格权等权利遭受损害的后果具有不可逆性,甚至造成的损害难以估量,故对网络侵权行为的预防变得尤为重要。侵权责任编虽然以损害赔偿为中心,但是也注重预防性责任形式的运用。另一方面,损害赔偿在侵权中有时不能提供完全的救济,由于在现实生活中,许多对绝对权的侵害并不一定体现为实际的损害,而可能体现为妨碍或者危险,而受害人在其权利遭受侵害后,有时也往往难以证明遭受的实际损害,因此有必要在损害赔偿之外,允许受害人请求停止侵害、排除妨碍、消除危险,以此补足损害赔偿责任形式。还应当看到,随着社会的发展和科技的进步,作为绝对权的新型财产和人身权益可能出现,其遭受侵

---

① 王泽鉴:《侵权行为法》,中国政法大学出版社2001年版,第34页。

害时,必然需要多元的责任方式进行救济。基于此,纵然人格侵权请求权与侵权损害赔偿请求权发生分离,《民法典》第1167条规定的预防性的责任承担形式仍然具有兜底性。

就侵权损害赔偿责任与停止侵害、排除妨碍、消除危险之间的关系,笔者认为,损害赔偿是侵权责任的主要形式,而停止侵害、排除妨碍、消除危险则是属于补充性的责任形式。因为关于停止侵害、排除妨碍、消除危险等责任形式,在物权编与人格权编中已经详细展开,在适用上可以直接适用这些规则,因此无须在侵权责任编中再次展开。《民法典》侵权责任编之所以要规定这些形式,是因为在同一案件中同时出现损害与妨碍时,直接援引侵权责任编的规范即可,无须再援引物权编和人格权编的规定。如果对绝对权的侵害只有妨碍或危险存在时,则可以单独适用物权编或者人格权编的规则。从这一意义上讲,侵权责任编规定的停止侵害、排除妨碍、消除危险等责任形式,主要是对物权编和人格权编具体规则的一种提示,并作为损害赔偿责任形式的补充。

正是因为侵权责任法以损害赔偿为主要责任形式,因此在侵害绝对权请求权的情况下,造成受害人损害时,受害人不仅仅要求行使绝对权请求权,而且主张损害赔偿,此时单纯援引绝对权请求权规则已经无法实现完整的救济,因此,物权编与人格权编增设了引致条款。例如,按照《民法典》第238条的规定:"侵害物权,造成权利人损害的,权利人可以依法请求损害赔偿,也可以依法请求承担其他民事责任。"该条规定容易造成一种误解,即认为绝对权请求权包括损害赔偿请求权。实际上,该条并没有承认损害赔偿请求权是绝对权请求权的形式,其应当属于侵权损害赔偿请求权范畴。该条规定是一个引致条款,沟通了绝对权请求权与侵权损害赔偿请求权的关系。若物权遭受侵害,且妨害与损害并存,物权人主张物权请求权的同时,可以主张损害赔偿请求权,依据第238条,引致适用侵权责任编的相关规定。再如,《民法典》第995条第1句规定:"人格权受到侵害的,受害人有权依照本法和其他法律的规定请求行为人承担民事责任。"该条也同样构成引致条款,指向侵权责任编的适用。也就是说,因侵害绝对权致使受害人遭受损害的情况下,应当依据侵权责任编适用侵权损害赔偿请求权。在侵害人格权的情形下,造成了损害,受害人既有权主张人格权请求权,也有权援引侵权责任编的规定,主张侵权损害赔偿请求权。

三、在以损害赔偿为中心的基础上确立了仅适用于损害赔偿责任的过错责任原则

归责原则,顾名思义,是关于侵权责任"归责"的基本规则。过错责任仍然是各国普遍承认的侵权法的一般归责原则,因为各国法律均不认为所有损害皆可赔偿。例如,因天灾人祸等不可抗力产生的损害,通常并不能要求赔偿,只有在行为人具有过错时,受害人才能请求赔偿①,无过错则不应承担赔偿责任②。尽管在大陆法系国家,严格责任得到了广泛应用,但过错仍然是责任归责的基本要件,甚至被称为核心要件。《民法典》第1165条第1款规定:"行为人因过错侵害他人民事权益造成损害的,应当承担侵权责任。"这是关于过错责任原则的规定,但修改了《侵权责任法》第6条第1款关于过错责任的规定。《侵权责任法》第6条第1款只是规定只是"行为人因过错侵害他人民事权益,应当承担侵权责任",《民法典》第1165条第1款则增加了"造成损害"的表述。笔者认为,虽然此处仅是几个字的修改,但包含了丰富的内涵,主要体现为:

第一,明确了过错责任原则实际上是侵权损害赔偿的归责原则。如前所述,在大侵权的模式下,混淆了各种责任形式的构成要件,在司法实践中,甚至法官适用停止侵害、排除妨碍、消除危险时,也要求证明行为人有过错,加重了受害人的举证责任。侵权责任编修改之后,过错责任原则只适用于损害赔偿,只有受害人主张损害赔偿,才必须要求其证明行为人有过错。从《民法典》第1167条规定来看,其在规定停止侵害、排除妨碍、消除危险等预防性的责任承担方式时,并没有规定过错这一要件,可见,过错责任的归责原则乃是侵权损害赔偿的归责原则,而不是适用于各类侵权形式的归责原则。因此,侵权责任编虽然规定了多种侵权责任承担方式,但主要将侵权责任编的归责聚焦于损害赔偿,过错责任主要适用于损害赔偿责任形式,也可以说是损害赔偿责任的归责原则。

第二,宣示了过错责任的一般条款实际上是适用损害赔偿责任的一般条款。在《民法典》侵权责任编中,过错责任是以一般条款的形式确立的。所谓一般条款,是指在成文法中居于核心地位的,具有高度概括性

---

① 参见曾隆兴:《详解损害赔偿法》,中国政法大学出版社2004年版,第1页。
② See André Tunc et al. eds., International Encyclopedia of Comparative Law, Vol. 11, Torts, J. C. B. Mohr (Paul Siebeck), 1983, p. 71.

和普遍适用性的条款。① 过错责任作为一般条款的概念,最初来自《法国民法典》原第1382条。该条规定:"任何行为使他人受损害时,因自己的过失而致行为发生之人对该他人负赔偿责任。"这构成侵权损害赔偿的一般原则。正如《法国民法典》起草人塔里伯在解释该条时所指出的:"这一条款广泛包括了所有类型的损害,并要求对损害作出赔偿。""损害如果产生要求赔偿的权利,那么此种损害是过错和不谨慎的结果。"② 我国《民法典》借鉴了这一立法经验,通过设置一般条款来应对大量的新类型侵权。一般条款的特点是概括性和抽象性,具有强大的开放性功能,能够应对各种新类型的案件。一般条款为处理许多一般侵权行为提供了裁判基础,也可以成为许多新型过错侵权行为的处理依据。在法律没有作出特别规定的情况下,法官要依据一般条款来判断侵权责任的构成。此等境遇下,过错责任具有普遍适用性,除法律有特别规定,针对新类型的侵权案件,法官可以适用过错责任的一般条款裁决案件。譬如,两酒友一起喝酒后,一方未将另一方送到家里,导致其冻死户外。这属于因先前行为引发的违反安全保障义务的责任,但对这个案例,无法适用《民法典》第1198条时,应当适用过错责任的一般条款。然而,《侵权责任法》始终没有明确一般条款是否仅适用于损害赔偿,这就为一般条款的适用带来混乱。《民法典》第1165条第1款作出修改之后,就使得一般条款可以得到准确的适用。

第三,更有利于发挥过错责任的功能和作用。依据《民法典》第1165条第1款,过错责任是指行为人因过错侵害他人民事权益应当承担的侵权责任。过错责任以过错为侵权赔偿责任的构成要件、以过错为损害赔偿归责的基础、以过错作为确立损害赔偿范围的依据。③ 过错是确立责任和责任范围的基础,具体而言:

一是以过错为侵权赔偿责任的构成要件。这就是说,根据《民法典》第1165条第1款所规定的过错责任原则对行为人的责任进行判断,衡量因果关系,更要衡量主观过错。行为人的主观过错在侵权责任构成要件

---

① 参见张新宝:《侵权行为法的一般条款》,载《法学研究》2001年第4期。

② André Tunc et al. eds., International Encyclopedia of Comparative Law, Vol. 11, Torts, J. C. B. Mohr (Paul Siebeck), 1983, p. 71.

③ 关于以过错为中心的侵权法的讨论,参见 Daniel Jutras, Louis and the Mechanical Beast or Josserand's Contribution to Objective Liability in France, in Tort Law 317 (Ken Cooper-Stephenson & Elaine Gibson eds., 1993); Miquel Martín-Casals ed., The Development of Liability in Relation to Technological Change, Cambridge University Press, 2014。

中的地位极为重要,纵然行为人的行为与损害后果之间存在因果关系,行为人没有过错则无须承担侵权责任。原因在于:一方面,行为人对侵权行为的发生存在过错,即使其行为与损害后果的发生没有因果关系,亦不排除行为人承担侵权责任的可能性。以第三人实施的侵权行为为例,行为人有过错的,应当对第三人的侵权后果负责。另一方面,依照法律的特别规定,适用严格责任原则进行归责的,能够证明损害是由受害人或第三人的过错所致,免责事由成立,可以免除侵权责任的承担。

二是以过错为损害赔偿归责的基础。过错责任原则的重要意义,不仅在于表明过错为归责的内涵,更重要的是宣告过错为归责的最终要件,这样才能贯彻"无过错即无责任"(no liability without fault)的精神。学者据此将过错的判断称为"最后界点",或称为损害赔偿法之根本要素(das wesentliche Moment des Haftungsrechts)。① 为什么以过错为归责的基础? 因为如此才能教育行为人,纠正其错误,防止损害的发生,确立行为标准,也有利于维护一般人的行为自由,也就是说,一个人只有具有过错时,才对自己的损害行为负责,没有过错,则不负责任,有利于保障人们的行为自由。《民法典》之所以把过错推定责任规定在第 1165 条第 2 款,是因为其核心也是过错,两者都是以过错为归责基础的。同时,它也宣示了一种理念,即除非法律另有规定,任何人都要对自己的过错负责。

三是通过过错划定赔偿范围。首先,在受害人对损害的发生也有过错的情况下,应当按照比较过失规则,决定加害人的责任范围和受害人所应当承担的损失。《民法典》第 1173 条规定:"被侵权人对同一损害的发生或者扩大有过错的,可以减轻侵权人的责任。"这就是说,可以依据受害人的过错程度适当减轻行为人的责任。如果与《侵权责任法》第 26 条相比较,可以发现,删去了"也"字。这乍看好像是一个轻微的修改,但实际上是一个重大变化,原来的表述"也有过错",实际上是大陆法与有过失规则的表述,但在将"也"字删除后,更接近英美法的比较过失规则。所谓比较过失就是比较行为人与受害人双方的过失程度,而确定各自应当承担的责任,或者说根据过错程度来分配损害。其次,在某些情况下,行为人可以因为故意和重大过失而导致责任的加重,也可以因为没有过错或过错轻微而导致责任的减轻。例如,《民法典》第 1172 条规定:"二人以上分别实施侵权行为造成同一损害,能够确定责任大小的,各自承担相应的责

---

① 参见邱聪智:《庞德民事归责理论之评价》,载《台大法学论丛》1982 年第 2 期。

任;难以确定责任大小的,平均承担责任。"该条中的责任大小实际上主要是按照过错来确定的。侵权责任法还规定了一些"相应"的责任,体现在安全保障义务制度、教育机构的责任等。① 这些规定也是按照过错程度的不同来确定责任的范围,也体现了对行为人的制裁。再次,《民法典》侵权责任编多次提到了"相应的责任"或"相应的补充责任"的表述(如第1172条、第1191条、第1192条、第1193条、第1256条)。所谓相应的责任,主要是指根据原因力和过错程度来确定责任的数额。侵权责任法还使用了"责任的大小"这一概念,此处所说的责任大小,也是依据过错程度和原因力来确定的。

四是有利于发挥过错责任的行为指引和自由保障作用。《民法典》第1165条第1款强调,行为人有过错时就要对其造成的损害负责。过错意味着行为人选择了一种与法律和道德要求不相容的行为,行为人应当对此种行为造成的损害后果负责。因此,在过错概念中把握了一定的行为模式,对过错和非过错的评价,实际上确定了人们的行为准则。所以,《民法典》第1165条第1款的规定,可以发挥行为指引的作用,明确了社会公众应当在社会活动中尽到合理注意义务。因此,损害赔偿以过错责任为归责原则,在强化对受害人救济的同时,也发挥着维护行为自由的功能。

《民法典》第1165条第1款确立了主要适用损害赔偿的过错责任原则表明,在一般侵权之中应当主要适用损害赔偿的责任形式。当然,在运用到不同类型的损害赔偿时,过错的认定标准也不尽相同。一是要区分补偿性的损害赔偿与惩罚性的损害赔偿的分别适用。对于补偿性的损害赔偿而言,主要以损害后果为依据,造成多大的损害承担多少赔偿责任,原则上不考虑行为人的主观心理状态。但是,对于惩罚性赔偿而言,就需要考虑主观上是否存有恶意,甚至是恶意的程度。二是要区分侵害财产的损害赔偿与精神损害赔偿。一般而言,侵害财产造成的损害就是财产损害,该赔偿责任并不在乎侵权人主观上是故意还是过失,是一般过失还是重大过失。不过,侵害特定财产(具有人身意义的特定物)造成严重精神损害的,依据《民法典》第1183条第2款,则必须是行为人出于故意或重大过失,且需要行为人明知该物是"具有人身意义的特定物"。②

---

① 参见《民法典》第1198条、第1199条。
② 参见黄薇主编:《中华人民共和国民法典侵权责任编解读》,中国法制出版社2020年版,第80页。

四、在以损害赔偿为中心的基础上构建了完整的损害赔偿规范体系

我国《民法典》侵权责任编在确立了以损害赔偿为中心的责任形式后,进一步丰富和扩张了损害赔偿的内涵,完善了损害赔偿的相关规则,从而可以更好地实现损害赔偿这一救济方式的作用。一方面,侵权责任编区分了补偿性的损害赔偿和非补偿性的损害赔偿。补偿性的损害赔偿,贯彻了完全赔偿原则。而非补偿性的损害赔偿,则要强化对受害人的保护。侵权责任编区分了侵害财产的损害赔偿、侵害人身的财产损害赔偿、侵害人身的精神损害赔偿,设置不同的规则予以应对。另一方面,侵权责任编采用多种责任形态,规定了各种责任形态,如相应的责任、相应的补充责任,进一步完善了损害赔偿规则。尤其应当看到,损害赔偿责任形式在侵权责任编的确立,奠定了损害赔偿的主要责任形式地位,因而其他各编原则上不再涉及侵权损害赔偿,而由侵权责任法去解决。

还应当看到,由于侵权责任编的责任形式以损害赔偿为中心,因而可以吸纳多种侵权责任方式,从而形成较为完备的损害赔偿制度体系。具体表现在:

(一) 增加了侵害具有人身意义的特定物的精神损害赔偿

现代侵权责任法发展的一个重要内容是在过去单一的财产损害赔偿基础上发展了精神损害赔偿,精神损害赔偿是侵权法中的一种责任方式,也是针对人格权侵害的主要救济方式。《民法典》第1183条第2款规定:"因故意或者重大过失侵害自然人具有人身意义的特定物造成严重精神损害的,被侵权人有权请求精神损害赔偿。"《精神损害赔偿的司法解释》第4条规定:"具有人格象征意义的特定纪念物品,因侵权行为而永久性灭失或者毁损,物品所有人以侵权为由,向人民法院起诉请求赔偿精神损害的,人民法院应当依法予以受理。"《民法典》第1183条第2款的规定在吸收《精神损害赔偿的司法解释》第4条的基础上,对该规则进行了一定程度的修改,肯定了侵害"具有人身意义的特定物"的精神损害赔偿。在《精神损害赔偿的司法解释》第4条中,使用了"人格象征意义"的表述,但是在《民法典》编纂中,立法者予以修改,使用了"人身意义"的表述。"具有人身意义的特定物"相较于"具有人格象征意义的特定纪念物品"而言,增加了具有身份象征意义的特定物。该条所保护的对象不再限

于过世之人的遗物等具有强烈人格象征意义的物品,墓碑等具有身份象征意义的物也被纳入保护范围之内。因此,具有人格象征意义与身份象征意义的特定物均成为本条保护的客体范畴。对于诸如人体胚胎、器官、冷冻精子等脱离人体的部分,应当区分是否构成"为保持被取出人的身体机能或将来再植入其身体"的情形,如果构成上述条件,则不应当认为这些与人体分离的胚胎、器官、组织构成物①,而应当依据《民法典》第990条第2款以及第1183条第1款的规定,直接适用侵害人身权益造成严重精神损害的规则。如果不满足上述条件,则可以适用本条的规则予以保护。

(二) 进一步完善了侵害人身权益的获利返还制度

所谓获利返还,也称为"利润剥夺",是指行为人因侵害他人人身权益而获利的,受害人可以要求行为人返还其获得的利益。②《民法典》第1182条对侵害人身权益的财产损害赔偿责任作出了规定。但从《民法典》关于获利返还的制度设计来看,其实际是将行为人的侵权获利作为损害赔偿的一种计算方式对待。③

与《侵权责任法》第20条相比较,《民法典》第1182条对获利返还制度作出了重大完善,将其调整为与按照实际损失赔偿并列的责任方式。笔者认为,《民法典》允许受害人在损害赔偿和返还获利之间进行选择,即选择最有利于自己的一种方式实现利益的最大化,值得肯定。原因在于:一方面,按照私法自治原则,允许受害人作出选择,进一步尊重了受害人的意志和意愿。在受害人人身权益遭受侵害时,不赋予受害人选择权,则意味着受害人只能先要求行为人赔偿实际损失,这可能对受害人不利。因为在许多情形下,受害人恐难对其遭受的实际损失进行证明,要受害人证明其遭受的损失可能不利于其获得救济,也会不当增加受害人的诉讼成本。另一方面,侵权法的主要功能在于填补损害,但受害人的损害获得填补的前提是证明遭受了实际损失及具体数额,否则很难获得救济,填补损害自无从谈起。因此,侵权损害赔偿请求权不能完全概括获利返还。

---

① 参见温世扬:《民法总则中"权利客体"的立法考量——以"特别物"为重点》,载《法学》2016年第4期。

② 也有学者将其称为利润返还或者利润剥夺。参见朱岩:《"利润剥夺"的请求权基础》,载《法商研究》2011年第3期。

③ 参见黄薇主编:《中华人民共和国民法典侵权责任编解读》,中国法制出版社2020年版,第290页。

基于此,不应要求受害人首先向行为人主张实际损失赔偿,应当容许其在获利返还和实际损害赔偿之间进行选择。另外,赋予受害人选择权,其可依据自身的诉求、举证能力等作出抉择,一定程度上可以减轻受害人的举证责任,有利于受害人的权利保护与救济。

(三) 进一步完善了惩罚性赔偿制度

惩罚性损害赔偿(punitive damages, Strafschadensersatz),也称示范性的赔偿(exemplary damages)或报复性的赔偿(vindictive damages),是指由法院所作出的超出实际损害数额的赔偿。① 惩罚性赔偿具有"准刑事罚"的性质,其功能包括:损害赔偿、吓阻、报复、私人执行法律等,惩罚性赔偿也具有损害填补功能,主要是针对精神上的损害与增加损害(aggravated damages)等无法以金钱计算的损失进行填补②,但主要功能是报复和惩罚。③ 与《侵权责任法》相比较,《民法典》侵权责任编扩张了惩罚性赔偿的适用范围,强化了惩罚性赔偿的制度功能。第一,《民法典》运用三个条款规定了惩罚性赔偿规则,《民法典》第1185条规定了故意侵害知识产权的惩罚性赔偿。《民法典》第1207条规定了明知产品存在缺陷而生产、销售的惩罚性赔偿。《民法典》第1232条关于故意污染环境、破坏生态的惩罚性赔偿。④ 第二,《民法典》从惩罚性赔偿仅适用于产品责任扩张到侵害知识产权和破坏生态的责任,表明《民法典》注重对于恶意的、严重侵害他人权益的行为的惩罚。第三,《民法典》有关惩罚性赔偿的规则有效地衔接了单行法,并形成对单行法的兜底适用。例如,就侵害知识产权的情形,在单行法缺乏规定的情形下,就可以适用《民法典》关于侵害知识产权惩罚性赔偿的规则。当然,惩罚性赔偿原则上仅适用于法律明确规定的情形,在法律没有明确规定时,不得适用。需要指出的是,有关惩罚性赔偿的数额确定,虽然《民法典》采取了"相应的"的表述,但仍然给了法官过大的自由裁量权力,需要通过司法解释或者指导性案例对此作出必要的指引和限制。

(四) 损害赔偿在一定程度上包括了恢复原状

所谓恢复原状,是指义务人应当通过一定的方式使被侵权人处于如

---

① See Huckle v. Money, 95 Eng. Rep.768 (K. B. 1763).
② 参见陈聪富:《侵权归责原则与损害赔偿》,北京大学出版社2005年版,第267页。
③ 参见陈聪富等:《美国惩罚性赔偿金判决之承认及执行》,学林文化事业有限公司2004年版,第69页。
④ 参见程飞鸿、吴满昌:《论环境公益诉讼赔偿金的法律属性与所有权归属》,载《大连理工大学学报(社会科学版)》2018年第3期。

同侵权行为并未发生时的状态,而并非通过金钱赔偿使其财产状态相同。因此,恢复原状与维护受害人价值利益的金钱赔偿相对,恢复原状和金钱赔偿是损害赔偿的两种方式。

我国《民法典》侵权责任编中没有采用恢复原状的表述,但总则编第179条将恢复原状作为了民事责任的一种方式,这就涉及侵权损害赔偿与恢复原状的关系问题。对此,比较法上有两种不同的立法例,一种是损害赔偿不包括恢复原状。另一种如德国法中,损害赔偿包括了恢复原状(Naturalrestitution)和金钱赔偿(Geldersatz),且恢复原状在适用上要优先于金钱赔偿。① 根据《德国民法典》第249条的规定,德国损害赔偿法以恢复原状为原则,以金钱赔偿为例外。② 恢复原状旨在实现债权人的完整利益(Integritätsinteresse),金钱赔偿原则上旨在实现债权人的价值利益(Wertinteresse)。在这二者的关系上,以恢复原状为优先,只有恢复原状不可能时,才考虑金钱赔偿。例如,对撞毁汽车进行修理也是损害赔偿的一种。立法者在侵权责任编中和合同编中使用了不同的用语,区分了"损害赔偿"与"赔偿损失"。例如《民法典》在合同编采用了"赔偿损失"的表述,此处的赔偿损失就相当于德国法上的金钱赔偿。而《民法典》侵权责任编并没有严格区分金钱赔偿与恢复原状,事实上,损害赔偿的概念中应当包括了恢复原状。可以说金钱赔偿就是恢复原状的一种方式。例如,我国《民法典》第1179条规定,"侵害他人造成人身损害的,应当赔偿医疗费、护理费、交通费、营养费、住院伙食补助费等为治疗和康复支出的合理费用,以及因误工减少的收入。造成残疾的,还应当赔偿辅助器具费和残疾赔偿金",此处所说的赔偿人身损害,其实就包括了金钱赔偿和恢复原状。需要指出,我国立法并未将恢复原状作为优先于金钱赔偿的责任形式,因此当事人可以在侵权行为发生后选择请求恢复原状或者金钱赔偿。

《民法典》侵权责任编有关环境污染和生态破坏责任一章规定了生态修复责任,是否可以将此处的生态修复责任解释为恢复原状? 笔者认为,生态修复本质上属于损害赔偿,在生态修复责任中,行为人自行修复就属于恢复原状,费用由其自己承担,由他人修复并支付费用就属于金钱赔偿,二者都属于损害赔偿的范围。《民法典》第1235条规定,"违反国家规定造成生态环境损害的,国家规定的机关或者法律规定的组织有权请

---

① Vgl. Medicus. Bürgerliches Recht, 21, Aufl., 2007; MünchKomm/Oetker, §249 Rn. 325.
② Vgl. MüKoBGB/Oetker, 8, Aufl., 2019, BGB §249 Rn. 320.

求侵权人赔偿下列损失和费用：……（四）清除污染、修复生态环境费用"，这实际上就是采用了广义的损害赔偿概念。在恢复原状的过程中，支出了一定费用，也由侵权人承担，因此其可以被认为是损害赔偿的一种类型。

上述变化实际上都构成了侵权责任编的亮点，进一步丰富了损害赔偿的规范体系，其基本宗旨是为损害赔偿请求权人提供更为充分和完整的保护。

结　语

《民法典》侵权责任编采取了以损害赔偿为中心的责任形式，这并非侵权责任形式的简单回归，因为我国以往的民事立法并没有将损害赔偿单独作为侵权责任的主要承担方式。此种方式也并非将侵权责任法回归到损害赔偿法，而是对侵权损害赔偿制度的完善和升华。侵权责任编以损害赔偿为中心，并将侵权损害赔偿请求权与绝对权请求权进行区分，构成了《民法典》的重大亮点，这种制度设计使得对受害人的保护更为精准和精细化。当然，此种模式也改变了原有民事立法和司法实践的惯常做法，其是否能够产生立法者所预期的效果，还有待于司法实践进一步检验，并通过实践不断丰富和完善，以更好地实现保护和救济受害人的功能。

关键词索引

B

保密义务 54,554,624,669
保证 379,396
保证合同 396
保证期间 403
保证人抗辩权 413
保证债务诉讼时效 403
报批义务 473,481-482
被动债权 368,439,457,470,752
被遗忘权 594
本约合同 478-479
比较过失制度 709,711-719
比例原则 49,108,123,176,198,541,612,615,618
庇护原则 315
补偿功能 168,748-749,756
补偿性的损害赔偿 741,761-762
补偿原则 168
补充性承诺 393
不安抗辩权 375-377,437
不当得利返还规则 243
不当得利说 433,494
不定期合同 371-373
不法过错 193
不完全法条 10,704-705

不真正利益第三人合同 358-360
不真正义务 357,598
部分抗辩 712

C

财产利益 118,524-525,528,624
财产权 74,148,158,525-529,670
财产让与 155
裁判说理义务 618
参照适用条款 16,79,572
查询义务 258,298,307,313-314
差额说 607,613
差异性考量 96
撤回同意权 140-141,150
撤销权 414-415,469
撤销权诉讼 469,476-477
诚实信用原则 21,125,182-183,186,190,194,200,219,349,354,448
承诺 343,393-394
承租人优先购买权 52
惩罚性赔偿 740-742,745,764
处分行为 209,233,239,248
纯粹的比较过失 723
纯粹经济损失 194,605
存疑推定为保证 379
重复抵押 279-280,285,287-291

重复使用 346-347

D

打破合同僵局规则 373
大规模微型侵害 169
大侵权模式 750,752
代际利益 56-57,542
代际正义 70,542
代理制度 210,695
代位权诉讼 476
担保合同 60,264,266-268,273,275-276
担保权竞存 284
担保物权受偿顺位规则 322
担保性债权转让 287
单方法律行为之债 34
单行法思维 3,706
当然生效主义 452-453,456
德国式民法典体系 25-26,203
登记对抗主义 248,271,282,284-285,291
登记能力 257-258,267,288
登记生效主义 291
涤除权 259,361,423
抵销当然主义 451
抵销规则 10,205
抵销权 367,442-456
抵销溯及力规则 446,470
抵押物转让 251,361,423
抵押合同 60,233-236,264,286
第三人代为履行 360,417
第三人责任 466

电子商务相关规则 59
动产浮动抵押 325,333
动态系统论 189,573,602
独立性承诺 393
对价性 370
多重保理 286-287

F

法典化思维 3
法典化运动 4,24,42
法典中心主义 4
法定抵充 363
法定抵销 437-440,442
法定继承 45
法定救助义务 123,547
法律解释 11,102,465,679
法律漏洞 22,87,466,486-487,705
法律评价 85,94,96-97,503
法律思维 3
法律行为 34,207-211,247,472,694,703-704
反类比 96
反面解释 199,244-245,727
反要约 343-344
泛财产化 46,525,686
防御性权利 582,584
房地一体主义 283
非典型担保 61,225,266,286
非格式条款 350
非竞争性 145,151,156
风险社会 29,63,206,749
夫妻共同财产 696-697,702

夫妻共同债务　217，702，705-706

夫妻忠诚协议　705

负担行为　233，236

附随义务　181，356，370

G

概括参照条款　89，92

高楼抛物致人损害　63，74

告知义务　263

格式条款　157，346

个别类推　275

个人信息　54，69，104，114，138，162-173，517，523，539-540，548，553，579

根本违约制度　368-369

公害性　737

公平清偿原则　445

公平责任　125，727-728

公示　230-234，257，271-274，298，474

公益诉讼　600，737

功能性权利　104，178

功能主义　268，329

共同共有　695-696

共同过失规则　711-712，723，729

构成要件类似说　94

固定担保　329-330，332，337

关联说　679-680

管理性强制性规定　480

归责原则　39-40，674，716-719，726，758

过错推定责任　39，718，725-726

过失相抵制度　709

过错责任　38-40，715，758

过错责任原则　709，716，758

H

"汉德公式"　728

合法利益　259，360-362，417-425，437

合理期待　327，345，445

合理审查义务　467

合理信赖　296，450，552

合同僵局　373

合同网　156

合同严守原则　59，355

合同中心主义　42

合同自由原则　157，346，353，380

合意　229-232，236-243

合作义务　356

环境污染和生态破坏责任　77，733

恢复原状　175，744，750，764-765

婚姻家庭编　685

或然性承诺　394

获利返还规则　169，679，751

J

"家风"条款　691

积极抗辩　277，712

积极要件　10，11

技术许可合同　156

继承合同　208-209

继续谈判义务　356

继续性合同　371-373，526

家庭法　685，692-693

家庭治理　70，691

价金超级优先权　294，318

价金债务 313,333
价值体系 16-19,24,218,686
间接控制关系 307,312
监护制度 693-694
简易交付 305
建筑物区分所有权 51,75,217
交付 154,238,293-294,305,335
交易习惯 309,471-472
结构功能主义 269
结算、清理条款 354
解除权 125,197,415,483,527
解决争议条款 353-354
解释说明权 172
禁令制度 50,544,546,575,639,649
禁止高利放贷行为 61
禁止滥用权利制度 176-184,189-190,199,201
禁止转让特约 254,261
经济利益说 392
精神损害赔偿 11,577,617,762
精神性人格权 112,524,609,633
镜像规则 344
居住权 51-52,75,217
举证责任倒置 600,739-740
拒绝权 359,493
具体参照条款 88
绝对处分禁止 256
绝对权请求权 166-167,716,750-757

K

"可能损害抵押权" 262-263
抗辩 197,277,358-360,366-367,382,412-415,432,446,712
抗辩发生主义 446
抗辩权 367,375-377,413,437,442-444,502
可预测性功能 171
扩张解释 81,584,589,599,675

L

类比推理 85,94
类推适用 84,86-88,275-277,436,499-504,697
历史解释 464
利益第三人合同制度 357
利益法学派 107
利益关系 86,126,190,392,422
利益衡量 107,120,190,570,606
利益衡平 192,212
连带共同保证 410-413
领域法 170,664
留置权 320,338-339
流押流质条款 60
罗马式民法典体系 25
履行不能 59,352,426
履行辅助人 418-419,430-431
履行请求权 359
绿色原则 17,225

M

"买卖不破租赁" 52,69
法经济学派 130
买受人善意 306,313
免责条款 112,524
民本理念 65
民商合一 5,26,204

民事权利　19,21,47-48,72,180,191,665-667
民事权利能力　68,700
民事权益　99
民事权益位阶　99
民事责任　123,608-611,646

N

内在体系　12,18-20,24,686
拟制规范　89

P

潘德克顿学派　203,447,710
庞氏规则　710
平等保护原则　50,74,101,225
平等价值　688
破坏生态环境的修复责任　62

Q

"权利束"理论　130-132,144
七编制　24,204
潜在共有　696
侵害后果　193
侵权损害赔偿请求权　543-544,573,598-599,750-757
侵权损害赔偿之债　42,752,755
侵权责任　37,164,192,475,748
侵权责任编　38-42,475,748
轻微-重大过失规则　723
倾斜保护　121-123
清偿抵充　362
清算程序　60
情势变更制度　354-356,375

请求权　518,575,581,583,753-757
求偿代位说　433
区别原则或差别原则　81
区分原则　229
去法典化　4
权利分离理论　139
权利实现规则　271
权利不得减损　627
权利冲突　21,101-103,178-180,190,212,286-287,320,330-331
权利法　19,28,32,41,48,71,110,175,506,725
权利救济　28,206,208,547,640,749
权利滥用　185-187,193-200
权利失效　198
权利顺位规则　271,280,282-285,288,325
权利用尽原则　156
权利质押登记制度　268
权能四分法　131
权益位阶　99,190,211
确定性承诺　394

R

人格利益　31-32,56-58,114,519,561-574,605-608
人格权请求权　518,575,583
人格尊严　20-21,112-118,170-173,219-221,511,534,566,628,689
人格尊严高于私法自治的保护原则　627-628
人身自由　115-117,556-566
人文关怀　106,214-219,511,686-689

人物二分 158
日常家事代理 704
容忍义务 103,122,124,548
融贯思维 18
融资租赁 266-268,270-274,286,
　　325,328-334

S

萨克逊式体例 26,203
三编制 25,34,203
删除权、更正权 166
善意第三人 267,291-292,301
善意取得制度 299-300
社会救助义务 111
身份关系协议 97,698-699
身份权 33,113,700-701
深度伪造行为 56
生前预嘱制度 68
生态破坏责任 733
失权制度 198-199
时代特色 43
时效利益 443-444,446,457
识别说 679-680
实践特色 43,202,733
实质担保化 267
实质价值判断 85
实质平等 46-47,216,689
实质审查 273,468,644
实质性变更 343-346
实质正义 25,46-47,419
视域融合 120
受害人的轻微过失 726
受害人的特殊体质 731

受害人的一般过失 724-725
受害人的重大过失 725
受害人故意 715,724,727
受领迟延 422,433
数据权益 127,150-154,167-170
数据权属确定 143
数据财产 149-156,167
双重典质 289
顺位固定主义 289-291
顺位升进主义 288
司法解释 18,458,649
司法三段论 82,92,192,702
私法自治 24,218,518,520,628
私权保护 6-7,19,118
私生活安宁权 53
私益诉讼 737-738,740,745
诉前保全制度 641
算法歧视 169,171-172,635
碎片化思维 7
所有权保留 266-271,273,286,
　　330-334,336

T

"通知-删除"规则 583,588
他物权 127,131-132,134,139
探望权 97-98,206
特殊责任主体 40
体系创新 24,204
体系化思维 7-8
体系解释 11-13,576,703-704,714
替代责任 40,663
通知到达主义 453-455
通知规则 436,588

通知主义 365-366

同意主义 365

同质性 36

统一思维 13-18

团体主义 691

W

完全法条 10,92,704-705

网络侵权行为 58,69,583,638,756

网络虚拟财产的保护 15,54,128,153

违反安全保障义务责任 721

未成年人利益最大化原则 216

未生效合同 481

位阶价值 109

文义解释 102,239,390-391,740

无权处分 351-353,473-474,696

五编制 26,28-29,34,41,215

物权编 60,62,473,695,757

物权法定原则 258,264-266,272

物权排他性 132

物权契约 209,238,241

物权无因性理论 243

物权行为 209,229-231,236-241,243-245,249

物权行为理论 209,229-231,236-239,241,243

物权优先性 280

物权自由 265,272

物业服务合同 51,76,217

物债二分 129-130,149,151,153

物质性人格权 110,516,540-542,608-609,690

X

先诉抗辩权 385,401-402,407-408

先予执行 642-643

现实交付 154,238,305,335

相对处分禁止 256

相邻关系 99,181,191

相似性 80,94,381-382,500-503

消极要件 10-11

肖像权 21,117,160,212,525-527,533,550,556-560

效力性强制性规定 462,480-481

协商条款的优先性规则 350

协议变更主合同 276

新钱理论 323

信息删除权 579

信息携带权 141-142,163

信息自决权 517,585,620,628-629

形成权 185,197,415,454-456

形式平等 47,105,216,688

形式体系 24-25,31,203-204

形式主义 229-232,246,268

性犯罪 537,654

性骚扰 49,516,547,651

修正的比较过失 723

虚假诉讼 183

许可使用规则 31,57,538

许可使用合同 58,156,525-527,539,678

Y

严格规则主义 108

严格责任制度 63

要约　123,343-346
一般买受人　293,308-309
一物二卖　246,315
一物一权原则　280
遗产酌给请求权　206
以房养老　52,75
异常条款　348-349,483
意定监护协议　698
意思表示　208,238,379-387,389-392,394-395,698
意外条款　348
引致条款　16,757
隐私领域权　620
隐私权　523,552,620
隐形担保　274,283
用益物权　44,99,132,175,474,605
优先价值　104
优先受偿权　253-254
优先顺位规则　271,273,282-283,329
由第三人履行的合同　429-431
有偿代孕行为　523
预防功能　166,741,749
预防性责任承担　674
预告登记　248
预告解除　372
预期违约　375-377
预约合同　464,478
原告自负责任　710
源权利　557

Z

再磋商义务　356

债的相对性原则　417-418,421
债法总则　33-37,205,458
债权平等主义　363
债权让与说　434
债权转让　364-368,437
债权转移　433,435-437
债务加入　379,396,467,485
债务转移　425-430
真正利益第三人合同　359,491-493
正常经营买受人　292-293,296
支配权　185,197,581-582
知情同意原则　210,540
直接适用　80-83,679,757,763
智能合约　155,212,224
中国特色　43,202,377,685
中止履行　376-377,415
仲裁条款　354
重财轻人　27,213,686
重大剥夺　369-370
重物轻人　20,29,32-33,46,66,72,215,513,529,559
主动债权　438
主给付义务　241,370
住宅建设用地使用权　64,66,69
注释法学派　27,268
注意义务　187,468,711,729,731
转承责任　40
追偿权　409,467,485
追偿权发生说　433
准合同　35-37
准用条款　36,539
自动续期规则　69

自甘冒险规则　719

自然债务　442-445

自然正义　419

自由裁量权　87-88，90-92，192，573，604

自由价值　687

自由主义　177，365

自愿原则　218，668

总分结构　9，29，531

总体类推　275-277

租赁合同制度　76

最佳事故避免公式　728

作为义务　123，722

法律文件全简称对照表

全　　称	简　　称
《中华人民共和国民法典》	《民法典》
《中华人民共和国民法总则》	《民法总则》
《中华人民共和国民法通则》	《民法通则》
《中华人民共和国产品质量法》	《产品质量法》
《中华人民共和国合同法》	《合同法》
《中华人民共和国侵权责任法》	《侵权责任法》
《中华人民共和国物权法》	《物权法》
《中华人民共和国消费者权益保护法》	《消费者权益保护法》
《中华人民共和国著作权法》	《著作权法》
《中华人民共和国宪法》	《宪法》
《中华人民共和国城市房地产管理法》	《城市房地产管理法》
《中华人民共和国土地管理法》	《土地管理法》
《中华人民共和国担保法》	《担保法》
《中华人民共和国母婴保健法》	《母婴保健法》
《中华人民共和国公司法》	《公司法》
《中华人民共和国个人信息保护法》	《个人信息保护法》
《中华人民共和国电子商务法》	《电子商务法》
《中华人民共和国立法法》	《立法法》
《中华人民共和国民事诉讼法》	《民事诉讼法》

(续表)

全 称	简 称
《中华人民共和国海商法》	《海商法》
《中华人民共和国反家庭暴力法》	《反家庭暴力法》
《中华人民共和国企业破产法》	《企业破产法》
《中华人民共和国网络安全法》	《网络安全法》
《中华人民共和国反不正当竞争法》	《反不正当竞争法》
《中华人民共和国献血法》	《献血法》
《中华人民共和国人民警察法》	《人民警察法》
《中华人民共和国执业医师法》	《执业医师法》
《中华人民共和国反垄断法》	《反垄断法》
《中华人民共和国治安管理处罚法》	《治安管理处罚法》
《中华人民共和国居民身份证法》	《居民身份证法》
《中华人民共和国律师法》	《律师法》
《中华人民共和国刑法》	《刑法》
《中华人民共和国婚姻法》	《婚姻法》
《中华人民共和国收养法》	《收养法》
《中华人民共和国道路交通安全法》	《道路交通安全法》
《中华人民共和国环境保护法》	《环境保护法》
《中华人民共和国城镇国有土地使用权出让和转让暂行条例(2020修订)》	《城镇国有土地使用权出让和转让暂行条例(2020修订)》
最高人民法院《关于适用〈中华人民共和国民法典〉有关担保制度的解释》	《有关担保的司法解释》
最高人民法院《关于适用〈中华人民共和国民法典〉总则编若干问题的解释》	《总则编解释》

(续表)

全　　称	简　　称
最高人民法院《关于适用〈中华人民共和国合同法〉若干问题的解释（一）》	《合同法司法解释（一）》
最高人民法院《关于适用〈中华人民共和国合同法〉若干问题的解释（二）》	《合同法司法解释（二）》
最高人民法院《关于适用〈中华人民共和国民法典〉合同编通则若干问题的解释》	《合同编解释》
最高人民法院《关于适用〈中华人民共和国担保法〉若干问题的解释》	《担保法司法解释》
最高人民法院《关于确定民事侵权精神损害赔偿责任若干问题的解释》	《精神损害赔偿的司法解释》
最高人民法院《关于审理人身损害赔偿案件适用法律问题的解释》	《人身损害赔偿司法解释》
最高人民法院《关于审理铁路运输人身损害赔偿纠纷案件适用法律若干问题的解释》	《铁路人身损害赔偿解释》

后　记

本书收集了 2020 年《民法典》颁布以来，笔者在有关报刊上发表的部分学术论文。《民法典》的颁布，实现了几代民法学人的梦想，笔者围绕《民法典》的贯彻实施，撰写了一系列论文，并经筛选汇集成本卷，以求教于同仁和读者。在本书编写过程中，北京大学法学院常鹏翱教授、中国人民大学法学院朱虎教授、中央财经大学王叶刚副教授、华东师范大学石冠彬教授、南京大学法学院潘重阳、中国人民大学陆家豪等博士生都提供了大量帮助，中国政法大学缪宇副教授也协助查找和翻译了一些德文资料，北京大学出版社蒋浩先生也为本书的出版提供了大力帮助，在此一并致谢。